十三經注疏

十三經注疏

春秋公羊傳注疏

[漢]何休 解詁
[唐]徐彥 疏
刁小龍 整理

上

上海古籍出版社

圖書在版編目(CIP)數據

春秋公羊傳注疏/(漢)何休解詁；(唐)徐彦疏；刁小龍整理．—上海：上海古籍出版社，2013.11（2023.12重印）
（十三經注疏叢書）
ISBN 978-7-5325-6985-4

Ⅰ.①春…　Ⅱ.①何…　②徐…　③刁…　Ⅲ.①中國歷史—春秋時代—史籍　②《公羊傳》—注釋　Ⅳ.①K225.04

中國版本圖書館CIP數據核字 (2013) 第 181830 號

本書出版得到國家古籍整理出版專項經費資助

十三經注疏叢書
春秋公羊傳注疏
(全二册)
[漢] 何休解　詁
[唐] 徐　彦　疏
刁小龍整理
上海古籍出版社出版發行
(上海市閔行區號景路159弄A座5樓　郵政編碼201101)
(1) 網址：www.guji.com.cn
(2) E-mail：gujil@guji.com.cn
(3) 易文網網址：www.ewen.co
上海展强印刷有限公司印刷
開本 890 × 1240　1/32　印張 40　插頁 12　字數 1,118,000
2014 年 11 月第 1 版　2023 年 12 月第 7 次印刷
印數：5,501-6,100
ISBN 978-7-5325-6985-4

K·1768　平裝定價：158.00 元

如發生質量問題，請與承印公司聯系
電話：021-66366565

十三經注疏整理本編纂委員會

顧　　問（按姓氏筆畫爲序）

任繼愈　李學勤
湯志鈞　蔡尚思

主　　編　張豈之

副 主 編　周天游　王興康　金良年

執行編輯　王立翔　吕　健

十三經注疏整理本序

張豈之　周天游

十三經是儒學的基本典籍，是中華傳統文化中影響至深至遠的重要文獻之一。在中國古代，堪與十三經比肩的唯有二十四史。面對這兩大文化支柱，無論是諸子還是詩文，其中雖不乏角立特出者，甚或是叛逆者，却往往只能站在歷史舞臺的邊緣，難以撼動其中心的地位。

如果說二十四史是以記實爲本，縱貫古今，鑒往說來，宣彰資治，更多發揮的是實用的鏡鑒的作用，那末十三經則是整個封建社會的靈魂。自漢武帝接納董仲舒「罷黜百家，獨尊儒術」的建議，設立五經博士，立於學官之後，直至清代，經學一直是歷代統治者製定國策的理論依據，是士農工商各色人等齊家立身的行爲規範。不僅如此，十三經還被法典化，於是有了「春秋斷獄」，「禮」成了「禮法」，而且是法上之法。它更被神化、宗教化，於是儒學成爲國學、國教。它不但堂而皇之地被推廣到所有官私學校之中，又潛移默化地影響着包括目不識丁之人在内的社會不同階層的人們的思想與行爲。所以每當社會發生重大變革之際，總有人視其爲障礙，爲糟粕，必欲除之而後快；相反，也有人尊之爲聖典，爲良方，藉其足以安邦定國。時至今日，似依然如故。

從這一意義上講，不瞭解十三經，就不可能真正瞭解中國傳統文化，瞭解中國。特別是上世紀喊出「打倒孔家店」的口號之後，客觀上的確起到了振聾發聵、除舊迎新的作用，經學的地位開始一落千丈。然而正如在倒掉髒水的同時也倒掉了嬰兒一樣，十三經中的精華也同糟粕一道被棄置，殊爲可惜。更爲可怕的是，其中的許多糟粕並未得到真正的清理，又往往借尸還魂，死灰復燃，爲害社會。所以隨着時代的發展，人們對中華文化遺産更加珍視，開始呼喚讀經，呼喚科學的讀經，呼喚經學研究者在嚴謹的批判與借鑒中，讀懂十三經，使經學中的合理内核與有益營養，跟現代社會達到真正的和諧與交融，發揮它應有的作用。正是基於此，我們纔萌生出整理出版新版十三經注疏的最初願望。

「經」本指經綫，是布帛等織物的綱，並引申出提綱絜領、傳之久遠的含義。於是作爲基本典籍常相傳授的書，便被稱作「經」。「經」本非儒家典籍所專有。最早被稱爲「經」的書是墨經，也就是墨子。墨子有經上、經下、經説上、經説下四篇。此外，管子、韓非子也稱爲「經」。儒家之書被稱作「經」，也始於戰國，那就是「六經」。莊子天運篇曰：「孔子謂老聃曰：『丘治詩、書、禮、樂、易、春秋六經，自以爲久矣。』」又天下篇曰：「詩以道志，書以道事，禮以道行，樂以道和，易以道陰陽，春秋以道名分。其數散於天下而設於中國者，百家之學時或稱而道之。」湖北荆州郭店所出竹簡中所記「六經」經名與順序，證莊子所言不虚。這「六經」的順序保持到西漢前期。〔一〕

「六經」是夏商周三代禮制文明的結晶，大體成型於周代。春秋戰國時期，禮崩樂壞，上下陵替。隨着周王室的衰敗，「六經」也失去往日的榮耀，被棄之不用。而諸子百家乘勢而起，爲新興的貴族出謀劃策，變法圖强。孔子尊崇周制，潛心整理「六經」，試圖恢復周禮所提倡的等級秩序，以平息紛争，因逆潮流而動，便到處碰壁，甚至陷入「惶惶若喪家之犬」的境地。當時，儒學並非顯學，「六經」也不神聖。秦併六國，天下歸一。秦始皇以法立國，一度焚書坑儒，儒家又遭沉重打擊。幸賴秦博士所藏及民間所匿，於漢初衆經纔得以復出，而樂經已亡，僅餘「五經」。漢武帝之時，國力達於極盛，新的統治秩序得以鞏固，赤裸裸的法治或清静無爲的黄老之學無法滿足新秩序的需要，從此神學化的儒學脱穎而出，登上獨尊的國教地位。兩漢之際，「六經」順序有了微妙變化。漢書藝文志中六藝略所刊爲：易、書、詩、禮、樂、春秋。這順序沿用至今。而之所以有此改變，可能與劉向、劉歆當年整理文獻排列諸經成書年代次序有關。東漢時，加入了論語、孝經，除去已佚的樂經爲「七經」。唐時有「九經」之説，未見確論。據晁公武郡齋讀書志所言，至唐文宗太和年間（八二七—八三五）刻「十二經」，立石國學。這「十二經」有了實指，即易、書、詩、周禮、儀禮、禮記、春秋左氏傳、公羊傳、穀梁傳、論語、孝經、爾雅。到了宋代，經朱熹等理學家的推崇提倡，孟子進入「經」的行列，於是「十三經」始全。

十三經的成書年代，至今争論不休。然而易經、尚書形成於西周；詩經始於西周而成於春秋；儀禮、周禮、禮記基本編定於東周，漢代有所變更；左傳、論語、孟子、爾雅成書於戰國；孝經古本完成於戰國，而改定於漢初；公羊傳、穀梁傳寫定於漢代，基本内容源出於孔子弟子之説，還是大體可信的。

中國經學的研究，從漢初算起，至今已有二千二百年之久。西漢時期，今文經控制學壇。王莽代漢，古文經學抬頭。進入東漢，更一發不可收拾，經馬融、鄭玄等大家的推動，經今古文合流，但古文經處於上風。魏晉學術爲之一變，玄學成爲顯學。而到了唐代，漢學重新流行，並以古文經爲基礎。宋時疑古之風大盛，理學一統天下，至明而不墜。清代則提倡樸學，輕虚言，重實證，追本溯源，漢學由是復興，經學研究也達到頂峰。那時相關著作，接踵問世，如納蘭性德匯刻之通志堂經解、阮元輯刻之皇清經解、王先謙輯印之皇清經解續編，動輒收書數百種，總卷帙超千卷，其他專著則數不勝數。當然影響最大、流傳最廣且久的，仍當推阮元主持修訂的十三經注疏。

阮元字伯元，號芸臺，江蘇儀徵人。乾隆五十四年（一七八九）進士，歷任翰林院編修，浙江、河南、江西巡撫，湖廣、兩廣、雲貴總督，太子少保，體仁閣大學士。道光二十九年（一八四九）卒，享年八十六歲，謚文達。據清史稿阮元傳所載，「元博學淹通，早被知遇，勅編石渠寶笈，校勘石經。再入翰林，創編國史儒林、文苑傳。至爲浙江巡撫，始手成之。集四庫未收書一百七十二種，撰提要。」又曰：「歷官所至，振興文教。在浙江立詁經精舍，在粵立學海堂。」「撰十三經校勘記、經籍籑詁、皇清經解百八十餘種，專宗漢學，治經者奉爲科律。」

阮元重刊宋本十三經注疏，始於嘉慶二十年（一八一五），刊成於二十一年（一八一六），可謂神速。不過其準備工作則在嘉慶四年（一七九九），在浙江創辦詁經精舍之時，當時他糾集段懋堂、何元錫、顧千里、徐新田、臧在東、孫雨人、李尚之、嚴厚民等知名學者，分撰十三經校勘記，奠定深厚基礎，所以新本一出，倍受歡迎，享譽至今。

阮刻本雖稱善本，却並非無懈可擊，其存在問題概括起來有以下四點：

一、選用底本不當。阮刻本以「重刻宋本」爲名，實際所用乃元刻明修之南雍本，此本雖原出宋季建刻附音本，遞經修補，續有糾謬，然轉相承訛之處多有，阮校因之失誤之例甚多，因此，實非整理首選。相反，始於南宋初年浙東茶鹽司刻本之周易、尚書、周禮三種，繼以紹熙中黄唐刻毛詩、禮記二種，因半葉八行，故稱八行本。而經注及義疏合刻始於是本，書名題有「注疏」之稱，亦始於是本，勘刻之精審遠在十行本之上。以周禮、禮記爲例，因十行本錯而八行本不誤，阮刻校勘記可以不出者，大約在三分之一以上。

二、分卷無例。如尚書依正義作二十卷，儀禮依正義作五十卷，而周易則依經注本作九卷，與正義作十六卷異。又毛詩也依經注本作二十卷，却非正義作四十卷之舊。或依或違，所爲無定，遂使唐宋義疏原卷不可得以詳。

三、主事者意見不合，各執己見，勢同水火，正確建議未能採納，而致謬種流傳。如顧千里與段懋堂之争，事涉臧在東、何元錫二人，以至顧氏出走，爲張古餘刻儀禮注疏，以成己志。

四、急於呈送，校對未精。因阮元陞任兩廣總督，江西之盧宣旬以「創始者樂於觀成，板甫就，急思印本呈制軍，以慰其遺澤西江之意。局中襄事者未及細校，故書一出，頗有淮風别雨之訛」。〔二〕

有鑒於此，西北大學與上海古籍出版社共同發起，於一九九二年成立了新版十三經注疏整理本的編纂委員會。編委會草擬了有關的方案與體例，並約請國内十餘名中青年才俊，參預點校整理工作。各經均追本溯源，詳加考校，或採用宋八行本爲底本，或以宋早期單注、單疏本重新拼接，或取晚出佳本爲底本，在盡量恢復宋本原貌的基礎上，整理出一套新的整理本，來彌補阮刻本的不足，以期對經學研究、對中國傳統文化研究能起到推動作用，滿足廣大讀者的需要。但由於種種原因，有關工作遷延至今，這是我們深爲遺憾之處。

又當代缺乏經學大家，是客觀事實。今預役諸君各有特長，成果頗豐，但均有先天不足，不當之處，在所難免，望博雅君子，不吝賜教。

本項工作一直得到國家古籍整理出版規劃領導小組、全國高校古籍整理工作委員會以及上海古籍出版社的大力支持與幫助，在此一併致以誠摯的謝意。

二〇〇七年十一月

二〇〇八年八月修訂

〔一〕參閱蔣伯潛十三經概論、楊伯峻經書淺談導言、周予同經學歷史序言、李學勤經史總説，下同，恕不一一注明。

〔二〕見朱華臨重校宋本十三經注疏跋，載影印本十三經注疏第四頁，中華書局一九八〇年版。又參閱汪紹楹阮氏重刻宋本十三經注疏考，載文史第三輯。

校點前言

版本的求真和求善，不僅是文獻版本學理論的争議所在，同時也影響到歷代版本刊刻與校勘等實踐工作。不同理念之下的版本重刊與校勘整理形成了衆多版本，歷史地反映了人們對於版本求真和求善問題的思考探索歷程。此次十三經注疏整理工作目標在於恢復經籍注疏舊貌，力在求真，反映近年來學術界對於這一問題的理解。春秋公羊傳注疏整理工作就在這一原則之下進行。

經學注疏的傳習與研究無不以文獻整理爲最基本前提。版本刊刻與校勘整理的重要性於此也可見一斑。不過，既然對於版本求真與求善仍存疑問，那麽，這一整理工作也只能爲經典研讀和相關研究提供一種文本參考，而不能作爲根本依據而決定研究結果。這是需要特别説明的。

一、注疏源流

春秋公羊學發生在漢代，是西漢經學的主流。歷史上，春秋公羊學經歷了由繁盛轉而衰落，甚至湮没無聞，及至清代重新崛起的戲劇性發展過程。

舊説以爲：「子夏傳與公羊高，高傳與其子平，平傳與其子地，地傳與其子敢，敢傳與其子壽。至漢景帝時，壽乃與齊人胡毋子都著於竹帛。」（公羊疏引戴宏解疑論）據此，今本公羊傳寫定于漢初之際，基本内容乃出自孔子弟子之師説因襲。因無更多依據稽考，姑且仍以此説爲據。

公羊傳原本單行而與春秋經別載。漢書藝文志載經十一卷，又載公羊傳十一卷，正是如此。漢末熹平石經也僅有傳文而不録經文，但以紀年爲識別。是知傳自別經，不相連綴。東漢末季，何休作春秋公羊解詁，宣明公羊學大義。其釋兼備公羊經傳文字（從段熙仲説，參看氏著春秋公羊學講疏），然其書一仍十一卷之舊目：閔公卷二年何休注「繫閔公篇于莊公下」云云，可爲證。隋書經籍志載春秋公羊解詁十一卷。而經典釋文序録始著録十二卷，其所差異者在僖公卷之分卷：釋文之公羊音義僖公十六年條下云「後人以僖卷大，輒分之爾」。唐開成石經初刻時，「公羊分十二卷，後併閔公于莊公卷，而公羊僅十一卷」，「閔公第四標題下增刻雙行小注云附莊公卷，僖公至哀公標題下增刻卷四至卷十一，而卷尾標題亦皆磨改作第四至第十二」（嚴可均唐石經校文）。唐宋以降，諸書目著録，則多以春秋魯十二公每公一卷，適成十二卷之數（唯鄭樵通志著録其書從十一卷之舊）。

何邵公作春秋公羊解詁之際，已將春秋經與公羊傳合附，是其時經傳文字已非別行（從段熙仲説。四庫館臣疑「今本以傳附經，或徐彦作疏之時所合併歟」，非是）。魏晉之際，爲經傳與何休解詁一併作義疏，俱作訓釋。唐初整理魏晉學術，承而沿用，此後遂爲定式。然而，魏晉以降，經古文學漸盛，而史學發達，春秋學轉而推崇左傳，公羊學漸漸退出歷史舞臺。更此以降，春秋公羊學幾爲絶響，更乏學者問津。經典釋文序録云：「二傳近代無講者，恐其學隊絶，故爲音以示將來。」隋志亦云：「至隋，公羊、穀梁浸微，今殆無師説。」五代迄趙宋，版刻始興，公羊傳雖存其間，但流傳不夥。直至清代重新宣導經學，漸以今文經學抬頭，春秋公羊學乃得重新廣大。經由常州學派莊存與等學者著述立説，至晚清康有爲、廖平等人極盡恢弘，一度蔚爲大觀。而民國以來經學衰頽，春秋公羊學更莫能外。

今天通行刻本春秋公羊經傳注疏（附音義）是用東漢何休春秋公羊解詁和魏晉南北朝佚名所作義疏（作者爲北朝大儒，其中文字入唐後曾有修訂整理，兹據重澤俊郎、潘重規等考證）以及陳陸德明經典釋文中公羊音義三部分組成①。

版刻之興，春秋公羊傳解詁單行付梓，是所謂單經本。繼而經典釋文之公羊音義補刊其後。南宋時，始將音義文字分拆附於經注文字之下，而經注疏匯刻本遂又本此合爲一編。又公羊疏原本别行，刊本之初殆始于北宋咸平三年校定諸經疏及正義之際，時「凡賈公彦周禮、儀禮疏各五十卷，公羊疏三十卷，楊士勳穀梁疏十二卷，皆校舊本而成之」（玉海卷四十一「咸平孝經、論語正義」條下），餘有孝經、論語、爾雅等。至咸平四年十月九日，「摹印頒行，於是九經疏義具矣」。是後，景德、大中祥符年間又有詳校重刻（參看玉海卷四十三「景德群書漆板　刊正四經」條下）。單疏本歷代書目罕有著録，而本邦失傳已久，清四庫館臣已不知其詳。所幸有東瀛抄本一仍其舊貌（今存蓬左文庫，有杉浦豐治整理校記）。

十三經注疏萃刻祖本，莫先於越刊八行本；然僅録經注疏文字，而音義不附其中，也無春秋公羊傳注疏。此後南宋建陽刊刻附音義十行注疏本，乃據經注并公羊音義分附本再加單疏本而成。此爲春秋公羊

① 經典釋文之成書近有新考，謂入隋之後仍有續作。參看孫玉文經典釋文成書年代新考，收録中國語文一九九八年第四期。

傳注疏附音義匯刻之祖。匯刻之際，不僅相關單疏分附經傳注文字之下，篇卷也已改作二十八卷，别于經傳注本與單疏本篇卷（單疏本分卷可據日本單抄本知）。此十行注疏本刊刻後迭經翻刻，元、明以下或略有行款改動而文字並承之。清代阮元重刻宋刊十三經注疏亦即以此爲底本。

二、底本選擇

春秋公羊傳注疏因無八行本，只能就十行本進行整理。宋刻十行本不傳于世，傳世者不過元刻遞修本而已。雖然阮元刻本也是以元刻本爲底本，但阮刻已經校勘，加之手民之誤，已喪底本原貌。因此，此次重新整理校點春秋公羊傳注疏，遂棄阮刻本而徑用元刻遞修本。元刻遞修本今日有影印本公諸世人者：日本東京大學東洋文化研究所藏本、京都大學人文科學研究所藏本與中華再造善本影印北京文物局藏本（前二者請參看相關機構漢籍電子網頁）。據筆者檢覈所知，三本文字大同，甚至補版亦多相同，蓋因諸本之印製時期相去不遠所致。

阮刻本之不足，學者已略言之，今擇取兩端備述如下：一、阮元刻本之錯誤。關於這一點，阮元其時已有清楚認識。雷塘庵主弟子記卷五「刻宋本十三經注疏成」條下其子阮福注云：

> 此書尚未刻校完竣，大人即奉命移撫河南。校書之人不能如大人在江西時細心，其中錯字甚多，有監本、毛本不錯而今反錯者……校勘記去取亦不盡善。故大人不以此刻本爲善也。（又收録阮元研經室二集卷二江西校刻本十三經注疏書後文後案語）

嘉慶刻本之主事者乃盧宣旬。上引「校書之人」云云即爲盧氏所發。阮元、福𠦝父子所云「刻宋本」（即指盧刻本）之錯謬，筆者在整理公羊注疏時，亦有體認。而後文所云「校勘記去取亦不盡善」，指盧氏附録宋本之後對阮元等所作十三經校勘記柬擇補充。阮元弟子嚴傑亦斥其非：

近年南昌重刻十行本，每卷後附以校勘記，董其事者，不能辨別古書之眞贋，時引毛本以訂十行本之訛字，不知所據者乃續修之册。更可詫異，將宫保師校勘記原文顛倒其是非，加「補校」等字。（皇清經解本周易校勘記末附記）

阮元刻本十三經注疏廣爲流佈，而各卷末所附者即盧氏摘補之校勘記文字。今北京大學整理本誤此爲阮元等所作之校勘記，是亦未察。

二、阮元刻本校勘參校諸本以及取用他人校勘成果之疏漏。下文略檢討阮元校勘記整理所據諸底本，説明之。

按阮元參校之本，根據書前目録所示，有如下諸本。單經本：唐石經春秋公羊十二卷；經注本：經典釋文公羊音義一卷；注疏本：惠棟校本春秋公羊注疏二十八卷、監本附音春秋公羊傳注疏二十八卷、閩本春秋公羊傳注疏二十八卷、監本春秋公羊傳注疏二十八卷、毛本春秋公羊傳注疏二十八卷、浦鏜春秋公羊傳注疏正誤四卷。

前揭諸參校本之中，單經本所依據爲唐石經本。實則，唐石經「其經字在大和時已有改刻，乾符時有修改，朱梁時有補刻，北宋時有旁改添注」（張國淦歷代石經考之唐石經提綱），拓本則有明嘉靖拓本、清乾隆以前未裝册本及乾隆後摹本，但「都補綴可疑」（同上），時至今日也未能有充分、徹底的整理研究。據此，唐石經本文字雖可用於參校而難爲圭臬以判定文字。而阮校每以石經文字定奪校勘内容，實可商榷。

又注疏本下，阮元有按語云：

何煌字仲友云：「康熙丁酉，假同門李廣文秉成所買宋槧官本手校，再令張翼庭、倪穎仲各校一過。」惠棟云：「有曹通政寅所藏宋本公羊，合何氏所校宋槧官本、蜀大字本及元版注疏，並參以石經，用朱墨別異。癸酉冬月識。」按惠云「朱墨別異」者，今不能詳。大約鄂州官書經注本最爲精美。

由此可知，阮刻本經注本無所參考，不過轉録何煌、惠棟等人所校訂宋本、鄂州官書本而已。實則，與阮元刊刻十三經注疏同時，世間并有撫州公使庫刊本春秋公羊經傳解詁與建陽余仁仲刊本流傳。細考阮元校勘記中文字，也有宋本（即前揭撫州本）、余（仁仲）本、蜀大字本等過録，不過因阮校并未真正寓目諸本，故此實難稱參考。諸本之中蜀大字本與鄂本已經失傳，而阮校引據鄂本内容較爲詳細，或有勝阮元所見各版本者，故爲阮元校勘記備加推崇。實則，傳世兩經注本與阮校所據鄂本刻本系統與文字優劣，或有參差；鄂本既不可盡信，亦更需旁參其他經注文字（以上參看拙文春秋公羊經傳解詁版本小識，收録國學學刊，二〇一〇年第四卷）。

至於單疏本更爲阮元所未知見，固付之闕如。單疏刻本雖僅存殘帙七卷，但行款信息、文字内容彌足珍貴；東瀛所見雖爲抄本，然卷數仍一存古真，文字亦足可寶。

此外，阮元對此相關校勘著作，如齊召南等所著殿本考證、浦鏜十三經注疏正誤等雖有東擇而未能正視，或失諸稽考，也是其疏漏所在。筆者參照諸本，知其中實有可據訂正注疏文字而爲阮校遺漏者，則阮氏去取不無可商之處。

再就阮元校勘記言之。關於阮校的體例，孫詒讓在周禮正義凡例中曾有批評説：「俗本訛文塵穢簡牘，非例也。」職是之故，此次參校在吸收阮校的同時，也略作了處理，删汰蕪雜，精簡文字。尤其阮元校勘記中博引惠棟九經古義、臧琳經義雜記等考據文字説明經傳異文、通假，雖然有助經傳理解，實則有失校勘體例，今并予以省略。

三、參校資料

此次整理工作，除參考阮元校勘記（阮校有文選樓與清經解兩種刊本，互有得失，筆者已參酌校訂）之外，其他參校資料如下所示：

撫州本春秋公羊經傳解詁附公羊音義一卷

撫州公使庫淳熙二年刻本春秋公羊經傳解詁即前揭阮元校勘記中之宋本。此書明代曾爲著名學者陳仁錫和常熟大石山房孫氏收藏。卷端鈐有「陳氏明卿」和「孫朝讓印」二硃記。明末歸於毛氏汲古閣，書中有「毛氏子晉」、「汲古得修綆」、「宋本」等印記多方。清康熙年間，爲曹寅所得（楝亭書目卷一），鈐有「楝亭曹氏藏書」一印。後清光緒末年又歸涵芬樓收藏。今有古逸叢書三編及北京圖書館古籍珍本叢刊影印本。

傳世經注本解詁以此本爲最早，其版本源流也不同於今注疏匯刻，更有附公羊音義一卷，體例一仍監本舊式。而文字也頗勝于阮元校勘記中備加推崇之鄂州官學本。今據古逸叢書三編影印本參校。

余仁仲本春秋公羊經傳解詁（四部叢刊本）

建陽余仁仲紹熙四年刻本，今一藏北京圖書館，一藏臺北「故宫」。北圖本卷六末葉、卷十一末葉爲抄配。嘗經季振宜、徐乾學手，嘉慶、道光間歸汪喜孫收藏。道光四年汪喜孫與武進劉逢禄同校，復刻翻刻本，此即問禮堂景刊本。同治二年邵陽魏彦重印並附校勘記。後其板歸金陵書局，民國無錫唐茹經十三經讀本即據此本翻刻。後又經黄彭年寓目，復歸李新吾、袁克文遞藏（參看藏園群書經眼録「春秋公羊經傳解詁十二卷」解題案語）。後屬潘氏寶禮堂舊藏，著録於寶禮堂宋本書録。今影印收入中華再造善本。臺北「故宫博物院」本，即四部叢刊初編影印底本，昔爲常熟瞿氏庋藏。亦嘗爲季滄葦所藏，乾隆之際爲蔣海宗所有，嘉慶三年爲黄丕烈購入，書末有黄丕烈跋文，詳述其經緯。道光年間復轉屬汪士鐘，咸豐年間歸山東文登于氏小謨觴館所藏。民國間，涵芬樓從瞿氏處借得，影印入四部叢刊。一九九〇年臺北「故宫博物館」又將其影印出版。日本學者阿部隆一考察二本，嘗謂北京圖書館藏本年代早於此本，然未及申論（説參氏著中國訪書志，東京汲古書院一九八三年出版）；今則有張麗娟女史詳細考訂二本異同，結論以爲北圖本爲初印本，其中不乏誤字與衍文、脱文等；而臺北「故宫」本爲校訂重修本，是在原書版之上直接剜改補刻後刷印之本（説參張麗娟宋余仁仲萬卷堂刻春秋公羊經傳解詁的兩個印本，收録中國典籍與文化二〇一〇年第四期總七五期）。

余仁仲本不同於前揭撫州解詁本，已經將公羊音義文字分附經注文字之下，今所見注疏匯刻諸本即以此爲底本另附單疏文字而成。作爲注疏祖本，其價值自不待言。今據上海古籍出版社影印四部叢刊本十三經所收録余本春秋公羊經傳解詁參校。

單疏殘本（續古逸叢書本）

單疏殘本七卷。民國時張元濟仿黎庶昌古逸叢書，編輯影印續古逸叢書，從南海潘氏處借得此本，在涵芬樓商務印書館刊行。前此，嘉業堂劉承幹嘗據此殘本開版重雕，並附校勘記于其後。今據續古逸叢書本參校。

單疏抄本（日本蓬左文庫藏本翻拍本）

單疏抄本三十卷。共四百五十九葉，裝訂六册。單紙長約二七釐米，寬約一九釐米，半葉十二行，每行多則二十五字，少則二十字，無界欄。卷首附景德二年中書門下牒，卷末附都校、再校、校訂官名銜。據日本學者杉浦豐治研究，此本抄寫于日本室町時代（一三三八—一五七三）中期，後爲德川家康所有。其底本或爲宋單疏本。後歸德川義直，藏入「尾陽府庫」，兩百餘年間作爲蓬左文庫貴重真品典藏。一九五一年向公衆開放閲覽。單疏抄本保留了單疏本篇卷、文字原貌，與單疏殘本也不盡一致（參看杉浦豐治春秋公羊疏校記序并氏相關論文介紹）。對於校訂匯刻之後疏文參考價值重大，今據蓬左文庫藏本翻拍本參校。

經典釋文北京圖書館藏宋刊元遞修本

經典釋文宋刊元遞修本，三十卷。清代學者整理經典釋文成果頗豐，其先有通志堂本刊行於世，後有盧文弨抱經堂校本。此本清代學者所未見。今藏北京圖書館。今人黄焯曾據以校訂經典釋文，有彙校一書，近年又有黄氏後人作整理校訂本，最爲精審。今據上海古籍出版社影印宋刊元遞修本參校，輔以黄氏彙校并撫州本末公羊音義訂正十行本分附經注文字下公羊音義文字。

春秋公羊經傳注疏殿本考證

春秋公羊經傳注疏殿本考證二十八卷，齊召南等撰。阮元整理工作之前，官方曾對十三經注疏進行全面整理工作，即殿本注疏。囿於當時整體學術認識水平，殿本整理工作未能先行考察版本等詳情，存有諸多缺憾。整理者通過他校、理校，力所能及進行了一些勘誤、校勘等工作。其中不乏卓識，足資參考，或有發阮元等校勘記之先聲者。是以柬擇其中有可參考價值者，用以參校。

浦鏜十三經注疏正誤（沈廷芳十三經注疏正字四庫全書本）

浦鏜十三經注疏正誤文字部分已選擇收録于阮元十三經校勘記之中。關於其書作者，四庫全書總目作沈廷芳，盧文弨則謂出自浦鏜（十三經注疏正字跋），阮元校勘記中亦多引作浦鏜，據此可知作者實爲浦鏜（參看胡雙寶十三經注疏正字作者辨）。浦鏜正誤所施公羊注疏校勘以本校爲主，稍及他校、理校之法。其或據前後注疏正文施諸本校，或據注疏文字體例文義以理校推定，而其引文處理頗爲繁複。對此，盧文弨以爲：「此則令讀者得以參考而已，非謂所引必當盡依本文也。蓋引用他書又不得不少加增損者。」其説甚是。阮元校勘記吸納其本校成果，或據以爲説，而另立己説則不加轉述；其理校成果則擇善而從，然猶有可寶而未盡者。此次整理筆者全面覆核浦鏜公羊正誤文字，以四庫全書本公羊注疏正誤補充阮元校勘記所引浦説文字，并擇取其中有價值者，録入校勘記之中。

汪文臺十三經注疏校勘記識語

汪文臺撰定此書始末，清史稿本傳有云：「見阮元十三經注疏校勘記，謂有益於後學，然成於衆手，時有駮文，别爲表識，作校勘記識語，寄示阮元。元服其精博，禮聘之。」汪氏所作校勘多理校，間有他校，或有可取。今從光緒三年刻本（續修四庫全書所收，上海古籍出版社一九八五年出版），擇取汪氏識語録入校勘記中。

孫詒讓十三經注疏校記

孫詒讓十三經注疏校記以阮元刻本爲底本，是孫氏校讀經注疏欲整理經逐的底本（參看雪克十三經注疏校記輯點説明），其中文字主要爲周禮注疏校勘内容。孫氏公羊注疏校勘記雖未得善本，然頗有見識卓絶者，故今從雪克輯點本中，略取公羊注疏部分用資參校。

單疏殘本校勘記

劉承幹嘉業堂據單疏殘卷本刊刻，後附與阮刻本對勘所作校勘記一卷，即爲此記。今據續古逸叢書本重加覆核，知劉氏所作校勘記實則功過相將，訂正阮刻并校勘記雖然甚夥，但是錯訛、遺漏也不在少數，不可盡據。今擇善參校。

杉浦豐治春秋公羊疏校記

日本學者杉浦豐治于昭和二十六年（一九五一）至二十七年（一九五二）調查蓬左文庫所藏舊抄本春秋公羊疏，此本爲杉浦氏取阮元刻本重栞宋本公羊注疏附校勘記爲底本校勘所得之校記。校記前有舊抄本公羊正義略記，對該抄本公羊疏有詳細説明。此外校記前還附有原抄本前的中書門下牒與抄本末的校官名銜。校記一仍抄本，分三十卷，先録阮刻本文字，其下再録抄本文字别異者。今校之抄本公羊疏并阮元嘉慶刻本文字，知前修未密，其中仍有漏校乃至錯謬之處。故今取杉浦氏校記并筆者核對所得，擇而録入校記。

日本公羊注疏研究會公羊注疏譯註稿（一至七册）校勘記部分

日本公羊注疏研究會成立自日本昭和五十一年（一九七六），同人學者若干人等相約研讀公羊注疏，逐字逐句翻譯爲日語，施以校勘，并對其中難解問題詳加注釋。歷時二十三年，至平成十年（一九九八）

該研究會解散爲止，陸續出版公羊注疏譯註稿七册。一至六册爲隱公元年注疏譯註，第七册爲哀公十四年注疏譯注。雖然未能窮盡公羊注疏全本譯注工作，但就已出版七册而言，其文字校訂、内容辨析已足可觀。其前四册校勘所忽略撫州本春秋公羊經傳解詁，自第五册起一併納入作爲參校本之一。唯其底本以阮刊本爲據似不無可商。筆者赴日訪學期間，獲此譯注稿前四册，又承廣島大學野間文史教授相贈譯注稿五至七册。今借鑒其校勘記文字，用作參校。

四、其他相關問題

其一，關於引文處理。公羊注疏中引文數量甚多，或標明出處用作明引，或不標明出處暗引文字。因此，這些引文處理是校點過程中頗爲棘手的問題之一。清代學者進行文本校勘以本校、他校之法，對此處理頗有異同。此次整理以尊重版本舊貌爲原則，其中引文或爲今本所無者，自然無從校定；與今本相出入者也不應簡單以今本進行判斷，分别正誤；而其節略、意引者也當如此。此外，考慮到經、傳、注、疏産生時代不同，所依據文本歧異，遇到疏與經、傳、注文字有别時，亦不輕易改動疏文以强就經、傳、注文字。讀者鑒之。

其二，關於疏文位置調整。何休解詁文字簡略，或有經傳文字未加解釋，而義疏文字則并經、傳、注文字皆有訓釋，然亦有缺略不釋者。南宋之際，將公羊疏與春秋公羊經傳解詁（附音義）合併刊刻，需將疏文分節插入相應文字之下。或因手民誤植，割裂疏文者有之；或因遵從解詁文字之故，本爲經傳解釋文字的疏文也歸屬在注文之下。閩、監、毛本曾略作處理（毛本相對較多），阮元校勘記中對此現象有更多指陳，但檢舉未遍。二〇〇〇年由北京大學出版社出版整理點校本春秋公羊傳注疏，整理者略依疏文所釋内容，對幾處疏文位置加以調整，俾使盡歸「原處」。然而，筆者稽核全篇文字，則知未盡者尚夥。亦或有據此反錯置者。兹僅舉一例爲證：文十六年疏「窮諸人首」云云。阮校云：「閩、監、毛本移『賤者』以下四十二字作『賤者窮諸盜』之注，在『降大夫使稱人』之上。鄂本注無之，元年疏與此同，不誤。」按叢撫州本、余仁仲本，皆與鄂本同，公羊義疏謂此四十二字當爲疏文，而繫於「毁泉臺」傳疏下。閩、監、毛本誤據以爲注文。阮校并公羊義疏説甚是。而今北大標點本反據閩、監、毛本，將文字移至下文注「降大夫使稱人」上，誤甚。是以爲謹慎起見，并遵循注疏合刻之原貌，本次整理未對疏文位置作調整處理，僅録諸家校記説明於校勘記中。其餘文字當調整者，讀者自識。

其三，關於疏文標起止文字。疏本單行，因此需要抄録經、傳、注等文字標示起止，以明其注解之文。今以單疏殘本與單疏抄本觀之，其標起止文字或抄録經、傳、注全文者，或抄録數字而略以「云云」者，或作「□□（通例爲句首二字）至□□（通例爲句末二字）」者。下接疏文則率多先空一格，以「解云」二字標示之而與上文别屬，亦或有徑與上文連貫一句無「解云」二字者。其體例並不一致。每句疏釋之間亦空一格以示區别，雖間有誤連而大體不紊。注疏匯刻之際，標起止每以「〇（注）□□（通例爲句首二字）至□□（通例爲句末二字）」標起止文字，下再接「〇解云」，將疏文連屬其後。然每釋經傳注文字例以「〇」間隔以示區别者頗不能盡，多有脱漏之處。而其起訖文字則或有自爲束擇句首及句末二字者，與單疏殘本、抄本多異。此次校勘，其標起訖（多爲引文終止文字）與單疏殘本、抄本文字有别者

（主要爲迄止文字），乃在校記中加以説明；其他則從省，以便觀覽。敬請讀者留意。又因本次叢書整理體例，凡此標起訖皆作别行處理。

其四，關於異體字和句末虚詞。是故，前人（浦鏜）校勘記或記有補「○」者，亦並删省，不再另出。根據本次整理要求，除偏僻異體字，一般不作改動。又，疏文句末虚詞如「也、是也、耳」之類，各本或有異同，一般不出異同校，亦不依某本强作統一。

五、校勘記參校文獻略稱説明

阮元公羊注疏校勘記：阮校

（盧宣旬摘録校勘記：盧補）

撫州本春秋公羊經傳解詁附公羊音義一卷：撫州本（撫州本釋文）

余仁仲本春秋公羊經傳解詁（四部叢刊本）：余本

單疏殘本（續古逸叢書本）：單疏殘本

單疏抄本（日本蓬左文庫藏本翻拍本）：單抄本

經典釋文北京圖書館藏宋刊元遞修本：宋本釋文

日本公羊注疏研究會公羊注疏譯註稿（一至七册）校勘記部分：日校

浦鏜十三經注疏正誤（沈廷芳十三經注疏正字四庫全書本）：浦鏜

汪文臺十三經注疏校勘記識語：汪文臺識語

孫詒讓十三經注疏校記：孫詒讓

春秋公羊經傳注疏殿本考證：殿本考證

春秋公羊傳注疏整理本，浦衛忠整理校點（北京大學出版社二〇〇〇年）：北大本校記

劉尚慈春秋公羊傳譯注（中華書局二〇一〇年五月）：譯注

此次整理承蒙業師彭林教授舉薦，惶恐之餘感激不盡。版本調查及校勘過程中又蒙野間文史、橋本秀美、吕友仁諸先生指教與幫助，并申謝忱。唯筆者學識不逮，錯謬之處在所難免，文責當自負。祈請學界同仁批評指正。

整理者

目録

校點前言……一
中書門下牒……一
監本附音春秋公羊傳注疏序　何休……一
隱公卷第一……一
隱公卷第二……四七
隱公卷第三……八一
桓公卷第四……一一九
桓公卷第五……一五九
莊公卷第六……二〇一
莊公卷第七……二四五

莊公卷第八……二八九
莊公閔公卷第九……三三七
僖公卷第十……三六七
僖公卷第十一……四一一
僖公卷第十二……四六三
文公卷第十三……五一五
文公卷第十四……五五九
宣公卷第十五……六〇三
宣公卷第十六……六五五
成公卷第十七……七〇一
成公卷第十八……七四九
襄公卷第十九……七八九
襄公卷第二十……八三三
襄公卷第二十一……八七三
昭公卷第二十二……九〇九
昭公卷第二十三……九五九

昭公卷第二十四……一〇〇一
定公卷第二十五……一〇五五
定公卷第二十六……一〇九七
哀公卷第二十七……一一四五
哀公卷第二十八……一一八五
附録……一二一九
春秋公羊疏校記序……（日）杉浦豐治　一二一九
題跋集録……一二三九

中書門下牒

奉勑國家欽崇儒術，啓迪化源，眷六籍之垂文，實百王之取法，著於緗素，皎若丹青。乃有前修，詮其奧義，爲之疏釋，播厥方來；頗索隱於微言，用擊蒙於後學。流傳既久，譌舛遂多，爰命校讎，俾從刊正。歷歲時而盡瘁，探簡策以惟精。載嘉稽古之功，允助好文之理，宜從雕印，以廣頒行。牒至准勑故牒

景德二年六月　日牒

工部侍郎參知政事馮

兵部侍郎參知政事王

兵部侍郎平章事寇

吏部侍郎平章事畢

監本附音春秋公羊傳注疏序(一)

漢司空掾任城樊何休序 ○陸氏音義曰：掾，弋絹反。

【疏】「漢司空掾」 解云：漢者，巴漢之間，地名也。(二)於秦二世元年，諸侯叛秦。沛人共立劉季以爲沛公。二年八月，(三)沛公入秦。秦相趙高殺二世，立二世兄子子嬰。冬十月爲漢元年。子嬰降。二年春正月，(四)項羽尊楚懷王以爲義帝。其年二月，項羽自立爲西楚霸王，分天下爲十八國，更立沛公爲漢王，王巴漢之間四十一縣，都於南鄭。至漢王五年冬十二月，乃破項羽軍，斬之。六年正月，(五)乃稱皇帝，遂取漢爲天下號。若夏、殷、周既克天下，乃取本受命之地爲天下號云。「司空」者，漢三公，官名也。「掾」者，即其下屬官也，若今之三府掾是也。

「任城樊何休序」 解云：「任城」者，郡名。「樊」者，縣名。姓何，名休，字邵公。(六)其本傳云：「休爲人質朴訥口，而雅有心思，精研六經，世儒無及者。太傅陳蕃辟之，與參政事。蕃敗，休坐廢錮。乃作春秋公羊解詁，覃思不闚門，十有七年」是也。「序」者，舒也，敘也。舒展己意，以次敘經、傳之義，述己作注之意。故謂之序也。

昔者孔子有云：

【疏】「昔者孔子有云」 解云：「昔」者，古也，前也。故孝經云「昔者明王」，鄭注云「昔，古也」。檀弓上篇云「予疇昔，夜夢」，〔七〕注云「昔猶前也」。然則若對後言之，即言前，若對今言之，即言古。何氏言「前古，孔子有云」，「云」，言也。

「吾志在春秋，行在孝經。」

【疏】「吾志在」至「孝經」解云：案孝經鉤命決云：「孔子在庶，德無所施，功無所就。志在春秋，行在孝經」是也。所以春秋言「志在」，孝經言「行在」者，〔八〕春秋者，賞善罰惡之書，見善能賞，見惡能罰，乃是王侯之事，非孔子所能行。故但言「志在」而已。孝經者，尊祖、愛親、勸子事父、勸臣事君，理關貴賤，臣子所宜行。故曰「行在孝經」也。

此二學者，聖人之極致，

【疏】「此二」至「極致」解云：「二學」者，春秋、孝經也。「極」者，盡也。「致」之言至也。言聖人作此二經之時，盡己至誠而作之。故曰「聖人之極致」也。

治世之要務也。〔九〕○治，直吏反。

【疏】「治世」至「務也」解云：凡諸經藝等皆治世所須。但此經或是懲惡勸善，或是尊祖愛親，有國家者最所急行。故云「治世之要務也」，言治世之精要急務矣。祭統云：「凡治人之道，莫急於禮。」禮者，謂三王以來也。若大道之時，禮於忠信爲薄。正以孔子脩春秋，祖述堯、舜，故言此。考諸舊本，皆作「也」字，又且於理亦宜然。若有作「世」字者，〔一〇〕俗誤已行。

傳春秋者非一，

【疏】「傳春秋者非一」 解云：孔子至聖，却觀無窮，知秦無道，將必燔書。故春秋之説，口授子夏。度秦至漢，乃著竹帛。故説題辭云：「傳我書者，公羊高也。」戴宏序云「子夏傳與公羊高，高傳與其子平，平傳與其子地，地傳與其子敢，敢傳與其子壽。至漢景帝時，壽乃共弟子齊人胡毋子都著於竹帛，與董仲舒。皆見於圖讖」是也。故大史公云「董仲舒，廣川人也。以治春秋，孝景時爲博士。下帷講誦，弟子傳以久次相受業，或莫見其面。董生相膠西王，疾免歸家，以脩學著書爲事，終不治産業」是也。又六藝論云：「治公羊者，胡毋生、董仲舒，董仲舒弟子嬴公，嬴公弟子眭孟，眭孟弟子莊彭祖及顔安樂，安樂弟子陰豐、〔一一〕劉向、王彦。」故曰：「傳春秋者非一。」舊云「傳春秋者非一」者，謂本出孔子，而傳五家，故曰「非一」。

本據亂而作。

【疏】「本據亂而作」 解云：孔子本獲麟之後，得端門之命，〔一二〕乃作春秋。公取十二，則天之數。是以不得取周公、成王之史，而取隱公以下。故曰「據亂而作」，謂據亂世之史而爲春秋也。

其中多非常異義、可怪之論。○論，盧困反。下「持論」同。

【疏】「其中」至「之論」解云：由亂世之史，故有非常異義可怪之事也。「非常異義」者，即莊四年，齊襄復九世之讎，而滅紀；僖二年，實與齊桓專封是也。此即是非常之異義，言異於文武時。何者，若其常義，則諸侯不得擅滅，諸侯不得專封。故曰「非常異義」也。其「可怪之論」者，即昭三十一年，邾婁叔術妻嫂而春秋善之是也。

說者疑惑，

【疏】「說者疑惑」解云：此「說者」謂胡毋子都、董仲舒之後，莊彭祖、顏安樂之徒。見經傳與奪異於常理，故致疑惑。

至有倍經任意、反傳違戾者，

【疏】「至有」至「戾者」解云：此「倍」讀如反背之「背」，非倍半之「倍」也。〔一三〕言由疑惑之故，雖解經之理，而反背於經。即成二年逢丑父代齊侯當左以免其主，春秋不非而說者非之，是背經也。「任意」者，春秋有三世異辭之言，顏安樂以爲：從襄二十一年之後，孔子生訖，即爲所見之世，是任意。「任意」者，凡言見者，目覩其事，心識其理，乃可爲見。故演孔圖云：「文宣成襄，所聞之世也。」而顏氏分張一公而使兩屬，是其任意也。「反傳違戾」者，宣十七年「六月癸卯，日有食之」。案隱三年傳云：「某月某日朔，日有食之者，食正朔也。其或日或不日者，或失之前，或失之後。失之前者，朔在前也。」謂二日乃食，失正朔於前。是以但書其日而已。「失之後者，朔在後也」，謂晦日食，失正朔於後。是以又不書日，但書其月而已。即莊十八年「三月，日有食之」是也。以此言之，則日食之道不過晦、朔與二日。即宣十七年言日不言朔者，是二日明矣。而顏氏以爲十四日日食，是反傳違戾也。

其勢雖問不得不廣。〔一四〕

【疏】「其勢」至「不廣」　解云：言説者疑惑，義雖不是，但其形勢已然，故曰「其勢」。雖復致問，不得不廣引外文，望成其説，故曰「不得不廣」也。一説謂：「顔、莊之徒，以説義疑惑，未能定其是非，致使倍經任意、反傳違戾。是以何氏覩其形勢，故曰『其勢』。維適畏人問難，故曰『維問』。遂恐已説窮短，不得不廣引外文望成已説，故曰『不得不廣』也。『維』誤爲『雖』耳」。

是以講誦師言，至於百萬，猶有不解。

【疏】「是以」至「不解」　解云：此「師」謂胡、董之前，公羊氏之屬也。言由莊、顔之徒解義不是，致他問難，〔一五〕遂爾謬説，至於百萬言。其言雖多，猶有合解而不解者，故曰「猶有不解」矣。

時加釀嘲辭，○讓嘲，陟交反。〔一六〕

【疏】「時加釀嘲辭」　解云：顔安樂等解此公羊，苟取頑曹之語，不顧理之是非，若世人云「『雨雪其雱』臣助君虐」之類是也。

援引他經，失其句讀，

【疏】「援引」至「句讀」 解云：三傳之理不同多矣。羣經之義，隨經自合。而顔氏之徒既解公羊，乃取他經爲義，猶賊黨入門，主人錯亂，故曰「失其句讀」。

以無爲有。

【疏】「以無爲有」 解云：公羊經傳本無以周王爲天囚之義，而公羊説及莊顔之徒，以周王爲天囚，故曰「以無爲有」也。

甚可閔笑者，

【疏】「甚可閔笑者」 解云：欲存公羊者，閔其愚闇，欲毁公羊者，笑其謬妄也。〔一七〕

不可勝記也。

【疏】「不可勝記也」 解云：言其可閔可笑處多，不可勝負，不可具記也。

是以治古學、貴文章者，謂之俗儒，

【疏】「是以」至「俗儒」　解云：左氏先著竹帛，故漢時謂之古學。公羊，漢世乃興，故謂之今學。是以許慎作五經異義云「古者，春秋左氏説；今者，春秋公羊説」是也。「治古學」者，即鄭衆、賈逵之徒，貴文章者。〔一八〕「謂之俗儒」者，即繁露云「能通一經曰儒生，博覽羣書，號曰洪儒」。則言乖典籍，辭理失所，名之爲「俗」；教授於世，謂之「儒」。鄭、賈之徒，謂公羊雖可教授於世，而辭理失所矣。

至使賈逵緣隙奮筆，以爲公羊可奪、左氏可興。

【疏】「至使」至「可興」　解云：「賈逵」者，即漢章帝時衛士令也。言「緣隙奮筆」者，莊、顔之徒，説義不足，故使賈逵得緣其隙漏，奮筆而奪之，遂作長義四十一條，云「公羊理短，左氏理長」。意望奪去公羊而興左氏矣。鄭衆亦作長義十九條、十七事，專論公羊之短、左氏之長，在賈逵之前。何氏所以不言之者，正以鄭衆雖扶左氏而毁公羊，但不與讖合，帝王不信，毁公羊處少，興左氏不强，故不言之。豈如賈逵作長義四十一條，〔一九〕奏御于帝，帝用嘉之，乃知古之爲真也，賜布及衣，將欲存立，但未及而崩耳。然則賈逵幾廢公羊，故特言之。

恨先師觀聽不決，多隨二創。

【疏】「恨先」至「二創」　解云：此「先師」，戴宏等也。凡論義之法，先觀前人之理，聽其辭之曲直，然以正義決之。〔二〇〕今戴宏作解疑論而難左氏，不得左氏之理，不能以正義決之，故云「觀聽不決」。「多隨二創」者，上文云「至有背經任意、反傳違戾者」，與公羊爲一創。又云「援引他經，失其句讀」者，又與公羊爲一創。今戴宏作解疑論，多隨此二事，故曰「多隨二創」也。而舊云「公羊先師説公羊義不著，反與公羊爲一創，賈逵緣隙奮筆奪之，與公羊爲二創」，非也。

此世之餘事。

【疏】「此世之餘事」　解云：何氏言先師解義，雖曰不是，但有已在，公羊必存。故曰「此世之餘事」。「餘」，末也。言戴氏專愚，公羊未申，此正是世之末事，猶天下閑事也。舊云「何氏云前世之師説此公羊，不得聖人之本旨，而猶在世之末説，故曰『世之餘事』也」。

斯豈非守文持論，敗績失據之過哉！

【疏】「斯豈」至「過哉」　解云：「守文」者，守公羊之文。「持論」者，執持公羊之文以論左氏，即戴宏解疑論之流矣。「敗績」者，争義似戰陳，故以敗績言之。「失據」者，凡戰陳之法，必須據其險勢以自固。若失所據，即不免敗績。若似公羊先師欲持公羊以論左氏，不閑公羊、〔二二〕左氏之義，反爲所窮，已業破散，是失所依據。故以喻焉。

余竊悲之久矣。

【疏】「余竊悲之久矣」　解云：何邵公精學十五年，〔二三〕專以公羊爲已業。見公羊先師失據敗績，爲他左氏先師所窮，但在室悲之而已，故謂之「竊悲」。非一朝一夕，故謂之「久」。後拜爲議郎，一舉而起，陵羣儒之上，已業得申，乃得公然歎息。

往者略依胡毋生條例，〇毋，音無。多得其正，

【疏】「往者」至「其正」　解云：胡毋生本雖以公羊經傳傳授董氏，猶自別作條例。故何氏取之以通公羊也。雖取以通傳意，猶謙未敢言已盡得胡毋之旨。故言「略依」而已。何氏本者作墨守以距敵，〔二〕長義以强義，爲廢疾以難穀梁，造膏肓以短左氏，蓋在注傳之前。猶鄭君先作六藝論訖，然後注書。故云「往者」也。何氏謙不言盡得其正，故言「多」爾。

故遂隱括，使就繩墨焉。〇隱括，古奪反，結也。

【疏】「故遂」至「墨焉」　解云：「隱」謂隱審，「括」謂檢括，「繩墨」猶規矩也。何氏言已隱審檢括公羊，使就規矩也。然則何氏最存公羊也。而識記不見者，書不盡言故也。而舊云「善射者隱括令審，射必能中。何氏自言已隱括公羊，能中其義也。凡木受繩墨，其直必矣。何氏自言規矩公羊，令歸正路矣」。

校勘記

〔一〕監本附音春秋公羊傳注疏序　「傳」字原無。浦鏜正字所據本有「傳」字。阮校云：何煌校宋監本「公羊」下有「傳」字，是也。此脱。據補。

〔二〕巴漢之間地名也　「地」原作「也」。阮校云：補刊本「地名」誤「也名」。據改。

〔三〕二年八月　阮校云：「二年」當作「三年」，與漢書高祖紀合。

〔四〕二年春正月　「二」原作「○」。閩、監、毛本「○」作「其」，誤。今按單疏殘本、單抄本「○」作「二」。據改。

〔五〕六年正月　阮校：漢書高皇紀五年十二月斬羽，二月即皇帝位。此「六年正月」當本作「其年二月」。淺人未考秦以十月爲歲首，故蒙上五年十二月之文改爲「六年正月」也。據上文云冬十月爲漢元年，其年春正月項羽尊楚懷王爲義帝，知疏文於此亦本作「其」年。

〔六〕卲公　「卲」原作「邵」。阮校：「邵」當作「卲」。又按，此字當作「卲」，從卩，高也。表德之字，無取于地名。據改。下同。

〔七〕予疇昔夜夢　「予」原作「子」。浦鏜云「予」誤「子」。據改。

〔八〕孝經言行在者　「者」字原無。阮校云：下當脫「者」字。今按單疏殘本、單抄本下有「者」字。據補。

〔九〕治世之要務也　阮校云：諸本同。「也」作「世」則屬下讀，曰「世傳春秋者非一」。俗本是。

〔一〇〕若有作世字者　「有」字原無。按單疏殘本、單抄本「若」下有「有」字。據補。

〔一一〕安樂弟子陰豐　殿本考證：據漢書儒林傳「陰」當作「泠」；阮校：六藝論言劉向、王彥，漢書但言任公，蓋鄭君所聞不必與班氏合也。

〔一二〕得端門之命　「端」原作「瑞」。阮校「瑞」作「端」是也，此誤。今按單疏殘本、單抄本「瑞」作「端」。據改。

〔一三〕非倍半之倍也　「半」原作「畔」。阮校云：「畔」當從舊抄本作「半」。今按單疏殘本、單抄本「畔」

作「半」。據改。

〔一四〕其勢雖問不得不廣　阮校引下疏，謂作「雖」誤，「維」當作「惟」字。「言其形勢惟問難者多，是以不得不廣爲之説也。故下云是以講誦師言至於百萬云云」。

〔一五〕致他問難　「他」原作「地」。阮校云：「地」當從閩、監、毛本作「他」。今按單疏殘本、單抄本「地」作「他」。據改。

〔一六〕讓嘲陟交反　「讓」原作「釀」。今按宋本釋文、撫州本釋文「釀」作「讓」。據改。

〔一七〕笑其謬妄也　「妄」原作「通」。阮校云：「通」當從閩、監、毛本作「妄」。據改。

〔一八〕貴文章者　「者」原作「矣」。浦鏜云「矣」當作「者」。據改。

〔一九〕長義四十一條　「一」原作「二」。阮校：閩本同，監、毛本「二」誤「一」。又校云春秋序正義云，賈逵上春秋大義四十，以抵公羊，後漢書本傳則云出左氏傳大義長者，摘三十餘事，以上。玉海引疏亦作四十一條。是宋世本作「一」，不作「二」也。今按單疏殘本、單抄本「二」作「一」，阮校後説是。據改。

〔二〇〕然以正義決之　浦鏜云：「然」下脱「後」字。

〔二一〕不閑公羊　浦鏜謂「公羊」二字衍文。

〔二二〕精學十五年　浦鏜謂「七」誤「五」。

〔二三〕何氏本者作墨守以距敵　浦鏜謂「者」疑「著」字之誤，當在「敵」下。阮校引龔麗正説云：何氏不聞著長義，此言「距敵長義」，言與賈逵長義相距敵也。按如龔説則當讀「著作墨守以距敵長義」爲句，下「以强義」三字似衍。汪文臺識語謂「者」字不誤，「長義」疑爲「漢議」之誤。

監本附音春秋公羊傳注疏隱公卷第一 起元年，盡元年。

春秋公羊經傳解詁隱公第一 ○陸曰：解詁，佳買反，下音古，訓也。

【疏】「春秋」至「第一」 解云：案舊題云「春秋隱公經傳解詁第一公羊何氏」，則云「春秋」者，一部之總名。「隱公」者，魯侯之謚號。「經傳」者，雜縟之稱。「解詁」者，何所自目。「第一」者，無先之辭。「公羊」者，傳之別名。「何氏」者，邵公之姓也。今定本則升「公羊」字在「經傳」上，退「隱公」字在「解詁」之下，未知自誰始也。又云「何休學」，今案博物志曰：「何休注公羊云『何休學』，有不解者。或答曰：『休謙辭。受學於師，乃宣此義不出於己。』此言爲允。」是其義也。問曰：左氏以爲魯哀十一年夫子自衛反魯，十二年告老，遂作春秋，至十四年經成。不審公羊之義孔子早晚作春秋乎？答曰：公羊以爲哀公十四年獲麟之後，得端門之命，乃作春秋，至九月而止筆。春秋説具有其文。問曰：若公羊之義，以獲麟之後乃作春秋，何故「太史公遭李陵之禍，幽于縲紲，乃喟然而嘆曰：『是余罪也夫。昔西伯拘羑里演易，孔子厄陳、蔡作春秋，屈原放逐著離騷，左丘明失明厥有國語，孫子臏脚而論兵法。此人皆意有所鬱結，不得通其道也。』故自黄帝始作其文也」。案家語，孔子厄於陳、蔡之時，當哀公六年。何言十四年乃作乎？答曰：孔子厄陳、蔡之時，始有作春秋之意，未正作。其正作猶在獲麟之後也。故家語云「晉文之有霸心起于曹衛，越王句踐之有霸心起于會稽。夫陳、蔡之間丘之幸也，庸知非激憤厲志始於是乎」者，是其有意矣。問曰：若左氏以爲，夫子魯哀公十一年自衛反魯，至十二年告老，見周禮盡在魯，魯史法最備，故依魯史記脩之以爲春秋。公羊之意據何文作春秋乎？答曰：案閔因叙云「昔孔子受端門之命，制春秋之義。使子夏等十四人求周史記，得百二十國寶書，九月經立。感精符、考異郵、説題辭且有其文」。以此言之，夫子脩春秋，祖述堯、舜，下包文、武，又爲大漢用之訓世，不應專據魯史堪爲王者之法也。故言據「百二十國寶書」也。周史而言「寶書」者，「寶」者，保也，以其可世世傳保以爲戒，故名「寶書」也。問曰：若然公羊之義，據百二十國寶書以作春秋。今經止有五十餘國，通戎夷、宿、路之屬，〔一〕僅有六十，何言百二十國乎？答曰：其初求也，實得百二十國史，但有極美可以訓世，有極惡可以戒俗者取之，若不可爲法者，皆棄而不録。是以止得六十國也。〔二〕問曰：若言據百二十國寶書以爲春秋，何故春秋説云「據周史立新經」乎？答曰：閔因叙云「使子夏等十四人求周史記，得百二十國寶書」，以此言之，周爲天子，雖諸侯史記亦得名爲周史矣。問曰：六藝論云：「六藝者，圖所生也。」然則春秋者，即是六藝也，而言依百二十國史以爲春秋何？答曰：元本河出圖、洛出書者，正欲垂範於世也。王者遂依圖書以行其事，史官録其行事以爲春秋。夫子就史所録，刊而脩之。云出圖書豈相妨奪也？問曰：案三統曆云，「春爲陽中，萬物以生，秋爲陰中，萬物以成」，故名春秋。賈、服依此以解春秋之義。不審何氏何名春秋乎？答曰：公羊何氏與賈、服不異，亦以爲欲使人君動作不失中也。而春秋説云「始於春，終於秋，故曰春秋」者，道春爲生物之始而秋爲成物之終，故云「始於春，終於秋故曰春秋」也。而舊云「春秋説云：『哀十四年春，西狩獲麟，作春秋，九月書成。』以其春作秋成，〔三〕故云春秋也」者，非也。何者，案莊七年經云「星霣如雨」，傳云「不脩春秋曰『雨星不及地尺而復』，君子脩之曰『星霣如雨』」，何氏云「不脩春秋謂史記也。古者謂史記爲春秋」。以此言之，則孔子未脩之時，已名春秋，何言孔子脩之，春作秋成乃名春秋乎？問曰：春秋據史書而爲之。史有左右，據何史乎？答曰：六藝論云：「春秋者，國史所記人君動作之事。左史所記爲春秋，右史所記爲尚書。」是以玉藻云「動則左史書之，言則右史書之」。鄭注云「其書春秋，尚書其存者」。記文先言左史，鄭注先言春秋，明以左史爲春秋矣。云云之説，左氏首已成解，不能重載。〔四〕夫子所以作春秋者，解疑論云：「聖人不空生，受命〔五〕而制作，所以生斯民〔六〕覺後生也。西狩獲麟，知天命去周，赤帝方起。麟爲周亡之異，漢興之瑞。故孔子曰：『我欲託諸空言，不如載諸行事。』又聞端門之命有制作之狀，乃遣子夏等求周史記得百二十國寶書，脩爲春秋。故孟子云：『世衰道微，邪説暴行有作。臣弑其君者有之，子弑其父者有之。孔子懼，作春秋。』故史記云：『春秋之中，弑君三十六，亡國五十二，諸侯奔走不得保其社稷者不可勝数。故有國者不可以不知春秋。爲人臣者不可以不知春秋。爲人君父〔七〕而不通於春秋之義者，必蒙首惡之名。爲人臣子而不通於春秋之義者，必陷簒弑之誅』。」以此言之，則孔子見時衰政失，恐文武道絶，又見麟獲，劉氏方興，故順天命以制春秋，以授之。必知孔子制春秋以授漢者，案春秋説云：「伏羲作八卦，丘合而演其文，瀆而出其神，作春秋以改亂制。」又云：「丘攬史記，〔八〕援引古圖，推集天變，爲漢帝制法陳叙圖録。」又云：「丘水精治法，爲赤制功。」又云：「黑龍生，爲赤必告示象，使知命。」〔九〕又云：「經十有四年『春，西狩獲麟』。赤受命倉失權，周滅火起，薪采得麟。」以此数文言之，春秋爲漢制明矣。

問：案莊七年「星霣如雨」，傳云：「不脩春秋曰『雨星不及地尺而復』，君子脩之曰『星霣如雨』。」又昭十二年「齊高偃帥師納北燕伯于陽」。傳云「『伯于陽』者何。公子陽生也。子曰：『我乃知之矣。』在側者曰：『子苟知之，何以不革？』曰：『如爾所不知何。春秋之信史也，〔一〇〕其序則齊桓晉文，其會則生會者爲之，其詞則丘有罪焉爾。』」何故，孔子脩春秋有改之者何。可改而不改者何？答曰：其不改者，勿欲令人妄億措。其改者，所以爲後法。故或改或不改，示此二義。問曰：公羊以魯隱公爲受命王，黜周爲二王後。案長義云「名不正則言不順，言不順則事不成。今隱公人臣而虚稱以王，周天子見在上而黜公侯。是非正名而言順也。如此何以笑子路率爾，何以爲忠信，何以爲事上，何以誨人，何以爲法，何以全身」。如此若爲通乎？答曰：孝經説云：「孔子曰『春秋屬商，孝經屬參』，然則其微似之語，獨傳子夏。子夏傳與公羊氏，五世乃至漢。胡毋生、董仲舒推演其文，然後世人乃聞此言矣。」孔子卒後三百歲，何不全身之有？又春秋藉位於魯，以託王義。隱公之爵不進稱王，周王之號不退爲公。何以爲不正名，何以爲不順言乎？又奉天命而制作，何不謙讓之有？〔一二〕問曰：春秋説云「孔子欲作春秋，卜得陽豫之卦」。宋氏云「夏、殷之卦名也」。孔子何故不用周易占之乎？答曰：蓋孔子見西狩獲麟，知周將亡。又見天命有改制作之意，故用夏、殷之易矣。或言「卜則是龜之辭也」，不從宋氏之説。若然，應言陽豫之兆，何言卦乎？蓋龜、蓍通名，故言卜矣。問曰：何氏注春秋始乎隱公，則天之数。不審孔子何以正于獲麟止筆乎？答曰：案哀十四年傳云「春秋何以始乎隱」，注云「據得麟乃作」，「祖之所逮聞也」，注云「託記高祖以來事可及問聞知者。猶曰我但記先人所聞，辟制作之害」，「所見異辭，所聞異辭，所傳聞異辭。何以終乎哀十四年」，彼注云「據哀公未終也」，「曰備矣」，彼注云「人道浹，王道備。必止於麟者，欲見撥亂功成於麟，猶堯、舜之隆，鳳凰來儀。故麟於周爲異，春秋記以爲瑞，明大平以瑞應爲効也。絶筆於春，不書下三時者，起木絶火王，制作道備，當授漢也」是也。問曰：既言始於隱公，則天之数，復言三世故發隱公何？答曰：若論象天数，則取十二。緣情制服，宜爲三世。故禮爲父三年，爲祖期，爲高祖、曾祖齊衰三月。據哀録隱，兼及昭、定，己與父時事，爲所見之世；文、宣、成、襄，王父時事，謂之所聞之世也；隱、桓、莊、閔、僖，曾祖、高祖時事，謂之所傳聞之世也。制治亂之法，書大夫之卒，文有詳畧。故日月備于隱如，是有罪之見録；不日卒于得臣，明有過以見罪；益師不日，著恩遠之辭。問曰：鄭氏云：「九者陽数之極，九九八十一，是人命終矣。故孝經援神契云『春秋三世，以九九八十一爲限』。然則隱元年盡僖十八年爲一世；自僖十九年盡襄十二年又爲一世；自襄十三年盡哀十四年又爲一世。所以不悉八十一年者，見人命參差不可一齊之義。」又顔安樂以襄二十一年孔子生後即爲所見之世。顔、鄭之説，實亦有途，而何氏見何文句，要以昭、定、哀爲所見之世，文、宣、成、襄爲所聞之世，隱、桓、莊、閔、僖爲所傳聞之世乎？答曰：顔氏以爲襄公二十三年「邾婁鼻我來奔」，傳云「邾婁無大夫。此何以書？以近書也」。又昭公二十七年「邾婁快來奔」，傳云「邾婁無大夫。此何以書？以近書也」。二文不異，同宜一世。若分兩屬，理似不便。又孔子在襄二十一年生。從生以後，理不得謂之所聞也。顏氏之意盡於此矣。何氏所以不從之者，以爲凡言見者，目覩其事，心識其理，乃可以爲見。孔子始生，未能識別，寧得謂之所見乎？故春秋説云「文、宣、成、襄所聞之世」，不分疏二十一年已後。明爲一世矣。邾婁快、邾婁鼻我雖同有「以近書」之傳，一自是治近升平書，一自是治近大平書。實不相干涉而漫指此文乎？鄭氏雖依孝經説文，取襄十二年之後爲所見之世，爾時孔子未生，焉得謂之所見乎？故不從之。問曰：孝經説文實有「九九八十一爲限」之言，公羊信緯，可得不從乎？答曰：援神契者，自是孝經緯，横説義之言，更作一理，非是正解春秋之物。故何氏自依春秋説爲正解明矣。問曰：左氏出自丘明，便題云「左氏」，公羊、穀梁出自卜商，何故不題曰「卜氏傳」乎？答曰：左氏傳者，丘明親自執筆爲之，以説經意。其後學者題曰「左氏」矣。且公羊者，子夏口授公羊高，高五世相授，至漢景帝時，公羊壽共弟子胡毋生乃著竹帛，胡毋生題親師，故曰「公羊」，不曰「卜氏」矣。穀梁者，亦是著竹帛者題其親師，故曰「穀梁」也。問曰：春秋説云「春秋設三科九旨」，其義如何？答曰：何氏之意以爲三科九旨正是一物。若總言之，謂之三科。科者，段也。若析而言之，謂之九旨。旨者，意也。言三個科段之内有此九種之意。故何氏作文謚例云「三科九旨者，新周、故宋，以春秋當新王，此一科三旨也」。又云「所見異辭，所聞異辭，所傳聞異辭，二科六旨也」。又「内其國而外諸夏，内諸夏而外夷狄，是三科九旨也」。問曰：案宋氏之注春秋説「三科者，一曰張三世，二曰存三統，三曰異外内，是三科也。九旨者，一曰時，二曰月，三曰日，四曰王，五曰天王，六曰天子，七曰譏，八曰貶，九曰絶。時與日月，詳畧之旨也。王與天王、天子，是録遠近親疏之旨也。譏與貶、絶則輕重之旨也」。如是三科九旨聊不相干。何故然乎？答曰：春秋之内具斯二種理，故宋氏又有此説。賢者擇之。問曰：文謚例云「此春秋五始、三科九旨、七等、六輔、二類之義，以矯枉撥亂，爲受命品道之端、正德之紀也」。然則三科九旨之義，已蒙前説，未審五始、六輔、二類、七等之義如何？答曰：案文謚例下文云「五始者：元年、春、王、正月、公即位是也。七等者：州、國、氏、人、名、字、子是也。六輔者：公輔天子，卿輔公，大夫輔卿，士輔大夫，京師輔君，諸夏輔京師是也。二類者：人事與災異是也」。問曰：春秋説云「春秋書有七缺」。七缺之義如何？答曰：七缺者：惠公妃匹不正，隱、桓之禍生，是爲夫之道缺也。文姜淫而害夫，爲婦之道缺也。大夫無罪而致戮，爲君之道缺也。臣而害上，爲臣之道缺也。僖五年晉侯殺其世子申生，襄二十六年宋公殺其世子痤，殘虐枉殺其子，是爲父之道缺也。文元年，〔二〕楚世子商臣弑其君髡，襄三十年，蔡世子般弑其君固，是爲子之道缺也。桓八年正月己卯烝，桓十四年八月乙亥嘗，僖三十一年夏四月四卜郊，不從乃免牲，猶三望，郊祀不脩，周公之禮缺。是爲七缺也矣。

何休學○學者，言爲此經之學，即注述之意。

元年，春，王，正月。○正月，音征，又音政，後放此。

【疏】「元年春王正月」解云：若左氏之義，不問天子、諸侯皆得稱「元年」。若公羊之義，唯天子乃得稱元年，諸侯不得稱「元年」。此魯隱公，諸侯也，而得稱「元年」者，春秋託王於魯，以隱公爲受命之王，故得稱元年矣。

「元年」者何？諸據疑問所不知，故曰「者何」。

【疏】「元年者何」解云：凡諸侯不得稱「元年」。今隱公爵猶自稱侯，而反稱「元年」，故執不知問。

注「諸據」至「者何」 解云：謂諸據有疑理而問所不知者，曰「者何」，即僖五年秋「鄭伯逃歸不盟」之下傳云「不盟者何」，注云「據上言諸侯，鄭伯在其中，弟子疑，故執不知問」。成十五年「仲嬰齊卒」之下，傳云「仲嬰齊者何」，注云「疑仲遂後，故問之」是也。若據彼難此，即或言「曷爲」，或言「何以」，或單言「何」，即下傳云「曷爲先言王而後言正月」，注云「據下『秋七月天王』先言月而後言王」。「公何以不言即位」，注云「據文公言即位也」。「何成乎公之意」，注云「據刺欲救紀而後不能」是也。而舊解云「案春秋上下但言『曷爲』與『何』，皆有所據，故何氏云『諸據疑』者，皆無所據。故云『問所不知』故曰『者何』也」者，非。

君之始年也。以常録即位，知君之始年。「君」，魯侯隱公也。「年」者，十二月之總號。春秋書十二月稱「年」是也。變一爲「元」，「元」者，氣也。無形以起，有形以分，造起天地，天地之始也。故上無所繫而使「春」繫之也。不言「公」言「君之始年」者，王者、諸侯皆稱「君」，所以通其義於王者。惟王者然後改元立號。春秋託新王受命於魯，故因以録即位，明王者當繼天奉元，養成萬物。

【疏】**注「以常」至「始年」** 解云：正以桓、文、宣、成、襄、昭及哀皆云「元年春王正月公即位」，故曰「以常録即位知君之始年」。

注「君魯侯隱公也」 解云：案春秋説云「周五等爵法五精。公之言公，公正無私。侯之言候，候逆順，兼伺候王命矣。伯之言白，明白于德。子者，孳恩宣德。男者，任功立業。皆上奉王者之政教禮法，統理一國，脩身絜行矣」。今此侯爲魯之正爵，公者臣子之私稱。故言「君魯侯隱公也」。問曰：五等之爵既如前釋，何名附庸乎？答曰：春秋説下文云「庸者，通也。官小德微，附於大國，以名通，若畢星之有附耳然。故謂之附庸矣」。

注「變一爲元」 解云：以下有二年、三年，知上宜云「一年」。而不言「一年」，變言「元年」，故決之。

注「元者」至「始也」 解云：春秋説云：「元者，端也。氣泉。」注云「元爲氣之始，如水之有泉。泉，流之原」。「無形以起，有形以分。窺之不見，聽之不聞」。宋氏云「無形以起，在天成象。有形以分，在地成形也」。然則有形與無形，皆生乎元氣而來，故言「造起天地，天地之始也」。

注「**故上**」至「**繫之**」　解云：春秋説云「王不上奉天文以立號，則道術無原。故先陳「春」，後言「王」。天不深正其元則不能成其化，故先起元，然後陳春矣」。是以推「元」在「春」上，「春」在「王」上矣。

注「**不言**」至「**王者**」　解云：凡天子、諸侯同得稱「君」，但天子不得稱「公」。故喪服云「君」，鄭云「天子、諸侯及卿大夫有地者，皆曰『君』」是也。今據魯而言，不言公之始年，而言「君之始年」者，見諸侯不得稱「元」，會假魯爲王，乃得稱「元」，故傳言「君之始年」，微欲通魯于王故也。

「春」者何？獨在「王」上，故執不知問。

【疏】注「**獨在**」至「**知問**」　解云：春夏秋冬皆是四時之名，而夏秋冬三時常不得配王言之，唯有「春」字常在「王」上，故怪而問之。

歲之始也。以上繫「元年」，在「王正月」之上，知歲之始也。「春」者，天地開辟之端，養生之首，法象所出，四時本名也。昏斗指東方曰春，指南方曰夏，指西方曰秋，指北方曰冬。「歲」者，總號其成功之稱。尚書「以閏月定四時成歲」是也。○辟，婢亦反，本亦作闢。稱，尺證反，下「之稱」「卑稱」同。

【疏】「**歲之始也**」　問曰：元年、春、王、正月、公即位，實是春秋之五始，而傳直於「元年」、「春」之下發言「始」，而「王」、「正月」下不言「始」何？答曰：「元」是天地之始，「春」是四時之始，「王」、「正月」、「公即位」

者，人事之始。欲見尊重天道，略於人事故也。

注「**春者**」至「**之端**」　解云：易説云「孔子曰『易始於大極，大極分而爲二，故生天地。天地有春夏秋冬之節，故生四時也』」。言天地開辟，分爲四時，春先爲端始也。

注「**養生之首**」　解云：乾鑿度云：「震生萬物於東方。」夫萬物始生於震。震，東方之卦也。陽氣施生，愛利之道。故東方爲仁矣。故言「養生之首」。言是養生萬物之初首。

注「**法象所出**」　解云：周禮大宰云「正月之吉，始和布政于邦國、都鄙。縣治象之法于象魏，浹日而斂之」。是象魏之法，于時出之。故曰「法象所出」矣。

注「**四時本名也**」　解云：凡四時，先春次夏次秋次冬，百代所不變。故言春者「四時本名」矣。

注「**昏斗**」至「**冬也**」　解云：［二三］皆春秋説文也。

注「**歲者**」至「**之稱**」　解云：四時皆於萬物有功。歲者是兼總其成功之稱也。若以當代相對言之，即唐虞曰「載」，夏曰「歲」，殷曰「祀」，周曰「年」。若散文言之，不問何代皆得謂之「歲」矣。等取一名而必取歲者，蓋以夏數爲得天正故也。亦有一本云「歲者總號成功之稱也」。

注「**尚書**」至「**是也**」　解云：此堯典文。彼鄭注云「以閏月推四時，使啓、閉、分、至不失其常，著之用成歲曆。將以授民時，且記時事」是也。

「王」者孰謂？「孰」，誰也。欲言時王，則無事，欲言先王，又無謚。故問「誰謂」。

【疏】**注**「**欲言**」至「**無事**」　解云：時王即當時平王也。若是當時平王，應如下文「秋七月天王使宰咺來歸惠公仲子之賵」，是其事也。今無此事，直言「王」，故疑非是當時之王矣。

注「欲言」至「無謚」　解云：正以死謚周道故也。

謂文王也。以上繫「王」於「春」，知謂文王也。文王，周始受命之王。天之所命，故上繫天端。方陳受命制正月，故假以爲王法。不言謚者，法其生不法其死，與後王共之。人道之始也。

【疏】注「以上」至「王也」　解云：春者，端始，文王者，周之始受命制法之王，理宜相繫。故見其繫「春」，知是文王，非周之餘王也。問曰：春秋之道今有三王之法，所以通天三統。是以春秋説云〔一四〕「王者孰謂，謂文王也。」疑三代謂疑文王」，而傳專云「文王」，不取三代何？答曰：大勢春秋之道實兼三王。是以元命包上文總而疑之，而此傳專云「謂文王」者，以見孔子作新王之法當周之世，理應權假文王之法，故偏道之矣。〔一五〕故彼宋氏注云「雖大略據三代，其要主於文王」者是也。

注「文王」至「之王」　解云：即我應瑞云：「季秋之月甲子，赤雀銜丹書入豐，止于昌户。昌再拜稽首受之。」又禮説云「文王得白馬朱鬣、大貝玄黿」是也。

注「天之」至「天端」　解云：「天端」即春也，故春秋説云「以元之深正天之端，〔一六〕以天之端正王者之政」是也。

注「方陳」至「王法」　解云：孔子方陳新王受命制正月之事，故假取文王創始受命制正朔者，將來以爲法，其實爲漢矣。

注「不言」至「共之」　解云：「死謚周道」，文王死來已久而不言謚者，正言法其生時，政教正朔。故曰「法其生不法其死」也。言「與後王共之」者，不言謚可以通之於後王。「後王」謂漢帝也。

注「人道之始也」　解云：何氏以見上文亦始，尊重天道，〔一七〕皆傳自有始文，故不須注云「天道之始」。今此實天下之始，但略於人事，無始文，故須注云「人道之始也」。

曷爲先言「王」而後言「正月」？據下「秋七月天王」先言「月」而後言「王」。王正月也。以上繫於「王」，知王者受命布政施教所制月也。王者受命必徙居處，改正朔，易服色，殊徽號，變犧牲，異器械，明受之於天，不受之於人。夏以斗建寅之月爲正，平旦爲朔，法物見，色尚黑。殷以斗建丑之月爲正，雞鳴爲朔，法物牙，色尚白。周以斗建子之月爲正，夜半爲朔，法物萌，色尚赤。○徽，許韋反。械，户戒反。夏以，户雅反，後放此，以意求之。見，賢徧反，下「並見」同。

【疏】注「王者」至「於人」解云：「王者受命必徙居處」者，則堯居平陽，舜居蒲坂，文王受命作邑於豐之屬是也。其「改正朔，易服色，殊徽號，異器械」者，禮記大傳文。鄭注云：「服色，車馬也。徽號，旌旗之名也。器械，禮樂之器及兵甲也。」然則「改正朔」者，即正朔三而改，下注云是也。「易服色」者，即明堂位云「鸞車，有虞氏之路也。鉤車，夏后氏之路也。大路，殷路也。乘路，周路也。夏后氏駱馬黑鬣，殷人白馬黑首，周人黄馬蕃鬣」之屬是也。其「殊徽號」者，即明堂位云「有虞氏之旂，夏后氏之綏，殷之大白，周之大赤」之屬是也。其「變犧牲」者，即明堂位云「夏后氏牲尚黑，殷白牡，周騂剛」之屬是也。其「異器械」者，「器」即明堂位云「泰，有虞氏之尊也。山罍，夏后氏之尊也。著，殷尊也。犧象，周尊也」。注云「泰用瓦。著，著地無足」。「夏后氏之鼓足」，彼注云「足謂四足也」。「殷楹鼓」，彼注云「楹謂之柱，貫中上出也」。「周縣鼓」，注云「縣，縣之簨虡也」。其「械」者，即兵甲也。何氏莊三十二年注云「有攻守之器曰械」，是。而言「異」者，即釋器云「弓有緣者謂之弓，無緣者謂之弭」。蓋以爲異代相變，故云「異」也。所以止變此等者，其親親尊尊之屬不可改。即大傳云「其不可得變革者，則有矣。親親也，尊尊也，長長也，男女有別。此其不可得與民變革者也」是也。

注「夏以」至「尚赤」 解云：凡草物皆十一月動萌而赤，十二月萌牙始白，十三月萌牙始出而首黑，故各法之。故書傳略説云「周以至動，殷以萌，夏以牙」，注云「謂三王之正也。至動，冬日至物始動也」。「物有三變，故正色有三。天有三生三死，故土有三王，王特一生死。是故周人以日至爲正，殷人以日至三十日爲正，夏以日至六十日爲正。是故三統三正若循連環，〔一八〕周則又始，窮則反本」是也。問曰：若如此説，則三王所尚各自依其時物之色，何故禮説云「若尚色，天命以赤尚赤，以白尚白，以黑尚黑」，宋氏云「赤者命以赤烏，故周尚赤。湯以白狼，故尚白。禹以玄珪，故尚黑也」。以此言之，三代所尚者自是依天命之色，何言法時物之牙色乎？答曰：凡正朔之法不得相因，滿三反本，禮則然矣。但見其受命將王者，應以十一月爲正，則命之以赤瑞，應以十二月爲正，則命以白瑞，〔一九〕應以十三月爲正，即命之以黑瑞，是以禮説有此言。豈道不復法其牙色乎？

何言乎「王正月」？ 據定公有「王」無「正月」。

【疏】注「據定」至「正月」 解云：定公「元年春王三月，晉人執宋仲幾於京師」，是有「王」無「正月」。凡十二公即位，皆在正月，是以不問有事無事，皆書「王正月」，所以重人君即位之年矣。若非即位之年，正月無事之時，或有二月王，或有三月王矣。但定公即位在六月，正月復無事，故書「三月王」也。其正月時不得書「王」矣。

大一統也。 「統」者始也，總繫之辭。夫王者始受命改制，〔二〇〕布政施教於天下，自公侯至於庶人，自山川至於草木昆蟲，莫不一一繫於「正月」，故云政教之始。

【疏】「大一統也」 解云：所以書「正月」者，王者受命制正月，以統天下，令萬物無不一一皆奉之以爲始。故言「大一統也」。

注「總繫之辭」解云：凡前代既終，後主更起，〔二二〕立其正朔之初，布象魏於天下，自公侯至於庶人，自山川至於草木昆蟲，莫不繫於正月而得其所。故曰「總繫之辭」。

注「故云政教之始」解云：亦以傳不言「始」，故足之。

公何以不言「即位」？據文公言「即位」也。「即位」者，〔二三〕一國之始。政莫大於正始。故春秋以元之氣正天之端，以天之端正王之政，以王之政正諸侯之即位，以諸侯之即位正竟内之治。諸侯不上奉王之政，則不得即位。故先言「正月」而後言「即位」。政不由王出，則不得爲政。故先言「王」，而後言「正月」也。王者不承天以制號令，則無法。故先言「春」，而後言「王」。天不深正其元〔二三〕則不能成其化，故先言「元」，而後言「春」。五者同日並見，相須成體，乃天人之大本，萬物之所繫，不可不察也。○治，直吏反，夫音扶。

【疏】注「據文公言即位也」解云：文「元年春王正月公即位」是也。問曰：桓公元年春，亦書「即位」，傳所以不從始而遠據文公何？答曰：正以文公正即位之始故也。桓公篡而即位，非其正，故雖即位在文公前，猶不據之。

注「即位者一國之始」解云：亦以傳無「始」文，故言此也。

注「政莫大於正始」解云：爲下作文勢也。言凡欲正物之法，莫大於正其始時。是以春秋作五始，令之相正也。

注「乃天」至「不察也」解云：「元年」「春」者，天之本；「王」「正月」「公即位」者，人之本。故曰「天人之大本」也。言「萬物之所繫」者，春秋以之爲始，令萬物繫之。故不可不察其義。

成公意也。以不有「正月」而去「即位」，知其成公意。○而去，起吕反，下「去」同。

【疏】注「以不」至「公意」　解云：下十一年傳云「隱何以無正月？隱將讓乎桓，故不有其正月也」。然則正月者，是公縣象魏出教令之月。今公既有讓意，故從二年已後終隱之篇，常去「正月」以見之。故曰「不有正月」也。然則今此注云「不有正月」者，謂從二年恒去「正月」也。今元年去「即位」，故知成公意矣。今元年言「正月」者，公時實行即位之禮，故見之。然則公意讓而行即位者，厭民臣之心故也。舊云「以有正月而去即位」，云「『無不字』。言凡書『正月』爲『公即位』出也。以元年有『正月』即公實行即位禮，而孔子去『即位』，知其成公讓意」者，非。

何成乎公之意？據「刺欲救紀而後不能」。○刺欲，七賜反。後皆同，更不音。

【疏】注「據刺」至「不能」　解云：莊三年「冬，公次于郎」，傳曰「其言次于郎何？刺欲救紀而後不能也」。然則欲救紀是善事，公不能救紀是不終善事，而春秋書「次于郎」以刺之。今隱公有讓心，實是善事，但終讓不成，爲他所殺，亦是善心不遂，而春秋善之。故以爲難也。

公將平國而反之桓。「平」，治也。時廢桓立隱，不平。故曰「平」。「反」，還之。曷爲反之桓？據已立也。桓幼而貴，隱長而卑。「長」者，已冠也。禮年二十見正而冠。士冠禮曰：「嫡子冠於阼，以著代也。醮於客位，加有成也。三加彌尊，諭其志也。冠而字之，敬其名也。公侯之有冠禮，夏之末造也。天子之元子猶士也。天下無生而貴者」。○隱長，丁丈反，注及下皆同。已冠，工亂反，下同。適子，丁歷反，下同。醮，子笑反。

【疏】**注「禮年」至「而冠」** 解云：若以襄九年左傳言，魯襄公年十二而冠也，依八代記，即少昊亦十二而冠，則知天子、諸侯幼即位者，皆十二而冠矣。是以異義古尚書説云「武王崩，時成王年十三。後一年，管、蔡作亂，周公東辟之。王與大夫盡弁以開金縢之書，時成王年十四。言『弁』，明知已冠矣」，是其證也。但隱公冠，當惠公之世從士禮，故二十成人乃冠。是以何氏即引士冠禮以解之。所以必二十冠者，異義今禮戴説云「男子陽也，成於陰，故二十而冠」是矣。而言「見正」者，欲道庶子不冠於阼階故也。

注「士冠」至「成也」 解云：鄭彼注云「每加於阼，則醮之於客位，所以尊敬之，成其爲人也」是矣。凡此士冠禮及禮記冠義、郊特牲亦有此文。鄭注冠義云「阼謂主人之北也。適子冠於阼，若不醴，則醮用酒於客位。敬而成之也。户西爲客位。庶子冠於房户外，又因醮焉，不代父也」。鄭注昏義云「酌而無酬酢曰醮。醮之禮如冠醮與」。

注「三加」至「志也」 解云：此士冠記文。「三加」者，先加緇布冠，次加皮弁，次加爵弁也。彼記云「始冠，緇布之冠也。大古冠布，齊則緇之」。鄭注云：「大古，唐虞以上。重古，始冠冠其齊冠也。」「諭其志」者，彼鄭注云「彌猶益也。冠、服，後加益尊。諭其志者，欲其德之進也」是矣。注郊特牲云「冠益尊，則志益大也」。

注「冠而字之敬其名也」 解云：亦彼記之文。鄭注云「名者，質，所受於父母。冠成人，益文，故敬之」是也。

注「公侯」至「造也」 解云：此亦士冠禮記文。彼鄭注云「造，作也。自夏初以上，諸侯雖父死子繼，年未滿五十者，亦服士服，行士禮，五十乃命也。至其衰末，上下相亂，簒弑所由生。故作公侯冠禮以正君臣也」。引之者，見當時公侯有冠之言。〔二四〕

注「天子」至「貴者」 解云：此亦記文。鄭注郊特牲云「儲君，副主，猶云『士』也。明人有賢行、著德，乃得貴也」。引之者，見隱公冠時，年已二十，宜從士禮明矣。

其爲尊卑也微，母俱媵也。○媵，以證反，又繩證反。國人莫知。「國人」，謂國中凡人。「莫知」者，言惠公不早分別也。禮男子年六十閉房，〔二五〕無世子則命貴公子。將薨亦如之。

【疏】注「國人」至「別也」 解云：古者一娶九女，一嫡二媵，分爲左右。尊卑權寵灼然，則朝廷之士〔二六〕理應悉知。今此傳云國人不知，明是國内凡人也。雖然，事大非小，若早分別，亦應知悉。故注言「惠公不早分別」，是其義也。

注「男子」至「如之」 解云：男子六十陽道閉藏。若仍無世子，其正夫人必無有生世子之理。故命貴公子以爲世子也。若未滿六十則無立庶子爲世子之法。何者？立而復黜，是乃亂道故也。然則言「閉房」者，行房之事閉也。知男子六十陽道閉藏者，家語云「男女不六十者不間居」，間居不禁，閉房明矣。言「將薨亦如之」者，謂未滿六十者，將薨之時，亦命貴公子矣。

隱長又賢，此以上皆道立隱所緣。○長，丁丈反。以上，時掌反，他皆放此。諸大夫扳隱而立之。「扳」，引也。諸大夫立隱不起者，在春秋前，明王者受命，不追治前事。孔子曰「不教而殺，謂之虐。不戒視成，謂之暴」。○扳，普顔反，又必顔反，引也。舊敷間反。

【疏】注「諸大」至「秋前」 解云：公子翬弑隱立桓公，仲遂弑赤立宣公，皆貶去「公子」以起見之。今此諸大夫廢桓立隱亦是不正，何故不作文貶之以見罪？正以在春秋前，欲明王者受命，不追治前事故也。

注「不戒」至「之暴」 解云：此堯曰文。何氏以不先告戒，比視之而責其成功爲暴矣。

隱於是焉而辭立，「辭」，讓也。言隱欲讓。則未知桓之將必得立也；是時，公子非一。

【疏】注「是時公子非一」　解云：隱公疑桓不知得立以否，故知公子非一。

且如桓立，「且如」，假設之辭。則恐諸大夫之不能相幼君也。隱見諸大夫背正而立已不正，恐其不能相之。○相，息亮反。背正，步内反，下同。故凡隱之立，爲桓立也。「凡」者，凡上所慮二事皆不可。故於是已立，欲須桓長大而歸之。故曰「爲桓立」，明其本無受國之心。故不書即位，所以起其讓也。○爲，于僞反，注同。

【疏】注「凡者」至「二事」　解云：已若辭立，則未知桓之將得立以否，是其一慮也。假令使桓得立，又恐諸大夫不能相幼君，是其二慮也。

隱長又賢，何以不宜立？據賢繆公、與大夫，貜且長以得立。○繆，音穆。貜且，俱縛反，下子餘反。

【疏】注「據賢」至「大夫」　解云：文十二年經書「秦伯使遂來聘」，傳云「秦無大夫，此何以書？賢繆公也。何賢乎繆公？以爲能變也」，注云「感而自變悔，遂霸西戎，故因其能聘中國，善而與之，使有大夫」也。今此亦善隱能讓，何故不與使得立乎？故難之。

注「貜且長以得立」　解云：文十四年「晉人納捷菑于邾婁」，傳曰：「貴則皆貴矣。雖然，貜且也長。」彼以貜且長，故傳與邾婁人立之。今此隱亦長，何故不宜立乎？故難之。然則，傳言「長」，據貜且，傳言「賢」，據繆公。

而何氏先解繆公者，以其事在前故。

立適以長不以賢，立子以貴不以長。「適」謂適夫人之子。尊無與敵，故以齒。「子」謂左右媵及姪娣之子。位有貴賤，又防其同時而生，故以貴也。禮，適夫人無子，立右媵。右媵無子，立左媵。左媵無子，立嫡姪娣。嫡姪娣無子，立右媵姪娣。右媵姪娣無子，立左媵姪娣。質家親親，先立娣。文家尊尊，先立姪。嫡子有孫而死，質家親親，先立弟。文家尊尊，先立孫。其雙生也，質家據見立先生，文家據本意立後生。皆所以防愛爭。○姪娣，大結反，下大計反。爭，爭鬬之爭，下同。桓何以貴？據俱公子也。母貴也。據桓母右媵。母貴則子何以貴？據俱言「公子」。子以母貴，以母秩次立也。母以子貴。禮，妾子立則母得爲夫人。夫人成風是也。

【疏】注「夫人成風」 解云：即文四年「冬十有一月壬寅，夫人風氏薨」，五年「三月辛亥，葬我小君成風」是也。

三月，公及邾婁儀父盟于眛。〔二七〕「及」者何？與也。若曰「公與邾婁盟」也。○邾，音誅。婁，力俱反。邾人語聲後曰婁，故曰邾婁。禮記同。左氏、穀梁無婁字。儀父，音甫，本亦作甫，人名字放此。眛，亡結反，穀梁同，左氏作蔑。「會」、「及」、「暨」皆與也。都解經上「會」、「及」、「暨」也。○暨，其器反，下皆同。曷爲或言「會」，或言「及」，或言「暨」？「會」猶最也。〔二八〕「最」，聚也。直自若平時聚會，無他深淺意也。「最」之爲言聚，若今聚民爲投最。○曷爲，如字，或于僞反，後皆同此。

【疏】「及者何」 解云：欲言汲汲，公仍在喪，欲言非汲汲，及是欲文，故執不知問。云「曷爲或言會」者，即下六年「公會齊侯盟于艾」之徒是也。云「或言暨」者，即昭七年春〔二九〕「暨齊平」，定十年「宋公之弟辰暨仲佗、石彄出奔陳」是也。

「及」猶汲汲也。「暨」猶暨暨也。「及」，我欲之。「暨」，不得已也。「我」者，謂魯也。內魯，故言「我」。舉「及」、「暨」者，明當隨意善惡而原之。「欲之」者，善重惡深。「不得已」者，善輕惡淺。所以原心定罪。

【疏】**注「我者謂魯也」** 解云：此通內外皆然。但傳據內言之，故言「我謂魯也」。

注「欲之」至「惡深」 解云：「善重」者，即此文「公及邾婁儀父盟于眛」是也。以其汲汲於善事，故曰「善重」也。「惡深」者，即哀十三年「公會晉侯及吳子于黃池」是也。以其汲汲於惡事，故曰「惡深」也。

注「不得」至「惡淺」 解云：「善輕」則「暨齊平」是也。「惡淺」者，「宋公之弟辰暨仲佗、石彄」是也。

「儀父」者何？邾婁之君也。以言「公及」不諱，知爲君也。

【疏】「**儀父者何**」 解云：欲言其君，經不書爵，欲言其臣，而不没公。故執不知問。

注「以言公及不」至「君也」 解云：凡春秋上下，公與外大夫盟，皆諱不言公。故莊二十二年「秋七月丙申，及齊高傒盟于防」，傳云「公則曷爲不言公？諱與大夫盟也」之屬也。〔三〇〕今此不没公，故知是君矣。其莊九年「公及齊大夫盟于暨」之屬，不没公者，皆傳注分明，不煩逆說。

何以名？據齊侯以祿父爲名。

【疏】注「據齊」至「爲名」　解云：即桓十四年冬「齊侯禄父卒」，是言齊侯以禄父爲名。故疑邾婁君亦以儀父爲名。是以難也。

字也。以當褒，知爲字。

【疏】注「以當褒知爲字」　解云：春秋以隱新受命而王。儀父慕之，故知當褒。是以春秋説云「褒儀父善趣聖」者是也。

曷爲稱字？據諸侯當稱爵。

【疏】注「據諸侯當稱爵」　解云：六年夏「公會齊侯盟于艾」之屬是也。

褒之也。以宿與微者盟書「卒」，知與公盟當褒之。有土嘉之曰「褒」，無土建國曰「封」。稱字所以爲褒之者，儀父本在春秋前失爵，在名例爾。○褒之，保刀反。

【疏】注「以宿」至「書卒」　解云：所傳聞之世，微國之卒，本不合書，而此年「九月及宋人盟于宿」，宿爲地主，與在可知。以其與内微者盟，故至八年得變例書「卒」，見恩矣。云「有土嘉之曰褒」者，謂加爵與字，即儀父、滕侯之屬是也。云「無土建國曰封」者，即封邢、衛之屬是也。

曷爲褒之？據功不見。○不見，賢偏反，下皆同。爲其與公盟也。爲其始與公盟。「盟」者，殺生歃血，詛命相誓，以盟約束也。傳不足言「託始」者，儀父比宿、滕、薛最在前，嫌獨爲儀父發始，下三國意不見，故顧之。○爲其，于僞反，注「爲其」「獨爲」皆同。歃，所洽反，又音所甲反。詛，莊慮反。約束並如字，一音上於妙反，下音戍。

【疏】注「傳不」至「顧之」解云：此傳應言「爲其始與公盟」。今不具其文句言「始」者，若言「始與公盟」，即恐下三國不是始，〔三一〕是以顧之，不得具其文。

與公盟者衆矣，曷爲獨褒乎此？據戎、齊侯、莒人皆與公盟。傳不足託始，故復據衆也。○復，扶又反，下「復爲」同。

【疏】注「據戎」至「公盟」解云：二年秋八月「公及戎盟于唐」，六年夏「公會齊侯盟于艾」，八年秋「公及莒人盟于包來」是也。

注「傳不足」至「衆也」解云：傳若鄉者足其文句，云道「爲其始與公盟」之時，義勢即盡矣，道理不得復言「與公盟者衆矣，曷爲獨褒乎此」，但上傳既無「始與」之文，而得褒賞，猶自可怪。故更據衆難之。云「託始」者，言隱公實非受命之王，但欲託之以爲始也。

因其可褒而褒之。春秋王魯，託隱公以爲始受命王，〔三二〕因儀父先與隱公盟，可假以見褒賞之法，故云爾。○王魯，于況反，下「而王」同，一音如字。後「王魯」皆放此。此其爲可褒奈何？漸進也。「漸」者，物事之端先見之辭。去惡就善曰「進」。譬若隱公受命而王，諸侯有倡始先歸之者，當進而封之以率其後。不言「先」者，亦爲所褒者法。明當積漸、深知聖德灼然之後乃往，不可造次、陷於不義。○倡，尺亮反。造，七報反。

【疏】**注**「**漸者**」至「**之辭**」解云：言「物事之端」者，猶言物事之首也。言「先見之辭」者，見讀如「見其二子焉」之見也，若公子陽生闖然之類也。云「去惡就善曰進」者，言能去惡就善，即是行之進也。

注「**不可**」至「**不義**」解云：桓十五年夏「邾婁人、牟人、葛人來朝」，朝桓惡人，而貶稱「人」，「夷狄之也」者，是其「造次陷於不義」矣。

「眛」者何？地期也。「會」、「盟」、「戰」，皆録地。其所期處，重期也。凡書「盟」者，惡之也。爲其約誓大甚，朋黨深背之，生患禍重。「胥命於蒲」善「近正」是也。君、大夫盟例日，惡不信也。此月者，隱推讓以立，邾婁慕義而來相親信，故爲小信辭也。大信者時，柯之盟是也。魯稱「公」者，臣子心所欲尊號其君父。「公」者五等之爵最尊，王者探臣子心，欲尊其君父，使得稱「公」。故春秋以臣子書「葬」者，皆稱「公」。「于」者，於也。凡以事定地者，加「于」例，以地定事者，不加「于」例。〔三三〕○處，昌慮反。惡之，烏路反，下「惡不」「惡其」皆同。大甚，音泰，或勑賀反。近正，附近之近。柯，音歌。

【疏】「**眛者何**」解云：春秋之始，弟子未解地期之義，故執不知問。

注「**凡書盟者惡之**」解云：此言與公盟而得褒。何言「惡」者？直善其慕新王之義而得褒，豈善其盟乎？

注「**胥命**」至「**是也**」解云：即桓三年「夏，齊侯、衛侯胥命于蒲」，傳云「胥命者何？相命也。何言乎相命？近正也。此其爲近正奈何？古者不盟，結言而退」是也。

注「**君大**」至「**信也**」解云：言内君與大夫共他外盟之時，其書日，皆是惡其不信也。即下二年「秋八月庚辰，公及戎盟于唐」，文八年「冬十月壬午，公子遂會晉趙盾盟于衡雍」之屬是也。

注「**故爲小信辭也**」解云：邾婁儀父歸于新王，而見褒賞，不爲大信者，以下七年「秋公伐邾婁」，是其背信也。功不足録，但假託以爲善，故爲小信辭也。

注「大信」至「是也」　解云：即莊十三年「冬，公會齊侯盟于柯」，傳曰「桓公之信著乎天下，自柯之盟始焉」是也。

注「故春」至「稱公」　解云：謂以其臣子之辭書其「葬」者，悉皆稱「公」。即桓十年「夏五月，葬曹桓公」，僖四年秋「葬許繆公」之屬是也。若然，桓十七年秋八月「癸巳，葬蔡桓侯」，不稱「公」者，彼注云「稱侯者，亦奪臣子辭也。有賢弟而不能任用，反疾害之，而立獻舞，國幾并於蠻荆。故賢季抑桓，稱侯所以起其事」是也。

注「凡以」至「于例」　解云：謂先約其事，乃期于某處作盟會者，加「于」。即僖二十八年夏五月「盟于踐土」之屬是也。

注「以地」至「于例」　解云：言先在其地，乃定盟會之事者，不加「于」。〔三四〕即莊十九年「公子結媵陳人之婦于鄄，遂及齊侯、宋公盟」，襄三年夏「六月公會單子、晉侯以下同盟于雞澤。陳侯使袁僑如會。叔孫豹及諸侯之大夫及陳袁僑盟」之屬是也。

夏，五月，鄭伯克段于鄢。「克」之者何？加「之」者，問訓詁，并問施「于」之爲。○段，徒亂反。鄢，音偃。

【疏】「克之者何」　解云：欲言其殺而經書「克」，欲言非殺，「克」者大惡之文。故執不知問。

注「加之」至「之爲」　解云：「訓詁」者，即不言殺而言克是也。所以不直言「克者何」而并言「之」者，非直問其變殺爲克，并欲問其施「于鄢」之所爲矣。而不答「于鄢」之意者，欲下乃解爲當國，故此處未勞解之。弟子以其不答「于鄢」之意，是以下文復云「其地何」以難之。

殺之也。殺之則曷爲謂之「克」？大鄭伯之惡也。以「弗克納」大郤缺之善，知加「克」大鄭伯之惡也。○郤缺，去逆反，下起悦反。

【疏】注「以弗」至「之善」 解云：文十四年秋「晉人納接菑于邾婁，弗克納」，傳云「其言弗克納何？大其弗克納也」是也。

曷爲大鄭伯之惡？據「晉侯殺其世子申生」，不加「克」以大之。

【疏】注「據晉」至「大之」 解云：在僖五年春。

母欲立之，已殺之，如勿與而已矣。「如」即不如，齊人語也。加「克」者，有嫌也。段無弟文，稱君，〔三五〕甚之不明。又段當國，嫌鄭伯殺之無惡。故變「殺」言「克」。明鄭伯爲人君，當如傳辭，不當自已行誅殺，使執政大夫當誅之。「克」者，詁爲殺，亦爲能。惡其能忍戾母而親殺之。禮，「公族有罪，有司讞于公。公曰『宥之』。及三宥，不對走出。公又使人赦之，以不及反命。公素服不舉，而爲之變。如其倫之喪，無服。親哭之」。○戾，力計反。讞，魚列反。宥之，音又，赦也。

【疏】注「明鄭」至「誅之」 解云：鄭伯爲人君之法，當如傳辭不與其國而已。不宜忍戾其母而親殺之。其誅之者，自是執政大夫之事。

注「禮公」至「哭之」 解云：皆出文王世子也。其文云：「公族有罪，獄成，有司讞于公。其死罪則曰『某之罪在大辟』。其刑罪則曰『某之罪在小辟』。」彼注云「讞之言白也」。「公曰『宥之』。有司又曰『在辟』。公又曰『宥之』，有司又曰『在辟』。及三宥不對。走出致刑于甸人。」注云「對，答也。先者君每言宥，則答之。以將更宥之。〔三六〕至于三罪定，不復答，走往刑之。爲君之恩無已」。「公又使人追之曰『雖然，必赦之』。有司對曰『無及也』。」注云「罪既正，不可宥。乃欲赦之，重刑殺其類也」。「反命于公」。注云「白已刑殺」。「公素服不舉，爲之變。如其倫之喪，無服。」注云「素服於凶事爲吉，於吉事爲凶。非喪服也。君雖不服臣，卿大夫死，則皮弁，錫衰以居，往弔，當事則弁絰。於士蓋疑衰，同姓則緦衰以弔之。今『無服』者，不往弔也。『倫』謂親疏之比也。素服亦皮弁矣」。「親哭之」，注云「不往弔。爲位哭之而已。君於臣，使有司哭之」是也。

「段」者何？鄭伯之弟也。殺母弟，故直稱君。

【疏】「段者何」解云：欲言「世子」、「母弟」，無「世子」、「母弟」之文。欲言「大夫」，復目鄭伯以殺。故執不知問。

何以不稱「弟」？據「天王殺其弟年夫」稱「弟」。

【疏】注「據天」至「稱弟」解云：在襄三十年夏。

當國也。欲當國爲之君，故如其意，使如國君氏上「鄭」，所以見段之逆。〔三七〕其地何？據「齊人殺無知」不地。

【疏】注「據齊」至「不地」解云：即莊九年「春，齊人殺無知」是也。

當國也。「齊人殺無知」何以不地？據俱欲當國也。在内也。在内，雖當國，不地也。明當國者在外，乃地爾。爲其將交連鄰國，復爲内難，故録其地。明當急誅之。不當國，雖在外，禍輕，故不地也。月者，責臣子不以時討，與「殺州吁」同例。不從討賊辭者，主惡以失親親，故書之。○難，乃旦反，下「此難」同。吁，況于反。不當國，雖在外，亦不地也。其不當國而見殺者，當以殺大夫書，無取於地也。其當國者殺於國内，禍已絶，故亦不地。

【疏】注「明當」至「地爾」　解云：下四年「九月衛人殺州吁于濮」，及此，皆是也。

注「不當」至「地也」　解云：昭四年「秋七月楚子云云伐吴。執齊慶封殺之」，昭八年夏「楚人執陳行人于徵師殺之」，皆是也。

注「月者」至「同例」　解云：下四年「九月衛人殺州吁」之下，注云「討賊例時，此月者，久之也」。

注「不從」至「書之」　解云：若作討賊辭，當稱「人」以討，如「齊人殺無知」，然今不如此者，經本主爲惡鄭伯失親親而書，故目鄭伯而不稱「人」也。

秋，七月，天王使宰咺來歸惠公、仲子之賵。「宰」者何？官也。以周公加「宰」，知爲官也。○咺，況阮反，一音況元反。賵，芳仲反。

【疏】「宰者何」　解云：以其言「宰」，與周公同，疑「宰」爲官。以其言名，又與「宰周公」異，復疑非官。故執不知問。

注「以周」至「官也」　解云：僖九年「夏，公會宰周公已下于葵丘」是也。

「咺」者何？名也。别何之者，以有宰周公，本嫌「宰」爲官。

【疏】「咺者何」解云：繫「宰」，是官。言名又卑稱，故執不知問。

注「别何」至「爲官」解云：所以不言「宰咺者何」而别何之者，正以周公加「宰」爲周公身上官，故别何之，令相遠。若然，上注云「以周公加宰，知爲官」，而此注又云「本嫌宰爲官」者，言「宰周公」，宰爲周公身上官，今此言「宰咺」，亦嫌宰爲咺之身上官也。不謂二注異。宰即非咺之身上官，〔三八〕而繫「宰」言之者，次士以官録，言其是宰下之士故也。

曷爲以官氏？據石尚。

【疏】注「據石尚」解云：定十四年秋「天王使石尚來歸脤」。石尚亦是士，而不以官録之。故以爲難也。

宰士也。天子上士以名氏通，中士以官録，下士畧稱「人」。

【疏】注「天子」至「稱人」解云：「天子上士以名氏通」者，即「石尚來歸脤」是也。云「中士以官録」者，言以所繫之官録之，即此是也。云「下士畧稱人」者，即僖八年春「公會王人以下盟于洮」是也。

「惠公」者何？隱之考也。生稱「父」，死稱「考」，入廟稱「禰」。○禰，乃禮反。

【疏】「惠公者何」解云：春秋從隱至哀，魯無惠公，歸賵言「來」，故執不知問。

注「生稱父」解云：即下曲禮云「生曰父」是也。廣雅云「父者，矩也」。以法度威嚴於子，言能與子作規矩，故謂之「父」。

注「死稱考」解云：即下曲禮曰「死曰考」是也。周書謚法「大慮行節曰考」。爾雅云「考，成也」，言有大慮行節之度量，堪成以下之法，故謂之「考」。鄭注曲禮云「考，成也。言其德之成也」。義亦通於此。

注「入廟稱禰」解云：即襄十二年左傳曰「同族於禰廟」是也。舊説云「禰字示傍爾。言雖可入廟，是神示猶自最近于己，故曰禰」。

「仲子」者何？桓之母也。以無謚也。「仲」字，「子」姓。婦人以姓配字，不忘本也。因示不適同姓。生稱母，死稱「妣」。○妣，必履反。

【疏】「仲子者何」解云：正以上不見仲子卒文而得歸賵，故執不知問。

注「以無謚也」解云：凡春秋之義，妾子爲君者，其母得稱謚。即文公九年冬「秦人來歸僖公、成風之襚」是也。今桓未爲君，故其母不得稱謚也。是以見其不稱謚，即知桓之母也。

注「仲字」至「同姓」解云：字者，本國所加，故稱字見其不忘本國也。所以稱姓者，示不適同姓矣。

注「生稱」至「稱妣」解云：即下曲禮云「生曰父曰母，死曰考曰妣」是也。問曰：考與妣是死稱，父與母是生稱。惠公、仲子之卒俱在春秋前，何故此傳惠公言隱之考舉死名，仲子言桓之母舉生名乎？答曰：仲子已葬訖之後，實合舉死稱。但禮家本意，母死曰「妣」者，比於父之義也。故鄭彼云「妣之言媲，媲于考也」。但仲子是妾，桓未爲君，其母不得爲夫人，卑不得比于父，故還以「母」言之。

何以不稱夫人？此難生時之稱也。據「秦人來歸僖公、成風之襚」，成風稱謚，今仲子無謚，知生時不稱「夫人」。

【疏】注「此難」至「稱也」 解云：文九年冬「秦人來歸僖公、成風之襚」，舉風之謚。案經成風生時傳稱「夫人」。何者？禮，妾賤不得有謚故也。今仲子不舉謚，不與成風同，明生時不得稱夫人可知。故傳家遥難之。

桓未君也。「賵」者何？喪事有賵。賵者，蓋以馬，以乘馬、束帛。此道周制也。「以馬」者，謂士不備四也。禮既夕曰「公賵玄纁束帛、〔三九〕兩馬」是也。「乘馬」者，謂大夫以上備四也。禮，大夫以上至天子，皆乘四馬，所以通四方也。天子馬曰「龍」，高七尺以上。諸侯曰「馬」，高六尺以上。卿、大夫、士曰「駒」，高五尺以上。「束帛」謂玄三纁二。玄三法天，纁二法地，因取足以共事。○乘馬，繩證反，注「乘馬」同。纁，許云反。共，音恭。

【疏】「賵者何」 解云：初入春秋，弟子未曉「賵」義，故執不知問。

注「此道周制也」 解云：知者，正以上云「以馬」與士既夕禮同，下言「乘馬」與士異，明知周之禮，大夫以上皆有四馬矣。

注「以馬」至「四也」 解云：以下言「乘馬」，明上文直言「以馬」者，士禮兩馬可知，故即引禮爲證矣。

注「禮大夫」至「方也」 解云：案異義古毛詩説云：「天子至大夫同駕四，皆有四方之事。士駕二也。詩云『四騵彭彭』，〔四〇〕武王所乘。『龍旂承祀，六轡耳耳』，魯僖所乘。『四牡騑騑，周道倭遲』，大夫所乘。」書傳云「士乘飾車兩馬，庶人單馬木車」是也。問曰：若然，異義公羊説引易經云「時乘六龍，以馭天下也」，〔四一〕知天子駕六，與此異何？答曰：彼謹案亦從公羊説。即引王度記云「天子駕六龍，〔四二〕諸侯與卿駕四，大夫駕三」，以合之。鄭駮云「易經『時乘六龍』者，謂陰陽六爻，上下耳。豈故爲禮制？王度記云〔四三〕『今天子駕六』者，自是漢法，與古異。『大夫駕三』者，於經無以言之」者，是也。然則彼公羊説者，自是章句家意，不與何氏合。何氏此處不依漢禮者，蓋時有損益也。

注「**天子**」至「**以上**」　解云：月令「天子駕倉龍」是。其高七尺者，漢制也。其六尺、五尺亦然。

注「**諸侯曰**」至「**以上**」　解云：魯頌曰「魯侯戾止，其馬蹻蹻」是也。

注「**卿大夫**」至「**以上**」　解云：詩云「皎皎白駒，食我場苗」是也。

注「**束帛**」至「**纁二**」　解云：雜記上云「魯人之贈，三玄二纁」是也。

注「**玄三**」至「**共事**」　解云：天數不但三，地數不但二，而取三、二者，因取足以共事故也。

車馬曰「賵」，貨財曰「賻」，衣被曰「襚」。此者春秋制也。「賵」猶覆也，「賻」猶助也，皆助生送死之禮。「襚」猶遺也，遺是助死之禮。知生者賵賻，知死者贈襚。〔四四〕

○賻音附，襚音遂。猶遺，唯季反。

【**疏**】**注**「**此者春秋制也**」　解云：上陳周制訖，下乃言賵、賻、襚。此三者是春秋之内事，故云「此者春秋制也」。

注「**知生**」至「**贈襚**」　問曰：案既夕禮云「知死者贈，知生者賻」，〔四五〕鄭注云「各主於所知」。以此言之，賵專施于生者何？答曰：賻專施于生，襚專施于死，賵實生死兩施。故何氏注，知生知死，皆言賵矣。而既夕禮專言知生者，對贈言之故也。問曰：何知賵生死兩施乎？答曰：案既夕禮云「兄弟賵奠可也」，注云「兄弟，有服親者。可且賵且奠，許其厚也。賵、奠於死生兩施」。又云「所知則賵而不奠」，鄭注云「所知，通問相知也。降於兄弟。奠施於死者爲多，故不奠」。以此言之，明賵與奠皆生死兩施也。言奠於死者爲多，故知賵生死等矣。

桓未君，則諸侯曷爲來賵之？據非禮。

【疏】注「據非禮」 解云：桓公未爲君，則其母猶妾。故諸侯賵之爲非禮。

隱爲桓立，故以桓母之喪告于諸侯。經言王者賵，赴告王者可知。故傳但言「諸侯」。○隱爲，于僞反，下注「爲」并年末注同。告，古毒反，一音古報反。

【疏】注「故傳但言諸侯」 解云：諸侯之賵及事，則在春秋之前，故不書矣。然則諸侯有相賵之道。隱以桓母成爲夫人，告天子、諸侯。天子猶來，何况諸侯乎？故傳舉以言焉。

然則何言爾？成公意也。尊貴桓母以赴告天子、諸侯，彰桓當立，得事之宜，故善而書仲子。所以起其意，成其賢。其言「來」何？據「歸含且賵」不言「來」。○歸唅，本又作含，户暗反，下同。

【疏】注「據歸」至「言來」 解云：文五年「春王使榮叔歸含且賵」是。

不及事也。比於去「來」爲不及事。時以葬事畢，無所復施，故云爾。去「來」所以爲及事者，若已在於内者。

【疏】注「比於」至「云爾」 解云：公羊之例，若其奔喪、會葬，不問來之早晚，及事不及事，皆言「來」矣。故文元年春「天王使叔服來會葬」，「夏四月，葬我君僖公」者，是其及事言「來」也。文五年「三月葬我小君成風」

下乃言「王使召伯來會葬」，注云「去天者，不及事」，是不及事亦言「來」矣。故元年傳云「其言來會葬何？會葬，禮也」，注云「但解會葬者，明言來者常文，不爲早晚施也」。定十五年夏「邾婁子來奔喪」，傳云「其言來奔喪何？奔喪，非禮也」，彼注云「但解奔喪者，明言來者常文，不爲早晚施也」。以此言之，則知奔喪、會葬之例，不問早晚，悉言「來」矣。若其含、賵、襚，及事則不言「來」，不及事則言「來」。是以惠公、仲子之葬悉在春秋前，至此乃來歸賵，傳曰「其言來何？不及事也」，又注云「比於去來爲不及事」。時以葬事畢，無所復施，故云爾。去來所以爲及事者，若已在於內者」是也。若含，不及事亦須言「來」也。故文四年「冬十有一月壬寅，夫人風氏薨」，五年「春，王使榮叔歸含且賵」，彼注云「不從含晚言來者，本不當含也」。以此言之，明諸侯含晚須言「來」矣。何者？諸侯、鄰國，禮容有含故也。若其襚也，文九年「秦人來歸僖公、成風之襚」，亦是不及事言「來」也。何氏不注者，以其可知省文故也。所以如此作例者，以奔喪、會葬所以通哀序志，必有所費，容其事故稽留，不必苟責其及時也。其含、賵、襚之等皆是死者所須，若其來晚則無及於事，故須作文見其早晚矣。

其言「惠公」、「仲子」何？據「歸含且賵」不言主名。**兼之。兼之，非禮也。**禮，不賵妾。既善而賵之，當各使一使。所以異尊卑也。言「之賵」者，起兩賵也。○一使，所吏反。

【疏】注「言之」至「賵也」　解云：以此言之，則文九年「秦人來歸僖公、成風之襚」，言「之襚」者，亦起兩襚矣。

何以不言「及仲子」？據「及」者，別公夫人尊卑文也。「仲子」即卑稱也。○別，彼列反。

【疏】注「據及」至「文也」　解云：即僖十一年「夏公及夫人姜氏會齊侯于陽穀」是也。

仲子微也。比夫人微，故不得並及公也。月者，爲內恩録之也。諸侯不月，比於王者輕。會葬皆同例。言「天王」者，時吴楚上僭稱「王」，王者不能正，而上自繫於「天」也。春秋不正者，因以廣是非。稱「使」者，王尊敬諸侯之意也。王者據土，與諸侯分職，俱南面而治，有不純臣之義。故異姓謂之伯舅、叔舅，同姓謂之伯父、叔父。言「歸」者，與使有之辭也。天地所生，非一家之有，有無當相通。所傳聞之世，外小惡不書。書者，來接內也。春秋王魯，以魯爲天下化首。明親來被王化漸漬禮義者，在可備責之域，故從內小惡舉也。主書者，從不及事也。○僭，子念反。而治，直吏反，下皆同。所傳，直專反，下文「所傳」并注同。被，皮寄反。

【疏】注「月者爲內恩録」　解云：此文及文五年「春王正月，王使榮叔歸含且賵」，皆是內恩録之也。

注「諸侯」至「者輕」　解云：即文九年冬「秦人來歸僖公、成風之襚」是也。

注「會葬皆同例」　解云：若王使人來，則書月。爲內恩録之。若諸侯使人來，即不月。以爲比王者爲輕。故文五年春「三月，王使召伯來會葬」，文元年「二月，天王使叔服來會葬」皆是也。其諸侯使人來會葬，不月者，春秋之內，偶爾無之。其襄三十一年「冬十月滕子來會葬」，定十五年「九月滕子來會葬」，皆書月者，彼是諸侯身來會葬，非使人，仍自非妨也。以此義勢言之，則鄉解王與諸侯者，皆是使人，非身自來也。而舊云「襄三十一年月者，爲下『癸酉，葬襄公』出之，定十五年月者，爲下『葬定公』出之，『會葬』亦不蒙上月」者，非也。

注「春秋」至「是非」　解云：若正之，當直言「王」。今不正之而亦言「天」者，所以廣見是非故也。何者，若單言「王」，是其正稱，今兼亦言「天」，見其非正矣。

注「稱使」至「意也」　解云：成二年傳云「君不行使乎大夫」，由尊卑不敵故也。今天子與諸侯亦尊卑不敵，所以言使者，天子見諸侯，與己分職，俱南面而治，有不純臣之義，故尊敬之而使歸賵。故曰「尊敬諸侯之意也」。

注「**有不**」至「**之義**」　解云：喪服斬衰章云「臣爲君」、「諸侯爲天子」。既言「臣爲君」，而别言「諸侯爲天子」，明其與純臣者異。其異者，即不居殯宫，是。

注「**故異**」至「**叔父**」　解云：下曲禮及覲禮記文。

注「**言歸者**」至「**之辭也**」　解云：春秋大例，先是己物，乃言「歸」。即「歸讙及闡」之屬是也。今此賵之車馬，先非魯物，而言「歸」者，與魯有之辭。

注「**所傳**」至「**内也**」　解云：春秋之義，所傳聞之世，外小惡皆不書。今此緩賵是外之小惡，當所傳聞之世未合書見，而書之者，由接内故也。

九月，及宋人盟于宿。孰及之？内之微者也。「内」者，謂魯也。「微者」，謂士也。不名者，略微也。大者正，小者治，「近者説，遠者來」，是以春秋上刺王、公，下譏卿、大夫而逮士、庶人。宋稱「人」者，亦微者也。魯不稱「人」者，自内之辭也。宿不出主名者，主國、主名與可知，故省文。明宿當自首其榮辱也。微者盟例時。不能專正，故責略之。此月者，隱公賢君，雖使微者，有可采取，故録也。〇于宿，音夙，國名。説音悦。逮音代，又大計反。故省，所景反，後「省文」皆同。

【疏】**注**「**微者謂士也**」　解云：正以公羊之例，大夫悉見名氏，與卿同，今此不見名氏，故知士也。

注「**明宿**」至「**辱也**」　解云：理是則主人先榮，理非則主人先辱，故曰「首其榮辱也」。

注「**微者**」至「**故録也**」　解云：春秋之例，若尊者之盟，則大信時，小信月，不信日，見其責也。若其微者，不問信與不信，皆書時，悉作信文以略之。即僖十九年「冬會陳人蔡人楚人鄭人盟于齊」之屬是。今此書月者，義如注釋。

冬，十有二月，祭伯來。「祭伯」者何？天子之大夫也。以無所繫言「來」也。○祭伯，側界反，五年注放此。

【疏】「祭伯者何」解云：欲言「王臣」，不言「王使」。欲言「諸侯」，復不言「朝」。欲言失地之君，復不言「奔」。故執不知問。

注「以無」至「來也」解云：外諸侯臣來聘，宜繫國稱使。即文四年秋「衛侯使甯俞來聘」之屬是也。若直來亦有所繫。如閔元年「冬齊仲孫來」之屬是。若外諸侯之臣來奔，〔四六〕當繫國言來奔。即文十四年秋「宋子哀來奔」，襄二十八年「冬齊慶封來奔」之屬是也。今無所繫，直言「來」，故知宜是天子之大夫也。

何以不稱「使」？據凡伯稱「使」。

【疏】注「據凡伯稱使」解云：即下七年「天王使凡伯來聘」是也。

奔也。「奔」者，走也。以不稱「使」而無事，知其奔。

【疏】注「以不」至「其奔」解云：下三年「武氏子來求賻」，文九年「毛伯來求金」，是無使文而有事也。上文「秋七月天王使宰咺」，文元年「天王使叔服」之徒，皆是有使有事也。今此無使復無事，故知其正是奔也。

奔則曷爲不言「奔」？據齊慶封來言「奔」。

【疏】注「據齊」至「言奔」　解云：在襄二十八年冬。

王者無外。言「奔」則有外之辭也。言「奔」則與外大夫來奔同文。故去「奔」，明王者以天下爲家，無絶義。主書者，以罪舉。内外皆書者，重乖離之禍也。當春秋時，廢選舉之務，置不肖於位，輒退絶之以生過失，至於君臣忿争出奔。國家之所以昏亂，社稷之所以危亡，故皆録之。録所奔者爲受義者，明當受賢者，不當受惡人也。「祭」者，采邑也。「伯」者，字也。天子上大夫字，尊尊之義也。月者，爲下卒也。當案下例，（四七）當蒙上月。日不也。奔例時。一月二事，月當在上。「十」言「有二」者，起十復有二，（四八）非十中之二。○選，息變反。肖，音笑。采，七代反。

【疏】注「故去」至「絶義」　問曰：若王者以天下爲家，無絶義，故不言「奔」，何故襄三十年夏「王子瑕奔晉」，昭二十六年冬「尹氏、召伯、毛伯以王子朝奔楚」，成十二年「春，周公出奔晉」，皆言「奔」乎？答曰：春秋進退無義。若來奔魯者，見王者以天下爲家，無絶義，故不言「奔」矣。若奔别國，即見春秋黜周與外諸侯同例，故言「奔」矣。既以魯爲王而不專黜周者，若專黜周則非遜順之義故也。

注「主書者以罪舉」　解云：一則罪祭伯之去王，（四九）一則罪魯受叛人。故曰「以罪舉」。

注「内外皆書者重乖離之禍也」　解云：内書者，閔三年秋「公子慶父出奔莒」是也。又在外奔書者，昭二十年「冬十月，宋華亥、向寗、華定出奔陳」之屬是也。

注「當春」至「於位」 解云：王制云「凡官民材必先論之。論辨然後使之。〔五〇〕任事然後爵之。位定然後祿之。爵人於朝，與士共之」。是擇人之法也。當春秋之時，不問賢與不肖，悉皆世位，故言此。

注「輙退」至「過失」 解云：君若退絶其臣不聽世祿，以生過失矣。

注「至於」至「出奔」 解云：由不肖者在位，故有忿争出奔之事矣。

注「伯者字也」 解云：知「伯」非爵者，正見桓八年經云「冬，祭公來，遂逆王后于紀」，「公」是其爵，明「伯」是其字矣。

注「當案」至「不也」 解云：一月有數事。重者，皆蒙月也。若上事輕，下事重，輕者不蒙月，重者自蒙月。若上事重，下事輕，則亦重者蒙月，輕者不蒙月。故言「當案下例當蒙上月」矣。「日不」者，謂一日有數事，即不得上下相蒙。故桓十二年冬十一月「丙戌公會鄭伯盟于武父，丙戌衛侯晉卒」，彼下注云「不蒙上日者，春秋獨晉書立記『卒』耳。當蒙上日，與不嫌異於篡例。故復出日明同」是也。

注「奔例時」 問曰：襄三十年夏「五月王子瑕奔晉」，昭二十六年「冬十月，尹氏、召伯、毛伯以王子朝奔楚」，悉書月，何言「例時」乎？　答曰：案襄三十年「五月甲午，宋災，伯姬卒。天王殺其弟年夫。王子瑕奔晉」。昭二十六年「冬十月，天王入于成周。尹氏、召伯、毛伯以王子朝奔楚」。以此言之，則似月爲上事，其二處出奔，仍不蒙月。是以襄三十年「五月甲午」之下注云「外災例時。此日者，爲伯姬卒日」。昭二十六年「冬十月」之下注云「月者，爲天下喜録王者反正位」。是其月爲上事之明文，不妨出奔仍自時也。故此乃注云「月者，爲下卒」，「奔例時」也。舊云「春秋王魯。是以王臣來奔魯者，悉與外諸侯之臣來奔同書時。故與襄二十八年『冬，齊慶封來奔』同書時矣。若王臣奔佗國者，悉皆書月，見別于諸侯之臣矣。是以王子瑕、毛、召之徒，悉皆書月」。問曰：若然，成十二年「春，周公出奔晉」，亦是出奔，何故不月？答曰：王臣之例，實不言「出」，亦不書時。但周公自其私出奔。故自從小國例，言「出」書時矣。凡諸侯出奔，大國例月，小國時。

公子益師卒。何以不日？據臧孫辰書日。○不日，人實反。此傳皆以日月爲例，後放此。

【疏】注「據臧孫辰書日」　解云：即文十年「春王三月辛卯，臧孫辰卒」者也。〔五一〕問曰：下五年冬十二月「辛巳，公子彄卒」，亦書日。所以不據之而遠據文十年之篇何？答曰：下五年何氏云：「日者，隱公賢君，宜有恩禮於大夫，益師始見法，無駭有罪，俠又未命也，故獨得於此日。」以義言之，正由同在所傳聞之世，非常書日之限，故不據之。所聞之世，大夫日卒者，非一。正據辰者，以其是所聞之始故也。

遠也。孔子所不見。所見異辭，所聞異辭，所傳聞異辭。「所見」者，謂昭、定、哀，己與父時事也。「所聞」者，謂文、宣、成、襄，王父時事也。「所傳聞」者，謂隱、桓、莊、閔、僖，高祖、曾祖時事也。「異辭」者，見恩有厚薄，義有深淺。〔五二〕時恩衰義缺，將以理人倫序人類，因制治亂之法。故於所見之世，恩已與父之臣尤深，大夫卒，有罪、無罪皆日録之。「丙申，季孫隱如卒」是也。於所聞之世，王父之臣恩少殺，大夫卒，無罪者日録，有罪者不日，略之，「叔孫得臣卒」是也。於所傳聞之世，高祖、曾祖之臣恩淺，大夫卒，有罪、無罪皆不日，略之也。「公子益師、無駭卒」是也。於所傳聞之世，見治起於衰亂之中，用心尚麤觕。故內其國而外諸夏，先詳內而後治外，録大略小，內小惡書，外小惡不書，大國有大夫，小國略稱「人」，內離會書，外離會不書是也。於所聞之世，見治升平，內諸夏而外夷狄，書外離會，小國有大夫，宣十一年「秋晉侯會狄於攢函」，襄二十三年「邾婁劓我來奔」〔五三〕是也。至所見之世，著治大平，夷狄進至於爵，天下遠近、小大若一，用心尤深而詳，故崇仁義，譏二名，晉魏曼多、〔五四〕仲孫何忌是也。所以三世者，禮，爲父母三年，爲祖父母期，爲曾祖父母齊衰三月。「立愛自親始」，故春秋據哀録隱，「上治祖禰」。所以二百四十二年者，取法十二公，天數備足，著治法式。又因周道始壞絶於惠、隱之際。王所以卒大夫者，明君當隱痛之也。君敬臣，則臣自重，君愛臣，則臣自盡。「公子」者，氏也。「益師」者，名也。「諸侯之子稱公子，公子之子稱公孫」。○見恩，賢遍反，下「見治」皆同。殺，所介反。麤觕，才古反，又七奴反。說文，大也。諸夏，户雅反。凡「諸夏」皆放此。攢函，才官反，下音咸。大平，音泰。期，音基。齊衰，音咨，本亦作齋，下七雷反。盡，津忍反。

【疏】注「所見」至「事也」 解云：孔子親仕之定、哀，故以定、哀爲己時。定、哀既當於己，明知昭公爲父時事。知昭、定、哀爲所見，文、宣、成、襄爲所聞，隱、桓、莊、閔、僖爲所傳聞者，春秋緯文也。

注「時恩衰義缺」 解云：當時子弑父、父殺子，爲恩衰也，〔五五〕臣弑君，君殺臣，爲義缺。故喪服四制云「爲父斬衰三年，以恩制。爲君斬衰三年，以義制」是也。

注「將以」至「之法」 解云：孔子見時如此，遂制春秋。「理人倫」者，斷理君臣之倫次，令得所也。「序人類」者，「類」謂父子，序父子之恩，使之厚也。因以制治亂之軌式矣。

注「故於」至「卒是也」 解云：隱如逐君而書日，即定五年「丙申，季孫隱如卒」是也。若非罪書日，即昭二十五年「冬十月戊辰，叔孫舍卒」，二十九年「四月庚子，叔倪卒」是也。而此注不言之者，從省文也。

注「於所」至「日録」 解云：無罪書日者，即襄五年冬十有二月「辛未，季孫行父卒」，襄十九年「八月丙辰，仲孫蔑卒」是。無罪而書日者，録之故也。若然，文十四年「九月甲申，公孫敖卒于齊」，敖實有罪而書日者，彼注云：「已絶卒之者，爲後齊脅魯歸其喪，有恥，故爲内諱，使若尚爲大夫」是也。

注「有罪」至「是也」 解云：宣五年九月「叔孫得臣卒」。何氏云「不日者，知公子遂欲弑君。爲人臣，知賊而不言，明當誅」，是有罪而不日者，略之故也。

注「於所」至「卒是也」〔五六〕 解云：公子益師無罪而不日，即此是也。無駭有罪而不日，即下八年「冬十有二月，無駭卒」是也。若然，莊三十二年「秋七月癸巳，公子牙卒」，僖十六年「三月壬申，公子季友卒」，「秋七月甲子，公孫慈卒」，並是所傳聞之世而得書日，牙卒之下，何氏云「莊不卒大夫，而卒牙者，本以當國將弑君，書日者，録季子之遏惡也」。〔五七〕其季友之下，何氏云「日者，僖公賢君，宜有恩禮於大夫，故皆日也」。其公孫慈之下，何氏云「一年喪骨肉三人，故日痛之」是也。

注「録大略小」 解云：謂録大國「卒、葬」，小國「卒、葬」不録是也。

注「内離」至「是也」 解云：「内離會」者，即下二年「春公會戎于潛」。桓元年春「公會鄭伯于垂」是也。「外離會不書」者，桓五年「齊侯、鄭伯如紀」，傳云「外相如不書，此何以書？離不言會也」，何氏云「時紀不與會，故略言如也」。

注「於所」至「升平」 解云：「升」，進也。稍稍上進而至於大平矣。

注「宣十」至「攢函」 解云：即此一經而當是二義也。

注「襄二」至「是也」〔五八〕解云：若然，莊二十四年冬「曹羈出奔陳」，莊二十七年冬「莒慶來逆叔姬」，皆非所聞之世，而小國得有大夫書名者，曹羈之下，傳云「曹無大夫，此何以書？賢也」。莒慶之下，傳云「莒無大夫，此何以書？譏，何譏爾，〔五九〕大夫越境逆女，〔六〇〕非禮也」。然則一譏一賢，故變例書之爾。

注「至所」至「大平」 解云：當爾之時，實非大平，但春秋之義若治之大平於昭、定、哀也。猶如文、宣、成、襄之世，實非升平，但春秋之義而見治之升平然。

注「夷狄」至「於爵」 解云：即哀四年夏「晉人執戎曼子赤，〔六一〕歸于楚」，十三年夏「公會晉侯及吴子于黄池」是也。

注「晉魏萬多〔六二〕**仲孫何忌是也」** 解云：哀十三年「晉魏多帥師侵衛」。傳云「此晉魏曼多也。曷爲謂之晉魏多？譏二名。二名非禮也」。定六年「仲孫忌圍運」。傳云「此仲孫何忌也。曷爲謂之仲孫忌？譏二名。二名，非禮也」。何氏云「春秋定哀之間，文致大平，欲見王者治定，無所復爲譏，唯有二名，〔六三〕故譏之。此春秋之制也」。

注「所以」至「三年」 解云：母雖不斬衰，哀痛與斬同，故連言之。

注「爲曾」至「三月」〔六四〕　解云：不言高祖父、母者，文不備。

注「立愛自親始」　解云：即祭義云「子曰，立愛自親始，教人睦也。立敬自長始，教人順也」。鄭注云「親長，父兄也。睦，厚也」是。

注「故春」至「祖禰」　解云：即大傳云「上治祖禰，尊尊也。下治子孫，親親也。旁治昆弟，合族以食，序之昭穆，〔六五〕別之以仁義，人道竭矣」。鄭注云：「治猶正也。竭，盡也。」

注「取法」至「法式」　解云：考諸舊本，皆作「式」字，言取十二公者，法象天數，欲著治民之法式也。若作「戒」字，言著治亂之法，著治國之戒矣。

注「諸侯」至「公孫」　解云：出喪服傳也。〔六六〕

校勘記

〔一〕通戎夷宿路之屬　阮校：閩、監、毛本「路」作「潞」，是。

〔二〕是以止得六十國也　「是以」，阮校：何校本作「是故」。

〔三〕以其春作秋成　「春」原作「書」。阮校據何校宋監本，謂當作「以書春作秋成」，又按語則謂當作「以其書春作秋成」。今按，單疏殘本、單抄本均作「以其春作秋成」，與閩、監、毛本同，據改。

〔四〕不能重載　「重載」上原有「〇」。阮校：何校本「重載」上無「〇」。今按，單疏殘本、單抄本無「〇」。據删。

〔五〕不空生受命　單疏殘本、單抄本「受命」上有「不」字。

〔六〕所以生斯民　單疏殘本、單抄本無「生」字。疑脱誤。

〔七〕爲人君父　浦鏜云：「臣」誤「君」。

〔八〕丘攬史記　阮校：閩、監、毛本作「攬」，作「覽」非。又按，説文「攬，撮持也」。今按，單疏殘本、單抄本作「覽」。

〔九〕告示象使知命　「示」原作「云」。阮校云，監、毛本作「示」。今按，單疏殘本、單抄本「云」作「示」。據改。

〔一〇〕春秋之信史也　「史」原作「忠」。阮校：閩、監、毛本作「信史」，又按，昭十二年傳作「信史」。今按，單疏殘本、單抄本「忠」作「史」。據改。

〔一一〕何不謙讓之有　阮校：閩本同，誤也。監、毛本「不」作「以」。今按，單疏殘本、單抄本同作「不」，未可定讞，姑存之。

〔一二〕文元年　阮校：此本「元」作「示」，譌。今訂正。補刻本及閩、監、毛本作「二年」，誤。

〔一三〕注昏斗至冬也解云　阮校謂今本注中無「也」字。盧補：「冬」上當有「曰」字。今按，單抄本「也解云」作「者」。

〔一四〕春秋説云　阮校云：此下當有脱誤，下「疑三代謂疑文王」同。又按，當云「疑三代不專謂文王」，則可讀。

〔一五〕故偏道之矣　「偏」原作「徧」。阮校：閩、監、毛本作「偏」，此作「徧」，誤。今按，單疏殘本、單抄本「徧」作「偏」。據改。

〔一六〕以元之深正天之端　浦鏜云：「深」當作「氣」。汪文臺識語謂春秋繁露二端篇亦作「深」，浦説非。

〔一七〕亦始尊重天道　浦鏜疑「亦」爲「言」之誤。

〔一八〕故三統三正若循連環　「正」原作「王」。單疏殘本「王」作「正」。據改。

〔一九〕則命以白瑞　阮校：「命」下當有「之」字。

〔二〇〕夫王者始受命　「夫」原作「天」。阮校：宋鄂州官本、元本、閩本「天」作「夫」，成十五年疏、定元年疏引此注同。當據以訂正。今按，撫州本、余本「天」作「夫」。據改。

〔二一〕後主更起　阮校：盧文弨云疑「主」當作「王」。

〔二二〕即位者　阮校：盧文弨曰左傳正義引此注上作「公即位者」，多「公」字。

〔二三〕夫不深正其元　阮校：鄂本、元本、閩本「天」作「夫」，誤也。監、毛本作「天」，是也。音義作「夫不，音扶」。又按此陸德明一時誤會，未審其文理也。

〔二四〕當時公侯有冠之言　浦鏜疑「言」爲「禮」之誤。

〔二五〕禮男子年六十閉房　「禮」字原無。阮校：鄂州本「男子」上有「禮」字。今按，撫州本亦有「禮」字。據補。

〔二六〕則朝廷之士　「士」原作「上」。單疏殘本「上」作「士」字。據改。

〔二七〕盟于眛　「眛」，阮校：石經考文提要云，宋景德本、宋鄂泮官書本皆作「眛」。又按（段玉裁説）當做「眛」。今按，撫州本、余本皆作「眛」。

〔二八〕會猶最也　「最」，王念孫謂當「取」字之誤，見經義述聞卷廿四。

〔二九〕言暨者即昭七年春　單疏殘本「昭」上有「即」字。據補。

〔三〇〕之屬也　單疏殘本、單抄本「也」作「是」字。

〔三一〕即恐下三國不是始　「三」原作「二」。浦鏜云：「三」誤「二」。今按，單疏殘本、單抄本「二」作「三」。據改。

〔三二〕託隱公以爲始受命王　「託」原作「記」。浦鏜云：「託」誤「記」。阮校：鄂本「記」作「託」，當據正。今按，撫州本、余本「記」皆作「託」。據改。

〔三三〕「加于例」至「不加于例」　阮校：按解云，謂先約其事乃期于某處作盟會者加于，先在其地乃定盟會之事者不加于。此注亦當作「加于不加于」，二「例」當爲衍文。

〔三四〕不加于　阮校：按十行本及閩本二「于」字下無「例」字，監、毛本有「例」字，非古也。今按，單疏殘本無「例」字。

〔三五〕段無弟文稱君　「文」原作「又」。阮校：鄂本「又」作「文」，當據正。今按，撫州本、余本「又」作「文」。據改。

〔三六〕將更宥之　浦鏜謂「宥」當作「寬」。阮校：禮記文王世子注作「寬」。

〔三七〕所以見段之逆　阮校：四年疏引作「所以見段之凶逆」。

〔三八〕宰即非咺之身上官　浦鏜云：「即」爲「既」之誤。

〔三九〕玄纁束帛　浦鏜云：經文無「帛」字。

〔四〇〕四騵彭彭　浦鏜云：「四」經作「駟」。

〔四一〕以馭天下也　浦鏜云：「馭」經作「御」，「下」衍字。

〔四二〕駕六龍　孫詒讓引陳壽祺説謂「龍」字衍。

〔四三〕王度記云　孫詒讓云：「王度記云」四字疑本在「大夫駕三者」之上。逸禮「天子駕六」不謂漢制也。

〔四四〕詩鄘風干旄正義引鄭駁異義云「王度記曰『大夫駕三』，經傳無所言」。與此可互證。

〔四五〕知死者贈襚　阮校：穀梁疏引此作「知死者賵襚」，當據以訂正。疏云「何氏注知生知死皆言賵矣」，可證。

〔四六〕知生者賻　阮校云：今儀禮同。據此疏下文似禮經本作「知生者賵」，未詳。

〔四七〕若外諸侯之臣來奔　阮校：「若」上有「也」，二字當並存。

〔四八〕當案下例　阮校：鄂本「當」作「堂」，誤。又按，二年注作「常案下例，當蒙上月」，解云「祭伯來之下已有此注」，然則此亦應作「常」。日校：諸本均作「當」；又二年注，撫州本作「當案下例」，他本皆作「常」字。今按，據疏疑作「當」是。

〔四九〕起十復有二　「十」原作「下」。浦鏜云：「十」誤「下」。阮校：鄂本作十。當據正。今按，撫州本、余本「下」皆作「十」。據改。

〔五〇〕去王　「王」原作「主」。單疏殘本、單抄本「主」作「王」字。據改。

〔五一〕論辨然後使之　阮校：閩、監、毛本「辨」改「辯」。

〔五二〕臧孫辰卒者也　浦鏜云：「者」爲「是」之誤。

〔五三〕義有深淺　阮校謂鄂本作「淺深」，當據改。

〔五四〕邾婁劓我來奔　阮校：鄂本作「鄓」，後仍作「鼻」，閩、監、毛本作「鼻」。又按：作「鼻」字是，襄二十三年可證。今按，撫州本作「鄓」，單疏殘本引注同。

〔五五〕魏曼多　阮校：鄂本「曼」作「萬」，疏中標注亦作「萬」。又按作「曼」是也。今按，撫州本作「萬」。

〔五五〕爲恩衰也　阮校：閩、監、毛本無「也」，此衍。否則「爲義缺」下亦當有「也」。

〔五六〕注於所至卒是也　「所」下原有「見」字。阮校：何校本「見」作「傳」，是也。今按，單疏殘本、單抄本作「於所至卒是也」，無「見」字。據删。

〔五七〕季子之遏惡也　「遏」原作「過」。阮校：閩、監、毛本「過」作「遏」，與襄三十二年注合。此本改刻。今按，單疏殘本、單抄本「過」作「遏」。據改。

〔五八〕注襄二至是也　單疏殘本、單抄本作「小國有大夫襄二十三年邾婁我來奔是也」。

〔五九〕何以書譏何譏爾　「何譏」二字原無。殿本考證云，各本譏下脱「何譏」二字，以傳文添補。阮校：何校本有「何譏」二字，與莊廿七年傳合。

〔六〇〕大夫越境逆女　日校：莊二十七年傳「境」作「竟」字。

〔六一〕執戎曼子赤　阮校：閩本同。監、毛本「曼」作「蠻」。又按，哀四年疏云，左氏作「蠻子」，可證徐氏所據公羊經作「曼」，不作「蠻」。

〔六二〕魏萬多　日校：當從阮校改「萬」作「曼」。

〔六三〕唯有二名　「二」字原無。浦鏜：「名」上當有「二」字。阮校：定六年注有「二」字。今按，單疏殘本、單抄本「名」上有「二」字。據補。

〔六四〕注爲曾至三月　阮校云：閩、監、毛本「曾」下有「祖」字。

〔六五〕序之昭穆　浦鏜以「之」爲「以」字之誤。阮校：大傳作「序以昭穆」。

〔六六〕解云出喪服傳也　「出」原作「世」。浦鏜云：「世」當作「出」字。據改。

監本附音春秋公羊傳注疏隱公卷第二起二年，盡四年。

何休學

二年，春，公會戎于潛。凡書「會」者，惡其虛內務、恃外好也。古者諸侯非朝時不得踰竟。所傳聞之世，外離會不書。書內離會者，春秋王魯，明當先自詳正，「躬自厚而薄責於人」，故略外也。王者不治夷狄，録「戎」者，來者勿拒，去者勿追。「東方曰夷，南方曰蠻，西方曰戎，北方曰狄。」「朝」、「聘」、「會」、「盟」例皆時。○惡，烏路反。好，呼報反。非朝，直遥反，凡此字不音者皆同。踰竟，音境，今本多即作境字，更不音。所傳，直專反。年末「相傳」同。

【疏】**注「凡書會者」至「外好也」** 解云：以其非自求多福之義故也。

注「古者諸侯」至「踰境」〔一〕 解云：案曲禮下云：「諸侯相見於隙地曰會。」故定十四年注云「古者諸侯將朝天子，必先會閑隙之地」。以此言之，則會合於禮。言「會爲惡之，非朝時不得踰竟」者，正以春秋之會非爲天子而作之。故得然解。

注「王者不治」至「勿追」〔二〕 解云：言當是所傳聞之世，王者草創，夷狄有罪不暇治之，即先書晉滅下陽，未書楚滅穀、鄧是也。而此經録戎者，來者勿拒故也。

注「東方曰夷」至「曰狄」 解云：下曲禮及王制皆有此文。

注「朝聘」至「皆時」　解云：朝書時者，即文十五年「夏，曹伯來朝」，昭十七年「春，小邾子來朝」〔三〕之類是也。其聘書時者，即文四年秋，「衛侯使甯俞來聘」，文六年「夏，季孫行父如陳」之屬是也。其會書時者，即莊十三年「春，齊侯、宋人」以下「會于北杏」，十四年「冬單伯會齊侯、宋公」以下「于鄄」之屬是也。盟書時者，即莊十三年「冬，公會齊侯盟于柯」之屬是也。其有書日月者，皆別著義，即不信者日小信者月之屬是也。

夏，五月，莒人入向。「入」者何？得而不居也。「入」者，以兵入也。已得其國而不居，故云爾。凡書兵者，正不得也。外內深淺皆舉之者，因重兵害衆，兵動則怨結禍構〔四〕，更相報償，伏尸流血無已時。諸侯擅興兵不爲大惡者，保伍連帥本有用兵征伐之道，魯入杞不諱是也。「入」例時，傷害多則月。○莒，音舉。向，舒亮反，國名。更，音庚。償，時亮反。擅，市戰反。

【疏】「入者何」　解云：侵、伐、戰、圍、入，皆是用兵之文，而不言「帥師」，故執不知問。

注「凡書兵」至「得也」　解云：言春秋之内，凡書兵事者，皆欲言正之道，其理不合然。

注「諸侯」至「是也」　解云：「保伍連帥」者，即禮記王制云「五國爲屬，屬有長。十國爲連，連有帥」是也。言「本有用兵征伐之道」者，謂禮五國爲屬，屬有長；二屬爲連，連有帥；三連爲卒，卒有正；七卒爲州，州有伯，若州内有無道者，則長、帥、正、伯當征之，若其不征，則與同惡。故曰「有征伐之道」。知非大惡者，正以春秋之義，内大惡皆諱不書。而魯入杞者，即僖二十七年秋，「公子遂帥師入杞」者是也。若然，禮法諸侯賜弓矢，然後專征伐，而保、伍、連、帥得有征伐之道，謂隨州伯故也。

注「入例」至「則月」　解云：「入例時」者，即成七年秋「吴入州來」，定五年夏「於越入吴」之屬是也。「傷害多則月」者，此文及僖三十三年「春，王二月，秦人入滑」是也。若然，僖二十七年秋八月「乙巳，公子遂帥師入杞」，而書日者，彼注云「日者，杞屬脩禮朝魯，雖無禮，君子躬自厚而薄責於人，不當乃入之，故録責之」者，是其不引者，以此求之。

無駭帥師入極。「無駭」者何？展無駭也。何以不氏？據「公子遂帥師入杞」，氏「公子」也。○駭，户揩反。

【疏】「無駭者何」解云：欲言其君，經不書爵。欲言大夫，又復無氏。故執不知問。

注「據公子遂帥師」至「子也」解云：在僖二十七年秋。

貶。貶猶損也。○貶，彼檢反。損也。曷爲貶？據公子遂俱用兵入杞，不貶也。疾始滅也。以下「終其身不氏」，知貶疾始滅，非但起入爲滅。

【疏】注「據公子遂俱用」至「貶也」解云：欲決隱八年「庚寅我入邴」，非用兵故也。

注「以下終」至「爲滅」解云：即下八年「無駭卒」，傳曰「何以不氏？疾始滅也。故終其身不氏」。然則若直欲起此入爲滅，止應此經貶之而已，不應終身貶之。故知并欲起其疾始滅也。

始滅昉於此乎？「昉」，適也，齊人語。據傳言「撥亂世」。○昉，甫往反。適也。

【疏】注「昉適也齊人語」解云：胡毋生，齊人，故知之。若鄭譜云：〔五〕「然則詩之道放于此乎」之類。

注「據傳言撥亂世」解云：哀十四年傳云「君子曷爲爲春秋？撥亂世，反諸正，莫近諸春秋」是也。既言作春秋治亂世，明知往前相滅非一矣。而此經爲疾始滅〔六〕，是以據而難之。

前此矣。「前此」者，在春秋前，謂宋滅郜是也。○郜，古報反。前此則曷爲始乎此？託始焉爾。「焉爾」猶於是也。

【疏】注「謂宋滅郜是也」　解云：桓二年，「夏四月，取郜大鼎于宋」，傳云「此取之宋，其謂之郜鼎何？器從名」，彼注云「從本主名名之」。「宋始以不義取之故謂之郜鼎」，是也。然則宋滅郜在春秋前，故如此解。

曷爲託始焉爾？據「戰」、「伐」不言「託始」。

【疏】注「據戰」至「託始」　解云：隱二年，「鄭人伐衛」，桓十年「齊侯、衛侯、鄭伯來戰于郎」，傳皆不言「託始焉爾」，故難之。而注先言「戰」者，直漫據春秋上下戰伐之事而已。故意及則言，不爲次第矣。

春秋之始也。春秋託王者始，起所當誅也。言「疾始滅」者，諸「滅」復見不復貶，皆從此取法。所以省文也。○復見，扶又反，下「不復」同。見，音賢徧反。

【疏】注「言疾始滅」至「省文也」〔七〕　解云：「諸滅復見不復貶」，即定四年，「蔡公孫歸姓帥師滅沈」，定六年「鄭游遬帥師滅許」之屬是也。

此滅也，其言「入」何？據「齊師滅譚」不言「入」。內大惡，諱也。明魯臣子當爲君父諱。「滅」例月。例，〔八〕當蒙上月。日不。○當爲，于僞反，下「爲後背隱」同。不復出月者，與上同月。常案下

【疏】注「據齊師滅譚不言入」解云：在莊十年冬。〔九〕

注「滅例月」至「同月」解云：莊十年，「冬，十月，齊師滅譚」，莊十三年，「夏，六月，齊人滅遂」之屬是也。

注「常案下」至「日不」解云：元年「祭伯來」之下已有此注，而復言之者，正以彼月爲下「公子益師卒」，其祭伯來奔不蒙月，今此「夏五月」，二事皆蒙之，嫌其異，故重發之。

秋，八月，庚辰，公及戎盟于唐。後不相犯，日者，爲後背隱而善桓能自復，爲唐之盟。○背，音佩。

【疏】注「後不相」至「之盟」解云：春秋之例，不信者日，故云「後不相犯，日者」。〔一〇〕言「爲後背隱而善桓能自復爲唐之盟」者，即桓二年，秋九月「公及戎盟于唐」是也。言「背隱」者，桓是弒君之賊而與桓盟，是背隱之義矣。言「善桓能自復」者，戎與桓同好相隨，繼其所能，故善其得國矣。若左氏之義以極是戎國都。案此經傳及注似非一物，而舊解曰「以爲戎能自復」者，非也。

九月，紀履緰來逆女。「紀履緰」者何？紀大夫也。以逆女不稱「使」，知爲大夫。○履緰，音須，左氏作裂繻。

【疏】「紀履緰者何」解云：不書爵，又不言「使」，君臣不明，故執不知問。

注「以逆」至「大夫」解云：正以桓三年秋，「公子翬如齊逆女」之屬，皆是大夫爲君逆女，而文皆不言「使」，今此履緰逆女不言「使」，故知是大夫也。或者「使」爲「爵」字誤也。

何以不稱「使」？據「宋公使公孫壽來納幣」，稱「使」。婚禮不稱主人。爲養廉遠恥也。

【疏】注「據宋公」至「稱使」　解云：在成八年夏。注「爲養廉遠恥也」者，謂養成其廉，遠其慙恥也。

然則曷稱？稱諸父兄、師友。「宋公使公孫壽來納幣」，則其稱主人何？辭窮也。辭窮者何？無母也。禮，有母，母當命諸父兄、師友，稱諸父兄、師友以行。宋公無母，莫使命之，辭窮，故自命之。自命之，則不得不稱「使」。

【疏】「辭窮者何」　解云：弟子未解辭窮之義，故執不知問。

注「禮有母」至「師友」　解云：即昏禮記云「宗子無父，〔一〕母命之」是也。

注「稱諸父」至「以行」　解云：謂使者稱之而文不言使者，以其非君故也。

注「宋公」至「命之」〔二〕　解云：即昏禮記云「親皆没，己躬命之」是也。

然則紀有母乎？曰，有。以不稱「使」，知有母。有則何以不稱母？據非主人，何不稱母通使文。母不通也。禮，婦人無外事，但得命諸父兄、師友，稱諸父兄、師友以行耳。母命不得達，故不得稱母通使文，所以遠別也。○別，彼列反。外逆女不書，此何以書？據「伯姬歸于宋」，不書逆人。

【疏】注「據伯」至「逆人」　解云：在成九年春。

譏。「譏」，猶譴也。○譴，遣戰反。何譏爾？譏始不親迎也。禮，所以必親迎者，所以示男先女也。於廟者，告本也。夏后氏逆於庭，殷人逆於堂，周人逆於户。○親迎，魚敬反，注及下同。先，悉薦反。

【疏】注「禮所」至「先女也」解云：出昏義文。注「於廟者」至「於户」解云：即書傳云「夏后氏逆於廟庭，殷人逆於堂，周人逆於户」者是也。

始不親迎昉於此乎？前此矣。以惠公妃匹不正，不嫌無前也。○妃音配，又芳非反。

【疏】注「以惠」至「前也」解云：不以正妃匹者，是不重昏姻之禮，故知往前宜有不親迎之事矣。

前此則曷爲始乎此？託始焉爾。「焉爾」，猶於是也。曷爲託始焉爾？據「納幣」不「託始」。春秋之始也。春秋正夫婦之始也。夫婦正則父子親，父子親則君臣和，君臣和則天下治。故夫婦者，人道之始，王教之端。内逆女常書，外逆女但疾始不常書者，明當先自正，〔一三〕「躬自厚而薄責於人」，故略外也。○治，直吏反。

【疏】注「夫婦正」至「之端」解云：昏義鄭注云「言子受氣性純則孝，孝則忠」是也。注「内逆女常書」者，即桓三年公子翬、宣元年公子遂、成十四年叔孫僑如之屬是也。

女曷爲或稱「女」，或稱「婦」，或稱「夫人」？女在其國稱「女」，未離父母之辭。「紀履緰來逆女」是也。○在塗稱「婦」，在塗見夫，服從之辭。「公子結媵陳人之婦」是也。未離，力智反，下同。

【疏】「女曷爲或稱女」者，即此經是也。或稱婦者，莊十九年「陳人之婦」是也。

注「在塗見」至「之辭」解云：案僖二十五年、宣元年傳皆云「其稱婦者何？有姑之辭也」者，兼二義故也。何者？在塗稱「婦」者，服從夫辭。其至國猶稱「婦」者，對姑生稱也。

入國稱夫人。入國則尊尊，有臣子之辭。「夫人姜氏入」是也。紀無大夫，書「紀履緰」者，重婚禮也。月者，不親迎例月，重録之。親迎例時。

【疏】注「入國」至「入是也」解云：在莊二十四年秋是也。

注「月者」至「例時」解云：「不親迎例月」者，即此文及桓三年秋七月公子翬、宣元年正月公子遂之屬是也。其「親迎時」者，即莊二十四年，「夏，公如齊逆女」，莊二十七年，冬，「莒慶來逆叔姬」之屬是也。有不如此者別見義，即文四年「夏，逆婦姜」、成十四年秋叔孫僑如之屬是也。當文自有解，不能逆説也。

冬，十月，伯姬歸于紀。「伯姬」者何？内女也。以無所繫也。不稱「公子」者，婦人外成，不得獨繫父母。

【疏】「伯姬者何」解云：欲言内女，於紀言歸。欲言外女，文無所繫。故執不知問。

注「**不稱公**」至「**父母**」 解云：正以莊元年傳云「羣公子之舍則已卑矣」，〔一四〕明有得稱公子之道，故注者決之。

其言「歸」何？據去父母國也。婦人謂嫁曰「歸」。婦人生以父母爲家，嫁以夫爲家，故謂嫁曰「歸」。明有二「歸」之道。書者，父母恩録之也。禮，男之將取，三日不舉樂，思嗣親也。女之將嫁，三夜不息燭，思相離也。内女歸例月，恩録之。○取，七住反。

【**疏**】**注**「**婦人生**」至「**爲家**」 解云：謂始生時。

注「**明有二歸之道也**」 解云：即此「伯姬歸于紀」、宣十六年「秋，郯伯姬來歸」之屬是也。

注「**禮男之**」至「**女將嫁**」 解云：皆出禮記曾子問。

注「**内女歸**」至「**録之**」 解云：即此文「冬，十月」，隱七年三月「叔姬歸于紀」、成九年「二月伯姬歸于宋」之屬是也。

紀子伯、莒子盟于密。「紀子伯」者何？無聞焉爾。言「無聞」者，春秋有改周受命之制，孔子畏時遠害，又知秦將燔詩書，其説口授相傳，至漢，公羊氏及弟子胡毋生等乃始記於竹帛，故有所失也。○紀子伯，左氏作「子帛」。遠，于萬反。燔，扶元反。毋，音無。

【**疏**】「**紀子伯者何**」 解云：欲言紀君，經不稱「侯」。欲言大夫，復叙人君之上。故執不知問。

十有二月，乙卯，「夫人子氏」薨。「夫人子氏」者何？隱公之母也。以不書「葬」。

【疏】「夫人子氏者何」　解云：欲言魯之夫人，終無葬處。弟子未識，故執不知問。

注「以不書葬」　解云：今隱公欲表己讓，故宜屈卑其母，不成夫人之禮。是以見其不書葬，知其是隱公母也。

何以不書「葬」？據姒氏書「葬」。○姒音似。

【疏】注「據姒氏書葬」　解云：即定十五年九月，「辛巳，葬定姒」是也。彼定姒之子哀公者，未踰年之君也，其母亦得書「葬」。今隱公雖欲讓桓不作成君，應比未踰年之君。今其母不書「葬」，故據而難之。

成公意也。何成乎公之意？據已去「即位」。○去，起呂反。子將不終爲君，故母亦不終爲夫人也。時隱公屈卑其母，〔一五〕不以夫人禮葬之，以妾禮葬之，以卑下桓母，無終爲君之心，得事之宜。故善而不書「葬」。所以起其意而成其賢。「子」者，姓也。夫人以姓配號，義與仲子同。書「薨」者，爲隱公恩録痛之也。日者，恩録之，公、夫人皆同例也。○下，遐嫁反。

【疏】注「子者」至「子同」　解云：上文仲子之下而注云「仲，字。子，姓。婦人以姓配字，不忘本國，〔一六〕示不適同姓」。今此稱姓者，亦是示不適同姓之義。故云「義與仲子同」。其不稱字之義，乃自異，故注云「以姓配號」，號即「夫人」是也。

鄭人伐衛。書者，與「入向」同。「侵」、「伐」、「圍」、「入」，例皆時。

【疏】**注「書者與入向同」** 解云：即上注云「凡書兵者，正不得也」，外内深淺皆舉之者，因重兵害衆是也。

注「侵伐圍入例皆書時」（二七） 解云：其侵伐書時者，（二八）即僖二十八年「春，晉侯侵曹，晉侯伐衛」之屬是也。入例時者，已説於上，而注言此者，正以文承日月之下，故須解之。

三年，春，王二月，「二月」、「三月」皆有「王」者，二月，殷之正月也，三月，夏之正月也。王者存二王之後，使統其正朔，服其服色，行其禮樂，所以尊先聖，通三統。師法之義，恭讓之禮，於是可得而觀之。

【疏】**注「二月」至「王者」** 解云：二月有王，即此是。三月有王者，即定元年「王三月」之屬是也。

注「使統其正朔」 解云：「統」者，始也，謂各使以其當代之正朔爲始也。

注「所以尊」至「觀之」 解云：春秋黜杞，而言「通三統」者，黜杞爲魯也。通三王之正者，爲師法之義。

己巳，日有食之。何以書？諸言「何以書」者，問主書。

【疏】**注「諸言」至「主書」** 解云：至此乃解之者，正以有所據。下言「何以書」者，還在據彼難此之例，故不得然解也。即上三年傳云「外逆女不書此何以書」是也。今此直言「何以書」，上無所據，則是問主書，故如此解。

記異也。「異」者，非常可怪、先事而至者。是後，衛州吁弑其君完、諸侯初僭、魯隱係獲、公子翬進諂謀。○殺其，申志反，下殺其君同。翬，許韋反。諂，敕檢反。

【疏】注「是後衛」至「完」 解云：在四年春。

注「諸侯初僭」 解云：下五年秋「初獻六羽」，傳云「何以書？譏。何譏爾？譏始僭諸公也」。「始僭諸公昉於此乎？前此矣。前此則曷爲始乎此？僭諸公猶可言也，僭天子不可言也」是也。

注「魯隱係獲」者 解云：即下六年春「鄭人來，輸平」，傳云「狐壤之戰，隱公獲焉」是也。

注「公子」至「諂謀」 解云：下四年，「秋，翬帥師及宋公以下伐鄭」，〔一九〕傳云「公子翬諂乎隱公，謂隱公曰『百姓安子，諸侯説子，盍終爲君矣』」是也。此等諸事，皆是陰陽之象，故取之日食。

日食則曷爲或日或不日？或言「朔」或不言「朔」？曰「某月某日朔，日有食之」者，食正朔也。桓三年「秋七月，〔二〇〕壬辰，朔，日有食之」是也。此象君行外彊内虚，是故日月之行無遲疾，食不失正朔也。

【疏】「日食則曷爲或日」者 解云：即此是也。「或不日」者，莊十八年「三月，日有食之」是也。「或言朔」者，桓三年「秋，七月，壬辰，朔，日有食之」是也。

注「此象君」至「朔也」 解云：「外彊」者，謂外有威嚴，其民臣望而畏之。「内虚」者，虚心以受物，正得爲君之道，故食不失正朔也。祭義云「虚中以治之」，鄭注云「虚中言不兼念餘事」是也。

其或日，或不日，或失之前，或失之後。失之前者，朔在前也，謂二日食。「己巳，日有食之」是也。此象君行暴急，外見畏，故日行疾，月行遲。過朔乃食，失正朔於前也。失之後者，朔在後也。謂晦日食。莊公十八年「三月日有食之」是也。此象君行懦弱，〔一一〕見陵，故日行遲，月行疾。未至朔而食，失正朔於後也。不言「月食之」者，〔一二〕其形不可得而覩也。故疑言「日有食之」。〔一三〕孔子曰「多聞闕疑，慎言其餘，則寡尤」。不傳「天下異」者，從王內録可知也。〔一四〕○懦，乃亂反，又乃卧反。

【疏】注「不傳」至「可知也」　解云：正以僖十四年「沙鹿崩」、成五年「梁山崩」，傳皆云「何以書？記異也」。「外異不書，此何以書？爲天下記異也」。今無此傳，故須解之也。彼不從王內録者，以其皆在晉竟內故也。

三月，庚戌，天王崩。平王也。何以不書「葬」？據書「葬桓王」。

【疏】注「平王也」　解云：知者，以本紀當之故也。

注「據書葬桓王」　解云：即莊三年「五月，葬桓王」是也。

天子記「崩」不記「葬」，必其時也。至尊，無所屈也。諸侯記「卒」記「葬」，有天子存，「存」，在。不得必其時也。設有王后崩，當越紼而奔喪，不得必其時。故恩録之。○紼音弗。

【疏】注「設有」至「奔喪」　解云：何氏以意言之。不言「天子崩」者，舉輕以明重故也。

曷爲或言「崩」或言「薨」？天子曰「崩」，大毀壞之辭。諸侯曰「薨」，小毀壞之辭。大夫曰「卒」，「卒」猶終也。士曰「不禄」。「不禄」，無禄也。〔二五〕皆所以别尊卑也。「葬」不别者，從恩殺略也。書「崩」者，爲天下恩痛王者也。記諸侯「卒」、「葬」者，王者亦當加之以恩禮，故爲恩録。○以别，彼列反，下同。恩殺，所界反。爲天，于僞反，下「故爲」「主爲」傳「所爲」同。

夏，四月，辛卯，尹氏卒。「尹氏」者何？天子之大夫也。以「尹氏立王子朝」也。○尹氏，左氏作君氏。朝，如字。

【疏】「尹氏者何」　解云：欲言諸侯，不言國爵。欲言外臣，而書其卒。欲言内臣，内無尹氏。故執不知問。

注「以尹氏立王子朝也」者　解云：在昭二十三年秋。〔二六〕

其稱「尹氏」何？據「宰渠」氏官，「劉卷卒」名。○卷音權。

【疏】注「據宰渠氏官」者　解云：即桓四年，「夏，天王使宰渠伯糾來聘」是。

注「劉卷卒名」者　解云：在定四年秋。

貶。曷爲貶？據俱「卒」也。

【疏】注「據俱卒也」 解云：據劉卷言之。

譏世卿。「世卿」者，父死子繼也。貶去名言氏者，〔二七〕起其世也。若曰「世世尹氏也」。○去，起呂反。世卿，非禮也。禮，公、卿、大夫、士皆選賢而用之。卿、大夫任重職大，不當世。爲其秉政久，恩德廣大，小人居之，必奪君之威權。故尹氏世，立王子朝，齊崔氏世，弒其君光。君子疾其末則正其本。見譏於「卒」者，亦不可造次，無故驅逐，必因其過，〔二八〕「卒」絶之。明君案見勞授賞，則衆譽不能進無功；案見惡行誅，則衆讒不能退無罪。○見譏，賢偏反，下同。造，七報反。

【疏】「世卿非禮也」 解云：詩序云「古之仕者世禄」也，於賢者言之也。

注「齊崔」至「君光」 解云：「崔氏世」者，即宣十年「齊崔氏出奔衛」，傳云「崔氏者何？齊大夫也。其稱崔氏何？貶。曷爲貶？譏世卿。世卿，非禮也」者是也。言「弒其君光」者，在襄二十五年夏。

注「君子疾其末」 解云：即襄二十五年與昭二十三年是也。

注「則正其本」者 解云：即此及宣十年是也。

注「見譏」至「絶之」 解云：「必因過卒絶之」者，「過」即「崔氏出奔衛」、「尹氏立王子朝」是也。「卒」即此文是也。若然，「尹氏立王子朝」還言「尹氏」，而「崔杼弒其君光」，不復言「崔氏」者，正以大夫弒君，例稱其名故也。

注「明君」至「無功」 解云：「衆譽」者，若共工、鯀等迭相爲譽之類是也。

注「案見惡」至「無罪」 解云：謂君有明德，案見惡行誅，則刑不濫也。故雖衆讒，亦不能退黜無罪之善人也。舊云言「不能退無罪」者，謂不能退使無罪，非也。

外大夫不卒，此何以卒？據原仲不「卒」。

【疏】注「據原仲不卒」　解云：即莊二十七年「秋，公子友如陳，葬原仲」，而經不書原仲之卒是也。

天王崩，諸侯之主也。時天王崩，魯隱往奔喪。尹氏主儐贊諸侯，與隱交接。而卒，恩隆於王者，則加禮録之。故爲隱恩録痛之。日者，恩録之。明當有恩禮。

【疏】注「時天」至「恩禮」　解云：魯隱奔喪而不書者，蓋以得其常故也。若遣大夫往則書之，即文九年「二月叔孫得臣如京師。辛丑，葬襄王」是也。彼傳云「王者不書葬，此何以書？不及時書，過時書」，彼注云「重録失時」。「我有往者則書」，彼注云「謂使大夫往也。惡文公不自往，故書葬以起大夫會之」是也。〔二九〕

注「恩隆」至「録之」　解云：言隱公恩隆於王者，則加禮，録其儐贊之人也。

秋，武氏子來求賻。「武氏子」者何？天子之大夫也。其稱「武氏子」何？據「宰渠」氏官、「仍叔」不稱氏、「尹氏」不稱「子」。

【疏】「武氏子者何」　解云：欲言王臣，不言王使；欲言諸侯之臣，文無繫國。故執不知問。

注「據宰渠氏官」者　解云：即桓四年「夏，天王使宰渠伯糾來聘」是也。

注「仍叔不稱氏」　解云：即桓五年「天王使仍叔之子來聘」是也。

譏。何譏爾？父卒子未命也。時雖世大夫，緣孝子之心，不忍便當父位。故順古先試一年，乃命於宗廟。武氏子父新死，未命而便爲大夫，薄父子之恩。故稱氏言子，見未命以譏之。

【疏】注「時雖世大夫」解云：知者，正見尹氏之屬故也。

注「緣孝」至「宗廟」解云：知如此者，正以此經譏父卒子未命而便爲大夫故也。

何以不稱「使」？據南季稱「使」。

【疏】注「據南季稱使」解云：即下九年「春，天王使南季來聘」是也。

當喪，未君也。「當喪」謂天子也。「未君」者，未三年也。未可居君位稱「使」也。故絶正其義。與毛伯同。

【疏】注「未君」至「伯同」解云：即文九年「春，毛伯來求金」，傳云「何以不稱使？當喪，未君也。踰年矣，何以謂之未君」？「以天子三年然後稱王」。「緣民臣之心，不可一日無君」，故踰年即位；「緣孝子之心，即三年不忍當」，是故三年乃稱王命使大夫矣。

「武氏子來求賻」何以書？不但言「何以書」者，嫌以主覆問上所以説二事，〔三〇〕不問求賻。○覆，芳服反。

【疏】注「不但」至「求賻」　解云：上三事者，即父卒子未命、當喪未君是也。嫌言父卒子未命何以書，當喪未君何以書，故須連言之。注「主爲求賻書也」者，嫌爲上三事書故也。

譏。何譏爾？喪事無求，求賻，非禮也。主爲求賻書也。禮本爲有財者制。有則送之，無則致哀而已，不當求。求則皇皇傷孝子之心。

【疏】注「求則皇」至「子之心」〔三一〕　解云：言制禮本意，所以喪事無求者，恐傷孝子之心故也。何者？正以孝子本意無心求矣。

蓋通于下。云爾者，嫌天子財多不當求，下財少可求。〔三二〕故明皆不當求之。

【疏】「蓋通于下」　解云：「蓋」詁爲「皆」，若似「蓋云歸哉」之類。〔三三〕或者不受於師，故疑之。

八月，庚辰，宋公和卒。不言「薨」者，春秋王魯，死當有王文。聖人之爲文辭孫順，不可言「崩」，故貶外言「卒」，所以褒内也。宋稱「公」者，殷後也。王者封二王後，地方百里，爵稱「公」，客待之而不臣也。詩云「有客宿宿，有客信信」是也。○孫音遜。

【疏】注「故貶」至「内也」　解云：魯得尊名，不與外諸侯同文，即是尊魯爲王之義。

冬，十有二月，齊侯、鄭伯盟于石門。

癸未，葬宋繆公。「葬」者，曷爲或日或不日？不及時而日，渴葬也；「不及時」，不及五月也。禮，天子七月而葬，同軌畢至；諸侯五月而葬，同盟至；大夫三月而葬，同位至；士踰月，外姻至。孔子曰「葬於北方北首，〔三四〕三代之達禮也。之幽之故也」。「渴」，喻急也。「乙未，葬齊孝公」是也。○宋繆公，音穆；左氏作穆，凡此後倣此。首，手又反。

【疏】注「禮天子」至「姻至」 解云：皆隱元年左傳文。

注「孔子」至「故也」 解云：檀弓下篇文云。「孔子曰」之下無「禮」字。

注「渴喻」至「是也」 解云：即僖二十七年「六月，庚寅，齊侯昭卒」，「八月，乙未，葬齊孝公」是也。而言「渴葬」者，謂更無他事，但孜孜於葬，故不待五月矣。

不及時而不日，慢葬也。慢葬，〔三五〕不能以禮葬也。「八月，葬蔡宣公」是也。

【疏】注「慢薄」至「葬也」 解云：即下八年「夏，六月，己亥，蔡侯考父卒」。

注「八月」至「是也」 解云：言但自慢薄，不依禮，故不待五月也。

過時而日，隱之也；「隱」，痛也。痛賢君不得以時葬。「丁亥，葬齊桓公」是也。

【疏】注「隱痛」至「是也」 解云：即僖十七年「冬，十二月，乙亥，齊侯小白卒」，十八年「秋，八月，丁亥，葬齊桓公」是也。

過時而不日，謂之不能葬也。解緩不能以時葬。「夏，四月，葬衛桓公」是也。○解，古邂反，又古賣反。

【疏】注「解緩」至「是也」　解云：即下四年二月「戊申，衛州吁弑其君完」，至五年「夏，四月，葬衛桓公」是也。

當時而不日，正也；「六月，葬陳惠公」是也。○當時，丁浪反，又如字，下同。

【疏】注「六月」至「是也」　解云：即定四年二月「癸巳，陳侯吴卒」，「六月，葬陳惠公」是也。

當時而日，危不得葬也。此當時，何危爾？宣公謂繆公曰「以吾愛與夷，「與夷」者，宣公之子；「繆公」者，宣公之弟。○與夷，如字，又音餘。凡人名字及地名之類，皆放首音，借假字則時復重出。愛女，音汝，下及注同。盍終，户臘反，四年傳同。則不若愛女；以爲社稷宗廟主，則與夷不若女。盍終爲君矣」！

【疏】「當時」至「葬也」　解云：即此年八月「宋公和卒」，十二月「癸未，葬宋繆公」是也。而注不言之者，以下有問，不注可知也。

「以吾」至「愛女」　解云：「若」，如也。言吾愛於與夷，則不止如女而已，言其甚也。云「以爲社稷宗廟主則與夷不若女」者，言不如女，道其不賢。云「盍終爲君矣」者，何不遂爲君，不聽其反讓。

宣公死，繆公立。繆公逐其二子莊公馮與左師勃，「左師」，官；「勃」，名也。○馮，皮冰反。曰：「爾爲吾子，生毋相見，死毋相哭。」所以遠絶之。○生毋，音無，下同。與夷復曰：「復」，報。「先君之所爲不與臣國而納國乎君者，以君可以爲社稷宗廟主也。今君逐君之二子而將致國乎與夷，此非先君之意也。且使子而可逐，則先君其逐臣矣。」繆公曰：「先君之不爾逐，可知矣。「爾」，女也。「可知」者，欲使我反國。吾立乎此，攝也。」暫攝行君事，不得傳與子也。謙辭。○傳與，直專反，下音與。〔三六〕終致國乎與夷。莊公馮弑與夷。馮與督共弑殤公，在桓二年。

【疏】注「馮與」至「二年」。解云：即桓二年「春，王正月，戊申，宋督弑其君與夷，及其大夫孔父」是也。

注「死乃」至「争也」。解云：「至賢之君」謂受國者。正以與夷不賢，故終見篡矣。危之於此者，死乃反國。非至賢之君，不能不争也。○馮弑，音試，注同。争，争鬭之争。

故君子大居正。明脩法守正，最計之要者。

【疏】「故君子大居正」。解云：言由是之故，君子之人大其適子居正，不勞違禮而讓庶也。

宋之禍，宣公爲之也。言死而讓，開争原也。繆公亦死而讓，得爲功者，反正也。外小惡不書，録渴、隱者，明諸侯卒，王者當加恩意，憂勞其國，所以哀死閔患也。

【疏】注「言死而」至「原也」　解云：言後人見其死乃讓，已疑非誠心至意，是以還讓其子，終致後禍，故曰「開争原也」。

注「繆公」至「反正也」　解云：其繆公之功即桓二年馮弑君是也。

注「所以哀死閔患也」　解云：「哀死」者，即慢之屬是也。「閔患」者，隱之是也。

四年，春，王二月，莒人伐杞，取牟婁。「牟婁」者何？杞之邑也。

以上有「伐杞」。○牟，武侯反。

【疏】「牟婁者何」　解云：外相取邑，例所不書，疑非凡取，故執不知問。

外取邑不書，此何以書？據「楚子伐宋」，「取彭城」不書。

【疏】注「據楚」至「不書」　解云：即襄元年傳曰「魚石走之楚，楚爲之伐宋，取彭城，以封魚石」者是也。

疾始取邑也。外小惡不書，以外見疾始，著取邑以自廣大，比於貪利差爲重，故先治之也。内取邑常書，外但疾始不常書者，義與上「逆女」同。不傳「託始」者，〔三七〕前此有滅，不嫌無取邑，當託始明，故省文也。取邑例時。〇見疾，賢徧反，年末「見衆」同。差，初賣反。

【疏】注「内取邑常書」者　解云：即下十年取郜、防，昭三十二年取闞之屬是也。

注「義與上逆女同」　解云：即上注云「内逆女常書，外逆女但疾始不常書者，明當先自正，躬自厚而薄責於人，故略外」是也。

注「傳不託始者」　解云：何故不發傳云「取邑昉於此乎？前此矣。前此，則曷爲始於此？(三八)託始焉爾。曷爲託始焉爾？春秋之始也」。凡不託始之義有四。一則見其經而不託始，即上二年彼注云「據戰伐不言託始」、「納幣不託始」之類是也。二則其大惡不可託始，即五年「初獻六羽」之下，傳云「始僭諸公昉於此乎？前此矣。前此則曷爲始於此？僭諸公猶可言，僭天子不可言」，彼注云「傳云爾者，解不託始也」。三則省文不假託始，即此是也。四則無可託始，即桓七年「焚咸丘」之下，注云「傳不託始者，前此未有，無所託也」是也。

注「取邑例時」　解云：即下六年「冬，宋人取長葛」之屬是。然則取牟婁雖在月下，不蒙上月也。

戊申，衛州吁弒其君完。曷爲以國氏？據「齊公子商人弒其君舍」，氏「公子」。〇弒其，申志反。弒字從式，殺字從殳，不同也。君父言弒，積漸之名也，臣子云殺，卑賤之意也。字多亂，故時復音之，可知則不重出也。完，音丸。

【疏】注「據齊」至「公子」　解云：在文十四年秋也。商人所以得稱「公子」者，正以商人次正當立，其罪差輕故也。

當國也。與段同義。日者，從外赴辭，以賊聞例。

【疏】注「與段同義」者　解云：即上元年注云「欲當國爲君，故如其意，使如國君氏上鄭，所以見段之凶逆」是也。〔三九〕

注「日者」至「聞例」　解云：公羊之例，合書則書，不待赴告。而言「從外赴辭」者，謂其君被弒，此君之臣即以其日赴於天子、諸侯，望天子、諸侯早來救己，是以春秋悉皆書日。故云「日者從外赴辭」也。言「以賊聞例」者，言以賊弒君聞於天子、諸侯，例日。如此，故下八年傳云「卒何以日而葬不日？卒赴」，何氏云「赴天子也。緣天子閔傷，欲其知之」，義亦通乎此。〔四〇〕

夏，公及宋公遇于清。「遇」者何？不期也。一君出，一君要之也。

古者有遇禮，爲朝天子若朝罷朝，卒相遇于塗。〔四一〕近者爲主，遠者爲賓，稱先君以相接，所以崇禮讓、絶慢易也。當春秋時，出入無度，禍亂姦宄，多在不虞，無故卒然相要，小人將以生心，故重而書之，所以防禍原也。言「及」者，起公要之，明非常遇也。地者，重録之。「遇」，例時。○要之，一遥反，注同。易，以豉反。

【疏】「遇者何」　解云：欲言冬見，其文曰「夏」；欲言會聚，又不言「會」。故執不知問。

注「言及者」至「遇也」　解云：正以「及」者，汲汲之文故也。其「常遇」者，即朝天子罷朝之時，相遇于塗是也。

注「遇例時」者　解云：即隱八年「春，宋公、衛侯遇于垂」，莊三十年「冬，公及齊侯遇于魯濟」，及此之屬，皆是。而僖十四年「夏，六月，季姬及鄫子遇于防」，書月者，彼注云「甚惡内」是也。

宋公、陳侯、蔡人、衛人伐鄭。秋，翬帥師會宋公、陳侯、蔡人、衛人伐鄭。「翬」者何？公子翬也。以入桓稱「公子」。

【疏】「翬者何」　解云：無公子，故執不知問。

注「以入桓稱公子」　解云：即桓三年秋「公子翬如齊逆女」是也。

何以不稱「公子」？貶。曷爲貶？據「叔老會鄭伯伐許」，不貶。

【疏】注「據叔」至「不貶」　解云：在襄十六年夏。

與弑公也。「弑」者，殺也。臣弑君之辭。以「終隱之篇貶」，知與弑公也。○與弑，音預，下及注同。

【疏】注「以終隱」至「弑公」　解云：即此及十年「夏，翬帥師會齊人、鄭人伐宋」，傳云「此公子翬也，何以不稱公子？貶。曷爲貶？隱之罪人也，故終隱之篇貶也」是也。

其與弑公奈何？公子翬諂乎隱公，「諂」猶佞也。謂隱公曰：「百姓安子，諸侯説子，盍終爲君矣？」隱曰：「吾否。「否」，不也。○説音悦。吾使脩塗裘，吾將老焉。」

「塗裘」者，邑名也。「將老焉」者，將辟桓居之以自終也。故南面之君勢不可復爲臣，故云爾。不以「成公意」者，隱本爲桓守國，國邑皆桓之有，不當取以自爲也。○將辟，音避，今本多即作辟字，後不更音。復，扶又反。本爲，于僞反，下「自爲」、傳「吾爲」皆同。

【疏】注「不以成」至「爲也」　解云：上元年傳云「公何以不言即位？成公意也」。此傳何以不言「營塗裘，何以不書成公意也」？言隱非正君，直爲他守國而已。邑非已有，不當擅取之，取之非，是以不得作「成公意」解也。

公子翬恐若其言聞乎桓，於是謂桓曰：「吾爲子口隱矣。」「口」猶口語相發動也。

【疏】注「口猶」至「動也」　解云：「語」讀如「子語魯大師」之「語」。

隱曰：『吾不反也』。」桓曰：「然則奈何？」曰：「請作難，「難」，兵難也。○難，乃旦反，注同。弑隱公。」謚者，傳家所加。

【疏】注「謚者」至「所加」　解云：死謚，周道也。今始請弑，已言「隱公」者，公羊子從後加之。所以至此乃注者，嫌是傳語，故明之。

於鍾巫之祭焉弑隱公也。「鍾」者，地名也。「巫」者，事鬼神、禱解以治病、請福者也。男曰「覡」，女曰「巫」。傳道此者，以起淫祀之無福。○禱解，丁老反，或丁報反。下古賣反，又古買反。
覡，户狄反。

【疏】注「男曰覡女曰巫」者 解云：楚語文也。

注「傳道」至「無福」 解云：直言「弑隱公」，義勢已盡，而必言於鍾巫之祭焉者，以起淫祀之無福故也。

九月，衛人殺州吁于濮。其稱「人」何？據「晉殺大夫里克」，俱弑君賊，不稱「人」。○濮音卜，一音剥。

【疏】注「據晉殺大夫里克」(四二) 解云：在僖十年夏。

討賊之辭也。「討」者，除也。明國中人人得討之，所以廣忠孝之路。書者，善之也。討賊例時。此月者，久之也。

【疏】注「討賊例」至「久之也」 解云：「討賊例時」者，莊九年「春，齊人殺無知」是也。桓六年秋八月，「蔡人殺陳佗」，亦書月者，與此同也。

冬，十有二月，衛人立晉。「晉」者何？公子晉也。以下有「衛侯晉卒」，又言「立」。

【疏】「晉者何」 解云：欲言次正，而文言「立」；欲言非正，而舉衆立之。故執不知問。

注「以下」至「言立」 解云：以有「衛侯晉卒」，則知此文「衛人立晉」者，是先君之子，今始立之爲君矣。「又言立」者，篡文，知非正大子，故知公子矣。其「衛侯晉卒」，在桓十二年冬。

「立」者何？「立」者不宜立也。諸侯立不言「立」，此獨言「立」，明不宜立之辭。

【疏】「立者何」 解云：諸侯之立，例所不書，今特言「立」，故執不知問。

其稱「人」何？據「尹氏立王子朝」也。

【疏】注「據尹」至「朝也」 解云：在昭二十三年秋。

衆立之之辭也。晉得衆，國中人人欲立之。然則孰立之？石碏立之。石碏立之則其稱「人」何？據「尹氏立王子朝」，不稱「人」。○碏，七略反，一音七洛反。衆之所欲立也。衆雖欲立之，其立之非也。凡立君爲衆，衆皆欲立之，嫌得立無惡，故使稱「人」見衆，言「立」也。明下無廢上之義，聽衆立之，爲立篡也。(四三)不刺嗣子失位者，時未當喪典，主得權重也。月者，大國篡例月，小國時。「立」、「納」、「入」皆爲篡。「卒」日，「葬」月，達於春秋，爲大國例。主書從受位也。○篡，初患反。

【疏】注「不刺」至「權重也」 解云：刺桓公嗣子失位者，即不書晉之立矣。故襄十四年，「衛侯衎出奔齊」，襄二十六年傳云「曷爲不言剽之立？不言剽之立者，以惡衛侯也」，彼注云「欲起衛侯失衆出奔，故不書剽立。剽立無惡，則衛侯惡明矣」。今書晉立，則不刺嗣子可知。

注「月者」至「國時」 解云：「大國篡例月」者，即此文「冬十二月，衛人立晉」，莊六年「夏六月，衛侯朔入于衛」，哀六年秋七月，「齊陽生入于齊」之屬是也。而莊九年夏「齊小白入于齊」不月者，彼注云「不月者，移惡于魯也」。其「小國時」者，即僖二十五年「秋，楚人圍陳。納頓子于頓」，昭元年「秋，莒去疾自齊入于莒」之屬是也。

注「立納入皆爲篡」 解云：立爲篡者，此文「衛人立晉」、昭二十三年「尹氏立王子朝」之屬是也。其納爲篡者，「納頓子于頓」及文十四年「晉人納捷菑」之屬是也。其入爲篡者，小白、陽生之屬是也。

注「卒日」至「大國例」 解云：隱八年「夏，六月，己亥，蔡侯考父卒」，秋「八月，葬蔡宣公」之屬是也。〔四四〕

注「主書從受位也」 解云：謂主惡晉之從立矣。

校勘記

〔一〕注古者諸侯至踰境　阮校：何校本「境」作「竟」，此加土旁非。今按，單疏殘本、單抄本皆作「竟」。

〔二〕注王者不治至勿追　「王」原作「古」。阮校：「注作『王者』，按解云『王者草創，夷狄有罪不暇治之』，不作『古』。」今按，單疏殘本、單抄本「古」作「王」字。據改。

〔三〕小邾子來朝　浦鏜云：公羊經引文「邾」下有「婁」字。

〔四〕則怨結禍構　「構」字原無。阮校：鄂本「禍」下有「構」字，此脱。今按，撫州本、余本有「構」字。據補。

〔五〕鄭譜云　浦鏜云：「鄭譜」當作「鄭詩譜序」。

〔六〕爲疾始滅　「疾始」原作「始疾」。單疏殘本、單抄本「始疾」作「疾始」。據乙正。

〔七〕注言疾始滅至省文也　「始」字原無。阮校云：「疾」下脱「始」字，否則「滅」字衍。今按，單抄本「疾」下有「始」字。據補。

〔八〕常案下例　浦鏜云：「當」誤「常」。今按，撫州本作「當」，余本作「常」。

〔九〕解云在莊十年冬　「冬」字原無。單疏殘本、單抄本「年」下有「冬」字，據補。

〔一〇〕故云後不相犯　「云」字原無。浦鏜疑「故」爲「彼」字誤。阮校引浦説，「彼」作「役」字，蓋誤。今按，單疏殘本、單抄本「故」下有「云」字。據補。

〔一一〕昏禮記云宗子無父　「宗」原作「言」。浦鏜云：「言」爲「宗」誤。阮校引士昏禮作「宗」，證成浦説。今按，單疏殘本、單抄本「言」作「宗」字。據改。

〔一二〕注宋公至命之　「命之」原作「稱使」。單疏殘本、單抄本「稱使」作「命之」。據改。

〔一三〕當先自正　浦鏜云：成十四年疏引此，「正」作「詳正」，與上「公會戎于潛」注同。阮校又按云，四年疏内引無「詳」字。

〔一四〕公子之舍則已卑矣　浦鏜謂「以」誤「已」。阮校云：今傳「已」作「以」。

〔一五〕時隱公屈卑其母　「屈卑」原作「卑屈」。阮校：「鄂本作『屈卑』。」今按，撫州本、余本作「屈卑」。據改。

〔一六〕不忘本國　浦鏜云：「本」下脱「也」字，「因」誤作「國」。阮校云：作「國」與元年注合。今按，元年注無作「國」者。疑此疏另有所據，或以義引之。

〔一七〕注侵伐圍入例皆書時　阮校：何校本無「書」字，是。今按，單抄本有「書」字，與注不合。

〔一八〕解云其侵伐書時者　單抄本無「其」字。

〔一九〕帥師及宋公以下伐鄭　浦鏜云：「會」誤「及」。

〔二〇〕桓三年秋七月　「七」原作「十」。撫州本、余本「十」作「七」。據改。

〔二一〕君行儒弱　「儒」，阮校：諸本作「懦」，「儒」爲「偄」字之訛。此「偄弱」正字也。説文人部曰：偄，弱也，可證。釋文「懦弱，乃亂反，又乃卧反」，據音知本從耎，今亦訛從需。今按，撫州本、余本「儒」作「懦」。

〔二二〕不言月食之者　「之」字原無。阮校：鄂本「食」下有「之」字。「之」字謂「日」也，無「之」字，則疑説春秋不記月食也。今按，撫州本、余本「食」下有「之」字。據補。

〔二三〕言日有食之　阮校：鄂本「日」作「曰」，又按作「曰」是，不敢正言月食日，故疑言之曰有食之者而已。今按，撫州本、余本皆作「日」，疑阮校不確。

〔二四〕從王内録可知也　「内録」原作「録内」。阮校：鄂本作「内録」，按疏亦云「彼不從王内録者」，當據以乙正。今按，撫州本、余本作「内録」，單抄本引注亦同。據乙正。

〔二五〕不禄無禄也　二「禄」字原皆作「録」。阮校：諸本「録」皆作「禄」，是也。今按，撫州本、余本「録」作「禄」。據正。

〔二六〕在昭二十三年秋　「秋」字原無。單抄本「年」下有「秋」字。據補。

〔二七〕貶去名言氏者　「言」原作「者」。阮校：鄂本「者」作「言」，當據正。今按，撫州本、余本「者」作「言」。據正。

〔二八〕必因其遇　阮校：監、毛本「遇」作「過」，閩本咼旁剜改，蓋本作「遇」字。又按，依疏則作「過」是也。

〔二九〕大夫會之是也　「會之」原作「之會」。浦鏜云：「之會」字誤倒。今按，單抄本作「會之」。據乙正。

〔三〇〕嫌以主覆問上所以説二事　浦鏜云：定二年傳疏引無二「以」字，哀三年疏引無上「以」字。阮校：按二「以」皆衍文，當據定二年疏删正。

〔三一〕注求則皇至子之心　阮校：閩、監、毛本此上有「注主爲求賻書也○解云嫌爲上二事書故也○」十七字二圈。按義已具上疏，於此不當複出，蓋後人竄補。今按，單抄本同此本，阮説是。

〔三二〕財少可求　阮校：「可求」上脱「不」字。汪文臺識語：此謂下財少，有可求之嫌，故云通乎下以明之，不當有脱字。周禮宰夫疏引「下財少可求」，亦可證。孫詒讓校記：「『可求』上無奪字，此校大誤。」

〔三三〕蓋詁爲皆若似蓋云歸哉之類　阮校：盧文弨曰，「若」下疑脱「襄五年傳云蓋舅出也」九字。彼疏亦引此文。段玉裁曰：蓋詁爲皆，句絶；若似蓋云歸哉之類者，小雅「蓋云歸哉」，鄭箋云，蓋猶皆也。此以雙聲爲訓詁也。上下皆不當求，故曰皆。襄五年，襄公與鄫世子巫皆是一舅姊妹之子，故亦曰皆，而同用蓋字。盧文弨云此有脱字，非也。

〔三四〕孔子曰葬於北方北首　浦鏜云：「葬」上當脱「禮」字。阮校：疏本「孔子曰」之下無「禮」字，然則注文本有「禮」字也。

〔三五〕慢葬　阮校：鄂本作「慢薄」，下標起止同，此作「葬」者，當涉下疏而誤。又按，以「薄」釋「慢」，猶以「急」釋「渴」。今按，撫州本、余本作「慢葬」。

〔三六〕下音與　宋本釋文、撫州本釋文作「与」，阮元與黄焯以爲是。

〔三七〕不傳託始者　阮校：此本疏中標注作「傳不託始者」，此誤倒，當據以訂正。閩、監、毛本疏中亦倒作「不傳」。又按，依疏云「何故不發傳」，然則不傳者言不發傳也，謂此應有託始之傳而竟不發此傳也。十行本

「傳不」非也。

〔三八〕前此則曷爲始於此　浦鏜云：「於」依傳當作「乎」。

〔三九〕見段之凶逆是也　浦鏜云：前注無「凶」字。

〔四〇〕義亦通乎此　單抄本「乎」作「于」。

〔四一〕朝罷朝卒相遇于塗　阮校：「卒」當作「猝」，「于」當作「於」。孫詒讓云：朝罷朝説見左傳文十年疏引鄭志。

〔四二〕晉殺大夫里克　單抄本「大夫」上有「其」字。

〔四三〕聽衆立之爲立篡也　原作「聽衆立之篡也」。阮校：鄂本作「聽衆立之爲立篡也」，當據以補正。又按，下文云「立納入皆爲篡」，解云立篡，此衛人立晉是。今按，撫州本、余本「之」下有「爲立」，據補。從下讀。

〔四四〕葬蔡宣公之屬是也　「蔡」字原無。浦鏜云：「宣公」上脱「蔡」字。今按，單抄本有「蔡」字。據補。

監本附音春秋公羊傳注疏隱公卷第三起五年，盡十一年。

何休學

五年，春，公觀魚于棠。何以書？譏。何譏爾？遠也。公曷爲遠而觀魚？據「浚洙」也。○觀魚，左氏作矢魚。浚，思俊反。洙，常朱反。

【疏】注「據浚洙也」　解云：莊九年，「冬，浚洙」，傳曰：「洙者何？水也。浚之者何？深之也。曷爲深之？畏齊也。」注云「洙在魯北，齊所由來」。然則，近國北自有洙水，何故遠至棠地而觀魚乎？故難之。

登來之也。「登」讀言得來。（一）「得來之」者，齊人語也。齊人名求得爲「得來」，作「登來」者，其言大而急，由口授也。○登來，依注登音得。

【疏】注「得來」至「語也」　解云：齊人名「求得」爲「得來」，而云此者，謂齊人急語之時，「得」聲如「登」矣。

注「由口授也」　解云：謂高語之時，猶言「得來之」，至著竹帛時，乃作「登」字，故言「由口授」矣。

百金之魚公張之。解言「登來」之意也。「百金」，猶百萬也。古者以金重一斤，若今萬錢矣。「張」，謂張罔罟、障谷之屬也。○罟音古。鄣，之尚反，又音章。

【疏】注「解言」至「意也」 解云：正以價直百金，故言「得來之」。

注「障谷之屬也」 解云：僖三年傳云「桓公曰無障谷云」是也。

登來之者何？弟子未解其言大小緩急，故復問之。○解，户買反，或佳買反。故復，扶又反，下「不得復」同。美大之之辭也。其言大而急者，美大多得利之辭也。實譏張魚而言「觀」，譏遠者，恥公去南面之位，下與百姓争利，匹夫無異。故諱使若以遠觀爲譏也。諸諱主書者，從實也。「觀」例時，從行賤略之。

【疏】注「觀例時」 解云：莊二十三年，「夏，公如齊觀社」及此是也。彼此非禮，故言「從行賤略之」。

「棠」者何？濟上之邑也。「濟」者，四瀆之别名。江、河、淮、濟爲四瀆。○濟上，子禮反，注同。濟水之上。

【疏】「棠者何」 解云：正以棠非水名而於之觀魚，故執不知問。

注「江河」至「四瀆」 解云：即釋水云「江、河、淮、濟爲四瀆。四瀆者，發源注海者也」。

夏，四月，葬衛桓公。

【疏】「夏四」至「桓公」 解云：即上三年傳云「過時而不日，謂之不能葬也」，何氏云「解緩不能以時葬。『夏，四月，葬衛桓公』是也」。然則桓公見弑，在去年之春，過期乃葬，故以「解緩」言之。

秋，衛師入盛。曷爲或言「率師」或不言「率師」？將尊師衆稱「某率師」，「將尊」者，謂大夫也。「師衆」者，滿二千五百人以上也。二千五百人稱「師」，「無駭率師入極」是也。禮，天子六師，方伯二師，諸侯一師。○入盛，音成，左氏作郕。將尊，子匠反，注及下皆同。〔一〕

【疏】注「將尊」至「夫也」 解云：公羊之例，大夫見名氏，故云此。

注「二千」至「稱師」 解云：大司馬序官文。

注「無駭」至「是也」 解云：在上二年夏。

注「天子」至「六師」 解云：「天子六師」者，即「周王于邁，六師及之」是也。「方伯」者，九州牧也，即王制云「千里之外設方伯」是也。「二師」者即昭五年，「春，王正月，舍中軍」，「舍中軍者何？復古也」是矣。然則魯之初封，地方七百里，至於僖公復伯禽之宇，更爲州牧，而以二軍爲復古，是爲方伯二師。方伯之屬而以二師爲正，則知凡平諸侯一師明矣。然則論語云「子曰『三軍可奪帥』」之屬，其指王官之伯乎？

將尊師少稱將；「師少」者，不滿二千五百人也。「衛孫良夫伐廧咎如」是也。〔二〕○咎音羔。

【疏】注「衛孫」至「是也」 解云：成三年，「晉郤克、衛孫良夫伐廧咎如」是也。不言「郤克」者，科舉以言之。

將卑師衆稱「師」，「將卑」者，謂士也。「衛師入盛」是也。將卑師少稱「人」。「鄭人伐衛」是也。

【疏】注「鄭人伐衛是也」 解云：在上二年冬也。

君將不言「率師」，書其重者也。分別之者，責元帥。〔四〕因録功惡有小大。「救徐」、「從王伐鄭」是也。○分別，彼列反。元率，所類反，本又作帥。

【疏】注「分別」至「小大」　解云：「責元帥」者，凡書兵者是正不得，故責之也。「因録功惡有小大」者，即將尊師衆而有功小，將卑師少而有功大，將卑師少而無功爲惡小，將尊師衆而無功爲惡大是也。

注「救徐」至「是也」　解云：僖十五年，春，「公孫敖率師及諸侯之大夫救徐」，桓五年，「秋，蔡人、衛人、陳人從王伐鄭」是也。公孫敖救徐者，將尊師衆無功，是其惡大也。蔡人等從王伐鄭，稱人而行義，是其功大也。

九月，考仲子之宫。「考宫」者何？「考猶」入室也，始祭仲子也。「考」，成也。成仲子之宫廟而祭之，所以居其鬼神，猶生人入宫室必有飲食之事。不就惠公廟者，妾母卑。故雖爲夫人，猶特廟而祭之。禮，妾廟，子死則廢矣。不言「立」者，得變禮也。加「之」者，宫廟尊卑共名，非配號稱之辭，故加「之」以絶也。

【疏】「考宫者何」〔五〕　解云：上無「立」文而經言「考」；春秋之内更無考禮，故執不知問。

注「猶生」至「之事」　解云：即下雜記云「路寢成則考之而不釁」，鄭注云「言路寢者，生人所居，不釁者，不神之也。考之者，設盛食以落之」。檀弓曰「晉獻文子成室，諸大夫發焉。張老曰『美哉倫焉，美哉焕焉，〔六〕歌於斯，哭於斯，聚國族於斯』，文子曰『武也得歌於斯，哭於斯，聚國族於斯，是全要領以從先大夫於九原』，〔七〕北面再拜稽首」者是也。

注「禮妾」至「廢矣」　解云：即喪服小記云「慈母與妾母不世祭」，鄭注云「以其非正」，即引穀梁傳云「於子祭，于孫止」是也。

注「不言」至「禮也」　解云：欲決成六年「立武宫」，定元年「立煬宫」，皆言「立」者，以其非禮故也。

注「加之」至「絶也」 解云：言「宫廟尊卑共名」者，尊亦言宫，故武、煬是君，仲子是妾，是尊卑共名。「號稱」者即仲子是也，武、煬是君，配「宫」言之，正是其宜；仲子是妾，不宜與「宫廟」連文，故加「之」以絶之矣。

桓未君，則曷爲祭仲子？據「無子不廟」也。

【疏】注「據無子不廟也」 解云：即上解「於孫止」是也。其子死訖，猶尚不祭，其子未君之時，不祭明矣。故難之。然則，妾母之貴正由其子爲君，即元年傳云「母以子貴」是也。若子未爲君之時，義與未踰年之君相似。莊三十二年傳云「未踰年之君也，有子則廟」，「無子不廟」，義亦通於此。

隱爲桓立，故爲桓祭其母也。然則何言爾？成公意也。尊桓之母，爲立廟，所以彰桓當立，得事之宜，故善而書之。所以起其意，成其賢也。○隱爲，于僞反，下注同。〔八〕

初獻六羽。「初」者何？始也。「六羽」者何？舞也。持羽而舞。

【疏】「初者何」 解云：獻羽是常而反言「初」，故執不知問。

「六羽者何」 解云：諸侯仍用四，此反言「六羽」，故執不知問。

「初獻六羽」何以書？譏。何譏爾？譏始僭諸公也。「僭」，齊也，下傚上之辭。○傚，户教反。〔九〕

【疏】「初獻」至「以書」解云：不但言「何以書」，嫌覆問上文「始」與「舞」，故復舉句而問之。不注之者，與三年求賻同，故省文。

六羽之爲僭奈何？天子八佾，「佾」者，列也。八人爲列，八八六十四人，法八風。○佾，音逸。列也。諸公六，六人爲列，六六三十六人，法六律。諸侯四。四人爲列，四四十六人，法四時。諸公者何？諸侯者何？天子三公稱「公」，王者之後稱「公」，其餘大國稱「侯」，「大國」謂百里也。

【疏】「諸公者何」解云：正以諸公有二等，故執不知問。「諸侯者何」解云：漫言諸侯，明是五等總名；文次「公」下，復疑偏指七命，故執不知問。所以不待答訖而連句問之者，正以上文并解「諸公六、諸侯四」故也。

注「大國謂百里也」解云：「公侯方百里」，王制文也。侯與公等者，據有功者言之矣。小國稱伯子男者，正以上已有「侯」，故不復言之。其實凡平之侯，正與伯等。

小國稱「伯」、「子」、「男」。「小國」謂伯七十里，子、男五十里。

【疏】注「小國」至「五十里」解云：王制文。彼注云「此地殷所因夏爵三等之制也。春秋變周之文，從殷之質，合伯、子、男以爲一，則殷爵三等者，公、侯、伯也。異畿内謂之子。周武王初定天下，更立五等之爵，增以子、男，而猶因殷之地，以九州之界尚狹也。周公攝政致大平，斥大九州之界，制禮成武王之意，公地方五百里，侯四百里，伯三百里，子二百里，男一百里，諸侯亦以功黜陟之，「其不合者皆益之地爲百里焉。是以周世有爵尊而國小，爵卑而國大者，唯天子畿内不增」。

天子三公者何？天子之相也。「相」，助也。○之相，息亮反。注及下同。

【疏】「天子三公者何」解云：正以春秋上下無三公之文，故執不知問。

天子之相則何以三？據經但有祭公、周公。

【疏】注「據經」至「周公」解云：即桓八年「祭公來」云云，僖九年「公會宰周公」是也。經但有二公，而傳言「三公」，故難之。

自陝而東者，周公主之；自陝而西者，召公主之；一相處乎内。「陝」者，蓋今弘農陝縣是也。禮，司馬主兵，司徒主教，司空主土。春秋撥亂世，以絀陟爲本，故舉絀陟以所主者言之。○陝，失冉反。何云，弘農陝縣也。一云，當作郟，古洽反，王城郟鄏。邵公，上照反，又作召，音同。絀，勑律反。

【疏】注「司馬」至「言之」解云：上傳云「諸公者何」？「天子之相」，「天子之相則何以三」云云，不道二王之後者何，二王之後何以一也者，正以天子三公主紬陟，故偏取言之，是以注者解其意。

始僭諸公昉於此乎？前此矣。前此則曷爲始乎此？僭諸公，猶可言也；僭天子，不可言也。傳云爾者，解不「託」始也。〔一〇〕前僭八佾於惠公廟，大惡不可言也，還從僭六羽譏。〔一一〕本所當託者非但六也，故不得復傳上也。加「初」者，以爲常也。「獻」者，下奉上之辭。不言「六佾」者，言「佾」則干舞在其中，明婦人無武事，獨奏文樂。「羽」者，鴻羽也，所以象文德之風化疾也。「夫樂本起於和順，和順積於中，然後榮華發於外」，是故八音者，德之華也，歌者，德之言也，舞者，德之容也。故聽其音，可以知其德，察其詩，可以達其意，論其數，可以正其容。薦之宗廟，足以享鬼神；用之朝廷，足以序羣臣；立之學官，足以協萬民。凡人之從上教也皆始於音，音正則行正。故聞宫聲則使人温雅而廣大；聞商聲則使人方正而好義；聞角聲則使人惻隱而好仁；聞徵聲則使人整齊而好禮；聞羽聲則使人樂養而好施。所以感蕩血脉，通流精神，〔一二〕存寧正性。故「樂從中出，禮從外作也」。禮樂接於身，望其容而民不敢慢，觀其色而民不敢争，故禮樂者，君子之深教也，不可須臾離也。君子須臾離禮，則暴慢襲之；須臾離樂，則姦邪入之。是以古者天子、諸侯雅樂鍾磬未曾離於庭，卿大夫御琴瑟未曾離於前，所以養仁義而除淫辟也。魯詩傳曰：「天子食日舉樂，諸侯不釋縣，大夫、士日琴瑟。」王者治定制禮，功成作樂。未制作之時，取先王之禮樂宜於今者用之。堯曰「大章」，舜曰「簫韶」，夏曰「大夏」，殷曰「大護」，周曰「大武」，各取其時民所樂者名之。堯時民樂其道章明也；舜時民樂其脩紹堯道也；〔一三〕夏時民樂大其三聖相承也；殷時民樂大其護己也；周時民樂其伐討也。〔一四〕蓋異號而同意，異歌而同歸。失禮鬼神例日。此不日者，嫌獨「考宫」以非禮書，故從末言「初」可知。〇夫樂，音扶，發句之端放此。朝廷，徒佞反。好義，呼報反，下同。徵，張里反。施，式豉反。争，争鬭之争。離也，力智反，下同。邪，似嗟反。未曾，在能反，下同。淫辟，匹亦反。縣音玄。治定，直吏反。韶，常昭反。夏曰，户雅反，〔一五〕下同。護，户故反。紂，直久反。

【疏】注「傳云」至「始也」　解云：其「託始」者，即上二年傳云「無駭者何？展無駭也。何以不氏？貶。曷爲貶？疾始滅也。始滅昉於此乎？前此矣。前此則曷爲始乎此？〔一六〕託始焉爾。曷爲託始焉爾？春秋之始也」。

今傳亦宜云「前此則曷爲始乎此？託始焉。曷爲託始焉爾？春秋之始也」。而言〔一七〕「僭諸公猶可言，僭天子不可言」，解不得託始意也。

注「前僭」至「公廟」 解云：謂自此以前，不必要指春秋前也，而言惠公廟者，欲道於周公廟時不爲僭故也。

注「本所」至「傳上也」 解云：由非六之故，是以不得復發傳云〔一八〕「上古已有六矣」。

注「羽者」至「化疾」 解云：知「鴻羽」者，時王之禮，且以舉則冲天，所以象文德之風化疾故也。詩云「右手秉翟」者，其兼用之乎？注「夫樂本起於和順，和順積於中，然後榮華發於外」者，樂記文也。

注「故聞」至「性故」〔一九〕 解云：「温雅而廣大」者，土之性也；「方正而好義」者，金之性也；「惻隱而好仁」者，木之性也；「整齊而好禮」者，火之性也；「樂養而好施」者，水之性也。

注「樂從」至「作也」 解云：樂記文。「樂由中出」，和在心是也；「禮自外作」，敬在貌是也。此注皆出樂記。

注「取先王」至「用之」 解云：謂同其文質也。王者治定制禮，功成作樂，功成治定同時爾。功主於王業，治主於教民，故明堂位曰，周公治天下「六年，朝諸侯於明堂，制禮作樂」。

注「失禮」至「可知」 解云：「失禮鬼神例日」者，成六年，「二月，辛巳，立武宮」之屬是也。言「考宮」與「獻羽」實同日，若置「日」於「考宮」上，則嫌「獻羽」不蒙之，獨自考宮以非禮書而已。〔二〇〕故從下事言「初」，「初」是非禮辭，則「獻羽」非禮亦可知。然「考宮」得變禮而不置於「獻羽」上者，嫌別日故也。知「初」是非禮者，正以「初稅畝」同文矣。

邾婁人、鄭人伐宋。

邾婁，小國，序上者，主會也。

【疏】注「邾婁」至「會也」　解云：伐宋而言「主會」者，謂相共伐宋時，邾爲首故也。

螟。何以書？記災也。「災」者，有害於人物，隨事而至者。先是隱公張百金之魚，設苛令急法，〔二二〕以禁民之所致。○螟，亡丁反，蟲食苗心。苛音河。

【疏】注「災者有害於人物隨事而至者」　解云：欲對「異」爲先事而至故也。

注「先是」至「所致」　解云：「苛令急法」者，即三年「春，王二月，己巳，日有食之」，注云「此象君行暴急，外見畏」是也。

冬，十有二月，辛巳，公子彄卒。日者，隱公賢君，宜有恩禮於大夫。益師始見法，無駭有罪，據俠又未命也。〔二三〕故獨得於此日。○彄，苦侯反。見，賢偏反。

【疏】注「日者」至「大夫」　解云：正以所聞之世例不合日故也。

注「益師始見法」　解云：元年十二月，「公子益師卒」，是所傳聞之世初始，欲見三世之法，故不書日也。

注「無駭有罪」　解云：即八年，「冬，十有二月，無駭卒」，傳云「何以不氏？疾始滅也，故終身不氏」是也。

注「俠又未命也」　解云：即九年三月「俠卒」，傳云「俠者何？吾大夫之未命者」是也。

宋人伐鄭，圍長葛。邑不言「圍」，此其言「圍」何？據「伐於餘丘」不言「圍」。

【疏】注「據伐」至「言圍」 解云：即莊二年，「夏，公子慶父帥師伐於餘丘」是也。

彊也。至邑雖圍，當言「伐」，惡其彊而無義也。必欲爲得邑，故如其意，言「圍」也，所以不知鄭彊者，公以楚師伐宋圍緡，不言「彊」也。○彊，渠羌反，下同。惡，烏路反。

六年，春，鄭人來，輸平。「輸平」者何？「輸平」猶墮成也。何言乎「墮成」？據翬會諸侯伐鄭後，未道平也，何道「墮成」？○輸平，式朱反，墮也。左氏作渝平。墮，許規反。

【疏】「輸平者何」 解云：正以言異於常例，故執不知問。

注「據翬」至「墮成」 解云：上四年「秋，翬帥師會宋公、陳侯、蔡人、衛人伐鄭」是也。

敗其成也，翬伐鄭後已相與平，但外平不書，故云爾。

【疏】注「翬伐」至「云爾」 解云：魯與鄭平而言「外平」者，謂伐鄭之後，時公子翬在外，與鄭平，不得公命，是以不書，故曰「外平不書」耳。

曰「吾成敗矣」，「吾」，魯也。

【疏】「曰吾成敗矣」 解云：稱魯人之辭，故加「曰」。

吾與鄭人未有成也。「未」，無也。此傳發者，解鄭稱「人」爲共國辭。〔二三〕

【疏】注「此傳」至「國辭」　解云：傳發此「吾與鄭人未有成」〔二四〕一段事者，非直解鄭擅獲諸侯爲有罪，而魯侯不能死難，亦當絶。故令鄭稱「人」言「輸平」，則魯侯亦合稱「人」矣。一箇「人」字，兩國共有，故云「稱人爲共國辭」。

吾與鄭人則曷爲未有成？〔二五〕據無戰、伐之文。狐壤之戰，隱公獲焉。時與鄭人戰於狐壤，爲鄭所獲。○壤，如丈反。

然則何以不言「戰」？「戰」者，内敗文也。據鞌戰君獲言「師敗績」。

【疏】注「戰者内敗文也」　解云：即桓十年，「齊侯、衛侯、鄭伯來戰于郎」，傳云「何以不言師敗績？内不言戰，言戰乃敗矣」，彼注云「春秋託王於魯，戰者，敵文也。王者兵不與諸侯敵，戰乃其已敗之文，〔二六〕故不復言師敗績」是也。

注「據鞌」至「敗績」　解云：成二年，季孫行父以下帥師會晉郤克云云，「及齊侯戰于鞌，齊師敗績」，「秋，七月，齊侯使國佐如師」云云，傳云「君不行使乎大夫，此其行使乎大夫何？〔二七〕佚獲也」。注云「佚獲者，已獲而逃亡也」。然則彼獲言敗績，則知此時魯侯被獲，亦宜言「戰」，故難之。

諱獲也。「君獲不言『師敗績』」，故以「輸平」諱也。與鞌戰辟内敗文異。「戰」例時，偏戰日，〔二八〕詐戰月。不日者，鄭詐之。不月者，正月也。見隱終無奉正月之意。不地者，深諱也。使若實輸平，故不地也。稱

「人」共國辭者，嫌「來輸平」，獨惡鄭，明鄭擅獲諸侯；〔二九〕魯不能死難，皆當絶之。○見，賢徧反；惡，烏路反；〔三〇〕難，乃旦反。

【疏】注「君獲」至「諱也」 解云：君獲不言「師敗績」，即僖十五年「晉侯及秦伯戰于韓，獲晉侯」，傳云「此偏戰也，何以不言師敗績」？注云「舉君獲爲重也」是也。然則此由魯公見獲，是以不得言「戰」，故以「輸平」諱之。

注「與鞌」至「敗文」 解云：成二年傳云「君不行使乎大夫，此其行使乎大夫何？佚獲也」。注云「當絶賤。使與大夫敵體，以起之，君獲不言『師敗績』，等起不去『師敗績』者，辟内敗文」也。然則鞌戰之時，實齊侯被獲，宜去敗績直言「戰」而已，但時内大夫在焉，辟内敗文，故不得言「戰」矣。今此輸平之經自由魯公見獲，是以不得言「戰」，故云「與鞌戰辟内敗文異」。

注「戰例時偏戰日」 解云：即桓十二年「丁未，戰于宋」傳云「此偏戰也，何以不言師敗績」云云是也。

注「詐戰月」 解云：即莊十年「春，王正月，公敗齊師于長勺」之屬是也。

注「不地者深諱也」 解云：若地宜言輸平于狐壤，似若戰于之類。

夏，五月，辛酉，公會齊侯，盟于艾。

秋，七月。此無事何以書？春秋雖無事，首時過則書。「首」，始也。「時」，四時也。「過」，歷也。春以正月爲始，夏以四月爲始，秋以七月爲始，冬以十月爲始。歷一時無事，則書其始月也。○艾，五蓋反。〔三一〕

【疏】「夏五月」至「則書」　解云：下無相犯之處而書日者，以下八年三月，「庚寅，我入邴」，傳云「其言我何？言我者，非獨伐也，齊亦欲之」。然則雖不復侵伐，亦有爭邑之隙，故書日也。

首時過則何以書？據無事也。春秋編年，四時具，然後爲年。明王者當奉順四時之正也。尚書曰「欽若昊天，歷象日月星辰，敬授民時」是也。〔三二〕有事不月者，人道正則天道定矣。○編，必連反，字林、聲類皆布千反。一音甫連反。昊，户老反。

冬，宋人取長葛。外取邑不書，此何以書？久也。古者師出不踰時。今宋更年取邑，久暴師苦衆居外，故書以疾之。不繫「鄭」舉「伐」者，明因上「伐」、「圍」取也。○更，音庚。暴，步卜反。

【疏】「外取」至「以書」　解云：據與四年牟婁同。

七年，春，王三月，叔姬歸于紀。「叔姬」者，伯姬之媵也。至是乃歸者，待年父母國也。「婦人八歲備數，十五從嫡，二十承事君子。」媵賤，書者，後爲嫡，終有賢行。紀侯爲齊所滅，紀季以酅入于齊，叔姬歸之，能處隱約，全竟婦道，故重録之。○從適，丁歷反，本亦作嫡，下同。賢行，下孟反，下「異行」同。酅，户圭反。

【疏】注「叔姬」至「國也」　解云：知如此者，正見上二年冬，〔三三〕「伯姬歸于紀」，自爾以來不見紀伯姬卒之文，今叔姬又歸之，明知是其媵矣。

注「婦人」至「君子」 解云：書傳文。

注「媵賤」至「賢行」 解云：春秋之内，例不書媵，以其賤故。今此書者，以其後爲嫡，終有賢行也。知後爲嫡者，正以莊二十九年「冬，十二月，紀叔姬卒」，三十年「八月，癸亥，葬紀叔姬」，「卒」、「葬」皆書，爲嫡明矣。

注「紀侯爲齊所滅」 解云：即莊四年夏，「紀侯大去其國」是也。

而成九年「伯姬歸于宋」書二國「媵」者，彼傳云「録伯姬」是也。

注「紀季」至「于齊」 解云：在莊三年。

注「叔姬」至「録之」 解云：莊十二年，「春，王三月，紀叔姬歸于酅」，傳云「其言歸于酅何？隱之也。何隱爾？其國亡矣，徒歸于叔爾也」是也。（三四）

滕侯卒。何以不名？據「蔡侯考父卒」名。

【疏】注「據蔡」至「卒名」 解云：在下八年夏。

微國也。小國，故略不名。微國則其稱「侯」何？據「大國稱侯，小國稱伯、子、男」。

【疏】注「據大」至「子男」 解云：上五年傳文。案彼大國非直侯，而注特言「大國稱侯」者，案彼傳之成文故也。

不嫌也。「滕侯卒」不名，下常稱「子」，不嫌稱「侯」爲大國。

【疏】注「下常稱子」解云：桓二年，「滕子來朝」，因兹已下，常稱「子」矣。

春秋貴賤不嫌同號，貴賤不嫌者，通同號稱也。若齊亦稱「侯」，滕亦稱「侯」。微者亦稱「人」，貶亦稱「人」，皆有起文。貴賤不嫌同號是也。○號稱，尺證反。

【疏】注「齊亦稱侯」解云：不云「晉」者，晉爵未大故。

注「微者亦稱人」解云：隱元年，「九月，及宋人盟于宿」之屬是也。

注「皆有起文」解云：滕侯卒不名，下恒稱「子」，起其微也；齊侯恒以宋公之上，起其大也；宋人盟于宿不書日，亦起微也；鄭人來輸平，稱「人」者，共國辭，起其貶之。故曰「皆有起文」也。

注「貴賤」至「是也」解云：不論貴賤不嫌者，通其同號稱，由是之故，春秋同其號也。

美惡不嫌同辭。若繼體君亦稱「即位」，繼弑君亦稱「即位」，皆有起文。美惡不嫌同辭是也。滕，微國，所傳聞之世未可卒，所以稱「侯」而卒者，春秋王魯，託隱公以爲始受命王，滕子先朝隱公，春秋褒之，以禮嗣子得以其禄祭，〔三五〕故稱「侯」見其義。○惡，烏路反，又如字，注同。傳，直專反。見，賢徧反。

【疏】注「若繼」至「即位」解云：文、成之屬是也。

注「繼弑即位」〔三六〕解云：桓、宣是也。

注「皆有起文」解云：前君之薨書地者，起其後即位者是繼體之君也；若前君薨不地者，起其後即位者非是繼體之君也。

注「美惡」至「是也」解云：謂美惡不嫌者，通其同辭，由是之故，春秋同其辭矣。

注「滕子」至「其義」 解云：在十一年。即此君之子也。滕子、薛侯俱朝隱公，滕并褒其父而薛否者，薛侯父卒在春秋之前，故無褒之文。

夏，城中丘。「中丘」者何？内之邑也。「城中丘」，何以書？上問「中丘者何」，指問邑也，故因言「何以書」，〔三七〕嫌但問書「中丘」，故復言「城中丘何以書」也。○復，扶又反。

【疏】「中丘者何」 解云：楚丘同，皆直云「城」，文無别，故執不知問。

以重書也。以功重，故書也。當稍稍補完之，至令大崩弛壞敗，然後發衆城之，猥苦百姓，空虚國家。故言「城」。明其功重，與始作城無異。城邑例時。○令，力呈反。弛，尸爾反，又尸氏反。

【疏】注「城邑例時」 解云：即下九年「夏，城郎」，襄十三年「冬，城防」之屬是也。

齊侯使其弟年來聘。其稱「弟」何？據「諸侯之子稱『公子』」。母弟稱「弟」，母兄稱「兄」。「母弟」，同母弟，「母兄」，同母兄。不言「同母」，言「母弟」者，若謂「不如」爲「如」矣。齊人語也。分别同母者，〔三八〕春秋變周之文，從殷之質，質家親親，明當親厚，異於羣公子也。「聘」者，問也。「來聘」書者，皆喜内見聘事也。古者諸侯朝，罷朝聘，爲慕賢、考禮，〔三九〕一法度，尊天子。不言「聘公」者，禮，聘受之於大廟，孝子謙，不敢以己當之，歸美於先君，且重賓也。○别，彼列反。大廟，音泰，下同。

【疏】「母兄稱兄」 解云：昭二十年「秋，盗殺衛侯之兄輒」是也。

秋，公伐邾婁。

冬，天王使凡伯來聘。書者，喜之也。古者諸侯有較德、殊風、異行，天子聘問之，當北面稱臣，受之於大廟。所以尊王命，歸美於先君，不敢以己當之。戎伐凡伯于楚丘以歸。「凡伯」者何？上言「聘」，此言「伐」，嫌其異，故執不知問。

【疏】注「上言聘此言伐」　解云：謂聘伐辭異，嫌其非一人也。

天子之大夫也。此聘也，其言「伐之」何？據出聘與郊、柳異，不得言「伐」也。問「伐」加「之」者，辟問輕重兩舉之。

【疏】注「據出」至「伐也」　解云：昭二十三年「晉人圍郊」，傳云「郊者何？天子之邑也。曷爲不繫于周？不與伐天子也」。宣元年「晉趙穿帥師侵柳」，傳云「柳者何？天子之邑也。曷爲不繫乎周？不與伐天子也」。然則郊、柳皆是天子之邑，猶可言其侵圍，今此聘大夫不應得言「伐」，故難之。先言「郊」者，文便言之，故不次也。

注「問伐」至「舉之」　解云：桓十二年「及鄭師伐宋。丁未，戰于宋」，傳云「戰不言伐，此其言伐何」？彼問輕重兩舉不言「之」，故知此言「之」者，〔四〇〕辟問輕重兩舉之。

執之也。執之則其言「伐之」何？據執「季孫隱如」，不言「伐」。

【疏】注「據執」至「言伐」　解云：昭十三年平丘之會，「晉人執季孫隱如以歸」是也。

大之也。尊大王命，責當死位，故使與國同。曷爲大之？據王子突繫諸「人」。

【疏】注「據王」至「諸人」解云：莊六年，「春，王三月，王人子突救衛」，傳云「王人者何？微者也。子突者何？貴也。貴則其稱人何？繫諸人也」是也。等是王臣，一伸一屈，故難之。

不與夷狄之執中國也。因地不接京師，故以「中國」正之。「中國」者，禮義之國也。「執」者，治文也。君子不使無禮義制治有禮義，故絶不言「執」，正之言「伐」也。執天子大夫而以「中國」正之者，執中國尚不可，況執天子之大夫乎？所以降夷狄、尊天子爲順辭。其地何？據「執季孫隱如」不地。大之也。順上「伐」文，使若楚丘爲國者，猶「慶父伐於餘丘」也。不地以衛者，天子大夫銜王命，至尊，顧在所諸侯有出入，所在赴其難，當與國君等也。録「以歸」者，惡凡伯不死位，以辱王命也。○難，乃旦反。惡，烏路反。

【疏】注「順上」至「命也」解云：莊二年「夏，公子慶父帥師伐於餘丘」，傳云「於餘丘者何？邾婁之邑。曷爲不繫乎邾婁？國之也」者是。

八年，春，宋公、衛侯遇于垂。「宋公」序上者，時衛侯要宋公，使不虞者爲主，明當戒慎之。無主者，[四二]遇在其間。置上則嫌爲事出，置下則嫌無天法可以制月，文不可施也。○要，一遥反。爲事，于僞反，下「欲爲」、「魯爲」、「小國爲桓」并年末注皆同。

【疏】注「宋公」至「其間」解云：何氏以爲會盟則以大小爲序，遇則以不虞爲先，故如此解。是以莊三十二年經云「夏，宋公齊侯遇于梁丘」，齊在宋下，是其一隅耳。

注「置上」至「事出」 解云：若言八年「春，王、宋公、衛侯遇于垂」，即嫌桓王亦與之遇，(四二)故言「則嫌爲事出」。「事」謂遇事也。或者嫌爲遇事之故，出此王，故云「則嫌爲遇事出」也。

注「置下」至「施也」 解云：天法即春是也。

三月，鄭伯使宛來歸邴。「宛」者何？鄭之微者也。「邴」者何？鄭湯沐之邑也。天子有事于泰山，諸侯皆從。泰山之下，諸侯皆有湯沐之邑焉。

「有事」者，巡守、祭天、告至之禮也。當沐浴絜齊，以致其敬，故謂之湯沐邑也，所以尊待諸侯而共其費也。禮，四井爲邑，邑方二里，東方二州四百二十國，凡爲邑廣四十里，袤四十二里，取足舍止、共槀穀而已。「歸邴」書者，甚惡鄭伯無尊事天子之心，專以湯沐邑歸魯，背叛當誅也。録「使」者，重尊湯沐邑也。王者所以必巡守者，天下雖平，自不親見，猶恐遠方獨有不得其所，故三年一使三公絀陟，五年親自巡守。「巡」猶循也，「守」猶守也，循行守視之辭。亦不可國至人見爲煩擾，故至四嶽，足以知四方之政而已。尚書曰「歲二月，東巡守，至于岱宗，柴。望秩于山川，遂覲東后，(四三)協時月、正日，同律、度、量、衡，脩五禮、五玉、三帛、二生、一死贄，如五器，卒乃復。五月，南巡守，至于南嶽，如岱禮。八月，西巡狩，至于西嶽，如初。十有一月，朔巡守，至于北嶽，如西禮。還至嵩，如初禮。歸，格于禰祖，(四四)用特」是也。○宛，於阮反，人名也，一音烏卯反，又烏勉反。邴，彼命反，又音丙。鄭邑。左氏作祊。從，才用反。巡守，手又反，本又作狩，下除「猶守」「守視」以外同。絜齊，側皆反，本多即作齊字，後放此，更不音。而共，音恭，下同。費，芳味反。廣，古壙反。袤音茂。槀，古老反。甚惡，烏路反，下同。背，步内反。使，所吏反。行，下孟反。量音亮。贄音至。嵩，夙忠反。格本又作假，同古百反。禰，乃禮反，本又作藝。

【疏】「宛者何」 解云：欲言大夫，經不言氏；欲言微者，書名見經，故執不知問。

「邴者何」 解云：欲言魯物，先無「取」文；欲言鄭邑，於魯言「歸」，故執不知問。

注「歸邴」至「誅也」解云：正以將所傳聞之世，外小惡不書故也。

注「録使」至「其所」解云：正決哀八年「齊人歸讙及僤」之屬不録使故也。

注「故三」至「絀陟」解云：書傳文。

注「五年」至「而已」解云：堯典文。

注「尚書」至「是也」解云：惟「是二」字，(四五)注者言之以上，皆堯典文也。鄭注「歲二月者，正歲建卯之月也。巡守者，行視所守也。岱宗者，東嶽名也。柴者，考績燎也。望秩于山川者，遍以尊卑祭之。五嶽視三公，四瀆視諸侯，其餘小者或視卿大夫，或視伯子男矣。秩，次也。東后，東方之諸侯也。協正四時之月數及日名，備有失誤者。度，丈尺。量，斗斛。衡，斤兩。五禮，公、侯、伯、子、男朝聘之禮矣。五玉，瑞節。執之曰瑞，陳列曰玉也。三帛，所以薦玉也。受瑞玉者，以帛薦之。帛必三者，高陽之後(四六)用赤繒，高辛氏之後用黑繒，其餘諸侯皆用白繒。周禮改之爲纁也。二生一死贄者：羔、鴈生也，卿大夫所執；雉，死，士所執也。如者，以物相授與之言。授贄之器有五，卿、大夫、上士、中士、下士也，器各異飾，飾未聞所用也。周禮改之，飾羔鴈飾雉，執之而已，皆去器。卒，已也。復，歸也。巡守禮畢，乃反歸矣。每歸用特牲告于文祖矣。五月不言初者，(四七)以其文相近；八月十一月言初者，文相遠故也」。

庚寅，我入邴。其言「入」何？據上書「歸」，取邑已明，無事復書「入」也。○復書，扶又反，下「故復」同。難也。「入」者，非已至之文，難辭也。此魯受邴，與鄭同罪，當誅，故書「入」，欲爲魯見重難辭。○難也，乃旦反，一音如字，注及下同。見重，賢徧反，下同。

【疏】注「入者」至「之文」解云：直就而入之，非是將歸之辭也。

其日何？據取邑不日。

【疏】注「據取邑不日」解云：即隱四年「春，王二月，莒人伐杞，取牟婁」之屬也。

難也。以歸後乃日也。言時重難，不可即入，至此日乃入。其言「我」何？據「吴伐我」，以吴伐故言「我」。〔四八〕

【疏】注「據吴」至「言我」解云：在哀八年春。

言「我」者，非獨我也，自入邑，不得言「我」，有他人在其中，乃得言「我」，故能起其非獨我。齊亦欲之。時齊與鄭、魯比聘會者，亦欲得之，故以非獨我，起齊惡。齊惡起則魯蒙欲邑見，於惡愈矣。

【疏】注「時齊」至「得之」解云：即上三年，冬，「齊侯鄭伯盟于石門」，六年夏，「公會齊侯盟于艾」，七年夏，「齊侯使其弟年來聘」，九年冬，「公會齊侯于邴」，十年「春，王二月，公會齊侯、鄭伯于中丘」之屬是也。

夏，六月，己亥，蔡侯考父卒。

辛亥，宿男卒。宿本小國，不當卒。所以「卒」而日之者，春秋王魯，以隱公爲始受命王，宿男先與隱公交接，故「卒」褒之也。不名、不書「葬」者，與微者盟，功薄，當褒之，爲小國，故從小國例。

【疏】注「宿男」至「交接」解云：即上隱公元年秋，「九月，及宋人盟于宿」是也。注「爲小」至「國例」解云：即上七年春，「滕侯卒」，不書其葬，傳云「何以不名？微國也」者是。

秋，七月，庚午，宋公、齊侯、衛侯盟于瓦屋。

八月，葬蔡宣公。「卒」何以名而「葬」不名？「卒」從正，卒當赴告天子，「君前臣名」，故從君臣之正義言也。而「葬」從主人。至葬者，有常月可知。不赴告天子，故自從蔡臣子辭稱「公」。「卒」何以日而「葬」不日？「卒」赴，赴天子也。緣天子閔傷，欲其知之。又臣子疾痛，不能不具以告。而「葬」不告。不告天子也。發傳於葬者，從正也。

【疏】注「發傳」至「正也」解云：言「從正」者，謂卒日、葬不日者，是卒、葬之正法。三年經云「癸未，葬宋繆公」，而書日，即失其正也。其衛桓公葬不發傳者，桓公者初則見弒于州吁，終有簡慢之失，侵小國之略，(四九)故發傳於此。

九月，辛卯，公及莒人盟于包來。公曷爲與微者盟？據與齊高傒盟，諱之。○包來，左氏作浮來。傒音兮。

【疏】注「據與」至「諱之」　解云：莊二十二年秋，「及齊高傒盟于防」，傳云「齊高傒者何？貴大夫也。曷爲就吾微者而盟？公也。公則曷爲不言公？諱與大夫盟也」是也。

稱「人」則從，不疑也。「從」者，隨從也，實莒子也。言「莒子」則嫌公行微不肖，諸侯不肯隨從公盟，而公反隨從之，故使稱「人」，則隨從公不疑矣。隱爲桓立，狐壤之戰不能死難，又受湯沐邑，卒無廉恥，令翬有緣諂，爲桓所疑。故著其不肖，僅能使微者隨從之耳。蓋痛録隱所以失之。又見獲、受邑，皆諱不明，因與上相起也。○行，户孟反。難，乃旦反。令，力呈反。僅，其靳反。

【疏】注「言莒」至「桓立」　解云：「行微」者，其行卑微；「不肖」者，鄭注昏禮記云「不肖者，不似」是也。

注「狐壤」至「廉恥」　解云：在上六年春。

注「令翬」至「失之」　解云：皆以其行微不肖，卒無廉恥故也。

注「又見」至「起也」　解云：見獲諱不明者，即言「輸平」是也；受邑諱不明者，即「庚寅，我入邴」是也。何者？書「日」、「入」者，見其重難；言「我」者，見其非獨我故也。言「因與上相起」者，此經著其不肖，起其事實，甚惡矣。

螟。先是有狐壤之戰、中丘之役，又受邴田，煩擾之應。○應，應對之應。

【疏】注「有狐壤之戰」　解云：在六年。

注「中丘之役」　解云：在上七年。

冬，十有二月，無駭卒。此展無駭也，何以不氏？據「公子彄」卒，〔五〇〕氏「公子」。疾始滅也，故終其身不氏。嫌上貶主起入爲滅，不爲疾始，故復爲疾始滅，終身貶之，足見上貶爲疾始滅。

【疏】「此展無駭也」解云：正以上二年師解，云「展無駭」，〔五一〕故此弟子因難之。

注「據公子彄卒」解云：在五年。

九年，春，天王使南季來聘。

三月，癸酉，大雨，震電。何以書？記異也。何異爾？不時也。震，雷、電者，陽氣也。有聲名曰「雷」，無聲名曰「電」。周之三月，夏之正月，雨當水雪雜下，雷當聞於地中，其雉雊，電未可見，而大雨震電。此陽氣大失其節，猶隱公久居位，不反於桓，失其宜也。日者，一日之中也。凡災異，一日者日，歷日者月，歷月者時，歷時者加「自」文爲異。發於九年者，陽數可以極，而不還國於桓之所致。〔五二〕○震電，徒練反。雊，古豆反。見，賢徧反。

【疏】注「雷當」至「中也」解云：月令二月，「雷乃發聲」，故知正月之時，聞於地中矣。其雉雊、雞乳雖起季冬之月，此時猶然，故得言此也。亦有一本云「雷當聞於雉雊」，誤也。

注「凡災」至「所致」解云：「一日者日」，即此文是；「歷日者月」，即桓八年「冬，十月，雨雪」之屬是也；「歷月者時」，即桓元年「秋，大水」之屬是也；「歷時者加自文爲異」者，即文二年，「自十有二月不雨，至于秋七月」之屬是也。

庚辰，大雨雪。何以書？記異也。何異爾？俶甚也。「俶」，始怒也，始怒甚，猶大甚也。蓋師說以爲平地七尺雪者，〔五三〕盛陰之氣也。八日之間，先示隱公以不宜久居位，而繼以盛陰之氣大怒，此桓將怒而弒隱公之象。○雨，于付反。俶甚，尺叔反，始也。大甚音泰。

俠卒。「俠」者何？吾大夫之未命者也。以無氏而卒之也。未命所以卒之者，賞疑從重。〔五四〕無氏者少畧也。○俠卒，音協，穀梁云「所俠」。少，詩照反。

【疏】「俠者何」解云：欲言大夫，經不書氏；欲言微者，而記其「卒」，故執不知問。

注「以無」至「畧也」解云：無氏，降於大夫；書「卒」，隆於微者，故知其未命耳。

夏，城郎。

秋，七月。

冬，公會齊侯于邴。○于邴，左氏作防。

十年，春，王二月，公會齊侯、鄭伯于中丘。月者，隱前爲鄭所獲，今始與相見，故危録內。明君子當「犯而不校」也。

【疏】注「犯而不校」解云：謂校接之交，不謂爲報也。〔五五〕

夏，翬帥師會齊人、鄭人伐宋。此公子翬也，何以不稱「公子」？據楚公子嬰齊貶後復稱「公子」。○復，扶又反，又音服。

【疏】「此公子翬」解云：正以上四年師解云言「公子翬」，故此弟子因以難之。

【疏】注「據楚」至「公子」解云：成二年，「公及楚人已下盟于蜀」，彼傳云「此楚公子嬰齊也，其稱人何？得壹貶焉爾」，至成六年書「楚公子嬰齊率師伐鄭」是也。

貶。曷爲貶？隱之罪人也，故終隱之篇貶也。嫌上一貶可移於他事者，故終隱之篇貶之。明爲隱貶，所以起隱之罪人也。○明爲，于僞反，下「先爲」同。

【疏】注「嫌上」至「人也」解云：「上一貶」謂四年時也。

六月，壬戌，公敗宋師于菅。○公敗，必邁反。凡臨佗曰敗，皆同此音。菅，古顏反。辛未，取郜。○郜，古報反。辛已，取防。取邑不日，此何以日？據「取闞」不日也。○闞，苦暫反。

【疏】注「據取闞不日也」　解云：即昭三十二年，春，王正月，「取闞」是也。

一月而再取也。欲起一月而再取，故日。何言乎「一月而再取」？據「取漷東田及沂西田」亦一月再取兩邑，不日。○漷，火虢反，又音郭。沂，魚依反。

【疏】注「據取」至「不日」　解云：哀二年「春，王二月，季孫斯、叔孫州仇、仲孫何忌帥師伐邾婁，取漷東田及沂西田」是也。

甚之也。甚魯因戰見利生事，〔五六〕利心數動。○數，所角反。內大惡諱，此其言甚之何？春秋録內而略外，於外大惡書，小惡不書；於內大惡諱，小惡書。明取邑爲小惡，一月再取，小惡中甚者耳，故書也。於內大惡諱，於外大惡書者，明王者起，當先自正，內無大惡，然後乃可治諸夏大惡。因見臣子之義當先爲君父諱大惡也。內小惡書，外小惡不書者，內有小惡，適可治諸夏大惡，未可治諸夏小惡，明當先自正，然後正人。小惡不諱者，罪薄耻輕。「敗宋師」日者，見結日偏戰也。不言「戰」者，託王於魯，故不以敵辭言之，所以彊王義也。○見，賢偏反，下同。

秋，宋人、衛人入鄭。

宋人、蔡人、衛人伐載。鄭伯伐取之。其言「伐取之」何？據國言滅、邑言取。又徐人取舒不言伐。

【疏】注「據國言滅」解云：僖五年「滅弦」之屬是也。

注「又徐」至「言伐」解云：在僖三年夏。

易也。其易奈何？因其力也。因誰之力？因宋人、蔡人、衛人之力也。載屬爲上三國所伐，鄭伯無仁心，因其困而滅之。易若取邑，故言「取」，欲起其易，因上「伐」力，故同其文言「伐」，就上「載」言「取之」也。不月者，移惡上三國。○易，以豉反，下及注同。屬，音燭，適也。

【疏】注「不月」至「三國」解云：正以滅國例月故也。

冬，十月，壬午，齊人、鄭人入盛。日者，盛、魯同姓，於隱篇再見入者，明當憂録之。○入盛，左氏作「郕」，後皆放此。

【疏】注「日者」至「録之」解云：正以入例時，傷害多則月，今此云日，故解也。云「再見入者」，謂五年「秋，衛師入盛」及此，爲再入者也。

十有一年，春，滕侯、薛侯來朝。其言「朝」何？據內言「如」。

【疏】注「據內言如」　解云：即成十三年春，「公如京師」之屬是也。

諸侯來曰「朝」，大夫來曰「聘」。傳言「來」者，解內外也。春秋王魯，王者無朝諸侯之義，故內適外言「如」，外適內言「朝」、「聘」，所以别外尊內也。不言「朝公」者，禮，朝受之於大廟，與聘同義。○别，彼列反。

【疏】注「傳言來者解內外也」（五七）　解云：謂內鄉外不言「來」，外鄉內乃言「來」，今言「諸侯來曰朝，大夫來曰聘」者，據外鄉內言之，故云「解內外也」。

注「與聘同義」　解云：即上七年夏，「齊侯使其弟年來聘」注云「不言聘公者，禮，聘受之於大廟，孝子謙不敢以己當之，歸美於先君」是也。

其兼言之何？據鄧、穀來朝不兼言「朝」。

【疏】注「據鄧」至「言朝」　解云：桓七年「夏，穀伯綏來朝。鄧侯吾離來朝」是也。

微國也。略小國也。稱「侯」者，春秋託隱公以爲始受命王，滕、薛先朝隱公，故褒之。已於儀父見法，復出滕、薛者，儀父盟，功淺，滕、薛朝，功大。宿，與微者盟，功尤小。起行之當各有差也。滕序上者，春秋變周之文，從殷之質。質家親親，先封同姓。○見法，賢徧反，年末注同。復出，扶又反，下文「不復」、注「故復」同。

夏，五月，公會鄭伯于祁黎。○祁黎，祁音巨之反，又上之反。黎音力兮反，又力私反。左氏作「時來」。

秋，七月，壬午，公及齊侯、鄭伯入許。日者，危録隱公也。爲弟守國，不尚推讓，數行不義，皇天降災，諂臣進謀，終不覺悟，又復構怨入許，危亡之釁，外内並生，故危録之。○爲弟，于僞反，年末注同。數，所角反。釁，許靳反。

【疏】注「日者」至「降災」　解云：上二年「夏，五月，莒人入向」，彼注云「入例時，傷害多則月」，此書日，故決之。

注「諂臣進謀」　解云：上四年傳云「百姓安子，諸侯説子」是也。

冬，十有一月，壬辰，公薨。何以不書「葬」？據莊公書「葬」。

【疏】注「據莊公書葬」　解云：即閔元年「夏，六月，辛酉，葬我君莊公」是也。

隱之也。何隱爾？弒也。爲桓公所弒。○弒，申志反，注及下並同。弒則何以不書葬？據桓公書「葬」。

【疏】注「據桓公書葬」　解云：桓十八年「冬，十二月，己丑，葬我君桓公」是也。桓亦被弒而書葬，故難之。

春秋君弒賊不討，不書「葬」，以爲無臣子也。道春秋通例，與文、武異。

【疏】注「道春秋」至「武異」 解云：言文、武之時，周之盛德，既無諸侯相犯，寧有臣子弒君父者？是以古典無責臣子討賊之義。春秋據亂而作，時則有之，因設其法，故言「與文、武異」。

子沈子曰：「君弒，臣不討賊，非臣也；子不復讎，〔五八〕非子也。葬，生者之事也。春秋君弒賊不討，不書『葬』，以爲不繫乎臣子也。」子沈子，己師〔五九〕明說此意者。明臣子不討賊當絶，君喪無所繫也。沈子，稱「子」冠氏上者，著其爲師也。不但言「子曰」者，辟孔子也。其不冠「子」者，他師也。○冠氏，古亂反，下同。

【疏】注「沈子」至「師也」 解云：知子沈子爲己師者，正以下文宣五年傳云「子公羊子」同故也。

注「不但」至「他師也」 解云：即昭十二年傳云「子曰『我乃知之矣』」之屬是也。

「公薨」何以不地？據莊公「薨于路寢」。不忍言也。不忍言其僵尸之處。○僵，居良反。處，昌慮反。

【疏】注「不忍」至「之處」 解云：不終天年者，非人所欲，故謂被殺之處爲僵尸之處，讀如「齊人强」之「强」，非强弱之强。〔六〇〕

隱何以無「正月」？據六年「輸平」不月。〔六一〕隱將讓乎桓，故不有其「正月」也。嫌上諸「成公意」適可見始讓，不能見終，故復爲終篇去「正月」，明隱終無有國之心，但桓疑而弑之。「公薨」主書者，爲臣子恩痛之。他國自從王者恩例録也。○去，起吕反。

【疏】注「嫌上」至「録也」 解云：即元年傳曰「公何以不言即位？成公意」，歸賵之下傳云「然則何言爾？成公意」，二年子氏薨之下傳云「何以不書葬？成公意」，五年考仲子之宫下傳云「然則何言爾？成公意」。非止一處，故言「諸」也。〔六二〕

校勘記

〔一〕登讀言得來 殿本考證：「登」下各本脱「來」字。阮校：按此當作「登讀言得」，猶云登讀爲得也，「來」當誤衍。

〔二〕將尊子匠反注及下皆同 此十字原脱。諸本不脱，據補。

〔三〕孫良夫伐廧咎如是也 浦鏜云：公羊經「廧」作「將」字。阮校：按成三年經作「將咎如」，左氏作「廧」，此誤。

〔四〕責元帥 「帥」原作「師」。阮校：宋本作「元帥」，此本「帥」誤「師」，今訂正。今按，撫州本、余本作「帥」。據改。

〔五〕考宫者何 「考」上原有「注」字。阮校：何校本「注」作「傳」，是也。今按，單抄本無「注」字。據删。

〔六〕美哉倫焉美哉焕焉 阮校：閩、監、毛本「倫」作「輪」，「焕」作「奂」，禮記同。

〔七〕大夫於九原　浦鏜云：此下禮記有「也」字。

〔八〕下注同　此三字原脱。諸本釋文不脱，據補。

〔九〕敞户教反　此四字原脱。諸本不脱，據補。

〔一〇〕傳云爾者解不託始也　「託」原作「訖」。阮校：鄂本「云」作「言」。又閩本「託」誤「訖」，諸本作「託」不誤，今訂正。今按，撫州本、余本「訖」作「託」。據改。

〔一一〕還從僭六羽譏　「譏」原作「議」。浦鏜云：儀禮經傳通解引「議」作「譏」。阮校：鄂本作「譏」，當據正。今按：撫州本、余本作「譏」。據改。

〔一二〕通流精神　「通流」，阮校：鄂本作「流通」。

〔一三〕脩紹堯道也　「紹」原作「紀」。浦鏜云：儀禮經傳通解引「紀」作「紹」。阮校：鄂本作「紹」，當據正。今按，撫州本、余本「紀」作「紹」。據改。

〔一四〕民樂其伐討　「伐討」，阮校：閩、監、毛本作「伐紂」。今按，撫州本「討」作「紂」，余本作「討」。

〔一五〕夏曰户雅反　「曰」原作「日」。撫州本釋文「日」作「曰」，余本已誤作「日」。據改。

〔一六〕前此則曷爲始乎此　「則」原作「貶」。浦鏜云：「則」誤「貶」。今按，單疏殘本、單抄本「貶」作「則」。據改。

〔一七〕而言　「言」原作「〇」。阮校：閩本「〇」作「云」，是。今按，單疏殘本、單抄本「〇」作「言」。據改。

〔一八〕不得復發傳云　「發」原作「祭」。殿本考證：「祭」當作「發」。今按，單疏殘本、單抄本「祭」作「發」。據改。

〔一九〕故聞至性故　阮校：何校本作「故聞至正性」，是。

〔二〇〕以非禮書而已　「書」字原無。單疏殘本、單抄本「禮」下有「書」字。據補。

〔二一〕苛令急法　「法」原作「治」。阮校：疏及閩、監、毛本皆作「急法」，此誤。今按，撫州本、余本「治」作「法」。據改。

〔二二〕無駭有罪據俠又未命也　「俠」原作「挾」。浦鏜疑「據」字衍。阮校：鄂本無「據」字，疏中標注同。此衍，當删正。今按，撫州本、余本「挾」作「俠」；撫州本無「據」字，余本有。「俠」字據改。

〔二三〕爲共國辭　阮校：段玉裁云，一箇人字，兩國共有。當是「國共」，非「共國」也。下注稱「人共國辭」者，同誤。

〔二四〕鄭人未有成　「未」，單抄本、單疏殘本同作「末」，疑誤。

〔二五〕曷爲未有成　「未」原作「末」，據撫州本、余本改。

〔二六〕已敗之文　「敗」原作「貶」。單疏殘本、單抄本「貶」作「敗」，與桓十年注合，據改。

〔二七〕君不行使乎大夫此其行使乎大夫何　浦鏜云：傳文無二「使」字。阮校：盧文弨曰唐石經及各本皆無上「行」字，嚴杰曰下節疏及閩二年疏引皆有上「行」字。

〔二八〕内敗文異戰例時偏戰日　「異」原作「是」，「偏」原作「徧」。浦鏜説「異」誤「是」。阮校：鄂本「是」作「異」，疏中引注同，當據正。又此本補刊「偏」誤「徧」，今據宋本、諸本訂正。今按，撫州本、余本「是」作「異」，「徧」作「偏」。據改。

〔二九〕獨惡鄭明鄭擅獲諸侯　「明鄭」二字原無。阮校：鄂本「惡鄭」下有「明鄭」二字。今按，撫州本、余本「惡鄭」下亦有「明鄭」二字。據補。

〔三〇〕見賢徧反惡烏路反　此八字原脱，據諸本音義補。

〔三一〕艾五蓋反　「五」原作「王」。撫州本、宋本釋文「王」作「五」，余本誤作「王」。據改。

〔三二〕敬授民時是也　浦鏜云：尚書「民」作「人」。阮校：浦説非。作「人」者唐人避諱所改。注傳子史皆引作「民」。

〔三三〕知如此者正見上二年冬　「者正」二字原作「注」。浦鏜云：此脱「者」字。阮校：閩監、毛本「注」誤「正」。今按，單疏殘本、單抄本「注」作「者」，下有「正」字。據改補。

〔三四〕徒歸于叔爾也是也　「叔」原作「鄦」。阮校：閩、監、毛本「鄦」作「叔」，與十二年合。今按，單疏殘本、單抄本作「叔」，據改。

〔三五〕得以其禄祭　「禄」原作「禮」。阮校：鄂本「禮」作「禄」字。今按，撫州本、余本「禮」作「禄」字。據改。

〔三六〕繼弑即位　北大本據疏標起訖通例補「至」字在「即位」上。今按，單疏殘本、單抄本引注全文。

〔三七〕上問中丘者何指問邑也故因言何以書　浦鏜云：上「問」字爲「言」字誤，「故」爲「欲」字誤。從定二年疏校。阮校：定二年疏引此注「問」作「言」，當據正。下文云因言可證。若作「問」則與「指問邑也」「問」字複矣。又定二年疏引此注「故」作「欲」，當據正。

〔三八〕分別同母者　「分」原作「公」。浦鏜説「分」誤「公」。阮校：宋本「公」作「分」，釋文出「分別」二字，當據以訂正。今按，撫州本、余本「公」作「分」。據改。

〔三九〕考禮　「考」原作「孝」。阮校：宋本、鄂本「孝」作「考」，當據正。今按，撫州本、余本「孝」作「考」。據改。

〔四〇〕故知此言之者　「知」字原無。單疏殘本、單抄本「此」上有「知」字。據補。

〔四一〕無主者　殿本考證：「主」當作「王」。阮校：宋本、閩本作「王」，當據正。按解云「若言八年春王、宋公、衛侯遇于垂，即嫌桓王亦與之遇」，可證本作「王」也。今按，撫州本、余本作「主」。疑當從疏作「王」。

〔四二〕即嫌桓王亦與之遇　單疏殘本「即」作「則」。

〔四三〕遂覲東后　浦鏜云：經文「遂」作「肆」。

〔四四〕格于禰祖　浦鏜云：經文「禰」作「藝」。

〔四五〕惟是一字　阮校云：「一」字當作「也」。謂注中「是也」二字，乃何休語。

〔四六〕高陽之後　殿本考證云：依下文例，此當作「高陽氏」。

〔四七〕不言初者　「初」原作「於」。浦鏜云：「初」誤「於」。今按，撫州本、余本「於」作「初」。據改。

〔四八〕以吳伐故言我　「吳」原作「日」。阮校云：鄂本「日」作「吳」，當據正。今按，撫州本、余本「日」作「吳」。單疏殘本引注同。據改。

〔四九〕侵小國之略　浦鏜云：「略」疑「咎」之誤。

〔五〇〕據公子彄卒　「據」原作「莊」。殿本考證：「莊」當作「據」。阮校：鄂本、宋本及疏標注作「據」，當據正。今按，撫州本、余本「莊」作「據」字。據改。

〔五一〕上二年師解云展無駭　「解云」二字原無。浦鏜云：當作「帥師云」，此脱「帥」字。今按，單疏殘本、單抄本「師」下有「解云」（「師」字下均空二字間隔）二字。此蓋引二年師説（師解），單疏二本空格未當。下十年「翬帥師」疏云「正以上四年師解云」，例同於此。據補「解云」二字。「解云」二字分屬上下讀。

〔五二〕陽數可以極而不還國於桓之所致 「可」字阮校疑衍。「還」原作「遷」，阮校以爲誤。今按，撫州本、余本「遷」作「還」。據改。

〔五三〕平地七尺雪者 浦鏜云：「七」誤「一」，從六經正誤校。

〔五四〕賞疑從重 今按，下卷六莊公三年疏引此注「疑」字作「宜」，疑是。

〔五五〕謂校接之交不謂爲報也 阮校：按當作「交接之交，不爲報也」。

〔五六〕見利生事 「利」原作「移」。阮校：鄂本「移」作「利」。今按，撫州本、余本作「利」字。據改。

〔五七〕傳言來者解内外也 此下原有「春秋至外也」五字。阮校：按五字衍，何校本無。今按，單疏殘本、單抄本無此五字。據删。

〔五八〕子不復讎 「子」字原無。阮校：鄂本「不」上有「子」字。此脱。又按左傳莊十二年正義、困學紀聞七，并有「子」字，孫志祖説。今按，撫州本、余本「不」上有「子」字。據補。

〔五九〕子沈子己師 「己」原作「後」。浦鏜謂「後」誤「己」。阮校：蜀大字本作「己師」，是。解云「知子沈子爲己師」者，亦作「己」字。當據正。

〔六〇〕齊人强之强非强弱之强 單抄本同。單疏殘本上二「强」字皆作「疆」，下二「强」字皆作「彊」。

〔六一〕輸平不月 「月」原作「易」。阮校：宋本、鄂本「易」作「月」，當據正。今按，撫州本、余本「易」作「月」字。據改。

〔六二〕故言諸也 「也」下原有「以」字。阮校：當作「故以言諸也」，又按當作「故以諸言也」。今按，單疏殘本、單抄本無句末「以」字。據删。

監本附音春秋公羊傳注疏桓公卷第四

何休學

元年，春，王正月，公即位。繼弒君不言「即位」，此其言「即位」何？據莊公不言「即位」。○繼弒，申志反，注皆同。二年放此。

【疏】「繼弒君不言即位」　解云：莊元年傳云「繼弒君，子不言即位」，〔一〕而此不言「子」者，欲見桓無臣子之道，不念其君父故也。寧知不由桓非隱子，故不言「子」者，正見僖元年傳云「公何以不言即位？繼弒君，子不言即位。此非子，〔二〕其稱子何？臣、子一例也」。正以僖是閔兄而言「子」，故知桓公若有臣人之道，言「子」矣。

注「據莊」至「即位」　解云：即莊元年經云「元年，春，王正月」，不言「公即位」是也。

如其意也。弒君欲即位，故如其意，以著其惡。直而不顯，諱而不盈。桓本貴當立，所以爲篡者，隱權立，桓北面君事隱也。「即」者，就也。先謁宗廟，明繼祖也；還之朝，正君臣之位也。事畢而反凶服焉。

【疏】注「直而」至「不盈」　解云：繼弒君者，無「即位」之文。今此書其即位，直是桓弒，但不顯道其弒，故曰「直而不顯」也。言「諱而不盈」者，桓之弒隱，是爲内諱，而書其「即位」以見其弒，不盈滿其諱文，故曰「諱而不盈」也。

注「先謁」至「服焉」　解云：皆時王之禮也。

三月，公會鄭伯于垂。桓公會皆月者，危之也。桓弑賢君、篡慈兄、專易朝宿之邑，無王而行，無仁義之心，與人交接則有危也。故爲臣子憂之。不致之者，爲下去「王」，適足以起無王，未足以見無王罪之深淺，故復奪臣子辭，成誅文也。○爲下，于僞反，下爲告同。去，起吕反。見，賢遍反。故復，扶又反，下同。

【疏】注「桓公」至「危之也」　解云：即此文及下二年「三月，公會齊侯已下于稷」，三年「春，正月，公會齊侯于嬴」，六年「夏，四月，公會紀侯于成」之屬是也。而十年「秋，公會衛侯于桃丘，弗遇」，不書「月」者，彼是公欲要衛侯，〔三〕衛侯不肯見公，以非禮動，見拒有恥，是以不復見其危矣。

注「不致」至「文也」　解云：即下二年注云「凡致者，臣子喜其君父脱危而至」，今不致之，若其受誅殺，故曰「奪臣子辭成誅文也」。

鄭伯以璧假許田。其言以「璧假之」何？據實假不當持璧也。易之也。易之則其言「假之」何？爲恭也。爲恭孫之辭，使若暫假借之辭。○孫音遜。曷爲爲恭？據取邑不爲恭敬辭。

【疏】注「據取」至「敬辭」　解云：即哀八年，「齊人取讙及僤」之屬是。

有天子存，則諸侯不得專地也。「許田」者何？地皆不得專，而此獨爲恭辭，疑非凡邑，故更問之。魯朝宿之邑也。諸侯時朝乎天子，天子之郊，諸侯皆有朝宿之邑焉。「時朝」者，順四時而朝也。緣臣子之心，莫不欲朝朝莫夕。王者與諸侯別治，勢不得自專朝，故即位比年使大夫小聘，三年使上卿大聘，四年又使大夫小聘，五年一朝。王者亦貴得天下之歡心，以事其先王，因助祭以述其職，故分四方諸侯爲五部，部有四輩，輩主一時。孝經曰「四海之內，各以其職來助祭」。尚書曰「羣后四朝，敷奏以言，明試以功，車服以庸」是也。「宿」者，先誡之辭。古者天子邦畿千里，遠郊五百里，諸侯至遠郊，不敢便入，必先告至，由如他國至竟而假塗也。皆所以防未然，謹事上之敬也。王者以諸侯遠來朝，亦加殷勤之禮以接之。爲告至之，須當有所住止。〔四〕故賜邑於遠郊，其實天子地，諸侯不得專也。桓公無尊事天子之心，專以朝宿之邑與鄭，背叛當誅，故深諱，使若暫假借之者。不舉「假」爲重，復舉上「會」者，方諱言「許田」，不舉「會」，無以起從魯假之也。○朝朝，上如字，下直遙反。莫音暮。治，直吏反。背叛，音佩，凡背叛之類皆放此。

【疏】**注「故即位」至「小聘」** 解云：此孝經說文。聘義亦云「天子制諸侯，比年小聘，三年大聘，相厲以禮」也，是與此合。

注「五年一朝」 解云：虞傳文。〔五〕

注「尚書曰」至「庸是也」 解云：此逸書也。〔六〕言「羣后四朝」者，謂諸侯順四時而朝也。「敷奏以言」者，謂諸侯來朝之時，徧奏以言語也。言「明試以功」者，國功曰功，謂明試以國事之功也。言「車服以庸」者，民功曰庸，若欲賜車服之時，以其治民之功高下矣。

注「宿者先誡之辭」 解云：「宿」可以轉訓爲「肅」也。是以祭統云「先期旬有一日，宮宰宿夫人，夫人亦散齊七日，致齊三日」，鄭注云「宮宰，守宮官也。宿讀爲肅，肅猶戒也，戒輕肅重」是也。

此魯朝宿之邑也，則曷爲謂之「許田」？諱取周田也。諱取周田，則曷爲謂之「許田」？繫之許也。曷爲繫之許？近許也。此邑也，其稱「田」何？田多邑少稱「田」，邑多田少稱「邑」。分別之者，古有分土無分民，明當察民多少，課功德。〇近，附近之近。別，彼列反。

【疏】「諱取周田也」解云：謂魯人諱取周田而專用之。

「近許也」解云：〔七〕魯頌云「居常與許，復周公之宇」，以此言之，似魯國界内舊自有許，何言近許而繫之許也？彼注云「常、許，魯南鄙、西鄙」。此在王圻之内，則非此許也。

「田多」至「稱邑」解云：「田多邑少稱田」者，謂邑外之田多，邑内家數少，如此之時，則稱「田」，即此是也。言「邑多田少稱邑」者，謂邑内家數多，而邑外之田頃畝少，如此之時，則稱「邑」，即哀八年，「齊人取讙及僤」是也。

注「分別」至「功德」解云：知「古有分土無分民」者，正以詩云「誓將去汝，適彼樂土」，論語云「四方之民襁負其子而至矣」，皆是樂就有德之義故也。

夏，四月，丁未，公及鄭伯盟于越。〇越，本亦作粤，音同。

【疏】「夏四月」至「于越」解云：所以「日」者，正以十年冬，「齊侯、衛侯、鄭伯來戰于郎」，相負故也。

秋，大水。何以書？記災也。災，傷二穀以上，書「災」也。經曰「秋，大水。無麥、苗」，傳曰「待無麥，然後書無苗」是也。先是，桓篡隱，百姓痛傷，悲哀之心既蓄積，而復專易朝宿之邑。陰逆而與怨氣并之所致。〇以上，時掌反。凡言以上皆放此。蓄，勑六反。

【疏】注「災傷」至「之邑」　解云：自「經曰」以下，皆是莊七年傳文也。彼傳云「曷爲先言無麥，而後言無苗？一災不書，待無麥，然後書無苗」。彼注「明君子」云云，「至麥苗獨書者，民食最重」是也。以此言之，則知此經災傷二穀以上，故不書穀名，直言「大水」而已。而莊二十八年經云「冬，築微。大無麥、禾」，不兼言「大水」者，傳云「冬既見無麥禾矣，曷爲先言築微，而後言無麥禾？諱以凶年造邑也」。彼注云「諱使若造邑而後無麥禾者，惡愈也」。此蓋秋大水所傷〔八〕，就築微下，俱舉水，則嫌冬水」者是也。

注「陰逆」至「所致」　解云：「陰逆」者，專易朝宿之邑是，「怨氣」者，百姓痛傷悲哀之心是也。

冬，十月。

二年，春，王正月，戊申，宋督弑其君與夷，及其大夫孔父。賢者不名，故孔父稱字。督，未命之大夫，故國氏之。

【疏】「及其大夫孔父」　解云：此經之下亦有注云「賢者不名，故孔父稱字。督，未命之大夫，故國氏之」者。但考諸舊本，悉無此注，且與注違，則知有者衍文也。

「及」者何？以公、夫人言「及」，仲子微不得「及」君，上下大夫言「及」，知君尊亦不得「及」臣，故問之。

【疏】注「以公夫人言及」　解云：即僖十一年「夏，公及夫人姜氏會齊侯于陽穀」是也。

注「仲子」至「及君」　解云：隱元年秋，「天王使宰咺來歸惠公、仲子之賵」，傳云「何以不言及仲子？仲子微也」，彼注云「比夫人微，故不得並及公」是也。

注「上下」至「問之」　解云：哀六年，「夏，齊國夏及高張來奔」，是國夏上大夫，高張下大夫。

累也。「累」，累從君而死。齊人語也。弑君多矣，舍此無累者乎？曰，有，仇牧、荀息皆累也。舍仇牧、荀息無累者乎？曰，有。叔仲惠伯是也。舍此，音捨，下同。○

【疏】「仇牧」至「曰有」　解云：仇牧之事在莊十二年秋，荀息之事在僖十年春。

注「叔仲惠伯是也」　解云：應在文十八年，但成十五年傳乃言之。

有則此何以書？賢也。何賢乎孔父？據叔仲惠伯不賢。

【疏】注「據叔」至「不賢」　解云：成十五年傳云：「叔仲惠伯，傅子赤者也。文公死，子幼。公子遂謂叔仲惠伯曰：『君幼，如之何？願與子慮之。』叔仲惠伯曰：『吾子相之，老夫抱之，何幼君之有？』公子遂知其不可與謀，退而殺叔仲惠伯，弑子赤而立宣公。」彼注云「殺叔仲惠伯不書者，舉弑君爲重。叔仲惠伯事與荀息相類，不得爲累者，有異也。叔仲惠伯直先見殺爾，〔九〕不如荀息死之」。以此言之，則叔仲惠伯不可與謀而見殺，非衛君而死，春秋不賢之，是以不書。故此注云「叔仲惠伯不賢也」。

孔父可謂義形於色矣。以稱字見先君死。○見先，賢遍反，下形見、目見、斥見、見恩並同。下悉薦反。

【疏】「孔父」至「色矣」 解云：孔父事君之正，義形見於顏色矣。

其義形於色奈何？督將弒殤公，孔父生而存，則殤公不可得而弒也，故於是先攻孔父之家。大夫稱「家」。「父」者，字也。禮，臣死，君字之。以君得字之，知先攻孔父之家。○殤，式羊反。

【疏】注「大夫稱家」 解云：即定十二年「孔子行乎季孫，三月不違，曰『家不藏甲，邑無百雉之城』」是也。

注「父者字也」 解云：穀梁傳文。

注「禮臣」至「家」〔一○〕 解云：臣死，君不名之，「稱謚若字」也者，出玉藻文。

殤公知孔父死，己必死，趨而救之，皆死焉。「趨」，走也。傳道此者，明殤公知孔父賢而不能用，故致此禍。設使殤公不知孔父賢，焉知孔父死己必死？設使魯莊公不知季子賢，焉知以病召之？皆患安存之時則輕廢之，急然後思之。故常用不免。○死焉，於虔反，注同。

【疏】注「設使」至「思之」 解云：莊公三十二年傳云「莊公病，將死，以病召季子，季子至，授之以國政，〔一一〕曰寡人即不起此病，吾將焉致乎魯國」云云是也。

注「故常用不免」 解云：謂宋殤公不免死，魯莊公不免亂。

孔父正色而立於朝，則人莫敢過而致難於其君者，孔父可謂義形於色矣！內有其義而外形見於顏色。孔子曰「君子正其衣冠，尊其瞻視，儼然人望而畏之」是也。重道「義形於色」者，君子「樂道人之善」。言「及」者，使上及其君。〔一二〕若附大國以名通，明當封爲附庸，不絕其祀，所以重社稷之臣也。督不氏者，起馮當國。不舉馮弒爲重者，繆公廢子而反國，得正，故爲之諱也。不得爲讓者，死乃反之，非所以全其讓意也。○難，乃旦反。嚴，魚檢反，本又作儼。重，直用反。故爲，于僞反，傳「爲隱諱」、下注「不爲諱」、「爲後」同。

【疏】注「督不」至「諱也」解云：春秋之內，當國不氏者，無知、州吁之屬是也。今宋督實戴公之孫，而不言「公孫」者，正欲起其取國與馮故也。

注「不得」至「意也」解云：昭二十年傳云「何賢乎公子喜時？讓國也」，昭三十一年傳云「何賢乎叔術？讓國也」。繆公之傳不言「讓國」者，死乃反之，非所以全其讓意也。

滕子來朝。

三月，公會齊侯、陳侯、鄭伯于稷，以成宋亂。內大惡諱，此其目言之何？「目」，見也。斥見其惡，言「成宋亂」。遠也。所見異辭，所聞異辭，所傳聞異辭。〔一三〕所以復發傳者，益師以臣見恩，此以君見恩，嫌義異也。所見之世，臣子恩其君父尤厚，故「多微辭」是也。所聞之世，恩王父少殺，故立煬宮不日，武宮日是也。所傳聞之世，恩高祖、曾祖又少殺，故子赤卒不日，子般卒日是也。○傳聞，直專反，注「傳聞」及下注「傳之」，皆同。以復，扶又反，下反復同。少殺，所介反，下同。煬，餘亮反。舊，始鄭反。般音班。

【疏】注「所以復發傳者」解云：隱元年「公子益師卒」之下已有傳，故言「復」矣。

注「益師」至「尤厚」解云：彼以臣之故，欲見臣恩之薄厚，故曰「以臣見恩」也，此以君之故，欲見君恩之厚薄，〔二四〕故曰「以君見恩」也。

注「故多微辭」解云：定元年傳云「定哀多微辭」，彼注云「定公有王無正月，不務公室，喪失國寶；哀公有黄池之會，獲麟，故總言『多』」，是。其「定公有王無正月」得爲微辭者，即定公元年傳云「定何以無正月？正月者，正即位也。定無正月者，即位後也」，彼注云「雖書即位於六月，實當如莊公有正月。今無正月者，昭公出奔，國當絶。定公不得繼體奉正，故諱爲微辭，使若即位在正月後，故不書正月」者是也。其「不務公室」者，即定二年「冬，十月，新作雉門及兩觀」，「其言新作之何？脩大也。脩舊不書，此何以書？譏。何譏爾？不務乎公室也」。彼注云「務，勉也。不務公室，亦可施於久不脩，亦可施於不務。如公室之禮，微辭也」者是也。其「喪國寶」〔二五〕得爲微辭者，定公八年，「盗竊寶玉、大弓」，傳云「寶者何？璋判白」，彼注云「不言『璋』言『玉』者，起圭、璧、琮、璜、璋五玉盡亡之也。傳獨言『璋』者，所以郊事天尤重」。「書『大弓』者，使若都以國寶書，微辭也」，「謂之寶者，世世保用之辭」是也。其「黄池之會」得爲微辭者，哀十三年「公會晉侯及吴子于黄池」，傳云「其言及吴子何？會兩伯之辭也。不與夷狄之主中國，則曷爲以會兩伯之辭言之？重吴也。曷爲重吴？吴在是，則天下諸侯莫敢不至也」，彼注云「不書諸侯者，爲微辭，使若天下盡會之，而魯侯蒙俗會之者，惡愈」是也。其「獲麟」得爲微辭者，哀十四年「春，西狩獲麟」，不言爲漢之將興，不言爲周之將亡，故得爲微辭也。

注「所聞」至「武宫日是也」解云：「立煬宫不日」者，即定元年九月「立煬宫」是也。「立武宫日」者，成六年「二月辛巳〔二六〕立武宫」是也。公羊之義，失禮鬼神例日，故言此。

注「所傳」至「卒日是也」解云：「子赤卒不日」者，文十八年「冬，十月，子卒」，傳云「何以不日？隱之也。

何隱爾？弑也。弑則何以不日？不忍言也」，注云「所聞世，臣子恩痛王父深厚，〔一七〕故不忍言其日，與子般異」是也。其「子般卒日」者，莊三十二年「冬，十月，乙未，子般卒」，彼注云「日者，爲臣子恩録之也。殺不去日見隱者，降子赤也」者是。

隱亦遠矣，曷爲爲隱諱？據「觀魚」諱。**隱賢而桓賤也。**〔一八〕宋公馮與督共弑君而立，諸侯會於稷，欲共誅之，受賂便還，令宋亂遂成。桓公本亦弑隱而立，君子疾同類相養，小人同惡相長，故賤不爲諱也。古者諸侯五國爲屬，屬有長；二屬爲連，連有帥；三連爲卒，卒有正；七卒爲州，州有伯也。州中有爲無道者，則長、帥、卒正、伯當征之，不征則與同惡。當春秋時，天下散亂，保伍壞敗，〔一九〕雖不誅，不爲成亂。今責其成亂者，疾其受賂也。加「以」者，辟直成亂也。○令，力呈反。相長，丁丈反，下同。帥，所類反，下同。爲卒，子忽反，下皆同。

【疏】**注「據觀魚諱」**解云：隱五年「春，公觀魚于棠」，彼注云「實譏張魚而言『觀』，譏遠者，恥公去南面之位，下與百姓爭利，匹夫無異。故諱使若以遠觀爲譏」者是也。

注「古者諸侯」至「有伯也」解云：王制及春秋説文。

注「加以」至「亂也」解云：下十四年傳云「以者何？行其意也」，彼注云「以已從人曰行，言四國行宋意也」。今此言「以成宋亂」者，若言公爲三國所以，遂行其意，而成宋亂，非公本意，故云「加『以』者，辟直成亂也」。

夏，四月，取郜大鼎于宋。此取之宋，其謂之「郜鼎」何？據「莒人伐杞，取牟婁」，後「莒牟夷以牟婁來奔」，不繫杞也。

【疏】注「據莒」至「杞也」　解云：隱四年「莒人伐杞，取牟婁」，昭五年「莒牟夷以牟婁來奔」是也。

器從名，從本主名名之。地從主人。從後所屬主人。器何以從名？地何以從主人？據錯。

【疏】注「據錯」　解云：二理相違，故謂之錯。

器之與人，非有即爾。〔二〇〕「即」，就也。若曰「取」，彼器與此人異國物。凡人取異國物，非就有。取之者，皆持以歸爲有，爲後不可分明，故正其本名。

【疏】「非有即爾」　解云：謂非有就而有之爾。

宋始以不義取之，故謂之「郜鼎」。宋始以不義取之，不應得，故正之，〔二一〕謂之「郜鼎」。如以義應得，當言「取宋大鼎」。郜本所以有大鼎者，周家以世孝，天瑞之鼎以助享祭，諸侯有世孝者，天子亦作鼎以賜之。禮，祭，天子九鼎，諸侯七，卿大夫五，元士三也。

【疏】「宋始」至「取之」　解云：謂滅郜取之也。

注「如以義應得」者　解云：謂若天賜之也。

注「周家」至「享祭」者　解云：謂殷衰之時，鼎没于泗水，及武王克殷之後，鼎乃出見。故漢書云，鼎於周出是也。

注「禮祭」至「三也」 解云：春秋說文。而膳夫云「王日一舉，鼎十有二物」，何氏不取也。而士冠禮、士喪禮皆一鼎者，士冠、士喪略於正祭故也。

至乎地之與人則不然，凡取地，皆就有之，與器異也。俄而可以爲其有矣。「俄」者，謂須臾之間，制得之頃也。〔二二〕諸侯土地各有封疆里數，今日取之，然後王者起，興滅國，繼絶世，反取邑，不嫌不明，故卒可使以爲其有，不復追録繫本主。○疆，居良反。

然則爲取可以爲其有乎？「爲取」，恣意辭也。弟子未解，故云爾。○解音蟹。曰，否。何者？「何者」，將設事類之辭。若楚王之妻媦，無時焉可也。「媦」，妹也。引此爲喻者，明其終不可名有也。經不正者，從可知，省文也。○媦音胃，妹也。

【疏】「若楚」至「可也」 解云：媦音于貴反，〔二三〕以妹爲妻，終無可時，似若器從今主之名，地取便爲己有，亦無可時，故言此也。本更散亡，難可指據，〔二四〕未知此君名號云何。

注「明其」至「有也」 解云：若作「名」字，言器不可從今主之名，地不可作後主之有也。考諸古本「名」作「多」字。雖恣意取之，亦不得多有也。若如此解，以覆上「爲取」之義矣。〔二五〕

注「經不」至「文也」 解云：地不得爲今主之有，而經不繫本國以正之者，從可知，省文。

戊申，納于大廟。何以書？譏。何譏爾？遂亂受賂，納于大廟，非禮也。「納」者，入辭也。「周公稱大廟」。所以必有廟者，緣生時有宮室也。孝子三年喪畢，思念其親，故爲之立宗廟，以鬼享之。「廟」之爲言貌也。思想儀貌而事之，故曰「齊之日，思其居處，思其笑語，思其志意，思其所樂，思其所嗜；祭之日，入室，僾然必有見乎其位；周旋出入，〔二六〕肅然必有聞乎其容聲；出户而聽，慨然必有聞乎其嘆息之聲」。孝子之至也。質家右宗廟，上親親；〔二七〕文家右社稷，尚尊尊。○大廟，音泰，下及注同。嗜，市志反。僾音愛，又烏改反。慨，苦愛反。

【疏】注「納者入辭也」解云：即莊九年傳云「納者何？入辭也」是也。

注「故爲」至「享之」解云：孝經文。

注「故曰」至「所嗜」解云：皆祭義文也。彼注云「所嗜，素所欲飲食」是也。

注「祭之」至「之聲」解云：亦祭義文。彼注云「周還出户，謂薦設時也。無尸者，闔户若食間，則有出户而聽之」是也。

注「質家」至「尊尊」解云：春秋説文。祭義篇末云「建國之神位，文家右社稷而左宗廟」，〔二八〕所謂一隅也。

秋，七月，紀侯來朝。稱「侯」者，天子將娶於紀，與之奉宗廟，傳之無窮，重莫大焉，故封之百里。月者，明當尊而不臣，所以廣孝敬。蓋以爲天子得娶庶人女，以其得專封也。

【疏】注「稱侯」至「百里」解云：知天子將娶於紀者，正以下八年冬，「遂逆王后于紀」，九年「春，紀季姜歸于京師」之文也。知其元非大國者，正以隱二年「紀子伯、莒子盟于密」，伯子並稱之，故知此侯非本爵也。知非暫得褒賞而已，而知封之百里者，正以自今以後，恒稱「侯」故也。即下六年夏，「公會紀侯于成」，十三年春，「公會紀侯鄭伯」之屬是也。

注「月者」至「孝敬」　解云：凡朝例時，以其尊而不臣，故書月，令與朝異。

注「蓋以」至「封也」　解云：此欲道諸侯不得專封，是以不取于大夫以下，即文四年「夏，逆婦姜于齊」，「略之也」，彼注云「賤，非所以奉宗廟，故略之」是也。

蔡侯、鄭伯會于鄧。離不言「會」，此其言「會」何？據「齊侯、鄭伯如紀」。二國會曰離，二人議各是其所是，非其所非，所道不同，不能決事，定是非，立善惡，不足采取，故謂之「離會」。

【疏】注「據齊」至「離會」　解云：五年，〔二九〕「齊侯、鄭伯如紀」，當時紀不與會，是以齊侯、鄭伯爲離會也。但離不言「會」，故變言「如」矣。

蓋鄧與會爾。時因鄧都，得與鄧會。自三國以上言「會」者，重其少從多也。能決事，定是非，立善惡。尚書曰「三人議，〔三〇〕則從二人之言」，蓋取諸此。○與會，音預。

【疏】注「尚書」至「之言」　解云：洪範文。

九月，入杞。

公及戎盟于唐。不日者，戎怨隱不反國，善桓能自復，翕然相親信。

冬，公至自唐。致者，君子疾賢者失其所，不肖者反以相親榮，故與隱相違也，明前隱與戎盟，雖不信，猶可安也；今桓與戎盟，雖信，猶可危也。所以深抑小人也。凡致者，臣子喜其君父脱危而至。

【疏】注「故與隱相違也」 解云：即隱二年，秋，八月，「公及戎盟于唐」，不書致是也。

注「明前」至「安也」 解云：隱公之盟書日，故言「不信」也，不書致，故言「猶可安」。

注「今桓」至「而至」 解云：不日，故爲信；書致，故言「危」也。

三年，春，正月，公會齊侯于嬴。無「王」者，以見桓公無王而行也。二年有「王」者，見始也。十年有「王」者，數之終也。十八年有「王」者，桓公之終也。明終始有王，桓公無之爾。不就元年見始者，未無王也。二月非周之正月，所以復去之者，明春秋之道，亦通於三王，非主假周以爲漢制而已。○嬴，音盈。以見，賢徧反，下并年末「以見」同。復，扶又反，下同。去，起吕反。

【疏】注「二年」至「始也」 解云：即二年「春，王正月，戊申，宋督弑其君與夷」是也。

注「十年」至「終也」 解云：即十年「春，王正月，庚申，曹伯終生卒」是。

注「十八年」至「終也」 解云：即十八年「春，王正月，公會齊侯于樂」是也。

注「不就」至「始者」 解云：元年春王正月，初即位之時，自知己篡，戰懼畏討，未敢無王，是以春秋於正月之際，不得見始。須臾之後，還復爲惡，擅易天子之田，俄然無憚，故至二年正月言「王」以見始。

注「二月無王」 解云：即七年「二月，己亥，〔三二〕焚咸丘」，十有三年「春，二月，公會紀侯、鄭伯」云云，十五年「春，二月，天王使家父來求車」之屬是也。

夏，齊侯、衛侯胥命于蒲。「胥命」者何？相命也。「胥」，相也。時盟不歃血，但以命相誓。○歃，本又作歃，所洽反，又所甲反。

【疏】「胥命者何」解云：春秋上下更無「胥命」之文，故執不知問。注「時盟」至「相誓」解云：亦相誓勑，但不歃血而已，故謂之「盟」也。

何言乎相命？據「盟」亦相命，不道也。

近正也。以不言「盟」也。○近正，附近之近，下及注同。

【疏】「近正也」解云：古者不盟而言近正，雖不歃血，口相誓勑，不若古者結言而退，故言「近正」而已。

此其爲近正奈何？古者不盟，結言而退。善其近正，似於古而不相背，故書以撥亂也。○背，音佩。

六月，公會紀侯于盛。○盛，音成。

秋，七月，壬辰，朔，日有食之，既。「既」者何？盡也。光明滅盡也。是後楚滅鄧、穀，上僭稱「王」，故尤甚也。楚滅鄧、穀不書者，後治夷狄。

【疏】「既者何」解云：與例不同，故執不知問。

注「是後楚滅鄧穀」〔三二〕解云：即下七年「夏，穀伯綏來朝，鄧侯吾離來朝」，傳云「皆何以名？失地之君也」是也。

注「上僭稱王」解云：春秋説云「桓三年，秋，七月，壬辰，朔，日有食之，既。其後，楚僭號稱王，滅穀、鄧，政教陵遲」是也。

公子翬如齊逆女。

九月，齊侯送姜氏于讙。何以書？譏。何譏爾？諸侯越竟送女，非禮也。以言「姜氏」也。禮，送女，父母不下堂，姑姊妹不出門。〇讙，呼官反。

【疏】注「以言姜氏也」解云：讙若齊地，宜言「齊侯送孟姜于讙」，今言「姜氏」，故知越竟也。

注「禮送」至「出門」解云：時王之禮。

此人國矣，何以不稱「夫人」？據「讙」，魯地。自我言齊，恕己以及人也。父母之於子，雖爲鄰國夫人，猶曰「吾姜氏」。所以崇父子之親，從父母辭。不言「孟姜」，言「姜氏」者，從魯辭，起魯地。

【疏】「猶曰吾姜氏」　解云：若有言「孟姜」者，「孟」爲衍字也。

注「從父」至「魯地」　解云：孟姜者，即詩云「彼美孟姜」，正謂此也。「孟」字亦有作「季」字者，誤也。

公會齊侯于讙。

夫人姜氏至自齊。翬何以不致？據「遂以夫人婦姜至自齊」，致。

【疏】注「據遂」至「齊致」　解云：在宣元年。

得見乎公矣。本所以致夫人者，公不親迎，有危也。翬當并致者，翬親迎，重在翬也。上會讙時，夫人以得見公，得禮失禮在公，不復在翬，故不復致。不就讙上致者，婦人危重，故據都城乃致也。月者，爲夫人至例，危重之。○親迎，魚敬反，下同。爲夫，于僞反，下同。

【疏】注「不就」至「乃致」　解云：若就讙致，即鄉者至讙之時書之，宜在「公會齊侯于讙」上。

注「月者」至「重之」　解云：即宣元年「三月，遂以夫人婦姜至自齊」，成十四年「九月，僑如以夫人婦姜氏至自「齊」是也。

冬，齊侯使其弟年來聘。

有年。「有年」何以書？方分别問「大有年」，故不但言「何以書」。○别，彼列反。以喜書也。「大有年」何以書？亦以喜書也。此其曰「有年」何？僅有年也。「僅」，猶劣也。謂五穀多少皆有不能大成熟。○僅，其靳反，劣也。

【疏】注「謂五」至「成熟」解云：舊本如是，其「穀」下云「皆有不能大成熟」。「多少」二字，或衍文也。若必存字解之，「多」謂麥禾，「少」謂豆之屬，是事皆有，但不能大熟也。

彼其曰「大有年」何？問宣十六年也。大豐年也。謂五穀皆大熟成。〔二三〕僅有年，亦足以當喜乎？恃有年也。「恃」，賴也。若桓公之行，諸侯所當誅，百姓所當叛，而又元年大水，二年耗減，民人將去，國喪無日，賴得五穀皆有，使百姓安土樂業，故喜而書之。所以見不肖之君爲國尤危，又明爲國家者，不可不有年。○行，下孟反。耗減，呼報反，下佳斬反。喪，息浪反。

四年，春，正月，公狩于郎。「狩」者何？田狩也。「田」者，蒐狩之總名也。古者肉食，衣皮服，捕禽獸，〔三四〕故謂之「田」。取獸于田，故曰「狩」。易曰：「結繩罔以田魚。」〔三五〕○狩，手又反，冬獵也。

【疏】「狩者何」　解云：正以春而言「狩」，故執不知問。

注「田者蒐狩之總名也」　解云：即尚書云「文王不敢盤于遊田」。

注「古者肉食衣皮服捕禽獸故謂之田取獸于田故曰狩易曰結繩罔以田魚」　解云：此「古者」謂三皇之時也。故禮運道三皇時云，〔三六〕「昔者先王未有火化，食草木之實、鳥獸之肉，飲其血，茹其毛。未有麻絲，衣其羽皮。後聖有作，然後脩火之利，治其麻絲，以爲布帛，以養生送死，以事鬼神」，又下繫辭云，〔三七〕「黄帝、堯、舜垂衣裳而天下治」，彼注云「始去羽毛」。故鄭注易説云「古者田漁而食之，因衣其皮，先知蔽前，後知蔽後，後王易之以布帛，而猶存其蔽前者，重古道，不忘本」。以此言之，則黄帝以後始有火化而去毛羽，則此「古者」三皇時，可知。

春曰「苗」，「苗」，毛也。明當毛物，〔三八〕取未懷任者。

【疏】「春曰苗」　解云：周禮春田謂之「蒐」，何氏所不取。

秋曰「蒐」，「蒐」，簡擇也。簡擇幼稚，取其大者。○曰廋，本又作搜，亦作蒐，所求反，簡擇也。冬曰「狩」。「狩」猶獸也。冬時禽獸長大，遭獸可取。不以夏田者，春秋制也。以爲飛鳥未去於巢，走獸未離於穴，恐傷害於幼稚，故於苑囿中取之。○長，丁丈反，年末同。離，力智反。囿，音又。

【疏】注「不以」至「制也」 解云：正以周禮四時皆田故也。

常事不書，此何以書？譏。何譏爾？遠也。以其地遠。禮，諸侯田狩不過郊。

【疏】注「以其」至「遠也」 解云：十年冬，「齊侯、衛侯、鄭伯來戰于郎」，傳云「郎者何？吾近邑」，莊三十一年「春，築臺于郎」，傳云「何以書？譏。何譏爾？臨民之漱浣也」。〔三九〕以此言之，則郎爲近邑。言「遠也」者，蓋以郎邑在郊內，其屬地在郊外，若據邑言之則爲近，若據地言之則爲遠也。故哀十一年，左氏郊之戰，檀弓謂之「戰于郎」也者，是郎邑在郊內之證也。則此言「狩于郎」者，據郊外屬地言之，故言「遠」，是以此注云「以其地遠。禮，諸侯田狩不過郊」。下五年「大雩」之下注云「去國遠狩」是也。而舊云「以其去大野遠，〔四〇〕故言『遠』」者，非。

諸侯曷爲必田狩？據有囿也。

【疏】注「據有囿也」 解云：即成十八年「築鹿囿」之屬是也。

一曰乾豆，「一」者，第一之殺也。自左膘射之，達於右髃，中心死疾，鮮絜，〔四一〕故乾而豆之，薦於宗廟。「豆」，祭器名，狀如鐙。天子二十有六，諸公十有六，諸侯十有二，卿、上大夫八，下大夫六，士三。〔四二〕○左膘，毗小反，又扶了反。三倉云「小腹兩邊肉」，説文云「脅後髀前肉」。射之，食亦反，下同。右髃，本又作腢，魚俱反，又五苟反。説文云「肩前也」，字林云「肩前兩乳骨也五口反」。中心，丁仲反，下同。鐙，都鄧反，又音登。

【疏】注「自左」至「如鐙」　解云：時王之禮，古制無文。

注「天子」至「十三」　解云：自「下大夫六」以上，禮器文也。其「十三」者，何氏差之。(四三)案聘禮，致饔餼于上大夫，「堂上八豆設于房西」，(四四)則知此者，(四五)堂上豆數也。公食大夫禮曰「宰夫自東房薦豆六，設于醬東」，則食下大夫之禮而豆六，則知食卿、上大夫亦八明矣。周禮公之豆四十，侯伯之豆三十有二，子男之豆二十有四者，蓋普言之。

二曰賓客，「二」者，第二之殺也。自左膘射之，達於右髀，遠心死難，故以爲賓客。○遠，于萬反。

【疏】「二曰賓客」　解云：言以爲賓俎實。「爲」猶作也。

三曰充君之庖。「充」，備也。「庖」，厨也。「三」者，第三之殺也。自左膘射之，達于右髃，中腸胃污泡，死遲，故以充君之庖厨。已有三牲，必田狩者，孝子之意以爲己之所養，不如天地自然之牲逸豫肥美。禽獸多則傷五穀，因習兵事，又不空設，故因以捕禽獸，所以共承宗廟，示不忘武備，又因以爲田除害。「狩」例時，此月者，譏不時也。周之正月，夏之十一月，陽氣始施，鳥獸懷任，草木萌牙，非所以養微。○庖，步苞反。左脾，方爾反，又步啓反，股外也。本又作膘。右髃，羊紹反，字林子小反。一本作胘，音賢。泡，普交反，又百交反。捕，音步，本又作搏，音博，又音付。共，音恭。爲田，于僞反，下皆同。

【疏】注「狩例時」　解云：即莊四年「冬，公及齊人狩于郜」，僖二十八年冬，「天王狩于河陽」是也。

注「此月者」至「養微」　解云：在哀十四年，孔子欲夏之孟冬以爲田狩之月。

夏，天王使宰渠伯糾來聘。「宰渠伯糾」者何？天子之大夫也。其稱「宰渠伯糾」何？據「劉卷卒」，氏采，不名且字。○糾，居黝反。氏采，七代反，後放此。

【疏】「宰渠伯糾者何」 解云：欲言微者，而經稱「伯」，欲言尊卿，連名言之，故執不知問。

注「據劉」至「且字」 解云：在定四年也。「劉」是其采，「卷」是名也。〔四六〕

下大夫也。天子下大夫，繫官氏、名、且字。繫官者，卑不得專官事也。稱「伯」者，上敬老也。上敬老則民益孝，上尊齒則民益弟，是以王者以父事三老，兄事五更，食之於辟雝。天子親袒而割牲，執醬而餽，〔四七〕執爵而酳，冕而總干，率民之至也。先王之所以治天下者有五：貴有德，爲其近於道也；貴臣，爲其近於君也；貴老，爲其近於父也；敬長，爲其近於兄也；慈幼，爲其近於子弟也。禮，君於臣而不名者有五：諸父兄不名，經曰「王札子」是也，詩曰「王謂叔父」是也〔四八〕；上大夫不名，「祭伯」是也；盛德之士不名，「叔肸」是也；老臣不名，「宰渠伯糾」是也。下去二時者，桓公無王而行，天子不能誅，反下聘之，故爲貶見其罪，明不宜。○弟，大計反。更，音庚。食，音嗣。辟，必亦反。袒，音但。餽，其愧反。酳，以刃反，又士刃反。其近，附近之近，下同。札，側八反。肸，許乙反。去，起吕反。見，賢徧反。

【疏】注「天子」至「益弟」 解云：言繫官以爲氏，「渠」是名，「糾」是且字也。〔四九〕

注「是以」至「之至也」 解云：祭義云「食三老五更於大學，天子親袒而割牲，〔五〇〕執醬而饋，執爵而酳，冕而總干，所以教諸侯之弟也」。鄭注云「割牲，制俎實也。冕而總干，親在舞位，以樂侑食也。教諸侯之弟，次事親」是也。樂記亦有此文。

注「先王」至「弟也」 解云：皆祭義文也。

注「禮君」至「是也」　解云：皆何氏之意，故皆取經以當之。

注「諸父」至「是也」　解云：宣十五年，「王札子殺召伯、毛伯」，傳云「王札子者何？長庶之號也」，注云「天子之庶兄。札者，冠且字也。禮，天子庶兄冠而不名，所以尊之」是也。

注「上大夫」至「是也」　解云：隱元年「祭伯來」，傳云「祭伯者何？天子之大夫也」是也。

注「盛德」至「是也」　解云：宣十七年，「公弟叔肸卒」，彼注云「稱字者，賢之。宣公篡立，叔肸不仕其朝，不食其禄，終身於貧賤，故孔子曰『篤信好學，守死善道。危邦不入，亂邦不居。天下有道則見，無道則隱』，此之謂也」是。

注「老臣」至「不宜」　解云：渠是其名，而言「不名」者，謂計其官爵之時，實合氏官名而且字，但以其年老，故兼稱「伯」，示有不名之義也，故知之矣。

五年，春，正月，甲戌、己丑，陳侯鮑卒。曷爲以二日卒之？怴也。[五二]「怴」者，狂也，齊人語。○怴，呼述反，狂也，齊人語。甲戌之日亡，己丑之日死而得。君子疑焉，故以二日卒之也。「君子」謂孔子也。以二日卒之者，闕疑。

【疏】注「君子」至「闕疑」　解云：正以哀十四年傳云「君子曷爲爲春秋」故也。

夏，齊侯、鄭伯如紀。外相如不書，此何以書？據「蔡侯東國卒于楚」，不言「如」也。

【疏】注「據蔡」至「如也」　解云：在昭二十三年夏也。案襄二十六年，「許男寧卒于楚」，在蔡侯之前，而不據之者，科取一以當之，不以前後見義，〔五三〕或者正以蔡是大國，齊之類，故取之。

離不言「會」也。時紀不與會，故略言「如」也。春秋始録内小惡，書内離會；略外小惡，不書外離會。至所聞之世，著治升平，内諸夏而詳録之，乃書外離會。嫌外離會常書，故變文見意，以別嫌明疑。○與，音預。治，直吏反。見意，賢徧反。下文注並同。別，彼列反。

【疏】注「書内離會」者　解云：即隱二年，「公會戎于潛」是也。

注「不書外離會」者　解云：即此文變「會」言「如」是也。

注「乃書外離會」　解云：即宣十一年，「晉侯會狄于攢函」是也。

注「嫌外」至「明疑」　解云：若不載此事以略言「如」，則嫌所傳聞之世合書外離會，但遇無之而已。故曰「嫌外離會常書」也。故書而變其文，見所傳聞之世不書外離會之意，故曰「變文見意」也。所以別其嫌而明其疑，故曰「以別嫌明疑」也。

天王使仍叔之子來聘。「仍叔之子」者何？天子之大夫也。其稱「仍叔之子」何？據「宰渠」氏官，「武氏子」不稱字，又不加「之」，「尹氏」不稱「子」。

【疏】「仍叔之子者何」　解云：欲言大夫，而文言「之子」；欲言未仕，而天王使之。故執不知問。

注「據宰渠氏官」　解云：即上四年「夏，天王使宰渠伯糾來聘」是也。

注「武氏」至「加之」 解云：即隱三年「秋，武氏子來求賻」是也。

注「尹氏不稱子」 解云：即隱三年「夏，四月，辛卯，尹氏卒」是也。

譏。何譏爾？譏父老、子代從政也。禮，七十縣車致仕。不言氏者，起父在也。加「之」者，起子辟一人。○縣，音玄。

【疏】注「禮七十縣輿致仕」 解云：案春秋説文。謂之「縣輿」者，淮南子曰「日至於悲谷，是謂餔時」，「至於淵隅，〔五三〕是謂高春，至於連石，是謂下春，至於悲泉，爰止其女，爰息其馬，是謂縣輿」，舊説云「日在縣輿，一日之暮；〔五四〕人年七十，亦一世之暮，而致其政事於君，故曰『縣輿致仕』也」。亦有作「車」字者。

注「不言」至「在也」 解云：言仍氏子則與武氏子文同，嫌亦無父，故曰「起父在」。

注「加之」至「一人」 解云：若言「仍叔子」，則與僖三十三年百里子與蹇叔子之類是一人，故曰「加『之』者起子辟一人」。

葬陳桓公。不月者，責臣子也。知君父有疾，當營衛，不謹而失之也。傳曰「葬，生者之事」。

【疏】注「不月」至「之也」 解云：正以卒日葬月，乃是大國之例，今書時，故決之。

注「傳曰」至「之事」 解云：隱十一年傳文。

城祝丘。

秋，蔡人、衛人、陳人從王伐鄭。其言「從王伐鄭」何？據河陽舉「王狩」，別出「朝」文，文不連「王」，王師不道所加。○從王，如字，又才用反，下及注同。

【疏】注「據河」至「連王」 解云：僖二十八年「冬，公會晉侯以下于温。天王狩于河陽。壬申，公朝于王所」。彼舉「王狩」，此不舉之；彼別出「公朝」之文，其文不連上「王」，今言「從王伐鄭」，經連「王」言之，故難之。或者〔五五〕上會于温，諸侯之文連「王」言之。

注「王師不道所加」 解云：成元年「秋，王師敗績于貿戎」，不道伐某，今言「伐鄭」，故難之。

從王。正也。美其得正義也，故以從王征伐録之。蓋起時天子微弱，諸侯背叛，莫肯從王者征伐，以善三國之君，獨能尊天子死節。稱「人」者，刺王者也。天下之君，海内之主，當秉綱撮要而親自用兵，故見其微弱，僅能從微者，不能從諸侯，猶莒「稱『人』則從不疑也」。不使王者首兵者，本不爲王舉也。知實諸侯者，以美得正。○撮，七活反。不爲，于僞反，下所爲、與爲、六年同。

【疏】注「猶莒」至「疑也」 解云：即隱八年，「公及莒人盟于包來」，傳曰「公曷爲與微者盟？稱人則從，不疑也」，注云「從者，隨從也，實莒子也。言『莒子』，則嫌公行微不肖，諸侯不肯隨從公盟，而公反隨從之，故稱人，則隨從公不疑矣」是也。

注「不使」至「得正」 解云：若使王者首兵，宜言「王以蔡人衛人陳人伐鄭」，似若僖二十六年「公以楚師伐齊，取穀」然。

大雩。「大雩」者何？旱祭也。「雩」，旱請雨祭名。不解「大」者，祭言「大雩」，大旱可知也。君親之南郊，以六事謝過，自責曰：「政不一與？民失職與？宫室榮與？婦謁盛與？苞苴行與？讒夫倡與？」使童男女各八人舞而呼雩，故謂之「雩」。不地者，常地也。○一與，音餘，下同。苴，子餘反。

【疏】注「君親」至「責曰」　解云：皆韓詩傳文。

注「政不一與」　解云：謂政不專一，出自權臣之門。

注「民失職與」　解云：謂廢其農業。

注「宫室榮與」　解云：謂若丹楹刻桷之屬。

注「婦謁盛與」　解云：謂阿請亂國。

注「苞苴行與」　解云：謂受人之饋，政以賄成。

注「讒夫倡與」　解云：謂若魯任鄭瞻。

注「使童」至「之雩」　解云：論語云「冠者五六人，童子六七人」，與此異者，彼言「暮春者，春服既成」，明魯人正雩，故其數少，復不言男女，今此書見于經，非正雩也。凡脩雩者，皆爲旱甚而作之，故其數多，又兼男女矣，是以司巫職曰「若國大旱，則率巫而舞雩」是也。春秋説云「冠者七八人，童子八九人者，蓋是天子雩也」。

注「不地者常地也」　解云：謂在魯城南沂水上。

然則何以不言「旱」？據「日食，鼓，用牲于社」。

【疏】注「據日」至「于社」　解云：莊二十五年經。彼舉日食乃言「鼓，用牲于社」，此不言旱，直言「大雩」，故據難之。

言「雩」則旱見，言「旱」則雩不見。從可知，故省文也。日食獨不省文者，與大水同禮，若但言「鼓，用牲」，則不知其所爲。必見雩者，善其能戒懼天災，應變求雨，憂民之急也。○應，應對之應，下同。

【疏】注「與大」至「急也」解云：諸言日食與大水，皆「鼓，用牲」也，即莊二十五年「秋，大水，鼓，用牲于社」是也。

何以書？記災也。「旱」者，政教不施之應。先是桓公無王行，比爲天子所聘，得志益驕，去國遠狩，大城祝丘，故致此旱。

【疏】注「比爲天子所聘」解云：即上四年（五六）「夏，天王使宰渠伯糾來聘」是也。

注「去國遠狩」解云：即四年春，「公狩于郎」是也。

注「大城祝丘」解云：在今年夏，正以大崩壞敗，然後發衆城之，故曰「大城」。

螽。何以書？記災也。「螽」者，煩擾之所生，與上「旱」同說。○螽，音終，本亦作𧒂，說文𧒂或螽字。

冬，州公如曹。外相如不書，此何以書？過我也。爲六年「化我」張本也。傳不言「化我」者，張本非再化也。稱「公」者，申其尊，起其慢，責無禮。○過，古禾反，又古卧反。

【疏】注「稱公」至「無禮」　解云：天子三公稱「公」，王者之後稱「公」。州國非此二者，必非是公，但今過魯，自尊若公，故如其意，書之曰「公」，以起其無禮也。但諸文不知本爵是何，諸家之意，左氏已具也。

六年，春，正月，寔來。「寔來」者何？猶曰「是人來也」。猶曰「是人來」，不録何等人之辭。○寔，市力反。

【疏】「寔來者何」　解云：不書其人，而經言「寔來」，故執不知問。

孰謂？謂州公也。以上「如曹」書。曷爲謂之「寔來」？慢之也。曷爲慢之？據葵丘之盟日。化我也。行過無禮謂之「化」，齊人語也。諸侯相過，至竟必假塗，入都必朝，所以崇禮讓，絶慢易，戒不虞也。今州公過魯都不朝魯，是慢之爲惡，故書「寔來」見其義也。月者，危録之。無禮之人，不可備責之。○易，以豉反。見其，賢徧反，下見無正同。

【疏】注「據葵」至「盟日」　解云：僖九年「九月，戊辰，諸侯盟於葵丘」，傳云「桓之盟不日，此何以日？危之也。何危爾」？「桓公震而矜之，叛者九國。震之者何？猶曰振振然」。注云「亢陽之貌」。「矜之者何？猶曰莫若我也」，注云「色自美大之貌」，然則桓公振矜慢人而書日危之，本魯慢州公非敬逆之道，是以據而難之。

注「行過」至「義也」解云：今州公過魯而慢之，傳言「化我」，故知「化我」是行過無禮之言，是以哀六年傳云「陳乞曰『常之母有魚菽之祭，願諸大夫之化我也。』諸大夫皆曰『諾』，於是皆之陳乞之家」，亦是行過無禮之事。

注「月者」至「責之」解云：凡朝例時。此不朝，故書月以見危。不書日以見其危者，無禮之人，不可備責故也。

夏，四月，公會紀侯于成。

秋，八月，壬午，「大閲」。大閲者何？簡車徒也。〔五七〕大簡閲兵車，使可任用，而習之。○閲，音悦。任，音壬。

【疏】「大閲者何」解云：欲言習兵而不言狩，欲言他事而經書大閲，故執不知問。

何以書？蓋以罕書也。「罕」，希也。孔子曰「以不教民戰，是謂棄之」。故比年簡徒，謂之「蒐」；三年簡車，謂之「大閲」；五年大簡車徒，謂之「大蒐」。存不忘亡，安不忘危。不地者，常地也。「蒐」例時，此日者，桓既無文德，又忽忘武備，故尤危録。

【疏】「何以」至「書也」解云：大閲之禮，三年一爲。桓公忽忘武備，過於三年，是以書之。

注「孔子」至「棄之」 解云：何氏之意與鄭別。

注「故比」至「之蒐」 解云：即昭八年「秋，蒐于紅」之屬是也。

注「三年」至「大閱」 解云：此文是也。

注「五年」至「大蒐」 解云：即定十四年，「大蒐于比蒲」之屬是也。知其年數者，漢禮猶然。

注「不地者常地也」 解云：蓋在郊內。而賈注經云「簡車馬于廟也」者，何氏不取。

注「蒐例時」者 昭八年「秋，蒐于紅」，定十四年夏，(五八)「大蒐于比蒲」之屬是也。

注「此日」至「危録」 解云：例合書時而乃書日，故以爲尤危録也。

蔡人殺陳佗。「陳佗」者何？陳君也。以「躍卒」不書「葬」也。○佗，大阿反。

【疏】「陳陀者何」 解云：欲言陳君，經不書爵；欲言大夫，又不言氏。故執不知問。

注「以躍」至「葬也」 解云：十二年「八月，壬辰，陳侯躍卒」，注云「不書葬者，陀子也。陀不稱侯者，嫌貶在名例，不當絶，故復去躍葬也」，是以昭十一年，「楚師滅蔡，執世子有以歸，用之」，傳云「此未踰年之君也，其稱世子何？不君靈公，不成其子也。不君靈公，則曷爲不成其子？誅君之子不立」，以此言之，正由陳陀不君而見絶，故去其子葬，是故以躍不書「葬」，知陀是陳君，若其不然，不知陳侯躍何以不書葬矣。

陳君則曷爲謂之「陳佗」？據殺蔡侯般不言「蔡般」。○侯般，音班。

【疏】注「據殺」至「蔡般」 解云：昭十一年，「楚子虔誘蔡侯般，殺之於申」是也。

絶也。「絶」者，國當絶。曷爲絶之？據「戕鄫子」不絶。○戕，在良反。鄫，才陵反。

【疏】注「據戕」至「不絶」解云：宣十八年「邾婁人戕鄫子」，稱子而不名是也。

賤也。其賤奈何？外淫也。惡乎淫？「惡乎」，猶於何也。○惡音烏。烏乎猶於何也。〔五九〕注同。淫于蔡，〔六〇〕蔡人殺之。蔡稱「人」者，與使得討之，故從討賊辭也。賤而去其爵者，起其見卑賤，猶律文立子姦母，見乃得殺之也。不日〔六一〕不書「葬」者，從賤文。○去，起呂反。

【疏】注「猶律」至「之也」解云：猶言對子姦母也。

注「不日」至「賤文」解云：陳佗是君而見弒，例合書日，即隱四年「戊申，衛州吁弒其君完」〔六二〕之屬是也。君被外國殺者，不責臣子不討賊，例合書「葬」，即桓十八年「葬我君桓公」是也。今不書日不書「葬」者，從賤文故也。

九月，丁卯，子同生。「子同生」者孰謂？謂莊公也。以夫人言「同非吾子」。○嚴公，音莊，本亦作莊。案後漢諱莊，改爲嚴。

【疏】「子同生者孰謂」解云：春秋之內，魯侯多矣，皆不書生，今特書，故問爲誰。

注「以夫」至「吾子」〔六三〕　即莊元年傳云「夫人譖公于齊侯，公曰『同非吾子，齊侯之子也』」者是也。正以道公疑非己子，則是其長子，同既繫體是常，〔六四〕故知莊公也。

何言乎「子同生」？據「君存稱世子」，子般不言生。

【疏】注「據君」至「言生」　解云：莊三十二年「冬，十月，乙未，子般卒」，傳云「子卒云子卒，此其稱子般卒何？君存稱世子，君薨稱子某，既葬稱子，踰年稱公」是也。

喜有正也。喜國有正嗣。未有言「喜有正」者，此其言「喜有正」何？久無正也。子公羊子曰「其諸以病桓與」。「其諸」，辭也。本所以書莊公生者，感隱、桓之禍生於無正，故喜有正，而不以「世子」正稱書者，明欲以正見無正，疾惡桓公。日者，喜録之。禮，「生與來日，死與往日」，各取其所見日也。禮，世子生三日，卜士負之寢門外，以桑弧蓬矢射天地四方，明當有天地四方之事。三月，君名之，大夫負朝于廟，以名徧告之。○桓與，音餘。稱，尺證反。惡，烏路反。射，食亦反。徧，音遍。

【疏】注「而不」至「桓公」　解云：若以正稱書，宜言「世子同」生也。同實世子，而以不正稱書之，〔六五〕是其以正見無正之義。桓由不正而篡弑，故曰「疾惡桓公」也。

注「日者」至「日也」　解云：「與」，由數也。〔六六〕由生數來日，故書「丁卯」而録之。凡人謂方至爲「來」，已過爲「往」，故云「生與來日，死與往日」一也。鄭注曲禮上篇云「生數來日，謂成服、杖以死明日數也；死數往日謂殯殮以死日數也」者，與何氏異。

注「禮世」至「告之」　解云：皆出内則文也。〔六七〕

冬，紀侯來朝。「朝」、「聘」例時。

校勘記

〔一〕繼弑君子不言即位　阮校：何校本無「繼」字，與莊元年傳合。

〔二〕此非子　浦鏜云：「子」下脱「也」字。

〔三〕公欲要衛侯　浦鏜云：「要」下脱「見」字。

〔四〕爲告至之須當有所住止　阮校云：宋本「須」作「頃」，當據改。又按二年注云「俄者謂須臾之間創得之頃也」，「頃」字正此意。今按，撫州本、余本作「須」。作「頃」字上讀，作「須」則下屬。

〔五〕解云虞傳文　殿本考證云：此注爲王制文，虞書孔傳無此文，疑從前傳訛。

〔六〕此逸書也　浦鏜云：「逸書」當作「舜典文」。阮校引段玉裁説同。

〔七〕近許也解云　「解」原作「又」。浦鏜云：「近」上脱「〇」，「又」當作「解」。今按，單疏殘本作「〇近許也〇解云」，單抄本無「〇」（例空格），「又」作「解」字。據單疏本改。

〔八〕秋大水所傷　浦鏜云：案彼注無「大」字。

〔九〕先見殺爾　「見」原作「是」。浦鏜云：「見」誤「是」。阮校：成十五年注作「見」。今按，單疏殘本、單抄本「是」作「見」。據改。

〔一〇〕注禮臣至家　浦鏜云：「家」上脱「之」字。

〔一一〕季子至授之以國政　浦鏜云：「授」上脱「而」字。

〔一二〕言及者使上及其君　阮校：何煌云：「言及者」以下九十九字當在經下，僖十年疏可據，宋鄂本亦誤。浦鏜云：「言及者」下三十三字當在經下。從僖十年疏校。按，此注舊本皆在傳末，何氏終言之也。此類注中甚多，不得以僖十年疏引在經下便輕爲移置。又按何注本有傳無經，何注傳而不注經，故知何煌、浦鏜皆誤會也。

〔一三〕所傳聞異辭　阮校：唐石經原刻無「所」字，後磨改補入。隸釋載石經殘碑曰：桓公二年，顔氏有「所見異辭所聞異」。以下缺。然則熹平立石者爲嚴氏春秋，於此無「所見異辭」三句。何氏所注者爲顔氏春秋，于此有之。漢石經于碑末列其異同。按無此三句則「遠也」、「隱亦遠矣」文相承，有則與哀十四年傳複出矣。

〔一四〕欲見君恩之厚薄　阮校謂當從閩、毛本作「薄厚」。今按，單抄本作「厚薄」。

〔一五〕其喪國寶　浦鏜云：「喪」下脱「失」字。

〔一六〕成六年二月辛巳　浦鏜云：「六」上原有「十」字，衍。據删。

〔一七〕臣子恩痛王父深厚　單疏殘本、單抄本「事」作「痛」，據改。

〔一八〕隱賢而桓賤也　阮校：監、毛本「賤」改「賊」，石經考文提要云宋景德本、鄂泮官書本、明閩齊伋閣本皆作「桓賤」。又按，漢書五行志曰「痛隱而賤桓」，且注云「賤不可諱」，則作「賤」可知。今按，撫州本、余本皆作「賤」。

〔一九〕保伍壞敗　撫州本作「敗壞」，余本作「壞敗」。

〔二〇〕非有即爾　「有即」二字，王引之以爲倒，見經義述聞卷廿四。

〔二一〕故正之　「正」原作「王」。阮校：鄂本「王」作「正」字。今按，撫州本、余本「王」作「正」。據改。

〔二二〕制得之頃也　阮校：宋本「制」作「創」。今按，撫州本、余本皆作「制」。

〔二三〕娼音于貴反　單疏殘本、單抄本「于貴反」三字作雙行小字。

〔二四〕難可指據　「指」原作「推」。阮校謂「指」當作「推」，作「指」字非。今按，單疏殘本、單抄本「推」作「指」字。據改。

〔二五〕以覆上爲取之義矣　單疏殘本重「以覆上爲取之」六字，下無「矣」字。單抄本無「矣」字。

〔二六〕周旋出入　阮校：禮記「入」作「户」字。

〔二七〕上親親　浦鏜云：「尚」誤「上」。按：否則下「尚尊尊」當作「上」，庶不歧出。孫詒讓云：周禮小宗伯疏引作「尚」。

〔二八〕文家右社稷而左宗廟　殿本考證云：今祭義無「文家」二字。浦鏜謂二字衍。

〔二九〕解云五年　阮校引何校本「年」下有「夏」字，與五年經合。

〔三〇〕三人議　殿本考證：「議」，尚書作「占」。

〔三一〕即七年二月己亥　浦鏜云：「年」下脱「春」字。

〔三二〕楚滅鄧穀　阮校云：何校本作「穀鄧」。

〔三三〕大熟成　「熟成」二字原倒。阮校：諸本作「成熟」，宋本作「熟成」，又「熟」當作「孰」，加四點爲俗作。今按，撫州本、余本作「熟成」。據乙。

〔三四〕捕禽獸　「獸」原作「者」。孫詒讓據余本，謂「者」當作「獸」。今按，撫州本、余本皆作「獸」。據改。

〔三五〕結繩罔以田魚　浦鏜云：「漁」誤「魚」。按經作「結繩而爲罟，以田以漁」。

〔三六〕禮運道三皇時云　「運道」二字原作「進退」，北大本據殿本、萬曆本改。今按，單疏殘本、單抄本「進退」作「運道」。據改。

〔三七〕又下繫辭云　「下」原作「易」。阮校：補刻本「下」作「易」，非。今按，單抄本作「下」。據改。

〔三八〕明當毛物　「毛」原作「見」。阮校引鄂本「見」作「毛」，謂「毛」猶「覒」也。詩「左右毛之」，玉篇見部引作「覒」。今按，撫州本「見」作「毛」，余本已誤作「見」。據改。

〔三九〕臨民之潄浣也　浦鏜云：「之」下脱「所」字。

〔四〇〕以其去大野遠　「去」原作「云」。阮校：疑「云」字當作「去」。今按，單疏殘本、單抄本「云」作「去」。據改。

〔四一〕鮮絜　「絜」原作「屑」。阮校云：鄂本「屑」作「絜」。又「屑」猶「絜」也，故「不絜」謂之「不屑」。今按，撫州本、余本「屑」作「絜」。據改。

〔四二〕十三　「三」原作「二」。浦鏜云：「三」誤「二」。阮校：鄂本作「三」，穀梁疏引亦作「三」，此誤。疏標起訖同。今按，撫州本作「三」，余本已誤作「二」。據改。

〔四三〕何氏差之　「差」原作「左」。阮校：「差」誤「左」，兹據閩、監、毛本訂正。今按，單疏殘本、單抄本作「差」。據改。

〔四四〕設于房西　浦鏜云：「户」誤「房」。

〔四五〕知此者　單疏殘本作「如此皆」，單抄本「者」作「皆」。疑當從單疏殘本文字。

〔四六〕卷是名也　阮校引段玉裁説：定四年疏「卷是字」，此作「卷是名」，誤也。

〔四七〕執醬而餽　阮校云：宋本「餽」作「饋」。今按，撫州本「餽」作「饋」。

〔四八〕王謂叔父是也　阮校：宋本、閩本同。監、毛本「謂」作「曰」，非。按禮記明堂位注亦作「王謂叔父」，當據韓、魯詩。

〔四九〕糾是且字也　「字」原作「守」。阮校：此本「字」誤「守」，今訂正。

〔五〇〕天子親袒而割牲　北大本云：公羊義疏無「親」字。今按，禮記之祭義、樂記皆無「親」字。

〔五一〕怴也　「怴」原作「㤜」。阮校云：當作「怴」，字之訛也。廣雅釋詁二「怴，怒也」，又釋訓「怴，怴亂也」。曹憲音呼述，今亦誤作㤜。禮記禮運「故鳥不獝」，注云「獝，狘飛走之貌也」。釋文「狘，況越反」，怴狘義同，皆戉聲。玉篇心部「怴，許律切，怒也」。廣韻六術「怴，狂也」。皆從戉，不誤。據改。

〔五二〕不以前後見義　「前」字原無。單疏殘本、單抄本有「前」字。據補。

〔五三〕至於淵隅　殿本考證云：淮南子「隅」作「虞」，浦鏜説同。阮校引盧文弨説，當作「隅」。初學記、藝文類聚引淮南皆作「經於泉隅」，與此合。「淵」字爲唐人避李淵諱改。

〔五四〕日在縣輿一日之暮　阮校引盧文弨云：淮南作「懸車」，初學記、藝文類聚引同。

〔五五〕或者　浦鏜疑「或者」下十二字爲衍文。

〔五六〕解云即上四年　「上」原作「注」。浦鏜説「上」誤「注」。今按，單疏殘本、單抄本「注」作「上」。據改。

〔五七〕簡車徒也　王引之經義述聞據何注並六年何注「三年簡車謂之大閲」，以爲傳中「徒」爲衍文。

〔五八〕定十四年夏　諸本同。今按，定十三年、十四年經文兩書大蒐于比蒲，十三年于夏，十四年屬秋。

〔五九〕惡音烏烏乎猶於何也　浦鏜云：下「烏」爲「惡」之誤。

〔六〇〕淫于蔡　「于」，阮校云：唐石經、蜀大字本作「于」，鄂本作「乎」，誤。

〔六一〕不日　「日」原作「月」。阮校：鄂本「月」作「日」。今按，撫州本、余本「月」作「日」。據改。

〔六二〕衛州吁弑其君完　單抄本無「州」字。

〔六三〕注以夫至吾子　浦鏜云：此下脱「○解云」。今按，單抄本作「以夫人言同非吾子者」，單疏殘本作「注以夫至吾子者」，略異。

〔六四〕同既繫體是常　浦鏜云：「繫」、「常」疑「繼」、「長」之誤。

〔六五〕而以不正稱書之　阮校謂當從閩、監、毛本作「而不以正稱」。

〔六六〕與由數也　浦鏜云：「猶」誤「由」字。阮校云：「由」、「猶」通。

〔六七〕皆出内則文也　浦鏜云：内則無「大夫負朝于廟」之文。

監本附音春秋公羊傳注疏桓公卷第五起七年，盡十八年。

何休學

七年，春，二月，己亥，焚咸丘。「焚」之者何？樵之也。「樵」，薪也。以樵燒之故，因謂之「樵之」。樵之，齊人語。○樵，似遥反，薪也。

【疏】「焚之者何」解云：咸丘是邑，而反焚之，故執不知問。

樵之者何？以火攻也。何言乎以火攻？據戰、伐不道所用兵。○攻，音貢，又如字，下同。

【疏】「樵之者何」解云：雖言「焚」、言「樵」，仍非攻邑之義，故執不知問。

疾始以火攻也。征伐之道，不過用兵，服則可以退，不服則可以進。火之盛炎，水之盛衝，雖欲服罪，不可復禁，故疾其暴而不仁也。傳不「託始」者，前此未有，無所託也。○復，扶又反。「咸丘」者何？邾婁之邑也。曷爲不繫乎邾婁？據邢、鄑、郚繫紀。○邢，步丁反。鄑，子斯反，一音晉。郚，音吾。

【疏】「咸丘者何」　解云：欲言是國，經典未有；欲言非國，文無所繫。故執不知問。

注「據邾鄫郜繫紀」　解云：莊元年冬，「齊師遷紀邾、鄑、郚」是。

國之也。欲使如國，故無所繫。加「之」者，辟寔國也。〔一〕曷爲國之？據邾、鄑、郚不國。君存焉爾。所以起邾婁君在咸丘邑，明臣子當赴其難，與在國等也。日者，重録以火攻也。○難，乃旦反。

【疏】注「日者」至「攻也」　解云：正以侵伐例時，即隱七年「秋，公伐邾婁」之屬是也，故決之。

夏，穀伯綏來朝。鄧侯吾離來朝。皆何以名？據滕、薛不名也。

【疏】注「據滕薛不名也」　解云：即隱十一年「春，滕侯、薛侯來朝」是也。

失地之君也。其稱「侯」朝何？據以賤也。

【疏】「失地之君也」　解云：即曲禮下云「諸侯失地名」是。

貴者無後，待之以初也。穀、鄧本與魯同貴爲諸侯，今失爵亡土，來朝託寄也。義不可卑，故明當待之如初，所謂「故舊不遺，則民不偷」。「無後」者，施於所奔國也。獨妻得配夫，託衣食於公家，子孫當受田而耕，故云爾。下去二時者，桓公以火攻人君，故貶，明大惡。不月者，失地君朝惡人，輕也。名者，見不世也。〇不偷，他侯反，〔二〕本又作偷。去，起吕反。見，賢徧反。

【疏】注「無後」至「大惡」　解云：知如此者，正以郊特牲云「諸侯不臣寓公，故古者寓公不繼世」，彼注云「寓，寄也。寄公之子，非賢者，世不足尊也」，是其義。又云「繼世以立諸侯，象賢也」，注云「賢者子孫恒能法其先父德行」。

注「不月」至「輕也」　解云：朝例時，春秋常典。即文十五年「夏，曹伯來朝」是也。而此責其月者，以文十二年「春，王正月，盛伯來奔」，傳云「盛伯者何？失地之君」。彼書月見其奔重，宜厚遇之，此不月者，朝惡人，輕故也。僖二十年「夏，郜子來朝」，僖公非惡人而不月者，正以朝輕于奔故也。然則此注因桓惡人故言此。若其不然，正宜直云「失地之君來朝輕矣」。

注「名者見不世也」　解云：郜子、盛伯皆不名者，兄弟故也。

八年，春，正月，己卯，烝。「烝」者何？冬祭也。春曰「祠」，薦尚韭、卵。祠，猶食也，猶繼嗣也。春物始生，孝子思親，繼嗣而食之，故曰「祠」，因以別死生。〇烝，之承反，冬祭也。祠，嗣絲反。卵，力管反。猶食，音飼，〔三〕下同。別，彼列反。夏曰「礿」，薦尚麥苗。麥始熟，可礿，〔四〕故曰「礿」。〇礿音予若反，本又作禴，同。

【疏】「烝者何」　解云：欲言宗廟之祭，而文無所繫，〔五〕欲言祭天，天無「烝」名，故執不知問。

注「薦尚韭卵」又注「薦尚麥」至「曰礿」　解云：王制云「春薦韭，夏薦麥，秋薦黍，冬薦稻。韭以卵，麥以魚，黍以肫，〔六〕稻以鴈」。

秋曰「嘗」，薦尚黍、肫。「嘗」者，先辭也。秋穀成者非一，黍先熟，可得薦，故曰「嘗」。冬曰「烝」。薦尚稻、鴈。「烝」，衆也，氣盛貌。冬萬物畢成，所薦衆多，芬芳備具，故曰「烝」。無牲而祭謂之「薦」。天子四祭四薦，諸侯三祭三薦，大夫、士再祭再薦。祭於室，求之於幽；祭於堂，求之於明；祭於祊，求之於遠。皆孝子博求之意也。大夫求諸明，士求諸幽，尊卑之差也。殷人先求諸明，周人先求諸幽，質文之義也。禮，天子、諸侯、卿大夫，牛羊豕凡三牲，曰「大牢」；天子元士、諸侯之卿大夫，羊豕凡二牲，曰「少牢」；諸侯之士特豕。天子之牲，角握，〔七〕諸侯角尺，卿大夫索牛。○祊，必庚反。少，詩照反。索，所百反。

【疏】注「無牲」至「之薦」　解云：謂無牛、羊、豕之牲也。而中霤禮云「祭五祀于廟，用牲，有尸，皆薦于奥」。何以薦用牲？彼謂正祭之時，先薦于奥，仍自無牲；其正祭五祀，乃用牲有尸耳。

注「天子」至「差也」　解云：皆時王之禮，中霤禮亦然。

注「殷人」至「義也」　解云：即郊特牲云「殷人先求諸陽，周人先求諸陰」是也。

注「禮天」至「大牢」　解云：皆時王之禮也。

注「天子」至「索牛」　解云：皆指祭宗廟之牲也，仍不妨王制云「祭天地之牛，角繭栗」；「賓客之牛，角尺」之文也。

常事不書，此何以書？譏。何譏爾？譏亟也。「亟」，數也。屬十二月已烝，今復烝也。不異烝祭名而言「烝」者，取冬祭所薦衆多，可以包四時之物。○亟，去冀反，數也，注及下同。數，所角反。屬十，音燭，下同。今復，扶又反，下同。

【疏】注「屬十」至「烝也」 解云：「烝」者，冬祭之名。明去年十二月已有烝，但得常不書，今正月復作烝，故言「亟」。

注「不異」至「之物」〔八〕 解云：烝者，冬時祭名，前已作訖，今宜易名，而尤言「烝」，故說之也。

亟則黷，黷則不敬。「黷」，渫黷也。○黷，徒木反。渫，息列反。君子之祭也，敬而不黷。君子生則敬養，死則敬享，故將祭，宮室既脩，牆屋既繕，〔九〕百物既備，序其禮樂，具其百官，散齊七日，致齊三日，夫婦齊戒沐浴，盛服，君牽牲，夫人奠酒；君親獻尸，夫人薦豆，卿大夫相君，命婦相夫人。洞洞乎，屬屬乎，如弗勝，如將失之。濟濟乎，致其敬也；愉愉乎，盡其忠也；勿勿乎，其欲饗之也。〔一〇〕文王之祭，事死如事生，孝子之至也。○養，餘亮反。散齊，素旦反，下側皆反。相君，息亮反，下同。洞洞，大董反。勝，音升。濟濟，子禮反，又似兮反。愉愉，羊朱反。勿勿，如字。

【疏】注「君子」至「敬享」 解云：祭義文也。彼鄭注云「享尤祭也」。

注「故將祭」至「百官」 解云：皆出祭義，何氏差約言之也。

注「散齊七日」 解云：即祭統云「故散齊七日以定之」，注云「定者，定其志意」也。「定其志意」者，謂齊之日，不御、不樂、不吊是也。

注「致齊三日」 解云：即祭統云「致齊三日以齊之」。是「致齊者」，即鄭氏云「致之言至」，「致」謂「深也」「審也」之屬是也。

注「夫婦」至「奠酒」 解云：案今祭義「酒」作「盎」字，鄭注云「奠盎，設盎齊之鐏」，〔一一〕蓋所見異，或何休以義引之，不取正文。

注「君親」至「如事生」 解云：皆出祭義，唯「孝子之至」一句，注者之言也。注「禮本下爲士制」者，〔一二〕

即士喪禮、士虞、士相見之屬是也。言此者，欲道庶人無禮篇，故傳家偏舉言之。即曲禮上篇「禮不下庶人」，鄭注云「爲其遽於事，且不能備物」，義亦通於此。

疏則怠，怠則忘。「怠」，解。○疏音踈，下注同。解，古賣反。士不及兹四者，則冬不裘，夏不葛。禮本下爲士制。「兹」，此也。「四」者，四時祭也。疏數之節，靡所折中，是故君子合諸天道，感四時物而思親也。祭必於夏之孟月者，取其見新物之月也。「裘」、「葛」者，御寒暑之美服。士有公事不得及此四時祭者，則不敢美其衣服，蓋思念親之至也。故孔子曰「吾不與祭，如不祭」。○折中，之設反，下丁仲反。御寒，魚吕反，又如字。不與，音預。

天王使家父求聘。「家」，采地，「父」，字也。天子中大夫氏采，故稱字，不稱伯、仲也。

【疏】注「天子」至「仲也」　解云：上大夫稱伯、仲者，即祭伯、南季之屬是也；次大夫不稱伯、仲者，即此是也；下大夫稱官、氏、名且字者，即宰渠伯糾是也。

夏，五月，丁丑，烝。何以書？譏亟也。與上祀同爲亟也。

【疏】注「與上」至「亟也」　解云：周之三月乃是夏之孟月，自有春祠之禮。今周之五月乃夏之三月也，尤與上祠同在一時，而復爲烝，故曰「與上祀同爲亟也」。

秋，伐邾婁。

冬，十月，雨雪。何以書？記異也。何異爾？不時也。周之十月，夏之八月，未當雨雪。此陰氣大盛，兵象也。是後有郎師、龍門之戰，沵血尤深。〇雨雪，于付反。沵，古流字。

【疏】注「是後」至「尤深」 解云：郎師即下十年「齊侯、衛侯、鄭伯來戰于郎」是也。其龍門之戰者，即下十三年，「公會紀侯、鄭伯。己巳，及齊侯、宋公、衛侯、燕人戰」云云是也。春秋説云「龍門之戰，民死傷者滿溝」，故此注云「沵血尤深」也。

祭公來。遂逆王后于紀。「祭公」者何？天子之三公也。天子置三公、九卿、二十七大夫、八十一元士，凡百二十官，下應十二子。「祭」者，采也。天子三公氏采，稱爵。〇祭公，側介反，後祭仲、祭叔放此。應，應對之應。

【疏】「祭公者何」 解云：欲言諸侯，而逆王后；欲言大夫，而經文言「公」，故執不知問。

注「天子」至「采也」 解云：春秋説云「立三台以爲三公，〔一三〕北斗九星爲九卿，二十七大夫，内宿部衛之列，〔一四〕八十一紀以爲元士，凡百二十官焉，下應十二子」。宋氏云「十二次，上爲星，下爲山川也」。此言天子立百二十官者，非直上紀星數，亦下應十二辰，故曰「下應十二子」也。

注「三公氏采稱爵」者 解云：即祭公、周公是也。上大夫即例稱五十字，即祭伯、南祭、榮叔之屬是也，次大夫例稱二十字，即家父之屬是也；下大夫繫官氏名且字，即宰渠伯糾是也。上士名氏通，石尚是也；次士以官録，即宰咺是；下士略稱人，「公會王人于洮」是也。其劉子、單子之屬，不稱字而稱子者，謂諸侯入爲天子大夫，故設文非王臣之常稱。若然，祭公、周公官爵適等，而僖九年「夏，公會宰周公」，特加「宰」者，彼傳云「宰周公者何？天子之爲政者也」，注云「宰猶治也。三公之職號尊名。以加『宰』，知其職大尊重，當與天子參聽萬機，而下爲諸侯所會，惡不勝任」，〔一五〕故加「宰」，仍非常稱也。

何以不稱「使」？據宰周公稱「使」。

【疏】注「據宰周公稱使」者　解云：即僖三十年，「天王使宰周公來聘」是也，而稱「宰」者，義與九年同。

婚禮不稱主人。時王者有母也。「遂」者何？生事也。「生」猶造也，專事之辭。大夫無遂事，此其言「遂」何？據待君命，然後卒大夫也。

【疏】注「據待」至「夫也」　解云：成十七年十一月，「壬申，公孫嬰齊卒于貍軫」，傳云「非此月日也，曷爲以此月日卒之？待君命，然後卒大夫。曷爲待君命然後卒大夫？〔一六〕前此者，嬰齊走之晉。公會晉侯，將執公，嬰齊爲公請，公許之反爲大夫。歸至於貍軫而卒。無君命不敢卒大夫。公至，曰『吾固許之反爲大夫』。然後卒之」者是也。

成使乎我也。以上「來」無事，知遂成使于我。○成使，所吏反，注及下成使同。其成使乎我奈何？使我爲媒，可則因用是往逆矣。婚禮成於五：先納采、問名、納吉、納徵、請期，然後親迎。時王者遣祭公來，使魯爲媒，可則因用魯往迎之，不復成禮。疾王者不重妃匹，逆天下之母，若逆婢妾，將謂海内何哉？故譏之。不言「如紀」者，辟有外文。○媒，亡盃反。請期，音情，又七井反。迎，魚敬反。妃匹，音配，絶句。

【疏】注「不言」至「外文」 解云：外相如者，例所不録，言「如紀」即外相如，故曰「辟有外文」也。

女在其國稱「女」，此其稱「王后」何？王者無外，其辭成矣。

【疏】「女在其國稱女」者 解云：即隱二年「紀履緰來逆女」，上三年「公子翬如齊逆女」之屬是也。

九年，春，紀季姜歸于京師。其辭成矣，則其稱「紀季姜」何？自我言「紀」。父母之於子，雖爲天王后，猶曰「吾季姜」。明子尊不加於父母。「京師」者何？天子之居也。以季姜言「歸」。

【疏】「京師者何」 解云：欲言天子之居，而文不言「王」；欲言凡國，而爲王后所歸，故執不知問。

之。「京」者何？大也。「師」者何？衆也。天子之居，必以衆大之辭言之。地方千里，周城千雉，宫室、官府，制度廣大，四方各以其職來貢，莫不備具。所以必自有地者，治自近始，故據土，與諸侯分職而聽其政焉，即春秋所謂内治其國也。書「季姜歸」者，明魯爲媒，當有送迎之禮。○治自，直吏反。

【疏】「京者」至「言之」　解云：京師之名，理須訓解，故分而問之。

注「地方千里」　解云：即詩云「邦圻千里」是也。

注「周城千雉」　解云：在定十二年。

注「即春」至「之禮」　解云：春秋據魯爲王，故内魯，若周公制禮内京師然也。

夏，四月。

秋，七月。

冬，曹伯使其世子射姑來朝。諸侯來曰「朝」，此世子也，其言「朝」何？據「臣子一例」當言「聘」。○射，音亦。

【疏】「諸侯來曰朝」　解云：隱十一年師解云爾，故此弟子執而難之。

注「據臣」至「言聘」　解云：僖元年傳文。

春秋有譏父老子代從政者，則未知其在齊與？曹與？〔一七〕「在齊」者，世子光也。時曹伯年老有疾，使世子行聘禮，恐卑，故使自代朝，雖非禮，有尊享魯之心，傳見下「卒」、「葬」詳録，故序經意依違之也。小國無大夫，所以書者，重惡世子之不孝甚。○齊與，音餘，絶句，下同。惡如字，或烏路反。〔一八〕

【疏】注「在齊」至「光也」　解云：即襄九年「冬，公會晉侯」已下「齊世子光、〔一九〕滕子、薛伯、小邾婁子伐鄭」，〔二〇〕十一年，「公會晉侯」已下「齊世子光、莒子、邾婁子」云云「伐鄭」是也。

注「時曹」至「之心」　解云：正以十年春卒，今又世子代其朝，故知其疾也。

注「傳見」至「詳録」　解云：即十年，「王正月，庚申，曹伯終生卒。夏，五月，葬曹桓公」是也。

注「故序」至「孝甚」　解云：世子代朝，明亦合譏，世子序諸侯之上，明亦合譏，而傳云未知在齊、曹者，正以其「卒」、「葬」詳録，故依違之，不信言耳。

十年，春，王正月，庚申，曹伯終生卒。

夏，五月，葬曹桓公。小國始卒，當「卒」月「葬」時，而「卒」日「葬」月者，曹伯年老，使世子來朝，春秋敬老重恩，故爲魯恩録之尤深。

【疏】注「小國」至「尤深」　解云：所傳聞之世，未録小國「卒葬」，所聞之世，乃始書之，其書之也，「卒」月「葬」時。文九年「秋，八月，曹伯襄卒」，冬「葬曹共公」者是也。今「卒」日「葬」月者，正以敬老重恩故也。云云之説，當文皆自有解。

秋，公會衛侯于桃丘，弗遇。「會」者何？期辭也。其言「弗遇」何？公不見要也。時實桓公欲要見衛侯，衛侯不肯見公。以非禮動，見拒有恥，故諱，使若「會」而不相「遇」。言「弗遇」者，起公要之也。「弗」者，「不」之深也，起公見拒深。傳言「公不要見」者，順經諱文。○見要，一遥反，注同。

【疏】「會者何」　解云：經既書「會」，作聚集之名；尋言「弗遇」，是未見之稱，故執不知問。

冬，十有二月，丙午，齊侯、衛侯、鄭伯來戰于郎。「郎」者何？吾近邑也。以言「來」也。

【疏】「郎者何」　解云：欲言是邑，戰於其内；欲言非邑，經有「城郎」之文，故執不知問。

注「以言來也」　解云：凡言「來」者，鄉内之辭，今經言「來」，故知近邑也。而僖四年「楚屈完來盟于師」，是時在召陵而言「來」者，據師道楚，故得言「來」。

吾近邑則其言「來戰于郎」何？據「齊師、宋師次于郎」，不言「來」，「公敗宋師」不言「戰」，龍門之戰不舉地也。

【疏】注「據齊師」至「不言來」　解云：在莊十年。

注「公敗」至「不言戰」　解云：隱十年「公敗宋師于菅」，莊十年「公敗宋師于乘丘」，莊十一年「公敗宋師于鄑」，凡有三經，宜隱十年以當之。

注「**龍門**」**至**「**地也**」解云：即下十三年春，「公會紀侯、鄭伯。己巳，及齊侯、宋公、衛侯、燕人戰」云云。依春秋説云是龍門之戰，而不言「戰于龍門」是也。

近也。惡乎近？近乎圍也。地而言「來」者，明近都城，幾與「圍」無異。不解「戰」者，從下説可知。○惡，音烏。明近，附近之近。幾，音祈。

【疏】「**近也**」**至**「**圍也**」解云：「近」，讀如附近之近，「國」讀如「圍」，言兵圍都城相似，故言「近乎圍也」。考諸古本，「圍」皆作「国」字，而舊解以「国」爲「圍」。

此偏戰也，何以不言「師敗績」？據十三年「師敗績」。「偏」，一面也，結日定地，各居一面，鳴鼓而戰，不相詐。

【疏】注「**據十**」**至**「**相詐**」解云：即龍門之戰「齊師、宋師、衛師、燕師敗績」是也。

內不言「戰」，言「戰」乃敗矣。春秋託王於魯，「戰」者，敵文也。王者兵不與諸侯敵，「戰」乃其已敗之文，故不復言「師敗績」。魯不復出主名者，兵近都城，明舉國無大小，當戮力拒之。〔二二〕○不復，扶又反，下同。戮，音六，又力彫反，字亦作勠。

十有一年，春，正月，齊人、衛人、鄭人盟于惡曹。月者，桓公行惡，諸侯所當誅，屬上三國來戰于郎，今復使微者盟，故爲魯懼，危録之。○行，下孟反。屬，音燭。今復，扶又反，下故復同。爲，于僞反。

【疏】注「月者」至「録之」 解云：正以微者盟，例合時，今而書月，故須解之。

夏，五月，癸未，鄭伯寤生卒。○寤，吾故反。

秋，七月，葬鄭莊公。莊公殺段，所以書「葬」者，段當國，本當從討賊辭，不得與殺大夫同例。

【疏】注「莊公」至「同例」 解云：春秋之例，君殺無罪大夫，皆去其「葬」，即成十年「晉侯獳卒」，〔二二〕注云「不書葬者，殺大夫趙同等」是。今段有罪，故莊公書「葬」也。然則，此言「不得與殺大夫同例」者，謂不得與殺無罪大夫同例耳。

九月，宋人執鄭祭仲。「祭仲」者何？鄭相也。〔二三〕不言「大夫」者，欲見持國重。○相，息亮反。見，賢徧反。下同。

【疏】「祭仲者何」 解云：欲言無罪，聽脅立篡，欲言有罪，褒而稱字，故執不知問。

何以不名？賢也。何賢乎祭仲？據身執君出，不能防難。○防難，乃旦反，下同。以爲知權也。「權」者，稱也，所以別輕重。喻祭仲知國重君輕。君子以存國除逐君之罪，雖不能防其難，罪不足而功有餘，故得爲賢也。不引度、量者，取其平實以無私。○稱，尺證反。別，彼列反。其爲知權奈何？古者鄭國處于留。先鄭伯有善于鄶公者，通乎夫人，以取其國而遷鄭焉，遷鄭都於鄶也。○鄶，古外反。而野留。「野」，鄙也。傳本上事者，解宋所以得執祭仲，因以爲戒。莊公死，已葬，祭仲將往省于留，塗出于宋，宋人執之，「宋人」，宋莊公也。謂之曰：「爲我出忽而立突。」「突」，宋外甥。○爲，于僞反，下注爲突、非能爲突、爲賂、爲突歸、爲承同。祭仲不從其言，則君必死，國必亡；祭仲死，而忽旋爲突所驅逐而出奔，經不書忽奔，見微弱甚。是時，宋强而鄭弱，祭仲探宋莊公本弑君而立，非能爲突，將以爲賂動，守死不聽，令自入，見國無拒難者，必乘便將滅鄭，故深慮其大者也。○令自，力呈反，下同。便，婢面反。

【疏】注「祭仲死」至「者也」　解云：下十五年「秋，九月，鄭伯突入于櫟」，傳云「櫟者何？鄭之邑。曷爲不言入于鄭？末言爾。曷爲末言爾？祭仲亡矣。然則曷爲不言忽之出奔，言忽爲君之微也？祭仲存則存矣，祭仲亡則亡矣」者是。注「祭仲探宋莊公本弑君而立」者，在桓二年。

從其言，則君可以生易死，國可以存易亡。少遼緩之，宋當從突求賂，鄭守正不與，則突外乖於宋，內不行於臣下。「遼」，假緩之。

【疏】「君可以生易死」　解云：謂易去死也。

「國可以存易亡」　解云：易去亡也。

則突可故出，而忽可故反。是不可得則病。使突有賢才，是計不可得行，則己病逐君之罪。

【疏】「則突可故出」　解云：突可以此之故，出之也。

「而忽可故反」　解云：言忽可以此之故，而反之也。

「是不可得則病」　解云：言己終能出突而反忽，則爲權之成；若不能如是，乃爲其病矣。

然後有鄭國。己雖病逐君之罪，討出突，然後能保有鄭國，猶愈於國之亡。〔二四〕

【疏】「然後有鄭國」　解云：言突有賢才，己計不行，雖然，仍須勉力討之，令忽有國，雖費功力，猶愈於國之亡也。

古人之有權者，祭仲之權是也。「古人」謂伊尹也。湯孫大甲驕蹇亂德，諸侯有叛志，伊尹放之桐宮，令自思過，三年而復成湯之道。前雖有逐君之負，後有安天下之功，猶祭仲逐君存鄭之權是也。○大，音泰。

【疏】注「古人」至「之道」　解云：出書序。長義云〔二五〕「若令臣子得行，則閉君臣之道，啓篡弒之路」。解云「權之設，所以扶危濟溺，舍死亡無所設也。若使君父臨溺河井，寧不執其髮乎」？是其義也。

權者何？權者反於經，然後有善者也。權之所設，舍死亡無所設。「設」，施也。「舍」，置也。如置死亡之事不得施。

【疏】「權者何」 解云：欲言「正」，逐君立庶，欲言「不正」，今又言「權」，故執不知問。

行權有道，自貶損以行權，身蒙逐君之惡以存鄭是也。不害人以行權。己納突、不害忽是也。殺人以自生，亡人以自存，君子不爲也。祭仲死則忽死，忽死則鄭亡。生者，乃所以生忽存鄭，非苟殺忽以自生，亡鄭以自存。反覆道此者，皆所以解上「死亡」不施於己。宋不稱「公」者，脅鄭立篡，〔二六〕首惡當誅，非伯執也。祭仲不稱「行人」者，時不銜君命出使，但往省留耳。「執」例時，此月者，爲突歸鄭奪正，鄭伯出奔。○覆，芳服反。使，所吏反。

【疏】注「皆所」至「於己」 解云：言上辟死辟亡，皆爲忽故也。

注「宋不」至「執也」 解云：決成十五年「晉侯執曹伯歸于京師」，稱爵也。即僖四年傳云「稱侯而執者，伯討也；稱人而執者，非伯討」是也。

注「祭仲」至「留耳」 解云：決定六年「秋，晉人執宋行人樂祁犂」之屬，稱「行人」也。

注「執例時」者 解云：即祁犂言「秋」是也。而僖十九年六月，「己酉，邾婁人執鄫子，用之」而書日者，彼注云「日者，魯不能防正其女，以至於此，明當痛其女禍而自責之」。然則，凡「執」例時，而在日月下者，皆當文有解。

突歸于鄭。突何以名？據忽復歸于鄭，俱祭仲所納，繫國稱「世子」，不但名也。

【疏】注「據忽」至「名也」　解云：即十五年「鄭世子忽復歸于鄭」是。

挈乎祭仲也。「挈」猶提挈也。突當國，本當言「鄭突」，〔二七〕欲明祭仲從宋人命，提挈而納之，故上繫於「祭仲」。不繫國者，使與外納同也。時祭仲勢可殺突以除忽害，而立之者，忽內未能懷保其民，外未能結助諸侯，〔二八〕如殺之，則宋軍强乘其弱，滅鄭不可救，故少遼緩之。○挈，苦結反，提挈也。

【疏】注「欲明」至「同也」　解云：言「與外納同」者，即繫祭仲、言「于鄭」是也，言似僖二十五年「楚人圍陳，納頓子于頓」，文十四年「晉人納接菑于邾婁」之屬是也。

其言「歸」何？據小白言「入」。

【疏】注「據小白言入」　解云：即莊九年「齊小白入于齊」是也。

順祭仲也。順其計策，與使行權，故使無惡。

【疏】注「順其」至「無惡」　解云：下十五年傳例云「歸者，出入無惡」，故言此。

鄭忽出奔衛。忽何以名？據宋子既葬稱「子」。

【疏】注「據宋」至「稱子」 解云：僖九年「三月，宋公禦説卒」，「夏，公會宰周公、齊侯、宋子」已下「盟于葵丘」是也。若然，案彼經文，宋公禦説三月卒，夏則公會宋子于葵丘，計應未葬，故注云「宋未葬不稱子某者，出會諸侯非居尸柩前，〔二九〕故不名」也。此云「宋子既葬稱子」者，謂以其非居尸柩之前，故時已葬之稱，〔三〇〕而單言「子」，况此鄭忽之父久已葬訖而反名，故難之。

春秋伯、子、男一也，辭無所貶。春秋改周之文，從殷之質，合伯、子、男爲一，一辭無所貶，皆從「子」，夷狄進爵稱「子」是也。忽稱「子」，則與春秋改「伯」從「子」辭同，〔三一〕於成君無所貶損，故名也。名者，緣君薨有降既葬名義也。此非罪貶也。「君子不奪人之親」，故使不離子行也。王者起，所以必改質文者，爲承衰亂，救人之失也。天道本下，親親而質省；地道敬上，尊尊而文煩。故王者始起，先本天道以治天下，質而親親；及其衰敝，其失也親親而不尊；故後王起，法地道以治天下，文而尊尊；及其衰敝，其失也尊尊而不親，故復反之於質也。質家爵三等者，法天之有三光也；文家爵五等者，法地之有五行也。合三從「子」者，制由中也。○省，所景反。

【疏】注「夷狄」至「名也」 解云：襄二十九年「吴子使札來聘」，哀十三年「公會晉侯及吴子于黄池」之屬是也。注「名者」至「義也」 解云：言「君薨稱子某，既葬稱子者」，正以既葬稍殺，故不得名也。然則初薨所以名者，降於既葬也。今鄭忽書名者，緣君薨而名之義也。注「天道本下親親而質省」者已下，至「反之於質」，皆出於樂説文。注「質家爵三等法天之有三光也」已下，皆春秋説文也。

柔會宋公、陳侯、蔡叔，盟于折。「柔」者何？吾大夫之未命者也。以「俠卒」也。輒發傳者，無氏嫌貶也。所以不卒柔者，深薄桓公，不與有恩禮於大夫也。「盟」不日者，未命大夫盟會用兵，上不及大夫，下重於士，罰疑從輕，故責之略。蔡稱「叔」者，〔二二〕不能防正其姑姊妹，使淫於陳佗，故貶在字例。○折，之設反，又時設反，一本作析，思歷反。

【疏】「柔者何」　解云：欲言大夫，經不言氏；欲言微者，而書其名，故執不知問。

注「以俠卒也」　解云：隱九年春，「俠卒」，傳云「俠者何？吾大夫之未命者也」，彼注云「以無氏而卒之也」，然則，此亦無氏而書見，故知未命之大夫也。

注「輒發」至「貶也」　解云：凡內大夫不書氏有二義：若未命大夫亦無氏，而此與俠是也；〔二三〕貶者亦無氏，即無駭與翬之屬是也。故此注云「無氏嫌貶也」。

注「所以」至「夫也」　解云：欲道俠之卒當隱公之世，故得書之。

注「盟不」至「之略」　解云：春秋之例，不信者日，下十二年「及鄭師伐宋，丁未，戰于宋」，是其違信矣。不日者，正以未命大夫故責之略也。

注「蔡稱」至「字例」　解云：正以隱八年蔡侯考父卒，故有其姑姊妹淫於陳侯佗之事，在上六年。

公會宋公于夫童。○夫童，音扶，下音鍾，又如字，左氏作「夫鍾」。

冬，十有二月，公會宋公于闞。○闞，口暫反。

十有二年，春，正月。

夏，六月，壬寅，公會紀侯、莒子盟于毆蛇。〇毆蛇，丘于反，又音曲侯反。蛇，音移，又音地，左氏作曲池。

秋，七月，丁亥，公會宋公、燕人，盟于穀丘。〇燕，音烟。

八月，壬辰，陳侯躍卒。不書「葬」者，佗子也。佗不稱「侯」者，嫌貶在名例，不當絶，故復去躍「葬」也。〇躍，予若反。佗子，大何反。故復，扶又反，下同。去，起吕反。

公會宋公于郯。〇郯，音談，二傳作虚。

冬，十有一月，公會宋公于龜。

丙戌，公會鄭伯，盟于武父。〇父，音甫。

丙戌，衛侯晉卒。不蒙上日者，春秋獨晉書「立」，記「卒」耳。當蒙上日與不，嫌異於篡例，故復出日，明同。

【疏】注「不蒙」至「明同」　解云：春秋之例，篡不明者，至卒時合去日以略之，即僖二十四年冬「晉侯夷吾卒」，襄十八年冬十月，「曹伯負芻卒于師」之屬是也。若其篡明，有「立」、「入」之文者，不嫌非篡，故不勞去日，即僖十七年，「冬，十二月，乙亥，齊侯小白卒」，莊二十一年「夏，五月，辛酉，鄭伯突卒」之屬是也。今此衛侯晉亦隱四年有立文，不嫌非篡，當日。若不重言「丙戌」，則嫌不蒙上日，以其篡故略之，是以重言「丙戌」，以明嫌也。而言「獨晉書立」者，鄭突、齊小白皆上有「入」，文不言「立」，故言「獨」。

十有二月，及鄭師伐宋。丁未，戰于宋。「戰」不言「伐」，此其言「伐」何？辟嫌也。時宋主名不出，不言「伐」，則嫌內微者與鄭人戰于宋地，故舉「伐」以明之。宋不出主名者，兵攻都城，與郎同義。○惡乎，音烏，十三年傳同。惡乎嫌？嫌與鄭人戰也。

【疏】注「宋不」至「同義」　解云：上十年，「來戰于郎」，注云「魯不復出主名者，兵近都城，明舉國無大小，當勠力拒之」是也。

此偏戰也，何以不言「師敗績」？內不言「戰」，言「戰」乃敗矣。

【疏】「此偏」至「敗矣」　解云：上十年郎戰之下已有此傳，今復發之者，上經來戰于魯，此則往戰于宋，嫌其異，故明之。

十有三年，春，二月，公會紀侯、鄭伯。己巳，及齊侯、宋公、衛侯、燕人戰。齊師、宋師、衛師、燕師敗績。曷爲後日？據窐之戰先書日。○窐，音安。

【疏】注「據窐」至「書日」 解云：成二年，「六月，癸酉」，云云「及齊侯戰于窐」是也。

恃外也。其恃外奈何？得紀侯、鄭伯，然後能爲日也。得紀侯、鄭伯之助，然後乃能結戰日以勝。君子不掩人之功，不蔽人之善，故後日以明之。○勝，詩證反。蔽，必婢反。內不言「戰」，此其言「戰」何？據「公敗宋師于菅」。○菅，古顏反。

【疏】注「據公」至「于菅」 解云：在隱十年。

從外也。從外諸侯相與戰例。曷爲從外？據「戰于宋」，不從外言「敗績」。

【疏】注「據戰」至「敗績」 解云：即上十二年也。于時有鄭人不書敗績之文矣。

恃外，故從外也。明當歸功於紀、鄭，故從紀、鄭言「戰」。何以不地？據在下句。

【疏】注「據在下句」 解云：即下云「郎亦近矣，郎何以地」。

近也。惡乎近？近乎圍。郎亦近矣，郎何以地？郎猶可以地也。郎雖近，猶尚可言其處。今親戰龍門，兵攻城池，尤危，故恥之。「績」，功也。非義不戰，故以功言之，不言「功」者，取其積聚師衆，有尊卑上下次第行伍，必出萬死而不奔北，〔三四〕故以自敗爲文，明當坐也。燕戰稱「人」，敗績稱「師」者，重敗也，戰少而敗多。言「及」者，明見我者爲主，〔三五〕故得汲汲敗勝之文。○處，昌慮反。行，户郎反。

【疏】「郎猶可以地也」 解云：即上十年「齊侯、衛侯、鄭伯來戰于郎」是也。

注「郎雖」至「其處」 解云：謂郎雖在郊内，仍非攻城，猶可以舉其地。

注「今親」至「恥之」 解云：春秋説云「龍門之戰，民死傷者滿溝也」者，主説此經，故知之。

注「績功」至「不戰」 解云：凡書兵者，正得奉王命伐無禮，乃有戰事，故言「非義不戰」。

注「必出萬死」 解云：若武王萬民致死而定天下之類。

注「燕戰」至「敗也」 解云：蓋師不盡戰，故言「戰少」，敗時悉走，故言「敗多」。而莊二十八年「齊人伐衛，衛人及齊人戰，衛人敗績」，傳即據此經云「敗者稱師，衛何以不稱師？未得乎師也」，彼注云「未得成列爲師也。詐戰不言戰，言戰者，衛未有罪，方欲使衛主齊，見直文也」者是。

三月，葬衛宣公。背殯用兵而月，不危之者，衛弱於齊、宋，不從亦有危，故量力不責也。○背殯，音佩，後背殯皆放此。

【疏】注「背殯」至「責也」 解云：隱三年傳云「當時而不日，正也；當時而日，危不得葬也」。然則，衛宣公去年十一月卒，至今年三月正當五月之際，而又背殯用兵，宜書日以見危；而不日者，正以量力不責故也。

夏，大水。爲龍門之戰，死傷者衆，民悲哀之所致。○爲，于僞反。

秋，七月。

冬，十月。

十有四年，春，正月，公會鄭伯于曹。

無冰。何以書？記異也。周之正月，夏之十一月，法當堅冰。無冰者，温也。此夫人淫泆，陰而陽行之所致。○泆，音逸。行，下孟反。

夏，五。鄭伯使其弟語來盟。「夏五」者何？無聞焉爾。「來盟」者，聘而盟也。不言「聘」者，舉重也。内不出主名者，主國也，莅盟可知。「莅盟」、「來盟」，例皆時。時者，從内爲王義，明王者當以至信先天下。○莅盟，音利，又音類，下同。

【疏】「夏五者何」　解云：正以文異常例，故執不知問。

注「莅盟」至「天下」　解云：其莅盟書時者，僖三年「冬，公子友如齊莅盟」，定十一年冬，「叔還如鄭莅盟」之屬是也。其來盟書時者，宣七年「春，衛侯使孫良夫來盟」之屬是也。而文十五年春「三月，宋司馬華孫來盟」，書月，〔三六〕彼注云「月者，文公微弱，大夫秉政，宋亦蔽于三世之黨，二亂結盟，故不與信辭」是也。然則，來盟之例，例不言月，而此言「夏五」，師所不説，何氏以「五」字或衍文，故如此解。

秋，八月，壬申，御廩災。御廩者何？粢盛委之所藏也。黍稷曰「粢」，在器曰「盛」。「委」，積也。「御」者，謂御用于宗廟。「廩」者，釋治穀名。禮，天子親耕，東田千畝，諸侯百畝。后、夫人親西郊采桑，以共粢盛、祭服。躬行孝道以先天下。○廩，力甚反。粢盛，音咨，下音成。委，于鬼反，注同。積，子賜反。共，音恭。

【疏】「御廩者何」　解云：欲言宮室，而文言「御廩」；欲言倉庫，今被災之，於義不强，故執不知問。

注「廩者釋治穀名」　解云：謂廩之言藻之義故也。〔三七〕

注「禮天」至「天下」　解云：皆出祭義之文。〔三八〕「御廩災何以書」者，嫌覆問上粢盛委之所藏，故不但言「何以書」。〔三九〕

「御廩災」何以書？記災也。火自出燒之曰「災」。先是龍門之戰，死傷者衆，桓無惻痛於民之心，不重宗廟之尊，逆天危先祖，鬼神不饗，故天應以災御廩。○應，應對之應。

【疏】注「火自」至「曰災」　解云：公羊之例，内悉言「災」，而復言「火自出燒之」者，入春秋始有此災，欲通人火不書之義也。

乙亥，嘗。常事不書，此何以書？譏。何譏爾？譏嘗也。譏新有御廩災而嘗之。曰，「猶嘗乎」？難曰：四時之祭不可廢，則無猶嘗乎？○難，乃旦反。御廩災，不如勿嘗而已矣！當廢一時祭，自責以奉天災也。知不以不時者，書本不當嘗也。

【疏】**注「知不」至「嘗也」** 解云：周之八月非夏之孟秋，而反爲嘗，故以「不時」言之。

冬，十有二月，丁巳，齊侯祿父卒。

宋人以齊人、衛人、蔡人、陳人伐鄭。「以」者何？行其意也。以已從人曰「行」。言四國行宋意也。宋前納突求賂，突背恩伐宋，故宋結四國伐之。四國本不起兵，當分別之，故加「以」也。宋恃四國乃伐鄭，四國當與宋同罪，非爲四國見輕重。○背，音佩。別，彼列反。見，賢遍反。

【疏】**「以者何」** 解云：正以宋非强國而以齊、衛，故執不知問。

注「宋前納突求賂」 解云：上十一年「宋人執鄭祭仲，突歸于鄭」是。

注「突背恩伐宋」者 解云：上十二年「及鄭師伐宋。丁未，戰于宋」是也。

十有五年，春，二月，天王使家父來求車。何以書？譏。何譏爾？王者無求，求車，非禮也。王者千里畿内，租税足以共費；四方各以其職來貢，足以尊榮，當以至廉、無爲率先天下，不當求。求則諸侯貪，大夫鄙，士庶盗竊。「求」例時，此月者，桓行惡，不能誅，反從求之，故獨月。○共費，音恭，下芳味反。行，下孟反，下「行惡」同。

【疏】「何以書」至「禮也」　解云：隱三年「武氏子來求賻」之下，傳云「何以書？譏。何譏爾？喪事無求，求賻非禮也」，然則，彼已有傳，而重發之者，正以彼云「喪事無求」，恐此吉時得求，故明之。

注「諸侯」至「盗竊」　解云：相對爲優劣之稱也。

注「求例時」　解云：隱三年「秋，武氏子求賻」，文九年「春，毛伯來求金」之屬是也。

三月，乙未，天王崩。桓王也。

夏，四月，己巳，葬齊僖公。當時而日者，背殯伐鄭，危之。

【疏】注「當時」至「危之」　解云：去年十二月齊侯卒，至今年四月，是爲當時。隱三年傳云「當時而不日，正也；當時而日，危不得葬」。今此書日，故曰「危」也。其背殯伐鄭者，即去年冬十二月「宋人以齊人」已下「伐鄭」是。

五月，鄭伯突出奔蔡。突何以名？據「衛侯出奔楚」不名。不連爵問之者，并問上已名，今復名，故使文相顧。○復，扶又反，下注「故復」

及傳文「復入」并注下「不復」皆同。

【疏】注「據衛」至「不名」 解云：在僖二十八年夏。

注「不連」至「并問」 解云：正以下十六年傳云「衛侯朔何以名」，哀八年傳云「曹伯陽何以名」，故決之。

注「上已」至「相顧」 解云：欲言十一年已書名，故言「復」也。

奪正也。明祭仲得出之，故復於此名，著其奪正，不以失衆録也。月者，大國奔例月，重乖離之禍，小國例時也。

【疏】注「著其」至「録」〔四〇〕 解云：決襄十四年夏四月，「己未，衛侯衎出奔齊」之屬書其名者，爲失衆録之故也。

注「月者」至「之禍」 解云：下十六年「十一月，衛侯朔出奔齊」，及此書五月之屬皆是。

注「小國」至「時也」 解云：昭三年冬，「北燕伯款出奔齊」之屬是也。

鄭世子忽復歸于鄭。其稱「世子」何？據上出奔不稱「世子」。

【疏】注「據上」至「世子」 解云：上十一年「鄭忽出奔衛」是也。

復正也。欲言鄭忽，則嫌其出奔還入，與當國同文，反更成上「鄭忽」爲當國，故使稱「世子」，明復正，以效祭仲之權，亦所以解上非當國也。

【疏】注「欲言」至「復正」 解云：莊九年夏，「齊小白入于齊」，傳云「曷爲以國氏？當國也」者是也。

注「以效祭仲之權」　解云：即上十一年傳云「而忽可故反」是也。

曷爲或言「歸」？或言「復歸」？「復歸」者，出惡，歸無惡；「復入」者，出無惡，入有惡。「入」者，出入惡。「歸」者，出入無惡。皆於還入乃別之者，入國犯命，禍重也。忽未成君出奔，不應絶。出惡者，不如死之榮也。入無惡者，出不應絶，則還入不應盗國。○别，彼列反。

【疏】「曷爲或言歸」　解云：僖三十年「衛侯鄭歸于衛」之屬是。

「或言復歸」　解云：此經是也。

「復入者」至「有惡」　解云：襄二十三年「曹欒盈復入于晉」之屬是也。

「入者出入惡」　解云：下文「許叔入于許」、「鄭伯突入于櫟」之屬是也。

許叔入于許。稱「叔」者，春秋前失爵，在字例也。「入者，出入惡」，明當誅也。不書出時者，略小國。

【疏】注「稱叔」至「字例」　解云：正以莊十六年「同盟于幽」，經書「許男」故也。

注「不書」至「小國」　解云：正以上文忽與突「出」、「入」並書故。

公會齊侯于鄗。○鄗，户老反，又火各反。左氏作艾，〔四二〕穀梁作蒿。

郱婁人、牟人、葛人來朝。皆何以稱「人」？據言「朝」也。

【疏】注「據言朝也」解云：正以隱十一年傳云「諸侯來曰朝」。

夷狄之也。桓公行惡而三人俱朝事之。三人爲衆，衆足責，故夷狄之。

秋，九月，鄭伯突入于櫟。「櫟」者何？鄭之邑。曷爲不言「入于鄭」？據齊陽生立陳乞家，言「入于齊」。○櫟，力狄反，一音匹沃反。

【疏】「櫟者何」解云：欲言「國都」，不言「鄭」；欲言「入于鄭」，復言「櫟」邑，故執不知問。

注「據齊」至「于齊」解云：在哀六年，彼傳云「景公死而舍立。陳乞迎陽生，于諸其家」，「諸大夫不得已，皆逡巡北面，再拜稽首而君之爾」。然則陽生實入于陳乞家，而言「入于齊」，今突入于櫟，而不言「于鄭」，故難之。

末言爾。「末」者，淺也。解不言入國意。曷爲末言爾？據俱篡也。祭仲亡矣。「亡」，死亡也。祭仲亡則鄭國易得，故明入邑則忽危矣，不須乃入國也，所以效「君必死、國必亡」矣。○易，以豉反。然則曷爲不言忽之出奔？據上言「出奔」也。言忽爲君之微也，祭仲存則存矣，〔四二〕祭仲亡則亡矣。言忽微弱甚於鴻毛，僅若匹夫之出耳，故不復録，皆所以終祭仲之言，解不虚設危險之嫌。

【疏】注「皆所」至「之言」　解云：上云「祭仲亡則亡矣」者，所以效十一年「君必死國必亡」之文。今此傳云「言忽爲君之微也」已下者，可以終十一年「國可以存易亡」之文，故言「皆所以終祭仲之言」也。十一年雖不出祭仲之口，但傳家爲祭仲而爲此辭，故得云「祭仲之言」也。

注「解不」至「之嫌」　解云：權者，危險之事，祭仲比來欲爲君存國，非徒然也。但國内凡人嫌其虛設，故作經傳以解之，故曰「解不虛設危險之嫌」。

冬，十有一月，公會齊侯、宋公、衛侯、陳侯于侈，伐鄭。月者，善諸侯征突，善録義兵也。不舉「伐」爲重者，用兵重於會，嫌月爲桓伐有危舉，不爲義兵録，故復録會。○侈，昌氏反，(四三)二傳作袲。爲桓，于僞反，下同。

【疏】注「月者」至「録會」　解云：正以隱七年「秋，公伐邾婁」之屬，則言征伐例時，而此書月，故決之。

十有六年，春，正月，公會宋公、蔡侯、衛侯于曹。

夏，四月，公會宋公、衛侯、陳侯、蔡侯伐鄭。

秋，七月，公至自伐鄭。致者，善桓公能疾惡同類，比與諸侯行義兵伐鄭。致例時，此月者，善其比與善行義，故以致，復加月也。○復，扶又反。

【疏】注「致者」至「伐鄭」解云：桓是篡賊，動作有危，今能疾篡脱危而至，故致之。

注「致例時」解云：即上二年「冬，公至自唐」之屬是。

冬，城向。○向，式亮反。

十有一月，衛侯朔出奔齊。衛侯朔何以名？據「衛侯出奔楚」不名。

【疏】「衛侯朔何以名」解云：嫌問出奔之屬何以名，故復連句問之。

注「據衛」至「不名」解云：在僖二十八年。

絶。曷爲絶之？據俱奔也。得罪于天子也。其得罪于天子奈何？見使守衛朔，「朔」，十二月朔政事也。月所以朝廟、告朔是也。而不能使衛小衆，時天子使發小衆，不能使行。越在岱陰齊，「越」，猶走也。「岱」，岱宗，泰山也。山北曰「陰」。先言「岱陰」，後言「齊」者，明名山大澤不以封諸侯，以爲天地自然之利，非人力所能加，故當與百姓共之。傳著朔在岱陰者，明天子當及是時未能交連五國之兵早誅之。

【疏】注「明天子」至「誅之」解云：其「五國」者，莊五年「冬，公會齊人、宋人、陳人、蔡人伐衛」是。

屬負兹舍，不即罪爾。「屬」，託也。天子有疾稱「不豫」，諸侯稱「負兹」，大夫稱「犬馬」，士稱「負薪」。「舍」，止也。託疾止不就罪。○屬負兹，音燭，注同，屬託也。諸侯有疾稱負兹，言朔託有疾。

【疏】注「天子」至「負薪」者　解云：皆漢禮之名。「豫」，詁爲樂。諸侯言「負茲」者，謂負事繁多，故致疾。大夫言「犬馬」者，代人勞苦，行役遠方，故致疾。士稱「負薪」者，祿薄不足代耕，故致疾。

十有七年，春，正月，丙辰，公會齊侯、紀侯，盟于黄。

二月，丙午，公及邾婁儀父盟于趡。本失爵在名例，中朝桓公稱「人」。今此不名者，蓋以爲儀父最先與隱公盟，明元功之臣，有誅而無絶。○趡，翠癸反。

【疏】注「本失」至「在名例」(四四)　解云：正以隱元年得褒乃書字故也。

注「中朝」至「名者」　解云：即上十五年「邾婁人、牟人、葛人來朝」是。

注「蓋以」至「之臣」　解云：隱元年「公及邾婁儀父盟于眛」是也。

注「有誅而無絶」　解云：「有誅」者，十五年稱人，是責之；「無絶」者，今還其字，無絶其功故也。

五月，丙午，及齊師戰于奚。夏者，陽也；月者，陰也；去「夏」者，明夫人不繫於公也。此戰蓋由桓公曰「同非吾子」云爾。○去，起呂反，下同。

【疏】注「此戰」至「云爾」　解云：莊元年傳云「公曰『同非吾子』」是。然則，夫人姜氏三年至魯，六年九月莊公乃生，桓公何云「同非吾子」？蓋夫人譖之也。或云蓋在齊之日已共私通，魯侯知之，悼恨之言耳。

六月，丁丑，蔡侯封人卒。

秋，八月，蔡季自陳歸于蔡。稱字者，蔡侯封人無子，季次當立，封人欲立獻舞而疾害季，季辟之陳。封人死，歸，反，奔喪，思慕三年，卒無怨心，故賢而字之。出奔不書者，方以起季奔喪歸，故使若非出奔歸。不稱「弟」者，見季不受父兄之尊，起宜爲天子大夫，天子大夫不得與諸侯親通，故魯季子、紀季皆去其氏。唯卒以恩録親，季友、叔肸卒是也。

【疏】注「魯季」至「其氏」　解云：即閔元年「季子來歸」，莊三年「紀季以酅入于齊」是也。

注「唯卒」至「是也」　解云：即僖十六年「公子季友卒」，宣十七年「公弟叔肸卒」是也。

癸巳，葬蔡桓侯。稱「侯」者，亦奪臣子辭也。有賢弟而不能任用，反疾害之而立獻舞，國幾并於蠻荆，故賢季抑桓，稱「侯」所以起其事。○幾，音祈。并，必政反，又如字。

【疏】注「稱侯」至「其事」　解云：正以諸侯之葬皆稱公，故決之。

及宋人、衛人伐邾婁。

冬，十月，朔，日有食之。是後夫人譖公，爲齊侯所誘殺。去日者，著桓行惡，故深爲内懼其將見殺無日。○行，下孟反。爲，于僞反。

【疏】注「去日」至「無日」　解云：若以隱三年傳言之，即「『某月某日朔，日有食之』者，食正朔」。若言「某月某日，日有食之」者，謂二日食也。若言「某月，日有食之」者，謂食在晦也。今此言「朔」而不書日，故此解之。

十有八年，春，王正月，公會齊侯于濼。○濼，郎沃反，又音洛。説文云：匹沃反。公、夫人姜氏遂如齊。〔四五〕「公」何以不言「及夫人」？據「公及夫人會齊侯于陽穀」。

【疏】注「據公」至「陽穀」　解云：在僖十一年。

夫人外也。若言夫人已爲公所絶外也。

【疏】注「若言」至「外也」　解云：欲言不假言「及」，是外之意。

夫人外者何？内辭也，内爲公諱辭。○爲，于僞反。其實夫人外公也。時夫人淫於齊侯而譖公，故云爾。言「遂」者，起夫人本與公出會齊侯于濼，故得并言「遂如齊」。不書夫人「會」，書夫人「遂」者，明「遂」在夫人。齊侯誘公使遂如齊，以夫人譖公故。○譖公，側鴆反，下同。

夏，四月，丙子，公薨于齊。不書齊誘殺公者，深諱耻也。地者，在外爲大國所殺，於國尤危。〔四六〕國重，故不暇隱也。

【疏】注「不書」至「耻也」解云：如此注者，正決昭十一年「楚子虔誘蔡侯般，殺之于申」之文也。注「地者」至「隱也」解云：魯侯被殺例不舉地，故隱公、閔公直言「薨」而已。今此言「齊」，故如此解。

丁酉，公之喪至自齊。凡公薨外致日者，危痛之。外多窮厄伐喪，内多乘便而起，不可不戒慎。加「之」者，「喪」者，死之通辭也，本以別生死，(四七)不以明貴賤，非配「公」之稱，故加「之」以絶。○便，婢面反。別，彼列反。稱，尺證反。

【疏】注「凡公」至「痛之」即此及定元年「夏，六月，癸亥，公之喪至自乾侯」之屬是也。

秋，七月。

冬，十有二月，己丑，葬我君桓公。賊未討，何以書「葬」？據隱公也。讎在外也。讎在外則何以書「葬」？據俱讎也。君子辭也。時齊强魯弱，不可立得報，故君子量力，且假使書「葬」，於可復讎而不復，乃責之，諱與齊狩是也。「桓」者，謚。禮，生有爵，死有謚，所以勸善懲惡也。禮，諸侯薨，天子謚之；卿大夫受謚於君，「唯天子稱天以誄之」。蓋以爲祖祭乃謚。「丁酉，公之喪至自齊」，「丁巳，葬我君定公，雨，不克葬，戊午，日下昃乃克葬」是也。以「公」配謚者，終有臣子之辭。上「葬」日者，「起生者之事」也，且明王者當遣使者與諸侯共會之。加「我君」者，録内也，猶君薨地也。○懲，直升反。使，所吏反。

【疏】注「諱與齊狩是也」解云：莊四年「冬，公及齊人狩于郜」，「公曷爲與微者狩？齊侯也。齊侯則其稱人何？」

諱與讎狩」是也。

注「禮諸」至「誄之」　解云：即曾子問曰「賤不誄貴，幼不誄長，禮也」。鄭注云「誄，累也。累列生時行迹，讀之以作謚。謚當由尊者成」。又云「唯天子稱天以誄之」，注云「以其無尊焉」，又云「諸侯相誄，非禮也」[四八]是也。

注「蓋以」至「是也」[四九]　解云：所以知祖祭乃謚者，正以公之喪至自齊，未有謚。丁巳，葬我君定公，欲葬遇雨，不得葬。經書定公，故知宜是作祖祭時爲之也。禮記檀弓下篇云「公叔文子卒，其子戍請謚於君，云『日月有時，葬矣，[五〇]請所以易其名者』」。義亦通於此。

注「上葬」至「地也」　解云：考諸古本，皆無「上」字，衍文。隱三年傳「過時而日，隱之」，[五一]注云「隱痛賢君不得以時葬，『丁亥，葬齊桓公』是也」。然則，此君四月薨，至于今十二月，亦是過時，而日者，亦是痛其賢君不得以時葬，非其辭貞，故曰「起生者之事」，言其非爲臣子矣。或者「上葬」爲此上文之葬，若昭三年「葬滕成公」之下注云「月者，襄公上葬，諸侯莫肯加禮，獨滕子來會葬，故恩録之」之類也。

校勘記

〔一〕辟寔國也　阮校：鄂本「寔」作「實」。今按，撫州本作「實」，余本作「寔」。

〔二〕不偷他侯反　阮校：按當依陸本作「愉」，今本從人，非。周禮大司徒「以俗教安則民不愉」，今本亦改「偷」。又按偷、愉爲古今字。説文無偷，鄭箋詩有之。

〔三〕音飼　宋本音義作「嗣」，他本皆作「飼」。

〔四〕薦尚麥苗麥始熟可礿　阮校：閩、監、毛本「苗」作「魚」，「苗」字誤，當作「魚」。宋本有下「麥」字，穀梁疏引同，與經傳通解合。今本無者，誤脱也。今按，撫州本「苗」作「魚」，不誤，余本已誤作「苗」。

〔五〕解云欲言宗廟之祭而文無可繫　殿本考證云：此下一段文字當於傳「烝者何」下，此誤刻至「夏曰礿」下。

〔六〕黍以肫　浦鏜云：「豚」誤「肫」，下同。

〔七〕角握　「握」原作「搔」。浦鏜云：「握」誤「搔」，據儀禮經傳通解校。阮校：鄂本作「握」，又穀梁疏引正同。今按，撫州本、余本「搔」作「握」。據改。

〔八〕注不異至之物　「之物」二字原無。阮校從閩、監、毛本補「之物」二字。今按，單抄本作「注不異云云」。茲從阮校補「之物」二字。

〔九〕牆屋既繕　浦鏜云：祭義「繕」作「設」。

〔一〇〕其欲饗之也　阮校：祭義「欲」下有「其」字。

〔一一〕設盎齊之鐏　北大本：祭義「鐏」作「奠」。

〔一二〕注禮本下爲士制者　浦鏜云：下當脱「○解云」，自此至「義亦通於此」，當在下「士不及茲四者」節音義後。

〔一三〕立三台以爲三公　浦鏜云：「立」當「法」字誤。

〔一四〕内宿部衛之列　浦鏜云：「内宿」上疑脱「爲」字。

〔一五〕惡不勝任　阮校：何校本「任」上有「其」字。

〔一六〕曷爲待君命然後卒大夫　此十字原重。阮校：閩、監、毛本删正此重複十字。今按，單疏殘本、單抄本不重此十字。據删。

〔一七〕其在齊與曹與　阮校：監、毛本「曹與」上衍「在」字。汪文臺識語：襄公二年疏引「曹與」上有「在」字。

〔一八〕惡如字或烏路反　「如字」二字原無。撫州本、宋本釋文「或」上有「如字」二字，余本與此本脱。據補。

〔一九〕齊世子光　浦鏜云：經「齊世子光」在「小邾婁子」下，下十一年伐鄭同。此誤倒。

〔二〇〕薛伯小邾婁子伐鄭　北大本據襄九年傳補「杞伯」二字在「薛伯」下。

〔二一〕當戮力拒之　阮校引鄂本「戮」作「勠」，以爲是。又十二年疏引此注作「勠」。

〔二二〕晉侯獳卒　「獳」原作「孺」。阮校云：閩、監、毛本「孺」作「獳」，是。今按，單抄本作「獳」。據改。

〔二三〕鄭相也　阮校：唐石經「鄭」下有「之」字。嚴杰云：周禮大司徒正義引亦無「之」字。

〔二四〕猶愈於國之亡　「猶」原作「稱」。阮校：鄂本「稱」作「猶」。疏亦云「猶愈于國之亡也」。當據正。今按，撫州本、余本「稱」作「猶」。據改。

〔二五〕長義云　北大本校記：此下至「是其義也」殿本置于注「死亡之事不得施」之下，當是。「解云權之設」云云，上下與疏標引例不合，疑有誤。

〔二六〕脅鄭立篡　「立」原作「之」。阮校：鄂本「之」作「立」，此本誤。今按，撫州本、余本「之」作「立」。據改。

〔二七〕本當言鄭突　「當」原作「常」。浦鏜云：「當」誤「常」。阮校：鄂本作「當」。今按，撫州本、余本「常」作「當」。據改。

〔二八〕外未能結助諸侯　「助」原作「款」。阮校：鄂本「款」作「助」字。今按，撫州本、余本「款」作「助」。據改。

〔二九〕非居尸柩前　浦鏜云：「非尸柩之前」誤「非居尸柩前」。

〔三〇〕故時已葬之稱　浦鏜云：「作」誤「時」。今按，單抄本「時已」作「將既」，單疏殘本二字作「時既」。疑單抄本是。

〔三一〕與春秋改伯從子辭同　「春秋」原作「諸侯」。阮校：鄂本「諸侯」作「春秋」。今按，撫州本「諸侯」作「春秋」，余本已誤作「諸侯」。據改。

〔三二〕蔡稱叔者　「蔡」下原有「侯」字。阮校：鄂本無「侯」字。疏標起訖亦作「蔡稱」。今按，撫州本無「侯」字。余本已衍。據删。

〔三三〕無氏而此與俠是也　浦鏜云：「而」疑「則」字之誤。

〔三四〕不奔北　「北」原作「此」。阮校：鄂本「此」作「北」。今按，撫州本、余本「此」作「北」。據改。

〔三五〕明見我者爲主　阮校：按「者」字當衍。蓋「我」誤爲「伐」，始衍「者」字矣。「我」鄂本同，宋本等誤作「伐」。今按，撫州本「我」誤作「伐」，余本作「我」。

〔三六〕書月　浦鏜云：月下脱「者」字。

〔三七〕廪之言藻之義故也　阮校：「藻」疑「澡」。

〔三八〕皆出祭義之文　浦鏜引祭義、祭統文字證與此文異。阮校：孫志祖云：禮記祭義無此文。祭統云「大子親耕于南郊，王后蠶于北郊」，與此異。白虎通耕桑篇云「耕于東郊何？東方少陽，農事始起。桑于西郊何？西方少陰，女功所成」，與此「親耕東田」、「親西郊采桑」之語合。疑出古逸禮也。

〔三九〕「御廩災」至「何以書」　浦鏜云「御廩災」至節末「何以書」二十四字當在下節注下。「嫌覆」上當脱「〇解云」。

〔四〇〕注著其至録　閩本、毛本同，阮刻本補「也」字在句末。今按，單抄本引注文全文，作「注……者」。依標起訖例，阮刻本是。

〔四一〕左氏作艾　「氏」原作「傳」。諸本釋文皆作「氏」，據改。

〔四二〕祭仲存則存矣　浦鏜云：石經無「矣」字。阮校：無者非。十二年疏引有。鄂本有。今按，撫州本、余本有「矣」字。

〔四三〕侈昌氏反　宋本釋文、撫州本音義「氏」作「示」，余本作「氏」。余本是。

〔四四〕注本失至在名例　阮校：按「至」當作「爵」。今按，作「爵」則引注全文，此則本標疏起訖例引字。疑不必從阮校説。

〔四五〕公夫人姜氏遂如齊　阮校引鄂本「公」下有「與」字，與左、穀同。今按，撫州本、余本無。

〔四六〕於國尤危　「尤」原作「此」。阮校：鄂本「此」作「尤」字。今按，撫州本、余本「此」作「尤」字。據改。

〔四七〕本以别生死　阮校：鄂本作「死生」。宋本作「生死」，蓋誤倒。今按，撫州本、余本均作「生死」。

〔四八〕諸侯相誄非禮也　「誄」原作「累」。浦鏜云：「誄」誤「累」。據改。

〔四九〕注蓋以至是也　「注」字原無。單抄本「蓋」上有「注」字。據補。

〔五〇〕云日月有時葬矣　浦鏜云：「時」下脱「將」字，又「云」檀弓作「曰」。

〔五一〕隱之　浦鏜云：「之」下脱「也」字。

監本附音春秋公羊傳注疏莊公卷第六 起元年，盡七年。

何休學

元年，春，王正月。公何以不言「即位」？春秋君弑，子不言「即位」。君弑則子何以不言「即位」？據繼君不絶也。○君弑，申志反，下皆同。

【疏】「公何以不言即位」解云：隱元年傳云「公何以不言即位」，注云「據文公言即位」。然則彼已注解，是以此處不復注之。

【疏】「春秋」至「即位」解云：而言春秋者，〔二〕欲道孔子意，春秋之內皆爾，非止此處，故舉其大號言之，是以僖元年傳云「公何以不言即位？繼弑君，子不言即位。此非子也，其稱子何？臣子一例也」。然則宣公之傳不言「子」，直以其無臣子之道，不念其君父，亦不由宣公非子赤之子，故不言「子」。

隱之也。孰隱？隱子也。隱痛是子之禍，不忍言「即位」。

【疏】「孰隱」至「子也」解云：莊公既踰年即位之後，合稱成君而言「子」者，凡諸侯於其封內三年稱「子」故也。

若表臣子之心，不可曠年無君，乃稱「公」耳。

三月，夫人孫于齊。「孫」者何？「孫」，猶孫也。「孫」猶遁也。○孫，音遜，下及注皆同。孫，猶遁也。遁，徒困反。

【疏】「孫者何」解云：欲言初出，實先在齊，欲言非初出，而與公孫文同，故執不知問。「孫猶孫也」解云：凡言「孫」者，孫遁自去之辭，今此言「孫」，與尚書序云「將孫於位，讓於虞舜」義同，故言「孫猶孫也」，猶彼文也。而注云「孫猶遁也」者，欲解彼此之「孫」皆爲孫遁自去之義，故曰「遁也」。

内諱「奔」，謂之「孫」。言「于齊」者盈諱文。

【疏】「内諱奔謂之孫」解云：據百二十國寶書以爲春秋，非獨魯也。而言「内」者，託王於魯，故言「内」，猶言「内其國外諸夏」之義也。然則，内魯爲王，王者無出奔之義，故謂之「孫」矣。而僖二十四年「冬，天王出居于鄭」，言「出」者，彼傳云「王者無外，此其言『出』何？不能於母也」，[二]注云「不能事母，罪莫大於不孝，故絶之，言『出』也」者是。

注「言于」至「諱文」解云：凡言「于某」者，從此往彼之辭。今此夫人實非始往而言「于齊」，與昭二十五年「公孫于齊」文同者，盈滿其諱文，若今始然，故云「言于齊者盈諱文」耳。

夫人固在齊矣，其言「孫于齊」何？據「公、夫人遂如齊」，未有來文。

【疏】注「據公」至「來文」 解云：「公、夫人遂如齊」，在桓十八年。言「未有來文」者，欲決文九年春，「夫人姜氏如齊」，「夫人姜氏至自齊」之文耳。若然，案下二年注云「不致者，本無出道，有出道乃致，奔喪致是也」。若然，則何氏指文九年「夫人姜氏如齊」亦無出道，而責未有來文者，夫人如齊之時，得公之命，非無出道，故如此解。

念母也。固在齊而書「孫」者，所以起念母也。「正月」以存君，念母以首事。禮，練祭取法存君，夫人當首祭事。時莊公練祭，念母而迎之，當書「迎」，反書「孫」者，明不宜也。

【疏】注「禮練」至「宜也」 解云：「存君」者，即襄二十九年注云「正月，歲終而復始，臣子喜其君父，與歲終而復始，執贄存之」，然則，今此練祭者，亦是臣子閔君父往年此日没，今年復此日存而禮祭之，取法存君矣。言「夫人當首祭事」者，謂夫人當爲首而誉其祭事也。言「時莊公練祭」者，謂桓公去年四月薨，今年三月方爲練祭，而欲迎母，非謂此時已爲練矣。

夫人何以不稱「姜氏」？據「夫人姜氏孫于邾婁」。

【疏】注「據夫」至「邾婁」者 解云：閔二年經文。

貶。曷爲貶？據俱以「孫」爲文。與弒公也。〔三〕其與弒公奈何？夫人譖公於齊侯，如其事曰「訴」，加誣曰「譖」。○與殺，音預，下同。譖，側鴆反。加誣曰譖。「公曰『同非吾子，齊侯之子也』。」以淫於齊侯所生。

【疏】「公曰」至「子也」　解云：夫人加誣此言，非謂桓公實有此言，何者？正以夫人之至在桓三年秋，子同之生乃在六年九月故也。

齊侯怒。與之飲酒，欲醉而殺之。禮，飲酒不過三爵。

【疏】注「禮飲酒不過三爵」〔四〕　解云：玉藻云「君子之飲酒也，受一爵而色洒如也」，注云「洒如，肅敬貌」也；「二爵而言言斯」，注云「言言，和敬貌」；〔五〕「禮已三爵而油油」，注云「油油，悦敬貌」；「以退」，注云「禮，飲酒過三爵則敬殺，可以去矣」也者〔六〕是也。

於其出焉，使公子彭生送之，於其乘焉，於其將上車時。○將上，時掌反，下同。搚幹而殺之。「搚」，折聲也。〔七〕扶上車，以手搚折其幹。○拹幹，路合反，本又作「搚」，亦作「拉」，皆同，折聲也。幹，音古旦反，脇也。

【疏】「於其」至「送之」　解云：與下句絶讀。

「於其乘焉，搚幹而殺之」　解云：二句連讀之。

注「扶上」至「幹」〔八〕解云：「折」音如字。

念母者，所善也。則曷爲於其念母焉貶？據「貶必於其重」。

【疏】「念母者所善也」解云：謂念母者，宜春秋之所善也。

注「據貶必於其重」解云：即僖元年傳云「夫人何以不稱姜氏？貶。曷爲貶？與弑公也。然則曷爲不於弑焉貶？貶必於其重者，莫重乎其以喪至也」，注云「刑人于市，與衆棄之，故必於其臣子集迎之時貶之，所以明誅得其罪」是也。

不與念母也。念母則忘父，背本之道也。故絶文姜不爲不孝，距蒯聵不爲不順，脅靈社不爲不敬，蓋重本尊統，使尊行於卑，上行於下。貶者，見王法所當誅。至此乃貶者，并不與念母也。又欲以「孫」爲内見義，〔九〕明但當推逐去之，亦不可加誅，誅不加上之義。非實孫，月者，起練祭左右。○背，音佩。蒯聵，苦怪反，下五怪反。見王，賢徧反，下同。爲内，于僞反，下「爲卑」、「爲謍」同。去，起呂反。

【疏】注「故絶」至「不順」解云：謂貶氏是也。「距蒯聵不爲不順」者，哀三年傳云「曼姑受命乎靈公而立輒，以曼姑之義，爲固可以距之也」，注云「曼姑無惡文者，起曼姑得拒之。曼姑，臣也，距之者，〔一〇〕上爲靈公命，下爲輒故」者是也。

注「脅靈」至「不敬」解云：即莊二十五年傳云「日食則曷爲鼓，用牲于社？求乎陰之道也」，注云「求，責求也」；「以朱絲謍社，或曰脅之」，注云「脅之，與責求同義。社者，土地之主也。月者，土地之精也。上繫于天而犯日，故鳴鼓而攻之，脅其本也。朱絲謍之，助陽抑陰也」。是脅靈社不爲不敬之道也。

注「蓋重」至「當誅」　解云：此「蓋」詁爲「皆」也。謂脅社以重陽，距父以尊祖，皆是尊行於卑，上行於下之義。

注「至此」至「之義」　解云：注言此者，欲道桓十八年公始如齊之時，不貶意也。言「又欲以孫爲内見義」者，正言道魯臣子不合誅夫人之意。

注「非實」至「左右」　解云：閔二年「九月，夫人姜氏孫于邾婁」，彼注云「凡公夫人奔例日，此月者，有罪」，然則此書月者，正是其例，而言「月者，起練祭左右」者，謂此夫人非「孫」，今乃書「孫」，書「三月」，起其練祭在左右故也，若直言「春」，無以起其練祭矣。

夏，單伯逆王姬。「單伯」者何？吾大夫之命乎天子者也。以稱字也。禮，諸侯三年一貢士於天子，天子命與諸侯輔助爲政，所以通賢共治，示不獨專，重民之至。大國舉三人，次國舉二人，小國舉一人。○單伯，音善，後放此。逆王姬，左氏作「送王姬」。治，直吏反。

【疏】「單伯者何」　解云：若言内臣，而逆王女；若言王臣，文無王使，故執不知問。

注「以稱字也」　解云：諸侯之大夫，例合稱名，若貢于天子，理宜尊異，是以見其稱字，知其貢于天子。

注「諸」至「一人」〔一〕　解云：皆書傳文。射義云「古者天子之制諸侯，歲獻，貢士于天子，天子試之於射宮」，鄭注云：「歲獻，獻國事之書及計偕物也。三歲而貢士，舊説云『大國三人，次國二人，小國一人』」者，是與此同。

何以不稱「使」？據「公子遂如京師」言「如」者，内稱「使」之文。

【疏】注「據公子遂如京師言如者内稱使之文」　解云：「公子遂如京師」者，僖三十年經文也。「言『如』者内稱使之文」者，欲道傳云「何以不稱使」者，問經不道單伯如京師之意。

天子召而使之也。逆之者何？使我主之也。「逆」者，魯自往之文。方使魯爲父母主嫁之，故與魯使自逆之。不言「于京師」者，使魯主之，故使若自魯女，無使受之。

【疏】「逆之者何」　解云：天子之臣其數非一，而魯大夫使逆其女，故執不知問。

曷爲使我主之？據諸侯非一。〔一二〕天子嫁女乎諸侯，必使諸侯同姓者主之。諸侯與天子同姓者。諸侯嫁女于大夫，必使大夫同姓者主之。大夫與諸侯同姓者。不自爲主者，尊卑不敵。其行婚姻之禮，則傷君臣之義，行君臣之禮，則廢婚姻之好，故必使同姓有血脈之屬，宜爲父道，與所適敵體者主之。禮，尊者嫁女于卑者，必待風旨，〔一三〕爲卑者不敢先求，亦不可斥與之者，申陽倡陰和之道。天子嫁女於諸侯，備姪娣，如諸侯之禮，義不可以天子之尊絶人繼嗣之路。主書者，惡天子也。〔一四〕禮，齊衰不接弁冕，仇讎不交婚姻。○好，呼報反。風，如字，又方鳳反。倡，昌亮反。和，户卧反。惡，烏路反。齊衰，音咨，下七雷反。

【疏】注「其行婚姻之禮」　解云：謂敵偶行事。

注「行君臣之禮」　解云：謂君坐于上而臣立于下。

注「必使」至「主之」　解云：謂於女有血脈之親屬。

注「禮尊」至「之道」　解云：「風」，猶放也。言使卑者待已放其命，云道有女可嫁，然後卑者乃敢求婚也。云「亦不可斥與之者」，亦不可斥言嫁於某國，所以然者，正以「申陽倡陰和之道」故也。

注「天子」至「之禮」　解云：知者，見十九年傳「諸侯娶一國，則二國往媵之，以姪、娣從」。若其禮異，當有別文。

注「義不」至「之路」　解云：注知如此者，正見十九年傳下文云「諸侯壹聘九女，諸侯不再娶」，然則既不得再娶，適夫人没，無姪、娣，即是絶嗣之義，故云此。

注「禮齊」至「婚姻」　解云：義取穀梁之文，「仇讎之人，非所以接婚姻，衰麻非所以接弁冕」之言也。所以然者，正由吉凶不相求矣。今莊公主婚于齊，相犯二事，是以春秋主書惡天子耳。

秋，築王姬之館于外。何以書？譏。何譏爾？築之，禮也；于外，非禮也。以言「外」，知有築内之道也。于外，非禮也。禮，同姓本有主嫁女之道，必闕地于夫人之下、羣公子之上也。時魯以將嫁女于讎國，故築于外。

【疏】注「以言」至「道也」　解云：正以經言「于外」，以爲非禮，則知于内是禮明矣。

注「必闕」至「上也」　解云：取下傳文爲義。

于外何以非禮？據非内女。〔一五〕築于外，非禮也。「于」，遠辭也。爲營衛不固。不以將嫁于讎國除譏者，魯本自得以讎爲解，無爲受命，而外之，故曰「非禮」。○解，古賣反。其築之何以禮？據禮當豫設。主王姬者必爲之改築。主王姬者則曷爲必爲之改築？據諸侯宮非一。○必爲，于僞反，下「必爲」、「爲襄公」并注同。

【疏】注「據諸」至「非一」　解云：即下云「路寢」、「小寢」之屬是也。「於路寢則不可」者，謂外内無別。〔一六〕

於路寢則不可，小寢則嫌，皆所以遠別也。○別，彼列反。

【疏】「小寢則嫌」　解云：「嫌」，褻瀆。注「築例時」者，〔一七〕即此年「秋，築王姬之館」，二十八年「冬，築微」，三十一年「春，築臺于郎」，「秋，築臺于秦」之屬是也。

羣公子之舍謂女公子也。則以卑矣，以爲大卑。○大音泰，一音他賀反。其道必爲之改築者也。以上傳言爾，知當築夫人之下、羣公子之上。「築」例時。

冬，十月，乙亥，陳侯林卒。

王使榮叔來錫桓公命。「錫」者何？賜也。上與下之辭。○錫，星歷反。

【疏】「錫者何」　解云：正以變「賜」言「錫」，與禮九賜之文異，故執不知問。

「命」者何？加我服也。增加其衣服，令有異於諸侯。禮有九錫：一曰車馬，二曰衣服，三曰樂則，四曰朱户，五曰納陛，六曰虎賁，七曰弓矢，八曰鈇鉞，九曰秬鬯，皆所以勸善扶不能。言「命」不言「服」者，重命，不重其財物。禮，百里不過九命，七十里不過七命，五十里不過五命。○令，力呈反。賁，音奔。鈇鉞，音甫，又方于反，下音越。秬，音巨，黑黍也。鬯，勑亮反，香酒。

【疏】「命者何」解云：正以生時有功而受褒賜，今死乃賜命，故執不知問。

注「禮有」至「不能」解云：此禮緯含文嘉文也。〔一八〕彼注云「諸侯有德，當益其地，不過百里，後有功，加以九賜：進退有節，行步有度，賜以車馬，以代其步；其言成文章，行成法則，賜以衣服，以表其德；其長於教誨，內懷至仁，賜以樂則，以化其民；其居處脩理，房內不泄，賜以朱户，以明其別；其動作有禮，賜以納陛，以安其體；其勇猛勁疾，執義堅強，賜以虎賁，以備非常；其內懷至仁，執義不傾，賜以弓矢，使得專征；其亢陽威武，〔一九〕志在宿衛，賜以斧鉞，使得專殺；其孝慈父母，賜以秬鬯，使之祭祀。皆如有德，〔二〇〕則陰陽和，風雨時，四方所瞻，臣子所望，則有秬鬯之草，景星之應」是也。

注「禮百里」至「五命」解云：案周禮典命云「上公九命」，「侯伯七命」，「子男五命」者是也。

其言「桓公」何？據錫文公命不言謚。

【疏】注「據錫」至「言謚」解云：即文元年夏四月，「天王使毛伯來錫公命」，不言謚是也。

追命也。舉謚，明知追命死者。禮，生有善行，死當加善謚，不當復加錫。不言「天王」者，桓行實惡，而乃追錫之，尤悖天道，故云爾。○善行，下孟反，下同。復，扶又反。悖，補內反。

【疏】注「不言」至「云爾」解云：如此注者，欲決文元年稱「天王」也。

王姬歸于齊。何以書？我主之也。魯主女爲父母道，故恩録而書之。內女歸例月，外女不月者，聖人探人情以制恩，實不如魯女。

【疏】注「內女」至「之也」〔二二〕解云：即隱二年〔二三〕「冬，十月，伯姬歸于紀」，隱七年「春，王三月，叔姬歸于紀」，成九年「二月，伯姬歸于宋」之屬是也。然則，此事亦在月下，而言「不月」者，何氏以意斟酌，故如此解。而莊十一年「冬，王姬歸于齊」而不書月者，彼則魯不主婚，自著天子有恩于王姬故也。

齊師遷紀郱、鄑、郚。「遷之」者何？取之也。以稱「師」知取之。○郱，步丁反。鄑，子斯反，又音晉。郚，音吾。

【疏】「遷之者何」解云：欲言實遷，不言處所，欲言「取之」，而經書「遷」，故執不知問。

取之則曷爲不言「取之」也？據「莒人伐杞取牟婁」。

【疏】注「據莒」至「牟婁」解云：即隱四年經文。

爲襄公諱也。襄公將復讎於紀，故先孤弱、取其邑，本不爲利舉，故爲諱。不舉「伐」，順諱文也。外取邑不書，此何以書？大之也。何大爾？自是始滅也。將大滅紀，從此始，故重而書之。

二年，春，王二月，葬陳莊公。

夏，公子慶父帥師伐於餘丘。〔二三〕「於餘丘」者何？邾婁之邑也。曷爲不繫乎邾婁？國之也。曷爲國之？君存焉爾。慶父幼少將兵，不譏者，從不言「弟」，意亦起之。○少，詩照反。

【疏】「於餘丘者何」 解云：欲言是國，天下未聞；欲言是邑，而不繫國，故執不知問。

「曷爲」至「焉爾」 解云：桓七年傳云「咸丘者何？邾婁之邑也。曷爲不繫乎邾婁？國之也。曷爲國之？君存焉爾」。然則彼已有傳，而復發之者，正以邑不繫國，凡有二種，故須解之。即昭三十二年「取闞」，傳云「闞者何？邾婁之邑也。曷爲不繫乎邾婁，諱亟也」，注云「與受濫爲亟」是。

注「慶父」至「起之」 解云：正以桓六年「九月，丁卯，子同生」，則莊公年十五矣，慶父之年宜十二三，故云「幼少將兵」矣。所以不書月以譏之者，正以不言弟意亦起之。何者？文元年注云「不稱王子者，時天子諸侯不務求賢，而專貴親親，故尤其在位子弟，刺其早任以權也。魯得言『公子』者，方録異辭，故獨不言『弟』也，諸侯得言『子弟』者，一國失賢輕」。然則魯不言在位之弟者，刺其專貴親親而早任以權，今慶父實是公之母弟，若於凡平諸侯之國則合言「弟」，但是魯公之弟，故于例不得言之。既不言「弟」刺其專貴親親早任以權，則於幼少將兵之義，亦自見矣。故云「從不言弟意亦起之」也。杜氏云「慶父者，莊公異母兄」，何氏知其幼者，正見稱仲，非兄明矣。

秋，七月，齊王姬卒。外夫人不卒，此何以卒？録焉爾。曷爲録焉爾？據王后崩猶不録。我主之也。魯主女，爲父母道，故卒録之，明當有恩禮。內女卒例日，外女卒不日者，實不如魯女也。

【疏】注「內女」至「女也」 解云：即僖十六年「四月，丙申，鄫季姬卒」，成八年「冬，十月，癸卯，杞叔姬卒」，襄三十年夏「五月，甲午，宋災。伯姬卒」之屬是也。而莊四年「三月，紀伯姬卒」，莊二十九年「十二月，紀叔姬卒」之屬，皆不日，莊四年下文注云「卒不日葬日者，魯本宜葬之，故移恩録文於葬」是也。

冬，十有二月，夫人姜氏會齊侯于郜。書者，婦人無外事，外則近淫。不致者，本無出道，有出道乃致，奔喪致是也。○郜，古報反，二傳作「禚」，四年亦爾。近，附近之近，亦如字。

【疏】注「不致」至「是也」 解云：即文九年春，「夫人姜氏如齊」，「三月，夫人姜氏至自齊」，注云「奔父母之喪也。不言奔喪者，尊內」也，「出獨致者，得禮，故與臣子辭」是也。

乙酉，宋公馮卒。

三年，春，王正月，溺會齊師伐衛。「溺」者何？吾大夫之未命者也。所伐大夫不卒者，莊公薄於臣子之恩，故不卒大夫，與桓同義。月者，衛朔背叛出奔，天子新立衛公子留，齊、魯無憚天子之心而伐之，故明惡重於「伐」，故月也。○溺，乃歷反。

【疏】「溺者何」　解云：欲言内臣，經不書氏，欲言外臣，復不繫國，故執不知問。

「吾大」至「者也」　解云：隱九年傳云「俠者何？吾大夫之未命者也」，桓十一年「柔會宋公」以下「于折」，傳曰「柔者何？吾大夫之未命者」，注云「輒發傳者，無氏嫌貶也」。然則，今復發傳者，嫌會讎人而致貶故也。

注「所伐」至「大夫」　解云：稱名爲將大夫不書卒者，正以莊公薄於臣子之恩故也。知未命大夫得書卒者，正見隱九年經書「俠卒」也，彼注云「未命所以卒之者，賞宜從重。無氏者，少略也」者，即其義。

注「與桓同義」　解云：桓十一年「柔會宋公」已下「于折」，傳曰「柔者何？吾大夫之未命者也」，彼注云「所以不卒柔者，深薄桓公，不與有恩禮於大夫也」。今溺亦然，故言「與桓同義」。

注「月者」至「出奔」　解云：正以「侵」、「伐」例時，即上二年「夏，公子慶父伐於餘丘」之屬是也。今此月者，背叛出奔，罪重故也。其背叛出奔之事者，即桓十六年「衛侯朔出奔齊」是也

注「天子新立衛公子留」　解云：世本及史記並有其事。

夏，四月，葬宋莊公。莊公馮篡不見，書「葬」者，篡以計除，非以起他事不見也。○不見，賢徧反，下皆同。

【疏】注「莊公馮篡不見書葬者篡以計除非以起」至「見也」　解云：春秋之例，篡不明者，皆貶去其「葬」以見篡，即僖二十四年「晉侯夷吾卒」，注云「篡故不書葬，明當絶也」。又宣九年秋，「晉侯黑臀卒于扈」，彼注云「不書葬者，篡也」之屬是也。其篡明者，不嫌非篡，故不去「葬」以見篡，即隱四年「衛人立晉」，桓十二年冬，「衛侯晉卒」，十三年春「葬衛宣公」；又莊九年「齊小白入于齊」，至僖十七年冬「齊侯小白卒」，十八年秋「葬齊桓公」；又哀六年秋「齊陽生入于齊」，至哀十年春，「齊侯陽生卒」，夏「葬齊悼公」，此等皆由其初有「立」、「入」

之文，不嫌非篡，故書其葬。今宋公馮初篡不明，所以亦書其「葬」者，正以其父繆公有讓國之善，故計其父功而除其篡罪，故云「篡以計除」也。襄十四年夏，「衛侯衎出奔齊」，至二十六年春，「甯喜弑其君剽」，「衛侯衎復歸于衛」，傳云「然則曷爲不言剽之立？不言剽之立者，以惡衛侯也」，注云「起衛侯失衆出奔，故不書剽立。剽立無惡，則衛侯惡明矣」。又宣六年傳言「而立成公黑臀」，彼注云「不書者，以惡夷獋」也，〔二四〕然則剽與成公之篡皆不惡者，以惡衎與夷獋矣，是爲以起他事不見。〔二五〕今宋莊公之立不書惡之者，自以計除之，不見義，故云「非以起他事不見也」。既以計除，則迥然無罪，故得書葬，何則？晉侯重耳亦篡不明而僖公三十三年得書「葬晉文公」者，春秋爲賢者諱也。

五月，葬桓王。此未有言「崩」者，何以書「葬」？蓋改葬也。「改」，更也。改葬服輕，不當月，月者，時無非常之變，榮奢改葬爾，故惡録之。書者，諸侯當有恩禮。

【疏】**「此未有言崩者」** 解云：桓十五年經書「三月，乙未，〔二六〕天王崩」，何言「未有言崩者」？正以此年事不相接故也。

「蓋改葬也」 解云：案宣三年「郊牛之口傷，改卜牛」，經即書其「改卜」，此若改葬，經宜書「改」，而不書「改」者，蓋以天王之崩去此七年，是改可知，何勞書「改」乎？其「改卜牛」須書「改」者，若直言「卜牛」，嫌卜前口傷之牛，故須言「改」以明之。傳必知改葬者，正見春秋説云「恒星不見，周人榮奢，改葬桓王冢，死尸復擾終不覺」之文故也。

注「改葬」至「録之」 解云：言「改葬服輕」者，即喪服云「改葬緦」是也。言「不當月月者」，欲決昭二十二年「六月，叔鞅如京師。葬景王」之文也。言「時無非常之變」者，即決禮有非常之變者，將亡失尸柩之時改葬也。言「榮奢改葬」者，即春秋説云「恒星不見，夜明，周人榮奢，改葬桓王冢，死尸復擾，終不覺」之文也。若然，案春秋説改葬在「恒星不見」之後，即宜在七年之末，而在三年者，宋氏云「由三年改葬，故七年恒星不見，夜明者，正由今日榮奢改葬故也」。云「故惡録之」者，謂由此之故，惡而深録之也。

注「**書者**」至「**恩禮**」解云：文九年傳云「王者不書葬，此何以書？不及時書，過時書」。注云「重録失時」；「我有往者則書」，注云「謂使大夫往也，惡文公不自往，故書葬以起大夫會之」。然則，此改葬桓王非彼之類，而得書者，欲見諸侯當有恩禮故也。

秋，紀季以酅入于齊。「紀季」者何？紀侯之弟也。何以不名？賢也。何賢乎紀季？據叛也。○酅，户圭反。

【疏】「**紀季者何**」解云：欲言其君，經不書爵；欲言大夫，又不言氏，故執不知問。

服罪也。其服罪奈何？魯子曰：「請後五廟以存姑姊妹。」紀與齊爲讎，不直，齊大紀小，季知必亡，故以酅首服，先祖有罪於齊，請爲五廟後，以酅共祭祀，存姑姊妹。稱字賢之者，以存先祖之功，則除出奔之罪，明其知權。言「入」者，難辭，賢季有難去兄入齊之心，故見之。男謂女先生爲「姊」，後生爲「妹」，父之姊妹爲「姑」。○共，音恭。難辭，乃旦反，下皆同。

【疏】「魯子曰」至「姊妹」 解云：傳所以記「魯子」者，欲言孔氏之門徒受春秋，非唯子夏，故有他師矣。其隱十一年傳記「子沈子」者，欲明子夏所傳，非獨公羊氏矣，故輒記其人以廣義也。季爲附庸，而得有五廟者，舊說云「比諸侯之禮故也」。直言「以存姑姊妹」，不言「兄弟子姪」者，謙不敢言之。欲言兄弟子姪，亦隨國亡，但外出之女，有所歸趣而已。

注「故以」至「於齊」 解云：凡言「首」者，先服之辭，紀國未滅，今以往服，〔二七〕故謂之「首服」也。「先祖有罪於齊」者，即四年傳云「哀公亨乎周，紀侯譖之」是也。

注「言入」至「見之」 解云：正以襄二十六年，二月，「衛孫林父入于戚」，定十三年，「晉荀寅、士吉射入于朝歌」之屬，皆是不獲已，故以爲難辭也。

注「男謂」至「爲姑」 解云：皆釋親文。

冬，公次于郎。「次」者，兵舍止之名。

【疏】注「次者」至「之名」 解云：正以僖元年，「齊師、宋師、曹師次于聶北，救邢」之文故也。

其言「次于郎」何？國内兵不當書，〔二八〕「公斂處父帥師而至」，雖有事而猶不書是也。

【疏】注「國内」至「是也」 解云：「公斂處父帥師而至」者，定八年傳文。案昭十三年「春，叔弓帥師圍費」，定十二年冬，「公圍成」之屬是也。

刺欲救紀而後不能也。惡公既救人，辟難道還，故書其止次以起之。諸侯本有相救之道，所以抑強消亂也。「次」例時。○惡，烏路反。

【疏】注「諸侯」至「亂也」 解云：言此者，欲道春秋善齊襄復讎，不書其滅，而刺魯侯不救紀者，以諸侯本有相救之道，所以抑強消亂，是以刺不相救也。而善齊襄復讎者，所以申仁孝之恩，各自爲義，豈相妨奪乎？

注「次例時」 解云：即此及三十年「夏，師次于成」之屬是也。而八年「春，王正月，師次于郎」云云，書月者，自爲下文「甲午，祠兵」出之，「次」仍不蒙月也。十年「夏，六月，齊師、宋師次于郎，公敗宋師于乘丘」，書月者，自爲下文「敗宋師」出之，「次」仍不蒙月也。

四年，春，王二月，夫人姜氏饗齊侯于祝丘。書者，與會郜同義。牛、酒曰「犒」，加飯、羹曰「饗」。月者，再出重也。三出不月者，省文從可知例。○犒，苦報反，勞也。

【疏】注「書者」至「同義」 解云：即二年「冬，十有二月，夫人姜氏會齊侯于郜」，彼注云「書者，婦人無外事，外事則近淫」，今此亦然，故云「同義」。

注「牛酒」至「曰饗」 解云：時王之禮也。

注「月者」至「知例」 解云：案上二年經云「冬，十有二月，夫人姜氏會齊侯于郜」，一出亦書月，而言「再出重」者，正以下文三出、四出皆無月故也。而上二年月者，自爲下經「乙酉，宋公馮卒」，其會仍自不蒙月矣。言「三出不月」者，即下五年「夏，夫人姜氏如齊師」是也。

三月，紀伯姬卒。禮，天子、諸侯絶期，大夫絶緦。天子唯女之適二王後者，諸侯唯女之爲諸侯夫人者，恩得申，故卒之。○期，音基。緦，音絲。

【疏】注「禮天」至「絶期」 解云：正見不杖期章無天子諸侯服故也。

注「大夫絶緦」 解云：正見緦麻章無大夫服故也。

夏，齊侯、陳侯、鄭伯遇于垂。

紀侯大去其國。「大去」者何？滅也。孰滅之？齊滅之。曷爲不言「齊滅之」？爲襄公諱也。春秋爲賢者諱。何賢乎襄公？據楚莊王亦賢，「滅蕭」不爲諱。○爲襄，于僞反，下「爲賢」、注「爲諱」，及下注「爲諱」、「爲襄」同。

【疏】「大去者何」 解云：欲言其「奔」，而經言「大去」，欲言其「滅」，又無滅文，故執不知問。

「爲襄公」至「者諱」 解云：言所以爲襄公諱者，正由春秋爲賢者諱故也。

注「據楚莊王亦賢滅蕭不爲諱」者 即宣十二年「冬，十有二月，戊寅，楚子滅蕭」，彼注云「日者，屬上有王言，今反滅人，故深責之」是也。若然，莊十年「齊師滅譚」，莊十三年「齊人滅遂」之屬，不爲賢者諱滅，而不據之者，「滅遂」之下注云「不諱者，桓公行霸，不任文德而尚武力，又功未足以除惡」。然則，桓公是時賢德未著，不爲諱，適是其宜，寧得據之乎？楚莊是時已有王言，賢德已著，宜爲之諱，而書其滅，故據之也。

復讎也。何讎爾？遠祖也。哀公亨乎周，「亨」，煑而殺之。○亨，普庚反，注同，煑殺也。

【疏】「哀公亨乎周」〔二九〕解云：鄭氏云「懿始受譖而亨齊哀公」是也。〔三〇〕周語亦有其事。〔三一〕

紀侯譖之。以襄公之爲於此焉者，事祖禰之心盡矣。盡者何？襄公將復讎乎紀，卜之，曰「師喪分焉」。龜曰「卜」，蓍曰「筮」。分，半也。師喪亡其半。○禰，乃禮反。師喪，息浪反，注同。蓍，音尸。筮，市制反。

【疏】「盡者何」解云：以襄公淫泆，行同鳥獸，而言「事祖禰之心盡」，故執不知問。

「卜之」至「分焉」解云：「卜之」者，謂襄公之辭。

注「龜曰卜蓍曰筮」解云：曲禮文。

「寡人死之，襄公答卜者之辭。不爲不吉也」。遠祖者，幾世乎？九世矣。九世猶可以復讎乎？雖百世可也。「百世」，大言之爾，猶詩云「嵩高維嶽，〔三二〕峻極于天，君子萬年」。○幾，居豈反。崧高，息忠反，本亦作「嵩」。〔三三〕

【疏】「寡人死之不爲不吉也」解云：皆齊侯之語。故注云「答卜者之辭」。所以謂死爲吉事者，以復讎以死敗爲榮故也。

注「百世」至「萬年」解云：蓋以百十者，數之終，施之於彼則無罪，施之於己則無義，故謂之「大言」耳。

家亦可乎？「家」，謂大夫家。曰，不可。國何以可？據家不可。國君一體也。先君之恥，猶今君之恥也；今君之恥，猶先君之恥也。「先君」謂哀公，「今君」謂襄公，言其恥同也。國君何以爲一體？據非一世。國君以國爲體，諸侯世，故國君爲一體也。雖百世，號猶稱「齊侯」。今紀無罪，今紀侯也。此非怒與？「怒」，遷怒，齊人語也。此非怒其先祖，遷之于子孫與？○怒與，音餘。曰，非也。古者有明天子，則紀侯必誅，必無紀者。紀侯之不誅，至今有紀者，猶無明天子也。古者諸侯必有會聚之事，相朝聘之道，號辭必稱先君以相接。然則齊、紀無説焉，不可以並立乎天下。「無説」，無説懌也。〔三四〕○無説，音悦，注同。懌，音亦。

【疏】**「古者」至「天子也」**　解云：從康王已下，歷宣王之世，而言「無明天子」者，蓋以宣王之德駮而不純故也。

「號辭」至「相接」　解云：正以號辭必稱先君之故，是以齊、紀不得並立于天下。古若有明天子，則須去其不直，是以上文云「古者有明天子則紀侯必誅」也。

故將去紀侯者，不得不去紀也。有明天子，則襄公得爲若行乎？「若」，如也，猶曰「得爲如此行乎」。○將去，起吕反，下及注同。若行，下孟反，注同。

【疏】「故將」至「紀也」　解云：若不去紀，則有紀侯故也。

「襄公」至「行乎」　解云：「行」，讀如「有子行之」之「行」。

曰，不得也。不得則襄公曷爲爲之？上無天子，下無方伯，有而無益於治曰「無」，猶易曰「闃其無人」。○治，直吏反。闃，苦鵙反。

【疏】注「猶易」至「無人」　解云：豐卦上六爻辭也。

緣恩疾者可也。「疾」，痛也。賢襄公爲諱者，以復讎之義除滅人之惡。言「大去」者，爲襄公明義，但當遷徙去之，不當取而有，〔三五〕明亂義也。不爲「文」、「實」者，方諱，不得貶。

【疏】「緣恩疾者可也」　解云：時無明王賢伯以誅無道，緣其有恩痛於先祖者，可以許其復讎矣。故曰「緣恩疾者可也」。

注「賢襄」至「之惡」　解云：擅滅同姓，合書而絕之。今不書者，以復讎除罪故也。

注「不當」至「義也」　解云：謂但當推逐而已，不當取而有之，明其亂正義矣。然則，襄公亂義而不惡者，正以復讎除之。〔三六〕

注「不爲」至「得貶」　解云：凡爲文實者，皆初以常事爲罪而貶之，然後計功除過，是以僖元年經云「齊師、宋師、曹師次于聶北，救邢」，傳云「曷爲先言『次』，後言『救』？君也。君則其稱師何？不與諸侯專封也。曷爲不與？實與而文不與。文曷爲不與？諸侯之義，不得專封也。諸侯之義不得專封，則其曰『實與之』何？上無天子，下無方伯，天下諸侯有相滅亡者，力能救之則救之可也」者，是文實之義耳。今此若作文實，經宜言「齊師滅紀」，或言「齊人滅紀」，傳曰「孰滅之？襄公滅之，曷爲不言『襄公滅之』？不與諸侯擅滅。曷爲不與？實與而文不與。文曷爲不與？諸侯之義，不得擅滅。諸侯之義不得擅滅，則其曰『實與之何』？上無天子，下無方伯，緣恩疾者可」。若其如此，即經不免貶惡襄公。若貶惡襄公，則不名爲之諱，是以不得作文實之義矣。而後桓公得作文實者，桓公非滅人，其罪惡輕也。

六月，乙丑，齊侯葬紀伯姬。外夫人不書「葬」，此何以書？據鄫季姬也。

【疏】注「據鄫季姬也」 解云：即僖公十六年「鄫季姬卒」，卒無「葬」文是。

隱之也。何隱爾？其國亡矣，徒葬於齊爾。「徒」者，無臣子辭也。國滅無臣子，徒爲齊侯所葬，〔三七〕故痛而書之，明魯宜當閔傷臨之。「卒」不日，「葬」日者，魯本宜葬之，故移恩録文於「葬」。

【疏】注「徒者」至「臨之」 解云：正以「徒」詁爲「空」。

注「卒不」至「於葬」 解云：「卒不日」者，即上經書「三月，紀伯姬卒」是也。春秋之義，内女「卒」例日，而紀伯姬「卒」不日，故如此解。其隱三年傳云「不及時而日者，渴葬也；不及時而不日，慢葬也」者，自施於諸侯，非夫人之例，故此文雖不及五月，不得以渴隱解之。〔三八〕

此復讎也，曷爲葬之？據恩怨不兩行。滅其可滅，葬其可葬。此其爲可葬奈何？

復讎者，非將殺之，逐之也。以爲雖遇紀侯之殯，亦將葬之也。「以爲」者，設事辭而言之。以大斂而徙棺曰「殯」。夏后氏殯於阼階之上，若存；殷人殯於兩楹之間，賓主夾之；周人殯於西階之上，賓之也。稱「齊侯」者，善葬伯姬得其宜也。○斂，力驗反。夾，古洽反。

【疏】注「夏后」至「賓之也」　解云：檀弓上篇文。

秋，七月。

冬，公及齊人狩于郜。公曷爲與微者狩？據與高傒盟諱，此競逐恥同。

【疏】注「據與高傒盟諱」　解云：即莊二十二年秋，「及齊高傒盟于防」，傳云〔三九〕「公則曷爲不言『公』？諱與大夫盟也」是也。

注「此競逐恥同」　解云：謂與微者競逐禽獸，與大夫盟不異矣。

齊侯也。以不没「公」，知爲齊侯也。

【疏】注「以不」至「侯也」　解云：正以大夫盟即没「公」，此不没「公」者，齊侯故也。

齊侯則其稱「人」何？諱與讎狩也。禮，父母之讎不同戴天，兄弟之讎不同國，九族之讎不同鄉黨，朋友之讎不同市朝。稱「人」者，使若微者。不沒「公」，言「齊人」者，公可以見齊微者，至於魯人皆當復讎，義不可以見齊侯也。○以見，賢遍反，下同。

【疏】注「禮父」至「市朝」解云：皆出曲禮上篇與檀弓上篇，何氏差約而爲此言也。檀弓云「從父昆弟之讎」，故此何氏以「九族」言之；曲禮云「交遊之讎」，故此何氏以「朋友」言之。定四年傳云「朋友相衛」，「古之道也」，義亦通於此。鄭氏云「交遊，或爲朋友」是也。

前此者有事矣，「溺會齊師伐衛」是也

【疏】注「溺會」至「是也」解云：在上三年春。

後此者有事矣，「師及齊師圍盛」是也。

【疏】注「師及」至「是也」解云：在莊八年夏。

則曷爲獨於此焉譏？於讎者將壹譏而已，故擇其重者而譏焉，莫重乎其與讎狩也。「狩」者，上所以共承宗廟，下所以教習兵行義。○共，音恭。於讎者則曷爲將壹譏而已？讎者無時焉可與通，通則爲大譏，不可勝譏，故將壹譏而已，其餘從同同。其餘輕者，從義與重者同，不復譏，都與無讎同文論之，所以省文，達其異義矣。凡二同，故言「同同」。○勝，音升。復，扶又反。

【疏】注「其餘」至「者同」　解云：謂皆是與讎交接矣。

注「不復」至「論之」　解云：謂更無貶文矣。

注「所以」至「義矣」　解云：一則省文，二則達其異義矣。其「異義」者，圍盛不稱「公」者，諱其滅同姓，「溺會齊師伐衛」不稱氏者，見未命大夫故也。若不省文，無以見此義，故曰「所以省文達其異義矣」。

注「凡二同故言同同」　解云：輕者不譏，見與重者同，一同也；都與無讎同文論之，二同也。〔四〇〕故曰「凡二同」矣。考諸古本，傳及此注「同」字之下，皆無重語，有者衍文，且理亦宜然。

五年，春，王正月。

夏，夫人姜氏如齊師。

秋，倪黎來來朝。「倪」者何？小邾婁也。小邾婁國。○倪，五兮反，二傳皆作「郳」。黎來，力兮反。小邾婁，力居反，二傳亦無「婁」字。

【疏】「郳者何」 解云：欲言是國，而言名，欲言非國，經言「來朝」，故執不知問。

小邾婁則曷爲謂之「倪」？未能以其名通也。「倪」者，小邾婁之都邑。時未能爲附庸，不足以小邾婁名通，故略謂之「倪」。「黎來」者何？名也。其名何？據僖七年稱「子」。

【疏】注「據僖七年稱子」（四二） 解云：即僖七年「夏，小邾婁子來朝」是也。

微國也。此最微，得見者，其後附從齊桓，爲僖七年張本文。○見，賢徧反。爲僖，于僞反，下文注同。

【疏】注「此最」至「本文」 解云：時未能爲附庸，故謂之「最微」矣。言「爲僖七年張本文」者，即彼注云「至是所以稱爵者，時附從霸者。朝天子，旁朝罷，行進，齊桓公白天子進之，固因其得禮，著其能以爵通」是也。

冬，公會齊人、宋人、陳人、蔡人伐衛。此伐衛何？納朔也。曷爲不言「納衛侯朔」？據「納頓子于頓」言「納」，下朔入、公入、致「伐」，齊人來歸衛寶，知爲納朔伐之。

【疏】注「據納頓子于頓言納」 解云：即僖二十五年「秋，楚人圍陳，納頓子于頓」是也。

注「下朔入公入致伐」 解云：即下六年「衛侯朔入于衛」，「公至自伐衛」是也。然則，「衛侯朔入于衛」之下即言「公至自伐衛」，亦一隅也。

注「齊人來歸衛寶」解云：即下六年「冬，齊人來歸衛寶」是也。

辟王也。辟王者兵也，「王人子突」是也。使若伐而去，不留納朔者，所以正其義，因爲内諱。

六年，春，王三月，王人子突救衛。「王人」者何？微者也。「子突」者何？别何之者，稱「人」序上。又僖八年「王人」不稱字，嫌二人。

【疏】「王人者何」解云：欲言微者，書其美字；欲言其貴，連「人」言之，故執不知問。「子突者何」解云：稱字，尊卑未分，故執不知問。

注「别何」至「二人」解云：所以不言「王人子突者何」，而别何之者，正以稱「人」序在子突之上。又僖八年「公會王人」以下「于洮」，單稱「王人」不稱字，問者之意，嫌此「王人」與「子突」别人，故别何之。然則，言「嫌二人」者，猶言疑二人矣。

貴也。貴子之稱。○貴則其稱「人」何？據王子瑕不稱「人」。本當言「王子突」，示諸侯親親以責之也。稱，尺證反。

【疏】注「據王子瑕不稱人」解云：即襄三十年夏，「王子瑕奔晉」是也。

注「本當」至「之也」解云：言「王子」，則是王之親親，所以責諸侯違王命之深。

繫諸「人」也。曷爲繫諸「人」？據「不以微及大」。主災者兩觀，則

【疏】注「據不以微及大」解云：即定二年傳云「然則曷爲不言『雉門災及兩觀』？主災者兩觀也。主災者兩觀，則曷爲後言之？不以微及大也」是也。然則，彼不以微及大，而此以子突繫諸「人」，故難之。

王人耳。刺王者，朔在岱陰齊時，一使可致，一夫可誅，而緩，令交連五國之兵，伐天子所立，還以自納，王遣貴子突，卒不能救，遂爲天下笑，故爲王者諱，使若遣微者弱愈，〔四二〕因爲内殺惡。「救」例時，此月者，嫌實微者，故加録之，以起實貴子突。○使，所吏反。令，力呈反。〔四三〕爲王，于僞反，下「因爲」、「不爲危録」皆同。

【疏】「王人耳」解云：欲道子突但是微者矣。

注「刺王」至「可誅」解云：即桓十六年冬，「衛侯朔出奔齊」，傳曰「衛侯朔何以名？絶。曷爲絶之？得罪于天子也。其得罪于天子奈何？見使守衛朔，而不能使衛小衆，越在岱陰齊，屬負兹舍，不即罪爾」者，是其「朔在岱陰齊時」之事也。言當爾之時，微弱至甚，一使可攝取，一夫可就誅，故曰「一使可致，一夫可誅」耳。

注「而緩」至「自納」解云：即上五年「冬，公會齊人、宋人、陳人、蔡人伐衛」者，是其「交通五國之兵」矣。言「伐天子所立」者，在上三年耳。彼注云「天子新立衛公子留」是也。

注：「王遣」至「能救」解云：「王遣貴子突」者，此文是也。「卒不能救」者，下文「朔入衛」是也。

注「因爲内殺惡」解云：謂犯微人之命惡淺，犯貴者之命惡深故也。

注「救例時」解云：即僖六年秋，「諸侯遂救許」，僖十八年「夏，師救齊」之屬是。

夏，六月，衛侯朔入于衛。衛侯朔何以名？據「衛侯入于陳儀」不名。

【疏】注「據衛」至「不名」　解云：在襄二十五年秋。

絶。曷爲絶之？據俱「入」也。犯命也。犯天子命尤重。其言「入」何？據頓子不復書「入」。○不復，扶又反，下皆同。

【疏】注「據頓」至「書入」　解云：即僖二十五年「秋，楚人圍陳，納頓子于頓」是。而言「不復書入」者，謂彼經直連圍陳而言「納」，不復別書「入」也。今此衛朔之事，去年已書伐衛訖，今復別言「入」，故如此注。

篡辭也。上辟王不得言「納」，故復從篡辭書「入」也。不直言「篡」者，事各有本也。殺而立者，不以當國之辭言之；非殺而立者，以當國之辭言之。國人立之曰「立」，他國立之曰「納」，從外曰「入」；諸侯有屬託力，加「自」文也。不書公子留出奔者，天子本當絶衛，不當復立公子留，因爲天子諱微弱。○殺而，申志反，下皆同。屬，音燭。

【疏】注「上辟」至「言納」　解云：即上五年傳云「此伐衛？納朔也。(四四)曷爲不言『納衛侯朔』？辟王也」者是。

注「故從」至「入也」(四五)　解云：正以公羊之例，「立」、「納」、「入」皆爲篡辭故也。

注「不直」至「本也」　解云：欲道春秋上下，所以不直言衛晉篡、齊小白篡、衛世子篡，而書其「立」、「入」、「納」者，事各有本故也。

注「殺而」至「言之」　解云：即文十四年秋，「齊公子商人弒其君舍」，不去公子是也。所以然者，正以其弒君取國，不嫌非篡故也。

注「非殺」至「言之」解云：衛晉言「立」，蒯聵言「納」，小白言「入」是也，所以然者，以其非殺而立，恐不成篡故也。

注「國人立之曰立」解云：隱四年「衛人立晉」是也。(四六)

注「他國立之曰納」解云：即哀二年夏，「晉趙鞅納衛世子于戚」是也。

注「從外曰入」解云：即莊九年夏，「齊小白入于齊」是也。

注「諸侯」至「文也」解云：即昭元年「秋，莒去疾自齊入于莒」，昭十三年夏，「楚公子比自晉歸于楚」之屬是也。

注「因爲」至「微弱」解云：公子留本天子所立故也。其立公子留之事，説在上三年也。

秋，公至自伐衛。曷爲或言致「會」，或言致「伐」？得意致「會」，所伐國服，兵解國安，故不復録兵所從來。獨重其本會之時。

【疏】「曷爲」至「致會」解云：即襄十一年「公至自會」是也。

注「所伐」至「之時」解云：即襄十一年秋，「公會晉侯、宋公、衛侯、曹伯、齊世子光」以下「伐鄭，會于蕭魚」，「公至自會」是也。

不得意致「伐」。所伐國不服，兵將復用，國家有危，故重録所從來。此謂公與二國以上也。公與一國及獨出用兵，得意不致，不得意致「伐」。公與二國以上出會盟，得意致「會」，不得意不致。公與一國出會盟，得意致地，不得意不致。皆例時。

【疏】注「所伐」至「從來」　解云：即襄十一年夏，「公會晉侯、宋公、衛侯、曹伯、齊世子光」已下「伐鄭」，「秋，七月，己未，同盟于京城北，公至自伐鄭」是也。又僖四年春，「公會齊侯、宋公」以下「侵蔡」，「蔡潰」。「遂伐楚，次于陘」，秋「八月，公至自伐楚」，傳云「楚已服矣，何以致伐？楚叛盟」之屬是也。若然，成十六年秋，「公會尹子、晉侯、齊國佐、邾婁人伐鄭」，冬十二月，「公至自會」，又成十七年「夏，公會尹子、單子、晉侯、齊侯、宋公、衛侯、曹伯、邾婁人伐鄭。六月，乙酉，同盟于柯陵。秋，公至自會」，又成十七年，「冬，公會單子、晉侯、宋公、衛侯、曹伯、齊人、邾婁人伐鄭」，十一月，「公至自伐鄭」。以此言之，則十六年秋伐鄭、十七年夏伐鄭，皆是鄭人不服而致會者，正以十六年時鄭人始叛，晉帥諸侯伐而討之，當是時寔服，〔四七〕明年乃叛，是以致會也，其十七年「夏，公會單子」已下〔四八〕「伐鄭」者，正以比年用兵，不能服，故以得意爲文。其十七年「冬，公會單子」已下「伐鄭」，以伐致者，至於三，伐事寔當見，故言「公至自伐鄭」矣。若然，桓十六年「夏，四月，公會宋公、衛侯、陳侯、蔡侯伐鄭。秋，七月，公至自伐鄭」，從此之後，鄭不背叛，何故不致會而致伐者？〔四九〕桓元年「三月，公會鄭伯于垂」，彼注云「不致之者」，「桓弒賢君，篡慈兄」，「與人交接則有危」，「故奪臣子辭，成誅文」。然則，桓是惡人，本不合「致」，而桓十六年注云「致者，善桓公能疾惡同類，比與諸侯行義兵伐鄭」也者，是其得致之由。而致伐者，諸侯本意正欲助忽以誅突，突終得國，忽死不還，以其不得伐力，故致伐。

注「公與」至「致伐」　解云：其「獨出用兵得意不致」者，即隱七年「秋，公伐邾婁」，僖三十三年夏，「公伐邾婁」，哀七年「秋，公伐邾婁」之屬，皆不致是也。其「與一國用兵不得意致伐」者，即僖二十六年冬，「公以楚師伐齊，取穀。公至自伐齊」，傳云「此已取穀矣，何以致伐？未得乎取穀也」，「曰患之起，必自此始也」是也。其「公獨出用兵不得意致伐」者，即下二十六年「春，公伐戎」，「夏，公至自伐戎」是也。其「公與一國用兵得意不致」，春秋之内，偶爾無之。春秋既無，而知然者，正以用兵得意，兵不復用，何勞致伐乎？不致會者，離不成會故也。其「不得意所以致伐」者，兵將復用，重録兵所從來故也。

注「公與二國」至「不致」 解云：其「二國以上出會盟得意致會」者，即哀十三年夏，「公會晉侯及吴子于黄池」，「秋，公至自會」是也。其「不得意不致」者，即宣七年「冬，公會晉侯、宋公、衛侯、鄭伯、曹伯于黑壤」之屬是也。其得意致會者，以其成會也。其不得意不致者，無功可言故也。

注「公與一國」至「不致」 解云：其「得意致地」者，即桓二年秋，「公及戎盟于唐」，「冬，公至自唐」之屬是也。其「不得意不致之」者，即隱二年「秋，八月，庚辰，公及戎盟于唐」之屬是也。其「得意所以致地」者，離不成會故也。其「不得意所以不致」者，無功可致矣。

注「皆例時」 解云：謂鄉來諸例皆書時，即桓二年「冬，公至自唐」，僖二十六年冬，「公至自伐齊」，哀十三年「秋，公至自會」之屬是也。其僖四年「八月，公至自伐楚」，彼注云「月者，凡公出滿二時，月，危公之久」。然則，彼以公正月出會齊侯伐楚，至八月乃反，故云「滿二時」矣，成六年「春，王正月，公至自會」，何氏云「月者，前魯大夫獲齊侯，今親相見，故危之」是也。而襄十一年「公至自伐鄭」，「公至自會」，不滿二時而皆在日月下，何氏不注，蓋以爲不蒙月故也。成十六年「公至自會」，亦不滿二時，而在日月下，是不蒙月明矣。成十七年十一月「公至自伐鄭」，彼注云「月者，方正下壬申，故月之」，然則公至亦不蒙月矣。

衛侯朔入于衛，何以致「伐」？據得意。不敢勝天子也。與上「辟王」同義。久不月者，不與伐天子也，故不爲危録之。

【疏】注「與上辟王同義」　解云：上五年五國伐衛之時，寔納衛侯朔，〔五〇〕所以不言「納衛侯朔」者，辟王者兵，使若伐而去，不留納朔者，所以正其義，因爲内諱也。今此寔得意，〔五一〕所以不致會而致伐者，不敢勝天子，使若更以他事伐衛，不爲納朔然，所以正其義，因爲内諱，故曰「同義」。

注「不月」至「録之」　解云：僖四年「八月，公至自伐楚」，彼注云「月者，凡公出滿二時，月，危公之久」，然則，今此兵歷四時而不月者，不與伐天子，故不爲危録故也。

螟。先是伐衛納朔，兵歷四時及反，〔五二〕民煩擾之所生。○螟，亡丁反。

【疏】注「兵歷四時」　解云：謂從五年冬訖于此年之秋故也。

冬，齊人來歸衛寶。此衛寶也，則齊人曷爲來歸之？衛人歸之也。以稱「人」共國辭。○衛寶，左氏經作「衛俘」。

【疏】注「以稱人共國辭」　解云：注言此者，欲決三十一年「齊侯來獻戎捷」，不言「人」也。言「以稱人共國辭」者，謂稱「齊人」可以兼得兩國人之辭也。

衛人歸之，則其稱「齊人」何？讓乎我也。其讓乎我奈何？齊侯曰：「此非寡人之力，魯侯之力也。」時朔得國後，遣人賂齊，齊侯推功歸魯，使衛人持寶來，雖本非義賂，齊當以讓除惡，故善起其事。主書者，極惡魯犯命復貪利也。不爲大惡者，納朔本不以賂行事，畢而見謝爾。「寶」者，玉物之凡名。○惡，烏路反。

【疏】注「故善起其事」解云：言春秋善齊侯之讓，是以不言「衛人」而稱「齊人」，所以起其讓事矣。

注「不爲」至「謝爾」解云：所傳聞之世，内大惡諱之。今此書見，故知不爲大惡矣。

注「寶者」至「凡名」解云：猶言玉物之總名耳。定八年傳云「寶者何？璋判白、弓繡質、龜青純」是也。

七年，春，夫人姜氏會齊侯于防。

夏，四月，辛卯，夜，恒星不見。夜中，星霣如雨。「恒星」者何？列星也。「恒」，常也。常以時列見。○辛卯夜，一本無「夜」字，穀梁作「昔」。不見，賢徧反，注及傳皆同。

【疏】「恒星者何」（五三）解云：欲道星稱，宿無恒星；欲言非星，而連「星」言之，故執不知問。

注「恒常也」至「列見」解云：「恒」者，常也，天之常宿，故經謂之「恒星」矣。言以時列見于天，故傳謂之「列星」矣。

列星不見則（五四），何以知夜之中？星反也。「反」者，星復其位。

【疏】「列星」至「之中」解云：謂無所准度故也。

注「反者星復其位」解云：謂星反附在半夜之後，則知鄉者不見之時是夜中矣。

「如雨」者何？「如雨」者，非雨也。非雨則曷爲謂之「如雨」？不脩春秋曰「雨星，不及地尺而復」。「不脩春秋」，謂史記也。古者謂史記爲「春秋」。○雨星，于付反，一音如字，下注「雨星」同。

【疏】「如雨者何」解云：欲言是雨，不應言「如」；其實非雨，而文言「雨」，故執不知問。

注「不脩春秋」解云：據此傳及注言，則孔子未脩之時，已謂之春秋矣。而舊解云「孔子脩之，春作秋成，謂之春秋」者，失之遠矣。云云之説，在首卷。

君子脩之曰「星霣如雨」。明其狀似雨爾，不當言「雨星」。不言「尺」者，霣則爲異，不以尺寸録之。何以書？記異也。列星者，天之常宿，分守度，諸侯之象。周之四月，夏之二月，昏，參伐、狼注之宿當見，參伐主斬艾立義，狼注主持衡平也。皆滅者，法度廢絶，威信陵遲之象。時天子微弱，不能誅衛侯朔，是後遂失其正，(五五)諸侯背叛，王室日卑。星霣未墜而夜中星反者，房心見其虚危斗。房心，天子明堂，布政之宫也，虚危，齊分，其後齊桓行霸，陽穀之會，有王事。○常宿，音秀，下同。參伐，所林反，下同。狼注，張又反。與咮同朱鳥口星也，一音之住反。艾，魚廢反。墜，直類反。(五六)分，扶問反。

【疏】注「分守」至「之象」解云：言「分」者，謂十二之分野矣。言「守度」者，守三十度爲一次矣。言「諸侯之象」者，謂星度有多少，若諸侯之國有大小耳。

注「昏參」至「當見」解云：正以參伐、狼注爲西南之維候故也。

注「參伐」至「立義」解云：以其在西方，金主斷割之義故也。

注「狼注」至「平也」解云：正以其在南方，南方主禮故也。

注「而夜」至「危斗」解云：火見於周爲五月者，謂昏時。今在周之四月，是以半夜之後，乃房星見。其「虛危斗」者，謂在夜半時明矣。

注「房心」至「宮也」解云：即上備云〔五七〕「房爲天子明堂」，文耀鉤云「房心爲中央火星，〔五八〕天王位」。若相對言之，則房爲明堂，心爲天王矣。既有天王，復有明堂，布政之象也。

注「其後」至「王事」解云：「齊桓行霸」者，「虛危斗」也。「有王事」者，「房心見」也。

秋，大水。

無麥、苗。無苗，則曷爲先言「無麥」，而後言「無苗」？「苗」者，禾也。生曰「苗」，秀曰「禾」。據是時苗微麥彊，俱遇水災，苗當先亡。一災不書，待無麥，然後書無苗。明君子不以一過責人。「水」、「旱」、「螟」、「蝝」，皆以傷二穀乃書，然不書穀名。至麥、苗獨書者，民食最重。○螟蝝，音終。

【疏】「一災不書」解云：一穀之災不書于經也。

注「明君」至「責人」解云：謂災傷五穀者，皆人行致之故也。

注「水旱」至「穀名」解云：大水傷二穀書於經者，即桓元年「秋，大水」，傳云「何以書？記災也」，彼注云「災傷二穀以上，書災也」。其旱傷二穀以上書者，即僖二十一年「夏，大旱」是也。其螟螽書者，即隱五年經書

「螟」，傳云「何以書？記災也」，文八年經書「螽」之類是也。

注「至麥」至「最重」　解云：災傷麥苗常書，即此及莊二十八年「大無麥、禾」之屬，皆是也。麥禾比於餘穀最重，故言「民食最重」矣。

何以書？記災也。先是莊公伐衛納朔，用兵踰年，夫人數出淫泆，民怨之所生。○數，所角反。泆，音逸。

【疏】**注**「先是」至「踰年」　解云：即五年「冬，公會齊人、宋人、陳人、蔡人伐衛」，六年「秋，公至自伐衛」是也。

注「夫人數出淫泆」　解云：即五年「夏，夫人姜氏如齊師」，七年「春，夫人姜氏會齊侯於防」，「冬，夫人姜氏會齊侯于穀」之屬，故言「數出」耳。

冬，夫人姜氏會齊侯于穀。

校勘記

〔一〕而言春秋者　浦鏜云：「而」字疑衍。

〔二〕不能於母也　浦鏜云：「於」，依傳當作「乎」。

〔三〕與弑公也　「弑」，阮校云：釋文作「殺」。

〔四〕注禮飲酒不過三爵　「酒」字原無，北大本據上注補「酒」字。今按，單抄本有「酒」字，據補。

〔五〕和敬貌　阮校：何校本下有「斯猶耳也」四字，與玉藻注合。

〔六〕可以去矣也者　浦鏜云：「矣」字衍。阮校：「也」字衍。

〔七〕擠折聲也　浦鏜云：擠上補「幹脇」，從南山疏校。

〔八〕注扶上至幹　北大本據疏標起訖例補「其」字在「幹」字上。今按，單抄本抄録注文全文，則北大本所補是。

〔九〕以孫爲内見義　阮校：定四年疏引此下有「言孫者」三字。

〔一〇〕距之者　「距」原作「拒」。單疏殘本「拒」作「距」，與下文合。據改。

〔一一〕注諸至一人　北大本據疏標起訖例補「禮」字在「諸」字上。今按，單抄本作「注諸侯云云」，無「禮」字。

〔一二〕據諸侯非一　「一」原作「之」。浦鏜云：「之」當「乏」之誤。阮校：鄂本作「一」。今按，撫州本、余本「之」作「一」。據改。

〔一三〕必待風旨　「待」原作「持」。阮校：宋本等同誤作「持」，鄂本作「待」，當據正。今按，撫州本、余本「持」作「待」。據改。

〔一四〕主書者惡天子也　「主」上原有「〇」。阮校云：鄂本、宋本同。元本上空一字，此本「主」上有一「〇」，今删正。又按有「我」〔「主書者」上〕字是也。「我主書」謂以我主之書法書之也，「我主」見上文。今按，撫州本、余本無「〇」。據删。

〔一五〕據非内女　「女」原作「也」。阮校：鄂本、宋本「也」作「女」，當據正。今按，撫州本作「女」，余本已誤作「也」。據改。

〔一六〕於路寢則不可者謂外内無別 浦鏜云：此十二字當在下「於路寢」節注下。

〔一七〕注築例時者 浦鏜云：注上脱「〇解云」，此三十四字當在下「其道」節注下。阮校云：何煌云此當在注末「築例時」之下。與浦説合。

〔一八〕此禮緯含文嘉文也 「含」原作「合」。浦鏜云：「合」當作「含」。今按，單疏殘本作「含」。據改。

〔一九〕亢陽威武 阮校云：曲禮正義作「抗揚」。

〔二〇〕皆如有德 阮校云：何校本「如」作「加」字。

〔二一〕注内女至之也 阮校云：諸本「之也」改「魯女」。按疏本如二年秋七月注，蓋作「實不如魯女也」。「之也」爲「女也」之誤。今按，單抄本作「内女云云」。據標起訖例，阮説是。

〔二二〕解云即隱二年 「二」原作「三」。單疏殘本、單抄本「三」作「二」。據改。

〔二三〕帥師伐於餘丘 「於」字原無。阮校云：唐石經及諸本「伐」下有「於」字，此本誤脱。今按，撫州本「伐」下有「於」字。余本脱。據補。

〔二四〕以惡夷狝也 諸本同。宣六年注「以」上有「明」字。

〔二五〕是爲以起他事不見 阮校：閩、監、毛本倒作「是以爲」。

〔二六〕三月乙未 「乙」原作「已」。浦鏜云：「已」當作「乙」。阮校云：當作「乙」，與十五年經合。據改。

〔二七〕今以往服 「令」原作「令」。浦鏜云：「令以」當「令先」之誤。阮校云：「令」爲「今」之誤。今按，單抄本作「今以」。據改。

〔二八〕國内兵不當書 「不」原作「而」。阮校：鄂本「而」作「不」。今按，撫州本、余本「而」作「不」。據改。

〔二九〕哀公亨乎周　「哀」原作「注」。單疏殘本、單抄本作「哀」。據改。

〔三〇〕懿始受譖而亨齊哀公是也　浦鏜云：「懿」下脱「王」字，見詩譜序。

〔三一〕周語亦有其事　阮校：嚴杰云：周語當作齊世家。

〔三二〕嵩高維嶽　阮校云：「維」當作「惟」。

〔三三〕崧高……本亦作嵩　閩本、毛本「崧、嵩」二字互换，阮刻本從之。今按，撫州本、余本并合刻本釋文皆從此。

〔三四〕無説懌也　阮校：閩、監、毛本「説」改「悦」。段玉裁説：依説文，注當作「説釋」，與此爲古今字。

〔三五〕不當取而有　阮校：宋本、鄂本「而」作「有」，疑誤。又按解云「不當取而有之，明其亂正義矣」。今按，撫州本、余本「而」作「有」。

〔三六〕正以復讎除之　「正」原作「王」。單疏殘本作「正」；單抄本作「正」，脱下「以」字。今從單疏殘本改。

〔三七〕徒爲齊侯所葬　「葬」原作「殺」。浦鏜云：「葬」誤「殺」。阮校：鄂本作「葬」。今按，撫州本作「葬」，余本誤作「殺」。據改。

〔三八〕以渴隱解之　浦鏜云：「渴」誤「隱」。汪文臺識語云：當云「葬」誤「隱」。今按，單疏殘本無「隱解之」三字，疑脱。

〔三九〕傳云　「傳」上原有「〇」。閩本、毛本「傳」上有「彼」字，阮刻本作「〇」。今按，單疏殘本、單抄本無「〇」。據删。

〔四〇〕同文論之二同也　「二」原作「一」。單疏殘本、單抄本「一」皆作「二」。據改。

〔四一〕注據僖七年稱子　「僖」字原無。據單疏殘本、單抄本補。

〔四二〕使若遣微者弱愈　阮校：宋本、鄂本同。閩、監、毛本「弱」改「爲」，非。按「弱愈」猶「少愈」也。

〔四三〕令力呈反　「呈」原作「陳」。宋本、撫州本釋文作「呈」。余本釋文誤作「陳」，此本同。據改。

〔四四〕此伐衛納朔也　浦鏜云：「納」上脱「何」。

〔四五〕注故從至入也　北大本據注改「從」爲「復」。

〔四六〕解云隱四年衛人立晉是也　單疏殘本「云」下有「即」字。

〔四七〕當是時寔服　單抄本「寔」作「實」。

〔四八〕公會單子已下伐鄭者　單抄本「已」作「以」。

〔四九〕鄭不背叛何故不致會而致伐者　「會」字原無。單抄本「叛」字無，空格，「致」下有「會」字，單疏殘本「背」誤作「皆」，有下「會」字。據補「會」字。

〔五〇〕寔納衛侯朔　單疏殘本、單抄本「寔」作「實」。

〔五一〕今此寔得意　單疏殘本、單抄本「寔」作「實」。

〔五二〕兵歷四時及反　「及」當作「乃」。此本及阮刻本誤作「及」。閩本、毛本作「乃」，不誤。今按，撫州本「及」作「乃」，不誤，余本已誤作「及」。

〔五三〕恒星者何　「星」字原無。單疏殘本、單抄本恒下有「星」字。據補。

〔五四〕列星不見則　浦鏜云：「見」下脱「則」字，從石經校補。阮校：鄂本有「則」字。今按，撫州本、余本「見」下有「則」字。據補。

〔五五〕遂失其正　阮校：宋本、鄂本「正」作「政」。今按，撫州本「正」作「政」，余本作「正」。

〔五六〕 隧直類反 「直」原作「有」。浦鏜云：「直」誤「有」。今按，諸本釋文作「直」，據改。

〔五七〕 即上備云 浦鏜云：「上備」爲「星備」之誤。阮校云：星備見周禮大宗伯疏。孫詒讓云：星備疑有上中下篇，「上」字不誤。

〔五八〕 中央火星 阮校：盧文弨曰：「火」爲「大」之誤，又按開元占經六十云心爲明堂中大星。各本「火」乃「大」之誤。

監本附音春秋公羊傳注疏莊公卷第七起八年，盡十七年。

何休學

八年，春，王正月，師次于郎，以俟陳人、蔡人。「次」不言「俟」，此其言「俟」何？據次于陘俟屈完不書「俟」。○屈，居勿反。

【疏】注「據次」至「書俟」 解云：即僖四年經云「遂伐楚，次于陘」，傳云「其言次于陘何？有俟也。孰俟？俟屈完也」是也。然則彼但録其次而不書「俟」，與此異，故據之。

託不得已也。師出本爲下滅盛興，陳、蔡屬與魯伐衛，同心又國遠，〔一〕故因假以諱滅同姓，託待二國爲留辭，主所以辟下言「及」也。加「以」者，辟實俟。陳蔡稱「人」者，略以外國辭，稱「人」微之。〔二〕○本爲，于僞反，傳及注「爲久」皆同。屬與，音燭。

【疏】注「陳蔡」至「伐衛」 解云：即其經云「公會齊人、宋人、陳人、蔡人伐衛」是也。

注「同心又國遠」 解云：欲對齊、宋，雖亦同心而近魯，是以不得託待齊、宋。

注「所以辟下言及也」 解云：即經下云「夏，師及齊師圍成」是也。凡言「及」者，汲汲之辭。若此時已出師，其間更無所待，即下文言「及」，乃至汲汲之甚者，〔三〕便是魯人欲得滅同姓，孜孜之深，是以託待陳、蔡以辟之。

注「加以者辟實俟」 解云：若其實俟，宜但云「師次于郎，俟陳人、蔡人」而已，何須言「以」乎？今言「以俟陳人、蔡人」，明更有由以乃始俟之，故言「加『以』者辟實俟」也。

甲午，祠兵。「祠兵」者何？出曰「祠兵」，禮，兵不徒使。故將出兵必祠於近郊，陳兵習戰，殺牲饗士卒。○祠兵，音辭，祭也，左氏作「治兵」，下文注同。卒，子忽反。

【疏】「祠兵者何」 解云：凡出師之禮，皆有祠兵之事，而此特書，故執不知問。

「出曰祠兵」 解云：何氏之意，以爲祠兵有二義也：一則祠其兵器，二則殺牲享士卒，故曰「祠兵」矣。

注「禮兵」至「近郊」 解云：時王之禮也。

入曰「振旅」。五百人曰「旅」。

【疏】注「五百人曰旅」 解云：大司馬叙官文。

其禮一也，皆習戰也。言與祠兵禮如一。將出不嫌不習，故以祠兵言之；將入嫌於廢之，故以振訊士衆言之。互相見也。祠兵，壯者在前，難在前；振旅，壯者在後，復長幼，且衛後也。○

訊，音信，又音峻，本亦作迅。相見，賢偏反，下同。難，乃旦反。長，丁丈反。何言乎「祠兵」？據不書。

【疏】注「據不書」解云：今此書之而言「據不書」者，正謂他處皆不書，即例不書矣。而此書之者，是以致難。

爲久也。爲久稽留之辭。

【疏】注「爲久稽留之辭」解云：「爲」猶作，言作久稽留之辭矣。

曷爲爲久？據取長葛久之。

【疏】注「據取長葛久之」解云：隱五年冬，「宋人伐鄭，圍長葛」，六年「冬，宋人取長葛」，傳云「外取邑不書，此何以書？久也」是。然則，彼所以書者，譏其久，今以祠兵者爲久稽留之辭，似於義反，故難之。

吾將以甲午之日，然後祠兵於是。諱爲久留辭，使若無欲滅同姓之意，因見出竟，明盛非内邑也。

【疏】注「因見」至「邑也」解云：「出曰祠兵」，即爾雅「出曰治兵」之文也。今書「祠兵」，即是出竟之義，則知下言「圍成」者，非内邑明矣。

夏，師及齊師圍成，成降于齊師。「成」者何？盛也。以上有「祠兵」，下有「盛伯來奔」。○

成，如字，二傳作「郕」。降于，户江反，傳及下注皆同。

【疏】「成者何」　解云：成爲内邑，孟氏所有，而與齊圍之，故執不知問。

注「以上」至「來奔」　解云：文十二年「春，王正月，盛伯來奔」，傳云「盛伯者何？失地之君也。何以不名？兄弟辭也」是也。

盛則曷爲謂之「成」？諱滅同姓也。因魯有成邑，同聲相似，故云爾。

【疏】注「因魯」至「云爾」　解云：定十二年「十有二月公圍成」者，是魯有成邑之文。

曷爲不言降吾師？據戰於宋不言「歸鄭」。〔四〕

【疏】注「據戰」至「歸鄭」　解云：桓十二年，「十有二月，及鄭師伐宋。丁未，戰於宋」是也。彼則不言「宋歸于鄭」，此言成降于齊師，故難之。其「歸」字有作「販」字者，〔五〕誤也。

辟之也。辟滅同姓。言「圍」者，使若魯圍之而去，成自從後降於齊師也。「降」者，自伏之文，所以醇歸於齊。言「及」者，起魯實欲滅之。不月者，順諱文。不書「盛伯出奔」，深諱之。

【疏】注「言及者」至「滅之」　解云：以「及」者，汲汲之文故也。

注「不月者順諱文」　解云：凡「滅」例月，即莊十年「冬，十月，齊師滅譚」，莊十三年「夏，六月，齊人滅遂」

之屬是也。今此亦「滅」而不書月者，順諱文，使若不滅矣。

注「不書」至「諱之」 解云：如此注者，正欲決莊十年「冬，十月，齊師滅譚，譚子奔莒」之屬，書其出奔也。今成被滅，至文十二年春乃書「盛伯來奔」，於所傳聞世不言所奔者，深諱故也。

秋，師還。「還」者何？善辭也。此滅同姓，何善爾？病之也，尉勞其罷病。○尉勞，力報反，下同。其罷，音皮，下同。

【疏】「還者何」 解云：欲言其惡，「還」是善辭；欲言其善，實滅同姓，故執不知問。

曰「師病矣」。曷爲病之？據師出皆罷病，曷爲獨勞此病也？非師之罪也。明君之使，重在君，因解非師自汲汲。

【疏】注「明君」至「在君」 解云：所以慰勞師之罷病者，明君之滅同姓，非師之罪，其重在于君也。

注「因解非師自汲汲」 解云：正以及者汲汲之辭故也。

冬，十有一月，癸未，齊無知弒其君諸兒。「諸兒」，襄公也；「無知」，公子夷仲年之子，襄公從弟。○兒，如字，一音五兮反。從，才用反。

九年，春，齊人殺無知。

公及齊大夫盟于暨。公曷爲與大夫盟？據與高傒盟，諱不言「公」。○暨，其器反，左氏作「蔇」。

【疏】注「據與」至「言公」　解云：莊二十二年「秋，七月，丙申，及齊高傒盟于防」，傳云「齊高傒者何？貴大夫也。曷爲就吾微者而盟？公也。公則曷爲不言公？諱與大夫盟也」者是。

齊無君也。然則何以不名？據高傒名。爲其諱與大夫盟也，使若衆然。鄰國之臣，猶吾臣也。君之於臣，當告從命行，而反歃血約誓，故諱。使若悉得齊諸大夫約束之者，愈也。不月者，是時齊以無知之難，小白奔莒，子糾奔魯。齊迎子糾欲立之，魯不與而與之盟，齊爲是更迎小白，然後乃伐齊，欲納子糾，不能納，故深諱，使若信者也。不致者，魯地也。子糾出奔不書者，本未命爲嗣，賤，故不録之。○爲其，于僞反，注「爲是」及下注「寔爲」「魯爲」同。〔六〕歃，所洽反，又所甲反。難，乃旦反。

【疏】注「不月」至「信者也」　解云：公羊之例，大信時，小信月，不信日。經今不月，使若信者，謂若大信也。不謂月非信辭也。

注「不致者魯地也」　解云：正決桓二年秋，「公及戎盟于唐，冬，公至自唐」之文也。若然，定十二年十有二月，「公至自圍成」。然則，成是内邑而書「致」者，彼注云「成，仲孫氏邑。圍成月又致者，天子不親征下土，諸侯不親征叛邑。公親圍成不能服，不能以一國爲家，〔七〕甚危，若從他國來，故危録之」是也。

注「子糾」至「録之」　解云：如此注者，正決桓十一年「鄭忽出奔衛」書之故也。子糾出奔魯，宜言「來奔」，而言「出奔」者，據齊言之，亦無傷矣。

夏，公伐齊，納糾。「納」者何？入辭也。其言「伐之」何？據「晉人納捷菑于邾婁」，不言「伐」。○納糾，左氏經亦作「納子糾」。

【疏】「夏公伐齊納糾」解云：無「子」字者，與左氏經異。

「納者何」解云：欲言得國，下有「齊人取」、「殺」之文；欲言不得國，「納」者入辭，故執不知問。

「其言伐之何」解云：案隱七年冬，「戎伐凡伯于楚丘，以歸」，傳云「此聘也，其言伐之何」？彼注云「加『之』者，辟問輕重兩舉之」。然則，此傳非問輕重兩舉，而亦言之，下十年傳云「觕者曰侵，精者曰伐。戰不言伐，圍不言戰，入不言圍，滅不言入，書其重者也」。然則，「侵」、「伐」、「戰」、「圍」、「入」、「滅」，數者相對，是其輕重之名；今以「納」問「伐」，直據納接菑不言「伐」而已，實非輕重兩舉，故得言之矣。

注「據晉」至「言伐」解云：即文十四年經云「晉人納接菑于邾婁」是也。

伐而言「納」者，猶不能納也。「伐」者，非入國辭，故云爾。

【疏】注「伐者」至「云爾」解云：下十年傳云「觕者曰侵，精者曰伐」。然則，「伐」者雖重於「侵」，仍非入國之義，是以此經兼舉其伐，見不能納矣。

「糾」者何？公子糾也。何以不稱「公子」？據下言「子糾」，知非當國，本當去國見挈，言「公子糾」。○去國，起吕反。下

「故去」同。

【疏】「糾者何」　解云：欲言已臣，納於他國，欲言齊臣，文不繼「齊」，故執不知問。

注「據下」至「子糾」　解云：下經云「九月，齊人取子糾殺之」，傳云「其稱子糾何？貴也。其貴奈何？宜爲君者也」，彼注云「故以君薨稱子某言之者，〔八〕著其宜爲君」，則下經言「子」，見其貴，則知此經單言「糾」者，非當國之辭。既不作當國之辭，故今宜但去國言「公子糾」，見挈於魯侯而已，是以問其名不稱「公子」。

君前臣名也。春秋別嫌明疑，嫌當爲齊君，在魯君前不爲臣。禮，公子無去國道，臣異國義，故去「公子」，〔九〕見臣於魯也。「納」不致者，言「伐」，得意不得意可知，猶「遇」、「弗遇」例也。不月者，非納篡辭。

○別，彼列反。見，賢徧反。

【疏】注「禮公」至「國義」　解云：然則，禮有三諫不從待放去者，其異姓之臣乎？公子者，同姓之臣，本無去國之義矣。

注「納不」至「可知」　解云：上六年注云「公與一國及獨出用兵，得意不致，不得意致伐」，今此納糾而不入，亦是不得意，而不言「公至自伐齊」者，謂此經既言「公伐齊納糾」，言「伐」者，不得意明矣，何勞致伐見不得意乎？故云「納不致者，言伐，得意不得意可知」矣。

注「猶遇弗遇例也」　解云：上六年注云「公與二國出會盟，得意致地，不得意不致」，然則春秋之內，亦有遇禮，所以不致地以見得意者，正以經書亦有遇弗遇之文，則知書遇得意明矣，何勞致地以見之乎？則知隱四年「夏，公及宋公遇於清」，言遇，得意可知；桓十年「秋，公會衛侯于桃丘，不遇」，不得意明矣。故云「猶遇弗遇例也」。

注「不月」至「篡辭」 解云：隱四年「冬，十有二月，衛人立晉」，注云「月者，大國篡例月，小國時，立、納、入皆爲篡」。然則，莊六年「夏六月，衛侯朔入于衛」，哀六年秋七月，「齊陽生入于齊」之屬皆是也。今此亦書「納」而不月者，子糾次正，宜立，非篡故也。非篡而言「納」者，「納」者入辭。子糾不得國，魯公之由，是以書「伐」、「納」，見其伐而不能納，以刺魯侯矣。

齊小白入于齊。曷爲以國氏？據宋公子池〔一〇〕自陳入于蕭，氏「公子」也。

【疏】注「據公」至「子也」 解云：即定十一年「春，宋公之弟辰及仲佗、石彄、公子池〔一一〕自陳入于蕭，以叛」是也。

當國也。當國，故先氏國也。不月者，移惡于魯也。

【疏】注「不月」至「魯也」 解云：正以大國篡例月，故言此矣。而言「移惡于魯」者，正以小白成篡，實由魯人不早送子糾故也。

其言「入」何？篡辭也。

秋，七月，丁酉，葬齊襄公。

八月，庚申，及齊師戰于乾時，我師敗績。内不言「敗」，此其言「敗」何？據郎之戰。

【疏】「其言入何」解云：據桓十七年「秋，八月，蔡季自陳歸于蔡」，不言「入」。今言「入」，故難之。不注言者，文不悉也。

【疏】「秋七月」至「襄公」解云：隱三年傳曰「過時而日，隱之也」，彼注云「隱，痛也，痛賢君不得以時葬」。則襄公去年十一月見殺，至今年秋七月，整九月也，而書日葬之，明是痛賢君不得以時葬故也。而注不言之者，從可知，省文也。其襄公之賢，見於上四年。〔一二〕

注「據郎之戰」解云：桓十年「冬，十有二月，丙午，齊侯、衛侯、鄭伯來戰于郎」，傳云「此偏戰也，何以不言『師敗績』？内不言戰，言戰乃敗矣」，然則彼文師有成解，故此弟子據而難之。

伐敗也。自誇大其伐而取敗。○自誇，苦瓜反，本又作夸，下同。曷爲伐敗？據内不言「敗績」，曷爲自誇大其伐而取敗？復讎也。復讎以死敗爲榮，故録之。高齊襄，賢仇牧是也。

【疏】注「高齊襄」解云：即上四年夏，「紀侯大去其國」，傳云「曷爲不言齊滅之？爲襄公諱也。春秋爲賢者諱。何賢乎襄公？復讎也」。「襄公將復讎乎紀，卜之曰『師喪分焉』，『寡人死之，不爲不吉也』」者，是高齊侯復讎以死敗爲榮之事矣。注「賢仇牧是也」者，即下十二年秋，「宋萬弒其君接，及其大夫仇牧」，傳云「何以書？賢也。何賢乎仇牧？仇牧可謂不畏強禦矣。其不畏彊禦奈何」云云，「萬怒，搏閔公，絶其脰。仇牧聞君弒，趨而至，遇之於門，手劒而叱之。萬臂撥仇牧，碎其首，齒著乎門闔。仇牧可謂不畏彊禦矣」，是賢仇牧復讎以死敗爲榮之義。

此復讎乎大國，曷爲使微者？據納子糾公猶自行，即大夫當有名氏。

【疏】注「即大夫當有名氏」解云：公羊之義，以大夫得見名氏，謂士爲微，故言此。

公也。如上據知爲公。公則曷爲不言「公」？不與公復讎也。曷爲不與公復讎？據諱與讎狩。

【疏】注「據諱與讎狩」解云：即上四年「冬，公及齊人狩于郜」，傳云「公曷爲與微者狩？齊侯也。齊侯則其稱人何？諱與讎狩也」。然則，公與讎人狩，則以爲不善而諱之，[一三]今乃復讎于齊，宜以爲善而反不與，故難之。

復讎者在下也。時實爲不能納子糾伐齊，諸大夫以爲不如以復讎伐之，於是以復讎伐之，非誠心至意，故不與也。書「敗」者，起託義。戰不致者，有敗文，得意、不得意可知例。

【疏】注「書敗者起託義」解云：春秋之例，内不言「戰」，言戰乃敗。今乃經上文云「戰于乾時」，即内敗明矣。而又言「我師敗績」者，起託以敗爲榮故也。

注「戰不」至「知例」解云：六年「不得意致伐」之下，注云「公與二國及獨出用兵，得意不致，不得意致伐」，今此亦不得意，合致伐而不致伐者，既有「我師敗績」之文，不得意明矣，故言「可知例」。

九月，齊人取子糾，殺之。其「取之」何？〔一四〕據「楚人殺陳夏徵舒」不言「取」，「執齊慶封殺之」言「執」也。○夏，戶雅反。

【疏】注「據楚」至「言取」　解云：宣十一年「冬，十月，楚人殺陳夏徵舒」是也。

注「執齊」至「執也」　解云：即昭四年「秋，七月，楚子、蔡侯、陳侯」以下「伐吴，執齊慶封，殺之」是也。

內辭也。脅我，使我殺之也。以下「浚洙」，知其脅也。以稱「人」共國辭，知使魯殺之。時小白得國，與鮑叔牙圖國政。故鮑叔薦管仲、召忽，曰「使彼國得賢，己國之患也」。乃脅魯使殺子糾，求管仲、召忽。魯惶恐，殺子糾，歸管仲，召忽死之。故深諱，使若齊自取殺之。○邵忽，本又作「召」，上照反。恐，丘勇反。

【疏】注「以稱」至「殺之」　解云：謂不言「齊鮑叔取子糾殺之」，而言「齊人」，則知一人之號，二國共有。一人之號既二國共有，則知齊、魯皆有殺子糾之惡明矣。

注「時小白」至「取殺之」　解云：皆世家及齊語之事。是以注者約之。

其稱「子糾」何？據不立也。

【疏】注「據不立也」　解云：正以下三十二年「冬，十月，乙未，子般卒」，傳云「君存稱世子，君薨稱子某」。然則，

「子糾」者，嗣君之稱，今竟不立，得言「子糾」，故難之。

貴也。其貴奈何？宜爲君者也。

故以君「薨稱『子某』」言之者，著其宜爲君，明魯爲齊殺之，皆當坐弒君，因解上「納」言「糾」，皆不爲篡，所以理嫌疑也。月者，從未踰年君例。主書者，從齊取也。○當坐，才卧反，後「當坐」之類皆放此。

【疏】**注「故以君」至「言之」** 解云：取三十二年傳文。

注「明魯」至「弒君」 解云：魯所以當坐弒君，即穀梁傳云「十室之邑，可以逃難，百室之邑，可以隱死。以千乘之魯而不能存子糾，以公病矣」是。（一五）

注「因解」至「嫌疑」 解云：此經若不言「子糾」，上納言「糾」，有當國之嫌，後人疑其篡矣。今作嗣君之稱，則知上經單言「糾」，作君前臣名之故也，故言「所以理嫌疑也」。

注「月者從未踰年君例」 解云：隱公四年春，王二月，「戊申，衛州吁弒其君完」，注云「日者，從外赴辭以賊聞例」。然則，弒成君者，例皆書日，即宣二年「秋，九月，乙丑，晉趙盾弒其君夷獋」，宣四年「夏，六月，乙酉，鄭公子歸生弒其君夷」之屬是也。今此子糾見弒而書月，故知從未踰年君例。若然，僖九年「冬，晉里克弒其君之子奚齊」，傳云「其言弒其君之子奚齊何？弒未踰年君之號也」，所以不月者，彼注云「弒未踰年君例當月。不月者，不正遇禍，終始惡明，故略之」是也。若然，僖十年春正月，「晉里克弒其君卓子，及其大夫荀息」，其踰年而不日者，彼注云「不日者，不正遇禍，終始惡明，故略之」，是也。鄉來所述皆是外諸侯之例，若其內例則異于此，是以莊三十二年「冬，十月，乙未，子般卒」，文十八年「十月，子卒」，皆是未踰年之君，而日或月者，彼自作三世之義。云云之説，已寫于上。

注「主書者從齊取也」解云：言主書此事者，正欲從而罪齊，但因見魯之惡耳。

冬，浚洙。「洙」者何？水也。以言「浚」也。○浚，思俊反，深也。洙音殊，〔一六〕水名。

注「以言浚也」解云：正以與尚書「浚畎澮」之文同，故知水名。

【疏】「洙者何」解云：欲言城邑，而無「營築」之文；欲言小水，更無比例，故執不知問。

「浚之」者何？深之也。曷爲深之？據本非人功所爲。

【疏】「浚之者何」解云：正以洙是舊水，今始言「浚」，故執不知問。

注「據本非人功所爲」解云：正言畎澮之屬是人功爲之故也。

畏齊也。洙在魯北，齊所由來。曷爲畏齊也？據伐敗也。

【疏】注「據伐敗也」解云：即上傳云「內不言敗，此其言『敗』何？伐敗也」，注云「自誇大其伐而取敗」是也。

辭殺子糾也。時魯新見脅，畏齊，浚之，微弱，恥甚，故諱使若辭不肯殺子糾也，齊自取殺之，畏齊怒，爲備，亦所以起上脅也。

【疏】注「亦所以起上脅也」解云：言今此畏齊者，由前被脅而殺子糾，因兹失操，遂深洙水矣。

十年，春，王正月，公敗齊師于長勺。〇勺，時灼反。

二月，公侵宋。曷爲或言「侵」，或言「伐」？觕者曰「侵」，「觕」，麤也。將兵至竟，以過侵責之，服則引兵而去，用意尚麤。〇觕者，七奴反，又才古反。

【疏】「曷爲或言侵或言伐」解云：即此文「公侵宋」，及上九年「夏，公伐齊納糾」之屬是。

注「以過侵責之」解云：以其犯過而侵責之。

精者曰「伐」。「精」，猶精密也。侵責之，不服，推兵入竟，伐擊之益深，用意稍精密。

【疏】注「侵責」至「益深」解云：「推」，猶舉也，言淺侵不服則更舉兵深入其竟而伐擊之，益深於前。

「戰」不言「伐」，舉「戰」爲重，犁戰是也。合兵血刃曰戰。〔一七〕「圍」不言「戰」，舉「圍」爲重，「楚子圍鄭」是也。以兵守城曰「圍」。「入」不言「圍」，舉「入」爲重，「晉侯入曹執曹伯」是也。得而不居曰「入」。「滅」不言「入」，舉「滅」爲重，「齊滅萊」是也。取其國曰「滅」。書其重者也。明當以重者罪之，猶律「一人有數罪，以重者論之」。月者，屬北敗彊齊之兵，南侵彊宋，南北有難，復連禍於大國，故危之。〇數，所主反。屬，音燭。

【疏】注「月者」至「危之」　解云：正以侵伐例時，即上九年「夏，公伐齊」之屬是也。今書月，故如此解。是以穀梁傳曰「侵例時，〔一八〕此其月，何也？乃深其怨於齊，又退侵宋，以衆其敵，惡之，故謹而月之」是也。

三月，宋人遷宿。「遷之」者何？不通也，以其不道所遷之地。

【疏】「遷之者何」　解云：欲言其「遷」，不言于某，欲言不遷，經書「遷宿」，故執不知問。

注「以其不道所遷之地」　解云：正以不言于某，知非實遷矣。

以地還之也。「還」，繞也。解上「不通」也。不通反爲「遷」者，宋本欲遷宿君取其國，不知宿之不肯邪？〔一九〕宋逆詐邪？先繞取其地，使不得通四方，宿窮，從宋求遷，故得言「遷」。

【疏】注「宋逆詐邪」　解云：謂宋人逆慮其不服，預詐而遷之。

「宿窮從宋求遷」　解云：謂宿君服去矣。

子沈子曰「不通者，蓋因而臣之也」。以宋稱「人」也。宿不得通四方，宿君遷，宋因臣有之，不復以兵攻取，故從國辭稱「人」也。月者，遷取王封，當與滅人同罪。書者，宋當坐滅人，宿不能死社稷，當絕也。主書者，從宋也。○不復，扶又反。

【疏】注「故從國辭稱人也」　解云：端拱取宿，不煩兵武，人人皆欲，故以國辭稱「人」矣。

注「月者」至「絕也」　解云：春秋之例，大國之遷例月，即僖三十一年「十有二月，衛遷于帝丘」；小國時者，即昭九年春，「許遷于夷」之屬是也。今此宿是小國，宋人遷之而反書月，故云「月者，遷取王封，當與滅人同罪」也。其滅國書月，即下「冬十月，齊師滅譚」，十三年「夏，六月，齊人滅遂」之屬是也。若然，案僖元年「夏，六月，邢遷於陳儀」，邢是小國而書月者，彼注云「遷例，大國月，重煩勞也，小國時。此小國月者，霸者所助城，故與大國同」是也。

注「**主書者從宋也**」解云：言主書此事者，正欲從而罪宋遷取王封，但因見宿君不死社稷之惡耳。

夏，六月，齊師、宋師次于郎。公敗宋師于乘丘。其言「次于郎」何？據「齊國書伐我」，不言「次」，敗不言「乘丘」。〔二〇〕○乘，繩證反。

【疏】注「據齊」至「言次」 解云：即哀十一年「春，齊國書帥師伐我」是也。

注「敗言乘丘」〔二一〕 解云：正以敗言乘丘，反次在郎，〔二二〕於義似乖，故難之。

伐也。時伐魯，故書次，郎，魯地。伐則其言「次」何？據「齊國書伐我」不言「次」。齊與伐而不與戰，故言「伐」也；此道本所以當言「伐」意也。齊與伐而不與戰，伐兵得成，故當言「伐」也。〔二三〕○齊與，音預，下及注同。

【疏】「齊與伐」至「言伐也」 解云：若齊本與宋共伐，而但不與戰，故直書其「伐」耳。〔二四〕

我能敗之，故言「次」也。此解本所以不言「伐」言「次」意也。二國纔止次，〔二五〕未成於伐，魯即能敗宋師，齊師罷去，故不言「伐」，言「次」也。明國君當彊，折衝當遠，魯微弱，深見犯，至於近邑，賴能速勝之，故云爾。所以彊内，且明臣子當將順其美，匡救其惡。○折衝，之設反，下昌容反。

【疏】注「折衝當遠」解云：謂折服衝禦之心當遠也。

注「至於近邑」解云：即桓十年傳云「郎者何？吾近邑」是也。

注「且明」至「其惡者」〔二六〕孝經及襄十四年左氏傳文也。言爲臣子之法，宜行君父之義，順君父之美，即此上注云「賴能速勝之」是也。若見君父之惡，當正而救之，即上注云「魯微弱，深見犯，至於近邑」是也。

秋，九月，荆敗蔡師于莘，以蔡侯獻舞歸。荆者何？州名也。州謂九州：冀、兖、青、徐、揚、荆、豫、梁、雍。○莘，所巾反。雍，於用反。

【疏】「荆者何」解云：欲言是國，由來未有；欲言非國，而敗蔡師，故執不知問。

注「州謂」至「梁雍」解云：案禹貢「冀州既載」，鄭注云「載之言事，事謂作徒役也。〔二七〕兩河間曰冀州，不書其界者，時帝都之，使若廣大然」；「濟、河惟兖州」，鄭注云「兖州之界，在此兩河間」；「海岱惟青州」，鄭注云「今青州界，自海至岱，東岳曰岱山」；「海、岱及淮惟徐州」，鄭注云「徐州界又南至淮水」；「淮、海惟揚州」，〔二八〕鄭注云「揚州界自淮而南，至海以東也」；「荆及衡陽惟荆州」，鄭注云「荆州界自荆山南，至衡山之南」；「荆、河惟豫州」，鄭注云「豫州界自荆山而北至河」；「華陽黑水惟梁州」，鄭注云「梁州界自華山之南，至于黑水也」；「黑水西河惟雍州」，鄭注云「雍州界至黑水〔二九〕而東，至西河也」。然則何氏此注九州之名及次第，皆依禹貢之州界，不敢依職方與爾雅，何者？正以禹貢爲正典故也。案爾雅釋地云「兩河間曰冀州」，李巡云「兩河間其氣性相近，故曰冀州。冀，近也」；「河南曰豫州」，孫氏、郭氏皆云「自東河至西河之南曰豫州」，李巡曰「河南其氣著密，厥性安舒，故曰豫。豫，舒也」；「河西曰雝州」，李氏云「其氣蔽壅，受性急凶，故曰雝。雝，壅塞也」；「漢南曰荆州」，〔三〇〕「其氣慘剛，稟性強梁，故曰荆。荆，強也」。「江南曰揚州」，李氏云「江南其氣慘勁，厥性輕揚，故曰揚州也」。孫氏、郭氏曰「自江至南海也」；「濟、河間曰兖州」，李氏云「濟、河間其氣專質，厥性信謹，故曰兖。〔三一〕兖，信也」；「燕曰幽州」，李氏云「燕其意氣惡，厥性僄疾，故曰幽。幽，惡也」。孫氏、郭氏曰「自易水至北狄也」；「齊曰營州」，李氏曰「齊其氣清舒，受性平均，故曰營。營，平也。今爲青州」，孫氏、郭氏曰「自岱東至海」；「濟東曰徐州」，李氏曰「濟東至海，其氣寬舒，稟性安徐。徐，舒也」，孫氏、郭氏曰「濟東至海也」。然則，爾雅九州有幽、營，無梁、青，蓋是殷制，故與禹貢不同。案今禹貢則有梁、青，無幽、營，蓋是夏之法矣。其舜改九州而置十二者，則幽、并及益是。〔三二〕案周禮職方氏云「東南曰揚州」，「正南曰荆州」，「河南曰豫州」，「正東曰青州」，「河東曰兖州」，「正西曰雍州」，「東北曰幽州」，「河内曰冀州」，「正北曰并州」。然則，周禮有青、幽、并也。若對爾雅則長青、并，無徐、營；若對禹貢則長幽、并，無徐、梁矣。〔三三〕但職方周法，何氏不取，故此注不依之耳。

州不若國，國不若「氏」，「氏」不若「人」，「人」不若名，名不若字，皆取精詳録也。

【疏】「州不若國」解云：言荆不如言楚。

「國不若氏」解云：言楚不如言潞氏、甲氏。

「氏不若人」解云：言潞氏不如言楚人。

「人不若名」解云：言楚人不如言介葛盧。

「名不若字」解云：言介葛盧不如言邾婁儀父。

注「皆取精詳録也」解云：正以貴重爲詳録，輕賤爲略之也。

「字」不若「子」。爵最尊。〔三四〕春秋假行事以見王法，聖人爲文辭孫順，善善惡惡，不可正言其罪。因周本有奪爵稱國、氏、人、名、字之科，故加州文，備七等，以進退之，若自記事者書人姓名。「主人習其讀而問其傳，則未知己之有罪」焉爾，猶此類也。○見，賢徧反。孫，音遜。惡惡，並如字，一讀上烏路反。傳，直專反。

【疏】「字不若子」解云：言邾婁儀父不如言「楚子」、「吳子」。

注「春秋」至「王法」解云：即「孔子曰『我欲託諸空言，不如載諸行事』」是也。

注「善善」至「其罪」解云：若其善善可正言其美，但以惡惡不可正言其罪。若正言其罪，則非孫順之義，故此何氏偏以其罪言之。若其備文，宜云「不可正言其善惡」矣。

注「因周」至「之科」解云：即隱元年注邾婁儀父云「稱字所以得爲褒者」，「春秋前失爵，在名例」之屬是也。

注「故加州」至「姓名」解云：所以必備七等之法者，正以北斗七星主賞罰示法，春秋者賞罰之書，故則之。故説題辭曰「北斗七星有政，春秋亦以七等宣化」，運斗樞曰「春秋設七等之文，以貶絶録行，應斗屈伸」是也。

注「主人」至「焉爾」解云：定元年傳文。彼注云「此假設而言之，主人謂定、哀也」，「習其經而讀之，問其傳解詁，則未知己之有罪於是」是也。

蔡侯獻舞何以名？據「獲晉侯」不名。

【疏】注「據獲晉侯不名」 解云：僖十五年，「晉侯及秦伯戰于韓，獲晉侯」是也。

絶。曷爲絶之？據晉侯不名絶。

【疏】「絶」 解云：禮，諸侯不生名，則書名者，絶之不以爲諸侯也。

獲也。「獲」，得也。戰而爲敵所得。獻舞不言「獲」，故名以起之。曷爲不言其獲？據晉侯言「獲」也。不與夷狄之獲中國也。與凡伯同義。「夷狄」謂楚。不言「楚」言「荆」者，楚彊而近中國，卒暴責之，則恐爲害深，故進之以漸，從此七等之極始也。○近，附近之近。卒，七忽反。

【疏】「不與」至「中國也」 解云：秦亦夷狄而得獲晉侯者，非真故也。是以爵得稱「伯」，居舊土耳。

注「與凡伯同義」 解云：即隱七年注云「中國者，禮義之國也。執者，治文也。君子不使無禮義制治有禮義，故絶不言『執』，正之言『伐』也」，「所以降夷狄，尊天子，爲順辭」。然則，此亦獲者治文，君子不使無禮義制治有禮義，故絶不言「獲」，正之，所以降夷狄，尊中國，爲順辭矣。故云「與凡伯同義」。然則，彼已有傳，此復發之者，彼是天子大夫，此則諸侯，嫌其異，故同之。

注「夷狄」至「極始也」 解云：注言此者，欲道楚屬荆州，吴屬揚州，所以抑楚言荆不抑吴言揚者，正以楚近中國，恐爲中國之害，故欲進之以漸，先從卑稱進之，若先得貴名，而後退之，則恐害於諸夏故也。運斗樞曰「抑楚言荆，不使夷狄主中國」者，義亦通於此。戴氏云「荆、楚一物，義能相發；吴、揚異訓，故不得州名也」者，與何氏異。穀梁傳曰「荆者楚也，何爲謂之荆？狄之也。何爲狄之？聖人立，必後至，天子弱，必先叛，故曰『荆』，狄之也」，與此異，不得合也。

冬，十月，齊師滅譚，譚子奔莒。何以不言「出」？據衛侯「出奔」也。○譚，徒南反。〔三五〕

【疏】注「據衛侯出奔也」解云：即僖二十八年，「衛侯出奔楚」，襄十四年「衛侯衎出奔齊」之屬是也。注者欲據二人，故不道所奔國也。

國已滅矣，無所出也。別於有國出奔者，孔子曰「君子於其言，無所苟而已矣」。月者，惡不死位也。○別，彼列反。惡，烏路反。

十有一年，春，王正月。

夏，五月，戊寅，公敗宋師于鄑。○鄑，子斯反。

秋，宋大水。何以書？記災也。外災不書，此何以書？據漷移不書。○漷，火號反，又音郭。

【疏】注「據郭移不書」解云：即襄十九年「取邾婁田，自漷水」，傳云「其言『自漷水』何？以漷爲竟也。何言乎以漷爲竟？漷移也」，注云「魯本與邾婁以漷爲竟，漷移入邾婁界，魯隨而有之」者，是也。

及我也。時魯亦有水災，書魯則宋災不見，兩舉則煩文不省，故詭例書外以見內也。先是二國比興兵相敗，百姓同怨而俱災，故明天人相與報應之際，甚可畏之。○不見，賢偏反，下同。省，所景反。應，應對之應。

【疏】注「時魯」至「見内也」解云：案襄九年「春，宋火」，傳云「外災不書，此何以書？爲王者之後記災」，與此異者，正以此言大水，水者流通之道，可以及兩國，故得書外以明内矣。彼是火災，無及内之理，而得書見，明爲王者之後記災故也。若然，襄十九年傳云「漷移也」，亦是水災，何不書「邾婁大水」以見及内者？彼直移入邾婁竟内，故魯隨而侵之，實不及魯，寧得類此。

注「先是二國比興兵相敗」解云：即上所云「公敗宋師于鄑」，十年夏，「公敗宋師于乘丘」之屬是也。

冬，王姬歸于齊。何以書？過我也。時王者嫁女於齊，塗過魯，明當有送迎之禮。在塗不稱「婦」者，王者無外，故從在國辭。○過，古禾反。

【疏】注「在塗不稱」至「在國辭」解云：正以隱二年傳云「女在其國稱女，在塗稱婦，入國稱夫人」。今此在塗而不稱婦，故如此注也。云「王者無外」者，桓八年傳云「女在其國稱女，此其稱王后何？王者無外，其辭成矣」是也。

十有二年，春，王三月，紀叔姬歸于酅。其言「歸于酅」何？據國滅來歸不書，「酅」非紀國而言「歸」。

【疏】注「據國」至「不書」　解云：即上四年「紀侯大去其國」，不書「叔姬來歸」是也。叔姬來歸所以不書者，江熙云「叔姬來歸不書，非歸寧，且非大歸」是也。然則紀國之滅在莊四年，至此乃歸酅者，江熙云「叔姬守節，積有年矣。季雖有酅入于齊，〔三六〕不敢懷二，然襄公豺狼，未可闇信。桓公既立，德行方宣於天下，是以叔姬歸于酅，魯喜其女得申其志也」。

注「酅非紀國而言歸」　解云：謂非國都，今又屬「齊」，如此注者，意決隱七年「叔姬歸于紀」之經矣。

隱之也。何隱爾？其國亡矣，徒歸于叔爾也。「叔」者，紀季也。婦人謂夫之弟爲「叔」。來歸不書，書歸酅者，痛其國滅無所歸也。「酅」不繫「齊」者，時齊聽後五廟，故國之，起有五廟存也。月者，恩録之。

【疏】注「婦人」至「爲叔」　解云：爾雅文。即曲禮上篇云「嫂叔不通問」是也。

注「酅不」至「廟存也」　解云：如此注者，正欲決昭二十一年「宋華亥等自陳入于宋南里以畔」之文矣。

注「月者恩録之」　解云：即上元年注云「內女歸例月，外女不月者，聖人探人情以制恩，實不如魯女」。然則，內女之歸皆書月者，悉爲恩録故也，是以此注云「月者恩録之」。

夏，四月。

秋，八月，甲午，宋萬弑其君接，及其大夫仇牧。「及」者何？累也。弑君多矣，舍此無累者乎？孔父、荀息皆累也。舍孔父、荀息無累者乎？〔三七〕曰，有。復反覆發傳者，樂道人之善也。孔子曰：「益者三樂，損者三樂。樂節禮樂，樂道人之善，樂多賢友，益矣；樂驕樂，樂佚遊，樂宴樂，損矣」。○接，左氏作「捷」。仇牧，音求，下音木。〔三八〕舍，音捨，下「舍孔父」同。復，扶又反，年末同。覆，芳服反。驕樂，音洛，下「宴樂」同。

【疏】「宋萬弑其君接」 解云：正本皆作「接」字，故賈氏云「公羊、穀梁曰『接』」是也。

「及者何」 解云：尊卑灼然而言「及」以殊之，故執不知問。

「孔父荀息皆累也」 解云：孔父之累，在桓二年；荀息之累，在僖十年。

「曰有」 解云：欲指文公十八年叔仲惠伯被殺之事。

注「復反」至「之善也」 解云：謂桓二年已有此傳矣。

注「孔子曰」至「損矣」 解云：樂皆是發心之樂，唯有「禮」下一「樂」是「禮樂之樂」耳。言「樂節禮樂」者，言樂得禮樂之節；言「樂道人之善」者，謂口道之道。言「樂佚遊」者，樂欲遊從；言「樂宴樂」者，樂欲安樂而好内矣。

有則此何以書？賢也。何賢乎仇牧？據與孔父同也。

【疏】注「據與孔父同也」〔三九〕解云：案桓二年傳云「何賢乎孔父」，彼注云「據叔仲惠伯不賢」。今此傳云「何賢乎仇牧」者，亦與孔父同據，故言「據與孔父同」。

仇牧可謂不畏彊禦矣。以下録萬出奔月也。「禦」，禁也，言力彊不可禁也。○禦，魚呂反。

【疏】注「以下」至「月也」解云：即下文「冬十月，宋萬出奔陳」，注云「月者，使與大國君奔同例，明彊禦也」是。

其不畏彊禦奈何？萬嘗與莊公戰，「莊公」即魯莊公。「戰」者，乘丘時。

【疏】注「戰者乘丘時」解云：即上十年「公敗宋師于乘丘」是也。

獲乎莊公。莊公歸，散舍諸宮中。「散」，放也。「舍」，止也。獲不書者，士也。

【疏】注「獲不書者士也」者，解云：公羊之例，大夫見經故也。

數月，然後歸之。歸反，爲大夫於宋。與閔公博，傳本道此者，極其禍生於博戲，相慢易也。○數，所主反。公博，如字，戲名也，字書作「薄」。易，以豉反。

【疏】「歸反」至「於宋」解云：歸而反國，乃爲大夫於宋矣。〔四〇〕

婦人皆在側。萬曰「甚矣，魯侯之淑，「淑」，善。魯侯之美也！「美」，好。天下諸侯宜爲君者，唯魯侯爾！」萬見婦人皆在側，故許閔公以此言，言閔公不如魯侯美好。○許，九列反，九謁反，一音九刈反。又一本作揭。其例、去列二反。閔公矜此婦人，色自美大於此婦人。妒其言，顧曰：顧謂側婦人曰，「此虜也！」「此」萬也。「虜」，執虜也。○妒，丁故反。「爾虜焉故，「爾」，女也，謂萬也。更向萬曰：「女嘗執虜於魯侯，故稱譽爾」。○爾女，音汝，下同。稱譽，音餘，又音預。魯侯之美惡乎至？」「惡乎至」，猶何所至。○惡，音烏，注同。萬怒，搏閔公，絶其脰。「脰」，頸也。〔四一〕齊人語。○搏，音博。脰，音豆，頸也。仇牧聞君弑，趨而至，遇之于門，手劍而叱之。「手劍」，持拔劍。〔四二〕「叱」，罵之。○叱，昌實反。萬臂摋仇牧，〔四三〕碎其首，側手曰「摋」。「首」，頭。○萬臂，必賜反，本又作「辟」，婢亦反。摋，素葛反，又素結反，側手擊也。齒著乎門闔。〔四四〕「闔」，扇。○著，直略反。門闔，户臘反，門扇也。仇牧可謂不畏彊禦矣。猶乳犬攫虎，〔四五〕伏雞搏貍，精誠之至也。争搏弑君而以當國言之者，〔四六〕重録彊禦之賊禍不可測，明當防其重者，急誅之。○乳，如住反。攫，俱縛反，〔四七〕又九碧反，一本作搏，又音付。伏，扶又反。貍，力之反。

【疏】注「猶乳」至「之至也」解云：言仇牧知力不敵而有討心，亦有精誠之至也。似若産乳之犬，不憚猛虎；伏雞愛子，投命敵狸之類，故比之。

注「**争搏弑**」至「**急誅之**」　解云：當國者即言宋萬是也。故隱四年「衛州吁弑其君完」，傳云「曷爲以國氏？當國也」者是也。

冬，十月，宋萬出奔陳。萬弑君，所以復見者，重録彊禦之賊，明當急誅之也。月者，使與大國君奔同例，明彊禦也。○見，賢徧反。

【**疏**】**注**「**萬弑君**」至「**誅之也**」　解云：欲道春秋上下但是弑君之賊，〔四八〕皆不重見，即宋督、鄭歸生、齊崔杼之屬是也。而宋萬、趙盾之屬復見者，當文皆有注，更不勞重説。

注「**月者**」至「**禦也**」　解云：春秋之例云，大國君奔皆悉書月，即桓十六年，「十有一月，衛侯朔出奔齊」之屬是也。今此大夫而書月者，明彊禦之甚故也。若然，昭二十年，「冬十月，宋華亥、向甯、華定出奔陳」，亦是大夫而書月，彼注云「月者，危三大夫同時出奔，將爲國家患，明當防之」是也。而范氏此處注云「宋久不討賊，致令得奔，故謹而月之」也者，與何氏别。

十有三年，春，齊侯、宋人、陳人、蔡人、邾婁人會于北杏。齊桓行霸，約束諸侯，尊天子，故爲此會也。桓公時未爲諸侯所信鄉，故使微者會也。桓公不辭微者，欲以卑下諸侯，遂成霸功也。○鄉，許亮反。年末同。〔四九〕下，遐嫁反。〔五〇〕

【**疏**】**注**「**桓公時**」至「**會也**」　解云：言未爲諸侯所信任而歸鄉之，是以諸侯皆使微者會，即宋人、陳人之屬是也。

夏，六月，齊人滅遂。不會北杏故也。不諱者，桓公行霸，不任文德，而尚武力，文功未足以除惡。

【疏】注「不諱者」至「武力」 解云：春秋爲賢者諱，而不諱者，正以不任文德而尚武力故也。其武力者，即此「滅遂」是也。繁露云「論功則桓兄文弟，論德則文兄桓弟」是也，而論語云「齊桓公九合諸侯，不以兵車之力」，謂自此以後。

注「文功未足以除惡」 解云：春秋褒貶皆以功過相除計。桓公之立，雖有北杏之會，前有篡逆，滅譚之非，論其功不足而惡有餘，故不爲諱也。而言「未」者，欲道其九合之後，功足以除惡也。

秋，七月。

冬，公會齊侯，盟于柯。何以不日？據唐之盟日。○柯，音歌。

【疏】注「據唐之盟日」 解云：即隱二年「秋八月庚辰，公及戎盟于唐」是也。

易也。「易」猶佼易也，相親信，無後患之辭。○易也，以豉反，注及下同。佼，古卯反。其易奈何？桓之盟不日，其會不致，信之也。其不日何以始乎此？莊公將會乎桓，曹子進曰：「進」，前也。曹子見莊將會，有慙色，故問之。「君之意何如？」

【疏】「桓之」至「信之也」 解云：謂桓公諸會皆如是也。以不日爲信者，公羊之例，不信者日故也。以不致爲信者，凡致者，臣子喜其君父脱危而至，其會無危，故以不致爲信也。

注「曹子」至「慙色」 解云：注者之意也。

莊公曰：「寡人之生，則不若死矣！」自傷與齊爲讎，不能復也。伐齊納糾，不能納，反復爲齊所脅而殺之。○能復，扶又反，下同。

【疏】注「自傷」至「復也」 解云：桓十八年「公薨于齊」，莊九年，「及齊師戰于乾時，我師敗績」是也。

注「伐齊納糾不能納」 解云：即上九年「夏，公伐齊，納糾」，傳曰「伐而言『納』者，猶不能納也」是也。

注「反復」至「殺之」 解云：即上九年「齊人取子糾殺之」是也。

曹子曰：「然則君請當其君，臣請當其臣。」「當」，猶敵也，將劫之辭。莊公曰：「諾。」

於是會乎桓。莊公升壇，土基三尺、土堦三等曰「壇」。會必有壇者，爲升降揖讓，稱先君以相接，所以長其敬。○壇，大丹反。以長，丁丈反。

【疏】注「土基」至「曰壇」 解云：時王之禮也。必爲三等者，正以公爲上等，侯爲次等，伯、子、男爲下等故也。

注「稱先君以相接」 解云：即四年傳云「古者諸侯必有會聚之事，相朝聘之道，號辭必稱先君以相接」是也。

曹子手劒而從之。「從」，隨也，隨莊公上壇，造桓公前而脅之。曹子本謀當其臣，更當其君者，見莊有不能之色。○上，時掌反。造桓，七報反，下同。

【疏】注「曹子」至「見莊有不能之色」解云：亦注者之意也。

管子進曰：「君何求乎？」「管子」，管仲也。「君」，謂莊公也。桓公卒愕，不能應，故管子進爲此言。○卒，七忽反。愕，五各反。應，應對之應。爲此言，于僞反，下「爲殺」同。

【疏】注「桓公」至「此言」解云：正以劫桓公而管子對故也。

曹子曰：莊公亦造次不知所言，故任曹子。

【疏】注「莊公」至「曹子」解云：正以問莊公而曹子對，故言此。

「城壞壓竟，[五一]齊數侵魯取邑，以喻侵深也。○壓，於甲反，又於輒反。數，所角反。

【疏】「城壞壓竟」解云：謂齊比來攻魯城，令至壞敗，抑壓魯竟，以爲己物也。

君不圖與？」「君」，謂齊桓公。「圖」，計也。猶曰「君不當計侵魯太甚」？[五二]○與，音餘。管子曰：「然則，君將何求？」所侵邑非一，欲求何者？

【疏】「管子曰」至「何求」解云：意欲少還而已。

曹子曰：「願請汶陽之田。」欲復魯竟。

【疏】「曹子曰」至「之田」　解云：舉其大畔言之，欲盡取之，故注云「欲復魯竟」矣。

管子顧曰：「君許諾。」諸侯死國不死邑，故可許諾。

【疏】注「諸侯」至「許諾」　解云：即曲禮下篇云「國君去其國，止之曰『若之何去社稷矣』」，〔五三〕是無去國之文。不言「若之何去田邑」，故知不死邑也。

桓公曰：「諾。」曹子請盟，桓公下與之盟。下壇與曹子定約盟誓莊公也。必下壇者，爲殺牲不潔，〔五四〕又盟本非禮，故不于壇上也。

【疏】注「下壇」至「莊公也」　解云：猶言定約束其盟誓莊公也。

注「必下」至「不潔」　解云：「不」字亦作「清」字者。

注「又盟本非禮」　解云：即桓三年傳云「古者不盟，結言而退」是也。

已盟，曹子摽劒而去之。「摽」，辟也。時曹子端劒守桓公，已盟，乃摽劒置地，與桓公相去離，故云爾。○摽劒，普交反，辟也，辟劒置地。劉兆云：辟，捐也。辟也，婢亦反，下同。去離，力智反。

【疏】注「時曹子端」至「故云爾」解云：端，猶始也。言曹子從始持劍而守桓公矣。及其盟訖，乃摽劍而置于地。乃「與桓公相去離」者，釋傳云「而去之」之文。

要盟可犯，臣約束君曰「要」，(五五)彊見要脅而盟爾，故云「可犯」。○要，一遥反。強，其丈反。(五六)而桓公不欺；曹子可讎，以臣劫君，罪可讎。而桓公不怨。桓公之信著乎天下，自柯之盟始焉。諸侯猶是翕然信鄉服從，再會于鄄，同盟于幽，遂成霸功，故云爾。劫桓公取汶陽田不書者，諱行詐劫人也。

【疏】注「再會于鄄」解云：即下十四年冬及十五年春，比「會于鄄」是也。

注「同盟于幽」解云：即下十六年冬，「同盟于幽」是也。

注「劫桓」至「劫人也」解云：正以成二年書取汶陽之田故也。

十有四年，春，齊人、陳人、曹人伐宋。

夏，單伯會伐宋。其言「會伐宋」何？據伐國不殊「會」，曹伯襄言「會諸侯」。

【疏】注「據伐國不殊會」(五七)解云：與上諸侯俱是伐宋，事不殊異，何勞別生會文乎？故難之。

注「曹伯」至「諸侯」解云：即僖二十八年冬，「曹伯襄復歸于曹，遂會諸侯圍許」是也。

後會也。本期而後，故但舉「會」。書者，刺其不信，因以分別功、惡有深淺也。從義兵而後者，功薄；〔五八〕從不義兵而後者，惡淺。○別，彼列反。

【疏】注「本期」至「舉會」　解云：若其不後，宜言「單伯會齊人、陳人、曹人伐宋」，如下文「單伯會齊侯、宋公、衛侯、鄭伯于鄄」之文。

注「從義兵」至「功薄」　解云：即此是。

注「從不義」至「惡淺」　解云：無經可據，但言理當然也。

秋，七月，荆入蔡。

冬，單伯會齊侯、宋公、衛侯、鄭伯于鄄。○鄄，本亦作甄，規面反。

十有五年，春，齊侯、宋公、陳侯、衛侯、鄭伯會于鄄。

夏，夫人姜氏如齊。

秋，宋人、齊人、邾婁人伐兒。○兒，音郳。〔五九〕

【疏】「夫人姜氏如齊」解云：復與桓通也。〔六〇〕

「秋宋人」至「伐兒」解云：范氏云：「宋主兵，故序『齊』上也。班序上下，以國大小爲次」，「征伐則以主兵爲先，春秋之常也」。

鄭人侵宋。

冬，十月。

十有六年，春，王正月。

夏，宋人、齊人、衛人伐鄭。

秋，荆伐鄭。

冬，十有二月，公會齊侯、宋公、陳侯、衛侯、鄭伯、許男、曹伯、滑伯、滕子，同盟于幽。〔六一〕「同盟」者何？同欲也。同心欲盟也。同心爲善，善必成，同心爲惡，惡必成，故重而言「同心」也。〔六二〕

〇滑，于八反。

【疏】「同盟者何」解云：欲言同善，不見褒賞之文；欲言同惡，復無刺譏之處，故執不知問。

邾婁子克卒。小國未嘗卒，而卒者，爲慕霸者，有尊天子之心，行進也。不日，始與霸者，未如瑣。〔六三〕瑣卒在二十八年。〇爲慕，于僞反。如瑣，息果反。

【疏】注「小國」至「進也」解云：正以所傳聞之世，未録小國卒葬故也。

注「不日者」至「二十八年」解云：即二十八年經云「夏，四月，丁未，邾婁子瑣卒」，注云「日者，附從霸者，朝天子，行進」是也。然則此亦行進而不日者，但始與霸者，有尊天子之心，未朝天子故也。其「始與霸者」之事，即上十三年「春，齊侯、宋人、陳人、邾婁人會于北杏」是也。

十有七年，春，齊人執鄭瞻。「鄭瞻」者何？鄭之微者也。以無氏也。

【疏】「鄭瞻者何」解云：欲言尊卿，名氏不具；欲言微者，書名見經，故執不知問。

此鄭之微者，何言乎「齊人執之」？據獲宋萬不書者，不坐獲微者。今書齊稱「人」，坐執文。〇鄭瞻，二傳作「詹」。

【疏】注「據獲」至「執文」解云：上十二年傳云「萬嘗與莊公戰，獲乎莊公」，注云「獲不書者，士也」，然則以獲微者不罪坐，故不書。今書齊稱人，作坐執之文，故難之。

書甚佞也。爲甚佞，故書，惡之，所以輕坐執人也。然不得爲伯討者，事未得行，罪未成也。孔子曰「放鄭聲，遠佞人。」罪未成者，但當遠之而已。〔六四〕○爲其，于僞反。惡之，烏路反，下「惡之」皆同。遠佞，于萬反，〔六五〕下同。

【疏】注「不得爲」至「未成也」解云：僖四年傳云「執者，曷爲或稱侯，或稱人？稱侯而執者，伯討也；稱人而執者，非伯討也」。今稱人而執，故云「不得爲伯討」矣。

注「孔子曰」至「佞人」解云：論語文。案樂記魏文侯問子夏，「曰：『敢問溺音何從出也』？子夏對曰『鄭音好濫淫志，宋音燕女溺志，衛音趨數煩志，齊音敖辟喬志。此四者，皆淫於色而害於德，是以祭祀弗用也』」。然則四國皆有淫聲，蓋逐甚者言之，故許氏云「鄭詩二十一篇，説婦人者十九」，〔六六〕此之謂也。或何氏云「鄭聲淫」，與服君同，皆謂鄭重其手而音淫過，非鄭國之「鄭」也。

夏，齊人瀸于遂。「瀸」者何？瀸，積也。衆殺戍者也。「瀸」者，死文。「瀸」之爲死，積死非一之辭，故曰「瀸積」。「衆」，多也。以兵守之曰「戍」。齊人滅遂，遂民不安，欲去，齊強戍之，遂人共以藥投其所飲食水中，多殺之。古者有分土無分民，齊戍之，非也，遂不當坐也，故使齊爲自積死文也。稱「人」者，衆辭也。不書戍將帥者，封内之兵，故不書。○瀸，子廉反，二傳作殲。積，本又作漬。強，其丈反。將帥，子匠反，下所類反。

【疏】「瀸者何」解云：正以異於常例，故執不知問。

注「瀸者」至「衆多也」解云：即曲禮下篇云「羽鳥曰降，四足曰漬」，鄭注云「異於人也。降，落也。漬謂相瀸汙而死」是也。

注「**齊人滅遂**」 解云：在上十三年。

注「**古者有分土無分民**」〔六七〕 解云：說在桓元年注文也。

秋，鄭瞻自齊逃來。何以書？書甚佞也。曰：「佞人來矣！佞人來矣！」重言「來」者，道經主書者，若傳云爾。蓋痛魯知而受之，信其計策，以取齊淫女，丹楹刻桷，卒爲後敗也。加「逃」者，抑之也。所以抑之者，上「執」稱「人」，嫌惡未明。繫「鄭」者，明行當本於鄉里也。子貢問曰：「鄉人皆好之，何如？」子曰：「未可。」「鄉人皆惡之，何如？」子曰：「未可。不若鄉人之善者善之，鄉人之惡者惡之。」〇重，直用反。明行，下孟反。

【疏】**注**「**重言**」**至**「**云爾**」 解云：經所以主書此事者，正惡佞人之來，恐其作禍矣。

注「**蓋痛魯知而受之**」 解云：春秋痛傷魯人知其佞人，惡而受之。

注「**信其計**」**至**「**淫女**」 解云：即下二十四年「夏，公如齊逆女」，秋，「夫人姜氏入」是也。知取齊淫女是鄭瞻之計者，春秋說文云。

注「**丹楹刻桷**」 即下二十三年「秋，丹桓宮楹」，二十四年春，「刻桓宮桷」是也。

注「**卒爲後敗也**」 解云：即淫二叔、殺二嗣子是也。

注「**加逃者抑之也**」 解云：謂逃是碎事，不應見經，而見「逃」于經者，抑之故也。或者子哀、慶封之屬皆言「奔」。今此加「逃」，故決之。

注「**上執**」**至**「**未明**」 解云：謂稱「人」爲坐「執」文，非伯討之義故也。

注「**子貢**」**至**「**惡之**」 解云：一鄉之人皆好此人，此人何如？子曰：未可即以爲善。何者？此人或者行與衆同，或朋黨矣。子貢又曰：若一鄉之人皆惡此人，此人何如？子曰：未可即以爲惡也，何者？此人或者行與衆異，或孤特矣。不若鄉人之善行者善之，惡行者惡之，與善人同，復與惡人異。道理勝于前，故知是實善。云云之說，備于鄭注。

冬，多麋。何以書？記異也。

「麋」之爲言猶迷也。象魯爲鄭瞻所迷惑也。言「多」者，以多爲異也。○麋，亡悲反。

【疏】**注「象魯」至「惑也」** 解云：感精符文。

注「言多」至「異也」 解云：魯舊有麋，但今乃多耳。

校勘記

〔一〕同心又國遠　「又」原作「人」。阮校：宋本、鄂本「人」作「又」，疏中諸本同，作「又」。今按，撫州本作「又」，余本已誤作「人」。據改。

〔二〕稱人微之　阮校：鄂本「人」作「知」，此誤，當據正。當讀「知微之」三字句。今按，撫州本、余本與此同，作「人」不作「知」。

〔三〕乃至汲汲之甚者　單抄本「乃」誤作「及」，單疏殘本作「乃」不誤。

〔四〕不言歸鄭　「鄭」原作「衛」。按余本與此本「鄭」誤作「衛」，撫州本作「鄭」。據改。

〔五〕有作販字者　今按，諸本「販」作「敗」，此本作「販」，單疏殘本、單抄本作「販」。廣碑別字引唐處士王君碑「皈」作「飯」，疑諸本皆從此字訛。

〔六〕寔爲魯爲同 「寔」諸本作「實」。

〔七〕不能以一國爲家 單抄本脱「一」字，單疏殘本有。

〔八〕君薨稱子某言之者 「某」原作「其」。單疏殘本、單抄本「其」作「某」。據改。

〔九〕故去公子 「去」原作「云」。今按，撫州本、余本「云」作「去」。閩本誤作「云」，毛本改作「去」。據改。

〔一〇〕宋公子池 「池」原作「地」。阮校：鄂本作「地」。又何煌云「地」當作「池」。今按，撫州本、余本「地」作「池」。據改。

〔一一〕公子池 「池」原作「地」。按單疏殘本、單抄本「地」作「池」。據改。

〔一二〕「疏其言入何解云……」至「秋七月至襄公解云……」 阮校：閩、監、毛本移「其言入何」疏文於傳文「其言入何」節下，移「秋九月至襄公」疏文於經文「秋七月丁酉葬齊襄公」下。

〔一三〕不善而諱之 「善」原作「書」。按單疏殘本、單抄本「書」作「善」。據改。

〔一四〕其取之何 浦鏜云：「其」下石經有「言」字。阮校：諸本誤脱。

〔一五〕以公病矣是 浦鏜云：「以」下脱「爲」字。阮校：有「爲」字與穀梁傳合。

〔一六〕洙音殊 「殊」原作「珠」。「珠」諸本釋文作「殊」。據改。

〔一七〕犂戰是也 「犂」原作「黎」。按殿本考證疑「黎戰」當是「來戰」之訛，即桓十年冬齊、衛、鄭來戰于郎是也。阮校云：鄂本「黎」誤「犂」。今按，撫州本、余本「黎」作「犂」。據改。

〔一八〕侵例時 今按，穀梁傳無「例」字。

〔一九〕不知宿之不肯邪　浦鏜云：「不肯」疑誤倒。

〔二〇〕不言乘丘　諸本作「敗不言乘丘」，岩本譯據下疏標起訖引以爲「不」爲衍字，並參疏校記。

〔二一〕注敗言乘丘　阮校：此本「言」上脱「不」字。今按，單抄本亦無「不」。

〔二二〕反次在郎　阮校：「反」疑「及」之誤。

〔二三〕故當言伐　「故」原作「敗」。阮校：鄂本、宋本「敗」作「故」。今按，撫州本、余本作「故」。據改。

〔二四〕故直書其伐耳　「直」原作「有」。阮校云「有」當「但」之誤。今按，單疏殘本、單抄本「有」作「直」。據改。

〔二五〕二國纔止次　阮校云：宋本作「讒」，誤；鄂本「止」作「上」，亦誤。今按，余本作「纔」。

〔二六〕注且明至其惡者　「者」字原無。浦鏜云：下當脱「〇解云」。今按，單疏殘本、單抄本「惡」下有「者」字。據補。

〔二七〕事謂作徒役也　「役」原作「設」。浦鏜云：「設」當「役」誤。今按，單疏殘本、單抄本「設」作「役」。據改。

〔二八〕揚州　「揚」原作「楊」。單疏殘本「楊」皆作「揚」，據改。下倣此，不出校。

〔二九〕雍州界至黑水　阮校：「至」當作「自」，詩韓奕正義引作「自」。

〔三〇〕漢南曰荆州　殿本考證云：「荆州」下應有「李氏曰漢南」五字，此疏引爾雅釋地各州皆然，此不當脱。

〔三一〕故曰兖　「兖」下原有「州」字。按單疏殘本、單抄本無「州」字。據删。

〔三二〕則幽并及益是　阮校：「益」當作「營」。

〔三三〕若對爾雅則長青并無徐營若對禹貢則長幽并無徐梁矣　殿本考證云：周禮職方疏改二「長」字

爲「有」。

〔三四〕爵最尊　撫州本「最」作「取」，余本作「最」。

〔三五〕譚徒南反　宋本、撫州本音義「徒」作「人」，阮校改「人」爲「大」，余本作「徒」。釋文凡三見「譚，徒南反」，此或亦不例外。

〔三六〕雖有鄰入于齊　浦鏜云：「以」誤「有」。

〔三七〕無累者乎　阮校：鄂本無「者」字。

〔三八〕下音木　宋本釋文、撫州本「木」作「牧」，余本作「木」。閩本作「木」，毛本回改作「牧」。

〔三九〕注據與孔父同也　單疏殘本、單抄本「同」下有「也」字。據補。

〔四〇〕爲大夫於宋矣　單疏殘本、單抄本此句下有「摋，音蘇節反」五字，「音蘇節反」四字作雙行小字。

〔四一〕脰頸也　阮校：蜀大字本及漢制考同，宋本、閩、監、毛本「頸」誤「脛」。今按，撫州本作「頸」，不誤。

〔四二〕手劒持拔劒　「拔」原作「技」。阮校：宋本、鄂本「技」作「拔」。今按，撫州本、余本作「拔」字。據改。

〔四三〕萬臂摋仇牧　阮校引釋文本「臂」又作「辟」，按此當作「辟」，是「辟殺」，非「臂殺」。

〔四四〕齒著乎門闔　阮校云：唐石經「闔」字磨改重刻。又爾雅釋宮郭注引公羊傳曰「齒著于門闔」，今本「于」作「乎」，非。

〔四五〕乳犬攫虎　阮校：鄂本作「獲」，當作「攫」。今按，撫州本、余本同作「攫」，閩本以下皆改作「攫」。

〔四六〕争搏弑君　阮校：鄂本、閩本「搏」作「博」，當據正。宋本作「傳」。今按，余本、撫州本皆作「搏」，阮校疑非。

〔四七〕玃俱縛反　宋本、撫州本釋文「玃」作「攫」，余本作「玃」，閩、毛本等皆改作「攫」。

〔四八〕但是弑君之賊　「但」原作「皆」，據單疏殘本、單抄本改。

〔四九〕年末同　此三字原無，諸本釋文有。據補。

〔五〇〕下遐嫁反　宋本釋文補版「嫁」作「稼」。

〔五一〕城壞壓竟　阮校：「竟」，鄂本作「境」，爲「竟」俗字。

〔五二〕侵魯太甚　阮校：「太」，宋本作「大」。今按，撫州本、余本作「大」。

〔五三〕若之何去社稷矣　今禮記作「奈何去社稷也」，疏蓋以義引。

〔五四〕爲殺牲不潔　阮校：宋本「潔」作「絜」。今按，撫州本「潔」皆作「絜」，余本皆作「潔」。

〔五五〕臣約束君曰要　「束」原作「其」。阮校：鄂本、宋本「其」作「束」，當據正。今按，撫州本、余本作「束」。據改。

〔五六〕強其丈反　四字原無，據諸本釋文補。

〔五七〕伐國不殊會　「會」字原無。按殿本考證云，「殊」下當補「會」。據補。

〔五八〕功薄　撫州本「功」作「力」，余本作「功」。據疏標起止，作「功」字是。

〔五九〕兒音郳　殿本考證云，此下當有「左氏經作郳」五字。

〔六〇〕夫人姜氏如齊解云復與桓通也　浦鏜云：此十三字當在上「夏夫人姜氏如齊」經下。

〔六一〕公會齊侯宋公陳侯衛侯鄭伯許男曹伯滑伯滕子同盟于幽　阮校云：諸本同。唐石經缺損，以字計之當有「公會」二字。惠棟云：左氏、穀梁無「公」字，故穀梁傳云不言「公」。按「公會」當爲衍文。左氏、穀梁無「公」字，猶賸「會」字。據十九年何注云「先是鄄、幽之會公比不至。公子結出竟遭齊、宋欲深謀伐魯，故專矯君命而與之盟」。然則幽之盟非特魯君不至，即士大夫亦未有來會者，猶十五年齊侯、宋公、陳侯、衛侯、鄭伯會于鄄，不曰「公」，「公會齊侯」及「會齊侯」云云也。春秋繁露滅國下篇云「幽之會，莊公不往」。

〔六二〕故重而言同心也　阮校引惠棟説，「心」字衍。

〔六三〕未如瑣　撫州本「瑣」作「瓅」。阮校：鄂本、宋本作「瓅」，又按「瑣」正，「瓅」俗。

〔六四〕但當遠之而已　「但」原作「伯」。阮校：鄂本、宋本「伯」作「但」。今按，撫州本「伯」作「但」，余本誤作「伯」。據改。

〔六五〕于萬反　撫州本「萬」作「万」，余本作「萬」。

〔六六〕説婦人者十九　阮校引孫志祖云：此許叔重五經異義語。禮樂記正義云，鄭詩説婦人者唯九，經異義云「十九」，誤也。孫詒讓云，十九者謂□□□其多，□□□樂記正義誤。（□爲缺字，從整理本——引者按）

〔六七〕注古者有分土無分民　「注」字原無。單抄本「古」上有「注」字，據補。

監本附音春秋公羊傳注疏莊公卷第八起十八年，盡二十七年。

何休學

十有八年，春，王三月，日有食之。是後戎犯中國，魯蔽鄭瞻、夫人如莒，淫泆不制所致。

【疏】注「是後戎犯中國」 解云：即下文「夏，公追戎于濟西」是也。注「魯蔽鄭瞻」 解云：下文「秋，有蜮」是。注「夫人」至「所致」 解云：即下十九年秋，「夫人姜氏如莒」之屬是也。是陰勝陽之象，是以日爲之食。

夏，公追戎于濟西。以兵逐之曰「追」。○濟，子禮反。此未有言「伐」者，其言「追」何？據「公追齊師至酅」，〔一〕舉齊侵也。

【疏】注「據公」至「侵也」 解云：即僖二十六年「齊人侵我西鄙。公追齊師至嶲，弗及」是也。

大其爲中國追也。以其不限所至，知爲中國追也。○爲中，于僞反，注及下皆同。

【疏】注「以其」至「追也」　解云：「公追齊師至巂」，限其所至，乃是自爲已追，故知如此。

此未有伐中國者，則其言爲中國追何？大其未至而豫禦之也。其言「于濟西」何？據「公追齊師至酅，弗及」，不言「于」也。大之也。大公除害，恩及濟西也。言「大」者，當有功賞也。「追」例時。

【疏】注「言大者」至「賞也」　解云：「公追齊師至巂，弗及」，不言「于」，今言「于」者，謂公有大功，於王法當賞矣。

注「追例時」　解云：即此文是。而僖二十六年「公追齊師」，雖在「正月己未」下，不蒙日月。

秋，有蜮。何以書？記異也。「蜮」之猶言惑也，其毒害傷人，形體不可見，象魯爲鄭瞻所惑，其毒害傷人，將以大亂而不能見也。言「有」者，以有爲異也。○蜮，音或，短狐也，或謂之射工，音食。

【疏】注「蜮之猶言惑也」　解云：即五行志云「蜮猶惑也」者是。

注「其毒害傷人」　解云：即五行志云「能射人，甚者至死」是也。

注「形體不可見」　解云：即草木志云「在水中射人影即死」是也。

注「言有者以有爲異也」　解云：謂魯先無蜮，今乃有之。案昭二十五年經書「有鸜鵒來巢」，今此不書「來」者，亂氣所生，不從外來故也。

冬，十月。

十有九年，春，王正月。

夏，四月。

秋，公子結媵陳人之婦于鄄，遂及齊侯、宋公盟。「媵」者何？諸侯娶一國，則二國往媵之，以姪、娣從。言「往媵之」者，禮，君不求媵，二國自往媵夫人，所以一夫人之尊。○媵陳，以證反，又繩證反。娣從，才用反，下注同。

【疏】「媵者何」 解云：媵是碎事，例不見經，今而書之，故執不知問。

姪者何？兄之子也。娣者何？弟也。諸侯壹聘九女，諸侯不再娶。必以姪娣從之者，欲使一人有子，二人喜也，所以防嫉妬，令重繼嗣也，因以備尊尊、親親也。「九」者，極陽數也。「不再娶」者，所以節人情，開媵路。○嫉，音疾，又音自。

【疏】「姪者何」 解云：昭穆異等而與嫡俱行，故執不知問。

「娣者何」　解云：與姪同倫而在姪下，〔二〕故執不知問。

「諸侯」至「再娶」　解云：傳言此者，解所以有媵之意。言諸侯娶女非一者，正由不得再娶故也。

注「必以」至「人喜也」　解云：即穀梁傳云「一人有子，三人緩帶」，范氏云「欲共享其禄」是也。

注「所以防嫉妬」　解云：謂三人不相疾也。

注「令重繼嗣也」　解云：謂三人不相疾，共保其子。

注「因以備」至「親也」　解云：謂備姪所以尊尊，備娣所以親親，其上尊下親，皆指嫡也。

注「九者極陽數也」　解云：謂對一、三、五、七，以爲極矣也。

注「開媵路」　解云：謂亦有爲嫡之望也。

「媵」不書，此何以書？據「伯姬歸于紀」，不書「媵」也。

【疏】注「據伯姬歸于紀」者〔三〕　解云：在隱二年冬。

爲其有遂事書。爲下有遂事善也，故書所以不當書，〔四〕以起將有所詳録，猶伯姬書「媵」也。不媵則當取。〔五〕得書者張本文。言公子結如陳，遂及齊侯、宋公盟于鄄。○爲其，于僞反，注及下注同。

【疏】注「爲下有遂事善也」　解云：即遂及齊侯、宋公盟是也。

注「故書所」至「不當書」　解云：謂書「媵」是也。

注「以起將有所詳録」　解云：正欲見盟事之善，合詳而録之。

注「猶伯姬書媵也」　解云：即成八年「衛人來媵」，傳曰「媵不書，此何以書？〔六〕録伯姬也」，九年「晉人來媵」，傳曰「媵不書，此何以書？録伯姬也」，十年「齊人來媵」，傳云「媵不書，此何以書？録伯姬也。三國來媵，非禮也。曷爲皆以『録伯姬』之辭言之？婦人以衆多爲侈也」者是也。

注「言公」至「盟于鄄」　解云：是其得書之文也。

大夫無遂事，此其言「遂」何？聘禮，大夫受命不受辭，以外事不素制，不豫設，故云爾。出竟有可以安社稷、利國家者，則專之可也。先是鄄、幽之會，公比不至，〔七〕公子結出竟，遭齊、宋欲深謀伐魯，故專矯君命而與之盟，除國家之難，全百姓之命，故善而詳録之。先書地，後書「盟」者，明出竟乃得專之也。「盟」不地者，方使上爲出竟地，即更出地，嫌上地自爲「媵」出地也。陳稱「人」者，爲内書，故略以外國辭言之。此陳侯夫人，言「婦」者，在塗也。加「之」者，禮未成也。「冬，齊人、宋人、陳人伐我西鄙」，而「盟」不日者，起國家後背結之約，非結不信也。○矯，居表反。難，乃旦反。背，音佩。

【疏】注「先是」至「不至」　解云：即上十五年「春，齊侯、宋公、陳侯、衛侯、鄭伯會于鄄」，十六年冬，「會齊侯、宋公」以下「同盟于幽」是也。正以彼二經皆不言「公會」，故知魯侯不至矣。

注「欲深謀伐魯」　解云：正以善而詳録之，故知欲伐矣。

注「先書地」　解云：謂書「鄄」是也。

注「明出竟乃得專之也」　解云：正以鄄爲衛地故也。

注「此陳」至「在塗也」　解云：即隱二年傳云「在塗稱婦」是。

注「加之者禮未成也」　解云：正以此婦未成爲夫人，故加「之」絶之。若其已配，禮宜言「媵陳夫人」，不假言

「之」以絶也。

注「冬齊」至「西鄙」 解云：即下經也。〔八〕

注「而盟不」至「不信也」 解云：以公羊之例，不信者書日，故如此解。

夫人姜氏如莒。

冬，齊人、宋人、陳人伐我西鄙。「鄙」者，邊垂之辭，榮見遠也。〔九〕

二十年，春，王二月，夫人姜氏如莒。月者，再出也。不從四年已月者，異國。

【疏】注「月者再出也」 解云：欲對上十九年秋「夫人姜氏如莒」之文也。

注「不從」至「異國」 解云：即上四年經云「春，王二月，夫人姜氏饗齊侯于祝丘」，彼注云「月者，再出重也。三出不月者，省文，從可知例」。然則，此經不從四年之例而復出月者，正爲齊、莒異國，不得相因故也。

夏，齊大災。「大災」者何？大瘠也。「瘠」，病也，齊人語也。以加「大」，知非火災也。○大瘠，在亦反，病也，本或作癠，才細反，一本作漬，才賜反，鄭注曲禮引此同。

【疏】「大災者何」　解云：欲言大疾疫，而經書「災」，故執不知問。

注「以加大知非火災也」　解云：正以襄三十年「宋災」，昭九年「陳火」之屬，皆不言「大」故也。案襄九年傳云「大者曰災，小者曰火」，注云「大者，謂正寢、社稷、宗廟、朝廷也，下此則小矣」。然彼是兩火自對，故以災、火別之，此則非火，故更言「大」耳。

大瘠者何？痢也。「痢」者，民疾疫也。○痢，力世反，〔一〇〕疾疫也。疫，音役。**何以書？記災也。外災不書，此何以書？及我也。**與「宋大水」同義。痢者，邪亂之氣所生。是時魯任鄭瞻，夫人如莒淫泆，齊侯亦淫諸姑姊妹，不嫁者七人。○邪，似嗟反。

【疏】注「與宋大水同義」　解云：即上十一年「宋大水」，傳云「何以書？記災也。外災不書，此何以書？及我也」，注云「時魯亦有水災，書魯則宋災不見，兩舉則煩文不省，故詭例書外以見內也」是也。

注「齊侯」至「七人」　解云：晏子春秋文。案彼齊景公問於晏子曰「吾先君桓公淫女公子，不嫁者九人，而得爲賢君何？」又此解言「七人」者，彼此其有誤矣。然則，襄公霸諸侯，唯淫妹而已，齊人猶作「南山崔崔」以刺之。桓公小白相淫九人，而齊人不刺之者，蓋以功多，足以除惡故也。或者偶爾不作，或采之不得，寧可問乎？

秋，七月。

冬，齊人伐戎。

二十有一年，〔一〕春，王正月。

夏，五月，辛酉，鄭伯突卒。○鄭伯突，徒没反，厲公也。

秋，七月，戊戌，夫人姜氏薨。

冬，十有二月，葬鄭厲公。春秋篡明者書「葬」。

【疏】注「春秋」至「書葬」 解云：言「春秋」者，欲見通例如此矣。「篡明」者，謂有「立」、「入」之文，即隱四年冬，「衛人立晉」，桓十三年春，「葬衛宣公」；上九年夏，「齊小白入于齊」，僖十八年秋，「葬齊桓公」之屬是也。今此鄭突入于鄭，桓十五年秋亦有「入櫟」之文，即是篡明，書其「葬」耳。若篡不明者，則去其「葬」以見其篡，不合爲諸侯，是以僖十年里克弑卓子之時，惠公無「入」文，至僖二十四年「晉侯夷吾卒」，下不書「葬晉惠公」矣。若有「立」、「入」之文者，不嫌非篡，何勞去「葬」以見篡？若然，案文公重耳亦無篡文，而僖三十三年經書「葬晉文公」者，〔二〕正以文公功蓋天下，春秋爲賢者諱，故書其「葬」，若其不篡然也。若然，齊侯小白是賢者，而書其「入」，又録其「葬」，見其篡明，不爲之諱者，僖十年傳云「桓公之享國也長，美見乎天下，故不爲之諱本惡也」是也。文公之享國也短，美未見乎天下，故爲之諱本惡也。

二十有二年，春，王正月，肆大省。「肆」者何？跌也。「跌」，過度。○肆，音四，本或作「佚」。大省，所景反，除「自省」皆同，二傳作「眚」。跌，大結反，過度也。

【疏】「肆大省」解云：「肆」，讀如字，放肆也。「省」讀如減省之省也。〔一三〕

「肆者何」、「大省者何」解云：皆以異於常例，故執不知問。

「大省」者何？災省也。謂子、卯日也。夏以卯日亡，殷以子日亡，先王常以此日省吉事，不忍舉，又大自省敕，得無獨有此行乎？常若聞災自省，故曰「災省也」。○行，下孟反。

【疏】注「先王」至「忍舉」解云：此先王謂夏、殷之後成禮者，以是夏、殷亡日，故省吉事而已，不忍舉而行之。

注「又大」至「此行乎」解云：又若似見不賢而內自省之義矣。

注「常若」至「災省也」者 釋傳云「災省」之文也。〔一四〕言聞有災輒自省察，若爲行而致之乎？

「肆大省」何以書？譏。何譏爾？譏始忌省也。時魯有夫人喪，忌省日不哭。省日本以忌吉事，不以忌凶事，故禮，「哭不辟子卯日」，所以專孝子之思也。〔一五〕「不與念母」而譏忌省者，本不事母則已，不當忌省，猶爲商人責不討賊。○思，息嗣反。爲，于僞反。

【疏】「肆大省何以書」解云：不但言「何以書」者，恐人以爲但問「大省」，云「大自省敕何以書」，故復舉句而問之。

注「**故禮**」至「**卯日**」　解云：案士喪禮既殯之後云「朝夕哭，不辟子卯」是也。引之者，證「不以忌凶事」也。

注「**不與**」至「**忌省**」　解云：「不與念母」者，即上元年「三月，夫人孫于齊」，傳曰「夫人固在齊矣，其言孫于齊何？念母也」。「念母者，所善也，則曷爲於其念母焉貶？不與念母也」，彼注云「念母則忘父，背本之道也」是也。

注「**猶爲**」至「**討賊**」　解云：文十四年九月，「齊公子商人弑其君舍」，然則商人者，是篡弑之賊也，齊之臣子理宜討之，而反臣事，失其所也。及文十八年夏，「齊人弑其君商人」，而不書其「葬」者，以責臣子不討賊也。似文姜罪實宜絶之，公既不絶，宜盡子道，而反忌省，故得責之。

癸丑，葬我小君文姜。「文姜」者何，莊公之母也。輒發傳者，起讎母録子恩。凡母在子年，無適庶，皆繫子也。不在子年，適母繫夫，庶母繫子。言「小君」者，比於君爲小，俱臣子辭也。「文」者，謚也。夫人以姓配謚，欲使終不忘本也。○無適，丁歷反，下同。

【**疏**】「**葬我小君文姜**」　解云：穀梁傳曰「小君非君，其曰君何也？以其爲公配，〔二六〕可以言小君也」者是。

「**文姜者何**」　解云：欲言莊母，謚異其父；欲言非母，備禮葬之，故執不知問。

注「**輒發**」至「**子恩**」　解云：隱元年傳云「仲子者何？桓之母也」。今假令不發，亦是桓之夫人、莊公之母可知，而云「文姜者何？莊公之母」，故言「輒」矣。今此經云「葬我小君文姜」，傳云「文姜者何？莊公之母也」者，正欲録子之恩，故備禮而葬之。

注「**凡母**」至「**繫子也**」　解云：即此傳云「文姜者何？莊公之母」，是適母繫子也。宣八年傳云「頃熊者何？

宣公之母也」，襄四年傳云「定弋者何？襄公之母也」，皆是庶母繫子也。而僖二年傳云「哀姜者何？莊公之夫人也」，在子年而繫夫者，蓋以僖公非所生，爲其非子故也。

注「不在」至「繫夫」 解云：即僖二年哀姜是也。

注「庶母繫子也」 解云：即文五年傳云「成風者何？僖公之母也」是也，定十五年秋，「姒氏卒」，傳曰「姒氏者何？哀公之母也」者，亦是庶母不在子年而繫于子。然則，鄉來所言，傳皆「葬」上乃言某公之母，而姒氏特于卒上發傳者，正以姒氏之葬直云「葬定姒」，不得稱「小君」，是以傳家亦於葬略之矣。定姒所以「葬」不得稱「小君」，公羊之義，母以子貴，哀公爾時未得爲君，是以定姒未得全同夫人矣。

注「欲使終不忘本也」 解云：本即姓是也。

陳人殺其公子禦寇。書者，殺君之子，重也。

【疏】**注「書者殺君之子重也」** 解云：正以不言大夫，而得書「殺」，則知由其是君之子故也。

夏，五月。以「五月」首時者，譏莊公取讎國女，〔一七〕不可以事先祖，奉四時祭祀，猶五月不宜以首時。

秋，七月，丙申，及齊高傒盟于防。「防」，魯地。○傒，音兮。「齊高傒」者何？貴大夫也。曷爲就吾微者而盟？據暨與公盟也。

【疏】「齊高傒者何」 解云：欲言其貴，魯侯恥之；欲言微者，名氏見經，故執不知問。

注「據曁與公盟也」 解云：即上九年春，「公及齊大夫盟于曁」是也。

公也。以其日。微者不得日，大夫盟當書名氏。

【疏】注「以其日」至「得日」 解云：即隱元年「九月，及宋人盟于宿」，傳曰「孰及之？內之微者也」，彼注云「宋稱人者，亦微者也」。「微者盟例時，不能專正，故責略之。此月者，隱公賢君，雖使微者，有可采取，故録也」，是其「微者不得日」矣。其「微者盟例時」者，即僖十九年冬，「會陳人、蔡人、楚人、鄭人盟于齊」之屬是也。

注「大夫」至「名氏」 解云：即成元年，「臧孫許及晉侯盟于赤棘」之屬是也。

公則曷爲不言「公」？諱與大夫盟也。

冬，公如齊納幣。「納幣」，即納徵。納徵，〔一八〕禮曰，「主人受幣，士受儷皮」是也。禮言「納徵」，春秋言「納幣」者，春秋質也。凡婚禮皆用鴈，取其知時候。唯納徵用玄纁、束帛、儷皮。玄纁，取其順天地也。儷皮者，鹿皮，所以重古也。○纁，許云反。儷，力計反，本又作「麗」。

【疏】注「納徵」至「天地也」 解云：即隱元年注云「束帛謂玄三纁二，玄三法天，纁二法地」是也。何者？玄纁者，是天地之色故也。

注「儷皮者鹿皮所以重古也」 解云：正以古者食肉、衣皮服、捕禽獸故也。「儷」者，兩也；兩皮者，二儀之數。

「納幣」不書，此何以書？據桓三年「公子翬如齊逆女」，不書「納幣」。譏。何譏爾？親納幣，非禮也。時莊公實以淫泆大惡不可言，故因其有事於納幣，以無廉恥爲譏。不譏喪娶者，舉淫爲重也。凡公之齊，所以起淫者，皆以危致也。

【疏】注「凡公」至「致也」　解云：即下二十三年「春，公至自齊」，「夏，公如齊觀社。公至自齊」，二十四年「夏，公如齊逆女」，「秋，公至自齊」之屬是也。凡書「至」者，臣子喜其君父脱危而至故也。

二十有三年，春，公至自齊。桓之盟不日，其會不致，信之也。據柯之盟不日，柯之會不致。

【疏】注「據柯」至「不致」　解云：即上十三年「冬，公會齊侯于柯」，不書日、不「致」是也。

此之桓國何以致？危之也。何危爾？公一陳佗也。公如齊淫，與陳佗相似如一也。○佗，大何反。

【疏】注「公如」至「如一也」　解云：即桓六年，「蔡人殺陳佗」，傳云「陳佗者何？陳君也。陳君則曷爲謂之陳佗？絶也。曷爲絶之？賤也。其賤奈何？外淫也。惡乎淫？淫于蔡，蔡人殺之」是也。

祭叔來聘。不稱「使」者，公一陳佗，故絶，使若我無君，以起其當絶，因不與天子下聘小人。○祭，側界反。

【疏】注「不稱使」至「小人」　解云：如此注者，正欲決隱七年「天王使凡伯來聘」，九年「天王使南季來聘」等，是王使而皆稱「使」，今此獨不稱「使」，故決之。何氏知不稱「使」是我無君之文者，正見閔二年「高子來盟」，傳云「何以不言使？我無君」是也。若然，案桓四年「夏，天王使宰渠伯糾來聘」，桓五年夏，「天王使仍叔之子來聘」，桓八年春，「天王使家父來聘」。然則，桓公篡逆，經猶稱「使」而不絶之，莊公時淫，〔一九〕絶之者，桓四年伯糾之下，何氏云「下去二時者，桓公無王而行，天子不能誅，反下聘之，故爲貶，見其罪，明不宜」也。然則，桓公惡甚，故去二時，以明不宜，莊公罪輕，故不言「使」以見絶，因不與天子下聘小人而已。春秋見義，〔二〇〕非唯一種，未可然怪也。

夏，公如齊觀社。何以書？譏。何譏爾？諸侯越竟觀社，非禮也。「觀社」者，觀祭社。諱淫言「觀社」者，與親納幣同義。「社」者，土地之主。祭者，報德也。生萬物，居人民，德至厚，功至大，故感春秋而祭之。天子用三牲，諸侯用羊豕。

【疏】注「諱淫」至「同義」　解云：謂實以淫泆大惡不可言，因其有事于觀社，故以「觀社」譏耳。

注「天子」至「羊豕」者　解云：時王之禮。

公至自齊。

荆人來聘。荆何以稱「人」？據上稱州。

【疏】注「據上稱州」　解云：即上十六年，「秋，荆伐鄭」之屬是也。

始能聘也。春秋王魯，因其始來聘，明夷狄能慕王化，脩聘禮，受正朔者，當進之，故使稱「人」也。稱「人」當繫國，而繫「荆」者，許夷狄者不一而足。〔一一〕

【疏】注「稱人」至「而足」　解云：正以十年傳云「州不若國」，知進稱人宜繫國矣。文九年「楚子使椒來聘」，傳云「椒者何？楚大夫也。楚無大夫，此何以書？始有大夫也。始有大夫則何以不氏？許夷狄者不一而足也」，又襄二十九年傳云「『札』者何？吳季子之名。春秋賢者不名，此何以名？許夷狄者不壹而足也」，是以此注引之耳。

公及齊侯遇于穀。

蕭叔朝公。其言「朝公」何？據公在內不言「朝公」，在外言「會」。

【疏】注「據公」至「朝公」　解云：即隱十一年「春，滕侯、薛侯來朝」之屬是也。

注「在外言會」　解云：定十四年，「邾婁子來會公」，及公會某侯之屬皆是也。

公在外也。時公受朝於外，故言「朝公」，惡公不受於廟。○惡公，烏路反，下同。

【疏】注「時公」至「於廟」 解云：隱七年注云「不言聘公者，禮，聘受之於大廟，孝子謙，不敢以己當之，歸美於先君，且重賓也」，隱十一年注云「不言『朝公』者，禮，朝受之於大廟，與聘同義」。今此言「公」，故如此解。

秋，丹桓宮楹。何以書？譏。何譏爾？丹桓宮楹，非禮也。「楹」，柱也。丹之者，爲將娶齊女，欲以誇大示之。傳言「丹桓宮」者，欲道天子、諸侯各有制也。禮，天子斲而礱之，加密石焉；諸侯斲而礱之，不加密石；大夫斲之，士首本。失禮宗廟例時。○宮楹，音盈，柱也，下傳及注同。爲將，于僞反。斲，丁角反，下同。礱，力工反。

【疏】注「禮天下」至「首本」 解云：皆外傳晉語張老謂趙文子椽之制。穀梁傳曰「天子之桷，斲之礱之加密石焉；諸侯之桷，斲之礱之；大夫斲之，士斲本」。今此何氏於「丹楹」之下，總言之矣。「斲本」者，正謂全以樹本而行斤斲之。

注「失禮宗廟例時」 解云：正謂此文是也。下經二十四年三月，「刻桓宮桷」而書月者，以其功重故也。此謂失禮脩營之例也。若其祭祀失禮者，則書日，是以隱五年「初獻六羽」之下，何氏云「失禮鬼神例日」是也。若始造宗廟而失禮者，亦書日，即成六年春，王「二月，辛巳，立武宮」是也。而定元年九月，「立煬宮」，亦爲非禮而不書日者，所見之世，其恩尤厚，故不爲書日，使若得禮然。

冬，十有一月，曹伯射姑卒。曹達春秋常「卒」月「葬」時也。始「卒」日「葬」月，嫌與大國同，後「卒」而不日，入所聞世可日，不復日。○射姑，音亦。復，扶又反。

【疏】注「曹達」至「時也」解云：即文九年「秋八月，曹伯襄卒」，冬，「葬曹共公」，昭十八年「春，王三月，曹伯須卒」，「秋，葬曹平公」之屬是也。其有「卒、葬」在日月下者，不蒙日月矣。其文各自有解。

注「始卒日葬月」解云：即桓十年「春，王正月，庚申，曹伯終生卒。夏，五月，葬曹桓公」是也。所以然者，敬老重恩故也。

注「後卒而不日」解云：正以對桓十年「曹伯終生卒」，以爲後矣。

注「入所聞世可日不復日」解云：即文九年「秋，八月，曹伯襄卒」是。案曹爲小國，入所聞之世，正合卒月，而言可日者，正以傳聞之世已得録之，故所聞世可以書日，但以嫌同大國，故不日矣。

十有二月，甲寅，公會齊侯，盟于扈。桓之盟不日，此何以日？危之也。何危爾？我貳也。莊公有淫泆汚貳之行。〔二二〕○扈，音户。有汙，汙辱之汙，一音烏卧反，後放此。行，下孟反。

【疏】注「汚貳之行」解云：謂莊公之行，既不清潔，又不專一，故謂之汚貳矣。〔二三〕

魯子曰：「我貳者，非彼然，我然也」。嫌上説以齊惡我貳，〔二四〕相疑而盟故日也。解言非齊惡我也，我行汚貳，動作有危，故日之也。

二十有四年，春，王三月，刻桓宮桷。何以書？譏。何譏爾？刻桓宮桷，非禮也。與丹楹同義。月者，功重於丹楹。○桷，音角，椽也。

【疏】注「與丹楹同義」　解云：即上注云「丹之者，爲將娶齊女，欲以誇大示之」是也。

注「月者功重於丹楹」　解云：正以失禮宗廟例時，故如此注。

葬曹莊公。

夏，公如齊逆女。何以書？親迎，禮也。諱淫，故使若以得禮書也。禮，諸侯既娶，三月然後夫人見宗廟，見宗廟然後成婦禮。○迎，魚命反。見宗，賢徧反，下傳文「見也」「見用幣」及注同。

【疏】「葬曹莊公」　解云：雖在月下，不蒙上月也。

「何以書親迎禮也」　解云：魯侯如齊，本實淫通，非爲親迎而往。但春秋之意，以其大惡不可言之，要以言其逆女，使若得禮，善而書日矣。〔二五〕是以注云「諱淫，故使若以得禮書也」。

注「禮諸侯」至「婦禮」　解云：注言此者，欲道莊公夫人未至于國而行婦事，既非正禮明矣。〔二六〕

秋，公至自齊。

八月，丁丑，夫人姜氏入。其言「入」何？據夫人姜氏言「至」，不言「入」。

【疏】注「據夫人」至「言入」 解云：即桓三年九月，「夫人姜氏至自齊」是。

難也。其言日何？據夫人姜氏至不日。○難也，乃旦反，下及注同。難也。其難奈何？夫人不僂，不可使入，與公有所約，然後入。「僂」，疾也，齊人語。約，約遠媵妾也。夫人稽留，不肯疾順公，不可使即入。公至後，與公約定八月丁丑乃入，故爲難辭也。夫人要公不爲大惡者，妻事夫有四義：鷄鳴，縰笄而朝，君臣之禮也；三年惻隱，父子之恩也；圖安危可否，兄弟之義也；樞機之内，寢席之上，朋友之道。不可純以君臣之義責之。○不僂，力主反，疾也，注同。遠，于萬反。〔二七〕要，一遥反。縰笄，所買反，又所綺反。惻隱，初力反。

【疏】注「夫人要公」至「責之」 解云：正以所傳聞之世，内之大惡皆諱不書，今而書之，故知然也。

戊寅，大夫宗婦覿，用幣。「宗婦」者何？大夫之妻也。「覿」者何？見也。「用」者何？「用」者不宜用也。不宜用幣爲贄也。○覿，大歷反，見也。贄，音至。

【疏】「宗婦者何」 解云：欲言大夫之妻，文不言「及」；欲言非妻，相與俱見，故執不知問。

「覿者何」 解云：欲言是禮，男女無别；欲言非禮，而在「用」上，故執不知問。

「用者何」 解云：初至之覿，禮則有之；而經書「用」，乃是不宜之稱，故執不知問。

見用幣，非禮也。以文在「覿」下，不使齎見，知非禮也。

【疏】**「見用幣非禮也」**解云：言其見夫人之法，卿大夫宜用羔鴈，宗婦宜用棗栗腶脩，而皆用幣，是爲非禮也。

注「以文」至「非禮也」解云：若其是禮，宜言「大夫宗婦用幣覿」也。

然則曷用？棗栗云乎，腶脩云乎。〔二八〕「腶脩」者，脯也。禮，婦人見舅姑以棗、栗爲贄，見姑以腶脩爲贄；〔二九〕見夫人，至尊，兼而用之。「云乎」，辭也。棗、栗取其早自謹敬，腶脩取其斷斷自脩正。執此者，若其辭云爾，所以叙情配志也。凡贄，天子用鬯，諸侯用玉，卿用羔，大夫用鴈，士用雉。〔三〇〕雉取其耿介；鴈取其在人上，有先後行列；羔取其執之不鳴，殺之不號，乳必跪而受之，類死義知禮者也；玉取其至清，而不自蔽其惡，絜白而不受汚，内堅剛而外温潤，有似乎備德之君子；鬯取其芬芳在上，臭達於天，而醇粹無擇，有似乎聖人。故視其所執而知其所任矣。日者，禮，夫人至，大夫皆郊迎，明日大夫宗婦皆見，故著其明日也。大夫妻言「宗婦」者，大夫爲宗子者也。族所以有宗者，爲調族理親疏，令昭穆親疏各得其序也，〔三一〕故始統世世，繼重者爲大宗，旁統者爲小宗，小宗無子則絶，大宗無子則不絶，重本也。天子、諸侯世，以三牲養，禮有代宗之義；大夫不世，不得專宗。著言「宗婦」者，重教化自本始也。○斷脩，丁亂反，注同，本又作腶，音同鍛。脯加薑桂曰脩。耿介，古幸反，下音界。行，户郎反。號，户刀反。跪，其委反。醇，音純。粹，雖遂反。爲調，于僞反，下「仕爲」同。令，力呈反。昭穆，上遥反，凡昭穆之例皆同。

【疏】**注「腶脩者脯也」**解云：正以穀梁傳云「束脩之肉不行竟内」，以肉言之，故知脩爲脯矣。又下曲禮「婦人之贄脯、脩、棗、栗」，謂之脯脩，其義益顯。

注「禮婦人」至「志也」解云：時王之禮，且以其文先言「棗栗」故也。

注「凡贄」至「用雉」解云：皆下曲禮文。彼言諸侯用圭，此言「玉」者，蓋所見異也。

注「大夫不世不得專宗」解云：欲道大夫之妻所以謂之婦人之義。

注「重教化自本始也」解云：正以宗子者，宗族之本故也。

大水。夫人不制，遂淫二叔，陰氣盛，故明年復水也。○復，扶又反。

【疏】注「夫人」至「二叔」解云：即下二十七年傳云「公子慶父、公子牙通乎夫人以脅公」是也。

注「明年復水也」解云：即二十五年「秋，大水」云云是也。

冬，戎侵曹。曹羈出奔陳。「曹羈」者何？曹大夫也。以小國，知無氏爲大夫。○曹羈，居宜反，下同。

【疏】「曹羈者何」解云：欲言曹君，經不稱伯；欲言大夫，單名無氏，故執不知問。

注「以小」至「大夫」解云：即襄二十三年「邾婁鼻我來奔」，昭二十七年「邾婁快來奔」之屬是也。若其大國大夫不書名氏者，或有未命，或有罪見貶矣。

曹無大夫，此何以書？據羈無氏。

【疏】注「據羈無氏」解云：曹無大夫之文也。言問者見羈無氏，知曹無大夫，既無大夫，何以特書「曹羈」？故難之。

賢也。何賢乎曹羈？據國見侵，出奔以辟難。戎將侵曹，曹羈諫曰：「戎衆以無義，戎師多，又常以無義爲事。君請勿自敵也。」禮，兵敵則戰，不敵則守。君師少，不如守，且使臣下往。○則守，手又反，又如字，下同。曹伯曰：「不可。」臣下不可獨往。三諫不從，遂去之，故君子以爲得君臣之義也。孔子曰「所謂大臣者，以道事君，不可則止」，此之謂也。諫必三者，取月生三日而成魄，臣道就也。不從得去者，仕爲行道，道不行，義不可以素餐，所以申賢者之志、孤惡君也。諫有五：一曰諷諫，孔子曰「家不藏甲，邑無百雉之城」，季氏自墮之是也；二曰順諫，曹羈是也；三曰直諫，子家駒是也；四曰爭諫，子反請歸是也；五曰戇諫，百里子、蹇叔子是也。○魄，普白反。餐，七干反。諷，方鳳反。墮，許規反。爭，爭鬬之爭。戇諫，陟降反，又呼弄反，又丑用反。

【疏】「三諫不從」至「義也」 解云：然則下二十七年傳云「君子辟内難而不辟外難」者，謂三諫不從之屬是也。而曲禮下篇云「三諫不聽則逃之」，蓋士不待放，故言「逃之」。

注「諫必三者」至「君也」 解云：即此及鄉飲酒義云「讓之三也，象月之三日而成魄」是也。

注「諫有五」至「墮之是也」 解云：即定十二年傳云「孔子行乎季孫，三月不違，曰『家不藏甲，邑無百雉之城』，於是帥師墮費」是也。

注「二曰順諫」 解云：即此文是也。

注「三曰」至「駒是也」 解云：昭二十五年傳云「昭公將弑季氏，告子家駒曰『季氏爲無道，僭於公室久矣，吾欲弑之，何如』？子家駒曰『諸侯僭於天子，大夫僭於諸侯，久矣』。昭公曰『吾何僭矣哉』？子家駒曰『設兩觀，乘大路，朱干玉戚，以舞大武，八佾以舞大夏，〔三二〕皆天子之禮也』」是也。

注「四曰」至「歸是也」 解云：即宣十五年傳云「外平不書，此何以書？大其平乎己也。何大其平乎己？莊王圍宋，軍有七日之糧爾，盡此不勝，將去而歸爾。於是使司馬子反乘堙而闚宋城，宋華元亦乘堙而出見之。子反曰『子之國何如』？華元曰『憊矣』！曰『何如』？曰『易子而食之，析骸而炊之』。司馬子反曰『嘻！甚矣憊！雖然，吾聞之也，圍者，拑馬而秣之，〔三三〕使肥者應客，是何子之情也』？華元曰『吾聞之，君子見人之戹則矜之，小人見人之戹則幸之。吾見子之君子也，是以告情於子也』。司馬子反曰『諾。勉之矣！吾軍亦有七日之糧爾，盡此不勝，將去而歸爾』。揖而去之，反于莊王。莊王曰『何如』？司馬子反曰『憊矣』！曰『何如』？曰『易子而食之，析骸而炊之』。莊王曰『嘻！甚矣憊！雖然，吾今取此，然後而歸爾』。司馬子反曰『不可。臣已告之矣，軍有七日之糧爾』。莊王怒，曰『吾使子往視之，〔三四〕子曷爲告之』？司馬子反曰『以區區之宋，猶有不欺人之臣，可以楚而無乎？是以告之也』。莊王曰『諾。舍而止。雖然，吾猶取此然後歸爾』。司馬子反曰『然則，君請處于此，臣請歸爾』。莊王曰『子去我而歸，吾孰與處于此？吾亦從子而歸爾』。引師而去之。故君子大其平乎己也」者是也。

注「五曰」至「子是也」解云：僖三十三年傳云「秦伯將襲鄭，百里子與蹇叔子諫曰『千里而襲人，未有不亡者也』，秦伯怒曰『若爾之年者，宰上之木拱矣，爾曷知』！師出，百里子與蹇叔子送其子而戒之曰『爾即死，必於殽之嶔巖，是文王之所辟風雨者也。吾將尸爾焉』。子揖師而行。百里子與蹇叔子從其子而哭之。秦伯怒曰『爾曷爲哭吾師』？對曰『臣非敢哭君師，哭臣之子也』」者是也。

赤歸于曹，郭公。「赤」者何？曹無赤者，蓋郭公也。

以「郭公」在「赤」下。〇「赤歸于曹郭公」，此連爲句。郭，音號，亦如字。連讀郭公爲一句。

【疏】「赤者何」解云：欲言「曹伯」，經不書爵；欲言微者，復有「郭公」之號，故執不知問。

「曹無」至「公也」解云：謂此郭公實非曹人故也。言「蓋郭公」者，蓋郭之公矣。

「郭公」者何？失地之君也。「失地」者，出奔也。名言「歸」，倒「郭公」置「赤」下者，欲起曹伯爲戎所殺，故使若曹伯死，謚之爲「郭公」。而「赤」微者，自歸曹也。不言「赤奔」者，從微者例，不得録出奔。

【疏】「郭公者何」解云：欲言郭君，經無其事；欲言「曹伯」，而文言「郭公」，故執不知問。

注「不言」至「出奔」解云：謂不言「郭公赤奔曹」者，假作微人之文，即從微者例，寧得録其奔？正得言道〔三五〕「赤歸于曹」。

二十有五年，春，陳侯使女叔來聘。稱字者，敬老也。禮，七十雖庶人主孝而禮之。〔三六〕孝經曰「昔者明王之以孝治天下也，不敢遺小國之臣」是也。○女，音汝。

【疏】注「稱字敬老也」解云：正以稱字異於諸侯大夫之例，故知其老也。

注「孝經」至「是也」解云：注言此者，欲道春秋假魯以爲明王，謂女叔爲小國之臣矣。

夏，五月，癸丑，衛侯朔卒。春秋篡明者，當書「葬」。朔不書「葬」，嫌與篡同例。身絶，國不絶，故去「葬」，明犯天子命，重，〔三七〕不得書「葬」，與盗國同。○

故去，起呂反，年末同。

【疏】注「春秋」至「君同」 解云：簒明者，謂經有「立」、「入」之文也。不嫌非簒，則書其「葬」，隱四年冬，「衛人立晉」，桓十三年春，「葬衛宣公」，莊九年夏，「齊小白入于齊」，僖十八年秋，「葬齊桓公」之屬是也。若簒不明者，則去其「葬」，以見其簒，不合爲諸侯，即晉惠公之屬是也。今此衛朔於上六年經云「夏六月，衛侯朔入于衛」，既有「入」文，即是簒明，當合書「葬」，而不書「葬」者，若其書「葬」，則嫌與簒明者同例，但身合絶而已，其國不合絶，故亦去其葬，明其犯天子之命，罪重，不得書葬，與盜國同，盜國即簒是也。朔犯天子命在上六年。

六月，辛未，朔，日有食之。鼓，用牲于社。日食則曷爲鼓，用牲于社？據日食在天。

【疏】注「據日食在天」 解云：謂日食在天上，何由于地而鼓，用牲乎？

求乎陰之道也。「求」，責求也。以朱絲營社，或曰「脅之」，或曰「爲闇，恐人犯之，故營之」。「或曰」者，或人辭，其義各異也。「或曰脅之」與責求同義。社者，土地之主也。月者，土地之精也。上繫于天而犯日，(三八)故鳴鼓而攻之，脅其本也。朱絲營之，助陽抑陰也。「或曰爲闇」者，社者，土地之主，尊也，爲日光盡，天闇冥，恐人犯歷之，故營之。然此説非也。記或傳者，示不欲絶異説爾。先言「鼓」，後言「用牲」者，明先以尊者命責之，(三九)後以臣子禮接之，所以爲順也。不言「鼓于社用牲」者，與「禘于大廟，用致夫人」同，嫌起「用牲」爲非禮。書者，善内感懼天災，應變得禮也。是後夫人遂不制，通於二叔，殺二嗣子也。○營社，一傾反，又如字，本亦作禜，同。爲闇，于僞反，注「爲闇」「爲日光」同。大廟，音泰。應變，應對之應。

【疏】注「或曰」至「説非也」　解云：知其非者，正以日食者，陰氣侵陽，社官五土之神，理宜抑之而反營衛，〔四〇〕失抑陰之義故也。

注「不言」至「非禮」　解云：公羊之義，救日食而有牲者，以臣子之道接之故也。與左氏天災有幣無牲異矣。僖八年「秋七月，禘于大廟，用致夫人」，彼注云「以『致』文在『廟』下，不使入廟，知非禮也」。然則，此經若「鼓用牲」之文在「于社」之下，不使在「社」上，則用牲爲非禮。若然，上二十四年傳云「用者，不宜用也」，而此注復以用牲爲得禮者，公羊之義，以用爲時事，不必著不宜也。

注「書者」至「嗣子也」　解云：謂經書日食，善内之得禮矣。「夫人遂不制」以下，是其日食之義。言「通於二叔」者，下二十七年傳云「公子慶父、公子牙通乎夫人以脅公」是也。言「殺二嗣子」者，子般、閔公是也。

伯姬歸于杞。

秋，大水。鼓，用牲于社、于門。其言「于社、于門」何？據一鼓用牲耳。社，禮也；于門，非禮也。于門非禮，故略，不復舉「鼓用牲」。不舉非禮爲重者，如去「于社」，嫌于門禮也。大水與日食同禮者，水亦土地所爲。雲實出于地，而施于上乃雨，歸功于天，猶臣歸美于君。○復，扶又反。

【疏】注「大水」至「于君」 解云：同禮謂同鼓用牲矣。

冬，公子友如陳。「如陳」者，聘也。內朝聘言「如」者，尊內也。書者，録內所交接也。朝京師大國，善有加録文，如楚有危文。聘無月者，比於朝輕也。

【疏】注「朝京」至「録文」 解云：凡朝聘例時，加録謂書月是也，即成十三年「三月，公如京師」，彼注云「月者，善公尊天子」者，〔四一〕是其朝京師有加録之文矣。襄二十一年「春，王正月，公如晉」，彼注云「月者，湨梁之盟後，中國方乖離，善公獨能與大國」者，是朝大國有加録之文矣。

注「如楚有危文」 解云：即襄二十八年冬，「十有一月，公如楚」，彼注云「如楚皆月者，危公朝夷狄也」是也。

注「聘無月」至「輕也」 解云：即春秋上下內聘京師及大國悉書時是也。而襄三十年「春，王正月，楚子使薳頗來聘」，書月者，彼注云「月者，公數如晉，希見荅，今見聘，故喜録之」是也。然則，此云「聘無月者」據內言之矣。

二十有六年，公伐戎。〔四二〕

夏，公至自伐戎。

曹殺其大夫。何以不名？據莒小於曹，殺公子意恢名。

【疏】「春公伐戎夏公至自伐戎」解云：即上六年注云「公獨出用兵，不得意致伐」者，即此是也。(四三)

注「據莒」至「恢名」解云：知莒小於曹者，正以春秋上下，曹伯恒叙於莒上故也。其莒「殺公子意恢名」者，即昭十四年「冬，莒殺其公子意恢」是也。

衆也。曷爲衆殺之？據殺三郤名。

【疏】注「據殺三郤名」解云：即成十七年「晉殺其大夫郤錡、郤州、郤至」是也。言晉殺三郤亦是衆殺之，而皆書名，此曷爲衆殺而復不稱其名乎？

不死于曹君者也。曹諸大夫與君俱敵戎戰，曹伯爲戎所殺，諸大夫不伏節死義，獨退求生，後嗣子立而誅之。春秋以爲得其罪，故衆略之不名。凡書君殺大夫，大夫有罪，(四四)以專殺書，他皆以罪舉。

【疏】注「凡書」至「罪舉」解云：春秋之義，諸侯之君不得專殺大夫，若殺有罪大夫，春秋書之者，責君專殺矣。其他無罪，君枉殺之而書之者，欲以罪君之故而舉之。其罪君者，即去其君之「葬」是也。

君死乎位曰「滅」，曷爲不言其「滅」？據「胡子髡滅」。○髡，苦門反。

【疏】注「據胡子髡滅」解云：即昭二十三年云「胡子髡、沈子楹滅」云云是也。此注不言「沈子楹」者，省文故也。

爲曹羈諱也。此蓋戰也，何以不言戰？如上語知爲戰。○爲曹，于僞反，下同。

【疏】注「如上語知爲戰」 解云：即上謂「不死于曹君」是也。

爲曹羈諱也。諱者，上出奔嫌辟難，欲起其賢，又所諫者戰也，故爲去「戰」、「滅」之文，所以致其意也。曹無大夫，書殺大夫者，起當誅也。○避難，乃旦反。爲去，于僞反，下起吕反。

【疏】注「故爲」至「意也」 解云：謂曹羈之意，唯恐其「滅」，欲其不戰，是故諱其「戰」、「滅」之文，所以使若諫得其君然也。

注「曹無大夫」 解云：上二十四年傳文。

注「起當誅也」 解云：言大夫之義，理合死於君。今不死君，當合誅討，是以經書「殺其大夫」，欲起其合誅矣。

秋，公會宋人、齊人伐徐。

冬，十有二月，癸亥，朔，日有食之。異，與上日食略同。

【疏】注「異與上日食略同」 解云：上二十五年日食之下注云「是後夫人遂不制，通于二叔，殺二嗣子也」。今此日食之異，亦爲此事，故云異與上日食之説相似，是以不復指解之。

二十有七年，春，公會杞伯姬于洮。書者，惡公教内女以非禮也。「洮」，内也。〔四五〕凡公出在外致，在内不致。其與婦人會，不别得意，雖在外猶不致。伯姬不卒者，蓋不與卒于無服。女「會」、「來」例皆時。○洮，他刀反。惡公，烏路反，下「惡莊」同。别，彼列反。

【疏】注「凡公出在外致」 解云：即哀十三年夏，「公會晉侯及吴子于黄池」，「秋，公至自會」，是其公與二國以上得意致會也。桓二年秋，「公及戎盟于唐，冬，公至自唐」，是其公與一國出會盟，得意致地也。其不得意皆不致矣。

注「在内不致」 解云：即隱五年，「公觀魚于棠」，不書「公至自棠」之屬是也。

注「其與」至「不致」 解云：春秋上下，無公會婦人于外之經，〔四六〕而注言「雖在外猶有不致」者，但偶爾無之。

注「伯姬」至「無服」 解云：凡諸侯之女嫁於諸侯者，爲之期，若嫁於大夫者，則不服矣。其有服者，春秋皆書其卒以録恩，即紀伯姬、宋伯姬之屬是。若無服者，則略之。今此伯姬春秋不記其卒者，蓋以其嫁於大夫，故云「不與卒于無服」矣。

注「女會來例皆時」 解云：即此經書「春，公會杞伯姬于洮」，下文云「冬，杞伯姬來」之屬是也。

夏，六月，公會齊侯、宋公、陳侯、鄭伯，同盟于幽。

秋，公子友如陳，葬原仲。「原仲」者何？陳大夫也。大夫不書

「葬」，此何以書？據益師等皆不書「葬」。稱字者，葬從主人也。

【疏】「原仲者何」解云：欲言陳君，其稱異常；欲言大夫，不合録葬，故執不知問。

注「據益」至「書葬」解云：即隱元年冬十二月，「公子益師卒」之屬，皆無葬文是也。

注「稱字」至「人也」解云：若五等諸侯之「卒」，例書本爵，及其葬時，悉皆稱「公」，亦是「葬」從主人之稱，故取尊名矣。

通乎季子（四七）之私行也。不以公事行曰「私行」。私行不言「葬原仲于陳」，若告糴者「告糴」上有「無麥禾」，知以國事起。此上下無起文，而不言「如陳」，嫌不辟國事，實私行也。不嫌使乎大夫者，有國文也。○告糴，音狄，下同。使，所吏反。

【疏】注「私行」至「告糴」解云：即下二十八年經云「冬，築微，大無麥、禾。臧孫辰告糴于齊」，傳云「何以不稱使？以爲臧孫辰之私行」是也。

注「不嫌」至「國文也」解云：成二年傳云「君不使于大夫，此其行使乎大夫何」者，是其文也。又閔二年傳云「高子者何？齊大夫也。何以不稱使？我無君也」者，亦是也。今此葬原仲不嫌使乎大夫者，正以上有「如陳」之文故也。無國事言「如陳」者，文九年注云「大夫繫國」是也。

何通乎季子之私行？據大夫私行不書。辟内難也。欲起其辟内難。○内難，乃旦反，注及下皆同。君子辟内難而不辟外難。禮記曰「門内之治恩揜義，門外之治義揜恩」。○之治，直吏反，下「之治」同。

【疏】注「禮記曰」至「揜恩」　解云：喪服四制文也。案彼文「事」作「治」字，下「揜」字作「斷」字，〔四八〕蓋以所見異。

内難者何？公子慶父、公子牙、公子友皆莊公之母弟也。公子慶父、公子牙通乎夫人，「通」者，淫通。

【疏】「内難者何」　解云：正以弑君之事乃在莊三十二年冬，今已辟之，故執不知問。

以脅公。語在三十二年。

【疏】注「語在三十二年」　解云：即公曰「牙謂我曰『魯一生一及，君已知之矣。慶父也存』」是也。

季子起而治之，則不得與于國政；坐而視之，則親親，「親」，至親也。○與，音預。因不忍見也。因緣己心不忍見親親之亂。故於是復請至于陳而葬原仲也。書者，惡莊公不能任用，使辟難而出。

【疏】「故於是復請至于陳」　解云：案上二十五年「冬，公子友如陳」，今又請往，故言「復」也。

冬，杞伯姬來。其言「來」何？據有「來歸」。

【疏】「冬杞伯姬來」解云：即上二十五年夏，「伯姬歸于杞」者是也，非謂此年春「公會杞伯姬于洮」者，杞伯姬自是大夫之妻。然則，此伯姬是其女，洮之伯姬是其姊妹，故今得並稱「伯」矣。

注「據有來歸」解云：即宣十六年「秋，郯伯姬來歸」是也。

直來曰「來」，「直來」，無事而來也。諸侯夫人尊重，既嫁，非有大故不得反。唯自大夫妻，雖無事，歲一歸寧。〔四九〕

【疏】注「諸侯」至「得反」解云：即此文「直來曰來」是也。其大故者，奔喪之謂，文九年，「夫人姜氏如齊」，彼注云「奔父母之喪也」是也。

注「唯自大夫」至「一歸寧」解云：「自」，從也。言從大夫妻以下，即詩云「歸寧父母」是也。案詩是后妃之事，而云「大夫妻」者，何氏不信毛叙故也。

大歸曰「來歸」。「大歸」者，廢棄來歸也。婦人有七棄，五不娶，三不去。嘗更三年喪不去，不忘恩也；賤取貴，〔五〇〕不去，不背德也；有所受，無所歸，不去，不窮窮也。喪婦長女不娶，無教戒也；世有惡疾不娶，棄於天也；世有刑人不娶，棄於人也；亂家女不娶，類不正也；逆家女不娶，廢人倫也。無子，棄，絶世也；淫泆，棄，亂類也；不事舅姑，棄，悖德也；口舌，棄，離親也；盜竊，棄，反義也；嫉妬，棄，亂家也；惡疾，棄，不可奉宗廟也。〇更，音庚。背，音佩。喪婦，息浪反。長女，丁丈反。悖，補内反。

【疏】注「不背德也」解云：言己賤時彼已事己，是其恩德也。若貴而棄之，即是背德而不報，非禮也。

注「**逆家**」至「**人倫也**」　解云：謂仍見其家不行正直而行頑嚚，廢其尊卑之倫次，故不可娶。

莒慶來逆叔姬。「莒慶」者何？莒大夫也。莒無大夫，此何以書？譏。何譏爾？大夫越竟逆女，非禮也。禮，大夫任重，爲越竟逆女，於政事有所損曠，故竟内乃得親迎，所以屈私赴公也。言「叔姬」者，婦人以字通。言「叔姬」賤，故略與「歸」同文，重乖離也。

【疏】「**莒慶者何**」　解云：欲言莒君，經不稱「子」；欲言大夫，莒無大夫，故執不知問。

「**大夫**」至「**非禮也**」　解云：大夫所以不得越竟逆女者，正以大夫任重，於政事有所損曠故也。若士則得越竟娶妻，正以其任輕故也。是以士昏禮云「若異邦，則贈，丈夫送者以束錦」是也。

注「**言叔**」至「**乖離也**」　解云：若不與歸同文，宜言「莒慶來逆女，叔姬歸于莒」矣。然則，言「叔姬」者，是其歸文也。又云「重乖離」者，謂書其逆女與歸文同也。何者？嫁于大夫，賤不合録，而書其「逆叔姬」者，重其乖離矣。

杞伯來朝。杞，夏後，〔五一〕不稱「公」者，春秋黜杞、新周而故宋，以春秋當新王。黜而不稱「侯」者，方以「子」貶，起「伯」爲黜，〔五二〕説在僖二十三年。○夏，户雅反。

【疏】注「**杞夏後**〔五一〕**不稱公**」　解云：隱五年傳云「王者之後稱公」，今而稱「伯」，故怪之。

注「**黜而**」至「**三年**」　解云：僖二十三年，「十有一月，杞子卒」，注云「始見稱伯，卒獨稱子者，微弱，爲徐、莒所脅，不能死位。春秋伯、子、男一也，辭無所貶，貶稱『子』者，春秋黜杞不明，故以其一等貶之，明本非『伯』，乃「公」也。又因以見聖人子孫有誅無絶，故貶不失爵」是也。言「方以子貶」者，方以僖二十三年貶之稱「子」，令與「伯」共爲一等，故於此處不得稱「侯」耳。

公會齊侯于城濮。○濮，音卜。

校勘記

〔一〕公追齊師至巂　阮校：鄂本「巂」作「嶲」，下同。按此本疏中凡「巂」皆作「嶲」，當據正。今按，撫州本、余本作「巂」。

〔二〕解云與姪同倫而在姪下　單抄本上「姪」誤作「嫡」，無「而」字。

〔三〕注據伯姬歸于紀者　「伯」字原無。北大本據疏標起訖例，補「伯」字在「姬」字上。今按，單抄本作「據伯姬歸于紀者」。據補「伯」字。

〔四〕故書所以不當書　殿本考證云：「以」字衍，當删。今按，撫州本、余本并單疏本皆作「所以」。

〔五〕不滕則當取　殿本考證云：「滕」當作「書」。

〔六〕此何以書　單抄本無此四字。

〔七〕公比不至　「比」原作「此」。阮校引鄂本、宋本作「比」，十行本誤「此」。今按，撫州本作「比」，余本誤作「此」。據改。

〔八〕即下經也　單抄本經下有「是」字。

〔九〕榮見遠也　阮校云：句當有誤。

〔一〇〕痾，力世反　「世」原作「二」。宋本、撫州本釋文作「世」，余本作「二」。今按，痾、世同祭韻三等開口字，二則隸脂部，余本以下諸本皆誤。據改。

〔一一〕二十有一年　阮校云：「二十」，唐石經作「廿」，下「二十」準此。

〔一二〕而僖三十三年經書葬晉文公者　「三十三」原作「三十」。北大本校記：按葬晉文公當在僖三十三年，此作「三十」誤。據補「三」字。

〔一三〕減省之省也　單抄本下「省」字之下有「音所景反」四字，爲雙行小字。

〔一四〕釋傳云　浦鏜云：上脱「○解云」。

〔一五〕孝子之思也　阮校：鄂本、宋本「思」作「恩」。今按，撫州本「思」作「恩」，余本作「思」。

〔一六〕以其爲公配　閩本、毛本「公」均誤作「君」。阮校：何校本「君」作「公」，與穀梁傳合。今按，單抄本作「公」，此本同。

〔一七〕莊公取讎國女　阮校：鄂本作「娶讎」，穀梁疏引同。今按，撫州本「取」作「娶」。

〔一八〕納徵納徵　阮校：鄂本不重「納徵」，重者衍。今按，撫州本、余本皆重「納徵」。

〔一九〕莊公時淫　阮校：「時」蓋「特」之誤。

〔二〇〕春秋見義　單抄本「春」下有「明」字。疑衍。

〔二一〕許夷狄者不一而足　阮校引六經正誤云：「一」當作「壹」。

〔二二〕有淫泆汚貳之行　阮校：鄂本「汚」作「汙」。又按「淫泆」二字當衍。釋文出「有汙」二字，疏標注「汚貳之行」四字，解云，莊公之行既不清絜，又不專壹，故謂之汚貳矣。是本無作「淫泆」可知。

〔二三〕故謂之污貳矣　阮校：「污」下當有「貳」字。今按，單抄本「污」下有「貳」字。據補。

〔二四〕嫌上説以齊惡我貳　阮校：鄂本「説」作「託」，此誤。今按，撫州本、余本皆作「説」。

〔二五〕善而書日矣　單抄本「日」作「見」，似是。

〔二六〕既非正禮明矣　浦鏜云：「既」疑「即」字誤。

〔二七〕遠于萬反　「萬」，宋本、撫州本音義作「万」，余本作「萬」。

〔二八〕腶脩云乎　阮校：此本「腶」誤「腵」，今訂正。今按，撫州本作「腶」，余本作「服」，此本誤「腵」，下注並同。又余本、此本「段」多俗寫作「叚」。

〔二九〕見舅姑……見女姑……　公羊義疏據士婚禮疏謂「舅姑」之「姑」、「女姑」之「女」爲衍字。

〔三〇〕士用雉　「雉」原作「雞」。阮校：「雞」當作「雉」，據諸本訂正。

〔三一〕令昭穆親疏各得其序也　阮校：鄂本無「疏」，此涉上「理親疏」誤衍。今按，撫州本、余本皆有「疏」字。

〔三二〕朱干玉戚以舞大武八佾以舞大夏　阮校云：「武」、「夏」字互誤。

〔三三〕拊馬而秣之　「拊」原作「相」。殿本考證：「相」當作「拊」，從宣十五年傳改正。今按，單抄本作「拊」。據改。

〔三四〕吾使子往視之　「子」字原無。單抄本「使」下有「子」字。據補。

〔三五〕正得言道　阮校：閩、監、毛本「正」作「止」。今按，單抄本作「正」。

〔三六〕主孝而禮之　阮校：鄂本、宋本「孝」作「字」，當據正。今按，撫州本作「字」，余本已誤作「孝」。

〔三七〕明犯天子命重　殿本考證云：「命」下脱「罪」字。

〔三八〕上繫于天而犯日　阮校：鄂本「繫」作「系」。

〔三九〕先以尊者命責之　「者」字原無。阮校：續漢志注引「尊」下有「者」字，此脱。據補。

〔四〇〕理宜抑之而反營衛　單抄本「抑」作「抑」。

〔四一〕彼注云月者善公尊天子者　「者」下原重一「者」字。阮校：閩、監、毛本「者」字不疊，此誤衍。今按，單抄本不重「者」字，據删。

〔四二〕二十有六年公伐戎　殿本考證云：「公」上當有「春」字，此脱。阮校引盧文弨曰：疏標經文云「春公伐戎」，是本有「春」字，自唐石經始脱耳。

〔四三〕解云即上六年注云公獨出用兵不得意致伐者即此是也　殿本考證：此疏誤刻于下文「曹殺其大夫」之下。

〔四四〕大夫有罪　「罪」原作「非」。阮校：鄂本「非」作「罪」，此誤。今按，撫州本、余本作「罪」。據改。

〔四五〕洮内也　撫州本「也」作「地」，余本作「也」。

〔四六〕無公會婦人于外之經　單抄本無「公」字。

〔四七〕通乎季子　浦鏜云：「乎」衍字，從石經校。阮校：鄂本以下同。唐石經無「乎」字。

〔四八〕下擗字作斷字　單抄本無上「字」字。

〔四九〕歲一歸寧　「寧」原作「宗」。北大本校記：下文疏引詩「歸寧父母」，是「宗」當爲「寧」，下文并據改。

〔五〇〕賤取貴　阮校：「取」當作「娶」，上下皆作「娶」。

〔五一〕杞夏後　「後」原作「后」。阮校：鄂本「后」作「後」，此誤。今按，撫州本、余本皆作「後」，據改。

〔五二〕起伯爲黜　阮校：鄂本「起」作「杞」，此誤。今按，撫州本、余本皆作「起」。

監本附音春秋公羊傳注疏莊公閔公卷第九起二十八年，盡閔公二年。

何休學

二十有八年，春，王三月，甲寅，齊人伐衛。衛人及齊人戰，衛人敗績。「伐」不日，此何以日？據「鄭人伐衛」不日。

【疏】注「據鄭人伐衛不日」解云：在隱二年冬。按彼文雖在十二月「乙卯，夫人子氏薨」之下，不蒙其日月，故得據之。

至之日也。用兵之道，當先至竟侵責之，不服，乃伐之。今日至，便以今日伐之，故日以起其暴也。（二）「戰」不言「伐」，此其言「伐」何？至之日也。至日便伐，明暴，故舉「伐」。

【疏】「戰不」至「伐何」解云：正以上十年傳云「戰不言伐」云云，「書其重者」，故此弟子據而難之。

春秋伐者爲客，伐人者爲客，讀「伐」長言之，齊人語也。○「伐者爲客」，何云「讀『伐』長言之」，伐人者也。

【疏】「春秋伐者爲客」 解云：謂伐人者必理直而兵強，故引聲唱伐，長言之，喻其無畏矣。

伐者爲主。見伐者爲主，讀「伐」短言之，齊人語也。○伐者爲主，何云「讀『伐』短言之」，見伐者也。

【疏】「伐者爲主」 解云：謂被伐主必理曲而寡援，恐得罪於鄰國，故促聲短言之，喻其恐懼也。公羊子，齊人，因其俗可以見長短，故言此。

故使衛主之也。「戰」序上，言「及」者爲主。曷爲使衛主之？據宋襄公伐齊，宋主齊。

【疏】注「據宋」至「主齊」 解云：即僖十八年「春，王正月，宋公會曹伯、衛人、邾婁人伐齊」，夏「五月，戊寅，宋師及齊師戰于甗，齊師敗績」，傳云「戰不言伐，此其言伐何？宋公與伐而不與戰，故言『伐』」。春秋伐者爲客，伐者爲主。曷爲不使齊主之？與襄公之征齊也。曷爲與襄公之征齊？桓公死，豎刀、易牙争權不葬，〔二〕爲是故伐之也」是也。

衛未有罪爾。蓋爲幽之會服父喪，求終而不至故。○蓋爲，于僞反。

【疏】注「蓋爲」至「至故」 解云：上二十七年夏，「公會齊侯、宋公、陳侯、鄭伯，同盟于幽」是也。按上二十五年

「夏，五月，癸丑，衛侯朔卒」，至二十七年六月幽之會時，始二十六月未盡。今傳復以爲無罪，故知正爲父喪未終，是以不至，則幽之會不至之衛侯，惠公朔之子，蓋懿公也。

敗者稱「師」，衛何以不稱「師」？據桓十三年，己巳，燕人戰敗績稱「師」也。

【疏】注「據桓」至「稱師也」 解云：即彼經云十三年「春，二月，公會紀侯、鄭伯。己巳，及齊侯、宋公、衛侯、燕人戰。齊師、宋師、衛師、燕師敗績」是。

未得乎師也。未得成列爲師也。詐戰不言「戰」，言「戰」者，衛未有罪，方欲使衛主齊見直文也。不地者，因都主國也。○見直，賢徧反。

【疏】注「詐戰不言戰」 解云：通例如此。

夏，四月，丁未，邾婁子瑣卒。日者，附從霸者朝天子，行進。○瑣，素果反。

【疏】注「日者」至「行進」 解云：欲決上十六年冬，十二月，「邾婁子克卒」，不書日故也。正以行進而書日，故知附從霸者朝天子，賢於會霸者於北杏而已。但外相如例所不書，故無其文。何氏以理知之，故如此解。

秋，荆伐鄭。公會齊人、宋人、邾婁人救鄭。書者，善中國能相救。

冬，築微。○築微，左氏作「麋」。大無麥、禾。冬既見無麥禾矣，曷爲先言「築微」，而後言「無麥禾」？諱以凶年造邑也。諱，使若造邑而後無麥禾者，惡愈也。此蓋秋水所傷，就築微下俱舉水，則嫌冬水，推秋無麥禾，使若冬水所傷者，但言無麥、禾，則嫌秋自不成，不能起秋水，因疾莊公行類同，故加「大」，明有秋水也。此夫人淫泆之所致。

【疏】注「此蓋」至「秋水」　解云：既言無麥，是建未之前事，故知秋水所傷也。若其經云「冬，築微，大水，無麥、禾」，即「大水」在「冬」下，嫌是冬水矣。則嫌推尋此秋無麥禾之事，若使冬水傷殺之者矣。若不言「大」，而但言「無麥、禾」，則嫌此秋但地氣不養而麥禾不成，不能起見此秋實有水矣。因欲疾莊公之行，不制夫人，令其陰盛，頗同於水，故加「大」以見之。

臧孫辰告糴于齊。「告糴」者何？請糴也。買穀曰「糴」。

【疏】「告糴者何」　解云：欲言買穀，不見將物之文；欲言非買穀，而經書「糴」者，故執不知問。

何以不稱使？據上「大無麥、禾」，知以國事行，當言「如」也。

【疏】注「當言如也」　解云：正以「如」者，内稱使文故也。

以爲臧孫辰之私行也。曷爲以臧孫辰之私行？據國事也。君子之爲國也，必有三年之委。一年不熟，告糴，譏也。古者三年耕，必餘一年之儲；九年耕，必有三年之積。雖遇凶災，民不飢乏。〔三〕莊公享國二十八年，而無一年之畜，危亡切近，故諱，使若國家不匱，大夫自私行糴也。

○委，於鬼反。諸，直魚反。畜，勑六反。匱，其位反。

【疏】注「危亡切近故諱」解云：謂危亡之事，切於國家，理應不遠矣。

二十有九年，春，新延廄。「新延廄」者何？脩舊也。「舊」，故也。繕故曰「新」，有所增益曰「作」，始造曰「築」。

○廄，九又反。

【疏】「新延廄者何」解云：欲言新造，不見作名；欲言修舊，修舊不書，故執不知問。

注「繕故曰新」解云：即此是也。

注「有所增益曰作」解云：即僖二十年「新作南門」是也。

注「始造曰築」〔四〕解云：即上「築微」，傳云「凶年不造邑也」之屬是也。

脩舊不書，此何以書？據新宮災後脩不書。

【疏】注「據新」至「不書」解云：即成三年二月，「甲子，新宮災，三日哭」，於此以後，不見修作之文是也。

譏。何譏爾？凶年不脩。不諱者，繕故功費差輕於造邑。延廄，馬廄也。○費，芳味反。差，初賣反。

【疏】注「不諱」至「造邑」　解云：上二十八年「築微」之事實在「大無麥、禾」後，而在前言之者，「諱以凶年造邑」故也。然則，去年無麥、禾，今兹凶歲而修廄，不諱者，正以功費輕也。

夏，鄭人侵許。

秋，有蜚。何以書？記異也。「蜚」者，臭惡之蟲也，象夫人有臭惡之行。言「有」者，南越盛暑所生，非中國之所有。○蜚，扶味反，臭蟲也。行，下孟反。

冬，十有二月，紀叔姬卒。國滅「卒」者，從夫人行，「待之以初也」。

【疏】注「國滅」至「以初也」　解云：桓七年「夏，穀伯綏來朝，鄧侯吾離來朝」，〔五〕傳云「皆何以名？失地之君也。其稱侯朝何？貴者無後，待之以初也」。然則，今此叔姬其國已滅，而書卒，正以本貴爲夫人，今雖國滅，猶以夫人之禮待之，而書其卒，故云「待之以初也」。案隱七年，則此叔姬乃是伯姬之媵，而言「從夫人行」者，正以十二年春，「叔姬歸于酅」，傳云「其言歸于酅何？隱之也。何隱爾？其國亡矣，徒歸于叔爾也」。然則，初去之時，雖爲媵妾，至莊四年三月，伯姬卒之後，紀國未滅之前，紀侯立之爲夫人，其年夏，「紀侯大去其國」，叔姬乃歸于魯，至十二年春，歸于酅之時，爲夫人，故曰「從夫人行」也。

城諸及防。「諸」，君邑；「防」，臣邑。言「及」，别君臣之義。君臣之義正，則天下定矣。○别，彼列反。

【疏】注「諸君」至「臣邑」〔六〕　解云：知如此者，正以昭五年「夏，莒牟夷以牟夷及防、兹來奔」，傳云「其言『及防、兹來奔』何？不以私邑累公邑也」，彼注云「公邑，君邑也；私邑，臣邑也。累，次也。義不可使臣邑與君邑相次序，故言『及』以絶之」。然則，都邑言「及」，别公私，故如此言「城諸及防」者，是君臣邑故也。

注「言及」至「定矣」　解云：所以「君臣之義正則天下定」，可以爲王者之法矣。

三十年，春，王正月。

夏，師次于成。

秋，七月，齊人降鄣。「鄣」者何？紀之遺邑也。「降之」者何？取之也。取之則曷爲不言「取之」？爲桓公諱也。時霸功足以除惡，故爲諱。言「降」者，能以德見歸，自來服者可也。○降鄣，户江反，下注同。鄣，音章。爲桓，于僞反，注同。

【疏】「鄣者何」　解云：欲言是國，春秋未有；欲言非國，復無所繫，故執不知問。

「降之者何」　解云：欲言自服，文道「齊人」；欲言兵加，而文又言「降」，故執不知問。

外取邑不書，此何以書？盡也。襄公服紀以過，而復盡取其邑，惡其不仁之甚也。月者，重於取邑。○復，扶又反。惡其，烏路反，下同。

【疏】注「月者重於取邑」　解云：以取邑例時，即隱六年「冬，宋人取長葛」之屬是。

八月，癸亥，葬紀叔姬。外夫人不書「葬」，此何以書？隱之也。何隱爾？其國亡矣，徒葬乎叔爾。

九月，庚午，朔，日有食之。鼓，用牲于社。是後魯比弒二君，狄滅邢、衛。○比殺，申志反。〔七〕

【疏】「徒葬乎叔爾」　解云：謂不得與夫合葬，故言「徒」。「徒」者，空也。案上四年，「齊侯葬紀伯姬」，傳云「外夫人不書葬，此何以書？隱之也。何隱爾？徒葬于齊爾」。而此重發之者，正以彼則于齊，此則于叔，故重言之。

注「是後魯比弒二君」　解云：謂下三十二年「子般卒」，閔二年「公薨」是也。

注「狄滅邢衛」　解云：謂僖元年「次聶北」，「救邢」，僖二年「春，王正月，城楚丘」之屬是也。

冬，公及齊侯遇于魯濟。○濟，子禮反。

齊人伐山戎。此齊侯也，其稱「人」何？據下言「齊侯來獻戎捷」。

【疏】注「據下」至「戎捷」解云：即下三十一年夏，「六月，齊侯來獻戎捷」是也。

貶。曷爲貶？據「齊侯伐北戎」不貶。

【疏】注「據齊」至「不貶」解云：即僖十年「夏，齊侯、許男伐北戎」是也。若然，而此注不道許男者，正以其解「齊人伐山戎」之故省文。

子司馬子曰：「蓋以操之爲已蹙矣」。「操」，迫也。已，甚也。「蹙」，痛也。迫殺之，甚痛。○以操，七刀反，迫也，注同。蹙，子六反。此蓋戰也，何以不言「戰」？據得捷也。春秋敵者言「戰」，桓公之與戎狄，驅之爾。時桓公力但可驅逐之而已，戎亦天地之所生，而乃迫殺之，甚痛，故去「戰」，貶見其事，惡不仁也。山戎者，戎中之别名，行進，故録之。○去，起吕反。見，賢徧反。

【疏】「春秋敵者言戰」解云：謂軍人衆寡相敵者，不謂將之尊卑等，是以僖二十八年「晉侯」已下「及楚人戰于城濮」，宣十二年，「晉荀林父帥師及楚子戰于邲」之屬。雖君與大夫，亦言「戰」矣。

注「故去」至「不仁也」解云：謂貶去其戰，以見力不得等，惡齊侯之不仁也。

注「行進故録之」解云：謂言「山」，詳録之耳。

三十有一年，春，築臺于郎。何以書？譏。何譏爾？臨民之所漱浣也。〔八〕無垢加功曰「漱」，去垢曰「浣」，齊人語也。譏者，爲瀆下也。禮，天子外屏，諸侯内屏，大夫帷，士簾，所以防泄慢之漸也。禮，天子有靈臺，以候天地，諸侯有時臺，以候四時。登高遠望，人情所樂，動而無益於民者，雖樂不爲也。四方而高曰「臺」。○漱，素口反。浣，户管反。垢，古口反。去，起吕反。爲瀆，于爲反，下「爲威」同。

【疏】「臨民之所漱浣也」解云：謂郎臺近泉臺，故知如此。是以文十六年傳云「泉臺者何？郎臺也。郎臺則曷爲謂之『泉臺』？未成爲郎臺，既成爲泉臺」，彼注云「既成，更以所置名之」者，即其近泉之證也。

注「無垢加功曰漱」解云：謂但用手矣。既無垢而加功者，蓋亦少有，但無多垢，故謂之「無」，非全無也。又取其斗漱耳，若以里語曰「斗漱」也。注「去垢曰浣」者，蓋用足物，是以舊説云「用足曰浣」是也。故内則云「冠帶垢，和灰請漱，衣裳垢，和灰請澣」，鄭注云「手曰漱，足曰澣。和，漬也」是也。

注「禮天」至「士簾」解云：禮説文也。

注「天子」至「四時」解云：皆是禮説文也。文王受命之後，乃築靈臺，亦是天子曰靈臺之義。正以候天地，故以「靈」言之，諸侯候四時，故謂之「時臺」。

注「四方而高曰臺」解云：爾雅釋宫文。

夏，四月，薛伯卒。「卒」者，薛與滕俱朝隱公，桓弒隱而立，滕朝桓公，薛獨不朝，知去就也。○桓殺，申志反。

【疏】「卒者」至「去就也」解云：所傳聞之世，小國卒，例不合書，而今書之，故解之耳。言「薛與滕俱朝隱公」者，即隱十一年，「滕侯、薛侯來朝」是也。言「滕朝桓公」者，即桓二年「滕子來朝」是也。言「知去就」者，謂知去惡就善矣。

築臺于薛。何以書？譏。何譏爾？遠也。禮，諸侯之觀不過郊。〇觀，工喚反。

【疏】注「禮諸」至「過郊」 解云：正以郎爲近邑而在郊内，鄉者上傳不譏其遠，今此云薛，〔九〕傳云「遠也」，故知禮法不得過郊矣。

六月，齊侯來獻戎捷。戰所獲物曰「捷」。齊，大國也，曷爲親來獻戎捷？據齊未嘗朝魯。威我也。以威恐怖魯也。如上難知爲威魯書之。〇恐怖，丘勇反，下普故反。其威我奈何？旗獲而過我也。「旗」，軍幟名。各有色，與金、鼓俱舉，使士卒望而爲陳者。「旗獲」，建旗，縣所獲得，以過魯也。不書威魯者，恥不能爲齊所忌難，見輕侮也。言獻捷繫「戎」者，春秋王魯，因見王義。古者方伯征伐不道，諸侯交格而戰者，誅絶其國，獻捷於王者。楚獻捷時，此月者，刺齊桓憍慢恃盈，〔一〇〕非所以就霸功也。〇幟，音志，又申志反，又尺志反，本又作織，同。難，乃旦反。因見，賢徧反。

【疏】注「旗軍」至「有色」 解云：即禮「大帛以即戎」之屬是也。

注「與金鼓俱舉」 解云：謂以金錞和鼓，金鐸通鼓之時而建之。

注「旗獲」至「過魯也」 解云：凡言「過」者，謂道所經過之稱，今齊侯伐山戎，而得過魯，則此山戎不在齊北可知。蓋戎之別種，居于諸夏之山，故謂之「山戎」耳。

注「言獻捷繫戎」至「不道」 解云：正决僖二十一年冬，「楚人使宜申來獻捷」，無所繫矣。

注「諸侯交」至「於王者」 解云：「格」，猶距也，謂與交戰而距王。今人謂不順之處爲「格化」之類。

注「楚獻」至「此月」 解云：即僖二十一年冬，「楚人使宜申來獻捷」是也，而云「恃盈」者，謂自恃盈滿之道，而侮諸侯，失謙虚之義，故月之。

秋，築臺于秦。何以書？譏。何譏爾？臨國也。言「國」者，社稷、宗廟、朝廷皆爲國，明皆不當臨也。臨社稷、宗廟，則不敬；臨朝廷，則泄慢也。

冬，不雨。何以書？記異也。京房易傳曰「旱異者，旱久而不害物也。斯禄去公室，福由下作，故陽雖不施，而陰道獨行，以成萬物也」。先是比築三臺，慶、牙專政之應。○施，申豉反。

【疏】注「先是比築三臺」　解云：即上文于郎、于薛、于秦之屬是也。

注「慶牙專政」　解云：即上二十七年傳云「公子慶父、公子牙、公子友皆莊公之母弟也。公子慶父、公子牙通乎夫人，以脅公。季子起而治之，則不得與于國政；坐而視之，則親親，因不忍見也。故於是復請至于陳而葬原仲也」，下三十二年傳云「季子至而授之以國政」，然則上既言二子脅公，季友不得爲政，下文始言「授季子國政」，即於是時慶、牙爲政明矣。

三十有二年，春，城小穀。

夏，宋公、齊侯遇于梁丘。

秋，七月，癸巳，公子牙卒。何以不稱「弟」？據「公弟叔肸卒」。○肸，許乙反。

【疏】「城小穀」〔一一〕 解云：二傳作「小」字，與左氏異。

「夏宋公」至「梁丘」 解云：隱八年注云「宋公序上者，時衛侯要宋公，使不虞者爲主，明當戒慎之」，然則今宋公序上，亦爲齊侯所要故也。

注「據公弟叔肸卒」 解云：即宣十七年「冬，十有一月，壬午，公弟叔肸卒」是也。〔一二〕

殺也。殺則曷爲不言「刺之」？〔一三〕據公子買有罪殺之，言「刺」不言「卒」。

【疏】注「據公」至「言卒」 解云：即僖二十八年「公子買戍衛，不卒戍，刺之」，傳云「不卒戍者何？不卒戍者，內辭也，不可使往也。不可使往，則其言戍衛何？遂公意也」是也。

爲季子諱殺也。曷爲爲季子諱殺？據叔孫得臣卒不日者，惡不發揚公子遂弒也。○爲季，于僞反，下「爲季」「而爲」、注「故爲」同。

【疏】注「據叔」至「遂弒也」 解云：即宣五年九月，「叔孫得臣卒」，注云「不日者，知公子遂欲弒君，爲人臣知賊而不言，明當誅」是也。然則，季子若其發揚牙之罪惡誅之，正是臣人之道，今而諱殺，故難之云。〔一四〕

季子之遏惡也，「遏」，止。○遏，於葛反，止也。不以爲國獄，不就獄致其刑，〔一五〕故言「卒」。緣季子之心而爲之諱。季子過在親親，疑於非正，言故爲之諱，所以別嫌明疑。○別，彼列反。

【疏】注「季子」至「明疑」　解云：季子仁者，不忍用刑其兄，是失事君之道。然則，季子之過在於親其親者，故曰「過在親親」。春秋以掩遏牙之惡，與周公行誅于兄異，是以疑其非正禮耳，故爲之諱刺文。「所以別嫌」者，謂諱刺，別於親親失臣道之嫌。「明疑」者，明於掩惡非正禮之疑耳。

季子之遏惡奈何？莊公病，將死，以病召季子。召之於陳。

【疏】注「召之於陳」　解云：正以上二十七年傳云「因不忍見也，故於是復請至于陳而葬原仲也」之文故也。

季子至而授之以國政，至不書者，內大夫出與歸，不兩書。

【疏】注「至不」至「兩書」　解云：謂通例如此。宣八年夏，「公子遂如齊，至黃乃復」，書其「乃復」者，彼傳云「何言乎有疾乃復？譏。何譏爾？大夫以君命出，聞喪徐行而不反」，彼注云「喪尚不當反，況於疾乎」是也。宣十八年秋，「公孫歸父如晉」，冬，「歸父還自晉，至檉，遂奔齊」，書其「還」者，彼傳云「還者何？善辭也。何善爾？歸父使於晉，還自晉。至檉，聞君薨，家遣。墠帷」，「反命乎介，自是走之齊」，彼注云「主書者，善其不以家見逐怨懟，成踊哭君，終臣子之道，起時莫能然也。言『至檉』者，善其得禮于檉」是也。昭十四年「春，隱如至自晉」，又昭二十四年春，「叔孫舍至自晉」，皆書「至」者，正由被執而得歸，是以重而書「至」，猶非正歸當書之例也。閔元年秋，〔一六〕「季子來歸」，書者，初出亦不書，不得難此也。

曰：「寡人即不起此病，吾將焉致乎魯國？」「致」，與也。焉，於虔反。○季子曰：「般也存，君何憂焉？」公曰：「庸得若是乎？「庸」，猶傭傭無節目之辭。○般，音班。牙謂我曰『魯一生一及，君已知之矣』。父死子繼曰「生」，兄死弟繼曰「及」。言隱公生，桓公及，今君生，慶父亦當及，是魯國之常也。慶父也存。」時莊公以爲牙欲立慶父。

【疏】「慶父也存」者　解云：莊公辭。

季子曰：「夫何敢？是將爲亂乎？夫何敢？」再言「夫何敢」者，反覆思惟，且欲以安病人也。孔子曰「君子有九思，視思明，聽思聰，色思温，貌思恭，言思忠，事思敬，疑思問，忿思難，見得思義」。○夫何，音扶，下及注同。覆，芳服反。思難，乃旦反。

【疏】注「再言」至「病人也」　解云：謂反覆思惟，踟躕之間，故再告此。〔一七〕言「夫何敢」使病者意安耳。

注「孔子曰」至「思義」　解云：引之者，欲言季子反覆思惟，合於君子之道，言「見得思義」者，得謂利禄也。〔一八〕

俄而，牙弑械成，是時牙實欲自弑君，兵械已成，但事未行爾。有攻守之器曰「械」。○俄，五多反。牙殺，申志反，注及下「親弑」同。械，户戒反。季子和藥而飲之，「藥」者，酖毒也，傳曰「酖之」是也。時季子亦有械，故能飲之。傳不道者，從可知。○飲，於鴆反，注同。酖毒，本亦作鴆，直蔭反，下文同。

【疏】注「藥者」至「是也」　解云：即下云「然則曷爲不直誅而酖之」云云者是。

曰：「公子從吾言而飲此，則必可以無爲天下戮笑，必有後乎魯國。時世大夫，誅不宣揚，子當繼體如故。

【疏】「則必可以無爲天下戮笑」　解云：言不爲天下所共戮，不爲天下所共笑矣。

注「時世大夫」　解云：欲道古禮大夫不世矣。

不從吾言而不飲此，則必爲天下戮笑，必無後乎魯國。」於是從其言而飲之。飲之無傫氏，至乎王堤而死。公子牙，今將爾，今將欲殺。○無傫，無，本又作巫。傫，音力委反，又力追反。堤，丁兮反。

【疏】「飲之無傫氏」　解云：或是大夫家，或是地名。言飲酖毒之藥于無傫氏矣。舊云「飲之無傫氏」者，言「飲此毒，不累其子孫，謂當立其氏族也」者，非也。

「至乎王堤而死」解云：「王堤」，蓋地名。

辭曷爲與親弑者同？「辭」，傳序經辭。「親」，躬親也。

【疏】注「辭傳序經辭」解云：知如此者，正以經書「公子牙卒」，無誅殺之文。傳云「曷爲不言刺之」，云「是將爲亂乎」？故知此辭與親弑者同，但是傳序經辭，非爲經也。〔一九〕

君親無將，將而誅焉。「親」謂父母。○無將，如字。閔公「本將不誅」「將而」皆同，或子匠反，非也。然則善之與？曰，然。殺世子、母弟，直稱君者，甚之也。季子殺母兄，何善爾？誅不得辟兄，君臣之義也。以臣事君之義也。唯人君然後得申親親之恩。○與，音餘。

【疏】「殺世子母弟」至「之也」解云：即僖五年「春，晉侯殺其世子申生」，襄二十六年「秋，宋公殺其世子痤」之屬者，是殺世子直稱君之經也。隱元年「夏，五月，鄭伯克段于鄢」，襄三十年夏，「天王殺其弟年夫」之屬者，是殺母弟直稱君之經也。

注「唯人」至「之恩」解云：欲道殺世子母弟所以直稱君甚之之義。言得申親親之恩而不申之，故甚其惡耳。

然則，曷爲不直誅而酖之？行誅乎兄，隱而逃之，使託若以疾死然，親親之道也。明當以親親原而與之。於治亂當賞疑從重，於平世當罰疑從輕。莊不卒大夫而卒牙者，本以當國將弑君。書日者，録季子遏惡也。行誅親親，雖酖之，猶有恩也。

【疏】「隱而逃之」解云：言隱匿辟殺，是以不直誅而酖之矣。

注「明當」至「與之」解云：明春秋之道，當親其親，而原季子之心而與之，故善之耳。

注「於治」至「從輕」解云：注言此者，欲道春秋者，撥亂之書，是以原其親親而賞季氏，即「賞疑從重」也。當所傳聞之世，天下未平，是以升平疑獄，不得不誅，故云「於平世乃可罰疑從輕」矣。

注「莊不」至「弑君」解云：上三年，「春，王正月，溺會齊師伐衛」，傳云「溺者何？吾大夫之未命者也」，彼注云「所伐大夫不卒者，莊公薄於臣子之恩，故不卒大夫，與桓同義」是也。今牙書「卒」者，本以當國將弑君故也。

注「書日」至「遏惡也」解云：正以春秋之義，於所傳聞之世，大夫之卒，不問有罪無罪，皆不書日以略之，因示其恩淺，即隱元年，冬十二月「公子益師卒」，隱八年「冬，十有二月，無駭卒」之屬是也。今而書日，故解之。言「録季子遏惡也」者，正以爲季子遏其惡之故，是以詳録之耳。

八月，癸亥，公薨于路寢。「路寢」者何？正寢也。公之正居也。天子諸侯皆有三寢：一曰高寢，二曰路寢，三曰小寢。父居高寢，子居路寢，孫從王父母，妻從夫寢，夫人居小寢。在寢地者，〔二〇〕加録内也。夫人不地者，外夫人不卒，内書「薨」，已録之矣，故出乃地。

【疏】「路寢者何」解云：欲言正寢，公存之時，經文無「路寢」之名；欲言非正寢，而公薨於内，故執不知問。

注「天子諸侯」至「人居小寢」解云：皆時王之禮矣。若春秋定十五年夏五月，「壬申，公薨于高寢」，僖三十三年冬十二月，「乙巳，公薨于小寢」之屬是也。然則，諸侯有三寢，而薨其內者，是正矣。而文十八年二月，「丁丑，公薨于臺下」，襄三十一年，「夏，六月，辛巳，公薨于楚宮」之屬，皆爲失處，而無譏文者，蓋以不在三寢，非禮自見故也。而云「父居高寢」者，蓋以寢中最尊，若父子並薨之時，父殯于高寢矣。其嗣君亦薨，乃居於路寢，若其孫又薨，則從王父母小寢。所以不再言母者，「妻從夫寢」故也。其夫人若存，定居于寢內之三宮矣。若非有並喪，則從寢之中科薨其一。而謂路寢爲「公之正居」者，以其治正之常處也。〔二一〕

注「**在寢地加録內也**」解云：正決外諸侯之卒不地故也。

注「**故出乃地**」解云：即僖元年「秋，七月，戊辰，夫人姜氏薨于夷」是也。

冬，十月，乙未，子般卒。子卒云「子卒」，此其稱「子般卒」何？據子赤不言「子赤卒」。

【疏】「**據子赤不言子赤卒**」解云：文十八年「冬，十月，子卒」，傳云，「子卒者孰謂？謂子赤也」〔二二〕是也。

君存稱「世子」，明當世父位爲君。

【疏】「**君存稱世子**」解云：內外同矣。而桓六年「九月，丁卯，子同生」，不言世子者，彼注云「而不以世子正稱書者，明欲以正見無正，疾惡桓公」是也。

君薨稱「子某」，「緣民臣之心，不可一日無君」，故稱「子某」，明繼父也。名者，尸柩尚存，猶以「君前臣名」也。

【疏】注「緣民臣」至「名也」 解云：子者，嗣君之稱，是以稱「子某」，明其嗣父也。既不可無君，令之繼父，而書名者，正以尸柩尚存，猶君前臣名故也。其「緣民臣之心，不可一日無君」者，文九年傳文。

既葬稱「子」，不名者，無所屈也。緣終始之義，一年不二君，故稱「子」也。

【疏】注「不名」至「子也」 解云：正以先君既葬，更無所屈。所以不稱爵而言「子」者，一年不二君矣，其「緣終始之義，一年不二君」者，文九年傳文。

踰年稱「公」。「不可曠年無君。」

【疏】注「不可曠年無君」 解云：文九年傳文。

「子般卒」，何以不書「葬」？據定姒俱稱「卒」書「葬」。

【疏】注「據定」至「書葬」 解云：即定十五年「秋，七月，壬申，姒氏卒」，九月「辛巳，葬定姒」。然則，定姒稱「卒」而書「葬」，今子般稱「卒」不書「葬」，故難之。

未踰年之君也。有子則廟，則立廟也。廟則書「葬」；録子恩也。無子不廟，不廟則不書「葬」。未踰年之君，禮，臣下無服。故無子不廟，不廟則不書「葬」，示一年不二君也。稱「卒」不地者，降成君也。日者，爲臣子恩録之也。殺不去日見隱者，降子赤也。○去，起吕反。見，賢徧反。

【疏】注「未踰」至「二君也」解云：案喪服不杖期章之内，有爲君之長子，臣下猶服之，況爲嗣君而言無服者？正以爲長子之時，其臣下從君而服之，若其爲嗣君則無從服之義，是以知其無服矣。不但如此，作君長子之時，其臣皆吉，故得爲之服期，若作未踰年之君，臣下皆爲前君服斬，寧得更爲之服乎？若還服期，即是廢重服輕，若爲斬衰三年，即違一年不二君之義故也。

注「稱卒不」至「之也」解云：案隱公、閔公皆是成君而亦不地，故隱十一年傳云「公薨何以不地？不忍言也」，故彼注云「不忍言其僵尸之處」。今子般亦殺死，正合不書地而言「降成君」者，欲道好死者亦不書地，所以「降成君」故也。其好死者，即襄三十一年「秋，九月，癸巳，子野卒」是也。

注「殺不」至「子赤也」解云：即文十八年「冬，十月，子卒」，傳云「子卒者孰謂？謂子赤也。〔三〕何以不日？隱之也。何隱爾？弑也。弑則何以不日？不忍言也」，彼注云「所聞世，臣子恩痛王父深厚，故不忍言其日，與子般異」是也。然則子般猶是所傳聞之世，恩降于子赤，是以忍言日也。

公子慶父如齊。「如齊」者，奔也。是時季子新酖牙，慶父雖歸獄鄧扈樂，猶不自信於季子，故出也。不言「奔」者，起季子不探其情，不暴其罪。○樂，音洛。暴，步卜反。

【疏】注「慶父」至「扈樂」解云：其歸獄鄧扈樂之事，在閔元年傳也。

狄伐邢。

閔公起元年，盡二年。

元年，春，王正月。公何以不言「即位」？繼弒君不言「即位」。復發傳者，嫌繼未踰年君義異故也。明當隱之如一。○弒，申志反。復，扶又反，下同。〔二三〕

【疏】注「復發」至「如一」　解云：即莊元年傳云「公何以不言即位？春秋君殺子不言即位。〔二四〕君弒即子何以不言即位？〔二五〕隱之也。孰隱？隱子也」。然則莊元年已有此傳，今復發之者，正嫌此繼未踰年之君，異于成君故也。其異一成一未，〔二六〕而不異之者，明臣子隱痛之當如一矣。若然，案莊公繼弒，弒是齊侯，今閔公繼弒，弒是慶父，何氏寧知不嫌此異，而知爲所繼之君成與不成者？正以解即位之義，欲道後君痛其見弒，不忍即其位處，明據恩之深淺，无弒者内外之義故也。

孰繼？據子般弒不見。○見，賢偏反。繼子般也。孰弒子般？慶父也。殺公子牙，今將爾，季子不免。慶父弒君，何以不誅？將而不免，遏惡也。既而不可及，因獄有所歸。不探其情而誅焉，親親之道也。論季子當從「議親之辟」，猶律「親親得相首匿」，當與叔孫得臣有差。○探，他南

反。辟，婢亦反。匿，女力反。〔二七〕

【疏】注「論季子」至「首匿」解云：謂季子緩縱慶父之事，當從周禮小司寇議親之法，〔二八〕非其罪也。

注「當與」至「有差」解云：即宣五年，「叔孫得臣卒」，注云「不日者，知公子遂欲弒君，爲人臣知賊而不言，明當誅」，則得臣與遂不宜相隱，是以罪之。今慶父、季友親則親矣，得相首匿，是以舍之，故言「當與叔孫得臣有差」矣。

惡乎歸獄？歸獄僕人鄧扈樂。曷爲歸獄僕人鄧扈樂？據「師還」也。○惡，音烏。扈樂，音洛，或如字。

【疏】注「據師還也」解云：即莊八年「秋，師還」，傳云「還者何？善辭也。此滅同姓何善爾」？「非師之罪也」，注云「明君之使，重在君」。然則，莊八年尊者使師滅同姓而歸善於師，今則尊者使樂殺子般，而反歸惡於樂，故難之。

莊公存之時，樂曾淫于宮中，子般執而鞭之。莊公死，慶父謂樂曰：「般之辱爾，國人莫不知，盍弒之矣？」使弒子般，然後誅鄧扈樂而歸獄焉。殺鄧扈樂不書者，微也。○曾，才能反。盍，户臘反。

【疏】「樂曾淫于宮中」解云：即左氏傳云「雩，講於梁氏，女公子觀之。圉人犖自牆外與之戲」也者，得與此合。

季子至而不變也。「至」者，聞君弑，從家至朝，季子知樂勢不能獨弑，而不變正其真僞。

齊人救邢。

夏，六月，辛酉，葬我君莊公。

秋，八月，公及齊侯盟于洛姑。時慶父内則素得權重，外則出奔彊齊，恐爲國家禍亂，故季子如齊，聞之，奉閔公託齊桓爲此盟。下書「歸」者，使與君致同。主書者，起託君也。

【疏】注「故季子如齊聞之」解云：正以下經云「季子來歸」，故知時如齊矣。

注「書君」至「致同」解云：正以大夫歸例不書，而下經書「歸」，故如此解也。

注「主書者起託君也」解云：謂主書此盟，又下文即書「季子來歸」者，欲起季子託君于齊侯矣。所以不書公至自洛姑者，桓之會不致故也。

季子來歸。其稱「季子」何？據如陳名，不稱「季」；卒不稱「子」。

【疏】注「據如陳名不稱季」解云：即莊二十七年，「公子友如陳，葬原仲」是也。

注「不稱子」 解云：即僖十六年「三月，壬申，公子季友卒」是也。

賢也。嫌季子不探誅慶父有甚惡，故復於託君安國賢之，所以輕歸獄，顯所當任，達其功。不稱「季友」者，明齊繼魯，本感洛姑之託。故令與高子俱稱「子」，起其事。○令，力呈反。

【疏】注「嫌季」至「賢之」 解云：嫌有趙盾不誅趙穿而獲弑君之惡，故曰「甚惡」也。

注「所以」至「其功」 解云：「所以輕歸獄」者，欲輕季子往前縱慶父歸獄之過矣。言「顯所當任」者，謂書曰「季子來歸」，明託君而還，欲顯當存國之任矣。言「達其功」者，欲達其存國之功矣。

注「不稱」至「其事」 解云：以僖十六年卒時稱「季友」，故決之。但當稱「季」，足得起其賢，而稱「子」者，見義故也。何者？案下二年「冬，齊高子來盟」，傳云「高子者何？齊大夫也」。「何以不名？喜之也。何喜爾？正我也。其正我奈何？莊公死，子般弑，閔公弑，比三君死，曠年無君。設以齊取魯，不興師，〔二九〕徒以言而已矣。桓公使高子將南陽之甲，立僖公而城魯」。「魯人至今以爲美談曰『猶望高子也』」。然則齊侯所以遺高子存魯而立君繼之者，由此洛姑之託。故令季子與高子同稱「子」，起見其事矣。

其言「來歸」何？據召歸不書，隱如言「至」。

【疏】注「據召歸不書」 解云：即莊二十七年，「公子友如陳，葬原仲」，莊三十二年傳云，莊公召季子，「季子至而授之以國政」，彼注云「至不書者，內大夫出與歸不兩書」是也。

注「隱如言至」 解云：即昭十四年，「隱如至自晉」是也。

喜之也。季子來歸，則國安，故喜之，而變「至」加録云爾。蓋與賢相起。言「歸」者，主爲喜出，言「來」者，起從齊自外來。盟不日，公不致者，「桓之盟不日，其會不致，信之也」。○主爲，于僞反，下文、注皆同。

【疏】注「蓋與賢相起」　解云：謂稱字所以賢之，亦見其喜矣。變「至」言「歸」，所以喜之，亦起其賢，故云「與賢相起」耳。

注「桓之盟不日」至「之也」　解云：莊十三年傳文。

冬，齊仲孫來。「齊仲孫」者何？公子慶父也。公子慶父則曷爲謂之「齊仲孫」？繫之齊也。曷爲繫之齊？據欒盈出奔楚，還不繫「楚」。

【疏】「齊仲孫者何」　解云：欲道齊人，經不言「使」；欲言己臣，而繼于「齊」，故執不知問。

注「據欒」至「不繫楚」　解云：即襄二十一年「秋，晉欒盈出奔楚」，至襄二十三年夏「晉欒盈復入于晉，〔三〇〕入于曲沃」是也。

外之也。曷爲外之？據俱出奔還也。〔三一〕春秋爲尊者諱，爲閔公諱受賊人也。爲親者諱，爲季子親親而受之，故諱也。

【疏】注「爲季」至「諱也」　解云：謂季子是閔公之親親，而反受其賊，故爲諱耳。

爲賢者諱。以季子有遏牙、不殺慶父之賢，故爲諱之。子女子曰：「以『春秋』爲春秋，以史記氏族爲春秋。言古謂史記爲「春秋」。

【疏】注「以史記氏族爲春秋」解云：謂以史記人之氏族而爲春秋。

注「言古」至「春秋」解云：夫子脩史記爲春秋。今言「以春秋爲春秋」，則史記舊有「春秋」之名，是言古者謂史記爲「春秋」矣。

齊無仲孫，其諸吾仲孫與？」齊有高、國、崔，魯有仲孫氏，亦足以知魯仲孫。言「仲孫」者，以後所氏，起其事明。主書者，賊不宜來，因以起上「如齊」實弒君出奔。〔三二〕○子女子，音汝。仲孫與，音預。〔三三〕

【疏】注「齊有高國崔」解云：即國夏、高固、高張、崔杼之屬是矣。

注「魯有仲孫氏」解云：即仲孫蔑、仲孫羯之屬是也。

注「主書」至「出奔」解云：正以經書其「來」，見不宜來，則知上「如齊」者，是其犯罪而去矣。莊三十二年冬「公子慶父如齊」者，即上「如齊」之經矣。

二年，春，王正月，齊人遷陽。不爲桓公諱者，功未足以覆比滅人之惡也。○不爲，于僞反，下文注皆同。〔三四〕

【疏】「春王正月齊人遷陽」解云：莊十年「三月，宋人遷宿」，彼注云「月者，遷取王封，當與滅人同罪」。然則，春秋之例，大國之遷例月，小國書時，即僖三十一年「十有二月，衛遷于帝丘」，昭九年春，「許遷于夷」之屬是也。而今陽爲小國，齊人遷之，亦是遷取王封，當與滅人同罪，故云月矣。云云之說，在莊十年。

注「不爲」至「惡也」解云：莊十年「冬十月，齊師滅譚」，莊十三年「夏六月，齊人滅遂」，今遷取王封，因而臣之，雖當時未滅，終不得在，故云「比滅人之惡」矣。如此注者，正決僖十七年「夏，滅項」，傳云「孰滅之？齊滅之。曷爲不言『齊滅之』？爲桓公諱也。春秋爲賢者諱」，「桓公嘗有繼絶存亡之功，故君子爲之諱」。然則彼經不言「齊」，而此言「齊人」，故決之。

夏，五月，乙酉，吉禘于莊公。其言「吉」何？據「禘于大廟」，不言「吉」。○吉禘，大計反。大廟，音泰，下同。

【疏】注「據禘」至「言吉」　解云：即僖八年「七月，禘于大廟，用致夫人」是也。

言「吉」者，未可以吉也。都未可以吉祭。經舉重，不書「禘于大廟」，嫌獨莊公不當禘，于大廟可禘者，故加「吉」，明大廟皆不當。

【疏】注「都未可以吉祭」　解云：〔三五〕在三年之内，莊公及始祖之廟，皆未可以吉祭，故言「都」爾。

注「經舉重不書」　解云：春秋之義，常事不書，有善惡者乃始録而美刺之。今既已舉重，特書于莊公，不書于大廟，則嫌莊公一廟獨不當禘，大廟便可禘矣。然莊公卑于始祖，而言「舉重」者，言三年之内作吉祭之時，莊公最不宜吉，故言「舉重」，不謂莊公尊于始祖也。

曷爲未可以吉？據三年也。

【疏】注「據三年也」　解云：莊三十二年八月，公薨，至今年五月，已入三年之竟，故言「據三年也」。

未三年也。禮，禘、祫從先君數，朝、聘從今君數。三年喪畢，遭禘則禘，遭祫則祫。○君數，所主反，下同。祫，音洽。

【疏】「未三年也」解云：謂未滿二十五月也。

注「禮禘祫從先君數」解云：謂爲禘祫之祭，合從先君死時日月而數之。若滿三年已後，遭禘則禘，〔三六〕遭祫即祫耳。

注「朝聘從今君數」解云：謂從今君即位以後，數其年歲，制爲朝聘之數。

三年矣，曷爲謂之未三年？三年之喪，實以二十五月。時莊公薨至是適二十二月。所以必二十五月者，取期再期，恩倍，漸三年也。孔子曰「子生三年，然後免于父母之懷。夫三年之喪，天下之通喪」。禮士虞記曰「期而小祥，曰『薦此常事』；又期而大祥，曰『薦此常事』。〔三七〕中月而禫，是月也，吉祭猶未配」，是月者，二十七月也。傳言二十五月者，在二十五月外，可不譏。○取期，音基，下同。禫，大感反。

【疏】注「所以」至「三年也」解云：二十五月是再期矣，故曰「取期再期」矣。父母之喪倍於期者之恩，正當其禮數，故曰其「恩倍」矣。言「漸三年也」者，謂二十五月，漸得三年之竟，故云「漸三年也」。議如得漸二君之遺教。〔三八〕

注「禮士」至「常事」解云：彼注云「小祥，祭名。祥，吉也」，「古文期皆作基」，「常者，期而祭，禮。古文常爲祥」。

注「又期」至「祥事」解云：亦彼文。注「中月而禫，〔三九〕是月也，吉祭猶未配」者，亦彼文。彼文彼注云〔四〇〕「中，猶間也。禫，祭名也，與大祥間一月。自喪至此，凡二十七月。禫之爲言，〔四一〕澹澹然平安意也」。「是月，是禫月。當四時之祭月則祭，猶未以某妃配某氏，哀未忘也」。

其言「于莊公」何？據禘于大廟不言「周公」，祫僖公不言「僖宫」。〔四二〕

【疏】注「據禘」至「周公」　解云：即僖八年「秋，七月，禘于大廟，用致夫人」是也。

注「祫僖」至「僖宫」　解云：「祫僖公不言僖宫」，定八年，「從祀先公」，傳云「從祀者何？順祀也。文公逆祀，去者三人；定公順祀，叛者五人」，彼注云「諫不以禮而去曰叛」。云「不書禘者，後祫亦順，非獨禘也」，「不言僖公者，閔公亦得其順」，是其「祫僖公不言僖公」者，即文二年「八月，丁卯，大事于大廟，躋僖公」，傳云「大事者何？大祫也」者是也。

未可以稱宫廟也。時閔公以莊公在三年之中，未可入大廟，禘之于新宫。故不稱宫廟，明皆非也。**曷爲未可以稱宫廟？**據言「禘」也。

【疏】注「據言禘也」　解云：正以禘是吉祭之稱，既得言「禘」，何故不得稱「宫廟」？故難之。

在三年之中矣。當思慕悲哀，未可以鬼神事之。

【疏】注「未可以鬼神事之」　解云：正言以宫廟者，鬼神居之之稱故也。

「吉禘于莊公」何以書？譏。何譏爾？譏始不三年也。與「託始」同義。

【疏】注「與託始同義」解云：案隱二年「九月，紀履緰來逆女」，傳云「外逆女(四三)不書，此何以書？譏。何譏爾？譏始不親迎也。始不親迎昉於此乎？前此矣。前此則曷爲始乎此？託始焉爾。曷爲託始焉爾？春秋之始也」。然則，此亦宜云「始不三年昉於此乎？前此矣。前此則曷爲始乎此？託始焉爾。曷爲託始焉爾？春秋之始也」。故云「與託始同義」矣。而傳不言「託始」，蓋省文從可知也。

秋，八月，辛丑，公薨。「公薨」何以不地？隱之也。何隱爾？弒也。孰弒之？慶父也。殺公子牙，今將爾，季子不免。慶父弒二君，何以不誅？將而不免，遏惡也。既而不可及，緩追逸賊，親親之道也。與「不探其情」同義。不書「葬」者，賊未討。○弒，音試，下及注同。

【疏】「公薨何以不地」解云：隱十一年傳云「公薨何以不地」？注云「據莊公薨于路寢」。然則，此傳云「公薨何以不地」者，亦據莊公，但從彼注省文故也。

注「與不」至「同義」解云：即上元年傳云「孰弒子般？慶父也。殺公子牙，今將爾，季子不免。慶父弒君，何以不誅？將而不免，遏惡也。既而不可及，因獄有所歸，不探其情而誅焉，親親之道也」。

注「不書葬賊未討」解云：即隱十一年，「冬，十有一月，壬辰，公薨」，傳云「何以不書葬？隱之也。何隱爾？

弑也。弑則何以不書葬？春秋君弑賊不討，不書葬，以爲無臣子也」是也。而言「未」者，欲道於後討得之，即僖元年傳「於是抗輈經而死」者是也。

九月，夫人姜氏孫于邾婁。爲淫二叔，殺二嗣子，出奔。不如文姜于出奔貶之者，爲内臣子，明其義不得以子絶母。凡公夫人奔例日，此月者，有罪。

【疏】注「不如文姜」至「絶母」　解云：莊元年「三月，夫人孫于齊」，傳云「夫人何以不稱姜氏？貶。曷爲貶？與弑公也」，是於出時貶之之文也。「爲内臣子明其義不得以子絶母」者，正謂此處見其義而已，不謂此夫人卒，竟不絶也。故僖元年，「夫人氏之喪」，傳云「夫人何以不稱姜氏？貶。曷爲貶？與弑公也。然則曷爲不於弑焉貶？貶必以其重者，〔四四〕莫重乎其以喪至也」者，〔四五〕是其亦貶之矣。

注「凡公」至「有罪」　解云：正以昭二十五年「九月，己亥，公孫于齊」而書日，則知夫人之孫亦宜然。而此及文姜之孫皆書月，案此二人皆有罪，故如此注之耳。

公子慶父出奔莒。慶父弑二君，不當復見。所以復見者，起季子緩追逸賊也。不日者，内大夫奔例，無罪者日，有罪者月。外大夫奔例皆時。○當復，扶又反，下同。見，賢偏反，下文「復見」同。

【疏】注「慶父」至「逸賊也」　解云：知弑君之人不合復見者，正見宣六年「春，晉趙盾、衛孫免侵陳」，傳云「趙盾弑君，此其復見何」？彼注云「據宋督、鄭歸生、齊崔杼弑其君，後不復見」，傳又曰「親弑君者趙穿也」，彼注云「復見趙盾者，欲起親弑者趙穿，非盾」是。

注「不日者」至「皆時」解云：襄二十三年「冬，十月，乙亥，臧孫紇出奔邾婁」，是無罪書日也。其有罪書月者，即昭十二年「冬，十月，公子整出奔齊」之屬及此文皆是。而文八年，「公孫敖如京師，不至，復。丙戌，奔莒」，案傳云「不可使往也」，則是有罪，而書「丙戌」者，彼注云「日者，嫌敖罪明，則起君弱，故諱，使若無罪」者是也。其「外大夫奔例皆時」者，不問有罪與無罪，即襄二十七年夏，「衛侯之弟鱄出奔晉」，（四六）二十八年「夏，衛石惡出奔晉」，「冬，齊慶封來奔」之屬是也。

冬，齊高子來盟。「高子」者何？齊大夫也。以有「高傒」也。

【疏】「高子者何」解云：欲言齊侯，而經稱「子」；欲言大夫，名不書見經，故執不知問。

注「以有高傒也」解云：即莊二十二年「秋，七月，丙申，及齊高傒盟于防」是也。

何以不稱「使」？據「鄭伯使其弟語來盟」。

【疏】注「據鄭」至「來盟」解云：在桓十四年夏。

我無君也。時閔公弒，僖公未立，故正其義，明君臣無相適之道也。春秋謹於別尊卑，理嫌疑，故絶去使文，以起事張例，則所謂「君不使乎大夫」也。○別，彼列反。故絶去，起呂反，下「欲去」同。

【疏】注「所謂君不使乎大夫也」解云：成二年「齊侯使國佐如師」之下，傳云「君不行使乎大夫，（四七）此其行使乎大夫何？佚獲」是也。

然則何以不名？據國佐盟名。

【疏】注「據國佐盟名」解云：即成二年，「及國佐盟于袁婁」者是也。

喜之也。何喜爾？正我也。其正我奈何？莊公死，子般弒，閔公弒，比三君死，曠年無君。與曠年無君無異。

【疏】注「與曠年無君無異」解云：正以莊公死時，子般即位，子般弒後，閔公即位，閔公弒後，僖公即位，君常不絕。而傳言「曠年無君」者，正以三年之內，三君比死，與曠年無君無異，非實無君也。

設以齊取魯，曾不興師，徒以言而已矣。設時勢然。桓公使高子將南陽之甲，「南陽」，齊下邑。「甲」，革，皆鎧冑也。○革，更百反。鎧，苦愛反。冑，直又反。立僖公而城魯。或曰自鹿門至于争門者是也，(四八)或曰自争門至于吏門者是也。魯人至今以爲美談，曰「猶望高子也」。久闊思相見者，引此爲喻，(四九)美談至今不絕也。立僖公城魯不書者，諱微弱。喜而加「高子」者，美大齊桓繼絕于魯，故尊其使，起其功，明得子續父之道。○鹿門，魯南城東門也。(五〇)其使，所吏反。

【疏】注「明得」至「之道」解云：凡人子之道，宜繼祖禰之功，不絕之。今桓公繼于魯，正得續父功德之義，故尊其使而稱「子」耳，言明其得人子續其人父功德之道也。

十有二月，狄入衛。

鄭棄其師。「鄭棄其師」者何？連國者，并問稱國。

【疏】「鄭棄其師者何」解云：正以言異常例，故執不知問。

惡其將也。以言「棄師」。○惡其，烏路反，下及注同。將也，子匠反，下同。鄭伯惡高克，使之將，逐而不納，棄師之道也。鄭伯素惡高克，欲去之無由，使將師救衛，隨後逐之，因將師而去。其本雖逐高克，實棄師之道，故不書逐高克，舉棄師爲重，猶趙盾加「殺」也。不解國者，重衆從國體録可知。繫閔公篇于莊公下者，子未三年，無改於父之道，傳曰「則曷爲於其封内三年稱子？緣孝子之心則三年不忍當也」。○盾，徒本反。

【疏】注「猶趙盾加弑」解云：謂實逐克，但舉棄師爲重；實趙穿弑君，但舉加弑爲重，相似。趙盾加弑在宣二年。

注「子未三年」解云：謂莊三十二年八月薨，至閔二年八月薨時，始二十五月，故曰「未三年」也。

注「傳曰」至「忍當也」解云：文九年傳文也。

校勘記

〔一〕故日以起其暴也 「日」原作「曰」。閩本「日」誤作「曰」，毛本不誤。今按，撫州本「曰」作「日」，余本誤作「曰」。據撫州本改。

〔二〕豎刀易牙争權不葬　阮校：閩、監、毛本「刀」作「刁」，非。今按，撫州本作「刁」，余本作「刀」。阮校以爲作「刀」是，作「刁」非，通篇徑改。

〔三〕民不飢乏　「飢」原作「饑」。阮校：鄂本「饑」作「飢」。今按，撫州本、余本作「飢」。據改。

〔四〕注始造曰築　「始」字原無。盧補：毛本「造」上有「始」字，與注合。今按，單抄本作「注始造曰築者」。據補「始」字。

〔五〕鄧侯吾离來　單抄本「离」作「離」。

〔六〕注諸君至臣邑　阮校：閩、監、毛本改作「諸君邑防臣邑」。

〔七〕比殺申志反　「殺」原作「弑」，「反」下有「也」字。諸本釋文「弑」作「殺」，無「也」字。據改、删。

〔八〕臨民之所漱浣也　阮校：唐石經、鄂本「漱」作「潄」，此誤。釋文與注疏同。今按，撫州本作「漱」，余本作「潄」。余本字俗，阮説非。

〔九〕今此云薛　浦鏜云：「云」當「于」字誤。

〔一〇〕憍慢恃盈　「憍」原作「驕」，「恃」原作「持」。阮校：「憍慢持盈」，宋本同，作「驕」、「恃」者誤。此本修改者「憍」亦作「驕」。今按，撫州本、余本作「憍慢恃盈」。據改。

〔一一〕城小穀　浦鏜云：此下十四字疏爲衍文。

〔一二〕公弟叔肹卒是也　「卒」字原無。單抄本「肹」下有「卒」字。據補。

〔一三〕不言刺之　「之」字原無。阮校引鄂本「刺」下有「之」字，此脱。唐石經「之」字刓滅，以字數計之本有。下疏引傳云「曷爲不言刺之」。今按，撫州本、余本「刺」下有「之」字。據補。

〔一四〕故難之云　單抄本無「云」字。

〔一五〕不就獄致其刑　「獄致」原作「致獄」。阮校引鄂本作「獄致」，此誤倒。今按，撫州本、余本作「獄致」。據乙正。

〔一六〕閔元年秋　「元」原作「二」，諸本如此。今按，「二」當作「元」，據改。

〔一七〕故再告此　阮校：閩、監、毛本「告」作「言」。今按，單抄本作「告」。

〔一八〕得謂利禄也　「禄」原作「録」。阮校：補刊本「禄」誤「録」。今按，「録」當作「禄」。據改。

〔一九〕非爲經也　浦鏜疑「爲」係「謂」字誤。

〔二〇〕在寢地者　「者」字原無。阮校：鄂本「地」下有「者」字，此脱。今按，撫州本、余本「地」下有「者」。據補。

〔二一〕以其治正之常處也　「治」原作「始」。按單抄本「始」作「治」。據改。

〔二二〕孰謂謂子赤也　「謂」字原不重。阮校：「謂」下脱「謂」字。今按，單抄本重「謂」字。據補。

〔二三〕復扶又反下同　此六字原脱，據諸本釋文補。

〔二四〕君殺子不言即位　「殺」字原無。阮校：「君」下脱「殺」字。今按，單抄本「君」下有「殺」字。據補。

〔二五〕君弑即子何以不言即位　單抄本、閩本、毛本如此，阮刻本改同莊元年傳作「則子何以不言即位」。

〔二六〕其異一成一未　阮校：「異」當作「義」。今按，諸本作「異」。作「異」字正指下「一成一未」言。疑阮校非。

〔二七〕匿女力反　「力」原作「亦」。撫州本、宋本、余本釋文「亦」皆作「力」。據改。

〔二八〕周禮小司寇議親之法　「寇」原「徒」。孫詒讓校記云：「徒」當作「寇」。據改。
〔二九〕齊取魯不興師　浦鏜云：「魯」下脱「曾」字。
〔三〇〕晉欒盈復入于晉　「晉」字原無。單抄本「欒」上有「晉」字。據補。
〔三一〕出奔還也　「還」原作「遠」。阮校：鄂本「遠」作「還」，當改正。今按，撫州本、余本「遠」作「還」。據改。
〔三二〕弑君出奔　「弑」原作「殺」。阮校：鄂本「殺」作「弑」。今按，撫州本、余本作「弑」。據改。
〔三三〕仲孫與音預　此五字原脱，據宋本釋文、撫州本音義補。
〔三四〕不爲于僞反下文注皆同　余本與此本此下脱此十字。據諸補。
〔三五〕解云　單抄本「解云」作「言」。
〔三六〕遭禘則禘　阮校：閩、監、毛「則」作「即」，與下句同。
〔三七〕此常事　阮校：鄂本同。宋本等（「常」）作「祥」。按疏標起訖云，注「又期」至「祥事」，與今儀禮同。此作「常事」，蓋涉上文誤。今按，撫州本、余本作「常事」，阮説宋本作「祥」誤。
〔三八〕議如得漸二君之遺教　殿本考證云，「義」誤作「議」。
〔三九〕注中月而禫　阮校：何校本無「注」字，是。
〔四〇〕亦彼文彼文彼注云　阮校云「亦」上何校本有「解云」二字是也。
〔四一〕禫之爲言　阮校：士虞禮記注無「爲」字。
〔四二〕不言僖宫　阮校：段玉裁校本「宫」爲「公」誤。又按疏引定公八年注作僖公，彼注云，不言從祀僖公。
〔四三〕傳云外逆女　浦鏜云脱「傳云外逆女」五字。阮校：何校本有「外逆女」三字是也，與隱二年傳合。今按，單抄本有此五字。據補。

〔四四〕貶必以其重者　阮校：何校本「以」作「於」，與僖元年傳合。

〔四五〕其以喪至也者　「其以」原作「以其」。阮校：傳作「其以」，此誤倒。今按，單抄本作「其以」。據乙正。

〔四六〕衛侯之弟鱄出奔晉　「鱄」原作「縛」。阮校云：此本「鱄」誤作「縛」。今按，單抄本作「鱄」。據改。

〔四七〕君不行使乎大夫　阮校：今本傳脱「行」，疏引皆有之。

〔四八〕至于争門者是也　浦鏜引顧炎武説，謂即説文「浄門」，省作「争」。

〔四九〕引此爲喻　阮校引鄂本「喻」作「諭」。

〔五〇〕東門也　此下原有「〇」。阮校云：「鹿門」至「東門也」係釋文竄入，鄂本無之。此本雖有八字而加「〇」别之，則不以爲注也。今按，阮校是，撫州本、宋本、余本釋文皆不誤。據删「〇」。

監本附音春秋公羊傳注疏僖公卷第十起元年，盡七年。

何休學

元年，春，王正月。公何以不言「即位」？據文公言「即位」。繼弒君，子不言「即位」。此非子也，其稱子何？僖公者，閔公庶兄。據閔公繼子般，傳不言「子」。○弒，申志反。臣、子一例也。僖公繼成君，閔公繼未踰年君。禮，諸侯臣諸父兄弟，以臣之繼君，猶子之繼父也，其服皆斬衰。故傳稱「臣子一例」。○衰，七雷反。

齊師、宋師、曹師次于聶北，救邢。〔一〕「救」不言「次」，此其言「次」何？據「夏，師救齊」，不言「次」。○聶，女涉反。

【疏】注「據夏」至「言次」　解云：即下十八年「夏，師救齊」是也。

不及事也。不及事者何？邢已亡矣。刺其救急舒緩，使至於亡，故録之止次以起之。

【疏】「不及事者何」 解云：正以「次」者，間暇之名，而言「不及事」，似於義違，故執不知問。

孰亡之？蓋狄滅之。以上有「狄伐邢」。

【疏】注「以上有狄伐邢」者 解云：即莊三十二年冬「狄伐邢」者是。

曷爲不言「狄滅之」？據「狄滅温」言「滅」。

【疏】注「據狄滅温言滅」者 解云：即下十年春，「狄滅温，温子奔衛」者是。

爲桓公諱也。曷爲爲桓公諱？據徐人取舒、晉滅夏陽、楚滅黄皆不諱。○爲桓，于僞反，下「爲桓」、「曷爲」并下注「爲諱」、「爲桓」、「爲内」、「爲僖」皆同。夏，户雅反。

【疏】注「據徐人取舒」 解云：即下三年夏，「徐人取舒」者是也。

注「晉滅夏陽」 解云：即下二年「虞師、晉師滅夏陽」是也。

注「楚滅黄」 解云：即下十二年「夏，楚人滅黄」是也。然即彼三事皆不爲桓公諱者，〔三〕「取舒」之下，何氏云「不爲桓諱者，刺其不救也」是也。今此實救，故爲之諱耳。

上無天子，下無方伯，天下諸侯有相滅亡者，桓公不能救，則桓公恥之。故以爲諱。所以醇其能以治世自任而厚責之。

【疏】「上無」至「方伯」 解云：「上無天子下無方伯」，莊四年何氏云「有而無益于治曰『無』，猶易曰『闃其無人』」者是也。

注「以治世自任」者 猶言以天子治世爲己任矣。

曷爲先言「次」而後言「救」？據叔孫豹先言「救」。

【疏】注「據叔」至「言救」 解云：即襄二十三年「秋，齊侯伐衛，遂伐晉。八月，叔孫豹帥師救晉，次于雍榆」是也。〔三〕

君也。叔孫豹，臣也，當先通君命，故先言「救」。今此先言「次」，知實諸侯。君則其稱「師」何？不與諸侯專封也。故没君文，但舉「師」而已。曷爲不與？據狄滅之，爲桓公諱。實與。不書所封歸是也。

【疏】注「不書」至「是也」 解云：昭十三年秋，「蔡侯廬歸于蔡，陳侯吳歸于陳」，傳云「此皆滅國也，其言歸何？不與諸侯專封也」，彼注云「故使若有國自歸者也。名者，專受其封，當誅」，然則彼經書所「封」、「歸」，是不與楚專封，則知此經不書所「封」、「歸」者，與齊桓專封，明矣。若書所「封」、「歸」，宜言「邢侯歸于邢」矣。

而文不與。文曷爲不與？據實與也。

【疏】「而文不與」解云：連上句讀之。

諸侯之義不得專封也。此道大平制。○大，音泰。

【疏】注「此道大平制」解云：正以春秋作義，實與齊桓專封，而言諸侯之義不得專封，故知是大平制也。

諸侯之義不得專封，則其曰「實與」之何？上無天子，下無方伯，天下諸侯有相滅亡者，力能救之則救之，可也。主書者，起文從實也。

【疏】注「主書」至「實也」解云：謂雖文不與，其義實與，故言「起文從實也」。

夏，六月，邢遷于陳儀。「遷」者何？其意也。其意，自欲遷。時邢創畏狄兵，更欲依險阻。○陳儀，左氏作「夷儀」。

【疏】「遷者何」解云：欲言自遷，實齊遷之；欲言齊遷，而作自遷之文，故執不知問。

「遷之」者何？非其意也。謂「宋人遷宿」也。書者，譏之也。王者封諸侯，必居土中，所以教化者平，貢賦者均，在德不在險，其後爲衛所滅是也。「遷」例大國月，重煩勞也；小國時。此小國月者，霸者所助城，故與大國同。

【疏】注「謂宋人遷宿也」解云：即莊十年「三月，宋人遷宿」是也。案彼傳云「遷之者何？不通也，以地還之也」。今又發之者，正以此有自遷之文，故取此對之也。

注「王者」至「土中」解云：謂各處其土中，不謂據天下。

注「其後」至「是也」解云：即二十五年「春，王正月，丙午，衛侯燬滅邢」是也。

注「遷例大國月」解云：即下三十一年「十有二月，衛遷于帝丘」之屬是也。

注「小國時」解云：即昭九年春，「許遷于夷」之屬是也。

齊師、宋師、曹師城邢。此一事也，曷爲復言「齊師、宋師、曹師」？據首戴前目而後凡。○復言，扶又反，下同。

【疏】注「據首」至「後凡」解云：即下五年夏，「公及齊侯、宋公、陳侯、衛侯、鄭伯、許男、曹伯會王世子于首戴」，「秋，八月，諸侯盟于首戴」是也。

不復言師，則無以知其爲一事也。言「諸師」，則嫌與首戴同，嫌實師；言「諸侯」，則嫌與緣陵同，嫌歸聞其遷，更與諸侯來城之，未必反故入也。〔四〕故順上文，則知桓公宿留城之，爲一事也。

【疏】注「言諸師」至「實師」 解云：首戴之會，歷序齊侯、宋公之屬，下文總道諸侯，便是實諸侯。〔五〕今此亦上歷序「齊師」之屬，若下文直總言「諸師」，則與首戴同，嫌是實師，非必齊侯、宋公等，是以復序之，〔六〕以順上文也。

注「言諸侯」至「入也」 解云：即下十三年，「公會齊侯、宋公、陳侯、衛侯、鄭伯、許男、曹伯于鹹」，十四年「春，諸侯城緣陵」是。時會諸侯各自還國，至十四年春更來城之，故此復注云「言諸侯，則嫌與緣陵同，嫌歸聞其還，更與諸侯來城之，未必反故人也。」

注「故順」至「事也」 解云：宿音須就反，留音盧胄反。案十四年穀梁傳曰「其曰諸侯，散辭也」，范氏云「直曰諸侯，無大小之序，是各自欲城，無總一之者，非伯者所制，故曰『散辭』」，傳又曰「聚而曰散，何也」？范氏云「據言諸侯城，則是聚」，傳又云「諸侯城，有散辭也，桓德衰矣」，范氏云「言諸侯城，則非伯者之爲可知也。齊桓德衰，所以散也。何休曰『案先是盟亦言諸侯，非散也。又穀梁美九年諸侯盟于葵丘，即散，何以美之』？」於義穀梁爲短，然則何氏彼處廢穀梁不聽爲散辭，而此所引似作散辭者，何氏之意，直以言諸侯者，見桓德衰，待諸侯然後能城之，故嫌穀梁以爲散辭耳。今此注正道緣陵之諸侯，十三年鹹之會各自歸國，十四年復來城之，仍自不道十四年「諸侯」爲散辭矣。

秋，七月，戊辰，夫人姜氏薨于夷，齊人以歸。「夷」者何？齊地也。齊地，則其言「齊人以歸」何？

據從國中歸不當書，邾婁人執鄫子不書「以歸」是也。○鄫，似陵反。

【疏】「夷者何」 解云：夫人之薨，例不言地，今言「于夷」，故執不知問。

注「邾婁」至「是也」 解云：即下十九年「夏，六月，宋人、曹人、邾婁人盟于曹南。鄫子會盟于邾婁。己酉，邾婁人執鄫子，用之」是。

夫人薨于夷，則齊人以歸。夫人所以薨于夷者，齊人以歸至夷。夫人薨于夷，則齊人曷爲以歸？據上説，夫人薨于夷者，齊人以歸至夷也。齊人曷爲故以歸至于夷？桓公召而縊殺之。先言「薨」，後言「以歸」，而不言「喪」者，起桓公召夫人于邾婁，歸殺之于夷，因爲内諱恥，使若夫人自薨于夷，然後齊人以歸者也。主書者，從内不絶録，因見桓公行霸，王誅不阿親親，〔七〕疾夫人淫泆二叔，殺二嗣子，而殺之。○縊，一賜反，一本作搤，於革反。見，賢徧反。泆，音逸。

【疏】**注「主書」至「殺之」**〔八〕 解云：即閔二年「九月，夫人姜氏孫于邾婁」，注云「不如文姜于出奔貶之者，爲内臣子明其義不得以子絶母」者是。

楚人伐鄭。楚稱「人」者，爲僖公諱與夷狄交婚，故進使若中國，又明嫁娶當慕賢者。

【疏】**注「楚稱人者」** 解云：欲對莊二十八年「秋，荆伐鄭」之經也。

注「爲僖」至「交婚」 解云：即下八年「秋，七月，禘于太廟，〔九〕用致夫人」，傳云「夫人何以不稱姜氏」？「譏以妾爲妻也。其言以妾爲妻奈何？蓋脅于齊媵女之先至者也」，彼注云「僖公本聘楚女爲嫡，齊女爲媵，齊先致其女，脅僖公使用爲嫡，故從父母辭，言『致』。不書夫人及楚女至者，起齊先致其女，然後脅魯使立也。楚女未至而豫廢，故皆不得以夫人至書也」者，是其「與夷狄交婚」之事。

注「故進使若中國」 解云：正以稱「人」，爲楚進稱故也。

八月，公會齊侯、宋公、鄭伯、曹伯、邾婁人于杅。月者，危公會霸者而與邾婁有辨也。不從有夫人喪出會惡之者，不如危重也。○杅，勑貞反，又他丁反。左氏作「檉」。惡之，烏路反，下同。

【疏】「八月」至「于杅」　解云：「杅」字左氏作「檉」，亦有作「杅」字。

注「月者」至「辨也」　解云：正以月非大信辭故也。知「與邾婁有辨」者，即下文「公敗邾婁師于纓」是也。既出尊者之側，而有私爭，故危之。

九月，公敗邾婁師于纓。有夫人喪，不惡親用兵者，時怨邾婁人以夫人與齊，於喪事無薄故也。○于纓，左氏作「偃」。

【疏】「九月公敗」至「于纓」　解云：左氏作「偃」字。

注「有夫」至「故也」　解云：正以僖三十三年，「晉人及姜戎敗秦于殽」下，傳云「襄公親之，〔一〇〕則其稱人何？貶。曷爲貶？君在乎殯而用師，危不得葬也」。然則彼背殯用兵，貶而危之，今此經云「九月公敗邾婁師于纓」，與莊十年「春，王正月，公敗齊師于長勺」，「夏六月，「公敗宋師于乘丘」之屬無異者，時於喪事無薄故也。然則，公敗邾婁者，爲哀姜復讎也。若然，案莊九年，「及齊師戰于乾時」，亦是爲桓公復讎于齊，經不言「公」，此言「公」者，彼傳云「此復讎于大國，〔一一〕曷爲使微者？公也。公則曷爲不言『公』？不與公復讎也。曷爲不與公復讎？復讎者在下也」。注云「時實爲不能納子糾伐齊。諸大夫以爲不如以復讎伐之，於是以復讎伐之。非誠心至意，故不與也」。然則，此言「公」者，本出公意故也。

冬，十月，壬午，公子友帥師敗莒師于犂，獲莒挐。「莒挐」者何？莒大夫也。莒無大夫，此何以書？大季子之獲也。何大乎季子之獲？據獲人當坐。○于犂，力知反，又力兮反，左氏作「酈」。莒挐，女居反，〔一二〕一音女加反。一本作茹，音同。

【疏】「莒挐者何」 解云：欲言莒君，經不稱「子」；欲言大夫，莒無大夫，故執不知問。

季子治内難以正，謂拒慶父。〔一三〕○内難，乃旦反，下同。禦外難以正。其禦外難以正奈何？公子慶父弑閔公，走而之莒，莒人逐之。將由乎齊，齊人不納，却反，舍于汶水之上，使公子奚斯入請。季子曰：「公子不可以入，入則殺矣！」義不可見賊而不殺。

【疏】「將由乎齊」 解云：欲從齊而自安矣。

「舍于汶水之上」 解云：舊本皆作「洛」，誤也。何者？今齊、魯之間有汶無洛也。

奚斯不忍反命于慶父，自南涘「涘」，水涯。○涘，音俟。北面而哭。時慶父在汶水之北。〔一四〕慶父聞之，曰：「嘻！「嘻」，發痛語首之聲。○嘻，許其反。

【疏】注「嘻發」至「之聲」解云：謂發心自痛傷，而以「嘻」爲語之首也。

此奚斯之聲也！諾已！」「諾」、「已」，皆自畢語。

【疏】注「諾已皆自畢語」解云：猶似今人云「休一生」「罷去已」，自畢竟之辭，故云「自畢語」矣。「畢」作「卑」，字誤耳。

曰：「吾不得入矣！」於是抗輈經而死。「輈」，小車轅，冀州以北名之云爾。〔一五〕○輈，音竹由反，車轅也。

【疏】「於是」至「而死」解云：鄭氏云「慶父輈死」者，正取此文。

莒人聞之，曰：「吾已得子之賊矣！」以求賂乎魯，魯時雖緩追，猶外購求之。○購，古豆反。魯人不與，爲是興師而伐魯。故與季子獲之。季子待之以偏戰。傳云爾者，善季子忿不加暴，得君子之道。

【疏】注「傳云」至「之道」解云：此待之以偏戰者，即經書「敗」文是也。「敗」者，内戰文耳。莒人可忿，而能結日偏戰。偏戰，是其不加暴之義，故得君子之道。

十有二月，丁巳，夫人氏之喪至自齊。夫人何以不稱「姜氏」？據薨于夷稱「姜氏」。經有「氏」，不但問不稱「姜」，并言「氏」者，嫌據「夫人婦姜」，欲使去「氏」。○去，起吕反。

【疏】注「經有」至「去氏」 解云：「夫人婦姜」之文，即宣元年「三月，遂以夫人婦姜至自齊」是也。

貶。曷爲貶？據薨于夷不貶。與弑公也。與慶父共弑閔公。○與殺，音預，又如字，下申志反。

【疏】注「與慶」至「閔公」 解云：不言「子般」者，據成君言之，省文。

然則曷爲不於弑焉貶？據酖牙，於卒時貶。

【疏】注「據酖」至「時貶」 解云：即莊三十二年，「公子牙卒」，傳云「何以不稱弟？殺也」，是傳言「殺」者，言由其見殺貶之矣。

貶必於其重者，〔一六〕莫重乎其以喪至也。「刑人于市，與衆棄之」，故必於臣子集迎之時貶之。所以明誅得其罪，因正王法所加，臣子不得以夫人禮治其喪也。貶置「氏」者，殺子差輕於殺夫，别逆順也。致者，從書「薨」，以常文録之。言「自齊」者，順上「以歸」文。○差，初賣反，又初隹反。别，彼列反。

【疏】注「刑人」至「棄之」 解云：禮記文。

注「所以」至「喪也」 解云：季子之逸慶父，齊桓之討哀姜，二義相違而皆善之者，誅不辟親。王者之道，親親相隱，古今通式。然則，齊桓之討哀姜，得伯者之義；季子之縱慶父，因獄有所歸，遂申親親之恩。義各有途，不可爲難矣。

注「貶置氏者」　解云：謂貶而留置其氏矣。

注「殺子」至「順也」〔一七〕　解云：言「殺子差輕於殺夫」者，欲道莊元年「夫人孫于齊」，姜氏並去者，正猶殺夫罪重故也。〔一八〕言「别逆順」者，言殺夫之逆甚於殺子。二事相對而言之，不謂哀姜殺子得爲順，是以晉侯、宋公殺世子，皆直稱君而甚之。

注「致者」至「録之」　解云：謂不書殺而書薨，作常文，是以於歸亦作常文録之。若「公之喪至自齊」、「至自乾侯」之屬。

注「言自」至「歸文」　解云：其實從夷來，而言「至自齊」，正以上文云「薨於夷，齊人以歸」，故言「至自齊」，順之。

二年，春，王正月，城楚丘。孰城？〔一九〕據内城不月，故問之。

【疏】**注「據内」至「問之」**　解云：「内城不月」者，即隱七年「夏，城中丘」，襄十九年冬，「城西郛」之屬是也。其内城有在日月下者，皆不蒙日月。

城衛也。曷爲不言「城衛」？〔二〇〕據無遷文以言「城」，故當言「城衛」。〔二一〕

【疏】**注「據無」至「城衛」**　解云：舊本「曷爲」之下，有「不言」二字，今無者，脱也。言以前之經未有遷衛于楚丘之文，今此城之固當言「城衛」，不應言「城楚丘」，故難之。「固」字亦有作「故」字者，言由是之故，當言「城衛」。

滅也。孰滅之？蓋狄滅之。以上有「狄入衛」。

【疏】「滅也」解云：言正由是時衛國已滅，故不得言「衛」矣。

注「以上有狄入衛」解云：即閔二年冬，「狄入衛」是也。

曷爲不言狄滅之？爲桓公諱也。曷爲爲桓公諱？上無天子，下無方伯，天下諸侯有相滅亡者，桓公不能救，則桓公恥之也。然則孰城之？據不出主名，見桓公德優不待之，又不獨書齊，實諸侯也。○爲桓，于僞反，下「爲桓」、「曷爲」、注「深爲」同。見桓，賢徧反，下傳「荀息見」并注同。桓公城之。曷爲不言桓公城之？不與諸侯專封也。曷爲不與？實與而文不與。文曷爲不與？諸侯之義不得專封。諸侯之義不得專封，則其曰實與之何？上無天子，下無方伯，天下諸侯有相滅亡者，力能救之則救之，可也。復發傳者，君子「樂道人之善」也。不繫「衛」者，明去衛而國楚丘，起其遷也。不書「遷」與「救」、「次」者，深爲桓公諱。使若始時尚倉卒有所救，其後晏然無干戈之患，所以重其任而厚責之。主書者，起文從實也。○復，扶又反。卒，寸忽反。

【疏】注「不繫」至「遷也」　解云：欲決襄十年冬，「戍鄭虎牢」，繫「鄭」矣。

注「不書」至「責之」　解云：正決元年經「次于聶北，救邢」，「邢遷于陳儀」之文。

注「主書」至「實也」　解云：謂經文雖不與，當從其實理而與之。

夏，五月，辛巳，葬我小君哀姜。「哀姜」者何？莊公之夫人也。誅當絶，不當以夫人禮書「葬」。書「葬」者，正齊桓討賊，辟責内讎齊。

【疏】「哀姜者何」　解云：欲言其妾，經書「小君」；欲言適妻，與夫別謚，故執不知問。

注「誅當」至「讎齊」　解云：即元年，「夫人氏之喪」不言姜者，是其誅文也。上既誅之，即當合絶，不以夫人之禮書「葬」。而書「葬」者，欲正齊桓討得其賊故也。而言「辟責内讎齊」者，公羊之例，君弑賊不討，不書其君葬，責臣子不討賊，令君喪無所繫矣。今若不書「葬」，即似責魯臣子不討齊桓，故言「正齊桓討賊辟責内讎齊」耳。

虞師、晉師滅夏陽。虞，微國也，曷爲序乎大國之上？據稱「師」有加文，知不主會。○夏陽，左氏作下陽。

【疏】注「據稱」至「主會」　解云：即隱五年秋，「邾婁人、鄭人伐宋」，注云「邾婁小國，序上者，主會也」。然則，邾婁小國，稱「人」，無加文，而得序于「鄭」上者，正由主會故也。今虞爲小國，而得稱師，是有加文。則知序于

「晉」上者，不爲主會。既不爲主會而在大國之上，故難之。知稱「師」爲加文者，正以小國例不得稱「師」。其稱「師」者，乃是大國將卑師衆之稱故也。

使虞首惡也。曷爲使虞首惡？據「楚人、巴人滅庸」，不使巴首惡。

【疏】注「據楚人」至「首惡」 解云：即文十六年秋，「楚人、秦人、巴人滅庸」是。案彼經有秦人而不言之者，直取巴爲小國，不序在上之意，故省文。

虞受賂，假滅國者道，以取亡焉。其受賂奈何？獻公朝諸大夫而問焉，曰：「寡人夜者寢而不寐，其意也何？」諸大夫有進對者，曰：「寢不安與？其諸侍御有不在側者與？」獻公不應。荀息進曰：「虞、郭見與？」猶曰「虞、郭豈見於君之心乎」？荀息素知獻公欲伐此二國，故云爾。○安與，音餘，下「者與」、「見與」同。應，應對之應。郭，音號，又如字，注及下同。

【疏】「寢不」至「者與」 解云：言直置寢自不安與？爲侍御之人有不在側者與？「其諸」，蓋爲辭矣。故桓六年傳云「公羊子曰『其諸以病桓與』？」彼注云「其諸，辭也」，則知論語云「其諸異乎人之求之歟」者，「其諸」亦爲辭矣。

獻公揖而進之，以手通指曰「揖」。

【疏】注「以手通指曰揖」 解云：蓋謂揖而招之，言用拱揖，并招引近己，若文七年傳云「眣晉大夫，使與公盟」，彼注云「以目通指曰眣」，眣，大結反，〔一二〕又丑乙反。

遂與之入而謀曰：「吾欲攻郭，則虞救之；攻虞，則郭救之。如之何？願與子慮之。」荀息對曰：「君若用臣之謀，則今日取郭，而明日取虞爾，君何憂焉？」獻公曰：「然則，奈何？」荀息曰：「請以屈產之乘〔一三〕「屈產」，出名馬之地。「乘」，備駟也。○屈，其物反。之乘，繩證反，注及下同。

【疏】注「屈產」至「駟也」 解云：謂屈產爲地名，不似服氏謂「產」爲產生也。

與垂棘之白璧「垂棘」，出美玉之地。玉以尚白爲美。○棘，一本作「蕀」，音同。往，必可得也。則寶出之內藏，藏之外府；如虞可得，猶外府藏也。○內藏，才浪反，注同。

【疏】注「知虞」至「藏也」 解云：本「藏」下有「之」字。

馬出之內廄，繫之外廄爾，君何喪焉？」獻公曰：「諾。雖然，宮之奇存焉，如之何？」荀息曰：「宮之奇知則知矣，（君欲言其知，實知也。○廄，九又反。喪，息浪反。知則，音智，下及注同。）雖然，虞公貪而好寶，見寶必不從其言。請終以往。」於是終以往。虞公見寶，許諾。宮之奇果諫：「記曰『脣亡則齒寒』。（「記」，史記也。○好，呼報反。）

【疏】「虞公貪而好寶」解云：謂立性貪賄，於寶甚也。「請終以往」解云：請君終竟齎寶馬以往，不欲令其難之。

虞、郭之相救，非相爲賜，（「賜」，猶惠也。）則晉今日取郭，而明日虞從而亡爾。君請勿許也。」虞公不從其言，終假之道以取郭。（明郭非虞不滅，虞當坐滅人。）

【疏】注「明郭」至「滅人」解云：欲道序「虞」于「晉」上，令其首惡之義也。

還。四年，反取虞。（還復往，故言「反」。）

【疏】「還四年反取虞」解云：言晉人滅郭還歸，其四年，反往滅虞矣。

虞公抱寶牽馬而至。荀息見曰：「臣之謀何如？」獻公曰：「子之謀則已行矣，寶則吾寶也，雖然，吾馬之齒亦已長矣！」蓋戲之也。以馬齒長戲之，喻荀息之年老。傳極道此者，以終荀息、宫之奇言，且以爲戒，又惡獻公不仁，以滅人爲戲謔也。晉至此乃見者，著晉、楚俱大國，後治同姓也。以滅人見義者，比楚先治大惡，親踈之別。○牽馬，本又作掔，音同。已長，丁丈反，注同。惡，烏路反。謔，許略反。別，彼列反。

【疏】注「以馬」至「謔也」(二四)　解云：言雖有謀，年老必昏耄不任使，故言，蓋戲之。

注「晉至」至「姓也」　解云：即莊十年「秋，九月，荆敗蔡師于莘，以蔡侯獻舞歸」是，先書楚小惡而治之也。以前不見晉之小惡者，後治同姓故也。

注「以滅」至「之別」　解云：以前楚滅穀、鄧不書之，而先書此晉滅夏陽者，先治同姓之大惡，欲見骨肉之親，大則誅，小則隱，故言「親踈之別」耳。

「夏陽」者何？郭之邑也。曷爲不繫于「郭」？國之也。曷爲國之？君存焉爾。

【疏】「夏陽者何」(二五)　解云：欲言是國，天下未有；欲言是邑，而不繫國，故執不知問。

秋，九月，齊侯、宋公、江人、黄人盟于貫澤。〔二六〕「江人、黄人」者何？遠國之辭也。桓公德盛，不嫌使微者，知以遠國辭稱「人」。○貫澤，古亂反，二傳無「澤」字。

【疏】「江人黄人者何」　解云：欲言是君，經不稱「子」；欲言微者，得敵「齊侯」，故執不知問。

遠國至矣，則中國曷爲獨言齊、宋至爾？大國言齊、宋，遠國言江、黄，則以其餘爲莫敢不至也。晉大于宋，不序晉而序宋者，〔二七〕時實晉、楚之君不至，「君子成人之美」，故褒益以爲徧至之辭，所以奬大霸功〔二八〕而勉盛德也。江、黄附從霸者，當進不進者，方爲徧至之辭。○徧至，音遍，下同。

【疏】注「江黄」至「進者」　解云：怪其不稱爵矣。

注「方爲徧至之辭」　解云：言「方爲徧至之辭」，故直以遠國辭稱「人」；若進而稱爵，無以見徧至之義。

冬，十月，不雨。何以書？記異也。説與前同。

【疏】注「説與前同」　解云：即莊三十一年「冬，不雨」，傳云「何以書？記異也」，彼注云「京房易傳曰『旱異者，旱久而不害物也。斯禄去公室，福由下作，故陽雖不施，而陰道獨行，以成萬物也』。先是比築三臺，慶、牙專政之應」。今此亦是僖公喜於得立，委任陪臣，不恤政事，故有此罰耳。故言「説與前同」。

楚人侵鄭。

三年，春，王正月，不雨。

夏，四月，不雨。何以書？記異也。太平一月不雨，即書，春秋亂世，一月不雨，未害物，未足爲「異」，當滿一時乃書。一月書者，時僖公得立，欣喜，不恤庶衆，比致三旱，即能退辟正殿，飭過求己，循省百官，放佞臣郭都等，理冤獄四百餘人，精誠感天，不雩而得澍雨，故一月即書，善其應變改政。旱不從上發傳者，著人事之備積於是。○太平，音泰。飭過，音勑，下同。冤，於元反。澍，之樹反。其應，應對之應，後災祥之應，皆放此。

【疏】注「太平」至「即書」　解云：正以太平之時，陰陽和調，若一月不雨，足以爲異，故知然也。

注「當滿」至「乃書」〔二九〕　解云：即莊三十一年「冬，不雨」，傳云「何以書？記異」是也。

注「比致三旱」　解云：即上二年「冬，十月，不雨」，三年「春，王正月，不雨」，「夏四月，不雨」，是也。

注「即能」至「澍雨」　解云：皆感精符文。

注「故一月即書」　解云：即去年「十月，不雨」，今年，「正月，不雨，夏，四月，不雨」是也。

注「不從上發傳」　解云：即上二年「十月，不雨」之下，已發云「何以書？記異也」，今不從其例而又發之者，欲著人事之備積于是故也。

徐人取舒。其言「取之」何？據國言「滅」。

【疏】注「據國言滅」 解云：即莊十年「齊師滅譚」，十三年「齊人滅遂」之屬是也。

易也。「易」者，猶無守禦之備。不爲桓諱者，刺其不救也。○易，以豉反，注同。爲，于僞反。

【疏】注「不爲」至「救也」 解云：決上元年、二年狄滅邢、衛，皆爲桓公諱，不書其滅也。

六月，雨。其言「六月雨」何？據上得雨不書。

【疏】注「據上得雨不書」 解云：即十二年〔三〇〕十一月、十二月，三年二月、三月、五月之屬，皆不書「不雨」，是其得雨故也。

上雨而不甚也。所以詳録，賢君精誠之應也。僖公飭過求己，六月澍雨；宣公復古行中，其年穀大豐。明天人相與報應之際，不可不察其意。

【疏】注「宣公」至「大豐」 解云：謂宣十五年「初税畝」，其冬蝝生，宣公受過變寤，明年，復古行中，十六年「冬，大有年」，是也。

注「明天」至「其意」 解云：謂人行德，天報之福，人行惡，天報之禍。兩令相及，故言「之際」矣。此大會也。〔三一〕

秋，齊侯、宋公、江人、黄人會于陽穀。此大會也，曷爲末言爾？「末」者，淺耳，但言「會」不言「盟」。據貫澤言「盟」。

【疏】「曷爲末言爾」解云：上二年，「齊侯、宋公、江人、黄人盟于貫澤」，傳云「大國言齊、宋，遠國言江、黄，則以其餘爲莫敢不至也」。此經亦書「齊侯、宋公、江人、黄人」，故弟子言「此大會也」以難之。

注「據貫澤言盟」者　解云：謂貫澤亦大會，言「盟」，故據之。

桓公曰：「無障谷，無障斷川谷，專水利也。水注川曰「溪」，注溪曰「谷」。○障，之亮反，一音章，注同。斷，丁管反。溪，口兮反。

【疏】注「水注」至「曰谷」　解云：釋水文。李巡云「水出于山，入於川爲谿，水相屬曰谷」是。

無貯粟，有無當相通。○貯，中呂反。無易樹子，「樹」立本正辭，無易本正當立之子。無以妾爲妻。」此四者，皆時人所患。時桓公功德隆盛，諸侯咸曰「無言不從，曷爲用盟哉」？故告誓而已。

冬，公子友如齊莅盟。「莅盟」者何？往盟乎彼也。猶曰「往盟於齊」。「莅」，臨也。時因齊都盟，〔三二〕主國主名不出者，春秋王魯，故言「莅」以見王義，使若王者遣使臨諸侯盟，飭以法度。○莅，音利，又音類，注同。以見，賢徧反，下同。遣使，所吏反。

【疏】「莅盟者何」解云：欲言誓盟，例不言「莅」；欲言非盟，而書「盟」見經，故執不知問。

其言「來盟」者何？來盟于我也。此亦因魯都以見王義，使若來之京師盟，白事于王。不加「莅」者，來就魯，魯已尊矣。

【疏】「來盟者何」解云：即文十五年春，「宋司馬華孫來盟」，宣七年「春，衛侯使孫良夫來盟」〔三三〕之屬是也。但此經既有莅盟之文，故引「來盟」以對之。

注「不加」至「尊矣」解云：正以上經言莅者，見尊魯爲王之義。今此來盟者，已是就魯之文，足見尊魯矣。何勞言「莅」以見之乎？若其加「莅」，宜直云「莅孫良夫盟」也。

楚人伐鄭。

四年，春，王正月，公會齊侯、宋公、陳侯、衛侯、鄭伯、許男、曹伯侵蔡。蔡潰。「潰」者何？下叛上也。國曰「潰」，邑曰「叛」。不與諸侯潰之，爲文重出「蔡」者，「侵」爲加蔡舉，「潰」爲惡蔡録，義各異也。月者，善義兵也。「潰」例月，「叛」例時。〇蔡潰，户内反，下及注同。重，直用反。惡蔡，烏路反，下「惡其專」并六年注同。

【疏】「潰者何」解云：「侵」者淺辭，「潰」者深辭，二者並書，故執不知問。

「國曰潰」解云：即此及文三年春正月，「沈潰」之屬是也。

「邑曰叛」　解云：即襄二十六年，「衛孫林父入于戚以叛」；定十三年「秋，晉趙鞅入于晉陽，以叛」，冬，晉荀寅等「入于朝歌以叛」之屬是也。

注「月者善義兵」　解云：正以「侵、伐」例時故也。

注「潰例月」　解云：即此經書正月，文三年「沈潰」書正月是也。成九年經云「庚申，莒潰」，彼注云「日者，録責中國無信，同盟不能相救，至爲夷狄所潰」是也。

注「叛例時」　解云：即晉趙鞅書「秋」，荀寅書「冬」之屬是也。

遂伐楚，次于陘。其言「次于陘」何？據召陵侵楚不言「次」，來盟不言「陘」。○陘，音刑。召陵，上照反，下文同。

【疏】注「據召」至「言次」　解云：即定四年「三月，公會劉子、晉侯」已下「于召陵，侵楚」是也。

注「來盟不言陘」　解云：即下文夏「楚屈完來盟于召陵」是也。

有俟也。孰俟？俟屈完也。時楚強大，卒暴征之，則多傷士衆。桓公先犯其與國，臨蔡，蔡潰，兵精威行，乃推以伐楚，楚懼，然後使屈完來受盟，脩臣子之職。不頓兵血刃，以文德優柔服之，故詳録其止次待之，善其重愛民命。生事有漸，故敏則有功。○屈，居忽反。卒，寸忽反。

【疏】注「善其」至「有功」　解云：言「生事有漸」者，即先犯于蔡，乃遂伐楚是也。言「敏則有功」者，「敏」，審也，言舉事敏審則有成功矣。

夏，許男新臣卒。不言「卒於師」者，桓公師無危。不月者，爲下「盟」，去月方見大信。○爲，于僞反，下「爲桓公」同。去，起吕反。見，賢徧反。

【疏】注「不言」至「無危」 解云：决成十三年「曹伯盧卒于師」之屬，皆以其有危，故言「于師」矣。

注「不月」至「大信」 解云：正以莊二十三年「冬，十有一月，曹伯射姑卒」。然則許與曹等而不月者，若會盟之例，大信者時，若不去月，恐其盟不爲大信故也。

楚屈完來盟于師，盟于召陵。「屈完」者何？楚大夫也。何以不稱「使」？據「陳侯使袁僑如」會。○僑，其驕反，一本作「驕」，音同。

【疏】「屈完者何」 解云：欲言楚子，經不書爵；欲言大夫，文不言「使」，故執不知問。

注「據陳」至「如會」 解云：即襄三年「六月，公會單子、晉侯」已下「同盟于雞澤。陳侯使袁僑如會」是也。

尊屈完也。曷爲尊屈完？據「陳侯使袁僑如會」，不尊之。以當桓公也。增倍，使若得其君，以醇霸德、成王事也。

【疏】注「增倍」至「其君」 解云：「倍」讀如陪益之陪矣。

注「以醇」至「事也」 解云：即下傳云「桓公救中國而攘夷狄，卒怗荆，以此爲王者之事也。」

其言「盟于師、盟于召陵」何？據「戊寅，叔孫豹及諸侯之大夫及陳袁僑盟」，不舉「會」與地。

【疏】注「據戊寅」至「與地」　解云：在襄三年夏也。彼經不言「陳袁僑來盟于會，盟于雞澤」，與此異，故難之。

師在召陵也。時喜得屈完來服於陘，即退次召陵，〔三四〕與之盟，故言「盟于師，盟于召陵」。師在召陵，則曷爲再言「盟」？據「齊侯使國佐如師，己酉，及國佐盟于袁婁」，俱從地，不再言「盟」。

【疏】注「據齊」至「言盟」　解云：在成二年秋。言「俱從地」者，謂國佐從晉于袁婁也。

喜服楚也。孔子曰「書之重，辭之復，嗚呼！不可不察，其中必有美者焉」。○重，直用反，又直容反。之復，扶又反，年末「乃復」同，又音福。

【疏】注「孔子曰」至「美者焉」　解云：春秋說文。

何言乎喜服楚？〔三五〕據服蔡無喜文。

【疏】注「據服蔡無喜文」　解云：即上「侵蔡，蔡潰」是也。

楚有王者則後服，桓公行霸，至是乃服楚。無王者則先叛，桓公不脩其師，先叛盟是也。

【疏】注「桓公」至「是也」 解云：即下經云「八月，公至自伐楚」，傳云「楚已服矣，何以致伐？楚叛盟也」，彼注云「爲桓公不脩其師而執濤塗故也」者是。

夷狄也，而亟病中國。數侵滅中國。〇亟，去冀反。數，音朔。

【疏】注「數侵滅中國」 解云：即莊二十八年「秋，荆伐鄭」者，是其數侵中國之文。〔三六〕其數滅中國者，即「滅鄧、穀」之屬是也。而經不書者，後治夷狄故也。

南夷與北夷交，〔三七〕「南夷」，謂楚滅鄧、穀，伐蔡、鄭。「北夷」，謂狄滅邢、衛，至于温。交亂中國。

【疏】注「南夷」至「蔡鄭」 解云：楚滅鄧、穀不書，而此言者，正以上桓七年「夏，穀伯綏來朝，鄧侯吾離來朝」，傳云「皆何以名？失地之君也」。故知之。「伐蔡、鄭」者，謂蔡、鄭服從楚，即上經齊侯侵蔡，「蔡潰，遂伐楚」者，蓋是蔡爲楚之屬矣。其鄭爲楚屬者，蓋見莊十五年，「鄭人侵宋」，十六年「夏，宋人、齊人、衛人伐鄭」之文也。何者？莊十五年時，正是桓公爲霸，宋爲齊屬，而鄭侵之，豈不從楚故也？莊十六年，齊人助宋伐之，豈不怒乎其從楚而侵宋也？蓋于時鄭人又服于齊，是以十六年「秋，荆伐鄭」。故此作注云「蔡、鄭」矣。

注「北夷」至「中國」 解云：「狄滅邢、衛」在閔元年、二年；狄滅温在僖十年。温言「至于」者，以其在後，故言「至于」。僖十年文「滅温」也。或者温是圻内之國，去京師近，故言「至于」矣。

中國不絶若綫。「綫」，縫帛縷。以喻微也。○綫，思賤反。桓公救中國，存邢、衛是也。而攘夷狄，「攘」，却也。北伐山戎是也。○攘，如羊反，却也。卒怗荆，「卒」，盡也。「怗」，服也。「荆」，楚也。○怗，他協反，一本作「貼」，服也，劉兆同，廣雅云「静也」。玉篇又丁簟反，一本作「拈」，或音章貶反。以此爲王者之事也。言桓公先治其國，以及諸夏，治諸夏以及夷狄，如王者爲之，故云爾。其言「來」何？據陳袁僑「如會」不言「來」。與桓爲主也。以從内文，知與桓公爲天下霸主。前此者有事矣，謂城邢、衛是也。

【疏】注「謂城邢衛是也」。解云：即上元年夏六月，〔三八〕「齊師、宋師、曹師城邢」，二年，「春，王正月，城楚丘」，「孰城？城衛也」是。

後此者有事矣，謂城緣陵是也。

【疏】注「謂城緣陵是也」。解云：即下十四年「春，諸侯城緣陵」是也。

則曷爲獨於此焉與桓公爲主？序績也。〔三九〕「序」，次也。「績」，功也。累次桓公之功德，莫大於服楚。明德及强夷最爲盛。

齊人執陳袁濤塗。濤塗之罪何？辟軍之道也。其辟軍之道奈何？濤塗謂桓公曰：「君既服南夷矣，何不還師，濱海而東，服東夷且歸？」「濱」，涯也。順海涯而東也。「東夷」，吴也。從召陵東歸，不經陳而趨近海道，多廣澤水草，軍所便也。○濤，徒刀反。辟，匹亦反，又音避，下同。濱音賓。涯，五佳反。近，附近之近。便，婢面反。

【疏】注「而趨近海道」 解云：「趨」，猶鄉也，謂鄉近海之道也。

桓公曰：「諾。」於是還師，濱海而東，大陷于沛澤之中。草棘曰「沛」，漸洳曰「澤」。○沛澤，音貝，又普貝反。草棘曰沛，漸洳曰澤，漸，子廉反。洳，人庶反。

【疏】注「草棘」至「曰澤」者 解云：爾雅無文也。

顧而執濤塗。時濤塗與桓公俱行。「執」者曷爲或稱「侯」，或稱「人」？稱「侯」而執者，伯討也；言有罪，方伯所宜討。

【疏】「執者曷爲或稱侯」 解云：即下二十八年，晉侯「執曹伯，畀宋人」，成十五年，「晉侯執曹伯，歸之于京師」之屬是也。

稱「人」而執者，非伯討也。此執有罪，何以不得爲伯討？古者，周公東征則西國怨，西征則東國怨。此道黜陟之時也。詩云「周公東征，四國是皇」。

【疏】注「此道」至「時也」　解云：正以諸典不見周公西討之文故也。

桓公假塗于陳而伐楚，則陳人不欲其反由己者，師不正故也，故令濤塗有此言。○令，力呈反。不脩其師而執濤塗。古人之討，則不然也。以己所招而反執人，古人所不爲也。凡書「執」者，惡其專執。

【疏】注「凡書」至「專執」　解云：言雖有罪，方伯所宜討，要須白天子，乃可執之。

秋，及江人、黃人伐陳。

八月，公至自伐楚。楚已服矣，何以致「伐」？楚叛盟也。爲桓公「不脩其師而執濤塗」故也。月者，凡公出滿二時，〔四〇〕月，危公之久。〔四一〕

【疏】「秋及」至「伐陳」　解云：内之微者矣。

「楚已」至「致伐」　解云：莊六年傳云「得意致會，不得意致伐」。今此楚已服而致伐，故難之。

注「凡公」至「之久」　解云：即此僖公春去秋乃還，而云「八月公至自伐楚」，又襄二十八年冬，「公如楚」，二十九年「夏，五月，公至自楚」之屬，皆是危而久之。「久」字亦有作「之」字者。案莊五年「冬，公會齊人」已下「伐衛」，至六年「秋，公至自伐衛」。兵歷四時而不月者，彼注云「久不月者，不與伐天子也，故不爲危録之」者是。

葬許繆公。得「卒」、「葬」於所傳聞世者，許大小次曹，故「卒」少在曹後。○傳，丈專反。

【疏】注「得卒」至「曹後」 解云：所傳聞之世，微國「卒、葬」，例不録之。今許得書「葬」，故須注解也。何者？正以曹、許雖非大國，亦非微，故得録見也。知「許大小次曹後」者，案僖五年夏，「公及齊侯、宋公、陳侯、衛侯、鄭伯、許男、曹伯會王世子于首戴」，許在曹上者，正是會盟之序，皆是主會次之，非孔子之意，未必得其正，故何氏不以爲妨矣。若然，案昭十二年傳云「春秋之信史也。其序，則齊桓、晉文」，彼注云「唯齊桓、晉文會，能以德優劣，國大小相次序」；傳又云(四二)「其會，則主會者爲之也」，彼注云「非齊桓、晉文，則如主會者爲之，雖優劣大小相越，不改更，信史也」；又云「其詞則丘有罪焉爾」，彼注云「丘，孔子名。其貶絶譏刺之辭，有所失者，是丘之罪」。然則，首戴之會，正是齊桓爲伯之時，而云許在曹上皆是主會者次之，未必得其正者，案下五年之會，注云「世子所以會者，時桓公德衰，諸侯背叛，故上假王世子，示以公義」。然則，桓公德衰，故曹在許下，仍自不妨小于曹，則知昭十二年傳云「其序則齊桓、晉文」者，據其盛時大判言耳。

冬，十有二月，公孫慈帥師會齊人、宋人、衛人、鄭人、許人、曹人侵陳。月者，刺桓公不脩其師，因見患詎，不内自責，乃復加人以罪。○慈，左氏作「兹」。詎，九况反。

【疏】注「月者」至「以罪」 解云：正以「侵」、「伐」例時，今此書月，故須注解也。言「因見患詎」者，言因是不脩其師之故，而爲陳之所苦患，遂爲所調詎矣。

五年，春，晉侯殺其世子申生。曷爲直稱「晉侯」以殺？據「鄭殺其大夫申侯」稱國也。續問「以殺」者，問殺所稱例爾，非謂晉侯不當稱國爵也。

【疏】注「據鄭」至「例爾」　解云：即下七年夏，「鄭殺其大夫申侯」是也。

注「非謂」至「爵也」　解云：若直問「曷爲直稱晉侯」，即嫌時不合稱「晉侯」，傳須云「以殺」，明其但怪何故稱「晉侯」以殺耳。

殺世子、母弟直稱君者，甚之也。「甚之」者，甚惡殺親親也。春秋公子貫於先君，唯世子與母弟以今君録，親親也。今舍國體，直稱君，知以親親責之。○舍，音捨。

【疏】注「今舍國體」　解云：謂不直言「晉殺申生」也。

杞伯姬來朝其子。其言「來朝其子」何？據微者不當書「朝」。連「來」者，内辭也。與其子來者，問爲直來乎？爲下「朝」出？○爲下，于僞反。

【疏】注「據微」至「書朝」　解云：即隱十一年傳云「諸侯來曰朝，大夫來曰聘」是也。

注「連來」至「朝出」　解云：「直來」者，即莊二十七年「冬，杞伯姬來」，(四三)傳云「其言『來』何？直來曰『來』」，注云「直來，無事而來」，是也。今此傳文何故不云(四四)「其言朝其子何」，而連「來」問之者，欲問伯姬來者，爲是無事而來？爲是有事言來者？爲是朝其子而出之？

內辭也，與其子俱來朝也。因其與子俱來。禮，外孫初冠，有朝外祖之道，故使若來朝其子，以殺直來之恥，所以辟教戒之不明也。微，無君命，言「朝」者，明非實。〔四五〕○冠，古亂反。

【疏】注「禮外」至「之道」 解云：正以士冠禮冠訖，見于母，見于兄弟，入見于姑姊，〔四六〕乃易服，「玄冠、玄端、爵韠，奠摯見于君，遂以摯見于鄉大夫，〔四七〕鄉先生」，鄭氏云「易服，不朝服者，非朝事也。摯，雉也。鄉先生，鄉中老人爲卿大夫致仕者。」然先生猶尚見之，況其外祖乎？故言「外孫初冠有朝外祖之道」。

注「微無」至「非實」 解云：正見桓九年「曹伯使其世子射姑來朝」，彼言「使」、「來朝」，則有君命，今既是微人，復不言「使」，而經書書「朝」，明其非實也。

夏，公孫慈如牟。○牟，莫侯反。

公及齊侯、宋公、陳侯、衛侯、鄭伯、許男、曹伯會王世子于首戴。

曷爲殊會王世子？據宰周公不殊別也。○首戴，左氏作「首止」。別，彼列反。

【疏】注「據宰」至「別也」 解云：即僖九年，「公會宰周公、齊侯、宋子」已下「于葵丘」是也。

世子貴也。世子，猶世世子也。解「貴」意也。言當世父位。儲君，副主，不可以諸侯會之爲文，故殊之。使若諸侯爲世子所會也。自王者言之，以屈遠世子在三公下。禮喪服斬衰曰「公、士、大夫之衆臣」是也。〔四八〕自諸侯言之，世子尊於三公。此禮之威儀，各有所施。言「及」者，因其文可得見汲汲也。世子所以會者，時桓公德衰，諸侯背叛，故上假王世子示以公義。

【疏】注「使若諸」至「會也」　解云：使若世子爲會主，致諸侯於此而會之，故言「使若諸侯爲世子所會也」。

注「自王」至「是也」　解云：何氏引喪服者，欲言三公，臣有爲之斬衰，世子則無，是卑於二公之義。〔四九〕

注「自諸」至「所施」　解云：即殊與不殊是也。何者？世子於諸侯，將有君臣之義故也。

注「言及」至「會者」　解云：「及」，汲汲之文。故隱元年傳云「及，猶汲汲」，「及，我欲之」，然則此言「及」者，因會王世子之經，得見魯侯汲汲于齊桓矣。

注「時桓」至「公義」　解云：即上四年傳文，桓公「不脩其師」，「楚叛盟」，下文「鄭伯逃歸不盟」，九年葵丘之盟書日以見危之屬皆是也。

秋，八月，諸侯盟于首戴。諸侯何以不序？據上「會」序。一事而再見者，前目而後凡也。省文從可知。間無事不省「諸侯」，「會」、「盟」一事不舉重者，時世子不與盟。○見，賢徧反。省文，所景反，下同。與，音預。

【疏】注「間無」至「諸侯」　解云：昭十三年「秋，公會劉子、晉侯」已下「于平丘。八月，甲戌，同盟于平丘」，然則，彼經以其間無事不重言諸侯，今重言「諸侯盟于首戴」，故解之。

注「會盟」至「與盟」　解云：文十四年，「公會宋公、陳侯、衛侯」已下「同盟于新城」。然則，彼是會盟一事，舉盟以爲重，不言會于某，今此會盟並舉，故須解之也。言「特世子不與盟」者，若不言諸侯，則恐世子亦與之盟，故須言「諸侯盟于首戴」，則世子不與可知。

鄭伯逃歸不盟。其言「逃歸不盟」者何？據上言「諸侯」，鄭伯在其中，弟子疑，故執不知問。

【疏】注「據上」至「其中」　解云：亦有無「據」字者，非正本。

不可使盟也。時鄭伯內欲與楚，外依古不盟爲解，安居會上，不肯從桓公盟，故後言「不盟」。○解，古賣反。

【疏】注「時鄭伯」至「不盟」　解云：知古不盟者，正見桓三年「夏，齊侯、衛侯胥命于蒲」，傳云「胥命者何？相命也。何言乎相命？近正也。此其爲近正奈何？古者不盟，結言而退」是也。

不可使盟，則其言「逃歸」何？據後言「不盟」，居會上辭。魯子曰：「蓋不以寡犯衆也。」諸侯以義相約，而鄭伯懷二心，依古不肯盟，故言「逃歸」。所以抑一人之惡，申衆人之善，故云爾。

楚人滅弦。弦子奔黄。

九月，戊申，朔，日有食之。此象齊桓德衰。是後楚遂背叛，狄伐晉滅温，晉里克比弑其二君。○比弑，申志反。

【疏】注「楚遂背叛」　解云：即下六年「秋，楚人圍許」之屬是也。

注「狄伐晉滅温」　解云：即下八年夏，「狄伐晉」，十年春，「狄滅温」之屬是也。

注「晉里克比弑其二君」　解云：即下九年，「晉里克弑其君之子奚齊」，十年春，「晉里克弑其君卓子」是也。

冬，晉人執虞公。虞已滅矣，其言「執之」何？據「滅」言以「歸」。上傳云「四年反取虞」，知去「滅」變「以歸」言「執」。〇去，起呂反，下同。

【疏】**注「據滅言以歸」**　解云：即定六年「鄭游遬帥師滅許，以許男斯歸」之屬是也。

「上傳」至「取虞」　解云：在上二年。

注「知去」至「言執」　解云：注言此者，欲解傳家得知虞已滅矣之義耳。

不與「滅」也。曷爲不與「滅」？滅者，亡國之善辭也。言「滅」者，王者起，當存之，故爲善辭。滅者，上下之同力者也。言「滅」者，臣子與君戮力一心，共死之辭也。不但去「滅」，復去「以歸」言「執」者，明虞公滅人以自亡，當絶，不得責不死位也。晉稱「人」者，本滅而執之，不以王法執治之，故從執無罪辭也。虞稱「公」者，奪正爵，起從滅也。不從「滅」例。月者略之。〇戮，音六，又作勠，力雕反。

六年，春，王正月。

夏，公會齊侯、宋公、陳侯、衛侯、曹伯伐鄭，圍新城。邑不言「圍」，此其言「圍」何？彊也。惡桓公行霸，彊而無義也。鄭背叛，本由桓公過陳不以道理，當先脩文德以來之，而便伐之。彊非所以附疏。○彊也，其良反。

秋，楚人圍許，諸侯遂救許。

冬，公至自伐鄭。事遷於救許，以伐鄭致者，舉不得意。

【疏】注「事遷」至「得意」 解云：莊六年傳云，「得意致會，不得意致伐」，今此以伐致，故云「舉不得意」。然伐鄭救許，皆不得意，故以伐致。或者但伐鄭不得意，兵將復用於鄭，故舉其不得意者言之，即下七年「春，齊人伐鄭」是也。

七年，春，齊人伐鄭。

夏，小邾婁子來朝。至是所以進稱爵者，時附從霸者，朝天子，旁朝罷，行進，〔五〇〕齊桓公白天子進之。固因其得禮，著其能以爵通。

【疏】注「至是」至「爵者」 解云：如此注者，欲決莊五年「秋，倪黎來來朝」之文。

注「時附」至「爵通」 解云：正以得進而稱爵，故如此解。小邾婁子朝天子不書者，例所不録也。今朝魯而謂之

「旁朝」者，正以諸侯之法，五年一朝天子，但是常事，故不書之。欲對朝王爲正朝，故謂之「旁朝」。案隱十一年，「滕侯、薛侯來朝」，皆以其來朝新王，故進稱「侯」。今此知不由朝新王而得進者，正以僖公非受命之王故也。

鄭殺其大夫申侯。其稱國以殺何？據「晉侯殺其世子申生」稱「侯」。

【疏】注「據晉」至「稱侯」　解云：在上五年春。

稱國以殺者，君殺大夫之辭也。諸侯，國體，以大夫爲股肱，士民爲肌膚，故以國體録。

秋，七月，公會齊侯、宋公、陳世子款、鄭世子華盟于甯毋。〇款，苦管反。毋，音無，或音某。

曹伯般卒。

公子友如齊。

冬，葬曹昭公。

校勘記

〔一〕次于聶北救邢　「邢」下原重「救邢」二字。阮校：唐石經、鄂本不重「救邢」二字，此本誤衍。今按，撫州本、余本不重「救邢」二字。據删。

〔二〕然即彼三事皆不爲桓公諱者　阮校：何校本「即」作「則」。

〔三〕次于雍榆　浦鏜云：「榆」左傳字，當作「渝」。阮校：襄公三年釋文亦云「渝」，左氏作「榆」。

〔四〕未必反故入也　阮校：鄂本元年「入」作「人」，此本疏中同，當據正。又按，故人者，仍是齊、宋、曹也；「反故人」，言仍是救邢之三國。今按，撫州本「入」作「人」。

〔五〕便是實諸侯　「便」原作「更」。浦鏜疑「更」爲「便」字誤。今按，單抄本「更」作「便」。據改。

〔六〕是以復序之　「復」原作「得」。浦鏜云：「得」當「復」字誤。今按，單抄本「得」作「復」。據改。

〔七〕王誅不阿親親　阮校：鄂本作「王」，閩、監、毛本誤作「正」。今按，余本作「王」。

〔八〕注主書至殺之　單抄本作「注主書者從内不絶録者」。

〔九〕禘于太廟　單抄本「太」作「大」。

〔一〇〕襄公親之　「之」原作「至」。浦鏜云：「之」誤「至」。今按，單抄本作「之」。據改。

〔一一〕復讎于大國　浦鏜云：「乎」誤「于」。阮校：傳「于」作「乎」。

〔一二〕 莒挐女居反 「挐」原作「拏」。諸本釋文作「挐」，是。據改。

〔一三〕 謂拒慶父 阮校：鄂本「拒」作「距」。

〔一四〕 時慶父在汶水之北 「在」原作「自」。阮校：鄂本「自」作「在」。今按，撫州本「自」作「在」。徐本已誤作「自」。據改。

〔一五〕 冀州以北名之云爾 「北」原作「此」。阮校：蜀大字本「此」作「北」，當據正。漢制考同。今按，撫州本、余本「此」作「北」。據改。

〔一六〕 貶必於其重者 「其」字原無。浦鏜云：「重」上脱「其」字。阮校：唐石經、鄂本有「其」字。此脱。按閔二年疏引此傳云「貶必於其重者」，有「其」字。今按，撫州本有「其」字，余本脱。據補。

〔一七〕 注殺子至順也 「注」字原無。單抄本「殺」上有「注」字，據補。

〔一八〕 正猶殺夫罪重故也 浦鏜云：「猶」疑「由」字誤。

〔一九〕 城楚丘孰城 阮校：十四年傳曰「孰城之」，疏引此傳亦有「之」字。唐石經以下本皆脱。

〔二〇〕 曷爲不言城衛 阮校：唐石經「不言」二字磨改補入。故此行及次行皆十一字，其跡可覆也。疏本亦無「不言」二字，十四年傳云「曷爲城杞」，亦無「不言」。

〔二一〕 故當言城衛 阮校：疏本「故」作「固」。按何氏當本用「固」字，七年注云「固因其得禮，著其能以爵通」，此注今本作「故」，非。

〔二二〕 傳云眣……以目通指曰眣眣大結反 「眣」原作「眹」。阮校：眹當作眣，從矢，下同。今按，諸本作眣。據改。

〔二三〕荀息曰請以屈産之乘　「曰請」原作「請曰」。阮校：諸本「請曰」字倒。今按，撫州本、余本皆作「曰請」，據乙正。

〔二四〕注以馬至譴也　單抄本作「注以馬齒長戲之喻荀息之年老者」，無下「○解云言」。

〔二五〕夏陽者何　「何」字原無。單抄本「者」下有「何」字。據補。

〔二六〕盟于貫澤　阮校：唐石經同，釋文云二傳無「澤」字。按九年傳貫澤之會，解云「即上二年秋九月齊侯、宋公、江人、黄人盟于貫是也」。而此言于貫澤者，蓋地有二名。然則公羊僖二年經本作「盟于貫」，九年傳之「貫澤」，陸氏猶未深攷。又按，此九年疏奪「澤」字耳，則前説非也。

〔二七〕晉大于宋不序晉而序宋者　阮校：孫志祖云穀梁疏引二「晉」字下皆有「楚」字，乃與下文合。各本脱也。

〔二八〕所以獎大霸功　「大」原作「夫」。阮校，鄂本「夫」作「大」，此誤。按穀梁疏正作「大」。今按，撫州本、余本「夫」作「大」。據改。

〔二九〕注當滿至乃書　「乃」原作「即」。北大本校記：「乃書」原作「即書」，據注作「當滿一時乃書」。今按，單抄本作「注當滿一時乃書者」，知北大本所改是，據改。

〔三〇〕即十二年　浦鏜云：「上」誤「十」。

〔三一〕此大會也　浦鏜云：「此大會也」當在下疏首，此誤入也。

〔三二〕時因齊都盟　「因」原作「國」。阮校：鄂本「國」作「因」。今按，撫州本、余本「國」作「因」。據改。

〔三三〕宣七年春衛侯使孫良夫來盟　北大本校記：考孫良夫來盟在宣七年，據改「十」爲「七」。今按，此本正作「七」，單抄本同。閩、毛本皆誤。

〔三四〕來服於陘即退次召陵　「陘即」二字原作「陛服」。阮校：翻刻本「陘」誤「陛」。今按，撫州本、余本「陛服」作「陘即」二字，據改。

〔三五〕何言乎喜服楚　阮校：唐石經「何言乎喜」四字磨改，增多一字。

〔三六〕是其數侵中國之文　單抄本無「其」字。

〔三七〕南夷與北夷交　下「夷」字原作「狄」。阮校：唐石經、鄂本下「北狄」作「北夷」，疏標起訖亦作「夷」。今按：撫州本、余本作「夷」。據改。

〔三八〕即上元年夏六月　「元」原作「九」。浦鏜云：「元」誤「九」。今按，單抄本作「元」。據改。

〔三九〕與桓公爲主序績也　阮校：鹽鐵論執務篇引傳曰「子績也」，下云「故土積而成山阜，水積而成江海，行積而成君子」，與何本異，蓋是嚴、顔之别。

〔四〇〕凡公出滿二時　「二」原作「三」。浦鏜云：「二」誤「三」。阮校：鄂本作「二」。今按，撫州本、余本作「二」。據改。

〔四一〕危公之久　阮校：解云「久」字亦有作「之」字者。按「久」作「之」則不通。汪文臺識語：疏本作「危公久之，此『久之』亦有作『之久』者」，正與今本注合。

〔四二〕傳又云　「又」原作「文」。單抄本「文」作「又」。據改。

〔四三〕二十七年冬杞伯姬來　「杞」原作「紀」。浦鏜云：「杞」誤「紀」。據改。

〔四四〕今此傳文何故不云　「文」原作「又」，據单抄本改。

〔四五〕言朝者明非實　「明」原作「服」。浦鏜云：「明」誤「服」。阮校：鄂本作「明」，此誤。疏亦云經書「來朝明其非實」。今按，撫州本、余本作「明」。據改。

〔四六〕入見于姑姊　「姊」原作「妹」。按單抄本「妹」作「姊」，與士冠禮文合，據改。

〔四七〕見于鄉大夫　浦鏜云：「卿」誤「鄉」。阮校：閩本同，監、毛本作「鄉」，誤。

〔四八〕曰公士大夫之衆臣是也　「士」原作「上」。浦鏜云：「士」誤「上」。阮校：鄂本作「士」。今按，撫州本、余本「上」作「士」。據改。

〔四九〕卑於二公之義　阮校：何校本「三」誤「二」。

〔五〇〕朝天子旁朝罷行進　阮校：鄂本「罷」作「能」。按「旁」應讀去聲，於朝天子罷而朝魯，所謂朝罷朝也。作「能」者應誤。孫詒讓校記：「旁」依徐解則讀如字，諸侯相朝謂之「旁朝」，不當如阮讀。

監本附音春秋公羊傳注疏僖公卷第十一 起八年，盡二十一年。

何休學

八年，春，王正月，公會王人、齊侯、宋公、衛侯、許男、曹伯、陳世子款、鄭世子華盟于洮。〔一〕「王人」者何？微者也。曷爲序乎諸侯之上？先王命也。〔二〕銜王命會諸侯，諸侯當北面受之，故尊序於上。時桓公德衰，甯母之盟，常會者不至，而陳、鄭又遣世子，故上假王人之重以自助。○洮，他刀反。

【疏】注「甯母」至「不至」 解云：在上七年傳也。其「常會者不至」，正以衛侯、許男已下不至也。

注「而陳」至「世子」 解云：即世子款、世子華之屬是也。

鄭伯乞盟。「乞盟」者何？處其所而請與也。以不序也。

【疏】「乞盟者何」 解云：正以盟是常事，自應得與，今而言「乞」，故執不知問。

其處其所而請與奈何？蓋酌之也。「酌」，挹也。時鄭伯欲與楚，不肯自來盟，處其國，遣使挹取其血而請與之約束。無汲汲慕中國之心，故抑之，使若叩頭乞盟者也。不録「使」者，方抑鄭伯，使若自來也。不盟不爲大惡者，「古者不盟」也。○遣使，所吏反，下「録使」同。

【疏】注「不盟不爲大惡」　解云：知非大惡者，正以鄭伯不貶、不絶故也。若其是大惡，宜如陳佗之貶爵而書名也。知「古者不盟」者，桓三年傳云「古者不盟，結言而退」是也。

夏，狄伐晉。

秋，七月，禘于太廟，用致夫人。「用」者何？「用」者不宜用也。「致」者何？「致」者不宜致也。禘，用致夫人，非禮也。以「致」文在「廟」下，不使入廟，知非禮也。禮，夫人始見廟，當特祭，而因禘諸公廟見，欲以省煩勞，不謹敬，故譏之。不日者，下「用」失禮明。○大，音泰。始見，賢偏反，下同。省，所景反。

【疏】「用者何」　解云：欲言失禮，而經不明；欲言得禮，而文言「用」，故執不知問。

「致者何」　解云：見夫人〔三〕見廟禮當特祭，禘而言「致」，故執不知問。

注「禮夫」至「特祭」　解云：正以三月見廟，見廟期限，明其不得因事爲之，故知然也。

注「不日」至「禮明」　解云：正以隱五年「考仲子之宫」下，注云「失禮鬼神例日」。然則，此亦失禮而不書日，故知「用」在「廟」下，失禮已明，不勞舉日也。

夫人何以不稱「姜氏」？貶。曷爲貶？據「夫人姜氏入」不貶。

【疏】注「據夫」至「不貶」 解云：即莊二十四年「八月，丁丑，夫人姜氏入」是也。

譏以妾爲妻也。以「逆」不書。入廟當稱「婦姜」，而稱「夫人」者，夫人當坐篡嫡也。妾之事嫡，猶臣之事君同。○篡嫡，初患反，下音的，下同。

【疏】注「以逆不書」〔四〕 解云：欲道傳家知以妾爲妻者，正以初逆不書，與桓、莊之屬夫人文異故也。

「入廟當」至「嫡也」 解云：言「入廟當稱婦」者，正以婦者，服也，對舅姑服從之辭也。今而稱「夫人」，作不服之稱，明其有篡嫡之心，欲得爲夫人，是以稱之曰「夫人」，見其當有篡嫡之罪矣。猶如桓、宣篡弒得即位，是以春秋亦如其意，書其「即位」，明其本意耳。

注「妾之事嫡猶臣之與君同」 解云：注言此者，欲道妾之篡嫡，欲得爲夫人，而春秋書之曰「夫人」，猶如臣子篡君，欲得即位，而春秋亦書其即位之義矣。〔五〕

其言以妾爲妻奈何？蓋脅于齊媵女之先至者也。以不致楚女、及夫人至，皆不書也。僖公本聘楚女爲嫡，齊女爲媵，齊先致其女，脅僖公使用爲嫡，故從父母辭言「致」。不書夫人及楚女至者，起齊先致其女，然後脅魯立也；〔六〕楚女未至而豫廢，故皆不得以夫人至書也。

【疏】注「僖公」至「爲媵」 解云：春秋說文。

注「故從」至「言致」 解云：即成九年「夏，季孫行父如宋致女」是也。

注「起齊」至「書也」　解云：皆欲道若齊女未至，而已脅魯之時，可以書其至。今先致其女，乃後脅魯爲夫人，其初至之時乃爲媵妾，是以不得書其至矣。

冬，十有二月，丁未，天王崩。惠王也。

九年，春，王三月，丁丑，宋公禦説卒。何以不書「葬」？爲襄公諱也。襄公背殯出會宰周公，有不子之惡，後有征齊、憂中國、尊周室之心，功足以除惡，故諱不書「葬」，使若非背殯也。○説，音悦。爲襄，于僞反，下注「爲天」、「爲桓」皆同。

【疏】「何以不書葬」　解云：正以隱十一年「公薨」之下，傳云「何以不書葬」？彼注云「據莊公書葬」。然則，彼已有解，故不重釋。

注「襄公」至「周公」　解云：在下經文。

注「後有」至「殯也」　解云：即下十八年傳云「曷爲不使齊主之？與襄公之征齊也」，「桓公死，豎刀、易牙争權，不葬，爲是故伐之也」，是爲齊之文也。

夏，公會宰周公、齊侯、宋子、衛侯、鄭伯、許男、曹伯于葵丘。「宰周公」者何？天子之爲政者也。「宰」，猶治也。三公之職號尊名也。以加「宰」，知其職大尊重，當與天子參聽萬機，而下爲諸侯所會，惡不勝其任也。宋未葬，不稱「子某」者，出會諸侯，非尸柩之前，故不名。○惡不，烏路反。勝，音升。

【疏】「宰周公者何」　解云：欲言三公，而文加「宰」；欲言卿士，經書「周公」，故執不知問。

注「宰猶治也」　解云：正以宰者，和治之名，得爲治事之義。

注「而下」至「其任也」　解云：如此注者，欲决上五年首戴之會，總序諸侯，乃言「會王世子」。若以世子爲會主，致諸侯于此會而會之然也。今此宰周公文與彼異，故知下爲諸侯所會。

注「宋未葬」至「不名」　解云：莊三十二年傳云「君存稱世子，君薨稱子某，既葬稱子，踰年稱公」。然則，宋未葬，宜稱「子某」，而單稱「子」者，非尸柩之前，無父前子名、君前臣名之義。知宋未葬者，正以宋公之卒在上三月，下有「七月」之文，當此之時，未滿五月，是以知其未葬。若然，案桓公十一年「鄭忽出奔」，傳云「忽何以名」，注云「據宋子既葬稱子」者，正以其非居尸柩前，故作既葬之稱，非謂葬訖。其説在彼。

秋，七月，乙酉，伯姬卒。此未適人，何以「卒」？據杞叔姬不「卒」。

【疏】「此未適人何以卒」　解云：正以文無所繫，知其未適人。

注「據杞叔姬不卒」　解云：宜作「伯姬」字，即莊二十七年「春，公會杞伯姬于洮」，注云「伯姬不卒者，蓋不與卒于無服」。此未適人，何以卒乎？故難之也。案春秋之内，唯有杞叔姬來歸、成八年冬「杞叔姬卒」，更無叔姬不卒之事，故如此解。

許嫁矣。婦人許嫁，字而笄之。字者，尊而不泄，所以遠別也。「笄」者，簪也，所以繫持髮，象男子飾也。服此者，明繫屬於人，所以養貞一也。婚禮曰「女子許嫁，笄而醴之，稱字」。○笄，古兮反。泄，息列反。別，彼列反。簪，莊林反。

【疏】注「字者」至「遠別也」　解云：正以字尊於名，故言「尊而不泄」。「所以遠別」者，正以內之公子爲大夫者，「卒」皆稱名；而內女許嫁，「卒」而稱字者，所以遠別之故也。

注「婚禮曰」至「稱字」　解云：士婚禮記文。彼注云「許嫁，已受納徵禮也。笄女之禮，猶冠男也，使主婦、女賓執其禮」是也。

死則以成人之喪治之。不以殤禮降也。許嫁「卒」者，當爲諸侯夫人，有即貴之漸，猶「俠卒」也。日者，恩尤重於未命大夫，故從諸侯夫人例。○俠，音協。

【疏】注「許嫁卒者」至「夫人」　解云：則知許嫁於大夫者不卒之，何者？爲大夫妻者賤，雖至其家，「卒」猶不書，況其許嫁乎？

注「猶俠卒也」　解云：在隱九年春三月，「俠卒」，彼傳云「俠者何？吾大夫之未命者也」，彼注云「未命所以卒之者，賞疑從重」。然則，未命大夫所以卒之，以其將爲大夫，有即貴之漸，賞疑從重，故録之。今此許嫁之女，亦有將爲諸侯夫人之漸，故得書之。

注「日者」至「夫人例」　解云：以俠卒不日，故言「日者，恩尤重於未命大夫」。故從諸侯大人之卒例，皆書日。成八年「冬，十月，癸卯，杞叔姬卒」之屬是也。故言「從諸侯夫人例」。

九月，戊辰，諸侯盟于葵丘。桓之盟不日，此何以日？危之也。何危爾？貫澤之會，桓公有憂中國之心，不召而至者，江人、黄人也。下伐厲善義兵是也。「會」不書者，叛也。叛不書者，爲天子親遣三公會之而見叛，故上爲天子，下爲桓公諱也。葵丘之會，桓公震而矜之，叛者九國。「會」、「盟」一事不舉重者，時宰周公不與盟。〇不預，音豫。〔七〕

【疏】「貫澤之會」解云：即上二年「秋，九月，齊侯、宋公、江人、黄人盟于貫」是也。而此言「于貫澤」者，蓋地有二名。然則，案彼經「盟」，此言「會」者，舉其初會而言也。彼直書「盟」者，舉重故也。

注「下伐」至「是也」解云：即下十五年「秋，七月，齊師、曹師伐厲」，注云「月者，善録義兵，厲，葵丘之會叛天子之命也」者是也。

注「會不」至「叛也」解云：言厲等九國亦在于會，而葵丘之會不書之者，以其叛天子之命，故不録之。但書「曹伯」以上于會。

注「會盟」至「不與盟」解云：正以文十四年「公會宋公」已下「同盟于新城」，然則，彼是「會盟」一事，舉「盟」以爲重，不言「會于某」，今此會盟並舉，故須兩解之。言宰周公是時實不與盟，〔八〕若言「公會宰周公、齊侯已下盟于葵丘」則是文害其義；不舉「盟」，直書上「會」，「會」輕於「盟」，失舉重之例矣。以此之故，必須兩舉，書云「諸侯盟于葵丘」，則知周公不與盟矣。

震之者何？猶曰振振然。亢陽之貌。

【疏】「震之者何」　解云：欲言是善，而盟書日；欲言其惡，賢伯所爲，故執不知問。

矜之者何？猶曰莫若我也。色自美大之貌。

【疏】「矜之者何」　解云：既名賢伯，美見天下；而反夸矜，〔九〕異于本行，故執不知問。

注「色自美大之貌」　解云：謂其顔色有自美大之勢。〔一〇〕

甲戌，晉侯詭諸卒。不書「葬」者，殺世子也。○詭，九委反。

【疏】注「不書葬者殺世子也」　解云：在上五年春。凡君殺無罪大夫，例去其「葬」，以絶之。

冬，晉里克弑其君之子奚齊。此未踰年之君，其言「弑其君之子奚齊」何？據「弑其君舍」，不連先君。連名者，上不書「葬」，「子某」弑君名未明也。○殺其，音試，下及注放此。

【疏】注「據弑」至「先君」　解云：即文十四年，「齊公子商人弑其君舍」是也。

注「連名」至「未明也」　解云：言「名未明」者，弟子本意正欲問「弑其君之子」，而連奚齊何之者，恐人不知奚齊之名，爲是先君未葬稱子某，似若子般、子野之屬是也；爲是被弑之，故稱名，似若諸兒、卓子之屬是也。是以將名連弑問之，〔一一〕欲使後人知其稱名之義。

殺未踰年〔一二〕**君之號也。**欲言「弑其子奚齊」，〔一三〕嫌無「君」文，與殺大夫同；欲言「弑其君」，又嫌與弑成君同。故引先君冠「子」之上，則弑未踰年君之號定，而坐之輕重見矣。加「之」者，起先君之子。不解名者，解言「殺」，從弑名可知也。〔一四〕弑未踰年君例當月。不月者，不正遇禍，終始惡明，故略之。○冠，古亂反。見，賢徧反。

【疏】**注「則弑」至「見矣」** 解云：言罪差於成君，與殺大夫異矣。

注「加之」至「之子」 解云：若不加「之」，嫌是「君子」爲一人故。

注「不解名」至「知也」 解云：正以傳云「弑未踰年君之號」，止答上云「其言弑其君之子何」之文，故云「不解名」矣。既解言「弑」，則書奚齊之名，由弑之故明矣，是以不復答之。

注「弑未踰」至「略之」 解云：正以隱四年春，「戊申，衛州吁弑其君完」，注云「日者，從外赴辭，以賊聞例」。然則，弑成君者例書日，即莊八年「冬，十一月，癸未，齊無知弑其君諸兒」之屬是。弑成君者例既書日，知弑未踰年君當月明矣。今此不月，故須解之。

十年，春，王正月，公如齊。書「如」者，録内所與外交接也。故如京師，善則月榮之；如齊、晉，善則月安之；如楚，則月危之。明當尊賢慕大，「無友不如己者」。月者，僖公本齊所立，桓公德衰見叛，獨能念恩朝事之，故善録之。

【疏】**注「故如京」至「榮之」** 解云：即成十三年春「三月，公如京師」，彼注云「月者，善公尊天子」是。

注「如齊」至「安之」 解云：即襄二十一年「春，王正月，公如晉」，彼注云「月者，溴梁之盟後，中國方乖離，善公獨能與大國」是也。

注「如楚則月危之」解云：即襄二十八年「十一月，公如楚」，彼注云「如楚皆月者，危公朝夷狄也」。必如此注者，正以朝、聘例時，而書月，故須解矣。

注「明當尊賢慕大」解云：正覆如齊、晉則月安之。

注「無友不如己」解云：覆「如楚則月危之」。

狄滅温。温子奔衛。

晉里克弑其君卓子，及其大夫荀息。「及」者何？累也。弑君多矣，舍此無累者乎？曰，有，孔父、仇牧皆累也。舍孔父、仇牧無累者乎？曰，有。有則此何以書？賢也。何賢乎荀息？據與孔父同。○君卓子，敕角反，又丁角反。左氏經無「子」字。舍，音捨，下同。

【疏】「及者何」解云：君之與臣，尊卑異等，今而言「及」，故執不知問。

「累也」解云：桓二年注云「累，累從君而死，齊人語也」，則彼已有解，故此處不復注之。

「曰有」解云：桓二年注云「叔仲惠伯」是也。

「何賢乎」注「據與孔父同」解云：桓二年傳云「何賢乎孔父」，注云「據叔仲惠伯不賢」。然則，此言「據與孔父同」者，謂與孔父同據叔仲惠伯矣。

荀息可謂不食其言矣。「不食言」者，不如食受之而消亡之，以奚齊、卓子皆立。

【疏】注「以奚」至「皆立」解云：欲指不食其言之事狀矣。

其不食其言奈何？奚齊、卓子者，驪姬之子也。荀息傅焉。禮，諸侯之子，八歲受之少傅，教之以小學，業小道焉，履小節焉；十五受大傅，教之以大學，業大道焉，履大節焉。〇驪，力知反。少，詩照反。大傅，音泰。

【疏】注「禮諸侯」至「節焉」解云：皆藝文志文也。注云「小道」、「小節」，正謂始甲典覓師受業，「大道」、「大節」謂博習盡誠也。

驪姬者，國色也。其顏色一國之選。〇選，息戀反。獻公愛之甚，欲立其子，於是殺世子申生。申生者，里克傅之。獻公病，將死，謂荀息曰：「士何如則可謂之信矣？」獻公自知廢正當有後患，欲託二子於荀息，故動之云爾。荀息對曰：「使死者反生，生者不愧乎其言，則可謂信矣。」荀息察言觀色，知獻公欲爲奚齊、卓子來動己，故答之云爾。〇欲爲，于僞反，下文「爲文公」、「不爲」、「故爲」皆同。獻公死，奚齊立。里克謂荀息曰：「君殺正而立不正，廢長而立幼，「長」謂重耳。〇長，丁丈反，注同。如之何？願與子慮之。」荀息曰：「君嘗訊臣矣。上問下曰「訊」。言「臣」者，明君臣相與言，不可負。○訊，音信，上問下曰訊。臣對曰『使死者反生，生者不愧乎其言，則可謂信矣』。」里克知其不可與謀，退，弑奚齊。荀息立卓子。里克弑卓子，荀息死之。荀息可謂不食其言矣！起時莫不背死鄉生，去敗與成，荀息一受君命，終身死之，故言「及」，與孔父同義。不日者，不正遇禍，終始惡明，故略之。○背，音佩。鄉，許亮反。

【疏】注「故言」至「同義」　解云：桓二年「宋督弑其君與夷，及其大夫孔父」，彼注云「言『及』者，使上及其君，若附大國以名通，明當封爲附庸，不絶其祀，所以重社稷之臣也」。今荀息一受君命，終身死之，故言「及」；〔一五〕亦使上及其君，若附大國以名通，明當封爲附庸，不絶其祀，所以重社稷之臣。故云「與孔父同義」。

注「不日者」至「故略之」　解云：正以成君見弑者例書日，今此不日，故解之。

夏，齊侯、許男伐北戎。

晉殺其大夫里克。里克弑二君，則曷爲不以討賊之辭言之？據「衛人殺州吁」。

【疏】注「據衛人殺州吁」　解云：即隱四年「九月，衛人殺州吁于濮」是也。

惠公之大夫也。惠公篡立已定，晉國君臣合爲一體，無所復責，故曰「此乃惠公之大夫，安得以討賊之辭言之」？○所復，扶又反，下同。然則孰立惠公？欲難殺之意。○難，乃旦反。里克也。〔一六〕里克弒奚齊、卓子，逆惠公而入。里克立惠公，則惠公曷爲殺之？惠公曰：「爾既殺夫二孺子矣，「孺子」，小子也。奚齊、卓子時皆幼小。○夫，音扶。孺，如注反。又將圖寡人。如我有不可，將復圖我如二孺子。爲爾君者，不亦病乎？」於是殺之。然則曷爲不言惠公之入？據「齊小白入于齊」。晉之不言出入者，踊爲文公諱也。「踊」，豫也，齊人語。若關西言「渾」矣。獻公殺申生，〔一七〕文公與惠公恐見及，出奔。不子，當絶，還入爲篡。文公功足以并掩前人之惡，故惠公入、〔一八〕懷公出、文公入渾皆不書，悉爲文公諱故也。爲文公諱者，欲明文公之功大也，語在下。懷公者，惠公子也，惠公卒，懷公立，而秦納文公，故出奔。惠公、文公出奔不書者，非命嗣也。○踊，音勇，豫也。言渾，户昆反，又户本反，下同。

【疏】注「文公與惠公」至「嗣也」。解云：正以同姓之臣尚無去義，況於兄子乎？〔一九〕且惠公、文公庶子，假令不去，亦不殺之，故知去父，宜當絶矣。

「齊小白入于齊」，則曷爲不爲桓公諱？桓公之享國也長，「享」，食。美見乎天下，故不爲之諱本惡也。文公之享國也短，美未見乎天下，故爲之諱本惡也。桓公功大，善惡相除，足封有餘，較然爲天下所知，文公功少，嫌未足除身篡而有封功，故爲之諱。并不言惠公、懷公出入者，明非徒足以除身篡而已，有足封之明較也，美不如桓公之功大。○美見，賢徧反，下同。較然，音角，下同。

秋，七月。

冬，大雨雹。何以書？記異也。夫人專愛之所生也。○雨，于付反。雹，步角反。

【疏】「冬大雨雹」解云：左氏作「雪」。

注「夫人專愛之所生也」解云：蔽障楚女而專取君愛，故生此雹災。

十有一年，春，晉殺其大夫丕鄭父。○丕，普悲反。

【疏】「丕鄭父」解云：左氏經無「父」字。〔二〇〕

夏，公及夫人姜氏會齊侯于陽穀。

秋，八月，大雩。公與夫人出會，不恤民之應。

冬，楚人伐黄。

十有二年，春，王三月，庚午，日有食之。是後楚滅黄，狄侵衛。

【疏】注「是後楚滅黄」解云：在今年夏。

注「狄侵衛」解云：在十三年春。

夏，楚人滅黄。

秋，七月。

冬，十有二月，丁丑，陳侯處臼卒。○處臼，左氏作「杵臼」。

【疏】「夏楚人滅黄」解云：莊十年「冬，十月，齊師滅譚」，十三年「夏，六月，齊人滅遂」。然則，滅例月，而此不月者，所傳聞之世，始録夷狄滅小國也。

十有三年，春，狄侵衛。

夏，四月，葬陳宣公。

公會齊侯、宋公、陳侯、衛侯、鄭伯、許男、曹伯于鹹。桓公自貫澤、陽穀之會後，所以不復舉小國者，從一法之後，小國言從令行，大國唯曹、許以上乃會。○鹹，音咸。不復，扶又反，下同。

秋，九月，大雩。由陽穀之會不恤民，復會于鹹、城緣陵，煩擾之應。

【疏】注「由陽」至「之應」　解云：謂上十一年「夏，公及夫人姜氏會齊侯于陽穀」是。

冬，公子友如齊。

十有四年，春，諸侯城緣陵。孰城之？諸侯不序，故問「誰城」。

【疏】注「諸侯」至「誰城」　解云：案上二年「春，王正月，城楚丘」，傳云「孰城之」，〔二〕彼注云「據内城不月，故問之」。然彼經書月，故得此解；此經不月，傳云「孰城之」，漫道諸侯無所指據，緣陵之號，由來未有，故怪而問之。

城杞也。曷爲城杞？滅也。孰滅之？蓋徐、莒脅之。以下皆狄徐也。言「脅」者，杞，王者之後，尤微，是見恐曷而亡。○恐，丘勇反。曷，火葛反。

【疏】注「以下」至「曷而亡」 解云：即下十五年冬，「楚人敗徐于婁林」，注云「謂之徐者，爲滅杞，不知尊先聖法度，惡重，故狄之也」。文七年「冬，徐伐莒」，彼注云「謂之徐者，前共滅王者後，不知尊先聖法度，今自先犯，文對事連，可以起同惡。莒在下不得狄，故復狄徐也。一罪再狄者，明爲莒狄之爾」是也。

曷爲不言「徐、莒脅之」？爲桓公諱也。曷爲爲桓公諱？上無天子，下無方伯，天下諸侯有相滅亡者，桓公不能救，則桓公恥之也。然則孰城之？桓公城之。曷爲不言「桓公城之」？不與諸侯專封也。曷爲不與？實與而文不與。文曷爲不與？諸侯之義，不得專封也。諸侯之義不得專封，則其曰實與之何？上無天子，下無方伯，天下諸侯有相滅亡者，力能救之則救之，可也。輒發傳者，與城衞同義。言「諸侯」者，時桓公德衰，待諸侯然後乃能存之。外城不月者，文言「諸侯」，非内城明矣。○爲桓，于僞反，下「爲桓」、「爲天下」并注「臣爲」同。

【疏】注「外城」至「明矣」 解云：正以隱七年「夏，城中丘」，襄十九年冬，「城西郛」、「城武城」之屬，是内城不月。外城月者，即上元年夏六月，「城邢」，二年「春，王正月，城楚丘」之屬是也。今外不月，正以文言諸侯，非内城可知，故省文。而昭三十二年冬「城成周」，不月，蓋以城天子與内同。

夏，六月，季姬及鄫子遇于防，使鄫子來朝。鄫子曷爲使乎季姬來朝？據「使」者，臣爲君銜命文也。内辭也。非使來朝，使來請己也。使來請娶己以爲夫人，下書「歸」是也。禮，男不親求，女不親許，魯不防正其女，乃使要遮鄫子淫泆，使來請己，與禽獸無異，故卑鄫子使乎季姬，以絶賤之也。月者，甚惡内也。〔二三〕○要，一遥反。遮，諸奢反。泆，音逸。惡，烏路反。

【疏】注「下書歸是也」　解云：即下十五年「季姬歸于鄫」是也。

注「禮男不親求」　解云：即昏禮不稱主人之屬是也。

注「女不親許」〔二三〕　解云：即致女之禮是也。

注「以絶賤之也」　解云：謂絶而賤之，不以爲諸侯也。

注「月者甚惡也」　解云：正以「遇」例時，即隱四年「夏，公及宋公遇于清」，八年「春，宋公、衛侯遇于垂」，莊三十年「冬，公及齊侯遇于魯濟」之屬是也。今此月者，甚惡内也。范氏云「魯女無故遠會諸侯，遂得淫通，此亦事之不然，左傳曰『鄫季姬來寧，公怒之，〔二四〕以鄫子不朝，遇于防而使來朝』，此近合人情」。何氏以爲鄫、魯相近，信使泆通，男女之情，風流應合，末世無禮，容或有之。若姜氏如莒之流，寧可然問也。

秋，八月，辛卯，沙鹿崩。「沙鹿」者何？河上之邑也。此邑也，其言「崩」何？據梁山言「崩」。

【疏】「沙鹿者何」解云：欲言是邑，邑無崩道；欲言其山，文無「山」稱，故執不知問。

注「據梁山言崩」解云：即成五年夏，「梁山崩」是也。

襲邑也。「襲」者，嘿陷入于地中。言「崩」者，以在河上也。河岸有高下，〔二五〕如山有地矣。故得言「崩」也。

【疏】注「襲者」至「地中」解云：謂嘿然而陷矣。

「沙鹿崩」何以書？記異也。外異不書，此何以書？據長狄之齊、晉不書。

【疏】注「據長」至「不書」解云：即文十一年傳云「狄者何？長狄也。兄弟三人，一者之齊，一者之魯，一者之晉。其之齊者，王子成父殺之；其之魯者，叔孫得臣殺之；則未知其之晉者也」。「何以書？記異也」。然則長狄之齊、晉皆不書之，是外異不書也。

爲天下記異也。土地者，民之主，霸者之象也。河者，陰之精。爲下所襲者，此象天下異，齊桓將卒，霸道毁，夷狄動，宋襄承其業，爲楚所敗之應。而不繫國者，起天下異。

【疏】注「宋襄」至「天下異」解云：即下二十二年「冬，十一月，己巳，朔，宋公及楚人戰于泓，宋師敗績」是也。

狄侵鄭。

冬，蔡侯肸卒。不書「葬」者，潰當絶也。不月者，賤其背中國而附父讎，故略之甚也。肸立不書者，父獻舞見獲，留卒於楚，肸以次立，非篡也。○肸，許乙反，注同。背，音佩。

【疏】注「不月」至「篡也」　解云：正以大國之「卒」，例合書日，即隱八年「夏，六月，己亥，蔡侯考父卒」之屬是也。今此反不月者，故言「略之甚也」。其父者即蔡侯獻舞，莊公十年爲楚所獲，而卒於楚，故謂楚爲「父讎」。上四年齊侯已下「侵蔡，蔡潰」，「遂伐楚」，是其「背中國」、「附父讎」之事。

十有五年，春，王正月，公如齊。月者，善公既能念恩，尊事齊桓，又合古五年一朝之義，故録之。

【疏】注「月者」至「齊桓」　解云：即上十年「春，王正月，公如齊」，彼注云「月者，僖公本齊所立，桓公德衰見叛，獨能念恩朝事之，故善録之」是也。〔二六〕

注「又合」至「録之」　解云：何氏以爲古者天子五年一巡守，諸侯亦五年一朝天子。分天子、諸侯爲五部，部朝一年，五年而徧。其小國事大國亦然。故以十年朝齊，今又往朝，是爲合古。桓元年傳云「諸侯時朝乎天子，天子之郊，諸侯皆有朝宿之邑焉」，注云「緣臣子之心，莫不欲朝朝莫夕。王者與諸侯别治，勢不得自專朝，故即位比年使大夫小聘，三年使上卿大聘，四年又使大夫小聘，五年一朝。王者亦貴得天下之歡心，以事其先王，因助祭以述其職，故分四方諸侯爲五部，部有四輩，輩主一時。孝經曰『四海之内，各以其職來助祭』，尚書云『群后四朝，敷奏以言，明試以功，車服以庸』」是也。

楚人伐徐。

三月，公會齊侯、宋公、陳侯、衛侯、鄭伯、許男、曹伯盟于牡丘。

遂次于匡。言「次」者，刺諸侯緩於人恩，既約救徐，而生事止次，不自往，遣大夫往，卒不能解也。大夫不序

公孫敖率師〔二七〕及諸侯之大夫救徐。者，起會上大夫。君已目，故臣凡也。内獨出名氏者，臣不得因君殊尊省文，別尊卑也。○别，彼列反。

【疏】注「臣不」至「省文」 解云：正以上言「公會齊侯」以下，是殊尊魯之文。今若不舉内大夫名氏，即因君鄉者殊尊之經而省文。

夏，五月，日有食之。是後，秦獲晉侯，齊桓公卒、楚執宋公，霸道衰，中國微弱之應。

秋，七月，齊師、曹師伐厲。月者，善録義兵。厲，葵丘之會叛天子之命也。曹稱「師」者，桓公霸道衰，曹獨能從之，征伐不義，故褒之。所以勸勉不能，扶助霸功，激揚解惰也。○厲，如字，舊音賴。激，古歷反。解，古賣反。惰也，徒卧反。

【疏】注「月者善録義兵」 解云：正以「侵、伐」例時故也。其例時者，即上十一年「冬，楚人伐黄」之屬是也。

八月，螽。公久出，煩擾之所生。○螽，之戎反。

九月，公至自會。桓公之會不致，此何以致？據柯之會不致。久也。久暴師衆，過三時。○暴，步卜反。

季姬歸于鄫。

己卯，晦，震夷伯之廟。「晦」者何？冥也。晝日而冥。〔二八〕○冥，亡丁反，又亡定反，注同。

【疏】「晦者何」　解云：欲言月晦，例所不書；欲言晝冥，亦非常録，故執不知問。

「震之」者何？雷、電擊夷伯之廟者也。「夷伯」者，曷爲者也？季氏之孚也。「孚」，信也。季氏所信任臣。

【疏】「震之者何」　解云：欲言天震，文不言「天」；欲言地震，又無「地」稱，故執不知問。加「之」者，以震有二種故也。且避問輕重兩舉，云云之説在隱九年。

季氏之孚則微者，其稱「夷伯」何？大之也。曷爲大之？據陽虎稱「盜」。

【疏】注「據陽虎稱盜」 解云：即定八年「盜竊寶玉大弓」是也。〔二九〕

天戒之，故大之也。明此非但爲微者異，乃公家之至戒，故尊大之，使稱字，過于大夫，以起之，所以畏天命。孔子曰：「君子有三畏：畏天命、畏大人、畏聖人之言。」何以書？記異也。此象桓公德衰，彊楚以邪勝正，僖公蔽於季氏，季氏蔽於陪臣，陪臣見信得權，僭立大夫廟。天意若曰「蔽公室者，是人也，當去之」。○去，起吕反。

冬，宋人伐曹。

楚人敗徐于婁林。謂之「徐」者，爲滅杞，不知尊先聖法度，惡重，故狄之也。不月者，畧兩夷狄也。○爲，于僞反。

【疏】注「不月」至「狄也」 解云：正以敗例書月，即莊十年「春，王正月，公敗齊師于長勺」，「秋，九月，荆敗蔡師于莘」是也。以其非兩夷，故書月。

十有一月，壬戌，晉侯及秦伯戰于韓，獲晉侯。此偏戰也，何以不言「師敗績」？據泓之戰言「宋師敗績」。○泓，烏宏反。君獲，不言「師敗績」也。舉君獲爲重也。釋不書者，以獲君爲惡。書者，以惡見獲，與獲人君者皆當絕也。主書者，從獲人例。○惡，烏路反。

【疏】**注「釋不書」至「人例」**　解云：正決下二十一年「釋宋公」之經矣。〔三〇〕然莊十年「荊敗蔡師于莘，以蔡侯獻舞歸」，傳云「曷爲不言其獲？不與夷狄之獲中國也」。然則秦、楚同類，得獲晉侯者，正以爵稱「伯」，非真夷狄，故與楚異。

十有六年，春，王正月，戊申，朔，霣石于宋，五。是月，〔三一〕六鷁退飛，過宋都。〔三二〕曷爲先言「霣」而後言「石」？據「星霣」後言「霣」。○十六年，本或從此下別爲卷。案七志、七録何注此十一卷，公羊以閔附莊故也。後人以僖卷大，輒分之爾。霣，于敏反。是月，如字，或一音徒兮反。六鷁，五歷反，水鳥。

【疏】**注「據星霣後言霣」**　解云：即莊七年「夜中，星霣如雨」是也。

「霣、石」記聞，聞其磌然，〔三三〕視之則石，察之則五。「是月」者何？僅逮是月也。「是」，月邊也，魯人語也。在正月之幾盡，故曰「劣及是月也」。○磌然，之人反，又大年反，聲響也，一音芳君反，本或作「砰」，〔三四〕八耕反。僅，其靳反，劣也。逮，音代，又大計反，及也。幾，音祈。

【疏】**「是月者何」**　解云：正以言異常例，故執不知問。

注「是月」至「語也」　解云：案上十年傳云「踊爲文公諱」，何氏云「踊，豫也，齊人語，若關西言『渾』矣」，是以春秋之内，於此乎悉解爲齊人語，而此一文獨爲「魯人語」者，以是經文孔子作之。孔子，魯人，故知魯人語。彼皆是諸傳文，乃胡母生、公羊氏皆爲齊人，故解爲齊人語。注「在正月之幾盡」者，謂晦日乃在正月之欲盡矣。

何以不日？據「五石」言「日」。

【疏】注「據五石言日」 解云：等是災異，何故五石書言「戊申，朔」，而六鷁不書日乎？〔三五〕故難之。

晦日也。凡災異，晦日不日，日食是也。日食常於晦朔，〔三六〕不日，晦可知也。「六鷁」無常，故言「是月」以起晦也。

【疏】注「凡災」至「不日」 解云：即莊十八年「三月，日有食之」之屬是也。今此亦晦，故不書日。注「日食」至「起晦也」 解云：案隱三年「王二月，己巳，日有食之」，傳云「日食則曷爲或日，或不日？或言朔，或不言朔？曰『某月某日朔，日有食之』者，食正朔也」，注云「桓三年『秋，七月，壬辰，朔，日有食之』是也」。傳又云「其或日或不日，或失之前，或失之後。失之前者朔在前也」，注云「謂二日食，己巳，日有食之是也」。傳又云「失之後者朔在後也」，注又云「謂晦日食，莊十八年『三月，日有食之』是也」。然則日食亦有二日食，此注何言「日食常於晦朔」乎？二日食者，雖非正朔，若欲比晦言之，亦得謂之朔矣。言若正朔食朔日並言，若二日食則言日，則知日朔並不言，是晦日明矣。故云「不日，晦可知也」。

晦則何以不言「晦」？據上言「朔」。春秋不書「晦」也。事當日者日，平居無他卓佹，無所求取，言「晦」、「朔」也。趡盟、奚戰是也。○佹，九委反。〔三七〕趡，翠軌反。

【疏】注「平居無他卓佹」解云：謂無他卓異佹戾，平常之事也。

注「無所」至「戰是也」解云：即桓十七年「二月，丙午，及邾婁儀父盟于趡」，春秋説以爲二月晦矣；「五月，丙午，及齊師戰于奚」，〔三八〕春秋説以爲五月之朔也。然則此傳云「春秋不書晦」，謂平常之事，下文「朔有事則書，晦雖有事不書」者，謂卓佹之事，合書晦朔矣。

朔有事則書，重始，故書以録事，若泓之戰及此皆是也。

【疏】注「若泓」至「是也」解云：即下二十二年「冬，十有一月，己巳，朔，宋公及楚人戰于泓」，及此經皆書朔，是其卓佹之事書「朔」也。

晦雖有事不書。重始而終自正，故不復書以録事。○不復，扶又反，下同。曷爲先言「六」而後言「鷁」？據「霣石」後言「五」。「六鷁退飛」，記見也，視之則六，察之則鷁，徐而察之則退飛。鷁小而飛高，故視之如此，事勢然也。「宋都」者，宋國所治也。人所聚曰「都」。言「過宋都」者，時獨過宋都退飛。○所治，直吏反。五石六鷁，何以書？記異也。

外異不書，此何以書？爲王者之後記異也。王者之後有亡徵，非親王安存之象，〔三九〕故重録，爲戒，記災異也。石者，陰德之専者也，鷁者，鳥中之耿介者，皆有似宋襄公之行。襄欲行霸事，不納公子目夷之謀，事事耿介自用，卒以五年見執，六年終敗，如五石六鷁之數。天之與人，昭昭著明，甚可畏也。於晦朔者，示其立功善，甫始而敗，將不克終，故詳録天意也。○爲王，于僞反，注同。耿介，音戒。之行，下孟反。

【疏】**注「卒以五年見執」**解云：即下二十一年，「執宋公以伐宋」是。計有六年，而言「五年」者，據實日月言之，以合五石之數故也。又「六年終敗」者，即下二十二年「戰于泓，宋師敗績」是也。計有七年，而言「六年」者，如上説。

注「天之與人」至「畏也」者　解云：春秋説文也。

三月，壬申，公子季友卒。其稱「季友」何？據犂戰名，不稱「季」，來歸不稱「友」。

【疏】**注「據犂」至「稱季」**　解云：即上元年「冬，十月，壬午，公子友帥師敗莒師于犂」是也。

注「來歸不稱友」　解云：閔元年〔四〇〕「季子來歸」是也。

賢也。閔公不書「葬」，故復於卒賢之，明季子當蒙討慶父之功，遏牙存國，終當録也。不稱「子」者，上「歸」本當稱字，起事言「子」。

【疏】**注「閔公」至「録也」**　解云：正以君弑賊不討，惡臣子不討賊，君喪無所繫往〔四一〕。前閔公不書「葬」，恐季子有甚惡，故書字見其賢。

注「**不稱子**」至「**言子**」　解云：即閔元年歸之下，（四二）注云「不稱季友者，明齊繼魯，本感落姑之託，（四三）故令與高子俱稱子，起其事」是也。

夏，四月，丙申，鄫季姬卒。

秋，七月，甲子，公孫慈卒。（四四）日者，僖公賢君，宜有恩禮於大夫，故皆日也。一年喪骨肉三人，故日痛之。

【疏】**注**「**日者**」至「**皆日也**」　解云：以所傳聞之世，大夫之「卒」不問有罪以否，（四五）例不日。隱元年十二月，「公子益師卒」是也。今此季友、公孫慈之「卒」皆書日者，正以賢君宜有恩禮於大夫故也。然則，言「皆」者，皆季友與公孫慈也。其鄫季姬之「卒」，例自合日，即上九年「秋，七月，乙酉，伯姬卒」之屬是也。

注「**一年**」至「**痛之**」　解云：言由其是賢君，故宜痛骨肉之卒，若直見是賢君宜有禮于大夫，但當見季一人書日，（四六）故知宜痛其頻死故也。

冬，十有二月，公會齊侯、宋公、陳侯、衛侯、鄭伯、許男、邢侯、曹伯于淮。月者，危桓公德衰，任豎刀、（四七）易牙，墮功滅項，自此始也。○墮，許規反。

【疏】**注**「**月者**」至「**此始也**」　解云：正以盟會之例，大信書時，今而書月，故如此解。知任豎刀、易牙者，下十八年傳文。言「墮功滅項」者，謂墮毀霸功而滅項，即下十七年「夏，滅項」是也。

十有七年，春，齊人、徐人伐英氏。稱「氏」者，春秋前黜稱氏也。伐國而舍「氏」言之者，〔四八〕非主名，故伐之得從國舉。

【疏】注「伐國」至「主名」 解云：若其主名，即爵等是也。

夏，滅項。孰滅之？齊滅之。以言「滅」，知非内也。以不諱，〔四九〕知齊滅。○項，户講反，國名。

【疏】注「以言滅知非内也」 解云：案經直言「滅」，不載主名，何知非内滅之？正以春秋之例，内大惡諱。今言「滅」，知非内矣。

注「以不諱知齊滅」〔五〇〕 解云：春秋之例，爲賢者諱，故上十二年「楚人滅黄」不爲諱，今諱不言「齊人」，故知齊滅之。

曷爲不言齊滅之？據「齊師滅譚」。

【疏】注「據齊師滅譚」 解云：在莊十年冬也。

爲桓公諱也。春秋爲賢者諱，此滅人之國，何賢爾？君子之惡惡也疾始，絶其始，則不得終其惡。○爲桓，于僞反，下及注同。惡惡，並如字，一讀上烏路反。善善也樂終。樂賢者終其行。○行，下孟反。桓公嘗有繼絶也。立僖公

【疏】注「立僖公也」 解云：即元年是也。

存亡之功，存邢、衛、杞。

【疏】注「存邢衛杞」 解云：「存邢」，上元年「城邢」是也；「存衛」，上二年「城楚丘」是也；「存杞」，上十四年「城緣陵」是也。

故君子爲之諱也。言「嘗」者，時桓公德衰功廢，而滅人，嫌當坐，故上述所當盛美而爲之諱，所以尊其德，彰其功。傳不言服楚，獨舉「繼絶存亡」者，明繼絶存亡，足以除殺子糾、滅譚、遂、項，覆終身之惡，服楚功在覆篡惡之表，所以封桓公，各當如其事也。〔五一〕不月者，桓公不坐滅，略小國。

【疏】注「傳不言服楚」至「亡者」 解云：其服楚在上四年，傳云「曷爲再言盟？喜服楚也」是也。

注「明繼」至「身之惡」 解云：「殺子糾」者，即莊九年九月，「取子糾，殺之」是也。「滅譚」即莊十年「冬，十月，齊師滅譚」是也。其「滅遂」者，即莊十三年「夏，六月，齊人滅遂」是也。以繼絶除殺子糾，以存三亡國除其三滅，故云「覆終身之惡」。

注「服楚」至「事也」 解云：即莊九年「齊小白入于齊」，是其篡文也。而言「之表」者，取以蓋藏之。

注「不月」至「小國」 解云：言滅國例書月者，惡其篡而罪之。今桓公功足除其滅，是以不月，故云「不坐滅」也。而滅譚、滅遂皆月者，是時未足以覆之也。「略小國」者，欲道既諱，不言齊知是誰滅而不書月，〔五二〕又以略小國故也。

秋，夫人姜氏會齊侯于卞。〇卞，皮彦反。

九月，公至自會。

冬，十有二月，〔五三〕乙亥，齊侯小白卒。

十有八年，春，王正月，宋公會曹伯、〔五四〕衛人、邾婁人伐齊。月者，與「襄公之征齊」，善録義兵。

【疏】注「月者」至「征齊」解云：正以「侵、伐」例時故也。〔五五〕戰不言「伐」者，莊十年師解，故難之。〔五六〕

夏，師救齊。

五月，戊寅，宋師及齊師戰于甗。齊師敗績。「戰」不言「伐」，此其言「伐」何？宋公與「伐」而不與「戰」，故言「伐」。春秋伐者爲客，伐者爲主。〔五七〕曷爲不使齊主之？據「甲寅，衛人及齊人戰」。○甗，魚輦反，又音言。與伐，音預，下「不與」同。

【疏】「宋公」至「故言伐」　解云：謂宋公但與「伐」而不與「戰」，故不得舉重，是以兩舉之。

注「據甲」至「人戰」　解云：即莊二十八年「春，王三月，甲寅，齊人伐衛。衛人及齊人戰，衛人敗績」，傳云「春秋伐者爲客，伐者爲主，故使衛主之也」。彼注云「戰序上言『及』者爲主」是也。

與襄公之征齊也。曷爲與襄公之征齊？據齊桓公霸者，猶不與征衛。

【疏】「與襄公之征齊也」　解云：謂使征而正之，征是上討下之辭。

注「據齊」至「征衛」　解云：即莊二十八年，春，「衛人及齊人戰」是也。

桓公死，豎刀、易牙爭權不葬，爲是故伐之也。不爲文實者，保伍、連率本有用兵征伐不義之道。○刀，音雕。爲是，于僞反，注同。

【疏】注「不爲文」至「之道」　解云：其爲文實者，即上元年春，「齊師、宋師、曹師次于聶北，救邢」，傳云「曷爲先言『次』而後言『救』？君也。君則其稱師何？不與諸侯專封也。曷爲不與？實與而文不與。文曷爲不與？諸侯之義不得專封也。諸侯之義不得專封，則其曰『實與之』何？上無天子，下無方伯，天下諸侯有相滅亡者，力能救之則救之可也」。其二年「城楚丘」之下，亦復發文、實之傳矣。今此經何以不言「宋師伐齊」，傳云「此公也，其稱師何？不與諸侯專征。曷爲不與？實與而文不與。文曷爲不與？諸侯之義，不得專征。諸侯之義不得專征，則其曰實與之何？上無天子，下無方伯，天下諸侯有不道者，力能征之則征之，可也」？正以諸侯本無專封之道，是以元年、二年之經，皆爲文實，以保、伍、連、率本有用兵征不義之道，是以不貶宋公稱師矣。

狄救齊。

秋，八月，丁亥，葬齊桓公。

冬，邢人、狄人伐衛。狄稱「人」者，善能救齊，雖拒義兵，猶有憂中國之心，故進之。不於救時進之者，辟襄公不使義兵壅塞。

【疏】注「狄稱人」至「兵壅塞」 解云：案穀梁傳「狄救齊」，傳云「善救齊也」。又云「邢人、狄人伐衛」，傳云「其稱人何也？善累而後進之。伐衛所以救齊也」。何氏廢之曰「即伐衛救齊當兩舉，如伐楚救江矣。又傳以爲江遠楚近，故伐楚救江，今狄亦近衛而遠齊，其事一也。於義穀梁爲短」。以此言之，則何氏之意適自伐衛，不爲救齊之故。而此注又以「狄稱人者，善能救齊」者，謂以其上能救齊，是以於此進之，不謂此時伐衛爲救齊也。所以不於救時進者，不使義兵壅塞也。

十有九年，春，王三月，宋人執滕子嬰齊。名者，著葵丘之會叛天子命者也。不得爲伯討者，不以其罪執之，妄執之。所以著有罪者，爲襄公殺恥也。襄公有善志，欲承齊桓之業，執一惡人，不能得其過，故爲見其罪，所以助賢者養善意也。月者，録責之。○爲襄，于僞反，下「故爲」、「起爲」、「爲襄公」、「深爲」、「若不爲」皆同。見，賢徧反。

【疏】注「名者」至「命者」　解云：即上九年「夏，公會宰周公、齊侯、宋子、衛侯、鄭伯、許男、曹伯于葵丘」，「九月，戊辰，諸侯盟于葵丘」，傳云「桓公震而矜之，叛者九國」是也。

注「不得爲伯討」　解云：上四年傳云「稱侯而執者，伯討也，稱人而執者，非伯討也」。今此不稱「侯」，故解之。

注「月者録責之」　解云：正以「執」例書時，即上四年夏，「齊人執陳袁濤塗」，五年「冬，晉人執虞公」之類是也。今此書月者，録責之也。

夏，六月，宋人、曹人、邾婁人盟于曹南。因本會于曹南，盟故以地，實邾婁。説在下。

【疏】注「因本」至「在下」　解云：言此盟之前，相與會于曹南矣。〔五八〕其實此盟在邾婁，故言「實邾婁」矣。

鄫子會盟于邾婁。〔五九〕其言「會盟」何？據外諸侯會盟不録。及曹伯襄言「會諸侯」。

【疏】注「據外」至「會諸侯」　解云：舊本皆無「及」字。言「外諸侯會盟不録」者，正以竟春秋上下，無外諸侯會盟之文。若存「及」，宜下句讀之。

後會也。説與「會伐宋」同義。君不會大夫，刺後會者，起實君也。地以「邾婁」者，起爲邾婁事也。不言君者，爲襄公諱也。魯本許嫁季姬於邾婁，季姬淫泆，使鄫子請己而許之，二國交忿。襄公爲此盟，欲和解之。既在人間，〔六〇〕反爲邾婁所欺，執用鄫子，恥辱加於宋無異，故没襄公，使若微者也。不於上地以「邾婁」者，深爲襄公諱，使若不爲邾婁事盟，而鄫子自就邾婁爲所執者也。上「盟」不日者，深順諱文，從微者例。使若下「執」不以上「盟」爲辨也。

「會盟」不日者，言會盟，不信已明，無取於日，自其正文也。

【疏】注「説與會伐宋同義」解云：即莊十四年「春，齊人、陳人、曹人伐宋」，「夏，單伯會伐宋」，傳云「其言『會伐宋』何？後會也」，彼注云「本期而後，故但舉會。書者，刺其不信」。

注「君不會大夫」解云：案莊九年春，「公及齊大夫盟于暨」，傳云「公曷爲與大夫盟？齊無君也。然則何以不名？爲其諱與大夫盟也，使若衆然」。又莊二十二年秋，「及齊高傒盟于防」，傳云「曷爲不言公？諱與大夫盟也」，皆是君不會大夫之辭。

注「起實君也」解云：言起上宋人、曹人之屬，實是宋公、曹伯耳。

注「地以邾婁」解云：正以二十八年夏，「公會晉侯」以下「盟于踐土，陳侯如會」，傳云「其言『如會』何？後會也」。然則，彼言「陳侯如會」，此亦宜言「鄫子如會」，而言「于邾婁」，起爲邾婁事也。

注「不言君者」解云：上曹南之盟，不言「宋公」等是也。

注「季姬淫泆」至「微者也」解云：即上十四年「夏，六月，季姬及鄫子遇于防，使鄫子來朝」，傳云「鄫子曷爲使乎季姬來朝？内辭也。非使外朝，使來請己也」。

注「不於上」至「執者也」解云：上經云「盟于曹南」者，實是盟于邾婁，故以此解之。所以不於上經地以邾婁者，深爲襄公諱，使若不爲邾婁事盟，而鄫子自就邾婁所見執者也。〔六一〕

注「上盟不」至「日者」〔六二〕解云：春秋上下，微者之盟例皆書時，而下文〔六三〕「冬，會陳人、蔡人、楚人、鄭人盟于齊」之屬是。今此乃以不日爲微者例者，正以宋襄賢君，雖使微者，有可采取，故宜書月。隱元年注云「微者盟例時，不能專正，故責略之。此月者，隱公賢君，雖使微者，有可采取，故録也」是也。

注「會盟」至「正文也」　解云：正以春秋之例，不信者日故也。言「自其正文也」者，謂既言「會、盟」，即是不信之正文，不勞書日以見。

己酉，邾婁人執鄫子，用之。惡乎用之？用之社也。其用之社奈何？蓋叩其鼻以血社也。〔六四〕惡無道也。不言「社」者，本無用人之道，言「用之」已重矣。故絶其所用處也。日者，魯不能防正其女，以至於此，明當痛其女禍而自責之。○惡乎，音烏。惡無，烏路反。用處，昌慮反。

【疏】注「日者魯」至「自責之」　解云：正以凡「執」例時，即上四年夏，「齊人執宋袁濤塗」之屬是也。今日，故解之。

秋，宋人圍曹。

衛人伐邢。

冬，公會陳人、蔡人、楚人、鄭人盟于齊。因宋征齊，有隙，爲此盟也。是後楚遂得中國。霍之會執宋公。

【疏】注「因宋征」至「執宋公」　解云：謂上十八年襄公征齊，齊與宋有間隙，齊遂構會諸侯之人而爲此盟，以謀宋矣。「霍之會執宋公」，即下二十一年「秋，宋公、楚子、陳侯、蔡侯、鄭伯、許男、曹伯會于霍，執宋公以伐宋」是也。

梁亡。此未有「伐」者，其言「梁亡」何？據「蔡潰」以自潰爲文，舉「侵」也。

【疏】注「據蔡」至「侵也」 解云：即上四年春，「公會齊侯」云云「侵蔡，蔡潰」是也。

自亡也。其自亡奈何？魚爛而亡也。梁君隆刑峻法，一家犯罪，四家坐之，一國之中，無不被刑者。百姓一旦相率俱去，狀若魚爛。魚爛從内發，故云爾。著其自亡者，〔六五〕明百姓得去之，君當絶者。

【疏】「魚爛而亡也」注「梁君」至「絶者」 史記、春秋説有此文也。

二十年，春，新作南門。何以書？譏。何譏爾？門有古常也。惡奢泰，不奉古制常法。○惡，烏路反。

【疏】注「惡奢」至「常法」 解云：言其直是奢泰，不依古法，非僭天子也。隱五年傳云「始僭諸公，〔六六〕昉於此乎？前此矣。前此則曷爲始於此？〔六七〕僭諸公猶可言也，僭天子不可言也」，定二年雉門及兩觀災之下，何氏云「立雉門兩觀不書者，僭天子，不可言。雖在春秋中，猶不書」。然則此「新作南門」書之，知不僭天子也。

夏，郜子來朝。「郜子」者何？未有存文，嫌不名，故執不知問。〇郜，古報反。姬姓之國，下同。

【疏】注「未有存」至「知問」　解云：桓二年「夏，四月，取郜大鼎于宋」，隱二年傳云「始滅昉於此乎？前此矣」。何氏云「前此者，在春秋前，謂宋滅郜是也」。然則，宋人滅郜在春秋之前，是以桓二年「取郜大鼎于宋」，自爾以來，不見存在之文。若然，則是失地之君，例合書名，而來朝不名，故執不知問。

失地之君也。何以不名？據鄧、穀名。

【疏】注「據鄧穀名」　解云：即桓七年「夏，穀伯綏來朝，鄧侯吾離來朝」，傳云「皆何以名？失地之君」是也。

兄弟辭也。郜，魯之同姓，故不忍言其絶賤。明當尊遇之，異於鄧、穀也。書者，喜内見歸。

【疏】注「不忍」至「絶賤」　解云：即不書其名是也。何者？若非兄弟，宜書其名，絶而賤之。

注「明當」至「見歸」　解云：正以穀、鄧書名而此不名也。

五月，乙巳，西宫災。「西宫」者何？小寢也。小寢則曷爲謂之「西宫」？有西宫則有東宫矣。魯子曰：「以有西宫，亦知諸侯之有三宫也。」「西宫」者，小寢内室，楚女所居也。禮，諸侯娶三國女，以楚女居西宫，知二國女於小寢内各有一宫也，故云爾。禮，夫人居中宫，少在前，右媵居西宫，左媵居東宫，少在後。

【疏】「西宮者何」解云：欲言是廟，不書其謚；欲言居寢，而書「宮」舉「災」，故執不知問。

注「西宮者」至「云爾」解云：案襄九年「春，宋火」，傳云「曷云或言『災』，或言『火』？〔六八〕大者曰災，小者曰火」，何氏云「大者，謂正寢、社稷、宗廟、朝廷也」。此西宮者，小寢内室，楚女所居也，何故不言火而書災？彼傳又云「内何以不言火？内不言火者，甚之也」，彼注云「春秋以内爲天下法，動作當先自克責，故小有火如大有災」，是以雖小言「災」耳。

「禮夫人居中宮」解云：王者之制也。

「西宮災」何以書？記災也。〔六九〕是時，僖公爲齊所脅，以齊媵爲嫡，楚女廢在西宮，而不見恤，悲愁怨曠之所生也。言「西宮」不繫「小寢」者，小寢夫人所統，妾之所繫也。天意若曰「楚女本當爲夫人，不當繫於齊女」，故經亦云爾。○爲適，丁歷反，又作嫡。

鄭人入滑。

秋，齊人、狄人盟于邢。狄稱「人」者，能常與中國也。

冬，楚人伐隨。叛楚故也。

二十有一年，春，狄侵衛。貶狄者，爲犯中國諱。〔七〇〕○爲，于僞反，下「不爲襄」、下文「爲執」皆同。

宋人、齊人、楚人盟于鹿上。

夏，大旱。何以書？記災也。「新作南門」之所生。

秋，宋公、楚子、陳侯、蔡侯、鄭伯、許男、曹伯會于霍，執宋公以伐宋。孰執之？楚子執之。以下「獻捷」貶。○霍，左氏作「盂」。

【疏】「會于霍」解云：左氏作「盂」，穀梁作「雩」，蓋誤，或所見異。

注「以下獻捷貶」解云：即下文，冬，「楚人使宜申來獻捷」，傳云「此楚子也，其稱人何？貶。曷爲貶？爲執宋公貶」是也。

曷爲不言楚子執之？據溴梁盟下執莒子、邾婁子，復出晉人也。○溴，古閴反。復出，扶又反。下同。〔七一〕

【疏】注「據溴梁盟」解云：即襄十六年春，「公會晉侯、宋公」以下「于溴梁」，「晉人執莒子、邾婁子以歸」是也。

不與夷狄之執中國也。不舉「執」爲重，復舉「伐」者，劫質諸侯，求其國，事當起也。不爲襄公諱者，守信見執，無恥，説在下也。

【疏】注「劫質諸侯」解云：言劫諸侯以爲質，而求其國，事當起也。是以執伐兩舉，見其外貪利也。下云「楚人謂宋人曰『子不與我國，吾將殺子君矣』」是也。

冬，公伐邾婁。

楚人使宜申來獻捷。此楚子也，其稱「人」何？據稱「使」，知楚子。貶。○捷，在接反。〔七二〕曷爲貶？據「齊侯獻戎捷」，不貶。爲執宋公貶。曷爲爲執宋公貶？據上已没不與執中國。宋公與楚子期以乘車之會，蓋鹿上之盟。○乘車，純證反。下同。〔七三〕

【疏】注「蓋鹿上之盟」解云：即上文春，「宋人、齊人、楚人盟于鹿上」是也。言鹿上盟爲此約。

公子目夷諫曰：「楚，夷國也，彊而無義，請君以兵車之會往。」宋公曰：「不可。吾與之約以乘車之會。自我爲之，自我墮之，曰不可。」終以乘車之會往。楚人果伏兵車，執宋公以伐宋。詐諼劫質諸侯，求其國，當絶，故貶。○墮，許規反。諼，諼本亦作詐。〔七四〕諼，音許元反，詐也，又音援。宋公謂公子目夷曰：「子歸守國矣！國，子之國也。吾不從子之言，以至乎此。」公子目夷復曰：「君雖不言國，國固臣之國也。」〔七五〕所以堅宋公意，絶彊楚之望。

【疏】「君雖不言國」　解云：即言君假令不道是臣之國，今國當是爲臣之國矣。所以堅宋公意，欲使宋公乃心在楚，不急求還。

注「絶彊楚之望」　解云：欲絶楚人，使知宋難取，不復望之。

於是歸，設守械而守國。楚人謂宋人曰：「子不與我國，吾將殺子君矣。」宋人應之曰：「吾賴社稷之神靈，吾國已有君矣。」楚人知雖殺宋公，猶不得宋國，於是釋宋公。宋公釋乎執，走之衛。襄公本謂公子目夷曰「國，子之國也」。宋公愧前語，故慙不忍反，走之衛。不書者，執解而往，非出奔也。○守，手又反，又如字。應，應對之應。

【疏】注「走之衛」至「奔也」　解云：正決襄十四年夏，「衛侯衎出奔齊」也。

公子目夷復曰：「國爲君守之，君曷爲不入？」然後逆襄公歸。凡出奔歸，書，執獲歸不書者，出奔已失國，故録還，應盗國，與執獲者異。臣下尚隨君事之，未失國，不應盗國，無爲録也。○國爲，于僞反。下「爲襄」、「爲公子」，注「爲没」、「故爲」皆同。

【疏】**注「凡出奔」至「爲録也」** 解云：正以桓十五年夏，「鄭伯突」云云，彼傳云「曷爲或言『歸』？或言『復歸』？復歸者，出惡，歸無惡。復入者，出無惡，入有惡。入者，出入惡。歸者，出入無惡」。不應盗國，盗國即入與復入是也，春秋皆録其歸以别之。其執獲而歸不書者，本未失國，無義可著，何録之有？案下二十八年，「三月，丙午，晉侯入曹，執曹伯，畀宋人」，冬，「曹伯襄復歸于曹」，「晉人執衛侯歸之于京師」，三十年，「衛侯鄭歸于衛」，哀七年「秋，公伐邾婁，八月，己酉，入邾婁，以邾婁子益來」，八年夏，「歸邾婁子益于邾婁」。然則，三者皆執獲而歸，所以書之者，曹伯之下注云「執歸不書，書者，名惡當見」，其曹伯名者，刺天子歸有罪也；衛侯歸下注「爲殺叔武惡天子歸有罪也，〔七六〕執歸不書，主書者，名惡當見」也。邾婁子益之下注云，「善魯能悔過歸之」。

惡乎捷？捷乎宋。以上言「伐宋」。○惡，音烏。曷爲不言捷乎宋？據「戎捷」也。爲襄公諱也。襄公本會楚，欲行霸，憂中國也。不用目夷之言，而見詐執伐宋，幾亡其國，故諱爲没國文。所以申善志。不月者，因起其事。○幾，音祈。

【疏】**注「不月者因起其事」** 解云：正以獻戎捷書六月也。起事者，正以春秋之義，滅國例月，莊十年「冬，十月，齊師滅譚」，十三年「夏，六月，齊人滅遂」之類是也。今此宋公幾亡國，是以爲諱之，去其月，以起其賢。曷爲不言其圍者？〔七七〕案舊本傳注三者皆作「圍」字，唯有「守」下「知」上一「國」字，以其有皆作「圍」字者，誤。「守國」即上傳「設守械而守」是也。

此圍辭也，曷爲不言其圍？據上言「守國」，知圍也。爲公子目夷諱也。目夷遭難，設權救君，有解圍、存國、免主之功，故爲諱圍，起其事，所以彰目夷之賢也。歸捷書者，刺魯受惡人物也。○遭難，乃旦反。

【疏】注「設權」至「人物也」　解云：「救君」者，即上傳宋公「釋乎執，走之衛」是也。「解圍」者，楚人釋宋公，去而不復圍也。

十有二月，癸丑，公會諸侯盟于薄。言「諸侯」者，起霍之會諸侯也。不序者，起公從旁以議釋宋公。「會」「盟」一事也。言「會」者，因以殊諸侯也。

【疏】注「起霍之會諸侯也」　解云：即上文「秋，宋公、楚子、陳侯、蔡侯、鄭伯、許男、曹伯會于霍，執宋公以伐宋」是。上文序之，下文總之，故得起其上會諸侯也。不序者，若其序之云「公會某侯某侯」，即無以見公從旁別來。今諸侯不序，并作一文，别言「公會」，則知魯公從旁而來，是以不序諸侯，以起其義。

注「會盟一事」至「侯也」　解云：上言「會于霍」，下言「盟於薄」，明其但是一出之行。而更言「公會諸侯」者，因以殊諸侯矣。

釋宋公。執未有言「釋之」者，此其言「釋之」何？據執滕子不言「釋」。

【疏】「釋宋公」　解云：不言「楚子釋宋公」者，何氏廢疾：「公羊以爲公會諸侯釋之，故不復出楚耳。」

注「據執」至「言釋」 解云：即上十九年「春，王三月，〔七八〕宋人執滕子嬰齊」是也。

公與爲爾也。公與爲爾奈何？公與議爾也。善僖公能與楚議，釋賢者之厄。不言「公釋之」者，諸侯亦有力也。

【疏】「公與議爾」 解云：言魯公與爲釋宋公之事也。

校勘記

〔一〕鄭世子華盟于洮 阮校：左氏、穀梁無鄭世子華，故下鄭伯乞盟，此蓋因注言甯母之盟陳、鄭遣世子而誤衍。

〔二〕先王命也 「王」原作「上」。閩本誤，毛本「上」已改作「王」。阮本改作「王」。今按，撫州本、余本「上」作「王」。據改。

〔三〕解云見夫人 「人」字原無。浦鏜云：「見夫」當「夫人」之誤。今按，單抄本作「見夫人」。據補「人」字。

〔四〕注以逆不書 原作「以逆至不書」。北大本校記：「逆」下原衍「至」字，按疏標起止例，知「至」字誤衍。今按，單抄本「以」上有「注」字，下無「至」字。據改。

〔五〕書其即位之義矣 阮校：此本「其」字剜擠，當衍。今按，單抄本并諸本有「其」字。

〔六〕然後脅魯立也 浦鏜云：元年疏引此「魯」下有「使」字。

〔七〕不預音豫　撫州本、宋本音義「豫」作「預」，余本音義作「豫」。黄焯謂本當作「不與音預」，誤作「不預音預」，復校改「豫」。

〔八〕故須兩解之言宰周公是時實不與盟　「宰」原作「解」。阮校：下「解」當作「宰」。今按，單抄本下「解」作「宰」。據改。

〔九〕而反夸矜　「反」原作「取」。按單抄本「取」作「反」，據改。

〔一〇〕有自美大之勢　「有自」原作「自有」。阮校：何校本作「有自」，此誤倒。今按，單抄本作「有自」，據乙正。

〔一一〕是以將名連弑問之　單抄本無「以」字，「弑」作「殺」。

〔一二〕殺未踰年　阮校：唐石經、宋本、鄂本作「弑」。以意求之，唐石經以下本皆作「弑」，此作「殺」，爲歧出，然「殺」可讀「弑」，「弑」不可讀「殺」也。今按，撫州本、余本「殺」作「弑」。

〔一三〕欲言弑其子奚齊　阮校引段玉裁云：「弑」當作「殺」。

〔一四〕從弑名可知也　「知」原作「加」。阮校：此本「知」誤「加」，今據諸本訂正。今按，撫州本、余本「加」作「知」。據改。

〔一五〕終身死之故言及　「故」原作「蓋」。阮校：閩、監、毛本「蓋」作「故」，是也。今按，單抄本作「故」。據改。

〔一六〕里克也　撫州本「里」上有「曰」字，余本無。

〔一七〕獻公殺申生　「生」原作「篡」。閩本亦爲「篡」，毛本改作「生」。今按，撫州本補版誤作「申篡」，余本「篡」作「生」。余本是，據改。

〔一八〕故惠公入　撫州本無「故」字，余本有。

〔一九〕況於兄子乎　汪文臺識語云：「兄子」當作「父子」。

〔二〇〕解云左氏經無父字　阮校：今左氏有「父」字。

〔二一〕孰城之　浦鏜云：彼傳無「之」字。

〔二二〕甚惡内也　撫州本「也」下有「矣」字，余本無。

〔二三〕注女不親許　「注」字原無。按單抄本「女」上有「注」字，據補。

〔二四〕公怒之　浦鏜云：「之」上脱「止」字。阮校：左傳有「止」字。

〔二五〕河岸有高下　「岸」原作「崩」。阮校：鄂本、宋本「崩」作「岸」，當據正。今按，撫州本、余本「崩」作「岸」，據改。

〔二六〕故善録之是也　「是」原作「故」。浦鏜云：下「故」爲「是」誤。今按，單抄本「故」作「是」。據改。

〔二七〕率師　阮校：閩、監、毛本作「帥師」。又按此依左、穀「帥」改也，公羊多作「率」。

〔二八〕晝日而冥　「晝」原作「書」。浦鏜云：「晝」誤「書」，阮校：鄂本作「晝」，諸本皆誤「書」字。今按，撫州本、余本「書」作「晝」。據改。下疏文同。

〔二九〕解云即定八年盗竊寶玉大弓是也　「定」原作「是」。北大本校記：按盗竊寶玉大弓在定八年。今按，單抄本「是」作「定」。據改。

〔三〇〕正決下二十一年釋宋公之經矣　「下」字原無。單抄本「決」下有「下」字。據補。

〔三一〕是月　阮校：盧文弨曰，「是月」有作「提月」者，故一音徒兮反，初學記晦日條引此作「提月」，又䴗冠子王鈇篇「家里用提」，陸佃注云，提，零日也。引公羊爲證。又校按「是月」與月令「是月」似異而實同，蓋作「提」者，俗人所爲。

〔三二〕六鷁退飛過宋都　阮校引經義雜記曰：说文「鶂，鳥也，从鳥兒聲。春秋傳曰六鶂退飛」。不收从「益」字。左氏正義曰：「鷁」字或作「鶂」。釋文「六鷁」本或作「鶂」。公、穀釋文皆云「六鶂，五歷反」，可證三傳本皆作「鶂」，與说文同。今公羊注疏皆作「鷁」，穀梁注疏皆作「鶂」，唯經文「六鷁退飛」此一字从「益」。蓋因唐時左傳已有作「鷁」者，故後人據以易二傳也。穀梁疏引贾逵云：鶂，水鳥，陽中之陰，象君臣之訟鬩也。以鬩解鶂，取同聲爲詁，可證左傳字本从「兒」。

〔三三〕聞其磌然　阮校引經義雜記曰：穀梁疏云，说文、玉篇、字林等無「磌」字，學士多讀爲「砰」。公羊古本並爲「磌」。張揖讀爲「磌」，是石聲之類。今玉篇有「磌」，云音響也，蓋孙强等增加。廣韻四釋詁「砰，普耕反，聲也」，而無「磌」字。楊云張揖讀爲「磌」，是古本廣韻有「磌」矣。五經文字「磌，之人反，又大年反，聲響也。見春秋傳」。

〔三四〕本或作碑　浦鏜云：「砰」誤作「碑」。諸本作「砰」。

〔三五〕而六鷁不書日乎　阮校：閩、監、毛本「鷁」作「鶂」，非。今按，單抄本「鷁」作「鶂」。

〔三六〕日食常於晦朔　「常」原作「嘗」。按撫州本、余本「嘗」作「常」。據改。

〔三七〕佹九委反　「九」原作「尤」。按宋本、撫州本音義「尤」作「九」，余本誤作「尤」。據改。

〔三八〕丙午及齊師戰于奚　「師」原作「侯」。浦鏜云：「師」誤「侯」。阮校：桓十七年經作「師」。今按，單抄本作「師」。據改。

〔三九〕非親王安存之象　阮校：鄂本「親」作「新」，當據正。今按，撫州本、余本作「親」。

〔四〇〕閔元年　「元」原作「二」。浦鏜云：「元」誤作「二」。據改。

〔四一〕無所繫往　「往」原作「注」。阮校：閩、監、毛本「往」作「住」，爲句。今按，單抄本「注」作「往」。據改。

〔四二〕閔元年歸之下　浦鏜云：「年」下脱「来」字。

〔四三〕落姑之託　阮校：盧文弨曰，當依公羊本字作「洛姑」。

〔四四〕公孫慈卒　「慈」原作「兹」。阮校：此本疏中「慈」皆作「兹」。今按，撫州本、余本「兹」作「慈」。單抄本皆作「慈」。據改。下並同。

〔四五〕不問有罪以否　阮校：何校本同，閩、監、毛本「以」作「與」。今按，單抄本作「以」。

〔四六〕但當見季一人書日　單抄本「見」作「是」。

〔四七〕豎刀　阮校：作「刀」是，又「豎」作「竪」者非。

〔四八〕而舍氏言之者　阮校：宋本同，閩、監、毛本「舍」作「含」。今按，撫州本、余本并作「舍」。

〔四九〕以不諱　據疏並公羊義疏，此「不」當衍文。

〔五〇〕注以不諱知齊滅　「注」字原無，據單抄本補。

〔五一〕各當如其事也　「各」原作「名」。阮校：鄂本「名」作「各」是也。今按，撫州本、余本「名」作「各」。據改。

〔五二〕不言齊知是誰滅而不書月　浦鏜云：「知」上疑脱「不」字。

〔五三〕冬十有二月　「冬」字原無。阮校：唐石經「十」上有「冬」字，諸本脱。今按，撫州本、余本「十」上有「冬」字。據補。

〔五四〕宋公會曹伯　「會」當衍文。

〔五五〕侵伐例時故也　單抄本無「例」字，疑脱。

〔五六〕戰不言伐者莊十年師解故難之　阮校：何校本云，此十三字當在下疏「宋公至故言伐」之前。

〔五七〕伐者爲主　阮校：唐石經「伐」上原有「不」字，後磨改同今本。

〔五八〕相與會于曹南矣　「與」字原無。北大本校記：「與之」下公羊義疏有「會」字。今按，單抄本「與」下有「會」字，據補。

〔五九〕鄫子會盟于邾婁　「盟」字原無。阮校：唐石經、宋本「會」下有「盟」字，此脱。今按，撫州本、余本「會」下有「盟」字。據補。

〔六〇〕既在人間　阮校以爲「人」係「會」之誤。今按，撫州本、余本作「人」。閩本同。毛本改作「會」。

〔六一〕所見執者也　殿本考證：齊召南疑「所」上脱「爲」字。浦鏜云：「爲所」誤「所見」。

〔六二〕注上盟不至日者　阮校：閩、監、毛本作「上盟不至者例」，是也。今按，單抄本作「注上盟不云云」。

〔六三〕而下文　浦鏜云：「而」當「即」字誤。

〔六四〕以血社也　浦鏜云：周禮肆師注引「血」作「衈」。阮校引惠士奇云：山海經東山經「祠毛用一犬，祈聃」，注云聃音餌，以血塗祭爲聃也。公羊傳作血，訛。穀梁作衈，與鄭注合。

〔六五〕著其自亡者　「著」原作「者」。阮校：鄂本、宋本「者」作「著」，此本誤。今按，撫州本「者」作「著」，余本誤作「者」。據改。

〔六六〕始僭諸公　「公」原作「侯」，按單抄本「侯」作「公」字，與隱五年傳合。據改。

〔六七〕曷爲始於此　浦鏜云：「於」當依傳作「乎」。

〔六八〕曷云或言災或言火　單抄本「云」作「爲」。

〔六九〕西宮災何以書記災也　下「災」字原作「異」。浦鏜云：「火」誤「災」，「災」誤「異」，从石經校。阮校：唐石經、鄂本「異」作「災」。諸本作「異」，誤。今按，撫州本、余本「異」作「災」。據改。

〔七〇〕爲犯中國諱　公羊義疏疑「諱」爲衍文。

〔七一〕復出扶又反下同　以上七字原脱，據諸本補。

〔七二〕○捷在接反　此五字符原脱。據諸本補。

〔七三〕○乘車純證反下同　此八字符原脱。據諸本補。

〔七四〕誰諼誰本亦作詐　此七字原脱。據諸本補。

〔七五〕君雖不言國國固臣之國也　阮校：唐石經原不疊「國」字，後磨改同今本。

〔七六〕注爲殺叔武惡天子歸有罪也　浦鏜云：「惡」上脱「之」字。阮校：「注」下脱「云」字。

〔七七〕曷爲不言其圍者　浦鏜云：「者」字衍。又自「曷爲」至「是也」〔本段疏結束〕當在章末注下。阮校：此下疏文當屬下節。又按此其改之未盡者。

〔七八〕春王三月　「三」原作「二」。浦鏜云：「三」誤「二」。據改。

監本附音春秋公羊傳注疏僖公卷第十二起二十二年，盡三十二年。

何休學

二十有二年，春，公伐邾婁，取須朐。〇朐，其俱反，左氏作「句」。

夏，宋公、衛侯、許男、滕子伐鄭。

秋，八月，丁未，及邾婁人戰于升陘。〇陘，音刑。

冬，十有一月，己巳，朔，宋公及楚人戰于泓。宋師敗績。偏戰者日爾，此其言「朔」何？據奚之戰不言「朔」。

【疏】注「據奚之戰不言朔」解云：即桓十七年「五月，丙午，及齊師戰于奚」，春秋説以爲五月朔日也。

春秋辭繁而不殺者，正也。「繁」，多也。「殺」，省也。「正」，得正道尤美。○不殺，所戒反，注同。省，所景反。何正爾？宋公與楚人期，戰于泓之陽。「泓」，水名。水北曰「陽」。楚人濟泓而來，「濟」，渡。有司復曰：「請迨其未畢濟而擊之。」「迨」，及。宋公曰：「不可。吾聞之也，『君子不厄人』。吾雖喪國之餘，我雖前幾為楚所喪，所以得其餘民以為國。喻褊弱。○喪國，息浪反，注同。幾，音祈。寡人不忍行也。」既濟，未畢陳，有司復曰：「請迨其未畢陳而擊之。」宋公曰：「不可。吾聞之也，『君子不鼓不成列』。」軍法：以鼓戰，以金止。「不鼓」，不戰。「不成列」，未成陳也。君子不戰未成陳之師。○畢陳，直覲反，〔二〕下及注同。已陳，然後襄公鼓之。宋師大敗。故君子大其不鼓不成列，臨大事而不忘大禮。有君而無臣。言「朔」亦所以起有君而無臣，惜其有王德而無王佐也。若襄公所行，帝王之兵也。有帝王之君，宜有帝王之臣，有帝王之臣，宜有帝王之民，未能醇粹而守其禮，所以敗也。○王德，于況反，又如字，下「王佐」同。醇粹，音純，下雖遂反。以為雖文王之戰，亦不過此也！有似文王伐崇。陸戰當舉地，舉水者，大其不以水厄人也。

二十有三年，春，齊侯伐宋，圍緡。邑不言「圍」，此其言「圍」何？疾重故也。「疾」，痛也。「重故」，喻若重故創矣。襄公欲行霸，守正履信，屬為楚所敗，諸夏之君宜雜然助之，反因其困而伐之，痛與重故創無異，故言「圍」以惡其不仁也。○緡，亡巾反。重故，直用反，又直龍反，注同。故創，初良反，下同。屬，音燭。雜，七合反。又如字。惡，烏路反。

夏，五月，庚寅，宋公慈父卒。何以不書「葬」？盈乎諱也。「盈」，滿也，相接足之辭也。襄公本以背殯不書其父「葬」，至襄公身書「葬」，則嫌霸業不成，所覆者薄，故復使身不書「葬」，明當以前諱除背殯，以後諱加微封。內娶不去日略之者，功覆之也。○慈父，左氏作「茲父」。復，扶又反。去，起呂反。

【疏】**注「襄公」至「背殯」** 解云：即九年「春，王三月，丁丑，宋公禦説卒」，傳云「何以不書葬？爲襄公諱也」，彼注云「襄公背殯出會宰周公，有不子之惡，後有征齊，憂中國，尊周室之心，功足以除惡，故諱，不書葬」是也。

注「以後諱加微封」 解云：謂以至功薄微，故加而爲之諱而封之。其「封」字亦有下句讀之，非也。

注「內娶」至「覆之也」 解云：即下二十五年夏，「宋殺其大夫」，傳云「何以不名？宋三世無大夫，三世內娶也」，彼注云「三世謂慈父、王臣、處臼也」。內娶而責其去日者，正以文七年「夏，四月，宋公王臣卒」，注云「不日者，內娶略」；文十六年冬，十一月，「宋人弒其君處臼」，彼注云「不日者，內娶略，賤之」。然則，三世內娶，二人皆略，此獨書日者，明是覆之。

秋，楚人伐陳。

冬，十有一月，杞子卒。「卒」者，桓公存王者後，功尤美，故爲表異「卒」録之。始見稱「伯」，卒獨稱「子」者，微弱，爲徐、莒所脅，不能死位。「春秋伯、子、男，一也，辭無所貶」。貶稱「子」者，春秋黜杞不明，故以其一等貶之，明本非「伯」，乃「公」也。又因以見聖人子孫有誅無絶，故貶不失爵也。不名，不日，不書「葬」者，從小國例也。○始見，賢徧反。

【疏】注「桓公存」至「録之」　解云：正以所傳聞之世，〔二〕小國之卒未合書見，故解之。

注「始見稱伯」　解云：即莊二十七年冬，「杞伯來朝」是也。

注「爲徐莒所脅」　解云：即十四年傳云「曷爲城杞？滅也。孰滅之？蓋徐、莒脅之」是也。

注「貶稱」至「不明」　解云：正以春秋之前，周王舊有黜陟之法，隱元年儀父稱字，上十七年春英氏稱氏之類。今杞公之爵雖爲伯，仍恐春秋之前周王黜之，非爲新周，故曰「不明」。

注「故以其一等貶之」　解云：謂伯之與子，春秋合以爲一而已。杞君從「伯」至「子」，乃是同事之內，故云「一等」。

注「明本非伯乃公也」　解云：正以一等貶之，明是王者之後，本非伯爾。莊二十七年「杞伯來朝」之時，所以不稱「侯」，正欲此處以一等貶之，故彼不稱「侯」也。「聖人子孫有誅無絶」者，〔三〕若其有過，但當深責，不合絶去其爵，是以雖微弱見貶，仍但從「伯」至「子」，不失其爵矣。

注「不名不日」至「例也」　解云：謂所傳聞之世，尤小國如此。若其曹、許之屬，仍自書名書葬，即上四年「許男新臣卒」，秋「葬許繆公」，彼注云「得卒葬於所傳聞世者，許大小次曹，故卒少在曹後」也。

二十有四年，春，王正月。

夏，狄伐鄭。

秋，七月。

冬，天王出居于鄭。王者無外，此其言「出」何？據「王子瑕奔晉」，不言「出」。

【疏】「王者無外」 解云：桓八年傳云，「女在其國稱女，此其稱王后何？王者無外，其辭成矣」是也。

注「據王」至「言出」者 解云：即襄三十年，「王子瑕奔晉」是也。

不能乎母也。不能事母。罪莫大於不孝，故絶之言「出」也。下無廢上之義，得絶之者，明母得廢之，臣下得從母命。

【疏】注「明母」至「母命」 解云：正以襄王之母於今仍在，亦非繼母，與左氏異也。鄭氏發墨守云「聖人制法，必因其事，非虛加之。〔四〕孟子曰『夫人自侮，〔五〕而後人侮之；家必自毀，而後人毀之；國必自伐，而後人伐之』，今襄王實不能孝道，稱惠后之心，令其寵專於子，〔六〕失教而亂作，出居于鄭，自絶于周，故孔子因其自絶而書之，公羊以母得廢之，則左氏已死矣」是也。襄王正是惠后所生，非繼母。又云「失教而亂作，自絶於周」，從左氏。鄭氏雜用三家，不苟從一。

魯子曰：「是王也，不能乎母者，其諸此之謂與？」猶曰「是王也，無絶義，不能事母而見絶外者，其諸謂此灼然異居，不復供養者與」？主書者，録王者所居也。○與，音餘。復，扶又反。供養，九用反，下餘亮反。

【疏】注「灼然異」至「居也」　解云：公羊以爲此天王出居于鄭，不事其母，而自出居于鄭，春秋惡其所爲，是以書「出」以絶之。實非出奔，故云「灼然異居不復供養者與」。〔七〕

晉侯夷吾卒。篡，故不書「葬」，明當絶也。不日月者，失衆身死，子見篡逐，故略之，猶薛伯定也。

【疏】注「篡故不書明當絶也」　解云：正以惠公無「立」、「入」之文，於例去「葬」以絶之。

注「不日月」至「略之」　解云：大國之「卒」，例書日月，上十七年「冬，十有二月，乙亥，齊侯小白卒」之類是也。

注「猶薛伯定也」　解云：即定十二年「春，薛伯定卒」，彼注云「不日月者，子無道，當廢之，而以爲後，未至三年，失衆見弑，危社稷、宗廟，禍端在定，故略之」。然則，惠公之子亦是不肖，而以爲後，未期之間，文公奪之，是以不書日月。

二十有五年，春，王正月，丙午，衛侯燬滅邢。衛侯燬何以名？據「楚子滅蕭」不名。絶。曷爲絶之？據俱滅人。滅同姓也。絶先祖支體，尤重，故名，甚之也。日者，爲魯憂内録之。○爲魯，于僞反，下同。

○燬，況委反。

【疏】「滅同姓也」　解云：曲禮下篇云「滅同姓，名」是也。以此言之，則知公羊、何氏以爲齊人滅萊、楚滅隗、晉滅下陽之屬，皆非同姓，是以不名耳。

注「日者」至「録之」　解云：凡滅例月，即莊十年「冬，十月，齊師滅譚」之屬是，而此書日也。

夏，四月，癸酉，衛侯燬卒。

宋蕩伯姬來逆婦。「宋蕩伯姬」者何？蕩氏之母也。「蕩氏」，宋世大夫。

【疏】「宋蕩伯姬者何」 解云：欲言「婦人」，而來逆婦，欲言大夫，而言「伯姬」，故執不知問。

注「蕩氏宋世大夫」 解云：正以稱蕩氏，若崔氏、尹氏之屬，文同也。

其言「來逆婦」何？據莒慶言「逆叔姬」。連「來」者，嫌內女，爲殺直來也。

【疏】注「連來者」 解云：弟子本意據莒慶逆叔姬難此逆婦之文，宜云「其言逆婦何」？而連「來」言之者，正以伯姬是內女，嫌經言「來逆婦」，爲殺直來之恥，非實逆婦，是以連「來」問之。似若上五年「杞伯姬來朝其子」，傳云「其言『來朝其子』何」？彼注云「連來者」，「問爲直來乎？爲下朝出」之類。其「直來」者，即莊二十七年〔八〕「冬，杞伯姬來」，傳云「其言來何？直來曰來」，彼注云「直來，無事而來也」是也。

兄弟辭也。其稱「婦」何？有姑之辭也。宋、魯之間名結婚姻爲「兄弟」。稱「婦」者，見姑之辭，以「逆」實文，知不殺直來也。主書者，無出道也。○見，賢徧反。

【疏】「其稱婦何」 解云：隱二年傳云「在塗稱婦」。今此非在塗而稱「婦」，故難之。不注者，從省文可知也。〔九〕

注「宋魯」至「兄弟」　解云：蓋時猶然。公羊子，齊人，而取宋、魯間語者，正以蕩伯姬來逆婦，宋、魯之事，故使解之，亦何傷？

注「主書者無出道也」　解云：言伯姬無逆婦之道，是以書而譏之。

宋殺其大夫。何以不名？據「宋殺其大夫山」名。宋三世無大夫，三世内娶也。「三世」，謂慈父、王臣、處臼也。内娶大夫女也。言「無大夫」者，禮，不臣妻之父母，國内皆臣，無娶道，故絶去大夫名，正其義也。外小惡正之者，宋以内娶，故公族以弱，妃黨益彊，威權下流，政分三門，卒生篡弑，親親出奔。疾其末，故正其本。○去，起吕反。

【疏】注「三世」至「臼也」　解云：即上二十三年夏，「宋公慈父卒」，文七年夏，「宋公王臣卒」，文十六年冬，「宋人弑其君處臼」是也。

注「外小惡正之者」　所傳聞之世，外小惡不書故也。

注「威權下流」　解云：謂君之威權下流于臣，而臣下用之也。

秋，楚人圍陳。納頓子于頓。何以不言「遂」？據「楚子、鄭人侵陳，遂侵宋」。兩之也。微者不别遂，但别兩耳。〔一〇〕别之者，惡國家不重民命，一出兵爲兩事也。納頓子書者，前出奔當絶，還入爲盗國，當誅。書楚納之，與之同罪也。主書者，從楚納之。頓子出奔不書者，小國例也。不見挈者，故君不可見挈於臣。○惡，烏路反。

【疏】注「頓子」至「例也」　解云：正以春秋之例，小國出入不兩書，桓十五年夏，「許叔入于許」，注云「不書出時者，略小國」，〔一二〕是例也。

注「**不見挈者**」解云：「故君不可見挈於臣」者，案桓十一年「九月，宋人執鄭祭仲」，「突歸于鄭」，傳云，「突何以名？挈乎祭仲也」，彼注云「挈，猶提挈也。突當國，本當言鄭突，欲明祭仲從宋人命，提挈而納之，故上繫於祭仲。不繫國者，使與外納同也」。案莊九年「夏，公伐齊納糾」，傳曰「何以不稱公子」？彼注云「據下言子糾，知非當國，本當去國見挈，言公子糾」。此若作「挈」文，宜言「楚人納某甲于頓」，去其國爵，以見挈于楚矣，故君不可以見挈於臣。

葬衛文公。不月者，滅同姓故，奪臣子恩也。

【疏】注「**不月者**」至「**恩也**」解云：卒日葬月，大國之常。案桓十二年冬十一月，「丙戌，衛侯晉卒」，十三年「三月，葬衛宣公」之類是也。

冬，十有二月，癸亥，公會衛子、莒慶盟于洮。莒無大夫，書「莒慶」者，尊敬壻之義也。「洮」，內地。公與未踰年君、大夫盟，不別得意，雖在外猶不致也。○別，彼列反。

【疏】注「**書莒**」至「**之義也**」解云：即莊二十七年冬，「莒慶來逆叔姬」，傳云「大夫越竟逆女，非禮也」。

注「**公與未**」至「**致也**」解云：案莊六年注云「公與二國以上出會盟，得意致會，不得意不致」，謂與諸侯會時然也。今此衛子、莒慶皆是卑者，得意不得意亦可知，故言「不別得意」耳。今洮是內地，但不合「致」，〔一三〕假令在外，亦不「致」之，何者？正以其與卑者會盟，得意不假别之。如定十二年冬，「公至自圍成」，成是孟氏之邑而書致，彼注云「天子不親征下土，諸侯不親征叛邑。公親圍成，不能服，不能以一國爲家，甚危，若從他國來，故危録之」是也。

二十有六年，春，王正月，己未，公會莒子、衛甯遬盟于向。○遬，音速。向，舒亮反。

齊人侵我西鄙。公追齊師至嶲，弗及。其言「至嶲弗及」何？據「公追戎于濟西」，不言所至，又不言「弗及」。○嶲，户圭反，又似兖反。侈也。「侈」，猶大也。大公能却彊齊之兵。「弗」者，「不」之深者也。言「大之」者，自爲追，唯臣子得褒之耳，不得與追戎同也。言「師」者，侈大公所追也。國内兵不書，而舉地者，善公齊師去則止，不遠勞百姓，過復取勝，得用兵之節，故詳録之。〔一三〕○侈，昌爾反，又昌者反，大也。卒，子忽反。自爲，于僞反，下「深爲」同。

【疏】注「不直言」至「詳録之」　解云：案莊十八年，「公追戎于濟西」，傳云「此未有言伐者，其言『追』何？大其爲中國追也。此未有伐中國者，則其言『爲中國追』何？大其未至而豫禦之也。其言『于濟西』何？大之也」，彼注云「大公除害，恩及濟西也。言『大』者，當有公賞也」。〔一四〕然則，彼爲諸侯追，於王法當有功賞，故得云「大」。此則自爲己追，但臣子得褒之，故傳不言「大」以見義。云「言師者侈大公所追也」者，正以上言「齊人侵我西鄙」，下言「公追齊師」，與上文異故也。

夏，齊人伐我北鄙。

衛人伐齊。

公子遂如楚乞師。「乞」者何？〔一五〕卑辭也。曷爲以外内同若辭？據春秋尊魯。

【疏】「乞者」至「若辭」　解云：案成十六年夏，「晉侯使欒黶來乞師」，十七年秋，「晉侯使荀罃來乞師」，外亦言「乞師」也。

重師也。外内皆同卑其辭者，深爲與人者重之。曷爲重師？據泓之戰不重師。

【疏】注「據泓之戰不重師」　解云：上二十二年「十有一月，己巳，朔，宋公及楚人戰于泓，宋師敗績」，傳云「宋公與楚人期，戰于泓之陽。楚人濟泓而來。有司復曰『請迨其未畢濟而擊之』。宋公曰『不可。吾聞之也，君子不厄人。吾雖喪國之餘，寡人不忍行也』。既濟，未畢陳，有司復曰『請迨其未畢陳而擊之』。宋公曰『不可。吾聞之也，君子不鼓不成列』。已陳，然後襄公鼓之。宋師大敗。故君子大其不鼓不成列，臨大事而不忘大禮。有君而無臣，以爲雖文王之戰，亦不過此也」！然則，宋公守古敗師，而春秋善之也，是其「不重」之文。

師出不正反，戰不正勝也。「不正」者，不正自謂出當復反，戰當必勝。兵，凶器，戰，危事，不得已而用之爾。乃以假人，故重而不暇別外內也。稱「師」者，正所乞名也。乞師例時。○當復，扶又反，下同。別外，彼列反，下同。

【疏】注「戰當必勝」〔一六〕解云：以義言之，此句亦宜云「戰不正勝者，不正自謂戰當必勝」，但何氏省文，不復備言。

注「乞師例時」解云：正以據文承「夏」下，又成十三年「春，晉侯使郤錡來乞師」之屬，皆書時故也。

秋，楚人滅隗，以隗子歸。不月者，略夷狄滅微國也。不言「獲」者，舉「滅」爲重。書「以歸」者，惡不死位。不名者，所傳聞世見治始起，責小國略，但絕不誅之。○隗，五罪反，二傳作夔。惡不，烏路反，下同。傳，直專反。見治，賢徧反，下直吏反。

【疏】注「不月者略夷狄」解云：正以莊十年「冬，十月，齊師滅譚」，十三年「夏，六月，齊人滅遂」之類〔一七〕皆書月故也。

注「不名者」至「不誅之」解云：案上二十三年「杞子卒」之下，注云「又因以見聖人子孫，有誅無絕，故貶不失爵也」。以此言之，似誅輕絕重。此注云「但絕不誅」，自相違者，凡誅有二種：一是誅責之誅，若「齒路馬有誅」，「於予與何誅」之類；一是誅絕之誅，似武王誅紂，誅君之子不立之類。然則上言「有誅無絕」，聖人子孫但當誅責而已，不合絕去。此言「但絕不誅」者，謂所傳聞之世，責小國略，今此不書其名，但欲絕去一身，不聽爲君，不合誅滅其國。哀七年，「八月，己酉，入邾婁，以邾婁子益來」，傳云「邾婁子益何以名？絕之」，〔一八〕又莊十年，「以蔡侯獻舞歸」，傳曰「蔡侯獻舞何以名？絕之」，以此二文言「絕之」，則似書名爲絕之。此注云

「不名」者，但絶而不誅，又以不名爲絶者，蓋以絶亦有二種：一是絶去其身，一是絶滅其國。蔡侯獻舞，大國之君不能死難，爲楚所獲。春秋之義，不與夷狄得志于諸夏，是以不得書獲，故名蔡侯，起其當合絶滅矣。郲婁止當所見之世爲魯所獲，春秋之義，内獲人皆諱不書，故名郲婁子，以起不死難，當絶滅矣。今此隗子既是微國，復當傳聞之世，若其書名，恐如二君，亦合絶滅，故不名，見責之略也，但合一身絶去而已。

冬，楚人伐宋，圍緡。邑不言「圍」，此其言「圍」何？刺道用師也。

時以師與魯，未至，又道用之，於是惡其視百姓之命若草木，不仁之甚也。稱「人」者，楚未有大夫，未得稱「師」，〔一九〕楚自道用之，故從楚文。

【疏】「邑不」至「用師也」 解云：案隱五年，「宋人伐鄭，圍長葛」之下，傳云「邑不言圍，此其言圍何」？彼已注云「據伐於餘丘不言圍」。然則，彼已有注，故此不復解耳。

注「稱人」至「從楚文」〔二〇〕 解云：以文九年「冬，楚子使椒來聘」，彼傳云「椒者何？楚大夫也。楚無大夫，此何以書？始有大夫也。始有大夫則何以不氏？許夷狄者不一而足也」。然則，文九年始有大夫，則知今時未有。然上四年夏，「楚屈完來盟于師」，下二十八年夏，「楚殺其大夫得臣」，在椒來聘之前而有大夫者，屈完之下傳云「屈完者何？楚大夫也。何以不稱使？尊屈完也。曷爲尊屈完？以當桓公也」。注云「增倍，使若得其君以醇霸德、成王事也」。然則，欲尊屈完使當桓公，以醇霸德，非常事。子玉之下注云「楚無大夫，其言大夫者，〔二一〕欲起上楚人本當言子玉得臣，所以詳録霸事」。

注「楚自道」至「楚文」 解云：欲道下文「公以楚師」得稱「楚師」，而此不得者，以楚自道用之，故從楚文也。

公以楚師伐齊，取穀。言「以」者，行公意，别魯兵也。稱「師」者，順上文。

【疏】注「言以者行公意」解云：桓十四年，冬，「宋人以齊人、衛人、蔡人、陳人伐鄭」，傳云「以者何？行其意也」，彼注云「以已從人曰『行』，言四國行宋意也」。

公至自伐齊。此已取穀矣，何以致「伐」？據「伐邾婁取叢」不致。未得乎取穀也。未可謂得意於取穀。曷爲未得乎取穀？據俱取邑。曰，患之起，必自此始也。魯内虚而外乞師，以犯彊齊，會齊侯昭卒，晉文行霸，幸而得免。孔子曰「人之生也直，罔之生也幸而免」。故雖得意，猶致「伐」也。

【疏】注「魯内虚而外乞師」解云：言「内虚」者，謂自無師。

「會齊侯昭卒」解云：即下二十七年「齊侯昭卒」是也。

注「晉文行霸」解云：即二十八年「侵曹」、「伐衛」、敗楚師于城濮、「盟于踐土」是也。

注「故雖」至「伐也」解云：莊六年注云「公與一國及獨出用兵，得意不致，不得意致伐」，然則，此文「公以楚師伐齊取穀」是得意，宜合不「致」，今「致」伐，作不得意之文，故解之。〔二二〕

二十有七年，〔二三〕春，杞子來朝。貶稱「子」者，起其無禮，不備，故魯入之。

【疏】注「貶稱子」至「入之」解云：杞本公爵，但春秋欲新周故宋而黜之稱「伯」，即莊二十七年冬，「杞伯來朝」

是也。至二十三年，經書「杞子卒」者，但以微弱，爲徐、莒所脅，不能死位，故以其一等貶之，見聖人子孫有誅無絶而已。至於此經，復稱「子」者，起其無禮，故左氏皆有「魯入」之文也。

夏，六月，庚寅，齊侯昭卒。

秋，八月，乙未，葬齊孝公。

乙巳，公子遂帥師入杞。日者，杞屬脩禮朝魯，雖無禮，君子「躬自厚而薄責於人」，不當乃入之，故録責之。○屬，音燭。

冬，楚人、陳侯、蔡侯、鄭伯、許男圍宋。此楚子也，其稱「人」何？據序諸侯之上。貶。曷爲貶？據圍鄭不貶。爲執宋公貶，故終僖之篇貶也。古者，諸侯有難，王者若方伯和平之，後相犯，復故罪。楚前執宋公，僖公與共議釋之。今復圍犯宋，故貶，因以見義。「終僖之篇貶」者，言君子和平人，當終身保也。○爲，于僞反。難，乃旦反。今復，扶又反。見，賢徧反。

【疏】注「楚前執宋公」 解云：即二十一年秋，「執宋公以伐宋」，十二月，「公會諸侯盟于薄，釋宋公」，傳云「執未有言『釋』之者，此其言釋之何」？〔二四〕「公與議爾也」，彼注云「善僖公能與楚議，釋賢者之戹」。

十有二月，甲戌，公會諸侯盟于宋。地以「宋」者，起公解宋圍爲此盟也。宋得與盟，則宋解可知也，而公釋之見矣。○與，音預。

二十有八年，春，晉侯侵曹。晉侯伐衛。曷爲再言「晉侯」？據「楚人圍陳，納頓子于頓」，亦兩事，不再出「楚人」。

【疏】注「據楚」至「出楚人」　解云：在上二十五年秋也。

非兩之也。然則何以不言「遂」？據「侵蔡遂伐楚」言「遂」。

【疏】「非兩之也」　解云：上二十五年頓子之下，傳云「何以不言『遂』？兩之也」，注云「微者不別遂，但別兩稱耳。別之者，惡國家不重民命，一出兵爲兩事也」。以此言之，初發國即有兩伐之意。

注「據侵蔡伐楚言遂」　解云：即上四年「春，王正月，公會齊侯」以下「侵蔡，蔡潰，遂伐楚」是也。

未侵曹也。未侵曹則其言「侵曹」何？致其意也。其意侵曹，則曷爲伐衛？晉侯將侵曹，假塗于衛，衛曰「不可得」，則固將伐之也。曹有罪，晉文行霸征之，(二五)衛壅遏，不得使義兵以時進，(二六)故著言「侵曹」，以致其意。所以通賢者之心，不使壅塞也。宋襄公伐齊月，此不月者，晉文公功信未著，且當脩文德，未當深求於諸侯，故不美也。○衛雍，於勇反，下同，又作壅，同。遏，於葛反。

【疏】「衛曰不」至「伐之也」解云：言衛不可得塗，則固將先伐之，其意猶自欲得侵曹矣。

注「曹有」至「征之」解云：言征之者，謂伐而正之，上討下之辭，如上十八年傳云「與襄公之征齊也」。

公子買戍衛，不卒戍，刺之。「不卒戍」者何？「不卒戍」者，內辭也，不可使往也。即往，當言「戍衛不卒」。

【疏】「不卒戍者何」解云：欲言實戍，乃有「不卒戍」之文；欲言不戍，而經書「戍衛」，故執不知問。

不可使往，則其言「戍衛」何？據言「戍衛」行文。遂公意也。使臣子不可使，恥深，故諱使若往，不卒竟事者，明臣不得壅塞君命。刺之者何？殺之也。殺之則曷爲謂之「刺之」？內諱殺大夫，謂之「刺之」也。有罪無罪皆不得專殺，故諱殺言「刺之」。不言「刺公子買」，但言「不卒戍刺之」者，起爲上事刺之也。內殺大夫例，有罪不日，無罪日。外殺大夫皆時。○起爲，于僞反，下「爲下」、「卒爲晉」、「深爲」、「不爲」同。

【疏】「刺之者何」解云：欲言不殺，文言「刺之」；欲言實殺，文不言「殺」，故執不知問。

注「有罪」至「刺之也」解云：孟子言大夫者，天子命之，輔助其政，諸侯不得專殺大夫也。然則，孟子之文論有罪，故此何氏云「有罪無罪，皆不得專殺」也。

注「內殺大」至「無罪日」解云：其「有罪不日」，即此文是。而不月者，與上同月故也。「無罪日」者，成十六年冬十二月，「乙酉，刺公子偃」是也。

注「**外殺大夫皆時**」解云：即上七年夏，「鄭殺其大夫申侯」，下三十年「秋，衛殺其大夫元咺」之類是也。

楚人救衛。

三月，丙午，晉侯入曹，執曹伯，畀宋人。「畀」者何？與也。其言「畀宋人」何？據下執衛侯，言「歸之于京師」。○畀宋，必二反，與也，下同。

【疏】「**畀者何**」解云：欲言是與，文不言「歸」；欲言非與，「畀」者與義，故執不知問。

注「**據下**」至「**京師**」解云：即下經云，冬，「晉人執衛侯，歸之于京師」是也。然則，彼言「歸于京師」，此言以「畀宋人」，故難之。

與使聽之也。與使聽其獄也。時天王居于鄭，晉文欲討楚師。以宋王者之後，法度所存，故因假使治之。宋稱「人」者，明聽訟必師斷，與其師衆共之。○斷，丁亂反，下「當斷」同。曹伯之罪何？甚惡也。其甚惡奈何？不可以一罪言也。曹伯數侵伐諸侯，以自廣大。傳曰「晉侯執曹伯，班其所取侵地于諸侯」是也。齊桓既没，諸侯背叛無道者非一，晉與曹同姓，恩惠當先施，刑罰當後加，起而征之，嫌其失義，故著其甚惡者可知也。以兵得不言「獲」者，晉文伯討不坐「獲」者，故亦不責曹不死。義兵日者，喜義兵得時入。○數，所角反，下「數道」同。

【疏】注「傳曰晉侯」至「是也」解云：即下三十一年「春，取濟西田」之下，傳云「惡乎取之？取之曹也」。「此未有伐曹者，則其言取之曹何？晉侯執曹伯，班其所取侵地于諸侯」是也。

注「恩惠當先施」解云：即堯典云「九族既睦，平章百姓」是也。

注「刑罰當後加」解云：即小司寇議親、議賢之辟是也。

注「故著其甚惡」解云：即「執」而言「畀宋人」，使治其罪是也。

注「晉文伯討」解云：即稱「侯」以執是也。

注「不坐獲者」解云：謂諸侯言「獲」者，皆是惡其擅獲，是以上十五年「獲晉侯」之下，傳云「君獲，不言師敗績也」，注云「舉君獲爲重也。釋不書者，以獲君爲惡。書者，以惡見獲，與獲人君者皆當絶也。主書者，從獲人例」，是其坐獲之文。今晉侯伯討，故不坐獲。

夏，四月，己巳，晉侯、齊師、宋師、秦師及楚人戰于城濮。楚師敗績。此大戰也，曷爲使微者？據秦稱「師」録功，知大戰必不使微者。楚雖無大夫，齊桓行霸，書「屈完」也。○濮，音卜。

【疏】注「據秦稱師」解云：案文十二年秋，「秦伯使遂來聘」，傳云「秦無大夫，此何以書？賢繆公也」。然則，至文十二年秦始有大夫，則知此時未合稱「師」，今乃稱「師」録功，故知大戰。既是大戰，則明知必不應使微者。云「楚雖無大夫」者，文九年「冬，楚子使椒來聘」，傳云「楚無大夫，此何以書？始有大夫也」。以此言之，則知此時未有大夫，故曰「楚雖無大夫」矣。云「齊桓行霸，書屈完也」者，即上四年夏，「楚屈完來盟于師」，傳云「屈完者何？楚大夫也。何以不稱使？尊屈完也。曷爲尊屈完？以當桓公也」，注云「增倍，使若得其君，以醇霸

德，成王事」是也。〔二七〕

子玉得臣也。以上「敗績」，下「殺得臣」。

【疏】「子玉得臣也」解云：傳及注意，似子玉爲得臣之氏。

子玉得臣則其稱「人」何？據屈完當桓公稱名氏。貶。曷爲貶？據邲之戰，林父不貶。○邲，皮必反。大夫不敵君也。臣無敵君戰之義，故絶正也。秦稱「師」者，助霸者征伐，克勝有功，故褒進之。齊桓先朝天子，晉文先討夷狄者，晉文之時，楚與爭彊，所遭遇異。

【疏】注「齊桓先朝天子」解云：正以莊十三年冬柯之盟，桓公之信著于天下，豈不朝天子而得然乎？但以外朝不書，是以無經可指耳，但何氏以理知之，故言「先朝天子」。言「先」者，欲道至僖四年乃始服楚之意。云「所遭遇異」者，謂齊桓初霸之時，楚未强大，雖侵諸夏，未能爲伯者之害，是以桓公養成其晦，至僖四年乃往討而服之。至晉文之時，楚人孔熾，圍宋救衛，與之爭盛，是以未暇朝王，先討子玉矣。時事不同，故云「所遭遇異」矣。

楚殺其大夫得臣。楚無大夫，其言「大夫」者，欲起上「楚人」，本當言「子玉得臣」。所以詳録霸事。不氏者，子玉得臣，楚之驕蹇臣，數道其君侵中國，故貶，明當與君俱治也。〔二八〕○道，音導。

衛侯出奔楚。晉文逐之。不書逐之者，以王事逐之，擇立其次，無絶衛之心，惡不如出奔重。

【疏】注「擇立」至「奔重」〔二九〕 解云：立叔武是也。叔武，衛侯之弟，故曰「其次」耳。「惡不如出奔重」者，言文公逐人之惡，少於衛侯出奔之罪。

五月，癸丑，公會晉侯、齊侯、宋公、蔡侯、鄭伯、衛子、莒子盟于踐土。陳侯如會。其言「如會」何？據曹伯襄言「會諸侯」。

【疏】注「據曹伯襄」 解云：即下文「曹伯襄復歸于曹，遂會諸侯圍許」是也。

後會也。說與「會伐宋」同。剌陳侯不慕霸者，〔三〇〕反歧意于楚，失信後會。會不致者，安信與晉文也。「盟」日者，譎也。衛稱「子」者，起叔武本無即位之意。陳歧意于楚在二十七年。○譎，古穴反。

【疏】注「盟日者譎也」 解云：正以春秋之例，不信者日，今而書日，故解之。而言「譎」者，正以孔子謂之「譎而不正」，故取其文。

注「衛稱子」至「之意」 解云：衛侯爲王伯所逐，而立叔武，叔武即是成君，何不稱侯，而作未踰年之君號？欲起其本無即位之心故也。無即位之心者，即下云「文公逐衛侯而立叔武，叔武辭立，而他人立，則恐衛侯之不得反也，故於是己立，然後爲踐土之會，治反衛侯」是也。

公朝于王所。曷爲不言「公如京師」？據「三月公如京師」。天子在是也。天子在是，則曷爲不言「天子在是」？據「狩于河陽」。不與致天子也。時晉文公年老，恐霸功不成，故上白天子曰「諸侯不可卒致，願王居踐土」，下謂諸侯曰「天子在是，不可不朝」，迫使正君臣，明王法，雖非正，起時可與，故書「朝」，因正其義。不書諸侯朝者，外小惡不書，獨録内也。不書「如」，不言「天王」者，從外，正君臣，所以見文公之功。○卒，七忽反，下「倉卒」同。見，賢徧反，下「不見」、「當見」、「見其」同。

【疏】**注「時晉」至「録内也」** 解云：皆春秋説文及史記文。檀弓下篇云「晉獻公之喪，秦穆公使人弔公子重耳，且曰『喪亦不可久也，時亦不可失也，孺子其圖之』」，鄭玄注云「孺，稚也」，孺子猶稚子，則於僖九年獻公卒時，仍謂之稚子。今得稱云「年老」者，正以禮記非正典，何氏不醇取之。云「明王法雖非正起時可與」者，言明王之法，雖以爲非正，欲見當時事勢不得不然，是故遂書其「朝」。云「公朝于王所」，言「因正其義」者，欲道臣無召君之義，故不言王之所在。云「不書」至「不書者」，〔三一〕正以諸侯朝王不在京師，亦是其惡，但非大惡，當所傳聞之世，見在不録之限，是以特書「公朝」。故隱元年「公子益師卒」之下，何氏云「於所傳聞世，見治起於衰亂之中，用心尚粗觕，故内其國而外諸夏，先詳内而後治外」，「内小惡書，外小惡不書」是也。

注「不書如不言」至「之功」 解云：春秋之例，内朝言「如」，外來言「朝」。今此魯侯不言「如」，反言「朝」，故云「從外，正君臣，所以見文公之功也」。不言「天王所以得正君臣，見文公之功」者，以隱元年「秋，七月，天王使宰咺來歸惠公、仲子之賵」下，何氏云「天王者，〔三二〕時吴、楚上僭稱王，王者不能正，而上自繫于天也。春秋不正者，因以廣是非」。然則，稱王爲正稱，加天則非禮。〔三三〕今此經書不言天王者，亦是正君臣，以見文公之功也。

六月，衛侯鄭自楚復歸于衛。言「復歸」者，天子有命歸之。名者，刺天子歸有罪也。言「自楚」者，爲天子諱也。〔三四〕天子所以陵遲者，爲善不賞，爲惡不誅。衛侯出奔當絶，叔武讓國，不當復廢，而反衛侯，令殺叔武，故使若從楚歸者。「復歸」例皆時，此月者，爲下卒出也。○當復，扶又反。令，力呈反，下「令自」同。

【疏】注「言復歸」至「歸之」　解云：春秋説文，〔三五〕是以傳云「然後爲踐土之會，治反衛侯」。何氏云「叔武訟治於晉文公，令白王者，反衛侯使還國也」。天子有命歸而言「復歸」者，正以衛侯出惡，歸無惡故也。何者？正以衛侯初出之時，晉文以王事逐之，是其出惡，及其歸國，得天子之命，是其歸無惡矣。桓十五年傳曰「復歸者，出惡歸無惡」是也。

注「名者」至「罪也」　解云：諸侯不生名，若其生名，皆欲絶之，不以爲諸侯。是以莊十年「蔡侯獻舞」之下，傳云「蔡侯獻舞何以名？絶」也。今此衛侯王事不供，而爲伯者所逐，故當合絶，但天子歸之，失誅臣之義，是以書名，刺天子也。

注「自楚者爲天子之諱也」〔三六〕　解云：正以「自」者，有力之文，故言「自楚」，得爲天子諱者，若似自得楚力而歸然。云「復歸」至「出也」者，案桓十七年秋，「蔡季自陳歸于蔡」，下三十年秋，「衛侯鄭歸于衛」之屬，是歸書時也。其復歸書時者，即下冬「衛元咺自晉復歸于衛」之類，是例合時而此月，故知爲他事出也。

衛元咺出奔晉。○咺，況元反。

陳侯款卒。不書「葬」者，爲晉文諱，行霸不務教人以孝。陳有大喪而彊會其孤，故深爲恥之。宋襄亦背殯，獨不爲齊桓諱者，時宋襄自會之。「卒」不日者，賤其歧意于楚。

【疏】注「卒不日者」　解云：以大國之「卒」例書日，已説于上。

秋，杞伯姬來。

公子遂如齊。

冬，公會晉侯、齊侯、宋公、蔡侯、鄭伯、陳子、莒子、邾婁子、秦人于温。

天王狩于河陽。「狩」不書，此何以書？據常事也。不與再致天子也。一失禮尚愈，再失禮重，故深正其義，使若天子自狩，非致也。魯子曰：「温近而踐土遠也。」此魯子一説也。温近狩地，故可言「狩」。踐土遠狩地，故不言「狩」也。公以再朝而日言之，上説是。

【疏】「温近而踐土遠也」　解云：「近」，讀如附近之近；「遠」，爲遠外之遠。

注「公以」至「上説是」　解云：正以上朝不日，而下朝始日，危録内再失禮，則知此書「狩」者，不與再致天子也。故言「上説是」。

壬申，公朝于王所。其日何？據上「朝」不日。録乎内也。危録内再失禮，將爲有義者所惡。不月而日者，自是諸侯不繫天子，若日不繫於月。○惡，烏路反，下「惡衛」同。晉人執衛侯，歸之于京師。「歸之于」者何？「歸于」者何？「歸之于」者，罪已定矣；「歸于」者，罪未定也。罪未定，則何以得爲伯討？〔三七〕此難成公十五年，〔三八〕「晉侯執曹伯，歸于京師」。○難，乃旦反，下「方難」同。

【疏】「歸之于者何」　解云：欲言伯執，晉不稱「侯」；欲言非伯，而云「歸之于京師」，似得伯執之義，故執不知問。

「歸之于」者，執之于天子之側者也，罪定不定已可知矣。「歸之」者，決絶之辭。〔三九〕執于天子之側，已白天子，罪定不定自在天子，故言「已可知」。「歸于」者，非執之于天子之側者也，罪定不定未可知也。未得白天子。分别之者，但欲明諸侯尊貴，不得自相治，當斷之于天子爾。大惡雖未可知，執有罪，當爲伯討矣。無罪而執人，當貶稱「人」。○别，彼列反。衛侯之罪何？殺叔武也。何以不書？據殺大夫書。爲叔武諱也。春秋爲賢者諱。何賢乎叔武？據失兄意。○爲叔，于僞反，下「爲賢」、「爲叔武」及注「而爲」、「深爲」皆同。讓國也。其讓國奈何？文公逐衛侯而立叔武。

叔武辭立而他人立，則恐衛侯之不得反也。故於是己立，〔四〇〕故上稱「子」。然後爲踐土之會，治反衛侯。叔武訟治於晉文公，令白王者反衛侯，使還國也。叔武讓國見殺，而爲叔武諱殺者，明叔武治反衛侯，欲兄饗國，故爲去殺己之罪，所以起其功，而重衛侯之無道。○爲去，起呂反。衛侯得反，曰：「叔武篡我。」元咺爭之曰：「叔武無罪。」終殺叔武。元咺走而出。此晉侯也，其稱「人」何？此以伯討而何貶者。言「歸之于」，伯討明，知坐他事，故更問之。○篡，初患反。

【疏】注「此以伯討而何貶者」解云：上四年，「齊人執陳袁濤塗」之下，傳云「此執有罪，何以不得爲伯討」？然則，此傳宜云「此執有罪，何以不稱侯」？而云「此晉侯也，其稱人何」？問其貶者，正以言「歸之于」者，罪定已可知，即是伯討明矣。知稱人更有所爲，故問其稱人之義。

貶。曷爲貶？據他罪不見。衛之禍，文公爲之也。文公爲之奈何？文公逐衛侯而立叔武，使人兄弟相疑，春秋「許人臣者必使臣，許人子者必使子」。文公惡衛侯大深，愛叔武大甚，故使兄弟相疑。○大深，音泰，下同。放乎殺母弟者，文公爲之也。文公本逐之，非，故致此禍也。逐之文不見，故貶。主書者，以起文公逐之。○放乎，甫往反。

【疏】注「文公本逐之非」解云：上注文公以王事逐之，而言「非」者，雖王事不供，罪不至逐，而文公逐之，疾惡大甚，故以爲非也。案論語云「人而不仁，疾之已甚，亂也」。

注「**以起文公逐之**」解云：其主書者，即文公執衛侯之事是也。今執衛侯，貶文公稱「人」，見其失所，是故貶以起文公逐之。

衛元咺自晉復歸于衛。「自」者何？有力焉者也。「有力焉」者，有力于晉也。言恃晉有屬己力以歸。方難下意，故於是發問。○屬，音燭。

【疏】「**自者何**」解云：文公賢伯，而有力於惡人，似非其義，故執不知問。

此執其君，其言「自」何？上元咺出奔晉，而文公執衛侯，知以元咺訴執之，怪訴其君而助之。爲叔武爭也。解文公助之意，以元咺爲叔武爭訴，以爲忠於己而助之。雖然，臣無訴君之義，復於衛非也，悖君臣之義，故著言「自」，明不當有力於惡人也。言「復歸」者，深爲霸者恥之，使若無罪。○爭，爭鬬之爭，下注同。悖，必內反。

諸侯遂圍許。

曹伯襄復歸于曹。

遂會諸侯圍許。曹伯言「復歸」者，〔四一〕天子歸之也。名者，與衛侯鄭同義。執歸不書，書者，名惡當見。本無事，不當言「遂」，又不更舉「曹伯」者，見其能悔過，即時從霸者征伐也。霸兵不月者，刺文公不偃武脩文以附疏，倉卒欲服許，卒不能降，威信自是衰，故不成其善。○降，户江反。

【疏】「曹伯襄復歸于曹」解云：天子歸之，以得天子之命，其罪可以除，故言「復歸」，作入無惡之文矣。上衛侯之下，注云「言『復歸』者，〔四二〕天子有命歸之」，不言「衛侯」，而此處著言「曹伯」者，正以文承「元咺復歸」之下，辨嫌也。

注「執歸」至「言遂」解云：正以上二十一年，宋公被執而歸，經不書之，故知「執歸」不書。今書者，其名之惡，當須見之。

注「又不更舉曹伯者」解云：謂何以不言「曹伯遂會諸侯圍許」，正以言「遂」，又不更舉曹伯，皆是風疾之義，故可以見悔過，即時從霸者征伐也。

注「欲服許」至「其善」解云：正以上文温之會，許男不至，是不慕霸者。而從于楚，故因而服之。云「卒不能降」者，正以二十九年春，經書「公至自圍許」，作不得意之文。莊六年「秋，公至自伐衛」之下，傳云「得意致會，不得意致伐」，今此不致會，知卒不能降也。

二十有九年，春，介葛盧來。「介葛盧」者何？夷狄之君也。何以不言「朝」？據「諸侯來曰『朝』」。○介葛，音戒，國名。

【疏】「介葛盧者何」解云：欲言諸侯，文不言「朝」；欲言大夫，文不書「聘」，故執不知問。

不能乎朝也。不能升降揖讓也。「介」者，國也；「葛盧」者，名也。進稱名者，能慕中國，朝賢君，明當扶勉以禮義。

【疏】注「進稱名者」 解云：正以下三十年秋，「介人浸蕭」不名，故知此稱名是其進。

公至自圍許。

夏，六月，公會王人、晉人、宋人、齊人、陳人、蔡人、秦人盟于狄泉。文公圍許不能服，自知威信不行，故復上假王人以會諸侯。年老志衰，不能自致，故諸侯亦使微者會之。月者，惡霸功之廢於是。○故復，扶又反，年末同。惡，烏路反。

【疏】注「月者」至「廢於是」 解云：正以月非大信之辭也。

秋，大雨雹。夫人專愛之所生。○雨，于付反。雹，步角反。

冬，介葛盧來。前公圍許不在，故更來朝。不稱字者，一年再朝，不中禮，故不復進也。○中，丁仲反。

三十年，春，王正月。

夏，狄侵齊。

秋，衛殺其大夫元咺，及公子瑕。衛侯未至，其稱國以殺何？據「歸」在下。道殺也。時已得天子命還國，於道路遇而殺之。坐之與至國同，故但稱國，不復別也。言「及公子瑕」者，下大夫，別尊卑。○復，扶又反。別尊，彼列反。

衛侯鄭歸于衛。此殺其大夫，其言「歸」何？據未至而有專殺之惡，與入惡同。

【疏】「其言歸何」　解云：正以「歸」者，是「出」、「入」無惡也。

注「與入惡同」　解云：正以「復入」者，「出」無惡，「入」有惡，今此衛侯未至而殺，故宜與入惡同，不合言「歸」，故難之。

歸惡乎元咺也。衛侯歸殺無惡，則元咺之惡明矣。曷爲歸惡乎元咺？據「師還」。

【疏】注「據師還」　解云：即莊八年「秋，師還」，傳云「還者何？善辭也。此滅同姓，何善爾」？「非師之罪也」，彼注云「明君之使，重在君」。然則，彼魯公遣師滅同姓，歸善于師，而歸惡于公，此衛侯即歸惡于元咺，與彼義違。

元咺之事君也，君出則已入，〔四三〕「晉人執衛侯歸之于京師」，「元咺自晉復歸于衛」，恃晉力以歸是也。

【疏】注「恃晉」至「是也」 解云：即彼傳云「自者何？有力焉者也」，注云「有力焉者，有力于晉也，言恃晉有屬己力以歸」是。

君入則已出，「衛侯鄭自楚復歸于衛」，「元咺出奔晉」是也。以爲不臣也。故不從犯伯執，爲天子所還，言「復歸」，從出入無惡言「歸」，以見元咺有出入罪，衛侯得殺之。所以專臣事君之義。名者，爲殺叔武，（四四）惡天子歸有罪也。執歸不書，主書者，名惡當見。○以見，賢徧反，下同。爲，于僞反。惡无，烏路反。（四五）

晉人、秦人圍鄭。

介人侵蕭。稱「人」者，侵中國，故退之。

【疏】注「稱人者」至「退之」 解云：正以上二十九年來朝稱名，今不名，故知此稱「人」者，退之也。

冬，天王使宰周公來聘。與葵丘會同義。

【疏】注「與葵丘會同義」 解云：葵丘之會，在上九年，「公會宰周公」以下「于葵丘」，彼注云「宰猶治也，三公之職號尊名也。以加『宰』，知其職大尊重，當與天子參聽萬機，而下爲諸侯所會，惡不勝任也」。此宰周公亦職大尊重，當與天子參聽萬機，而下聘諸侯，惡不勝任，故云「與葵丘同義」。

公子遂如京師，遂如晉。大夫無遂事，此其言「遂」何？公不得爲政爾。不從公政令也。時見使如京師，而横生事，矯君命聘晉，故疾其驕蹇自專，當絶之。不舉重者，「遂」當有本。○撟君，居表反，本又作矯。

【疏】「大夫無遂事」解云：正以臣無自專之道也。

三十有一年，春，取濟西田。惡乎取之？以不月，與取運異，知非内叛邑。○惡，音烏。

【疏】注「以不月」至「叛邑」解云：昭元年「三月，取運」，傳云「運者何？内之邑也。其言取之何？不聽也」，注云「不聽者，叛也。不言叛者，爲内諱，故書『取』以起之」。「月者，爲内喜得之」，故書月也。此不書月，與彼異，知非内之邑。是以傳云「惡乎取之」，猶言「何處取之」。

取之曹也。曷爲不言取之曹？據取叢言邾婁田也。諱取同姓之田也。同姓相貪利，惡差重，耻差深。○惡差，初賣反，下同。此未有伐曹者，則其言取之曹何？據伐同姓不諱。即有兵當舉「伐曹」，下日，若「甲戌取須朐」。

【疏】注「即有兵」至「須朐」解云：即文七年「春，公伐邾婁，三月，甲戌，取須朐」，傳云「取邑不日，此何以日？内辭也。使若他人然」，注云「使若公春伐邾婁而去，他人自以甲戌日取之」。

晉侯執曹伯，班其所取侵地于諸侯也。「班」者，布徧還之辭。〔四六〕○布徧，音遍，下文同。晉侯執曹伯，班其所取侵地于諸侯，則何諱乎取同姓之田？據晉還之，得爲伯。

【疏】注「據晉還之得爲伯」 解云：即上二十八年「三月，丙午，晉侯入曹，執曹伯，畀宋人」是也。何者？稱「侯」以執，〔四七〕伯討之文。然此傳云「晉侯執曹伯，班其所取侵地于諸侯」，正指上二十八年執曹伯以畀宋人之文。言「晉還之」者，謂執曹伯而還諸侯之田矣。

久也。魯本爲霸者所還，當時不取，久後有悔，更緣前語取之，不應復得，〔四八〕故當坐取邑。

公子遂如晉。

夏，四月，四卜郊不從，乃免牲，猶三望。曷爲或言「三卜」？或言「四卜」？三卜，禮也；四卜，非禮也。三卜何以禮？四卜何以非禮？據俱卜也。

【疏】「曷爲或言三卜」 解云：即襄七年「夏，四月，三卜郊不從，乃免牲」是也。

「三卜禮也」 解云：案曲禮上篇云「卜筮不過三」，是其舊典之遺存，鄭玄云「求吉不過三，魯四卜郊，春秋譏之」是也。三卜禮謂是魯禮。若天子之郊，則不卜，以其常事。但以魯郊非常，是以卜之。吉則爲之，凶則已之。

求吉之道三。三卜，吉凶必有相奇者，可以決疑，故求吉必三卜。○奇，居宜反。

【疏】「求吉之道三」　解云：周禮大卜掌三王之龜易，義亦通于此。然三卜是禮，理應不書，襄七年「三卜郊」何以書？正以魯人之郊博卜三正，襄七年乃在周之四月，以其不時，是以書也。

禘、嘗不卜，郊何以卜？禘比祫爲大，嘗比四時祭爲大，故據之。

【疏】「禘嘗不卜」　解云：即僖八年「秋，七月，禘于太廟」，桓十四年八月，「乙亥，嘗」之類，皆不見卜筮之文，故言此。

注「禘比祫爲大」（四九）　解云：禘之與祫，雖皆大祭，但禘及功臣，於祫則否，故以禘爲大，是以文二年「大事於大廟」之下，傳云「五年而再殷祭」，彼注云「謂三年祫，五年禘，禘所以異於祫者，功臣皆祭也。祫，猶合也。禘，猶禘也，審禘無所遺失」。（五〇）盤庚曰「茲予大享于先王，爾祖其從與享之」，義亦通于此也。

注「嘗比四時祭爲大」　解云：以此傳配禘，禘既大於祫，則知嘗大于四時，且嘗是秋成，萬物薦馨，故以爲盛也。

卜郊，非禮也。禮，天子不卜郊。

【疏】注「禮天」至「卜郊」　解云：欲道天子之郊，以其常事，故不須卜。魯郊非禮，是以卜之，異於禘嘗耳。

卜郊何以非禮？據上言「三卜禮」。

【疏】「卜郊何以非禮」 解云：弟子之意，以爲上言「三卜」是禮，何言「卜郊非禮」乎？答者以爲，由魯郊非正，故須卜，何妨天子之郊不卜乎？

魯郊，非禮也。以魯郊非禮，故卜爾。昔武王既没，成王幼少，周公居攝，行天子事，制禮作樂，致大平，有王功。周公薨，成王以王禮葬之，命魯使郊，以彰周公之德，非正，故卜。三卜，吉則用之，不吉則免牲。謂之「郊」者，天人相與交接之意也。不言「郊天」者，謙不敢斥尊。○少，詩照反。大平，音泰。王功，于況反。

【疏】注「謂之郊」至「意也」 解云：何氏以爲郊特牲云「於郊」，故謂之「郊」，禮記非正典，故不從之。

注「不言郊天者」至「尊者」 解云：欲道禘于大廟，于莊公于武宫之屬，〔五一〕皆斥尊言之。若然，「乙亥，嘗」，「己卯，烝」之屬，又不斥言者，以是時祭于大廟，小於禘故也。

魯郊何以非禮？據成公「乃不郊」，惡之。○惡之，烏路反，下皆同。天子祭天，郊者，所以祭天也。天子所祭，莫重於郊。居南郊者，〔五二〕就陽位也。稾席、〔五三〕玄酒，器用陶匏，大珪不琢，大羹不和，爲天至尊，物不可悉備，故推質以事之。○稾，古老反。匏，白交反。琢，大轉反。和，户卧反。爲天，于僞反，下「則爲」、「本爲」、「主爲」皆同。

【疏】注「居南郊」至「以事之」 解云：皆出禮記郊特牲。彼文云「郊之祭也」，「大報天而主日也。兆於南郊，就陽位也」。又云「莞簟之安，而蒲越稾鞂之尚」，「酒醴之美，玄酒明水之尚」，「器用陶匏，以象天地之性也」，「大圭不琢，美其質也」，「大羹不和，貴其質也」。鄭氏云「明水，司烜以陰鑑所取於月之水也。蒲越稾鞂，藉神席也」。而彼文又云「祭天，掃地而祭焉，於其質而已矣」，而云「稾鞂神席」者，正謂對不爲壇，故言「掃地」，不全無席。

諸侯祭土。「土」，謂社也。諸侯所祭，莫重於社。卿大夫祭五祀，士祭其先祖。

【疏】「諸侯祭土」解云：欲道魯郊爲非禮之意也。

天子有方望之事，「方望」，謂郊時所望祭四方羣神。日、月、星、辰、風伯、雨師、五嶽、四瀆，及餘山川，凡三十六所。

【疏】注「方望」至「三十六所」解云：舊説云「四方羣神，〔五四〕是爲四也；通日與月爲六，星是五星，爲十一也；辰是十二辰，爲二十三；風伯、雨師爲二十五；五嶽爲三十，四瀆爲三十四，餘小山川爲二，是爲三十六所」。

無所不通。盡八極之内，天之所覆，地之所載，無所不至，故得郊也。諸侯山川有不在其封内者，則不祭也。故魯郊非禮也。

【疏】注「故魯」至「禮也」解云：正以其所主狹，是以不得祭天地也。

曷爲或言「免牲」？或言「免牛」？免牲，禮也；魯卜郊不吉，免之。禮，卜郊不吉，則爲牲作玄衣纁裳，使有司玄端，放之於南郊。明本爲天，不敢留天牲。

【疏】「或言免牛」解云：即成七年「王正月，鼷鼠食郊牛角，改卜牛，鼷鼠又食其角，乃免牛」是也。

免牛，非禮也。免牛何以非禮？傷者曰「牛」。養牲不謹敬，有災傷，〔五五〕天不饗用，不得復爲天牲，故以本「牛」名之。「非禮」者，非天牲不當復見免，〔五六〕但當內自省責而已。○復爲，扶又反，下同。見免，賢徧反，下「以見」同。「三望」者何？望祭也。然則曷祭？祭泰山、河、海。曷爲祭泰山、河、海？〔五七〕據郊者主爲祭天。○大山，音泰，本亦作「泰」，下同。

【疏】「三望者何」解云：欲言祭名，文在「免牲」之下；欲言非祭，因郊天爲之，故執不知問。

山川有能潤于百里者，天子秩而祭之。此皆助天宣氣布功，故祭天及之。「秩」者，隨其大小、尊卑、高下所宜。禮，祭天牲角繭栗，社稷、宗廟角握，六宗、五嶽、四瀆角尺，其餘山川視卿大夫。天燎、地瘞，日月星辰布，山縣、水沉、風磔、雨升。燎者，取俎上七體，與其珪寶，在辨中，置於柴上燒之。○繭，古典反。燎，力召反。瘞，於例反。縣，音玄。磔，陟百反。

【疏】注「禮祭天」至「大夫」解云：皆王制與禮說文耳。「其餘山川視卿大夫」者，小山川之屬，但索牛而已。〔五八〕

注「天燎」至「雨升」解云：爾雅「祭天曰燔柴」者，蓋以燎柴而燔之，故謂祭爲燔柴。云「地瘞」者，即爾雅云「祭地曰瘞埋」，李巡曰「祭地以玉埋地中」，「瘞」亦埋也。云「日月星辰布」者，即爾雅云「祭星曰布」，孫氏云「既祭，布散於地，位〔五九〕似星辰布列」，郭氏曰「布，散祭於地」。然則，爾雅雖不言日月，日月之義，宜附於星，故何氏連日月言之。云「山縣」者，爾雅云「祭山曰庪縣」，郭氏云「或庪，或縣，置之於山」，李氏曰「祭山以黄玉及璧，以庪置几上，遥遥而眡之，若縣，故曰庪縣」，孫氏曰「庪縣，埋於山足曰庪，埋於山上曰縣」，是也。云「水沈」者，即爾雅「祭川曰浮沈」，孫氏曰「置祭於水中，或浮或沉，故曰『浮沉』」是也。言「風磔」者，即爾雅云「祭風曰磔」，孫氏云「既祭，披磔其牲，以風散之」，李氏曰「祭風，以牲頭蹄及皮，破之以祭，故曰『磔』」，郭氏曰「今俗當大道中磔狗，云以止風，此其象」。云「雨升」者，無文，何氏更有所見，蓋患其雨多，祭使上升，故祭雨曰升，明上「水沉」是祭川也。

注「燎者取」至「燒之」〔六〇〕解上天燎之文，〔六一〕其七體者，即少牢之肩、臂、臑、肫、胳、正脊、脡脊、横脊、短脅、長脅、〔六二〕代脅之屬也。

觸石而出，膚寸而合，側手爲「膚」，按指爲「寸」。〔六三〕言其觸石理而出，無有膚寸而不合。○膚寸，方于反。側手爲膚，按指爲寸。不崇朝而徧雨乎天下者，唯泰山爾。「崇」，重也，不「重朝」，言一朝也。○崇朝如字，注同。雨，于付反，又如字。崇，重，直龍反，下同。河、海潤于千里。亦能通氣致雨，潤澤及于千里，韓詩傳曰「湯時大旱，使人禱于山川」是也。郊望非一，獨祭三者，魯郊非禮，故獨祭其大者。「猶」者何？通可以已也。「已」，止。何以書？譏不郊而望祭也。譏尊者不食，而卑者獨食。書者，惡失禮也。魯至是郊者，僖公賢君，欲尊明其先祖之功德，不就廢之。「譏」者，春秋不見事不書，皆從事舉可知也。不吉言「不從」者，明已意汲汲欲郊，而卜不從爾。〔六四〕所以見事鬼神當加精誠。

秋，七月。

冬，杞伯姬來求婦。其言「來求婦」何？兄弟辭也。其稱婦何？有姑之辭也。書者，無出道也。

狄圍衛。

十有二月，衛遷于帝丘。月者，惡大國遷至小國，城郭堅固，人衆彊，遷徙畏人，〔六五〕故惡之也。

三十有二年，春，王正月。

夏，四月，己丑，鄭伯接卒。不書「葬」者，殺大夫申侯也。君殺大夫，皆就「葬」別有罪無罪。唯内無貶公之道，不可去「葬」，故從殺時別之。○接，二傳作「捷」。別有，彼列反，下同。去，起吕反。

【疏】注「君殺」至「無罪」解云：正謂大夫有罪，則書其君「葬」；若其大夫無罪，則去其君「葬」，以見惡。

注「唯内」至「别之」 解云：正其别之者，即有罪不日，上二十八年春，「公子買戍衛，不卒戍，刺之」是也。若其無罪，則書日，即成十六年十有二月，「乙酉，刺公子偃」是也。

衛人侵狄。

秋，衛人及狄盟。不地者，起因上「侵」就狄盟也。復出「衛人」者，嫌與内微者同也。言「及」者，時出不得狄君也。稱「人」而言「及」，則知狄盟者卑。○復，扶又反。

冬，十有二月，己卯，晉侯重耳卒。○重，直龍反。

三十有三年，春，王二月，秦人入滑。

齊侯使國歸父來聘。

夏，四月，辛巳，晉人及姜戎敗秦于殽。其謂之「秦」何？據敗者稱「師」，未得師稱「人」。○殽，本又作「肴」，户爻反，或户高反。

【疏】注「據敗」至「稱人」 解云：即莊二十八年「春，王三月，甲寅，齊人伐衛，衛人及齊人戰，衛人敗績」，傳云「敗者稱師，衛何以不稱師」？何氏云「據桓十三年，己巳，燕人戰，敗績稱師」，傳云「未得乎師也」，何氏云「未得成列爲師也」。然則，燕人敗績稱「師」，衛人未得師稱「人」，今此稱「國」，故難之。

夷狄之也。曷爲夷狄之？據俱見敗。秦伯將襲鄭，輕行疾至，不戒以入曰「襲」。○輕，遣政反。百里子與蹇叔子諫曰：「千里而襲人，未有不亡者也。」行疾不假塗，變必生；道遠多險阻，遭變必亡。○蹇，居輦反。秦伯怒曰：「若爾之年者，宰上之木拱矣。」「宰」，冢也。「拱」，可以手對抱。○拱，九勇反，以手對抱。

【疏】注「宰冢也」 解云：正以穀梁傳云「子之冢木已拱矣」，范氏云「拱，合抱」，未知同異如何也。

爾曷知！」師出，百里子與蹇叔子送其子而戒之曰：「爾即死，必於殽之嶔巖，〔六六〕是文王之所辟風雨者也。其處險阻隘，勢一人可要百，故文王過之驅馳，常若辟風雨，襲鄭所當由也。○嶔，苦銜反，鄒湙生、褚詮之音上林賦並同，徐音欽，韋昭漢書音義去瞻反，又本或作「廞」，同。巖，五銜反，韋音嚴。處，昌慮反。隘，於賣反。要，一遥反，傳「要之」同。吾將尸爾焉」。「在牀曰尸，在棺曰柩。」子揖師而行。揖其父於師中。介冑不拜，爲其拜如蹲。○冑，直又反。爲，于僞反。蹲，音存。

【疏】注「介冑不拜」 解云：出曲禮上篇。彼文「蹲」作「蔆」字，〔六七〕少儀亦云「介者不拜」，鄭注云「軍中之拜，肅拜」是也。

百里子與蹇叔子從其子而哭之。秦伯怒曰：「爾曷爲哭吾師？」對曰：「臣非敢哭君師，哭臣之子也。」言恐臣先死，子不見臣，故先哭之。弦高者，鄭商也。鄭商賈人。○賈，音古。遇之殽，矯以鄭伯之命而犒師焉。詐稱曰「矯」。「犒」，勞也。見其軍行非常，不似君子，恐見虜掠，〔六八〕故生意矯君命勞之。○矯以，居表反。犒，苦報反，勞也。勞，力報反，下同。掠，音亮。或曰往矣，或曰反矣。軍中語也。時以爲鄭實使弦高犒之，或以爲鄭伯已知將見襲，必設備，不如還；或曰緒出，當遂往之。〔六九〕然而晉人與姜戎要之殽而擊之，匹馬隻輪無反者。〔七〇〕「然」，然上議，猶豫留住之頃也。〔七一〕「匹馬」，一馬也。「隻」，踦也。皆喻盡。○隻輪，如字，一本又作「易輪」，董仲舒云「車皆不還，故不得易輪轍」。隻踦，居宜反，一本作「易踦」。其言「及姜戎」何？據「秦人白狄」不言「及」，「吳子主會」也。〔七二〕

【疏】注「及吳子主會也」　解云：即黄池傳云「吳何以稱子？吳主會。吳主會即曷爲先言晉侯？不與夷狄之主中國也」。

姜戎微也。故絶言「及」。稱「人」亦微者也，何言乎姜戎之微？據「邢人、狄人伐衛」不言「及」。先軫也，「先軫」，晉大夫也。言姜戎微，則知稱「人」者尊。或曰襄公親之。以既貶，又危文公葬。

【疏】注「以既」至「公葬」解云：即下經云「癸巳，葬晉文公」是也。何者？隱三年傳云「當時而不日，正也；當時而日，危不得葬也」。今此文公去年十二月薨，至今年四月，正宜合葬，而書其日，故云「危文公葬」。

襄公親之，則其稱「人」何？據桓十三年，衛侯背殯用兵，不稱「人」。

【疏】注「據桓十三年」至「稱人」解云：即桓十三年「二月，公會紀侯、鄭伯。己巳，及齊侯、宋公、衛侯、燕人戰」云云是也。知彼衛侯背殯用兵者，即以桓十二年十一月，「丙戌，衛侯晉卒」，至十三年「三月，葬衛宣公」。然則，三月乃葬先君，二月而已出戰，故知「背殯」明矣。

貶。曷爲貶？據俱背殯用兵。君在乎殯而用師，危不得葬也。與衛迫齊、宋異，故惡不子也。○惡，烏路反，下同。

【疏】注「與衛」至「宋異」解云：即彼注云「背殯用兵而月不危之者，衛弱於齊、宋，不從亦有危，故量力不責」是也。

詐戰不日，此何以日？據不言「敗績」，外詐戰文也。「詐」，卒也，齊人語也。○卒，七忽反。盡也。惡晉不仁。〔七三〕

癸巳，葬晉文公。

狄侵齊。

公伐邾婁，取叢。取邑不致者，得意可知例。○取叢，才工反，二傳作「取訾樓」。

【疏】「取叢」 解云：有作「鄒」字者。

注「取邑」至「知例」〔七四〕 解云：「公與二國以上用兵之時，得意致會，不得意致伐，若與一國及獨出用兵之時，得意不致，不得意致伐。」今此取邑例皆不致，不別得意者，既言取邑，得意明矣，何勞別之！

秋，公子遂率師伐邾婁。

晉人敗狄于箕。不月者，略微者與夷狄也。

【疏】注「不月」至「狄也」 解云：以隱六年注云「戰例時，偏戰日，詐戰月」，今此不月，故解之。

冬，十月，公如齊。月者，善公念齊恩，及子孫。

【疏】注「月者」至「子孫」 解云：正以朝聘例時，故如此解。而言「念齊恩及子孫」者，正以十年春「公如齊」之下，注云「月者，僖公本齊所立，桓公德衰見叛，獨能念恩朝事之，故善録之」。〔七五〕十五年「公如齊」之下，注云

「月者，善公既能念恩尊事齊桓，又合古五年一朝之義，故録之」。今桓公既卒，能復朝齊，書月，故以念恩及子孫解之。

十有二月，公至自齊。

乙巳，公薨于小寢。

賈霜不殺草，○賈，于敏反。[七六] 李、梅實。何以書？記異也。何異爾？不時也。

周之十二月，夏之十月也。易中孚記曰：「陰假陽威之應也。」早賈霜而不殺萬物，至當賈霜之時，根生之物復榮不死，斯陽假與陰威，陰威列索，故陽自賈霜而反不能殺也」。此禄去公室、政在公子遂之應也。○復，扶又反。索，息各反。

【疏】注「陰威列索」 解云：正謂陰威列見而散萬物矣。

晉人、陳人、鄭人伐許。

校勘記

[一] 畢陳直覲反 宋本、撫州本音義「覲」作「近」。黄焯以爲「覲」是，「近」非。

〔二〕解云正以所傳聞之世　「以所」原作「所以」。浦鏜云：「所以」爲「以所」誤倒。據改。

〔三〕有誅無絶者　單抄本「絶」下有「稱侯正欲」四字，疑竄入此行者。

〔四〕非虚加之　「加」字原無。汪文臺識語：發墨守「虚」下有「加」字。北大本校記：公羊義疏「之」作「加」。今按，單抄本「虚」下有「加」字。據補。

〔五〕自悔　閩本、毛本作「必自悔」。今按，單抄本無「必」字。

〔六〕令其寵專於子　「令」原作「今」。浦鏜云：「今」疑「令」字誤。今按，單抄本「今」作「令」。據改。

〔七〕不復供養者與　「養」字原重。盧補：「養」字誤重。今按，閩本、毛本、單抄本皆不重，據删。

〔八〕即莊二十七年　「七」字原無。浦鏜云：「十」下脱「七」字。今按，單抄本有「七」字。據補。

〔九〕從省文可知也　單抄本「從」作「彼」，疑是。

〔一〇〕但别兩耳　「别兩耳」三字原重。阮校：鄂本同，閩、監、毛本「兩」下衍「稱」字，此本下復衍「别兩耳」三字，皆當删正。今按，諸本不重「别兩耳」，據删。

〔一一〕不書出時者略小國　「略」字原無。浦鏜云：「者」下脱「略」字。今按，單抄本有「略」字。據補。

〔一二〕今洮是内地但不合致　「但」原作「位」。殿本考證：「位」爲「但」字之誤。今按，單抄本「位」作「但」。據改。

〔一三〕故詳録之　「詳録」原作「録詳」。浦鏜云：「詳録」誤倒。阮校：鄂本作「詳録」，此誤倒。今按，撫州本作「詳録」。據乙正。

〔一四〕當有公賞也　浦鏜云：「功」誤「公」。

〔一五〕乞者何　「乞」下原有「師」字。阮校：唐石經、鄂本「乞」下無「師」字，此誤衍。又疏標起訖亦無

「師」字。今按，撫州本、余本無「師」字。據删。

〔一六〕注戰當必勝　「當必」二字原倒。阮校：毛本「必當」倣「當必」，宜據正。據乙。

〔一七〕齊人滅遂之類　單抄本「遂」作「遂」。

〔一八〕何以名絶之　浦鏜云：「絶」下無「之」字，下「蔡侯獻舞歸」傳同。阮校：哀七年傳「絶」字下有「曷爲絶」三字，下「蔡侯獻舞何以名絶」字下亦依莊七年傳補「曷爲絶」三字。

〔一九〕未得稱師　「得」原作「聞」。阮校：鄂本「聞」作「得」。今按，撫州本、余本「聞」作「得」。據改。

〔二〇〕注稱人至從楚文　阮校：「從楚文」三字當作「得稱師」三字。今按，單抄本作「注稱人者楚未有大夫知楚是時未能有大夫者」。

〔二一〕其言大夫者　「其言」原作「言其」。浦鏜云：「言其」二字誤倒。據改。

〔二二〕故解之　「故」原作「以」。浦鏜云：「以」當「故」字誤。今按，單抄本「以」作「故」。據改。

〔二三〕二十有七年　「有」字原無。阮校：唐石經作「廿有七年」，鄂本有「有」。此本脱。今按，撫州本「十」下有「有」字。余本脱。據補。

〔二四〕此其言釋之何　「言」字原無。單抄本「其」下有「言」字，據補。

〔二五〕晉文行霸征之　阮校：鄂本「文」下有「公」字，此脱。

〔二六〕以時進　「進」原作「追」。阮校：此本「進」誤「追」，據諸本正。今按，撫州本、余本「追」作「進」。據改。

〔二七〕成王事是也　單抄本「是也」作「也者是」。

〔二八〕與君俱治也　「治」原作「昭」。阮校：鄂本「昭」作「治」，無「也」字。此誤衍。今按，撫州本、余本

「昭」作「治」。據改。

〔二九〕注擇立至奔重　單抄本「至奔重」作「其次」。

〔三〇〕剌陳侯不慕霸者　「陳」原作「諸」。阮校：鄂本作「諸」，宋本作「陳」，此誤。今按，撫州本、余本「諸」作「陳」。據改。

〔三一〕云不書至不書者　浦鏜云：「内也」誤下「不書」。阮校：當作「云不書諸侯朝者」。

〔三二〕何氏云天王者　浦鏜云：「天」上脱「言」字。

〔三三〕加天則非禮　「加」原作「於」。北大本校記：公羊義疏「於」作「加」。今按，單抄本作「加」。據改。

〔三四〕爲天子諱也　阮校：宋本「諱」上衍「之」字，疏同。今按，撫州本、余本「諱」上有「之」字。

〔三五〕解云春秋説文　「説」字原無。北大本校記：據公羊義疏補「文」上「説」字。今按，單抄本有「説」字。據補。

〔三六〕注自楚者爲天子之諱也　阮校：毛本作「言自楚者爲天子諱也」。

〔三七〕何以得爲伯討　阮校：唐石經原刻「討」作「執」，後磨改作「討」。按下云「歸于者非執之于天子之側者也」，則此當從原刻作「執」。

〔三八〕此難成公十五年　「公」字原無。阮校：鄂本「成」下有「公」字。今按，撫州本、余本「成」下有「公」字。據補。

〔三九〕歸之者決絶之辭　「決」原作「次」。阮校：鄂本「次」作「決」，此誤。今按，撫州本、余本作「決」。據改。

〔四〇〕故於是已立　阮校：唐石經原刻「於」作「爲」，後磨改作「於」。

〔四一〕曹伯言復歸者　浦鏜云：注「曹伯」至「當見」三十九字、疏「曹伯」至「當須見之」，當在上「曹伯襄復歸于曹」經下。阮校：按廿一年疏引此曰「曹伯之下注云」，則此注本在上經下也。

〔四二〕注云言復歸者　「歸」字原無。浦鏜云：「復」下脱「歸」字。據補。

〔四三〕君出則已入　阮校：隸釋載公羊殘碑後云「三十年言君出則已入」。然則熹平石經不與何本同，故舉其異者言之。

〔四四〕爲殺叔武　「武」下原有「之」字。阮校：鄂本無。此衍。按廿一年疏引此注亦無「之」字。今按，撫州本、余本無「之」字。據删。

〔四五〕惡无烏路反　「惡无」原作「夫」。按「夫」上脱「惡」字。又「夫」當作「无」。余本釋文「无」誤「夫」，撫州本誤作「天」。據改。

〔四六〕布徧還之辭　阮校：鄂本「徧」字空缺，按釋文作「布徧」，經注本蓋作「布還」，此合併爲一。

〔四七〕何者稱侯以執　阮校：盧文弨曰「何」疑「向」。

〔四八〕不應復得　「復」原作「以」。阮校：鄂本「以」作「復」，此誤。宣元年疏引此注作「復」。今按，撫州本、余本「以」作「復」。據改。

〔四九〕注禘比祫爲大　「注」字原無。毛本補「注」字在「禘」字上。北大本校記：依文例補「注」字。今按，單抄本有「注」字。據補。

〔五〇〕猶禘也審禘無所遺失　單抄本下「禘」作「諦」。今按，二「禘」字當從閩本、毛本作「諦」。

〔五一〕于莊公于武宮之屬　下「于」字原無，據單抄本補。

〔五二〕居南郊者　「居」原作「於」。阮校：鄂本「於」作「居」，標起訖同，當據正。今按，撫州本、余本作

「居」。據改。

〔五三〕稾席　阮校：何校本作「稾」，是也。今按，撫州本作「稾」，余本作「稾」。

〔五四〕舊説云四方羣神　「神」原作「臣」。阮校：閩本同。監本剜改「臣」作「神」，是也，毛本從之。今按，單抄本「臣」作「神」，據改。

〔五五〕養牲不謹敬有災傷　阮校：鄂本、宋本、閩本同。監本剜改「有」作「致」，毛本從之。

〔五六〕非天牲不當復見免　「天」原作「大」。阮校：鄂本作「大」，當作「天」。上文兩言「天牲」。今按，撫州本、余本「大」作「天」。據改。

〔五七〕曷爲祭泰山河海　阮校：「泰」，唐石經、鄂本同。閩、監、毛本改作「大」，下同。按釋文作「大山」，云本亦作「泰」，今本當據改。

〔五八〕但索牛而已　「索」原作「牽」。浦鏜云：「索」誤「牽」。今按，單抄本作「索」字。據改。

〔五九〕布散於地位　浦鏜云：「位」衍字。阮校：按爾雅音義無「位」字。汪文臺識語：案爾雅音義偶奪「位」字，當下屬爲句。

〔六〇〕注燎者取至燒之　「燒」原作「燎」。阮校：按注「燎之」當作「燒之」。據改。

〔六一〕解上天燎之文　「解」下原有「云」字。浦鏜：「云」疑衍。阮校：盧文弨疑作「上釋天之文」。汪文臺識語：二校皆非。上云「天燎地瘞」，「此燎者」云云解上「天燎」之文。儀禮經傳通解續有「解」字。今按，單抄本作「注燎者取俎云云者，解上天燎之文」，無「云」字。據删。

〔六二〕肩臂臑肫胳正脊脡脊横脊短脅長脅　阮校：何校本「肫」作「膊」，「長脅」作「正脅」，與少牢合。汪文臺識語：何本正因少牢校，然實非字誤。「肫」即「膊」，「長脅」即「正脅」。疏非直舉經文，不嫌與經字參差也。

〔六三〕按指爲寸 「按」原作「案」。阮校：鄂本「案」作「按」。今按，撫州本、余本「案」作「按」。據改。

〔六四〕而卜不從爾 「卜」原作「上」。阮校：鄂本「上」作「卜」。今按，撫州本、余本作「卜」。據改。

〔六五〕遷徙畏人 「徙」原作「徒」。阮校：鄂本同。此本、閩本「徙」誤「徒」，今訂正。今按，撫州本、余本作「徙」，據改。

〔六六〕嶔巖 阮校引盧文弨曰：説文作「欽崟」，高誘注淮南子地形訓作「欽吟」。又按説文有「岑崟」無「嶔崟」，義與傳亦不同。

〔六七〕彼文蹲作蔆字 阮校引經義雜記曰：今禮記作「介者不拜，爲其拜而蔆拜」，釋文「蔆拜」，盧本作「蹲」，與何邵公合。「蔆」乃俗字，「介者」作「介胄」。蓋何氏以義言之。「而」、「如」古通，此當從公羊注「而」讀爲「如」。

〔六八〕恐見虜掠 阮校：鄂本「掠」作「略」。

〔六九〕緒出當遂往之 阮校：鄂本與此同，作「緒」，蓋誤。當從閩、監、毛本作「既」。今按，撫州本、余本作「緒」。

〔七〇〕匹馬隻輪無反者 阮校：唐石經諸本同。釋文「隻輪，一本又作易輪」，董仲舒云「車皆不還，故不得易輪轍」。經義雜記曰，何注匹馬，一馬也。隻，踦也。穀梁傳作「匹馬倚輪無反者」，范解倚輪，一隻之輪。漢書五行志載劉向説，謂晉敗秦師，匹馬觭輪無反者，服虔曰，觭音奇偶之奇，師古曰觭，隻也。凡作觭作踦作倚，皆奇字之通借。疑公羊傳作「匹馬踦輪」，與穀梁及漢志同。何注作「踦，隻也」，與范解及顔注同。今本及釋文皆誤倒，若傳本作「隻」，文義已明，反訓爲「踦」，義轉晦矣。

〔七一〕留住之頃也　「住」原作「往」。阮校：鄂本「往」作「住」，當據正。今按，撫州本、余本作「住」。據改。

〔七二〕據秦人白狄不言及吴子主會也　阮校：閩、監、毛本同，鄂本疊「吴子」二字。盧文弨曰：秦人、白狄伐晉在成九年，及吴子在哀十三年，舊本「吴子」重，但脱一「及」字。按疏中標注云「及吴子主會也」，如今本依疏疊「及」字，義可通矣。又按，此注當「據秦人、白狄不言及」句絶，下云「及吴子，吴子主會也」，謂如哀十三年言「及吴子」者，因吴子主會，今姜戎非主會者，何以言及？今按，撫州本重「吴子」二字。

〔七三〕惡晉不仁　「晉」原作「者」。阮校：鄂本「者」作「晉」，此誤。今按，撫州本、余本作「晉」。據改。

〔七四〕注取邑至知例　「注」字原無。北大本校記：據文例補「注」字在「取」上。今按，單抄本引有「注」字，據補。

〔七五〕故善録之　「之」原作「云」。浦鏜云：「之」誤「云」。今按，單抄本「云」作「之」。據改。

〔七六〕賔于敏反　此四字原脱，據諸本補。

監本附音春秋公羊傳注疏文公卷第十三 起元年，盡九年。

何休學

元年，春，王正月，公即位。

二月，癸亥，朔，日有食之。是後楚世子商臣弑其君，楚滅江、六，狄北侵中國。

【疏】注「是後」至「其君」。解云：即下經云「冬，十月，丁未，楚世子商臣殺其君髡」是也。

注「楚滅江六」。解云：即下四年「秋，楚人滅六」是也。〔一〕

注「狄北侵中國」。解云：即下四年夏，「狄侵齊」，七年夏，「狄侵我西鄙」之屬是也。

天王使叔服來會葬。其言「來會葬」何？據「奔喪」以非禮書，「歸含且賵」不言「來」。○歸含，本又作「唅」，户暗反，五年經同。賵，芳鳳反。

【疏】注「據奔喪以非禮書」解云：即定十五年夏五月，「壬申，公薨于高寢」，下云「邾婁子來奔喪」，傳云「其言來奔喪，[二]非禮也」是。

注「歸含」至「言來」解云：下五年「春，王正月，王使榮叔歸含且賵」是也。

會葬，禮也。但解「會葬」者，明言「來」者常文，不爲早晚施也。常事書者，文公不肖，諸侯莫肯會之，故書天子之厚，以起諸侯之薄，蓋以長補短也。「叔服」者，王子虎也。「服」者，字也，「叔」者，長幼稱也。不繫「王」者，不以親疏録也。不稱「王子」者，時天子、諸侯不務求賢，而專貴親親，故尤其在位子弟，刺其早任以權也。魯得言「公子」者，方録異辭，故獨不言「弟」也。諸侯得言「子」、「弟」者，一國失賢輕。○不爲，于僞反，下「不爲」同。長幼，丁丈反。稱也，尺證反。

【疏】注「但解」至「施也」解云：在隱元年也。

注「常事書者」解云：僖公之卒在去年十二月，至今年四月葬之，是爲五月而葬。叔服來會附在葬前，適得其所，故謂之「常事」。常事不書，今書之，故須注解。

注「文公」至「會之」解云：正以下七年「秋，八月，公會諸侯、晉大夫盟于扈」，傳云「諸侯何以不序？大夫何以不名？公失序也。公失序奈何？諸侯不可使與公盟，昳晉大夫使與公盟也」。注云「文公爲諸侯所薄賤，不見序，故深諱，爲不可知之辭」，是其「不肖，諸侯莫肯會之」之義也。

注「故書」至「之薄」解云：言天子恩厚於文公，而經書其會葬，起諸侯之薄，無恩於文公，故經不書矣。而襄三十一年「冬，十月，滕子來會葬」，亦是常事而書之者，亦起當時更無人會，故彼注云「此書者，與叔服同義」是也。

注「蓋以長補短也」解云：謂書天子得禮，欲以補諸侯之短，令其非禮見矣。其非禮者，不相會葬是也。

注「叔服」至「稱也」解云：知叔服爲王子虎者，正以下三年「夏，五月，王子虎卒」，傳云「王子虎者何？天子之大夫也。外大夫不卒，此何以卒？新使乎我也」，注云「王子虎即叔服也。新爲王者使來會葬，在葬後三年中卒，君子恩隆於親親，〔三〕則加報之，故卒，明當有恩禮也」是也。

注「不繫」至「録也」解云：若繫「王」，宜云「王使王服子來會葬」，似若宣十五年王札子矣。今不如此者，春秋主見天子之厚，使來會葬而已，何須録其使人之親疏乎？是以不言「王服子」矣。宣十五年，「王札子殺召伯、毛伯」，傳云「王札子者何？長庶之號」，注云「子者，王子也，天子不言子弟，故變文「王札」，繫先王以明之」，〔四〕是其類也。

注「不稱」至「權也」解云：言「尤其在位子弟」，則知聘使與會盟之時，不得稱「子弟」，若其「卒」與「奔」，猶得稱之。何者？「卒」與「出奔」，不復在位，何須刺其早任以權乎？即下三年「夏，五月，王子虎卒」，襄三十年夏，「王子瑕奔晉」之屬是也。

注「魯得」至「弟也」解云：魯君在位公子得言之者，即桓三年〔五〕「公子翬如齊逆女」，莊二年「公子慶父伐於餘丘」之屬是也。言「方録異辭」者，謂上異於天子，下異於諸侯，見其爲新王之義，故曰「方録異辭」矣。「故獨不言弟也」者，謂尤其在位之弟。若其「卒」與「出奔」，不妨有之，即宣十七年冬，「公弟叔肸卒」之屬是也。

注「諸侯」至「賢輕」解云：諸侯在位，公子得見經者，即宣二年春，「及鄭公子歸生戰于大棘」之屬是也。其諸侯在位之弟得見經者，即隱七年夏，「齊侯使其弟年來聘」，桓十四年夏，「鄭伯使其弟語來盟」之屬是也。「一國失賢輕」者，雖是不務求賢而專貴親親，要其一國失賢，其罪輕故也。

夏，四月，丁巳，葬我君僖公。

天王使毛伯來錫公命。「錫」者何？賜也。「命」者何？加我服也。復發傳者，嫌禮與桓公同，死生異也。主書者，惡天子也。古者「三載考績，三考黜陟幽明」。文公新即位，功未足施而錫之，非禮也。○錫，思歷反。復，扶又反。惡，烏路反。

【疏】「錫者何」　解云：明始即位，未有功美，天子加錫，異於常典，故執不知問。

注「復發」至「禮也」　解云：莊元年，「王使榮叔來錫桓公命」，傳云「錫者何？賜也」，注云「上與下之辭」；傳又云「命者何？加我服也」，注云「增加其衣服，令有異於諸侯」。然則若不重發，即嫌悉與桓公同，故復言之，明有異矣。彼是贈死之衣，此是朝祭之服，故言「死生異也」。云云之説，在莊元年。

晉侯伐衛。

叔孫得臣如京師。書者，與莊二十五年同。知不爲喪聘書者，聘爲貢職，天子當得異方之物以事宗廟，又欲以知君父無恙，不以喪廢，故不譏也。如他國，就不三年一譏而已。○恙，餘亮反。

【疏】注「書者」至「譏也」　解云：即莊二十五年「冬，公子友如陳」，彼注云「如陳者，聘也。內朝聘言『如』者，尊內也。書者，録內所交接也」。今此亦然，故曰「同也」。

注「如他」至「而已」 解云：如他國所以合譏者，正以聘是吉禮，又非君父之國，於喪宜廢故也。言「就不三年一譏而已」者，即下二年冬，「公子遂如齊納幣」，傳云「納幣不書，此何以書？譏。何譏爾？譏喪娶也。娶在三年之外則何譏乎喪娶？三年之内不圖婚」是也。言就其重者一譏而已，其餘不譏從可知。

衛人伐晉。

秋，公孫敖會晉侯于戚。○戚，千寂反。〔六〕

冬，十月，丁未，楚世子商臣弑其君髡。楚無大夫，言「世子」者，甚惡世子弑父之禍也。不言「其父」，言「其君」者，君之於世子，有父之親，有君之尊，言「世子」者，所以明有父之親，言「君」者，所以明有君之尊，又責臣子當討賊也。日者，夷狄子弑父，忍言其日。○髡，苦門反，左氏作頵。

【疏】**注「楚無」至「賊也」** 解云：下九年「冬，楚子使椒來聘」，傳云「椒者何？楚大夫也。楚無大夫，此何以書？始有大夫也。始有大夫則何以不氏？許夷狄者不一而足也」。然則，至下九年楚始有大夫，則知此處未有大夫矣。既無大夫，其世子亦未當見，故解之。

注「日者」至「其日」 解云：如此注者，正決襄三十年「夏，四月，蔡世子般弑其君固」，何氏云「不日者，深爲中國隱痛有子弑父之禍，故不忍言其日」是也。

公孫敖如齊。書者，譏喪娶。吉凶不相干。〔七〕

二年，春，王二月，甲子，晉侯及秦師戰于彭衙。秦師敗績。稱「秦師」者，愍其衆，惡其將。前以不用賢者之言，匹馬、隻輪無反者，今復重師敗績。師敵君不正者，賤之，不嫌得敵君。○衙，音牙，本或作「牙」。惡，烏路反。將，子匠反。復，扶又反，下「不復」皆同。重，直用反。

【疏】注「稱秦」至「其將」　解云：正以秦于是時未有大夫，則不合稱師，今而稱師，故解之。

注「前以」至「敗績」　解云：在僖三十三年矣。

注「師敵」至「敵君」　解云：僖二十八年「夏，晉侯」以下「及楚人戰于城濮」，傳云「此大戰也，曷爲使微者？子玉得臣也。子玉得臣則其稱人何？貶」，〔八〕「大夫不敵君也」。然則，彼是大夫，嫌其與君敵，故正之稱「人」。此「師」者，乃是秦之衆人，是以不勞正之耳。

丁丑，作僖公主。「作僖公主」者何？爲僖公作主也。爲僖公廟作主也。主狀正方，穿中央，達四方，天子長尺二寸，諸侯長一尺。○爲僖公廟，于僞反，下「蓋爲」、「以爲」，下「欲爲」同。

【疏】「作僖公主者何」　解云：欲言是禮，書而譏之；欲言非禮，禮有作主之事，故執不知問。

「爲僖公作主也」　解云：爲，于僞反。

注「主狀」至「一尺」　解云：皆孝經說文也。卿大夫以下，正禮無主，故不言之。云云之說，備在左氏。

主者曷用？虞主用桑，禮，平明而葬，日中而反虞，以陽求陰。謂之「虞」者，親喪以下壙〔九〕，皇皇無所親，〔一〇〕求而虞事之。「虞」，猶安神也。用桑者，〔一一〕取其名與其麤觕，所以副孝子之心。禮，虞祭，天子九，諸侯七，卿大夫五，士三。其奠處猶吉祭。〇壙，苦晃反，又音曠。麤，才古反，又七奴反。

【疏】注「禮平」至「反虞」　解云：出檀弓與士虞記也。言「以陽求陰」者，謂以日中求神是也。而鄭注士虞記云「朝葬，日中而虞，〔一二〕君子舉事必用辰正也」者，兩相須也。彼鄭氏又云「再虞三虞皆質明」，則「日中而反虞」者，指葬日言之。

注「禮虞」至「吉祭」　解云：自「諸侯七」以下，雜記文。其「天子九虞」者，何氏差之耳。異義左氏說亦有成文。云云之說，具左氏傳疏。

練主用栗。謂期年練祭也。埋虞主於兩階之間，〔一三〕易用栗也。夏后氏以松，殷人以柏，周人以栗。松，猶容也，想見其容貌而事之，主人正之意也。柏，猶迫也，親而不遠，主地正之意也。栗，猶戰栗，謹敬貌，主天正之意也。禮士虞記曰「桑主不文，〔一四〕吉主皆刻而謚之」，蓋爲禘祫時別昭穆也。虞主三代同者，用意尚麤觕，未暇別也。〇期年，音基。三年同。人正，音征，下同。別，彼列反，下同。

【疏】注「謂期」至「栗也」　解云：出禮記文。

注「夏后」至「以栗」　解云：出論語也。而鄭氏注云「謂社主」，正以古文論語哀公問社於宰我故也。〔一五〕今文論語無「社」字，是以何氏以爲廟主耳。

用栗者，藏主也。藏于廟室中，常所當奉事也。質家藏于堂。〔一六〕「作僖公主」何以書？據作餘公主不書。譏。何譏爾？不時也。其不時奈何？欲久喪而後不能也。禮，作練主當以十三月。文公亂聖人制，欲服喪三十六月，十九月作練主，又不能卒竟，故以二十五月也。日者，重失禮鬼神。

【疏】注「禮作」至「三月」　解云：即禮記云「十三月而練」是也。

注「日者」至「鬼神」　解云：即隱五年注云「失禮鬼神例日」是也。

三月，乙巳，及晉處父盟。此晉陽處父也，何以不氏？據「晉陽處父伐楚救江」。

【疏】注「據晉」至「救江」　解云：即下三年冬，「晉陽處父帥師伐楚救江」是也。

諱與大夫盟也。諱去氏者，使若得其君，如經言「邾婁儀父」矣。不地者，起公就於晉也。日者，起公盟也。如晉不書。不致者，深諱之。○去，起吕反。俱没「公」，齊高傒不使若君、處父使若君者，親就其國，恥不得其君，故使若得其君也。

【疏】注「諱去」至「晉也」　解云：儀父之事在隱元年。凡五等諸侯，失爵在名字之例者，但直書其名字，不言其氏，即倪黎來、蔡叔、邾婁儀父之類是也。今此處父無氏，故云「使若得其君」矣。

注「日者起公盟也」　解云：正以微者盟例不日故也。

注「俱没」至「君也」　解云：高傒之事，在莊二十二年。彼經云「秋，七月，丙申，及齊高傒盟于防」是也。

注「如晉」至「諱之」　解云：正決下三年，〔一七〕「冬，公如晉」，「十有二月己巳，公及晉侯盟」，四年「春，公至自晉」之文也。

夏，六月，公孫敖會宋公、陳侯、鄭伯、晉士穀盟于垂斂。「盟」不日者，欲共盟誅商臣。雖不能誅，猶爲疾惡故也。褒與信辭也。不如平丘兩舉「會」、「盟」詳録之者，時至即盟，會禮不成。○穀，户木反。垂斂，左氏作垂隴。

【疏】「盟于垂斂」者　左氏作「垂隴」。

注「雖不能誅」　解云：正以其討惡逆，乃是義之高者，若能誅之，理應書見，似若昭四年經書「執齊慶封，殺之」。然今無其經，故知不能誅也。

注「不如平」至「不成」　解云：即昭十三年，「公會劉子、晉侯」以下「于平丘」。「八月，甲戌，同盟於平丘」是也。

自十有二月不雨，至于秋七月。何以書？記異也。以不言「旱」。「大旱」以災書，此亦旱也，曷爲以異書？大旱之日短而云災，「云」，言也。〔一八〕言有災。

【疏】「大旱以災書」　解云：即僖二十一年經書「夏，大旱」，傳云「何以書？記災也」〔一九〕是也。

故以災書。此不雨之日長而無災，故以異書也。此禄去公室、政在公子遂之所致也。不就莊三十一年發傳者，此最甚事著。

【疏】注「不就」至「事著」　解云：莊三十一年「冬，不雨」，傳云「何以書？記災也」，然則，彼一時不雨，是以不得發傳云「不雨之日長」，此則歷四時，故言「最甚事著」也。

八月，丁卯，大事于大廟，躋僖公。「大事」者何？大祫也。以言「大」，與「有事」異。又從僖八年「禘」數之，知爲「大祫」。○大廟，音太，下「大祖」皆同〔二〇〕。躋僖，子兮反，升也，本又作「隮」，同。祫，音洽，大祭。禘數，大帝反，下所主反。

【疏】「大事者何」　解云：欲言大祭，無「禘、祫」之文；欲言時祭，而經書「大」，故執不知問。

注「以言」至「事異」　解云：宣八年夏六月，「辛巳，有事于太廟」，彼是時祭，不言「大」，則知此言大者，是大祭明矣。

注「又從僖」至「大祫」　解云：春秋説文云「三年一祫，五年一禘」。爾雅云「禘，大祭也」，孫氏云「禘，五年大祭也」。然則，三年一祫，五年一禘，禮如然也。案僖八年，「秋，七月，禘於太廟」，從此以後，三年一祫數，則十一年祫，十四年祫，十七年祫，二十年祫，二十三年祫，二十六年祫，二十九年祫，三十二年祫，文二年祫也。若作五年一禘數，則從僖公八年禘，十三年禘，十八年禘，二十三年禘，二十八年禘，三十三年禘，文五年禘，則文二年非禘年，正當合祫，故知此年大事爲祫矣。是以注云「又從僖八年禘數之，知爲大祫也」。若然，從僖八年禘數之，則十一年祫，十三年禘，隨次而下，至僖二十三年，並爲禘祫，何得下傳云「五年而再殷祭」者？蓋爲其初時，三年作祫，五年作禘，大判言之，得言「五年而再殷祭」，其間三五參差，隨次而下，何妨或有同年時乎？知非祫與禘相因而數爲三年、五年者，若從僖八年禘，十一年祫，十六年禘，十九年祫數之，至僖三十二年禘，文公二年祫，亦相當，但於「五年而再殷祭」之言不合，故不得然解。〔二一〕

大祫者何？合祭也。其合祭奈何？毁廟之主陳于大祖，「毁廟」，謂親過高祖，毁其廟，藏其主于大祖廟中。禮，取其廟室笮，以爲死者炊沐。「大祖」，周公之廟。「陳」者，就陳列大祖前，大祖東鄉，昭南鄉，穆北鄉，其餘孫從王父。父曰「昭」，子曰「穆」，「昭」取其鄉明，「穆」取其北面尚敬。○笮，側自反。炊沐，昌垂反，下音木。東鄉，許亮反，下同。

【疏】「**大祫者何**」解云：正以祫小于禘，而文加「大」，故執不知問。

注「**禮取**」至「**炊沐**」解云：出禮記文。

未毁廟之主皆升，合食于大祖。自外來曰「升」。**五年而再殷祭。**「殷」，盛也。謂三年祫，五年禘。禘所以異於祫者，功臣皆祭也。「祫」猶合也。「禘」猶諦也，審諦無所遺失。禮，天子特禘特祫，諸侯禘則不礿，祫則不嘗，大夫有賜於君，然後祫其高祖。○諦，音帝。礿，羊略反。

【疏】注「**禘所以**」至「**皆祭也**」解云：出禮記與春秋説文。

注「**禮天**」至「**特祫**」解云：禮記及春秋説文，即「不主禘祫」〔二二〕是也。

注「**諸侯**」至「**不嘗**」解云：即禮記王制所云「夏禘則不礿，秋祫則不嘗」是也。

注「**大夫**」至「**高祖**」解云：正以於禮不得故也。

「躋」者何？升也。何言乎「升僖公」？據「禘于大廟」不道所升。

注「據禘」至「所升」　解云：即僖八年「秋，七月，禘于大廟，用致夫人」是也。

【疏】「躋者何」　解云：先君昭穆自有常次，今而言「躋」，故執不知問。

譏。何譏爾？逆祀也。其逆祀奈何？先禰而後祖也。「升」謂西上。禮，「昭」、「穆」指父子。近取法春秋，惠公與莊公當同南面西上；隱、桓與閔、僖亦當同北面西上。繼閔者在下，文公緣僖公於閔公爲庶兄，置僖公於閔公上，失先後之義，故譏之。傳曰「後祖」者，僖公以臣繼閔公，猶子繼父，故閔公於文公亦猶祖也。自先君言之，隱、桓及閔、僖各當爲兄弟，顧有貴賤耳；自繼代言之，有父子、君臣之道。此恩義逆順各有所施也。不言「吉禘」者，就不三年，不復譏，略爲下張本。○禰，乃禮反。

【疏】注「不言」至「張本」　解云：閔二年「夏，五月，乙酉，吉禘于莊公」，傳云「其言吉何？言吉者，未可以吉也。曷爲未可以吉？未三年也」。然則吉禘于莊公在三年之內，今此大事，亦在三年之內，是不須更言「吉祫」以譏之，但略言「大事于太廟」，爲下「躋僖公」張本而已。

冬，晉人、宋人、陳人、鄭人伐秦。

公子遂如齊納幣。「納幣」不書，此何以書？譏。何譏爾？譏喪娶也。娶在三年之外，則何譏乎喪娶？據「逆」在四年。○喪取，七住反，本亦作「娶」，同。

【疏】「納幣不書」 解云：正以桓三年秋，「公子翬如齊逆女」，不書「納幣」，故難之。

三年之内不圖婚。僖公以十二月薨，至此未滿二十五月。又禮，先納采、問名、納吉，乃納幣，此四者皆在三年之内，故云爾。「吉禘于莊公」譏，然則曷爲不於祭焉譏？據「吉禘于莊公」，譏始不三年，「大事」、圖婚，俱不三年。「大事」猶從「吉禘」，不復譏。〔三三〕三年之恩疾矣，「疾」，痛。非虚加之也，非虚加責之。以人心爲皆有之。以人心爲皆有，疾痛不忍娶。以人心爲皆有之，則曷爲獨於娶焉譏？據孝子疾痛，吉事皆不當爲，非獨娶也。娶者，大吉也，合二姓之好，傳之於無窮，故爲「大吉」。○好，呼報反。傳，直專反。非常吉也。與「大事」異。其爲吉者主於己，主於己身，不如祭祀尚有念先人之心。以爲有人心焉者，則宜於此焉變矣。「變」者，變慟哭泣也。有人心念親者，聞有欲爲己圖婚，則當變慟哭泣矣。況乃至于納幣成婚哉！○慟，杜貢反。

三年，春，王正月，叔孫得臣會晉人、宋人、陳人、衛人、鄭人伐沈。沈潰。○伐沈，音審，國名。潰，户内反。

夏，五月，王子虎卒。「王子虎」者何？天子之大夫也。外大夫不卒，此何以卒？據原仲也。

【疏】「王子虎者何」　解云：欲言大夫，例不書「卒」；欲言諸侯，而經書「王子」，故執不知問。

注「據原仲也」　解云：即莊二十七年「秋，公子友如陳，葬原仲」是也。

新使乎我也。「王子虎」即叔服也。新爲王者使來會葬，在葬後三年中卒。君子恩隆於親親，則加報之，故卒，明當有恩禮也。尹氏卒日，此不日者，在期外也。名者，「卒從正」。○新使，所吏反。

【疏】注「尹氏」至「外也」　解云：隱三年「夏，四月，辛卯，尹氏卒」下，傳云「外大夫不卒，此何以卒？天王崩，諸侯之主也」，何氏云「時天王崩，魯隱往奔喪，尹氏主儐贊諸侯，與隱交接，而卒，恩隆於王者，則加禮録之，故爲隱恩痛之。〔二四〕日者，恩録之，明當有恩禮」。然則，彼天王崩，尹氏四月卒，仍在期内，其恩近，故書日；此則已經三年，其恩殺，故不日，是以注云「在期外」。

注「名者卒從正」　解云：隱八年，「夏，六月，己亥，蔡侯考父卒」，「八月，葬蔡宣公」，傳云「卒從正」，何氏云「卒當赴告天子。君前臣名，故從君臣之正義言也」。傳云「而葬從主人」，何氏云「至葬者，有常月可知，不赴告天子，故自從蔡臣子辭稱公」。然則，此亦從君臣之正義言之，故云「名者卒從正」也。

秦人伐晉。

秋，楚人圍江。

雨螽于宋。「雨螽」者何？死而墜也。以先言「雨」也。「墜」，隋地也。不言「如雨」言「雨螽」者，本飛從地上而下至地，似雨，尤醇。〇雨螽，于付反，下及注同，一音如字。螽，音終。而隊，直類反，注同。隋，大果反。上，時掌反。醇，音純。

【疏】「雨螽者何」 解云：欲言是雨，而特施于「螽」；欲言非雨，而文言「雨螽」，故執不知問。

注「以先言雨也」 解云：正以先言「雨」，後言「螽」，則知死而墜者也。

注「不言」至「尤醇」 解云：欲道莊七年「星霣如雨」者，本從天來，又不及地，如雨不醇，故云「如雨」。此則初從地上而還至地，故不言「如」，言其真似雨也。

何以書？記異也。外異不書，此何以書？爲王者之後記異也。「螽」，猶衆也。衆死而墜者，(二五)羣臣將爭彊相殘賊之象。(二六)是後大臣比爭鬭相殺、(二七)司城驚逃、子哀奔亡、國家廓然無人，朝廷久空。蓋猶三世内娶，(二八)貴近妃族，禍自上下，故異之云爾。〇爲王，于僞反。近，附近之近。

【疏】注「是後」至「相殺」 解云：即七年夏，「宋人殺其大夫」，八年冬，「宋人殺其大夫」是也。(二九)

注「司城驚逃」 解云：即八年冬，「宋司城來奔」是也。

注「子哀奔亡」 解云：十四年秋，「宋子哀來奔」是也。

注「蓋由三世内娶」 解云：僖二十五年及下七年傳皆云(三〇)「宋三世無大夫，三世内娶也」之屬是也。

冬，公如晉。十有二月，己巳，公及晉侯盟。

晉陽處父帥師伐楚救江。此伐楚也，其言「救江」何？據「兩之」，當先言「救」也；「非兩之」，當重出「處父」也；生事當言「遂」，三者皆違例。知後言「救江」，起伐楚意，故問之。○重，直用反。

【疏】注「據兩」至「救也」〔三一〕 解云：即僖二十五年「秋，楚人圍陳，納頓子于頓」，傳云「何以不言遂？兩之也」是也。必知先言「救」者，正以以江近楚遠故也。〔三二〕

注「非兩」至「父也」 解云：即僖二十八年「春，晉侯侵曹，晉侯伐衛」，傳云「曷爲再言晉侯？非兩之也」是也。

注「生事當言遂」 解云：即宣元年秋，「楚子、鄭人侵陳，遂侵宋」是也。

爲諼也。「諼」，詐。○諼，許元反。其爲諼奈何？伐楚爲救江也。救人之道，當指其所之。實欲救江而反伐楚，以爲其勢必當引圍江兵，當還自救也，故云爾。孔子曰：「自古皆有死，民無信不立。」

四年，春，公至自晉。

夏，逆婦姜于齊。其謂之「逆婦姜于齊」何？據不書逆者主名，不言「如齊」，不稱「女」。

【疏】「夏逆婦姜于齊」　解云：隱二年注云「不親迎例月，重録之」。今此書時者，蓋以娶于大夫，賤不可以奉宗廟，故略之。

注「據不」至「稱女」　解云：決宣元年「公子遂如齊逆女」之經也。

略之也。稱「婦姜」，至文也。逆與至共文，故爲「略」。

【疏】注「稱婦」至「爲略」　解云：欲道遂以夫人婦姜至自齊之經，還至始言婦姜。今此始逆，已言「婦姜」，故云「逆與至共文」耳。

高子曰：「娶乎大夫者，略之也。」賤，非所以奉宗廟，故略之。不書逆者主名，卑不爲録使也。不言「如齊」者，大夫無國也。不稱「女」者，方以「婦姜」見與至共文，重至也。不稱「夫人」，爲致文者，賤不可奉宗廟也。不言「氏」者，本當稱「女」。「女」者，父母辭，君子不奪人之親，故使從父母辭，不言「氏」。○爲，于僞反。使，所吏反。見與，賢徧反。

【疏】注「不言」至「言氏」　解云：莊二十七年「秋，公子友如陳，葬原仲」。案彼亦是大夫無國，而得言「如陳」者，何氏云「不言如陳，嫌不辟國事，實私行也」是也。

狄侵齊。

秋，楚人滅江。

晉侯伐秦。

衛侯使甯俞來聘。〔三三〕

冬，十有一月，壬寅，夫人風氏薨。○甯俞，乃定反，下音餘。

【疏】「衛侯使甯俞來聘」解云：正本作「速」字，故賈氏云「公羊曰『甯速』」是也。

五年，春，王正月，王使榮叔歸含且賵。「含」者何？口實也。孝子所以實親口也。緣生以事死，不忍虚其口。天子以珠，諸侯以玉，大夫以碧，〔三四〕士以貝，春秋之制也，文家加飯，以稻米。○飯，扶晚反。

【疏】「含者何」解云：欲言實口，上下無例；欲言他物，而經書「含」，故執不知問。

注「天子」至「貝」者〔三五〕解云：皆春秋説文。故云「春秋之制也」。

注「文家加飯以稻米」解云：即禮記檀弓下篇云「飯用米貝，弗忍虚也」。

其言「歸含且賵」何？據宰咺歸兩賵，不言「且」也。連「賵」何之者，嫌據「賵」言「歸」。○咺，况阮反。

【疏】注「據宰」至「且也」解云：即隱元年「秋，七月，天王使宰咺來歸惠公、仲子之賵」是也。

注「連賵」至「言歸」解云：若傳直言「其言且何」，即嫌責此賵事亦當言「歸」，故連言「賵」以辯嫌。

兼之。兼之，非禮也。「且」，兼辭。以言「且」，知譏兼之也。〔三六〕「含」言「歸」者，時主持含來也。去「天」者，含者臣子職，以至尊行至卑事，失尊之義也。不從含晚言「來」者，本不當含也。主書者，從含也。○去，起呂反，下同。

【疏】注「含者臣子職」解云：正以大宰掌之故也。

注「不從」至「含也」解云：正以含者殯前之禮，遥始行之，故知晚。然則，宜言「來」以見晚，而不言「來」者，正以本不當含，寧得責其晚乎？

注「主書」至「含也」解云：言春秋主書此事者，正欲譏其含，而並言「且賵」者，因譏之。

三月，辛亥，葬我小君成風。「成風」者何？僖公之母也。「風氏」也，任、宿、顓臾之姓。○任音壬。顓臾，音專，下音榆。

【疏】「成風者何」解云：欲言其妾，經書「小君」；欲言夫人，不同夫謚，故執不知問。

注「風氏」至「之姓」解云：風氏謂此成風，即上文「風氏薨」者矣。知任、宿等之姓者，左傳文。

王使召伯來會葬。去「天」者，不及事，刺比失喪禮也。

夏，公孫敖如晉。

秦人入鄀。○鄀，音弱。

秋，楚人滅六。

冬，十月，甲申，許男業卒。

【疏】「秋楚人滅六」〔三七〕解云：不月者，略夷狄滅小國也。説在僖二十六年。

「許男業卒」解云：正本作「辛」字。

六年，春，葬許僖公。

夏，季孫行父如陳。

秋，季孫行父如晉。

八月，乙亥，晉侯讙卒。○讙，好官反。

冬，十月，公子遂如晉。

葬晉襄公。書遂者，刺公生時數如晉，葬不自行，非禮也。禮，諸侯薨，使大夫弔，自會葬。○數，所角反。

【疏】注「書遂」至「會葬」 解云：晉侯生時，公數如晉者，即上二年「三月，乙巳，及晉處父盟」，彼下注云「如晉不書不致者，深諱之」；三年「冬，公如晉」之屬是也。言「葬不自行非禮」云云者，異義公羊説云「襄三十年，『叔弓如宋葬宋共姬』，譏公不自行也」者，與此注合。

晉殺其大夫陽處父。晉狐射姑出奔狄。晉殺其大夫陽處父，則狐射姑曷爲出奔？據「蔡殺其大夫公子燮」，「蔡公子履出奔楚」。此非同姓，恐見及。○射姑，音亦，又音夜，穀梁作夜。

【疏】注「據蔡」至「見及」 解云：事在襄二十年秋。彼則履是燮之同姓，言恐禍及己而出奔，此非同姓而亦奔，故難之。

射姑殺也。以非恐見及，知其殺。射姑殺，則其稱國以殺何？君漏言也。自上言泄下曰「漏」。○君漏，力豆反，泄也。言泄，息列反，又以制反。其漏言奈何？君將使射姑將。謂作中軍大夫。○姑將，子匠反，下同。陽處父諫曰：「射姑，民衆不說，不可使將。」於是廢將。陽處父出，射姑入。君謂射姑曰：「陽處父言曰『射姑，民衆不說，不可使將』。」射姑怒，出刺陽處父於朝而走。明君漏言殺之，當坐殺也。易曰「君不密則失臣，臣不密則失身，幾事不密則害成」。○不說，音悅，下同。刺，七亦反，又一音七賜反。

【疏】注「明君」至「坐殺也」 解云：襄公當坐，則例去其「葬」，而上文經書「冬，十月，公子遂如晉，葬襄公」者，蓋謂葬訖乃相殺，不得追去「葬」，是以穀梁傳曰「襄公死，處父主竟上之事，〔三八〕夜姑使人殺之」是也。然則，此傳雖連言之，仍不妨殺之在葬後，是以經書「葬」在殺前矣。

注「易曰」至「害成」 解云：上繫辭文也。鄭氏云「幾，微也。密，静也。言不慎于微而以動作則禍變必成」。

閏月不告月，猶朝于廟。「不告月」者何？不告朔也。禮，諸侯受十二月朔政於天子，藏于大祖廟，每月朔，朝廟，使大夫南面奉天子命，君北面而受之。比時使有司先告朔，謹之至也。〔三九〕受於廟者，孝子歸美先君，不敢自專也。言「朝」者，緣生以事死，親在，朝朝莫夕；已死，不敢渫鬼神。故事必于朔者，感月始生而朝。○大祖，音泰。比，必利反。朝朝，上如字，下直遥反。渫，息列反。

【疏】「不告月者何」解云：欲言朔日，文不言「朔」；欲言非朔，刺其不告，故執不知問。

注「禮諸侯」至「受之」解云：出玉藻。但謂禮法然，非謂禮有成文。

注「比時」至「告朔」解云：「比時」者，言比至月初之時也。

注「親在朝朝莫夕」解云：據禮有朝玄端、夕深衣之文故也。而文王世子云「文王之爲世子，朝於王季日三」者，蓋謂越禮之高矣。

曷爲不告朔？據俱月也。〔四〇〕天無是月也。閏月矣，何以謂之「天無是月」？非常月也。〔四一〕所在無常，故無政也。猶者何？通可以已也。朝者，因視朔政爾。無政而朝，故加「猶」。不言「朔」者，〔四二〕閏月無告朔禮也。不言「公」者，內事可知。

【疏】「猶者何」解云：欲言非禮，禮則有之；欲言是禮，而經書「猶」，故執不知問。

注「不言」至「可知」解云：欲道下十六年「夏，五月，公四不視朔」，言公矣，故解之。

七年，春，公伐邾婁。

三月，甲戌，取須朐。取邑不日，此何以日？據「取叢」也。○朐，其俱反。

【疏】注「據取叢也」解云：考諸舊本，「叢」皆作「闞」字，是以昭三十二年春王正月，「取闞」，傳云「闞者何？邾婁之邑也」。若作「叢」字，即僖三十三年「夏，四月，辛巳，晉人及姜戎敗秦于殽」，「癸巳，葬晉文公。狄侵齊。公伐邾婁取叢」。文承日月之下，而將取邑不日據之，非其義也。且案彼「叢」字，多作「鄒」字耳。

内辭也，使若他人然。使若公春伐邾婁而去，他人自以甲戌日取之。内再取邑，然後甚而日也。今此一取而日，「故使若他人然」。所以深諱者，扈之盟不見序，并爲取邑故。○并爲，于僞反，年末注同。

【疏】注「内再」至「日也」解云：即隱十年夏六月，「辛未，取郜。辛巳，取防」，傳云「取邑不日，此何以日？一月而再取也。何言乎『一月而再取』？甚之也」是也。若然，哀二年「春，王二月，季孫斯、叔孫州仇、仲孫何忌帥師伐邾婁，取漷東田及沂西田」，亦是再取邑而不日者，隱公之時，新王始起，當先自正，而比取人邑，小惡之甚者，書日以甚之；至定、哀之時，久致太平，内之小惡，亦諱而不書，是以不書其日矣。所以不全諱之者，如彼注云。

注「今此」至「人然」解云：舊本「故」下有「知」字。

注「扈之」至「邑故」解云：扈之盟在下文秋八月。

遂城郚。主書者，甚其生事，困極師衆。○郚，音吾。

夏，四月，宋公王臣卒。不書「葬」者，坐殺大夫也。不日者，内娶，略。

【疏】注「不書」至「夫也」 解云：正以僖二十四年宋公王臣即位，至二十五年夏，「宋殺其大夫」，而不書「葬」，明其坐此故也。

注「不日」至「娶略」 解云：正決僖九年「春，王三月，丁丑，宋公禦説卒」，書「丁丑」故也。

宋人殺其大夫。何以不名？據「宋殺其大夫山」名。

【疏】注「據宋」至「山名」 解云：即成十五年秋，「宋殺其大夫山」是也。

宋三世無大夫，三世内娶也。故使無大夫。

【疏】「宋三」至「娶也」 解云：僖二十五年傳云「宋三世無大夫，三世内娶也」，注云「三世謂慈父、王臣、處臼也。内娶大夫女也。言無大夫者，禮，不臣妻之父母，國内皆臣，無娶道，故絶去其大夫名（四三），正其義也」是也。然則，彼已有傳，今復發之者，恐大夫不書名更有他義，故明之。其有他義者，即莊二十六年夏，「曹殺其大夫」，傳云「何以不名？衆殺之」之類是耳。

戊子，晉人及秦人戰于令狐。○令，力丁反。晉先眛以師奔秦。（四四）此偏戰也，何以不言「師敗績」？據「秦師敗績」。○眛音蔑，（四五）左氏作「蔑」。

【疏】「晉先眜」　解云：左氏、穀梁作「先蔑」。

注「據秦師敗績」　解云：即上二年，「春，王二月，甲子，晉侯及秦師戰于彭衙，秦師敗績」是也。

敵也。俱無勝負。此晉先眜也，其稱「人」何？據奔無「出」文，知先眜也。貶。曷爲貶？據新築之戰，衛孫良夫敗績不貶。

【疏】注「據新築」至「不貶」　解云：即成二年夏，「衛孫良夫帥師及齊師戰于新築，〔四六〕衛師敗績」是也。

外也。其外奈何？以師外也。懷持二心，有功欲還，無功便持師出奔，故於「戰」貶之，起其以師外也。本所以懷持二心者，其咎亦由晉侯要以無功當誅也。不起者，敵而外事可知也。○咎，其九反。

【疏】注「不起」至「知也」　解云：言所以不中作文，起見晉侯要無功〔四七〕當誅之義者，以其可知故也。

何以不言「出」？據楚囊瓦俱戰而奔言「出」。

【疏】注「據楚」至「言出」　解云：即定四年冬，「蔡侯以吴子及楚人戰于伯莒，楚師敗績」，「楚囊瓦出奔鄭」也。以此言之，則令狐非晉地，伯莒爲楚地亦明矣。

遂在外也。起其生事成於竟外，從竟外去。

狄侵我西鄙。

秋，八月，公會諸侯、晉大夫盟于扈。諸侯何以不序？大夫何以不名？「序」，次也。據新城盟，諸侯序，「趙盾」名。

【疏】注「據新城」至「盾名」 解云：即下十四年夏，「六月，公會宋公、陳侯」以下「晉趙盾。癸酉，同盟于新城」是。

公失序也。公失序奈何？諸侯不可使與公盟，眣〔四八〕晉大夫使與公盟也。以目通指曰「眣」。文公内則「欲久喪而後不能」，喪娶、逆祀，外則貪利取邑，爲諸侯所薄賤，不見序，故深諱，爲不可知之辭。不日者，順諱爲善文也。○眣，音舜，本又作「眣」，丑乙反，又大結反。以目通指曰眣，本又作「眹」，音同。字書云眣，瞋也，以忍反。

【疏】注「以目通指曰眣」 解云：言其用目眂之而並指向魯，若今時瞬眼矣。

注「文公」至「不能」 解云：即上二年二月，「丁丑，作僖公主」，傳云「何以書？譏。何譏爾？不時也。其不時奈何？欲久喪而後不能」是也。

注「**喪娶逆祀**」解云：其「喪娶」即二年冬，「公子遂如齊納幣」，傳云「何以書？譏喪娶」是也。其「逆祀」〔四九〕即二年秋，「大事于大廟，躋僖公」，傳云「何譏爾？逆祀也」者是也。而先引喪娶者，正以納幣之前，仍有數禮，不妨在大事之前，故見之。

注「**外則貪利取邑**」解云：即上「春，公伐邾婁」，「取須朐」是也。

注「**不日**」至「**善文**」解云：正以日爲不信辭故也。

冬，徐伐莒。

謂之「徐」者，前共滅王者後，不知尊先聖法度，今自先犯，文對事連，可以起同惡。莒在下不得狄，故復狄徐也。一罪再狄者，明爲莒狄之爾。徐先狄，在僖十五年。○復，扶又反。

【疏】注「**謂之**」至「**同惡**」解云：即僖十四年「春，諸侯城緣陵」，傳曰「孰城之？城杞也。曷爲城杞？滅也。孰滅之？蓋徐、莒脅之」是也。言「不知尊先聖法度」者，謂杞有禹法度也。

注「**莒在**」至「**徐也**」解云：謂莒時被伐，例不得出主名，是以無由狄之。

注「**徐先**」至「**五年**」解云：即僖十五年冬，「楚人敗徐于婁林」，彼注云「謂之徐者，爲滅杞，不知尊先聖法度，惡重，故狄之也」是也。

公孫敖如莒莅盟。

八年，春，王正月。

夏，四月。

秋，八月，戊申，天王崩。

冬，十月，壬午，公子遂會晉趙盾，盟于衡雍。○雍，於用反。

乙酉，公子遂會伊雒戎，盟于暴。四日不能再出，不卒名者，非一事再見也。○雒，音洛。暴，步報反，本又作曝，一音甫沃反。見，賢徧反。〔五〇〕

【疏】注「四日」至「見也」　解云：欲道宣元年，「公子遂如齊」，「三月，遂以夫人婦姜至自齊」，傳云「遂何以不稱公子？一事而再見者，卒名也」，注云「卒，竟也。竟但舉名者，省文」耳。言彼是一事再見，故得省文，與此異也。

公孫敖如京師，不至復。丙戌，奔莒。「不至復」者何？「不至復者」，内辭也。不可使往也。安居不肯行，故諱使若已行，但不至還爾。即已行，當道所至乃言「復」，如「至黄」矣。

【疏】「不至復者何」　解云：欲言不到，經有「如」文；欲言實到，復有「不至」之稱，故執不知問。

注「即已」至「黄矣」　解云：即宣八年「夏，六月，公子遂如齊，至黄乃復」是也。

不可使往，則其言「如京師」何？遂公意也。正其義，不使君命壅塞。○壅，於勇反。何以不言「出」？據慶父言「出奔」。

【疏】注「據慶」至「出奔」　解云：即上閔二年九月，「公子慶父出奔莒」是也。

遂在外也。諱使若從外奔，（五一）不敢復還者也。日者，嫌敖罪明，則起君弱，故諱使若無罪。○復，扶又反。

【疏】注「日者」至「無罪」　解云：閔二年九月，「公子慶父出奔莒」，彼注云「不日者，內大夫奔例，無罪者日，有罪者月」是也。故此作注云「日者」，「使若無罪」矣。內大夫奔例日者，襄二十三年「冬，十月，乙亥，臧孫紇出奔邾婁」之屬是也。

螽。先是公如晉，公子遂、公孫敖比出，不可使，勢奪於大夫，煩擾之應。○螽，音終。

【疏】注「先是」至「之應」　解云：公子遂不可使者，即僖三十年冬，「公子遂如京師，遂如晉」，傳云「大夫無遂事，此其言『遂』何？公不得爲政爾」，注云「不從公政令也。時見使如京師而横生事，矯君命聘晉，故疾其驕蹇自專，當絶之」者是。

宋人殺其大夫司馬。宋司城來奔。「司馬」者何？「司城」者何？皆官舉也。皆以官名舉言之。天子有大司徒、大司馬、大司空，皆三公官名也。諸侯有司徒、司馬、司空，皆卿官也。宋變司空爲司城者，辟先君武公名也。

【疏】「司馬者何」解云：欲言大夫，例不官舉；欲言非大夫，而經有「大夫」之文，故執不知問。

「司城者何」解云：欲言大夫，例不官舉；欲言非大夫，「司城」者宋大夫之號，故執不知問。

注「宋變」至「武公名也」解云：桓六年左氏傳文。

曷爲皆官舉？據「宋殺其大夫山」，不官舉。

【疏】注「據宋殺」至「官舉」解云：即在成十五年秋。

宋三世無大夫，三世内娶也。宋以内娶，故威勢下流，三世妃黨争權相殺，司城驚逃，子哀奔亡，（五二）主或不知所任，朝廷久空，故但舉官起其事也。（五三）大夫相殺例皆時。

【疏】注「子哀奔亡」解云：即下十四年，「宋子哀來奔」是也。

注「大夫相殺例皆時」解云：正以此經及下九年「晉人殺其大夫先都」、「晉人殺其大夫士縠」之屬，（五四）皆不別書日月故也。知彼此是大夫相殺之經者，正以下十六年傳云「大夫相殺稱人」矣。

九年，春，毛伯來求金。「毛伯」者何？天子之大夫也。何以不稱「使」？據南季稱「使」。

【疏】「毛伯者何」解云：欲言諸侯，經不書「朝」；欲言大夫，又不言「使」，故執不知問。

注「據南季稱使」解云：即隱九年「春，天王使南季來聘」是。

當喪，未君也。時王新有三年喪。

【疏】注「時王新有三年喪」解云：即去年八月，「天王崩」是也。

踰年矣，何以謂之未君？據崩在八年，踰年當即位。即位矣，而未稱「王」也。未稱「王」何以知其即位？以諸侯之踰年即位，亦知天子之踰年即位也。俱繼體，其禮不得異。各信恩於其下。○信，音申。以天子三年然後稱「王」，亦知諸侯於其封內三年稱「子」也。踰年稱「公」矣，則曷爲於其封內三年稱「子」？緣民臣之心，不可一日無君；緣終始之義，一年不二君，故「君薨稱『子某』，既葬稱『子』」，明繼體以繫民臣之心。

【疏】「踰年稱公」解云：莊三十二年師解云爾，〔五五〕故據難之。

不可曠年無君；故「踰年稱公」。緣孝子之心，則三年不忍當也。孝子三年志在思慕，不忍當父位，故雖即位，猶於其封內三年稱「子」。子張曰：「書云『高宗諒闇，〔五六〕三年不言』，何謂也？」孔子曰「何必高宗，古之人皆然。君薨，百官總己以聽冢宰三年。」○涼，音亮，又音良。闇，如字，又音陰。

「毛伯來求金」何以書？譏。何譏爾？王者無求，求金，非禮也。然則是王者與？據未稱「王」。○與，音餘。曰，非也。非王者則曷爲謂之王者，王者無求？〔五七〕曰，是子也，雖名爲三年稱「子」者，其實非唯繼父之位。繼文王之體，守文王之法度，文王之法無求，而求，故譏之也。引文王者，文王始受命，制法度。

夫人姜氏如齊。奔父母之喪也。不言「奔喪」者，尊內，猶不言「朝」、「聘」也。故以致起得禮也。書者，大夫家，危重。言「如齊」者，大夫繫國。

【疏】**注「奔父母之喪也」**解云：知者，正以諸侯夫人尊重，既在夫家，終身不反，唯三年之喪乃可越竟而奔之。今此夫人如齊，直書不諱，故知其奔父母之喪也。

注「故以致起得禮也」解云：正以春秋之例，夫人違禮而出會者皆不「致」之，唯此一文而書「至」，故莊二年注云〔五八〕「有出道乃致，奔喪致」是也。

注「書者」至「危重」解云：欲道夫人如齊奔父母之喪，禮既許之，則是常事，而書之者，但此夫人所適乃是大夫之家，卑于夫人，有不制之義，而危重之，是以書也。

注「言如齊」至「繫國」解云：案上四年「逆婦姜」之下，注云「不言如齊者，大夫無國也」。與此違者，正以四年經云「夏，逆婦姜于齊」，逆至共文，又不書「如齊」，見其娶于大夫矣，故不言「如齊」，正由大夫無國故也。今此夫人仍彼婦姜，一也，經書「如齊」，明知正由大夫繫國故也。何者？今既尊内，不言奔喪，若去「如齊」，即文不可施，是以將大夫繫國，書「如齊」矣。

二月，叔孫得臣如京師。

辛丑，葬襄王。王者不書「葬」，此何以書？不及時書，過時書，重録失時。

【疏】「王者不」至「以書」　解云：正以隱三年「天王崩」之下，師作解云「天子記崩不記葬，必其時也」，故此弟子據而難之。

「不及時書過時書」　解云：其「不及時書」者，即宣二年十月，「天王崩」，三年正月，「葬匡王」，昭三十二年「夏，四月，乙丑，天王崩」，「六月，叔鞅如京師，葬景王」之屬是也。以其不及七月，故書之也。其「過時書」者，上下無文，唯桓十五年「三月，乙未，天王崩」，至莊三年夏，「五月，葬桓王」，蓋以當之。

注「重録失時」　解云：以天下共葬一人而不如禮，故重録之，刺其失時矣。

我有往者則書。謂使大夫往也。惡文公不自往，故書「葬」，以起大夫會之。日者，僖公、成風之喪，襄王比加禮，故恩録之，所以甚責内。○惡，烏路反。

【疏】注「日者」至「責内」　解云：如此注者，正以昭二十二年「六月，叔鞅如京師，葬景王」之屬不日故也。言

「襄王比加禮」者，即元年「叔服來會葬」，五年「榮叔歸含且賵」，「召伯來會葬」之屬是也。

晉人殺其大夫先都。

三月，夫人姜氏至自齊。出獨致者，得禮，故與臣子辭。月者，婦人危重，從始至例。

【疏】注「出獨」至「子辭」解云：書「致」者，臣子喜其脱危而致，故曰「與臣子辭」耳。

注「月者」至「始至例」解云：獨行無制，恐有非禮之惡，故曰「危重」也。言「從始至例」者，即宣元年三月，「遂以夫人婦姜至自齊」，成十四年「九月，僑如以夫人婦姜氏至自齊」之屬是也。

晉人殺其大夫士穀及箕鄭父。

楚人伐鄭。

公子遂會晉人、宋人、衛人、許人救鄭。

夏，狄侵齊。

秋，八月，曹伯襄卒。

九月，癸酉，地震。「地震」者何？動地也。「動」者，震之故。傳先言「動」者，喻若物之動地以曉人也。

【疏】「地震者何」解云：大陰沈重，本無動性，而書「震」，故執不知問。

何以書？記異也。天動地静者，常也。地動者，象陰爲陽行。是時魯文公制於公子遂，齊、晉失道，四方叛德，星孛之萌，自此而作，故下與北斗之變所感同也。不傳天下異者，從王内録可知。○行，下孟反。孛，音佩。

【疏】注「星孛」至「同也」〔五九〕解云：即十四年「秋，七月，有星孛入于北斗」是也。言「與北斗之變所感同」者，即十四年注云「齊、晉並争，吴、楚更謀，競行天子之事，齊、宋、莒、魯弑其君而立之應」是也。注「不傳」至「可知」解云：僖十四年「秋，八月，辛卯，沙鹿崩」，傳云「何以書？記異也。外異不書，此何以書？爲天下記異也」。今此地震爲内録之，内爲新王天下明矣，故言「不傳天下異者，從王内録可知」。

冬，楚子使椒來聘。「椒」者何？楚大夫也。楚無大夫，此何以書？始有大夫也。入文公所聞世，見升平法，〔六〇〕内諸夏以外夷狄也。屈完、子玉得臣者，以起霸事。此其正也。聘而與大夫者，本大國。○椒，子遥反，一本作荍，子小反。見，賢徧反。

【疏】「椒者何」解云：欲言大夫，不言其氏；欲言微者，書名見經，故執不知問。

注「入文」至「升平」解云：知文公爲所聞之世者，春秋説云「文、宣、成、襄，所聞之世」是也。言「見治升平」者，升，進也，欲見其治稍稍上進而至于平也。

注「内諸夏外夷狄」解云：即成十五年冬，「叔孫僑如會晉士燮」以下「會吴于鍾離」，傳云「曷爲殊會吴？外吴也。曷爲外也？春秋内其國而外諸夏，内諸夏而外夷狄」是也。

注「屈完」至「霸事」解云：僖四年夏，「楚屈完來盟于師，盟于召陵」，傳曰「屈完者何？楚大夫也。何以不稱使？尊屈完也。曷爲尊屈完？以當桓公也」，何氏云「增倍使若得其君，以醇霸德、成王事也」是也。其子玉得臣者，即僖二十八年夏，「楚殺其大夫得臣」，何氏云「楚無大夫，其言大夫者，欲起上楚人本當言子玉得臣，所以詳録霸事」是也。然則，彼二人皆是傳聞之世，未合書之而書之者，欲起齊桓、晉文霸事故也。

注「此其正」至「大國」解云：等是夷狄，而舒、越之屬皆無大夫，而楚得有大夫者，正以本是大國，故入所聞之世於是見法矣。

始有大夫，則何以不氏？據屈完氏。許夷狄者不一而足也。〔六一〕「許」，與也。足其氏，則當純以中國禮責之。〔六二〕嫌夷狄質薄，不可卒備，故且以漸。○卒，七忽反。

秦人來歸僖公、成風之禭。其言「僖公、成風」何？兼之。兼之，非禮也。禮主于敬，當各使一使，所以別尊卑。○禭，音遂，贈喪之衣服。一使，所吏反。別，彼列反，下同。

【疏】「其言僖公成風之禭何」〔六三〕解云：欲言非禮，禮有「禭」文；欲言是禮，而二人並致，故執不知問。

曷爲不言「及成風」？據「及」者，別公、夫人尊卑文也。連「成風」者，但問尊卑體當絶，非欲上「成風」使「及僖公」。○上，時掌反，又如字。

【疏】注「據及」至「卑文也」解云：即僖十一年「夏，公及夫人姜氏會齊侯于陽穀」是也。

成風，尊也。不可使卑及尊也。母尊，序在下者，明婦人有三從之義：少繫父，既嫁繫夫，夫死繫子。○少，詩召反。

葬曹共公。○共，音恭。

校勘記

〔一〕下四年秋楚人滅六　殿本考證：滅六非四年秋事，注言「滅江、六」，不應但解滅六不解滅江。「滅」下當補「江五年秋楚人滅」七字。浦鏜云：「秋」下脱「楚人滅江五年秋」七字。

〔二〕其言來奔喪　浦鏜云：「喪」下脱「何奔喪」三字。

〔三〕君子恩隆于親親　「隆」原作「降」。浦鏜云：「隆」誤「降」，據改。

〔四〕故變文王札繫先王以明之　「王」原作「上」。北大本校記：公羊義疏「上」作「王」，據改。

〔五〕即桓三年　「三」原作「五」。浦鏜云：「三」誤「五」。今按，單抄本作「三」。據改。

〔六〕戚千寂反　「千」原作「于」。據撫州本釋文改。

〔七〕吉凶不相干　「干」原作「于」。阮校：鄂本作「干」，此本誤「于」，今訂正。今按，撫州本、余本「于」作「干」。據改。

〔八〕則其稱人何貶　「貶」原作「故」。殿本考證：「故」字衍。北大本校記：公羊義疏「故」作「貶」。今按，單抄本「故」作「貶」。據改。

〔九〕親喪以下壙　阮校：「以下」穀梁疏引作「已入」。

〔一〇〕皇皇無所親　阮校：穀梁疏引作「皇皇無所見」，此作「親」，誤。

〔一一〕猶安神也用桑者　浦鏜云：「神」衍字，「也」下脱「虞主」，「桑者」下脱「桑猶喪也」，從穀梁疏校。

〔一二〕朝葬日中而虞　「而」原在「日中」上。浦鏜云：「而」誤在「日中」上。阮校：注作「日中而虞」。據改。

〔一三〕埋虞主於兩階之間　「埋」原作「理」。阮校：閩、監本作「埋」不誤，此本、毛本誤作「理」。今按，撫州本、余本作「埋」。據改。

〔一四〕桑主不文　浦鏜云：今本士虞記無「文」字。

〔一五〕問社於宰我故也　浦鏜云：「社」下脱「主」字。下云今論語無「社」字，則與論語疏所云張、包、周本，以爲哀公問主於宰我合也。阮校：浦鏜説非。古論語作「問社」，魯論語作「問主」。

〔一六〕常所當奉事也質家藏于堂　「常」原作「當」。阮校：毛本上「當」作「堂」，宜據正。儀禮經傳通解作

「常」，鄂本下「當」作「常」，皆誤。又按當作「藏于廟中堂所常奉事也質家藏于室」。各本有誤，俟再考。孫詒讓校記：此當從鄂本謂「藏于廟室當常奉事」，以別於桑主不藏而埋之也。阮校並誤。桑主埋者，因不常奉事故也。「堂」不誤。今按，撫州本、余本上「當」字作「常」，據改。又浦鏜云：「室」誤「堂」，從通解續校。阮校：鄂本「于」作「於」。儀禮經傳通解「堂」作「室」，宜據以訂正。又文家尊尊故藏於堂，質家親親故藏于室。

〔一七〕正決下三年　「三」原作「二」。浦鏜云：「三」誤「二」。今按，單抄本作「三」。據改。

〔一八〕云言也　北大本校記：公羊義疏「言」作「有」。

〔一九〕何以書記災也　浦鏜云：「異」誤「災」，阮校：僖二十一年作「災」。今按，單抄本作「異」。

〔二〇〕下大祖皆同　「大」原作「太」。撫州本、宋本釋文「太」作「大」。據改。

〔二一〕故不得然解　「解」字原無。浦鏜云：「然」下有「解」字，從通解續校。今按，單抄本有「解」字。據補。

〔二二〕不主禘祫　阮校：盧文弨曰：疑「不王不禘」之誤。

〔二三〕不復譏　阮校：鄂本「復」作「獨」。

〔二四〕故爲隱恩痛之　浦鏜云：「恩」下脱「録」字。阮校：何校本有，與隱三年經合。

〔二五〕衆死而墜者　阮校：何煌云穀梁疏引無「衆」字。按無「衆」者非也。

〔二六〕羣臣將爭彊相殘賊之象　阮校：何煌云「羣」上穀梁疏有「象宋」二字。按此疏家以意改也。

〔二七〕是後大臣比爭鬭相殺　「比」原作「北」。阮校：此本「比」誤「北」，今據諸本訂正。

〔二八〕朝廷久空蓋猶三世内娶　「猶」原作「由」。阮校：鄂本「空」作「虚」，「空」誤。「由」鄂本作

〔二九〕「猶」。今按，撫州本、余本「由」作「猶」。據改。
〔三〇〕宋人殺其大夫是也　浦鏜云：「大夫」下脱「司馬」二字。
〔三一〕及下七年傳皆云　「下」原作「十」。浦鏜云：「下」誤「十」。今按，單抄本作「下」。據改。
〔三二〕注據兩至救也　單抄本標起訖至「非兩之當重出處父也」。
〔三三〕正以以江近楚遠故也　阮校：閩、監、毛本下「以」作「其」。
〔三四〕衛侯使甯俞來聘　阮校：經義雜記曰，賈氏所據公羊作「甯速」，即徐所謂公羊正本是也。後人依左、穀改之。釋文甯俞音餘，已同今本矣。
〔三五〕大夫以碧　阮校：檀弓下正義「碧」作「璧」。
〔三六〕天子至貝者　阮校：閩、監、毛本「貝」上增「以」字。
〔三七〕知譏兼之也　「譏」原作「幾」。阮校：鄂本「幾」作「譏」，此誤。今按，撫州本、余本作「譏」。據改。
〔三八〕秋楚人滅六　浦鏜云：「秋楚人滅六」至「僖二十六年」當在上「秋楚人滅六」經下。
〔三九〕處父主竟上之事　浦鏜云：「之」衍字。
〔四〇〕謹之至也　阮校：鄂本「謹」作「慎」。此當是避宋諱所改。今按，阮校是，撫州本、余本「謹」作「慎」同。
〔四一〕據俱月也　「俱」原作「具」。阮校：鄂本「具」作「俱」。今按，撫州本、余本作「俱」。據改。
〔四二〕天無是月非常月也　阮校：唐石經、鄂本重「是月」，此脱。今按，撫州本重「是月」，余本不重。
〔四三〕不言朔者　「朔」原作「朝」。阮校：此本「朔」誤「朝」，今據諸本訂正。今按撫州本、余本「朝」作「朔」。據改。

〔四三〕故絶去其大夫名　浦鏜云：「其」衍字。

〔四四〕晉先眛以師奔秦　浦鏜云：「眛」誤從「未」，後並同。阮校：唐石經、鄂本同作「眛」，段玉裁云从「末」是也。又穀梁、左傳無「以師」二字，義疏並據下傳文，疑有者衍文。

〔四五〕眛音蔑　「眛」原作「昧」。按撫州本、余本釋文「眛」作「眛」，宋本誤作「昧」。據改。

〔四六〕及齊師戰于新築　「戰」原作「敗」。北大本校記：據成二年及公羊義疏，「戰」當作「敗」。今按，諸本作「戰」，據改。

〔四七〕晉侯要無功　單抄本「要」下有「以」字。

〔四八〕不可使與公盟眣　阮校：段玉裁云，成二年作「郤克眣魯、衛之使」，字從目從矢，釋文「眣音舜，本又作眣，丑乙反，本又作眣，音同」。今釋文眣亦誤眣，眣作誤眹。

〔四九〕其逆祀　「祀」原作「禮」。浦鏜云：「祀」誤「禮」。今按，單抄本「禮」作「祀」。據改。

〔五〇〕見賢徧反　「徧」原作「遍」。諸本釋文作「徧」。據改。

〔五一〕若從外奔　「奔」原作「來」。阮校：鄂本「來」作「奔」，當據正。今按，諸本「來」作「奔」。據改。

〔五二〕子哀奔亡　「哀奔」原爲二墨丁，「亡」原作「之」。阮校：今本「亡」誤「之」，今訂正。鄂本「哀奔」二字空缺。今按，撫州本、余本兩墨丁作「哀奔」，「之」作「亡」。據改。

〔五三〕起其事也　「起其」二字原爲二墨丁。阮校：鄂本「起其」二字空缺。今按，撫州本、余本兩墨丁作「起其」。據補。

〔五四〕士縠之屬　「縠」原作「穀」。阮校：閩、監、毛本「穀」作「縠」。今按，單抄本「穀」作「縠」。據改。

〔五五〕莊三十二年師解云爾　「三十二」原作「二十」。殿本考證云：「二十」當作「三十二」。阮校：按當作「莊三十二年傳云爾」。今按，單抄本「二十」作「三十」，脱「二」字。據殿本考證説改。

〔五六〕高宗諒闇　「諒」原作「涼」。阮校：鄂本「涼」作「諒」。今按，撫州本作「諒」，余本作「涼」。今據撫州本改。

〔五七〕謂之王者王者無求　譯注引俞樾群經評議謂此「王者」二字誤疊，衍。

〔五八〕故莊二年注云　「二」原作「元」。浦鏜云：「二」誤「元」。據改。

〔五九〕注星孛至同也　「星孛」原作「孛星」。阮校：按閩、監、毛本「孛星」作「星孛」，是也。今按，單抄本作「星孛」。據改。

〔六〇〕見升平法　浦鏜云：疏作「見治升平」。

〔六一〕不一而足也　浦鏜云：「壹」誤「一」。阮校：按唐石經、諸本皆作「一」。

〔六二〕以中國禮貴之　阮校：鄂本「貴」作「責」，此誤。今按，撫州本、余本作「貴」。

〔六三〕其言僖公成風之襚何　「公」字原無。阮校：閩、監、毛本「僖」下有「公」字，此脱。何校本無「之襚」二字。單抄本「僖」下有「公」字。據補。

監本附音春秋公羊傳注疏文公卷第十四 起十年，盡十八年。

何休學

十年，春，王三月，辛卯，臧孫辰卒。

夏，秦伐晉。謂之「秦」者，起令狐之戰，敵均不敗，晉先眛以師奔秦[一]，可以足矣，而猶不知止，故夷狄之。

楚殺其大夫宜申。

自正月不雨，至于秋七月。公子遂之所招。

及蘇子盟于女栗。〇女，音汝，本亦作汝。

冬，狄侵宋。

楚子、蔡侯次于屈貉。魯恐，故書，刺微弱也。○屈貉，居勿反，又音厥，下音麥，又户各反。二傳作「厥貉」。

十有一年，春，楚子伐圈。○圈，求阮反，一音卷，説文作圈，字林臼萬反，二傳作「麇」。

夏，叔彭生會晉郤缺于承匡。

秋，曹伯來朝。

公子遂如宋。

狄侵齊。

冬，十月，甲午，叔孫得臣敗狄于鹹。「狄」者何？以日，嫌夷狄不能偏戰，故問也。○鹹，音咸。

【疏】注「以日」至「問也」解云：正以春秋之例，偏戰日，詐戰月。夷狄不能偏戰，今而書日，故執不知問。

長狄也。蓋長百尺。

【疏】注「蓋長百尺」解云：何氏蓋取關中記云「秦始皇二十六年，有長人十二，見於臨洮，身長百尺，皆夷狄服，天誡若曰：勿大爲夷狄行，將滅其國。始皇不知，反喜，是時初併六國，以爲瑞，乃收天下兵器，鑄作銅人十二象之」是也。其文穀梁、左氏與此長短不同者，不可强合。

兄弟三人，言相類如兄弟。

【疏】注「言相類如兄弟」解云：正以別之三國，不相援助，是以知其非親兄弟。

一者之齊，一者之魯，一者之晉。不書者，外異也。

【疏】注「不書者外異也」解云：案上文「狄侵齊」，而云「不書」者，蓋以爲侵齊之狄，非此等也。

其之齊者，王子成父殺之；其之魯者，叔孫得臣殺之；經言「敗」，殺不明，故復云爾。○復，扶又反。則未知其之晉者也。其言「敗」何？據「敗」者内戰文，非殺一人也。

【疏】注「敗者」至「人也」　解云：以春秋之義，内魯爲王，王於諸侯，〔二〕無敵之義，但當言「戰」，「戰」則是内敗之文；言「敗某師」則是内戰之文。今敵其一人而言「敗狄于鹹」，作内戰之經，故難之。

大之也。長狄之三國，皆欲爲君。長大非一人所能討，興師動衆，然後殺之，如大戰，故就其事言「敗」。

【疏】注「長狄」至「爲君」　解云：正以各之一國故也。何者？雖非兄弟，若不爲君，羣行亦得，即「長人十二見於臨洮」是也。

其日何？據日而言「敗」，與公子友敗莒師于犂同〔三〕，非殺一人文。○犂，力知反，又力兮反。

【疏】注「據日」至「人文」　解云：即僖元年「冬，十月，壬午，公子友帥師敗莒師于犂，獲莒挐」，傳云「莒人聞之曰『吾已得子之賊矣』！以求賂于魯，〔四〕魯人不與，爲是興師而伐魯。季子待之以偏戰」是也。

大之也。如結日大戰。其地何？大之也。如大戰，故地。何以書？記異也。魯成就周道之封，齊、晉霸尊周室之後，長狄之操，無羽翮之助，别之三國，皆欲爲君。此象周室衰，禮義廢，大人無輔佐，有夷狄行。事以三成，不可苟指一，故自宣、成以往，弑君二十八，亡國四十。○行，下孟反。

【疏】注「魯成就周道之封」　解云：正以周公相成王而致太平意，封于魯，故云爾。

注「齊晉」至「之後」　解云：正以晉文、齊桓皆率諸侯尊事天子，此是齊、晉之君子孫，故云爾。

注「長狄」至「之助」解云：謂執持此意也。

注「事以三成」解云：即長狄之三國，共成其異是也。言「不可苟指一」者，明知其異，亦不苟指一事而已。

注「故自宣成」至「四十」解云：案今春秋之經，自宣、成以下，訖于哀十四年，止有弒君二十，亡國二十四，則知此注誤也。宜云「弒君二十」也，「八」是衍字；「亡國二十四」也，作「四十」者，錯也。其弒君二十，〔五〕即宣二年，「趙盾弒其君夷獋」，四年，「歸生弒其君夷」，十年，「夏徵舒弒其君平國」，襄二十五年，「崔杼弒其君光」，「吳子謁伐楚，門于巢，卒」，爲巢人所弒，二十六年，「衛甯喜弒其君剽」，二十九年，「閽弒吳子餘祭」，三十年，「蔡世子般弒其君固」，三十一年，「莒人弒其君密州」，昭八年，「陳招殺偃師」，十一年「楚子虔誘蔡侯般，殺之」，十三年，公子比殺其君虔，棄疾殺比，十九年，「許世子止弒其君買」，二十三年，吳殺胡子髡、沈子楹，二十七年，「吳弒其君僚」，定四年，蔡殺沈子嘉，十三年，「薛弒其君比」，哀六年，「齊陳乞弒其君舍」之屬是也。其滅國二十四者，宣八年，「楚滅舒蓼」，十二年，「楚滅蕭」，十五年，「晉滅潞氏」，十六年，「滅甲氏及留吁」，成十七年，「楚滅舒庸」，襄六年，「莒人滅鄫」、齊滅萊，十年，「遂滅偪陽」，十三年，「取詩」，二十五年，「楚滅舒鳩」，昭四年，「遂滅厲」，八年，「楚滅陳」，十一年，「楚滅蔡」，十七年，「晉滅賁渾戎」，二十三年，「胡子髡、沈子楹滅」，二十四年，「吳滅巢」，三十年，「吳滅徐」，定四年，「蔡滅沈」，六年，「鄭滅許」，十四年，「楚滅頓」，十五年「楚滅胡」，哀八年，「宋滅曹」之屬，是其二十四也。然則，三國變異，起自今年，而注者所以不言「自今以後」，而言「自宣、成以往」者，蓋以文公之年，已過半，以後既不得其初，故遺去，其實，楚人滅庸，宋弒處臼，莒弒庶其之屬，皆由此禍耳。或者弒君二十八，亡國四十者，春秋說文，其間亦有經不書者，故不同耳。

十有二年，春，王正月，盛伯來奔。「盛伯」者何？失地之君也。

何以不名？兄弟辭也。與郜子同義。月者，前爲魯所滅，今來見歸，尤當加意厚遇之。

【疏】「盛伯者何」解云：欲言諸侯，不見存文，欲言大夫，而經書「伯」，故執不知問。

「何以不名」解云：桓七年夏，「穀伯綏、鄧侯吾離來朝」之下，傳云「皆何以名？失地之君也」。是以此處見道失地之君，即責云「何以不名」？然則何氏此處不言「據穀、鄧名」者，正以僖公二十年「郜子來朝」之下已注訖故也。

注「與郜子同義」解云：即僖二十年「郜子來朝」，傳云「郜子者何？失地之君也。何以不名？兄弟辭也」，何氏云「郜，魯之同姓，故不忍言其絶賤，明當尊遇之，異於穀、鄧也。書者，喜内見歸」是也。然則，言「同義」者，謂尊遇兄弟，異於他姓，是以不忍言其名，不謂朝奔之文相似。

注「月者」至「遇之」解云：正以穀、鄧、郜子之屬，皆書時，此特書月，故須解也。言「前爲魯所滅」者，即莊八年「夏，師及齊師圍成，成降于齊師」，傳云「成者何？盛也。盛則曷爲謂之成？諱滅同姓也」是也。

杞伯來朝。

二月，庚子，子叔姬卒。「卒」者，許嫁。

【疏】注「卒者許嫁」解云：舊本皆無此注，且理亦不須，疑衍字。

此未適人，何以「卒」？許嫁矣。婦人許嫁，字而笄之，死則以成人之喪治之。其稱「子」何？據伯姬卒，亦許嫁，不稱「子」。○笄，古兮反。〔六〕

【疏】「此未」至「以卒」　解云：正以叔姬無所繫，故知未適人也。

注「據伯」至「稱子」　解云：即僖九年「秋，七月，乙酉，伯姬卒」是也。

貴也。其貴奈何？母弟也。不稱「母妹」而繫先君言「子」者，遠別也。禮，男子不絶婦人之手，婦人不絶男子之手。○別，彼列反。〔七〕

【疏】注「禮男」至「之手」　解云：既夕禮及喪大記皆有此文。

夏，楚人圍巢。

秋，滕子來朝。

秦伯使遂來聘。「遂」者何？秦大夫也。秦無大夫，此何以書？賢繆公也。何賢乎繆公？據聘不足與大夫，「荆人來聘」是也。○使遂，二傳作「術」。繆，音穆。〔八〕

【疏】「秦伯使遂來聘」 解云：左氏、穀梁皆作「術」字，經亦有作「術」字者，疑「遂」字誤。

「遂者何」 解云：欲言微者，書名見經；欲言大夫，不録其氏，故執不知問。

注「荆人來聘是也」 解云：莊二十三年夏，「荆人來聘」，傳云「荆何以稱人？始能聘也」是也。

以爲能變也。其爲能變奈何？「惟諓諓善竫言，「諓諓」，淺薄之貌。「竫」，猶撰也。○諓諓，徐在淺反，又子淺反，又音餞。尚書作截，〔九〕淺薄貌也，賈逵注外傳云「巧言也」。善竫，在井反，撰也，本或作「諞」，皮勉反，又必淺反。本作「譔」，七全反，又仕勉反。

【疏】「惟諓諓善竫言」 解云：謂自念有淺薄之善〔一〇〕而撰其言也。

俾君子易怠，「俾」，使也。「易怠」，猶輕惰也。○俾，必爾反，注同，使也。易，以豉反，注同。惰，大卧反。

【疏】「俾君子易怠」 解云：能撰善言，故謂之「君子」。言使此君子易爲輕惰。何者？自恃其善，而欲慢人以自辱矣。

而況乎我多有之；惟一介斷斷焉無他技。「一介」，猶一槩。「斷斷」，猶專一也。「他技」，奇巧、異端也。孔子曰「攻乎異端，斯害也已」。○一介，古拜反，一介猶一槩也，尚書音古賀反。斷斷，丁亂反，專一也，注同。技，其踦反。〔一一〕槩，古愛反。奇，其宜反，本又作「琦」，同。

【疏】「而況」至「有之」　解云：「我」謂秦伯也。言況於秦伯之懷其善言無筭，故曰「多有之」。

「惟一」至「他技」　解云：秦伯之善，雖曰無筭，若思念之，皆是一槩專一之事，更無奇巧異端之術。言其醇粹，其善無擇矣。

注「斷斷」至「異端」　解云：即鄭注大學云「斷斷，誠一之貌也，他技，異端之技也」，是與此合。

其心休休，「休休」，美大貌。○休，休，許虬反，美大貌。能有容，能含容賢者逆耳之言。是難也」。是難行也。秦繆公自傷前不能用百里子、蹇叔子之言，感而自變悔，遂霸西戎，故因其能聘中國，善而與之，使有大夫。子貢曰「君子之過也，如日月之食焉，過也，人皆見之，更也，人皆仰之」。此之謂也。

【疏】注「秦繆」至「言之」　解云：事在僖三十三年。

冬，十有二月，戊午，晉人、秦人戰于河曲。此偏戰也，何以不言「師敗績」？〔一二〕敵也。曷爲以水地？「以水地」者，謂以水曲折，起地遠近所在也。據「戰于泓」不言「曲」。○折，之設反。

【疏】「此偏戰」　解云：以其書日，故知之。

注「據戰于泓不言曲」　解云：即僖二十二年冬，「宋公及楚人戰于泓，宋師敗績」是也。

河曲疏矣，〔一三〕河千里而一曲也。河曲疏，〔一四〕以據地明，故可以曲地，因以起二國之君數興兵相伐，戰無已時。故不言「及」，不別曲直，而地以「河曲」，明兩曲也。○數，所角反。不別，彼列反。下同。

季孫行父帥師城諸及運。書「帥師」者，〔一五〕刺魯微弱，臣下不可使，邑久不脩，不敢徒行，興師厲衆，然後敢城之。言「及」者，別君邑、臣邑也。○運，二傳作「鄆」，後皆爾。

【疏】**注「書帥」至「城之」** 解云：如此注者，正見隱七年「夏，城中丘」之屬，皆不言「帥師」故也。言「臣下不可使」者，即上八年，「公孫敖如京師，不至復。丙戌，奔莒」，傳云「不至復者何？不至復者，〔一六〕内辭也，不可使往也」之屬是也。

注「言及」至「邑也」 解云：正見昭五年，「莒牟夷以牟婁及防兹來奔」，彼傳云「其言『及防兹來奔』何？不以私邑累公邑也」，何氏云：「公邑，君邑也；私邑，臣邑也。累，次也。義不可使臣邑與公邑相次序，故言『及』以絶之」是也。

十有三年，春，王正月。

夏，五月，壬午，陳侯朔卒。不書「葬」者，盈爲晉文諱也。晉文雖霸，彊會人孤以尊天子，〔一七〕自補有餘，故復盈爲諱。○盈爲，于僞反，下文「盈爲」、「爲周公」皆同。復，扶又反。

【疏】注「不書」至「盈爲諱」　解云：「盈」者，相接足之辭。晉文於僖二十八年之時，此朔之父陳侯款，夏六月卒，至冬未未葬，〔一八〕而晉文會諸侯於溫，經有陳子，是强會人孤，令失子行，亦是文公恥之，是以春秋遂卒，竟不書款葬，深爲文公諱也。今若款之子陳侯朔書葬，則文公之惡還見，是以此處須去朔葬，使若陳國之君例不書葬然。故言「盈爲晉文諱」，故僖二十八年「夏，陳侯款卒」之下，注云「不書葬者，爲晉文諱，行霸不務教人以孝，陳有大喪，而彊會其孤，故深爲恥之」是也。

邾婁子蘧篨卒。〇蘧篨，其居反，下直居反。

自正月不雨，至于秋七月。〔一九〕公子遂所致。

世室屋壞。「世室」者何？魯公之廟也。「魯公」，周公子伯禽。〇世室，二傳作「大室」。

【疏】「世室者何」　解云：欲言君寢，於例不書；欲言宗廟，未有世室之名，故執不知問。

周公稱「大廟」，〔二〇〕魯公稱「世室」，羣公稱「宫」。少差異其下者，所以上尊周公。〇大廟，音泰，下同。

【疏】「周公稱大廟」　解云：即僖八年「禘于大廟」，文二年「大事于大廟」是也。

「**魯公稱世室**」解云：即此經是也。

「**羣公稱宮**」解云：即武宮、煬宮之屬是也。

注「**少差**」至「**周公**」解云：正以「廟」者，尊卑達名，鬼神所居之稱。今此稱異其名，知「上尊周公」故也。

此魯公之廟也，曷爲謂之「世室」？「世室」猶世室也，世世不毀也。魯公始封之君，故不毀也。

【**疏**】「**世室猶世室也**」解云：言謂之「世室」者，猶言世世室也。〔一二一〕

周公何以稱「大廟」于魯？據魯公始封也。封魯公以爲周公也，爲周公故，語在下。周公拜乎前，魯公拜乎後。〔一二二〕始受封時，拜于文王廟也。尚書曰「用命賞于祖」是也。父子俱拜者，明以周公之功封魯公也。

【**疏**】**注**「**尚書**」至「**於祖**」解云：甘誓文也。

曰「生以養周公，生以魯國供養周公。○以養，餘亮反，注皆同。供養，九用反，下同。死以爲周公主。」如周公死，當以魯公爲祭祀主。加「曰」者，成王始受其茅土之辭。〔一二三〕禮記明堂位曰「封周公於曲阜，地方七百里，革車千乘」，蓋以爲有王功，故半天子也。○死以爲，如字，注「死以爲周公主」同。乘，繩證反。王，于況反。

【疏】注「加曰」至「之辭」 解云：即周書作洛篇曰「封人社壝，諸侯受命于周，乃建大社于國中。其壝，東青土，南赤土，西白土，北驪土，中央釁以黄土。〔二四〕將建諸侯，鑿取其一面之土，〔二五〕包以黄土，〔二六〕苴以白茅，以爲社之封」，〔二七〕孔氏云〔二八〕「王者封五色土爲社，建諸侯則各割其方土與之，使立社，燾以黄土，苴以白茅，茅取其潔，黄取其王者覆四方」者，是其茅土之文耳。

注「蓋以」至「子也」 解云：正以天子千里，方百里者百；周公七百里，方百里者四十九，大判言之，故得言「半天子」矣。

然則周公之魯乎？曰，「不之魯也」。封魯公以爲周公主，〔二九〕然則周公曷爲不之魯？據「爲周公」者，謂生以養周公，死以爲周公主。欲天下之一乎周也。周公，聖人，德至重，功至大，東征則西國怨，西征則東國怨，嫌之魯，恐天下迴心趣鄉之，故封伯禽，命使遥供養，死則奔喪爲主，所以一天下之心于周室。○鄉，許亮反。

【疏】注「東征」至「東國怨」 解云：僖四年傳文。

魯祭周公，何以爲牲？據廟異也。周公用白牡，〔三〇〕「白牡」，殷牲也。周公死有王禮，謙不敢與文、武同也。不以夏黑牡者，嫌改周之文，〔三一〕當以夏，辟嫌也。

【疏】注「不以」至「嫌也」 解云：知黑牡爲夏牲者，出明堂位文。正朔三而改，改天正十一月者，當以十三月爲正，故言「當以夏」矣。

魯公用騂犅，「騂犅」，赤脊，周牲也。魯公以諸侯不嫌，故從周制，以脊爲差。○騂，息營反。犅，音岡，詩作剛，騂犅，赤脊也。

【疏】注「騂犅」至「牲也」　解云：正以山脊曰「岡」，故知騂犅爲赤脊矣。

群公不毛。「不毛」，不純色，所以降于尊祖。〔三二〕

【疏】注「不毛」至「尊祖」　解云：正以牲用純色，祭祀之禮，而言「不毛」，故以「降子尊祖」解之。〔三三〕

魯祭周公，何以爲盛？據牲異也。○盛，成政反，又音成，粢盛也，在器曰盛。周公盛，「盛」者，新穀。魯公燾，「燾」者，冒也。故上以新也。○燾，徒報反，一本作濤，音同，冒也。冒，亡報反。

【疏】注「燾者」至「新也」　解云：正以「燾」詁爲「覆」故也。若似周書「燾以黄土」之類也。然則，言「周公盛」者，謂新穀滿其器；言「魯公燾」者，謂下故上新，裁可半平。〔三四〕

羣公廩。〔三五〕「廩」者，連新於陳上，財令半相連爾。〔三六〕此謂方祫祭之時，序昭穆之差。○廩，力甚反。財令，力呈反，下同。

【疏】「羣公廩」解云：「廩」謂全是故穀，但在上少有新穀，財得相連而已，故謂之「廩」。「廩」者，希少之名，是以鄭注云〔三七〕「廩讀如『羣公廩』之『廩』」者是也。

注「此謂方」至「之差」〔三八〕解云：正以若其時祭，粢食精鑿，群公之饌一何至此？故知正是祫祭之時，序昭穆之差，所以降于尊祖故也。

「世室屋壞」何以書？譏。何譏爾？久不脩也。簡忽，久不以時脩治，至令壞敗，故譏之。言「屋」者，重宗廟，詳録之。以不務公室不月者，知久不脩，當蒙上月。

【疏】注「以不務」至「上月」解云：「當蒙上月」者，謂蒙上秋七月也。不務公室月者，即定二年「冬，十月，新作雉門及兩觀」，傳云「其言新作之何？脩大也。脩舊不書，此何以書？譏。何譏？〔三九〕不務乎公室」，〔四〇〕何氏云「務，勉也。不務公室，亦可施於久不脩，亦可施于不務如公室之禮，微辭也。月者，久也，當即脩之如諸侯禮」是也。然則，彼久不脩，是以書月，此亦久不脩，故知「當蒙上月」爾。

冬，公如晉。

衛侯會于沓。〇沓，徒合反。

狄侵衛。

十有二月，己丑，公及晉侯盟。還自晉。鄭伯會公于斐。「還」者何？善辭也。何善爾？往黨，衛侯會公于沓，至得與晉侯盟。反黨，鄭伯會公于斐，故善之也。「黨」，所也，所猶時，〔四一〕齊人語也。文公前扈之盟不見序，後能救鄭之難，不逆王者之求，上得尊尊之義，下得解患之恩，一出三爲諸侯所榮，故加録，於其還時皆深善之。○斐，本又作「棐」，芳尾反。難，乃日反。

【疏】「還者何」解云：正以不言「至」而言「還」，異於常例，故執不知問。

注「文公」至「見序」解云：即上七年「秋，公會諸侯、晉大夫盟于扈」，傳云「諸侯何以不序？大夫何以不名？公失序也」是也。

注「後能」至「之難」解云：即上九年春，「楚人伐鄭，公子遂會晉人、宋人、衛人、許人救鄭」是也。

注「不逆王者之求」解云：即上九年「春，毛伯來求金」，經無不與之文是也。

注「上得」至「之義」解云：即「不逆王者之求」是也。

注「下得」至「之恩」解云：即公子遂救鄭是也。

十有四年，春，王正月，公至自晉。月者，爲臣子喜録上事。○爲臣，于僞反，下「爲後」、「故爲」同。

【疏】注「月者」至「上事」　解云：出上文也。

邾婁人伐我南鄙。

叔彭生帥師伐邾婁。

夏，五月，乙亥，齊侯潘卒。不書「葬」者，潘立儲嗣不明，乍欲立舍，乍欲立商人，至使臨葬更相篡弒，故絶其身，明當更立其先君之次。○潘，普于反。更相，音庚，下「吴、楚更」同。篡殺，申志反，下同。

【疏】注「至使」至「篡弒」　解云：即下九月，「齊公子商人弒其君舍」，是其臨葬相篡弒之文。

六月，公會宋公、陳侯、衛侯、鄭伯、許男、曹伯、晉趙盾。癸酉，同盟于新城。「盟」下日者，刺諸侯微弱，信在趙盾。○盾，徒本反。

【疏】注「盟下」至「趙盾」　解云：言信任在於趙盾，若如盟日定否趙盾制之然，是以下日以近之。（四二）

秋，七月，有星孛入于北斗。「孛」者何？彗星也。狀如篲。○孛，步內反，徐扶憒反。

【疏】「孛者何」解云：欲言是星，星名未有；欲言非星，録爲星稱，故執不知問。

其言「入于北斗」何？據大辰不言「入」，又不言孛名。（四三）

【疏】注「據大」至「言入」解云：即昭十七年「冬，有星孛于大辰」是也。

注「又不言孛名」解云：謂昭十七年直言「于大辰」，不言所孛之星名，今此言「有星孛入于北斗」，故難之。何者？大辰非星名故也。是以昭十七年傳云「其言『于大辰』何」？彼注云「據北斗言『入于』，大辰非常名」是也。

北斗有中也。「中」者，魁中。何以書？記異也。「孛」者，邪亂之氣。「篲」者，埽故置新之象也。「北斗」，天之樞、機、玉衡，七政所出。是時桓、文迹息，王者不能統政，（四四）自是之後，齊、晉並爭，吴、楚更謀，競行天子之事，齊、宋、莒、魯弑其君而立之應。○爭，爭鬭之爭。

【疏】注「北斗」至「所出」解云：即堯典云「在璿璣玉衡，以齊七政」，「七政」謂日、月、五星也。

注「齊宋」至「之應」解云：即下文九月，「齊公子商人弑其君舍」，十八年夏五月，「齊人弑其君商人」，是齊弑君事也。十六年冬，「宋人弑其君處臼」，是宋弑其君事也。十八年冬，「莒弑其君庶其」，是莒弑其君事。（四五）十八年「冬，十月，子卒」，傳云「子卒者孰謂？謂子赤也。何以不日？隱之也。何隱爾？弑也。弑則何以不日？不忍言也」者，是魯弒其君事也。

公至自會。

晉人納接菑于邾婁，弗克納。「納」者何？入辭也。其言「弗克納」何？據言「于邾婁」與「納頓子于頓」同，俱入國得立辭。○捷菑，在妾反，又如字，下側其反。二傳作「捷菑」。

【疏】「納者何」 解云：欲言得國，下有「不克」之文；欲言不得國，「納」者入辭，故執不知問。

注「據言」至「立辭」 解云：即僖二十五年「秋，楚人圍陳，納頓子于頓」是也。此上言「于邾婁」是其得國，下云「弗克納」，自相違，故難之。

大其弗克納也。「克」，勝也。鄭伯以勝爲惡，此弗勝，故爲「大」。

【疏】注「鄭伯以勝爲惡」 解云：即隱元年「夏，五月，鄭伯克段于鄢」，傳云「克之者何？殺之也。殺之則曷爲謂之『克』？大鄭伯之惡也。曷爲大鄭伯之惡？母欲立之，己殺之，如弗與而已矣」，注云「克者，詁爲殺，亦爲能，惡其能忍戾母而親殺之」是也。

何大乎其弗克納？據伐齊納子糾，恥不能納。

【疏】注「據伐」至「能納」　解云：即莊九年「夏，公伐齊，納糾」，傳云「納者何？入辭也。其言伐之何？伐而言納者，猶不能納也」(四六)是也。

晉郤缺帥師，革車八百乘，以納接菑于邾婁，力沛若有餘「沛」，有餘貌。○乘，繩證反。沛若，普貝反，有餘貌。而納之。邾婁人言曰：「接菑，晉出也；貜且，齊出也。「出」，外孫也。○貜且，俱縛反，下子餘反。子以其指，「指」，手指。

【疏】「子以其指」注「指手指」(四七)　解云：子謂郤缺，言子以手指指麾于邾婁，令使納接菑也。

則接菑也四，貜且也六。言俱不得天之正性。

【疏】注「言俱」至「正性」　解云：地四生金于西方，地六成水于北方，皆非天數也。言此者，喻皆庶子矣，貴則皆貴矣。

子以大國壓之，「壓」，服也。服邾婁使從命。○壓，於甲反，又於輒反，服也。則未知齊、晉孰有之也。設齊復興兵來納貜且，亦欲服邾婁使從命，未知齊、晉誰能使外孫有邾婁者。○齊復，扶又反，下同。貴則皆貴矣。時邾婁再娶，二子母尊同體敵。

【疏】注「時邾」至「體敵」 解云：蓋皆是右媵之子，(四八)或是左媵之子，言非姪娣所生也。舊云「子以其指」者，言凡立子之法，以其手指相似，則接菑猶人之四指，貜且猶人之六指，皆異於人，故曰「俱不得天之正性」也。雖然者，雖皆不得正性，(四九)但四不如六，故長者宜立矣。

雖然，貜且也長。」既兩不得正性，又皆貴，唯當以年長故立之。○長，丁丈反，注同。郤缺曰：「非吾力不能納也，義實不爾克也。」如邾婁人言，義不可奪也，故云爾。引師而去之。故君子大其弗克納也。大其不以己非奪人之是。此晉郤缺也，其稱「人」何？貶。曷爲貶？據趙鞅納蒯聵不貶。

【疏】注「據趙」至「不貶」 解云：即哀二年夏，「晉趙鞅帥師納衛世子蒯聵于戚」是也。

不與大夫專廢置君也。曷爲不與？據大其弗克納。實與「弗克納」是。而文不與。文曷爲不與？大夫之義不得專廢置君也。不復發「上無天子、下無方伯」傳者，諸侯本有錫命征伐，憂天下之道故。明有亂義，(五〇)大夫不得專也。「接菑」不繫「邾婁」者，見挈于郤缺也。不氏者，本當言「邾婁接菑」，見當國也。○見挈，賢偏反，下音苦結反。

【疏】注「不復」至「之道」(五一) 解云：欲道僖元年「救邢」、(五二)「城楚丘」之經，悉是實與而文不與，文與此同，其傳皆云「上無天子、下無方伯，天下諸侯有相滅亡者，力能救之則救之，可也」，今此不復言之，故云爾。言

「諸侯本有錫命征伐憂天下之道故」者，正謂保、伍、連、帥本有共相存恤之義，是以上無天子，下無方伯之時，容有存恤之道，是故異於大夫耳。

注「明有」至「專也」 解云：言大夫若有專廢置君者，即是亂義，故曰「明有亂義大夫不得專也」，正由大夫不得專廢置故也。

注「接菑」至「缺也」 解云：據僖二十五年「納頓子」，繫頓也。

注「不氏者」 解云：據宣十一年「納公孫甯、儀行父于陳」，皆言氏也。

注「本當」至「當國也」 解云：即隱元年傳云「段者何？鄭伯之弟也。何以不稱弟？當國也」。注云「欲當國爲之君，故如其意，使如國君，氏上鄭，所以見段之逆」是也。

九月，甲申，公孫敖卒于齊。已絶，「卒」之者，爲後齊脅魯歸其喪，有恥，故爲内諱，使若尚爲大夫。

【疏】**注「已絶」至「大夫」** 解云：言「已絶」者，即上八年「公孫敖奔莒」是也。春秋之例，大夫出奔之後，即絶於大夫之位，不復書其卒，即公子慶父、臧孫紇之屬是。是以於此怪其書卒矣。言「爲後齊脅魯歸其喪有恥」者，即下十五年夏，「齊人歸公孫敖之喪」，傳云「何以不言『來』？内辭也，脅我而歸之」是也。

齊公子商人弑其君舍。此未踰年之君也，其言「弑其君舍」何？據「弑其君之子奚齊」也。連名何之者，弑成君、未成君，俱名，問例所從也。

【疏】注「據弑」至「齊也」解云：即僖九年「冬，晉里克弑其君之子奚齊」，傳云「弑未踰年君之號」是也。

己立之，己殺之，商人本正當立，恐舍緣潘意爲害，故先立而弑之。

【疏】注「商人本正當立」解云：正以弑舍不書日，見不正遇禍，則知商人本正明矣。

成死者而賤生者也。惡商人懷詐無道，故成舍之君號，以賤商人之所爲。不解名者，言成君可知。從成君不日者，與卓子同。○惡，烏路反。卓，勑角反。

【疏】注「從成君」至「子同」解云：即僖十年春，「晉里克弑其君卓子」，彼下注云「不日者，不正遇禍，終始惡明，故略之」是也。

宋子哀來奔。「宋子哀」者何？無聞焉爾。

冬，單伯如齊。齊人執單伯。齊人執子叔姬。「執」者曷爲或稱「行人」，或不稱「行人」？此問諸侯相執大夫所稱例。

【疏】「宋子哀者何」(五三)解云：欲言宋君，經書「子哀」；欲言大夫，文不言氏，故執不知問。

「無聞焉爾」解云：即隱二年注云「言無聞者，春秋有改周受命之制，孔子畏時遠害，(五四)又知秦將燔詩書，其説口授相傳，至漢公羊氏及弟子胡母生等，乃始記於竹帛，故有所失也」是也。

稱「行人」而執者，以其事執也；以其所銜奉國事執之，「晉人執我行人叔孫舍」是也。

【疏】注「晉人」至「是也」　解云：即昭二十三年，「晉人執我行人叔孫舍」是。

不稱「行人」而執者，以已執也。「已」者，已大夫。自以大夫之罪執之。分別之者，罪惡各當歸其本。〔五五〕○別，彼列反。單伯之罪何？道淫也。惡乎淫？淫乎子叔姬。時子叔姬嫁，當爲齊夫人，使單伯送之。○惡，音烏。然則曷爲不言「齊人執單伯及子叔姬」？據夫人婦姜繫公子遂。

【疏】注「據夫」至「子遂」　解云：即宣元年「三月，遂以夫人婦姜至自齊」是也。

内辭也，使若異罪然。深諱，使若各自以他事見執者。不書「叔姬歸于齊」者，深諱，以起道淫。書「單伯如齊」者，起送叔姬也。齊稱「人」者，順諱文，使若非伯討。

【疏】注「不書」至「姬也」　解云：言此者，欲決隱二年「冬，十月，伯姬歸于紀」之屬，書歸也。言「深諱」者，正以子叔姬有罪故也。言「以起道淫」者，謂深諱不言其歸，即是以起道淫之義。何者？若更爲小事而見執，何須諱其歸于齊？今不言「歸于齊」而與單伯俱見執，明其在道與單伯淫，于歸事不醒醒矣。或曰不書「歸于齊」者，深諱其起道淫故也。何者？若言「叔姬歸于齊，齊人執單伯，齊人執子叔姬」，即有道淫之理也。

注「齊稱人」至「伯討」　解云：即僖四年夏，「齊人執袁濤塗」之下，傳云「稱侯而執者，伯討也；稱人而執者，非伯討也」是也。

十有五年，春，季孫行父如晉。

三月，宋司馬華孫來盟。月者，文公微弱，大夫秉政，宋亦蔽於三世之黨，二亂結盟，（五六）故不與信辭。不稱「使」者，宋無大夫，官舉者，見宋亂也。録「華孫」者，明惡二國，非以月惡華孫也。○華孫，户化反。見，賢偏反。惡二，烏路反，下皆同。

【疏】注「月者」至「秉政」　解云：即公子遂是也。

注「宋亦」至「之黨」　解云：即上八年傳云（五七）「曷爲皆官舉？宋三世無大夫，三世内娶也」是也。言爲三世内娶之故，三世妃黨皆强，而爲君之所蔽，故云「蔽于三世之黨」矣。

注「故不與信辭」　解云：正以春秋之例，凡「莅盟」、「來盟」，例皆書時。所以然者，欲見王者當以至信先于天下故也。是以桓十四年夏，「鄭伯使其弟語來盟」，注云「時者，從内爲王義，明王者當以至信先天下」是也。今而書月，故言「不與信辭」耳。

注「不稱使」至「大夫」（五八）　解云：正決「鄭伯使其弟語來盟」之文也。

注「官舉」至「孫也」　解云：大夫之義例不官舉，而此言「司馬」者，正以見宋之亂，是以詳録華孫，明其書月，不與信辭者，不由華孫之故也。

夏，曹伯來朝。

齊人歸公孫敖之喪。何以不言「來」？據「齊人來歸子叔姬」。

【疏】注「據齊」至「叔姬」　解云：在此年十二月。

內辭也。脅我而歸之，筍將而來也。「筍」者，竹箯，一名編輿，齊、魯以北名之曰「筍」。〔五九〕「將」，送也。爲叔姬淫，惡魯類，故取其尸置編輿中，傳送而來，脅魯令受之，故諱不言「來」，起其來有恥，不可言「來」也。不月者，不以恩録，與子叔姬異。○筍將，音峻，竹箯也。將，送也。竹箯，婢緜反，一音步賢反，服虔音編，韋昭音如頻。編，必緜反，〔六〇〕一音篇，郭璞音步典反。輿，音餘。爲叔于僞反，下「父爲」、「子爲」、「若爲」、「實爲」同。傳，直專反。令受，力呈反，下同。

【疏】注「故取其尸」　解云：謂取其死尸矣。

注「不月」至「姬異」　解云：正以下「十有二月，齊人來歸子叔姬」，書月故也。

六月，辛丑，朔，日有食之。鼓，用牲于社。是後楚人滅庸，宋人弑其君處臼，齊人弑其君商人，宣公弑子赤，莒弑其君庶其。

【疏】注「是後楚人滅庸」　解云：即下十六年秋，「楚人、秦人、巴人滅庸」是也。

注「宋人弑其君處臼」〔六一〕　解云：在十六年冬。

注「齊人弑其君商人」解云：在十八年夏，五月。

注「宣公弑子赤」解云：即十八年冬「子卒」，傳云「子卒者孰謂？謂子赤也。何以不日？隱之也。何隱爾？弑也」者是也。

注「莒弑其君庶其」者〔六二〕解云：在十八年冬。

單伯至自齊。大夫不致，此致者，喜患禍解也。不省去氏者，淫當絶，使若他單伯至也。○解，户買反。省，所景反。

【疏】注「大夫不」至「禍解也」解云：正以内大夫出聘，例不書至故也。〔六三〕

注「不省」至「伯至也」解云：正以昭十四年「春，隱如至自晉」，彼是被執而歸，省去其氏，今單伯存氏，故解之。

晉郤缺帥師伐蔡。戊申，入蔡。「入」不言「伐」，此其言「伐」何？至之日也。其日何？據「甲寅，齊人伐衛」，日「伐」也。至之日也。嫌至日伐，不至日入，故日「入」也。〔六四〕主書，與「甲寅」同義。

【疏】「入不言伐」解云：莊十年師解云爾，故此弟子據而難之。

注「據甲」至「伐也」解云：即莊二十八年「春，王三月，甲寅，齊人伐衛，衛人及齊人戰，衛人敗績」是也。

【疏】注「主書」至「同義」 解云：即彼云「伐不日，此何以日？至之日也」。何氏云「用兵之道，當先至竟侵責之，不服，乃伐之。今日至，便以今日伐之，故日以起其暴也」是也。然則今此郤缺亦今日至，便以今日伐之，故書以日，起其暴也。

秋，齊人侵我西鄙。

季孫行父如晉。

冬，十有一月，諸侯盟于扈。不序、不日者，順上諱文，使若扈之盟都不可得而知。

【疏】注「不序」至「而知」 解云：上七年「秋，八月，公會諸侯、晉大夫盟于扈」，傳云「諸侯何以不序？大夫何以不名？公失序也。公失序奈何？諸侯不可使與公盟」云云，何氏云「文公内則欲久喪而後不能，喪娶逆祀；外則貪利取邑，爲諸侯所薄賤，不見序，故深諱，爲不可知之辭。不日者，順諱爲善文也」。然則，此不序者，爲不可知之辭。不日者，順諱爲善文也。何者？「盟」不日，善文故也。

十有二月，齊人來歸子叔姬。其言「來」何？據「齊人歸公孫敖之喪」，不言「來」。閔之也。閔傷其棄絶來歸。此有罪，何閔爾？父母之於子，雖有罪，猶若其不欲服罪然。

孔子曰「父爲子隱，子爲父隱，直在其中矣」。所以崇父子之親也。言「齊人」，不以棄歸爲文者，令與敖同文，相發明。〔六五〕叔姬于文公爲姊妹，言「父母」者，時文公母在，明孝子當申母恩也。月者，閔録之，從無罪例。

【疏】注「所以」至「親也」　解云：即言「來」以閔之是也。

注「言齊人」至「母者」　解云：若以棄歸爲文，即言子叔姬來歸，不言「齊人」，即宣十六年「郯伯姬來歸」之文是。今言「齊人來歸」，故謂之「同文」也。言「相發明」者，言敖爲齊所惡而來歸之，今此亦爲齊人所歸之，故曰「相發明」耳。

注「時文」至「恩也」〔六六〕　解云：正以下十六年「秋八月，辛未，夫人姜氏薨」，十七年夏，「葬我小君聖姜」，傳云「聖姜者何？文公之母也」是。

注「月者閔」至「例」〔六七〕　解云：正以棄歸之例，有罪者時，無罪者月故也。其有罪者時，即宣十六年「秋，郯伯姬來歸」是也。〔六八〕其無罪者月，成五年「春，王正月，杞叔姬來歸」之屬是也。

齊侯侵我西鄙，遂伐曹，入其郛。「郛」者何？恢郭也。「恢」，大也。「郭」，城外大郭。○郛，芳夫反，郭也。恢郭，苦回反，大也。

【疏】「郛者何」　解云：欲言城郭，經無城郭之文；欲言非城郭，上文言「入」，故執不知問。

入郛書乎？曰，不書。「圍」不言「入」，入郛是也。

【疏】「入郛」至「不書」 解云：案諸舊本，此傳之下悉皆無注，有注云「圍不言入入郛是也」者，衍字耳。

入郛不書，此何以書？動我也。諱使若爲同姓見入郛，故動懼我也。動我者何？内辭也，其實我動焉爾。齊侵魯，魯實爲子叔姬故，動懼失操云爾。鄉者不去，幾亦入我郛，故舉入郛以起魯恥，且明兵之所鄉，苟得其罪，則莫敢不懼。○鄉者，許亮反，下同。幾，音祈。

十有六年，春，季孫行父會齊侯于陽穀，齊侯弗及盟。其言「弗及盟」何？據序上「會」也。連「盟」何者，嫌據「盟」。

【疏】注「據序」至「據盟」 解云：據序上會，何得弗及盟乎？是以問之。云「嫌據盟」者，嫌直據盟問之。

不見與盟也。與齊期盟，爲叔姬故，中見簡賤，不見與盟，侮辱有恥，故諱，使若行父會而去，齊侯不及得與盟，故言「齊侯弗及」，亦所以起齊侯不肯。○爲，于僞反。

【疏】注「使若」至「與盟」 解云：使若行父會齊侯于陽穀訖，即棄之而去，齊侯不及盟。

注「亦所以起齊侯不肯」 解云：若直言「不及盟」，文體已具，足見不得盟矣。而更言「齊侯不及」者，欲道是時不肯盟者，是齊侯也。若直言「季孫行父會齊侯于陽穀，不及盟」，不妨行父不及，無以見齊侯不肯矣。

夏，五月，公四不視朔。「視朔」，説在六年。不舉不朝廟者，禮，月終，于廟先受朔政，〔六九〕乃朝，明王教尊也，朝廟，私也。〔七〇〕故以不視朔爲重。〔七一〕常以朔者，重始也。〔七二〕

【疏】注「視朔説在六年」解云：即上六年注云「禮，諸侯受十二月朔政於天子，藏于太祖廟，每月朔朝廟，使大夫南面奉天子命，君北面而受之」是也。

注「不舉」至「爲重」解云：正以視朔之時，必有朝廟之禮，故上六年經云「閏月不告月，猶朝于廟」是也。今此經直言「四不視朔」，不道不朝廟，故解之。

注「常以」至「始也」解云：言十二月之政令，所以不在年初一受之而已，必以月之朔日受之者，重月之始故也。

公曷爲四不視朔？據無事也。公有疾也。以不諱舉「公」，知有疾，（七三）「公有疾乃復」舉「公」是也。○乃復，扶又反，下同。

【疏】注「公有」至「是也」解云：即昭二十三年「冬，公如晉，至河。公有疾乃復」是也。

何言乎公有疾不視朔？據有疾無惡也。

【疏】注「據有疾無惡也」解云：即昭二十三年傳云「何言乎『公有疾乃復』？殺恥也」者是。（七四）

自是，公無疾不視朔也。有疾無惡，不當書，又不言「有疾」者，欲起公自是無疾不視朔也。

【疏】注「公自」至「朔也」解云：即鄭氏云「魯自文公四不視朔，視朔之禮已後遂廢」者，正取此文也。（七五）

然則曷爲不言公無疾不視朔？有疾猶可言也，無疾不可言也。言無疾大惡，不可言也。是後，公不復視朔，政事委任公子遂。

六月，戊辰，公子遂及齊侯盟于犀丘。○犀丘，音西，左氏作「郪丘」，穀梁作「師丘」。

【疏】「盟于犀丘」解云：正本作「菑丘」，故賈氏「公羊曰『菑丘』、穀梁曰『師丘』」是也。今左氏經作「郪」字。

秋，八月，辛未，夫人姜氏薨。

毁泉臺。「泉臺」者何？郎臺也。莊公所「築臺于郎」，以郎譏臨民之漱浣。○漱，素侯反。浣，户管反。

【疏】「泉臺者何」解云：泉臺之名，自前未有，今而言「毁」，故執不知問。

注「莊公」至「漱浣」解云：即莊三十一年（七六）「春，築臺于郎」，傳云「何以書？譏。何譏爾？臨民之所漱浣也」是也。然則，何以知泉臺爲郎臺？正以彼傳云譏「臨民之所漱浣」，書與此泉臺之義合故也。

郎臺則曷爲謂之「泉臺」？未成爲「郎臺」，未成時，但以地名之。既成爲「泉臺」。既成，更以所置名之。

「毀泉臺」何以書？譏。何譏爾？築之譏，毀之譏。先祖爲之，己毀之，不如勿居而已矣。但當勿居，令自毀壞，不當故毀，暴揚先祖之惡也。「築」、「毀」譏同，知例皆時。○令，力呈反。暴，步卜反。

【疏】注「築毀」至「皆時」 解云：言築毀譏同者，即上傳云「築之譏，毀之譏」是也。言「知例皆時」者，正以此經文承月下，恐蒙月，故如此解。「賤者窮諸人」者，〔七七〕言士先自稱「人」，今弑君亦稱「人」，故曰「窮諸人」矣。云「賤者窮諸盜」者，言士之賤名不過于盜故也。

楚人、秦人、巴人滅庸。○巴，布加反。

冬，十有一月，宋人弑其君處臼。弑君者曷爲或稱名氏，或不稱名氏？大夫弑君稱名氏，賤者窮諸「人」。「賤者」，謂士也，士正自當稱「人」。○處臼，二傳作「杵臼」。大夫相殺稱「人」，賤者窮諸盜。降大夫使稱「人」，降士使稱「盜」者，所以別死刑有輕重也。無尊上，非聖人，不孝者，斬首梟之；無營上，犯軍法者，斬要；殺人者，刎脰。故重者録，輕者略也。不日者，内娶，略賤之。○別，彼列反。梟，古堯反。要，一遥反。刎，亡粉反。頭，如字，本又作脰，音豆。

【疏】注「故重」至「署也」 解云：謂大夫弑君罪重，故稱名氏，責之深；若大夫相殺，罪輕於犯君，故降稱「盜」者，義之輕然也。〔七八〕注「不日」至「賤之」者，已說于上。

十有七年，春，晉人、衛人、陳人、鄭人伐宋。

夏，四月，癸亥，葬我小君聖姜。「聖姜」者何？文公之母也。○聖姜，二傳作「聲姜」。

【疏】「聖姜者何」〔七九〕解云：欲言夫人，謚異其夫號；欲言爲妾，而「卒、葬」並見。〔八〇〕故執不知問。

齊侯伐我西鄙。

六月，癸未，公及齊侯盟于穀。

諸侯會于扈。

秋，公至自穀。

冬，公子遂如齊。〔八一〕

十有八年，春，王二月，丁丑，公薨于臺下。

秦伯罃卒。秦穆公也。至此「卒」者，因其賢。○伯罃，乙耕反，何云穆公也，左氏穆公子康公。

【疏】注「秦穆」至「其賢」　解云：正以秦是戎狄，春秋外之，往前以來，未録其卒，今乃始書，故以賢解之。而左氏爲康公者，與此别。穀梁無解。

夏，五月，戊戌，齊人弑其君商人。商人弑君賊，復見者，與大夫異。齊人已君事之，殺之，宜當坐弑君。〔八二〕○復見，扶又反，下同，下賢徧反。

【疏】注「商人」至「弑君」　解云：春秋之義，諸是弑君之賊，皆不復見，所以賤之。是以宣六年書「晉趙盾、衛孫免侵陳」，傳云「趙盾弑君，此其復見何」？注云「據宋督、鄭歸生、齊崔杼弑其君，後不復見」。傳又云「親弑君者，趙穿也」，注云「復見趙盾者，欲起親弑者趙穿，非盾」是也。今此商人於上十四年弑其君舍，而復見者，正以其爲君故也。「與大夫異」者，齊人以君事之，〔八三〕殺之宜當坐弑君。然則，商人弑其君舍而存之，欲責臣子不討賊故也。是以莊二十二年注云「不與念母而譏忌省者，本不事母則已，不當忌省，猶爲商人責不討賊」，義亦通於此。

六月，癸酉，葬我君文公。

秋，公子遂、叔孫得臣如齊。不舉重者，譏魯猥，使二大夫出，虚國家，廢政事，重録内也。

【疏】注「不舉」至「内也」　解云：書事舉重，春秋之常。今而悉舉，故解之。穀梁傳云「使舉上客而不稱介，不正其同倫而相爲介，故列而數之也」者，亦是直舉重之義也。〔八四〕而言「重録内」者，正以外大夫未有並見者，於内唯有此經及定六年「夏，季孫斯、仲孫何忌如晉」之文，故知正是「重録内」也。

冬，十月，子卒。「子卒」者孰謂？謂子赤也。何以不日？據子般卒日。隱之也。何隱爾？弑也。弑則何以不日？據子般卒日。○弑也，音試，下及注同。

【疏】注「據子般卒日」　解云：即莊三十二年「冬，十月，乙未，子般卒」是也。

不忍言也。所聞世，臣子恩痛王父深厚，故不忍言其日，與子般異。

【疏】注「故不忍」至「般異」　解云：正以子般爲所傳聞之世故也。是以莊三十二年〔八五〕「子般卒」之下，何氏云「殺不去日見隱者，降子赤也」是。

夫人姜氏歸于齊。「歸」者，大歸也。夫死子弑，〔八六〕，賊人立，無所歸留，故去也。有去道，書者，重絶不復反。

【疏】注「歸者」至「歸也」 解云：凡言「大歸」，一出不反之辭，若紀侯大去其國之類。故言「歸者，大歸也」。

注「有去」至「不復反」〔八七〕 解云：正以常事不書故也。

季孫行父如齊。

莒弒其君庶其。稱國以弒何？據「莒人弒其君密州」。

【疏】注「據莒」至「密州」 解云：即襄三十一年「十有一月，〔八八〕莒人弒其君密州」是也。

稱國以弒者，衆弒君之辭。一人弒君，國中人人盡喜，故舉國以明失衆，當坐絶也。例皆時者，略之也。

【疏】注「例皆」至「之也」 解云：謂是失衆而稱國以弒者，皆書時以略之，即定十三年冬，「薛弒其君比」之屬是也。若然，昭二十七年「夏，四月，吴弒其君僚」，亦是稱國而書月者，彼非失衆，但以見弒之義，故不書時，賤之，是以何氏云「不書闔閭弒其君者，爲季子諱，明季子不忍父子兄弟自相弒，〔八九〕讓國闔閭，欲其享之，〔九〇〕故爲没其罪也」，「月者，非失衆見弒，故不略之」者是也。

校勘記

〔一〕晉先眛以師奔秦　「眛」原作「昧」。撫州本、余本「昧」作「眛」，據改。

〔二〕内魯爲王王於諸侯　北大本校記：公羊義疏不重「王」，疑此衍一「王」字。

〔三〕與公子友敗莒師于犁同　阮校：鄂本無「于犁」二字。今按，撫州本同。

〔四〕求賂于魯　浦鏜云：「于」〔僖元年〕傳作「乎」。

〔五〕其弑君二十　「弑」原作「殺」。阮校：閩、監、毛本「殺」作「弑」。今按，單抄本亦作「弑」。據改。

〔六〕笄古兮反　此四字原脱，據諸本音義補。

〔七〕别彼列反　此四字原脱，據諸本音義補。

〔八〕繆音穆　「穆」原作「木」。宋本、撫州本、余本釋文「木」皆作「穆」，據改。

〔九〕尚書作截　「作截」原作「截截」。據撫州本、宋本釋文改。

〔一〇〕謂自念有淺薄之善　「自」原作「其」。據單抄本改。

〔一一〕技其踦反　撫州本、余本「踦」作「綺」，宋本釋文作「錡」。

〔一二〕何以不言師敗績　北大本校記：公羊義疏無「不」字。

〔一三〕河曲疏矣　阮校：爾雅釋水注引公羊傳曰「河曲流，河千里一曲一直也」。疏云「此注以疏爲流，又加一直字，誤也」。按郭氏所據公羊不與何本同。何本作「疏」不作「流」矣。又按此是「流」字，鄂本、唐石經作「疏」乃是訛字耳，邢昺所據已訛。今按，俞樾群經平議謂爾雅本據意改公羊傳文，下何注「河曲流」並同。

〔一四〕河曲疏　「疏」原作「流」。阮校：鄂本「流」作「疏」。今按，撫州本、余本作「疏」。據改。

〔一五〕書帥師者　「書」原作「帥」。阮校：鄂本上「帥」字作「書」，據疏標起訖作「書」是。今按，撫州本、余本上「帥」字作「書」。據改。

〔一六〕不至復者　「者」原作「也」。浦鏜云：「者」誤「也」。今按，單抄本作「者」。據改。

〔一七〕彊會人孤以尊天子　「彊」字原無。阮校：鄂本「會」上有「彊」字，此脱。按僖廿八年注云「陳有大喪而彊會其孤」。今按，撫州本「會」上有「彊」字，余本脱。據補。

〔一八〕至冬未未葬　北大本校記：公羊義疏無「未」字。

〔一九〕至于秋七月　「于」字原無。阮校：鄂本「至」下有「于」字。今按，撫州本、余本有「于」字，據補。

〔二〇〕周公稱大廟　「大」原作「太」。諸本作「大」，下「太廟」同。據改。

〔二一〕猶言世世室也　「言」字原無。據單抄本補。

〔二二〕魯公拜乎後　「公」字原無。阮校：唐石經、鄂本「魯」下有「公」字，此脱。禮記明堂位正義引有。今按，撫州本、余本有「公」字。據補。

〔二三〕成王始受其茅土之辭　浦鏜云：「受」當「授」字誤。

〔二四〕中央釁以黄土　浦鏜云：周書「釁」作「亹」，疑「燾」字誤也。

〔二五〕鑿取其一面之土　浦鏜云：「其」下脱「方」字。

〔二六〕包以黄土　阮校：盧文弨曰：周書「包」作「苞」。按「苞苴」字當从艸。孫詒讓校記：周書作「燾以黄土」，下疏亦引周書作「燾」。

〔二七〕以爲社之封　浦鏜云：「封」周書作「土封」。

〔二八〕孔氏云　孫詒讓校記：「孔氏云」以下爲禹貢「徐州厥貢土五色」孔傳文，與上引周書不相蒙也。盧文弨、朱右曾并以爲孔鼂周書注，大誤。今作雒孔注與此迥異。

〔二九〕封魯公以爲周公主　王念孫經義述聞謂傳「主」字爲衍文。

〔三〇〕周公用白牡　「牡」原作「牲」。殿本考證：「牲」當作「牡」。魯頌「白牡騂剛」，明堂位亦云「牲用白牡」，又春秋繁露郊事對篇：春秋曰，魯祭周公用白牡，又成王使祭周公以白牡。浦鏜云：石經作「牡」。阮校：唐石經、鄂本作「牡」。注中亦作「牡」，不誤。今按，撫州本、余本作「牡」。據改。

〔三一〕嫌改周之文　「嫌」原作「謙」。阮校：鄂本「謙」作「嫌」，此誤。今按，撫州本、余本作「嫌」。據改。

〔三二〕所以降于尊祖　阮校：盧文弨曰，「于」當作「子」，按此本疏中作「降子尊祖」。今按，諸本作「于」。

〔三三〕故以降子尊祖解之　此本並單疏抄本作「子」，與前校引盧説合，他本皆作「于」。

〔三四〕裁可半平　浦鏜云：「平」疑「耳」字誤。

〔三五〕羣公廩　阮校：詩采薇正義引鄭易注作「羣公溓」，「溓」、「廩」聲相近，此疏引鄭注云「廩讀如羣公廩之廩」，當是後人竄改。

〔三六〕財令半相連爾　臧庸拜經日記謂「半」爲衍文。見臧書卷三「羣公廩」條。

〔三七〕是以鄭注云　阮校：「鄭注」上當有「周易」二字。

〔三八〕注此謂方至之差　「此」字原無。北大本校記：按疏標起訖例，「謂」上當有「此」字。單抄本「謂」上有「此」字，據補。

〔三九〕何譏　浦鏜云：「譏」下脱「爾」字。阮校：何校本有「爾」字。

〔四〇〕不務乎公室　阮校：何校本「公室」下有「也」字。

〔四一〕所猶時　阮校：宋本、鄂本「由」作「猶」。今按，撫州本「猶」作「由」，余本作「猶」。

〔四二〕是以下日以近之　北大本校記：公羊義疏「以」下有「盟」字，「近」作「起」。

〔四三〕又不言孛字　「孛」，義疏疑或「星」之誤。

〔四四〕王者不能統政　「者」原作「都」。據撫州本、余本改。

〔四五〕是莒弑其君事　阮校：閩、監、毛本「事」下有「也」字。

〔四六〕猶不能納也　北大本校記：公羊義疏「猶」作「恥」。

〔四七〕注指手指　阮校：何校本此四字在下「解云子謂郤缺」之下。

〔四八〕蓋皆是右媵之子　單抄本無「皆」字。

〔四九〕俱不得天之正性也雖然者雖皆不得正性　阮校：閩、監、毛本移「雖然者」以下分配下節，又删「雖然者」三字，增「雖然至長〇解云」六字一「〇」，大失疏文舊式矣。

〔五〇〕明有亂義　撫州本脱「義」字，余本有，疏有。

〔五一〕注不復至之道　北大本校記：按疏標起訖例，當依注補「故」在「道」下。

〔五二〕僖元年救邢　浦鏜云：「元年」下脱「二年」二字。

〔五三〕宋子哀者何　阮校：此下二節疏此本在何注「此間諸侯相執」下，閩、監、毛本移于「宋子哀來奔」傳下。

〔五四〕孔子畏時遠害　北大本校記：公羊義疏「畏」作「救」。

〔五五〕罪恶各當歸其本　浦鏜云：「各當」字誤倒。

〔五六〕二亂結盟　「二」原作「三」。阮校：鄂本「三」作「二」，當據正。此本「三」字剜改，當本作「二」。今按，撫州本、余本「三」作「二」。據改。

〔五七〕即上八年傳云　「八」原作「九」。浦鏜云「八」誤「九」。據改。

〔五八〕注不稱使至大夫　「注」字原無。北大本校記：據疏標起訖例補「注」在「不」字上。今按，單抄本、閩本、毛本有「注」字，此本脱。據補。

〔五九〕齊魯以北名之曰笱　「北」原作「此」。阮校：鄂本、蜀大字本「此」作「北」，漢制考同。當據正。九經古義云史記張陳列傳「上使泄公持節問貫高箯輿前」，服虔曰「箯音編，編竹木如今峻，可以糞除也」，韋昭音如類反，云「如今輿牀，人輿以行」。案服氏云如今峻，峻即笱也，同物同音。今按，撫州本、余本「此」作「北」，不誤，據改。

〔六〇〕編必緜反　「編」上原有「反」字。撫州本、宋本釋文無，余本誤衍。據删。

〔六一〕注宋人弒其君處臼　「其君」二字原無。北大本校記：此疏引注文依上注文「弒」下有「其君」二字，此處疑脱。下「注齊人弒商人」同。今按，單抄本「處臼」、「商人」上皆有「其君」二字，據補。

〔六二〕注莒弒其君庶其者　「注」、「者」二字原無。北大本校記：據疏標起訖例補「注」字在句上。今按，單抄本「莒」上有「注」，「庶其」下有「者」字。據補。

〔六三〕例不書至故也　北大本校記：公羊義疏無「不」字。

〔六四〕故日入也　「日」原作「曰」。阮校：鄂本作「日」，從閩、監、毛本改。今按，撫州本、余本皆作「日」。

〔六五〕令與赦同文相發明　阮校：鄂本、宋本、閩本同，監、毛本「令」作「今」。今按，撫州本、余本作「令」。誤，徑改。

〔六六〕注時文至恩也　單抄本作「注時文公母在者」。

〔六七〕注月者閔至例　北大本校記：據標起訖例補「罪」在「例」字上。

十三經注疏

十三經注疏

春秋公羊傳注疏

[漢]何休 解詁
[唐]徐彥 疏
刁小龍 整理

下

上海古籍出版社

〔七九〕聖姜者何　單抄本此上有「葬我小君聖姜也者左氏穀梁作聲姜」十五字。

〔八〇〕而卒葬並見　「見」上原有「不」字。阮校：閩、監、毛本「不見」作「書見」，是也。今按，單抄本無「不」字。據刪。

〔八一〕冬公子遂如齊　「冬」字原無。阮校：鄂本、唐石經「公子」上有「冬」字。今按，撫州本、余本有「冬」字。據補。

〔八二〕宜當坐弒君　「宜」原作「且」。浦鏜云：「宜」誤「且」。阮校：鄂本作「宜」，當據正。疏作「宜」。今按，撫州本、余本作「宜」。據改。

〔八三〕齊人以君事之　浦鏜云：「已」誤「以」。

〔八四〕亦是直舉重之義也　北大本校記：公羊義疏「直」作「古」。

〔八五〕是以莊三十二年　「三十二」原作「三十三」。阮校：毛本作「三十二」年，不誤。今按，單抄本作「三十二年」，據改。

〔八六〕夫死子弒　「弒」原作「殺」。阮校：鄂本「殺」作「弒」。今按，撫州本、余本作「弒」。據改。

〔八七〕注有去至不復反　「反」字原無。阮校：閩、監、毛本作「有去至復反」，按注當有「反」字。今按，單抄本引注文全文，有「反」字。據補。

〔八八〕即襄三十一年十有一月　「三十一」原作「三十三」，「十有一月」原作「十有二月」。阮校：何校本「十有二月」作「十有一月」，不誤。浦鏜云：「三十一」誤「三十三」。今按，單抄本作「三十一年十有一月」。據改。

〔八九〕父子兄弟自相弒　單抄本「弒」作「殺」。

〔九〇〕欲其享之　北大本校記：公羊義疏「其」作「共」。

監本附音春秋公羊傳注疏宣公卷第十五起元年，盡九年。

何休學

元年，春，王正月，公即位。繼弑君不言「即位」，此其言「即位」何？〔一〕其意也。桓公篡成君，宣公篡未踰年君，嫌其義異，故復發傳。

【疏】注「桓公」至「發傳」　解云：即桓元年傳云「繼弑君不言即位，此言即位何」，注云「據莊公不言即位」，彼傳云「如其意也」〔二〕，注云「弑君欲即位，故如其意，以著其惡」是也。若然，案禮，未踰年之君，臣下爲之無服。臣爲君斬衰三年，誠實自異，何言「嫌其義異」者？正以惻隱者相似故也。是以閔元年何氏云「復發傳者，嫌繼未踰年君義異故也。明當隱之如一」是也。

公子遂如齊逆女。譏喪娶，復書不親迎者，嫌觸諱不成其文也。有母言「如」者，緣内諱，無貶公文。

【疏】注「譏喪」至「其文」　解云：何氏以爲人君喪娶者，宜有貶刺之文；若其吉逆使卿者，宜書譏之，見不親迎而已，即叔孫僑如之徒是也。今公子遂爲君喪娶，宜去「公子」以見譏，而存「公子」，復作不親迎之經書之者，正以公子遂本是弒君之賊，若去「公子」，即嫌爲觸弒君大惡之故諱去公子，即以隱四年、十年公子翬之類，〔三〕是以不得成其貶文。若然，文公二年「公子遂如齊納幣」，〔四〕亦譏喪娶之經，而不去「公子」者，彼是喪未畢納幣，爲失禮猶淺，此乃初喪逆女，固當合貶，即下八年注云〔五〕「元年逆女，嫌爲喪娶貶也」者，義亦通於此。云云之説，八年注備。

注「有母」至「公文」　解云：下八年夏六月，「戊子，夫人熊氏薨」，「冬，十月，己丑，葬我小君頃熊」，「頃熊者何？宣公之母也」，是其今曰「有母」，母不命使者。婦人之命不通四方，何得言「如」，作内使之文者？正以緣内無貶公之文故也。何者？若其去「如」，則嫌宣公喪娶爲絶賤，不成爲諸侯然也。正緣此事，不得去「如」也。若然，莊二十八年「臧孫辰告糴于齊」，不言「如」，所以不嫌莊公不能貯蓄絶而賤之者，彼告糴之事，可以通臧孫之私行；此大夫不外娶，無道私行之義，故如是。

三月，遂以夫人婦姜至自齊。遂何以不稱「公子」？一事而再見者，卒名也。「卒」，竟也。竟但舉名者，省文。夫人何以不稱「姜氏」？據僑如「以夫人婦姜氏至自齊」也。經有「姜」，不但問不稱「氏」者，嫌據「夫人氏」，欲使去「姜」。

【疏】**注「據僑」至「齊也」**　解云：在成十四年九月。

注「嫌據」至「去姜」　解云：即僖元年，「夫人氏之喪至自齊」是也。

貶。曷爲貶？據俱至也。譏喪娶也。喪娶者公也，則曷爲貶夫人？據「師還」也。

【疏】注「據師還也」解云：即莊八年「秋，師還」，傳曰「還者何？善辭也。如滅同姓〔六〕，何善爾？病之也」。「曷爲病之？非師之罪也」。彼公自滅同姓，非師之罪，是以歸惡于公，書「還」以善師；此公自喪娶，非夫人之罪而貶夫人，與彼義違，故據而難之。

内無貶于公之道也。明下無貶上之義。内無貶于公之道，則曷爲貶夫人？據俱有諱義。

【疏】注「據俱有諱義」解云：春秋之道，多爲内諱，何故此經不爲夫人諱而貶之乎？

夫人與公一體也。恥辱與公共之。夫人貶則公惡明矣。去「氏」比於去「姜」差輕，〔七〕可言，故不諱貶夫人。○差，初賣反。

【疏】「夫人與公一體」解云：初則判合，終成一體，是以寡妻之號，稱「未亡人」，言其事體先亡，〔八〕遺餘半在爾，故傳以「一體」言之。

注「恥辱」至「明矣」解云：正以夫人與公共謚，知榮辱同矣。

注「去氏」至「夫人」解云：去「姜」，即僖元年「夫人氏之喪至自齊」是也。然此不諱者，以其輕，而僖元年去「姜」者則重矣，而亦不諱者，何氏云「因正王法所加，臣子不得以夫人禮治其喪也」是也。

其稱「婦」何？據桓公夫人至不稱「婦」。

【疏】注「據桓」至「稱婦」　解云：即桓三年九月，「夫人姜氏至自齊」是也。

有姑之辭也。有姑當以婦禮至，無姑當以夫人禮至，故分别言之。言「以」者，見行遂意也。見繼重在遂，〔九〕因遠别也。月者，公不親迎，危録之例也。

【疏】「有姑之辭也」　解云：隱二年傳云「在塗稱婦」，與此違者，兼二義也。言在塗見夫而服從夫，故謂之「婦」；至國對姑而服從姑，是以亦謂之「婦」矣。

注「有姑」至「禮至」　解云：當以婦禮至，而稱「夫人」者，臣下録之故也。

注「言以」至「别也」　解云：桓十四年傳云「以者何？行其意也」，何氏云「以己從人曰行」。然則，此經云「遂以夫人」者，欲見夫人是時進止由遂，故言「見繫重在遂」。若不言「以」，直云「遂夫人」，則嫌恠夫人男女無别，故云「因遠别也」。

注「月者」至「例也」　解云：即桓三年九月，「夫人姜氏至自齊」之屬是也。言公不親迎，故書月，危録之例也。

夏，季孫行父如齊。

晉放其大夫胥甲父于衛。「放之」者何？猶曰無去是云爾。「是」，是衛。

【疏】「**放之者何**」解云：大夫去國，於例言「出奔」，此經言「放」，故執不知問。

然則何言爾？近正也。此其爲近正奈何？古者大夫已去，三年待放。

古者刑不上大夫，蓋以爲摘巢毁卵，則鳳皇不翔〔一〇〕；刳胎焚夭，則麒麟不至。刑之則恐誤刑賢者，死者不可復生，刑者不可復屬，故有罪放之而已，所以尊賢者之類也。「三年」者，古者疑獄三年而後斷。易曰「繫用徽墨，〔一一〕寘於叢棘，三歲不得凶」是也。自嫌有罪當誅，故三年不敢去。○摘，吐狄反。刳，口孤反。屬，音燭〔一二〕。叢棘，才工反。

【疏】「**近正也**」解云：用古放臣而言「近正」者，正以古者放臣，任其所去，今此晉文處之於衛，故言「近」耳。

「**古者刑不上大夫**」解云：曲禮上篇文。鄭注云「不與賢者犯法，其犯法則在八議輕重，不在刑書」是也。

注「**蓋以念**」至「**不至**」解云：皆家語文。〔一三〕是時孔子之晉，聞趙簡子殺舜華之屬，故爲此言，而遂還耳。

注「**易曰**」至「**是也**」解云：此坎卦上六爻辭也。鄭氏云「繫，拘也。爻辰在巳，巳爲蛇，蛇之蟠屈以徽墨也。〔一四〕三五互體，艮又與震同體，〔一五〕艮爲門闕，於木爲多節。震之所爲有叢，木之類。〔一六〕門闕之内有叢木多節之木，是天子外朝左右九棘之象也。外朝者，所以詢事之處也。左嘉石，平罷民焉，右肺石，達窮民焉。罷民，邪惡之民也。上六乘陽〔一七〕，有邪惡之罪，故縛約徽墨，置于叢棘，而後公卿以下議之。〔一八〕其害人者，置之圜土而施職事焉，以明刑恥之。能復者，上罪三年而赦，中罪二年而赦，下罪一年而赦。不得者，不自思以得正道，終不自改而出圜土者，殺，故凶」是也。〔一九〕

注「**自嫌**」至「**不敢去**」解云：莊二十四年，曹羈之下傳云「三諫不從，遂去之，故君子以爲得君臣之義也」，何氏云「孔子曰『所謂大臣者，以道事君，不可則止』，此之謂也。諫必三者，取月生三日成魄，臣道就也」。以此言之，則知待放之臣三年乃去者，亦取「月生三日成魄，臣道就」之義故也。

君放之，非也；曰無去是，非也。大夫待放，正也。聽君不去衛，正也。〔三〇〕

【疏】「君放之非也大夫待放正也」　解云：此二句皆是今事，非古法。

古者臣有大喪，則君三年不呼其門。重奪孝子之恩也。禮，父母之喪，三年不從政；齊衰、大功之喪，三月不從政。故孔子曰「夏后氏三年之喪，既殯而致事，殷人既葬而致事，周人卒哭而致事」。〔三一〕「君子不奪人之親，亦不可奪親也」。

【疏】注「禮父」至「不從政」　解云：禮記王制文也。此政謂稅矣。

注「故孔子」至「卒哭而致事」　解云：曾子問文。鄭云「致事者，還其職位於君」是也。

注「君子」至「親也」　解云：亦曾子問文。彼云「君子不奪人之親，亦不可奪親也，此之謂乎」？鄭云「二者恕也，孝也」者是。

已練，可以弁冕，此說時衰正失〔三二〕，非謂禮當然。「弁」，禮所謂皮弁、爵弁也。皮弁，武冠；爵弁，文冠。夏曰「收」，殷曰「冔」，周曰「弁」。加旒曰「冕」，主所以入宗廟。〇冔，況甫反。

【疏】注「夏曰」至「曰弁」　解云：即郊特牲云「周弁、殷冔、夏收」是也。

注「加旒曰冕」　解云：何氏以爲弁、冕之形制一耳，但加旒爲異矣。

注「主所以入宗廟」，解云：以其文冠故也。

服金革之事。謂以兵事使之。君使之，非也；非古道也。臣行之，禮也。臣順君命〔二三〕，亦禮也。此與君放之非、臣待君放正同，故引同類相發明。閔子閔子騫，以孝聞。

【疏】注「閔子騫以孝聞」，解云：出論語也。

要絰而服事，禮，已練，男子除乎首，婦人除乎帶。○要，一遥反。

【疏】注「禮已」至「乎帶」，解云：閒傳文。「孔子蓋善之也」者〔二四〕，「蓋」，猶皆也。〔二五〕言於此三事，孔子皆善之。其三事者，初則要絰而服事，次則謂君爲古者，後則退而致仕是也。

既而曰：「若此乎！古之道不即人心。」「既」，事畢。言「古」者，不敢斥君。「即」，近也。退而致仕。「退」，退身也。「致仕」，還禄位于君。孔子蓋善之也。善其服事，外得事君之義，致仕，内不失親親之恩。言「古」者，又孫順不訕其君也。不言「君子」者，時賢者多以爲非，唯孔子以爲是。○孫，音遜。

公會齊侯于平州。

公子遂如齊。

六月，齊人取濟西田。外取邑不書，此何以書？據曹取之不書。○濟，子禮反。

【疏】注「據曹取之不書」　解云：即僖三十一年，「取濟西田」，傳云「惡乎取之？取之曹也。曷爲不言『取之曹』？諱取同姓之田也。此未有伐曹者，則其言『取之曹』何？晉侯執曹伯，班其所取侵地于諸侯也。晉侯執曹伯，班其所取侵地于諸侯，則何諱乎取同姓之田？久也」，何氏云「魯本爲霸者所還，當時不取，久後有悔，更緣前語取之，不應復將〔二六〕，故當坐取邑」。其濟西田本魯物，而曹取之，不書之矣。

所以賂齊也。魯所以賂遺齊，故稱「人」，共國辭。○遺，唯季反。

【疏】注「魯所」至「國辭」　解云：謂一「人」字，齊、魯共有。何者？魯人篡弑，以地賂人；齊人失所，取篡者之賂，皆合稱人故也。

曷爲賂齊？據上無戰伐，無所謝。

【疏】注「據上」至「所謝」　解云：正決哀七年「秋，公伐邾婁。八月，己酉，入邾婁，以邾婁子益來」〔二七〕，八年「夏，齊人取讙及僤」〔二八〕，傳云「外取邑不書，此何以書？所以賂齊也。曷爲賂齊？爲以邾婁子益來也」。然則，此文之上不見「戰、伐」之文，應無所謝，曷爲以地賂齊乎？故難之。

爲弑子赤之賂也。子赤，齊外孫。宣公篡弑之，恐爲齊所誅，爲是賂之。故諱，使若齊自取之者，亦因惡齊取篡者賂，當坐取邑。未之齊，坐者，由律「行言許受賂」也。〔二九〕月者，惡内甚于邾婁子益。

【疏】注「子赤齊外孫」　解云：文公四年，經書娶于齊而生也。

注「未之」至「受賂也」　解云：十年，「齊人歸我濟西田」，傳云「齊已取之矣，其言『我』何？言『我』者，未絶于我也。曷爲未絶于我？齊已言取之矣，其實未之齊也」，何氏云「齊已言語許取之，其人民貢賦尚屬於魯，實未歸於齊。不言來者，明不從齊來，不當坐取邑」，是以知其未之齊矣。

注「月者」至「子益」　解云：哀八年「夏，齊人取讙及僤」，傳云「外取邑不書，此何以書？所以賂齊也。曷爲賂齊？爲以邾婁子益來也」，彼注云「邾婁，齊與國，畏爲齊所怒，而賂之，耻甚，故諱使若齊自取」。然則，彼爲侵奪小國而賂齊，此爲篡適而賂齊，罪重於彼，是以書月以諱其惡，故云「月者，惡内甚於邾婁子益」矣。

秋，邾婁子來朝。

楚子、鄭人侵陳。〔三〇〕遂侵宋。微者不得言「遂」。「遂」者，楚子之遂也。不從鄭人去「遂」者，兵尊者兼將。○將，子匠反。

【疏】注「微者」至「之遂也」　解云：正以「遂」者，專事之文也，是以僖二十五年注云「微者不别遂，但别兩稱耳」〔三一〕是也。其若大例不合「遂」，〔三二〕若其竟外有利國家之事，亦權許之，即莊十九年「秋，公子結媵陳人之婦于鄍」，遂及齊侯、宋公盟」下，傳云「大夫無遂事，此其言遂何？聘禮，大夫受命不受辭，出竟有可以安社稷、利國家者，則專之可也」是。

晉趙盾帥師救陳。宋公、陳侯、衛侯、曹伯會晉師于斐林，伐鄭。此晉趙盾之師也，據上趙盾救陳，微者不能會諸侯。○斐，芳尾反。

【疏】注「微者」至「諸侯」　解云：謂若是微者，即不能爲會主，以致諸侯于斐林而會之。

曷爲不言趙盾之師？據公子遂會晉趙盾于衡雍，伊雒戎盟，再出名氏。

【疏】注「據公子」至「名氏」　解云：即文八年「冬，十月，壬午，公子遂會晉趙盾盟于衡雍；乙酉，公子遂會伊雒戎盟于暴」是。

君不會大夫之辭也。時諸侯爲趙盾所會，不與卑致尊，故正之，去大夫名氏，使若更有師也。殊「會」地之者，起諸侯爲盾所會。

【疏】注「殊會」至「所會」　解云：言「殊會」者，正謂先序諸侯訖，乃言「會晉師」是也。所以不言「宋公、陳侯、衛侯、曹伯帥師伐鄭」，而先言「會晉師于斐林」，乃言「伐鄭」者，若以趙盾之師先在是，致諸侯來會之然也。故曰「起諸侯爲盾所會」耳。

冬，晉趙穿帥師侵柳。「柳」者何？天子之邑也。天子之間田也。有大夫守之，晉與大夫忿争，侵之。○間，音閑。

【疏】「柳者何」解云：欲言是國，又復未聞；欲言是邑，文無所繫，故執不知問。

曷爲不繫乎周？據「王師敗績于貿戎」繫王。○貿，音茂。

【疏】注「據王」至「繫王」解云：即成元年〔三〕「秋，王師敗績于貿戎」是也。

不與伐天子也。絶正其義，使若兩國自相伐。

【疏】注「絶正其義」解云：謂絶柳，不使繫之於王，所以正君臣之義也。

晉人、宋人伐鄭。

二年，春，王二月，壬子，宋華元帥師及鄭公子歸生帥師戰于大棘。宋師敗績，獲宋華元。復出「宋」者，非獨惡華元，明恥辱及宋國。○華，户化反。

【疏】「宋華」至「華元」　解云：宋、鄭皆言「帥師」者，其將皆尊，其師皆衆故也。

秦師伐晉。秦稱「師」者，閔其衆，惡其將。本秦之忿起殽之戰，今襄公、繆公已死，可以止矣，而復伐晉，惡其搆怨結禍無已。

【疏】注「秦稱」至「其將」　解云：正以文十二年「秦伯使遂來聘」，始有大夫，宜見將之名氏。若其貶之，宜稱「人」。稱國而言「師」者，正以閔其衆，惡其將故也。

注「本秦」至「之戰」　解云：在僖三十三年夏。

注「今襄」至「已死」　解云：即文六年「晉侯讙卒」，文十八年「秦伯罃卒」是也。

夏，晉人、宋人、衛人、陳人侵鄭。

秋，九月，乙丑，晉趙盾弒其君夷獋。○夷獋，户刀反，又古刀反，二傳作「夷臯」。

冬，十月，乙亥，天王崩。匡王。

【疏】注「匡王」　解云：即三年春「葬匡王」是也。

三年，春，王正月，郊牛之口傷，改卜牛。牛死，乃不郊，猶三望。

其言「之」何？據食角不言「之」。

【疏】注「據食角不言之」解云：即成七年「春，王正月，鼷鼠食郊牛角，改卜牛，鼷鼠又食其角，乃免牛」是也。

緩也。辭間容「之」，故爲「緩」，不若食角急也。別天牲主以角。書者，譏宣公養牲不謹敬，不絜清，〔三四〕而災。重事至尊，故詳録其簡甚。

【疏】注「不若食角急也」解云：言食角之時，正以有不順之處，爲天所災，不敬，簡慢，故不言「之」耳。

注「別天牲主以角」解云：即王制云「祭天地之牛角繭栗，宗廟之牛角握，賓客之牛角尺」是。

注「重事」至「簡甚」解云：正謂言「之」是也。何者？「之」爲緩辭，故以簡慢之甚言矣。言「簡」者，欲取五行傳云「簡宗廟」之言耳。

曷爲不復卜？據定十五年，「牛死改卜牛」。

【疏】注「據定」至「卜牛」解云：據彼經云「十五年，春，王正月」，〔三五〕「鼷鼠食郊牛，牛死，改卜牛」是也。

養牲養二卜，〔三六〕「二卜」語在下。〔三七〕帝牲不吉，「帝」，皇天大帝，在北辰之中，主總領天地五帝羣神也。「不吉」者，有災。

【疏】注「帝皇」至「有災」　解云：「在北辰之中」者，言在北辰之處，紫微宮内也。云「總領天地五帝羣神也」者，總領天地之内五帝羣臣也。〔三八〕其五方之帝，東方青帝靈威仰之屬，是其五帝之名，春秋緯文耀鉤具有其文。

則扱稷牲而卜之。先卜帝牲養之，有災，更引稷牲卜之，以爲天牲養之。凡當二卜爾。復不吉，不復郊。○扱，普顔反，又甫姦反。

【疏】注「更引」至「天牲」　解云：即定十五年，「牛死改卜牛」者，正謂此。

帝牲在于滌三月，「滌」，宫名，養帝牲三牢之處也。謂之「滌」者，取其蕩滌絜清。三牢者，各主一月，取三月一時，足以充其天牲。○于滌，大歷反。養牲宫名。

【疏】注「養帝」至「之處」　解云：其三牢之文出春秋説文。

於稷者，唯具是視。視其身體具，無災害而已，不特養于滌宫，所以降稷尊帝。郊則曷爲必祭稷？據郊者主爲祭天。王者必以其祖配。「祖」謂后稷，周之始祖，姜嫄履大人迹所生。「配」，配食也。

【疏】注「姜嫄」至「所生」　解云：即詩云「履帝武敏歆」。又周本紀云〔三九〕「有邰氏女曰姜嫄，爲帝嚳元妃。出野，見巨人迹，心忻然説，欲踐之，踐之，身動如孕者。居期而生子，以爲不祥，棄之隘巷，或棄山林、寒冰之上」云云，「姜嫄以爲神，遂收養長之。初欲棄之，因名曰『棄』」是也。

王者則曷爲必以其祖配？據方父事天。

【疏】注「據方父事天」 解云：言既以爲父特祭，何嫌而要須以祖配祭之乎？故難之。

自内出者，無匹不行，「匹」，合也。無所與會合，則不行。自外至者，無主不止。必得主人乃止者，天道闇昧，故推人道以接之。不以文王配者，重本尊始之義也。故孝經曰「郊祀后稷以配天，宗祀文王於明堂以配上帝」。上帝，五帝，在太微之中，迭生子孫，更王天下。書「改卜」者，善其應變得禮也。(四〇)○迭，大結反。更王，音庚，下于況反。

【疏】注「必得」至「接之」 解云：正謂天之精神靈不明察矣。(四一)

注「上帝」至「禮也」 解云：此五帝者，即靈威仰之屬。言「在太微宫内迭王天下」，即感精符云「蒼帝之始，二十八世，滅蒼者，翼也」，彼注云「堯，翼之星精，在南方，其色赤」。「滅翼者斗」，注云「舜，斗之星精，在中央，其色黄」。「滅斗者參」，注云「禹，參之星精，在西方，其色白」。「滅參者虚」，注云「湯，虚之星精，在北方，其色黑」。「滅虚者房」，注云「文王，房星之精，在東方，其色青」，五星之謀是其義。(四二)

葬匡王。

楚子伐賁渾戎。○賁渾，舊音六，或音奔，下户門反。二傳作「陸渾」。

【疏】「葬匡王」(四三) 解云：天子記「崩」不記「葬」，今而書者，正以去年十月天王崩，至今年春未滿七月，即文九年傳曰「王者不書葬，此何以書？不及時書，過時書，我有往者書」，然則，此未滿七月，所謂「不及時書」也。

夏，楚人侵鄭。

秋，赤狄侵齊。

宋師圍曹。

冬，十月，丙戌，鄭伯蘭卒。

葬鄭繆公。「葬」不月者，子未三年而弑，故略之。〔四四〕○繆，音穆。

【疏】注「葬不月」至「之也」　解云：即下四年「夏，六月，乙酉，鄭公子歸生弑其君夷」是也。然則，春秋之内，「卒」日「葬」月，大國之常。今而不月，故爲此解，似若定公十二年〔四五〕「春，薛伯定卒」，何氏云「不日月者，子無道，當廢之，而以爲後，未至三年，失衆見弑，危社稷、宗廟，禍端在定，故略之」之類也。考諸舊本，皆無注，然則有者，衍字耳。而不月者，與「卒」同月故也。即隱三年傳云「不及時而不日，慢葬」，何氏云「慢薄，不能以禮葬」是也。然則，薛伯定之子是失衆見弑者，即定十三年「薛弑其君比」稱國以弑是也。今此繆公之子，爲公子歸生弑之，非失衆之文，是以經書「冬，十月，丙戌，鄭伯蘭卒」而不略之。以此言之，有注者非也。

四年，春，王正月，公及齊侯平莒及郯。莒人不肯，公伐莒，取向。

此平莒也，其言「不肯」何？據取汶陽田不言「棘不肯」。

【疏】**注「據取汶」至「不肯」** 解云：即成二年秋，「取汶陽田」，至三年「秋，叔孫僑如率師圍棘」，傳云「棘者何？汶陽之不服邑也。其言圍之何？不聽也」。(四六)何氏云「不聽者，叛也。不言叛者，爲内諱，故書圍以起之」是也。

辭取向也。爲公取向作辭也。恥行義爲利，故諱，使若莒不肯聽公平，(四七)伐取其邑以弱之者，愈也。莒言「及」者，明非莒不肯，起其平也。書「齊侯」者，公不能獨平也。月者，惡録之。○公爲，于僞反。

【疏】**注「莒言及」至「其平也」** 解云：正以「及」是汲汲之意，亦見直之義，故如此解。

注「月者惡録之」 解云：正以定十一年「冬，及鄭平」，知平例不月。今而書月，故以爲惡録之。若然，定十年「春，王三月，及齊平」，而書月，何氏云「月者，頰谷之會，齊侯欲執定公，故不易」是也。又昭七年「春，王正月，暨齊平」，而書月，何氏云「月者，刺内暨暨也。時魯方結婚于吳，外慕強楚，故不汲汲于齊」是也。

秦伯稻卒。

夏，六月，乙酉，鄭公子歸生弑其君夷。

赤狄侵齊。

秋，公如齊。

公至自齊。

冬，楚子伐鄭。

五年，春，公如齊。

夏，公至自齊。

秋，九月，齊高固來逆子叔姬。

叔孫得臣卒。不日者，知公子遂欲弑君。爲人臣知賊而不言，明當誅。

【疏】**秋九月至叔姬**（四八） 解云：隱二年注云「親逆例時」，知此月爲下「卒」出，高固不蒙月也。

注「不日」至「當誅」 解云：正以所聞之世，大夫之卒，無罪者日，有罪者月。今此不日，故解之。但推尋上下，更不見得臣有罪之文，惟有文十八年「秋，公子遂、叔孫得臣如齊」，冬十月，「公子遂弑子赤」，是以何氏消量作如此解。

冬，齊高固及子叔姬來。何言乎高固之來？據當舉叔姬爲重，大夫私事不當書。○爲重，直用反，下同。

【疏】**注「據當」至「爲重」** 解云：正以春秋尊内故也。

注「大夫」至「當書」 解云：正以内之大夫直録其「如」，不書其大夫私事故也。今書高固，是以難之。

言叔姬之來，而不言高固之來，則不可。禮，大夫妻歲一歸宗。叔姬屬嫁而與高固來。如但言「叔姬來」而不言「高固來」，則魯負教戒重，不可言，故書高固，明失教戒重在固。言「及」者，猶公及夫人。

【疏】**注「故書」至「在固」** 解云：婦人之道，既嫁從夫故也。

注「言及」至「夫人」 解云：即僖十一年「夏，公及夫人姜氏會齊侯于陽穀」是也。然則，公羊之義，以爲夫妻言「及」者，遠別之稱。刺其無別，是以下注云「言其雙行匹至，似於鳥獸」是也。故桓十八年，春，「公、夫人姜氏遂如齊」，傳云「公何以不及夫人」，〔四九〕注云「據公及夫人會齊侯于陽穀」。「夫人外也」，〔五〇〕注云「若言夫人已爲公所絶外也」，傳云「夫人外者何？〔五一〕内辭也」，注云「内爲公諱辭」。「其實夫人外公也」，〔五二〕注云「時夫人淫於齊侯而譖公，故云爾」。然則，桓公十八年而不言「及」者，皆言夫人爲公所絶外，是以不得言「及」以遠之。

子公羊子曰：「其諸爲其雙雙而俱至者與？」言其雙行匹至，似於鳥獸。

【疏】注「言其」至「鳥獸」　解云：言其無別，如雄狐綏綏，故曰「雙行」；游匹而來，鶉鵲不異，故言「匹至」，似於鳥獸矣。而舊説云「雙雙之鳥一身二首，尾有雌雄，隨便而偶，常不離散，故以喻焉」，非何氏意也。

楚人伐鄭。

六年，春，晉趙盾、衛孫免侵陳。趙盾弑君，此其復見何？據宋督、鄭歸生、齊崔杼弑其君，後不復見。○見何，賢偏反。

【疏】注「據宋督」至「不復見」　解云：其宋督之事，即桓二年「春，王正月，戊申，宋督弑其君與夷，及其大夫孔父」者是也。歸生之事，上四年，「夏六月，乙酉，鄭公子歸生弑其君夷」是也。崔杼之事，即襄二十五年「夏，五月」，「齊崔杼弑其君光」是也。然則春秋之内，書名弑君，後不復見者，唯此三人耳。餘見者，皆著義焉。即桓三年「公子翬如齊逆女」，宣元年「公子遂如齊逆女」之屬，欲見罪在桓、宣，故翬、遂得見。閔二年「公子慶父出奔莒」，書者，彼注云「慶父弒二君，不當復見。所以復見者，起季子緩追逸賊」是也。隱四年，「衛人弒州吁于濮」，彼注云「書者，善之也」。然則，善其臣子討得其賊，是以書見，則知莊九年「齊人殺無知」，書之者，亦是討得其賊，善而書之。莊十二年，「宋萬出奔陳」，得書之者，彼注云「萬弒君，所以復見者，重禄彊禦之賊，明當急誅之也」是也。僖十年夏，「晉殺其大夫里克」，得書之者，亦翬、遂之類也。故彼傳云「里克弒二君，則曷爲不以討賊之辭言之？惠公之大夫也」，何氏云「惠公篡立已定，晉國君臣合爲一體，無所復責，故曰此乃惠公之大夫，安得以討賊之辭言之」？然則，欲歸惡於惠公尚不作討賊之辭，何得怪其見于經矣？襄二十七年，「衛殺其大夫甯喜」，得書之，亦翬、遂之類也。是見其與獻公同謀而弒剽，(五三)是以二十六年弒剽之下，何氏云「甯喜爲衛侯衎弒剽，不舉衎弒剽者，諼成於喜」是也。其二十六年「晉人執甯喜」之下，傳云「不以其罪執之也」，何氏云「明不得以爲功，當坐執人」，亦是其得書之義。文十八年「齊人弒其君商人」，昭十一年「楚子虔誘蔡侯般，殺之于申」，皆書者，商人之下，何氏云「商人，弒君賊，復見者，與大夫異。齊人已君事之，殺之宜當坐弒君」是也。昭十三年「楚公子棄疾弒公子比」，得書者，亦是加弒故也，如趙盾之類矣。

親弒君者，趙穿也。復見趙盾者，欲起親弒者趙穿，非盾。**親弒君者趙穿，則曷爲加之趙盾？不討賊也。何以謂之不討賊？**據皆去「葬」不加「弒」。(五四)

【疏】**注「據皆去葬不加弒」**解云：春秋之義，「君弒，賊不討，則不書葬」，所以責臣子不討賊。若其加弒者，雖不討賊，亦書其「葬」，以其不親弒，不責臣子之討賊。是以昭十九年夏，「許世子止弒其君買」，「冬，葬許悼公」，傳云「賊未討，何以書葬？不成于弑也。曷爲不成于弑？止進藥而藥殺也。止進藥而藥殺，則曷爲加弑焉爾？譏子道之不盡也」，「是以君子加弑焉爾」。「『葬許悼公』，是君子之赦止也。赦止者，免止之罪辭也」是也。然則，此趙盾之弑君，與他親弑者同文，皆去其「葬」，則趙盾不加弑，趙盾既不加弑，即其身是賊，何得謂之不討賊乎？故難之。

晉史書賊曰：「晉趙盾弑其君夷獋。」趙盾曰：「天乎！無辜！」「辜」，罪也。呼天告冤。

【疏】注「呼天告冤」 解云：「冤」，謂冤枉之冤也。

吾不弑君，誰謂吾弑君者乎？」史曰：「爾爲仁爲義，人弑爾君，而復國不討賊，此非弑君如何？」〔五五〕「復」，反也。趙盾不能復應者，明義之所責，不可辭。趙盾之復國奈何？靈公爲無道，使諸大夫皆内朝，禮，公族朝於内朝，親親也。雖有富貴者，〔五六〕以齒，明父子也。外朝以官，體異姓也。宗廟之中，以爵爲位，崇德也。宗人授事以官，尊賢也。升餕受爵以上嗣，〔五七〕尊祖之道也。喪紀以服之精粗爲序，〔五八〕不奪人之親也。○餕，音俊。

【疏】注「禮公族」至「之親也」 解云：此皆文王世子文。彼注云「内朝，路寢廷」也。云「雖有貴者以齒，明父子也」，彼注云「謂以宗族事會也」。云「外朝以官，體異姓也」者，彼鄭氏云「外朝，路寢門之外廷」，〔五九〕「體猶連結也」。云「宗廟之中以爵爲位，崇德也」者，鄭氏云「崇，高也，以爵貴賤異位」。云「宗人授事以官尊賢也」者，鄭氏云「宗人掌禮及宗廟也」，「以官，官各有所掌也。若司徒奉牛，司馬奉羊，司空奉豕」。云「升餕、受爵，以上嗣，尊祖之道也」者，彼文云「其登餕、獻，受爵，則以上嗣，尊祖之道也」，注云「上嗣，祖之正統」，「受爵謂上嗣舉奠也」。〔六〇〕今此何氏以「登」爲「升」，復無「獻」字，蓋所見異也。云「喪紀以服之精粗爲序，不奪人之親也」者，彼文作「輕重」字，此作「精粗」者，亦所見異也。其下文云〔六一〕「其公大事，則以其喪服之精粗爲序」，注云「大事謂死喪也。其爲君雖皆斬衰，序之必以本親也」是也。

然後處乎臺上，引彈而彈之，己趨而辟丸，「己」，己諸大夫也。○己，音紀。是樂而已矣。以是爲笑樂。○是樂，音洛。〔六二〕

趙盾已朝而出，與諸大夫立於朝。有人荷畚「荷」，負也。「畚」，草器，若今市所量穀者是也。齊人謂之鍾。○有人何，本又作「荷」，胡可反，又音河。畚，音本。

【疏】注「齊人謂之鍾」　解云：即昭三年左傳云「齊舊四量，豆、區、釜、鍾」是也。

自閨而出者，「宮中之門謂之闈，其小者謂之閨。」從内朝出，立于外朝，見出閨者，知外朝在閨外，内朝在閨内可知。

【疏】注「宮中」至「之閨」　解云：釋宮文。孫氏曰「闈者，宮中相通小門也。其小者謂之閨，小閨謂之閤」，李氏曰「皆門户大小之異」是也。

趙盾曰：「彼何也？夫畚曷爲出乎閨？」「彼何」者，始怪何等物之辭。孰視，知其爲畚。乃言夫畚者賤器，何故乃出尊者之閨乎？〔六三〕呼之，不至，怪而呼，欲問之。曰：「子大夫也，欲視之，則就而視之。」顧君責己以視人欲以見就爲解也。古者士大夫通曰「子」。○解，佳賣反，又如字。趙盾就而視之，則赫然死人也。「赫然」，已支解之貌。趙盾曰：「是何也？」曰：「膳宰也。主宰割殺膳者，若今大官宰人。熊蹯不熟，「蹯」，掌。公怒，以斗摮而殺之，「摮」，猶摮也。摮謂旁擊頭項。○摮，五羔反，又苦交反，猶摮也。摮，口吊反，擊也。支解，將使我棄之。」趙盾曰：「嘻！」趨而入。靈公望見趙盾，愬而再拜。「愬」者，驚貌。禮，臣拜然後君答拜。靈公先拜者，畚出，盾入，知其欲諫，欲以敬拒之，使不復言也。禮，天子爲三公下階，卿前席，大夫興席，士式几。○愬，所革反，又訴路反。

【疏】注「禮天」至「士几」　解云：春秋説文，亦時王禮也。

趙盾逡巡北面再拜稽首，頭至地曰「稽首」，頭至手曰「拜手」。

【疏】注「頭至地」至「拜手」解云：出大祝文。

趨而出。本欲諫君，君以拜謝，知己意，冀當覺悟，〔六四〕故出。靈公心怍焉，「怍」，慙貌，慙盾知己過。○怍，在洛反。欲殺之。於是使勇士某者往殺之。「某」者，本有姓字，記傳者失之。勇士入其大門，則無人門焉者；〔六五〕入其閨，則無人閨焉者；「焉」者，於也。是無人於閨門守視者也。上其堂則無人焉。但言「焉」，絶語辭。堂不設守視人，故不言「堂焉者」。〔六六〕俯而闚其户，「俯」，俛頭。〔六七〕「户」，室户。方食魚飧。勇士曰：「嘻！子誠仁人也！吾入子之大門，則無人焉；入子之閨，則無人焉；上子之堂，則無人焉；是子之易也。「易」，猶省也。○飧，音孫。〔六八〕子爲晉國重卿，而食魚飧，是子之儉也。君將使我殺子，吾不忍殺子也。雖然，吾亦不可復見吾君矣！」負君命也。遂刎頸而死。勇士自斷頭也。傳極道此者，明約儉之衛也，〔六九〕其於「重門擊柝」。孔子曰「禮，與其奢也寧儉」，此之謂也。〔七〇〕○頸，居郢反。斷，音短。重，直容反。柝，他洛反。

【疏】注「傳極」至「謂也」解云：易下繫辭云「重門擊柝以待暴客」是也。

靈公聞之，怒，滋欲殺之甚，「滋」，猶益也。衆莫可使往者。於是伏甲于宫中，召趙盾而食之。趙盾之車右祁彌明者，國之力士也，禮，大夫驂乘，有車右，有御者。○而食，音嗣，下同。祁，巨支反。仡然從乎趙盾而入，〔七一〕「仡然」，壯勇貌。○仡，魚乙反。放乎堂下而立。嫌靈公復欲殺盾，故入以爲意。○禮器記曰「天子堂高九尺，諸侯七尺，大夫五尺，士三尺」。趙盾已食，靈公謂盾曰：「吾聞子之劍，蓋利劍也，子以示我，吾將觀焉。」授君劍，當拔而進其首，靈公因欲以推殺之。趙盾起，將進劍。祁彌明自下呼之曰：「盾食飽則出，何故拔劍於君所！」趙盾知之，由人曰「知之」，自己知曰「覺」焉。

【疏】注「由人」至「覺焉」　解云：由人曰「知之」，此文是也，自己知曰「覺」者，即昭三十一年傳云「夏父曰『以來！人未足而盱有餘！』叔術覺焉，曰『嘻！此誠爾國也夫！』起而致國于夏父」是也。

躇階而走。〔七二〕「躇」，猶超遽，不暇以次。○躇，丑略反，與踱同，一本作辵，〔七三〕音同。劇不，其據反，本亦作「遽」。靈公有周狗，〔七四〕「周狗」，可以比周之狗，所指如意。○比，毗志反。謂之獒。大四尺曰「獒」。○獒，五刀反。

【疏】注「大四尺曰獒」　解云：釋畜文。

呼獒而屬之。獒亦躇階而從之，祁彌明逆而踆之，以足逆蹋曰「踆」。○踆，音存。以足逆蹋之。蹋，〔七五〕徒臘反。

【疏】「呼獒而屬之」 解云：謂呼而指屬之。今呼犬謂之屬，義出於此。

絶其頷。〔七六〕「頷」，口。○頷，户感反。趙盾顧曰：「君之獒，不若臣之獒也！」然而宮中甲鼓而起，「甲」，即上所道「伏甲」。約勒聞鼓聲當起殺盾。有起于甲中者，抱趙盾而乘之。欲趨疾走。趙盾顧曰：「吾何以得此于子？」猶曰「吾何以得此救急之恩於子邪」？非所以意悟。曰：「子某時所食活我于暴桑下者也。」「某時」者，記傳者失之。「暴桑」，蒲蘇桑。傳道此者，明人當素積恩德。趙盾曰：「子名爲誰？」後欲報之。曰：「吾君孰爲介？「介」，甲也。猶曰「我晉君誰爲興此甲兵，豈不爲盾乎」？子之乘矣！何問吾名？」「之乘」，即上車也。猶曰「子已上車矣，〔七七〕何不疾去，而反徐問吾名乎」？欲令蚤免去，不望報矣。〔七八〕○蚤，音早。趙盾驅而出，衆無留之者。明盾賢人，不忍殺也，且靈公無道，民衆不說，〔七九〕以致見殺。趙穿緣民衆不說，起弑靈公，然後迎趙盾而入，與之立于朝，復大夫位也。即所謂「復國不討賊」，明史得用責之。傳極道此上事者，明君雖不君，臣不可以不臣。○不說，音悦。而立成公黑臀。不書者，明以惡夷獋，猶不書剽立。○臀，徒門反。剽，匹妙反。

【疏】注「不書」至「剽立」 解云：襄公二十六年「二月，辛卯，衛寧喜弑其君剽」，「甲午，衛侯衎復歸于衛」，「然則曷爲不言剽之立？〔八〇〕不言剽之立者，以惡衛侯也」，〔八一〕注云「欲起衛侯失衆出奔，故不書剽立。剽立無惡，則衛侯惡明矣」。然則，此處不書黑臀之立，以惡夷獋明矣，故如此解。

夏，四月。

秋，八月，螺。先是宣公伐莒取向、公比如齊所致。

【疏】注「先君」至「取向」解云：在上四年春也。

注「公比如齊」解云：即四年「秋，公如齊」，「五年，春，公如齊」是也。

冬，十月。

七年，春，衛侯使孫良夫來盟。

夏，公會齊侯伐萊。

秋，公至自伐萊。

大旱。爲伐萊踰時也。○爲，于僞反。

【疏】「春衛侯」至「來盟」〔八二〕解云：不書日月者，桓十四年夏，「鄭伯使其弟語來盟」之下，何氏云「時者，從内爲王義，明王者當以至信先天下」。然則，成三年「冬，十有一月，晉侯使荀庚來聘，衛侯使孫良夫來聘。丙午，及荀庚盟，丁未，及孫良夫盟」，亦是來盟而書日月，彼下注云「書者，惡之，詩曰『君子屢盟，亂是用長』，二國既脩禮相聘，不能親信，反復相疑，故舉聘以非之」，是其惡故不舉重而書日月之義也。是當文皆有注解。

冬，公會晉侯、宋公、衛侯、鄭伯、曹伯于黑壤。

八年，春，公至自會。

夏，六月，公子遂如齊，至黄乃復。其言「至黄乃復」何？據公孫敖不言「至復」，又不言「乃」。

【疏】注「據公」至「言乃」解云：即文八年冬，「公孫敖如京師，不至復。丙戌，奔莒」是也。

有疾也。「乃」，難辭也。上言「乃復」，下有「卒」，知以疾爲難。○難辭，乃旦反。何言乎有疾乃復？據公如晉，以「有疾乃復」，弑恥，〔八三〕以爲有疾無惡。

【疏】注「據公如」至「無惡」　解云：即昭二十三年「冬，公如晉，至河，公有疾乃復」，傳云「何言乎『公有疾乃復』？殺恥也」，注云「因有疾以殺畏晉之恥」是也。

譏。何譏爾？大夫以君命出，聞喪徐行而不反。「聞喪」者，聞父母之喪。「徐行」者，不忍疾行，又爲君當使人追代之。以喪喻疾者，喪尚不當反，況於疾乎？順經文而重責之。言「乃」不言「有疾」者，有疾猶不得反也。赦不言「乃」者，明無所難爲重。赦當誅，遂當絶。

【疏】注「順經文」至「難爲重」　解云：正以傳不言「大夫以君命出，遇疾而還非禮」，而言「聞喪徐行而不反」者，是其順經文而重責之故也。

注「赦當誅遂當絶」　解云：以赦違命罪大，故當誅。誅者，罪累家也。遂前雖弑君，而宣公不以爲罪，直以當時行事而責之，責其奉命不終而以疾辭，故當絶其身而已。

辛巳，有事于大廟。〔八四〕

仲遂卒于垂。「仲遂」者何？據不稱「公子」，故問之。公子遂也。自是後無遂卒，知公子遂。何以不稱「公子」？據「公子季友卒」，雖加字，猶稱「公子」也。〔八五〕

【疏】注「據公」至「子也」　解云：即僖十六年「三月，壬申，公子季友卒」是也。言「雖加字」者，欲道仲遂亦加字而不稱公子矣。

貶。曷爲貶？據「叔孫得臣卒」，不貶。

【疏】注「據叔」至「不貶」 解云：即宣五年秋九月，「叔孫得臣卒」是也。何氏云「不日者，知公子遂欲弑君，爲人臣知賊而不言，明當誅」。然則，得臣與遂同罪，而或貶，或否，故難之。

爲弑子赤貶。然則曷爲不於其弑焉貶？據翬終隱之篇貶。欲使於文十八年子赤卒年中貶。

【疏】注「據翬」至「中貶」 解云：即隱四年「秋，翬帥師會宋公」以下「伐鄭」，傳云「翬何以不稱公子？貶。曷爲貶？與弑公也」。十年「夏，翬帥師會齊人、鄭人伐宋」，傳云「此公子翬也，何以不稱公子？貶。曷爲貶？隱之罪人也，故終隱之篇貶也」是也。

於文則無罪，於子則無年。此解十八年秋「如齊」不貶意也。十八年編於文公貶之，則嫌有罪於文公，無罪於子赤也。「卒」乃貶者，元年「逆女」，嫌爲喪娶貶也；「公會平州」下「如齊」也嫌公遂；八年「如齊」，嫌坐「乃復」貶也。〔八六〕貶加字者，起嬰齊所氏，明爲歸父後，大宗不得絶也。地者，絶卒外，〔八七〕明當有卒外禮也。日者，不去樂也。書「有事」者，爲不去樂張本。○編，必連反。

【疏】注「元年逆」至「貶也」 解云：即上元年「公子遂如齊逆女」，彼注云「嫌觸諱不成其文也」是也。

注「公會」至「公遂」 解云：即元年經云，夏，「公會齊侯于平州，公子遂如齊」是也。若不言「公子」，直言

「遂如齊」，文承公會於平州之下，嫌謂「公遂如齊」，非公子遂，是以不得去「公子」矣。

注「八年如齊嫌坐乃復貶也」〔八八〕解云：公子翬助桓簒弑，入篇即不貶，見其無罪於桓公。今此公子遂助宣簒弑，而於宣貶者，正以於子赤則無年，遂之罪重，不得令免，會須貶之。諸見之處，悉皆有嫌，不得作文，是以正於卒時貶，見其事。

注「貶加字」至「絶也」解云：成十五年「三月，乙巳，仲嬰齊卒」，傳云「仲嬰齊者何？公孫嬰齊也。公孫嬰齊則曷爲謂之『仲嬰齊』？爲兄後也。爲兄後，則曷爲謂之『仲嬰齊』？爲人後者，爲之子也」，注云「更爲公孫之子，故不得復氏『公孫』」，傳又云〔八九〕「爲人後者爲其子，則其稱『仲』何？孫以王父字爲氏也。然則，嬰齊孰後？後歸父也。歸父使于晉，而未反，何以後之」？注云「據已絶也」，傳云「叔仲惠伯，傅子赤者也。文公死，子幼。公子遂謂叔仲惠伯曰『君幼，如之何？願與子慮之』。叔仲惠伯曰『吾子相之，老夫抱之，何幼君之有』？公子遂知其不可與謀，退而殺叔仲惠伯，弑子赤而立宣公。宣公死，成公幼，臧宣叔者，相也，君死不哭，聚諸大夫而問焉，曰『昔者，叔仲惠伯之事，孰爲之』？諸大夫雜然曰〔九〇〕『仲氏也，其然乎』！於是遣歸父之家」，注云「時見君幼，欲以防示諸大夫」。「然後哭君。歸父使乎晉，還自晉，至檉，聞君薨，家遣，墠帷，哭君成踊，反命于介，自是走之齊。魯人徐傷歸父之無後也」，注云「徐者，皆共之辭也，關東語。傷其先人爲惡，身見逐絶，不忿懟也」。「於是使嬰齊後之也」，注云「弟無後兄之義，爲亂昭穆之序，失父子之親，故不言『仲孫』，明不與子爲父〔九一〕爲父孫」是也。然遂既被貶而加字者，欲起成十五年仲嬰齊以仲爲氏故也。嬰齊者，仲遂之子，宜稱「公孫」，而氏「仲」者，明爲其兄公孫歸父之後，不得氏「公孫」，故氏「仲」矣。所以弟爲兄後者，正以大宗不得絶故也。

注「地者」至「禮也」解云：欲道公子季友之文，皆不地，此言「於垂」者，正以卒於外故也。所以卒於外則地之者，明其當有卒於外之禮故也。

注「日者不去樂也」 解云：正以春秋之例，失禮鬼神例日故也。

注「書有」至「張本」 解云：正以時祭之禮，初夏作之，即是得時不書之例，而書之者，爲下不去樂張本故也。而言有事者，礿不合書，是以但言有事，爲下張本而已。似若文二年注云「不言吉祫者，就不三年不復譏，略，爲下張本而已」之類。

壬午，猶繹，萬入去籥。「繹」者何？祭之明日也。禮，繹繼昨日事，但不灌地降神爾。天子諸侯曰「繹」，大夫曰「賓尸」，士曰「宴尸」，去事之殺也。必繹者，尸屬昨日配先祖食，不忍輒忘，故因以復祭，禮則無有誤，敬慎之至。殷曰「肜」，周曰「繹」。「繹」者，據今日道昨日，不敢斥尊言之，文意也。「肜」者，肜肜不絶，據昨日道今日，斥尊言之，質意也。祭必有尸者，節神也。禮，天子以卿爲尸，諸侯以大夫爲尸，卿大夫以下〔九二〕以孫爲尸。夏立尸，殷坐尸，周旅酬六尸。○屬，音燭。肜，羊弓反。

【疏】「繹者何」 解云：欲言是祭，去「礿」大近；欲言非祭，「繹」者祭名，故執不知問。

注「禮繹」至「神爾」 解云：正以釋天云「繹，又祭也」，孫氏云「祭之明日，尋繹復祭」，故言「繼昨日事」。正以昨日祭已灌地降神，是以今日繹，主爲尸作，何以爲灌乎？故云「但不灌地降神爾」。

注「天子諸侯」至「宴尸」 解云：春秋説文也。稍得言名「繹」在正祭之後，故曰「去事之殺也」。

注「則無有誤」 解云：畏敬先君之尸，而爲之設祭，則無有過誤也。

注「殷曰肜周曰繹」 解云：釋天文。案郭氏爾雅其下文仍有「夏曰復胙」之文，〔九三〕而何氏不言之者，正以諸家爾雅悉無此言，故不引之。「復胙」，郭氏云「未見義所出也」。

注「**繹者**」至「**意也**」　解云：祭尊于繹，欲道今日所尋繹，乃是昨日之正祭，故云「據今日道昨日不敢斥尊」乃是尊正之義，故曰「文意也」。

注「**肜者**」至「**神也**」　解云：正由昨日正祭，是以今日作又祭，相因而不絶，肜肜然，故曰「據昨日道今日」，乃是迫近而不尊，故曰「質意也」。

注「**禮天子**」至「**孫爲尸**」　解云：何氏差約古禮也。天子不使公，諸侯不使卿，皆爲其疑也。卿大夫已下以孫爲尸，以其昭穆同也。

注「**夏立**」至「**六尸**」　解云：即禮器云「周坐尸」，注云「言此亦周所因於殷也」，「夏立尸而卒祭」，注云「夏禮，尸有事乃坐」，「殷坐尸」，注云「無事猶坐」，「周旅酬六尸」，注云「使之相酌也。后稷之尸，發爵不受旅」，「曾子曰『周禮其猶醵與』？」注云「食錢飲酒爲醵，〔九四〕旅酬相酌似之也」。

「萬」者何？干舞也。「干」，謂楯也。能爲人扞難而不使害人，故聖王貴之，以爲武樂。「萬」者，其篇名。武王以萬人服天下，民樂之，故名之云爾。○楯，食允反。扞，户旦反。

【**疏**】「**萬者何**」　解云：欲言其樂，文無樂名；欲言非樂，祭祀用之，故執不知問。

注「**武王**」至「**云爾**」　解云：春秋説文。昔武王一會八伯諸侯，人數豈止萬而已？蓋以萬是總名，故據以言耳。

「籥」者何？籥舞也。「籥」，所吹以節舞也。吹籥而舞，文樂之長。

【**疏**】「**籥者何**」　解云：欲言非樂，「籥」是樂名；欲言是樂，臨祭見去，故執不知問。

注「吹籥而舞文樂之長」解云：正以萬是武樂，入而用之，而籥特備矣。

其言「萬入去籥」何？據「入」者不言「萬」，「去樂」不言名。

【疏】注「去樂不言名」解云：即昭十五年「二月，癸酉，有事于武宫。籥入，叔弓卒，去樂卒事」是也。

去其有聲者，不欲令人聞之也。〔九五〕廢其無聲者，「廢」，置也。置者，不去也，齊人語。存其心焉爾。存其心焉爾者何？知其不可而爲之也。明其心猶存於樂，知其不可，故去其有聲者而爲之。

【疏】「存其心焉爾者何」解云：欲道存心于樂，而有去籥之文；欲道存心于股肱，而繹萬不廢，故執不知問。

「猶」者何？通可以已也。禮，大夫死，爲廢一時之祭。有事于廟而聞之者，去樂卒事；卒事而聞之者廢繹。〔九六〕日者，起明日也。言「入」者，據未奏去籥時書。凡祭自三年喪已下，各以日月廢時祭，唯郊社越紼而行事可。〔九七〕

【疏】「猶者何」解云：欲言是禮，書而譏之；欲言非禮，乃當正祭之明日，故執不知問。

「禮大夫」至「之祭」解云：正以正祭爲吉事故也。

注「有事」至「去樂」解云：即昭十五年「二月，癸酉，有事于武宫。籥入，叔弓卒，去樂卒事」，傳云「其言『去樂卒事』何？禮也。君有事于廟，聞大夫之喪，去樂」，注云「恩痛不忍舉」。

注「卒事」至「日也」解云：即檀弓下篇云「仲遂卒于垂，壬午，猶繹，萬入去籥，仲尼曰『非禮也，卿卒不繹』」是也。

注「言入」至「時書」解云：欲道所以不言「萬作」，而言「萬入」之意也。

注「凡祭」至「事可」解云：即王制曰「喪，三年不祭，唯祭天地、社稷，爲越紼而行事」，鄭注云「不敢以卑廢尊。越猶蹷也。紼，輴車索」是也。〔九八〕

戊子，夫人熊氏薨。

晉師、白狄伐秦。

楚人滅舒蓼。

秋，七月，甲子，日有食之，既。是後楚莊王圍宋，析骸易子，伐鄭勝晉，鄭伯肉袒，晉大敗於邲，中國精奪，屈服強楚之應。〔九九〕

【疏】注「是後」至「易子」解云：「圍宋」者，即下十四年「秋，九月，楚子圍宋」是也。言「析骸易子」者，即十五年傳云「易子而食之，析骸而炊之」是也。

注「伐鄭勝晉」解云：即下九年冬，「楚子伐鄭，晉郤缺帥師救鄭」；十年夏，「晉人、宋人、衛人、曹人伐鄭」，冬，「楚子伐鄭」；十一年「夏，楚子、陳侯、鄭伯盟于辰陵」，注云「不日月者，莊王行霸，約諸侯，明王法，討徵舒，善其憂中國，故爲信辭」。然則，比年之間，晉、楚争共伐鄭，鄭伯終服于楚，盟于辰陵，楚勝于晉居然明矣，故云「伐鄭勝晉」也。

「鄭伯肉袒」 解云：即下十二年春，「楚子圍鄭」，「鄭伯肉袒，左執茅旌，右執鸞刀，以逆莊王」是也。

注「晉大敗于邲」 解云：即下十二年夏，「晉荀林父帥師及楚子戰于邲，晉師敗績」。

注「中國精奪」 解云：正以日者，太陽之精，諸夏之象，今而被食，故曰「中國精奪」。

冬，十月，己丑，葬我小君頃熊。雨不克葬。庚寅，日中而克葬。

「頃熊」者何？宣公之母也。「熊氏」，楚女。宣公即僖公妾子。〇頃，音傾。

【疏】「頃熊者何」 解云：欲言是妾，「卒、葬」備書；欲言夫人，與君别謚，故執不知問。

「而」者何？難也。「乃」者何？謂問定公〔一〇〇〕「日下昃乃克葬」。

【疏】「而者何」 解云：魯公夫人「薨、葬」多矣，此獨言，故執不知問。

注「謂問定公日下昃乃克葬」 解云：即是定十五年九月，〔一〇一〕「丁巳，葬我君定公，雨不克葬。戊午，日下昃，乃克葬」是也。然則，言「乃」之經，不干此事，而於此問之者，正以葬時遇雨廢葬，「而」、「乃」異文，是以連而問之。

難也。禮，卜葬從遠日。「不克葬」見難者，臣子重難，不得以正日葬其君。

【疏】**「禮卜葬從遠日」** 解云：即曲禮上篇云「喪事先遠日」，鄭注云「喪事，葬與練祥也」，左氏傳云「禮，卜葬先遠日，辟不懷也」，舊典之遺存也。

曷爲或言「而」，或言「乃」？「乃」難乎「而」也。言「乃」者，内而深；言「而」者，外而淺。下昃，日昳久，故言「乃」。孔子曰「其爲之也難，言之得無訒乎」？皆所以起孝子之情也。「雨不克葬」者，爲不得行葬禮。孔子曰「生，事之以禮，死，葬之以禮，祭之以禮」。故不得行禮則不葬也。魯録「雨不克葬」者，恩録内尤深也。別朝莫者，〔一〇二〕明見日乃葬也。○訒，音刃。莫，音暮。

【疏】**注「孔子」至「訒乎」** 解云：論語文。引之者，證難言之事，必須訒而言之，似若臣子不得正日，雖言重難，亦須訒而葬之。

注「所以起孝子之情也」 解云：謂春秋言「而」、言「乃」者，所以起見孝子之情，重難有淺深故也。

注「魯録」至「深也」 解云：欲道外諸侯葬多矣，而無不克文之者，以其恩淺也。

注「別朝」至「葬也」 解云：謂日中與昃。然則，「朝、莫」猶早、晚也。

城平陽。

楚師伐陳。

九年，春，王正月，公如齊。

月者，善宣公事齊合古禮，卒使齊歸濟西田。不就十年月者，五年再朝，近得正。孔子曰「知和而和，不以禮節之，亦不可行也」。明雖事人，皆當合禮。

【疏】注「月者」至「西田」解云：即下十年春，「齊人歸我濟西田」是也。

注「不就」至「合禮」解云：何氏之意，以爲春秋之道，祖述堯、舜，天子五年一巡狩，諸侯亦五年一朝天子，是以桓元年注「故即位，比年使大夫小聘，三年使上卿大聘，四年又使大夫小聘，五年一朝」是也。然則，諸侯自相朝，雖文不著，若欲以朝亦不過是也。宣公五年「春，公如齊」，今九年春，又如齊，乃五年之内，不得正盡五年，故曰「近得正」。言「近」者，不正是之辭也。雖不正是，近合於禮，是以春秋此年書月，以見善宣公。至十年公復如齊，是爲大數，唯近取濟西田之文，〔一〇三〕亦不得見善，故言「不就十年月者，五年再朝近得正」。

公至自齊。

夏，仲孫蔑如京師。

齊侯伐萊。

秋，取根牟。「根牟」者何？邾婁之邑也。曷爲不繫乎邾婁？諱亟也。

亟，疾也。屬有小君之喪，邾婁子來加禮，未期而取其邑，故諱不繫邾婁也。上有小君喪，而下諱取之，則邾婁加禮明矣。未期年從加禮數者，猶王子虎從「會葬」數。○亟，去冀反。未期，音基。

【疏】「根牟者何」 解云：欲言是國，經典未有；欲言非國，文無所繫，故執不知問。

注「屬有小君之喪」 解云：即上八年夏，「夫人熊氏薨」是也。

注「邾婁子來加禮」 解云：謂上八年冬十月，葬頃熊之時，邾婁子使人來加禮，但例不書之，故不見也。

注「未期」至「婁也」 解云：去年十月來加禮，(一〇四)今年七月而取邑，故言「未期」也。加禮者，或是賵襚之屬，皆是葬前之事，而要繫會葬言之。言未期者，欲取諱亟之義強故也。必知過期之後，不復諱之者，正以定十五年夏五月，定公薨，「邾婁子來奔喪」，至於哀元年「冬，仲孫何忌帥師伐邾婁」，注云「邾婁子新來奔喪，伐之不諱者，期外恩殺惡輕，明當與根牟有差」是也。

注「未期年」至「葬數」 解云：此文欲取未期之義，而從加禮數之；若取薨之時，則過於期矣。若似僖三十三年冬十二月，「公薨于小寢」，文元年，「天王使叔服來會葬」，夏四月，「葬我君僖公」，文三年「夏，五月，王子虎卒」，傳云「王子虎者何？天子之大夫也。外大夫不卒，此何以卒？新使乎我也」，注云「王子虎即叔服也。新爲王者使來會葬，在葬後三年中卒，君子恩隆於親親，則加報之，故卒，明當有恩禮也」。然則，王子虎之卒，在文三年夏，若數來會葬之時，則在三年之内，若數公卒時四年矣。與此相似，故「猶」之。

八月，滕子卒。

九月，晉侯、宋公、衛侯、鄭伯、曹伯會于扈。

晉荀林父帥師伐陳。

辛酉，晉侯黑臀卒于扈。「扈」者何？晉之邑也。諸侯卒其封内不地，此何以地？據陳侯鮑卒不地。

【疏】「扈者何」　解云：若言晉地，不應書之；欲道外地，文無所繫，故執不知問。

注「據陳侯鮑卒不地」　解云：桓五年「春，正月，甲戌、己丑，陳侯鮑卒」，傳云「曷爲以二日卒之？怴也。甲戌之日亡，己丑之日死而得。君子疑焉，故以二日卒之也」，是其卒於封内不書地，故難之。

卒于會，故地也。起時衰，多窮厄伐喪，而卒於諸侯會上，故地危之。未出其地，故不言「會」也。左右皆臣民，雖卒於會上，危愈於竟外，故不復著言「會」也。出外死有輕重，死於師尤甚，於會次之，於人國次之，〔二〇五〕於封内最輕。不書葬者，故篡也。〔二〇六〕

【疏】注「出外死」至「最輕」解云：時衰多窮厄伐喪，「師」者，用兵之處，而君死焉，故言「于師」，著其危甚，即襄十八年，「曹伯負芻卒于師」是也。是以僖四年，「夏，許男新臣卒」，何氏云「不言卒於師者，桓公師無危」，是其義也。云「於會次之」者，與人交接之處，或相劫詐，未可知，若柯之盟，曹子劫桓公之類是也。而君卒焉，故言「次之」，即定四年夏，「杞伯戊卒于會」是也。云「於人國次之」者，正以時多背死向生，而君卒於竟外，似有掩襲之理，但於主國有賓客之道，是故又以爲次矣。即襄二十六年秋，「許男寧卒于楚」之屬是也。云「於封内最輕」者，正以左右皆民臣，危少於竟外，是以不言「於會」矣。但有外國之人，亦有危理，故書其地，即此文書「晉侯黑臀卒於扈」是也。若不聚會，直卒於封内者，仍自不地，即「陳侯鮑卒」是也。若然，昭十三年「夏，四月，楚公子比自晉歸于楚，弒其君虔于乾谿」，不與人會而書地者，彼注云「封内地者，起禍所由，因以爲戒」是也。而云「起禍所由」者，案彼傳云「靈王爲無道，作乾谿之臺，三年不成，楚公子棄疾脅比而立之，然後令于乾谿之役，曰『比已立矣，後歸者不得復其田里』。衆罷而去之，靈王經而死」，是其致禍之由。

注「不書」至「篡也」解云：春秋之義，篡明者書「葬」，即小白之屬是也。篡不明者即不書其「葬」，以見篡，即此黑臀之屬是也。云云，已説于上。

冬，十月，癸酉，衛侯鄭卒。不書「葬」者，殺公子瑕也。

【疏】注「不書葬」至「瑕也」解云：即僖三十年「秋，衛殺其大夫元咺及公子瑕」也。不言殺元咺，元咺有罪。云云已説于上。

宋人圍滕。

楚子伐鄭。

晉郤缺帥師救鄭。

陳殺其大夫泄治。

校勘記

〔一〕此其言即位何　王引之經義述聞據桓公元年傳補「如」字在「其」上。

〔二〕彼傳云如其意也　此下原有「注云弒君欲即位故如其意也」。阮校：浦鏜云此十二字衍。今按，單抄本無此十二字。據删。

〔三〕即以隱四年十年公子翬之類　諸本「以」作「似」，單抄本作「以」，疑誤。

〔四〕公子遂如齊納幣　「幣」原作「弊」。阮校：閩、監、毛本「弊」作「幣」，下同。今按，單抄本作「幣」，據改。

〔五〕即下八年注　「注」上原有「而」字。浦鏜云：「注」上「而」爲衍字。據删。

〔六〕如滅同姓　浦鏜云：「此」誤「如」。今按，單抄本作「如」。

〔七〕差輕　阮校：鄂本疊「輕」字。閩、監、毛本不疊。

〔八〕言其事體先亡　浦鏜云：「事」疑「半」字誤。

〔九〕見繼重在遂　浦鏜云：「繫」誤「繼」，從疏校。阮校：閩、監、毛本同。按「繼」當讀爲「繫」，解云故言「見繫重在遂」。

〔一〇〕鳳皇不翔　「皇」原作「凰」。阮校：鄂本作「皇」，作「凰」者俗字。今按，撫州本、余本「凰」作「皇」。據改。

〔一一〕繫用徽墨　阮校：鄂本、閩本同，監、毛本「墨」改「纆」，下同。

〔一二〕㓷口孤反屬音燭　「孤」原作「狐」，「燭」原作「蜀」。諸本釋文「狐」作「孤」，宋本、撫州本釋文「蜀」作「燭」。據改。

〔一三〕解云皆家語文　浦鏜云：擿巢毀卵，家語作「覆巢破卵」，「焚夭」作「殺夭」。

〔一四〕虵之蟠屈以徽墨也　浦鏜云：「似」誤「以」。孫詒讓校記：詩疏十二引鄭易注「墨」作「纆」，與毛本同。

〔一五〕三五互體艮又與震同　「又」原作「文」。浦鏜云：「又」誤「文」，從李鼎祚集解校。今按，單抄本作「又」，據改。

〔一六〕有叢木之類　「木」原作「拘」。浦鏜云：「木」誤「拘」，從李鼎祚易解校。

〔一七〕上六乘陽　浦鏜云：「上之」誤「上六」。

〔一八〕故縛約徽墨置于叢棘而後公卿以下議之　浦鏜云：「使」誤「後」。孫詒讓校記：詩疏十二之一引此

「縛」作「縛」，誤。今據改。又「而後」，「後」作「改」。今按，孫校所據未知何本，誤不可從。

〔一九〕故凶是也　浦鏜云：「故」下脱「曰」字。

〔二〇〕聽君不去衛正也　阮校：「衛」蓋「是」字誤，或當作「爲」。

〔二一〕周人卒哭而致事　阮校：今本曾子問無此文，此與九經三傳沿革例引興國本合，段玉裁説。

〔二二〕此説時衰正失　阮校：鄂本「正」作「政」。今按，撫州本、余本作「正」。

〔二三〕臣順君命　「君」原作「爲」。阮校：鄂本「爲」作「君」，此誤。今按，撫州本、余本作「君」，據改。

〔二四〕孔子蓋善之也者　殿本考證云：此以下一段誤刊于此，當在下傳「孔子蓋善之也」之下。北大本校記據移，并據全書通例加「疏」「〇解云」等。

〔二五〕蓋猶皆也　「皆」原作「是」。單抄本「是」作「皆」。據文意作「皆」是，據改。

〔二六〕不應復將　殿本考證：「復將」當從汲古閣本作「以得」。阮校：閩本亦作「復」，監、毛本改「以」，非，「將」字監、毛本作「得」，此誤。閩本作「注」，非。又按，僖三十一年注作「不應復得」。

〔二七〕以邾婁子益來　「以邾婁」三字原無。北大本校記：按哀七年經「子」上有「以邾婁」三字。今按，單抄本上有此三字，據補。

〔二八〕取讙及僤　「僤」原作「禪」。阮校：「禪」爲「僤」字誤。閩本作「僤」是也。此本下亦作「僤」。今按，單抄本作「僤」。據改。

〔二九〕言許受賂也　浦鏜云：下十年疏引此「賂」作「財」。

〔三〇〕楚子鄭人侵陳　阮校：鄂本「子」作「人」。

〔三一〕但別兩稱耳　「稱」字原無。殿本考證：此據僖二十五年注「兩」下當補「稱」字。浦鏜云：「兩」

下脱「稱」是也。據補。

〔三二〕其若大例不合遂　浦鏜云：「若」疑衍字。北大本校記：依莊十九年傳文改「若大」爲「大夫」。

〔三三〕即成元年　「成」原作「戎」，蓋涉「貿戎」而誤。他本亦有作「莊」者。北大本校記：據公羊成元年傳及公羊義疏改「莊」爲「成」。今按，閩本作「成」不誤，毛本誤作「莊」。單抄本作「成」。據改。

〔三四〕不絜清　阮校：鄂本作「絜」，「潔」俗字。閩、監、毛本作「潔」。今按，撫州本作「絜」，余本作「潔」。

〔三五〕十五年春王正月　「王」原作「正」。阮校：此本誤，上「正」當作「王」。閩、監本不誤。今按，單抄本上「正」作「王」。據改。

〔三六〕養牲養二卜　孫詒讓校記：何注「二卜語在下」。此似當以「養二」爲句，何讀未允。

〔三七〕語在下　「下」原作「卜」。阮校：「下」誤「卜」。今訂正。今按，撫州本、余本作「下」。據改。

〔三八〕五帝羣臣也　阮校：閩、監、毛本「臣」作「神」，是也。

〔三九〕又周本紀云　「又」原作「文」。單抄本「文」作「又」，據改。

〔四〇〕應變得禮也　阮校：鄂本無「也」字。今按，撫州本無「也」字。

〔四一〕不明察矣　阮校：「不」字疑衍。

〔四二〕五星之謀　阮校：「謀」當「精」字之誤。

〔四三〕葬匡王　北大本校記：此疏原在「楚子伐賁渾戎」注下，阮校（當爲盧補之誤——引者按）：毛本此句別分一節，以「葬匡王」疏繫「葬匡王」下。按依文意，毛本爲正。

〔四四〕故略之　「之」下原有「也」。阮校：鄂本無「也」字，此衍。今按，撫州本、余本無「也」字。據删。

〔四五〕定公十二年　「二」原作「三」。今按，單抄本作「二」，據改。

〔四六〕何不聽也　此四字原重。殿本考證：四字不當重。據删。

〔四七〕聽公平　此上原有「起其平也」四字。阮校：鄂本无「起其平也」四字。諸本皆涉下文誤衍，當删正。讀「故諱使若莒不肯聽公平」一句。今按，撫州本無此四字，余本有。據阮校删。

〔四八〕秋九月至叔姬　浦鏜云：此句疏當在上「齊高固來逆子叔姬」句下。

〔四九〕公何以不及夫人　浦鏜云：「不」下脱「言」字。

〔五〇〕夫人外也　殿本考證云：「夫」字上脱「傳云」二字。

〔五一〕傳云夫人外者何　阮校：「傳云」二字當衍，何校本無。

〔五二〕夫人外公也　殿本考證云：「夫」字上脱「傳云」二字。

〔五三〕是見其與獻公同謀而弑剽　浦鏜云：「是」疑「欲」字誤。

〔五四〕據皆去葬不加弑　阮校：鄂本「葬」下有「日」字。又按，依疏此「日」字不當有。今按，「葬」下撫州本有「日」字，余本無。今從阮校。

〔五五〕此非弑君如何　阮校：閩、監、毛本「如何」改「而何」。按「如」當讀「而」。

〔五六〕親親也雖有富貴者　浦鏜云：禮記「親親」作「内親」，又無「富」字。阮校：鄂本無「富」字，此衍。文王世子無「富」字。今按，撫州本無「富」字，余本有。

〔五七〕升餕受爵以上嗣　「餕」原作「畯」。阮校：鄂本「餕」誤作「鋑」，此本誤「畯」。今訂正。又按文王世子「升」作「登」。今按，撫州本、余本「畯」作「餕」，據改。

〔五八〕精粗爲序　阮校：鄂本「粗」作「麤」，按疏中引注作「觕」。今按，撫州本「粗」作「麤」，余本作「粗」。

〔五九〕路寢门之外廷　浦鏜云：「廷」當依注作「庭」。

〔六〇〕其登餕獻受爵……受爵謂上嗣舉奠也　兩「受」字原無。殿本考證：兩「爵」上脱「受」字。阮校：惠校本增兩「受」字。今按，單抄本有兩「受」字，據補。

〔六一〕其下文云　「下」原作「上」。阮校：「上」當作「下」。據改。

〔六二〕是樂音洛　宋本、撫州本釋文「洛」作「落」，余本作「洛」。

〔六三〕何故乃出尊者之閫乎　余本「乃」作「而」。

〔六四〕冀當覺悟　阮校：鄂本「悟」作「寤」。按下注云「非所以意悟」，用「悟」字；成七年注云「重録魯不覺寤」，用「寤」字。蓋「覺寤」字當作「寤」，猶人寐而覺寤也。今按，撫州本作「寤」，余本作「悟」。

〔六五〕無人門焉者　阮校：段玉裁云此當作「焉門者」，下當作「焉閨者」，故注云「焉者於也，是無人于門閨守視者也」。今本誤倒。

〔六六〕故不言堂焉者　阮校：鄂本無「焉」字。段玉裁云當作「焉堂者」。今按，撫州本脱「堂」字，有「堂」字乃與傳文例協。

〔六七〕俯俛頭　「俛」原作「挽」。殿本考證：疑「挽」當作「俛」，形近而誤。阮校：鄂本作「俛」。今按，撫州本、余本作「俛」。據改。

〔六八〕飱音孫　撫州本、余本釋文「飱」作「飧」，宋本作「飱」。

〔六九〕明約儉之衛也　阮校：鄂本無「也」字，此誤衍。今按，撫州本無「也」字。

〔七〇〕與其奢也寧儉此之謂也　「之」原作「而」。浦鏜云：「之」誤「而」。阮校：鄂本「而」作「之」。當據正。今按，撫州本、余本作「之」。據改。又撫州本無上「也」字。

〔七一〕仡然從乎趙盾而入　阮校：經義雜記曰，何注仡然壯勇貌，按説文「仡，勇壯也，从人气聲。周書曰仡仡勇夫」。此何義也。鄉飲酒「賓西階上疑立」，注「疑讀爲疑然從于趙盾之疑，疑，正立自定之貌」。則鄭所據公羊仡然作「疑然」，乃自定之貌，不取勇壯義。按乎作於亦異。

〔七二〕躇階而走　阮校：經義雜記曰，説文「辵，乍行乍止也。从彳从止。讀若春秋公羊傳辵階而走」。釋文謂一本作「辵」，與説文正合，則古本公羊作「辵階」矣。公食大夫禮「賓栗階升」，注「不拾級，連步趨，主國君之命，不拾級而下曰辵」。公羊義當此禮經注，較之説文乍行乍止之訓更密也。

〔七三〕一本作辵　「辵」原作「⿱夂疋」。浦鏜云：「辵」誤「⿱夂疋」。今按撫州本、余本、宋本釋文作「辵」。據改。

〔七四〕靈公有周狗　阮校：何注云「可以比周之狗」，按爾雅釋畜「狗四尺曰獒」，郭注：公羊傳曰「靈公有害狗，謂之獒也」。又宋本張華博物志云「晉靈公有害狗」，「害」與「周」形相近，故文異。害狗謂能害人之狗。

〔七五〕以足逆躙之躙　撫州本、宋本釋文「躙」作「蹋」，余本作「躙」。

〔七六〕絶其頷　阮校：段玉裁云，玉篇引作「絶其領」。

〔七七〕猶曰子已上車　「已」原作「以」。阮校：鄂本「以」作「已」。今按，撫州本、余本作「已」，據改。

〔七八〕不望報矣　阮校：鄂本「矣」作「也」。今按，撫州本作「也」，余本作「矣」。

〔七九〕民衆不説　「説」原作「悦」。阮校：鄂本「悦」作「説」。今按，撫州本、余本作「説」。據改。

〔八〇〕然則曷爲不言剽之立　浦鏜云：然則上脱「傳云」二字。

〔八一〕以惡衛侯也　「也」原作「矣」。浦鏜云：「也」誤「矣」。今按，單抄本作「也」。據改。

〔八二〕春衛侯至來盟　阮校：閩、監、毛本移此節疏於經「七年春衛侯使孫良夫來盟」下。

〔八三〕乃復弑恥　阮校：閩、監、毛本「弑」作「殺」，此誤。蓋凡「殺」字皆改「弑」，遂誤改此爾。今按，撫州本、余本「殺」作「弑」。

〔八四〕有事于大廟　「大」原作「太」。撫州本、余本作「大」。據改。

〔八五〕猶稱公子也　阮校：鄂本無「也」字。今按，撫州本無「也」字，余本有。

〔八六〕公會平州下如齊也嫌公遂八年如齊嫌坐乃復貶也　「八年」二字原無。阮校：鄂本無上「也」字。又鄂本「遂」下有「八年」二字。言於元年公會平州下如齊，貶不稱公子則嫌公如齊矣，於八年如齊至黄乃復貶不稱公子，則嫌因坐乃復貶之矣。今按，撫州本無「也」字。又撫州本「遂」下有「八年」二字，余本脱。據補「八年」二字。

〔八七〕絶卒外　「卒外」原作「外卒」。阮校：鄂本作「卒外」，此本「絶」衍字，「外卒」誤倒。按解云，此言於垂者正以卒於外故也，是疏本亦作「卒外」，不言「絶」。今按，撫州本、余本作「卒外」。據改。

〔八八〕注八年如齊嫌坐乃復貶也　「八年」二字原無。阮校：「如」上當有「八年」二字。單抄本有「八年」二字。據補。

〔八九〕傳又云　「又」原作「文」。浦鏜云：「文」當「又」之誤。今按，單抄本作「又」。據改。

〔九〇〕諸大夫雜然曰　浦鏜云：「雜」上脱「皆」字。

〔九一〕明不與子爲父　殿本考證：「爲父」二字衍。阮校：何校本無此二字是也。

〔九二〕卿大夫以下　撫州本「以」作「已」。

〔九三〕復胙之文　單抄本「文」下有双行夾注「胙音祚」三字。

〔九四〕食錢飲酒爲醵　北大本校記：公羊義疏「食」作「合」。諸本「食」作「斂」。今按，禮器注作「合」，正義云「斂錢飲酒」。

〔九五〕不欲令人聞之也　阮校：鄂本無「也」字，此誤衍。今按，撫州本無「也」字，余本有。

〔九六〕去樂卒事卒事而聞之者廢繹　「卒事」二字原不重。阮校：鄂本疊「卒事」二字。此因重文誤脱，當據補。按疏引昭十五年經去樂卒事以證上卒事，又標注卒事至日也以釋下注，則疏本亦疊「卒事」二字。汪文臺識語云：按穀梁疏引云有事于廟而聞之者去樂卒事，至卒事而聞之者廢繹，與鄂本同。然疏標注有事至去樂則不疊卒事，其引昭十五年經傳證去樂，非證卒事也。今按，撫州本、余本皆重「卒事」二字。據補。

〔九七〕而行事可　阮校：鄂本「可」作「也」，按疏標起訖作「凡祭至事可」。

〔九八〕輴車索是也　「輴」原作「輔」。浦鏜云：「輴」誤「輔」。今按，單抄本作「輴」。據改。

〔九九〕屈服強楚之應　阮校：鄂本「強」作「彊」，撫州本、余本作「彊」。

〔一〇〇〕謂問定公　阮校：鄂本無「謂」字，此衍。今按，撫州本無，余本有。

〔一〇一〕即是定十五年九月　「定」字原無。阮校：十五年上當有「定」字。據補。

〔一〇二〕別朝莫者　阮校：鄂本「莫」作「暮」。

〔一〇三〕唯近取濟西田之文　浦鏜云：「唯」疑「雖」之誤。

〔一〇四〕去年十月來加禮　北大本校記：公羊義疏「來」作「未」。

〔一〇五〕於人國次之　「於」原作「如」。阮校：「如」當作「於」，從閩、監、毛本校。鄂本亦作「如」。今按，據疏阮校是，據改。

〔一〇六〕故纂也　阮校：鄂本無「故」字。今按，撫州本無「故」字，余本有。又莊公三年疏引此注無「故」字。似無者是。

監本附音春秋公羊傳注疏宣公卷第十六 起十年，盡十八年。

何休學

十年，春，公如齊。公至自齊。齊人歸我濟西田。〔一〕齊已取之矣，其言「我」何？據歸讙及闡〔二〕，齊已取，不言「我」。○僤，本又作闡，昌善反。

【疏】注「據歸」至「言我」解云：哀公八年「夏，齊人取讙及僤」，冬，「齊人歸讙及僤」是也。

言「我」者，未絶於我也。〔三〕曷爲未絶于我？〔四〕據有俄道。〔五〕

【疏】注「據有俄道」解云：即桓二年傳云「至乎地之與人則不然，〔六〕俄而可以爲其有矣」，彼注云「俄者，謂須臾之間，制得之頃也」。言俄爾之間，則有絶于本主之道，爾來十年，何言「未絶于我」乎？故難之。

齊已言取之矣，齊已言語許取之。其實未之齊也。其人民、貢賦尚屬於魯，實未歸於齊。不言「來」者，明不從齊來，不當坐取邑。凡歸邑、物，例皆時。

【疏】注「不言來」至「取邑」　解云：案元年注云「亦因惡齊取篡者賂，當坐取邑」者，正以篡逆之賊，天下共惡，齊乃許取其賂而與之同，似若漢律行言許受財之類，故云「當坐取邑」耳。今言「不當坐取邑」者，正以爾來十年，仍不入己，見宣有禮，還復歸之，功過相除，可以減其初惡，是以春秋恕之，不復書「來」，以除其過，故曰「不當坐取邑」耳。

注「凡歸邑物例皆時」　解云：其歸邑時者，即定十年夏，「齊人來歸運、讙、龜陰田」，及此經書「春」之屬，皆是也。其歸物時者，即莊六年「冬，齊人來歸衛寶」，注云「寶者，玉物凡名」是也〔七〕。以此言之，則知哀八年「齊人歸讙及僤」，在日月之下，不蒙日月，亦可知也。

夏，四月，丙辰，日有食之。與「甲子」、「既」同，事重，故累食。

【疏】注「與甲子既同」　解云：即上八年「秋，七月，甲子，日有食之，既」，彼注云「是後楚莊王圍宋，析骸易子，伐鄭勝晉，鄭伯肉袒，晉師大敗于邲，中國精奪，屈服強楚之應」。今此與彼同占，故曰「與甲子既同」也。

己巳，齊侯元卒。

齊崔氏出奔衛。「崔氏」者何？齊大夫也。其稱「崔氏」何？據「齊高無咎出奔」名。連「崔」、「氏」者，與「尹氏」俱稱「氏」，嫌爲采邑。

【疏】「崔氏者何」 解云：欲言大夫，而直言「崔氏」；欲言微者，而得書于經，故執不知問。

注「據齊」至「奔名」 解云：即成十七年秋，「齊高無咎出奔莒」是也。

注「連崔氏者」 解云：「與尹氏俱稱氏嫌爲采邑」者，即隱三年，「夏，四月，辛卯，尹氏卒」是也。

貶。曷爲貶？據外大夫奔不貶。

【疏】注「據外大夫奔不貶」 解云：即上引「高無咎出奔莒」之屬是也。

譏世卿。世卿，非禮也。復見譏者，嫌尹氏王者大夫，職重，不當世，諸侯大夫任輕可世也。因齊大國禍著，故就可以爲法戒，明王者尊莫大於周室，彊莫大於齊國，世卿猶能危之。

【疏】注「復見」至「世也」 解云：即隱三年「尹氏卒」，單稱氏，已是譏之，今復單言「崔氏」，故言「復」也。

注「因齊大國」至「危之」 解云：欲道等是諸侯，科取即得，所以不於僖二十八年「衞元咺出奔晉」之經見之者，因齊大國有弑君之禍，著明于出奔故也。

公如齊。不言「奔喪」者，尊內也，猶不言「朝」、「聘」。

【疏】注「不言」至「內也」 解云：正以上文四月「己巳，齊侯元卒」，則知此經「公如齊」者，奔喪而往，而言「尊內也」者，欲道定十五年夏「公薨于高寢」，「邾婁子來奔喪」，彼則書之，今此否者，尊內故也。

五月，公至自齊。

癸巳，陳夏徵舒弑其君平國。

六月，宋師伐滕。

公孫歸父如齊，葬齊惠公。

晉人、宋人、衛人、曹人伐鄭。

秋，天王使王季子來聘。「王季子」者何？天子之大夫也。其稱「王季子」何？據叔服不繫「王」，不稱「子」，王札子不稱「季」。

【疏】「五月公至自齊」解云：「致」例時，而書「五月」者，爲下「癸巳」出之。

「王季子者何」解云：欲言諸侯，而王使來聘，欲言大夫，而經書「子」，故執不知問。

注「據叔」至「稱子」解云：即文元年，「天王使叔服來會葬」是也。

「王札子不稱季」 解云：即下十五年夏六月，「王札子殺召伯、毛伯」是也。

貴也。其貴奈何？母弟也。「子」者，王子也。天子不言「子」、「弟」，故變文，上「季」繫先王以明之，著其骨肉貴、體親也。

【疏】注「子者王子」至「明之」 解云：言「天子不言子弟」者，即文元年注云「叔服者，王子虎也」。「不繫王者，不以親疏録也。不稱王子者，時天子諸侯不務求賢，而專貴親親，故尤其在位子弟，刺其早任以權也」是也。既言「尤其在位子弟」，是以不得稱之。「王子瑕奔晉」、「天王殺其弟年夫」，難之云云，已説在文元年。

注「著其」至「親也」 解云：以其稟氣于先王，故言「骨肉貴」；以其今王母弟，故曰「體親也」。

公孫歸父帥師伐邾婁，取蘱。○蘱，類，又力對、欺類二反。

大水。先是城平陽，取根牟及蘱，役重，民怨之所生。

【疏】注「先是城平陽」 解云：在上八年，冬。

注「取根牟」者〔八〕 解云：在上九年秋。

季孫行父如齊。

冬，公孫歸父如齊。

齊侯使國佐來聘。

饑。何以書？以重書也。民食不足，百姓不可復興，危亡將至，故重而書之。明當自省減，開倉廩，贍振乏。〔九〕哀公問於有若曰「年饑，用不足，如之何」？有若對曰「盍徹乎」？曰「二，吾猶不足，如之何其徹也」？對曰「百姓足，君孰與不足？百姓不足，君孰與足」？〇贍，常豔反。

楚子伐鄭。

十有一年，春，王正月。

夏，楚子、陳侯、鄭伯盟于辰陵。不日月者，莊王行霸，約諸侯，明王法，討徵舒，善其憂中國，故爲信辭。

公孫歸父會齊人伐莒。

秋，晉侯會狄于欑函。離不言「會」，言「會」者，見所聞世治近升平，内諸夏而詳録之，殊夷狄也。下發傳於吴者，方具説其義，故從外内悉舉者明言之。

【疏】注「發傳於吴」至「明言之」　解云：即成十五年「冬，十有一月，叔孫僑如會晉士燮、齊高無咎、宋華元、衛孫林父、鄭公子鰌、邾婁人，會吴于鍾離」，傳云「曷爲殊會吴？外吴也。曷爲外也？春秋内其國而外諸夏，内諸夏而外夷狄。王者欲一乎天下，曷爲以外内之辭言之？言自近者始也」，注云「明當先正京師，乃正諸夏，諸夏正，乃正夷狄，以漸治之」是也。

冬，十月，楚人殺陳夏徵舒。此楚子也，其稱「人」何？據下入陳稱「子」。

【疏】注「據下入陳稱子」　解云：即下「丁亥，楚子入陳」是也。

貶。曷爲貶？據徵舒有罪。**不與外討也。**辟天子，故貶見之，即所謂「貶絶然後罪惡見」。

【疏】注「即所謂」至「惡見」　解云：即昭元年傳云「春秋不待貶絶而罪惡見者，不貶絶以見罪惡也」是也。

不與外討者，因其討乎外而不與也，雖内討亦不與也。雖自討其臣下，亦不得與也。

【疏】「雖内討亦不與也」　解云：案檀弓云「臣弑君，〔一〇〕凡在官者，殺無舍」〔一一〕。是以隱四年「九月，衛人殺州吁于濮」，傳曰「其稱人何？討賊之辭也」，注云「討者，除也。明國中人人得討之，所以廣忠孝之路」。以此言之，則弑君之賊，國内人人皆得殺之，而言「雖内討亦不與」者，正以與莊王非國内，是以不與其外討。又言「雖内討亦不與」者，正以莊王身爲君，而見在，寧得更有弑君之賊而討之乎？明知莊王内討著，更以他罪耳。諸侯不得專殺大夫，是以不與。

曷爲不與？據善爲齊誅之。

【疏】注「據善爲齊誅之」解云：即昭四年「秋，七月，楚子」以下「伐吴，執齊慶封，殺之」，傳云「此伐吴也，其言『執齊慶封』何？爲齊誅也。其爲齊誅奈何？慶封走之吴，吴封於防」，〔一二〕何氏云「月者，善義兵」是也。

實與不言「執」，與討賊同文。

【疏】注「不言執」至「同文」解云：正以昭八年夏，「楚人執陳行人于徵師，殺之」，言「執」，非討賊之文；隱四年「衛人殺州吁」，莊九年「齊人殺無知」，皆不言「執」，以見此不言「執」乃與討賊同文，故知實與矣。

而文不與。文曷爲不與？諸侯之義，不得專討也。諸侯之義不得專討，則其曰實與之何？上無天子，下無方伯，天下諸侯有爲無道者，臣弑君，子弑父，〔一三〕力能討之則討之，可也。與齊桓專封同義。不書兵者，時不伐。

【疏】注「與齊桓專封同義」 解云：即僖元年，齊師「救邢」之下，傳云「曷爲先言『次』，〔一四〕後言『救』？君也。君則其稱『師』何？不與諸侯專封也。曷爲不與？實與而文不與。文曷爲不與？諸侯之義，不得專封也。諸侯之義不得專封，則其曰『實與』之何？上無天子，下無方伯，天下諸侯有相滅亡者，力能救之則救之，可也」，注云「主書者，起文從實也」。今此亦然，故曰「與齊桓專封同義」耳。〔一五〕

注「不書兵者時不伐」 解云：欲決昭四年「秋，楚子」以下「伐吳，執齊慶封，殺之」，彼實有兵，故言「伐」。今此不書兵者，時實不伐，非是省文之義耳。

丁亥，楚子入陳，日者，惡莊王討賊之後，欲利其國。復出「楚子」者，爲下「納」善，不當貶，不可因上貶文。

【疏】注「日者」至「利其國」 解云：正以春秋之義，入例書時，傷害多則書月。今此書日，以詳其惡，故如此解。

注「復出楚」至「貶文」 解云：春秋之義，以「納」爲簒辭，而言「爲下納善」者，正以上有起文，故與凡「納」異。何者？上有討賊之文，而即言「納二子于陳」，故知其善，所謂美惡不嫌同辭矣。

納公孫寧、儀行父于陳。此皆大夫也，其言「納」何？據「納」者謂已絶也。今寧、儀行父上未有「出奔」絶文，故見大夫，反言「納」也。○寧，乃定反，音寧。

【疏】注「據納」至「言納也」 解云：定十四年秋，「衛世子蒯聵出奔宋」，至哀二年夏，「晉趙鞅納衛世子蒯聵于戚」，是其上有「出奔」絶文，而下言「納」矣。而僖二十五年「秋，楚人圍陳，納頓子于頓」，上文不言「頓子出奔」者，正以頓是微國，出入不兩書，故彼注云「頓子出奔不書，小國例也」。云「故見大夫」者，言此二子上無絶文，故見任爲大夫，而反言納于陳。

納公黨與也。徵舒弑君，甯、儀行父如楚訴徵舒，徵舒之黨從後絶其位，楚爲討徵舒而納之。本以助公見絶，故言「納公黨與」。不書徵舒絶之者，以弑君爲重。主書者，美楚能變悔改過，以遂前功，卒不取其國而存陳。不繫國者，因上「入陳」可知。

【疏】注「不書」至「主書者」　解云：若書徵舒絶之，宜云「陳公孫甯等出奔楚」，傳云「此訴于楚矣，曷爲謂之出奔？徵舒絶其位，是以謂之奔也」。〔一六〕

注「美楚」至「改過」　解云：謂之入陳是也。

注「以遂前功」　解云：討徵舒是也。

注「不繫國」至「可知」　解云：欲决哀二年「納衛世子」云云繫衛是也。

十有二年，春，葬陳靈公。討此賊者非臣子也，何以書「葬」？據惠公殺里克，不書卓子「葬」。

【疏】注「據惠」至「子葬」　解云：僖十年春，「里克弑其君卓」，夏，「晉惠公殺里克」是也。

無所復討也。不從殺泄冶〔一七〕不書「葬」者，泄冶

君子辭也。楚已討之矣，臣子雖欲討之而無所討也。有罪，故從討賊書「葬」，則君子辭與泄冶罪兩見矣。不月者，獨甯、儀行父有訴楚功，上已言「納」，故從餘臣子恩薄略之。

【疏】**君子至討也**〔一八〕

注「無所復討也」 解云：然則卓子之賊，亦是惠公已討之，其臣子雖欲討之，亦無所討。而不作君子辭者，正以惠公之殺里克，不作討賊之意，是以春秋不書卓子葬，以責其臣子也。今此楚莊本以討賊之意而殺徵舒，一賊不可再討，故不責之。

注「不從」至「有罪」 解云：案何氏作膏肓，以爲泄冶無罪，而此注云「有罪」者，其何氏兩解乎？正以春秋之義，殺無罪大夫者，例去其「葬」以見之。今乃經書靈公之葬，則知泄冶有罪明矣。而膏肓以爲無罪者，蓋以諫君之人，罪之無文，而左氏罪之，故言無罪矣。而此何氏以爲有罪者，其更有他罪乎？

注「從討」至「兩見矣」 解云：賊不討不書「葬」者，欲責臣子不討賊。今而書「葬」，則知賊已討矣。君子恕之，不復責臣子矣。又且君殺無罪大夫，則不書其「葬」。今靈公殺泄冶，而得書「葬」，則知泄冶有罪明矣。故云「兩見矣」。

注「不月者」至「略之」 解云：正以「卒」日「葬」月，大國之常，今書「春」，故須辨之。

楚子圍鄭。

夏，六月，乙卯，晉荀林父帥師及楚子戰于邲，晉師敗績。大夫不敵君，此其稱名氏以敵楚子何？據城濮之戰，子玉得臣貶也。

【疏】注「據城濮」至「貶也」　解云：即僖二十八年夏，「晉侯」以下「及楚人戰于城濮，〔一九〕楚師敗績」，傳云「此大戰也，曷爲使微者？子玉得臣也。子玉得臣則其稱人何？貶。曷爲貶？大夫不敵君也。」

不與晉而與楚子爲禮也。不與晉而反與楚子爲君臣之禮，以惡晉。

【疏】「不與晉」至「禮也」　解云：但作一句連讀之。注云「不與晉而反與楚子爲君臣之禮」〔二〇〕亦爲一句連讀之。

注「以惡晉」　解云：内諸夏以外夷狄，春秋之常。今叙晉于楚子之上，正是其例。而知其「惡晉」者，但楚莊德進行修，同於諸夏，討陳之賊，不利其土，入鄭皇門而不取其地，既卓然有君子之信，寧得殊之？既不合殊，即是晉侯之匹。林父人臣，何得序於其上？既序人君之上，無臣子之禮明矣。臣而不臣，故知「惡晉」也。

曷爲不與晉而與楚子爲禮也？據城濮之戰貶得臣者，不與楚爲禮。莊王伐鄭，勝乎皇門，「勝」，戰勝。「皇門」，鄭郭門。放乎路衢。「路衢」，郭内衢。道四達謂之「衢」。

【疏】注「道四達謂之衢」　解云：釋宫文。

鄭伯肉袒，左執茅旌，「茅旌」，祀宗廟所用，迎道神、指護祭者。斷曰「藉」，不斷曰「旌」。用茅者，取其心理順一，自本而暢乎末，所以通精誠、副至意。○斷，音短。藉，在夜反。〔一一〕

【疏】注「茅旌」至「至意」。解云：「茅旌祀宗廟所用」云者，皆時王之禮。正以公羊子是景帝時人，是以何氏取當時之事以解其語。云「用茅者取其心理順一」者，言茅心文理皆順無逆矣。云「自本而暢乎末」者，言其文理從本而申暢于末，無節以絶之。〔一二〕

右執鸞刀，「鸞刀」，宗廟割切之刀，環有和，鋒有鸞。執宗廟器者，示以宗廟不血食，自歸首。

【疏】注「鸞刀宗」至「有鸞」。解云：亦時王之制。祭義亦云「祭之日，君牽牲」，「卿大夫序從」，彼注云「序，以次第從也」。「既入廟門，麗于碑，卿大夫袒，而毛牛尚耳，鸞刀以刲，取膟膋」，鄭注云「麗，猶繫也。毛牛尚耳，以耳毛爲上也。膟膋，血與腸間脂也」。又祭統云「鸞刀羞嚌」，是「鸞刀」爲宗廟割切之刀矣。注「執宗廟」至「自歸首」。解云：言「示以宗廟」者，言示楚以宗廟血食之器也。言己宗廟將墮滅，斟酌在楚耳，故言「自歸首」矣。

以逆莊王，曰：「寡人無良邊垂之臣，諸侯自稱曰「寡人」，天子自稱曰「朕」。「良」，善也，無善，喻有過。言己有過於楚邊垂之臣，謙不敢斥莊王。

【疏】注「諸侯自稱曰寡人」。解云：曲禮文。注「天子自稱曰朕」。解云：時王之禮也。若古禮，〔一三〕自稱爲「予一人」矣。

以干天禍，「干」，犯也。謙不敢斥莊王，歸之於天。是以使君王沛焉，「沛焉」者，怒有餘之貌，猶傳曰「力沛若有餘」。○沛，普蓋反。

【疏】注「猶傳」至「有餘」　解云：文十四年傳文。

辱到敝邑。遠自勞辱，到於鄭也。諸侯自稱國曰「敝邑」。君如矜此喪人，自謂已喪亡。錫之不毛之地，墝埆不生五穀曰「不毛」。謙不敢求肥饒。○墝埆，上苦交反，下音學。

【疏】注「墝埆」至「肥饒」　解云：「墝埆」者，壚鹵之稱，若俗言墝埆矣。

使帥一二耋老而綏焉。六十稱「耋」，七十稱「老」。「綏」，安也。謙不敢多索丁夫，願得主帥一二老夫以自安。○多索，所白反，舊本作「策」，音索。

【疏】注「六十」至「稱老」　解云：「七十稱老」，曲禮文也。案今曲禮云「七十曰耋」，與此異也，〔二四〕蓋何氏所見與鄭注者不同。或者此「耋」字誤耳。

請唯君王之命。」莊王曰：「君之不令臣交易爲言，是亦莊王謙，不斥鄭伯之辭。「令」，善也。「交易」，猶往來也。言君之不善臣數往來爲惡言。〔二五〕○屢往，力住反，又作數，音朔。是以使寡人得見君之玉面，而微至乎此！」「微」，喻小也。積小語言，以致於此。

【疏】「是以使」至「玉面」 解云：若祭統云「故國君取夫人之辭曰『請君之玉女，與寡人共有敝邑，事宗廟、社稷』」，鄭注云「言玉女者，美言之也。君子於玉比德焉」。然則，此言「玉面」者，亦美言之也。

莊王親自手旌，自以手持旌也。緇廣充幅，〔二六〕長尋曰「旐」，繼旐如燕尾曰「旆」，加文章曰「旗」，〔二七〕錯革鳥曰「旟」，注旄首曰「旌」。

【疏】注「緇廣充」至「曰旌」 解云：此注皆爾雅釋天文。其間少有不同者，蓋所見異，或何氏潤色之。案今爾雅釋天「繒」作「緇」字，孫氏云「緇，黑繒也」，郭氏云「帛全幅長八尺」，又云「繼旐曰旆」，孫氏云「帛續旐末亦長尋。詩云『帛旆英英』是也」，郭氏曰「帛續旐末爲燕尾者」，故此何氏云「繼旐如燕尾曰旆」也。〔二八〕又云「有鈴曰旂」，李氏云「有鈴，以鈴著旐端」，孫氏曰「鈴在旂上。旂者畫龍」，郭氏曰「縣鈴於竿頭，畫交龍於旒」，是以此注云「加文章曰旗」也。又云「錯革鳥曰旟」，李氏云「以革爲之，置於旐端」，孫氏曰「錯，置也。革，急也。言畫急疾之鳥于縿，〔二九〕周官所謂鳥隼爲旟者矣」。〔三〇〕又云「注旄首曰旌」，李氏云「以犛牛尾著旌首者」，〔三一〕郭氏云「載旄於竿頭，如今之幢亦有旒」是也。

左右撝軍，退舍七里。將軍子重諫曰：「南郢之與鄭，相去數千里，「南郢」，楚都。不能二千里，言「數千里」者，欲深感莊王，使納其言。○數，所主反。諸大夫死者數人，廝役扈養死者數百人，艾草爲防者曰「廝」，汲水漿者曰「役」，養馬者曰「扈」，炊亨者曰「養」。○扈養，餘亮反。艾，魚廢反。

【疏】注「艾草」至「曰養」 解云：蓋于時猶然，是以何氏知之。

今君勝鄭而不有，無乃失民臣之力乎？」「無乃」，猶得無。

【疏】注「無乃猶得無」 解云：言得無失民臣之力乎？言其失民臣之力矣。

莊王曰：「古者杅不穿、皮不蠹，則不出於四方。「杅」，飲水器。「穿」，敗也。「皮」，裘也。「蠹」，壞也。言杅穿皮蠹，乃出四方。古者出四方，朝聘征伐，皆當多少圖有所喪費，然後乃行爾。喻己出征伐，士卒死傷，固其宜也，不當以是故滅有鄭，恥不能早服也。○杅不，音于。費，芳味反。

【疏】注「杅飲水器」 解云：其音于，若今馬盂矣。舊説云「杅是衦字，〔三二〕若今食帒矣」。案今音作「于」，則舊説非。

是以君子篤於禮而薄于利，〔三三〕「篤」，厚也。不惜杅、皮之費，而貴朝聘征伐者，厚於禮義，薄於財利。要其人而不要其土。本所以伐鄭者，欲要其人服罪過耳。〔三四〕不要取其土地，猶古朝聘欲厚禮義，不顧杅、皮。告從，「從」，服從。不赦，不詳。善用心曰「詳」。吾以不詳道民，災及吾身，何日之有？」「何日之有」，猶無有日。既則晉師之救鄭者至，荀林父也。曰：「請戰。」荀林父請戰。莊王許諾。將軍子重諫曰：「晉，大國也。國大衆彊。王師淹病矣,「淹」,久也,諸大夫斯役死者是。君請勿許也。」莊王曰:「弱者吾威之,彊者吾辟之,是以使寡人無以立乎天下!」以是故,必使寡人無以立功名于天下。令之還師而逆晉寇。言「還」者,時莊王勝鄭去矣。會晉師至,復還戰也。言「寇」者,傳序經意,〔三五〕謂晉如寇虜。莊王鼓之,晉師大敗。晉衆之走者,舟中之指可掬矣。時晉乘舟渡邲水戰,〔三六〕兵敗反走,欲急去,先入舟者斬後扳舟者指,指隋舟中,身隋邲水中而死。「可掬」者,言其多也。以兩手曰「掬」。禮,天子造舟,諸侯維舟,卿大夫方舟,士特舟。〇可掬,九六反,注同。扳,普顔反,又必顔反。造,七報反。

【疏】**注「禮天子造舟」至「士特舟」** 解云:釋水文也。「造」,孫氏云〔三七〕「比舟爲梁」,郭氏云「比舩爲橋」。〔三八〕舊説云「以舟爲橋,詣其上而行過,故曰造舟也」。〔三九〕言以舟爲梁,故謂之「造」。「造」,成也。「諸侯維舟」,孫氏云「維連四舩」,音義曰「維持使不動搖也」者是也。「大夫方舟」者,李氏云「併兩舩曰方舟也」。「士特舟」者,郭注云「單舩」,李氏云「一舟曰特舟」是也。案爾雅下文云「庶人乘泭」,〔四〇〕李氏曰「併木以渡,別尊卑是也」。此注引之不盡者,蓋何氏所見者無此文矣。案今孫、郭所注者,亦有其文。

莊王曰:「嘻!吾兩君不相好,敵大夫戰,言「兩君」者,林父本以君命來。百姓何罪?」令之還師而佚晉寇。「佚」,猶過,使得過渡邲水去也。晉見莊王行義於陳,功立威行,嫉妬,欲敗之,救鄭,雖解,猶擊之不止。爲其欲壞楚善行,以求上人〔四一〕,故奪不使與楚成禮,而序林父於上,罪起其事。言「及」者,以臣及君〔四二〕,不嫌晉直,明晉汲汲欲敗楚爾。陸戰當舉地,而舉水者,大莊王閔隋水而佚晉寇。〇而佚,音逸,注同。壞,音怪。

【疏】注「晉見莊」至「立威行」　解云：即上十一年討夏徵舒是其行義也。討陳既得，鄭人遂服，是其「功立威行」也。

注「救鄭」至「之不止」　解云：上文「令之還師」之下，注云「言『還』者，時莊王勝鄭去矣，會晉師至，復還戰也」。以此言之，晉師未至之時，楚師已解去也。非謂晉人擊之令解也，言「猶擊之不止」者，謂欲一逐而擊之，非謂已擊也。

秋，七月。

冬，十有二月，戊寅，楚子滅蕭。日者，屬上有王言，今反滅人，故深責之。

【疏】注「日者」至「深責之」　解云：春秋之義，滅例書月，即莊十年「冬，十月，齊師滅譚」之屬是。今乃書日，故解之也。言「屬上有王言」，謂適上文云「莊王曰『嘻！吾兩君不相好，百姓何罪？』令之還師而佚晉寇」者，王霸之言也。王者之道宜存人矜患，(四三)今反滅人，爲過深矣，是故書日，變於常例，故曰「深責之」耳。「宋師伐陳」者，(四四)案諸家經皆有此文，唯賈氏注者闕此一經，疑脱耳。

晉人、宋人、衛人、曹人同盟于清丘。

宋師伐陳。

衛人救陳。

十有三年，春，齊師伐衛。

夏，楚子伐宋。

秋，螽。先是新饑，而使歸父會齊人伐莒，(四五)賦斂不足，國家遂虚，下求不已之應。○螽，音終。

【疏】注「先是新饑」解云：即十年冬，書「饑」是也。

注「而使」至「伐莒」者，解云：即上十一年，(四六)「公孫歸父會齊人伐莒」是也。

冬，晉殺其大夫先縠。

十有四年，春，衛殺其大夫孔達。

夏，五月，壬申，曹伯壽卒。日者，公子喜時父也。緣臣子尊榮，莫不欲與君父共之，故加録之，所以養孝子之志。許人子者，必使父也。〔四七〕

【疏】注「日者公子」至「使父也」　解云：正以曹爲小國，卒月葬時，即昭十八年「三月，曹伯須卒」，「秋，葬曹平公」之屬是。今而書日，故以「加録」解之也。公子喜時之讓，在成十三年「曹伯廬卒」處也。其傳云云之説，在昭二十年「曹公孫會自鄸出奔宋」之下。云「所以養孝子之志」者，正以喜時之讓，而春秋尊榮其父，故曰「養孝子之志也」。云「許人子者必使人父也」者，謂喜時爲子，必使其人父亦尊榮，是以加録之，似若襄二十九年傳云「以季子爲臣，則宜有君者也」之類也。

晉侯伐鄭。

秋，九月，楚子圍宋。月者，惡久圍宋，「使易子而食之」。○惡，烏路反。

【疏】注「月者」至「而食之」　解云：正以凡圍例時，即上十二年春，「楚子圍鄭」之屬是。今而書月，故解之，言「使易子而食之」者，下十五年傳文。

葬曹文公。

冬，公孫歸父會齊侯于穀。

十有五年，春，公孫歸父會楚子于宋。宋見圍，不得與會。地以「宋」者，善内爲救宋行，雖不能解，猶爲「見人之厄則矜之」，故養遂其善意。不嫌與實解宋同文者，平事見刺皆可知。○與，音預。

【疏】注「宋見」至「皆可知」 解云：春秋「盟、會」之義，以國都爲地名者，皆是主人與之可知。即隱元年「九月，及宋人盟于宿」，注云「宿不出主名者，主國主名與可知，故省文，明宿當自首其榮辱也」。今宋見圍，不得與會，而地以宋者，正欲善内爲救宋行，養遂其善意，故地于宋耳。「不嫌與實解宋同文者，平事見刺皆可知」者，魯春會楚子于宋，至夏，宋、楚始平，忖度其事，則知魯人不能平得之，宋圍自解也。且下傳云「此皆大夫也，其稱人何？貶。曷爲貶？平者在下也」，注云「言在下者，譏二子在君側，不先以便宜反報，歸美于君，而生事專平，故貶稱人」，然則，二子專平，口云「易子析骸」，明其急矣，遂不告君，是以見刺，被貶稱人。以此言之，宋圍不解亦可知矣，故言「平事見刺皆可知」。舊云「見刺者，謂魯人見刺也」者，疑之。（四八）

夏，五月，宋人及楚人平。外平不書，此何以書？據上楚、鄭平不書。

【疏】注「據上」至「不書」 解云：適上十二年春，「楚子圍鄭」之時，傳云「莊王親自手旌，左右撝軍，退舍七里」，（四九）是其平也。但經不書之，故難之。

大其平乎己也。「己」，二大夫。何大乎其平乎己？據「大夫無遂事」。

【疏】注「據大夫無遂事」解云：即莊十九年傳云「大夫無遂事，此其言遂何？聘禮，大夫受命不受辭」是也。

莊王圍宋，軍有七日之糧爾，盡此不勝，將去而歸爾。於是使司馬子反乘堙而闚宋城，宋華元亦乘堙而出見之。「堙」，距堙，上城具。〔五〇〕

【疏】「軍有七日之糧」至「歸爾」解云：考諸舊本，或云「軍有七日之糧爾，七日盡此，不勝，將去而歸爾」，即云「更留七日，盡此資糧而不得勝，〔五一〕將去宋而歸爾」。今定本無下「七日」二字。

司馬子反曰：「子之國何如？」華元曰：「憊矣！」曰：「何如？」問憊意也。○憊，皮誡反。曰：「易子而食之，析骸而炊之。」「析」，破。「骸」，人骨也。司馬子反曰：「嘻！甚矣憊！雖然，雖如所言。吾聞之也，圍者，古有見圍者。柑馬而秣之，〔五二〕「秣」者，以粟置馬口中。「柑」者，以木銜其口，不欲令食粟，示有畜積。○柑，其廉反，以木銜馬口。使肥者應客，示飽足也。是何子之情也？」猶曰「何大露情」。

【疏】「是何子之情也」解云：言「是何」者，猶言「是何大然」也。「子之情」者，言子之露情也。是以何氏云「猶曰何大露情」。

華元曰：「吾聞之，君子見人之厄則矜之，「矜」，閔。小人見人之厄則幸之。「幸」，僥幸。吾見子之君子也，是以告情于子也。」司馬子反曰：「諾。「諾」者，受語辭。勉之矣！「勉」猶努力。使努力堅守之。吾軍亦有七日之糧爾，盡此不勝，將去而歸爾。」揖而去之，反于莊王。反報於莊王。莊王曰：「何如？」司馬子反曰：「憊矣！」曰：「何如？」曰：「易子而食之，析骸而炊之。」莊王曰：「嘻！甚矣憊！雖然，雖已憊。吾今取此，然後而歸爾。」意未足也。司馬子反曰：「不可。臣已告之矣，軍有七日之糧爾。」莊王怒曰：「吾使子往視之，子曷爲告之？」司馬子反曰：「以區區之宋，「區區」，小貌。猶有不欺人之臣，可以楚而無乎？是以告之也。」莊王曰：「諾。先以「諾」受，絶子反語。舍而止。受命築舍而止，〔五三〕示無去計。雖然，雖宋已知我糧短。吾猶取此，然後歸爾。」欲徵糧待勝也。司馬子反曰：「然則君請處于此，臣請歸爾。」莊王曰：「子去我而歸，吾孰與處于此？吾亦從子而歸爾。」引師而去之。故君子大其平乎己也。大其有仁恩。此皆大夫也，其稱

「人」何？貶。曷爲貶？據大其平。平者在下也。言「在下」者，譏二子在君側，不先以便宜反報，歸美于君，而生事專平，故貶稱「人」。等不勿貶，不言「遂」者，（五四）在君側無遂道也。以主坐在君側遂爲罪也，知經不以文實貶也。凡爲文實貶者，皆以取專事爲罪。月者，專平不易。

【疏】注「等不勿貶」至「道也」 解云：案莊十九年「秋，公子結媵陳人之婦于鄄，遂及齊侯、宋公盟」之下，傳云「大夫無遂事，此其言『遂』何？聘禮，大夫受命不受辭」，出竟乃得專之。以此言之，則知大夫在君側，無遂道也。是以此注言「等」，欲見大夫專平爲罪。不勿貶，但當言「遂」，亦足以見其專平矣。所以不言「遂」者，正以在君側無遂道故也。若當言「楚圍宋，（五五）宋華元、楚子反遂平于宋」矣。

注「以主」至「爲罪」 解云：凡言「遂」者，專事之辭也。爲文實貶者，皆以時無王霸，諸侯專事，雖違古典，于時爲宜，是以春秋文雖貶惡，其實與之。即僖元年「齊師」云云「救邢」，貶齊侯稱師，刺其專事，不言狄人滅邢而爲之諱，見其實與是也。今此以主坐爲在君側專事爲罪，更無起文，則知經稱「人」者，實爲專貶之稱「人」，非是實與而文不與矣。所以反覆解之者，正以凡爲文實貶者，皆以取專事爲罪故也。

注「月者專平不易」 解云：正以定十一年「冬，及鄭平」，（五六）不書月者，易故也。昭七年「春，王正月，暨齊平」，注云「月者，刺內暨暨也」；定十年（五七）「王三月，及齊平」，注云「月者，頰谷之會，齊侯欲執定公，故不易」之類皆如此。

六月，癸卯，晉師滅赤狄潞氏，以潞子嬰兒歸。潞何以稱「子」？據其「滅」稱「氏」。潞子之爲善也，躬足以亡爾。「躬」，身。雖然，君子不可不記也。離于夷狄，疾夷狄之俗而去離之，故稱「子」。而未能合于中國。未能與中國合同禮義、相親比也，故猶繫「赤狄」。晉師伐之，中國不救，狄人不有，是以亡也。以去俗歸義亡，故君子閔傷，進之。日者，痛録之。名者，示所聞世始録小國也。録「以歸」者，因可責而責之。責而加進之者，明不當絶，當復其氏。

【疏】注「以云」至「其氏」解云：言「以去俗歸義亡」者，謂去離夷狄之俗，而欲歸中國之義，卒無救助者，是以亡也。正以文在蠻夷氏之下，故取以説之。云「日者痛録之」者，正以凡滅例月，今此書日，故以爲哀痛而詳録之耳。云「名者示所聞世始録小國也」者，正以僖二十六年「秋，楚人滅隗，以隗子歸」，彼注云「不名者，所傳聞世，見治始起，責小國略」。然則，此書名者，示所聞世，始録小國也。云「録以歸者，因可責而責之」者，謂因其行進在可責之限，故書以歸，責其不死位，是以僖二十六年，以「隗子歸」之下，何氏云「書『以歸』者，惡不死位」是也。云「明不當絶當復其氏」者，言其行既進明不當絶滅其國，還當復其潞氏以爲國矣。

秦人伐晉。

王札子殺召伯、毛伯。「王札子」者何？長庶之號也。天子之庶兄。「札」者，冠且字也。禮，天子庶兄，冠而不名，所以尊之。「子」者，王子也。天子不言「子」、「弟」，故變文，上「札」繫先王以明之。〔五八〕不稱「伯」、「仲」者，辟同母兄弟，起其爲庶兄也。主書者，惡天子不以禮尊之，而任以權，至令殺尊卿二人。不言「其大夫」者，挈也，惡二大夫居尊卿之位，爲下所提挈而殺之。大夫相殺不稱「人」者，正之。諸侯大夫顧弒君重，故降稱「人」。王者至尊，不得顧。

【疏】「王札子者何」解云：欲言王子，以「札」間之，欲言其非，而經有「王子」之文，故執不知問。

注「天子」至「得顧」解云：言「禮，天子庶兄冠而不名所以尊之者」，時王之制，與春秋同也。言既加冠之後，天子不復名之，「所以尊之」也。云「子者王子也，天子不言子弟，故變文上札繫先王以明之」者。言「子者王子也」者，正以「子」在「札」下，故須解之。言「天子不言子弟」者，謂不言在位子弟也。即文元年，注云「不稱王子者，時天子諸侯不務求賢，而專貴親親，尤其在位子弟，〔五九〕刺其早任以權也」是也。至於出奔被殺，仍自言「子、弟」，即「王子瑕奔晉」，「天王殺其弟年夫」之屬是。言「故變文」者，謂變文不言「王子」也。言「上札繫先王以明之」者，謂以「札」於「子」上，以「札」近先王，明其今王之庶兄矣。云「不稱伯仲者，辟同母兄弟，起爲庶兄也」者，若其與君同母者，即稱「伯、仲」字，即上十年「秋，天王使王季子來聘」，彼傳云「其稱『王季子』何？貴也。其貴奈何？母弟也」是也。今稱「王札子」，故言「辟同母兄弟，起其爲庶兄也」云云。「主書者天子不以禮尊之而任以權，至令殺尊卿二人」者，正以經不稱爵，知非公，故云「不以禮尊之」矣。正以堪殺二卿，故知「任以權」也。云「不言其大夫者挈也」者，由其爲下所提挈而殺之，失大夫位，故不云「大夫」也。云「居尊卿之位」者，正以稱其五十字，〔六〇〕知是尊卿耳。云「大夫相殺不稱人者，正之」者，以文十六年「宋人弒其君處臼」之下，傳云「大夫弒君稱名氏，賤者窮諸人」，注云「賤者謂士也。士正自當稱人」，「大夫相殺稱人，賤者窮諸盜」，注云「降大夫使稱人，降士使稱盜者，所以別死刑有輕重也」。然則大夫相殺例合稱「人」，今此不稱「人」者，正之，使稱「王札子」故也。所以正之者，如下云「諸侯大夫顧弒君重，故降稱人」者，即大夫弒君稱名氏，大夫相殺稱「人」是也。云「王者至尊不得顧」者，言至尊之人，無有弒之理，不可顧，是以大夫相殺不假降之稱「人」矣。

秋，蝝。從十三年之後，上求未已，而又歸父比年再出會，内計税畝，〔六一〕百姓動擾之應。

【疏】注「從十三年」至「之應」 解云：即上十三年「秋，螽」，〔六二〕注云「先是新饑，而使歸父會齊人伐莒，賦斂不足，國家遂虚，下求不已之應」，是以此注足之云爾。云「而又歸父比年再出會」者，即上十四年「冬，公孫歸父會齊侯于穀」，十五年「春，公孫歸父會楚子于宋」是也。

仲孫蔑會齊高固于牟婁。

初税畝。「初」者何？始也。「税畝」者何？履畝而税也。時宣公無恩信於民，民不肯盡力於公田，故履踐案行，擇其善畝穀最好者，税取之。

【疏】「初者何」 解云：賦税之式，國之常經，今而言「初」，故執不知問。

「税畝者何」 解云：什一而行，明王舊典，今而變文，謂之「税畝」，故執不知問。

「初税畝」何以書？譏。何譏爾？譏始履畝而税也。何譏乎始履畝而税？據「用田賦」不言「初」，亦不言「税畝」。

【疏】注「據用田」至「税畝」　解云：即哀十二年「春，用田賦」是也。然則，用田賦亦是改古易常，而不言「初」，又不言「税畝」，今此特言「初税畝」以譏之，故難之也。

古者什一而藉。什一以借民力，以什與民，自取其一爲公田。古者曷爲什一而藉？據數非一。什一者，天下之中正也。多乎什一，大桀小桀；奢泰，多取於民，比於桀也。

【疏】「多乎什一大桀小桀」　解云：夏桀無道，重賦於人，今過什一，與之相似。若十取四、五，則爲桀之大貪；若取二三，則爲桀之小貪，故曰「多乎什一大桀小桀」。所以不言「紂」者，略舉以爲説耳。舊説云「不言紂者，近事不嫌不知」。

寡乎什一，大貉小貉。蠻貉無社稷、宗廟，百官制度之費，税薄。○大貉，亡百反。費，芳味反。

【疏】「寡乎」至「小貉」　注「蠻貉」至「税薄」　解云：若十四、五乃取其一，則爲大貉行，若十二、十三乃取一，則爲小貉行，故曰「寡乎什一則大貉小貉」也。然則多於什一則有爲桀之譏，寡於十一則有蠻貉之恥，是以什一而税，三王所不易，故傳比于中正之言。

什一者，天下之中正也，什一行而頌聲作矣。「頌聲」者，太平歌頌之聲，帝王之高致也。春秋經傳數萬，指意無窮，狀相須而舉，相待而成，至此獨言「頌聲作」者，民以食爲本也。夫飢寒並至，〔六三〕雖堯、舜躬化，不能使野無寇盜；貧富兼并，雖皋陶制法，不能使彊不陵弱。是故聖人制井田之法，而口分之。一夫一婦受田百畝，以養父母、妻、子，五口爲一家，公田十畝，即所謂「十一而稅」也。〔六四〕廬舍二畝半，凡爲田一頃十二畝半，八家而九頃，共爲一井，故曰「井田」。廬舍在内，貴人也。公田次之，重公也。私田在外，賤私也。井田之義：一曰無泄地氣，二曰無費一家，三曰同風俗，四曰合巧拙，五曰通財貨。因井田以爲市，故俗語曰「市井」。種穀不得種一穀，以備災害。田中不得有樹，以妨五穀。還廬舍，種桑荻雜菜，〔六五〕畜五母雞、兩母豕，瓜果種疆畔，女工蠶織，〔六六〕老者得衣帛焉，得食肉焉，死者得葬焉。多於五口名曰「餘夫」，餘夫以率受田二十五畝。十井共出兵車一乘。司空謹别田之高下、善惡，分爲三品：上田一歲一墾，中田二歲一墾，下田三歲一墾。肥饒不得獨樂，墝埆不得獨苦。故三年一换土易居，〔六七〕財均力平，兵車素定，是謂均民力，彊國家。在田曰「廬」，在邑曰「里」。一里八十户，八家共一巷。中里爲校室，選其耆老有高德者，名曰「父老」；其有辯護伉健者，〔六八〕爲「里正」。皆受倍田，得乘馬。父老比三老、孝、弟官屬，〔六九〕里正比庶人在官之吏。〔七〇〕民春、夏出田，秋、冬入保城郭。田作之時，春，父老及里正旦開門，坐塾上，晏出後時者，不得出；莫不持樵者，不得入。五穀畢入，民皆居宅，里正趨緝績，男女同巷，相從夜績，至於夜中。故女功一月得四十五日作，從十月盡正月止。男女有所怨恨，相從而歌，飢者歌其食，勞者歌其事。男年六十，女年五十無子者，官衣食之，使之民間求詩。鄉移於邑，邑移於國，國以聞於天子，故王者不出牖户，盡知天下所苦；不下堂，而知四方。十月事訖，父老教於校室，八歲者學小學，十五者學大學，其有秀者，移於鄉學，鄉學之秀者移於庠，庠之秀者移於國學。學於小學，諸侯歲貢小學之秀者於天子，學於大學，其有秀者，命曰「造士」。〔七一〕行同而能偶，别之以射，然後爵之。士以才能進取，君以考功授官。三年耕，餘一年之畜，〔七二〕九年耕，餘三年之積，三十年耕，有十年之儲，雖遇唐堯之水，殷湯之旱，民無近憂，四海之内，莫不樂其業，故曰「頌聲作矣」。○數，所主反。以食，音嗣。伉，苦浪反，一音苦杏反。塾，音淑。莫，音暮。

【疏】「什一行而頌聲作矣」解云：「頌」者，太平之歌。案文、宣之時，乃升平之世也，而言「頌聲作」者，因事而言之故也。何者？案文、宣之時乃升平之世，言但能均其衆寡，等其功力，平正而行，必時和而年豐，什一而稅之，則四海不失業，歌頌功德而歸鄉之，故曰「頌聲作矣」。不謂宣公之時，實致頌聲。

注「帝王之高致也」 解云：謂帝王之行清高，乃致頌聲，故曰「高致」也。

注「春秋經傳」至「作矣」 解云：言春秋經與傳數萬之字，論其科指意義實無窮，然其上下經例相須而舉，其上下意義相待而成。以此言之，則非一言可盡，至此獨言「頌聲作」者，正以此處論税畝之事，若税畝得所，以致太平，故云「民以食爲本也」。云「夫飢寒並至，雖堯舜躬化不能使野無寇盜」云云者，是謂假設之辭耳。云「是故聖人制井田之法而口分之，一夫一婦受田百畝」云云以下，皆是時王之制。云「井田之義一曰無泄地氣」者，謂其冬前相助犂；云「二曰無費一家」者，謂其田器相通；云「三曰同風俗」者，謂其同耕而相習；云「四曰合巧拙」者，謂共治耒耜；云「五曰通財貨」者，謂井地相交，遂生恩義，貨財有無，可以相通。云「因井田以爲市故俗語曰市井」者，古者邑居，秋冬之時入保城郭，春夏之時出居田野，既作田野，遂相交易。因〔七三〕井田之處，而爲此市，故謂之「市井」。云「里正旦開門坐塾上」者，即鄭注學記曰「古者仕焉而已者，歸教於閭里，朝夕坐於門，門側之堂謂之塾」是也。

冬，蝝生。未有言「蝝生」者，此其言「蝝生」何？「蝝」，即蝝也。始生曰「蝝」，大曰「蝝」。〇蝝，與專反〔七四〕。蝝生不書，此何以書？幸之也。「幸」，僥幸。

【疏】「蝝生不書」 解云：謂例不書之。

幸之者何？聞災當懼，反喜，非其類，故執不知問。猶曰「受之云爾」。受之云爾者何？上變古易常，［上］謂宣公。變易公田古常舊制而税畝。

【疏】「受之云爾者何」解云：災是害物，宜避之，今而云「受之」，於義似乖，故執不知問。

應是而有天災，應是變古易常而有天災蝝、民用飢。其諸則宜於此焉變矣。言宣公於此天災饑後，能受過變寤，明年復古行中，冬大有年，其功美過於無災，〔七五〕故君子深爲喜而僥倖之。〔七六〕變「蝝」言「蟓」，以不爲災書，起其事。

饑。

十有六年，春，王正月，晉人滅赤狄甲氏及留吁。言「及」者，留吁行微不進。

夏，成周宣謝災。〔七七〕「成周」者何？東周也。後周分爲二，天下所名爲「東周」。名爲「成周」者，本成王所定名，天下初號之云爾。○「宣謝災」，左氏作「宣謝史」。

【疏】「成周者何」解云：欲言天子正居，經無「京師」之文；欲言是邑，而録其「災」，故執不知問。

注「後周」至「之云爾」解云：何氏之意，以成周爲天子正居，但至昭二十二年夏，景王崩，敬王即位，王子猛與之争立，入于王城，自號西周，是故天下之人因號成周爲東周矣。是以昭二十二年「秋，劉子、單子以王猛入于王城」，傳云「王城者何？西周也」，注云「時居王城邑，自號西周王」。二十六年「冬，十月，天王入于成周」，傳云「成周者何？東周也」，注云「是時王猛自號爲西周，天下因謂成周爲東周」也。云「名爲成周者」，即鄭注書序云「居攝七年，天下太平，而此邑成，乃名曰成周也」者，是其名作「成周」之義矣。

「宣謝」者何？宣宮之謝也。宣宮，周宣王之廟也。至此不毁者，有中興之功。室有東西廂曰「廟」，無東西廂有室曰「寢」，無室曰「謝」。

【疏】「宣謝者何」　解云：宣王親盡，不宜有廟，今災其榭，故執不知問。

注「室有東西」至「曰謝」　解云：皆釋宫文。李氏曰「室有東西廂謂宗廟，殿有東西小堂也」，孫氏云「夾室前堂」。「無東西廂有室曰寢」者，郭注云「但有大室」。云「無室曰榭」者，但有大殿無室内名曰榭，〔七八〕郭注云「榭即今堂堭」是也。

何言乎「成周宣謝災」？據天子之居稱「京師」，「宋災」不别所燒。

【疏】注「據天子」至「所燒」〔七九〕　解云：即桓九年「紀季姜歸于京師」，傳云「京師者何？天子之居也。京者何？大也。師者何？衆也。天子之居，必以衆大之辭言之」是也。云「宋災不别所燒」者，即襄三十年夏五月，「宋災」是也。特據宋災者，以其王者之後，與周相類也。〔八〇〕

樂器藏焉爾。〔八一〕宣王中興所作樂器。

【疏】注「宣王」至「樂器」解云：蓋夷、厲之時，樂器有壞，故宣王作之，不謂更造別樂。何者？正以考諸古典，不見宣王別有樂名故也。

「成周宣謝災」，何以書？記災也。外災不書，此何以書？新周也。新周，故分別有災，不與宋同也。孔子以春秋當新王，上黜杞，下新周而故宋，因天災中興之樂器，示周不復興，故繫「宣謝」於「成周」，使若國文，黜而新之，從爲王者後記災也。

【疏】注「使若」至「記災」也〔八二〕解云：使周成爲國，與宋、齊之屬相似。云「從爲王者之後記災也」者，〔八三〕即襄九年「宋火」之下，傳云「外災不書，此何以書？爲王者之後記災也」是也。

秋，郯伯姬來歸。嫁不書者，爲媵也。「來歸」書者，後爲嫡也。死不「卒」者，已棄，有更適人之道，或時爲大夫妻，故不得待以初也。棄歸例，有罪時，無罪月。

【疏】注「嫁不」至「罪月」〔八四〕解云：正以春秋上下，魯女嫁爲諸侯夫人者，無不書之，即「叔姬歸于紀」、「伯姬歸于宋」之屬是也。今此不書，故知爲媵。若然，案隱七年「叔姬歸于紀」，注云「叔姬者，伯姬之媵也」，「媵賤書者，後爲嫡，終有賢行」。然則彼後爲嫡，初去則書，此亦後得爲嫡，而初嫁不書者，蓋以不賢故也。是以彼注云「媵賤書者，後爲嫡，終有賢行。紀侯爲齊所滅，紀季以酅入于齊，叔姬歸之，能處隱約，全竟婦道，故重録之」是也。然則，彼以終有賢行，故初去得書，此則初去不書，明其無賢也。正以其嫡不書，〔八五〕則知伯姬非姪娣也。左媵右媵皆尊于嫡姪娣，〔八六〕故後得爲嫡耳。云「來歸書者後爲嫡也」者，正以紀叔姬後爲嫡，「卒、葬」皆書，即莊二十九年「紀叔姬卒」，三十年「葬紀叔姬」是也。今此被出，亦得書見，〔八七〕故知後得爲嫡矣。云「死不卒者已棄」云云，案莊二十九年「紀叔姬卒」，注云「國滅卒者，從夫人行，待之以初也」。然則，彼叔姬者，莊十二年「歸于酅」，時從夫人行，故雖國滅猶得待之以初，今此伯姬或時爲大夫妻，故不得作夫人待之，是以不復書其卒矣。云「云之說，在莊二十九年。云「棄歸例」云云，有罪時者，此文書「秋」是也，無罪月者，即成五年「春，王正月，杞叔姬來歸」之屬是也。

冬，大有年。

十有七年，春，王正月，庚子，許男錫我卒。〇錫，思歷反。

丁未，蔡侯申卒。

夏，葬許昭公。

葬蔡文公。不月者，齊桓、晉文没後，先背中國，與楚，故略之。與楚在文十年。

【疏】注「不月」至「文十年」解云：正以「卒」日「葬」月，大國之當例。今此蔡侯不月，故解之。云「與楚在文十年」者，即文十年冬，「楚子、蔡侯次于屈貉」者是也。

六月，癸卯，日有食之。是後邾婁人戕鄫子，四國大夫敗齊師于鞌，齊侯逸獲，君道微、臣道強之所致。〔八八〕○鞌，音安。

【疏】注「是後」至「之所致」〔八九〕解云：即十八年秋，「邾婁人戕鄫子于鄫」，傳云「殘賊而殺之也」是也。〔九〇〕云「四國大夫敗齊師于鞌」者，即成二年夏六月，「季孫行父」云云「會晉郤克、衛孫良夫、曹公子手及齊侯戰于鞌，齊師敗績」是也。言「齊侯佚獲」者，即成二年「秋，七月，齊侯使國佐如師」，傳云「君不使乎大夫，此其行使乎大夫何？佚獲也」，注云「佚獲者，已獲而逃亡也。當絶賤，使與大夫敵體以起之」是也。

己未，公會晉侯、衛侯、曹伯、邾婁子同盟于斷道。○斷，音短，又大短反。

秋，公至自會。

冬，十有一月，壬午，公弟叔肸卒。稱字者，賢之。宣公篡立，叔肸不仕其朝，不食其禄，終身於貧賤，故孔子曰「篤信好學，守死善道。危邦不入，亂邦不居。天下有道則見，無道則隱」，此之謂也。禮，盛德之士不名，天子上大夫不名。春秋公子不爲大夫者不「卒」。「卒」而字者，起其宜爲天子上大夫也。孔子曰「興滅國，繼絶世，舉逸民，天下之民歸心焉」。

十有八年，春，晉侯、衛世子臧伐齊。

公伐杞。

夏，四月。

秋，七月，邾婁人戕鄫子于鄫。「戕鄫子于鄫」者何？殘賊而殺之也。支解節斷之，故變「殺」言「戕」。「戕」則殘賊，惡無道也。言「于鄫」者，刺鄫無守備。小國本不「卒」，故亦不日。○斷音短。

【疏】「戕鄫子于鄫者何」 解云：欲言「殘賊」，於「鄫」國都，欲言非殘賊，「戕」者殘文，故執不知問。

注「小國本」至「不日」 解云：正以凡滅例月，即莊十年「冬，十月，齊師滅譚」之屬是。若有所責者，則書日，即上十二年十二月，「戊寅，楚子滅蕭」，注云「日者，屬上有王言，今反滅人，故深責之」是也。然則，邾婁無道，殘賊人君于其國都，與滅相似，亦宜書日以責其暴，而不日者，正以鄫爲微國，本不合卒，是以略之，不書其日也。而僖十九年夏六月，「己酉，邾婁人執鄫子，用之」，亦是無道，與此相似，而書日者，彼注云「日者，魯不能防正其女，以至於此，明當痛其女禍而自責之」是也。

甲戌，楚子旅卒。何以不書「葬」？據日而名。

【疏】注「據日而名」解云：書日，書名，全一是諸夏大國之例。是以弟子因遂責其不與大國例同書「葬」是也。〔九二〕

吳、楚之君不書「葬」，辟其號也。「旅」，即莊王也。「葬」從臣子辭，當稱「王」，故絶其葬，明當誅之。至此「卒」者，因其有賢行。○行，下孟反。

【疏】注「至此」至「賢行」解云：正以已前未有書楚子卒處故也。若文十八年春，「秦伯罃卒」，彼注云「秦穆公也。至此卒者，因其賢」。

公孫歸父如晉。

冬，十月，壬戌，公薨于路寢。

歸父還自晉，至檉，遂奔齊。「還」者何？善辭也。何善爾？歸父使於晉，上「如晉」是。

【疏】「還者何」解云：以大夫使反，例不書「至」，今乃書「還」，違於常例，故執不知問。

還自晉。至檉，聞君薨，家遣。家爲魯所逐遣，以先人弒君故也。

【疏】注「家爲」至「弒君故也」 解云：即成十五年春「仲嬰齊卒」之下，傳言公子遂「殺叔仲惠伯，弒子赤而立宣公。宣公死，成公幼。臧宣叔者，相也，君死不哭，聚諸大夫而問焉曰『昔者，叔仲惠伯之事，孰爲之』？諸大夫皆雜言曰〔九二〕『仲氏也，其然乎』！於是遣歸父之家，然後哭君。〔九三〕歸父使乎晉，還自晉，至檉，聞君薨，家遣，墠帷，哭君成踊，反命于介，自是走之齊」是也。

墠帷，埽地曰「墠」，今齊俗名之云爾。將袒、踊，故設帷，重形。○墠帷，音善，掃地張帷。哭君成踊，「踊」，辟踊也。禮必踊者，如嬰兒之慕母矣。「成踊」，成三日五哭踊之禮。禮，臣爲君本服斬衰，故成踊。比二日朝莫哭踊，三日朝哭踊，莫不復哭踊，去事之殺也。○殺，所戒反。

【疏】注「成三日」至「之禮」者〔九四〕 解云：出禮記奔喪也。

反命乎介，〔九五〕因介反命。禮，卿出聘，以大夫爲上介，以士爲衆介。

【疏】注「禮卿」至「衆介」 解云：出聘禮。

自是走之齊。主書者，善其不以家見逐怨懟，成踊哭君，終臣子之道，起時莫能然也。言「至檉」者，善其得禮於檉。言「遂」者，因介反命是也，不待報非也。遂弒君本當絶，〔九六〕小善録者，本宣公同篡之人，又不當逐。不日者，伯討可逐，故從有罪例也。○懟，直類反。

【疏】注「不日」至「例也」 解云：凡内大夫出奔例，無罪者日，即襄二十三年「冬，十月，乙亥，臧孫紇出奔邾婁」，昭十二年，「冬，十月，公子整出奔齊」之屬是也。今此歸父亦無罪出奔，不日者，正以仲遂弑君，其家合没，但與宣公同謀，魯人不合逐之。若作伯討之時，歸父可逐，故從有罪之例矣。

校勘記

〔一〕齊人歸我濟西田 阮校：唐石經磨改，「西」下增「之」字，鄂本亦有。

〔二〕據歸讙及闡 阮校：閩、監、毛本「闡」作「僤」。

〔三〕未絶於我也 阮校：唐石經、鄂本「於」作「于」。今按，撫州本作「于」，余本作「於」。

〔四〕曷爲未絶于我 阮校：唐石經、鄂本、閩、監本同，毛本「于」改「於」，疏同。

〔五〕據有俄道 阮校：鄂本「俄」作「我」，是也，當據正。汪文臺識語：案疏解之言俄爾之間，則有絶于本主之道，鄂本非。今按，撫州本、余本作「俄」。阮校非。

〔六〕至乎地之與人則不然 「人」原作「之」。浦鏜云：「人」誤「之」。阮校：浦説與桓六年傳合。今按，單抄本作「人」。據改。

〔七〕寶者玉物凡名是也 浦鏜云：「物」下脱「之」字。

〔八〕注取根牟者 阮校：閩、監、毛本「者」改「〇」。

〔九〕 贍振乏 阮校：鄂本「乏」作「之」，此誤。今按，撫州本「乏」作「之」，余本作「乏」。

〔一〇〕 臣弒君 單抄本「弒」作「殺」。

〔一一〕 殺無舍 北大本校記：公羊義疏「舍」作「赦」。

〔一二〕 吴封於防 阮校：何校本作「吴封之於防」，與昭四年傳合。

〔一三〕 臣弒君子弒父 阮校：唐石經、諸本同。昭十一年疏引作「臣弒君子殺父」。蓋「弒」字本皆作「殺」，後改「弒君」而仍「殺父」耳。

〔一四〕 曷爲先言次 浦鏜云：「次」下脱「而」字。

〔一五〕 故曰與齊桓專封同義耳 「與」字原無。浦鏜云：「曰」下脱「與」字。今按，單抄本有「與」字。據補。又單抄本無句末「耳」字。

〔一六〕 是以謂之奔也 單抄本「奔」上有「出」字。

〔一七〕 不從殺泄冶 阮校：鄂本「泄」作「洩」，下并同。

〔一八〕 君子至討也 北大本校記：傳本無疏，此誤衍，據删。今按，單抄本作「君子辭也云云」。疑此爲疏標起訖存者。

〔一九〕 晉侯以下及楚人戰于城濮 「及」字原無。浦鏜云：「楚」上脱「及」字。北大本校記：僖廿八年經有「及」字。今按單抄本有「及」字。據補。

〔二〇〕 爲君臣之禮 單抄本「禮」下有「者」字。

〔二一〕 藉在夜反 撫州本音義「在」作「疾」，宋本、余本作「在」。

〔二二〕 無節以絶之 「節」字原作「絶」。據單抄本改。

〔二三〕若古禮　單抄本空格無「古」字，疑脱字。

〔二四〕案今曲禮云七十曰耋與此異也　阮校：經義雜記曰，當作「今曲禮曰六十曰耆」。徐據今禮記曰「耆」不作「耋」，故下云「或者此耋字誤」也。

〔二五〕數往來爲惡言　阮校：宋本同。閩、監、毛本「數」作「屢」。今按，撫州本、余本作「數」。

〔二六〕緇廣充幅　殿本考證：據疏「今爾雅釋天繒作緇」，則此當作「繒」。

〔二七〕加文章曰旗　阮校：「旗」當作「旂」，疏同。疏引爾雅及孫炎注皆作「旂」。

〔二八〕繼旐如燕尾曰旆也　「旆」原作「旂」。浦鏜云：「旆」誤「旂」。阮校：依注當作「旆」。據改。

〔二九〕畫急疾之鳥于縿　「縿」原作「旒」。浦鏜云：「縿」誤「旒」。據改。

〔三〇〕所謂鳥隼爲旟者矣　「隼」原作「準」。浦鏜云：「隼」誤「準」。今按，單抄本作「隼」。據改。

〔三一〕以氂牛尾著旌首者　「著」字原無。孫詒讓校記：「旌首者」當依詩干旄正義引作「著于首」。今按，單抄本「旌首」上有「著」字。據補。

〔三二〕杅是衧字　單抄本「衧」下有雙行夾注「工日反」三字。

〔三三〕是以君子篤於禮而薄于利　阮校：唐石經、鄂本同，閩、監、毛本「于」作「於」，是也。

〔三四〕欲要其人服罪過耳　阮校：鄂本「耳」作「爾」。今按，撫州本「耳」作「爾」，余本作「耳」。

〔三五〕傳序經意　「意」或作「音」。孫詒讓校記：據余本，「音」當作「意」。今按，監、毛本并撫州本、余本作「意」。

〔三六〕時晉乘舟渡郯水戰　「渡」原作「度」。阮校：鄂本「度」作「渡」。按下注云使得過渡郯水去也，作「渡」字。此誤。今按，撫州本、余本「度」作「渡」。據改。

〔三七〕造孫氏云　單抄本「造」下有雙行夾注「音七報反」四字。

〔三八〕比舩爲橋　阮校：閩、監、毛本「舩」作「船」，下同。今按，「舩」爲「船」俗寫。從口從厶多混同。

〔三九〕故曰造舟也　單抄本「舟」下雙行夾注「一音作道反」五字。

〔四〇〕庶人乘泭　「泭」原作「舟」，據單抄本改。又單抄本「泭」下有雙行夾注「音敷一音普侯反」。

〔四一〕以求上人　「上」原作「二」。阮校：鄂本「二」作「上」是。今按，撫州本、余本「二」作「上」。據改。

〔四二〕以臣及君　「以」原作「大」。阮校：鄂本「大」作「以」。又此本「大」字剜改，當本作「以」。今按，撫州本、余本「大」作「以」。據改。

〔四三〕宜存人矜患　阮校：閩、監、毛本「矜」改「矝」，非。今矜憐字皆從令，詳見爾雅校勘記。今按，單抄本「人」作「亡」。疑是。

〔四四〕宋師伐陳者　浦鏜云：「宋師」以下廿五字當在下「宋師伐陳」經下。北大本據移。阮校：盧文弨曰：賈氏所闕當并「衞人救陳」亦闕，否則「救陳」之文，何所承乎？

〔四五〕而使歸父會齊人伐莒　北大本校記：公羊義疏「會」作「令」。

〔四六〕上十一年　「一」原作「三」。據單抄本改。

〔四七〕必使父也　阮校：疏中「父」引作「人父」，與閩、監、毛本同。今此本脱「人」字。

〔四八〕謂魯人見刺也者疑之　浦鏜云：「之」疑「非」之誤。

〔四九〕左右搗軍退舍七里　「搗」原作「僞」，「舍」原作「令」。按單抄本「僞」作「搗」，「令」作「舍」。閩本誤，毛本不誤。據改。

〔五〇〕上城具　「上」原作「土」。浦鏜云：「上」誤「土」。阮校：鄂本作「上」。今按，撫州本、余本作

「上」。據改。

〔五一〕七日盡此資糧 「盡此資」原作「之糧有」。北大本校記：公羊義疏「之糧有」作「盡此資」三字。今按，單抄本作「盡此資」。據改。

〔五二〕柑馬而秣之 阮校：「柑」當作「拑」。

〔五三〕受命築舍而止 阮校：鄂本「受」作「更」，此誤。今按，撫州本「受」作「更」，余本作「受」。

〔五四〕等不勿貶不言遂者 「勿」原作「物」。阮校：按疏標起訖作「勿」，作「物」誤。今訂正。今按，撫州本「物」作「勿」，余本誤作「物」；撫州本「者」誤作「著」，余本作「者」。據改。

〔五五〕若當言楚圍宋 浦鏜云：「若」下當脱「言遂」二字。

〔五六〕定十一年冬及鄭平 「一」原作「二」。浦鏜云：「二」誤「三」，阮校：何注本「二」作「一」。今按，單抄本作「一」。據改。

〔五七〕定十年 殿本考證：「年」下脱「春」字。

〔五八〕故變文上札繫先王以明之 「上」原作「王」。阮校：「王」誤。解云謂以札於子上，以札近先王。今按，撫州本「王」作「上」，余本作「王」。據疏引注文亦作「上」，據改。

〔五九〕尤其在位子弟 浦鏜云：「尤」上脱「故」字。

〔六〇〕正以稱其五十字 阮校：閩、監、毛本「五十」改「伯仲」，非。今按，單抄本作「五十」。

〔六一〕内計税畝 阮校：鄂本「計」作「議」。今按，撫州本「計」作「議」，余本作「計」。

〔六二〕十三年秋螽 阮校：「螽」當依經作「蝝」。

〔六三〕夫飢寒並至 阮校：監、毛本「飢」改「饑」，下及疏同。

〔六四〕即所謂十一而稅也　阮校：閩、監、毛本作「什一」。今按，撫州本、余本皆作「什」。

〔六五〕種桑荻雜菜　阮校：食貨志無「荻」字，此「荻」當作「萩」，即「楸」之假借字。楸者，梓也。孫詒讓校記：穀梁范注亦有「種楸桑」之文。

〔六六〕女工蠶織　「工」原作「上」。浦鏜云：「工」誤「上」。阮校：「上」同「尚」。今按，撫州本、余本「上」作「工」。據改。

〔六七〕三年一換土　「土」或作「主」。浦鏜云：「土」誤「主」。從儀禮經傳通解續校。阮校，鄂本作「土」。今按，撫州本、余本作「土」。

〔六八〕其有辯護伉健者　阮校：「辯」當作「辨」，即今人所用之「辦」字，「辨護」謂能干辦護衛也。孫詒讓校記：阮說是。「辨護」二字出中侯握河紀，見周禮山虞、大祝、毛詩閟宮疏。

〔六九〕比三老孝弟官屬　「比」原作「此」。阮校：鄂本「此」作「比」。今按，撫州本、余本作「比」。據改。

〔七〇〕比庶人在官之吏　「之」字原無。阮校：鄂本「官」下有「之」字。經傳通解有「之」字。今按，撫州本、余本有「之」字。據補。

〔七一〕命曰造士　「造」原作「進」。阮校：鄂本「進」作「造」。經傳通解同。今按，撫州本、余本作「造」。據改。

〔七二〕一年之畜　阮校：鄂本「畜」作「蓄」。

〔七三〕遂相交易因　「因」字原無。據單抄本補。

〔七四〕蝝與專反　「專反」二字原作「也」。諸本釋文不誤，據改。

〔七五〕其功美過於無災　阮校：鄂本「其」作「有」。

〔七六〕而僥倖之　阮校：按上云「幸，僥倖（疑當作「幸」——引者按。）」，此「幸」加人旁，非。今按，撫州本、余本作「幸」。
〔七七〕夏成周宣謝災　阮校：鄂本、閩本同。監、毛本「謝」作「榭」。下及注疏並同。惠棟云，襄九年疏引作「謝」，古無「榭」字，或止作「射」。周郙敦銘曰，王格于宣射，是也。三傳皆作「謝」，俗從木。
〔七八〕無室内名曰榭　浦鏜云：「内」疑「則」字誤，或衍字。
〔七九〕注據天子至所燒　單抄本作「據天子之居稱京師者」。
〔八〇〕與周相類也　北大本校記：公羊義疏「周」作「宋」。
〔八一〕樂器藏焉爾　阮校：漢書五行志曰「榭者所以臧樂器」，作「藏」，俗字。
〔八二〕注使若至記災也　單抄本作「注使若國文者」。
〔八三〕從爲王者之後記災也者　阮校：閩、監、毛本無「之」字，又注中無「之」，衍文。
〔八四〕注嫁不至罪月　單抄本作「注嫁不書者」。
〔八五〕正以其嫡不書　浦鏜云：「嫡」當「嫁」字誤。
〔八六〕尊于嫡姪娣　浦鏜云：「嫡」疑衍字。
〔八七〕亦得書見　「得」原作「待」。浦鏜云：「待」疑「特」字誤。今按，單抄本「待」作「得」。據改。
〔八八〕臣道強之所致　阮校：宋本「強」作「彊」。今按，撫州本作「彊」，余本作「強」。
〔八九〕注是後至之所致　單抄本作「注是後郲妻人戕鄫子者」。
〔九〇〕殘賊而殺之也是也　「殺」原作「弑」。浦鏜云「殺」誤「弑」。阮校：何校本「弑」作「殺」。今按，單抄本作「殺」。據改。

〔九一〕 同書葬是也　單抄本無「是」字。

〔九二〕 皆雜言曰　阮校：閩、監、毛本「言」作「然」，與傳同。

〔九三〕 然後哭君　北大本校記：公羊義疏「哭」下有「是」字。

〔九四〕 注成三日至之禮者　阮校：閩、監、毛本「者」改「〇」。

〔九五〕 反命乎介　阮校：成十五年傳「乎」作「于」。

〔九六〕 不待報非也遂弑君本當絶　「遂」原作「逐」。阮校：鄂本「罪」作「非」。又「遂」作「逐」，誤。今按，撫州本與鄂本同。余本作「罪」，作「逐」。當從阮校作「遂」。據改。

監本附音春秋公羊傳注疏成公卷第十七起元年，盡十年。

何休學

元年，春，王正月，公即位。

二月，辛酉，葬我君宣公。

無冰。周二月，〔一〕夏十一月。尚書曰「舒恒燠若」，〔二〕易京房傳曰「當寒而温，倒賞也」。〔三〕是時，成公幼少，季孫行父專權而委任之所致。○舒恒，如字，緩也，尚書作豫。奥，本又作「燠」，於六反，煖也。少，詩召反。

【疏】注「尚書」至「燠若」　解云：洪範文。「舒」，遲也。「恒」，常也。「若」，順也。言人君舉事太舒，〔四〕則有常燠之咎氣來順之是也。

注「易京」至「賞也」　解云：凡爲賞罰宜出君門，而臣下行之，故曰「倒賞也」。是以洪範云「唯辟作福，唯辟作威，唯辟玉食」，鄭氏云「此凡君抑臣之言也。〔五〕作福專慶賞，作威專刑罰，玉食備珍美」，又云「臣之有作福作威玉食，其害于而家，凶于而國」，鄭氏云「害于汝家，福去室，凶于汝國，亂下民」是也。然則，是時成公幼少，季孫專政，是以無冰矣。桓十四年「無冰」之下，何氏云「此夫人淫泆，陰而陽行之所致」。襄二十八年「無冰」之下，何氏云「豹、羯爲政之所致」，皆與此注合。

三月，作丘甲。何以書？譏。何譏爾？譏始丘使也。四井爲邑，四邑爲「丘」。「甲」，鎧也。譏始使丘民作鎧也。古者有四民，一曰德能居位，曰「士」；二曰辟土殖穀，曰「農」；三曰巧心勞手以成器物，曰「工」；四曰通財粥貨，〔六〕曰「商」。四民不相兼，然後財用足。月者，重録之。○鎧，苦代反。辟，婢亦反。粥，羊六反。

【疏】「譏始丘使也」 解云：謂不辨能否，以丘責甲，故譏之矣。

注「四井」至「爲丘」 解云：司馬法文。周禮經亦然。

注「古者」至「録之」 解云：「四民」之言，出齊語也。「德能居位曰士」者，即彼云「處士就間宴」是也。「辟土殖穀曰農」者，即彼云「處農就田野」是也；「巧心勞手以成器物曰工」者，即彼云「處工就官府」是也。「通財粥貨曰商」者，即彼云「處商就市井」是也。云「月者重録之」者，欲道宣十五年秋，「初税畝」，哀十二年「春，用田賦」，皆書時，今書月，故如此解。

夏，臧孫許及晉侯盟于赤棘。時者，謀結鞌之戰，不相負也。後爲晉所執，不日者，執在三年外尋舊盟後，非此盟所能保。

【疏】注「時者」至「負也」 解云：正以春秋之義，大信者書時故也。鞌之戰，在下二年。

注「後爲」至「能保」 解云：春秋之義，不信者日，故如此注也。言「後爲晉所執」者，即下十六年「九月，晉人執季孫行父，舍之於招丘」是也。言「執在三年外尋舊盟後」者，即下三年「冬，十有一月，晉侯使荀庚來聘」，「丙午，及荀庚盟」，傳云「此聘也，其言盟何？聘而言盟者，尋舊盟也」是。

秋，王師敗績于貿戎。孰敗之？蓋晉敗之，以晉比侵柳、圍郊，知王師討晉而敗之。○貿戎，音茂，一音茅，左氏作「茅戎」。

【疏】注「以晉」至「茅戎」 解云：宣元年「冬，晉趙穿帥師侵柳」，傳云「柳者何？天子之邑也。曷爲不繫乎周？不與伐天子也」者，是晉侵柳之事。昭二十三年春，「晉人圍郊」，傳云「郊者何？天子之邑也。曷爲不繫于周？不與伐天子也」者，是晉人圍郊之事。然則圍郊之事超在此經之後，得如此明義者，正以往前晉人侵柳，已犯天子，至於在後圍郊，復犯天子，二經之間，天子敗績，據上下更無餘國犯王之處，故知正是天子討晉而爲所敗，故如此解。

或曰貿戎敗之。以地「貿戎」故。

【疏】注「以地貿戎故」 解云：蓋晉侯不臣，知王討之，逆往敗之，亦何傷？

然則曷爲不言「晉敗之」？據侵柳、圍郊言「晉」。

王者無敵，莫敢當也。正其義，使若王自敗于貿戎，莫敢當敵敗之也。不日月者，深正之，使若不戰。

【疏】「王者」至「當也」　解云：春秋之義，託魯爲王，而使舊王無敵者，見任爲王，寧可會奪？正可時時内魯見義而已。

注「不日」至「不戰」　解云：正以春秋之例，偏戰者日，詐戰者月，故如此解。

冬，十月。

二年，春，齊侯伐我北鄙。

夏，四月，丙戌，衛孫良夫帥師及齊師戰于新築，衛師敗績。○築，音竹。

六月，癸酉，季孫行父、臧孫許、叔孫僑如、公孫嬰齊帥師會晉郤克、衛孫良夫、曹公子手〔七〕及齊侯戰于鞌。齊師敗績。曹無大夫，「公子手」何以書？據羈無氏。○公子手，一本作「午」，左氏作「首」。鞌，音安。

【疏】注「據羈無氏」　解云：即莊二十四年冬，「曹羈出奔陳」，傳曰「曹羈者何？曹大夫也」，注云「以小國，知無氏爲大夫」。然則，曹爲小國，例無大夫，假有須見者，仍名氏不具。以此言之，則是不合有大夫之限，故傳云「曹無大夫，公子手何以書」？

憂内也。春秋託王于魯，因假以見王法，明諸侯有能從王者征伐不義，克勝有功，當褒之，故與大夫。大夫敵君不貶者，隨從王者，大夫得敵諸侯也。不從内言敗之者，〔八〕君子不掩人之功，故從外言戰也。魯舉四大夫不舉重者，惡内多虚，國家悉出用兵，重録内也。○以見，賢徧反，年末注同。惡，烏路反。

【疏】注「大夫」至「侯也」 解云：欲決僖二十八年夏，「晉侯」以下「及楚人戰于城濮，楚師敗績」，即傳云「此大戰也，〔九〕曷爲使微者？子玉得臣也。子玉得臣則其稱人何？貶。曷爲貶？大夫不敵君也」，注云「臣無敵君戰之義，故絶正也」。然則，彼是大夫敵君，故貶之。此不貶者，隨從王者，大夫有得敵諸侯之義故也。以此言之，即知宣十二年，〔一〇〕晉荀林父序于楚子之上爲惡者，時無王者，大夫故也。

注「不從」至「戰也」 解云：桓十年冬，「齊侯、衛侯、鄭伯來戰于郎」，傳云「此偏戰也，何以不言師敗績？内不言戰，言戰乃敗矣」，注云「春秋託王於魯。戰者，敵文也。王者兵不與諸侯敵，戰乃其已敗之文，故不復言師敗績」矣。然則，此戰之内，有魯大夫，若從魯爲文，宜直云「季孫行父」以下「敗齊師于鞌」而已，但以君子不掩人功，故從外爲文，言「戰于鞌，齊師敗績」耳。何氏必如此解者，正以桓十三年「春，二月，公會紀侯、鄭伯。己巳，及齊侯、宋公、衛侯、燕人戰，齊師、宋師、衛師、燕師敗績」，傳云「内不言戰，此其言戰何？從外也。曷爲從外？恃外，〔一一〕故從外也」，何氏云「明當歸功乎紀鄭言戰」。〔一二〕然則，此亦歸功于晉、衛不掩其功，故從外言戰也。

秋，七月，齊侯使國佐如師。己酉，及國佐盟于袁婁。君不使乎大夫，〔一三〕此其行使乎大夫何？據高子來盟，魯無君，不稱「使」。不從王者大夫稱「使」者，實晉郤克爲主。經先晉，傳舉郤克是也。○不使，所吏反，下及注「使乎大夫」同。

【疏】注「據高」至「稱使」　解云：即閔二年，「齊高子來盟」，傳云「何以不稱使？我無君也」，何氏云「時閔公弒，僖公未立，故正其義，明君臣無相適之道也，春秋謹於别尊卑，理嫌疑，故絶去『使』文，以起事張例，則所謂『君不行使乎大夫也』」者是。

注「不從」至「是也」　解云：「經先晉」，謂未戰之時，經已言「及晉使盟于赤棘」是也。云「傳舉郤克是也」者，即下傳云「師還，齊侯、晉郤克投戟逡巡，再拜稽首馬前」之屬是也。或者言「先晉」，正謂會晉郤克是也。何者？序四大夫乃言「會晉郤克」，則似郤克先在是，而四大夫往會之，是爲「先晉」之文，猶如宣元年，「宋公、陳侯」以下「會晉師于斐林，伐鄭」然。

佚獲也。「佚獲」者，已獲而逃亡也。當絶賤，使與大夫敵體以起之。君獲不言「師敗績」，等起不去「師敗績」也，辟内敗文。○佚獲，音逸，下同，一本作「失」。去，起吕反。

【疏】注「君獲」至「敗文」　解云：言「君獲不言師敗績」者，即僖十五年冬，「晉侯及秦伯戰于韓，獲晉侯」，傳云「此偏戰也，何以不言『師敗績』？君獲，不言『師敗績』也」，注云「舉君獲爲重也」是也。然則，君若被獲，則不言「師敗績」。今此經等欲起見齊侯被獲，何不去「師敗績」以見之，而書「使乎大夫」以起之者，正欲辟内敗之文故也。何者？春秋王魯，内不言「戰」，言「戰」乃敗。若直言「季孫行父」以下「及齊侯戰于鞌」，不言「齊師敗績」，則是内敗之文。

其佚獲奈何？師還齊侯，「還」，繞。○還，音環，注同。晉郤克投戟逡巡，再拜稽首馬前。逢丑父者，〔一四〕頃公之車右也。人君驂乘有車右，有御者。○逡，七巡反。頃，音傾。乘，繩證反。

【疏】「晉郤」至「馬前」　解云：禮，介者不拜。而郤克再拜者，蓋齊師已敗，行賓命之禮。〔一五〕投戟之後，得再拜矣。若當戰之時，將軍有不可犯之色，寧有拜乎？故表記曰「君子衰絰則有哀色，端冕則有敬色，甲冑則有不可辱之色」，鄭注云「言色稱其服也」是。

面目與頃公相似，衣服與頃公相似，禮，皮弁以征，故言「衣服相似」。頃公有負晉、魯之心，故特選丑父備急，欲以自代。〔一六〕

【疏】注「禮皮弁以征」　解云：時王之禮。即昭二十五年注云「皮弁以征不義」是也。韓詩傳亦有此文。

注「頃公」至「之心」　解云：即下傳云「前此者，晉郤克與臧孫許同時而聘于齊」，「則客或跛或眇，於是使跛者迓跛者，眇者迓眇者」是也。

代頃公當左。升車象陽，陽道尚左，故人君居左，臣居右。○尚，時亮反。使頃公取飲，頃公操飲而至，不知頃公將欲堅敵意邪？〔一七〕勢未得去邪？○公操，七刀反，持也。曰：「革取清者。」革，更也。軍中人多，水泉濁，欲使遠取清者，因亡去。頃公用是佚而不反。不書獲者，內大惡諱。

【疏】注「不書」至「惡諱」解云：獲人君，故爲大惡，是以諱而不書也。若獲大夫，則當書之。是以莊十二年傳云「万嘗與莊公戰，獲乎莊公」，「數月然後歸之」，何氏云「獲不書者，士也」。然則，万若大夫，書之明矣。

逢丑父曰：「吾賴社稷之神靈，吾君已免矣。」郤克曰：「欺三軍者，其法奈何？」顧問執法者。曰：「法斮。」「斮」，斬。○斮，在略反，又仕略反，斬也。

【疏】「曰法斮」解云：釋器云「魚曰斮之」，樊光云「斮，斫也」。又說文云「斮，斬也」，故此何氏亦云「斮，斬也」。

於是斮逢丑父。丑父死君，不賢之者，經有「使乎大夫」，於王法頃公當絕，如賢丑父，是賞人之臣，絕其君也。若以丑父故不絕頃公，是開諸侯戰不能死難也。如以衰世無絕頃公者，自齊所當善爾，非王法所當貴。〔一八〕○難，乃旦反。

【疏】注「若以」至「難也」解云：言「若以丑父故不絕頃公」，似若襄二十九年，「吴子使札來聘」，傳曰「吴無君，無大夫，此何以有君，有大夫？賢季子也。何賢乎季子？讓國也」。「賢季子則賢君，許使臣有大夫，故宜有君矣」。〔一九〕今若以丑父賢，以爲齊國宜有君，而不絕頃公，即開諸侯不死社稷。

注「如以」至「得貴」解云：丑父權以免齊侯，是以齊人得善之，但春秋爲王法，是以不得貴耳。而公羊說、解疑論皆譏丑父者，非何氏意，不足爲妨。

己酉，及齊國佐盟于袁婁。曷爲不盟于師而盟于袁婁？據「國佐如師」。前此者，晉郤克與臧孫許同時而聘于齊。不書，恥之。

【疏】注「不書恥之者」〔二〇〕 謂魯使尊卿聘齊，爲所侮戲，假藉大國而雪其恥，是以不書「如齊」，恥之矣。其郤克不書者，自從外相如之例。

注「臧孫許眇也」者 正以當聘之時，無有内魯之義，晉爲大國，郤克宜先而魯宜後，傳先言「或跛」，故知「眇者」是臧孫許矣。或曰一本云「臧孫許跛」，舊解傳言「客或跛或眇」，據魯序上者，非也。案此一句注宜在「不書恥之」下，今定本無，疑脱誤也。〔二一〕

蕭同姪子者，齊君之母也，「蕭同」，國名。「姪子」者，蕭同君姪娣之子，嫁於齊，生頃公。○姪，大結反，又丈乙反。踊于棓而窺客，〔二二〕「踊」，上也。凡無高下，有絶，加躡板曰「棓」，齊人語。○踊，音勇，上也。棓，普口反，又步侯反，高下有絶，加躡板曰棓。而闚，去規反，本又作「窺」。上，時掌反。躡，女輒反。

【疏】注「凡無」至「曰棓」 解云：「無高下」猶言莫問高下，但當有縣絶而加躡板者，皆曰「棓」矣。

則客或跛或眇。於是使跛者迓跛者，〔二三〕使眇者迓眇者。「迓」，迎。卿主迎者也。聘禮，賓至，大夫率至于館，〔二四〕卿致館，宰夫朝服致飧腍，厥明訝于館。〔二五〕○跛，布可反。眇，亡小反。迓，本又作「訝」，五嫁反，迎也。飧，音孫。腍，而審反。

【疏】注「聘禮」至「于館」　解云：皆聘禮文。

二大夫出，相與踦閭而語，「閭」，當道門。閉一扇，開一扇，一人在外，一人在內，曰「踦閭」。將别，恨爲齊所侮戲，謀伐之，而不欲使人聽之。○踦閭，居倚反，踦足也，又音於綺反、〔二六〕初義反。何云「閉一扇，開一扇，一人在外一人在內曰『踦閭』」。移日然後相去。齊人皆曰：「患之起必自此始。」知必爲國家憂。明芻蕘之言不可廢，且起頃公不覺寤。○芻，初俱反。蕘，如遥反。二大夫歸，相與率師爲鞌之戰。齊師大敗。齊侯使國佐如師。怪師勝猶不解，往問之。郤克曰：「與我紀侯之甗，齊襄公滅紀所得甗邑，其土肥饒，欲得之。或説「甗」，玉甑。○甗，音言，又魚輦反，又音彦，邑也。

【疏】注「齊襄公」至「甗邑」　解云：「襄公滅紀」者，即莊四年夏，「紀侯大去其國」是也。正以繫「紀侯」言之，故知紀邑。而或説云「甗，玉甑」者，蓋以左傳云「賂以紀甗玉磬」，〔二七〕又别言「與地」，明甗是器名，非地，故以玉甑解之。

反魯、衛之侵地，使耕者東畝，使耕者東西如晉地。

【疏】注「使耕」至「晉地」　解云：蓋晉地谷川宜東畝者多，故言此。是以下傳云「使耕者東畝，〔二八〕是則土齊也」。何氏云「則晉悉以齊爲土地，是不可行」者，是其晉東畝之義也。舊云「如者，往也，使齊東西其畝，往來於晉地

易」，非公羊意也。〔二九〕

且以蕭同姪子爲質，見侮戲，本由蕭同姪子。○爲質，音致，下注及下同。則吾舍子矣。」國佐曰：「『與我紀侯之甗』，請諾。『反魯、衛之侵地』，請諾。使耕者東畝，是則土齊也。則晉悉以齊爲土地，是不可行。

【疏】「是則土齊」解云：亦有一本云「是則土齊，曰不可也」者。

蕭同姪子者，齊君之母也。齊君之母，猶晉君之母也，不可。言至尊，不可爲質。請戰。如欲使耕者東西畝，質齊君之母，當請戰。壹戰不勝，請再；再戰不勝，請三；言齊雖敗，尚可三戰。三戰不勝，則齊國盡子之有也。何必以蕭同姪子爲質？」揖而去之。郤克眣魯、衛之使，〔三〇〕使以其辭而爲之請，郤克恥傷其威，故使魯、衛大夫以國佐辭，爲國佐請。○眣，音舜，又丑乙反，〔三一〕又達結反。之使，所吏反。爲之，于僞反，注皆同。然後許之。逮于袁婁而與之盟。「逮」，及也。追及國佐于袁婁也。傳極道此者，本禍所由生，因録國佐受命不受辭，義可拒則拒，可許則許，一言使四國大夫汲汲追與之盟。〔三二〕

【疏】注「因録國」至「與之盟」　解云：其「受命不受辭」者，即莊十九年傳云「聘禮，大夫受命不受辭」是也。

八月，壬午，宋公鮑卒。○鮑，白卯反。

庚寅，衛侯遫卒。○遫，音速。

取汶陽田。「汶陽田」者何？鞌之賂也。以國佐言「反魯、衛之侵地，請諾」。本所侵地非一，總繫「汶陽」者，省文也。不言「取之齊」者，恥内乘勝脅齊，求賂得邑，故諱，使若非齊邑。○汶，音問。

【疏】「汶陽田者何」　解云：欲言是國，曾來未有；欲言非國，乃與「取邾婁田」同文，故執不知問。

注「本所侵地」至「省文也」　解云：知侵非一者，正以下三年「秋，叔孫僑如率師圍棘」，傳云「棘者何？汶陽之不服邑也」。以此言之，則知汶陽大畔之名，明矣。

注「不言」至「非齊邑」　解云：決襄十九年春，「取邾婁田，自漷水」，繫邾婁言之故也。

冬，楚師、鄭師侵衛。

十有一月，公會楚公子嬰齊于蜀。

丙申，公及楚人、秦人、宋人、陳人、衛人、鄭人、齊人、曹人、邾婁人、薛人、鄫人盟于蜀。此楚公子嬰齊也，其稱「人」何？据會而盟一處，〔三三〕知一人也。○處，昌慮也。

【疏】「鄭人齊人」至「盟于蜀」 解云：亦有一本無「齊人」者，脱也。

得一貶焉爾。〔三四〕「得一貶」者，獨此一事得具見其惡，故貶之爾。不然則當没「公」也，如齊高傒矣。不没「公」者，明不主爲公故也。上「會」不序諸侯大夫者，嬰齊，楚專政驕蹇臣也，數道其君率諸侯侵中國，故獨先舉於上，乃貶之，明本在嬰齊，當先誅其本，乃及其末。○數道，所角反，下音導。

【疏】「得一貶焉爾」者 解云：正以於此處得一貶焉爾。

注「不然則」至「高傒矣」 解云：即莊二十二年秋「及齊高傒盟于防」，傳云「公則曷爲不言公？諱與大夫盟也」。

注「不没公」至「公故也」〔三五〕 解云：言高傒本意敵公，故恥之。今嬰齊者止自亢性驕蹇，不主爲公，是以春秋不没公以見之矣。

注「數道」至「侵中國」 解云：即宣十四年秋，「楚子圍宋」，十五年夏，「宋人及楚人平」，上文「冬，楚師、鄭師侵衛」之屬是也。以其非一，故謂之「數」也。

三年，春，王正月，公會晉侯、宋公、衛侯、曹伯伐鄭。

辛亥，葬衛繆公。○繆，音穆。

二月，公至自伐鄭。

甲子，新宮災，三日哭。「新宮」者何？宣公之宮也。以無新宮，知宣公之宮廟。〔三六〕

【疏】「二月公至自伐鄭」解云：莊公六年傳云「得意致會，不得意致伐」，何氏云「此謂公與二國以上也」。然則此言「公至自伐鄭」者，不得意故也。莊六年注云「皆例時」，今此書二月者，爲下「甲子」出也。

「新宮者何」解云：欲言宮廟，未有「新公」之名，欲言非廟，言「宮」舉「災」，故執不知問。

注「以無新宮知宣公之宮廟」者〔三七〕正以春秋上下，無新公宮，則知此言「新宮」者，正是其父宣公之宮，以其至近被災，故謂之「新宮災」。

宣宮則曷爲謂之「新宮」？不忍言也。親之精神所依而災，孝子隱痛，不忍正言也。謂之「新宮」者，因新入宮，易其西北角，示昭穆相繼代，有所改更也。

【疏】注「謂之新宮」至「有所改更也」者〔三八〕解云：即穀梁傳云「壞廟之道，易檐可也」者，是易其西北角之檐也乎？故爾雅釋宮云〔三九〕「西北隅謂之屋漏」是也。孫氏曰「當室之日，〔四〇〕光所漏入也」，與何氏別。〔四一〕

其言「三日哭」何？據「桓、僖宮災，〔四二〕不言三日哭」。

【疏】注「據桓」至「日哭」者　即下哀三年夏，「辛卯，桓宮、僖宮災」是也。

廟災，三日哭，禮也。善得禮。痛傷鬼神無所依歸，故君臣素縞哭之。○縞，古老反。

【疏】注「善得禮」至「縞哭之」　解云：即檀弓下曰「有焚其先人之室，則三日哭」，鄭氏云「謂人燒其宗廟。哭者，哀精神之有虧傷」，故此注云「善得禮，痛傷鬼神無所依歸」是也。云「故君臣素縞哭之」者，謂著素衣縞冠哭之。

「新宮災」，何以書？記災也。此象宣公篡立，當誅絶，不宜列昭穆。成公幼少，臣威大重，結怨彊齊，將不得久承宗廟之應。○幼少，詩召反，下同。大重，音泰，一音他賀反。

【疏】注「此象」至「昭穆」　解云：案桓公亦篡立，不災其宫者，蓋以桓母右媵，〔四三〕次第宜立，隱公攝位，久不還，天示其變，隱猶不覺，是以隱九年「三月，癸酉，大雨震電」，何氏云「周之三月，夏之正月，雨當水雪雜下，雷當聞於地中」，「電未可見而大雨震電，此陽氣大失其節，猶隱公久居位，不反於桓，失其宜也」。然則，桓正宜立。隱是左媵之子，據位失宜，而桓弑之，雖曰「篡君」，其罪差輕，是以不災其廟，豈若宣公以庶篡適，其子失政，將不得久承宗廟之應，故災其宮矣。而哀三年「五月，辛卯，桓宮、僖宮災」者，彼是已毀後復立之，是不宜立，故天災之，不謂怒其篡隱也。

乙亥，葬宋文公。

夏，公如晉。

鄭公子去疾率師伐許。○去，起呂反。

公至自晉。

秋，叔孫僑如率師圍棘。「棘」者何？汶陽之不服邑也。棘民初未服於魯。〔四四〕

【疏】「棘者何」　解云：欲言内邑，不應圍之；欲言外邑，不繫於國，故執不知問。

注「棘民初未服於魯」　解云：言「初未服」者，欲言終服於魯矣。知終服者，正以汶陽田者，大畔之名，「棘」者，乃是其小邑。上二年經「取汶陽田」，以知盡得之，但有不服之意，故魯圍之。若然，公羊之義，以圍者爲不克之文，若其得之，而言「圍」者，正謂當時未克，何妨終得之乎？

其言「圍之」何？據國內兵不舉。

【疏】注「據國內兵不舉」者〔四五〕解云：即定八年傳云「公斂處父帥師而至」，經不書之是也。

不聽也。「不聽」者，叛也。不言「叛」者，爲內諱，故書「圍」以起之。不先以文德來之，而便以兵圍之，當與圍外邑同罪，故言「圍」也。得曰「取」，不得曰「圍」。○爲，于僞反。

【疏】注「當與圍外邑」至「圍也」者　欲道國內之兵，本自不書，而此書者，惡其失所，令與圍外邑同矣。

注「得曰取不得曰圍」　解云：取者是得文，故言「得曰取」也。即上文「取汶陽田」，及哀九年春，「宋皇瑗帥師取鄭師于雍丘」之屬是也。故傳云「其言取之何？易也。其易奈何？詐之也」，何氏云「詐謂陷阱奇伏之類」也。其「不得曰圍」者，即定四年，「楚人圍蔡」之屬是也，正以圍而去者，非克之故也。

大雩。成公幼少，大臣秉政，變亂政教。先是作丘甲，爲鞌之戰，伐鄭，圍棘，不恤民之所生。

【疏】注「先是作丘甲」者　解云：在上元年。云「爲鞌之戰」者，在上二年。云「伐鄭」者，在上正月也。云「圍棘」者，在上文秋也。

晉郤克、衛孫良夫伐將咎如。○將咎如，咎音古刀反，左氏作「廧咎如」。

【疏】「伐將咎如」者　左氏「將」作「廧」字。

冬，十有一月，晉侯使荀庚來聘。衛侯使孫良夫來聘。

丙午，及荀庚盟。

丁未，及孫良夫盟。此聘也，其言「盟」何？據不舉重，嫌生事，故此以輕問重也。

【疏】注「據不舉」至「重也」解云：春秋之義，舉重略輕，即莊十年傳「戰不言伐，圍不言戰，入不言圍，滅不言入，書其重者也」是也。今「聘、盟」兩受命書，故云「不舉重」矣。云「嫌生事」者，嫌是荀庚初受君命，但聘而已，至及於魯，生事而盟，故曰「嫌生事」矣。云「故此以輕問重也」者，聘輕而盟重，即此傳云「此聘也，其言盟何」是也。

聘而言「盟」者，尋舊盟也。「尋」，猶尋繹也。以不舉重，連「聘」而言之，知尋繹舊故約誓也。書者，惡之。詩曰「君子屢盟，亂是用長」。二國既脩禮相聘，不能相親信，反復相疑，故舉「聘」以非之。○繹，音亦。惡之，烏路反，下同。屢，力住反。用長，丁丈反。反復，扶又反。

【疏】注「不舉」至「約誓」解云：若其特結約誓，當但舉重，即文十五年「三月，宋司馬華孫來盟」，宣七年「春，衛侯使孫良夫來盟」之屬，皆因聘而爲之，不言「聘」而言「盟」，故知特結盟。此則言「聘」，又言「盟」，故知非特結盟，而尋繹舊事盟矣。〔四六〕故傳云「聘而言盟者尋舊盟也」。

鄭伐許。謂之「鄭」者，惡鄭襄公與楚同心，數侵伐諸夏，自此之後，中國盟會無已，兵革數起，夷狄比周爲黨，故夷狄之。〇數侵，所角反，下同。比，毗志反。

四年，春，宋公使華元來聘。

三月，壬申，鄭伯堅卒。〇伯臤，苦刃反，本或作「堅」。

【疏】「鄭伯堅卒」者〔四七〕解云：左氏作「堅」字，穀梁作「賢」字，今定本亦作「堅」字。

杞伯來朝。

夏，四月，甲寅，臧孫許卒。

公如晉。

葬鄭襄公。

秋，公至自晉。

冬，城運。〔四八〕

鄭伯伐許。未踰年君稱「伯」者，時樂成君位，親自伐許，故如其意，以著其惡。

【疏】**注「未踰年」至「其意以著其惡」** 解云：正以莊三十二年傳云「君存稱世子，君薨稱子某，既葬稱子，踰年稱公」，即僖二十五年夏，「衛侯燬卒」，秋，「葬衛文公」，冬，「衛子、莒慶盟于洮」是也。今此鄭伯未踰年而已稱「伯」，故如此注矣。

五年，春，王正月，杞叔姬來歸。始歸不書，與郯伯姬同。

【疏】**注「始歸不書與郯伯姬同」** 解云：即宣十六年「秋，郯伯姬來歸」，何氏云「嫁不書者，爲媵也。來歸書者，後爲嫡也」，「棄歸例，有罪時，無罪月」是也。然則，今書月者，無罪之文矣。

仲孫蔑如宋。

夏，叔孫僑如會晉荀秀于穀。○荀秀，左氏作「荀首」。

梁山崩。「梁山」者何？河上之山也。「梁山崩」，何以書？記異也。何異爾？大也。何大爾？梁山崩，壅河，三日不沵。故不日以起之。不書壅河者，舉崩大爲重。○壅，於勇反。沵，音流。

【疏】「梁山者何」解云：欲言晉山，文不繫「晉」；欲言魯物，見在晉竟，故執不知問。

注「故不日以起之」解云：謂起其三日不沵也，則但一日，不可不書日矣。若無所起，例當書日，即僖十四年「秋，八月，辛卯，沙鹿崩」是也。

外異不書，此何以書？爲天下記異也。山者，陽精，德澤所由生，君之象。河者，四瀆，所以通道中國，與王道同。〔四九〕記山崩壅河者，此象諸侯失勢，王道絶，大夫擅恣，爲海内害。自是之後，六十年之中，弑君十四，亡國三十二，故湨梁之盟，〔五〇〕偏刺天下之大夫。○爲天，于僞反。通道，音導。湨，古闃反。偏刺，音遍。〔五一〕

【疏】「外異不書」者 正以文十一年長狄之齊、晉，不書故也。

注「河者」至「道同」解云：釋水云「江、河、淮、濟爲四瀆，四瀆者，發源注海者也」。

注「記山」至「河者」解云：壅河不書，而言「記壅河」者，正以不書日，以起「壅河三日不沵」之義，故亦謂之「記壅河」矣。

注「自是之後」至「亡國三十二」 春秋説文。〔五二〕若對經數之，從今以後，訖於六十年，則不及於此數。何者？自今以後，盡昭十六年，弑君止有十，亡國止有九。即襄二十五年，「齊崔杼弑其君光」，吴子「門于巢，爲巢人所弑」，二十六年，「衛甯喜弑其君剽」，二十九年，「閽弑吴子餘祭」，三十年，「蔡世子般弑其君固」，三十一年，「莒人弑其君密州」，昭公八年，「陳招殺偃師」，十一年，「楚子殺蔡侯般」，十三年，「楚公子比弑其君虔」，「楚公子棄疾弑公子比」，是六十年，弑君但十矣。其亡國止有九者，成十七年，「楚滅舒庸」，襄六年，「莒人滅鄫」，「齊侯滅萊」，十年，「遂滅偪陽」，十三年，「取詩」，二十五年，「楚滅舒鳩」，昭四年，「遂滅厲」，八年，「楚滅陳」，十一年，「滅蔡」，〔五三〕是九也。然則春秋書，遂其可書者矣，説文舉者，悉言之，是以多少異爾。或者此注誤也。

注「故溴梁」至「之大夫」 解云：襄十六年春，「公會晉侯太公」以下「于溴梁。戊寅，大夫盟」，傳云「諸侯皆在是，其言『大夫盟』何？信在大夫也。何言乎『信在大夫』？偏刺天下之大夫也。曷爲偏刺天下之大夫？君若贅旒然」，何氏云「旒，旂旒。贅，繫屬之辭」，以「旂、旒」喻者，爲下所執持東西是矣。

秋，大水。

先是，既有丘甲、牽、棘之役，又重以城鄆，民怨之所生。○重，直用反。

【疏】**注「先是既」至「之所生」** 解云：「作丘甲」，在元年三月；牽之師，在二年夏；叔孫僑如圍棘在三年秋；「城運」在四年冬。

冬，十有一月，己酉，天王崩。

定王。

十有二月，己丑，公會晉侯、齊侯、宋公、衛侯、鄭伯、曹伯、邾婁子、杞伯同盟于蟲牢。約備彊楚。○蟲牢，直弓反，下力刀反。

六年，春，王正月，公至自會。月者，前魯大夫獲齊侯，今親相見，故危之。

【疏】注「月者前」至「故危之」 解云：諸「致」例時，即桓二年「冬，公至自唐」；僖二十六年冬，「公至自伐齊」；哀十三年「秋，公至自會」之屬是也。今此書月，故解之也。言「前魯大夫獲齊侯」者，即上二年鞌戰時也。言「今親相見」者，即上五年冬，「公會晉侯、齊侯」以下「于蟲牢」是也。

二月，辛巳，立武宮。「武宮」者何？武公之宮也。在春秋前。

【疏】「武宮者何」 解云：春秋之内，未有武公之文，而立武宮，故執不知問。

「立」者何？「立」者不宜立也。立武宮，非禮也。禮，天子諸侯立五廟，受命始封之君立一廟，至於子孫，過高祖，不得復立廟。周家祖有功，尊有德，立后稷、文、武廟，至於子孫，自高祖已下而七廟。天子卿大夫三廟，元士二廟。諸侯之卿大夫比元士二廟，諸侯之士一廟。「立武宮」者，蓋時衰多廢人事，而好求福於鬼神，故重而書之。臧孫許伐齊有功，故立武宮。○復，扶又反。好，呼報反。

【疏】「立者何」 解云：置廟是常，而乃書「立」，故執不知問。

「立者不宜立也」 解云：亦有直云「不宜立」，無在上「立者」二字也。

注「天子諸侯立五廟」至「元士二廟」 解云：皆出祭法也。其文云「天下有王，分地建國」，注云「建國，封諸侯也」。「置都立邑」，注云「置都立邑，爲卿大夫采地，及賜士有功者之地」。「設廟、祧、壇、墠而祭之」，注云「廟之言貌也。宗廟者，先祖之尊貌也。祧之言超也，超上去意也。封土曰壇，除地曰墠。書曰『三壇同墠』」。「乃爲親疎多少之數。是故王立七廟，一壇一墠，曰考廟，曰王考廟，曰皇考廟，曰顯考廟，曰祖考廟，皆月祭之」，注云「王、皇皆君也。顯，明也。祖，始也。名先人以君，明始者，所以尊本之意也」。「有二祧，〔五四〕享、嘗乃止」，云「享、嘗謂四時之祭」〔五五〕。「諸侯立五廟，一壇一墠，曰考廟，曰王考廟，曰皇考廟，皆月祭之。顯考廟，祖考廟，享、嘗乃止」。「大夫立三廟二壇，曰考廟，曰王考廟，曰皇考廟，享、嘗乃止。顯考、祖考無廟，有禱焉，爲壇祭之」。「適士二廟，一壇，曰考廟，曰王考廟，享、嘗乃止。顯考無廟，有禱焉，爲壇祭之」。注云「適士，上士也」，「此適士云『顯考無廟』，非也。當爲『皇考』，字之誤」。「官師一廟，曰考廟。王考無廟，而祭之」，「庶士、庶人，無廟」，注云「官師，中士、下士。庶士，府史之屬」。然則，此注云「禮，天子諸侯立五廟」者，據正禮通諸上代而言之。祭法云「王立七廟」者，據周言之耳。祭法云「大夫立三廟」，「適士二廟」者，皆據天子大夫、士也。

云「諸侯之卿大夫比元士」 解云：更無正文，何氏以意當之。

注「諸侯之士一廟」 禮説文云。而鄭注王制云「士一廟者，謂諸侯之中士，名曰官師者。〔五六〕上士二廟也」。〔五七〕與何氏異。

注「立武」至「書之」 解云：案明堂位云「武公之廟，武世室」，然則謂之「世室」者，世世不毁。而此傳及注譏其立者，〔五八〕明堂位之作，在此文之後，記人見武公之廟已立，欲成魯之善，故言此，非實然。故彼下即云「魯之君臣未嘗相弒也」，鄭注「春秋時魯三君弒，〔五九〕而云『君臣未嘗相弒』，亦近誣矣」。

注「臧孫許伐齊有功」 解云：正以伐齊之由，本起臧孫故也。

取鄟。「鄟」者何？邾婁之邑也。曷爲不繫于「邾婁」？諱亟也。

諱魯背信亟也。屬相與爲蟲牢之盟，旋取其邑，故使若非蟲牢人矣。○鄟，市轉反，又音專。亟，去冀反，注同。背，音佩。屬，音燭。

【疏】「鄟者何」 解云：欲言是國，曾來未有；欲言是邑，文無所繫，故執不知問。

注「屬相」至「其邑」 解云：即上五年冬，「公會晉侯、齊侯」以下「同盟于蟲牢」是也。

注「故使若非蟲牢人矣」 解云：謂所取之邑非同盟之物然也。

衞孫良夫率師侵宋。

夏，六月，邾婁子來朝。

公孫嬰齊如晉。

壬申，鄭伯費卒。不書「葬」者，爲中國諱。蟲牢之盟，約備彊楚，楚伐鄭喪，不能救，晉又侵之，故去「葬」，使若非伐喪。○費，音祕。爲，于僞反。去，起吕反。

【疏】注「楚伐鄭喪不能救晉又侵之」者　解云：即下文秋，「楚公子嬰齊帥師伐鄭」，冬「晉欒書帥師侵鄭」是也。

秋，仲孫蔑、叔孫僑如率師侵宋。

楚公子嬰齊率師伐鄭。

冬，季孫行父如晉。

晉欒書率師侵鄭。〔六〇〕

七年，春，王正月，鼷鼠食郊牛角。改卜牛，鼷鼠又食其角，乃免牛。

「鼷鼠」者，鼠中之微者。「角」，生上，指逆之象。易京房傳曰「祭天不慎，鼷鼠食郊牛角」。書「又食」者，重録魯不覺寤，重有災也。不重言「牛」，獨重言「鼠」者，言「角」，牛可知；食牛者未必故鼠，〔六一〕故重言「鼠」。○鼷，音兮。重有，直用反，下同。

【疏】注「角生上指逆之象」　解云：言角在牲體之上，指于天，亦是上逆之象。

注「書又食者」至「有災也」　解云：「重」讀如煩重之「重」也。異義公羊説云「鼷鼠初食牛角，咎在有司；又有，咎在人君，取已有災而不云改更」者，〔六二〕義通于此。若然，改卜牛之徒皆言「改」。而莊三年夏，

「五月，葬桓王」，傳云「此未有言崩者，何以書葬？蓋改葬」，經何故不言「改」者？蓋改卜牛之徒皆有所由，故得言「改」，其葬桓王者，上未有經，是以無由言之。

吴伐郯。吴國見者，罕與中國交，至升平乃見，故因始見以漸進。○郯，音談。見者，賢徧反，下同。

【疏】注「吴國見者」至「以漸進」 解云：正以莊十年秋「荆敗蔡師于莘」，傳云「荆者何？州名也。州不若國，國不若氏」云云，何氏「不言楚言荆者，〔六三〕楚強而近中國，卒暴責之，則恐爲害深，故進之以漸，從此七等之極始也」。然則吴、楚相敵，亦宜言「揚」，當以揚州言之；而經言「吴」者，正以罕與中國交，至今升平之世，乃始見經，故因其始見于升平，故經直以漸進之。

夏，五月，曹伯來朝。

不郊，猶三望。

秋，楚公子嬰齊率師伐鄭。

公會晉侯、齊侯、宋公、衛侯、曹伯、莒子、邾婁子、杞伯救鄭。八月，戊辰，同盟于馬陵。公至自會。

吴入州來。

冬，大雩。先是，公會諸侯救鄭，承前不恤民之所致。

【疏】注「承前不恤民之所致」解云：即上三年「大雩」之下，注云「成公幼少，大臣秉政」，〔六四〕「先是作丘甲、爲鞌之戰、伐鄭、圍棘，不恤民之所生」是也。

衛孫林父出奔晉。

八年，春，晉侯使韓穿來言汶陽之田歸之于齊。「來言」者何？內辭也，脅我，使我歸之也。以此經加「之」，知見使。即聞晉語自歸之，但當言「歸」。

【疏】「來言者何」解云：語言見經，於例未有，今而書之，故執不知問。

注「以此經加之」至「當言歸」解云：其自歸言「歸」者，哀八年夏，「歸邾婁子益于邾婁」，注云「善魯能悔過歸之」。然則，若自歸，當言「歸汶陽之田于齊」，今乃如此作文，而又言「之」，則知被晉使之，非其本情。

曷爲使我歸之？據本魯邑。

【疏】注「據本魯」 解云：正以莊十三年，曹子劫齊侯，反其所取侵地之時，「管子曰『然則君何來』？曹子曰『願請汶陽之田』」，又上二年傳曰「反魯、衛之侵地」之下，其經云「取汶陽田」。以此言之，汶陽之田，本是魯物明矣。

鞌之戰，齊師大敗。齊侯歸，弔死視疾，七年不飲酒、不食肉。晉侯聞之曰：「嘻！奈何使人之君七年不飲酒、不食肉！請皆反其所取侵地。」晉侯聞齊侯悔過自責，高其義，畏其德，使諸侯還鞌之所喪邑，魯見使，卑有恥，故諱。不言「使」者，因兩爲其義，諸侯不得相奪土地。晉適可來議語之，魯宜聞義自歸之爾，不得使也。主書者，善晉之義齊。○嘻，許其反。喪，息浪反。語，魚據反。

晉欒書帥師侵蔡。

公孫嬰齊如莒。

宋公使華元來聘。

夏，宋公使公孫壽來納幣。「納幣」不書，此何以書？據「紀履綸來逆女」不書「納幣」。○綸，音須。

【疏】注「據紀履」至「納幣」　解云：隱二年「九月，紀履綸來逆女」是也。

録伯姬也。伯姬守節，逮火而死，賢，故詳録其禮，所以殊於衆女。

【疏】注「伯姬守節逮火而死」　解云：即襄三十年夏，「五月，甲午，宋災，伯姬卒」，「秋，七月，叔弓如宋葬共姬」，〔六五〕傳云「外夫人不書葬，此何以書？隱之也。何隱爾？宋災，伯姬卒焉。其稱謚何？賢也。何賢爾？宋災，伯姬存焉。有司復曰『火至矣，請出』。伯姬曰『不可。吾聞之也，婦人夜出，不見傅母不下堂。傅至矣，母未至也』，逮乎火而死」是也。

晉殺其大夫趙同、趙括。○括，古活反。

秋，七月，天子使召伯來錫公命。其稱「天子」何？據「天王使毛伯來錫文公命」，不稱「天子」。

【疏】注「據天王使」至「稱天子」　解云：即文元年夏四月，「天王使毛伯來錫公命」是也。

「元年，春，王正月」，正也。「正」者，文不變也。

【疏】「元年春王正月正也」〔六六〕解云：據始言之，其實二年、三年以下之經，皆如是。

其餘皆通矣。「其餘」謂不繫于元年者。或言「王」，或言「天王」，或言「天子」，皆相通矣，以見刺譏是非也。「王」者，號也，德合元者稱「皇」。孔子曰「皇象元，逍遥術，無文字，德明謚」；德合天者稱「帝」，河洛受瑞可放；仁義合者稱「王」，符瑞應，天下歸往；「天子」者爵稱也，聖人受命皆天所生，故謂之「天子」。此「錫命」稱「天子」者，爲王者長愛幼少之義，欲進勉幼君，當勞來與賢師良傅，如父教子，不當賜也。月者，例也，爲魯喜録之。○見，賢偏反。應，應對之應。爵稱，尺證反。爲王，于僞反，下「爲魯」、「爲下」同。少，詩召反。勞來，力報反，下力代反。

【疏】注「其餘謂不繫于年」解云：何氏亦順傳文，是以獨言「元年」矣。

注「或言王」解云：即莊元年冬，「王使榮叔來錫桓公命」，文公五年春，「王使榮叔歸含且賵」，三月，「王使召伯來會葬」之屬是也。

注「或言天王」解云：隱元年「秋，七月，天王使宰咺來歸惠公、仲子之賵」之屬是也。

注「或言天子」解云：此文是也。莊元年榮叔之下，何氏云「不言『天王』者，〔六七〕桓行實惡，而乃追錫之，尤悖天道，故云爾」。文五年榮叔之下注云「去『天』者，含者，臣子職，以至尊行至卑事，失尊之義也」。召伯之下何氏云「去『天』者，不及事，刺比失喪禮也」。隱元年宰咺之下，何氏云「言『天王』者，時吴、楚上僭稱王，王者不能正，而上自繫於天也。〔六八〕春秋不正者，因以廣是非」。然則，「王」是舊名，「天王」者，春秋時稱耳。但春秋見當時之「王」皆繫于「天」，是以逐本不追正，見其是非，何者？若單稱「王」者，是其舊號；若繫于

「天」者，明非古禮矣。作春秋既不追正，遂以「天王」作其常稱，是以春秋之内不言「天」者，皆悉解之，見其失所。此注云「皆相通矣，以見刺譏是非也」。言「皆相通矣」者，此三者皆是上之通稱，但以「天王」者，得當時之言；「王」與「天子」者，皆有所刺，故曰「以見刺譏是非也」。

注「王者號也」 解云：言正是當時天子之號也。

注「德合元者稱皇」 解云：謂「元氣」是總三氣之名，是故其德與之相合者，謂之「皇」。「皇」者，美大之名。

注「孔子曰皇象」至「明謚」 解云：皆春秋説文。宋氏云「言皇之德象合元矣。逍遥猶勤動，行其德術，未有文字之教，其德盛明者，爲其謚矣」。

注「德合天者」至「可放」 解云：「天」者，二儀分散以後之稱，故其德與之相合者謂之「帝」。「帝」者，諦也。言審諦如天矣。當爾之時，河出圖，洛出書，可以受而行之，則施于天下，故曰「河洛受瑞可放」耳。

注「仁義合者稱王」至「歸往」 解云：二儀既分，人乃生焉。人之行也，正直爲本。行合於仁義者謂之「王」，行合人道者，符瑞應之，而爲天下所歸往耳。是以王字通於三才，得爲「歸往」之義。

注「天子者爵稱也」 解云：案辨名記云「天子無爵」，而言「天子爲爵稱」者，言「爵」者，醮也，所以醮盡其材。天子有聖德，居無極之尊位，謂之爵稱，亦何傷？而云「天子無爵」者，謂無如諸侯以下九命之爵，豈謂無尊美之爵乎？禮記郊特牲云「古者生無爵，死無謚」，天子有謚、有爵明矣。

注「此錫命稱天子」至「不當賜也」 解云：如此注者，決文元年「天王使毛伯來錫公命」，言天王矣。彼注云「主書者，惡天子也。古者三載考績，三考黜陟幽明。文公新即位，功未足施而錫之，非禮也」。〔六九〕然則，文公初受命而未有功，而王錫之，故見非也。但文公年長，故稱「天王」。今成公幼少，當須如父教子，未當錫也，是以爲之張義而言「天子」矣。

注「**月者例也**」解云：正以此經書月，故知例月。然外來朝聘皆例書時，天王錫命而書月，魯人喜得王命而詳録之故也。然則，莊元年錫桓公命，文元年錫文公命，雖承上日，不蒙上日，亦可知矣。

冬，十月，癸卯，杞叔姬卒。棄而日「卒」者，〔七〇〕爲下脅杞歸其喪張本文，使若尚爲杞夫人。

【**疏**】**注**「**棄而日卒**」至「**杞夫人**」解云：外夫人之卒，經例書日，即襄三十年夏，「五月，甲午，宋災，伯姬卒」，何氏云「外災例時，此日者，爲伯姬卒日」是也。今此已棄而書日，故解之。其棄者，即上五年「春，王正月，杞叔姬來歸」是也。

注「**爲下脅杞歸其喪**」解云：即下九年春，「杞伯來逆叔姬之喪以歸」，傳曰「脅而歸之」是也。

晉侯使士燮來聘。

叔孫僑如會晉士燮、齊人、邾婁人伐郯。

衛人來媵。「媵」不書，此何以書？據「逆女」不書「媵」也。言「來媵」者，禮，君不求媵，諸侯自媵夫人。○來媵，以證反，又繩證反。

【**疏**】**注**「**據逆女不書媵也**」解云：蓋通内外言之。何者？隱二年，「紀履緰來逆女」，桓三年，「公子翬如齊逆女」之屬，皆不書媵故也。云「媵例時」者，〔七一〕即下九年夏，「晉人來媵」，莊十九年「秋，公子結媵陳人之婦于鄆」之屬是也。然則，此經文承日月之下，不蒙日月明矣。

録伯姬也。伯姬以賢聞諸侯，諸侯争欲媵之，故善而詳録之。「媵」例時。

九年，春，王正月，杞伯來逆叔姬之喪以歸。杞伯曷爲來逆叔姬之喪以歸？據已棄也。内辭也，脅而歸之也。言「已歸」者，與忿怒執人同辭，而不得專其本意，知其爲脅也。已棄而脅歸其喪，悖義恥深惡重，故使若杞伯自來逆之。○悖，布内反。

【疏】**注「言以歸」至「爲脅」** 解云：言「忿怒執人同辭」者，即襄十六年春，「晉人執莒子、邾婁子以歸」，昭十三年秋，「晉人執季孫隱如以歸」之屬是也。

注「而不得專其本意」 解云：正以「以」者，行其意之辭故也。是以桓十四年冬，「宋人以齊人、衛人、蔡人、陳人伐鄭」，傳云「『以』者何？行其意」，〔七三〕何氏云「以已從人曰行，言四國行宋意」。今叔姬之喪言「以歸」，不得專其本意，明知杞伯有忿怒，是以知其被脅耳。言「知其爲脅」者，「爲」讀如「子爲衛君乎」之「爲」也。

公會晉侯、齊侯、宋公、衛侯、鄭伯、曹伯、莒子、杞伯同盟于蒲。不日者，已得鄭盟，當以備楚，而不以罪執之，旋使離叛，〔七三〕楚緣隙潰莒，不能救，禍由中國無信，故諱爲信辭。使若莒潰非盟失信，所以甚中國，因與下潰日相起。

【疏】注「不日者已」至「信辭」 解云：正以春秋之義，不信者日，故以不日爲信辭矣。言「已得鄭盟」者，有鄭伯也。「當以備楚」者，正以楚人數爲諸夏之患故也。

注「而不以罪執之」 解云：即下文秋，「晉人執鄭伯」是也。正以僖四年傳曰「稱侯而執者，伯討也；稱人而執者，非伯討也」，今經稱「人」，故曰「不以罪執」矣。

注「旋使離叛」者 解云：即其下文云「晉欒書帥師伐鄭」是也。

注「楚緣隙潰莒」 解云：即下文冬，「楚公子嬰齊帥師伐莒。庚申，莒潰」是也。言楚人緣其有不和之隙，來伐莒而潰之，故曰「緣隙潰莒」矣。知不能救者，正見以下遂無「救」文故也。

注「所以甚中國」 解云：謂其作信辭也。所以甚惡中國之無信矣。

注「因與下潰日相起」者 解云：言「因」，非正爲之辭矣。〔七四〕言此盟不日，非直甚中國之無信，亦因欲起其下潰書日者，乃是中國無信，同盟不相救，至爲夷狄所潰矣。言「相」者，兩事相共之辭，則下潰書日，亦起此盟之不信矣。

公至自會。

二月，伯姬歸于宋。

夏，季孫行父如宋致女。未有言「致女」者，此其言「致女」何？録伯姬也。古者，婦人三月而後廟見，稱「婦」，擇日而祭於禰，成婦之義也。父母使大夫操禮而致之。必三月者，取一時足以別貞信，貞信著，然後成婦禮。書者，與上「納幣」同義。所以彰其絜，[七五]且爲父母安榮之。言「女」者，謙不敢自成。禮，婦人未廟見而死，歸葬於女氏之黨。○廟見，賢徧反，下同。操，七刀反。別，彼列反。且爲，于僞反。

【疏】「未有言致女者」 解云：謂春秋無此經也。

注「古者婦人」至「之義也」 解云：此皆曾子問文也。其文云「孔子曰『取婦之家，三日不舉樂，思嗣親也。三月而廟見，稱「來婦」也。擇日而祭于禰，成婦之義也』」，鄭注云「謂舅姑没者也，必祭成婦義者，婦有共養之禮，猶舅姑存時盥饋特豚於室」是也。

注「書者與上納幣同義」 解云：即上八年「夏，宋公使公孫壽來納幣」，傳云「納幣不書，此何以書？録伯姬也」，注云「伯姬守節，逮火而死，賢，故詳録其禮，所以殊於衆女」是也。今此書其「致女」者，義亦然，故云「書者與上納幣同義」。

注「所以彰其絜」至「敢自成」 解云：重得父母之命，乃行婦道，故曰「所以彰其絜」也。其女當夫，非禮不動，光照九族，父母得安，故曰「榮之」。

注「禮婦人未」至「氏之黨」 解云：曾子問文也。其文云「曾子曰『女未廟見而死，則如之何』？孔子曰『不遷於祖，不祔於皇姑，壻不杖，不菲，不次，歸葬于女氏之黨，示未成婦也』」，鄭氏云「遷，朝廟也。壻雖不備喪禮，猶爲之服齊衰」是也。

晉人來媵。「媵」不書，此何以書？録伯姬也。義與上同。復發傳者，「樂道人之善」。○復，扶又反。

【疏】注義與上同也〔七六〕解云：謂亦與上「致女」皆同書「納幣」矣。

秋，七月，丙子，齊侯無野卒。

晉人執鄭伯。

晉欒書帥師伐鄭。

冬，十有一月，葬齊頃公。

楚公子嬰齊帥師伐莒。庚申，莒潰。日者，録責中國無信，同盟不能相救，至爲夷狄所潰。○潰，户内反。

【疏】注「日者録責」至「狄所潰」解云：正以凡「潰」例月，即僖四年春王正月，「蔡潰」，文三年春王正月，「沈潰」之屬是也。今而書日，故如此解。

楚人入運。

秦人、白狄伐晉。

鄭人圍許。

城中城。

十年，春，衛侯之弟黑背率師侵鄭。

夏，四月，五卜郊，不從，乃不郊。其言「乃不郊」何？據上「不郊」不言「乃」，僖公不從言「免牲」也。

【疏】注「據上不郊不言乃」解云：即上七年夏，「不郊猶三望」是也。注「僖公不從言免牲」解云：僖三十一年「夏，四卜郊不從，乃免牲，猶三望」是也。

不免牲，故言「乃不郊」也。不免牲，當坐盜天牲，失事天之道，故諱使若重難不得郊。○難，乃旦反。

【疏】注「使若重難不得郊」解云：宣八年傳云「而者何？難也；乃者何？難也。曷爲或言『而』或言『乃』？乃難乎而也」，何氏云「言『乃』者，内而深，言『而』者，外而淺。下昃，日昳久，故言『乃』」。然則，乃者難之深，今經云「乃不郊」，故云「使若重難不得郊」也，重難之義，皆出於「乃」字。

五月，公會晉侯、齊侯、宋公、衛侯、曹伯伐鄭。不致者，成公數卜郊不從，怨懟，故不免牲。不但不免牲而已，故奪臣子辭以起之。○數，所角反。懟，直類反。

【疏】注「不致者」至「牲而已」解云：莊六年傳云「得意致會，不得意致伐」，注云「此謂公與二國以上也」。然則，此經「公會晉侯、宋公」以下「伐鄭」，〔七七〕亦是二國以上，若得意宜致會，不得意宜致伐。今全不致，故如此解也。言「成公數卜郊不從」者，即此上文「五卜郊不從」是也。五卜郊，卜之多者，故言「數」。云「不但不免牲而已」者，謂成公意，卒竟而不復郊。知如此者，正以不免牲，上文已有説。今此仍不致，故知更有罪也。

注「故奪臣子辭以起之」解云：謂不致也，奪其臣子之辭，以起見其罪矣。所以不致得謂之奪臣子辭者，桓二年注云「凡致者，臣子喜其君父脱危而至」。今不書「至」，似若不得脱危然，〔七八〕故曰「奪臣子辭」也。桓元年注云「不致之者，至而凡，奪臣子辭，成誅文也」〔七九〕者，義亦通于此。

齊人來媵。「媵」不書，此何以書？録伯姬也。三國來媵，非禮上，婦人侈於妬下。伯姬以至賢爲三國所争媵，故侈大其能容之。唯天子娶十二女。○侈，昌氏反，大也。妬，丁故反。取十，七住反，本或作「娶」。

也。曷爲皆以録伯姬之辭言之？婦人以衆多爲侈也。「侈」，大也。朝廷侈於妬

【疏】注「朝廷侈於妬上」解云：言妬其有賢才而居於己上位者，是朝廷侈之妬也。

注「婦人侈於妬下」解云：言不能容衆妾而妬惡之者，是婦人妬也。

「故侈大其能容之」解云：考諸舊本，「大」上無「侈」字。

注「唯天子娶十二女」解云：保乾圖文。孔子爲後王，〔八〇〕非古禮也。

丙午，晉侯獳卒。不書「葬」者，殺大夫趙同等。○獳，乃侯反。

【疏】注「不書葬」至「同等」解云：春秋之義，君殺無罪大夫，例不書其「葬」，見其合絶之。是以僖九年「晉侯詭諸卒」，何氏云「不書葬者，殺世子也」〔八一〕是也。其「殺趙同等」，即上八年，「晉殺其大夫趙同、趙括」是也。

秋，七月。

公如晉。如晉者，冬也，去「冬」者，惡成公前既怨懟不免牲，今復如晉，過郊乃反，遂怨懟，無事天之意，當絶之。〔八二〕○去，起吕反。惡，烏路反。復，扶又反。

【疏】注「過郊乃反」至「天之意」解云：謂明年三月，「公至自晉」，是過郊乃反，是其無事天之意。

注「當絶之」者　解云：當合絶之，不可爲魯侯矣。

冬，十月。〔八三〕

校勘記

〔一〕周二月　「二」原作「正」。殿本考證：「正」當作「二」。阮校：此本原刻「周二」之「二」缺上畫，翻刻本遂改爲「周正月夏十一月」，諸本承其誤。今按，撫州本、余本作「二」。據改。

〔二〕舒恒燠若　阮校：經義雜記曰，尚書「厥民隩」，五帝本紀作「其民燠」，蓋古文尚書「厥民奥」，今文尚書「厥民燠」。釋文引馬云「煖也」，是馬從今文讀。按何氏今文之學也，引尚書作「恒奥若」，是今文「燠」亦作「奥」。按段玉裁云，僞孔本作「豫」，鄭、王本作「舒」，群經音辨引作「舒常奥若」，云何休讀今本作「燠」，按音辨「恒」作「常」，避宋諱也。

〔三〕當寒而温倒賞也　「倒」原作「例」。殿本考證：「例」當作「倒」。阮校：按「例」當作「倒」，字之誤也。疏云「凡爲賞罰宜出君門而臣下行之，故曰倒賞也」，可證。又襄廿八年疏引作「倒置」，「置」字誤，「倒」字不誤。今按，撫州本、余本作「倒」。據改。

〔四〕人君舉事太舒　單抄本「太」作「大」。

〔五〕此凡君抑臣之言也　浦鏜云：「凡」當「亢」字誤。

〔六〕通財粥貨　「粥」字原無。阮校，此本「貨」上脱「粥」字。今按，撫州本、余本有「粥」字。據補。

〔七〕曹公子手　阮校：經義雜記曰，春秋正義云，沈氏引穀梁傳「曹公子首偪」，今本作「曹公子手僂」，大射儀「相者皆左何瑟後首」，注「古文後首爲後手」，則「手」爲假借字，「首」爲正字，一作「午」者，「手」字形近之誤。

〔八〕不從内言敗之者　「敗」原作「敵」。阮校：此本「敗」誤「敵」。今按，撫州本、余本作「敗」。據改。

〔九〕即傳云　浦鏜云：「即」字衍文。

〔一〇〕即知宣十二年　阮校：閩、監本同，毛本「即」改「則」。今按，單抄本作「即」。

〔一一〕恃外　「恃」原作「持」。浦鏜云：「恃」誤「持」。今按，單抄本作「恃」。據改。

〔一二〕歸功乎紀鄭言戰　浦鏜云：「乎」當作「于」，又此下脱「故從紀鄭」四字。

〔一三〕君不使乎大夫　阮校：唐石經諸本同。按「君不」下似脱「行」字，當補正。解云，春秋謹于别尊卑理嫌疑，故絶去使文以起事張例，則所謂君不行使乎大夫也者，是則疏本有「行」字，又隐六年疏兩引皆作「君不行使乎大夫」，閔元年疏引同。

〔一四〕逢丑父者　阮校：鄂本「逢」作「逄」，誤。又按逢姓之逢從夆不從夅，諸家説多誤。

〔一五〕行賓命之禮　孫詒讓校記：「賓命」當作「隕命」，隕命之禮見國語晉語五，韋注引司馬法爲釋，左氏成二年疏引服注作「隕命」。

〔一六〕故特選丑父備急欲以自代　「選」原作「巽」。浦鏜云：「巺」當作「選」。阮校：宋本、毛本「巽」作「選」，當據正。今按，撫州本、余本作「選」。據改。

〔一七〕将欲堅敵意邪　阮校：鄂本「将欲」作「欲将」。

〔一八〕非王法所當貴　浦鏜云，據疏「當」字當作「得」。阮校：按疏標起訖云「注如以至得貴」，解云「但春秋爲王法，是以不得貴耳」，則疏本作「得」字。今按，撫州本、余本作「當」。

〔一九〕賢季子則賢君許使臣有大夫故宜有君矣　阮校：何校本作「賢季子則吴何以有君有大夫以季子爲臣則宜有君者也」，共廿三字。與襄廿九年傳合，當據正。

〔二〇〕注不書恥之者　「者」字原無。單抄本「之」下有「者」，據補。

〔二一〕案此一句注宜在不書恥之下今定本無疑脱誤也　阮校：此二十字當是校書者札記語，非作疏者本文也。作疏時注固不脱，且疏内少言定本者。定本乃唐初顔師古所爲。則知公羊疏出唐以前人矣。

〔二二〕踊于掊而窺客　「掊」原作「棓」。阮校：鄂本及漢制考作「掊」，注同。「棓」字從手非。今按，撫州本作「掊」，余本作「棓」，注同。從阮校改。

〔二三〕使跛者迓跛者　阮校：周禮秋官掌訝注，鄭司農云，訝讀爲跛者訝跛者之訝，釋曰此公羊傳文。時晉使郤克聘齊，郤克跛，齊使跛者往御，御亦訝也。按鄭司農所據公羊傳作跛者訝跛者，賈公彦所據公羊傳作跛者御跛者，皆與今本異。訝正字，御假借字，迓俗字。

〔二四〕大夫率至于館　浦鏜云：儀禮「率」作「帥」。阮校：盧文弨曰「至」當作「迓」，儀禮「率」作「帥」。

〔二五〕宰夫朝服致飱臉厥明訝于館　「訝」原作「至」。浦鏜云：儀禮「臉」作「飪」。阮校：鄂本「至」作「訝」，當據正。盧文弨曰儀禮「臉」作「飪」，音義同。今按，撫州本、余本「至」作「訝」。據改。

〔二六〕又音於綺反　宋本音義「綺」作「倚」。

〔二七〕玉罄　浦鏜云：「罄」當作「磬」。阮校：左傳作「磬」。

〔二八〕使耕者東畒　「者」字原無。北大本校記：下傳「耕」下有「者」字。今按，單抄本有「者」字。據補。

〔二九〕非公羊意也　「羊」原作「詳」。閩本「羊」誤作「詳」，毛本已改作「羊」，據改。

〔三〇〕郤克眣魯衛之使　「眣」原作「眣」。浦鏜云：「眣」誤「眣」，從張參五經文字校。阮校：唐石經作「眣」。葉抄釋文亦作「眣，音舜」。今按，撫州本、余本作「眣」。據改。

〔三一〕又丑乙反　「丑」原作「王」，據諸本音義改。

〔三二〕使四國大夫汲汲追與之盟　「汲」字原不重。阮校：鄂本叠「汲」字，此誤。今按，撫州本、余本重「汲」字。據補。

〔三三〕据會而盟一處　阮校：鄂本「据」作「據」，當據正。下三年注同。

〔三四〕得一貶焉爾　阮校：唐石經「一」作「壹」，蓋因何注作「一貶」轉改也。今按，撫州本、余本「一」作「壹」。

〔三五〕注不没公至公故也　單抄本作「是云不没者，明不主爲公也者」。

〔三六〕以無新宫知宣公之宫廟　阮校：此注當作「以無新公」，乃合魯桓公廟謂之桓宫，僖公廟謂之僖宫，煬公廟謂之煬宫，魯無新公，故疑之而問也。

〔三七〕以無新宫知宣公之宫廟者　阮校：何校本上「宫」作「公」，是也。

〔三八〕注謂之新宫至有所改更也者　阮校：閩、監、毛本删「者」字。

〔三九〕是易其西北角之檐也乎故爾雅釋宫云　浦鏜云：「乎故」當「者即」二字誤。

〔四〇〕當室之日　浦鏜云：「日」當「白」字誤。

〔四一〕光所漏入也與何氏别　「也」下原有「不」字。浦鏜云：「也」下「不」字衍。今按，單抄本「也」下有「者」字，无「不」字。據删「不」字。

〔四二〕据桓僖宫災　阮校：鄂本「据」作「據」。
〔四三〕蓋以桓母右媵　「右」原作「言」。北大本校記：殿本「言」作「右」，據改。今按，單抄本作「右」，據改。
〔四四〕棘民初未服於魯　撫州本「民」作「人」。
〔四五〕注據國内兵不舉者　阮校：閩、監、毛本刪「者」字。
〔四六〕而尋繹舊事盟矣　北大本校記：公羊義疏「事」下有「無」字。
〔四七〕鄭伯堅卒者　阮校：閩、監、毛本刪「者」字。又按段校本「堅」作「臤」。
〔四八〕冬城運　阮校：五年秋大水，注云「城鄆」。
〔四九〕與王道同　「王」原作「正」。阮校：鄂本「正」作「王」。今按，撫州本、余本作「王」。據改。
〔五〇〕故溴梁之盟　「溴」原作「湨」。浦鏜云：溴當从臭，不从狊。阮校：鄂本作「溴」。今按，作溴，水名；作湨，水氣，湨是，經典或俗作溴。通改。
〔五一〕爲天于僞反通道音導溴古闃反徧刺音遍　此十七字原脱。據諸本補。
〔五二〕春秋説文　浦鏜云：此上脱「解云」二字。
〔五三〕昭四年遂滅厲……十一年滅蔡　「厲」原作「瑕」，「一」原作「三」。浦鏜云：「厲」誤「瑕」，「一」誤「三」。今按，單抄本「瑕」作「厲」。并據改。
〔五四〕有二祧　阮校：「有」字上何校本有「遠廟爲祧」四字，與祭法合。
〔五五〕云享嘗謂四時之祭　浦鏜云：「云」上脱「注」字。
〔五六〕名曰官師者　北大本校記：「名」上公羊義疏有「下士」二字。

〔五七〕上士二廟也　「二」字原無。單抄本「廟」上有「二」字，據補。

〔五八〕而此傳及注譏其立者　「傳」下原有「也」字。浦鏜云：「傳」下「也」當「文」字誤，或衍文。阮校：衍字是。今按，單抄本無「也」字，據删。

〔五九〕春秋時魯三君弒　「三」原作「國」。浦鏜云：「三」誤「國」。阮校：作「三」字與彼注合，彼正義詳之。今按，單抄本「國」作「三」，據改。

〔六〇〕率師侵鄭　阮校：按左氏、穀梁皆作「救鄭」，上書「楚公子嬰齊率師伐鄭」，故晉欒書率師救之也。「侵」字誤。又嚴杰曰，上文鄭伯費卒，注云「楚伐鄭喪不能救，晉又侵之」，然則公羊作「侵」，與左、穀異也。

〔六一〕食牛者未必故鼠　阮校：左傳正義引注「食」上有「後」字。

〔六二〕又有咎在人君取已有災而不云改更者　浦鏜云：疑「又有」爲「又食」之誤。阮校：按「云」疑衍。

〔六三〕何氏不言楚言荆者　浦鏜云：「氏」下脱「云」字。

〔六四〕大臣秉政　「大」原作「六」。浦鏜云：「大」誤「六」，又此下脱「變亂政教」四字。今按，單抄本「六」作「大」。據改。

〔六五〕葬共姬　北大本校記：襄十三年經「共」上有「宋」字。

〔六六〕元年春王正月正也　「也」上「正」字原無。阮校：「也」上當有「正」字。今按，單抄本有「正」字。據補。

〔六七〕何氏云不言天王者　「言」字原重，據單抄本删。

〔六八〕上自繫於天也　「自」字原無。浦鏜云：「繫」上脱「自」字。阮校：浦説是，隐元年注有「自」字。

據補。

〔六九〕非禮也　「禮」字原無。浦鏜云：「非」下脱「禮」字。阮校：按文元年注有「禮」字。據補。

〔七〇〕棄而日卒者　「日」原作「曰」。阮校：鄂本「棄」作「弃」。今按，撫州本「曰」作「日」，余本誤作「曰」，據改。

〔七一〕云縢例時者　北大本校記：自「云縢例時者」至「不蒙日月明矣」應爲注文「縢例時」之疏。下疏竄入上疏中矣，據移，并改作「注縢例時解云」。

〔七二〕行其意　浦鏜云：「意」下脱「也」字。

〔七三〕旋使離叛　「離」原作「离」。撫州本「离」作「離」，余本誤作「离」。據改。

〔七四〕解云言因非正爲之辭矣　「言」字原重。閩、監、毛本上「言」作「其」字，單抄本不重「言」，又「因」下有「者」字。今據單抄本删上「言」字。

〔七五〕所以彰其潔　阮校：何校本「潔」作「絜」，疏同。按「潔」乃俗字。

〔七六〕注義與上同也　「上同」原作「同上」。阮校：閩、監、毛本删「也」字，此本「上同」誤倒，今訂正。北大本校記：注作「義與上同」。今按，單抄本作「上同」，據乙。

〔七七〕公會晉侯宋公以下伐鄭　浦鏜云：「宋公」當作「齊侯」。

〔七八〕似若不得脱危然　「似」原作「以」。浦鏜云：「似」誤「以」。阮校：浦説是，與桓二年注合。今按，單抄本作「似」。據改。

〔七九〕至而凡奪臣子辭成誅文也　殿本考證：「至而凡」三字衍文，當依桓元年注原文，添「爲下去上是足以起無王未足以見無王罪之深淺故復」。浦鏜云：「而凡」誤，當作「故復」。今按，單抄本「至而凡」作

「云云」，略異。

〔八〇〕孔子爲後王　浦鏜云：「後王」下脱「立制」二字。

〔八一〕殺世子也　「殺」原作「没」。浦鏜云：「殺」誤「没」。今按，單抄本作「殺」。據改。

〔八二〕當絶之　阮校：鄂本「絶」作「詔」。

〔八三〕冬十月　此三字原無。阮校：此本、鄂本、閩、監、毛本皆脱。唯唐石經有。嚴杰曰，左、穀皆有此三字，與公羊經異。錢大昕云，何注云「去冬者，惡成公」，然則石經有此三字，非何意也。故知唐石經未必是，歷來版本未必非也。

監本附音春秋公羊傳注疏成公卷第十八起十一年，盡十八年。

何休學

十有一年，春，王三月，公至自晉。

晉侯使郤州來聘。己丑，及郤州盟。○郤州，本亦作「犨」，尺由反。

【疏】「晉侯」至「州盟」　解云：上三年冬，「晉侯使荀庚來聘」，「丙午，及荀庚盟」，傳云「此聘也，其言盟何？聘而言盟者，尋舊盟也」，注云「以不舉重，連聘而言之，知尋繹舊故約誓也。書者，惡之」。「二國既脩禮相聘，不能相親信，反復相疑，故舉聘以非之。」今此亦然，而無傳注者，從彼可知，故省文。案桓十四年夏，「鄭伯使其弟語來盟」，注云「時者，從内爲王義，明王者當以至信先天下」。是以春秋之例，「莅盟」、「來盟」悉書時，即僖三年「冬，公子友如齊莅盟」之屬是也。今此經及上三年「荀庚盟」之屬皆書日者，蓋以既脩禮相聘，不能相親信，反復相疑，〔一〕是故不與信辭耳。

夏，季孫行父如晉。

秋，叔孫僑如如齊。

冬，十月。

十有二年，春，周公出奔晉。「周公」者何？天子之三公也。王者無外，此其言「出」何？自其私土而出也。〔二〕「私土」者，謂其國也。此起諸侯入爲天子三公也。周公驕蹇，不事天子，出居私土，不聽京師之政。天子召之而出走，明當并絶其國，故以出國録也。不月者，小國也。

【疏】「周公者何」。解云：既是周臣，自周無出，而經書「出」，故執不知問。

注「私土不聽」至「小國」。解云：春秋之例，大國君「奔」例皆書月，即桓十六年「十有一月，衛侯朔出奔齊」之屬是也。小國例時者，即昭三年冬，「北燕伯款出奔齊」，及此經書「春」皆是也。又王制云「天子三公之田視公侯」，既視公侯，何言小國者？〔三〕據其私土之言也。周公本是小國諸侯，而入爲天子三公，於王畿之内雖有采地，但從私土而去，故從小國例。

夏，公會晉侯、衛侯于沙澤。○沙澤，素禾反，又如字，二傳作「瑣澤」，定七年同。

秋，晉人敗狄于交剛。

冬，十月。

十有三年，春，晉侯使郤錡來乞師。○郤錡，魚綺反。

三月，公如京師。月者，善公尊天子。

【疏】注「月者善公尊天子」者　解云：正以「朝、聘」時故也。

夏，五月，公自京師，遂會晉侯、齊侯、宋公、衛侯、鄭伯、曹伯、邾婁人、滕人伐秦。其言「自京師」何？據僖公二十八年「諸侯遂圍許」，不言自王所。

【疏】「五月」至「自京師」　解云：「公」下「自」上有「至」字者，衍文。

注「據僖公」至「自王所」　解云：僖二十八年「冬，公會晉侯」以下「于温。天王狩于河陽」。「壬申，公朝于王所」，「諸侯遂圍許」是也。然則，彼亦朝天子而往圍許，不言自王所，(四)與此異，故難之。

公鑿行也。以起公鑿行也。「鑿」，猶更造之意。○鑿，在洛反，造意也。公鑿行奈何？不敢過天子也。時本欲直伐秦，塗過京師，不敢過天子而不朝，復生事脩朝禮而後行，〔五〕故起時，善而褒成其意，使若故朝然後生事也。間無事，復出「公」者，善公鑿行。○復出，扶又反。

【疏】注「生事脩朝禮而後行」者〔六〕解云：「生事」之上亦有「復」字者，衍文。

注「間無事復出」至「鑿行」〔七〕解云：昭十三年「秋，公會劉子、晉侯」以下「于平丘」；八月，甲戌，同盟于平丘」，注云「不言劉子及諸侯者，間無異事，可知矣」。然則，彼以間無事，不勞重舉劉子及諸侯，此亦間無事，但言「夏，五月，遂會晉侯」以下「伐秦」足矣，而重舉公者，善公鑿行故也。定四年召陵之會，再言「公」者，彼注自具。

曹伯盧卒于師。○盧，力吳反，本亦作「盧」。

秋，七月，公至自伐秦。月者，危公幼而遠用兵。

【疏】注「月者危公幼而遠用兵」者　解云：正以凡「致」例時，故如此解。

冬，葬曹宣公。

十有四年，春，王正月，莒子朱卒。莒大于邾婁，至此乃卒者，庶其見殺不得卒；至此始卒，又不得日。

【疏】注「莒大于」至「不得卒」解云：正以莊十六年冬，十有二月，「邾婁子克卒」，二十八年「夏，四月，丁未，邾婁子瑣卒」。春秋之序莒常在上，而至此乃卒者，正由文十八年「莒弑其君庶其」，是以不得書其「卒」矣。

注「至此始卒又不得日」解云：邾婁子瑣之卒，所以書日者，非直行進，其邾子克往前已卒，是以春秋得詳録之。今此始卒，故不得書日。曹書日者，何氏云「老，使世子來朝，春秋敬老重恩，故爲魯恩録之尤深」是也。然則，此注何以不言「故不得日」，而言「又」者？欲道曹伯終生雖亦始卒，但於魯有恩，是以書日。今此莒子非直始卒，又無善行，是以不日。

夏，衛孫林父自晉歸于衛。

秋，叔孫僑如如齊逆女。凡娶早晚皆不譏者，從紀履綸一譏而已。○凡取，本又作「娶」。

【疏】注「秋叔孫僑如如齊逆女」解云：隱二年注云「不親迎例月，重録之」。今此不月者，蓋以成公即位十有四年，始娶元妃，非重繼嗣之義，故畧之。

注「凡娶早」至「譏而已」解云：隱二年「九月，紀履綸來逆女」，傳云「外逆女不書，此何以書？譏。何譏爾？譏始不親迎也。始不親迎昉於此乎？前此矣。前此則曷爲始乎此？託始焉爾。曷爲託始焉爾？春秋之始也」。然則，宣公元年春，「公子遂如齊逆女」，喪服未除，是其大早也；成公十四年秋，始使僑如如齊逆女，非重繼嗣之義，是其大晚也。故言「凡娶早晚」矣。但略舉一二人，則桓公三年娶于齊，文公四年娶于齊，合在其間也。然則，諸侯之法合親迎，而魯侯悉使大夫，所以不復發傳云「何以書？譏。何譏爾？譏不親迎」者，正欲從隱二年紀履緰之一譏而已，是以不復發傳，以解之。舊解云：「隱二年履緰之下注云『內逆女常書，外逆女但疾始不常書者，明當先自詳正，〔八〕躬自厚而薄責於人，故略外也』。然則外之娶妻，莫問早晚，其不親迎者，皆不復書；而譏之者，悉從履緰之經一譏而已。所以此處注之者，正以內逆女常書之末，是以於此處決之」。更有或解，不足述也。

鄭公子喜率師伐許。

九月，僑如以夫人婦姜氏至自齊。

冬，十月，庚寅，衛侯臧卒。

秦伯卒。

十有五年，春，王二月，葬衛定公。

三月，乙巳，仲嬰齊卒。「仲嬰齊」者何？疑仲遂後，故問之。

【疏】注「疑仲遂後故問之」解云：何氏欲解弟子問所不知之意，何者？欲言仲遂之子，宜稱「公孫」，今經稱「仲」，故執不知問。

公孫嬰齊也。未見於經，爲公孫嬰齊。今爲大夫死，見於經，爲仲嬰齊。○未見，賢徧反，下同，年末及注皆同。

【疏】注「未見於經」至「仲嬰齊」解云：「未見於經」者，謂未作大夫，不得見于經。當爾之時，猶爲公子之子，故爲公孫嬰齊矣。今爲大夫而死，得見于經，更爲公子之孫，孫以王父字爲氏，故爲仲嬰齊矣。其更爲公子之孫之事，其説在下。

公孫嬰齊則曷爲謂之「仲嬰齊」？爲兄後也。爲兄後則曷爲謂之「仲嬰齊」？據本公孫。

【疏】注「據本公孫」解云：言其本公孫，昭穆須正，雖代兄爲大夫，寧得更爲公孫之子乎？故難之。

爲人後者，爲之子也。更爲公孫之子，故不得復氏「公孫」。○復氏，扶又反，年内同。爲人後者爲其子，則其稱

「仲」何？據氏非一。孫以王父字爲氏也。謂諸侯子也。顧興滅繼絶，故紀族明所出。然則嬰齊孰後？後歸父也。〔九〕歸父使于晉而未反，宣公十八年「自晉，至檉」，「奔齊」，訖今未還。○使于，所吏反，及下「使乎」同。何以後之？據已絶也。叔仲惠伯，傅子赤者也。「叔仲」者，叔彭生氏也。文家字積於叔，叔仲有長幼，故連氏之。經云「仲」者，明春秋質家當積於仲。惠，謚也。○長，丁丈反。

【疏】**注「叔仲者叔彭生氏也」** 解云：即文十一年叔彭生之氏族也。

注「文家字積於叔」至「謚也」 解云：知如此者，〔一〇〕正以大姒之子皆稱叔，唯有聃季而已，是「文家字積於叔」之義也。注言此者，欲道彭生之經所以不連仲之意也。云「叔仲有長幼故連氏之」者，注言此者，欲道彭生之傳所以連叔仲之意也。何者？彭生之祖生於叔氏，其父武仲又長幼當仲，是以彭生遠而言之，〔一一〕雖非正禮，要是當時之事，是以傳家述其私稱，連言「仲」矣。

注「經云仲」至「積於仲」 解云：注言此者，欲道嬰齊此經何故不連其父歸父之字，而單言「仲」者。欲明春秋當質，正得積於仲，是以不得更以他字連之。

文公死，子幼。子赤幼也。公子遂謂叔仲惠伯曰：「君幼，如之何？願與子慮之。」叔仲惠伯曰：「吾子相之，老夫抱之，禮，大夫七十而致事。若不得謝，則必賜之几杖，行役以婦人從適四方，〔一二〕乘安車，自稱曰「老夫」。○相之，息亮反，下同。

【疏】注「禮大夫」至「稱曰老夫」 解云：皆上曲禮文。鄭氏云「致其所掌之事於君而告老。「謝」，猶聽也。君必有命，勞苦辭謝之，〔一三〕其有德尚壯，則不聽耳。几杖、婦人、安車，所以養其身體也。「安車」，坐乘，若今小車也。老夫，老人稱也，亦明君貪賢。春秋傳曰『老夫耄矣』」是也。

何幼君之有？」公子遂知其不可與謀，退而殺叔仲惠伯，弑子赤而立宣公。殺叔仲惠伯不書者，舉弑君爲重。叔仲惠伯事與荀息相類，不得爲「累」者，有異也。叔仲惠伯直先見弑爾，不如荀息死之。○殺子，音試。〔一四〕

【疏】注「叔仲惠伯」至「息死之」 解云：僖十年春，「晉里克弑其君卓子，及其大夫荀息」，傳云「『及』者何？累也。弑君多矣，舍此無累者乎？曰有。孔父、仇牧皆累也。舍孔父、仇牧無累者乎？曰有。有則此何以書？賢也。何賢乎荀息」？「驪姬者，國色也，〔一五〕獻公愛之甚，欲立其子，於是殺世子申生。申生者，里克傅之。獻公病，將死，謂荀息曰『士何如則可謂之信矣』？荀息對曰『使死者反生，生者不愧乎其言，則可謂信矣』。獻公死。奚齊立。里克謂荀息曰『君殺正而立不正，廢長而立幼，如之何？願與子慮之』。荀息曰『君嘗訊臣矣，臣對曰「使死者反生，生者不愧乎其言，則可謂信矣」』。里克知其不可與謀，退，弑奚齊。荀息立卓子，里克弑卓子，荀息死之」。若然，桓二年，「宋督弑其君與夷，及其大夫孔父」，案彼傳文則孔父亦先見殺，與此正同，而得爲累者，正以「孔父生存，殤公不可得而弑，故於是先攻孔父之家。殤公知孔父死已必死，趨而救之，皆死焉。孔父正色而立于朝，則人莫敢過而致難於其君者，孔父可謂義形于色矣」。然孔父雖先見殺，而事君之正義形于顔色，豈如惠伯但爲傅子赤而吝之，公子遂但欲弑子赤而殺之，不畏惠伯衛若，〔一六〕寧得類於孔父乎？若然，內之弑例皆諱不書，假令成累，安可作文？而注言此者，雖不言「弑」，宜言「冬，十月，子赤及叔彭生卒」，案今文公十八年經直言「冬十月子卒」，故言「不得爲累」矣。

宣公死，成公幼。臧宣叔者，相也。〔一七〕臧孫許，「宣」諡。君死不哭，聚諸大夫而問焉，曰：「昔者，叔仲惠伯之事，孰爲之？」諸大夫皆雜然曰：「仲氏也，〔一八〕其然乎！」於是遣歸父之家，時見君幼，欲以防示諸大夫。○雜，七合反，又如字。

【疏】注「時見君」至「諸大夫」　解云：於時見君幼少，恐有禍變，欲以有防衛之義示其諸大夫。

然後哭君。歸父使乎晉。還自晉，至檉，聞君薨、家遣，墠帷，哭君成踊，反命于介，自是走之齊。魯人徐傷歸父之無後也，「徐」者，皆共之辭也。關東語。傷其先人爲惡，身見逐絶，不忿懟也。於是使嬰齊後之也。弟無後兄之義，爲亂昭穆之序，失父子之親，故不言「仲孫」，明不與子爲父孫。

【疏】注「弟無後兄」至「爲父孫」　解云：案異義公羊説云「質家立世子弟，文家立世子子，而春秋從質，故得立其弟」，以此言之，嬰齊爲兄後，正合諸春秋之義，何得謂之「亂昭穆之序」者？正以「質家立世子弟」者，謂立之爲君而已，豈謂作世子之子乎？今嬰齊後之者，若爲歸父之子然，故爲「亂昭穆之序」。言「失父子之親」者，若後歸父，即不爲仲遂之子，故云「失父子之親」矣。

癸丑，公會晉侯、衛侯、鄭伯、曹伯、宋世子成、〔一九〕齊國佐、邾婁人同盟于戚。〇世子戍，音恤，本或作「成」。

晉侯執曹伯，歸之于京師。〔二〇〕爲篡喜時。〇爲，于僞反。

【疏】注「爲篡喜時」者 即昭二十年傳云「何賢乎公子喜時？讓國也。其讓國奈何？曹伯廬卒于師」，注云「在成十三年」；傳又云「公子喜時見公子負芻之當主也，逡巡而退」是也。

公至自會。

夏，六月，宋公固卒。不日者，多取三國媵，非禮，故略之。

【疏】注「不日者多」至「略之」 解云：即上九年，「伯姬歸于宋」之時，「衛人來媵」，「晉人來媵」，「齊人來媵」，傳云「三國來媵，非禮也」。是宋得用天子禮而非之者，其婚娶當從諸侯故也。雖於伯姬爲榮，而宋公有失，故死略之。

楚子伐鄭。

秋，八月，庚辰，葬宋共公。○共，音恭。

宋華元出奔晉。〔一一〕

宋華元自晉歸于宋。不省文復出「宋華元」者，宋公卒，子幼，華元以憂國爲大夫山所譖，出奔晉，晉人理其罪，宋人反華元誅山，故繁文大之也。言「歸」者，明出入無惡。

【疏】注「不省文」至「文大之也」〔一二〕解云：襄三十年秋，「鄭良霄出奔許，自許入于鄭」，彼則省文，不言「鄭良霄自許入于鄭」，今則不省文，故決之。必知不省文是大之者，正以孔子曰「書之重，辭之復，嗚呼！其中必有美者焉，不可不察」，故知也。言「華元以憂國爲大夫山所譖出奔晉」者，皆春秋説文也。

注「言歸者明出入無惡」解云：即上桓十五年傳例云「復歸者，出惡歸無惡；復入者，出無惡入有惡；入者，出入惡；歸者，出入無惡」是也。

宋殺其大夫山。不氏者，見殺在華元歸後，嫌直自見殺者，故貶之，明以譖華元故。

【疏】注「不氏者」至「華元故」解云：襄二十三年夏，「陳殺其大夫慶虎及慶寅。陳侯之弟光自楚歸于陳」，注云「前爲二慶所譖，出奔楚。楚人治其罪，陳人誅二慶反光，故言『歸』。宋大夫山譖華元貶，此不貶者，殺二慶而光歸，譖光可知」。然則，今此華元歸後，山見殺，故須貶山以見其義矣。「山」者，魚石之親，若其不貶，宜言「魚山」也。

宋魚石出奔楚。與山有親，恐見及也。後得言「復入」者，出無惡，知非君漏言，魚石不殺山。

【疏】**注「與山有親恐見及也」** 解云：知如此者，襄二十年秋，「蔡殺其大夫公子燮，蔡公子履出奔楚」，同稱「公子」，親眷明矣。今此「宋殺其大夫山」，「宋魚石出奔楚」，文與彼同，故知山之親也。但山以譖華元而見貶，是以不得言「魚」矣。

注「後得言復」至「不殺山」 解云：「復入」者，即下十八年夏，「宋魚石復入于彭城」是也。言「復入者，出無惡」者，桓十五年傳文。案文六年冬，「晉殺其大夫陽處父，晉狐射姑出奔狄」，傳云「晉殺其大夫陽處父，則狐射姑曷爲出奔？射姑殺也。射姑殺則其稱國以殺何？君漏言也」，彼注云「自上言泄下曰漏」。「其漏言奈何？君將使射姑將，陽處父諫曰『射姑民衆不說，〔二三〕不可使將』。於是廢將。陽處父出，射姑入，君謂射姑曰『陽處父言曰「射姑民衆不說，不可使將」』，射姑怒，出刺陽處父於朝而走」，注云「明君漏言殺之，當坐殺也」。以此言之，若由君漏言，魚石殺山而走出，是出有惡，不得言「復入」。今魚石之奔，下言「復入」，知非君漏言，魚石不殺山也。

冬，十有一月，叔孫僑如會晉士燮、齊高無咎、宋華元、衛孫林父、鄭公子鰌、邾婁人會吴于鍾離。曷爲殊會吴？據楚不殊。○燮，息協反。咎，其九反。鰌，音秋。

【疏】**注「據楚不殊」** 解云：〔二四〕即僖二十一年「秋，宋公、楚子、陳侯、蔡侯、鄭伯、許男、曹伯會于霍」是也。

外吴也。曷爲外也？據襄五年不外之。

【疏】注「據襄五年不外之」　解云：其經云秋「公會晉侯、宋公」以下「齊世子光、吴人、鄫人于戚」是也。

春秋内其國而外諸夏，内諸夏而外夷狄。「内其國」者，假魯以爲京師也。「諸夏」，外土諸侯也。〔二五〕謂之「夏」者，大總下土言之辭也。〔二六〕不殊楚者，楚始見所傳聞世，尚外諸夏，未得殊也；至於所聞世可得殊，又卓然有君子之行。吴以夷狄差醇，而適見於可殊之時，故獨殊吴。○傳，直專反。行，下孟反。差醇，初賣反，下音純。

【疏】「春秋内其國而外諸夏」〔二七〕解云：即經云「叔孫僑如會晉士燮、齊高無咎」以下是也。云「内諸夏而外夷狄」者，即經序諸大夫訖，乃言「會吴于鍾離」是也。

注「不殊楚者楚始」至「得殊也」　解云：即僖二十一年「秋，宋公、楚子、陳侯、蔡侯、鄭伯、許男、曹伯會于霍」之屬是也。

注「至於」至「之行」　解云：即宣十一年「夏，楚子、陳侯、鄭伯盟于辰陵」者，是不殊楚之經也。言「卓然有君子之行」者，即彼注云「不日月者，莊王行霸，約諸侯，明王法，討徵舒，善其憂中國，故爲信辭」也。然則，討徵舒，明王法，勝鄭而不取，令之還師佚晉寇之屬，〔二八〕皆是「卓然有君子之行」矣。

王者欲一乎天下，曷爲以外内之辭言之？據「大一統」。

【疏】注「據大一統」　解云：即隱元年傳云〔二九〕「何言乎王正月？大一統也」，注云「統者，始也，總繫之辭。夫王者始受命，改制布政，施教於天下，自公侯至於庶人，自山川至於草木昆蟲，莫不一一繫於正月，〔三〇〕故云政教之始」。然則王者施政，欲其遠近徧及，海内如一，〔三一〕而殊外内，故難之。

言自近者始也。明當先正京師，乃正諸夏；諸夏正，乃正夷狄，以漸治之。葉公問政於孔子，孔子曰「近者説，遠者來」，季康子問政於孔子，孔子曰「政者，正也。子帥以正，孰敢不正」是也。月者，危録之，諸侯既委任大夫，復命交接夷狄。○葉公，舒涉反，下文同。説，音悦。

【疏】注「子帥以正孰敢不正是也」解云：〔三二〕「帥」，長也。言子爲諸侯之長而爲正，誰敢不爲正乎？亦是先正於近乃始及遠之義，故引之。

許遷于葉。

十有六年，春，王正月，雨，木冰。「雨，木冰」者何？雨而木冰也。何以書？記異也。「木」者，少陽，幼君、大臣之象。「冰」者，凝陰，兵之類也。冰脅木者，君臣將執於兵之徵也。○少，詩召反。〔三三〕

【疏】「雨木冰者何」解云：雨與木冰，理不相類，如此作經，故執不知問。

注「木者」至「之象」解云：木始於東方，故曰「少陽」。陽比君，故有幼君之義。震爲六子之宗，乃是乾之長子，故爲大臣之象也。

夏，四月，辛未，滕子卒。

滕始「卒」於宣公，〔三四〕日於成公，不名。邾婁始「卒」於文公，日於襄公，名。俱「葬」於昭公，是以知滕小。

【疏】注「滕始」至「滕小」。解云：「滕始卒於宣公」者，即宣九年秋，「八月，滕子卒」是也。其「日于成公」者，即此經云〔三五〕「辛未，滕子卒」是也。二者皆不及名，故曰「不名」。其「邾婁始卒于文公」者，即文十三年夏五月，「邾婁子蘧篨卒」是也。其「日于襄公」者，即襄十七年「春，王二月，庚午，邾婁子瞯卒」是也。書蘧篨與瞯，故曰「名」也。云「俱葬于昭公」者，即昭元年「六月，丁未，邾婁子華卒」，秋，「葬邾婁悼公」；昭三年「春，王正月，丁未，滕子泉卒」，「五月，葬滕成公」是也。然則，春秋於所聞之世，始録微國之卒，書日，書名，明其大小。滕子卒葬皆在邾婁之後，邾婁之君名於所聞之世，于滕則未，是以知其小于邾婁也。何氏所以不于會序比之，而據其卒葬者，會是主會次之，未得其義，其大小仍自難明，故如此解。若然，案莊十六年十二月，「邾婁子克卒」，二十八年「夏，四月，丁未，邾婁子瑣卒」。然則，邾婁始卒，書日書名，並在莊公之世，而邾婁卒于文公日、于襄公名者，彼是傳聞之出，小國之卒，例不合書，而莊公之時，邾婁之君得書卒者，何氏於克卒之下注云「小國未嘗卒，而卒者，爲慕霸者，有尊天子之心，行進也」；瑣卒之下注云「日者，附從霸者，朝天子，行進」。以此言之，直是行進而得書卒書日，〔三六〕非其常例，故不取之。

鄭公子喜帥師侵宋。

六月，丙寅，朔，日有食之。

是後，楚滅舒庸，晉厲公見餓殺，尤重，故十七年復食。○復，扶又反。

【疏】注「是後楚滅舒庸」者　解云：在下十七年冬十二月。

注「晉厲公見餓殺」　解云：即下十八年春王正月，「庚申，晉弑其君州蒲」是也。春秋説以爲厲公猥殺四大夫，臣下人人恐見及，正月幽之，二月而死，故此注云「見餓殺」也。

注「故十七年復食」　解云：即十七年「十有二月，丁巳，朔，日有食之」是也。

晉侯使欒黶來乞師。〇欒，力官反。黶，於斬反。

甲午，晦。「晦」者何？冥也。何以書？記異也。此王、公失道，臣代其治，故陰代陽。〇冥，亡定反，又亡丁反。治，直吏反。

【疏】「晦者何」　解云：欲言月晦，例所不書；欲言日冥，又不言書，〔三七〕故執不知問。

晉侯及楚子、鄭伯戰于鄢陵。楚子、鄭師敗績。敗者稱「師」，楚何以不稱「師」？據宋公戰于泓，敗績稱「師」。〇鄢，於晚反，又於建反。泓，烏宏反。

【疏】注「據宋公戰」至「稱師」　解云：即僖二十二年「冬，十有一月，己巳，朔，宋公及楚人戰于泓，宋師敗績」是也。

王痍也。王痍者何？傷乎矢也。時爲飛矢所中。○痍，音夷，傷也。所中，丁仲反。

【疏】「王痍者何」 解云：王有三軍之衛而身見傷，似非其類，故執不知問。

然則何以不言「師敗績」？據王痍。末言爾。「末」，無也。無所取於言「師敗績」也。凡舉「師敗績」，爲重衆。今親傷人君，當舉傷君爲重。以言「戰」，又言「敗績」，知非詐，當蒙上日也。○爲，于僞反，下「爲代公」同。

【疏】注「以言戰」至「上日也」 解云：正以春秋之義，偏戰者日，詐者月。令孤、鄢陵之經言「戰」、言「敗績」，知非詐，故當蒙上日甲午矣。

楚殺其大夫公子側。

秋，公會晉侯、齊侯、衛侯、宋華元、邾婁人于沙隨。不見公。公至自會。「不見公」者何？公不見見也。不見見者，恚乞師不得，欲執之。○恚，一睡反。

【疏】「不見公者何」 解云：公會晉侯，是與會之文；言「不見公」，疑其非類，故執不知問。

注「不見見者恚乞師不得欲執之」 即下傳云「其代公執奈何？前此者，晉人來乞師而不與。公會晉侯，將執公」是也。

公不見見，大夫執，何以致「會」？據不得意。扈之會，公失序不致。

【疏】注「據不得意」者　解云：正以莊六年傳云「得意致會，不得意致伐」，何氏云「此謂公與二國以上也」。「公與二國以上出會盟，得意致會，不得意不致」。今會不得意而致會，故據而難之。

注「扈之會公失序不致」　解云：即文七年秋，「公會諸侯、晉大夫盟于扈」，傳云「諸侯何以不序？大夫何以不名？公失序也。公失序奈何？諸侯不可使與公盟，眣晉大夫與公盟也」是也。然則，彼是公不得意不書致，今此亦不得意而反致，故難之。

不恥也。曷爲不恥？據扈之會公失序恥。公幼也。因公幼殺恥爲諱辭，不書行父執者，公不見見，已重矣。

【疏】注「因公幼殺恥爲諱辭」　解云：實不見，今而致會，詐若得意然，故言「爲諱辭」耳。

注「不書行父執者」　解云：是時累代公執，而下經但書其一，故此注「不書行父執者，公不見見已重矣」。

公會尹子、晉侯、齊國佐、邾婁人伐鄭。

曹伯歸自京師。執而歸者名，曹伯何以不名？而不言「復歸于曹」何？據「曹伯襄復歸于曹」。

【疏】注「據曹伯襄復歸于曹」解云：在僖二十八年冬。

易也。「易」，故末言之，不復舉國、名。○易，以豉反，注及下同。復，扶又反，下「而復」同。其易奈何？公子喜時在內也。公子喜時在內，則何以易？據本篡喜時也。○「喜時」，左傳作「欣時」。公子喜時者，仁人也，內平其國而待之，和平其臣民，令專心于負芻。○令，力呈反。外治諸京師而免之。訟治于京師，解免使來歸。其言「自京師」何？據僖二十八年，「晉人執衛侯，歸之于京師」，後復歸于衛，俱天子所歸，不言「自京師」。不連「歸」問者，嫌「自京師」天子有力文，言甚易，欲并問力文，與上説喜時錯。

【疏】注「據僖二十八年」至「言自京師」解云：即僖二十八年冬，「晉人執衛侯歸之于京師」，三十年秋，「衛侯鄭歸于衛」是也。

注「不連歸問」至「喜時錯」解云：問者之意，欲道僖三十年「衛侯鄭歸于衛」亦是天子所歸，不言「自京師」；今曹伯亦爲天子所歸，獨言「自京師」，文相違背，故問之。若連歸問云「其言歸自京師何」？即嫌歸自京師者，乃是天子有力之文，似若僖二十八年冬，「衛元咺自晉復歸于衛」，傳云「自者何？有力焉者也」。然上説言其所以易，正猶公子喜時之力，〔三八〕若此處并問天子有力之文，即與上説喜時之力自相違。

言甚易也。舍是無難矣。言「歸自京師」者，與內据臣子致公同文，欲言甚易也。舍此所從還，無危難矣。主所以見曹伯歸，本据喜時平國反之書，非録京師有力也。執歸書者，賢喜時爲兄所篡，終無怨心，而復深推精誠，憂免其難，非至仁莫能行之，故書起其功也。○舍是，音捨，注同，下傳「舍臣」放此。○無難，乃旦反，注同。

【疏】注「**言歸自京師者**」至「**致公同文**」 解云：與上十三年「公自京師」相似。〔三九〕

注「**執歸書者**」至「**起其功也**」 解云：〔四〇〕正以僖十九年，「宋人執滕子嬰齊」，二十一年「執宋公」之屬，皆不書其歸也。若然，僖二十八年春，晉侯「執曹伯，以畀宋人」，〔四一〕冬，「晉人執衛侯歸之于京師」，「曹伯襄復歸于曹」，三十年秋，「衛侯鄭復歸于衛」，皆是被執而書之者，曹伯之下注云「執歸不書。書者，名惡當見」，衛侯之下注云「執歸不書。主書者，名惡當見」是也。「前此者晉人來乞師，〔四二〕而不與」者，即上十六年夏六月，「晉侯使欒黶來乞師」，「晉侯及楚子、鄭伯戰于鄢陵，楚子、鄭師敗績」，於戰之經不見魯師，則知不與矣。

九月，晉人執季孫行父，舍之于招丘。「執」未有言「舍之」者，〔四三〕此其言「舍之」何？仁之也，〔四四〕曰，在招丘悕矣。「悕」，悲也。「仁之」者，若曰在招丘可悲矣，閔録之辭。○招丘，章遥反，又上饒反，二傳作「苕丘」。悕，音希，悲也。「執」未有言「仁之」者，此其言「仁之」何？〔四五〕代公執也。其代公執奈何？前此者，晉人來乞師而不與。不書者，不與無惡。

【疏】注「**不書者不與無惡**」 解云：若其書之，宜言「晉侯使欒黶來乞師，公不許之」。今無此經，故言「不與不書」

也。言「不與無惡」者，僖二十六年，「公子遂如楚乞師」之下，傳云「乞者何？卑辭也。曷爲以外內同若辭？重師也。曷爲重師？師出不正反，戰不正勝也」，何氏云「兵，凶器；戰，危事，不得已而用之爾。乃以假人，故重而不暇别外内也」者是，是其「不與無惡」之義。（四六）

公會晉侯，會沙隨也。將執公。季孫行父曰：「此臣之罪也。」於是執季孫行父。成公將會晉厲公，（四七）謂上「伐鄭」也。言謚者，（四八）别嬰齊所請也。明言「公會晉侯」者，嬰齊所請事也，故下與嬰齊傳合同。○别，彼列反。

【疏】「於是執季孫行父」解云：此以上，道今年秋會于沙隨之時事。

注「謂上伐鄭」至「傳合同」解云：下十七年，「公孫嬰齊卒于貍軫」之下，傳云「前此者，嬰齊走之晉。公會晉侯，將執公。嬰齊爲公請，公許之，反爲大夫。歸，至于貍軫而卒」。然則，上言「公會晉侯將執公」者，乃是上經沙隨之事，故下與嬰齊傳文合。言「成公將會晉厲公」言謚者，欲别於嬰齊所請之事，明其是上伐鄭時也。案此傳沙隨之事，時行父亦請，而特言「嬰齊所請事」者，欲言行父再請，而嬰齊三請，俱在沙隨故也。

會不當期，將執公。季孫行父曰：「臣有罪，執其君；子有罪，執其父，此聽失之大者也。今此臣之罪也，舍臣之身而執臣之君，吾恐聽失之，爲宗廟羞也。」於是執季孫行父。善其過則稱己，美則稱君，累代公執，在危殆之地。故地言「舍」；而月之者，痛傷忠臣不得其所。爲代公執不稱「行人」者，在君側，非出使。○出使，所吏反。

【疏】「此聽失之大者也」 解云：言聽獄者失之大者矣。

注「故地言舍」至「得其所」 解云：言「故地言舍而月之」者，即經書「九月，晉人執季孫行父，舍之于招丘」是也。言月，則爲傷痛之文者，正以凡執例時故也，即僖四年夏，「齊人執陳袁濤塗」，五年「冬，晉人執虞公」之屬是也。

注「爲代公」至「非出使」 解云：正以文十四年冬，「齊人執單伯」之下，傳云「執者曷爲或稱行人，或不稱行人」？注云「此問諸侯相執大夫所稱例」。傳云「稱行人而執者，以其事執也」，注云「以其銜命奉國事執之」，(四九)晉人執我行人叔孫舍是也」。傳又云「不稱行人而執者，以己執也」，注云「己者，己大夫。自以大夫之罪執之。分別之者，罪惡當各歸其本」。以此言之，則知自爲己執者，乃不稱「行人」。今此行父爲代公執，而亦不稱「行人」者，正以其在君例，非出使故也。

冬，十月，乙亥，叔孫僑如出奔齊。

十有二月，乙丑，季孫行父及晉郤州盟于扈。行父執釋不致者，舉公至爲重。

【疏】注「行父執釋不致者舉公至爲重」 解云：正以昭十三年秋，「晉人執季孫隱如以歸」，十四年「春，隱如至自晉」；二十三年春，「晉人執我行人叔孫舍」，二十四年春，「叔孫舍至自晉」，皆書其「至」。今此不書「至」，故言「舉公至爲重」。

公至自會。

乙酉，刺公子偃。

【疏】「乙酉刺公子偃」　解云：即僖二十八年注云「内殺大夫例，有罪不日，無罪日」者，正謂此文是也。考諸舊本，此經之下悉皆無注，若有注者，衍字耳。

十有七年，春，衛北宮結率師侵鄭。

夏，公會尹子、單子、晉侯、齊侯、宋公、衛侯、曹伯、邾婁人伐鄭。

六月，乙酉，同盟于柯陵。○柯，古河反。

秋，公至自會。

齊高無咎出奔莒。

九月，辛丑，用郊。「用」者何？「用」者不宜用也。九月，非所用郊也。周之九月，夏之七月，天氣上升，地氣下降，又非郊時，故加「用之」。

【疏】「用者何」 解云：正以上下之郊，例不言「用」，此獨違例，故執不知問。

然則郊曷用？郊用正月上辛，魯郊博卜春三月，〔五〇〕言「正月」者，因見百王正所當用也。三王之郊，一用夏正。言「正月」者，春秋之制也。「正月」者，歲首；「上辛」猶始新，〔五一〕皆取其首先之意。日者，明用辛例，不郊則不日。○因見，賢徧反，下同。

【疏】注「魯郊博」至「所當用」 解云：僖三十一年傳云「魯郊，非禮也」，彼注云「以魯郊非禮，故卜爾。昔武王既没，成王幼少，周公居攝，行天子事，制禮作樂，致太平，有王功。周公薨，成王以王禮葬之，命魯使郊，以彰周公之德。非正，故卜。三卜吉則用之，不吉則免牲」者，是其魯郊博卜春三月之義也。而此傳止言「正月」者，因見其自今後百代之王，正所當用之月也。

注「三王之郊」至「制也」 解云：「三王之郊，一用夏正」者，易說文也。既用夏正，而此傳特言「用正月上辛」者，〔五二〕但春秋之制也。春秋因魯以制法，令自今以後之郊，皆用周之正月故也。

注「不郊則不日」 解云：即僖三十一年「夏，四月，四卜郊，不從，乃免牲，猶三望」；成七年「春，王正月，鼷鼠食郊牛角，改卜牛」，夏五月，「不郊，猶三望」之屬，〔五三〕是「不郊則不日」之文也。

或曰用，然後郊。 或曰「用」者，先有事，存后稷神名也。〔五四〕晉人將有事於河，必先有事於惡池，齊人將有事於泰山，必先有事於蜚林，魯人將有事於天，必先有事於泮宮。九月郊，尤悖禮，故言「用」，小大盡譏之。以不郊乃譏三望，知郊不得譏小也。又夕牲告牷后稷，當在日上，不得在日下。〔五五〕○惡，如字，又火吴反。池如字，又大河反。蜚，芳尾反，又音配。泮，音判，本又作「郊」。牷，音全。

【疏】**注「晉人將有事」至「於泮宮」** 解云：即禮器云「魯人將有事於上帝，必先有事於泮宮」，注云「上帝，周所郊祀之帝，謂蒼帝靈威仰也。魯以周公之故，得郊祀上帝，與周同。先有事于泮宮，告后稷也。告之者，將以配天，先仁也。泮宮，郊之學也。詩所謂『泮宮』也。字或爲『郊宮』」。「晉人將有事於河，必先有事於惡池」，鄭注云「惡當爲『呼』，聲之誤也。呼池、嘔夷，并州川」。「齊人將有事於泰山，必先有事於配林」，注云「配林，林名」是也。

注「以不郊」至「譏小也」 解云：即僖三十一年「夏，四月，四卜郊，不從，乃免牲，猶三望」，傳云「猶者何？〔五六〕通可以已也」。「譏不郊而望祭也」，何氏云「譏尊者不食而卑者獨食」也。

注「又夕牲告」至「在日下」 解云：言古禮郊之前日，午後，陳其牲物，告牲之牷于后稷，則知此經宜云「九月用辛丑郊」。

晉侯使荀罃來乞師。 ○罃，乙耕反。

冬，公會單子、晉侯、宋公、衛侯、曹伯、齊人、邾婁人伐鄭。

十有一月，公至自伐鄭。月者，方正下「壬申」，故月之。

【疏】注「月者方」至「月之」 解云：正以凡「致」例時，故此解之。言「正下壬申」者，欲正壬申爲十月之日，是以不得不言「十一月」以表之。〔五七〕

壬申，公孫嬰齊卒于貍軫。非此月日也，曷爲以此月日卒之？據下「丁巳朔」，知「壬申」在十月。○貍，力之反。軫，之忍反。左氏作「脤」，穀梁作「蜃」。

【疏】「卒于貍軫」者 解云：正本作「貍辰」字。

注「據下丁巳」至「十月」 解云：即下「十有二月，丁巳，朔，日有食之」是也。十二月「丁巳，朔」，逆而推之，則丁亥爲十一月朔日，又逆而推之，即丁卯爲十月十一日矣。即從丁卯數之，戊辰、己巳、庚午、辛未、壬申，然則壬申乃爲十月十六日，故云「據下丁巳朔，知壬申在十月」矣。

待君命然後卒大夫。曷爲待君命然後卒大夫？據昭公出奔卒叔孫舍。

【疏】注「據昭公」至「孫舍」 解云：即昭二十五年「九月，己亥，公孫于齊」，「冬，十月，戊辰，叔孫舍卒」，三十二年，冬，十二月，「公薨于乾侯」是也。

前此者，嬰齊走之晉。不書者，以爲公請，除出奔之罪也。○爲，于僞反，下文「爲公」同。

【疏】注「不書者」至「之罪也」　解云：其請公者，謂上沙隨時也。

公會晉侯，將執公，嬰齊爲公請，公許之反爲大夫。歸，至于貍軫而卒。十月壬申日。「貍軫」，魯地。無君命不敢卒大夫。國人未被君命，不敢使從大夫禮。公至，十一月至是也。

【疏】注「十一月至是也」（五八）　解云：「十有一月，公至自伐鄭」是也。若以上傳言之，則嬰齊之請，魯侯許之，皆是沙隨時也。若在沙隨會時，即在伐鄭之上，何故待公伐鄭之還乃始卒之？正以成公許之，實在沙隨，但嬰齊未還，公又伐鄭，伐鄭未歸，嬰齊已卒，國人不聞公命，未敢卒之，亦何傷？

曰「吾固許之反爲大夫」。許反爲大夫，即受命矣。然後卒之。善其不敢自專，故引其死日下就公至月卒之，起其事，所以激當世之驕臣。○激，古狄反。

十有二月，丁巳，朔，日有食之。

邾婁子貜且卒。○貜且，俱縛反，下子餘反。

晉殺其大夫郤錡、郤州、郤至。

楚人滅舒庸。「舒庸」，東夷；道吴圍巢。

【疏】注「舒庸東夷道吴圍巢」解云：出左氏。考諸舊本，亦有無此注者。

十有八年，春，王正月，晉殺其大夫胥童。

庚申，晉弑其君州蒲。日者，二月庚申日。上繫於「正月」者，起正月見幽，二月庚申日死也。厲公猥殺四大夫，臣下人人恐見及，以致此禍，故日，起其事，深爲有國者戒也。

【疏】注「日者」至「申日」解云：正以文十八年冬，「莒弑其君庶其」，傳云「稱國以弑者，衆弑君之辭」，注云「一人弑君，國中人人盡喜，故舉國以明失衆，當坐絶也。例皆時者，略之也」。然則，稱國以弑者，例書時，而此書日，故解之。而昭二十七年「夏，四月，吴弑其君僚」，何氏云「月者，非失衆見弑，故不略」是也。云云之説，在彼。知庚申二月日者，亦以上十二月丁巳朔言之也。去年十二月丁巳朔，則知今年二月丙辰朔也。何者？以長曆推之，今年正月小故也。二月丙辰朔數之，丁巳、戊午、己未、庚申，則庚申爲二月五日矣。正月之中，寧得有之乎？

故知庚申二月日也。

注「上繫于正月」至「日死也」 解云：春秋説云「厲公猥殺四大夫，臣下人人恐見及，正月幽之，二月而死」是也。

注「厲公猥殺四大夫」者 解云：即去年殺三郤，是歲殺胥童是也。

齊殺其大夫國佐。

公如晉。

夏，楚子、鄭伯伐宋。

宋魚石復入于彭城。不書叛者，楚爲魚石伐宋，〔五九〕取彭城以封之。本受于楚，非得于宋，故舉「伐」於上，起其意也。楚以封魚石復本繫于「宋」。言「復入」者，不與楚專封，故從犯君録之。主書者，起其專封。〔六〇〕○復入，扶又反，注同。爲，于僞反，下「爲宋」同。

【疏】**注「不書叛者」至「其意也」** 解云：如此注者，欲決昭二十一年，「宋華亥、向甯、華定自陳入于宋南里以畔」之文故也。

注「楚以」至「君録之」 解云：桓十五年傳云「復入者，出無惡，入有惡」。故言「從犯君録之」。何者？魚石出時直爲與山有親，更無實罪，故曰「出無惡」也。今犯君而入，故爲入惡，從犯君録之。

注「主書者」至「專封」 解云：言楚子伐宋下即言「魚石復入于彭城」，是起其專封之義。必起其專封者，正欲責之故也。

公至自晉。

晉侯使士匄來聘。○匄，古害反。

秋，杞伯來朝。

八月，邾婁子來朝。

築鹿囿。何以書？譏。何譏爾？有囿矣，又爲也。刺奢泰妨民。天子囿方百里，公侯十里，伯七里，子男五里，皆取一也。○鹿囿，音又。

【疏】注「天子囿」至「取一也」 解云：孟子文，〔六一〕司馬法亦云也。

己丑，公薨于路寢。

冬，楚人、鄭人侵宋。

晉侯使士彭來乞師。○士彭，二傳作「士魴」，襄十二年同。

十有二月，仲孫蔑會晉侯、宋公、衛侯、邾婁子、齊崔杼同盟于虚朾。不日者，時欲行義，爲宋誅魚石，故善而爲信辭。或喪盟略。○杼，直吕反。虚朾，起魚反，下勑丁反。

丁未，葬我君成公。

校勘記

〔一〕反復相疑　「復」字原無。阮校：閩、監、毛本同。本或「反」下有「復」字。今按，單抄本「反」下有「復」字。據補。

〔二〕自其私土而出也　阮校：穀梁傳疏引作「私土謂國也」，非是。今按，何注云「私土者，謂其國也」，是穀梁傳疏所本。

〔三〕何言小國者　浦鏜云：疑「小國」二字當重。

〔四〕不言自王所　「不」字原無。殿本考證：「言」上脱「不」字。今按，單抄本有「不」字。據補。

〔五〕復生事脩朝禮而後行　殿本考證：據疏「復」字衍。

〔六〕注生事脩朝禮而後行者　「後」字原無。阮校：閩、監、毛本「而」下有「後」字，「者」改「〇」。今按，單抄本「而」下有「後」字，與注同。據補。

〔七〕注間無事復出至鑿行　「事」字原無。阮校：據注「無」下脱「事」字。今按，諸本與單抄本有「事」字。據補。

〔八〕明當先自詳正　諸本同，今隱二年何注下無「詳」字。

〔九〕然則嬰齊孰後後歸父也　下「後」字原無。阮校：唐石經、鄂本重「後」字，此脱。今按，撫州本、余本重「後」字。據補。

〔一〇〕解云知如此者　單抄本無「如」字，疑衍。

〔一一〕是以彭生遠而言之　汪文臺識語：「遠」當作「連」。

〔一二〕以婦人從適四方　浦鏜云：曲禮無「從」字。

〔一三〕勞苦辭謝之　「苦」原作「若」。按單抄本、閩本「苦」誤作「若」，毛本已改作「苦」。今據改。

〔一四〕殺子音試　「試」原作「弑」。按宋本、撫州本音義「弑」作「試」，余本誤作「弑」。據改。

〔一五〕驪姬者國色也　「驪姬」上原有「傳云」二字。浦鏜云：「驪姬」上「傳云」二字衍。阮校：何煌云，「何賢乎荀息」下當有「奚齊卓子者驪姬之子也荀息傳焉」十四字，「傳云」二字衍。據删。

〔一六〕不畏惠伯衛若　今按，「若」疑爲「君」字之誤。上文言惠伯傅子赤，公子遂欲弒子赤，而公子遂無畏惠伯之衛君，是以異于孔父之衛其君殤公。若、君形近而訛。

〔一七〕臧宣叔者相也　「叔」原作「公」。殿本考證：「公」當作「叔」。阮校：鄂本作「叔」，宣十八年疏引此傳同，當據正。今按，撫州本、余本皆作「叔」。據改。

〔一八〕諸大夫皆雜然曰仲氏也　阮校：宣十八年疏引作「雜言曰」。又鄂本「氏」誤「如」。汪文臺識語：宣八年疏引作「然」，宣十八年疏誤耳。

〔一九〕宋世子成　阮校：唐石經、閩、監、毛本「成」作「戍」。

〔二〇〕晉侯執曹伯歸之于京師　浦鏜云：僖二十八年注引此經無「之」字，二傳亦無，此衍。今按，撫州本、余本皆有「之」字。

〔二一〕宋華元出奔晉　阮校：鄂本「奔」作「犇」。

〔二二〕注不省文至文大之也　「也」原作「言」。阮校：閩、監、毛本「言」作「也」，「言」字當誤衍，注中當本無「也」字。據改「言」爲「也」。

〔二三〕曰狐射姑民衆不説　浦鏜云：傳無「狐」字。

〔二四〕注據楚不殊解云　「云」字原無。阮校：閩、監、毛本「殊」下有「解云」二字，此脱。今按，此本脱「云」字，據補。

〔二五〕諸夏外土諸侯　「土」原作「七」。浦鏜云：「七」當作「土」。阮校：鄂本、毛本作「土」不誤。今按，撫州本、余本作「土」。據改。

〔二六〕總下土言之辭也　「土」原作「上」。阮校：鄂本「下上」作「下土」，當據正。今按，撫州本、余本

〔二七〕春秋内其國而外諸夏　「夏」字原無。閩、監、毛本、單抄本有「夏」字，據補。

〔二八〕令之還師佚晉寇之屬　「佚」原作「迭」。閩、監、毛本「迭」作「佚」，單抄本作「迭」。「迭」當作「佚」。據改。

〔二九〕解云即隱元年傳云　「隱」字原無。浦鏜云：「元」上脱「隱」字。今按，單抄本有「隱」字。據補。

〔三〇〕莫不一一繫於正月　「一」字原不重。阮校：何校本重「一」字。今按，單抄本重「一」字。據補。

〔三一〕海内如一　「一」原作「此」。阮校：「此」當作「一」，從閩、監、毛本校。今按，單抄本作「一」。據改。

〔三二〕注子帥以正孰敢不正是也解云　單抄本「以」作「而」，「也」下有「者」字，無下「解云」二字。

〔三三〕少詩召反　此四字原脱，據諸本音義補。

〔三四〕滕始卒於宣公　撫州本「滕」下有「子」字，余本無。據疏，有者衍。

〔三五〕即此經云　「經」原作「注」。浦鏜云：「經」誤「注」。今按，單抄本作「經」。據改。

〔三六〕直是行進而得書卒書日　「進」字原無。殿本考證：「行」下脱「進」字。今按，單抄本有「進」字。據補。

〔三七〕欲言日冥又不言書　「又」原作「文」。浦鏜云：「又」誤「文」。今按，閩本不誤。據改。

〔三八〕正猶公子喜時之力　浦鏜云：「猶」當「由」字誤。

〔三九〕公自京師相似　「公」下原有「至」字，十三年疏云有「至」字者衍文。據删。

〔四〇〕注執歸書者至起其功也解云　「云」字原無。據諸本補。

〔四一〕以畀宋人　「畀」下原有「介」字。殿本考證：「畀」下「介」字衍文。浦鏜云：「以」、「介」二字衍。今按，單抄本無「介」字。據删。

〔四二〕前此者晉人來乞師　阮校：閩、監、毛本移此疏至「執未有言仁之者」節注下。

〔四三〕執未有言舍之者　「有」原作「可」。毛本、撫州本、余本「可」作「有」，閩本誤與此同。據改。

〔四四〕仁之也　浦鏜云：鄭禮表記注引此「仁之也」作「人也」，疏云「欲人愛此行父」。

〔四五〕此其言仁之何　「仁」原作「人」。阮校：作「人之」與表記合。又按，此誤字而有合于古者也。公羊本三云「人之」，後來皆改作「仁之」，則此作「人之」爲誤字矣。今按，撫州本、余本「人之」作「仁之」。據改。

〔四六〕是是其不與無惡之義　「是」字原不重。單抄本重「是」字。據補。

〔四七〕成公將會晉厲公　「晉」字原無。浦鏜云：唐石經「會」下有「晉」字。阮校：唐石經有「晉」字。今按，撫州本、余本有「晉」字。據補。

〔四八〕謂上伐鄭也言謚者　「也」字原無。阮校：鄂本「鄭」下有「也」字。今按，撫州本、余本有「也」字。據補。

〔四九〕以其銜命奉國事執之　浦鏜云：「所銜」誤「銜命」。

〔五〇〕魯郊博卜春三月　浦鏜云：「轉」誤「博」。阮校：浦校非。博卜者，廣博卜三月也。

〔五一〕上辛猶始新　「猶」原作「尤」。阮校：鄂本「尤」作「猶」。今按，撫州本、余本作「猶」。據改。

〔五二〕用正月上辛者　「上」原作「卜」。閩本「上」誤作「卜」，毛本、單抄本不誤，據改。

〔五三〕乃免牲猶三望……不郊猶三望之屬　兩「猶」字原作「尤」。單抄本皆作「猶」。據改。

〔五四〕存后稷神名也　浦鏜云：「名」衍字。從通解續校。

〔五五〕不得在日下　「得」原作「當」，撫州本、余本作「得」。據改。

〔五六〕乃免牲猶三望傳云猶者何　兩「猶」原作「尤」，據單疏本改。

〔五七〕不言十一月以表之　「表」原作「來」。單抄本作「表」。據改。

〔五八〕注十一月至是也　單抄本「也」下有者字，無下「解云」二字，作「即上經云」四字。

〔五九〕楚爲魚石伐宋　「宋」字原無。阮校：鄂本「伐」下有「宋」字，此脱。今按，撫州本、余本有「宋」字。據補。

〔六〇〕主書者起其專封　「起」字原無。殿本考證：「其」上脱「起」字。浦鏜云：「其」上脱「責」字。阮校：鄂本「其」上有「起」，此脱。解云起趙其專封之義。今按，撫州本、余本「其」上有「起」字。據補。

〔六一〕解云孟子文　浦鏜云：今孟子無文。

監本附音春秋公羊傳注疏襄公卷第十九 起元年，盡十一年。

何休學

元年，春，王正月，公即位。

仲孫蔑會晉欒黶、宋華元、衛甯殖、曹人、莒人、邾婁人、滕人、薛人圍宋彭城。宋華元曷爲與諸侯圍宋彭城？據晉趙鞅以地正國，加叛文，今此無加叛文，故問之。○殖，市力反。

【疏】**注「據晉」至「問之」** 解云：即定十三年「秋，晉趙鞅入于晉陽以叛。冬，晉荀寅及士吉射入于朝歌以叛。晉趙鞅歸于晉」，傳云「此叛也，其言『歸』何」？注云「據叛與出入惡同」。「以地正國也」，又注云「軍以井田立數，故言『以地』」。傳又云「其以地正國奈何？晉趙鞅取晉陽之甲，以逐荀寅與士吉射。荀寅與士吉射者，曷爲者也？君側之惡人也。此逐君側之惡人，曷爲以叛言之？無君命也」，注云「無君命者，操兵鄉國，故初謂之叛；後知其意，〔二〕欲逐君側之惡人，故録其釋兵，書『歸』赦之。君子誅意不誅事」。今華元與諸侯操兵鄉國而不加叛文，故難之。云「宋華元曷爲與諸侯圍宋彭城」，而不加叛文，與趙鞅異乎？然則趙鞅以采地之兵，逐君側之惡人，以正其國，其意實善，而春秋必加叛文者，正以人臣之義，本無自專之道，若其許之，恐惡逆之臣，外託與義之兵，内有覬覦之意，是以雖爲善，不得與之。

爲宋誅也。故華元無惡文。○爲宋，于僞反，下「爲宋」、「楚爲」并注同。

【疏】注「故華元無惡文」　解云：雖云操兵鄉國，但禀宋公之命，與諸侯之師逐去叛人，以衛社稷，春秋善之，故無惡文也。

其爲宋誅奈何？魚石走之楚，楚爲之伐宋，取彭城以封魚石。魚石之罪奈何？以入是爲罪也。説在成十八年。書者善諸侯爲宋誅。雖不能誅，猶有屈彊臣之功。〔二〕

【疏】「魚石走之楚」〔三〕　解云：即成十五年「宋魚石出奔楚」是也。

「楚爲」至「魚石」　解云：即成十八年「夏，楚子、鄭伯伐宋，宋魚石復入于彭城」是也。

「以入是爲罪也」　解云：言魚石於成十五年初出之時，直是與山有親，恐見及，〔四〕是以辟而去，非其大罪也。至成十八年，外託鄭、楚之兵，以伐取君邑，遂居彭城，與君相拒，失人臣之義，非順行之道，故曰「以入是爲罪也」。

注「説在成十八年」　解云：即謂成十八年經具説「楚子、鄭伯伐宋，宋魚石復入于彭城」之事。言上舉楚鄭伐宋，下即言魚石復入，復入者，出無惡之文，明其出奔楚時，非其罪也；但倚託楚、鄭伐取彭城爲大惡，故此傳云「以入是爲罪矣」，非謂成十八年更有解注。

注「書者」至「之助」　解云：傳云「爲宋誅」，而知不能誅者，正以助其君討叛臣，義之高者。若能誅之，理應在見，似若昭四年經書「執慶封殺之」，今但言「圍」而無「殺」文，故知不能誅，雖不能誅，尤有屈魚石之功，是以春秋書之，善其爲宋誅矣。

楚已取之矣，曷爲繫之「宋」？據「莒人伐杞取牟婁」，后「莒牟夷以牟婁來奔」，〔五〕不繫「杞」。

【疏】注「據莒人」至「繫杞」〔六〕 解云：「莒人伐杞取牟婁」，在隱四年春。其后來奔者，即昭五年「夏，莒牟夷以牟婁及防、茲來奔」是也。

不與諸侯專封也。故奪繫于「宋」，〔七〕使若宋邑者。楚救不書者，從封内兵也。

【疏】注「故奪」至「邑者」 解云：案僖二年「春，王正月，城楚丘」，傳云「不與諸侯專封也」。然則，不與諸侯專封，取事一也。所以或繫於「宋」，或不繫於「衛」者，彼以衛國已滅，故無所繫。不言「桓公城之」者，不與諸侯專封故也。今此魚石受楚之封，入邑而叛，是以奪而繫國，以示不成。然則，不與之言雖同，其不與之理實異，是以齊侯封衛，春秋實與，楚封魚石，繫宋以抑之。云云之説，在僖二年。

注「楚救」至「兵也」 解云：經傳無文而知楚救者，正以楚人去年封之故也。楚人是時并兵于魚石，魚石之叛抑而不成。今華元討之，即是宋國封内之兵也。封内之兵，例所不録，是以楚救魚石不得書之。知封内之兵例所不録者，正以定公八年傳云「公斂處父帥師而至」，經不書之是也。若然，哀三年「衛石曼姑帥師圍戚」，亦是封内之兵，而得書者，彼以國夏爲伯討，是以得書，故彼傳云「齊國夏曷爲與衛石曼姑帥師圍戚？〔八〕伯討也」。然則，春秋不與蒯聵之直，故令國夏得討之。國夏得討之，則非封内之兵也。今此魚石不成叛，是以與彼異也。

夏，晉韓屈帥師伐鄭。

仲孫蔑會齊崔杼、曹人、邾婁人、杞人次于合。刺欲救宋而后不能也。知不救鄭者，時鄭背中國，不能救，不得刺。○于合，二傳作「鄫」。背，音佩。

【疏】「夏晉韓屈」（九）解云：左傳、穀梁「屈」作「厥」字也。「次于合」者，左氏「合」作「鄫」字也。

注「刺欲」至「得刺」 解云：知如此者，正以莊三年「冬，公次于郎」，傳云「其言『次于郎』何？刺欲救紀而后不能也」。今此下文即有楚人侵宋，言「次于合」，魯人在其間，故知與彼宜同例，亦是初欲救宋而後不能，是以春秋書其止次譏之。

秋，楚公子壬夫帥師侵宋。

九月，辛酉，天王崩。

邾婁子來朝。

冬，衛侯使公孫剽來聘。○剽，匹妙反。

晉侯使荀罃來聘。

【疏】「九月辛酉」至「來聘」　解云：諸侯爲天子身服斬衰三年，是以曾子問云「『諸侯相見，揖讓而入門，〔一〇〕不得終禮，廢者幾』？孔子曰『六』。請問之。曰『天子崩、大廟火、日食、后夫人之喪、雨霑服失容，則廢。』」然則天王九月崩，而四國得行朝聘禮者，杜氏云「辛酉，九月十五」，「冬者，十月初也。天王崩，赴未至，皆未聞喪，故各得行朝聘之禮」是也。若然，則四國行朝聘之時，王之赴告未至於魯，經書「天王崩」，得在朝聘之上者，公羊之義據百二十國寶書，案而爲經，雖四國未知，何妨先書乎？

二年，春，王正月，葬簡王。

【疏】「二年」至「簡王」　解云：隱三年傳云「天子記崩不記葬，必其時也」。而此書者，即文公九年傳云「不及時書，過時書，我有往者則書」，彼注云「謂使大夫往也，惡文公不自往，故書葬，以起大夫會之」。然則，簡王去年九月崩，至今年正月，但始五月矣，所謂「不及時」，是以書之。

鄭師伐宋。

夏，五月，庚寅，夫人姜氏薨。

六月，庚辰，鄭伯睔卒。不書「葬」者，諱伐喪。○睔，古困反。〔一二〕

【疏】注「不書」至「伐喪」 解云：春秋之内，諸侯之卒不書其「葬」非止一義而已。或諱背殯用兵，或譏其篡，或刺不討賊，枉殺大夫。案此鄭伯，襄公之子，繼體爲君，復非篡立，從成十五年即位以來，未有罪惡之事，明其不書「葬」者，不爲上事明也。而下文云「冬，仲孫蔑會晉荀罃」以下云云「于戚，遂城虎牢」，傳云「虎牢者何？鄭之邑也。其言城之何？取之也。取之則曷爲不言取之？爲中國諱也。曷爲爲中國諱？諱伐喪也」。然則，既不爲上事，下即有「諱伐喪」之文，則知不書「葬」者，正爲諸侯諱其伐喪故也。

晉師、宋師、衛甯殖侵鄭。

秋，七月，仲孫蔑會晉荀罃、宋華元、衛孫林父、曹人、邾婁人于戚。

己丑，葬我小君齊姜。「齊姜」者何？齊姜與繆姜，則未知其爲宣夫人與？成夫人與？「齊姜」者，宣公夫人。九年「繆姜」者，成公夫人也。傳家依違者，襄公服繆姜喪未踰年，親自伐鄭，有惡，故傳從内義，不正言也。〇繆，音穆。人與，音餘。下同。〔一二〕

【疏】「齊姜者何」 解云：欲言成母，謚不言宣；欲言成妻，與成謚别，故執不知問。

注「齊姜」至「正言也」 解云：左氏以齊姜，成公夫人；繆姜，宣公夫人；而何氏不然者，正以齊姜先薨，多是姑；繆姜後卒，理宜爲婦，實無文，據以順言之也。且九年襄公伐鄭，不書其至，若非親母，不應貶之至此矣。言「襄公服繆姜喪未踰年親自伐鄭」者，即襄九年「五月，辛酉，夫人姜氏薨」。「秋，八月，癸未，葬我小君繆姜」。「冬，公會晉侯」以下「伐鄭」是也。然則，襄公母死未期，已爲兵首，無恩之甚，是故爲諱。若爲祖，差輕可言，是以彼注云「不致者，惡公服繆姜喪未踰年，親自伐鄭，故奪臣子辭」是也。舊云「傳言惡襄公喪服用師，故以祖爲親母，所以甚責内，是以何氏順傳文也」者，非也。公羊之義，口授相傳，五世以後，方著竹帛，是以傳家數云「無聞焉爾」。以此言之，容或未察止作，公羊氏實不分明。何以不得而要知傳序經意依違之者，正以文與桓公九年曹世子射姑同故也。案桓公九年「冬，曹伯使其世子射姑來朝」，傳云「諸侯來曰朝，此世子也，其言朝何？春秋有譏父老，子代從政者，則未知其在齊與，在曹與」？注云「在齊者，世子光也。時曹伯年老有疾，使世子行聘禮，恐卑，故使自代朝，雖非禮，有尊厚魯之心，傳見下卒葬詳録，故叙經意，依違之也」。然則，彼刺曹世子而傳序經意不正言之，今此文正與彼同，故知亦依違言之。

叔孫豹如宋。

冬，仲孫蔑會晉荀罃、齊崔杼、宋華元、衛孫林父、曹人、邾婁人、滕人、薛人、小邾婁人于戚，遂城虎牢。「虎牢」者何？鄭之邑也。以下「戍」繫「鄭」。

【疏】「虎牢者何」解云：欲言鄭邑，今不繫「鄭」，欲言他邑，有「城虎牢」之文，故執不知問。

注「以下戍繫鄭」者解云：即下十年冬，「戍鄭虎牢」是。

其言「城之」何？據外城邑不書。

【疏】注「據外」至「不書」解云：正以春秋上下，無外城邑之經故也。而何氏兼邑言之者，正以外城國都亦有書者，是以不得直言。據外城國都其書之者，即「城邢」、「城楚丘」、「城緣陵」、「城成周」之屬是也。其外城國都，雖非常例，要自數數有經，是以何氏據邑言之。

取之也。取之則曷爲不言「取之」？據「取牟婁」。

【疏】注「據取牟婁」〔一三〕解云：即隱四年二月，「莒人伐杞，取牟婁」是也。

爲中國諱也。曷爲爲中國諱？據「莒伐杞取牟婁」不爲中國諱。〔一四〕○爲中，于僞反，下及注，并下文「鄭爲」皆同。諱伐喪也。

曷爲不繫乎「鄭」？爲中國諱也。大夫無遂事，此其言「遂」何？歸惡乎大夫也。使若大夫自生事取之者，即實遂，但當言「取之」。

楚殺其大夫公子申。

【疏】注「諱伐喪也」解云：考諸古本，皆無此注，且與下傳文煩重，若有注者，是衍字也。

「曷爲爲中國諱」解云：正據莒人取牟婁，不爲中國諱矣。而何氏不注之者，以上文已據取牟婁，是以不能重出。「曷爲不繫乎鄭」者，正據下十年冬，戍之時繫鄭也。「爲中國諱也」者，若繫于鄭，還有伐喪之義，故云「爲中國諱」也。〔一五〕

注「即實」至「取之」解云：若實大夫自生事，即非諸侯使之取，是以不勞爲諸侯諱，依實書之亦無傷。故言「即實遂但當言『取之』」。

三年，春，楚公子嬰齊帥師伐吳。

公如晉。

夏，四月，壬戌，公及晉侯盟于長樗。〔一六〕○樗，勑居反。公至自晉。〔一七〕「盟」地者，不于都也。

以「晉」致者，上「盟」不于都，嫌如「晉」不得入，故以「晉」致起之。不别「盟」得意者，成公比失意于晉，（一八）公獨得容盟，得意亦可知。○别，彼列反。

【疏】注「盟地」至「可知」　解云：文三年「冬，公如晉。十有二月，己巳，公及晉侯盟」，彼不舉地者，以其在國都故也。今此舉長樗，故言「不于都」矣。云「以晉」至「起之」者，昭二十八年春王三月，「公如晉，次于乾侯」，二十九年「春，公至自乾侯，居于運」，何氏云「不致以晉者，不見容于晉，未至晉」。然此經上言「盟于長樗」，今若又言「至自長樗」，即嫌以次于乾侯然，亦不得入晉都，故以晉致，起其文也。云「不别」至「可知」者，公與二國以上出會盟，得意致會，不得意不致；公與一國出會盟，得意致地，不得意不致。然則，此襄公得與晉侯盟，宜直致地，不致地者，以其可知也。言「成公比失意於晉」者，即成公十六年「秋，公會晉侯」以下「于沙隨，不見公」，傳云「前此者，晉人來乞師而不與，公會晉侯，將執公。季孫行父曰『此臣之罪也』。於是執季孫行父」。經又云「公會尹子、晉侯」以下「伐鄭」，傳云「成公將會晉厲公，會不當期，將執公，季孫行父曰『臣有罪，執其君，子有罪，執其父，此聽失之大者也。今此臣之罪也，舍臣之身而執臣之君，吾恐聽失之爲宗廟羞也』。於是執季孫行父」是也。

六月，公會單子、晉侯、宋公、衛侯、鄭伯、莒子、邾婁子、齊世子光。己未，同盟于雞澤。「盟」下日者，信在世子光也。

【疏】注「盟下」至「光也」　解云：言信任在於世子光，若如盟日定否，世子光制之然。是以下日以近之，猶如文十四年注云（一九）「盟下日者，刺諸侯微弱，信在趙盾」之類。何氏何以數言「信在」？正以下十六年傳云「諸侯皆在是，其言『大夫盟』何？信在大夫也」。舊解云「齊光亢諸侯之禮，晉侯貴致大國，衆人畏之，故却日以待之」，非也。

陳侯使袁僑如會。其言「如會」何？據曹伯襄言「會諸侯」，鄫子言「會盟」。○僑，其驕反。

【疏】注「據曹伯襄言會諸侯」者，〔二〇〕即僖二十八年冬，「曹伯襄復歸于曹，遂會諸侯圍許」是也。云「鄫子言會盟」者，即僖十九年，「鄫子會盟于邾婁」是也。

後會也。不直言「會盟」者，時諸侯不親與袁僑盟，又下方殊「及之」。

【疏】**注「不直」至「及之」** 解云：若其諸侯親與之盟，宜云「公會單子、晉侯以下盟于雞澤，陳侯使袁僑來會盟」。正由諸侯不親與之盟，故止得言「如會」矣。云「又下方殊及之」者，即下云「及諸侯之大夫及陳袁僑盟」是也。言下方殊文道「及陳袁僑盟」，是以此處未勞道會盟。

戊寅，叔孫豹及諸侯之大夫及陳袁僑盟。曷爲殊「及陳袁僑」？陳、鄭，楚之與國。陳侯有慕中國之心，有疾，使大夫會，諸侯欲附疏，不復備責，遂與之盟，共結和親。故殊之，據俱諸侯之大夫也。言「之大夫」者，辟諸侯與大夫皆盟。〔二一〕**爲其與袁僑盟也。**起主爲與袁僑盟也。〔二二〕復出「陳」者，喜得陳國也。不重出地，有諸侯在，臣繫君，故因上地。○爲其，于僞反，注同。不復，扶又反，下同。重，直用反。

【疏】注「陳鄭」至「國也」　解云：即宣十一年「夏，楚子、陳侯、鄭伯盟于辰陵」是也。知「有慕中國之心」者，正謂使大夫如會是也。且僖八年「鄭伯乞盟」之下，注云「明鄭伯欲與楚，不肯自來盟，處其國，遣使挹取其血，而請與之約束，無汲汲慕中國之心，故抑之，使若叩頭乞盟者也。不録使者，方抑鄭伯，使若自來也」。然則，鄭伯無慕中國之心，抑言「乞盟」，又不録其使，則今不言「乞盟」，又録其使，則有慕中國之心明矣。又知「有疾」者，非直以其不自來，又見下四年三月，「陳侯午卒」矣。云「復出陳者喜得陳國也」者，欲決成二年，「及國佐盟于袁婁」之經，彼不重言「齊」，今重言「陳」者，喜得陳國故也。孔子曰「書之重，辭之復，嗚呼！不可不察，其中必有美者焉」。是以僖四年傳云「曷爲再言盟？喜服楚也」。故此注云「復出陳者，喜得陳也」。春秋意必如此者，正以楚人強盛，諸夏微弱，陳侯背楚，故喜得之，所以奪夷狄之勢，益諸夏之榮也。

注「不重出地」　解云：正決襄二十七年「夏，叔孫豹會晉趙武、楚屈建」以下「于宋」，「秋，七月，辛巳，豹及諸侯之大夫盟于宋」。彼所以再出地者，正以上無君故也，今諸侯在，臣繫於君，故因上地矣。下十六年春，「公會晉侯」以下「于溴梁」，「戊寅，大夫盟」之下不重出地者，亦以爲諸侯在，臣繫于君，得因上地，故彼注云「不重出地者，與三年雞澤大夫盟同義」是也。

秋，公至自會。

冬，晉荀罃帥師伐許。

四年，春，王三月，己酉，陳侯午卒。

夏，叔孫豹如晉。

秋，七月，戊子，夫人弋氏薨。○弋氏，以職反，莒女也。左氏作「姒氏」。

【疏】「四年」至「夫人弋氏薨」 解云：左氏經作「姒氏」，字聲勢與此同。

「定弋者何」〔二三〕 解云：欲言君母，謚不言「成」；欲言是妾，「卒、葬」並見，故執不知問。

葬陳成公。

八月，辛亥，葬我小君定弋。「定弋」者何？襄公之母也。「定弋」，莒女也。襄公者，成公之妾子。○「定弋」，左氏作「定姒」。

【疏】注「定弋」至「妾子」 解云：正以鄫世子巫者，莒之外孫，下五年，傳意以爲與襄公爲舅出，故知弋氏爲莒女也。

冬，公如晉。

陳人圍頓。

五年，春，公至自晉。

夏，鄭伯使公子發來聘。

叔孫豹、鄫世子巫如晉。外相如不書，此何以書？據「晉郤克與臧孫許同時而聘于齊」，〔二四〕不書。○巫，亡扶反。〔二五〕

【疏】注「據晉」至「不書」 解云：成二年傳云云者是也。然則，臧孫許不書者，自是恥之故也。而郤克聘齊不書之者，是外相如例不書故也，是以據之。若然，桓五年「夏，齊侯、鄭伯如紀」，傳云「外相如不書，此何以書」，何氏云「據蔡侯東國卒于楚，不言『如』也」。何氏彼據蔡侯，此據郤克者，欲逐其相類故也。何者？彼齊侯、鄭伯是君，且事不干魯，故據蔡侯卒于楚不言「如」矣。此鄫世子巫事非君，〔二六〕且叔孫豹率之，故據晉大夫與臧孫許俱行者，所引譬連類，得其象也。且其齊、鄭如紀、州公如曹，皆得書者，彼文悉有成解。

爲叔孫豹率而與之俱也。以不殊「鄫世子」俱言「如」也。○爲，于僞反。

【疏】注「以不」至「如也」 解云：正以不言「及鄫世子」，與叔孫共作一文，故知叔孫率之矣。

叔孫豹則曷爲率而與之俱？據非内大夫。蓋舅出也。「巫」者，鄫前夫人、襄公母姊妹之子也。俱莒外孫，故曰「舅出」。

【疏】「蓋舅出也」者〔二七〕 解云：謂巫是襄公舅氏之所出，姊妹之子謂之出也。言「蓋」者，公羊子不受于師，故疑。若下傳「蓋欲立其出也」之類。或言此「蓋」宜訓爲「皆」，若隱三年傳云，「蓋通于下」，○〔二八〕「蓋云歸哉」之類，言襄公與巫皆是一舅姊妹之子也。

莒將滅之，故相與往殆乎晉也。「殆」，疑。疑讞于晉，〔二九〕齊人語。○疑讞，魚竭反。莒將滅之則曷爲相與往殆乎晉？據當以兵救之。取後乎莒也。其取後乎莒奈何？莒女有爲鄫夫人者，蓋欲立其出也。時莒女嫁爲鄫後夫人，夫人無男有女，還嫁之于莒，有外孫。鄫子愛後夫人而無子，欲立其外孫，主書者善之。〔三〇〕得爲善者，雖揚父之惡，救國之滅者可也。

仲孫蔑、衛孫林父會吴于善稻。不殊「衛」者，晉侯欲會吴于戚，使魯、衛先通好。見使卑，〔三一〕故不殊，蓋起所恥。○善稻，左氏作「善道」。好，呼報反。

【疏】注「書者善之」　解云：六年秋，「莒人滅鄫」。然則，不能救滅而得善之者，雖不能救，有言之功故也。

秋，大雩。先是襄公數用兵，圍彭城，城虎牢，三年再會，四年如晉，踰年乃反。又賦斂重，恩澤不施之所致。〔三三〕○數，所角反。斂，力驗反。

【疏】注「先是」至「所致」　解云：圍彭城在元年春，即經云「仲孫蔑會晉欒黶」以下「圍彭城」是也。其「城虎牢」者，在上二年，冬，「遂城虎牢」是也。云「三年再會」者，蓋謂三年「六月，〔三三〕公會單子、晉侯」以下「同盟于雞澤」，下云「戊寅，叔孫豹及諸侯之大夫及陳袁僑盟」是也。雖是一出行，頻有二事，停車費重而致旱，緣是之故，得作然解。云「四年如晉，踰年乃反」者，即上四年，「冬，公如晉」，五年「春，公至自晉」是也。其元年夏，「仲孫蔑會齊崔杼」以下「次于合」，二年秋，「叔孫豹如宋」，「冬，仲孫蔑會晉荀罃」以下「于戚」，於此諸事，豈不爲費？而注不言之者，正以元年舉圍彭城，二年舉「城虎牢」，三年舉再會，四年舉「如晉」，年舉一事，惣而言之，見其致旱之由而已。其餘不足舉者，文略不悉耳。其三年再會並舉之者，以其皆會事，可以一言而盡故也。

楚殺其大夫公子壬夫。

公會晉侯、宋公、陳侯、衛侯、鄭伯、曹伯、莒子、邾婁子、滕子、薛伯、齊世子光、吳人、鄫人于戚。吳何以稱「人」？據上善稻之會不稱「人」。

【疏】「楚殺其大夫公子壬夫」解云：春秋之内，君殺大夫皆至「葬」時別有罪無罪。今吴、楚之君例不書「葬」，不作他文以别之者，蓋以略夷狄故也。〔三四〕

「吴、鄫人」云，則不辭。孔子曰「言不順，則事不成」。方以吴抑鄫，國列在稱「人」上，不以順辭，故進吴稱「人」。所以抑鄫者，經書「莒人滅鄫」，又與巫訴，〔三五〕巫當存，惡鄫文不見。見惡必以吴者，夷狄尚知父死子繼，故以甚鄫也。等不使鄫稱國者，鄫不如夷狄，故不得與夷狄同文。○惡鄫，烏路反。不見，賢徧反。

【疏】注「所以抑」至「不見」解云：經書言「莒人滅鄫」者，在下六年，秋。其經稱「人」，似貶黜之。云「又與巫訴」者，即上文「世子巫如晉」是也。許之訴，即合存之義。然則，上下二經皆非鄫咎，故曰「惡鄫文不見」也。

公至自會。

冬，戍陳。孰戍之？諸侯戍之。曷爲不言諸侯戍之？據下「救陳」言諸侯。

【疏】注「據下救陳言諸侯」解云：謂歷叙諸侯，即下文云「公會晉侯」以下「救陳」是也。

離至不可得而序，「離至」，離别前後至也。陳坐欲與中國，被强楚之害，中國宜雜然同心救之，乃解怠前後至，故不序，以刺中國之無信。○雜然，七合反，又如字，十年注同。解，古賣反。

【疏】注「陳坐」至「無信」解云：其「與中國」者，謂欲得與中國，即上三年「陳侯使袁僑如會」是也。其「被强

楚之害」者，正見諸侯戍之故也。〔三六〕

故言我也。「言我」者，以魯至時書。與魯微者同文。微者同文者，使若城楚丘，辟魯獨戍之。「戍」例時。

【疏】注「與魯微者同文」解云：以不載名氏及國，直言其事者，若莊公二十八年「冬，築微」之文。故云「與魯微者同文」矣。云「微者同文者，使若城楚丘辟魯獨戍之」者，城楚丘在僖二年，彼時亦直言「城楚丘」，作魯微者之文，魯之微者，焉能獨城乎？明其更有餘國，是以書月，見其非內城。今此戍陳之經，亦作魯微者之文，魯之微者，焉能獨戍乎？明其更有餘國矣。故曰「使若城楚丘，辟魯獨戍之」。云「戍例時」者，正以此文直書「冬」；十年，冬，「戍鄭虎牢」，故知例時也。

楚公子貞帥師伐陳。

公會晉侯、宋公、衛侯、鄭伯、曹伯、莒子、邾婁子、滕子、薛伯、齊世子光救陳。

十有二月，公至自救陳。

辛未，季孫行父卒。

【疏】十有二月公至自救陳　○賈氏云，月爲下「卒」起其義也。〔三七〕

六年，春，王三月，壬午，杞伯姑容卒。始「卒」，便名、日、書「葬」者，〔三八〕新黜，未忍便略也。

【疏】注「始卒」至「略也」　解云：案僖二十三年「冬，十有一月，杞子卒」。而於此言「始」者，彼注云「卒者，桓公存王者後，功尤美，故爲表異卒録之」。然則傳聞之世，小國之卒未合書見，非其常例矣。至所聞之世，始合書卒，是以於此言「始」矣。文十三年夏五月，「邾婁子蘧篨卒」，宣九年秋，「八月，滕子卒」，其名、日與「葬」皆未書，今此盡録，故解之也。言「新黜未忍便略也」者，即莊二十七年「冬，杞伯來朝」，〔三九〕注云「杞，夏後，不稱公者，春秋黜杞新周而故宋，以春秋當新王」者，以其稟氣先王，聖人胤嗣，雖其微弱，未忍便略之。

夏，宋華弱來奔。

秋，葬杞桓公。

滕子來朝。

莒人滅鄫。莒稱「人」者，莒公子，鄫外孫，稱「人」者，從「莒無大夫」也。言「滅」者，以異姓爲後，莒人當坐滅也。不月者，取後于莒，非兵滅。

【疏】**注「莒稱人者」**解云：從莒無大夫，即莊二十七年傳「莒無大夫，此何以書」是也。

注「不月者」解云：凡兵滅者，例書月，即莊十年「冬，十月，齊師滅譚」，十三年「夏，六月，齊人滅遂」之屬是也。今此非兵滅，故書時矣。以此言之，即知僖二年晉滅下陽，僖十年「狄滅温」之屬，皆蒙上月矣。僖十七年「夏，滅項」，彼注云「不月者，桓公不坐滅，略小國」，僖二十六年「秋，楚人滅夔」，(四〇)何氏云「不月者，略夷狄滅微國也」。以此言之，則知僖十二年「夏，楚人滅黄」，文五年「秋，楚人滅六」之屬，亦是略之故也。其衛侯燬滅邢、楚子滅蕭、蔡歸生滅沈之屬，皆當文自釋，不勞備説。注「據譚子言奔」者，(四一)即莊十年「齊師滅譚，譚子奔莒」是也。

冬，叔孫豹如邾婁。

季孫宿如晉。

十有二月，齊侯滅萊。曷爲不言萊君出奔？據譚子言「奔」。○曷爲，于僞反。國滅，君死之，正也。明國當存。不書殺萊君者，舉滅國爲重。○重，直用反。

【疏】注「不書」至「爲重」 解云：欲決定四年「四月，庚辰，蔡公孫歸姓帥師滅沈，以沈子嘉歸，殺之」文也。彼注云「不舉滅爲重，〔四二〕書以歸殺之者，責不死位也」是也。

七年，春，郯子來朝。○郯，音談。

夏，四月，三卜郊，不從，乃免牲。

小邾婁子來朝。

城費。○費音秘。

秋，季孫宿如衛。

八月，螺。先是郯、小邾婁來朝，〔四三〕有賓主之賦，加以城費，季孫宿如衛，煩擾之應。○螺，音終，一音鍾。

冬，十月，衛侯使孫林父來聘。壬戌，及孫林父盟。

楚公子貞帥師圍陳。

十有二月，公會晉侯、宋公、陳侯、衛侯、曹伯、莒子、邾婁子于鄬。○鄬，于委反，字林凡吹反。鄭伯髡原如會，未見諸侯。丙戌，卒于操。「操」者何？鄭之邑也。諸侯卒其封内不地，此何以地？據陳侯鮑卒不地。○髡原，苦門反，左氏作「髡頑」。操，七報反，一音七南反，左氏作「鄵」。

【疏】「鄭伯髡頑如會」者　解云：正本作「頑」字，亦有一本作「原」字，非也。（四四）

「操者何」　解云：欲言鄭邑，封内不地；欲言外邑，文不繫外，故執不知問。其「鄵」字者，（四五）非正本也。

注「據陳」至「不地」　解云：即桓五年「正月，甲戌，己丑，陳侯鮑卒」，傳曰「曷爲以二日卒之？（四六）怴也。甲戌之日亡，己丑之日死而得。君子疑焉，故以二日卒之」，是封内卒不地者，故據而難之。

隱之也。何隱爾？弑也。孰弑之？其大夫弑之。曷爲不言其大夫弑之？據「鄭公子歸生弑其君夷」書。○殺也，音試，下及注皆同。

【疏】注「據鄭」至「夷書」解云：在宣四年夏六月。書者，謂書大夫名氏矣。

爲中國諱也。曷爲爲中國諱？據歸生弑君，不爲中國諱。○爲中，于僞反，下及注皆同。鄭伯將會諸侯于鄬，其大夫諫曰：「中國不足歸也，則不若與楚。」鄭伯曰：「不可。」〔四七〕其大夫曰：「以中國爲義，則伐我喪；〔四八〕據「城虎牢」事。

【疏】注「據城虎牢事」者〔四九〕解云：上二年經云「遂城虎牢」，傳云「虎牢者何？鄭之邑也。其言城之何？取之也。取之則曷爲言不取之？〔五〇〕爲中國諱也。曷爲爲中國諱？諱伐喪也」是也。〔五一〕

以中國爲彊，則不若楚。」言楚屬圍陳，不能救。○屬，音燭。

【疏】注「言楚」至「能救」解云：即上文云「楚公子貞帥師圍陳」，終無「救」文是也。〔五二〕

於是弑之。禍由中國無義，故深諱，使若自卒。○旤由，音禍。鄭伯髡原何以名？據「陳侯如會」不名。

【疏】注「據陳」至「不名」解云：即僖二十八年五月，「公會晉侯」以下「于踐土，陳侯如會」是也。

傷而反，未至乎舍而卒也。「舍」，昨日所舍止處也。以操鄭邑，〔五三〕知傷而反也。「未見諸侯」尚往辭，知未至舍也。云爾者，古者保辜。諸侯「卒」名，故於「如會」名之，明如會時爲大夫所傷，以傷辜死也。「君親無將」，見辜者，辜內當以弒君論之，辜外當以傷君論之。○處，昌慮反。見辜，賢徧反。

【疏】注「以操鄭邑知傷而反也」者〔五四〕解云：正以操是鄭邑，操本去鄢彌遠，是以知其見傷而還。

注「未見諸侯」至「舍也」者 解云：凡言未見者，有欲見之理，知「尚往辭」，若其廻還至舍，便絶未見之義，經不應得言「未見」，故如此解。

注「君親無將」 解云：莊三十二年傳云「君親無將，將而必誅」。〔五五〕故此注引之。其「弒君論之」者，其身梟首，其家執之；其「傷君論之者」，〔五六〕其身斬首而已，罪不累家。漢律有其事。然則，知「古者保辜」者，亦依漢律律文多依古事，故知然也。

未見諸侯，其言「如會」何？致其意也。鄭伯欲與中國，意未達而見弒，故養遂而致之，〔五七〕所以達賢者之心。

【疏】「未見諸侯其言如會何」〔五八〕 解云：上「陳侯如會」，「袁僑如會」之輩，皆是至會，今鄭伯既言「未見諸侯」而言「如會」，故據未見而難之。

陳侯逃歸。起鄭伯欲與中國，卒逢其禍，諸侯莫有恩痛自疾之心，於是懼，然後逃歸，故書以刺中國之無義。加「逃」者，抑陳侯也。孔子曰「夷狄之有君，不如諸夏之亡」。不當背也。○背，音佩。

八年，春，王正月，公如晉。月者，起鄬之會，鄭伯以弑，陳侯逃歸，公獨脩禮於大國，得自安之道，故善録之。○以殺，音試。

夏，葬鄭僖公。賊未討，何以書「葬」？爲中國諱也。探順上事，〔五九〕使若無賊然。不月者，本實當去「葬」責臣子，故不足也。○爲中，于僞反。去，起吕反。

【疏】「賊未討何以書葬」 解云：正以隱十一年傳云「春秋君弑，〔六〇〕賊不討，不書葬，以爲無臣子也」。是以弟子據而難之。

注「不月者」 解云：「本實當去葬、責臣子，故不足也」者，正以「卒」日「葬」月，達於春秋大國之例。今鄭爲大國，不月，故如此解。〔六一〕

鄭人侵蔡，獲蔡公子燮。此侵也，其言「獲」何？據「宋師敗績，獲宋華元」，戰乃言「獲」也。○燮，素協反。

【疏】「獲蔡公子燮」者 穀梁作「公子濕」。

注「據宋」至「獲也」 解曰：即宣二年春，「宋華元帥師及鄭公子歸生帥師戰于大棘。宋師敗績，獲宋華元」是也。公羊之義，以爲觕者曰「侵」，故如此解。

侵而言獲者，適得之也。時適遇值其不備，獲得之。易，不言「取之」者，封内兵不書，嫌如子糾取一人，故言「獲」，起有兵也。又將兵禦難，不明候伺，雖不戰鬭，當坐「獲」。○易，以豉反。難，乃旦反。伺，音司，又息嗣反。

【疏】注「易不言取之者」解云：春秋之義，「取」爲易辭，故隱十年，「鄭伯伐取之」，傳云「其言『伐取之』何？易也」者，是春秋之義。封内之兵例不書之，故定八年傳云「公斂處父帥師而至」，經不書之是也。莊九年，「齊人取子糾，殺之」者，是取一人之文。凡言「獲」者，用兵之文，即「獲宋華元」、「獲陳夏齧」之輩是也。然則，此傳言「適得之」，即是易之甚者。所以不言「取之」者，其人是時將兵拒鄭，但未至鬭戰。封内之兵例所不書，既不得書，有蔡師，若言鄭人侵蔡取公子燮，則嫌如莊九年「齊人取子糾殺之」然，但取一人而已，故言「獲」起其文，是時亦將兵來。云「又將兵禦難，不明伺候，〔六二〕雖不戰鬭當坐獲」者，以謂蔡公子燮當以被獲爲坐罪。何者？以其於守禦之道不足故也。

季孫宿會晉侯、鄭伯、齊人、宋人、衛人、邾婁人于邢丘。○邢，音刑。

公至自晉。

莒人伐我東鄙。

秋，九月，大雩。由城費，公比出會，如晉，莒人伐我，動擾不恤民之應。

【疏】注「由城」至「之應」解云：「城費」在七年夏也。「公比出會」者，即五年冬，「公會晉侯」以下「救陳」，七年十二月「公會晉侯」以下「于鄬」是也。「如晉」者，即今年正月「公如晉」是也。「莒人伐我」者，即今年夏「莒人伐我東鄙」是也。或者「公比出會」者，即七年「公會晉侯」以下「于鄬」，今年「季孫宿會晉侯」以下「于邢丘」是也。然則，季孫宿會而言「公比出會」者，略舉以言之，是以不復别也。

冬，楚公子貞帥師伐鄭。

晉侯使士匄來聘。

九年，春，宋火。曷爲或言「災」？或言「火」？大者曰「災」，小者曰「火」。「大」者，謂正寢、社稷、宗廟、朝廷也。下此則「小」矣。「災」者，離本辭，故可以見火。〔六三〕○宋火，二傳作「宋災」。〔六四〕離，力智反。見，賢徧反。

【疏】「宋火」者〔六五〕解云：左傳、穀梁作「宋災」。「曷爲或言災」者，莊二十年「夏，齊大災」，襄三十年，「宋災」之類是。

「大者曰災，小者曰火」解云：五行書云〔六六〕「害物爲災，不害物爲異」者，謂雪、霜、水、旱、蠻螽之屬，非謂火害與否，與此非妨矣。

注「**災者**」至「**見火**」 解云：本實是火而謂之「災」，離其本體，故曰「離本辭」。「災」者，害物之名，故可以見其大於火也。然則，何氏以爲春秋之義，不記人火，火者，皆是天害也。但害於大物則言「災」，害於小物則言「火」，且不如左氏「人火曰火」，故如此注。所以然者，正以春秋之義重於天道，略於人事，人火之難，何足記也。

然則内何以不言「火」？據「西宮災」不言「火」。

【疏】**注**「**據西**」至「**言火**」 解云：即僖二十年夏，「五月，乙巳，西宮災」，傳云「西宮者何？小寢也」，彼注云「西宮者，小寢内室，楚女所居也」。以其非正寢、社稷、宗廟、朝廷，故謂之「小」。若然，桓十四年「秋，八月，壬申，御廩災」，亦應是小，所以不據之者，以其御用於宗廟之物，於「小」義不強，豈似西宮爲小寢内室乎？

内不言火者，甚之也。春秋以内爲天下法，動作當先自克責，故小有「火」，如大有「災」。何以書？記災也。外災不書，此何以書？爲王者之後記災也。是時周樂已毁，先聖法度浸疏遠不用之應。○爲王，于僞反。浸，子鴆反。

【疏】「**外災不書**」 解云：莊十一年「秋，宋大水」之下，傳云「外災不書，此何以書」？注云「據滶移不書」是也。

「**爲王者之後記災也**」 解云：春秋之義，詳内而略外，是以外災例不録，而書皆善文。又皆有傳釋，不勞備載也。

注「**是時**」至「**之應**」 解云：宣十六年「夏，成周宣謝火」，〔六七〕傳云「成周者何？東周也。宣謝者何？宣宮之謝也」，彼注云「宣宮，周宣王之廟」，傳云「何言乎『成周宣謝災』？樂器藏焉爾」，注云「宣王中興所作樂器」，「天災中興之樂器，示周不復興」是也。然則，宣公十六年時，周樂已毀，而宋是王者之後，先聖法度所存，今復災之，是法度侵疏遠不用之應也。

夏，季孫宿如晉。

五月，辛酉，夫人姜氏薨。

秋，八月，癸未，葬我小君繆姜。

冬，公會晉侯、宋公、衛侯、曹伯、莒子、邾婁子、滕子、薛伯、杞伯、小邾婁子、齊世子光伐鄭。十有二月，己亥，同盟于戲。事連上「伐」，不致者，惡公服繆姜喪未踰年，而親伐鄭，故奪臣子辭。○戲，許宜反。惡，烏路反。

【疏】注「事連」至「子辭」 解云：莊六年傳「得意致會，不得意致伐」者，謂公與二國以上，「會、伐」並有之時。若公與二國以上出會盟，得意致會，不得意不致也。然則，今此若直同盟于戲而已，容或不「致」。今事連上「伐」，若其得意宜致會，若其不得意宜致伐，無不致之理。而今不致者，惡其母服未期，親自用兵，不子之甚，故不書「致」。言「奪臣子辭」者，正以凡書「致」者，皆是臣子喜其君父脱危而至，今不書「致」，似若不脱然，〔六八〕故曰「奪臣子辭」。

楚子伐鄭。

十年，春，公會晉侯、宋公、衛侯、曹伯、莒子、邾婁子、滕子、薛伯、杞伯、小邾婁子、齊世子光，會吴于柤。○柤，莊加反。

夏，五月，甲午，遂滅偪陽。○偪，音福，又彼力反。

【疏】「遂滅偪陽」 解云：左氏經作「偪」字，音夫目反，一音逼近之逼，而南州人云道仍有偪陽之類，〔六九〕如逼近之逼矣。

公至自會。「滅」日者，甚惡諸侯不崇禮義以相安，反遂爲不仁，開道彊夷滅中國。中國之禍，連蔓日及，故疾録之。「滅」比于取邑，例不當書「致」。〔七〇〕書「致」者，深諱，使若公與上「會」，不與下「滅」。〔七一〕○惡，烏路反。道，音導。蔓，音萬。〔七二〕公與，音預，下同。

【疏】注「滅日」至「下滅」 解云：凡滅例月，即莊十年「冬，十月，齊師滅譚」，十三年「夏，六月，齊人滅遂」之屬是。今乃書日，故如此解也。言「反遂爲不仁」者，則此經「遂滅偪陽」是也。云「開道強夷」者，昭八年夏，「楚人執陳行人干徵師，〔七三〕殺之」，「冬，十月，壬午，楚師滅陳。執公子招，〔七四〕放之于越，殺陳孔瑗」，十一年「夏，四月，丁巳，楚子虔誘蔡侯般，殺之于申」，「楚公子棄疾帥師圍蔡」，「冬，十有一月，丁酉，楚師滅蔡，執蔡世子有以歸，用之」，三十年「冬，十有二月，吳滅徐，徐子章禹奔楚」，定十四年，楚公子結「帥師滅頓，以頓子牄歸」，十五年春，「楚子滅胡，以胡子豹歸」之屬，皆是強夷迭害諸夏，故言「連蔓日及」，是以變例書日，疾而録之。云「滅比」云云者，春秋之義，主書致者，正欲別其得意以不，故莊六年傳曰「得意致會，不得意致伐」是也。若取邑例不書致，所以然者，取得他邑得意明矣，何勞書「致」以見之乎？是以僖三十三年夏，「公伐邾婁，取叢」，何氏云「取邑不致者，得意可知例」是也。然則，滅得他國，義如取邑，故曰「滅比取邑」，亦不當致而致之者，深爲内諱，使若公不與滅事故也。

楚公子貞、鄭公孫輒帥師伐宋。

晉師伐秦。

秋，莒人伐我東鄙。

公會晉侯、宋公、衛侯、曹伯、莒子、邾婁子、齊世子光、滕子、薛伯、杞伯、小邾婁子伐鄭。

冬，盗殺鄭公子斐、公子發、公孫輒。不言「其大夫」者，降從「盗」，故與「盗」同文。○斐，芳尾反，左氏作「騑」。

【疏】「冬盗殺」云云　解云：凡春秋之事，君殺大夫稱國，即僖七年「鄭殺其大夫申侯」之屬是也。大夫相殺稱「人」，即文九年，「晉人殺其大夫先都」之屬是也。今此士殺其大夫，故言「盗」矣。是以文十六年傳云「大夫弑君稱名氏，賤者窮諸人」，注云「賤者謂士也。士正自當稱人」。「大夫相殺稱人，賤者窮諸盗」，注云「降大夫使稱人，降士使稱盗者，所以別死刑有輕重也」者，是其士殺大夫稱「盗」之義也。

注「不言其」至「同文」　解云：士正自當稱「人」，宜言「鄭人殺其大夫某甲」，今不言「其大夫」者，正以士既降從盗，故與「盗」同文也。其「盗殺」者，即哀四年春，「盗殺蔡侯申」，傳云「弑君賤者，窮諸人，此其稱盗以弑何？賤乎賤者也。賤乎賤者孰謂？謂罪人也」，彼注云「罪人者，未加刑也，蔡侯近罪人，卒逢其禍，故以爲人君深戒。不言其君者，方當刑放之，與刑人義同」。然則，盗殺蔡侯申，不言「其君」，今此士殺大夫，降之言「盗」，亦不言「其大夫」，與實盗同，故云「降從盗，故與盗同文也」。而哀四年注云「當刑放之，與刑人義同」者，襄二十九年夏五月，「閽弑吴子餘祭」，傳云「閽者何？門人也」，注云「以刑人爲閽，非其人，故變盗言『閽』」，「君子不近刑人，近刑人則輕死之道也」，注云「不言其君者，公家不畜，士庶不友，放之遠地，欲去聽所之，故不繫國。不繫國，故不言其君」。然則，刑人所止，不常厥居，若故出奔任其所願，由此之故，不合繫國。既不繫國，則君臣義盡，是以春秋去君父以見之。其殺蔡侯者，由未加刑，而亦不言其君者，方當刑放，故與刑人同義也。

戍鄭虎牢。孰戍之？諸侯戍之。曷爲不言諸侯戍之？離至不可得而序，故言我也。刺諸侯既取虎牢，以爲蕃蔽，不能雜然同心安附之。○爲蕃，方元反。

【疏】「戍鄭虎牢」云云　解云：五年「戍陳」之下已有傳，〔七五〕而復發者，蓋嫌國邑不同故也。注「既取虎牢」者，即二年冬，「遂城虎牢」，傳云「虎牢者何？鄭之邑也。其言城之何？取之也。取之則曷爲不言取之？〔七六〕爲中國諱也。曷爲爲中國諱？諱伐喪也」是也。

諸侯已取之矣，曷爲繫之「鄭」？據「莒牟夷以牟婁來奔」，本杞之邑，不繫于「杞」。

【疏】注「據莒」至「于杞」　解云：即昭五年，「莒牟夷以牟婁及防、兹來奔」是也。云「本杞之邑」，即隱四年二月，「莒人伐杞，取牟婁」是也。

諸侯莫之主有，故反繫之「鄭」。諸侯本無利虎牢之心，欲共以距楚爾，無主有之者，故不當坐取邑，故反繫之「鄭」，見其意也。所以見之者，上諱伐喪不言「取」，今刺戍之舒緩，嫌於義反，故正之云爾。○「諸侯莫之主有」絶句。見其，賢徧反，下同。

【疏】注「所以見之者」　解云：「上諱伐喪，不言取」者，即二年冬，「遂城虎牢」，傳云云是也。不言「取」，諱之似不合取，既不合取，戍之舒緩，即不合刺，而今刺之，義似違，是以春秋繫之於「鄭」，見無主有，明欲拒楚，實無貪利，即諸侯取之不合罪坐也。故云「不當坐取邑」耳。

楚公子貞帥師救鄭。

公至自伐鄭。

十有一年，春，王正月，作三軍。「三軍」者何？三卿也。爲軍置三卿官也。「卿」、「大夫」，爵號，大同小異，方據上卿道中、下，故總言「三卿」。○爲軍，于僞反，年末同。

【疏】「作三軍」解云：公羊以爲王官之伯，宜半天子，乃有三軍。魯爲州牧，但合二軍，司徒、司空將之而已。今更益司馬之軍，添滿三軍，是以春秋書而譏之，故曰「作三軍」。是以隱五年注「禮，天子六師，方伯二師，諸侯一師」，是其一隅也。何氏之意，以「軍」與「師」得爲通稱，而臨時名耳。是以或言「軍」，或言「師」，不必萬二千五百人爲「軍」也。

「三軍者何」（七七）解云：欲言先有，不應言「作」，欲言先無，軍是常役，故執不知問。

注「爲軍」至「官也」 解云：魯人前此止置司徒、司空，以爲將，下各有小卿二人輔助其政；其司馬事省，蓋總監而已，故但有一小卿輔之。今更置中軍，司馬將之，亦置二小卿輔助其政，故曰「爲軍置三卿官也」。然則，問者云「三軍者何」，師答之云「三卿也」者，謂言「作三軍」者，正是置司馬之職，（七八）三卿之官爲軍將也。

注「卿大」至「小異」 卿大夫者，（七九）皆是爵號，但大同小異而已。若總而言之皆曰「卿大夫」；若別而異之，乃貴者曰「卿」，賤者曰「大夫」耳。如此注者，欲道一卿二大夫，所以總名三卿之意也。

注「方據」至「三卿」解云：言卿與大夫析而言之，其實有異；而皆謂之「卿」者，方據上卿言其中、下者，遂得「卿」稱，故得通言「三卿」也。其二小卿謂之中、下者，蓋二者相對復有尊卑，〔八〇〕若似大司馬叙官云〔八一〕「大司馬卿一人」，「小司馬，中大夫」，「軍司馬，下大夫」然。

「作三軍」何以書？欲問作多書乎，作少書乎？故復全舉句以問之。○復，扶又反。

【疏】注「欲問」至「問之」解云：欲道所以不直言「何以書」，而舉「作三軍」者，弟子之意，欲問春秋之義，書其「作三軍」者，爲是嫌其作軍大多而書乎，爲是嫌其大少而書乎？故復全舉經文一句軍之頭數問之。若直言「何以書」，但問主書，無以見其數，故言此也。

譏。何譏爾？古者上卿、下卿，上士、下士。說古制司馬官數。古者諸侯有司徒、司空，上卿各一，下卿各二，司馬事省，上下卿各一，上士相上卿，下士相下卿，足以爲治。襄公委任強臣，〔八二〕國家内亂，兵革四起，軍職不共，〔八三〕不推其原，乃益司馬，作中卿官，踰王制，故譏之。言「軍」者，本以軍數置之。月者，重録之。○省，所景反。相上，息亮反，下同。治，直吏反。共，音恭。

【疏】注「說古制」〔八四〕解云：言古者司馬一官但上卿一人，下卿一人，上士一人，下士一人而已。所以爾者，以其事省，不作軍將故也。

注「古者」至「爲治」解云：何氏之意，知古者但有司徒、司空典事者，正以詩云「乃召司徒，乃召司空」，不見司馬，故知司馬事省，總監而已。然則，司徒卿一人，其大夫二人；司空卿一人，其大夫二人；司馬卿一人，其大夫一人，所謂諸侯之制，三卿五大夫矣。云「襄公委任強臣」者，謂三家季孫宿之徒是也。云「國家内亂」者，謂舉事不由君命，即下十二年「遂入運」之屬是也。云「乃益司馬作中卿官踰王制故譏之」者，言「乃益司馬」謂添益其職內也。「作中卿官」者，謂於司馬内更作一卿官，尊于小卿，故曰「作中卿官」也。言「踰王制」者，謂過于先王舊制。云「言軍者本以軍數置之」者，〔八五〕其實置中卿，而言「作三軍」者，言本所以置此中卿官者，正欲令助司馬爲軍將，將三軍，故曰「本以軍數置之」。云「月者重録之」者，此事無例，不可相決，但言重失禮，故詳録之。〔八六〕

夏，四月，四卜郊，不從，乃不郊。成公下文不致，此致者，襄公但不免牲爾。不怨懟，無所起。○懟，直類反。

【疏】注「成公」至「所起」　解云：成十年「夏，四月，五卜郊不從，乃不郊」，傳云「其言『乃不郊』何？不免牲，故言『乃不郊』也」，下云「五月，公會晉侯」以下「伐鄭」，注云「不致者，成公數卜郊。不從，怨懟，故不免牲。不但不免牲而已。故奪臣子辭以起之」者，是其成公下文不致之文也。今何氏難明前義，故令上下相曉也。

鄭公孫舍之帥師侵宋。

公會晉侯、宋公、衛侯、曹伯、齊世子光、莒子、邾婁子、滕子、薛伯、杞伯、小邾婁子伐鄭。

秋，七月，己未，同盟于京城北。○「京城北」，左氏作「亳城北。」

【疏】「同盟于京城北」 解云：穀梁與此同，左氏經作「亳城北」，服氏之經亦作「京城北」，乃與此傳同。〔八七〕

公至自伐鄭。

楚子、鄭伯伐宋。

公會晉侯、宋公、衛侯、曹伯、齊世子光、莒子、邾婁子、滕子、薛伯、杞伯、小邾婁子伐鄭。會于蕭魚。此伐鄭也，其言「會于蕭魚」何？據伐鄭常難，今有詳録之文。○難，乃旦反。

【疏】注「據伐」至「之文」 解云：謂以上伐鄭，多以伐「致」，作不得意之文，故曰「常難」。言「今有詳録之文」者，謂録其會蕭魚，并下文「公至自會」之屬是也。與前經異，故難之。

蓋鄭與會爾。中國以鄭故，三年之中五起兵，至是乃服，其後無干戈之惡二十餘年，故喜而詳録其會，起得鄭爲重。○與，音預。

【疏】注「中國」至「爲重」〔八八〕　解云：即上九年〔八九〕「冬，公會晉侯」以下「伐鄭」，「同盟于戲」一也；十年秋「公會晉侯」以下「伐鄭」二也；冬，「戍鄭虎牢」三也；今年，「公會晉侯」以下「伐鄭」，「同盟于京城北」，四也。通此則五矣，故曰「三年之中五起兵」耳。云「至是乃服」者，非直鄭人與會，下文公以會致，亦是其服文矣。云「其後無干戈之患二十餘年」者，謂鄭之遂服，不復伐之，不謂不伐餘國，即下十四年夏，「叔孫豹會晉荀偃」以下「伐秦」，十八年，「公會晉侯」以下「同圍齊」之屬是。言「二十餘年」，謂不滿得三十年。至昭公之時，屬楚滅陳、蔡，蠻夷内侵，乃是諸夏之患，故言此。

公至自會。

楚人執鄭行人良霄。〇霄，音消。

冬，秦人伐晉。爲楚救鄭。

【疏】注「爲楚救鄭」　解云：爲楚救鄭之義出左氏傳矣。

〔一〕后知其意 阮校：「后」當作「後」。今按，單抄本「后」作「後」。

〔二〕屈疆臣之功 「功」原作「助」。阮校：鄂本「助」作「功」，解亦云，「雖不能誅，猶有屈魚石之功」，當據以訂正。今按，撫州本作「功」，余本作「助」。據阮校改。

〔三〕魚石走之楚 「魚石」上原有「注」字，下原無「走」字。閩本誤作「注魚石之楚」，毛本改作「魚石走之楚」，今按，單抄本作「魚石走之楚者」，今從毛本、單抄本，删「注」字，補「走」字在「魚石」下。

〔四〕恐見及 「及」原作「反」。浦鏜云：「反」當作「及」。今按，單抄本作「及」。據改。

〔五〕后莒牟夷以牟婁來奔 阮校：鄂本「后」作「後」，當據正。疏中亦誤作「后」。今按，撫州本、余本「后」作「後」。

〔六〕注據莒人至繫杞 「莒人」二字原無。北大本校記：據注補「莒人」在「據」下。今按，單抄本作「注據莒云云」。茲從北大本補「莒人」二字。

〔七〕故奪繫于宋 阮校：鄂本「于」作「於」。今按，撫州本、余本作「於」。

〔八〕與衛石曼姑帥師圍戚 「衛」字原無。浦鏜云：「石」上脱「衛」字。阮校：浦説是，與哀三年傳合。據補。

〔九〕夏晉韓屈 「夏」上原有「注」字。浦鏜云：此句疏〔至「作鄭字也」〕當在上句「夏晉韓屈帥師伐鄭」下。閩本同此，毛本删「夏」上「注」字。今按，單抄本亦無上「注」字，據删正。

〔一〇〕揖讓而入門 浦鏜云：〔禮〕記無「而」字。

〔一一〕睔古困反 宋本、撫州本音義「困」作「困」，疑是。

〔一二〕人與音餘下同 「下同」二字原脱，據諸本音義補。

〔一三〕注據取牟婁　「據」字原無。單抄本「取」字上有「據」字，今按，據注當有「據」字，據補。

〔一四〕據莒伐杞取牟婁不爲中國諱　阮校：按此注當衍。釋文本有此，疏本無之是也。釋文音傳「爲中」云「于僞反，下及注并下文鄭爲皆同」。此陸本有注之證。解云「正據莒人取牟婁不爲中國諱矣，而何氏不注之者，以上文已據取牟婁，是以不能重出」。此疏本無注之證。淺人襲疏語爲之，而未覺其與上復也。

〔一五〕故云爲中國諱也　「爲」字原無。浦鏜云：「云」下脱「爲」字。今按，單抄本有「爲」字。據補。

〔一六〕盟于長樗　北大本校記：公羊義疏此下有注「盟地者不于都也」七字。

〔一七〕公至自晉　阮校：「公至自晉」，鄂本與上「長樗」合爲一節。今按：疑鄂本與撫州本體例同，于經注文本之末，另附音義，故阮校如此說。又據下注則并上節經文釋之，今經文强分節，乃如此。

〔一八〕成公比失意于晉　「于」原作「如」。阮校：鄂本「如」作「于」，此誤。疏云言成公比失意於晉者，「于」作「於」爲是，當據正。今按，撫州本、余本作「于」。據改。

〔一九〕猶如文十四年注云　「猶」原作「由」。浦鏜云：「猶」誤作「由」。阮校：「由」、「猶」二字通。今按，單抄本作「猶」。據改。

〔二〇〕會諸侯者　阮校：閩、監、毛本無者字，有「解云」。北大本校記：依文例，閩、監、毛本是，據改，并補「〇」。

〔二一〕辟諸侯與大夫皆盟　北大本校記：公羊義疏「與」作「致」。

〔二二〕起主爲與袁僑盟也　阮校：鄂本無「與」字。

〔二三〕定弋者何　北大本校記：此節疏原在「字聲勢與此同」下。按傳在下而疏反在上，當誤。當據上下文移正。

〔二四〕與臧孫許同時而聘于齊　「臧」原作「莊」。阮校：鄂本「莊」作「臧」，當據正。疏中作「臧孫許」，不誤。今按，撫州本、余本作「臧」。據改。

〔二五〕巫亡扶反　「亡」原作「丘」，余本已誤。據諸本音義改。

〔二六〕此鄫世子巫事非君　「君」原作「親」。北大本校記：公羊義疏「親」作「君」。今按，單抄本「親」作「君」。據改。

〔二七〕蓋舅出也者　阮校：閩、監、毛本删「者」字，是也。

〔二八〕蓋通于下〇　諸本「〇」作「似」，單抄本「〇」作空格。

〔二九〕殆疑疑讞于晉　下「疑」原作「凝」。阮校：閩、監、毛本「凝」作「疑」，此誤。按釋文「疑，魚竭反」，如作「凝」，不得音「魚竭反」矣。此本載音義亦誤。今按，撫州本、余本「凝」作「疑」。下音義「凝」亦作「疑」。據改。

〔三〇〕主書者善之　「書」字原無。殿本考證：「主」下脱「書」字。浦鏜云：「書」誤「主」。阮校：鄂本作「主書者善之」。今按，撫州本作「主書者善之」，余本誤作「主者者善之」。據撫州本改。

〔三一〕見使卑　「卑」原作「畀」。浦鏜云：「卑」誤「畀」，從六經正誤校。據改。

〔三二〕恩澤不施之所致　「之」字原無。阮校：鄂本「施」下有「之」字，此脱。今按，撫州本、余本有「之」字。據補。

〔三三〕蓋謂三年六月　「謂」原作「爲」。浦鏜云：「爲」當「謂」字誤。今按，單抄本作「謂」。據改。

〔三四〕故也　「故」下原有「之」字。阮校：閩、監、毛本脱「之」。按「故之」誤倒，當作「之故」。今按，單抄本無「之」字。據删。

〔三五〕莒人滅鄫又與巫訴　「又」原作「文」。阮校：鄂本作「文」，閩、監、毛本并疏作「又」，誤。今按，公羊義疏已駁阮校，謂當作「又」字，今撫州本、余本并作「又」，皆從下句讀。據改。阮校非。

〔三六〕正見諸侯戍之故也　北大本校記：公羊義疏「諸侯」作「中國」。

〔三七〕爲下卒起其義也　北大本校記：公羊義疏「卒」作「年」。

〔三八〕始卒便名日書葬者　「便」原作「更」。阮校：鄂本「更」作「便」。今按，撫州本、余本作「便」。據改。

〔三九〕冬杞伯來朝　「來」字原無。浦鏜云：「伯」下脱「來」字。今按，單抄本有「來」字。據補。

〔四〇〕楚人滅夔　浦鏜云：經文作「隗」，二傳作「夔」。

〔四一〕注據譚子言奔者　阮校：閩、監、毛本分「注據譚子」以下疏文于「齊侯滅萊」傳注下。

〔四二〕不舉滅爲重　阮校：閩、監、毛本作「舉滅國爲重」，脱上「不」字。

〔四三〕小邾婁來朝　北大本校記：據公羊義疏及經文補「子」在「邾婁」下。今按，注云「先是郳、小邾婁來朝」，舉國爲文，不必如經文。若加「子」則「郳」下亦當補。

〔四四〕作原字非也　單抄本「字」下有「者」字。

〔四五〕其鄟字者　單抄本「字」下有「亦作操字」四字。據疏：左氏字作鄟，此正爲此而發。「亦作操字」四字當删。

〔四六〕曷爲以二日　「以」字原無。浦鏜云：「爲」下脱「以」字。阮校：桓五年傳有「以」字。據補。

〔四七〕鄭伯曰不可　阮校：昭十二年疏引作「鄭伯不可」，無「曰」字。

〔四八〕則伐我喪　阮校：昭十二年疏「則伐」引作「即伐」，誤。今按，「則」「即」二字疏中多義同混用。阮校非。

〔四九〕注據城虎牢事者　「事」字原無。阮校：閩、監、毛本「者」作「事」，是也。脱「事」字在「者」上。今按，單抄本有「事」字，據補。

〔五〇〕取之則曷爲言不取之　上「之」下原無「則」字，「不」上原無「言」字。浦鏜云：「之」下脱「則」，「不」上脱「言」。今按，單抄本作「取之則曷爲言不取」。據補。

〔五一〕諱伐喪也是也　「伐」下原有二空格。盧補：疑此本「諱伐」下空格有脱文。今按，單抄本二字不空格。此文意已足，無脱文。盧説謬。

〔五二〕終無救文是也　浦鏜云：「終」當「經」字誤。

〔五三〕以操鄭邑　「鄭」原作「定」。阮校：鄂本「定」作「鄭」，此誤。今按，撫州本、余本作「鄭」。據改。

〔五四〕注以操鄭邑　「鄭」原作「定」。今按，單抄本「定」作「鄭」，與撫州本、余本等注并下疏合，據改。

〔五五〕将而必誅　浦鏜云：傳「必誅」作「誅焉」。

〔五六〕其傷君論之者　「者」字原無。阮校：「之」下當脱「者」字。今按，單抄本「之」下有「者」字。據補。

〔五七〕故養遂而致之　「遂」原作「逐」。浦鏜云：「遂」誤「逐」。阮校：鄂本、閩本作「遂」，當據正。今按，撫州本誤作「逐」，余本作「遂」。據改。

〔五八〕未見諸侯其言如會何　「如」字原無。盧補：毛本作「其言如會何」，與傳合。今按，單抄本有「如」字。據補。

〔五九〕探順上事　「上事」原作「事上」。阮校：鄂本「事上」作「上事」。今按，撫州本、余本作「上事」。據乙正。

〔六〇〕春秋君弑　「君弑」原作「弑君」。阮校：今隐十一年傳作「君弑」，閩、監、毛本同。今按，單抄本作「君弑」。據乙正。

〔六一〕故如此解　單抄本無「如」字，「解」作「难」。疑非。

〔六二〕不明伺候　阮校：閩、監、毛本作「候伺」，注及釋文同。

〔六三〕故可以見火　浦鏜云：「大」誤「火」。阮校：按解云災者害物之名，故可以見其大于火也。浦校是。

〔六四〕二傳作宋災　撫州本、宋本音義無「宋」字，余本有。

〔六五〕宋火者　「宋」原作「言」。單抄本「言」作「宋」。據改。

〔六六〕解云五行書云　浦鏜云：「傳」誤「書」。

〔六七〕宣謝火　浦鏜云：當依經作「榭災」。阮校：按宣十六年經作「災」。

〔六八〕若不脱然　浦鏜云：當作「不得脱危然」，脱「得」、「危」二字。

〔六九〕仍有偏陽之類　單抄本無「之」字。

〔七〇〕不當書致　「致」原作「晉」。阮校：鄂本「晉」作「致」，此誤。今按，撫州本「晉」作「致」，余本誤作「晉」。據改。

〔七一〕深諱使若公與上會不與下滅　「使」字原無。阮校：鄂本「諱」下有「使」字，此脱。按正義本有「使」字。今按，撫州本、余本有「使」字。據補。

〔七二〕蔓音萬　宋本、撫州本音義「萬」作「万」，余本音義作「萬」。

〔七三〕執陳行人干徵師　「干」原作「于」。浦鏜云：「干」誤「于」。今按，單抄本作「干」。據改。

〔七四〕滅陳執公子　浦鏜云：「公子」上脱「陳」字。

〔七五〕五年戍陳之下已有傳　「戍陳」原作「陳戍」。浦鏜云：「戍陳」二字誤倒。今按，單抄本已誤作「陳戍」。據浦説乙正。

〔七六〕取之則曷爲不言取之　「則」字原無。浦鏜云：「曷」上脱「則」字。今按，單抄本有「則」字。據補。

〔七七〕三軍者何　「何」下原有「也」字。阮校：閩、監、毛本「何」下無「也」字。今按，單抄本無，據傳文亦不當有，據删。

〔七八〕正是置司马之職　「置」原作「致」。單抄本「致」作「置」。據改。

〔七九〕注卿大至小異卿大夫者　今按，「卿大夫者」以下依注疏合刻例，上當有「○解云」字，今諸本皆無，失其例矣。

〔八〇〕二者相對復有尊卑　「復」字原無。單抄本「對」下有「復」字。據補。

〔八一〕若似大司馬敘官云　阮校：何校本同。又隐三年疏亦云「若似蓋云歸哉」。言「若似」者，重累言之。

〔八二〕襄公委任強臣　阮校：鄂本「強」作「彊」。按公羊注「彊弱」字皆作「彊」，今本「強」、「彊」错出。

〔八三〕軍職不共　阮校：鄂本「共」作「恭」。

〔八四〕注説古制　單抄本作「注説古制司馬官數」。

〔八五〕本以軍數置之者　「者」原作「未」。今按，諸本「未」作「求」，從下讀。單抄本「未」作「者」，從上讀。今據單抄本改。

〔八六〕故詳録之　「録」原作「言」。單抄本「言」作「録」。據改。

〔八七〕乃與此傳同　「同」下原有「之也」二字。浦鏜云：「同」下「之」疑衍字。今按，單抄本無「之也」二字。據删。

〔八八〕注中國至爲重　單抄本作「注中國以鄭故三年之中五起兵者」，無下「解云」二字。

〔八九〕即上九年　「九」上原有「文」字。北大本校記：按公會晉侵伐鄭，在襄九年，非文九年。公羊義疏無「文」字。今按，單抄本無「文」字。據删。

監本附音春秋公羊傳注疏襄公卷第二十 起十二年，盡二十四年。

何休學

十有二年，春，王三月，莒人伐我東鄙，圍台。邑不言「圍」，此其言「圍」何？伐而言「圍」者，取邑之辭也；伐而不言「圍」者，非取邑之辭也。外取邑有嘉惡當書。不直言取邑者，深恥中國之無信也。前九年伐得鄭，同盟于戲，楚伐鄭不救，卒爲鄭所背，中國以弱，蠻荆以強，(二)兵革亟作，蕭魚之會，服鄭最難，不務長和親，復相貪犯，故諱而言「圍」以起之。月者，加責之。〇台，他來反，又音臺。背，音佩。亟，去冀反。難，乃旦反。長，丁丈反。

【疏】「邑不言圍」 解云：隱五年冬，「宋人伐鄭，圍長葛」，傳云「邑不言圍」，注云「據伐於餘丘，不言『圍』也」，今此不注者，從彼可知矣。

注「外取」至「責之」 解云：凡外取魯邑，有所嘉，有所惡，皆當書見。昭二十五年冬，「齊侯取運」，傳云「外取邑不書，此何以書？爲公取之也」，彼注云「爲公取運以居公，善其憂内，故書」者，是其有嘉而書也；宣元年「六月，齊人取濟西田」，傳云「外取邑不書，此何以書？所以賂齊也。曷爲賂齊？爲弑子赤之賂也」，注云「子赤，齊外孫。宣公篡弑之，恐爲齊所誅，爲是賂之，故諱使若齊自取之」者，「月者，惡内甚於邾婁子益」者，是其有惡書也。故言「外取邑有嘉惡當書」也。然則，外取魯邑有所嘉，有所惡，當書取。今亦有所惡，所以不直言「取邑」而言「圍」者，深恥中國之無信故也。云「前九年伐得鄭」，知九年伐得鄭者，以上言「公會晉侯」以下，即言「同盟于戲」，是其伐得之也。言「楚伐鄭不救」者，即下文「楚子伐鄭」，經無救鄭之文是也。言「卒爲鄭所背」者，即十年夏，「楚公子貞、鄭公孫輒帥師伐宋」，是其背諸夏之文。云「兵革亟作」者，即前年注云「三年之中五起兵」是也。云「蕭魚之會服鄭最難」者，正以三年之中五起兵，然後得之；直會于蕭魚，蕭魚鄭人與會而已，經無同盟之文，故知「服鄭最難」矣。云「故諱而言圍以起之」者，不直言「取」，而諱之言「圍」，作無所嘉惡之文者，欲以起禍深，不可言故也。知此「莒人伐我東鄙圍台」之經爲文者，〔二〕正以此傳作常文釋之，云「伐而言圍者，取邑之辭也；伐而不言圍者，非取邑之辭也」。下十五年「夏，齊侯伐我北鄙，圍成」，十七年「秋，齊侯伐我北鄙，圍洮；齊高厚帥師伐我北鄙，圍防」之屬，皆從此文而不釋，故知常文明矣。若此是義之經，至齊高厚之下，傳當解之。云「月者加責之」者，欲道下十七年「秋，齊侯伐我北鄙，圍洮」，及高厚圍防之屬，皆不書月，故知此特月，加而責之故也。而十五年圍成之下，注云「俱犯蕭魚，此不月，十二年月者，疾始可知」者，正以去此勢近，故令從此義。十七年者差遠，故不復解之。

季孫宿帥師救台，遂入運。「入運」者，討叛也。封内兵書者，爲「遂」舉。討叛惡「遂」者，得而不取，與不討同，故言「入」，起其事。

【疏】注「入運討叛也」 解云：昭元年「三月，取運」，傳云「運者何？〔三〕内之邑也。其言『取』之何？不聽也」，何氏云「不聽者，叛也。不言『叛』者，爲内諱，故書『取』以起之」。然則，運者是内邑，而季孫入之，故知討叛也。

注「封内兵書者爲遂舉」解云：春秋之義，封内之兵，例所不書，即定八年傳云「公斂處父帥師而至」，經不書之是也。今書「救台」與「入運」者，爲惡季孫之遂，是以舉之。

注「討叛」至「其事」解云：春秋之義，大夫出竟，有可以安社稷、利國家者，專之可也。然則，討叛之事可以容其專之，而惡其遂者，正以得而不取，與不討莫異。知得而不取者，正以經書「入」故也。是以隱二年夏「莒人入向」之下，傳云「入者何？得而不居也」。案下注云「季孫宿遂取鄆，以自益其邑」，然則，此言「得而不取」者，謂雖得運，不取以入國家，非謂全不取也。言「故書入起其事」者，以起其不取運以入國家之事也。

大夫無遂事，此其言「遂」何？公不得爲政爾。時公微弱，政教不行，故季孫宿遂取鄆以自益其邑。〔四〕

【疏】「大夫無遂事」云云　解云：莊公十九年「公子結」之下已發此傳，今此復言之者，嫌討叛不惡遂，故明之。

注「季孫宿」至「其邑」解云：「遂」者，專事之辭。言季孫自專取鄆，故言「遂取鄆」也。知「以自益其邑」者，正以討叛邑而不入國家，故知「以自益其邑」也。

夏，晉侯使士彭來聘。〔五〕

秋，九月，吴子乘卒。至此「卒」者，與中國會同，本在楚後，賢季子，因始「卒」其父，〔六〕是後亦欲見其迭爲君。「卒」皆不日，吴遠于楚。○迭，大結反。

【疏】「夏晉侯使士彭來聘」解云：考諸正本，皆作「士魴」字，〔七〕若作「士彭」者，誤矣。

注「至此」至「其父」　解云：案宣十八年秋，「楚子旅卒」，而吳至是乃書卒者，正以與其中國會同，本在楚後，是以春秋略之，不書「卒」，但因季子之賢，乃始卒其父矣。僖十九年冬，「會陳人、蔡人、楚人、鄭人盟于齊」，二十一年春，「宋人、齊人、楚人盟于鹿上」，「秋，宋公、楚子、陳侯」以下「會于霍」，成十五年冬，「叔孫僑如會晉士燮」以下「會吳于鍾離」。然則於傳聞之世，楚人數與中國會同，至所聞之世，吳人乃會，故云「與中國會同，本在楚後」也。知「賢季子乃始卒其父」者，正以吳子乘不慕諸夏，會大晚，理宜略之，今得書「卒」，明其有因。〔八〕是以二十九年夏，「吳子使札來聘」之下，傳云「吳無君，無大夫，此何以有君、有大夫？賢季子也。何賢乎季子？讓國也。賢季子則吳何以有君、有大夫？以季子爲臣，則國宜有君者也。札者何？吳季子之名也。春秋賢者不名，此何以名？許夷狄者不壹而足也。季子者，所賢也，曷爲不足乎季子？許人臣者，必使臣，許人子者必使子也」，彼注云「緣臣子尊榮，莫不欲與君父共之」，故不足乎季子，所以隆父子之親也。以此言之，則知由賢季子卒其父也。〔九〕

注「是後」至「爲君」　解云：今書其父卒，亦欲見其四子迭爲君之義故也。襄二十九年傳云「其讓國奈何？謁也、餘祭也、夷昧也，與季子同母者四，季子弱而才，兄弟皆愛之，同欲立之以爲君。謁曰『今若是迮而與季子國，季子猶不受也，請無與子而與弟。弟兄迭爲君而致國乎季子』。皆曰『諾』。故諸爲君者，皆輕死爲勇，飲食必祝」，是其迭爲君之事。

注「卒皆不日吳遠於楚」　解云：言「皆不日」者，即此文書「九月」，下二十五年冬，「十二月，吳子謁伐楚，門于巢，卒」，昭十五年「春，王正月，吳子夷昧卒」之屬，故云「卒皆不日」也。言「吳遠於楚」者，正以宣十八年秋七月，「甲戌，楚子旅卒」，下十三年「秋，九月，庚辰，楚子審卒」之屬，皆書日，故決之也。凡爲人宜道接而生恩，楚邇於諸夏，數會同，親而邇近之，故書其日。吳側海隅而與諸夏罕接，故皆不日，以見其遠也。

冬，楚公子貞帥師侵宋。

公如晉。

十有三年，春，公至自晉。

夏，取詩。「詩」者何？邿婁之邑也。曷爲不繫乎「邿婁」？諱亟也。諱背蕭魚之會亟。○取詩，二傳作邿。亟，去冀反，注同。背，音佩。

【疏】「夏取詩」者　解云：正本皆作「邿」字，有作「詩」字者，誤。

「詩者何」　解云：欲言其國，曾來未有；欲言其邑，又不繫國，故執不知問。

注「諱背」至「會亟」　解云：正以上十一年蕭魚之會，邿婁在其間，故如此解。

秋，九月，庚辰，楚子審卒。

冬，城防。

十有四年，春，王正月，季孫宿、叔老會晉士匄、齊人、宋人、衛人、鄭公孫蠆、曹人、莒人、邾婁人、滕人、薛人、杞人、小邾婁人，會吴于向。月者，危刺諸侯委任大夫，交會彊夷。臣日以強，三年之後，〔一〇〕「君若贅旒然」。○蠆，勑邁反，二傳作「蠆」。向，舒亮反。綴流，知鋭反，又作丁悦反，一本作「贅旒」。

【疏】注「三年之後君若贅旒然」者　即下十六年春，「三月，公會晉侯」以下「于溴梁。戊寅，大夫盟」，傳云「諸侯皆在是，其言『大夫盟』何？信在大夫也。何言乎『信在大夫』？徧刺天下之大夫也。曷爲徧刺天下之大夫？君若贅旒然」，彼注云「旒，旂旒。贅，繫屬之辭」，「以旂旒喻者，爲下所執持東西」者也。

二月，乙未，朔，日有食之。是後衛侯爲彊臣所逐出奔，溴梁之盟，信在大夫。

【疏】注「是後衛」至「大夫」　解云：「彊臣」謂孫、甯矣。云「溴梁之盟信在大夫」者，在下十六年春，鄉已引之訖。

夏，四月，叔孫豹會晉荀偃、齊人、宋人、衛北宫結、鄭公孫蠆、曹人、莒人、邾婁人、滕人、薛人、杞人、小邾婁人伐秦。

己未，衛侯衎出奔齊。日者，爲孫氏、甯氏所逐，後甯氏復納之，出納之者〔一一〕同，當相起，故獨日也。不書孫、甯逐君者，舉君絶爲重，見逐，説在二十七年。○復，扶又反。

【疏】「叔孫豹會晉荀偃」者〔一二〕 解云：舊本作「荀偃」，若作「荀罃」者，誤。

注「日者」至「日也」 解云：凡諸侯出奔之例，大國書月，重乖離之禍，〔一三〕小國書時，即桓十五年「五月，鄭伯突出奔蔡」，昭三年冬，「北燕伯款出奔齊」之屬是也。今此書日，故須解之。爲孫氏、甯氏所逐者，下二十七年傳云「衛甯殖與孫林父逐衛侯而立公孫剽」是也。知後甯氏復納者，亦彼傳文，甯殖已死，其子甯喜納之也。云「出納之者同，當相起，故獨日也」者，欲見其出納之者同，故「出入」皆書，見其一家之事。其入書日之經即下二十六年二月，「甲午，衛侯衎復歸于衛」是也。云「舉君絶爲重」者，謂書「衎」之名，見其當絶，不合爲諸侯。云「見逐，説在二十七年」者，謂下二十七年夏，「衛侯之弟鱄出奔晉」之下，傳具道見逐之由也。

莒人侵我東鄙。

秋，楚公子貞帥師伐吴。

冬，季孫宿會晉士匄、宋華閱、衛孫林父、鄭公孫蠆、莒人、邾婁人于戚。〇閱，音悦。

十有五年，春，宋公使向戌來聘。〇戌，音恤。二月，己亥，及向戌盟于劉。

劉夏逆王后于齊。「劉夏」者何？天子之大夫也。〔一四〕「劉」者何？邑也。其稱「劉」何？據「宰渠伯糾」繫官。○劉夏，户雅反。

【疏】「劉夏者何」解云：欲言王臣，文不言爵；欲言諸侯臣，而「逆王后」，故執不知問。

「劉者何」解云：欲言官名，經典未有；欲言非官，與「宰咺」文相值，〔一五〕故執不知問。

注「據宰渠伯糾繫官」者　即桓四年「夏，天王使宰渠伯糾來聘」是也。

以邑氏也。諸侯入爲天子大夫，不得氏國稱本爵，故以所受采邑氏，稱「子」。所謂「采」者，不得有其土地人民，采取其租稅爾。禮記王制曰「天子三公之田視公侯，卿視伯，大夫視子男，元士視附庸」。稱「子」者，參見義，顧爲天子大夫，亦可以見諸侯不生名，亦可以見爵，亦可以見大夫稱，傳曰「天子大夫」是也。不稱「劉子」而名者，禮，逆王后當使三公，故貶去大夫，明非禮也。○采邑，七代反，下「謂采」同。租稅，子奴反，下舒鋭反。見義，賢徧反，下同。大夫稱，尺證反。去，起吕反。

【疏】注「諸侯」至「稱子」　解云：知劉夏是諸侯入爲天子大夫者，正以「卒、葬」並書，即定四年秋七月，「劉卷卒」，「葬劉文公」是也。若直爲大夫者，假令書「卒」，不録其「葬」，即文三年「夏，五月，王子虎卒」，經無「葬」文是也。言「不得氏國稱本爵」者，謂不得氏本國，不得稱本爵也。其本國本爵，今史文無記，不可以指知也。言「故以所受采邑氏稱子」者，即劉子、尹子、單子之屬是也。言其常文然，不謂此經得稱「子」矣。

注「禮記」至「附庸」　解云：公羊之義，天子圻内不封諸侯，故如此解，即引王制以證之，與左氏、穀梁之義異。若然，案王制下文云「天子之縣内，方百里之國九，七十里之國二十有一，五十里之國〔一六〕六十有三，凡九十三國」，名山大澤不以朌，其餘以祿士，〔一七〕以爲閒田」，鄭氏云「大國九者，三公之田三，爲有致仕者，副之爲六也，其餘三，待封王之子弟。次國二十一者，卿之田六，亦爲有致仕者，副之爲十二，又三爲三孤之田，其餘六，亦待封王之子弟。小國六十三，大夫之田二十七，亦爲有致仕者，副之爲五十四，其餘九，亦以待封王之子弟。三孤之田不副者，以其無職，佐公論道耳，雖其致仕，猶可即而謀焉」。以此言之，天子圻内九十三國，言天子圻内不封諸侯者，謂采地以爲國，比圻外諸侯田，自采取其稅租而已，不得取即有其人民，身没之後，子孫不世，不得以諸侯難之。

注「稱子」至「是也」 解云：「參」讀爲二、三之「三」也。言凡諸侯入爲天子大夫，所以稱「子」者，三種見義，何者？正欲顧其爲天子大夫。其稱子所以得三見義者：一則可以見諸侯不生名，故曰「子」；一則可以見其本爵，何者？是圻外諸侯容其稱爵，雖不得正稱其本爵，亦得稱「子」以見之；一則可以見大夫稱，故曰「參見義」也。言「傳曰天子大夫是也」者，即上傳云「劉夏者何？天子之大夫也」是也。

注「不稱」至「非禮也」 解云：桓八年冬十月，「祭公來，遂逆王后于紀」，傳云「祭公者何？天子之三公也」，何氏云「婚禮成於五，〔一八〕先納采、問名、納吉、納徵、請期，然後親迎。時王者遣祭公來，使魯爲媒，可則因用魯往迎之，不復成禮。疾王者不重妃匹，逆天下之母，若逆婢妾，將謂海内何哉？故譏之」。其注并引「親迎」言之，則知何氏以爲天子親迎。是以異義公羊説云「天子至庶人皆親迎，所以重婚禮也」者是。何此注云「禮，逆王后當使三公」者，蓋謂有故之時，或者何氏此注云「禮，逆王后當使三公」，即知何氏之意以爲不親迎，與桓八年注云「婚禮成於五」云云「然後親迎」者，欲道士婚禮親迎之前，仍有此五禮；于時王者不行，〔一九〕不謂解天子親迎也。又言「疾王者不重妃匹」云云者，正謂疾時王不行五禮，不謂責親迎。而異義公羊説云「天子親迎」者，彼是章句家説，非何氏之意也。云「故貶去大夫明非禮也」者，謂「子」是大夫之稱，今貶而去之，故曰

「貶去大夫也」。去其大夫正稱，非禮明矣。〔二〇〕故云「貶去大夫明非禮也」。

外逆女不書，此何以書？過我也。明魯當共送逆之禮。〔二一〕○過，古禾反。共，音恭。

夏，齊侯伐我北鄙，圍成。俱犯蕭魚，此不月，十二年月者，疾始可知。

【疏】注「俱犯」至「可知」 解云：即十二年三月，「莒人伐我東鄙，圍台」，傳云「邑不言『圍』，此其言『圍』何？伐而言圍者，取邑之辭也」，彼注云「不直言取邑者，深恥中國之無信也。前九年伐得鄭，同盟于戲，楚伐鄭不救，卒爲鄭所背，中國以弱，蠻荆以強，兵革亟作，蕭魚之會，服鄭最難，不務長和親，復相貪犯，故諱而言圍以起之。月者，加責之」。然則，今齊侯伐我北鄙圍成者，亦是取邑之辭，但深恥諸夏之無信，故言「圍」以起之。然則，齊侯不務長和親，復相貪犯，背蕭魚約而特不月者，疾始可知也。

公救成，至遇。其言「至遇」何？據季孫宿救台不言所至。

【疏】注「據季」至「所至」 解云：即上十二年春，「季孫宿帥師救台，遂入運」是也。

不敢進也。兵不敵，不敢進也。不言止次，如「公次于郎」以刺之者，量力不責。重民也，故與「至攜」同文。〔二二〕封内兵書者，爲不進張本。○攜，户圭反，又囚兖反。爲，于僞反。

【疏】注「不言」至「民也」云云　解云：莊三年，「公次于郎」，傳云「其言『次于郎』何？刺欲救紀而後不能也」，彼注云「惡公既救人，辟難道還，故書其止次以起之」是也。正以此量力不責之，則知莊公三年者，力能救之而不敢救，故刺之。云「故與至巂同文」者，僖二十六年春，「公追齊師至巂，弗及」是也。然則，彼言「至巂」，此言「至遇」，故言「與至巂同文」。彼下注云「國内兵不書而舉地者，善公齊師去則止，不遠勞百姓，過復取勝，得用兵之節，故詳録之」，即襄公知力不能敵，不忍戰殺其民，至遇則止，亦得用兵之宜，故與之同文。

注「封内」云云　解云：定八年傳云「公斂處父帥師而至」，經不書之，則知封内之兵，例不書也。今此公救成，亦是封内之兵，書之者，正爲至遇張本也。至遇者是不進之文，故言此也。

季孫宿、叔孫豹帥師城成郛。○郛，芳夫反。

秋，八月，丁巳，日有食之。是後溴梁之盟，信在大夫，齊、蔡、莒、吴、衛之禍，徧滿天下。

【疏】注「是後」至「大夫」　解云：在下十六年春。

注「齊蔡」至「天下」　解云：下二十五年「夏，五月，乙亥，齊崔杼弑其君光」，冬十二月，「吴子謁伐楚，門于巢卒」，二十六年春二月，「辛卯，衛甯喜弑其君剽」，二十九年夏五月，「閽弑吴子餘祭」，三十年「夏，四月，蔡世子般弑其君固」，三十一年冬，「十有一月，莒人弑其君密州」，事不次者，意及則言，不必見義也。

邾婁人伐我南鄙。

冬，十有一月，癸亥，晉侯周卒。○周，一本作雕。

十有六年，春，王正月，葬晉悼公。

三月，公會晉侯、宋公、衛侯、鄭伯、曹伯、莒子、邾婁子、薛伯、杞伯、小邾婁子于溴梁。○狊，本又作溴，古闃反。戊寅，大夫盟。諸侯皆在是，其言「大夫盟」何？據葵丘之盟，諸侯皆在，有大夫，不言「大夫盟」。

【疏】「公會晉侯」以下「于溴梁」者　解云：爾雅釋地云「梁莫大于溴梁」，孫氏曰「梁，水橋也」，音義云「溴水出河內軹縣東南，至溫入河」是也。

注「據葵丘之盟」者　解云：在僖九年。其經云「夏，公會宰周公、齊侯、宋子」以下「于葵丘」，「九月，戊辰，諸侯盟于葵丘」。案彼經傳云，不見有大夫之盟文，唯有僖十五年「三月，公會齊侯、宋公」以下「盟于牡丘，遂次于匡。公孫敖率師及諸侯之大夫救徐」。然則，牡丘之盟，即有大夫，可知。此注云「葵丘之盟」者誤也。宜爲「牡丘」字矣。「信在大夫也」者，言其信任在于大夫。〔一三〕

信在大夫也。故書「大夫盟」，不言「諸侯之大夫」者，起信在大夫。

【疏】注「不言諸侯之大夫者起信在大夫」解云：欲決上三年雞澤之會，經云「及諸侯之大夫」也。

何言乎信在大夫？據上三年「戊寅」不起。

【疏】注「據上」至「不起」解云：即上三年雞澤之會，經云「戊寅，叔孫豹及諸侯之大夫及陳袁僑盟」，連言諸侯，是其不起之文。而言「上戊寅不起」者，欲道今此戊寅起之，二經皆言「戊寅」，故得相對爲上下也。

偏刺天下之大夫也。曷爲偏刺天下之大夫？據「戊寅」不刺之。○偏刺者，音遍，下及下注同。

【疏】注「據戊寅不刺之」解云：不復言「上戊寅」者，上已言之，從可知，省文。

君若贅旒然。「旒」，旂旒。「贅」，繫屬之辭，若今俗名就壻爲「贅壻」矣。以旂旒喻者，爲下所執持東西。「旒」者，其數名。禮記玉藻曰「天子旂十有二旒，諸侯九，卿大夫七，士五」。不言「諸侯之大夫」者，明所刺者非但會上大夫，并偏刺天下之大夫。不殊内大夫者，欲一其文，見惡同也。至此所以偏刺之者，蕭魚之會，服鄭最難，諸侯勞倦，莫肯復出，而大夫常行，三委于臣〔二四〕而君遂失權，〔二五〕大夫故得信在，〔二六〕故孔子曰「唯器與名不可以假人」。不重出地者，與三年雞澤大夫盟同義。○贅，章鋭反，本又作「綴」，丁衛反，又丁劣反，繫屬也。旒，音留，本又作「流」，旌旗之旒。屬，音燭。見惡，賢偏反。難，乃旦反。復，扶又反。重，直用反。

【疏】注「若今俗名就壻爲贅壻矣」解云：亦是妻所持挈，〔二七〕故名之云爾。

注「禮記玉藻」解云：案今禮記玉藻即無此文，〔二八〕唯禮説稽命徵及含文嘉皆云「天子旗九刃，十二旒，曳地；諸侯七刃九旒，齊軫；卿大夫五刃，七旒，齊較；士三刃，五旒，齊首」，而言玉藻，誤也。云「不言」至「大夫」者，注已云「不言諸侯之大夫」者，起信在大夫。今又言此者，謂不言諸侯之大夫有兩種之義，非但起信在大夫，明徧刺天下之大夫也。云「不殊內大夫者，欲一其文見惡同也」者，欲道上三年雞澤之會，殊叔孫豹不一其文者，非唯彼大夫之過，豹惡亦可見故也。云「諸侯勞倦莫肯復出，而大夫常行，三委于臣而君遂失權〔二九〕，大夫故得信在」者，謂上十一年，蕭魚之會以來，十四年春，「季孫宿、叔老會晉士匄」以下「于向」，夏，「叔孫豹會晉荀偃」以下「伐秦」，「冬，季孫宿會晉士匄」以下「于戚」之屬，是諸侯不出，大夫常行也。云「故孔子曰唯器與名不可以假人」者，家語文。成二年左傳亦有此言。云「不重出地者，與三年雞澤大夫盟同義」者，即上注云「不重出地，有諸侯在，臣繫君，故因上地」是也。

晉人執莒子、邾婁子以歸。録「以歸」者，甚惡晉。有罪無罪皆當歸京師，不得自治之。○惡，烏路反。

【疏】注「録以」至「治之」　解云：稱「人」以執非伯討，已是晉之惡也。復言「以歸」，不決於天子，又是其惡，故其録「以歸」者，甚惡晉矣。

齊侯伐我北鄙。

夏，公至自會。

五月，甲子，地震。是時湨梁之盟，政在臣下，其後叛臣二，弒君五，楚滅舒鳩、齊侯襲莒、乖離出奔，兵事最甚。

【疏】注「其後叛臣二」者　解云：即下二十三年夏，「晉欒盈復入于晉，入于曲沃」，二十六年春，「衛孫林父入于戚以叛」是也。云「弒君五」者，即下二十五年夏，「齊崔杼弒其君光」，二十六年春，「衛甯喜弒其君剽」，二十九年夏，「閽弒吴子餘祭」，三十年夏，「蔡世子般弒其君固」，三十一年冬，「莒人弒其君密州」之屬是也。云「楚滅舒鳩」者，即下二十五年秋，「楚屈建帥師滅舒鳩」是也。云「齊侯襲莒」者，在下二十三年冬。云「乖離出奔」者，即下十七年，「宋華臣出奔陳」，二十年蔡公子履、陳侯之弟光出奔楚之屬也。「叔老會鄭伯晉荀偃」者，〔三〇〕正本作「荀偃」，若有作「荀罃」者，誤矣。

叔老會鄭伯、晉荀偃、衛甯殖、宋人伐許。

秋，齊侯伐我北鄙，圍成。

大雩。先是伐許、齊侯圍成，動民之應。

冬，叔孫豹如晉。

十有七年，春，王二月，庚午，邾婁子瞯卒。○瞯，音閑，或下奸反，左氏作「牼」。

宋人伐陳。

夏，衛石買帥師伐曹。

秋，齊侯伐我北鄙，圍洮。○洮，他刀反，左氏作「桃」。

齊高厚帥師伐我北鄙，圍防。

九月，大雩。比年仍見圍，不暇恤民之應。

宋華臣出奔陳。

冬，邾婁人伐我南鄙。

十有八年，春，白狄來。「白狄」者何？夷狄之君也。何以不言「朝」？不能朝也。〇言朝，直遥反，下同。

【疏】「白狄者何」 解云：欲言其君，經不書朝；欲言其臣，不見名氏，故執不知問。

夏，晉人執衛行人石買。

秋，齊師伐我北鄙。

冬，十月，公會晉侯、宋公、衛侯、鄭伯、曹伯、莒子、邾婁子、滕子、薛伯、杞伯、小邾婁子同圍齊。曹伯負芻卒于師。

楚公子午帥師伐鄭。

十有九年，春，王正月，諸侯盟于祝阿。下有「執」，不日者，善同伐齊，故褒與信辭。○祝阿，二傳作「祝柯」。

【疏】「下有」至「信辭」 解云：公羊之義，不信者日。今上文同盟，下即「執邾婁子」，是爲不信，而不日者，褒與信辭故也。

晉人執邾婁子。

公至自伐齊。此同圍齊也，何以致「伐」？據諸侯圍許致「圍」。

【疏】注「據諸侯圍許致圍」者 解云：即僖二十八年冬，「諸侯遂圍許」，二十九年，「公至自圍許」是也。

未圍齊也。故致「伐」起。未圍齊則其言「圍齊」何？抑齊也。曷爲抑齊？據侵蔡、伐楚猶不抑。

【疏】注「據侵」至「不抑」 解云：即僖四年「春，王正月，公會齊侯」以下「侵蔡，蔡潰。遂伐楚」是也。言「猶不抑」者，正以楚爲彊夷，數害諸侯，論其淺深，甚於齊矣，〔三二〕猶不抑之，故以爲難也。

爲其亟伐也。或曰爲其驕蹇，使其世子處乎諸侯之上也。以下「葬」略，或說是也。「亟伐」者，并數爾。加「圍」者，明當從滅死二等，奪其爵、土。○爲其，于僞反，下同。亟，去冀反，注同。憍、蹇，紀橋反，本又作「驕」；下紀輦反。并數，必正反，下所主反，下「數年」同。

【疏】「爲其亟伐也」者　即上十七年、十八年圍洮、防之屬是也。〔三二〕

「或曰爲其」至「上也」　解云：即上十一年夏，「公會晉侯」以下「伐鄭」之時，齊世子光在於莒子之上之屬是也。

注「以下」至「是也」　解云：「下葬略」者，即下文「冬，葬齊靈公」，注云「不月者，抑其父，嫌子可得無過，故奪臣子恩，明光代父從政，處諸侯之上，不孝也」者，是正以葬是生者之事，故略其父葬，得惡其子，則知或說近其義也。云「亟伐者并數爾」者，即上圍成、圍洮、圍防之屬，故言「并數爾」。必如此解者，正以宣九年「秋，取根牟」，傳云「根牟者何？邾婁之邑也。曷爲不繫乎邾婁？諱亟也」，注云「亟，疾也。屬有小君之喪，邾婁子來加禮，未期而取其邑，故諱不繫邾婁也」。然則，彼言「亟」者，謂上有小君薨，邾婁子來加禮於魯，〔三三〕未期而伐取邑，背信大疾，故云「亟」。今此直是頻擊伐魯，故云「亟」，故須解云「亟伐者并數爾」，以別彼文。

注「加圍者」至「爵土」　解云：據未圍而言「圍」，故謂之加也。莊十年傳云「觕者曰侵，精者曰伐，戰不言伐，圍不言戰，入不言圍，滅不言入，書其重者」。然則用兵之道，滅爲最甚，入次之，圍次之。今加言「圍」，輕於滅、入二等，明不合死，但合黜爵滅土耳。

取邾婁田，自漷水。其言「自漷水」何？據「齊人取濟西田」，不言「自濟水」。○漷，火虢反，徐音郭。取濟，子禮反，下同。

【疏】注「據齊人」至「濟水」　解云：即宣元年夏，「六月，齊人取濟西田」是也。

以漷爲竟也。何言乎以漷爲竟？據取邑未嘗道竟界。漷移也。魯本與邾婁以漷爲竟。漷移入邾婁界，魯隨而有之。諸侯土地本有度數，不得隨水。隨水有之，當坐取邑，故云爾。

【疏】「漷移也」　解云：漷移而經不書者，外異故也。然則傳每言「外異不書」者，亦據此文也。

季孫宿如晉。

葬曹成公。

夏，衛孫林父帥師伐齊。

秋，七月，辛卯，齊侯瑗卒。○瑗，于眷反，一音環，二傳作「環」。

【疏】「齊侯瑗卒」者　解云：左氏、穀梁作「環」字也。

晉士匄帥師侵齊，至穀，聞齊侯卒，乃還。「還」者何？善辭也。何善爾？大其不伐喪也。此受命乎君而伐齊，則何大乎其不伐喪？據「公子買戍衛不卒戍」，言「戍衛」遂公意。

【疏】「還者何」 解云：欲言其善，而廢君命，欲言其惡，「還」是善辭，故執不知問。

注「據公」至「公意」 解云：即僖二十八年春，「公子買戍衛，不卒戍，刺之」，傳云「不卒戍者何？不卒戍者，內辭也，不可使往也。不可使往則其言『戍衛』何？遂公意也」，彼注云「使臣子不可使，恥深，故諱使若往不卒竟事者，明臣不得壅塞君命」是也。然則，公子買不可使往，而經書「戍衛」以遂公意，以明臣子不得壅塞君命。今此士匄不行君命，而經大之，故以爲難也。

大夫以君命出，進退在大夫也。禮，兵不從中御外，臨事制宜，當敵爲師，唯義所在。士匄聞齊侯卒，引師而去，恩動孝子之心，義服諸侯之君，〔三四〕是後兵寢數年，故起時善之。言「乃」者，士匄有難重廢君命之心，故見之。言「至穀」者，未侵齊也。言「聞」者，在竟外。舉「侵」者，張本。○難，乃旦反。見，賢徧反。

【疏】注「禮兵」至「張本」 解云：司馬法云「閫外之事，將軍裁之」，故云：禮，用兵之道，不得國中制御于外也。凡爲將軍之法，必須臨事制宜，謂「專進退」也。當其敵之強弱而爲師以禦之，〔三五〕唯不爲非義而已，故言「唯義所在」。而老子云「將軍有廟勝之策」者，謂未行之時，先謀於廟，授之斧鉞，令有勝功也。既授之斧鉞之後，明即自專之義，裁其可否，故是其宜也。云「恩動孝子之心義服諸侯之君」者，哀痛其喪，是其恩，故曰「恩動孝子之心」；依禮而行，是其義，故曰「義服諸侯之君」也。云「是後兵寢數年」者，謂自此以後，兵事寢伏，數年不起，至二十三年「秋，齊侯伐衛，遂伐晉」，二十四年「冬，楚子、蔡侯、陳侯、許男伐鄭」者，始有兵起也。案明年「仲孫遬帥師伐邾婁」，亦是兵，而言「數年」者，正以魯與邾婁竟界相近，數相冒犯，非齊、晉之事，故得然解也。云「故起時善之」者，正以士匄此事實依古禮，但時莫能然，特以爲善，故云「起時善之」。云「言乃者士匄有難重廢君命之心故見之」者，正以宣八年傳云「『乃』者何？難也」，今又言「乃」，故以重難解之，而言「重」者，正以「乃」難於「而」，故彼注云「言『乃』者，內而深；言『而』者，外而淺」，故此云「重難」也。云「言至穀者未侵齊也」者，上十五年夏，「公救成至遇」，傳云「其言『至遇』何？不敢進也」。然則彼言「至」者，不進之文，今至穀即聞其喪，明其未行侵，故云「言至穀者未侵齊」也。云「言聞者在竟外」者，正以古禮，庶人爲君齊衰三月，若其入竟，即舉而知之，何道聞乎？故如此解也。云「舉侵者張本」者，若如上說，本未入齊，但在竟外聞喪，而言「侵」者，爲下張本耳。

八月，丙辰，仲孫蔑卒。

齊殺其大夫高厚。

鄭殺其大夫公子喜。○喜，二傳作「嘉」。

【疏】「鄭殺」至「子喜」 解云：左氏、穀梁作「公子嘉」也。

冬，葬齊靈公。不月者，抑其父，嫌子可得無過，故奪臣子恩，明光代父從政，處諸侯之上，不孝也。

【疏】注「不月」至「不孝也」 解云：正以「卒」日「葬」月，終于春秋，爲大國之例。今「葬」不書月，故須解之。言「抑其父」者，即上十九年傳云「未圍齊，則其言圍齊何？〔三六〕抑齊也。曷爲抑齊？爲其亟伐也。或曰爲其驕蹇，使其世子處乎諸侯之上也」是也。言「嫌子可得無過」者，正以明王之制，父子兄弟罪不相兼故也。〔三七〕「故奪臣子恩」者，正以葬是生者之事，故略其父葬，不書其月，可以奪臣子恩也。言「明光代父從政處諸侯之上不孝也」者，正以孝子之道，見父母不義之事，不合從父之命，處其人君之上，焉得爲孝乎？故去其父葬月，以見之。

城西郛。言「西郛」者，據都城録道東西。

叔孫豹會晉士匄于柯。○柯，古河反。

城武城。

二十年，春，王正月，辛亥，仲孫遬會莒人盟于向。○遬，音速。

夏，六月，庚申，公會晉侯、齊侯、宋公、衛侯、鄭伯、曹伯、莒子、邾婁子、滕子、薛伯、杞伯、小邾婁子盟于澶淵。○澶，市然反。

秋，公至自會。

仲孫遬帥師伐邾婁。

蔡殺其大夫公子燮。

蔡公子履出奔楚。

陳侯之弟光出奔楚。爲二慶所譖。還在二十三年。○弟光，左氏傳作「弟黄」。

【疏】注「爲二慶」至「三年」 解云：即下二十三年經云「陳殺其大夫慶虎及慶寅。陳侯之弟光自楚歸于陳」，注云「前爲二慶所譖，出奔楚，楚人治其罪，陳人誅二慶，反光，故言『歸』。宋大夫山譖華元，貶之，而今此不貶者，〔三八〕殺二慶而光歸，譖光可知」者，即其義也。

叔老如齊。

冬，十月，丙辰，朔，日有食之。自溴梁之盟，臣恣日甚，故比年日食。

【疏】注「自溴」至「日食」 解云：自上十六年溴梁之盟信任大夫以來，臣之放恣，日日甚矣。言「比年日食」，即下二十一年秋，「九月，庚戌，朔，日有食之」，「冬，十月，庚辰，朔，日有食之」，二十三年「春，王二月，癸酉，朔，日有食之」是也。〔三九〕

季孫宿如宋。

二十有一年，春，王正月，公如晉。月者，溴梁之盟後，中國方乖離，善公獨能與大國。

【疏】注「月者」至「大國」　解云：正以朝、聘例時，故如此解。

邾婁庶其以漆、閭丘來奔。「邾婁庶其」者何？邾婁大夫也。邾婁無大夫，此何以書？據快無氏。○漆，音七。閭，力於反。快，苦夬反。

【疏】「邾婁庶其者何」　解云：欲言其君，經不書爵；欲言其大夫，邾婁無大夫，故執不知問。

注「據快無氏」　解云：即昭二十七年冬，「邾婁快來奔」，是其無氏，即不合書見之義。問者，見快不書氏，知邾婁無大夫，既無大夫，何以特書「庶其」乎？故難之。然案下二十三年「夏，邾婁鼻我來奔」，何故不據鼻我而要以據快者？正以鼻我以二字爲稱，嫌鼻我爲字，若其據之，於義不明，故如此注也。

重地也。惡受人叛臣邑，〔四○〕故重而書之。不言叛者，舉地言「奔」，則魯坐受與庶其叛兩明，故省文也。○惡，烏路反。

夏，公至自晉。

秋，晉欒盈出奔楚。

九月，庚戌，朔，日有食之。

冬，十月，庚辰，朔，日有食之。

曹伯來朝。

公會晉侯、齊侯、宋公、衛侯、鄭伯、曹伯、莒子、邾婁子于商任。○任，音壬。

十有一月，庚子，孔子生。(四一)時歲在己卯。(四二)○「庚子孔子生」，傳文上有「十月庚辰」，此亦十月也。一本作「十一月庚子」。又本無此句。

【疏】「十有一月庚子孔子生」　解云：左氏經無此言，則公羊師從後記之。

注「時歲在己卯」者　解云：何氏自有長曆，不得以左氏難之。

二十有二年，春，王正月，公至自會。月者，危公前彊隨漷有邾婁地，又受其叛臣邑，而今與會。(四三)不於上「會」月者，與日食同月，不得復見。○與，音預。見，賢徧反。

【疏】注「月者危公」者　解云：正以凡「致」例時，故如此解。云「前彊隨濞有邾婁地」者，即上十九年春，「取邾婁田，自濞水」是也。云「又受其叛臣邑」者，即上二十一年春，「邾婁庶其以漆、閭丘來奔」是也。云「不於上會」云云者，言所以不於上商任會時書月以見危者，正以與上「冬，十月，庚辰，朔，日有食之」，同在十月，不得見此義，是以於此危。

夏，四月。

秋，七月，辛酉，叔老卒。

冬，公會晉侯、齊侯、宋公、衛侯、鄭伯、曹伯、莒子、邾婁子、滕子、薛伯、杞伯、小邾婁子于沙隨。公至自會。

楚殺其大夫公子追舒。

二十有三年，春，王二月，癸酉，朔，日有食之。

三月，己巳，杞伯匄卒。〇匄，古害反。

夏，邾婁鼻我來奔。「邾婁鼻我」者何？邾婁大夫也。邾婁無大夫，此何以書？以近書也。以「奔」無他義，知以治近升平書也。所傳聞世，見治始起，外諸夏，録大略小，大國有大夫，小國略稱「人」。所聞之世，内諸夏，治小如大，廪廪近升平，故小國有大夫，治之漸也。見於邾婁者，自近始也(四四)。獨舉一國者，時亂，實未有大夫，治亂不失其實，故取足張法而已。〇鼻我，二傳作「畀我」。以治，直吏反，下「見治」、「治之漸」同。近升平，附近之近，下「近升」同。傳，直專反。見治，賢徧反，下同。

【疏】「邾婁鼻我者何」 解云：已解於上。

「以近書也」者 解云：以其治近於升平，故復書之。

注「以奔」至「而已」 解云：莊二十四年冬，「曹羈出奔」之下，傳云「曹無大夫，此何以書？賢也。何賢乎曹羈」？「三諫不從，遂去之，故君子以爲得君臣之義也」。然則，曹羈得諫義，是以書之。上二十一年邾庶其之奔，傳云「邾婁無大夫，此何以書？重地也」，昭五年「夏，莒牟夷以牟婁及防、兹來奔」，傳云「此何以書，重地也」，然則庶其、牟夷皆以重地故書，悉非常例。今此鼻我無三諫之善，無盗土之惡，直奔而已，更無它義，而得書見，知以治近升平之故也。云「見於邾婁者自近始也」者，正以地接于魯，故先治之也。云「治亂不失其實，故取足張法而已」者，言孔子作春秋，欲以撥亂世，多舉小國，悉有大夫，則恐文害其理，故曰「治亂不失其實」也。今鼻我更無他義，而得書見，明其張三世之法，故曰「取足張法而已」。

葬杞孝公。

陳殺其大夫慶虎及慶寅。

陳侯之弟光自楚歸于陳。前爲二慶所譖，出奔楚，楚人治其罪，陳人誅二慶，反光，〔四五〕故言「歸」。宋大夫山譖華元貶，〔四六〕此不貶者，殺二慶而光歸，譖光可知。○譖，側鴆反。

【疏】注「前爲」至「言歸」〔四七〕解云：在上二十年秋。云「故言歸」者，正以「歸」者「出、入」無惡之文故也。云「宋大夫山譖華元貶」者，即成十五年秋，「宋華元出奔晉，宋華元自晉歸于宋。宋殺其大夫山」，何氏云「不氏者，見殺在華元歸後，嫌直自見殺者，故貶之，明以譖華元故」。今此殺二慶之後，光乃歸，「歸」者「出、入」無惡之文，則知譖光明矣。

晉欒盈復入于晉，入于曲沃。「曲沃」者何？晉之邑也。其言「入于晉，入于曲沃」何？據當舉重。○復入，扶又反，注同。

【疏】「曲沃者何」解云：欲言晉邑，理當舉重；欲言非晉邑，繫「晉」言之，故執不知問。

欒盈將入晉，晉人不納，由乎曲沃而入也。欒盈本欲入晉，篡大夫位，晉人不納，更入於曲沃，得其士衆，以入晉國。曲沃大夫當坐，故復言「入」。篡大夫位例時。

【疏】注「欒盈本」至「例時」　解云：「復入」者，「出」無惡之文，故知其「入」欲有所篡也。不直言「入」，又無叛文，故知不篡君位也。其惡之文，不繫於篡君，故知止欲篡大夫也。云「曲沃大夫當坐，故復言入」者，〔四八〕正以「入」者「出、入」惡之文，而入于曲沃，故知從晉鄉曲沃之時，有罪明矣。曲沃大夫受納有罪之人，故云「當坐」。春秋欲見此義，故不舉重，復書「入于曲沃」矣。云「篡大夫位例時」者，正以經書「夏」，故知例時。昭二十一年夏「宋華亥、向甯、華定自陳入于宋南里以畔」，定十一年「秋，宋樂世心自曹入于蕭」之屬〔四九〕皆是也。

秋，齊侯伐衛，遂伐晉。八月，叔孫豹帥師救晉，次于雍渝。曷爲先言「救」而後言「次」？據「次于聶北，救邢」。○渝，羊朱反，左氏作「榆」。聶，女輒反。

【疏】注「據次」至「救邢」　解云：即僖元年春，「齊師、宋師、曹師次于聶北，救邢」是也。

先通君命也。惡其不遂君命，而專止次，故先通君命，言「救」。○惡，烏路反。

己卯，仲孫遬卒。

冬，十月，乙亥，臧孫紇出奔邾婁。〇紇，恨發反。

晉人殺欒盈。曷爲不言「殺其大夫」？據簒得大夫之位。

【疏】注「據簒」至「之位」　解云：正以夏已入晉，冬乃殺之。傳又云「曷爲不言殺其大夫」，故知簒得大夫之位矣。

非其大夫也。明非君所置，不得爲大夫。無大夫文而殺之稱「人」者，從討賊辭，大其除亂也。

【疏】無大夫云云〔五〇〕　解云：公羊之例，大夫自相殺稱「人」，即文九年「晉人殺其大夫先都」之屬是。今無大夫之文稱「人」者，欲從「衛人殺州吁」、「齊人殺無知」之屬，是討賊之辭故也。實非簒而作討賊之辭者，大其除亂也。

齊侯襲莒。

二十有四年，春，叔孫豹如晉。

仲孫羯帥師侵齊。〇仲孫偈，本又作「禓」，亦作「羯」，同，居謁反。

夏，楚子伐吴。

秋，七月，甲子，朔，日有食之，既。是後楚滅舒鳩，齊崔杼、衛甯喜弑其君。

【疏】注「是後」至「其君」　解云：二十五年秋，「楚屈建帥師滅舒鳩」，二十五年夏，「齊崔杼弑其君光」，二十六年春，「衛甯喜弑其君剽」是也。

齊崔杼帥師伐莒。

大水。前此叔孫豹救晉，仲孫羯侵齊，比興師衆，〔五二〕民怨之所生。〔五三〕

八月，癸巳，朔，日有食之。與「甲子」同。

【疏】注「與甲子同」　解云：在上七月也。

公會晉侯、宋公、衛侯、鄭伯、曹伯、莒子、邾婁子、滕子、薛伯、杞伯、小邾婁子于陳儀。○陳儀，二傳作「夷儀」，二十五年同。

冬，楚子、蔡侯、陳侯、許男伐鄭。

公至自會。

陳鍼宜咎出奔楚。○咸，本又作「鍼」，其廉反。咎，其九反。

叔孫豹如京師。

大饑。有死傷曰「大饑」，無死傷曰「饑」。

【疏】「于陳儀」　左氏與穀梁作「夷儀」。

注「有死傷曰大饑」　解云：正以諸經直言「饑」，此加「大」故也。

校勘記

〔一〕鑾荆以強　阮校：鄂本「強」作「彊」。今按，撫州本作「彊」，余本作「強」。

〔二〕圜台之經爲文者　浦鏜云：「爲」下當脱「常」字。

〔三〕傳云運者何　「傳云」二字原無。浦鏜云：「運」上當脱「傳云」二字。據補。

〔四〕以自益其邑　「以」原作「而」。阮校：鄂本「而」作「以」，正義正作「以」。今按，撫州本、余本「而」作「以」。據改。

〔五〕夏晉侯使士彭來聘　阮校：按疏中標經「士彭」當本作「士魴」。

〔六〕賢季子因始卒其父　阮校：疏中「因」作「乃」。

〔七〕皆作士魴字　汪文臺識語：公羊前經皆作「士彭」，此諸正本作「士魴」者，涉二傳而誤。成十七年音義云「士彭」，「襄十二年同」。陸本是也。

〔八〕明其有因　「明」原作「問」。阮校：疑當作「其問有因」。今按，單抄本「問」作「明」，據改。

〔九〕卒其父也　北大本校記：公羊義疏「卒」上有「乃」字。

〔一〇〕二年之後　「二」原作「三」。浦鏜云：「二」誤「三」。阮校：浦説是，從穀梁疏校。據改。

〔一一〕出納之者　「出納之」三字原無。阮校：鄂本「者」上有「出納之」三字，按疏中引亦有，此脱，當據以補入。今按，撫州本、余本有「出納之」三字。據補。

〔一二〕叔孫豹會晉荀偃者　「偃」字原無。阮校：閩、監、毛本「者」作「偃」，按「者」、「偃」當並有。據補「偃」字。

〔一三〕大國書月重乖離之禍　「書」、「禍」二字原無。盧補：毛本「國」下有「書」字，「之」下有「禍」

字。今按，閩本脱字，單抄本不脱。據補。

〔一四〕天子之大夫也　阮校：孫志祖云，穀梁疏云「公羊以劉夏爲天子下大夫」，據此則「大夫」上疑脱「下」字。

〔一五〕與宰咺文相值　殿本考證：推尋文義，「相值」似應作「相似」。

〔一六〕五十里之國　「里」字原無。浦鏜云：「之」上脱「里」字。據補。

〔一七〕其餘以禄士　「禄」原作「録」。浦鏜云：「禄」誤「録」。今按，單抄本作「禄」。據改。

〔一八〕婚禮成於五　「五」原作「伍」。浦鏜云：「五」誤「伍」。今按，單抄本作「五」。據改。

〔一九〕于時王者不行　單抄本「行」下有「之」字，疑是。

〔二〇〕非禮明矣　北大本校記：「非禮明」，公羊義疏作「明非禮」。

〔二一〕共送逆之禮　「逆」原作「迎」。阮校：鄂本「迎」作「逆」。今按，撫州本、余本作「逆」。據改。

〔二二〕故與至攜同文　阮校：閩、監、毛本「攜」改「巂」。按釋文作「至攜」，此本載音義同。此疏及僖廿六年經傳釋文作「巂」。

〔二三〕信在大夫也者言其信任在于大夫　浦鏜云：此十四字當在下「信在大夫也」節注下。

〔二四〕三委于臣　浦鏜云：「正」誤「三」，從六經正誤校。汪文臺識語：疏本作「三」，故以于向、伐秦、于戚解之。

〔二五〕而君遂失權　一本「權」上有「實」字。阮校：此本疏引注云「而君遂失實權」。閩、監、毛本無「實」字。今按，諸本注并下疏皆無「實」字，此本疏衍。

〔二六〕大夫故得信在　「在」原作「失」。阮校：鄂本「信失」作「信任」，此誤。今按，撫州本、余本「失」作

「在」。阮校非，據改。

〔二七〕亦是妻所持挈　單抄本「持」作「提」。

〔二八〕即無此文　浦鏜云：「即」疑衍字。

〔二九〕而君遂失權　「權」上原有「實」字，據删。説參校勘記〔二五〕。

〔三〇〕叔老會鄭伯荀偃者　阮校：閩、監、毛本移此下疏文至「宋人伐許」下，删「者」字，增「解云」二字。

〔三一〕論其淺深甚於齊矣　「其」字原無，「淺深」原作「深淺」。單抄本「論」下有「其」字，「深淺」互乙。據改。

〔三二〕爲其亟伐也者即上十七年十八年圍洮防之屬是也　以上二十一字原無，據單抄本補。

〔三三〕邾婁子來加禮於魯　「子」字原無。殿本考證：「來」上脱「子」字。今按，單抄本有「子」字。據補。

〔三四〕義服諸侯之君　「義」字原無。殿本考證：「服」上脱「義」字。阮校：鄂本、毛本有「義」字。按解云「哀痛其喪是其恩，故曰恩動孝子之心，依禮而行是其義，故曰義服諸侯之君也」。是疏本有「義」字，當據補。今按，撫州本、余本有「義」字。據補。

〔三五〕而爲師以禦之　「師」原作「帥」。孫詒讓校記：「帥」疑「師」之誤。今按，單抄本作「師」。據改。

〔三六〕未圍齊則其言圍齊何　「其言」原作「言其」。北大本校記：據傳文改「言其」爲「其言」。今按單抄本作「其言」。據乙正。

〔三七〕罪不相兼故也　單抄本「兼」作「及」。

〔三八〕譖華元貶之而今此不貶者　浦鏜云：「之而今」三字當爲衍文。

〔三九〕癸酉朔日有食之　「朔」字原無。浦鏜云：「日」上脱「朔」字。據補。

〔四〇〕惡受人叛臣邑　「人」字原無。阮校：鄂本「受」下有「人」字。今按，撫州本、余本有「人」字。據補。

〔四一〕十有一月庚子孔子生　阮校：釋文作「庚子孔子生」，云「傳文上有十月庚辰，此亦十月也。一本作十一月庚子。又本無此句」。按穀梁傳作「庚子孔子生」，與陸氏本合。疏本作「十有一月庚子」，與唐石經同。又按作「十月」者是也。考杜氏長曆，十月庚辰小，十一月己酉大，十一月無庚子，庚子乃十月二十一日也。齊召南説。

〔四二〕時歲在己卯　阮校：錢大昕云，於三統術，是年歲在乙巳，「乙卯」當爲「乙巳」之訛。疏作「己卯」亦非。

〔四三〕而今與會　「會」原作「魯」。阮校：鄂本「魯」作「會」，此誤。今按，撫州本、余本作「會」。據改。

〔四四〕自近始也　阮校：昭廿七年疏引作「以近治也」，「始」當爲「治」之訛。當據正。按解云「正以地接于魯故先治之也」，是疏本作「治」。今按，諸本注并疏皆作「始」字，昭廿七年疏單抄本亦作「始」，閩、毛本已誤作「治」。此下疏云「地接于魯故先治之」即解「始」字者，疑阮校誤。

〔四五〕誅二慶反光　「反」原作「及」。撫州本「及」作「反」，余本誤作「及」。閩、監、毛本不誤。據改。

〔四六〕宋大夫山譖華元貶　阮校：二十年疏引此「貶」下有「之」字。

〔四七〕注前爲至言歸　單抄本作「注前爲二慶所譖出奔楚者」，無下「解云」二字。

〔四八〕故復言入者　「者」原作「也」。浦鏜云：「者」誤「也」。據改。

〔四九〕樂世心自曹入于蕭　阮校：閩、監、毛本「世」改「大」，非。經作「世」字。今按，單抄本作「世」。

〔五〇〕無大夫云云　「無大夫云云」原作「注明非至亂也」，誤。據單抄本改。

〔五一〕比興師衆　「比」原作「此」。浦鏜云：「比」誤「此」。阮校：元本同，監、毛本「此」作「北」，皆誤。鄂本、閩本作「比」，是。今按，撫州本作「比」，余本已誤作「此」。據改。

〔五二〕民怨之所生　「生」下原有「也」字。阮校：鄂本「生」下無「也」字，當據正。今按，撫州本、余本無「也」字。據删。

監本附音春秋公羊傳注疏襄公卷第二十一起二十五年，盡三十一年。

何休學

二十有五年，春，齊崔杼帥師伐我北鄙。

夏，五月，乙亥，齊崔杼弑其君光。

公會晉侯、宋公、衛侯、鄭伯、曹伯、莒子、邾婁子、滕子、薛伯、杞伯、小邾婁子于陳儀。

六月，壬子，鄭公孫舍之帥師入陳。日者，陳、鄭俱楚之與國，今鄭背楚入陳，明中國當憂，助鄭以離楚弱陳，故爲中國憂録之。○背，音佩。爲，于僞反。

【疏】注「日者」至「録之」　解云：正以公羊之義，「入」例書時，傷害多者乃始書月，即成七年「秋，吴入州來」，隱二年「夏，五月，莒人入向」之屬是。今此書日，故爲憂録之故也。言「陳、鄭俱楚之與國」者，(一)正以宣十一年「夏，楚子、陳侯、鄭伯盟于辰陵」之文也。

秋，八月，己巳，諸侯同盟于重丘。「會」、「盟」再出，不舉重者，起諸侯欲誅崔杼，故詳録之。○重，直龍反。

【疏】注「會盟」至「録之」　解云：正以文十四年夏，「公會宋公」以下「同盟于新城」，舉「盟」以爲重，不言「會于某」。今「會、盟」並舉，故須解之。僖九年，「公會宰周公」以下「于葵丘」之下，注云「會盟一事，不舉重者，時宰周公不與盟」也；昭十三年平丘之下，注云「不舉重者，起諸侯欲討棄疾，故詳録之」，與此同。

公至自會。

衛侯入于陳儀。「陳儀」者何？衛之邑也。曷爲不言「入于衛」？據與鄭突入櫟同。○櫟，力狄反。

【疏】「陳儀者何」　解云：欲言是國，「衛侯入于」；欲言其邑，不繫于「衛」，故執不知問。

注「據與」至「櫟同」　解云：桓十五年「秋，九月，鄭伯突入于櫟」，「櫟者何？(二)鄭之邑。曷爲不言『入于鄭』」，注云「據齊陽生立陳乞家，言『入于齊』」。今此亦據哀公六年齊陽生之事，與之同，故云「據與鄭突入鄭」。

櫟同」矣。哀六年傳云「景公死，而舍立。陳乞使人迎陽生于諸其家」。「諸大夫不得已，皆逡巡，北面，再拜稽首，而君之爾」。然則陽生實入陳乞家，而言「入于齊」；今衛侯入于陳儀，不言「入于衛」，是以據而難之。然則，陽生入于陳乞之家，在國都之內，故言「入于齊」，陳儀非國都，故不得言「入于衛」。

諼君以弑也。以先言「入」，后言「弑」也。時衛侯爲剽所篡逐，不能以義自復，詐願居是邑爲剽臣，然后候問伺便，使甯喜弑之。君子耻其所爲，故就爲臣以諼君惡之。未得國言「入」者，起詐篡從此始。○諼，況元反。以弑，音試，注同，后年放此。伺便，音司，下婢面反。惡，烏路反。

【疏】注「以先」至「弑也」　解云：謂今言「入」，二十六年弑剽是也。云「時衛侯爲剽所篡逐」者，初見篡逐在十四年，今仍未復，故言「時」也。云「然后候間伺便使甯喜弑之」者，在下二十六年春。云「故就爲臣以諼君惡之」者，謂就其君之文以惡之。云「未得國言入者」云云，欲言小白、陽生之屬，得國乃言「入」。

楚屈建帥師滅舒鳩。○屈，居勿反。

冬，鄭公孫蠆帥師伐陳。〔三〕

【疏】「公孫蠆」云云　亦有一本作「公孫萬」字者。

十有二月，吴子謁伐楚，門于巢卒。「門于巢卒」者何？入門乎巢而卒也。入門乎巢而卒者何？入巢之門而卒也。以先言「門」，后言「于巢」。吴子欲伐楚，過巢，不假塗，卒暴入巢門，門者以爲欲犯巢而射殺之。君子不怨所不知，故與巢得殺之，使若吴爲自死文，所以彊守禦也。書「伐」者，明持兵入門，乃得殺之。○謁，左氏作「遏」。卒暴，七忽反。射，食亦反。

【疏】「吴子遏」者，亦有一本作「謁」字者。〔四〕

「門于巢卒者何」解云：欲言好死，〔五〕舉「門于巢卒」；欲言其殺，「卒」非殺之稱，故執不知問。

「入門乎巢而卒者何」解云：雖加「入」字，〔六〕仍未分明，故更以不知問之。

注「先言門后言于巢」者　解云：正以先入其門，巢人乃殺，故言「門于巢卒」。傳云「入巢之門而卒也」者，解入于巢而卒。

吴子謁何以名？據諸侯伐人不名。傷而反，未至乎舍而卒也。以名「卒」，間無事，知以傷辜死。還就張本文，「伐」名，知傷而反。〔七〕「卒」繫「巢」，知未還至舍。巢不坐殺，復見辜者，辜内當以弑君論之，辜外當以傷君論之。○復，扶又反。

【疏】「吴子謁」至「卒也」　解云：上七年傳云「鄭伯髡原何以名？傷而反，未至乎舍而卒也」，已是辜傳也。今復發之者，正以彼是臣傷其君，今此異國，因其異，故復發之。

注「以名」至「本文」　解云：正以伐楚而書名，門于巢而言「卒」，其間更無事，知以傷之故，傷辜而死，是以還就于伐而書其名，爲「卒」張本文。云「伐名知傷而反卒繫巢知未還至舍」者，正以名者，卒爵之稱，今于「伐」

已名，知其見傷而反也。其卒之時，仍繫「巢」言之，故知於被傷還，未至于舍止之處而卒也。云「巢不坐殺復見辜」者，上注云「與巢得殺」，是巢不坐殺也。言「復見辜」者，對上七年言之，故言「復」也。云「辜内當云云者，上注云「與巢得殺之」，今見辜者，正以過國假塗，賓客之謙謹；重門設守，主人之恒備。今吴人無禮，凌暴巢國，若不與殺，開衰世諸侯得使縱横。巢無禦備而殺人之君，若今舍之，又脱漏其罪，是以何氏進退見之。〔八〕若以殺論，巢君合絶；若以傷論，貶黜而已。云云之説，在上七年。

二十有六年，春，王二月，辛卯，衛甯喜弑其君剽。甯喜爲衛侯衎弑剽，不舉衎弑剽者，諼成于喜。○剽，匹妙反。喜爲，于僞反，下文「爲惡」、「曷爲」同。

【疏】注「甯喜」至「剽者」　解云：下二十七年傳文。云「不舉衎弑剽者，諼成于喜」者，言喜若爲衎弑剽，春秋舉重，宜書「衎弑」。今書喜者，正由諼成于喜故也。是以下二十七年傳曰「甯殖死，喜立爲大夫，使人謂獻公曰『黜公者，〔九〕非甯氏也，孫氏爲之。吾欲納公，何如』？」是諼詐成于喜之文也。〔一〇〕

衛孫林父入于戚以叛。衎盗國，林父未君事衎，言「叛」者，林父本逐衎，衎入故叛，衎得誅之，猶定公得誅季氏，〔一一〕故正之云爾。

【疏】注「林父」至「言叛者」　解云：正以凡言「叛」者，臣盗土之辭，故如此解。云「林父本逐衎」者，在十四年也。

注「猶定公」至「云爾」　解云：昔林父逐衎，衎得誅之；季氏不逐定公，而定公得誅季氏者，正以昭公是父，父子一體，榮辱同之。季氏逐昭公，故與定公得誅之也。知如此者，正以定公元年「霣霜殺菽」，何氏云「周十月，夏八月，微霜用事，未可殺菽，菽者少類，爲稼強，季氏象也。是時定公喜於得位，而不念父黜逐之恥，反爲淫祀立煬宫，故天示以當早誅季氏」是也。

甲午，衛侯衎復歸于衛。此諼君以弒也，其言「復歸」何？據齊陽生至陳乞家時，書「入于齊」，不書「復歸」。「復歸」者，入無惡文。

【疏】注「據齊」至「歸者」　解云：即哀六年秋，〔一三〕「齊陽生入于齊」，傳云「景公死而舍立。陳乞使人迎陽生于諸其家」，「諸大夫不得已」，皆「再拜稽首而君之爾」是也。云「復歸者入無惡文」者，即桓十五年傳云「復歸者，出惡歸無惡」是也。

惡剽也。主惡剽。衛侯入無惡，則剽惡明矣。○惡剽，烏路反，注及下「惡剽」、「以惡」并上注「故惡」、「反惡」、「惡輕」、「以惡」皆同。曷爲惡剽？據齊陽生不書「歸」惡舍。剽之立，於是未有説也。凡篡立，皆緣親親也。剽以公孫立於是位，尤非其次，故衛人未有説，喜由此得成諼禍。故惡以爲戒也。篡重不書，反惡此者，因重不得書，故得惡輕，亦欲以見重。○有説，音悦，注同。以見，賢徧反，下「出見」同。

【疏】注「凡篡」至「親親也」者　解云：正以有繼及之道故也。

云「剽以公孫立於是位尤非其次故衛人未有説」者　解云：若以昭穆言之，遠於公子，故曰「尤非其次」也。

昭穆既遠，復無賢德，是以衛未有説之也。

然則曷爲不言剽之「立」？據「衛人立晉」。

【疏】注「據衛人立晉」者　在隱四年。

不言剽之「立」者，以惡衛侯也。欲起衛侯失衆出奔，故不書剽「立」。剽立無惡，則衛侯惡明矣。日者，起甯氏復納之，故出入同文也。甯喜弑君而衛侯歸，則甯氏納之明矣。以「歸」、「出奔」俱日，知出納之者同。衛侯歸而孫氏叛，孫氏本與甯氏共逐之亦可知也。名者，起盜國。盜國明則「復歸」爲惡剽出見矣。○復納，扶又反。

【疏】注「日者」至「納之」　解云：正以春秋之例，「歸」與「復歸」例皆時，即僖二十八年夏，「六月，衛侯鄭自楚復歸于衛」，何氏云「復歸例皆時，此月者，爲下卒出也」是也。今此書日，故須解之。

云「故出入同文也」者　解云：即十四年夏四月，「己未，衛侯衎出奔齊」。今此復日，故曰「同文也」。

云「盜國明」至「見矣」者　解云：正以「復歸」者，「出」有惡，「入」無惡，故得爲惡剽之文。何者？衎既盜國，寧得無惡而入言「復歸」？知更有所見。

夏，晉侯使荀吴來聘。

公會晉人、鄭良霄、宋人、曹人于澶淵。

秋，宋公殺其世子痤。痤有罪，故平公書「葬」。○痤，在禾反。

【疏】注「痤有罪」至「書葬」 解云：春秋之例，君殺無罪大夫，及枉殺世子者，皆不書「葬」，以明其合絶。是以申生無罪，不書獻公之「葬」。至昭十一年經云「叔弓如宋，葬宋平公」者，正以痤有罪故也。〔一三〕若隱元年「鄭伯克段于鄢」，以其有罪，故去弟。痤今若有罪，仍言「世子」者，正以段有當國之罪重，故如其意，貶去其弟，使如國君，〔一四〕氏上「鄭」，所以見段之惡逆矣。今痤之罪微，不足去「世子」，但是合罪之科，故得存其「葬」矣。

晉人執衛甯喜。此執有罪，何以不得爲伯討？據甯喜弑君者。稱「人」而執，非伯討。

【疏】注「稱人而執非伯討」者 解云：僖四年傳文也。

不以其罪執之也。明不得以爲功，當坐執人。

八月，壬午，許男甯卒于楚。○甯，乃定反。

冬，楚子、蔡侯、陳侯伐鄭。

葬許靈公。

二十有七年，春，齊侯使慶封來聘。

夏，叔孫豹會晉趙武、楚屈建、蔡公孫歸生、衛石惡、陳孔瑗、鄭良霄、許人、曹人于宋。〇孔瑗，二傳作「孔奐」。

衛殺其大夫甯喜。衛侯之弟鱄出奔晉。衛殺其大夫甯喜，則衛侯之弟鱄曷爲出奔晉？據與射姑同。〇鱄，市轉反，又音專，一音直轉反。射，音亦，又音夜。

【疏】**注「據與射姑同」** 解云：即文六年，「晉殺其大夫陽處父，狐射姑出奔狄」，(一五)傳云「晉殺其大夫陽處父，則狐射姑曷爲出奔」，彼注云「據蔡殺其大夫公子燮，蔡公子履出奔楚，此非同姓，恐見及」。然則今此亦據公子履出奔之事，與射姑同，故言「據與射姑同」矣。其公子履之事在上二十年秋。(一六)執鐵鑕者，若似司弓矢云「甲革椹鑕」之類。

爲殺甯喜出奔也。曷爲爲殺甯喜出奔？据非同姓。○爲殺，于僞反，下「爲殺」、「爲我」、「爲衛」、注「深爲」皆同。衛甯殖與孫林父逐衛侯而立公孫剽。甯殖病，將死，謂喜曰：「黜公者，非吾意也，孫氏爲之。「黜」，猶出逐。〔一七〕○黜公，勑律反，下文注同。我即死，〔一八〕女能固納公乎？」「固」，猶必也。喜者，殖子。殖本與孫氏共立剽，而孫氏獨得其權，故有此言。○女，音汝。喜曰：「諾。」甯殖死，喜立爲大夫，使人謂獻公曰：「黜公者，非甯氏也，孫氏爲之。吾欲納公，何如？」獻公曰：「子苟欲納我，〔一九〕吾請與子盟。」盟者，欲堅固喜意。喜曰：「無所用盟，時喜見獻公多詐，欲使公子鱄保之，故辭不肯盟，曰：「臣納君，義也，無用爲盟矣」。請使公子鱄約之。」喜素信鱄，以爲鱄能保獻公。獻公謂公子鱄曰：「甯氏將納我，吾欲與之盟。其言曰『無所用盟，請使公子鱄約之』。子固爲我與之約矣。」公子鱄辭曰：「夫負羈縶，「縶」，馬絆也。○羈縶，本又作「馽」，下陟立反，馬絆也。絆，音半。執鈇鑕，從君東西南北，則是臣僕庶孽之事也。「僕」，從者。「庶孽」，衆賤子，猶樹之有孽生。○鈇，音甫，又方于反。鑕，之實反。從君，才用反，又如字，注同。孽，魚列反，又五割反，注及下同。若夫約言爲信，則非臣僕庶孽之所敢與也。」鱄見獻公多詐，不敢保。○與，音預。獻公怒，曰：「黜我者，非甯氏與孫氏，凡在爾！」欲以此語迫從，令必約之。○令，力呈反。公子鱄不得已而與之約。已約，歸至，殺甯喜。獻公歸至國，背約殺甯喜。○背約，音佩，下同。公子鱄挈其妻子而去之，慙恚不能保獻公。○挈，苦結反。恚，一睡反。將濟于河，攜其妻子「攜」，猶提也。而與之盟，恐乘舟有風波之害，已意不得展，故將濟，豫與之盟。曰：「苟有履衛地、食衛粟者，昧雉彼視！」「昧」，割也。時割雉以爲盟，猶曰「視彼割雉」。負此盟，則如彼矣」。傳極道此者，見獻公無信，刺鱄兄爲彊臣所逐，既不能救，又移心事剽，背爲姦約，獻公雖復，因喜得反，誅之，小負未爲大惡，而深以自絶。所謂守小信而忘大義，拘小介而失大忠。不爲君漏言者，即漏言，當坐殺大夫，不得以正葬，正葬，明喜有罪。○昧，舊音刎，亡粉反，一音末，又音蔑，割也。見獻，賢徧反，下「見此」同。復，扶又反。介，音界。

【疏】注「誅之」至「大忠」 解云：獻公之入，甯喜之由，背賢弟之約，殺所恃之人，應爲大惡，而言「小負」者，正以甯氏殺逐兩君，累世同惡，雖納舊君，未足掩其前罪。今獻公違約殺之，故謂之「小負」。何氏必知小負者，正以下二十九年秋，「葬衛獻公」。若殺無罪大夫，例不書「葬」；而獻公書「葬」，甯喜有罪明矣。喜既有罪，則殺之者罪輕，其罪既輕，謂之「小負」，不亦宜乎？

注「不爲」至「有罪」 解云：君漏言者，即文六年傳云「射姑殺，則其稱國以殺何？君漏言也」是也。然則「君漏言」者，即坐殺大夫，故當去其「葬」。而文六年晉襄公由漏言以殺處父，而經書「公子遂如晉，葬襄公」者，正以彼經殺在葬後，是以不得去其君「葬」矣。

秋，七月，辛巳，豹及諸侯之大夫盟于宋。曷爲再言「豹」？據盟于首戴，不再出「公」。

【疏】注「據盟」至「出公」　解云：即僖五年夏，「公及齊侯、宋公」以下「會王世子于首戴」，「秋，八月，諸侯盟于首戴」是也。

殆諸侯也。「殆」，危也。危諸侯，故再出「豹」，懼録之。曷爲殆諸侯？據首戴不殆。爲衛石惡在是也，曰惡人之徒在是矣。衛侯衎不信，而使惡臣石惡來，故深爲諸侯危，懼其將負約爲禍原。先見此者，衎負鱄殺喜得書「葬」，嫌於義絶可，欲起其小負。「會」、「盟」再出，不舉重者，方再出「豹」也。石惡惡者，下「出奔」是也。

【疏】注「會盟」至「豹也」　解云：正以文十四年夏，「公會宋公」以下「同盟于新城」，舉「盟」以爲重，不言「會于某」。今此「會、盟」並舉，故須解之。

冬，十有二月，乙亥，朔，日有食之。是后閽殺吴子餘祭，〔二〇〕蔡世子般弑其君，莒人弑其君之應。〔二一〕○閽殺，音昏，下音弑，〔二二〕二十九年同。祭，側界反。

【疏】注「是后」至「之應」　解云：即下二十九年夏五月，「閽弑吴子餘祭」，〔二三〕三十年「夏，四月，蔡世子般弑其君固」，三十一年冬十一月，〔二四〕「莒人弑其君密州」是也。

二十有八年，春，無冰。豹、羯爲政之所致。

【疏】注「豹羯」至「所致」　解云：成元年「無冰」之下，注云「尚書曰『舒恒懊若』，易京房傳曰『當寒而温，倒賞也』」，〔二五〕是時成公幼少，季孫行父專權而委任之所致」，即其義也。而偏指豹、羯者，正以數年以來，專見豹、羯之事，不見季孫見經，明是時豹、羯用事故也。即上二十三年，「叔孫豹帥師救晉，次于雍榆」，二十四年，「叔孫豹如晉，仲孫羯帥師侵齊」，二十七年「夏，叔孫豹會晉趙武」以下「于宋」。案下文，秋，「仲孫羯如晉」，二十九年夏，「仲孫羯會晉荀盈」以下「城杞」之屬是也。

夏，衛石惡出奔晉。

邾婁子來朝。

秋，八月，大雩。公方欲如楚，〔二六〕先是豫賦于民之所致。

【疏】注「公方欲如楚」解云：即下十一月，「公如楚」，二十九年「夏，五月，公至自楚」是也。

仲孫羯如晉。

冬，齊慶封來奔。

十有一月，公如楚。如楚皆月者，危公朝夷狄也。

【疏】注「如楚皆月者」解云：即此及昭七年「三月，公如楚」，皆月之屬是也。

十有二月，甲寅，天王崩。靈王。

乙未，楚子昭卒。「乙未」與「甲寅」相去四十二日，蓋閏月也。「葬」以閏數，「卒」不書「閏」者，正取朞月。明朞、三年之喪，始死得以閏數；非死月，不得數閏。○閏數，所主反，下同。期月，居其反，又作「朞」。

【疏】注「葬以閏」至「數閏」解云：哀五年「閏月，葬齊景公」，傳云「閏不書，此何以書」，〔二七〕注云「據楚子昭卒不書閏」，傳云「喪以閏數也」，注云「謂喪服大功以下諸喪，當以閏月爲數」，傳又云「喪曷爲以閏數」，注云「據卒不書閏」，傳云「喪數略也」，注云「略猶殺也。以月數恩殺，故并閏數」。然則，大功以下，以月爲數，故得數之，故此注云「葬以閏數」。云「卒不書閏者，正取朞月」者，以其取朞月，故不得書閏矣。何者？以閏非正月故也。以此言之，明朞、三年之喪，始死在閏月，得數之，何者？正以閏月者，前月之餘，故得繼前月言之；若閏不在始死之月，則不得數之。何者？朞、三年皆以年計，若通閏數之，則不滿朞、三年故也。

二十有九年，春，王正月，公在楚。何言乎「公在楚」？據成十一年正月公在晉，不書。

【疏】注「據成」至「不書」 解云：即成十年「秋，七月，公如晉」，十一年「春，王三月，公至自晉」，則知正月之時，公在晉明矣。

「正月」以存君也。正月，歲終而復始。臣子喜其君父與歲終而復始，執贄存之，故言「在」。在晉不書，在楚書者，惡襄公久在夷狄，爲臣子危録之。○而復，扶又反，下皆同。惡襄，烏路反，下「惡以」同。爲臣，于僞反，下「故爲」、「爲季子」、傳「凡爲」同。

【疏】注「臣子」至「言在」 解云：公在國時，恒以歲首存之。今君在楚，不得行此事，故書其所在。云「在晉不書」云云者，即成十一年是也。若然，案昭三十一年、三十二年，皆云「春，王正月，公在乾侯」。何言「在晉不書」者，昭三十年注云「閔公運潰，無尺土之居，遠在乾侯，故以存君書，明臣子當憂納之」。然則，閔公失國，遠在晉地，是以書之，仍非常例也。

夏，五月，公至自楚。

庚午，衛侯衎卒。

閽弑吴子餘祭。「閽」者何？門人也。守門人號。

【疏】「閽者何」　解云：欲言其臣，「閽」非臣稱；欲言非臣，而得「弑吴子」，〔二八〕故執不知問。

刑人也。以刑爲閽。古者肉刑：墨、劓、臏、宫，與大辟而五。孔子曰「三皇設言民不違，五帝畫象世順機，三王肉刑揆漸加，〔二九〕應世黠巧姦僞多」。○劓，魚器反。臏，毗忍反。辟，婢亦反。畫象，音獲。應世，應對之應。黠，閑八反。

【疏】注「以刑」至「而五」　解云：何氏所以必言「古者肉刑」者，正以漢文帝感女子之訴，恕倉公之罪，除肉刑之制，故指肉刑爲古者矣。知五刑爲此等者，正以元命包云「墨劓辟之屬各千，臏辟之屬五百，宫辟之屬三百，大辟之屬二百，列爲五刑，罪次三千」是也。案周禮司刑職云「墨罪五百，劓罪五百，刖罪五百，宫罪五百，大辟五百」，〔三〇〕凡二千五百，與此違者，鄭駮異義云「臯陶」改「臏」爲「剕」，吕刑有剕，周改「剕」爲「刖」。然則，司刑職，周刑也。孔子爲春秋，採摘古制，是以元命包之文與司刑名異，條目不同。云「孔子曰：三皇設言民不違，五帝畫象世順機，三王肉刑揆漸加，應世黠巧姦僞多」者，孝經説文。言三皇之時，天下醇粹，其若設言，民無違者，是以不勞制刑，故曰「三皇設言民無違」也。其五帝之時，黎庶已薄，故設象刑以示其恥，當世之人，順而從之，疾之而機矣，〔三一〕故曰「五帝畫象世順機」也。「書」猶設也。其「象刑」者，即唐傳云「唐虞之象刑，上刑赭衣不純」，注云「純，緣也，時人尚德義，犯刑者，但易之衣服，自爲大恥」，「中刑雜屨」，「屨，履也」，「下刑墨幪」，「幪，巾也，使不得冠飾」。「周禮罷民亦然，上刑易三，中刑易二，下刑易一，輕重之差，以居州里，而民恥之」是也。三王之時，劣薄已甚，故作肉刑以威恐之，言三王必爲重刑者，正揆度其世，以漸欲加而重之，故曰揆漸加也。當時之人，應其時世而爲黠巧、作姦僞者，彌多于本，用此之故，須爲重刑也。云云之說，備在孝經疏。

刑人則曷爲謂之「閽」？據非刑人名。**刑人非其人也。**以刑人爲閽，非其人，故變「盗」言「閽」。

【疏】**注「以刑」至「言閽」** 解云：曲禮上篇云「刑人不在君側」，鄭注云「爲怨恨爲害」。祭統云「古者，不使刑人守門」。然則刑人不合爲「閽」，故曰「以刑人爲閽，非其人」也。刑人弒君，〔三二〕正合書「盗」，故哀四年，「盗弒蔡侯申」之下，傳云「弒君賤者窮諸人，此其稱盗以弒何？賤乎賤者也。賤乎賤者孰謂？謂罪人也」。是其刑人弒君，正合稱「盗」之文，是以此注云「故變盗言閽」。

君子不近刑人，近刑人則輕死之道也。刑人不自賴，而用作閽，由之出入，卒爲所殺，故以爲戒。不言「其君」者，公家不畜，士庶不友，放之遠地，欲去聽所之，故不繫國，不繫國，故不言「其君」。○不近，附近之近，下同。

【疏】**注「刑人」至「其君」** 解云：猶言不自重，似若世人名輕賤之物云「非可賴」也。又云「公家不畜，士庶不友，放之遠地，欲去聽所之」者，出禮記王制文。注「故不」至「其君」者，〔三三〕言「故不繫國」者，謂不言「吳閽」也。既不繫國，則絶君臣之義，故不言弒其君矣。

仲孫羯會晉荀盈、齊高止、宋華定、衛世叔齊、鄭公孫段、曹人、莒人、邾婁人、滕人、薛人、小邾婁人城杞。書者，杞時微，善能成王者後。

【疏】「衛世叔齊」　解云：左氏經作「大叔儀」。

晉侯使士鞅來聘。○鞅，於丈反。

杞子來盟。貶稱「子」者，微弱不能自城，危社稷、宗廟，當坐。善諸侯城之，復貶者，諸侯自閔而城之，非杞能以善道致諸侯。

【疏】注「貶稱」至「當坐」　解云：杞是王者之後，實爲公，但春秋之義，假魯爲王，新周、故宋，黜杞爲「伯」，是以莊二十七年冬，「杞伯來朝」，注云「杞，夏後，不稱公者，春秋黜杞，新周而故宋，以春秋當新王」。然則杞之常爵，正合稱「伯」，而稱「子」者，微弱不能自城，危社稷、宗廟，當坐故也。云云之説，在僖二十三年。

吳子使札來聘。吳無君、無大夫，此何以有君、有大夫？據向之會稱國。○札，側八反。

【疏】注「據向之會稱國」　解云：即上十四年，「季孫宿、叔老會晉士匄」以下「會吳子向」是也。

賢季子也。何賢乎季子？據聘不足賢，而使賢有君、有大夫，「荆人來聘」是也。

【疏】注「荆人來聘是也」　釋曰：〔三四〕即莊二十三年夏，「荆人來聘」是也。然則，彼亦來聘而但稱「人」，則知來聘之功，不足褒美，今得加文，故怪之。

讓國也。其讓國奈何？謁也、餘祭也、夷昧也，與季子同母者四。「與」，并也。并季子四人。季子弱而才，兄弟皆愛之，同欲立之以爲君。謁曰：「今若是迮而與季子國，「迮」，起也，倉卒意。○迮，子各反，起也。卒，七忽反。季子猶不受也。請無與子而與弟，弟兄迭爲君，「迭」，猶更也。○迭，大結反，更也。更也，音庚。而致國乎季子。」皆曰：「諾！」故諸爲君者，皆輕死爲勇，飲食必祝，「祝」，因祭祝也。論語曰「雖疏食、菜羹、瓜，祭」是也。〔三五〕○祝，之又反，又之六反，注同。疏食，音嗣。

【疏】「故諸」至「爲勇」　解云：言其或輕其死，或爲勇事，即餘祭不遠刑人、〔三六〕謁爲巢門所殺是也。

【疏】注「論語」至「是也」　釋曰：論語鄉黨文。言雖疏食、菜羹及瓜質薄之物，亦必祭其所先，君子有事不忘本也。引之者，證飲食有祭之義。吳子因此祭而得自祝也。

曰：「天苟有吴國，猶曰「天誠欲有吴國，當與賢弟」。

【疏】注「猶曰」至「賢弟」　釋曰：言天誠有吴而不滅之，我當將國以與賢弟也。

尚速有悔於予身。」「尚」，猶努力。「速」，疾也。「悔」，咎。「予」，我也。欲急致國于季子意。

【疏】「尚速」至「予身」　解云：案成十七年左氏傳云「晉士燮祈死」下，何氏作膏肓難之曰「休以爲人生有三命，有壽命以保度，有隨命以督行，有遭命以摘暴，未聞死可祈也。昔周公之隆，〔三七〕天不出妖，地不出孽，陰陽和調，災害不生。武王有疾，周公植璧秉珪，願以身代，武王疾愈，周公不夭。由此言之，死不可請，偶自天禄欲盡矣，非果死。今左氏以爲果死，因著其事，以爲信然。於義，左氏爲短」。然則，今此謁等亦自祈死，而得難左氏者，公羊此事直見謁等愛其友弟，致國無由，精誠之至，而願早卒，遂忘死不可祈之義矣。猶如周公代死，子路請禱之類，豈言謁等祈得死乎？而謁及餘祭之死，或入巢之門，或閽人所殺，抑亦事非天眷也，豈如左氏以果死爲信然？故得難之。然則，季子仁者，知兄如此，何不早去，而令三君遇咎自悔者，蓋謁等但爲密謀，季子不知，是以未去耳。

故謁也死，餘祭也立。故迭爲君。

【疏】「故謁也死」〔三八〕　解云：在上二十五年。餘祭也立，在上二十六年。餘祭也死，在今年夏。夷昧也立，在明年夷昧也死，在昭十五年春。「季子使而反，至而君之爾」者，在昭十五年。「凡爲季子之故也」者，三君皆年，〔三九〕故言「凡」。凡者，非一之辭。

餘祭也死，夷昧也立。夷昧也死，則國宜之季子者也。季子使而亡焉。僚者，長庶也，即之。緣兄弟相繼而即位。所以不書僚篡者，緣季子之心，惡以己之是，揚兄之非，故爲之諱。所以起至而君之。○季子使，所吏反，下同。僚者，力雕反。長庶，丁丈反，下注同。季子使而反，至而君之爾。不爲「讓國」者，僚已得國，無所讓。〔四〇〕闔廬曰：「先君之所以不與子國而與弟者，凡爲季子故也。將從先君之命與，則國宜之季子者也。如不從先君之命與，則我宜立者也。僚惡得爲君乎？」於是使專諸刺僚，「闔廬」，謁之長子光。「專諸」，膳宰。僚者炙魚，因進魚而刺之。○闔，户臘反。廬，力居反。命與，音餘，下「命與」同。僚焉，於虔反，本又作「惡」，音烏。刺僚，七賜反，又七亦反，注同。者，市志反。

【疏】注「闔廬」至「子光」 解云：正以上云「則我宜立」故也。云「專諸膳宰，僚者炙魚，因進魚而刺之」者，吴語文。〔四一〕自「闔廬」以下至「去之延陵」，皆在昭二十七年。

而致國乎季子。季子不受，曰：「爾弒吾君，〔四二〕吾受爾國，是吾與爾爲篡也。爾殺吾兄，吾又殺爾，是父子、兄弟相殺，終身無已也。」〔四三〕「兄弟相殺」者，謂闔廬爲季子殺僚。○爾殺吾君，申志反，注「殺僚」同。篡，初患反。去之延陵，「延陵」，吴下邑。禮，公子無去國之義，故不越竟。終身不

入吳國。不入吳朝，既不忍討闔廬，義不可留事。〔四四〕

【疏】注「不入吳朝」　解云：正以延陵者，竟内之邑，而言不入吳國，故以朝廷解之。

故君子以其不受爲義，以其不殺爲仁。故大其能去，以其不以貧賤苟止，故推二事與之。

【疏】注「故大其能去」　解云：言由其能去之，故君子與之。

賢季子，則吳何以有君、有大夫？據其本不賢其君。以季子爲臣，則宜有君者也。〔四五〕方以季子賢，許使有臣、有大夫，故宜有君。「札」者何？吳季子之名也。春秋賢者不名，此何以名？故降字而名。許夷狄者不壹而足也。

【疏】「札者何」　解云：欲言其名，違賢者例，欲言其字，仍不足其氏，故執不知問。

「許夷狄者不壹而足也」者　解云：「壹而足」者，即莊二十五年「春，陳侯使汝叔來聘」是也。〔四六〕

季子者，所賢也，曷爲不足乎季子？許人臣者必使臣，許人子者必使子也。緣臣子尊榮莫不欲與君父共之，字季子，則遠其君。夷狄常例，離君父辭，故不足以隆父子之親，〔四七〕厚君臣之義。季子讓在殺僚後，豫於此賢之者，移諱于闔廬，不可以見讓，故復因聘起其事。○遠，于萬反。〔四八〕見，賢徧反。

【疏】注「季子」至「見讓」解云：殺僚在昭二十七年夏。言「移諱于闔廬」者，移却季子讓國之文，諱去闔廬之殺，是以不得見其讓矣。故彼注云「不書闔廬弑其君者，爲季子諱，明季子不忍父子兄弟自相殺，讓國闔廬，欲其享之，〔四九〕故爲没其罪也」是也。

秋，九月，葬衛獻公。

齊高止出奔北燕。○燕，音烟。

冬，仲孫羯如晉。

三十年，春，王正月，楚子使薳頗來聘。月者，公數如晉，希見答，今見聘，故喜録之。○薳，于委反。頗，音皮，又音彼，一音普何反，一本作「跛」者，音同；二傳作「薳罷」。數，所角反。

【疏】注「月者」至「録之」解云：文當言「如晉」，是，若有作「如楚」字者，誤也。言「數如晉」者，即上三年春，〔五〇〕「公如晉」，四年「冬，公如晉」，八年春，「公如晉」，十二年冬，「公如晉」，二十一年春，「公如晉」之屬是也。在位之間，五朝于晉，故言「數」也。言「希見答」者，上十二年「夏，晉侯使士彭來聘」，二十九年夏，

「晉侯使士鞅來聘」是也。魯侯五朝，而晉人再答，故謂之「希」。二十八年公一如楚，〔五一〕楚亦一報，故喜録之也。案上元年，「晉侯使荀罃來聘」，而解之言「希」者，以其公如晉之前，非答公之事故也。

夏，四月，蔡世子般弑其君固。不日者，深爲中國隱痛有子弑父之禍，故不忍言其日。○般，音班。深爲，于僞反，下「爲伯」、「不爲」、「爲中國」同。

【疏】注「不日」至「其日」　解云：欲道文元年「冬，十月，丁未，楚世子商臣弑其君髡」，以其是夷狄，忍言其日也。

五月，甲午，宋災。伯姬卒。伯姬守禮，含悲極思之所生。外災例時，此日者，爲「伯姬卒」日。○思，息吏反。

【疏】「外災」至「卒日」　解云：外災例時，即莊十一年「秋，宋大水」，莊二十年「夏，齊大災」，上九年「春，宋火」之屬是也。而昭九年「夏，四月，陳火」，書月者，正以楚人強暴，行詐枉滅，君子閔之，故特月矣。故彼注云「月者，閔之」是也。而昭十八年「夏，五月，壬午，宋、衛、陳、鄭災」，而書日者，正以四國同日而俱災。四國者，天下象，若曰無天下云爾，故日之。然則，此不合日而日，自爲伯姬卒，故日。若然，即魯女之卒，例合書日，而莊四年「三月，紀伯姬卒」，不日者，彼夏「六月，乙丑，齊侯葬紀伯姬」，何氏云「卒不日，葬日者，魯本宜葬之，故移恩録文於葬」是也。以此言之，則知莊二十九年「冬，十有二月，紀叔姬卒」，三十年「八月，癸亥，葬紀叔姬」，亦是魯本宜葬之，故移恩録文於葬也。

天王殺其弟年夫。王者得專殺，書者，惡失親親也。未三年，不去「王」者，方惡不思慕而殺弟，不與子行也。不從直稱君者，舉重也。莒殺意恢，以失子行録。設但殺弟，不能書是也。不爲諱者，年夫有罪。○年夫，音佞，又如字，二傳作「佞夫」。惡失，烏路反，下皆同。去，起吕反。子行，下孟反，下「子行」、「其行」同。

【疏】注「王者」至「親也」 解云：諸侯之義，不得專殺大夫，若大夫有罪而殺之者，皆惡于專殺，是以書見。今此天王也，自得專殺。若殺大夫，宜不書之。書者，以其未王而殺母弟，(五二)失親親，故惡而書也。

注「未三」至「子行」(五三) 解云：文九年，「毛伯來求金」之下，傳云「何以不稱使？當喪未君也。踰年矣，何以謂之『未君』？即位矣，而未稱王也。未稱王，何以知其即位？以諸侯之踰年即位，亦知天子之踰年即位也」，注云「俱繼體，其禮不得異」。「以天子三年，然後稱王，亦知諸侯於其封内三年稱子也」。然則靈王之崩，在二十八年十有二月，則於此時未三年也，未合稱「王」而稱「王」者，責其在父服之内方當思慕而已，而殺其母弟，非人子之義，是以直稱「天王」，不與其子行也。而昭二十二年夏四月，景王崩，(五四)至二十二年秋七月，「天王居于狄泉」，亦未三年而稱「天王」者，彼傳云「此未三年，其稱天王何？著有天子也」，何氏云「時庶孽並篡，天王失位徙居，微弱甚。故急著正其號，明天下當救其難而事之」是也。

注「不從」至「有罪」(五五) 解云：僖五年「春，晉侯殺其世子申生」，傳云「曷爲直稱晉侯以殺？殺世子、母弟直稱君者，甚之也」，注云「甚之者，甚惡殺親親也。春秋公子貫於先君，唯世子與母弟以今君録，親親也。今舍國體直稱君，知以親親責之」。然則，殺世子、母弟者，皆直稱君甚之。今經云「天王殺其弟年夫」者，寧知不是直稱爵之例，而知「天王」者乃是不與子行者，正以其在父服之内，而不思思慕，反殺先君之子，以此爲重，故知義然。云「莒殺意恢以失子行録」者，即昭十四年「冬，莒殺其公子意恢」，注云「莒無大夫，書殺公子者，未踰年而殺其君之子，不孝尤甚，故重而録之。稱氏者，明君之子」是也。云「設但殺弟不能書是也」者，正以莒殺意恢以其在喪内，故書而責之，則知天王殺弟，若不在喪，不書矣。(五六)若諸侯之義，不得專殺大夫，而言莒殺意恢，在喪内乃書者，正以意恢直莒子之弟，不爲大夫故也。今此王者自得專殺，若不在喪内，何勞書乎？故云「設但殺弟不能書是也」。云「不爲諱者年夫有罪」者，春秋之義，雖言黜周而王魯，乃實天子，服内殺弟，是甚惡，何故不爲尊者諱？因年夫有罪，則王者之惡稍輕，是以春秋不復諱矣。

王子瑕奔晉。稱「王子」者，惡天子重失親親。○重，直用反，又直勇反。

【疏】注「稱王」至「親親」　解云：正以文元年「天王使叔服來會葬」，注云「叔服，王子虎也」，「不繫王者，不以親疏録也」。今此王子瑕言「王子」者，正惡天王重失親親故也。

秋，七月，叔弓如宋，葬宋共姬。外夫人不書「葬」，此何以書？隱之也。何隱爾？宋災，伯姬卒焉。說在下也。○共，音恭。其稱謚何？據「葬紀伯姬」不言謚。

【疏】注「據葬」至「言謚」　解云：即莊四年「齊侯葬紀伯姬」是也。然則，宋伯姬得稱謚者，以其賢故也。即紀伯姬不言謚者，不賢明矣。若然，案隱七年「春，王三月，叔姬歸于紀」，何氏云「叔姬者，伯姬之媵也」，「媵賤，書者，後爲嫡，終有賢行。紀侯爲齊所滅」，「能處隱約，全竟婦道，故重録之」。然則，紀叔姬亦有賢行，而莊三十年「葬紀叔姬」之經不云謚者，蓋以劣於宋伯姬，故不得與之同文。何者？能處隱約，全竟婦道，豈同守節盡誠，逮火而死乎？

賢也。何賢爾？宋災，伯姬存焉，有司復曰：「火至矣，請出！」伯姬曰：「不可！吾聞之也，『婦人夜出，謂有事宗廟。不見傅、母不下堂』。禮，后、夫人必有傅、母，所以輔正其行，衛其身也。選老大夫爲傅，選老大夫妻爲母。○傅母，如字，又武侯反，本又作「姆」，同。

【疏】注「選老」至「爲母」　解云：春秋説文。作時王之禮。「逮乎火而死」者，爲火所逮，環而死也。

傅至矣，母未至也。」逮乎火而死。故賢而録其謚。〔五七〕

鄭良霄出奔許。自許入于鄭。鄭人殺良霄。

冬，十月，葬蔡景公。賊未討，何以書「葬」？君子辭也。君子爲中國諱，使若加弑。月者，弑父，比髡原恥尤重，故足諱辭。○加弑，音試，下同。

【疏】注「君子」至「加弑」　解云：凡君弑者，雖賊未討，亦書其君「葬」，故昭十九年「夏，五月，戊辰，許世子止弑其君買」，「冬，葬許悼公」，傳云「賊未討，何以書葬？不成于弑也」。

注「月者」至「諱辭」　解云：即上七年冬十二月，「鄭伯髡原如會，未見諸侯。丙戌，卒于操」，傳云「諸侯卒其封內不地，此何以地？隱之也。何隱爾？弑也。孰弑之？其大夫弑之。曷爲不言其大夫弑之？爲中國諱也」。八年「夏，葬鄭僖公」，傳云「賊未討，何以書葬？爲中國諱也」。何氏云「探順上事，使若無賊然。不月者，本實當去葬責臣子，故不足也」。然則，案彼髡原爲大夫所弑，雖爲中國諱而書其「葬」，猶責不足其文。今此蔡侯爲子所弑，比於髡原，爲恥尤重，是以足其諱辭，備書時月也。

晉人、齊人、宋人、衛人、鄭人、曹人、莒人、邾婁人、滕人、薛人、杞人、小邾婁人會于澶淵，宋災故。「宋災故」者何？諸侯會于澶淵，凡爲宋災故也。「會」未有言其所爲者，此言所爲何？録伯姬也。重録伯姬之賢，爲諸侯所閔憂。〔五八〕○凡爲，于僞反，下及注「所爲」同。

【疏】「宋災故者何」解云：上下諸會不録所爲，唯此特書，故執不知問。

諸侯相聚，「聚」，歛也。相聚歛財物。而更宋之所喪，「更」，復也。如今俗名解浣衣復之爲「更衣」。○更宋，音庚，又古孟反，復也，償也。所喪，息浪反，下注同。浣，户管反。曰「死者不可復生，爾財復矣」。「復」者，如故時。諸侯共償復其所喪。○復生，扶又反。償，常亮反。此大事也，曷爲使微者？據詳録所爲故。卿也。卿則其稱「人」何？貶。曷爲貶？據善事也。卿不得憂諸侯也。時雖名諸侯使之，〔五九〕恩實從卿發，〔六〇〕故貶，起其事，明大夫之義得憂内，不得憂外，所以抑臣道也。宋憂内并貶者，非救危亡，禁作福也。

【疏】注「時雖」至「其事」　解云：以此言之，若恩從君發，而使大夫行之，雖其非正，罪不至貶也。

注「明大」至「臣道」　解云：在禮，家施不及國，而言「得憂内」者，正謂救危亡之時，助君憂内，不謂自專行之。以此言之，若助君憂内，以救危之時，雖恩發大夫，不合譏。

注「宋憂」至「福也」　解云：言宋雖遭災，未至於滅，而恩發於大夫，外求鄰國，近乎作福，是以禁之。洪範云「惟辟作福，惟辟作威」。今乃大夫行之，故云「禁作福」也。

三十有一年，春，王正月。

夏，六月，辛巳，公薨于楚宫。公朝楚，好其宫，歸而作之，故名之云爾。作不書者，「見者不復見」。○好其，呼報反。見者，賢徧反，下同。

【疏】注「公朝」至「云爾」　解云：正以上言「公如楚」、「公至自楚」，下言「公薨于楚宫」，故云「朝楚，好其宫，歸而作之，故名楚宫」。

注「作不」至「復見」　解云：哀公三年夏，「五月，辛卯，桓宫、僖宫災」，傳云「此皆毁廟也，其言『災』何？復立也。曷爲不言其復立？春秋見者不復見也」，〔六一〕何氏云「謂内所改作也。哀自立之，善惡獨在哀，故得省文」。然則，言「見者不復見」，謂春秋之義，諸是内所改作者，但隨其重處一過見之而已，其餘輕處，不復見之。所以然者，正以哀自作之，還於哀世災之，〔六二〕善惡獨在於哀，故得省文矣。今此作楚宫，亦是襄自作之，還復襄自薨之，善惡獨在於襄，故得省文。故引彼傳云「見者不復見也」。以此言之，則知成六年「立武宮」，昭十五年「有事于武宮」，亦是内所改作，而重見者，正以成公立之，至昭乃有事，立之祭之者異，故不得省文。

秋，九月，癸巳，子野卒。

己亥，仲孫羯卒。

冬，十月，滕子來會葬。此書者，與叔服同義。

【疏】注「此書」至「同義」　解云：文元年春，〔六三〕「天王使叔服來會葬」，傳云「其言『來會葬』何？會葬，禮也」，何氏云「常事書者，文公不肖，諸侯莫肯會之，故書天子之厚以起諸侯之薄」。然則，今此會葬亦是常禮，而書之者，亦是襄公不肖，諸侯莫肯會之，故書滕子之厚，以起諸侯之薄，故云「與叔服同義」矣。

癸酉，葬我君襄公。

十有一月，莒人弒其君密州。莒子納去疾，及展立，莒子廢之。展因國人攻莒子，殺之。去疾奔齊。稱「人」以弒者，「莒無大夫」。密州爲君惡，民所賤，故稱國以弑之。

校勘記

〔一〕言陳鄭俱楚之與國者　「俱」字原無。北大本校記：據疏引注例補「俱」在「楚」上。據補。

〔二〕櫟者何　浦鏜云：此上脱「傳云」二字。

〔三〕公孫囆帥師伐陳　阮校：諸本同。唐石經作「公孫蠆」，口旁後加。疏云「公孫囆云云，亦有一本作公孫萬字者」。何煌云，「萬」字當「蠆」字誤。又閩、監、毛本皆脱此節疏。

〔四〕吴子遏者亦有一本作謁字者　阮校：何校本同。閩、監、毛本「遏」、「謁」字互倒。

〔五〕欲言好死　「死」字原作「者」。單抄本「者」作「死」。據改。

〔六〕雖加入字　「字」原作「者」。單抄本「者」作「字」。據改。

〔七〕伐名知傷而反　阮校：惠棟云，「伐名」二字屬上句，蓋名于伐而不名于卒，故謂「知以傷辜死，爲伐名張本」。疏云「伐名知傷而反卒」，誤讀。

〔八〕进退見之　「見」原作「月」。北大本校記：據公羊義疏改「月」作「目」。今按，毛本、單抄本「月」作「見」。據改。

〔九〕曰黜公者　「曰」字原無。浦鏜云：「黜」上脱「曰」字。今按，單抄本有「曰」字。據補。

〔一〇〕是諼詐成于喜之文也　「成于」原作「于成」。浦鏜云：「成于」二字誤倒。今按，單抄本作「成于」。據乙正。

〔一一〕猶定公得誅季氏　「猶」原作「尤」。撫州本、余本「尤」作「猶」。據改。

〔一二〕解云即哀六年秋　單抄本「哀」下有「公」字。

〔一三〕正以痤有罪故也　單抄本「痤」下有「今若」二字。疑因下文誤。

〔一四〕使如國君　北大本校記：公羊義疏「使」作「仍」。

〔一五〕晉殺其大夫陽處父狐射姑出奔狄　浦鏜云：「父」下脱「晉」字。

〔一六〕在上二十年秋　浦鏜云：此下十六字當在「執鈇鑕」節下。

〔一七〕黜猶出逐　「猶」原作「尤」。撫州本、余本「尤」作「猶」。據改。

〔一八〕我即死　阮校：鄂本「即」作「則」。

〔一九〕子苟欲納我　「欲」字原無。浦鏜云：「苟」下脱「欲」字，從唐石經校。阮校：唐石經有「欲」字，石經考文提要云宋景德本、鄂泮官書本、春秋集傳釋義皆作「子苟欲納我」。今按，撫州本、余本有「欲」字。據補。

〔二〇〕是后闔殺吴子餘祭　阮校：鄂本「后」作「後」。今按，撫州本、余本「后」作「後」。

〔二一〕蔡世子般弑其君莒人弑其君之應　阮校：據釋文「闔殺，下音弑」，此二弑字亦當作殺，音弑。因上有釋文故作「殺」。此無釋文故改「弑」也。

〔二二〕下音弑　宋本、撫州本音義「弑」作「試」，余本作「弑」。

〔二三〕闔弑吴子餘祭　單抄本「弑」作「殺」。

〔二四〕冬十一月　「一」字原無。浦鏜云：「十」下脱「一」字。據補。

〔二五〕當寒而温倒賞也　「賞」原作「置」。浦鏜云：「置」當作「賞」。阮校：成元年注作「倒賞」。今按，單抄本作「賞」。據改。

〔二六〕公方欲如楚　「欲」原作「久」。阮校：鄂本「久」作「欲」，此誤。今按，撫州本「久」作「欲」，余本誤作「久」。疏引亦誤作「久」。並據改。

〔二七〕此何以書　「此」字原無。浦鏜云：「何」上脱「此」字。今按，單抄本有「此」字。據補。

〔二八〕而得弑吴子　單抄本「弑」作「殺」。

〔二九〕三王肉刑揆漸加　阮校：鄂本「漸」誤「斬」。解云「揆度其世以漸欲加而重之，故曰『揆漸加』」。

〔三〇〕宫罪五百大辟五百　「五百大辟」，浦鏜云：周禮作「殺罪」。

〔三一〕疾之而機矣　阮校：盧文弨曰，疑當作「疾如機矣」，即所謂其機如此也。

〔三二〕刑人弑君　單抄本無「刑人」二字，疑脱。

〔三三〕故不至其君者　殿本考證：推尋文義，「至」字似當「言」。浦鏜云：「注故不至其君者」當衍文。阮校：按此標何注起訖，特閩、監、毛本「注」字失加黑框者，下無「解云」二字耳，不當衍也。

〔三四〕釋曰　阮校：毛本「釋曰」改「解云」。按周禮、儀禮疏及穀梁疏皆稱「釋曰」，公羊疏稱「解云」，或後人所改，此其改之未盡者。

〔三五〕疏食菜羹瓜祭　阮校：按古論語作「瓜祭」，魯論語作「必祭」，何氏今文之學，當引作「必祭」。又按何於尚書多引伏生之學，於論語不可必其用魯也。參臧庸拜經日記「何氏公羊注引瓜祭」條。

〔三六〕即餘祭不遠刑人　單抄本無「即」字。

〔三七〕昔周公之隆　北大本校記：公羊義疏「昔」作「若」。

〔三八〕故謁也死　阮校：此本自「故謁也死解云」至「凡者非一之辭」通爲一節。閩、監、毛本分爲四段，散在傳文每節下，割裂破碎不成文理矣。

〔三九〕三君皆年　諸本「年」作「然」，單抄本作「爾」。

〔四〇〕無所讓　原作「無讓也」。阮校：鄂本作「無所讓」，此誤。今按，撫州本作「無所讓」，余本誤作「無讓也」。據改。

〔四一〕吴語文　浦鏜云：「吴語」當爲「吴世家」。

〔四二〕爾弑吾君　阮校：唐石經、鄂本同。閩、監、毛本「弑」改「殺」。按釋文作「爾殺吾君」，云「申志反，注殺僚同」。蓋據此所改。注中則諸本皆作「殺僚」。

〔四三〕終身無已也　王引之經義述聞第廿四春秋公羊傳之「終身無已也」條以「身」爲衍文。

〔四四〕義不可留事　阮校：鄂本無「可」，此衍。今按，撫州本、余本有「可」字。

〔四五〕則宜有君者也　浦鏜云：前十二年疏引此上有「國」字。阮校：唐石經缺。以上下字數計之當無「國」字。

〔四六〕陳侯使汝叔來聘是也　浦鏜云：「女」誤「汝」。

〔四七〕故不足以隆父子之親　浦鏜云：前十二年疏引此「足」下有「乎季子所」四字，此脱。阮校：何校本十二年疏引文與今本異。

〔四八〕遠于萬反　宋本、撫州本音義「萬」作「万」，余本音義作「萬」。

〔四九〕欲其享之　「享」原作「高」。浦鏜云：「享」誤「高」。今按，單抄本作「享」。據改。

〔五〇〕上三年春　阮校：閩、監、毛本「春」誤「冬」。今按，單抄本作「春」，不誤。

〔五一〕二十八年公一如楚　「一」原作「〇」。阮校：閩、監、毛本删「公」下「〇」，非。汪文臺識語：此

「〇」當删。今按，單抄本「〇」作「一」。據改。

〔五二〕以其未王而殺母弟　北大本校記：公羊義疏無「未王而」三字。

〔五三〕注未三至子行　「注」字原無。阮校：閩、監、毛本「行」下衍「年」字，又毛本「未」上有「注」字。今按，單抄本有「注」字。據補。

〔五四〕景王崩　北大本校記：經本作「天王」，據改「景」爲「天」。

〔五五〕注不從至有罪　單抄本作「注不從直稱君者舉重也云云」。

〔五六〕若不在喪不書矣　北大本「喪」下有「則」字，下屬。諸本所無。

〔五七〕故賢而録其謚　「謚」原作「説」。阮校：鄂本「説」作「謚」，此誤，今按，撫州本、余本「説」作「謚」。據改。

〔五八〕爲諸侯所閔憂　阮校：鄂本「閔」作「同」，此誤。今按，撫州本、余本作「閔」。疑阮校非是。

〔五九〕時雖名诸侯使之　「名」原作「各」。阮校：鄂本「各」作「名」，此誤。今按，撫州本、余本「各」作「名」。據改。

〔六〇〕恩實從卿發　北大本校記：公羊義疏「恩」下有「賞」字。

〔六一〕見者不復見也　「復」原作「得」。浦鏜云：「復」誤「得」。今按，單抄本作「復」。據改。

〔六二〕還於哀世　「世」原作「上」。浦鏜云：「世」誤「上」。據改。

〔六三〕解云文元年春　「元」原作「九」。浦鏜云：「元」誤「九」。今按，單抄本作「元」。據改。

監本附音春秋公羊傳注疏昭公卷第二十二 起元年，盡十二年。

何休學

元年，春，王正月，公即位。

叔孫豹會晉趙武、楚公子圍、齊國酌、〔一〕宋向戌、衛石惡、〔二〕陳公子招、蔡公孫歸生、鄭軒虎、許人、曹人于漷。戌、惡皆與君同名，不正之者，正之當貶，貶之嫌觸大惡。方譏二名爲諱，義當正亦可知。○國酌，二傳作「國弱」。招，上遥反。軒虎，軒依字，許言反，舊音罕，二傳作「罕虎」。漷，音郭，又音號，左氏作「號」，穀梁作「郭」。

【疏】「齊國酌」 解云：亦有作「國弱」者。

注「戌惡」至「大惡」 解云：下七年秋，「衛侯惡卒」，十年冬，「宋公戌卒」，知向戌、齊惡皆與君同名也。然則君臣者，父子之倫，寧有同名之理？今二子與君同名，乃是不可之甚，而春秋不正之者，若正之，當去其氏，或貶稱「人」。若其去氏，嫌如宋督、宋山、齊無知之屬；若其稱「人」，嫌如襄三十年澶淵之大夫，有作福之大惡，由兹進退，不得正之。然則君臣同名，不軌之甚，得不爲大惡者，正以名者父之所置，已父未必爲今君之臣，已或先世子而生，君子既孤，禮有不更名之義，是以春秋謂之小惡。曲禮下篇云「不敢與世子同名」，鄭注云「其先之生，則亦不改」，義亦通於此。以此言之，則知無駭入極之屬，自是大惡，故去其氏；俠卒，翬、溺會齊師之屬，未命大夫，正合無氏，須辟嫌故。

注「方譏」至「可知」　解云：定六年冬，「季孫斯、仲孫忌帥師圍運」，傳云「此仲孫何忌也，曷爲謂之仲孫忌？譏二名。二名，非禮也」，何氏云「爲其難諱也。一字爲名，令難言而易諱，所以長臣子之敬，不逼下也。春秋定、哀之間，文致太平，欲見王者治定，〔三〕無所復爲譏，〔四〕唯有二名，故譏之。此春秋之制也」。然則所見之世，文致大平，〔五〕二名者小過，猶尚譏之，況名不辟君，乃小惡之大者乎？當須正之，亦可知矣。總三世言之，昭爲大平之首，所以不譏二名，而定、哀之間乃譏之者，蓋欲析而言之，未當孔子之身故也。云云之説，在定六年。

此陳侯之弟招也，何以不稱「弟」？據八年稱「弟」。

【疏】注「據八年稱弟」　解云：即八年經云「春，陳侯之弟招殺陳世子偃師」是。

貶。曷爲貶？據八年殺偃師猶不貶。爲殺世子偃師貶。曰「陳侯之弟招殺陳世子偃師」，大夫相殺稱「人」，此其稱名氏以殺何？難八年事。○爲殺，于僞反，下注「爲内」、「爲仕」皆同。難八，乃旦反，二年注同。

【疏】「曰陳」至「偃師」　解云：先舉八年經文，然後難之。

「大夫相殺稱人」　解云：文十六年「宋人弑其君處臼」之下師解，故此弟子取而難之。

言將自是弒君也。明其欲弒君，故令與弒君而立者同文。孔瑗弒君，本謀在招。○令，力呈反。

解云：世子者，君之副貳。今而殺之，明其從是以後，有弒君之心。故稱其名氏，不作兩下相殺辭矣。

【疏】「言將」至「君也」解云：世子者，君之副貳。今而殺之，明其從是以後，有弒君之心。故稱其名氏，不作兩下相殺辭矣。

注「明其」至「同文」解云：兩下相殺，例自稱「人」。今欲明自是弒君，故與文十四年「齊公子商人弒其君舍」文同矣。〔六〕若然，大夫相殺稱「人」，而宣十五年「王札子殺召伯、毛伯」，亦是大夫相殺，而不稱「人」殺者，彼注云「大夫相殺不稱『人』者，正之。諸侯大夫，顧弒君重，故降稱人，王者至尊，不得顧」是也。

注「孔瑗」至「在招」解云：案昭八年「春，陳侯之弟招殺陳世子偃師」，「夏，四月，辛丑，陳侯溺卒」，竟無孔瑗弒君之文，而知孔瑗弒君者，正以八年下文，「冬，十月，壬午，楚師滅陳，執陳公子招，放之于越，殺陳孔瑗，葬陳哀公」。當爾之時，楚人託討于陳，招殺世子，但適放之而已。孔瑗見殺，明其弒君故也。是以九年「陳火」之下，傳云「滅人之國，執人之罪人，殺人之賊，葬人之君」。以此言之，知孔瑗爲弒君賊矣。而經不書「孔瑗弒君」者，本爲招弒，當舉招爲重也。但始有其計，〔七〕不成爲弒，「陳侯溺卒」者，但自卒耳。何氏之意，見招作弒君之文，故知本謀在招也。本謀在招，則招當爲首，而楚人所以不殺招，但放之者，蓋楚失其意，或陳招歸罪於孔瑗，是以但罪於孔瑗，而招但罪其殺世子之愆，遂免弒君之咎。春秋體其事，故於殺世子經書其名氏矣。

今將爾，詞曷爲與親弒者同？君親無將，將而必誅焉。然則曷爲不於其弒焉貶？據未弒也。

【疏】「今將」至「者同」　解云：言招但與孔瑗爲謀首，而將欲弒陳侯爾，而經曷爲書招名氏，乃與親弒者同文乎？

注「據未弒也」　解云：據今仍未弒而已。貶去其弟，曷爲不於八年殺世子時貶之乎？

以親者弒，然後其罪惡甚。春秋不待貶絶而罪惡見者，不貶絶以見罪惡也。招殺偃師是也。○見者，賢徧反，下同。

【疏】「以親」至「惡也」　解云：傳言此者，欲道八年之時，罪惡大甚，不假貶絶也。云「春秋不待貶絶而罪惡見者」云云者，解之而言春秋者，欲道上下通例如此，不爲此文。

貶絶然後罪惡見者，貶絶以見罪惡也。招稱「公子」，及楚人討夏徵舒，貶，皆是也。

【疏】注「招稱公子」　解云：此文是也。

注「及楚」至「徵舒」　解云：即宣十一年「冬，〔八〕十月，楚人殺陳夏徵舒」，傳云「此楚子也，其稱人何？貶。曷爲貶？不與外討」是也。

今招之罪已重矣，曷爲復貶乎此？據棄疾不豫貶。〔九〕○復，扶又反。

【疏】「今招」至「乎此」　解云：此「今」謂八年之時，言八年殺世子之時，將有弒君之意，即是其罪已重矣。何不逐其重處而貶之？曷爲又復豫貶於此？

注「據棄疾不豫貶」 解云：下十一年夏，「楚公子棄疾帥師圍蔡」，至十三年夏，「楚公子棄疾弑公子比」，與招殺偃師無異，棄疾於圍蔡之時不豫貶，此則貶之，故以爲難也。

著招之有罪也。何著乎招之有罪？據棄疾不著。言楚之託乎討招以滅陳也。起楚託討招以滅陳意也。所以起之者，八年先言「滅」，後言「執」，託討招不明，故豫貶於此，明楚先以正罪討招，乃滅陳也。

【疏】注「所以」至「陳也」 解云：八年經云「冬，十月，壬午，楚師滅陳，執陳公子招，放之于越，殺陳孔瑗，葬陳哀公」，是其「先言滅後言執」之事也。言「託討招不明」者，正以若其託討，宜先執後滅。今乃先言「滅」，後言「執」，是託討不明。楚先以正罪討招，乃滅陳也。而八年經先書「滅」者，彼注云「託義不先書者，本懷滅心」。然則楚人本懷滅人之心，故先書「滅」。而宣十一年「冬，十月，楚人殺陳夏徵舒」，「丁亥，楚子入陳」，先書討賊，乃言「入陳」者，莊王討賊之後，始有利陳國之意，故後書入也。

三月，取運。「運」者何？内之邑也。其言「取之」何？據自魯之有。不聽也。「不聽」者，叛也。不言「叛」者，爲内諱。故書「取」以起之。不先以文德來之，而便以兵取之，當與外取邑同罪，故書「取」。月者，爲内喜得之。

【疏】「運者何」 解云：欲言内邑，而經書「取」；欲言外邑，文無所繫，故執不知問。

注「月者爲内喜得之」　解云：正以僖三十一年「春，取濟西田」，不書月，故知此月者，以其是内之叛邑，喜討得之故也。是以彼注云「以不月者，〔一〇〕與取運異，知非内叛邑」，故言「取」是也。「秦無大夫」者，〔一一〕正以文十二年秋，「秦伯使遂來聘」，傳云「秦無大夫，此何以書？賢繆公也。何賢乎繆公？以爲能變」。然則，秦處西戎，罕接諸夏，賢于繆公，始有大夫。自爾以來，常多格化，春秋漏之，無大夫名氏。今得書見，是以據而問之。

夏，秦伯之弟鍼出奔晉。秦無大夫，此何以書？仕諸晉也。爲仕之於晉書。○鍼，其廉反。曷爲仕諸晉？據國地足以禄之。有千乘之國，十井爲一乘。公、侯封方百里，凡千乘，伯四百九十乘，子、男二百五十乘。時秦侵伐自廣大，故曰「千乘」。○千乘，繩證反，注同。

【疏】注「公侯」至「千乘」　解云：王制文。連言「侯」者，據有功者言之。云「伯四百九十乘」者，正以王制云「伯七十里」故也。云「時秦侵伐自廣大，故曰千乘」者，正以稱「伯」故也。〔一二〕

而不能容其母弟，故君子謂之「出奔」也。弟賢，當任用之；不肖，當安處之，乃仕之他國，與逐之無異，故云爾。

六月，丁巳，邾婁子華卒。

晉荀吴帥師敗狄于大原。此大鹵也，曷爲謂之「大原」？據讀言「大原」也。○大原，音泰，下同。鹵，力古反。

【疏】「晉荀」至「大原」 解云：案左氏作「大鹵」字，穀梁與此同。

「此大鹵」至「大原」 解云：案古史文及夷狄之人，皆謂之「大鹵」，而今經與師讀皆謂之「大原」，故難之。

注「據讀言大原也」 解云：時公羊子亦讀言「大原」也。

地、物從中國。以中國形名言之，所以曉中國，教殊俗也。

【疏】「地物從中國」 解云：言所以今經與師讀皆言「大原」者，正以地與諸物之名，皆須從諸夏名之故也。

注「以中」至「言之」 解云：謂諸夏之稱，皆從地之形勢爲名。此地形勢高大而廣平，故謂之「大原」。云「所以曉中國教殊俗也」者，本史及夷狄皆謂之「大鹵」，而今經與師讀必謂之「大原」者，正以曉中國之人，〔一三〕教有殊俗之義故也。

邑、人名從主人。邑、人名，自夷狄所名也。不若地物有形名可得正，故從夷狄辭言之。

【疏】「邑人名從主人」 解云：此主人謂夷狄也。言大原人道云之時，從其夷狄，皆謂之「大鹵」，故注云「邑人名，自夷狄所名也」。

注「不若」至「言之」解云：諸夏地物有形名言之，夷狄之俗，不如諸夏之地物有形勢之名也。「可得正」者，猶言可能正。是故本史及邑人止從夷狄辭言之，謂之「大鹵」也。

「原」者何？上平曰「原」，下平曰「隰」。分别之者，地勢各有所生。「原」宜粟，「隰」宜麥。當教民所宜，因以制貢賦。○隰，音習。别，彼列反。

【疏】「原者何」解云：春秋之文既同，明是廣大之義。「原」、「鹵」名異，未有分别之言，故以不知問之。

「上平曰原」解云：釋地云「廣平曰原」，李氏云「廣平，謂土地寬博而平正者名原」。然則，此言「上平」者，蓋欲對「隰」言之，故謂之「上平」，其實與爾雅「廣平」不異。

「下平曰隰」解云：釋地云「下濕曰隰」，李氏云「下濕，謂土地窊下，但當名爲隰」。〔一四〕然則，此言「下平」者，正欲對「上平」言之，仍與「濕」不異。

秋，莒去疾自齊入于莒。莒展出奔吴。主書去疾者，重篡也。「莒無大夫」，書展者，起與去疾争篡，當國出奔。言「自齊」者，當坐有力也。皆不氏者，當國也。不從「莒無大夫」去氏者，莒殺意恢稱「公子」，篡重，不嫌本不當氏。○去疾，起吕反。

【疏】注「莒無」至「當氏」解云：在莊二十七年傳文。云「當國出奔」者，正以襄三十一年冬，「莒人弑其君密州」。今言去疾之「入」，「入」者「出、入」惡之文，而文不氏，故知出時爲當國也。既是當國，正合書「入」，而言「自齊」者，刺齊有力矣。其「出奔」不書者，春秋之義，微者「出、入」不兩書故也。云「皆不氏者，當國也」者，正以隱元年「鄭伯克段于鄢」之下，傳云「何以不稱弟？當國也」，則此等下言「公子」者，是當國之文。注「不從」云云者，下十四年「冬，莒殺其公子意恢」〔一五〕，何氏云「莒無大夫，書殺公子者，子未踰年〔一六〕而殺其君之子，不孝尤甚，故重録之。〔一七〕稱氏者，明君之子」也。然則，莒爲小國，大夫名氏例不録，見假有録者，名氏不具，即莒慶之屬無氏是也。今此去疾之徒，寧知不爾，彊〔一八〕云「當國故不當氏」者，正以莒殺意恢，重而録氏。今邪庶並篡，其事非輕，固宜重而録之，但欲當國爲君，故如其意，使惡逆見也。然則意恢事重，故稱「公子」；今亦篡重，明其未貶之時，亦合稱氏，故云「篡重，不嫌本不當氏」也。

叔弓帥師疆運田。「疆運田」者何？與莒爲竟也。「疆」，竟也。與莒是正竟界，若言「城中丘」。○疆運，居良反，下同。

【疏】「疆運田者何」　解云：欲言正界，而經書「帥師」；欲言「侵、伐」，而道「疆運」，故執不知問。

「與莒爲竟也」　解云：若言與莒人造作竟界。

注「若言城中丘」　解云：隱七年〔一九〕「夏，城中丘」，傳云「何以書？以重書也」，何氏云「以功重，故書。當稍稍補完之，至令大崩弛壞敗，然後發衆城之，猥苦百姓，空虛國家，故言『城』，明其功重，與始作無異」。則彼若稍稍補完，則輕而不書；至於功重，故書而刺之。今此魯若往前之時，少侵即正，則輕而不書；至於大損，而興師發衆，乃能正之，明其功重，與始取無異，故若「城中丘」。

與莒爲竟，則曷爲帥師而往？據非侵伐。畏莒也。畏莒有賊臣亂子，而興師與之正竟。刺魯微弱失操，煩擾百姓。

【疏】注「畏莒」至「百姓」　解云：襄三十一年，「莒人弒其君密州」，是爲「賊臣」；而二子争篡，是爲「亂子」。魯人見其賊亂，恐其轉侵，是以興兵與之正竟。賊亂之人，自救無暇，焉能轉侵乎？故云「微弱失操，煩擾百姓」也。

葬邾婁悼公。

冬，十有一月，己酉，楚子卷卒。〇卷，音權。左氏作麇。

【疏】「楚子卷卒」　解云：左氏作「麇」字，二小傳本亦有作「麇」字者。〔二〇〕

楚公子比出奔晉。辟内難也。

【疏】注「辟内難也」　解云：正以更無他事，於君薨之際而出奔，故知止應「辟内難」故也。

二年，春，晉侯使韓起來聘。

夏，叔弓如晉。

秋，鄭殺其大夫公孫黑。

冬，公如晉，至河乃復。其言「至河乃復」何？據公如晉，次於乾侯而還，言「至自乾侯」，不言「至乾侯乃復」。

【疏】注「據公」至「乃復」　解云：即下二十八年春，「公如晉，次于乾侯」，二十九年「春，公至自乾侯」是也。

不敢進也。「乃」，難辭也。時聞晉欲執之，不敢往。君子榮見與，恥見距，故諱，使若至河，河水有難而反。○乃難，奴旦反，下「有難」同。

【疏】注「乃難辭也」　解云：宣八年傳文。云「故諱使若至河，河水有難而反」者，若如川之滿，不可游也然。

季孫宿如晉。

三年，春，王正月，丁未，滕子泉卒。〔二一〕

【疏】「滕子泉卒」　解云：左氏、穀梁作「原」字。

夏，叔弓如滕。

五月，葬滕成公。月者，襄公上葬，〔二二〕諸侯莫肯加禮，獨滕子來會葬，故恩録之。明公當自行，不當遣大夫，失禮尤重，以責内。

【疏】注「月者」至「録之」解云：「卒」「月」「葬」「時」者，小國之常典。下六年夏，「葬杞文公」之屬是也。今而書月，故以爲恩録之。言「襄公上葬」者，謂上文葬襄公時也。言「諸侯莫肯加禮，獨滕子來會葬」者，即襄三十一年夏，「公薨于楚宫」，「冬，十月，滕子來會葬。癸酉，葬我君襄公」是也。

注「明公」至「責内」解云：公羊之義，鄰國諸侯及鄰國夫人喪，皆公自會葬，故異義公羊説云「襄公三十年，叔弓如宋葬恭姬，〔二三〕譏公不自行」是也。〔二四〕然則，凡平諸侯之葬，公猶自行，况其加禮於己者乎？故言「失禮尤重以責内」也。

秋，小邾婁子來朝。

八月，大雩。先是公、季孫宿比如晉。

冬，大雨雹。爲季氏。○雨，于付反。雹，步角反。爲，于僞反。

北燕伯款出奔齊。名者，所見世著治大平，責小國詳録。出奔當誅。○治，直吏反。大，音泰。

【疏】注「名者」至「當誅」　解云：春秋之義有三世異辭。入所見之世，小國出奔而書其名，故知義然也。即莊十年「譚子奔莒」，僖五年「弦子奔黄」，十年「温子奔衛」，成十二年「周公出奔晉」之屬，皆不名。至于此文「北燕伯款」，下三十年冬「徐子章禹出奔楚」之屬，皆書其名是也。言「出奔當誅」者，謂太平之世，民皆有禮，况於諸侯，不死社稷而棄國出奔？當合誅滅矣。

四年，春，王正月，大雨雪。〔二五〕爲季氏。○大雨雪，于付反，左氏作「大雨雹」。爲季，于僞反，下文及注「爲齊誅」並同。

【疏】「大雨雹」　解云：案正本皆作「雹」字，左氏經亦作「雹」字，故賈氏云「穀梁作『大雨雪』」。今此若有作「雪」字者，誤也。

夏，楚子、蔡侯、陳侯、鄭伯、許男、徐子、滕子、頓子、胡子、沈子、小邾婁子、宋世子佐、淮夷會于申。不殊淮夷者，楚子主會行義，故君子不殊其類，所以順楚而病中國。

【疏】注「不殊」至「中國」　解云：内諸夏外夷狄者，春秋之常典。而不殊淮夷者，正以此會楚子爲主會行義。其「行義」者，即下文「爲齊誅」是也。「故君子不殊其類」者，「君子」謂孔子。孔子作春秋，不殊楚之類。孔子之意，所以然者，正欲順楚之事，而病諸夏之衰微。何者？言楚夷狄，尚能行義，以相榮顯，况於諸夏反不能然？

故得病之。若然，春秋之式，傳聞之世，内其國，外諸夏；所聞之世，内諸夏，外夷狄；所見之世，治致太平，録夷狄，則不殊淮夷，固其宜也。何得此注云「由楚子主會行義，君子不殊其類」者，正以等是太平，亦有麤細。昭當其父，非己時事，定、哀之世，乃醇粹也。是以定六年「仲孫忌」之下，何氏云「春秋定、哀之間，文致太平，欲見王者治定，〔二六〕無所復爲譏，唯有二名，故譏之」是也。然則，淮夷始見，安行無禮？是以此經更無進稱，未當定、哀之間，仍合外限，但由楚子主會，故得不殊，是以何氏更爲立義矣。

楚人執徐子。

秋，七月，楚子、蔡侯、陳侯、許男、頓子、胡子、沈子、淮夷伐吴，執齊慶封，殺之。此伐吴也，其言「執齊慶封」何？爲齊誅也。故繫之「齊」。其爲齊誅奈何？慶封走之吴，以襄公二十八年奔魯，自是走之吴。不書者，以絶于齊。在魯不復爲大夫，賤，故不復録之。○不復，扶又反，下同。

【疏】注「以襄公」至「奔魯」　解云：即彼云「冬，齊慶封來奔」是也。

注「不書」至「録之」〔二七〕　解云：案如此經上言「伐吴」，則犯吴之文已著，何得注云「使防繫吴，嫌犯吴也」？正以慶封往前已封于防，爲小國矣。但諸侯之義，不得專封，是以春秋奪言「伐吴」矣。實言之非伐吴矣。今日此經若言入防，則更成上「伐吴」之文，實伐吴則爲犯吴；若直言「入防，執齊慶封殺之」，則恐防寔齊邑，是以進退不得作文也。

吳封之於防。不書入防者，使「防」繫「吳」，嫌犯吳也。去「吳」，嫌齊邑也。○去，起呂反。然則曷爲不言「伐防」？據防已爲國。不與諸侯專封也。故奪言「伐吳」。慶封之罪何？脅齊君而亂齊國也。道爲齊誅意也。「稱『侯』而執者，伯討也。」月者，善義兵。〔二八〕

【疏】注「稱侯」至「討也」 解云：僖四年傳文。上下更無稱爵以執大夫之事，〔二九〕唯此一經可以當之，故何氏言焉。若然，案如此經，不重出楚子以爲伯討之義，〔三〇〕僖二十一年「秋，宋公、楚子、陳侯」以下「會于霍，執宋公以伐宋」，傳云「曷爲不言『楚子執之』？不與夷狄之執中國」者，正以此經楚子爲會主而序于上，下言「執慶封殺之」，可以因上文不勞重出也。既得因上文，即是稱爵以執之，故知爲「伯討」。案霍之經，「宋公」序上，乃次「楚子」，下言「執宋公」，明知不得因上文矣。既不因上文，而不更出「楚子」，不與夷狄之執諸夏故也。云「月者善義兵也」者，正以「侵、伐」例時故也。

遂滅厲。莊王滅蕭日，此不日者，靈王非賢，責之略。○滅厲，如字，又音賴，左氏作「賴」。

【疏】「遂滅厲」 解云：有作「賴」字者。

注「莊王」至「之略」 解云：宣十二年「冬，十有二月，戊寅，楚子滅蕭」，彼注云「日者，屬上有王言，今反滅人，故深責之」是也。然則，以靈王非賢，故責之略，還依常例書月，若似莊十年「冬，十月，齊師滅譚」之屬是。

九月，取鄫。其言「取之」何？據國言滅。

【疏】注「據國言滅」解云：即「滅譚」、「滅遂」之屬是也。

滅之也。滅之則其言「取之」何？內大惡，諱也。因鄫上有滅文，故使若取內邑。

【疏】「內大惡諱也」解云：隱二年無駭入極之下，傳云「此滅也，其言『入』何？內大惡，諱也」。今又重發之者，正以入、取之文不同故也。

注「因鄫」至「內邑」解云：直言「取鄫」，言「上有滅文」者，即襄六年秋，「莒人滅鄫」是也。內取邑直言「取」者，上元年「三月，取運」之屬是也。言「上有滅鄫」之文，鄫不復爲國，因此之故，遂直言「取」，若似內自取邑。〔三二〕然則，襄六年之時鄫已見滅，今而言「取」者，彼直取後乎莒，非兵滅，是以魯人今得取之。以此言之，則無駭入極不言「取」者，正以極上無「滅」文故也。

冬，十有二月，乙卯，叔孫豹卒。

五年，春，王正月，舍中軍。「舍中軍」者何？復古也。善復古也。○舍中，音捨，下及注同。

【疏】「舍中軍」解云：襄十一年時，於司馬之下爲之置中卿之官，令助司馬爲軍將，添前司徒、司空之屬，爲三軍，踰王制，故於彼經云「作三軍」以譏之。今還依古禮，舍司馬，不復令作將軍，故曰「舍中軍」。

「舍中軍者何」解云：欲言非禮，實如王制；欲言是禮，不應復書之，故執不知問。

「復古也」解云：正以魯爲州牧，正合二軍，〔三二〕今舍僭從禮，故曰「復古」，是以隱五年注云「方伯二師」是也。

注「善復古也」解云：言舍僭從禮，正是常事，而書之者，正以當時皆僭，獨自能抑從禮，善其復古，是以書之，故云「善復古也」。

然則曷爲不言「三卿」？

據上言「作三軍」，等問不言「軍」云「卿」者，上師解言「三卿」，因以爲難。○爲難，乃旦反，下同。

【疏】注「據上言作三軍」解云：弟子之意，見上文襄十一年時，云道「作三軍」。今日舍之，應言「舍三軍」，而言「舍中軍」，與上文異，故難之。

注「等問」至「爲難」解云：襄十一年傳云「三軍者何？三卿也」。然則，今於此問，何故不云「曷爲不言舍三軍」而言「卿」者？〔三三〕正以上文襄十一年時，師解以爲「三軍者何？三卿也」，是以弟子因而難之，云「曷爲不言舍三卿」。

五亦有中，三亦有中。

此乃解上「作三軍」時意。「作」時益中軍，不可言「中軍」者，五亦有中，三亦有中，不知何中也。今此據上「作三軍」，不言「中」，則益三之中，〔三四〕舍三之中，皆可知也。弟子本據上言「作三」，難下「中」不言「三」也。如師解言，本益中，故下言「舍中」，爲其將復據下「中」難上不言「中」，故解上以解下，如此則下不言「三」亦可知也。不言「卿」者，欲同上下文，以相起。傳不足以解之者，〔三五〕

以上解下，文當同，亦可知。月者，善録之。○爲，于僞反。復，扶又反。

【疏】「五亦」至「有中」　解云：襄十一年時，益司馬之職，更令將軍，正是作中而不言「作中軍」者，正以五亦有中，三亦有中，若言「作中軍」，嫌是五之中，故變言「作三軍」。若欲實而言之，正是作中軍，故至舍時，云道「中軍」矣。

注「此乃」至「三也」　解云：上謂襄十一年時也。云「作時益中軍」者，謂於司馬之下置中卿，令助司馬將軍，添前二軍爲三軍，故曰「作時益中軍」也。云「今此據上作三軍不言中」云云者，（三六）今此公羊子據上作三軍時不言「中」之意，故言「五亦有中，三亦有中」也。如此，則上益三之中，下舍三之中，皆可知矣。何者？上言「作三軍」，下言「舍中軍」，則非五之中，亦明矣。云「弟子本據上言作三，難下中不言三也」者，即此傳云「然則，曷爲不言舍三卿」是也。

注「如師」至「可知也」　解云：「如」詁爲「若」。若公羊答之云「本益三之中，故言『舍中』」，即恐弟子難之，云「今舍時言『中軍』，作時曷爲不言『作中軍』」？若其如此，即是守文不察，疑惑門人，非師訓之道，故公羊子解上以解下。何者？解上作時實是中軍，但有嫌疑，不得言「中」，遂變言「三軍」，即是解此下文「舍中軍」不得言「三」之意。故云「解上以解下」。如此言之，即下文不言「三軍」，昭然可解。故云「亦可知」。云「不言卿者欲同上下文以相起」者，正實而言之，正是舍去司馬之職中卿之官。何以不言「舍中卿」，而言「舍中軍」者，正以襄十一年時云「作三軍」，故欲同其文，相起爲一物。

注「傳不」至「録之」　解云：傳若足解之，宜云「前此作三軍之時，不言中者，五亦有中，三亦有中。此舍三軍不言三者，正以前三非正稱，故舍時不得言三」。今此傳文少，故言「傳不足解之」也。欲以上解下者，以作時文在上，故傳特解之。上文既解訖，下文不言三之意當同上義，亦可知。云「月者善録之」者，謂善其復古而詳録之也。

楚殺其大夫屈申。

公如晉。

夏，莒牟夷以牟婁及防、兹來奔。「莒牟夷」者何？莒大夫也。莒無大夫，此何以書？重地也。其言「及防、兹來奔」何？據漆、閭丘不言「及」，高張言「及」。

【疏】「莒牟夷者何」解云：欲言莒君，經不言「子」；欲言大夫，莒無大夫，故執不知問。注「據漆」至「言及」解云：言「漆、閭丘不言及」者，即襄二十一年春，「邾婁庶其以漆、閭丘來奔」是也。「高張言及」者，即哀六年「夏，齊國夏及高張來奔」是也。正以地邑無「及」文，上下大夫乃言「及」，與此防、兹之義違，故難之。何者？人之尊卑，自有差等，故可以言「及」，地邑無尊卑之義，恐其不得言「及」也。

不以私邑累公邑也。「公邑」，君邑也。「私邑」，臣邑也。「累」，次也。義不可使臣邑與君邑相次序，故言「及」以絶之。

秋，七月，公至自晉。

戊辰，叔弓帥師敗莒師于濆泉。「濆泉」者何？直泉也。直泉者何？涌泉也。蓋戰而涌爲異也。不傳「異」者，外異不書。此象公在晉，臣下專受莒叛臣地，以興兵戰鬭，百姓悲怨歎息，氣逆之所致，故因以著戰處，欲明天之與人相報應之義。○濆泉，扶粉反。濆泉，踊泉也。左氏作「蚡泉」，穀梁作「賁泉」。處，昌慮反。應，應對之應。

【疏】「于濆泉」　解云：左氏作「蚡泉」字，穀梁作「賁泉」字。(三七)

「濆泉者何」　解云：欲言地名，以「泉」名之；欲言是水，戰於其處，故執不知問。

「直泉也」　解云：謂此泉水直上而出。(三八)

「直泉者何」　解云：欲言涌地，不應言「直」；欲言土地，仍謂之「泉」，故執不知問。

注「蓋戰而涌爲異也」　解云：似穀洛鬭之事也。

注「不傳」至「戰鬭」　解云：春秋之義，外異不書，即襄十九年不書漷移之屬是。今此濆泉爲異，故不録。經既不録，傳無由發之；經若書之，傳宜云「何以書？爲天下記異」。似若僖十四年「沙鹿崩」之傳矣。云「此象公在晉」云云者，「公在晉」者，即上春「公如晉」是也。「臣下專受莒叛臣地」者，即經書「夏，莒牟夷」以下云云「來奔」，在「秋，七月，公至自晉」之上是也。「以興兵戰鬭」者，即此戰敗于濆泉是，正以「敗」者，內戰之文故也。

注「百姓」至「所致」　解云：上注云「外異」，今此云魯人「悲怨」致之者，正以濆泉在莒、魯界上，二國結怨，方戰於此，應而爲異，何以不然？

注「故因」至「之義」解云：疏具僖三年。

秦伯卒。何以不名？據諸侯名。秦者，夷也，匿嫡之名也。嫡子生，不以名令于四竟，擇勇猛者而立之。

○嫡之，丁歷反，注及下同。

【疏】注「嫡子」至「立之」解云：即内則云「夫告宰名，宰辯告諸男名，書曰『某年某月某日某生』而藏之。宰告閭史，〔三九〕書爲二，其一藏諸閭府，其一獻諸州史。州史獻諸州伯，州伯命藏諸州府」，是其「以名令於四竟」之義也。其「擇勇猛者而立之」者，正以夷狄之人，不尚文德故也。

其名何？據秦伯罃稻名。

【疏】注「據秦伯罃稻名」解云：文十八年春，「秦伯罃卒」，宣四年春，「秦伯稻卒」是也。然則，文十八年經作「罃」字，今此「罃」字者，〔四〇〕誤也。寧知非彼誤者，正以文十八年「秦伯罃卒」之下，賈氏云「穀梁傳云『秦伯偃』」，不道公羊曰「罃」，知公羊與左氏同，皆作「罃」字矣。注「獨罃、稻以嫡得立之」者，「罃」字亦誤，宜爲「罃」字矣。

嫡得之也。獨罃、稻以嫡得立之。

冬，楚子、蔡侯、陳侯、許男、頓子、沈子、徐人、越人伐吳。吳未服慶封之罪故也。越稱「人」者，俱助義兵，意進于淮夷，故加「人」以進之。義兵不月者，進越爲義兵明，故省文。

【疏】注「越稱」至「省文」 解云：即上四年「秋，七月，楚子、蔡侯、陳侯、許男、頓子、胡子、沈子、淮夷伐吳」，彼注云「月者善録義兵」。然則，上文淮夷雖助義兵，其意不進，故不稱「淮人」。今稱「人」，故以進解之。云「義兵不月者，進越爲義兵明，故省文」者，正以侵伐例時，義兵則詳録。故上四年「秋，七月，楚子」以下「伐吳」，注云「月者，善録義兵」是也。（四一）今此亦爲義兵而不書月，故如此解。

六年，春，王正月，杞伯益姑卒。不日者，行微弱，故略之。上「城杞」已貶，復「卒」略之者，入所見世，（四二）責小國詳，始録内行也。諸侯内行小失，不可勝書，故於終略責之，見其義。○復，扶又反。内行，下孟反，下同。勝，音升。見其，賢徧反。

【疏】注「不日」至「略之」 解云：正以襄二十三年春「三月，己巳，杞伯匄卒」，（四三）彼已書日，今而書月，故解之。

注「上城」至「其義」 解云：「上城杞已貶」者，（四四）謂襄二十九年夏，「仲孫羯會晉荀盈、齊高止、宋華定」以下「城杞」，「杞子來盟」，注云「貶稱子者，微弱不能自城，危社稷、宗廟，當坐」是也。律云「一人有數罪，則以重者坐之」。然則亦不再加。而「卒」復略之者，正以此是入所見之世，責小國詳，始録其内行故也。「諸侯内行小失，寧可備盡，（四五）但當「卒」時略之而已。言「不可勝書」者，言小行非一，不可勝負，不可具書，猶如序云「不可勝記」之類也。何氏必此解者，正以往前經傳不見杞伯之惡，而經略之，知内行有失也。

葬秦景公。

夏，季孫宿如晉。

葬杞文公。

宋華合比出奔衛。〇比，如字，又毗志反。

秋，九月，大雩。先是季孫宿如晉，是後叔弓與公比如楚，有豫賦之煩也。〇賦斂，力驗反，或無此字。

【疏】注「先是」至「之煩也」解云：文當如是。言「先是季孫宿如晉」，即上文「夏，季孫宿如晉」是也。言「是後叔弓與公比如楚」者，即下文「冬，叔弓如楚」，七年「三月，公如楚」，故謂之「比」也。二年事皆在後，故云「有豫賦之煩也」。亦有一本云「叔弓如齊」者，誤。

楚薳頗帥師伐吴。

【疏】楚蒍頗〔四六〕解云：左氏、穀梁作「薳罷」字。

冬，叔弓如楚。

齊侯伐北燕。

七年，春，王正月，暨齊平。書者，善録内也。不出主名者，君相與平，國中皆安，故以舉國體言之。月者，刺内暨暨也。時魯方結婚于吴，外慕强楚，故不汲汲于齊。○暨，其器反。

【疏】注「書者善録内也」解云：正以平爲善事，今而書之，故云「善録内也」。

注「月者」至「暨也」解云：正以定十一年「冬，及鄭平」，則知例書時也。今此書月，故如此解也。隱元年傳云「及猶汲汲，暨猶暨暨也。及，我欲之；暨，不得已」。然則暨暨是不獲已然後爲之，平是善事，而不汲汲，故書月以刺之。故云「月者，刺内暨暨」矣。

注「時魯」至「于齊」解云：下十年冬注云「去冬者，蓋昭公娶吴孟子之年，故貶之」。然則，十年不書「冬」者，是其方結婚于吴之事。其「外慕强楚」者，即上文「叔弓如楚」，下文「公如楚」之屬是也。正以文不言「及」，故云「不汲汲于齊」矣。注「是後楚滅陳」云云者，〔四七〕即八年「冬，十月，壬午，楚師滅陳」是也。及下十一年十有一月，「丁酉，楚師滅蔡」是也。云「楚弑其君于乾谿」者，即下十三年「夏，四月，楚公子比自晉歸

于楚，弑其君于乾谿」是也。〔四八〕

三月，公如楚。

叔孫舍如齊莅盟。〇叔孫舍，二傳作「婼」。

夏，四月，甲辰，朔，日有食之。是後楚滅陳蔡、楚弑君虔于乾谿。〔四九〕

秋，八月，戊辰，衛侯惡卒。

九月，公至自楚。

冬，十有一月，癸未，季孫宿卒。

十有二月，癸亥，葬衛襄公。當時而日者，世子輒有惡疾，不早廢之，臨死乃命臣下廢之，自下廢上，鮮不爲亂，故危録之。〇當，丁浪反，又如字。鮮，息淺反。

【疏】注「當時」至「録之」　解云：隱三年傳云「當時而日，危不得葬也」。今此衛侯八月卒，至此正五月，而經書「癸亥」，故言「危録之」。言「世子輒有惡疾」者，即下二十年「秋，[五〇]盗殺衛侯之兄輒」，傳云「母兄稱兄，兄何以不立？有惡疾也」，是矣。知其「不早廢，臨死乃命臣下廢之」者，正以危録其「葬」故也。其若不然，更無危事，不知衛侯葬何以書日乎？言「危録之」者，以其有危，故録其日也。

八年，春，陳侯之弟招殺陳世子偃師。說在元年。變「其」言「陳」者，起招致楚滅陳自此始，故重舉國。○故重，直用反，年末同。

【疏】注「說在元年」　解云：即元年傳云「大夫相殺稱人，此其稱名氏以殺何？言將自是弒君也。本將爾，詞曷爲與親弒者同？君親無將，將而必誅」之屬是也。

注「變其」至「舉國」　解云：春秋之義，大夫相殺稱「人」，言「其」，即莊二十二年春，「陳人殺其公子禦寇」，下「陳人殺其大夫公子過」，文九年「晉人殺其大夫先都」之屬。今變兩下之例，言「殺陳世子」者，起招致楚滅陳自此始，是以重舉陳矣。

夏，四月，辛丑，陳侯溺卒。○溺，乃狄反。

叔弓如晉。

楚人執陳行人于徵師，殺之。

陳公子留出奔鄭。

秋，蒐于紅。「蒐」者何？簡車徒也。〔五二〕「徒」，衆。○度，所留反，本亦作「蒐」。

【疏】「蒐者何」解云：正以常事不書，今此見經，故執不知問。

何以書？蓋以罕書也。說在桓六年。

【疏】注「說在桓六年」解云：桓六年「秋，八月，壬午，大閱」，傳云「大閱者何？簡車徒也。何以書？蓋以罕書也」，注云「罕，希也。孔子曰『以不教民戰，是謂棄之』。故比年簡徒謂之『蒐』，三年簡車謂之『大閱』，五年大簡車徒謂之『大蒐』。存不忘亡，安不忘危。不地者，常地也。蒐例時，此日者，桓既無文德，又忽忘武備，故尤危録」。然則，爲蒐之法，比年作之，今此不然，故云「以罕書」。

陳人殺其大夫公子過。○過，音戈。

大雩。先是公如楚，半年乃歸，費多賦重所致。○費，芳味反。

【疏】注「先是」至「乃歸」　解云：即去年「三月，公如楚」，「九月，公至自楚」是也。

冬，十月，壬午，楚師滅陳，執陳公子招，放之于越，殺陳孔瑗。

【疏】「殺陳孔瑗」　解云：左傳、穀梁作「奐」。

葬陳哀公。日者，疾詐諼滅人也。不舉「滅」爲重，復書三事言「執」者，疾諼託義，故列見之。託義不先書者，本懷滅心。重舉「陳」者，上已言「滅」，不復重舉，無以明。○諼，况元反。復書，扶又反，下同。見，賢徧反。

【疏】注「日者」至「人也」　解云：春秋之義，「滅」例書月，即莊十年「冬，十月，齊師滅譚」，十三年「夏，六月，齊人滅遂」之屬是也。上四年秋七月，楚子滅厲之下，注云「莊王滅蕭日，此不日者，靈王非賢，責之略」，是以還依常例書月矣。今而日者，疾詐諼滅人故也。

注「不舉」至「見之」　解云：春秋之義，舉「滅」爲重，是以襄六年「齊侯滅萊」之下，何氏云「不書殺萊君者，舉國滅爲重」是也。今不舉「滅」爲重，故須辨之。言「復書三事言執」者，謂復書三事，又言「執」者，以疾其詐諼託義，故須列而見之。三事：放招、殺瑗、葬哀公是。

注「託義」至「滅心」　解云：宣十一年「冬，十月，楚人殺陳夏徵舒」，「丁亥，楚子入陳」。然則，彼乃楚子行義，先書其「殺」，今此楚子亦是託義討賊，書在「滅」後者，見本懷滅心故也。

注「**重舉**」至「**以明**」解云：成二年「秋，七月，齊侯使國佐如師。己酉，及國佐盟于爰婁」，不重舉「齊」。此重舉「陳」者，上已言「楚師滅陳」，若不復舉「陳」，無以明其是陳人矣。

九年，春，叔弓會楚子于陳。陳已滅，復見者，從地名録，猶宋郜以邑録。不舉小地者，顧後當存。○復見，扶又反，下同，下賢徧反。

【**疏**】**注**「**陳已**」至「**當存**」解云：郜者，是文王之子。春秋前宋人滅之，至隱十年夏，「六月，壬戌，公敗宋師于菅，辛未，取郜，辛巳，取防」是也。云「不舉小地顧後當存」者，言「陳」是總號，當是會時，未必在其國都，所以不舉小地而舉「陳」者，正以楚人暴滅，春秋欲閔陳而存之，故還舉其大號而言也。其「存」陳者，即下經「夏，四月，陳火」是也。

許遷于夷。

夏，四月，陳火。陳已滅矣，其言「陳火」何？〔五二〕據災異爲有國者戒。○陳火，左氏作「災」。

【**疏**】「**陳火**」解云：左氏作「災」字，穀梁與此同。

「**陳已**」至「**火何**」解云：所以不言「外災不書，此何以書」之義者，正以解言「存陳」，故書其火，則外災得書之義亦見矣。

存陳也。陳已滅，復火者，死灰復燃之象也。此天意欲存之，〔五三〕故從有國記災。

【疏】注「陳已」至「記災」〔五四〕　解云：即考異郵云「陳火之類，未當誅絶，天曉其君死灰更燃之意」是也。

曰「存陳，悕矣」。書「火」存陳者，若曰「陳爲天所存，悲之」。○悕音希，悲也。

【疏】「曰存陳悕矣」　解云：「悕」，謂悲也。公羊子曰：陳爲天所存者，天悲痛之故也。

曷爲存陳？據災非一，天意曷爲悲陳而存之？

【疏】注「據災」至「存之」　解云：弟子之意，以爲春秋之内，書「災」者非止一處而已矣；意曷爲正於此「災」之上悲陳而存之乎？

滅人之國，執人之罪人，「罪人」，招也。殺人之賊，孔瑗，弑君賊也。葬人之君。若是則陳存悕矣！楚爲無道，託討賊行義，陳臣子辟門虚心待之，而滅其國。若是，則天存之者，悲之也。不書孔瑗弑君者，本爲招弑，當舉招爲重，方不與楚討賊，故没招正賊文，以將與上貶起之。月者，閔之。○辟，婢亦反，開也。本爲，于僞反。

【疏】注「不書」至「閔之」　解云：案如上文，則孔瑗與招本謀弑君，而責是弑文者，正以君親無將，將而必誅，故言「當舉招爲重」。言「故没招正賊文」者，謂不於討處貶招，見其有弑君之罪矣。言「以將與上貶起之」者，上貶，謂元年稱公子，傳云「此陳侯之弟招，何以不稱弟？貶」是也。云「月者，閔之」者，正以外災例時，即襄九年「春，〔五五〕宋火」之屬是。今而書月，故言「閔之」。

秋，仲孫貜如齊。○貜，具縛反，又居碧反。

冬，築郎囿。○囿，音又。

十年，春，王正月。

夏，晉欒施來奔。〔五六〕○晉欒施，左氏作「齊欒施」。

秋，七月，季孫隱如、叔弓、仲孫貜帥師伐莒。○隱如，左氏作「意如」。

戊子，晉侯彪卒。○彪，彼虬反。

九月，叔孫舍如晉。

葬晉平公。

十有二月，甲子，宋公戌卒。去「冬」者，蓋昭公取吴孟子之年，故貶之。○宋戌，讀左傳者音成，何云「向戌與君同名」，則宜音恤。去，起吕反。

【疏】注「去冬」至「貶之」 解云：正以禮記、論語皆有「昭公取于吴，謂之吴孟子」之文，但不指其取之年歲。今無「冬」，更〔五七〕無他罪可指，是以何氏以意當之。以無正文，故言「蓋」也。取吴孟子所以不書者，諱取同姓故也。賈、服以爲刺不登臺視氣，范氏以爲「不書冬，寧所未詳」。

十有一年，春，王正月，叔弓如宋。

葬宋平公。

夏，四月，丁巳，楚子虔誘蔡侯般，殺之于申。楚子虔何以名？據誘戎曼子不名。○戎曼，音蠻。

【疏】注「據誘」至「不名」 解云：即昭十六年春，「楚子誘戎曼子，殺之」是也。

絶。曷爲絶之？〔五八〕據俱誘之。爲其誘討也。使不自知而死，故加「誘」。○爲，于僞反。

【疏】注「使不」至「加誘」 解云：即左氏傳云「醉而殺之」是也。

此討賊也，蔡侯般弒父而立。

【疏】注「蔡侯」至「而立」 解云：即襄三十年「夏，四月，蔡世子般弒其君固」是也。

雖誘之，則曷爲絶之？據與莊王外討，晉文譎尊。○譎，古穴反。

【疏】注「據與」至「譎尊」 解云：「莊王外討」者，即宣十一年「冬，十月，楚人殺陳夏徵舒」，傳云「此楚子也，其稱人何？貶。曷爲貶？不與外討也」，「曷爲不與？實與而文不與。文曷爲不與？諸侯之義，不得專討也。諸侯之義不得專討，則其曰實與之何？上無天子，下無方伯，天下諸侯有爲無道者，臣弒君，子殺父，力能討之則討之，可也」者，是其實與莊王外討之文也。云「晉文譎尊」者，即僖二十八年「五月，癸丑，公會晉侯」以下「盟于踐土」，「公朝于王所」，傳云「曷爲不言公如京師？天子在是也」，「曷爲不言天子在是？不與致天子也」，注云

「時晉文公年老，恐霸功不成，故上白天子曰『諸侯不可卒致，願王居踐土』，下謂諸侯曰『天子在是，不可不朝』。迫使正君臣，明王法，雖非正，起時可與，故書『朝』，因正其義」，「所以見文公之功」是也。

懷惡而討不義，君子不予也。內懷利國之心，而外託討賊，故不與其討賊，而責其誘詐也。地者，起以好會誘之。○好，呼報反。

【疏】注「地者」至「誘之」　解云：正以昭十六年「楚子誘戎曼子，殺之」，不書地，今言「于申」，故解之。

楚公子棄疾帥師圍蔡。

五月，甲申，夫人歸氏薨。

大蒐于比蒲。「大蒐」者何？簡車徒也。何以書？蓋以罕書也。說在桓六年。○比，音毗。

【疏】「大蒐者何」　解云：欲言常事，而經加「大」，欲言非常事，「蒐」是常獵之名，故執不知問。

注「說在桓六年」　解云：即桓六年，「秋，八月，壬午，大閱」，傳云「大閱者何？簡車徒。（五九）何以書？蓋以罕書也」，注云「罕，希也，孔子曰『以不教民戰，是謂棄之』，故比年簡徒謂之『蒐』，三年簡車謂之『大閱』，五年大簡車徒，謂之『大蒐』。存不忘亡，安不忘危」。然則大蒐之法，五年一爲，今此不然，故曰「以罕書也」。上八年「蒐于紅」之下，何氏云「説在桓六年」，今復指之者，正以蒐與大蒐，希數實異，〔六〇〕禮亦不同，是以不得相因，各指其所在。

仲孫貜會邾婁子盟于侵羊。不日者，蓋諱喪盟，使若議結善事。○侵羊，二傳作「祲祥」。

【疏】「盟于侵羊」〔六一〕解云：穀梁傳作「侵祥」字，服氏注引者，直作「詳」字，無「侵」字〔六二〕，皆是所見異也。

注「不日」至「善事」解云：上文五月「夫人歸氏薨」，君居喪，居喪而與人盟。至十三年秋平丘之會，邾婁子與晉爲議，不容公盟而執季孫，理宜書日，見其不信；而不書日者，正以身居大喪而不以爲憂，是內惡可諱之限。故爲信辭，使若此盟方欲議論，結其善事然。「齊國酌」者，〔六三〕賈氏以「酌」字，與此同，服氏及穀梁皆作「齊國弱」字也。

秋，季孫隱如會晉韓起、齊國酌、宋華亥、衛北宮佗、鄭軒虎、曹人、杞人于屈銀。○佗，大河反。屈銀，並如字，二傳作「厥慭」。

【疏】「于屈銀」解云：左氏、穀梁作「厥慭」字。

九月，己亥，葬我小君齊歸。「齊歸」者何？昭公之母也。「歸氏」，胡女，襄公嫡夫人。

○嫡，丁歷反。

【疏】「齊歸者何」解云：欲言「夫人」，初「至」不録；欲言其妾，「薨、葬」具書，故執不知問。

注「歸氏」至「夫人」解云：皆史記文。而初至不書者，蓋爲世子時娶之。然則，沙隨之會，襄公始生，而成公之世已娶夫人者，案公羊上下竟無幼少之文，則何氏不信左氏故也。

冬，十有一月，丁酉，楚師滅蔡，執蔡世子有以歸，用之。此未踰年之君也，其稱「世子」何？據「陳子」也。

【疏】注「據陳子也」解云：即僖二十八年「冬，公會晉侯、齊侯、宋公、蔡侯、鄭伯、陳子」以下「于温」是也。

不君靈公，不成其子也。「靈公」，即般也。「不君」，不與。靈公坐弑父誅，不得爲君也。「不成其子」，不成有得稱「子」繼父也。上不與楚誘討，嫌有不當絶，故正之云耳。

【疏】「不君」至「子也」解云：靈公弑父而立。弑父之人，人倫所不容，今而見誅，正是其宜。是以春秋不與靈公爲君也。故曰「不君靈公」也。莊三十二年傳云「君存稱世子，君薨稱子某，既葬稱子，踰年稱公」。然則，稱「子」者，嗣君之稱。春秋之義，既不與靈公得爲成君，故亦不成其子有得爲嗣君，（六四）以繼其父，故曰「不成其子也」。云「靈公坐弑父誅」者，即襄三十年「夏，四月，蔡世子般弑其君固」，上四月，「楚子虔誘蔡侯般，殺之于申」是也。云「上不與楚誘討」者，即上傳云「曷爲絶之？爲其誘討也。此討賊也，雖誘之則曷爲絶之？懷

惡而討不義，故君子不與」是。〔六五〕

不君靈公，則曷爲不成其子？據「惡惡止其身」。**誅君之子不立，**雖不與楚誘討，其惡坐弒父誅，當以「誅君」論之，故云爾。言「執」者，時楚託義滅之。

【疏】**注「當以」至「云爾」** 解云：若不君靈公，而以誅君論之，何故上四年申之會及伐吳之經、上文楚子誘殺之時，皆稱其爵者？凡「貶」刺之例，正可於一事之上，〔六六〕足見其惡而已。寧可文文皆貶，似若莊四年「冬，公及齊人狩于郜」，傳云「前此者有事矣，後此者有事矣，則曷爲獨於此譏」？「擇其重者而譏焉，莫重乎其與讎狩也」。「其餘從同」是也。

注「言執」至「滅之」 解云：春秋之義，舉滅國以爲重，其餘輕者皆從略。是以襄六年注云「不書殺萊君者，舉滅國爲重」是。今并書其「執」者，正以楚人託義滅之，故見其義也。似若上八年注云「不舉滅爲重，復書三事，言執者，疾諼託義，故列見之」是也。楚既託義，執用蔡之世子，以滅其國，當先書其「執」，〔六七〕似若宣十一年「冬，十月，楚人殺陳夏徵舒」，「丁亥，楚子入陳」。然今乃先書「滅蔡」者，起其本懷滅心故也。是以八年注云「託義不先書者，本懷滅心」故是也。

非怒也，無繼也。父誅，子當絕。

【疏】**「非怒也無繼也」** 解云：莊四年傳云「今紀無罪，此非怒與」？何氏云「怒，遷怒，齊人語。此非怒其先祖，遷之于子孫與」？然則齊人謂「遷怒」爲「怒」也。言今不成有爲子者，非由惡其父，遷怒其子孫，但由靈公大逆，理無繼嗣矣，是以注「父誅子當絶」也。其「非」字有作「悲」字者，誤也。

惡乎用之？用之防也。其用之防奈何？蓋以築防也。持其足，以頭築防，惡不以道。孔子曰「人而不仁，疾之已甚，亂也」。日者，疾諼滅人。○惡乎，音烏。惡不，烏路反。

【疏】注「日者疾諼滅人」　解云：正以凡「滅」例月，即莊十年「冬，十月，齊師滅譚」，上四年秋七月，「遂滅厲」之屬是也。今而書日者，疾詐諼故也。

十有二年，春，齊高偃帥師納北燕伯于陽。「伯于陽」者何？即納上「伯款」，非犯父命，不當言「于陽」。又微國，出入不兩書，「伯」不當再出，故斷三字問之。○斷，丁管反，又丁亂反。

【疏】注「即納」至「問之」　解云：「納上伯款」者，即上三年冬，「北燕伯款出奔齊」是也。其犯父命而見納言于邑者，即哀二年夏，「晉趙鞅帥師納衛世子蒯聵于戚」，傳云「戚者何？衛之邑也。曷爲不言『入于衛』？父有子，子不得有父也」，注云「明其父得有子而廢之，〔六八〕子不得有父之所有，故奪其國文，正其義也」者是也。然則，今此「納北燕伯于陽」，若是納上伯款即非犯父之命者，正以出奔稱「伯」，不似蒯聵稱「世子」故也。是以何氏於款之上連「伯」言之，見非犯父之命。云「又微國出入不兩書」者，僖二十五年「秋，楚人圍陳，納頓子于頓」，「何以不言遂？〔六九〕兩之也」，注云「頓子出奔，不書者，小國例也」是也。

公子陽生也。子曰：「我乃知之矣。」「子」謂孔子。「乃」，乃是歲也。時孔子年二十三，具知其事，後作春秋，案史記，知「公」誤爲「伯」，「子」誤爲「于」，「陽」在，「生」刊滅闕。○刊，苦干反。〔七〇〕在側者曰：「子苟知之，何以不革？」曰：「如爾所不知何？」「如」，猶奈也，猶曰「奈女所不知何？寧可強更之乎」？此夫子欲爲後人法，不欲令人妄億錯。〔七一〕「子絕四，毋意，毋必，毋固，毋我。」○女，音汝。強，其丈反。令，力呈反，下「令楚」同。億，於力反。錯，七故反，或七各反，字或作「措」。

【疏】注「如猶」至「億措」 解云：孔子云，當是歲時，我已年立，具見其事，奈汝在側之徒，不見之何？故曰「奈汝所不知何」也。孔子雖知「伯于陽」者是「公子陽生」，但在側之徒皆不委曲，若改之，謂已苟出心肺，故曰「寧可彊更之乎」。莊七年「星霣如雨」之下，〔七二〕傳云「不脩春秋曰『雨星，不及地尺而復』，君子脩之曰『星霣如雨』」，何氏云「明其狀似雨耳，不當言雨星。不言尺者，霣則爲異，不以尺寸録之」。然孔子脩春秋，大有改之處，而特此文不改之者，欲示後人重其舊事，似劉公即君與爲不上禮之類也，故曰「夫子欲爲後人法，不欲人妄億措也」。「億措」者，「億」謂有所擬度；「措」者，置也，置意於言也。不欲令人妄擬度，不欲令人妄置意於言矣。若擬度而中之者，無傷，即「柴也其來乎？由也其死矣」之類是也。若億措而妄者，正得學者不思之義也。則「學而不思則罔」之類是也。云「子絕四」者，備於鄭注。引之者，欲道無事億措，乃孔子所絕，是以脩春秋而有其義矣。

春秋之信史也。其序，則齊桓、晉文；唯齊桓、晉文會能以德優劣、國大小相次序。

【疏】注「唯齊」至「次序」　解云：謂其盛時事也。及其衰末，亦不醇粹。〔七三〕是以僖十三年鹹之會，許男序于曹伯之上，而何氏於僖四年「許男辛臣卒」，〔七四〕「葬許穆公」之下，注云「得卒葬於所傳聞世者，許大小次曹，故卒少在曹後」者，是鹹之會當桓末年，許在曹上，非其次序之事也。

其會，則主會者爲之也；非齊桓、晉文，則如主會者爲之，雖優劣、大小相越，不改更。信史也。其詞，則丘有罪焉爾！」「丘」，孔子名。其貶絶譏刺之辭，有所失者，是丘之罪。聖人德盛尚謙，故自名爾。主書者，惡納篡也。不書所篡出奔者，微國，雖未踰年君猶不録。不足「陽」下言「于北燕」者，史文也。〔七五〕「北燕」本在上，從史文也。○惡納，烏路反。

【疏】注「其貶」至「之罪」　解云：即春秋説云「孔子作春秋，一萬八千字，九月而書成，以授游、夏之徒，游、夏之徒不能改一字」是也。云「主書者惡納篡也」者，正以春秋之義，「立」、「納」、「入」皆爲篡辭，且上有「伯款出奔齊」之文，知今「納」，宜是篡人也。

注「不書」至「不録」　解云：正以上三年之末「伯款出奔」，逆歷十許年，計應有君矣。陽生篡之，宜書其出，今不書者，微國之君被篡而出走者，皆略而不書之。假令非被篡，但是微國，未踰年之君「卒」猶不書，況乎被篡出奔，寧不略之乎？何氏所以必將未踰年君約之者，正以所見之世，微國成君之出，例皆録之故也。即伯款之徒是也。

注「不足」至「史文也」　解云：若足其文，宜云「齊高偃帥師納北燕公子陽生于北燕」。今「陽生」之下，不言「北燕」者，正以史之本文「陽生」之上有「北燕」之字，因而從之，不及改順文。「楚殺其大夫成然」

者，〔七六〕左氏作「成熊」，穀梁作「成虔」字。〔七七〕

三月，壬申，鄭伯嘉卒。

夏，宋公使華定來聘。

公如晉，至河乃復。

五月，葬鄭簡公。

楚殺其大夫成然。〇「成然」，左氏作「成熊」。

秋，七月。

冬，十月，公子整出奔齊。〇整，之領反，或作「憖」，魚覲反。

楚子伐徐。

晉伐鮮虞。謂之「晉」者，中國以無義，故爲夷狄所強。〔七八〕令楚行詐，〔七九〕滅陳、蔡，諸夏懼然去，而與晉會于屈銀，不因以大綏諸侯，先之以博愛，而先伐同姓，從親親起，欲以立威行霸，故狄之。

【疏】注「謂之」至「狄之」　解云：諸夏之稱，連國稱爵，今單言「晉」，作夷狄之號，故須解之。言「中國無義，故爲夷狄所彊」者，即襄七年鄭伯髡原之下，傳云「曷爲不言其大夫弑之？爲中國諱也。曷爲爲中國諱？鄭伯將會諸侯于鄬，其大夫諫曰『中國不足歸也，則不若與楚』。鄭伯『不可』。〔八〇〕其大夫曰『以中國爲義，即伐我喪，〔八一〕以中國爲彊，則不若楚』。於是弑之」，何氏云「禍由中國無義，故深諱使若自卒」之屬，是「中國無義」之文也。言「遂爲夷狄所彊也」者，即四年「夏，楚子」以下「會于申」，「執齊慶封，殺之」之屬是也。云「令楚行詐，滅陳、蔡」者，即昭八年「滅陳」，十一年「滅蔡」是也。「令楚行詐」者，即託義討招、瑗，託義討蔡般是也。言「諸夏懼然去而與晉會于屈銀」者，即上十一年「秋，季孫隱如會晉韓起」以下「于屈銀」是也。言「先伐同姓」者，正以鮮虞姬姓故也。

校勘記

〔一〕齊國酌　阮校：釋文「國酌，二傳作『國弱』」，按疏云「齊『國酌』亦有作『國弱』者」，是公羊與二傳同。

〔二〕石惡　阮校：齊召南云：二傳作「齊惡」是也。石惡已於襄廿八年出奔晉矣。按釋文不云二傳作「齊惡」，是公羊古本與二傳同，孫志祖說。

〔三〕欲見王者治定　「欲」原作「故」。浦鏜云：「欲」誤「故」。阮校：四年會于申疏同。據改。

〔四〕無所復爲譏　「譏」原作「議」。阮校：定六年注「議」作「譏」，昭四年疏引同。今按，單抄本作「譏」。據改。

〔五〕然則所見之世文致大平　阮校：閩、監、毛本「大平」改「太平」，下同。

〔六〕文同矣　「文」原作「又」。浦鏜云：「文」誤「又」。今按，單抄本作「文」。據改。

〔七〕但始有其計　「其」字原無。阮校：疑當作「招但有計」，何校本「討」作「計」是也。今按，單抄本作「但始有其計」。據補「其」字。

〔八〕宣十一年冬　單抄本無「冬」字。

〔九〕據棄疾不豫貶　阮校：鄂本「棄」作「弃」，此本下及疏皆作「弃」。

〔一〇〕以不月者　浦鏜云：「者」衍字。

〔一一〕秦無大夫者　盧補：毛本此下疏文八十六字在下節注下是也，此本誤。今按，閩本與毛本同。

〔一二〕正以稱伯故也　「稱」原作「此」。殿本考證：疑「此」下脱「稱」字。阮校：閩、監、毛本同。一本作「正以稱伯故也」，當互脱一字。今按，單抄本「此」字作「稱」字。據改。

〔一三〕正以曉中國之人　北大本校記：公羊義疏「人」作「大」。

〔一四〕但當名爲隰　浦鏜云：「但當」二字當作「常沮洳」。阮校：此非誤也，所傳不同耳。

〔一五〕莒殺其公子意恢　「其」原作「莒」。浦鏜云：「其」誤下「莒」。今按，單抄本作「其」，據改。

〔一六〕子未踰年　浦鏜云：「子」衍字。汪文臺識語：「子」字當有，謂嗣子也。解云「若言莒殺意恢，无以明嗣子不孝」是也。今本注奪「子」字耳。

〔一七〕故重録之　浦鏜云：「重」下脱「而」字。

〔一八〕寧知不爾彊　浦鏜云：「彊」當「而」字誤。今按，單抄本作「强」。

〔一九〕解云隱七年　「七」原作「十」。浦鏜云：「七」误「十」。今按，單抄本作「七」。據改。

〔二〇〕二小傳本亦有作「麋」字者　浦鏜云：「小」字疑衍。汪文臺識語：案唐書選舉志，春秋左氏傳爲大經，公羊傳、穀梁傳爲小經，疏以公、穀爲二小傳，蓋時人語如此。

〔二一〕丁未滕子泉卒　阮校：唐石經初刻「泉」作「原」，後磨改爲「泉」。

〔二二〕襄公上葬　阮校：穀梁疏引作「葬襄公」，不誤。今案：諸本并疏皆作「襄公上葬」。

〔二三〕叔弓如宋葬恭姬　阮校：閩、監、毛本「恭」作「共」。今按，單抄本亦作「恭」。

〔二四〕譏公不自行是也　「譏」原作「議」。浦鏜云：「議」當作「譏」。阮校：毛本改「譏」。今按，單抄本作「譏」。據改。

〔二五〕大雨雪　阮校：釋文「大雨雪，左氏作大雨雹」，解云「正本皆作『雹』字，左氏經亦作『雹』，故賈氏云穀梁作『大雨雪』。今此若有作『雪』字者，誤也」。經義雜記曰「范注穀梁云『雪或爲雹』，則穀梁亦有作『雹』者。或據左氏、公羊言之。若今公羊作『雪』，釋文同，則誤也」。

〔二六〕欲見王者治定　「欲」原作「故」。浦鏜云：「欲」誤「故」。阮校：定六年注「故」作「欲」，此誤。據改。

〔二七〕注不書至録之　阮校：此本在「注以襄公至奔魯」下。閩、監、毛本改作「注不書至邑也」，移于「不書入防者」節注下。

〔二八〕月者善義兵　阮校：五年疏引作「月者善録義兵」，此脱「録」字。

〔二九〕稱爵以執大夫之事　單抄本無「之」字。

〔三〇〕不重出楚子以爲伯討之義　「子」原作「上」。北大本校記：公羊義疏「上」作「子」。今按，閩本誤「上」，毛本已改作「子」。單抄本作「子」，不誤。據改。

〔三一〕若似内自取邑　單抄本無「自」字。

〔三二〕牧正合二軍　「牧」原作「故」，「合」原作「舍」。殿本考證：「故」當「牧」字誤，二字形近而訛。浦鏜云：「合」誤「舍」。汪文臺識語：「故」當作「牧」，屬上讀。據襄十二年疏知之。今據改作「牧」、「合」。

〔三三〕不言舍三軍而言卿者　浦鏜云：疑「軍、卿」二字互誤。阮校：浦説非。注言此傳何不云三軍，而云三卿也。

〔三四〕不言中則益三之中　阮校：疏中引注「中」下有「云三」二字，此脱。今按，單抄本下疏作「不言中則益三之中云云者」，阮説非。

〔三五〕傳不足以解之者　浦鏜云：「以」衍字，「者」下脱「故」字。阮校：據疏「今此傳文少，故言傳不足解之也。欲以上解下者」云云，則此注「足」下衍「以」字，「者」下脱「欲」字，當據以删補。

〔三六〕作三軍不言中云云者　「云云」原作「云三」。單抄本「三」作「云」。據改。

〔三七〕左氏作蚡泉字穀梁作賁泉字　上「泉」字原無，「賁」原作「濆」。阮校：「賁」誤「濆」。北大本校記：公羊義疏「蚡」下有「泉」字。今按，單抄本「蚡」下有「泉」字，「瀆」作「賁」。據改補。

〔三八〕謂此泉水直上而出　「水」字原無。單抄本「泉」下有「水」字。據補。

〔三九〕告閽史　浦鏜云：當重「閽史」二字。

〔四〇〕今此嬰字者　阮校：「此」下當脱「作」字。

〔四一〕善録義兵是也　浦鏜云：前注無「録」字。今案：阮校上四年據此，以爲彼文脱字。

〔四二〕入所見世　浦鏜云：「見」下脱「之」字。

〔四三〕杞伯匄卒　「匄」原作「句」。浦鏜云：「句」當作「匄」。今按，單抄本作「匄」，據改。

〔四四〕解云上城杞已貶者　「杞」字原無。殿本考證：「城」下脱「杞」字。阮校：何校本「城」下有「杞」字。據補。

〔四五〕寧可備盡　浦鏜云：「盡」當「書」之誤。

〔四六〕疏楚薳頗　北大本校記：按經及下疏「薳」均作「蘧」。

〔四七〕注是後楚滅陳云云者　阮校：閩、監、毛本移此以下至「日有食之」注下。

〔四八〕弑其君于乾谿是也　北大本校記：按經注「君」下均有「虔」字。今按，閩、監、毛本注有「虔」字，撫州本、余本無。

〔四九〕楚滅陳蔡楚弑君虔于乾谿　阮校：疏及閩、監、毛本「陳」下有「蔡」字，此脱。今按，撫州本、余本脱「蔡」、「虔」字。今據阮校補字。

〔五〇〕即下二十年秋　「二」原作「三」。浦鏜云：「二」誤「三」。今按，單抄本作「二」。據改。

〔五一〕簡車徒也　王引之經義述聞以爲傳「車」爲衍文，參桓六年何注「比年簡徒謂之蒐」無「車」字。

〔五二〕其言陳火何　阮校：唐石經無「陳」字。

〔五三〕此天意欲存之　「天」原作「大」。浦鏜云：「天」誤「大」。阮校：鄂本作「天」，此誤。今按，撫州本、余本作「天」。據改。

〔五四〕注陳已至記災　單抄本作「注陳已滅復火者死灰復燃之象也者」，無下「解云」二字。

〔五五〕即襄九年春　「九」原作「元」。浦鏜云：「九」誤「元」。今按，單抄本作「九」。據改。

〔五六〕夏晉欒施來奔　阮校：孫志祖云，此非晉之欒氏，公羊經文誤，當同左氏作「齊」。

〔五七〕今無冬更　「更」原作「者」。阮校：閩、監、毛本「者」作「更」，作「更」則屬下。今按，單抄本作「更」。據改。

〔五八〕絶曷爲絶之　阮校：十三年疏引作「絶也曷爲絶之」，此脱「也」字。今按，諸本無「也」字。

〔五九〕簡車徒　浦鏜云：「徒」下脱「也」字。

〔六〇〕希數實異　「實」原作「大」。閩本作「大」，毛本已改作「實」。單抄本作「實」。據改。

〔六一〕盟于侵羊　「侵」原作「浸」。北大本校記：閩、監、毛本「浸羊」作「侵羊」。據改。

〔六二〕直作詳字無侵字　「無」字原無。阮校：閩、監、毛本作「無侵字」，此誤。單抄本同。據補「無」字。

〔六三〕齊國酌者　阮校：閩、監、毛本移「齊國酌者」以下廿四字於「秋季孫隱如」節經下。

〔六四〕有得爲嗣君　浦鏜云：「稱」誤「有」，從十三年疏校。

〔六五〕故君子不與是　浦鏜云：「故」衍字。

〔六六〕正可於一事之上　北大本校記：公羊義疏「於」作「以」。

〔六七〕當先書其執　「執」原作「餘」。單抄本「餘」作「執」。據改。

〔六八〕明其父得有子而廢之　浦鏜云：「其」衍字。阮校：哀二年注無「其」字，此衍。

〔六九〕何以不言遂　浦鏜云：「何」上脱「傳云」二字。

〔七〇〕刊苦干反　「干」原作「于」。宋本、余本音義誤作「于」，撫州本作「干」。據改。

〔七一〕令人妄億錯　阮校：蜀大字本同，鄂本「億」作「意」，按論語音義「毋意或於力反」，於力反則本作「億」，與此注合。陸氏以爲非，誤也。此本「錯」字剜改，故小而偏，當本作「措」，疏標訖作「億措」可證。今按，撫州本、余本「措」作「錯」。

〔七二〕星霣如雨之下　「霣」原作「隕」。阮校：此本「隕」字剜改。何校本作「霣」。今按，單抄本作「霣」。據改。

〔七三〕其衰末亦不醇粹　「末」原作「未」。阮校：「未」作「末」，何校本同，是。今按，單抄本作「末」。據改。

〔七四〕許男辛臣卒　阮校：閩、監、毛本「辛」作「新」。

〔七五〕史文也　阮校：鄂本無「也」，此衍。

〔七六〕楚殺其大夫成然者　阮校：閩、監、毛本删「楚殺其大夫者」六字，移「成然左氏」十三字於「楚殺其大夫成然」注下，割裂之甚。

〔七七〕穀梁作成虔字　阮校：穀梁作「成虎」，此作「虔」，誤。

〔七八〕故爲夷狄所強　阮校：疏中兩引皆作「彊」，當據正。

〔七九〕令楚行詐　「令」原作「今」。阮校：鄂本「今」作「令」，此本疏中兩引亦作「令」，當據正。今按，撫州本、余本作「令」。據改。

〔八〇〕鄭伯不可　浦鏜云：「不」上脱「曰」字。

〔八一〕即伐我喪　浦鏜云：「則」誤「即」。阮校：襄七年疏「即」作「則」，是也。

監本附音春秋公羊傳注疏昭公卷第二十三起十三年，盡二十三年。

何休學

十有三年，春，叔弓帥師圍費。○費，音祕。

夏，四月，楚公子比自晉歸于楚，弒其君虔于乾谿。此弒其君，其言「歸」何？據齊陽生入惡，不言「歸」。○谿，苦兮反。

注「據齊」至「言歸」 解云：即哀六年秋七月，「齊陽生入于齊」是也。其「陽生入惡」者，先詐致諸大夫，立於陳乞之家，自是往弒舍是也。

【疏】「此弒」至「歸何」 解云：正以「歸」者，「出、入」無惡之文。今君弒而言「歸」，故難之。

「歸」無惡於弒立也。「歸」無惡於弒立者何？靈王爲無道，作乾谿之臺，三年不成。楚公子棄疾脅比而立之，然後令于乾谿之役曰：

「比已立矣。後歸者不得復其田里」。衆罷而去之。靈王經而死。時棄疾詐告比得晉力，可以歸，〔一〕至而脅立之，「比之義宜效死不立」，而立，君因自經，故加弑也。言「歸」者，明其本無弑君而立之意，〔二〕加弑責之爾。〔三〕不日者，惡靈王無道。封内地者，起禍所由，因以爲戒。○罷，音皮。惡靈，烏路反。

【疏】「歸無」至「立也」　解云：「弑」謂虔也。言所以書其「歸」者，正於弑虔之時，比無惡。

「歸無」至「者何」　解云：正據經書「弑其君虔」，曷爲言「無惡」，故問之。

「靈王經而死」　解云：「經」者，謂懸縊而死也。若申生雉經，及論語云「豈若匹夫匹婦之爲諒也，自經於溝瀆」者是也。故何氏云「君因自經」。

注「時棄」至「爲戒」　解云：正以經書「自晉」，故得爲有力之義，故如此解。云「比之義宜效死不立」者，下傳文。云「言歸者，明其本無弑君而立之意加弑責之爾」者，桓十五年傳曰「歸者，出入無惡」，故云「本無弑君而立之意」。言「加殺責之」者，謂責其不效死而立矣。云「不日者惡靈王無道」者，正以宣二年「秋，九月，〔四〕乙丑，晉趙盾弑其君夷獋」，四年「夏，六月，乙酉，鄭公子歸生弑其君夷」，則春秋之義不問加弑與否，例皆書日。今而不日，故解之。云「封内地者，起禍所由因爲戒」者，正以下二十五年，「宋公佐卒于曲棘」，傳云「曲棘者何？宋之邑。諸侯卒其封内不地，此何以地？憂内也」，注云「時宋公聞昭公見逐，欲憂納之，至曲棘而卒，故恩録之」。然則，諸侯卒其封内，例不地，今此靈王見弑乾谿之由，是以書地以起之，故曰「起禍所由，因以爲戒」也。

楚公子棄疾弑公子比。比已立矣，其稱「公子」何？據「齊公子商人弑其君舍」。

【疏】注「據齊」至「君舍」解云：在文十四年九月。彼傳云「此未踰年之君也，其言『弒其君舍』何？己立之，己殺之，成死者而賤生者也」，注云「惡商人懷詐無道，故成舍之君號，以賤商人之所爲」。然則彼未踰年君而見弒，稱成君，今比亦爲未踰年君見弒，稱「公子」，故據而難之。所以不據僖九年「晉里克弒其君之子奚齊」者，正以取成君之號，以難公子，義強于君之子之文故也。

其意不當也。據上傳知其脅。

【疏】注「據上」至「其脅」解云：即上傳云「楚公子棄疾脅比而立之」是也。

其意不當，則曷爲加弒焉爾？據王子朝不貶。○朝，如字。

【疏】注「據王子朝不貶」解云：即二十三年秋，「尹氏立王子朝」，注云「貶言尹氏者，著世卿之權。尹氏貶，子朝不貶者，年未滿十歲，未知欲富貴，不當坐，明罪在尹氏」。然則子朝之意與此相似，子朝不貶，而比加弒，故難之。

比之義宜乎效死不立。大夫相殺稱「人」，此其稱名氏以弒何？據經言「弒公子比」也。

【疏】「比之」至「不立」解云：即守死善道，若王子閭之類也。

「大夫」至「稱人」解云：即文十六年冬「宋人弒其君處臼」之下，傳云「大夫弒君稱名氏，賤者窮諸人」，注云「賤者謂士也，士正自當稱人」；「大夫相殺稱人，賤者窮諸盜」，注云「降大夫使稱人，降士使稱盜者，所以別死刑有輕重也」。然則，文十六年師有成解，故此弟子取而難之。

注「據經」至「比也」　解云：經言「弒公子比」，即是兩下相殺之文，而稱棄疾名氏，是以據而難之。

言將自是爲君也。故使與弒君而立者同文也。不言「其」者，比實已立，嫌觸實公子。棄疾則楚子居也。〔五〕

【疏】「言將」至「君也」　解云：謂棄疾從是殺比之後，遂代比爲君矣。

注「故使」至「文也」　解云：「同文也」，即文十四年秋九月，「齊公子商人弒其君舍」是也。

注「不言」至「公子」　解云：莊二十二年春，「陳人殺其公子禦寇」，注云「書者，殺君之子，重也」，下「十四年冬，莒殺其公子意恢」。然則彼二公子見殺，〔六〕言「其」，今公子比實已立訖，若言「殺其公子比」，則嫌觸彼二公子文，故曰「嫌觸實公子」。云「棄疾即楚子居也」者，即下二十六年秋，「楚子居卒」是也。

秋，公會劉子、晉侯、齊侯、宋公、衛侯、鄭伯、曹伯、莒子、邾婁子、滕子、薛伯、杞伯、小邾婁子于平丘。八月，甲戌，同盟于平丘。不舉重者，起諸侯欲討棄疾，故詳録之。不言「劉子及諸侯」者，間無異事可知矣。

【疏】注「不舉」至「録之」　解云：文十四年「六月，公會宋公」以下「同盟于新城」。然則，彼亦是二事，舉「盟」爲重，不言「會于某」，今「會、盟」並舉，故須解之。故云「諸侯欲討棄疾」。以上有棄疾弒君之事，下傳有諸侯遂亂之言，故知於間詳録此「會」，欲討之矣。

注「不言」至「知矣」 解云：春秋之義，「會、盟」咸有而間隔事者，則重言諸侯，即定公四年「三月，公會劉子、晉侯」以下「于召陵，侵楚」，「夏，四月」，「蔡公孫歸姓帥師滅沈，以沈子嘉歸，殺之」，「五月，公及諸侯盟于浩油」。然則，彼由間有隔事，劉子不與盟，是以重出諸侯；今則間無隔事，劉子復與盟，是以不勞重出劉子及諸侯，見其可知矣。

公不與盟。○與，音預，注「二不肯與」及下文「不與焉」、注「公不與」、「不宜與」皆同。

【疏】「公不與盟者何」〔七〕 解云：正以「盟、會」詳録，〔八〕即爲善事，而公不與盟，於義似違，故執不知問。

「公不與盟」者何？公不見與盟也。時晉主會，疑公如楚，不肯與公盟，故諱，使若公自不肯與盟。晉人執季孫隱如以歸。公至自會。

【疏】注「時晉」至「與盟」 解云：須言「時晉主會」者，正以此會劉子在其間，故須辨之。知非劉子主會者，正以當時天子微弱故也。知「疑公如楚，不肯與公盟」者，正以上七年「三月，公如楚」，「九月，公至自楚」之文，十二年「公如晉，至河乃復」，〔九〕是其見疑，不得入晉故也。

公不見與盟，大夫執，何以致「會」？據得意乃致「會」。

【疏】注「據得意乃致會」　解云：即莊六年注云「公與二國以上出會盟，得意致會，不得意不致」。今此平丘之經亦是公與二國以上出會盟之事，故言「據得意乃致會」也。若欲伯事言之，即哀十三年，夏，「公會晉侯及吴子于黄池」，「公至自會」是也。

不耻也。曷爲不恥？據扈之會，公失序恥之。

【疏】注「據扈之會」至「恥之」〔一〇〕　解云：即文七年「秋，八月，公會諸侯、晉大夫盟于扈」，傳云「諸侯何以不序？大夫何以不名？公失序也。公失序奈何？諸侯不可使與公盟，眣晉大夫使與公盟也」，何氏云「爲諸侯所薄賤，不見序，故深諱爲不可知之辭」是也。

諸侯遂亂，反陳、蔡。君子不恥不與焉。〔一一〕時諸侯將征棄疾，棄疾乃封陳、蔡之君，使説諸侯，諸侯從陳、蔡之君言，還反，不復討楚，楚亂遂成，故云爾。公不與盟，不書「成楚亂」者，時不受賂也。〔一二〕諸侯實不與公盟，而言「公不與盟」者，遂亂，雖見與，公猶不宜與也。故因爲公張義。○復，扶又反。爲公，于僞反。

【疏】注「棄疾」至「之君」　解云：即下文是也。

注「公不」至「賂也」　解云：春秋之義，諱内惡，故隱五年「春，公觀魚于棠」，傳云「何以書？譏。何譏爾？遠也」，何氏云「實譏張魚而言『觀』，譏遠者，恥公去南面之位，下與百姓爭利，匹夫無異，故諱，使若以遠觀爲譏也」。然則，公若與盟，即成楚亂，便是内惡，例諱不書。今公不與盟，不書楚亂者，正以時不受賂，是以不得書其成亂矣。桓二年春，「公會齊侯、陳侯、鄭伯于稷，以成宋亂」，「夏，四月，取郜大鼎于宋」，「戊申，納于太廟」，傳云「何以書？譏。何譏爾？遂亂受賂，納于太廟，非禮也」。然則，彼以受賂之故，書其成宋亂，今不受賂，是以不書成楚亂決之。春秋之義爲内諱大惡，而桓公受賂而成宋亂，不爲之諱者，彼注云「宋公馮與督共弒君而立，諸侯會于稷，欲共誅之，受賂便還，令宋亂遂成。桓公本亦弒隱而立，君子疾同類相養，小人同惡相長，故賤不爲諱也」者是也。

注「諸侯」至「張義」 解云：上注云「故諱使若公自不肯與之盟」，今又言此者，正以諸侯遂亂，是以魯侯不肯與之盟。然則，上下二注彌縫爲義，非别解。云「因爲公張義」者，謂書「公不與盟」者，非直爲國諱，因見諸侯遂亂大惡，公亦不宜與，故言「因爲公張義」也。〔一三〕

蔡侯廬歸于蔡。陳侯吳歸于陳。此皆滅國也，其言「歸」何？

據「歸」者有國辭。

○廬，力吳反。

【疏】注「據歸者有國辭」 解云：即僖三十年秋，「衛侯鄭歸于衛」之屬是也。〔一四〕

不與諸侯專封也。

故使若有國自歸者也。名者，專受其封，當誅。書者，因以起楚封之。〔一五〕所以能起之者，上有存陳文，陳見滅，無君所責，〔一六〕又蔡本以篡見殺，但不成其子，不絕其國，即諸侯存之，〔一七〕當有文實也。

【疏】「不與」至「封也」 解云：宜言「不與楚專封」，而云「不與諸侯專封」者，宣十一年傳云「此楚子也，其稱人何」？「諸侯之義不得專討也」，是楚得言「諸侯」之義矣。而舊云：「楚子初無封陳、蔡之意，但畏諸侯之誅，遂許封陳、蔡之子孫，陳、蔡爲之請于諸侯，諸侯止不伐楚，楚乃封陳、蔡。」然則，陳、蔡得封，本由諸侯，故傳言「諸侯」以明之也，無疑焉。

注「名者」至「當誅」 解云：諸侯之式，不合生名；今陳、蔡之君既已稱爵，而書名者，正以諸侯之封，宜受于天子，而受國于楚，故名之。見當誅討，不合爲諸侯矣。

注「書者」至「實也」 解云：言主書此事者，非直惡陳、蔡之君，不受天子之命，亦固以起楚封之。所以能起楚之封者，正以上九年「夏，四月，陳火」，傳云「陳已滅矣，其言『陳火』何？存陳也」，注云「陳已滅，復火者，死灰復燃之象也。此天意欲存之，故從有國記災」，故曰「上有存陳文」也。言「陳見滅，無君無所責」者，正以陳國已滅，無君可責，而火之者，天意作死灰復燃之象，見陳國合存之意。言「蔡本以篡見殺」者，即襄三十年「夏，四月，蔡世子般弑其君固」，至上十一年「夏，四月，丁巳，楚子虔誘蔡侯般殺之于申」是也。言「但不成其子」者，即上十一年冬十有一月，「楚師滅蔡，執蔡世子有以歸，用之」，傳云「未踰年之君，其稱世子何？不君靈公，不成其子」是也。子者，嗣君之稱，謂「不成其子」，有得稱嗣君以繼其父矣。言「不絶其國」者，正以書「滅」是也。何者？僖五年「晉人執虞公」之下傳云「虞已滅矣！其言執之何？不與滅也。曷爲不與滅？滅者，亡國之善辭」，注云「言王者起，當存之」，故爲「善辭」也，傳云「滅者，上下同力者也」，注云「言滅者，臣子與君勠力一心，共死之辭」是也。然則，何氏言此者，欲道陳、蔡皆舊有國，二君之子復先在楚，楚人封之，而遂反國，故得言「歸」，非謂上會諸侯墠地封之。若是上會諸侯墠地封之，當如救邢、城楚丘之屬，傳亦有文實之文。若作文實之文，宜云「城陳、蔡」，傳云「孰城之？諸侯城之。曷爲不言諸侯城之？不與諸侯專封。曷爲不與？實與而文不與。文曷爲不與？諸侯之義不得專封。諸侯之義不得專封，則其曰實與之者，上無天子，下無方伯，天下諸侯有相滅亡者，力能存之則存之可也」。

冬，十月，葬蔡靈公。書「葬」者，經不與楚討，嫌本可責復讎，故書「葬」，明當從誅君論之，不得責臣子。

【疏】注「書葬」至「臣子」 解云：隱十一年傳云「然則何以不書葬？春秋君弑賊不討，〔一八〕不書葬，以爲無臣子也」。然則靈公上十一年爲楚誘殺，未見復讎之文，而書其「葬」者，正以上十一年經不與楚討，若不書其「葬」，即嫌可以責蔡臣子無復讎之義，是以書「葬」。靈公者本弑父而立，〔一九〕當從誅君論之，不得責臣子復讎於楚矣。言「經不與楚討」者，即上十一年傳云「楚子虔何以名？絶也。〔二〇〕曷爲絶之？爲其誘討也。此討賊，雖誘之，〔二一〕曷爲絶之？懷惡而討不義，君子不與」是也。

公如晉，至河乃復。

吴滅州來。不日者，略兩夷。

【疏】注「不日者略兩夷」 解云：上四年秋七月，「遂滅厲」，注云「莊王滅蕭日，此不日者，靈王非賢，責之略」。〔二二〕然則，吴子夷昧兄弟立，謀讓位季子，即爲賢者，而反滅人，宜亦書日以責之，而不日者，正以兩夷相滅故略之。考諸舊本，「日」亦有作「月」字者。若作「月」字，當云「春秋上下，滅例書月，即莊十年『冬，十月，齊師滅譚』，十三年『夏，六月，齊人滅遂』之屬是。今此不月，略兩夷故也」。是以下三十年「十二月，吴滅徐」之下，而注云「至此乃月者，所見世，始録夷狄滅小國也。不從上州來、巢見義者，因有奔文可責」是也。〔二三〕以此言之，則知此文無「月」明矣。文承十月之下，而言「無月」者，謂不在十月内也。然則，爲「日」字者誤。云云之説，在三十年。

十有四年，春，隱如至自晉。

三月，曹伯滕卒。

夏，四月。

秋，葬曹武公。

八月，莒子去疾卒。入昭公，「卒」不日，不書「葬」者，本篡，故因不序。○去，起吕反。

【疏】注「入昭」至「不序」解云：春秋之義，所傳聞之世，略於小國，不書其「卒」；至所聞之世，乃始書之，即文十三年「邾婁子蘧篨卒」之徒是也；至所見之世，文致大平，書小國而録之，「卒」月「葬」時，〔二四〕即下二十八年「秋，七月，癸巳，滕子甯卒」，「冬，葬滕悼公」之屬是也。今此莒君入昭公所見之世，宜令「卒」日「葬」

時，而「卒」不日，復不書其「葬」者，正由其本是篡人，故因略之，不序其卒日，亦不序其「葬」矣。其「本篡」者，即上元年秋，「莒去疾自齊入于莒」是也。然則春秋之義，篡明者例書其「葬」，即衛晉、鄭突、齊小白、陽生之徒是。今此去疾於上元年秋，亦有「自齊入于莒」之文，即是篡明，例合書「葬」，但以本篡，故因不序。〔二五〕然則入昭公所見之世，小國之「卒」例合書日，而上「三月，曹伯滕卒」亦不日者，莊二十三年「冬，十一月，曹伯射姑卒」之下，〔二六〕何氏云「曹伯達於春秋，常卒月葬時也，始卒日葬月，嫌與大國同，故後卒不日，〔二七〕入所聞世，可日不復日」。然則曹伯終生於桓十年時，以春秋敬老重恩之故，而得「卒」日「葬」月，以爲大平，是以入所見之世，雖例可日，亦不復日，是故上文卒曹伯不書日矣。〔二八〕

冬，莒殺其公子意恢。「莒無大夫」，書殺公子者，未踰年而殺其君之子，不孝尤甚，故重而録之。稱氏者，明君之子。○恢，苦回反。

【疏】注「莒無大夫」解云：莊二十七年傳文。

注「稱氏」至「之子」解云：小國大夫假令得見，皆不書氏，即莒慶之徒是也。今兼書公子者，欲明其是君之子故也。若言「莒殺意恢」，無以明嗣子不孝。

十有五年，春，王正月，吴子夷昧卒。○夷昧，音末，本亦作「末」。

二月，癸酉，有事于武宮。籥入，叔弓卒，去樂卒事。其言「去樂卒事」何？據「入」者言「萬」，「去籥」言名，不言「卒事」。○籥，羊略反。去樂，起吕反，注「去籥」及下文「去樂」同。

【疏】注「據入」至「卒事」 解云：即宣八年夏六月，「辛巳，有事于大廟，仲遂卒于垂」，「壬午，猶繹，萬入去籥」是也。然則，彼乃入者言「萬」，此則入者言「籥」，彼則「去籥」言名，此則漫言「去樂」而已。彼又不言「卒事」，與此異，是故弟子據而難之。

禮也。以加録「卒事」，即非禮，但當言「去樂」而已。若「去籥」矣。總言「樂」者，明悉去也。君有事于廟，聞大夫之喪，去樂恩痛不忍舉。卒事。畢竟祭事。〔二九〕大夫聞君之喪，攝主而往。「主」，謂己主祭者。臣聞君之喪，義不可以不即行，故使兄弟若宗人攝行主事而往。不廢祭者，古禮也。古有分土無分民，大夫不世，己父未必爲今君臣也。孝經曰「資于事父以事君而敬同」。

【疏】注「主謂」至「臣也」 解云：謂己於廟内主其祭事者矣。云「古有分土無分民」，知如此者，正以詩云「誓將去汝，〔三〇〕適彼樂土」，論語云「四方之民襁負其子而至矣」之言故也。云「大夫不世」者，謂凡平大夫也，不得以有功德大夫難之。

注「孝經」至「敬同」 解云：何氏之意，以「資」爲「取」，言取事父之道以事君，所以得然者，而敬同故也。以此言之，則何氏解孝經與鄭稱同，與康成異矣。〔三一〕云云之説，在孝經疏。

大夫聞大夫之喪，尸事畢而往。賓尸事畢而往也。日者爲卒日。○爲，于僞反。

【疏】注「賓尸」至「往也」 解云：正以禮，大夫祭謂之「賓尸」故也。云「日者爲卒日」者，正以春秋之義，失禮鬼神例日。今非失禮，知日爲卒。

夏，蔡昭吴奔鄭。不言「出」者，始封名書「歸」，〔三二〕嫌與天子歸有罪同，故奪其有國之辭，明專封。○昭吴，左氏作「朝吴」。

【疏】「夏蔡昭吴奔鄭」 解云：左氏、穀梁皆言「朝吴出奔鄭」，今此作「昭吴」字，又不言「出」者，所見之文異。案左氏、穀梁皆以朝吴爲蔡大夫，則知此昭吴亦爲蔡大夫矣。而舊解以昭吴爲蔡侯廬之字者，〔三三〕似非何氏之意。

注「不言」至「專封」 解云：今此昭吴出奔鄭，不言「出」者，正以其君始封之時，名、書歸，即上十三年「蔡侯廬歸于蔡」是也。云「嫌與天子歸有罪同」者，謂書名言「歸」者，乃與天子歸有罪之文近相似，故以爲嫌。何者？僖公二十八年夏，「六月，衛侯鄭自楚復歸于衛」，注云「言復歸者」，「刺天子歸有罪矣」，〔三四〕冬，「曹伯襄復歸于曹」，而注云〔三五〕「曹伯言復歸者，天子歸之。〔三六〕名者，與衛侯鄭同義」。然則，天子歸有罪者，書名言「歸」，向上「蔡侯廬歸于蔡」，亦有罪歸，故言「嫌與天子歸有罪同」，非謂確然相似。〔三七〕言「故奪其有國之辭」者，正以君子之歸有所嫌，〔三八〕故奪其昭吴有國之辭，不言其出矣。云「明專封」者，欲明其蔡侯爲楚所專封矣。吴既受諸侯之專封，不合有國，故不言大夫之出，奪其國文以見之。

六月，丁巳，朔，日有食之。并十七年食，蓋與「孛于大辰」同占。

【疏】注「并十」至「同占」 解云：謂此文「日有食之」，并十七年「夏，六月，甲戌，朔，日有食之」，皆與十七年〔三九〕「有星孛於大辰」同占也。其占者，則「孛、大辰」之下注云「是後周分爲二，天下兩主，宋南里以亡」是也。

秋，晉荀吴帥師伐鮮虞。

冬，公如晉。

十有六年，春，齊侯伐徐。

楚子誘戎曼子，殺之。楚子何以不名？據誘蔡侯名。○戎曼，音蠻，又音萬，〔四〇〕二傳作「戎蠻」，哀四年同。

【疏】注「據誘蔡侯名」　解云：即上十一年夏，「楚子虔誘蔡侯般，殺之于申」是也。

夷狄相誘，君子不疾也。曷爲不疾？據俱誘也。若不疾，乃疾之也。以爲固當常然者，乃所以爲惡也。顧以無知薄責之。戎曼稱「子」者，入昭公，見王道大平，百蠻貢職，夷狄皆進至其爵。不日者，本不卒。不地者，略也。○見，賢徧反。

【疏】注「戎曼」至「其爵」　解云：上四年申之會，伐吴，再見「淮夷」，五年冬「越人伐吴」，一見越人，所見之世而不進之者，君子因事見義故也。何者？淮夷與越蓋遣大夫會，此是君，因可進而進之。且昭公之時，文致大平，實不治定，但可張法而已，寧可文皆進乎？

注「不日者本不卒」解云：上十一年「夏，四月，丁巳，楚子虔誘蔡侯般，殺之于申」，書其「丁巳」。今亦誘殺而不日者，正以戎曼乃是夷狄之内最爲微國，雖於大平之世，亦不合「卒」，是故春秋因畧之，不書其日矣。云「不地者略也」者，正以蔡侯誘殺經書「于申」，今此不地，故言略也。

夏，公至自晉。

秋，八月，己亥，晉侯夷卒。

九月，大雩。先是公數如晉。○數如，音朔。

季孫隱如如晉。

冬，十月，葬晉昭公。

十有七年，春，小邾婁子來朝。

夏，六月，甲戌，朔，日有食之。

秋，郯子來朝。

八月，晉荀吴帥師滅賁渾戎。○賁渾，音六；下户門反。

冬，有星孛于大辰。「孛」者何？彗星也。三「孛」皆發問者，或言「入」，或言「于」，或言「方」，嫌爲孛異，猶問録之。○星孛，音佩。彗，息遂反，又囚歲反。

【疏】「孛者何」 解云：欲言星名，星名未有「孛」；欲言非星，録爲星稱，故執不知問。

注「三孛」至「録之」 解云：言「三孛皆發問」者，即文十四年「秋，七月，有星孛入于北斗」，傳云「孛者何？彗星也，其言『入于北斗』何？北斗有中也。何以書？記異也」，哀十三年「冬，十有一月，有星孛於東方」，傳云「孛者何？彗星也。其言『于東方』何？見于旦也。何以書？記異也」，并此三處皆言「孛者何」，故言「三孛皆發問」也。所以三處皆問之者，正以文十四年經言「入于北斗」，此經言「于大辰」，哀十三年經言「于東方」，三文甚異，即嫌爲「孛」之不同，是以處處猶發問而詳録之，故云「或言入、或言于、或言方，嫌爲孛異，猶問録之」。

其言「于大辰」何？據北斗言「入于」，「大辰」非常名。

【疏】注「據北斗言入于」解云：正以此經不言「入」，直言「于」，故據入而難之。〔四一〕云「大辰非常名」者，正以東方七宿皆謂之辰，故曰「大辰非七宿之常名」，而經舉之，因以爲難也。

在大辰也。「大辰」者何？大火也。「大火」謂心。

【疏】「大辰者何」解云：正以「大辰」之名非一而已，不知何者，故執不知問。

注「大火謂心」解云：左氏傳「心爲大火」是也。而釋天云「柳，鶉火」者，正以柳在南方，亦可爲出火之候故也。不謂心星非大火。然則爾雅不言「心爲大火」者，文不備也。

大火爲大辰，伐爲大辰，「伐」，謂參伐也。大火與伐，天所以示民時早晚。天下所取正，故謂之「大辰」。「辰」，時也。○參，所林反。

【疏】「大火爲大辰」解云：即釋天云「大火謂之大辰」，李氏云「大火，蒼龍宿之心，以候四時，故曰大辰」。孫氏、郭氏云「大火，心也。在中最明，故時候主焉」是也。

注「伐謂參伐也」解云：正以伐在參傍，與參連體而六星，故言伐謂參伐，伐與參爲一候故也。

北辰亦爲大辰。「北辰」，北極，天之中也。常居其所，迷惑不知東西者，須視北辰以別心、伐所在，故加「亦」。「亦」者，兩相須之意。○别，彼列反。

【疏】注「北辰北極」解云：即釋天云「北極謂之北辰」，李氏云「北極，天心，居北方，正四時，謂之北辰」，孫氏、郭氏曰〔四二〕「北極，天之中，以正四時，謂之北辰」是也。云「天中也」者，以天面言之故也。然則謂之「極」者，取於居中之義矣。而春秋説云「北者，高也，極者，藏也。〔四三〕言大一之星高居深藏，故名北極也」者，與先儒説違，其何氏兩解乎？云「常居其所」者，謂常居紫微宮所矣。

何以書？記異也。心者，天子明堂布政之宮。亦爲孛彗者，邪亂之氣埽故置新之象。是後周分爲二，天下兩主，宋南里以亡。○邪，似嗟反。

【疏】注「心者」至「之宮」解云：春秋説文。星經亦云。云「亦爲孛」者，亦如北斗爲彗所孛矣。

注「是後」至「以亡」解云：言「周分爲二，天下兩主」者，謂敬王在成周，王猛居王城，故下二十二年「秋，劉子、單子以王猛入于王城」，傳云「王城者何？西周也」，何氏云「時居王城邑，自號西周王」，〔四四〕經又言「冬，十月，王子猛卒」，二十三年「秋，尹氏立王子朝」。〔四五〕然則，王猛卒後，子朝復簒，恒與敬王處据相拒，〔四六〕故云「周分爲二，天下兩主」也。是以運斗樞云「星孛賊起，守大辰於五堂，亂兵填門，三王争周以分」是也。〔四七〕然則，彼言三王争者，〔四八〕通前後言之；今此云「周分爲二，天下兩主」者，正以子猛、子朝之簒，是一也。言「宋南里以亡」者，即下二十一年「夏，宋華亥、向寧、華定自陳入于宋南里以畔」是也。

楚人及吴戰于長岸。詐戰不言「戰」，此其言「戰」何？據「於越敗吴于醉李」。○檇李，音醉，本或作「醉」。敵也。俱無勝負，不可言「敗」，故言「戰」也。不月者，略兩夷。

【疏】「詐戰」至「戰何」 解云：經文言「戰」，而傳以「詐戰」問之者，正以夷狄質薄，不能結日偏戰。今此兩夷而言「戰」，故以「詐戰」難之。

注「據於」至「醉李」 解云：在定十四年夏也。彼此皆是兩夷，無言「戰」之經，是以據而難之。

注「不月者略兩夷」 解云：正以春秋之例，「偏戰」者日，「詐戰」者月。今此「詐戰」而不月，故言「略兩夷」。

十有八年，春，王三月，曹伯須卒。

夏，五月，壬午，宋、衛、陳、鄭災。何以書？記異也。何異爾？異其同日而俱災也。詩云「其儀不忒，正是四國」。四國，天下象也。是後王室亂，諸侯莫肯救，故天應以同日俱災，若曰無天下云爾。○爲，于僞反。忒，他得反。應，應對之應。外異不書，此何以書？爲天下記異也。

【疏】「記異也」 解云：經言「災」者，以其焚宗廟、朝廷故也；傳云「異」者，正以四國同日而俱災。

注「四國天下象也」 解云：正以四國得爲四方之國，故得謂之天下象。

注「是後王室亂諸侯莫肯救」 解云：即下二十二年夏六月「王室亂」，傳云「何言乎『王室亂』」，注云「據天子之居稱京師」，「言不及外也」，注云「宫謂之室，刺周室之微弱，邪庶並篡，無一諸侯之助，匹夫之救，如一家之亂也，故變『京師』言『王室』」，「不爲天子諱者，方責天下不救之」者，是「王室亂諸侯莫肯救」之事也。

六月，邾婁人入鄅。〇鄅，音禹，又音矩。

秋，葬曹平公。

冬，許遷于白羽。

十有九年，春，宋公伐邾婁。

夏，五月，戊辰，許世子止弑其君買。蔡世子般弑父不忍日，此日者，加弑爾，非實弑也。

【疏】注「蔡世」至「弑也」 解云：即襄三十年「夏，四月，蔡世子般弑其君固」，何氏云「不日者，深爲中國隱痛，有子弑父之禍，故不忍言其日」是也。然則，許亦中國，而言日者，正以加弑非實弑故也。知加弑者，下傳備文。若夷狄弑父，則忍言其日者，即文元年「冬，十月，丁未，楚世子商臣弑其君髡」，彼注云「日者，夷狄子弑父，忍言其日」是也。

己卯，地震。季氏稍盛，宋南里以叛，王室大亂，諸侯莫肯救，晉人圍郊，〔四九〕吳勝雞父，尹氏立王子朝之應。

【疏】注「季氏」至「之應」解云：謂稍稍盛也。往前時豹、翔爲政，自上十二年夏，〔五〇〕「公如晉，至河乃復」，十三年平丘之會，公不與盟以來，季孫隱如數見經，至二十五年逐出昭公矣。〔五一〕云「宋南里以叛」者，在二十一年夏。云「晉人圍郊」者，〔五二〕在下二十三年也。彼傳云「郊者何？天子之邑也。曷爲不繫于周？不與伐天子也」是也。云「吳勝雞父」者，即下二十三年秋七月「戊辰，〔五三〕吳敗頓、胡、沈、蔡、陳、許之師于雞父」是也。云「尹氏立王子朝」者，即下二十三年秋，「尹氏立王子朝」是也。「賊未討何以書葬」者，〔五四〕正以隱十一年傳云「春秋君弑賊不討，不書葬，以爲無臣子也」。然則，師有解爾，故此弟子據而難之。

秋，齊高發帥師伐莒。

冬，葬許悼公。賊未討，何以書「葬」？不成于弑也。曷爲不成于弑？據將而誅之。○于殺，音試，下「于殺」、「加殺」皆同。〔五五〕止進藥而藥殺也。時悼公病，止進藥，悼公飲藥而死。止進藥而藥殺，則曷爲加弑焉爾？據意善也。譏子道之不盡也。其譏子道之不盡奈何？曰：樂正子春之視疾也，「樂正子春」，曾子弟子，以孝名聞。

【疏】注「樂正」至「名聞」解云：祭義云「樂正子春下堂而傷其足，數月不出，猶有憂色。門弟子」云云，「子春曰『吾聞諸曾子，曾子聞諸夫子，曰『天之所生，地之所養，無人爲大。父母全而生之，子全而歸之，可謂孝矣』」云云，「今予忘孝之道，予是以有憂色」云云是也。

復加一飯則脱然愈，復損一飯則脱然愈；復加一衣則脱然愈，復損一衣則脱然愈。「脱然」，疾除貌也。言消息得其節。○復加，扶又反，下同。一飯，扶晚反，下同。

【疏】「復加」至「然愈」　解云：言子春視疾之時，消息得其節，觀其顔色，力少如可時，更加一飯，以與之，其病者脱然如愈。（五六）若觀其顔色，力少如弱時，則復損一飯，以與之，則其病者脱然加愈。又觀其顔色，力似寒時，則復加一衣以與之，則病者脱然又加愈。又觀其顔色，力似如煖，則復損一衣以與之，則病者脱然而愈。

止進藥而藥殺。失其消息多少之宜。是以君子加弑焉爾。曰「許世子止弑其君買」，是君子之聽止也；聽治止罪。「葬許悼公」，是君子之赦止也。原止進藥，本欲愈父之病，無害父之意，故赦之。赦止者，免止之罪辭也。明止但得免罪，不得繼父後，（五七）許男斯代立，無惡文是也。

【疏】注「明止」至「是也」（五八）　解云：正以此傳但有赦止之文，而無善止之處，故知但得免罪而已，無嗣父之義矣。云「許男斯代立，無惡文是也」者，正以自此以后，（五九）不見許男卒葬之文，唯有定六年「春，王正月，癸亥，鄭游遬帥師滅許，以許男斯歸」是也。言「無惡文」者，正以不見「立、入」之文故也。若止宜立而斯篡之，春秋之義，應作篡文以惡斯矣。似若隱四年衛桓見弑，嗣子宜立而宣篡之，經書「立晉」，以爲惡晉之文也。

二十年，春，王正月。

夏，曹公孫會自鄸出奔宋。「奔」未有言「自」者，此其言「自」何？據始出奔未有言此者，〔六〇〕與宋華亥入宋南里復出奔異。○鄸，音蒙，又亡忠反，又亡貢反，一音亡增反。者此，舊於「此」下有「比」者，非。復，扶又反。

【疏】注「據始」至「言此」 解云：謂始發國出未有言「自」者，故云爾。云「與宋華亥入宋南里復出奔異」者，即下文「冬，十月，宋華亥、向寧、華定出奔陳」，二十一年夏，「宋華亥、向寧、華定自陳入于宋南里以叛」，二十二年春，「宋華亥、向寧、華定自宋南里出奔楚」是也。而言「異」者，正以華亥之徒奔而入叛邑之處，乃始出奔，故得言「自」。今會始出，故云「異」矣。

畔也。時會盜鄸以奔宋。畔則曷爲不言其畔？言叛者，當言「以鄸」，〔六一〕如邾婁庶期。

【疏】注「言叛」至「庶期」 解云：若其作叛文，當言「公孫會以鄸出奔宋」，如似襄二十一年「邾婁庶其以漆、閭丘來奔」之類也。

爲公子喜時之後諱也。春秋爲賢者諱，諱使若從鄸出奔者，故與「自南里」同文。○爲公子，于僞反，下「爲賢」、「爲會」、「爲之諱」同。

何賢乎公子喜時？據喜時不書。

【疏】注「據喜時不書」解云：正以曹羈、叔肸，春秋賢之者，皆書見經，即莊二十四年冬，「曹羈出奔陳」，宣十七年冬，「公弟叔肸卒」之文是也。今此喜時既不書見，非所賢矣，則何賢乎喜時？故難之。

讓國也。其讓國奈何？曹伯廬卒于師，在成十三年。則未知公子喜時從與？「喜時」，曹伯廬弟。○從與，才用反，下音餘，下「從與」同。

【疏】注「喜時曹伯廬弟」解云：而賈、服以爲廬之庶子者，蓋所見本異也。

公子負芻從與？「負芻」，喜時庶兄。〔六二〕或爲主于國，或爲主于師。古者諸侯師出，世子率輿守國；〔六三〕次宜爲君者持棺絮從，所以備不虞。或時疾病相代行。本史文不具，故傳疑之。○絮從，女居反，説文云「絮，緼也，〔六四〕一曰敝絮也」。

【疏】注「古者」至「不虞」解云：春秋説文。言「率輿守國」者，「輿」，衆也，謂率衆以守國也。左氏春秋傳云大子之法，「君行則守」是也。其「次宜爲君」者，謂若大子母弟也。言「持棺絮從」者，「棺」者，椑也，即禮云「以椑從」之文是也。〔六五〕「絮」謂新綿，即禮記云「屬纊以俟絶氣」之文是也。云「或時疾病相代行」者，正以曹伯無子，喜時其母弟也，當守國。公子負芻者，庶兄也，禮當從君，但或時負芻疾而喜時代之行。今傳不言者，正以史文不具故也。

公子喜時見公子負芻之當主也，逡巡而退。賢公子喜時，則曷爲爲會諱？君子之善善也長，惡惡也短。惡惡止其身，不遷怒也。○逡，七旬反。惡惡，並如字，一讀上烏路反，下同。

【疏】「公子」至「其身」〔六六〕 解云：當依正禮，喜時守國，則負芻當主者，在薨之處，當主而來。若其疾病求代行，則負芻當主也者，在國而當主矣。

善善及子孫。賢者子孫，故君子爲之諱也。君子不使行善者有後患，故以喜時之讓除會之叛。不通鄟爲國，如通濫者，喜時本正當立，有明王興，當還國，明叔術功惡相除，裁足通濫爾。○濫，力甘反，又力暫反。

【疏】注「不通」至「濫爾」 解云：昭三十一年「冬，黑弓以濫來奔」，傳云「文何以無邾婁」，注云「據讀言邾婁」；「通濫也」，注云「通濫爲國，故使無所繫」，「曷爲通濫？賢者子孫，宜有地也。賢者孰謂？謂叔術也。何賢乎叔術？讓國也」云云。然則，今若通鄟爲國，宜云「夏，公孫會以鄟出奔宋。傳云『文何以無曹？通鄟也。曷爲通鄟？賢者子孫宜有地也。賢者孰謂？謂喜時也。何賢乎喜時？讓國也』」云云。今不如此者，正以喜時本正當立，若有明王興，興滅國，繼絶世之時，當令還其國，則不宜通鄟邑以爲小國而已。以此言之，明叔術以讓國之功，除其妻嫂殺顏之惡，裁足通濫邑以爲小國而已，不足以得邾婁也。

秋，盜殺衛侯之兄輒。母兄稱「兄」，兄何以不立？據「立嫡以長」。○輒，左氏作「縶」。嫡，丁歷反。

長，丁丈反。

【疏】注「據立嫡以長」解云：即隱元年傳曰「隱長又賢，何以不宜立？立嫡以長不以賢，立子以貴不以長」之文是也。

有疾也。何疾爾？惡疾也。「惡疾」，謂瘖、聾、盲、癘、禿、跛、傴，不逮人倫之屬也。書者，惡衛侯兄有疾，不憐傷厚遇，營衛不固，至令見殺，失親親也。「公子」不言「之」，「兄」、「弟」言「之」者，敵體辭，嫌於尊卑不明，故加「之」以絶之，所以正名也。○瘖，於今反。聾，路工反。癘，力世反，又力大反。禿，吐木反。跛，布可反。傴，於矩反。惡，烏路反。令，力呈反。

【疏】注「失親親也」解云：謂失親親之道也。〔六七〕

冬，十月，宋華亥、向甯、華定出奔陳。月者，危三大夫同時出奔，將爲國家患，明當防之。○向甯，二傳作「向寧」。

【疏】注「月者」至「防之」解云：春秋之義，大夫「出奔」，例皆書時。即成七年冬，「衛孫林父出奔晉」，襄二十八年「夏，衛石惡出奔晉」，「冬，齊慶封來奔」之屬是也。今此書月，故須解之。言「將爲國家患」者，即下文「入于宋南里以畔」是也。若言三大夫同時出奔，然後乃月。案莊十二年「冬，十月，宋萬出奔陳」，一大夫也，亦書月者，使與大國君出奔同，明彊禦之甚是也。

十有一月，辛卯，蔡侯廬卒。

二十有一年，春，王三月，葬蔡平公。

夏，晉侯使士鞅來聘。

宋華亥、向甯、華定自陳入于宋南里以畔。「宋南里」者何？若曰「因諸」者然。「因諸」者，齊放刑人之地。〔六八〕公羊子，齊人，故以齊喻也。「宋樂大心自曹入于蕭」，〔六九〕不言「宋」，言「宋南里」者，〔七〇〕略叛臣從刑人，于國家尤危，故重舉國。○重，直用反。

【疏】「入于」至「以畔」 解云：左氏、穀梁皆作「南里」字，而賈氏云「穀梁曰『南鄙』」，蓋所見異也。

「宋南里者何」 解云：欲言其邑，而繫「宋」言之，與「蕭」例異；欲言非邑，入之而叛，與「蕭」相似，故執不知問。

注「因諸」至「之地」 解云：舊説云，即博物志云「周曰囹圄，齊曰因諸」是也。

注「宋樂」至「言宋」 解云：即定十一年「秋，宋樂世心自曹入于蕭」，〔七一〕注云「不言叛者，從叛臣，叛可知」者是也。何氏特引此事者，正以自外而入，與此相似，而不繫「宋」，故須解之。

秋，七月，壬午，朔，日有食之。是後周有篡禍。

【疏】注「是後周有簒禍」　解云：在明年。

八月，乙亥，叔痤卒。○叔痤，在禾反，左氏作叔輒。

【疏】「叔痤卒」　解云：左氏、穀梁作「叔輒」。

冬，蔡侯朱出奔楚。「出奔」者，爲東國所簒也。大國奔例月，此時者，惡背中國而與楚，〔七二〕故略之。○惡，烏路反，下音佩。

【疏】「冬蔡侯朱」　解云：左氏與此同，穀梁作「蔡侯東」。

注「出奔」至「簒也」　解云：知此者，正以二十三年「夏，六月，蔡侯東國卒于楚」故也。簒不書者，東國之下，自有注說。

注「大國」至「略之」　解云：「大國奔例月」者，即桓十六年十一月，「衛侯朔出奔齊」之徒是也。言「惡背中國而與楚」者，即「奔楚」是也。

公如晉，至河乃復。

二十有二年，春，齊侯伐莒。

宋華亥、向甯、華定自宋南里出奔楚。前出奔已絶賤，復録者，以故大夫專勢入南里，犯君而出，當誅也。言「自」者，別從國去。○復，扶又反。別從，彼列反，下同。

【疏】注「前出」至「國去」 解云：在上二十年冬也。春秋之例，大夫奔之後，其位已絶。即襄二十八年「冬，齊慶封來奔」，其後因魯奔吳，經不書之是也。今此書者，正以專勢入南里，犯君而出，起其當誅故也。云「言自者別從國去」者，謂言「自宋南里」者，欲別於「宋萬出奔陳」之文，從國都而去者故也。

大蒐于昌姦。○大廋，所求反，本亦作「蒐」。昌姦，二傳作「昌間」。

夏，四月，乙丑，天王崩。

六月，叔鞅如京師。

葬景王。

王室亂。謂王猛之事。

【疏】注「謂王」至「之事」 解云：即下文「秋，劉子、單子以王猛入于王城」是也。不言子朝者，子朝于時篡事未成故也。

何言乎「王室亂」？據天子之居稱「京師」。「天王入于成周」，「天王出居于鄭」，不言「亂」。

【疏】注「據天」至「京師」 解云：桓九年，「紀季姜歸于京師」，「京師者何？天子之居也。京者何？大也；師者何？衆也。天子之居，必以衆大之辭言之」是也。云「天王入于成周」者，即下二十六年「冬，十月，天王入于成周」是也。以上二事以解傳文「何言乎王室」之意。〔七三〕云「天王出居于鄭，不言亂」者，即僖二十四年「冬，天王出居于鄭」是也。

言不及外也。「宫謂之室」。刺周室之微，〔七四〕邪庶並篡，無一諸侯之助、匹夫之救，如一家之亂也，故變「京師」言「王室」。不言「成周」〔七五〕言「王室」者，正「王」以責諸侯也。傳不事事悉解者，「言不及外」，外當責之，故正「王」可知也。〔七六〕不爲天子諱者，方責天下不救之。○邪庶，似嗟反。

【疏】注「宫謂之室」 解云：爾雅文。云「邪庶並篡」者，正以子猛、子朝皆非正適，故謂之「邪庶」也；共篡敬王，故謂之「並篡」。時子朝篡事未成，而言「並篡」者，欲見尹氏之徒已有立之之意也。云「無一諸侯之助匹夫之救」者，正以變京師言「王室」，故知如此。云「不言成周言王室者，正王以責諸侯也」者，公羊之義，以成周是正居，既不言京師亂，何故不言「成周亂」，而言「王室亂」者？又欲正其王號，以責諸侯不救之，謂敬王爲王矣。其若不然，景王之崩，至今期年，其嗣子在喪，得云「王室」乎？云「傳不事事悉解」者，傳若事悉解，〔七七〕宜云「不言京師言王室者，刺周家之微也，如一家之亂而已。責諸侯不救，急著天王之號」。今不爾者，正以「言不及外」之文，足兼此等之意，是故不復費辭耳。云「言不及外」即是外邊諸侯之當責之可知。由是之故，須著言王，責諸侯之不救也。故曰「皆可知」。〔七八〕云注「不爲天子諱者〔七九〕，方責天下不救之」者，閔元年傳云〔八〇〕「曷爲外之？春秋爲尊者諱」。然則春秋之義，爲尊者諱。今天子微弱，不能討亂，失國之刑，而不爲諱者，方責天下不救之，是以不得不見者矣。

劉子、單子以王猛居于皇。其稱「王猛」何？據未踰年已葬當稱「子」。

【疏】**注「據未」至「稱子」**　解云：正以莊三十二年傳云「既葬稱子，踰年稱公」故也。言「已葬」者，即上文「葬景王」是也。

當國也。時欲當王者位，故稱「王猛」，見當國也。録「居」者，事所見也。不舉猛爲重者，時猛尚幼，以二子爲計勢，故加「以」。「以」者，行二子意辭也。二子不舉重者，尊同權等。○見當，賢徧反，下同。

【疏】**注「時欲」至「國也」**　解云：正以言「王」，須國受師，〔八一〕似當國之人，鄭段之徒矣。云「録居者事所見也」者，正以當國之人，未成爲王，理宜略之；而録其居者，春秋刺其簒逆，若不書云「王猛居于皇」，則其當國之事無由見，故曰「録居者事所見也」。云「不舉猛爲重」者，春秋之徒，悉皆舉重，是以下二十三年秋，「天王居于狄泉」之經，不言其大夫以之。今不舉重，故如此解也。云「以者行二子意辭也」者，正以桓十四年「宋人以齊人、衛人、蔡人、陳人伐鄭」，「以者何？〔八二〕行其意也」，何氏云「以已從人曰行，言四國行宋意」是也。

秋，劉子、單子以王猛入于王城。「王城」者何？西周也。時居王城邑，自號西周主。〔八三〕

【疏】「王城者何」解云：欲言正居，文無「成周」之稱；欲言非正居，王猛入之，故執不知問。

其言「入」何？據非成周。

【疏】注「據非成周」解云：正以公羊之義，以成周爲正居，故言此矣。是以二十六年「冬，十月，天王入于成周」是也。

篡辭也。時雖不入成周，已得京師地半，稱王置官，自號西周，故從篡辭言「入」，起其事也。不言西周者，正之，無二京師也。不月者，〔八四〕本無此國，無可與別輕重也。

【疏】注「故從篡辭言入」解云：正以春秋之義，「立、納、入」皆爲篡辭，故此謂「入」「爲篡辭」矣。

注「不月」至「重也」解云：春秋之義，大國之篡，例合書月，即隱四年冬十二月，「衛人立晉」之徒是。何者？以其禍大故也。小國例時，以其禍小矣。即昭元年「秋，莒去疾自齊入于莒」之文是。今此入王城之邑而篡天子，計其禍咎，實如大國之例，而不月者，正以本無可與別輕重之義，是以時之也。

冬，十月，王子猛卒。此未踰年之君也，其稱「王子猛卒」何？據「子卒」不言名，外未踰年君不當卒。

【疏】注「據子卒不言名」解云：即文十八年「冬，十月，子卒」是也。云「外未踰年君不當卒」者，正以春秋上下，無其事故也。而僖九年「冬，晉里克弒其君之子奚齊」，書者，彼乃見殺，非此之類也。而言「外」者，正以內之子般、子野之徒皆書之故也。

不與當也。不與當者，不與當「父死子繼，兄死弟及」之辭也。春秋篡成者，皆與使當君之。「父死子繼，兄死弟及」者，篡所緣得位，成爲君辭也。猛未悉得京師，未得成王，又外未踰年君，二者皆不當卒。卒又名者，（八五）非與使當成爲君也。嫌上「入」無「成周」文，非篡辭，故從得位卒，明其爲篡也。月者，方以得位明事，故從外未踰年君例。

【疏】注「春秋」至「辭也」解云：即「公及齊侯盟于柯」，「齊侯小白卒」之徒是也。

注「猛未」至「當卒」解云：「猛未悉得京師」，即從篡不成，已是不當卒也。假令得作外踰年君，尚自不得書其「卒」，（八六）況未成外踰年君，實不得書其「卒」。言二者不當「卒」矣。

注「卒又」至「篡也」（八七）解云：既不合「卒」，今書其名，非欲成其爲君，但嫌上經「入于王城」之時，無「成周」之文，恐其非篡辭，故從其得位而書其「卒」，正欲明爲篡故也。

注「月者」至「君例」解云：篡既不成，理宜略之；而書其月者，春秋方書其卒，若得位然，以明其篡事，故曰

「方以得位明事」也。言「故從外未踰年君例」者，即僖九年「冬，晉里克弒其君之子奚齊」，何氏云「弒未踰年君，例當月，不月者，不正遇禍，終始惡明，故略之」。今此書月，從未踰年君例矣。

十有二月，癸酉，朔，日有食之。是後晉人圍郊，犯天子邑。

校勘記

〔一〕得晉力可以歸　「晉」原作「有」，「可」原作「司」。阮校：此本「有」當作「晉」，「司」當作「可」。據諸本訂正。今按，撫州本、余本「有」作「晉」，「司」作「可」。據改。

〔二〕明其本無弒君而立之意　「明」原作「謂」。阮校：鄂本「謂」作「明」，疏引注同。當據正。今按，撫州本、余本「謂」作「明」。據改。

〔三〕加弒責之爾　阮校：此本疏中引注作「加殺」，閩、監、毛本亦改作「弒」。今按，單抄本引注作「弒」。

〔四〕宣二年秋九月　「九」原作「七」。今按：「七」當作「九」，乃與宣二年經文合，諸本皆誤。據改。

〔五〕棄疾則楚子居也　阮校：鄂本同。閩、監、毛本「則」作「即」，疏同。今按，撫州本、余本作「則」。

〔六〕彼二公子見殺　「二」原作「一」。浦鏜云：「二」誤「一」。阮校：作「二」不誤。今按，閩本誤作「一」，毛本已改作「二」。又單抄本作「二」。據改。

〔七〕公不與盟者何　阮校：閩、監、毛本移此節疏於下傳「公不與盟者何」下。

〔八〕正以盟會詳錄　「詳」原作「並」。阮校：閩、監、毛本「並」作「詳」。今按，單抄本「並」作「詳」。

據改。

〔九〕十二年公如晉至河乃復　「二」原作「一」。今按，十一年無「公如晉至河乃復」文，十二年有。「一」當作「二」。據改。

〔一〇〕據扈之會至恥之　阮校：閩、監、毛本删「之會」二字。今按，單抄本引注抄録全文。

〔一一〕君子不恥不與焉　上「不」字原無。阮校：此本「恥」上脱「不」字，今補正。今按，撫州本、余本有「不」字。據補。

〔一二〕不受賂也　「賂」原作「盟」。阮校：此本「盟」字剜改，当據疏訂正作「賂」。今按，撫州本「盟」作「賂」，同疏標起訖。余本誤作「盟」。據撫州本改。

〔一三〕故言因爲公張義也　浦鏜云：「爲公」字誤倒。阮校：浦説非。今按，單抄本作「爲公」。

〔一四〕秋衛侯鄭歸于衛之屬是也　「侯」原作「滅」。今按，閩本「侯」誤作「滅」，毛本已改作「侯」，單抄本不誤，據改。

〔一五〕因以起楚封之　阮校：此本疏引「因」作「固」。

〔一六〕無君所責　阮校：疏及閩、監、毛本「所」上有「無」字。

〔一七〕即諸侯存之　「之」原作「陳」。阮校：閩、監、毛本作「存之」，此作「陳」，誤。按解云「非謂上會諸侯墠地封之，若是上會諸侯墠地封之，當如救邢城、楚丘之屬，傳亦有文實之文」，然則「存之」當作「封之」矣。今按，撫州本、余本「陳」作「之」。據改。

〔一八〕春秋君弒則不討　浦鏜云：「弒」誤「然」。阮校：十一年傳「弒」作「殺」。今按，十一年傳作「弒」。

〔一九〕靈公者本弒父而立　「者本」二字原作「本者」。阮校：「者」當在「本」字上。據改。

〔二〇〕何以名絶也　「名」字上原有「不」字。浦鏜云：「不」字衍，「也」字傳文無。北大本校記：上十一年經文無「不」。據删。

〔二一〕此討賊雖誘之　浦鏜云：「賊」下脱「也」，「之」下脱「則」字。

〔二二〕靈王非賢責之略　「責」原作「表」。浦鏜云：「表」當作「責」。阮校：此本、閩本「責」誤「表」。今訂正。今按，單抄本作「責」。據改。

〔二三〕因有奔文可責是也　浦鏜云：「出奔」誤「奔文」。阮校：按三十年注作「因有出奔可責」，無「文」字。

〔二四〕卒月葬時　北大本校記：公羊義疏「月」作「日」，義爲長。

〔二五〕但以本篡故因不序　「因」原作「固」。阮校：閩、監、毛本「固」作「因」。今按，單抄本「固」作「因」。據改。

〔二六〕曹伯射姑　「姑」原作「始」。閩本「姑」誤作「始」，毛本已改作「姑」。單抄本同。據改。

〔二七〕曹伯達於春秋常卒月葬時也始卒日葬月嫌與大國同故後卒不日　「常」原作「當」，「始」原作「如」，「後」原作「復」。浦鏜云：案彼註無「伯於」二字，「常」誤「當」，「始」誤「如」，「與」誤「於」，「後卒」誤「故復卒」。阮校：此「常」誤「當」，「始」誤「如」，「後」誤「復」。今按，單抄本「當」作「常」。並據阮校改。

〔二八〕是故上文卒曹伯不書日矣　「卒」原作「上」。浦鏜云：下「上」字當「卒」字誤。據改。

〔二九〕畢竟祭事　「竟」原作「其」。阮校：閩、監、毛本「其」作「竟」。今按，撫州本、余本作「竟」。據改。

〔三〇〕誓将去汝　浦鏜云：「逝」誤「誓」。汪文臺識語：桓二年疏引作「誓」。逝誓同聲字，説文「逝，讀爲誓」。

〔三一〕與鄭稱同與康成異矣　浦鏜云：「鄭稱」當「孔傳」之誤。阮校：梁玉繩云：鄭稱爲魏侍中，有答魏武帝金輅之問，見續後漢書輿服志注，又魏志延康元年注引魏略言，稱篤學大儒，爲武德侯叡傅。叡即魏明帝也。丁杰云：孝經鄭注據此處疏文，非康成，亦非小同，當是鄭稱。孫志祖云：徐彥疏云與鄭稱同，與康成異，則稱與康成爲二家明矣。孫詒讓校記：康成説定四年疏引之。

〔三二〕始封名書歸　「書」原作「言」。浦鏜云：「書」誤「言」。阮校：疏作「書」。據改。

〔三三〕蔡侯盧之字者　阮校：閩、監、毛本「盧」改「廬」，非。今按，單抄本作「廬」，下並同。

〔三四〕刺天子歸有罪矣　浦鏜云：「也」誤「矣」。

〔三五〕曹伯襄復歸于曹而注云　浦鏜云：「而」衍字。

〔三六〕天子歸之　浦鏜云：「之」下脱「也」字。

〔三七〕礭然相似　阮校：何校本同。閩、監、毛本作「確」。今按，單抄本作「礭」，爲「確」之異體。

〔三八〕正以君子之歸有所嫌　浦鏜云：「君」當「天」字誤。

〔三九〕皆與十七年　浦鏜云：「年」下脱「冬」字。

〔四〇〕又音萬　宋本、撫州本音義「萬」作「万」，余本音義作「萬」。

〔四一〕直言于故據入而難之　「直」原作「宜」，「故」原作「北」。閩、監、毛本作「宜言于此」。單抄本作「直言于故」。據改。「故」字從下讀。

〔四二〕孫氏郭氏曰　北大本校記：公羊義疏四字作「孫炎」。

〔四三〕北者高也極者藏也　阮校：「高」、「藏」字疑互誤。

〔四四〕自號西周王　「號」原作「号」。阮校：閩、監、毛本「号」作「號」。今按，單抄本作「號」。據改。

〔四五〕二十三年秋尹氏立王子朝　「三」原作「二」。殿本考證：「三」誤〔下〕「二」。今按，單抄本作「三」。據改。

〔四六〕恒與敬王處据相拒　阮校：「處据」疑「居處」之誤，或當爲「處據」。

〔四七〕三王争周以分是也　北大本校記：公羊義疏「争」作「事」。

〔四八〕然則彼言三王争者　「言」原作「有」。單抄本「有」作「言」，據改。

〔四九〕晉人圍郊　「圍」原作「國」。阮校：此本「圍」誤「國」，疏同。今據諸本訂正。今按，撫州本、余本「國」作「圍」。據改。

〔五〇〕自上十二年夏　「二」原作「一」。浦鏜云：「二」誤「一」。阮校：此本二字缺上畫，閩本缺下畫，監、毛本遂誤作「一」，今訂正。今按，單抄本作「二」。據改。

〔五一〕逐出昭公矣　阮校：「逐」當作「遂」。

〔五二〕晉人圍郊者　「圍」原作「國」。盧補：此本「圍」誤「國」，今據諸本訂正。今按，單抄本作「圍」，不誤。

〔五三〕秋七月戊辰　「辰」原作「寅」。浦鏜云：「辰」誤「寅」。據改。

〔五四〕賊未討何以書葬者　阮校：閩、監、毛本移此以下疏于下句傳下。

〔五五〕于殺音試下于殺加殺皆同　上「殺」原作「弑」。宋本、撫州本、余本音義「弑」皆作「殺」。據改。

〔五六〕脱然如愈　「如」原作「加」。單抄本「加」作「如」。據改。

〔五七〕不得繼父後　「後」原作「后」。阮校：鄂本「后」作「後」，今按，撫州本、余本作「後」。據改。

〔五八〕注明止至是也　單抄本作「明止但得免罪不得繼父後者」，無下「解云」二字。

〔五九〕自此以后　單抄本「后」作「後」。

〔六〇〕始出奔未有言此者　阮校：閩、監、毛本改「此」爲「自」，下疏標起訖亦改「自」。

〔六一〕當言以鄸　「鄸」原作「畔」。阮校：鄂本「畔」作「鄸」，此誤。今按，撫州本、余本作「鄸」。據改。

〔六二〕喜時庶兄　阮校：鄂本作「從兄」。今按，撫州本作「從兄」，余本作「庶兄」。作「庶兄」與下疏同。

〔六三〕世子率輿守國　「輿」原作「與」。阮校：閩、監、毛本「與」作「輿」，此誤。今按，撫州本、余本皆誤作「與」，下疏皆作「輿」。據改。

〔六四〕絮縕也　「絮」原作「挈」。阮校：段玉裁云，釋文當作「絮」。據改。

〔六五〕禮云以椑從之文是也　浦鏜云：「禮」下脱「記」字，「文」疑衍。

〔六六〕公子至其身　阮校：閩、監、毛本「其身」改「當主」。今按，單抄本作「公子喜時見公子負芻之三〔三字衍，單抄本後塗去〕當主也」云云。

〔六七〕謂失親親之道也　「謂」字原無。單抄本「失」上有「謂」字。據補。

〔六八〕放刑人之地　「放」原作「故」。阮校：鄂本「故」作「放」，當據正。今按，撫州本、余本作「放」。據改。

〔六九〕宋樂大心自曹入于蕭　阮校：毛本「世」作「大」，鄂本不誤。公羊作「世心」，左氏作「大心」，廿五年釋文可證。嚴杰説。今按，諸本皆作「大心」。

〔七〇〕不言宋言宋南里者　「言宋」二字原不重。阮校：鄂本重「言宋」二字，此脱。今按，撫州本重「言宋」二字，余本不重。據撫州本補。

〔七一〕宋樂世心自曹入于蕭　「世」原作「大」。浦鏜云：「大」，經作「世」。今按，閩、監、毛本作「大」，單抄本作「世」。據改。

〔七二〕惡背中國　「惡」原作「意」。閩、監、毛本「意」皆作「惡」，疏同。今按：撫州本作「惡」，與疏引同。音義并出此字，可證。余本誤作「意」。據改。

〔七三〕以上二事　阮校：「以上」至下行「王室之意」（阮校補「亂」字在「之意」上）十六字當在此節疏末「天王出居于鄭是也」之下。

〔七四〕刺周室之微　阮校：十八年疏引「微」下有「弱」字。

〔七五〕不言成周　阮校：鄂本「言」作「曰」。今按，據疏，鄂本誤。

〔七六〕故正王可知也　阮校：疏引「可」上有「皆」字。

〔七七〕傳若事悉解　浦鏜云：疑脱一「事」字。

〔七八〕故曰皆可知　浦鏜云：注無「皆」字。

〔七九〕云注不爲天子諱者　阮校：「注」字當衍，何校本作「注云」。

〔八〇〕閩元年傳云　「元」原作「二」。浦鏜云：「元」誤「二」。據改。

〔八一〕王須國受師　浦鏜云：「傾」誤「須」，從閩本校。今按，毛本、單抄本作「須」。

〔八二〕以者何　浦鏜云：上當脱「傳云」二字。

〔八三〕自號西周主　阮校：鄂本作「王」，廿六年冬十月下疏引作「王」。今按，撫州本作「王」，余本作「主」。疑余本誤。又何下注云「稱王置官」，疑「王」字乃前後注合。

〔八四〕不月者　阮校：鄂本無「者」字。

〔八五〕二者皆不當卒卒又名者　「二」原作「三」。阮校：鄂本「三」作「二」，又無下「卒」字。當據以訂正。案解云「言二者皆不當卒」，又云「既不合卒今書其名」，皆與鄂本合。汪文臺識語：案疏解及標注當重「卒」字，不與鄂本合。今按，撫州本、余本「三」作「二」，皆重「卒」字。據改「三」作「二」。

〔八六〕尚自不得書其卒　「尚」原作「問」。浦鏜云：「問」疑「亦」字誤。今按，單抄本「問」作「尚」。據改。

〔八七〕注卒又至簒也　「也」字原無。單抄本「簒」下有「也」字，與注合。據補。

監本附音春秋公羊傳注疏昭公卷第二十四起二十三年，盡三十二年。

何休學

二十有三年，春，〔一〕王正月，叔孫舍如晉。

癸丑，叔鞅卒。

晉人執我行人叔孫舍。

晉人圍郊。「郊」者何？天子之邑也。天子間田，有大夫主之。○間，音閑。

【疏】「叔孫舍」者　解云：左氏、穀梁作「婼」字。

「郊者何」　解云：欲言外邑，文無所繫；欲言魯邑，而不言「伐我」，故執不知問也。

曷爲不繫于周？不與伐天子也。與侵柳同義。

【疏】注「與侵柳同義」　解云：即宣元年「冬，晉趙穿帥師侵柳」，傳曰「柳者何？天子之邑也」，注云「天子間田也，〔二〕有大夫守之。晉與大夫忿爭侵之」也。「曷爲不繫乎周」，〔三〕注云「據王師敗績于貿戎，繫王」，「不與伐天子也」，注云「絶正其義，使若兩國自相伐」。今此圍郊亦然。故曰「與侵柳同義」。然則，彼已有傳，今復發之者，正以「侵」、「圍」異文故也。且若不發傳，無以知其伐天子。

夏，六月，蔡侯東國卒于楚。不日者，惡背中國而與楚，故略之。月者，比肸附父讎，〔四〕責之淺也。不書「葬」者，篡也。篡不書者，以惡朱在三年之内，不共悲哀，舉錯無度，失衆見篡。○惡背，烏路反，下同。背，音佩。共，音恭。錯，七故反。

【疏】注「不日」至「略之」　解云：正以大國之「卒」，例皆書日，今此不日，故解之。言「背中國而與楚」者，即此文「卒於楚」是也。

注「月者」至「淺也」　解云：僖十四年「冬，蔡侯肸卒」，注云「不月者，賤其背中國而附父仇，〔五〕故略之甚也」。然則，彼過深，故不月，此則過淺，但不日而已。云云之説，備於僖十四年。云「不書葬者篡也」者，以春秋之例，篡不明者，例不書「葬」；今此東國篡不明，不書其「葬」，以明篡矣。

注「篡不」至「見篡」　解云：二十一年「冬，蔡侯朱出奔楚」，何氏云「奔者，〔六〕爲東國所篡」。然則，東國既篡於朱，而無立、入之文者，正欲惡朱故也。何者？東國篡朱而無文貶，則知春秋之義，惡朱明矣。言「在三年之内」者，即二十年冬「蔡侯廬卒」，至二十一年冬，朱即出奔，故曰「三年之内」也。所見之世，始録諸侯内行小失，不可勝書，是以春秋但惋而見譏而已。故何氏云「不共悲哀，舉錯無度」而已矣。凡是爲人所篡，皆失衆之所由，故何氏云「失衆見篡」也。

秋，七月，莒子庚輿來奔。

戊辰，吴敗頓、胡、沈、蔡、陳、許之師于雞父。胡子髡、沈子楹滅，獲陳夏齧。此偏戰也，曷爲以詐戰之辭言之？據「甲戌，齊國書及吴戰于艾陵」，俱與夷狄言「戰」，今此從詐戰辭言「敗」。

○雞父，音甫。髡，苦門反。楹，音盈，左氏作「逞」，穀梁作「盈」。夏，户雅反。齧，五結反。艾，五蓋反。

【疏】「沈子楹」 左氏「楹」作「逞」也。〔七〕

「此偏戰也」 解云：正以春秋之例，「偏戰」者日，「詐戰」則月。今此書日，故言「偏戰」。

注「據甲戌」至「言敗」 解云：即哀十一年「夏，五月，公會吴伐齊。甲戌，齊國書帥師及吴戰于艾陵，齊師敗績，獲齊國書」是也。

不與夷狄之主中國也。序上言「戰」，别客主人直不直也。今吴序上，而言「戰」，則主中國辭也。○别客，彼列反，下及傳同。

【疏】注「序上言戰」 解云：以莊二十八年，「齊人伐衛，〔八〕衛人及齊人戰，衛人敗績」，傳云「春秋伐者爲客」，注云

「伐人者爲客」，「伐者爲主」，注云「見伐者爲主」，「故使衛主之也」。彼注云「戰序上言『及』者，爲主」，「曷爲使衛主之？衛未有罪爾」，〔九〕注云「蓋爲幽之會，服父喪未終而不至故」。又僖十八年春，「宋公」以下「伐齊」，夏，「宋師及齊師戰于甗，齊師敗績」，傳云「春秋伐者爲客，伐者爲主，曷爲不使齊主之？與襄公之征齊也。曷爲與襄公之征齊？桓公死，豎刀、易牙争權，〔一〇〕不葬，爲是伐之也」。〔一一〕以此言之，若主人直。則主序上，若客直則客序上，故云「序上言戰，别客主人直不直」。今吳人序其上，而言「戰」，則是吳人爲主中國之辭，故不得言「戰」，直言「敗」而已。故云「不與夷狄之主中國」。

然則曷爲不使中國主之？據齊國書主吳。中國亦新夷狄也。中國所以異于夷狄者，〔一二〕以其能尊尊也。王室亂，莫肯救，君臣上下壞敗，亦新有夷狄之行，故不使主之。不稱國國出師者，賤略之。言「之師」者，辟許獨稱「師」，上五國稱國之嫌。○之行，下孟反，下同。

【疏】注「君臣上下壞敗」者　解云：不救天子，有無君臣上下之道，故云「君臣上下壞敗」。

注「不稱國國出師者賤略之」者　解云：决桓十三年春，「齊師、宋師、衛師、燕師敗績」之文。

注「言之師」者　解云：若不言「之」，直言「吳敗頓、胡、沈、蔡、陳、許師于雞父」，則嫌「師」文獨使「許」稱，自「陳」以上單稱國，是故言「之」以散之矣。

其言「滅」、「獲」何？據「蔡公孫歸生滅沈，以沈子嘉歸，殺之」，國言「滅」，君言「殺」，又「獲晉侯」言「獲」，此陳夏齧亦言「獲」，君、大夫無别。

【疏】注「據蔡」至「言殺」　解云：即定四年〔一三〕「夏，四月，庚辰，蔡公孫歸生帥師滅沈，〔一四〕以沈子嘉歸，殺之」，彼國言「滅」，君言「殺」，今此君言「滅」，是以據而難之。云「又獲晉侯言獲」者，即僖十五年冬，「十一月，壬戌，晉侯及秦伯戰于韓，獲晉侯」是也。然則國言「滅」，君言「殺」，以解傳「其言滅何」之文，又「獲晉侯」言「獲之」，以解傳「其言獲何」之文。

別君臣也。君死于位曰「滅」，生得曰「獲」。大夫生死皆曰「獲」。大夫不世，故不別死位。

【疏】「君死于位曰滅」者，解云：即此胡子髡、沈子楹滅是也。〔一五〕「生得曰獲」者，即「獲晉侯」是也。「大夫生死皆曰獲」者，大夫死曰獲者，即此「獲陳夏齧」，及哀十一年「獲齊國書」之徒是也，其大夫生得曰獲者，宣二年「獲宋華元」是也。

注「大夫不世故不別死位」解云：正謂諸侯世，故別其死社稷與不；若其死社稷者而經書「滅」，不能者貶之言獲也。大夫不世，是以不勞別之，故不問生死，〔一六〕皆謂之「獲」也。

不與夷狄之主中國，則其言「獲陳夏齧」何？據「荆敗蔡師于莘，以蔡侯獻舞歸」，不言「獲」。○莘，所巾反。

【疏】注「據荆」至「言獲」解云：在莊十年秋九月，彼傳云「曷爲不言其獲？不與夷狄之獲中國也」。

吴少進也。能結日偏戰，行少進，故從中國辭治之。髡、楹下云「滅」者，死戰當加禮，使若自卒，相順也。經先舉「敗」文，嫌敗走及殺之，〔一七〕故以自滅爲文，明本死位，乃敗之爾。名者，從赴辭也。

【疏】注「髡楹」至「順也」　解云：獲晉侯，戕鄫子之徒，皆「獲、戕」之文在上，今髡、楹之「滅」，「滅」文在下者，以其死戰當合加禮，故退「滅」文於下，使若公子交卒之類，不爲人所殺然，故曰「使若自卒」。一則不言「戰」，不與夷狄之主中國，一則其言「滅」，不與夷狄之殺諸夏，二理合符，故言「相順」也。

注「名者從赴辭也」　解云：公羊之義，合書則書，不待赴告，而言「從赴辭」者，正以髡、楹既死，故胡、沈之臣赴告鄰國，云道寡君某甲爲吴所滅，諸侯之史悉書其名。孔子案諸國之史而爲春秋，〔一八〕由是之故録其名矣。故曰「名者從赴辭」。隱公八年「夏，六月，己亥，蔡侯考父卒」，秋「八月，葬蔡宣公」，傳云「卒何以名而葬不名？卒從正」，注云「卒當赴告天子。君前臣名，故從君臣之正義言也」，「而葬從主人」，彼注云「至葬者，有常月可知，不赴告天子，故從蔡臣子辭稱公」也。以此言之，則此注云「名者從赴辭」者，謂其赴告天子之辭，是以稱人名耳。〔一九〕

天王居于狄泉。此未三年，其稱「天王」何？據「毛伯來求金」，不稱「天王」。

【疏】注「據毛」至「天王」　解云：即文九年「毛伯來求金」是也。彼云「何以不稱使？當喪，未君也。踰年矣，何以謂之未君？即位矣，而未稱王也。未稱王，何以知其即位？以諸侯之踰年即位，亦知天子之踰年即位也」，注云「俱繼體，其禮不得異」，「以天子三年然後稱王，亦知諸侯於封内三年稱子也」。〔二〇〕然則天子之法三年然後方始稱王，故此傳云「此未三年，其稱王何」？〔二一〕據毛伯不稱天王以難之。

著有天子也。時庶孽並篡，天王失位徙居，微弱甚，故急著正其號，明天下當救其難而事之。〇孽，魚列反。難，乃旦反。

尹氏立王子朝。貶言「尹氏」者，著世卿之權。尹氏貶，王子朝不貶者，年未滿十歲，未知欲富貴，不當坐。明罪在尹氏。○子朝，如字。

【疏】**注「貶言尹氏者」**〔二二〕 解云：即隱三年夏「尹氏卒」之下，傳云「尹氏者何？天子之大夫也。其稱尹氏何？貶。曷爲貶？譏世卿」是也。云「年未滿十歲」者，何氏更有所見，或者正以衛人立晉、莒展、去疾之徒，〔二三〕悉去「公子」，見其當國。今此王子朝經無貶文，乃與楚公子比之經相似。案上十三年「公子比」之下，傳云「比已立矣，其稱公子何？其意不當也」。以此言之，明其幼少也。年既幼少，未貪富貴，故以未盈十歲言。以下二十八年出奔之時，年已稍長，而不去「王子」者，順上文也。

八月，乙未，地震。是時猛、朝更起，與王争入，遂至數年。晉陵周竟，吳敗六國，季氏逐昭公，吳光弒僚，滅徐，故日至三食，地爲再動。○更，音庚。數，所主反。爲，于僞反。

【疏】**「是時」至「數年」** 解云：猛今雖卒，但篡來世近，而子朝復逆，故曰「猛、朝更起」。上「王猛入于王城」，今言「天王居于狄泉」，「尹氏立王子朝」，二十六年「天王入于成周」，「王子朝奔楚」，故云「與王争入」也。首尾五載，故曰「遂至數年」。云「晉陵周竟」者，即上「圍郊」是也。云「吳敗六國」者，上文云「吳敗頓、胡、沈、蔡、陳、許之師」云云是也。云「季氏逐昭公」者，即下二十五年「九月，己亥，〔二四〕公孫于齊」是也。

注「吳光殺僚滅徐」者 即下二十七年「夏，四月，吳弒其君僚」。「滅徐」者，即下三十年「冬，十二月，吳滅徐，徐子章禹奔楚」是也。云「故日至三食，地爲再動」者，上二十一年「秋，七月，壬午，朔，日有食之」，二十二年〔二五〕「十有二月，癸酉，朔，日有食之」，二十四年「夏，五月，乙未，朔，日有食之」，故云「日至三食」也。上十九年夏五月，「己卯，地震」，今年又震，故曰「地爲再動」。

冬，公如晉，至河，公有疾，乃復。何言乎「公有疾乃復」？據上比「乃復」，不言「公」，不言「有疾」。

【疏】注「據上」至「有疾」　解云：上十三年冬，「公如晉，至河乃復」，又二十一年冬，「公如晉，至河乃復」，皆言「公如」，而云「不言公」者，正謂「至河」之下不言「公」矣。

殺恥也。因有疾，以殺畏晉之恥。舉「公」者，重疾也。「子之所慎，齊、戰、疾」。〔二六〕

二十有四年，春，王二月，丙戌，仲孫貜卒。

叔孫舍至自晉。

夏，五月，乙未，朔，日有食之。是後季氏逐昭公，吴滅巢，弑其君僚，又滅徐。

秋，八月，大雩。先是公如晉，仲孫貜卒，民被其役，明年叔倪出會，〔二七〕故秋七月，復大雩。○被，皮寄反。

丁酉，杞伯鬱釐卒。○鬱釐，音來，又力之反，本亦作釐，〔二八〕二傳作「郁釐」。

冬，吴滅巢。

葬杞平公。〔二九〕

【疏】「叔孫舍至自晉」 解云：上十四年「春，隱如至自晉」，以其被執而還，故省去其氏。今此叔孫舍不去氏者，蓋以無罪故也。是以文十四年傳云「稱行人而執者，以其事執也」，注云「以其所銜奉國事執之，晉人執我行人叔孫舍是也」，「不稱行人而執者，以己執也」，注云「己者，己大夫，自以大夫之罪執之。分別之者，罪惡當各歸其本」。以此言之，則知隱如有罪，故去其氏，叔孫無罪，故無貶文。若然，文十五年夏，「單伯至自齊」，案彼單伯亦以其有罪執，而存其氏者，恥之故也。是以彼注云「不省去氏者，淫當絶，使若他單伯至」是也。注「是後季氏逐昭公」者，在下二十五年九月。云「吴滅巢」者，在今年冬。云「弑其君僚」者，在二十七年。云「又滅徐」者，在三十年冬。先言季氏逐昭公者，正欲决吴事故也。「杞伯鬱釐卒」者，左氏、穀梁作「郁釐」字，今正本亦有作「郁」字者。〔三〇〕

二十有五年，春，叔孫舍如宋。

夏，叔倪會晉趙鞅、宋樂世心、衛北宮喜、鄭游吉、曹人、邾婁人、滕人、薛人、小邾婁人于黄父。○倪，音詣，又五兮反，左氏作「詣」。樂世心，世如字，又以制反，左氏作「大心」。父，音甫。

有鸛鵒來巢。何以書？記異也。何異爾？非中國之禽也，宜穴又巢也。非中國之禽而來居此國，國將危亡之象。「鸛鵒」，猶權欲，宜穴又巢，此權臣欲國，自下居上之徵也。其後卒爲季氏所逐。○鸛，音權，左氏作「鸜」，音劬。〔三一〕鵒，音欲。

【疏】「夏叔倪」者　穀梁與此同，左氏經賈注者作「叔詣」字。

「有鸛鵒來巢」者　解云：案運斗樞云「有鸛鵒來巢于榆」，此經不言「于榆」者，欲道「來巢」即爲異，不假指其處所，若莊七年傳云「不修春秋曰『雨星，不及地尺而復』，君子修之曰『星霣如雨』」，何氏云「明其狀似雨爾，不當言雨星。不言尺者，霣則爲異，不以尺寸録之」。〔三二〕「非中國之禽也」者，謂是夷狄之鳥。以異義公羊説云「鸛鵒，夷狄之鳥，不當來入中國」。鄭君駁之曰「春秋之鳥不言來者，多爲夷狄來也」。〔三三〕若鸛鵒乃飛從夷狄而來，則昭將去遠域之外。以此言之，則知「非中國之禽」者，謂是夷狄之鳥。而冬官云「鸛鵒不踰濟」，〔三四〕鄭氏云「無妨於中國有之」者，何氏所不取也。舊解以爲「中國，國中」者，非傳注之意，〔三五〕穀梁與此同。

秋，七月，上辛，大雩。季辛，又雩。「又雩」者何？「又雩」者，非雩也，聚衆以逐季氏也。一月不當再舉「雩」。言「又雩」者，起非雩也。昭公依託上雩，〔三六〕生事聚衆，欲以逐季氏。不書逐季氏者，諱不能逐，反起下「孫」及爲所敗，故因「雩」起其事也。但舉日，不舉辰者，辰不同，不可相爲「上、下」。又日爲君，辰爲臣，去辰則逐季氏意明矣。〔三七〕上不當日，言「上辛」者，爲「下辛」張本。不言「下辛」言「季辛」者，起季氏不執下而逐君。○下孫，音遜，下文同。去，起呂反。爲下，于僞反，下「而爲」同。

【疏】**「又雩者何」** 解云：諸夏雩祭文，悉不言「又」，異于常例，故執不知問。

注「一月」至「事也」 解云：僖三年注云「大平一月不雨即書。春秋亂世，一月不雨，未害物，未足爲異，當滿一時乃書」。然則，春秋之義，一時能害，方始書「雩」，豈有再舉其雩乎？故曰「一月不當再舉雩」矣。既無再舉雩之例，〔三八〕而言「又雩」者，可以起其非實雩，〔三九〕故云「言又雩者，起非雩也」。

注「但舉」至「上下」 解云：正以去年「夏，五月，乙未，朔，日有食之」，則此月上辛爲辛丑，下辛爲辛酉，所以直言「辛」，不兼言「丑、酉」者，〔四〇〕若言「辛丑、辛酉」，即是參差不同，不可相爲上下故也。

注「又日」至「明矣」 解云：十日爲陽，爲幹，故爲君之義。十二辰爲陰，爲枝，故爲臣之象。故云「日爲君，辰爲臣」。

注「上不」至「張本」 解云：春秋之雩，其例書時，即桓五年秋「大雩」之文是，故云「上不當日」也。若然，亦不合月，而云「七月」者，欲見上辛、下辛，皆七月之日故。

注「不言」至「逐君」 解云：凡言「上」者，對「下」之稱，既言「上辛」而不言「下辛」者，欲起季氏不執臣下之卑而逐君矣。

九月，己亥，公孫于齊，次于揚州。地者，臣子痛君失位，詳録所舍止。○揚州，左氏作「陽州」。

【疏】注「地者」至「舍止」　解云：地者，即經書「次于揚州」是也。春秋之義，悉皆舉重。不舉公孫爲重，而復書「次于揚州」者，臣子哀痛公之失位，是以詳録公之所舍止之處矣。

齊侯唁公于野井。「唁公」者何？昭公將弑季氏〔四一〕，傳言「弑」者，從昭公之辭。○唁，音彦。將弑，音試，下及注同。

【疏】「唁公者何」　解云：失國見唁，在可諱之限。今而書見，故執不知問。

注「傳言」至「之辭」　解云：君討臣下，正應言「殺」，今傳云「弑」，故須解之。而言「從昭公之辭」者，即下文云「吾欲弑之何如」是也。〔四二〕季氏爲無道者，謂無臣之道。

告子家駒曰：「季氏爲無道，僭於公室久矣，諸侯稱「公室」。吾欲弑之，何如？」昭公素畏季氏，意者以爲如人君，故言「弑」。

【疏】注「昭公」至「言弑」　傳云隱四年傳云，「與弑公」，何氏云「弑者」，「殺君之辭」。〔四三〕然則，臣下犯於君父，皆謂之「弑」。今昭公欲討臣下，而言「弑」，違於常義，故須解之。

子家駒曰：「諸侯僭於天子，大夫僭於諸侯久矣！」〔四四〕昭公曰：

「吾何僭矣哉？」失禮成俗，不自知也。

【疏】注「失禮成」至「知也」(四五) 解云：正以魯人始僭在春秋前，至昭已久，故不自知。

子家駒曰：「設兩觀，禮，天子、諸侯臺門。(四六)天子外闕兩觀，諸侯內闕一觀。○觀，工亂反，注同。

【疏】注「禮天子」至「一觀」(四七) 解云：在禮器文。云「天子外闕兩觀，諸侯內闕一觀」者，禮說文也。

乘大路，禮，天子大路，諸侯路車，大夫大車，士飾車。

【疏】注「禮天子大」至「飾車」 解云：「禮天子大路」，顧命之文也。(四八)云「諸侯路車」，詩云「路車乘馬」是也。云「大夫大車」者，即詩云「大車檻檻」是也。云「士飾車」者，即書傳云「乘飾車，兩馬，庶人軍馬木車」是也。

朱干「干」，楯也。以朱飾楯。○楯，食允反，(四九)又音尹。○玉戚「戚」，斧也。以玉飾斧。玉戚，千寂反，以玉飾斧。○以舞大夏，「大夏」，夏樂也。周所以舞夏樂者，王者始起，未制作之時，取先王之樂與已同者，假以風化天下。天下大同，乃自作樂。取夏樂者，與周俱文也。王者舞六樂于宗廟之中。舞先王之樂，明有法也；舞已之樂，明有制也。(五〇)舞四夷之樂，大德廣及之也。東夷之樂曰「株離」，南夷之樂曰「任」，西夷之樂曰「禁」，北夷之樂曰「昧」。○大夏，户雅反。注同。株離，音誅。禁，音金，又居鴆反。

【疏】注「東夷之樂」至「曰昧」　解云：以下皆樂説文。彼注云「陽氣始起於懷任之物，名離其株也。南者，任也，盛夏之時，物皆懷任矣。草木畢成，禁如收斂。盛陽消盡，蔽其光景昧然」是也。

八佾以舞大武，此皆天子之禮也。且夫牛馬維婁，繫馬曰「維」，繫牛曰「婁」。○佾，音逸。且夫，音扶，下「有夫」并注同。婁，力主反。

【疏】「此皆天子之禮也」　解云：以周公之功，得用四代之樂，而以大夏之徒，謂之爲僭者，刺其羣公之廟。若祭周公則備。

「牛馬維婁」者　解云：皆謂繫之於厩，不得放逸于郊也。

注「繫馬曰維」者　即詩云「皎皎白駒，縶之維之」是。云「繫牛曰婁」者，〔五一〕正以上言「牛馬」，下言「維婁」，「維」既屬馬，「婁」屬於牛亦可知矣。而文不次者，意到則言矣。〔五二〕舊説云「婁者，侶也，謂聚之於厩」。

委己者也，委食己者。○委己，于僞反，注同。己，音紀。委食，音嗣，下同。而柔焉。「柔」，順。〔五三〕

【疏】「委己者也而柔焉」　解云：言牛馬之類，猶順於委己之人，〔五四〕而季氏作賞，有年歲矣，民從之，固是其宜也。〔五五〕

季氏得民衆久矣，季氏專賞罰，得民衆之心久矣。民順從之，猶牛馬之於委食己者。君無多辱焉！」恐民必不從君命而爲季氏用，〔五六〕反逐君，故云爾。

子家駒上説正法，下引時事以諫者，欲使昭公先自正，乃正季氏。

【疏】注「子家駒上説正法」者　解云：即謂上文「朱干玉戚」之屬是也。云「下引時事」者，謂「牛馬維婁」是也。

昭公不從其言，終弑之，（五七）而敗焉，果反爲季氏所逐。

【疏】「終弑之」者　解云：謂陳兵欲往攻殺之也。

走之齊。齊侯唁公于野井，弔亡國曰「唁」，弔死國曰「弔」，（五八）弔喪主曰「傷」，弔所執紼曰「絻」。○紼，音弗。絻，音問。

【疏】注「弔亡國曰唁」者　解云：此文是也。

注「弔喪」至「曰絻」　解云：皆當時之制也。

曰：「奈何君去魯國之社稷？」昭公曰：「喪人自謂「亡人」。○喪，息浪反，下同，（五九）亡也。不佞，不善。失守魯國之社稷，執事以羞。」謙自比齊下執事，言以羞及君。○嗛自，音謙，本亦作謙。（六〇）

【疏】「執事以羞」　解云：言己之尊卑，比齊之執事也。而舉措不善，失守社稷，由是之故，以羞及君。

再拜顙。「顙」者，猶今叩頭矣。謝見唁也。○再拜顙，息黨反，拜而稽顙也。慶子家駒「慶」，賀。曰：「慶子免君於大難矣。」〔六一〕子家駒曰：「臣不佞，陷君於大難，君不忍加之以鈇鑕，賜之以死。」「鈇鑕」，要斬之罪。即所錫之以死。〔六二〕○大難，乃旦反，下同。鈇，音甫，又方于反。鑕，之實反。要，一遥反。再拜顙。謝爲齊侯所慶。高子執簞食，「簞」，葦器也。圓曰「簞」，方曰「笥」。「食」，即下所致糗也。○簞，音丹，葦器。食，音嗣，注同。〔六三〕葦，于鬼反。笥，思嗣反。糗，丘九反，又昌紹反。

【疏】**注「簞葦器也」至「方曰笥」** 解云：釋器無文，蓋以時事言之。云「食即下所致糗也」者，即下文云「敢致糗於從者」是也。

與四脡脯，屈曰「朐」，申曰「脡」。○脡，他頂反，又大頂反。朐，其俱反。

【疏】**注「屈曰朐申曰脡」者** 解云：正以「脡」是伸舒之名，則知「朐」是屈疊之稱矣。鄭注曲禮上篇云「屈中曰朐」，義通於此。

國子執壺漿，「壺」，禮器，腹方口圓曰「壺」，反之曰「方壺」，有爵飾。

【疏】**注「壺禮器」** 解云：即燕禮云「司宫尊于東楹之西，兩方壺，左玄酒，南上」，是也。云「腹方」至「爵飾」者，釋器無文，蓋用舊説，或以時事知之。言「有爵飾」者，謂刻畫盞爵之形，飾其壺體。

曰：「吾寡君聞君在外，餕饔未就，「餕」，孰食。「饔」，孰肉。〔六四〕「未就」，未成也，解所以致糗意。○餕，音俊。

【疏】注「餕熟食饔熟肉」解云：聘禮曰「宰夫朝服設飧，飪一牢在西，鼎九」，是飧爲熟食也。〔六五〕又云「致饔餼五牢」，〔六六〕「飪一牢」云云。上文對「餼」，下文有「飪一牢」之言，故知熟肉明矣。

敢致糗于從者。」「糗」，糒也。謙不敢斥魯侯，故言「從者」。○于從，才用反，注及下皆同。糒，音備。

【疏】注「糗糒也」解云：言「糗糒」，若今之精米也。○糗，姝紹反，〔六七〕又羌九反，糒，平祕反。

昭公曰：「君不忘吾先君，延及喪人，錫之以大禮。」再拜稽首，以衽受。「衽」，衣下裳當前者。乏器，謙不敢求索。○衽，而甚反，又而鴆反，掩裳際也。索，所白反。

【疏】「錫之以大禮」上文糗是也。〔六八〕

注「衽衣」至「乏器」解云：〔六九〕所以衽受之者，正以行客之人〔七〇〕於器物乏故也。

高子曰：「有夫不祥，猶曰「人皆有夫不善」。君無所辱大禮。」禮，臣受君錫，答拜。之拜命謂之「拜命之辱」。〔七一〕高子見昭公拜辱大卑，故曰「君無所辱大禮」。○大卑，音泰，下「大學」同。昭公蓋祭而不嘗。食必祭者，謙不敢便嘗，示有所先。不嘗者，待禮讓也。

【疏】注「食必」至「讓也」〔七二〕解云：凡禮，食必先須祭者，正欲作謙，其未祭之時，不敢便即嘗之，欲示有所先。今昭公祭訖猶不嘗者，正欲待禮讓故也。

景公曰：「寡人有不腆先君之服，未之敢服；「腆」，厚也。「服」謂齊侯所著衣服也。言「未敢服」者，見魯侯乃敢服之，謙辭也。禮，天子朝皮弁，夕玄端，朝服以聽朝，玄端以燕，皮弁以征不義，取禽獸，行射。諸侯朝朝服，夕深衣，玄端以燕，裨冕以朝天子，以祭其祖禰。卿大夫冕服而助君祭，朝服祭其祖禰。士爵弁韍衣裳以助公祭，玄端以祭其祖禰。○腆，他典反，厚也。著，丁略反。裨，婢支反。韍，音弗。

【疏】注「禮天子朝」解云：皆出禮記，漢禮亦然。

有不腆先君之器，「器」，謂上所執簞壺。

【疏】注「器謂上所執簞壺」者　上文「高子執簞食」，「國子執壺漿」是也。然則，上言饔飧未熟，今則更以簞壺盛饔飧是。〔七三〕

未之敢用，敢以請。」請行禮。昭公曰：「喪人不佞，失守魯國之社稷，執事以羞，敢辱大禮？敢辭。」不敢當大禮，故敢辭。

【疏】「敢辱」至「敢辭」解云：「敢」上亦有「不」字者，〔七四〕若有「不」字，則辭下讀，是以注者以「不敢」言之。

景公曰：「寡人有不腆先君之服，未之敢服；有不腆先君之器，未之敢用，敢固以請。」昭公曰：「以吾宗廟之在魯也，以我守宗廟在魯時。有先君之服，未之能以服；有先君之器，未之能以出，用敢固辭。」己有時未能以事人，今已無有，義不可以受人之禮。

【疏】「未之能以服」者 解云：謂未能服之以事人矣。下文「未之能以出」亦然。

注「今已無有」者，謂己身之「已」。或解「已」爲已然之已也。

景公曰：「寡人有不腆先君之服，未之敢服；有不腆先君之器，未之敢用，請以饗乎從者。」欲令受之，故益謙言「從者」。○令，力呈反。昭公曰：「喪人其何稱？」行禮，賓主當各有所稱。時齊侯以諸侯遇禮接昭公，昭公自嫌失國，〔七五〕不敢以故稱自稱，故執謙問之。○故稱，尺證反。景公曰：「孰君而無稱！」猶曰誰爲君者而言無所稱乎？昭公非君乎？昭公於是噭然而哭，「噭然」，哭聲貌。感景公言而自傷。○噭，古弔反，一音古狄反。諸大夫皆哭。魯諸大夫從昭公者。既哭，以人爲菑，「菑」，周埒垣也，所以分別內外，衛威儀。今大學辟雍作「側」字。○菑，側其反，又側吏反。埒垣，力悅反，下音袁。別，彼列反。辟，音壁。

【疏】注「甾周埒垣也」者　解云：猶言周匝爲埒墻。云「今大學辟雍作側字」者，謂何氏所注者是「甾」字，今漢時大學辟雍所讀者作「側」字。云既哭，以人爲側。

以幦爲席，「幦」，車覆苓。○幦，亡歷反，車覆笭也，一音呼闃反。覆笭，力丁反。

【疏】注「幦車覆苓」　解云：「笭」即式也，但車式以笭爲之，有豎者，有横者，故考工記注云「軹，式之植者横者也」。禮，君羔幦、虎犆，大夫、士鹿幦、豹犆者是也。

以鞌爲几，以遇禮相見。以諸侯出相遇之禮相見。○鞌，音安。孔子曰：「其禮與其辭足觀矣！」言昭公素能若此，禍不至是。主書者，喜爲大國所唁。地者，痛録公，明臣子當憂納公也。

【疏】注「地者痛録」至「公也」　解云：書其唁公于野井者，正欲痛公而詳録之。下二十九年春，「齊侯使高張來唁公」，不復書其地，正以公居于運，與在國同，故與此異。下三十一年，（七六）「晉侯使荀櫟唁公于乾侯」，地者，與此同。

冬，十月，戊辰，叔孫舍卒。

十有一月，己亥，宋公佐卒于曲棘。「曲棘」者何？宋之邑也。諸侯卒其封内不地，此何以地？憂内也。時宋公聞昭公見逐，欲憂納之，至曲棘而卒，故恩録之。

【疏】「曲棘者何」　解云：欲言宋邑，例所不書；欲言他邑，文無所繫，故執不知問。

「諸侯卒其封内不地此何以地」者　正以桓五年「陳侯鮑卒」不地，是以弟子據而難之。但宣公九年，「晉侯黑臀卒于扈」之下，已有成注，故於此省文。

十有二月，齊侯取運。外取邑不書，此何以書？爲公取之也。爲公取運以居公，善其憂内，故書。不舉「伐」者，以言語從季氏取之。月者，善録齊侯。○爲，于僞反，注同。

【疏】「外取邑不」至「以書」　解云：正據襄元年傳云「魚石走之楚，楚爲之伐宋，取彭城以封魚石」，而經不書楚取彭城是也。但隱四年春，「莒人伐杞，取牟婁」之下有注，故此省文。

注「不舉伐者」　解云：正以隱四年春，「莒人伐杞，取牟婁」，舉伐言「取」，故決之。云「月者善録齊侯」者，正以哀八年「夏，齊人取讙及僤」，外取邑而書時，今此書月，正以善憂内詳録齊侯矣。

二十有六年，春，王正月，葬宋元公。

三月，公至自齊，居于運。月者，閔公失國居運。致者，明臣子當憂納公，不當使居運。後不復月者，始録可知。○不復，扶又反，下同。

【疏】「三月公」至「于運」　解云：案上「公遜于齊，次于揚州。齊侯唁公于野井」，似不入齊國都；而得言「至自齊」者，穀梁傳云「公次于揚州〔七七〕，其曰『至自齊』何也」？注云「據公但至揚州，未至齊」，「以齊侯之見公，可以言『至自齊也』」，注云「齊侯唁公于野井，以親見齊侯爲重，故可言『至自齊』」，「居于鄆者，公在外也」，注云「若但言『公至自齊』，而不言『居于鄆』，則嫌公得歸國，欲明公實在外，故言『居于鄆』」。

注「月者閔」至「居運」者　正以凡「致」例時故也。

注「致者」至「可知」　解云：桓元年「三月，公會鄭伯于垂」之下，注云「不致者，爲下去王，適足起無王，〔七八〕未足以見無王罪深淺，〔七九〕故復奪臣子辭，成誅文也」。然則，昭公失所，爲臣所逐，而致之者，正以罪輕於桓公，明其臣子當憂納公故也。云「後不復月者，始録可知」，〔八〇〕即此秋，「公至自會」，二十七年冬，「公至自齊，居于鄆」之屬是也。

夏，公圍成。書者，惡公失國，幸而得運，「不脩文德以來之」，復擾其民圍成。不從叛書者，本與國俱叛，故不得復以叛爲重。不從定公，又以親圍下邑爲譏者，昭無臣子，又即如定公當致也。〔八一〕○惡，烏路反。

【疏】注「不從」至「爲重」　解云：成三年「秋，叔孫僑如率師圍棘」，「棘者何？〔八二〕汶陽之不服邑也。其言圍之何？不聽也」，注云「不聽者，叛也。不言叛者，爲內諱，故書『圍』以起之」。然則，今此「圍成」是圍叛之文，而知爲惡公書之者，正以本與國俱叛，理宜不復以叛爲重故也。

注「不從」至「臣子」 解云：定十二年「十有二月，公圍成」，注云「天子不親征下土，〔八三〕諸侯不親征叛邑，公親圍成，〔八四〕不能服，不能以一國爲家，甚危，若從他國來，故危録之」是也。然則，此經不書月，亦與彼異，而注不决之者，省文從可知。

秋，公會齊侯、莒子、邾婁子、杞伯盟于剸陵。〔八五〕不月者，時諸侯相與約，欲納公，故内喜，爲大信辭。○剸，音專，本亦作「專」。

【疏】注「不月」至「信辭」 解云：春秋之義，大信者時，小信者月，不信者日。剸陵之會，〔八六〕無相犯，復無大信，止合書月，而書時者，正以約欲納公，故爲大信辭矣。

公至自會，居于運。致「會」者，責臣子，明公已得意于諸侯，不憂助納之，而使居于運。

【疏】注「致會者」至「于運」 解云：莊六年注云「公與二國以上出會盟，得意致會，不得意不致」，即哀十三年夏，「公會晉侯及吴子於黄池」，「秋，公至自會」，宣七年「冬，公會晉侯」以下「于黑壤」之屬是也。然則，公與二國以上出會盟，得意致會，明公已得意於諸侯。

九月，庚申，楚子居卒。

冬，十月，天王入于成周。「成周」者何？東周也。是時王猛自號爲「西周」，天下因謂成周爲「東周」。

【疏】「成周者何」解云：欲言正居，經無京師之稱；欲言非正居，天王入之，故執不知問。

注「是時王」至「西周」解云：謂是上二十二年時，故彼經稱「秋，劉子、單子以王猛入於王城」，傳云「王城者何？西周也」，注云「時居王城邑，自號西周王」是也。

其言「入」何？據「入」者篡辭。

【疏】注「據入者篡辭」解云：即莊六年「衛侯朔入于衛」之下，傳文所云「其言『入』何？篡辭也」是也。

不嫌也。上言「天王」，著有天子已明，（八七）不嫌爲篡。主言「入」者，起其難也。不言「京師」者，起正居在成周，（八八）實外之。月者，爲天下喜録王者反正位。○爲天，于僞反。

【疏】注「上言」至「難也」解云：謂此經上有「天王」之文，下雖言「入」，非篡可知。上二十三年秋，「天王居于狄泉」，傳云「此未三年，其稱『天王』何？（八九）著有天子」。（九〇）然則，此注云「著有天子已明」者，取上傳之文。云「主言入者起其難也」者，正以隱八年春「入邴」之下，傳云「其言『入』何？（九一）難也」，莊二十四年秋「夫人姜氏入」之下，傳云「其言『入』何？難也」。然則，「入」者重難之辭，故云「主言入者起其難也」。

注「不言」至「外之」解云：桓九年「春，紀季姜歸于京師」之下，傳云「京師者何？天子之居也」，則天子之居乃京師是也。今言「天王入于成周」，不言「入于京師」者，〔九二〕正欲起其正居在成周故也。所以能起之者，既爲天王所入，正居明矣。言「實外之」者，正以天子之重，海内瞻望，宜親九族以自衛守，而辟庶孽，蒙塵于外，經歷數年，方歸舊守，是以不言京師，欲以外之。然則，不言「京師」，兼二義矣。初起成周爲正居，終實外天子，故云「不言京師，起正居在成周，實外之」也。注云「月者爲天下喜録王者反正位」者，正以此上二十二年「秋，劉子、單子以王猛入于成周」，〔九三〕不書月，今此月者，爲天下喜録王者反正位故也。

尹氏、召伯、毛伯以王子朝奔楚。立王子朝獨舉尹氏，出奔并舉召伯、毛伯者，明本在尹氏，當先誅渠帥，〔九四〕後治其黨，猶楚嬰齊。○渠率，所類反，或作「帥」。

【疏】「尹氏召伯」至「奔楚」者　解云：穀梁與此同，左氏「召伯」作「召氏」。云「立王子朝獨舉尹氏」者〔九五〕　解云：即上二十三年秋，「尹氏立王子朝」是也。云「當先誅渠帥後治其黨」者，漢之賊首皆謂之渠帥，故何氏云焉。云「猶楚嬰齊」者，成二年冬「十有一月，公會楚公子嬰齊于蜀，丙申，公及楚人」以下「盟于蜀」，彼注云「上會不序諸侯大夫者，嬰齊，楚專政驕蹇臣也，數道其君率諸侯侵中國，故獨先舉于上，乃貶之。明本在嬰齊，當先誅其本，乃及其末」是也。

二十有七年，春，公如齊。

公至自齊，居于運。

夏，四月，吴弑其君僚。不書闔廬弑其君者，爲季子諱。明季子不忍父子、兄弟自相殺，讓國闔廬，欲其享之，故爲没其罪也。不舉專諸弑者，起闔廬當國，賤者不得貶，無所明。又方見爲季子諱，〔九六〕本不出賊，以除闔廬罪，〔九七〕雖可貶，猶不舉。月者，非失衆見弑，故不略之。○爲季，于僞反，下同。見，賢偏反。

【疏】注「不書闔廬弑其君者」 解云：襄二十九年「吴子使札來聘」下，傳云「闔廬曰『先君之所以不與子國而與弟者，凡爲季子故也。將從先君之命與，則國宜之季子者也。如不從先君之命與，則我宜立者也。僚惡得爲君乎』？〔九八〕於是使專諸刺僚」者，是闔廬弑僚之文也。〔九九〕今不書闔廬弑，爲季子諱不討賊故也。云「明季子不忍父子兄弟自相殺」者，〔一〇〇〕即彼傳云「而致國乎季子，季子不受，曰『爾弑吾君，吾受爾國，是吾與爾爲篡也。爾殺吾兄，吾又殺爾，是父子兄弟相殺，終身無已也』，去之延陵，終身不入吴國」者，是其文也。云「不舉專諸弑」者，桓二年「春，王正月，戊申，宋督弑其君與夷」之下，何氏注云「督不氏者，起馮當國」。然則，彼經貶去督之氏者，起其弑君，取國與馮。所以不舉專諸弑僚，見取國與闔廬者，正以其賤不得貶之。假令書見，正得稱人，文無所明故也。注「月者非失衆見弑，〔一〇一〕故不略之」者，文十八年冬，「莒弑其君庶其」，傳云「稱國以弑何？稱國以弑者，衆弑君之辭」，何氏云「一人弑君，國中人人盡喜，故舉國以明失衆當坐絶也。例皆時者，略之也」。然則，稱國以弑者，例皆不月，以略之。今此月者，直是本不出賊以除闔廬罪，是以稱國，非失衆見弑之例，故不略之。

楚殺其大夫郤宛。○郤宛，去逆反，下紆阮反。

秋，晉士鞅、宋樂祁犂、衛北宮喜、曹人、邾婁人、滕人會于扈。○犂，力兮反，又力私反。

冬，十月，曹伯午卒。

邾婁快來奔。「邾婁快」者何？邾婁之大夫也。邾婁無大夫，此何以書？以近書也。說與鼻我同義。○邾婁快，本又作「噲」，苦夬反。

【疏】注「說與鼻我同義」。解云：即襄二十三年「夏，邾婁鼻我來奔」，傳云「邾婁鼻我者何？邾婁大夫也。邾婁無大夫，此何以書？以近書也」，何氏云「以奔無他義，知以治近升平書也。所傳聞世，見治始起，外諸夏，録大略小，大國有大夫，小國略稱人。所聞之世，內諸夏，治小如大，廩廩近升平，故小國有大夫，治之漸也。見於邾婁者，自近始也，〔一〇二〕獨舉一國者，〔一〇三〕時亂，實未有大夫，治亂不失其實，故取足張法而已」。然則，邾婁快亦以奔無它義，知以治近太平書也。見於邾婁者，以其近魯故也。太平世獨舉一國者，時亂實未有大夫，治亂不失其實，但取足張法而已。故云「說與鼻我同義」也。云云之說，在襄二十三年。

公如齊。

公至自齊，居于運。

二十有八年，春，王三月，葬曹悼公。月者，爲下出也。○爲，于僞反。

【疏】注「月者爲下出也」解云：正以上十八年「三月，曹伯須卒」，「秋，葬曹平公」，二十七年「冬，十月，曹伯午卒」。然則，曹於所見之世，正自「卒」，月「葬」時，故知此月，宜爲其下事出矣。

公如晉，次于乾侯。「乾侯」，晉地名。月者，閔公内爲強臣所逐，外如晉不見答，次于乾侯。不諱者，憂危不暇殺恥。後不月者，録始可知。

【疏】注「後不月」至「可知」解云：即下二十九年春，「公如晉，次于乾侯」是也。

夏，四月，丙戌，鄭伯寗卒。○伯寗，乃定反，下同。左氏并下滕子名，並作「寧」。

六月，葬鄭定公。

秋，七月，癸巳，滕子寗卒。

冬，葬滕悼公。

二十有九年，春，公至自乾侯，居于運。不致以「晉」者，不見容于晉，未至晉。

齊侯使高張來唁公。言「來」者，居運，從國内辭。書者，如晉不見荅，喜見唁也。不月者，例時也。

【疏】注「言來」至「内辭」者　解云：正以下三十一年，「晉侯使荀櫟唁公于乾侯」，不言「來」故也。云「不月者例時也」者，正以經不月，故知例然，則知下文荀櫟唁公之徒，雖在日月之下，不蒙日月可知。

公如晉，次于乾侯。

夏，四月，庚子，叔倪卒。

秋，七月。

冬，十月，運潰。邑不言「潰」，此其言「潰」何？據「國曰潰，邑曰叛」。

【疏】注「據國曰潰邑曰叛」　解云：即僖四年「蔡潰」，文三年「沈潰」者，是「國曰潰」之文。襄二十六年春，「衛孫林父入于戚以叛」，定十一年〔一〇四〕「春，宋公之弟辰及仲佗、石彄、公子池自陳入于蕭以叛」，〔一〇五〕是「邑曰叛」之文。

郛之也。「郛」，郭。

【疏】注「郛郭」者，「郭」之猶云國之，但古今異語也。

曷爲郛之？據成三年棘叛，不言「潰」也。

【疏】注「據成」至「潰也」　解云：即彼經云「叔孫僑如帥師圍棘」，「棘者何？〔一〇六〕汶陽之不服邑也。其言圍之何？不聽也」，彼注云「不聽者，叛也」是也。

君存焉爾。昭公居之，故從國言「潰」，明罪在公也。不言「國之」，言「郛之」者，公失國也。不諱者，責臣子當憂而納之，殺恥不如救危也。孔子曰「不患寡而患不均，不患貧而患不安」。其本乃由于圍成，失大得小，而不能節用。

【疏】注「不言國之言郛之者」 解云：正以桓七年春「焚咸丘」之下，傳云「咸丘者何？邾婁之邑也。曷爲不繫乎邾婁？國之也」；莊二年「夏，公子慶父帥師伐於餘丘」之下，傳云「於餘丘者何？邾婁之邑也。曷爲不繫乎邾婁？國之也」。然則，彼二文皆言「國之」，今言「郛之」者，正以昭公失國，〔一〇七〕裁得國外土地而已。其國内宗廟，非公之有，故傳言「郛之」，不言「國之」耳。云「孔子曰不患寡而患不均不患貧而患不安」者，論語文。言爲國家者，不患土地人民之寡少，而患政令之不均平，不患國無儲積，而患君臣上下之不能相安。而引之者，欲道昭公政令失所，是以出奔。今居小地而復圍成，擾亂其民，令之不安，由茲潰散，無寸土可居，久不得國而卒於外者，身自取之者也。云「其本乃由于圍成」者，「圍成」即二十六年「夏，公圍成」是也。失魯之大而得運邑，故曰失大得小，不能自節約而用之，乃復擾亂其民，圍成也。

三十年，春，王正月，公在乾侯。月者，閔公運潰，無尺土之居，遠在乾侯，故以存君書，明臣子當憂納之。

【疏】注「故以存君書」者 解云：即襄二十九年「春，王正月，公在楚」。〔一〇八〕「何言乎『公在楚』？正月以存君也」，彼注云「正月，歲終而復始，臣子喜其君父與歲終而復始，執贄存之，故言『在』」。今昭公運潰，無尺寸之土可居，遠在他邦，故以存君書之。故云「公在乾侯」。

夏，六月，庚辰，晉侯去疾卒。○去，起呂反。

秋，八月，葬晉頃公。○頃，音傾。

冬，十有二月，吴滅徐。徐子章禹奔楚。至此乃月者，所見世始録夷狄滅小國也。不從上「州來」、「巢」見義者，固有出奔可責。〔一〇九〕○見，賢徧反。

【疏】注「至此」至「國也」 解云：正以僖二十六年「秋，楚人滅隗，以隗子歸」，何氏云「不月者，略夷狄滅微國也」。然則，此亦夷狄滅微國而書月者，所見之世故也。

注「不從」至「可責」 解云：吴滅州來在上十三年冬，吴滅巢在上二十四年冬。然則，州來與巢皆當所見世而不書月以見之，至此乃月者，正以既滅其國，復奔其君，因責章禹不能死位，是以於三國皆不書月也。於上經既不書月，明其還同所聞之例，故何氏於州來之下注云「不月者，略兩夷」是也。

三十有一年，春，王正月，公在乾侯。

季孫隱如會晉荀櫟于適歷。時晉侯使荀櫟責季氏不納昭公，爲此會也。季氏負捶謝過，〔一一〇〕欲納昭公，昭公創惡季氏，不敢入。公出奔在外，無君命，所以書「會」，而殊外言「來」者，〔一一一〕從王魯録。諱亟取邑，卒大夫者，盈「孫」文。○荀櫟，本又作「躒」，又作「濼」，示滴濼也。〔一一二〕適，丁歷反，一音狄。負箠，章蘂反，本又作「捶」。〔一一三〕惡，烏路反。亟，去冀反。孫，音遜。

【疏】注「季氏負箠」至「不敢入」者 解云：春秋説文。彼注云「負捶者，聽刑之禮也」。昭公創惡季氏不敢入者，左傳亦有其文也。

注「公出」至「魯録」 解云：春秋之義，待君命然後卒大夫，明其非君命者不録之也。今昭公不在，所以書

「季孫隱如會晉荀櫟于適歷」，又書「黑弓以濫來奔」之文，又以殊外者，從王魯録文，故得然，不謂爾時有君命也。〔二四〕云「諱亟取邑」者，即下三十二年「取闞」，傳云「闞者何？邾婁之邑。曷爲不繫乎邾婁？諱亟也」，注云「與取濫爲亟」是也。云「卒大夫者盈孫文」者，即上二十五年公遜子齊〔二五〕後，「叔孫舍卒」，二十九年「叔倪卒」之徒是也。然則，春秋之義，爲君父諱惡，春秋之義，待君命，然後卒大夫。然今君不在國而書大夫之卒，故須解之。然則，取闞不繫邾婁，乃書大夫之卒者，正欲盈足諱奔言遜之義，故云「盈孫文」。

夏，四月，丁巳，薛伯穀卒。

始卒便名、日，書「葬」者，薛比滕最小，迫後定、寅皆當略。

【疏】**注「始卒便名日書葬者」**解云：春秋之義，小國始「卒」，名、日及「葬」未能悉具，會二見之後，方始能備，即宣九年秋「八月，滕子卒」，成十六年「夏，四月，辛未，滕子卒」，昭三年「春，王正月，丁未，滕子泉卒」，「五月，葬滕成公」之徒是也。言「薛比滕最小」者，正以滕子卒於宣公之篇，薛今始卒，故云「比於滕爲小國也」。而今始卒日，即得名葬具書，正由於後定、寅皆當見略，迫此之故，是以二注備書矣。其定見略者，即定十二年「春，薛伯定卒」，彼注云「不日月者，子無道，當廢之，而以爲後，未至三年，失衆見弑，危社稷、宗廟，禍端在定，故略之」是也。其寅見略者，即哀十年夏，「薛伯寅卒」，彼注云「卒葬略者，與杞伯益姑同」是也。昭六年「春，王正月，杞伯益姑卒」，彼注云「不日者，行微弱，故略之」。「入所見世，責小國詳，始録内行也。諸侯内行小失，不可勝書，故於終略責之，見其義」是也。

晉侯使荀櫟唁公于乾侯。

秋，葬薛獻公。

冬，黑弓以濫來奔。文何以無「邾婁」？據讀言「邾婁」。○黑弓，二傳作「黑肱」。濫，力甘反，又力暫反。

【疏】「冬黑弓」者，謂當時公羊子口讀「邾婁黑弓」矣。

通濫也。通濫爲國，故使無所繫。曷爲通濫？據庶其不通也。

【疏】注「據庶其不通也」者　解云：即襄二十一年春，「邾婁庶其以漆、閭丘來奔」是也。

賢者子孫宜有地也。賢者孰謂？謂叔術也。「叔術」者，邾婁顏公之弟也。或曰羣公子。

【疏】注「叔術者邾婁」至「弟也」　解云：謂母弟也。「或曰羣公子」，謂「庶弟」也。

何賢乎叔術？據叔術不書。讓國也。其讓國奈何？當邾婁顏之時，顏公時也。邾婁女有爲魯夫人者，則未知其爲武公與？懿公與？孝公幼。不知孝公者，邾婁外孫邪？將妾子邪？○武公與，音餘，下及注皆同。顏淫九公子于宮中，所與淫公子凡九人。

【疏】注「所與」至「九人」 解云：計顏公〔一一六〕一人不應並淫九人，故以所言之。

因以納賊，則未知其爲魯公子與？邾婁公子與？臧氏之母，養公者也。君幼則宜有養者，大夫之妾，士之妻，禮也。則未知臧氏之母者曷爲者也。養公者必以其子入養。不離人母子，因以娛公也。

【疏】「則未知其爲魯公子與」者 解云：爲内通于魯公子也。「邾婁之公子與」者，〔一一七〕不知爲是邾婁公子者與？古者諸侯一娶九女，二國媵之，而邾婁一國以并有九女於魯宮内者，蓋所取於邾婁相通爲九人，不必盡是一人妻矣。大夫之妾，士之妻。〔一一八〕

注「禮也」 解云：「大夫之妾、士之妻」，禮記内則文，故注云「禮也」。

「則未知臧氏之母者曷爲者也」 解云：案内則，大夫之妾、士之妻，並陳之謂，士妻不吉，乃取大夫之妾，亦得事不具矣。何者？乳食一男，〔一一九〕何假二人乎？則未知臧氏之母，〔一二〇〕爲是大夫之妾？爲是士之妾？故曰「曷爲者」。

臧氏之母聞有賊，以其子易公，抱公以逃。以身死公則可，以其子易公，非事夫之義。然而於王法當賞，以活公爲重也。賊至，湊公寢而弒之。弒臧氏子也。不知欲弒孝公者，納簒邪，將利其國也。○湊，七豆反。臣有鮑廣父與梁買子者，聞有賊，趨而至。臧氏之母曰：「公不死也，在是，吾以吾子易公矣。」於是負孝公之周，訴天子。天子爲之誅顏而立叔術，反孝公于魯。顏夫人者，嫗盈女也，國色也，其言曰：「有能爲我殺殺顏者，吾爲其妻。」「殺顏者」，鮑廣父、梁買子也。婦人以貞一爲行，云爾非也。〔一二二〕○愬，音素，本亦作「訴」。爲之，于僞反，下「爲我」、「爲之」、「則爲」並同。嫗，紆具反，一音紆羽反。爲行，下孟反，下「殺顏者之行」亦同。

【疏】「嫗盈女也」者　解云：謂此老嫗是盈姓之女。

「國色也」者　解云：謂顏色一國之選。

叔術爲之殺殺顏者，而以爲妻。利其色也。有子焉，謂之盱。夏父者，其所爲有於顏者也。爲顏公夫人時所爲顏公生也。〔一二三〕○盱，許于反，又許孤反，本或作「晇」，一音夸。夏父，户雅反。盱及夏父，邾顏公之二子。

【疏】「謂之盱夏父者」〔一二三〕至「有於顏者也」　解云：謂爲顏公妻時所以有之者。

盱幼而皆愛之，叔術、嫗盈女皆愛盱。食必坐二子於其側而食之，有珍怪之食，「珍怪」，猶奇異也。

○而食，音嗣。盱必先取足焉。夏父曰：「以來！」猶曰「以彼物來置我前」。人未足「人」，夏父自謂也。而盱有餘！」言盱所得常多。叔術覺焉，「覺」，悟也。知小争食，（一二四）長必争國。易曰「君子見幾而作」，「知幾其神乎」，「幾者，動之微者，（一二五）事之先見」。○長，丁丈反。先見，賢徧反，下「欲見」「見王者」同。

【疏】注「易曰」至「先見」 解云：皆出下繫辭。彼文云「知幾其神乎？君子上交不諂，下交不瀆，其知幾乎？幾者動之微，吉之先見者也。君子見幾而作，不俟終日」是也。

曰：「嘻！此誠爾國也夫！」起而致國于夏父。夏父受而中分之，叔術曰：「不可。」三分之，叔術曰：「不可。」四分之，叔術曰：「不可。」五分之，然後受之。五分受其一。○曰嘻，許其反。也夫，音扶。

【疏】注「五分受其一」 解云：服虔成長義云「邾婁本附庸，三十里耳，而言五分之，爲六里國也」者，彼乃左氏之偏辭，未足以奪，公羊以爲邾婁本大國，但春秋之前在名例，隱元年何氏有成解。

公扈子者，邾婁之父兄也，當夫子作春秋時，於邾婁君爲父兄之行。「公扈」者，氏也。○之行，户郎反。習乎邾婁之故，「故」，事也。道所以言也。

【疏】注「道所」至「言也」　解云：謂道下傳所言矣。

其言曰：「惡有言人之國賢若此者乎！惡有，猶何有、寧有此之類也。言賢者，寧有反妻嫂、殺殺顏者之行乎？○惡有，音烏，注同。誅顏之時天子死，〔一二六〕叔術起而致國于夏父。言叔術本欲讓，迫有誅顏天子在爾，故天子死則讓，無妻嫂、感兒爭食之事。〔一二七〕當此之時，邾婁人常被兵于周，曰『何故死吾天子』？」猶曰何故死畜吾天子，違生時命而立夏父乎？此天子死則讓之效也。

夫子本所以如上傳，〔一二八〕賢者惡少功大也。猶律「一人有數罪，以重者論之」。春秋「滅」不言「入」是也。案叔術妻嫂，雖有過惡，當絕身，無死刑，當以殺殺顏者爲重。宋繆公以反國與與夷，除馮弒君之罪，死乃反國，不如生讓之大也。馮殺與夷亦不輕于殺殺顏者，比其罪不足而功有餘，故得爲賢。傳復記公扈子言者，欲明夫子本以上傳通之，故公扈子有是言。○數，所主反。復，扶又反。

【疏】**注「夫子本所以」至「惡少功大也」者**　解云：上傳謂「五分之，然後受之」以上矣。云「春秋滅不言入是也」者，即莊十年傳云「戰不言伐，圍不言戰，入不言圍，滅不言入，書其重者也」是。云「當絕身無死刑」者，但當絕其身以爲不脩，不合殺之，故曰「無死刑」。然則，外內亂，〔一二九〕鳥獸行，則滅之者，謂姑妹之徒，今一則非父子聚麀，二則嫂非姑姊妹故也。

注「當以殺」至「爲重」　解云：謂犯王命，殺魯賢臣，故以爲重。

注「宋繆公以反國與」至「馮弒君之罪」　解云：宋繆公反國之事，在隱三年，彼傳文具矣。其「除馮弒君之罪」者，即桓二年「宋督弒其君」之下，注云「督不氏者，起馮當國，不舉馮弒爲重者，繆公廢子而反國，得正，故爲之諱」是也。云「死乃反國不如生讓之大也」者，〔一三〇〕言繆公死乃反國，非其全讓之意，不如叔術生讓，其功大矣。

云「馮殺與夷亦不輕於殺殺顏」者，〔一三二〕謂馮爲弒君，叔術爲犯王命，皆是惡逆，其罪勢等矣。云「比其罪不足而功有餘，故得爲賢」者，上解云「其罪勢等矣」，而言罪不足者，謂犯王命，殺魯大夫，豈如宋馮弒君乎？故以爲罪少于馮矣。其罪既少，其功有餘，故得賢之。

通濫，則文何以無「邾婁」？據國未有口繫于人。

【疏】注「據國」至「于人」 解云：言若通濫是國，宜應特達，何故文上無邾婁而已，其口仍繫「邾婁」言之乎？故注云「據國未有口繫于人」。

天下未有濫也。欲見天下實未有濫國，春秋新通之爾，故口繫于「邾婁」。天下未有濫，則其言「以濫來奔」何？據上説天下實未有濫者，言春秋新通之也。春秋新通之，君，〔一三三〕文成矣，不言「濫黑弓來奔」，而反與大夫竊邑來奔同文。

【疏】注「而反與大夫竊邑來奔同文」者 解云：即襄二十一年春，「邾婁庶其以漆、閭丘來奔」之徒是。

叔術者，賢大夫也，絶之則爲叔術不欲絶，不絶則世大夫也。此解不言「濫黑弓」意。叔術者，賢大夫也。如不口繫「邾婁」，文言「濫、黑弓來奔」，則爲叔術賢心不欲自絶于國，又觸天下實有濫，無以起新通之，文不可設也。如口不絶「邾婁」，文言「濫、黑弓來奔」，則嫌氏邑，起本邾婁出大夫，春秋口繫通之，文亦不可施。

【疏】注「起本邾婁」至「可施」 解云：若口云「邾婁」，文言「濫、黑弓來奔」，即嫌大夫氏邑。欲起黑弓本是邾婁世

大夫，口繫于「邾婁」，欲通之爲世大夫故也。〔一三三〕

大夫之義不得世，故於是推而通之也。「推」，猶因也。因就大夫竊邑奔文通之，則大夫不世，叔術賢心不欲自絶，兩明矣。主書者，在春秋前，見王者起，當追有功，顯有德，興滅國，繼絶世。

【疏】注「主書者」至「繼絶世」 解云：隱元年注云「諸大夫立隱不起者，在春秋前，明王者受命，不追治前事」。今此追之者，春秋之義，勸其後功，是以上二十年傳曰「君子之善善也長，惡惡也短，惡惡止其身，善善及子孫，故君子爲之諱」是也。

十有二月，辛亥，朔，日有食之。是後昭公死外、晉大夫專執、楚犯中國圍蔡也。

【疏】注「是後昭公死外」者 解云：即下三十二年冬，「公薨于乾侯」是。云「晉大夫專執」者，即定元年「三月，晉人執宋仲幾于京師」，〔一三四〕傳云「其稱人何？貶。曷爲貶？不與大夫專執也」是。云「楚犯中國圍蔡也」者，即定四年，秋，「楚人圍蔡」是也。直言「圍蔡」足矣，何須言「楚犯中國」？欲言日食爲夷狄強、諸夏微之象故也。

三十有一年，春，王正月，公在乾侯。

取闞。「闞」者何？邾婁之邑也。曷爲不繫乎「邾婁」？諱亟也。與取濫爲亟。〔一三五〕○闞，口暫反。亟，去冀反，注同。

【疏】「闞者何」解云：欲言是國，諸典未聞；欲言是邑，文無所繫，故執不知問。

注「與取濫爲亟」解云：「取」亦作「受」字者。〔一三六〕二年之間，比取兩邑，故以爲亟而諱之矣。

夏，吴伐越。

秋，七月。

冬，仲孫何忌會晉韓不信、齊高張、宋仲幾、衛世叔申、鄭國參、曹人、莒人、邾婁人、薛人、杞人、小邾婁人城成周。書者，起時善，其脩廢職，有尊尊之意也。〔一三七〕孔子曰「謹權量，審法度，脩廢官，四方之政行焉」。言「成周」者，起正居，實外之。〔一三八〕○量，音亮。

【疏】注「書者」至「意也」解云：隱七年「夏，城中丘」，傳云「何以書？以重書也」，注云「以功重，故書也。當稍稍補完之，至令大崩弛壞敗，然後發衆城之，猥苦百姓，虚空國家，〔一三九〕故言『城』，明其功重，與始作城無異」。然則，天子之城不時脩理，至令大壞，方始城之，而書者，正欲起其當時之善故也。何者？當是之時，天子陵遲，諸侯奢縱，忽能脩其廢職，有尊尊之心，是以書見，故曰「起時善」。云「孔子曰謹權量」至「行焉」者，論語文。云「言成周者，〔一四〇〕欲起正居實外之」，〔一四一〕正以不言「京師」而言「成周」者，欲起正居在成周故也。言「實外之」者，正以王微弱，不能守成周，不是小事，猥苦天下，是以不言「京師」，實外天子。云云之說，在上二十六年。

十有二月，己未，公薨于乾侯。

校勘記

〔一〕二十有三年春　「有」字原無。阮校：唐石經作「廿有三年」，此脱「有」字。今按，撫州本「十」下有「有」字，余本脱。據補。

〔二〕天子間田　北大本校記：宣元年注作「天子之間田」。

〔三〕曷爲不繫乎周　阮校：閩、監、毛本「乎」作「于」。

〔四〕比肸附父讎　「讎」原作「仇」。阮校：鄂本「仇」作「讎」。今按，撫州本、余本作「讎」。據改。

〔五〕而附父仇　單抄本「仇」作「讎」。

〔六〕何氏云奔者　浦鏜云：「云」下脱「出」字。

〔七〕沈子楹左氏楹作逞也　此九字原無，據單抄本補。

〔八〕二十八年齊人伐衛　「人」字原無。浦鏜云：「齊」下脱「人」字。今按，單抄本有「人」字。據改。

〔九〕衛未有罪爾　「爾」原作「矣」。浦鏜云：「爾」誤「矣」。今按，單抄本作「爾」。據改。

〔一〇〕豎刀易牙争權　阮校：監本作「刀」，閩、毛本作「刁」。今按，單抄本作「刁」。

〔一一〕爲是伐之也　浦鏜云：「是」下脱「故」字。

〔一二〕中國所以異于夷狄者　「于」原作「乎」。阮校：鄂本「乎」作「于」。今按，撫州本、余本作「于」。據改。

〔一三〕即定四年　「四」上原有「十」字。浦鏜云：「四」上「十」衍字。據删。

〔一四〕蔡公孫歸生帥師滅沈　浦鏜云：「生」當作「姓」。阮校：經作「姓」，此順注文引作「生」。

〔一五〕即此胡子髡沈子楹滅是也　「楹」原作「盈」。阮校：閩、監、毛本「盈」作「楹」。今按，單抄本作「楹」。據改。

〔一六〕故不問生死　單抄本作「死生」。

〔一七〕嫌敗走及殺之　「之」原作「也」。阮校：鄂本「也」作「之」，此誤。今按，撫州本、余本作「之」。

〔一八〕諸國之史而爲春秋　「史」原作「文」。單抄本「文」作「史」。據改。

〔一九〕是以稱人名耳　「名耳」原作「矣」。阮校：盧文弨曰，「人」爲「名」之誤。今按，單抄本無「矣」字，作「名耳」。據改。

〔二〇〕諸侯於封内三年稱子也　浦鏜云：「於」下脱「其」字。

〔二一〕此未三年其稱王何　北大本校記：傳文「王」作「天王」。

〔二二〕注貶言尹氏　單抄本作「注貶言尹氏者著世卿之權者」，無下「解云」二字。

〔二三〕立晉莒展去疾之徒　北大本校記：公羊義疏「展」下有「輿」字。

〔二四〕九月己亥　「己」原作「癸」。浦鏜云：「己」誤「癸」。據改。

〔二五〕二十二年　「二十二」原作「二十三」。浦鏜云：「二十三年」當作「二十二年」。今按，單抄本作「二十二年」。據改。

〔二六〕齊戰疾　「齊」原作「齋」。阮校：鄂本「齋」作「齊」。今按，撫州本、余本作「齊」。據改。

〔二七〕明年叔倪出會　「明」原作「時」。阮校：鄂本作「明」，諸本誤作「時」。今按，撫州本作「明」，余本誤作「時」。據改。

〔二八〕力之反本亦作鼇　「本亦作鼇」四字原脱，據諸本音義補。

〔二九〕葬杞平公　阮校：此本「叔孫舍至自晉」三節疏皆在此經下，閩、監、毛本分配各經之下。

〔三〇〕今正本亦有作郁字者　「作」字原無。阮校：按「亦有」下當脱「作」字。據補。

〔三一〕鸜音劬　撫州本音義「劬」作「鴝」。

〔三二〕不以尺寸録之　「以」上原有「可」字。浦鏜云：「可」衍字。今按，單抄本無「可」字。據删。

〔三三〕春秋之鳥不言來者多爲夷狄來也　孫詒讓校記：此當以考工記賈疏引作「春秋言來者甚多，非皆從夷狄來也」。此引譌衍不可通。

〔三四〕冬官云鸛鴿不踰濟　浦鏜云：冬官作「鸜」。

〔三五〕非傳注之意　「傳」原作「得」。閩本「傳」誤作「得」，毛本已改作「傳」。單抄本作「傳」。據改。

〔三六〕昭公依託上雩　「託」原作「托」。阮校：鄂本「托」作「託」。今按，撫州本、余本作「託」。據改。

〔三七〕去辰則逐季氏意明矣　「辰」原作「臣」。阮校：鄂本「臣」作「辰」。今按，撫州本、余本作「辰」。據改。

〔三八〕既無再舉雩之例　單抄本無「之」字。

〔三九〕可以起其非實雩　阮校：閩、監、毛本「可」作「何」。

〔四〇〕所以直言辛不兼言丑酉者　北大本校記：公羊義疏「所」上有「可知」二字。

〔四一〕昭公將弑季氏　阮校：又按依疏則傳文本作「弑」也。漢石經公羊「弑」皆作「試」，猶今人語云姑且試之，故其語可通乎上下。

〔四二〕吾欲弑之何如是也　「何如」原作「如何」。阮校：閩、監、毛本「如何」作「何如」。今按，單抄本作「何如」。據乙正。

〔四三〕弑者殺君之辭　單抄本「殺」作「弑」。

〔四四〕諸侯僭於天子大夫僭於諸侯　浦鏜云：鄭注考工記繪人職引子家駒語有「天子僭天」句。阮校：太宰疏引無二「於」字，當爲衍文。考工記注無「於」字可證。

〔四五〕注失禮成至知也　阮校：閩、監、毛本無「成」字。今按，單抄本徑録注文。

〔四六〕禮天子諸侯臺門　浦鏜云：周禮太宰疏引此注作「天子兩觀諸侯臺門」。

〔四七〕注禮天子至一觀　阮校：此注當作「注禮天子諸侯臺門」。故解云在禮器文。今本標起訖是後人所改。今按，單抄本作「禮天子諸侯臺門者」，無下「解云」二字。阮校是。

〔四八〕禮天子大路顧命之文也　「禮天子大路」五字原無。浦鏜云：「顧命」上當脱「天子大路」四字。今按，單抄本作「注禮天子大路者」，無下「解云」二字。據補「禮天子大路」五字。

〔四九〕〇楯食允反　「〇」原無。撫州本、宋本音義「允」作「尹」，三字同紐。「楯」上脱「〇」，據補。

〔五〇〕明有制也　「制」原作「則」。阮校：鄂本「則」作「制」，當據正。「制」謂已所制也，「則」即法，複上。今按，撫州本、余本「則」作「制」。據改。

〔五一〕维之是云繫牛曰𦎭者　「云」原作「也」。阮校：何校本「也」作「云」，此本「云」字剜改作「也」，今訂正。今按，單抄本作「云」。據改。

〔五二〕意到則言矣　浦鏜云：「耳」誤「矣」。

〔五三〕柔順　浦鏜云：「順」下脱「也」字。

〔五四〕牛馬之類猶順於委己之人　「類」原作「數」，「委」字原無。浦鏜云：「類」誤「數」，「於」下脱「食」字。今按，單抄本「數」作「類」，「於」下有「委」字。據改補。

〔五五〕固是其宜也　「也」原作「矣」。浦鏜云：「也」誤「矣」。从通解校。今按，單抄本作「也」。據改。

〔五六〕而爲季氏用　「而」原作「固」。浦鏜云：通解續「固」作「而」，「用」作「民」。阮校：鄂本作「而」，與通解續正合，當據以訂正。撫州本、余本「固」作「而」。據改。

〔五七〕昭公不從其言終弒之　「之」字原無。浦鏜云：「弒」下脱「之」字，從石經校。阮校：疏中引經文亦有「之」，此脱。今按，撫州本、余本有「之」字。據補。

〔五八〕弔死國曰弔　阮校：段玉裁云此「國」字衍。

〔五九〕息浪反下同　「下同」二字原脱。據諸本音義補。

〔六〇〕嗛自音謙本亦作謙　此八字原脱。據諸本音義補。

〔六一〕免君於大难矣　阮校：唐石經原刻無「矣」（原本誤作「也」）字，後磨改增刻，諸本誤承之。

〔六二〕所錫之以死　阮校：鄂本「錫」作「賜」，按傳言「賜」，不當殊文。鄂本是也。今按，撫州本、余本作「錫」。

〔六三〕音嗣注同　「同」字原脱，據諸本音義補。

〔六四〕餕孰食饔孰肉　「孰」原作「熟」。阮校：鄂本「熟」作「孰」，下同。加四点者俗字。今按，撫州本、余本作「孰」。據改。

〔六五〕是飧爲熟食也　單抄本「熟」作「孰」。

〔六六〕又云致饔餼五牢　浦鏜云：聘禮「致」作「歸」。

〔六七〕○糗姝紹反　阮校：諸本同。按此「○」當删。下載糗糒字音切亦義疏之言，非釋文也。浦鏜云已見釋文，當衍者，非。此與釋文不同。今按，單抄本「糗糒」二字音随上文「言糗糒」下，作小字雙行夾注：「言糗音姝紹反一音羌九反糒音平祕反」。疑單疏本作此，合刻之際乃改作。

〔六八〕上文糗是也　北大本校記：「上文」上據全書體例當有「○解云」，疑脱。

〔六九〕解云　「解云」上原有「自」字。單抄本無「自」字。據删。

〔七〇〕正以行客之人　「正」原作「而」。浦鏜云：「而」疑「蓋」字誤。阮校：「而」疑衍。今按，單抄本「而」作「正」。據改。

〔七一〕之拜命　「之」上原有「謂」字。阮校：鄂本「之」上無「謂」字，此衍，當删。今按，撫州本、余本無「謂」字。據删。

〔七二〕注食必至讓也　阮校：閩、監、毛本「必」下有「祭」。今按，單抄本作「食必祭云云」，與注合。

〔七三〕盛饔飧是　浦鏜云：「是」疑「也」字誤。

〔七四〕敢上亦有不字者　「敢」原作「亦」，「亦」字原無。浦鏜云：「亦上」疑脱「一本敢上」。阮校：解云

「亦上有不字者，若有不字則辭下讀」，按當作「敢上亦有一本有不字者」。今按，單抄本「亦」作「敢」，「上」下有「亦」字。據改。

〔七五〕昭公自嫌失國　「嫌」原作「謙」。阮校：鄂本「謙」作「嫌」，此誤。今按，撫州本、余本作「嫌」。據改。

〔七六〕下三十一年　「一」字原無。浦鏜云：「十」下脱「一」字。據補。

〔七七〕公次于揚州　北大本校記：穀梁傳作「陽」。

〔七八〕適足起無王　北大本校記：據注文補「以」在「足」下。

〔七九〕無王罪深淺　浦鏜云：「罪」下脱「之」字。阮校：何校本「罪」下有「之」字。

〔八〇〕始録可知　單抄本「知」下有「者」字。

〔八一〕又即如定公當致也　阮校：鄂本「又」作「入」，則上屬，言昭無臣子納公也。今按，撫州本「又」作「入」，余本作「又」。

〔八二〕棘者何　浦鏜云：此上當脱「傳云」二字。阮校：廿九年疏引亦無「傳云」二字，非脱也。

〔八三〕不親征下土　「土」原作「士」。阮校：何校本「士」作「土」，與定十二年注合。今按，單抄本作「土」，據改。

〔八四〕公親圍成　「公親」原作「不能」。殿本考證：「不能」當作「公親」。阮校：定十二年注作「公親」。單抄本作「公親」。據改。

〔八五〕盟于鄟陵　「鄟」原作「剸」。浦鏜云：「鄟」誤「剸」。阮校：唐石經、蜀大字本作「鄟」，鄂本从刂。今按，撫州本、余本「剸」作「鄟」。據改。

〔八六〕剸陵之會　單抄本「剸」上有「今」字。

〔八七〕上言天王著有天子已明　「著」原作「者」。浦鏜云：「著」誤「者」。阮校：鄂本作「著」，此誤。今按，撫州本、余本作「著」。據改。

〔八八〕起正居在成周　阮校：鄂本「正」作「王」，當據正。此本疏云「起成周爲王居」，閩、監、毛本亦誤「正居」。今按，撫州本、余本作「正居」，又單抄本疏皆作「正居」。阮校非。

〔八九〕其稱天王何　「何」上原有「者」字。北大本校記：上二十三年傳無「何」上「者」。今按，單抄本無「者」字。據删。

〔九〇〕著有天子　浦鏜云：「子」下脱「也」字。

〔九一〕傳云其言入何　「云」字原無。閩、監、毛本「傳」下有「云」字，此本脱。據補。

〔九二〕不言入于京師者　「于」字原無。單抄本「入」下有「于」字。據補。

〔九三〕以王猛入于成周　北大本校記：公羊義疏「成周」作「王城」，與昭二十二年傳合。

〔九四〕當先誅渠帥　阮校：閩、監、毛本「帥」作「率」。今按，撫州本、余本作「帥」，與此本同。

〔九五〕云立王子朝獨舉尹氏者　「云」上原有「注」字。阮校：毛本「注」下删「云」字。北大本校記：據標起訖體例，從毛本删。今按，單抄本無「注」字，標起訖下無「解云」二字。據删「注」字。

〔九六〕又方見爲季子諱　「又」原作「文」。阮校：鄂本「文」作「又」，當據正。又按依疏當作「文」，屬上讀。今按，撫州本、余本作「又」。據改。

〔九七〕以除闔廬罪　「除」原作「明」。阮校：鄂本「明」作「除」，當據正。疏云「今此月者，直是本不出賊以除闔廬罪」，可證本是「除」字。今按，撫州本、余本作「除」。據改。

〔九八〕僚惡得爲君乎　「惡」原作「烏」。北大本校記：據襄廿九年改「烏」作「惡」。今按，單抄本「烏」作「惡」，據改。

〔九九〕專諸刺僚者是闔廬弑僚之文也　「是」字原無。阮校：閩、監、毛本「者」改「著」，何煌云「者」疑作「是」。今按，單抄本「者」字下有「是」字。據補。

〔一〇〇〕明季子不忍父子兄弟自相殺者　「父子兄弟」原作「父兄」。北大本校記：此疏引上注文，應與之同。據改。

〔一〇一〕注月者非失衆見弑　「非」原作「明」。阮校：浦鏜云「非」誤「明」。今按，單抄本「明」作「非」。據改。

〔一〇二〕自近始也　「自」原作「以」，「始」原作「治」。浦鏜云：「自」誤「以」，「始」誤「治」。阮校：何校本作「自近始也」，與襄廿三年注合。今按單抄本作「自近始也」，據改。

〔一〇三〕獨舉一國者　「者」字原無。浦鏜云：「國」下脱「者」字。阮校：何校本「國」下有「者」字。今按，單抄本有「者」字。據補。

〔一〇四〕定十一年　「一」原作「三」。浦鏜云：「一」誤「三」。北大本校記：作「一」，與定十一年傳合。今按，單抄本作「一」。據改。

〔一〇五〕公子池自陳入于蕭以叛　浦鏜云：「地」，經作「池」是也。今按，閩、監、毛本作「地」，此本與單抄本作「池」。據改。

〔一〇六〕棘者何　浦鏜云：上脱「傳云」二字。阮校：此類皆疏文原本如是，非脱誤也。

〔一〇七〕正以昭公失國　「失」原作「居」。北大本校記：據注，「居」應作「失」。今按，單抄本「居」作

「失」。據改。

〔二〇八〕公在楚　浦鏜云：「楚」下脱「傳云」二字。

〔二〇九〕固有出奔可責　浦鏜云：「因」誤「固」。阮校：宋本、閩、監本作「固」，毛本作「因」，誤。今按，撫州本誤作「因」，余本作「固」。

〔二一〇〕季氏負捶謝過　阮校：閩、監、毛本「捶」作「棰」，疏同。釋文作「負箠」，云「本又作捶」。此本疏標起訖亦作「負箠」。

〔二一一〕而殊外言來者　「而」原作「以」。阮校：鄂本「以」作「而」。今按，撫州本、余本作「而」。據改。

〔二一二〕又作濼示滴濼也　撫州本、余本同，宋本音義「示」作「亦」。

〔二一三〕本又作捶　撫州本「捶」作「棰」。

〔二一四〕不謂爾時有君命也　「謂」原作「爲」。單抄本「爲」作「謂」。據改。

〔二一五〕上二十五年公遜于齊　阮校：何校本「遜」作「孫」。

〔二一六〕解云計顔公　「計」原作「謂」。單抄本「謂」作「計」。據改。

〔二一七〕邾婁之公子與者　浦鏜云：「之」衍字。

〔二一八〕大夫之妾士之妻　此七字是抄傳文，當接下「注禮也」三字上標示起訖文字。毛、閩本即作此改，是此本、單抄本並誤。

〔二一九〕乳食一男　北大本校記：公羊義疏「男」作「母」。

〔二二〇〕臧氏之母　單抄本「母」下有「者」字。

〔二二一〕非也　「非」下原有「德」字。阮校：鄂本「非」下無「德」字，此誤衍。今按，撫州本、余本無

「德」字。據删。

〔一二二〕所爲顔公生也　阮校：「所」下「爲顔公」三字誤衍，複上，當删正。

〔一二三〕謂之盱夏父者　單抄本「盱」下有夾行小字音注作「休于反」。

〔一二四〕知小争食　阮校：鄂本同。閩、監、毛本「小」作「少」。

〔一二五〕動之微者　阮校：鄂本「者」作「吉」，此本翻刻者「吉」誤爲「者」。今按，撫州本、余本作「者」。

〔一二六〕誅顔之時天子死　阮校：惠棟云「謂誅顔天子死也」作一句讀。按「時」字疑衍。

〔一二七〕妻嫂感兒　「感」原作「惑」。阮校：鄂本「惑」作「感」，当據正。今按，撫州本、余本作「感」。據改。

〔一二八〕夫子本所以如上傳　「如」原作「知」。阮校：鄂本「知」作「如」，此誤。撫州本、余本作「如」。據改。

〔一二九〕然則外内亂　阮校：閩、監、毛本「外内」作「内外」。

〔一三〇〕云死乃反國不如生讓之大也者　「云」上原有「注」字。北大本據全書體例删「注」字。今按，單抄本無「注」字，據删。

〔一三一〕云馮殺與夷亦不輕於殺殺顔者　「云」上原有「注」字。北大本據全書體例删「注」字。今按，單抄本無「注」字，據删。

〔一三二〕春秋新通之君　「新」原作「所」。阮校：鄂本「所」作「新」，此誤。上言春秋新通之可證。今按，撫州本、余本作「新」。據改。

〔一三三〕欲通之爲世大夫故也　北大本校記：公羊義疏「欲」作「新」。

〔一三四〕執宋仲幾于京師　「幾」原作「機」。阮校：「機」當作「幾」，从閩、監、毛本校。今按，單抄本作「幾」。據改。

〔一三五〕與取濫爲亟　阮校：莊二年疏引「取」作「受」，今作「與取濫」，誤。今按，撫州本、余本作「取」。疏云「取亦作受字者」。阮校非。

〔一三六〕解云取亦作受字者　單抄本「取」上空格，疑有「有」字。

〔一三七〕有尊尊之意也　阮校：鄂本無「也」字。今按，撫州本、余本有「也」字。

〔一三八〕起正居實外之　阮校：疏中引注作「欲起正居」，此脱「欲」字。今按，撫州本、余本無「欲」字。

〔一三九〕虚空國家　單抄本「虚空」作「空虚」。

〔一四〇〕云言成周者　「云」上原有「彼注」二字。殿本考證云：「云」上「彼注」二字衍。阮校：何校本無「彼」字，「彼」字当衍。今按，單抄本無「彼注」二字。據删。

〔一四一〕欲起正居實外之　浦鏜云：「欲」字注無，「之」下當脱「者」字。

監本附音春秋公羊傳注疏定公卷第二十五 釋文：何以定公爲昭公子，與左氏異。○起元年，盡四年。

何休學

元年，春，王。定何以無「正月」？據莊公雖不書「即位」，猶書「正月」。

【疏】注「據莊」至「正月」　解云：即莊元年經云「元年，春，王正月」，「三月，夫人孫于齊」是也。案莊公之經上有「正月」，下有「三月」；今定公亦下有「三月」，而上無「正月」，故據之。若然，案隱公之經亦云「元年，春，王正月」，下云「三月，公及邾婁儀父盟于眛」，〔一〕亦是上有「正月」，下有「三月」，而不據之者，正以隱公所承不薨于外，且欲讓桓，位非己有，與定公不類，寧得據之？其閔、僖之屬，雖承弒君之後，其所承者，皆在位見弒，「元年」之下，復無「三月」之文，與定不同，故不據之。然則，桓公戕于齊，昭公卒于外，亦是不類，而得據之者，正以昭公失道，爲臣所逐，終死于外，恥與桓同，故據之耳。

「正月」者，正即位也，本有「正月」者，〔二〕正諸侯之即位。

【疏】注「本有」至「即位」　解云：案隱元年傳云「何言乎王正月，大一統也」，何氏云「統者，始也，〔三〕總繫之辭。夫王者始受命改制，布政施教於天下，自公侯至於庶人，自山川至於草木昆蟲，莫不一一繫於正月，〔四〕故云政教之始」。以此言之，似書正月者，爲大一統也。而言「本有正月者，正諸侯即位」者，兼二義故也。何氏云「自公侯以下皆繫正月」，即是「正月者正諸侯即位」之義。

定無「正月」者，即位後也。雖書「即位」於六月，實當如莊公有「正月」。今無「正月」者，昭公出奔，國當絶，定公不得繼體奉正，故諱爲微辭，使若即位在正月後，故不書「正月」。

【疏】「定無正月者即位後也」解云：謂定公行即位之禮，在正月之後也。

注「雖書」至「正月」解云：依經及傳，正以定公即位在正月之後，故無「正月」，何氏更言「昭公出奔，國當絶，定公不得繼體奉正」者，正以書「正月」，大一統也，明不但一「即位」而已。且諸侯之法，禮當死位，而昭公不君，棄位出奔，終卒於外，爲辱實甚，論其罪惡，君臣共有，故知魯國之當絶矣。是以何氏消量作如此注。「故諱爲微辭」者，謂經與傳直作無「即位」故無「正月」之義，其定公當絶之文没而不見，故謂「微辭」爾。

即位何以後？據正月正即位。昭公在外，昭公喪在外。得入不得入，未可知也。曷爲未可知？據已稱「元年」。

【疏】「得入不得入未可知也」者　解云：謂昭公之喪在外，得入不得入，未可知，不謂據定公之身也。其實定公先在于內，是以上文已稱「元年」矣。但以君喪未入，未得正行即位禮，是以即位在正月之後。而左氏以爲喪及壞隤，公子宋乃先入者，何氏所不取之。

注「**據已稱元年**」解云：謂已稱「元年春」，似行即位之禮訖，何言昭公之喪得入不得入未可知也，而即位後乎？

在季氏也。

今季氏迎昭公喪而事之，定公得即位，不迎而事之，則不得即位。

【疏】「**在季氏也**」解云：定公是時雖以先君之喪未入，未行即位之禮，其實爲君之道已成。是以上文得稱「元年春」矣。但猶微弱，不敢逆其父喪，故云「在季氏也」。

定、哀多微辭，

「微辭」，即下傳所言者是也。定公有「王」無「正月」，不務公室，喪失國寶；哀公有黄池之會，獲麟，故總言「多」。○喪，息浪反。〔五〕

【疏】「**定哀多微辭**」解云：定、哀二君微辭有五，故謂之「多」。不謂餘處更有所對。若然，昭與定、哀同是太平之世，所以特言定、哀者，昭公之篇無微辭之事，寧可彊言之乎？

注「**微辭**」至「**是也**」解云：謂主人習其讀而問其傳，則未知已之有罪焉爾也。

注「**定公**」至「**正月**」解云：得爲微辭者，實爲昭公出奔，國當絶，定公不得繼體奉正，故無「正月」，如似即位在正月之後，是以無「正月」然。故得謂之「微辭」。

注「**不務公室**」解云：下二年「夏，五月，壬辰，雉門及兩觀災」，「冬，十月，新作雉門及兩觀」，傳云「其言新作之何？脩大也」，注云「天災之，當減損如諸侯制，而復脩大，僭天子之禮，故言『新作』，以見脩大也」。「脩舊不書，此何以書？譏。何譏爾？不務乎公室也」，注云「務，猶勉也，不務公室，亦可施於久不脩，亦可施于不務如公宰之禮，微辭也」。然則，書其「新作雉門及兩觀」者，主譏其僭天子之禮，可施於久不脩治而録之，傳云「不務公室」，亦得助成微辭之義也。

「喪失國寶」〔六〕解云：下八年冬，「盗竊寶玉大弓」，傳云「寶者何？璋判白」，注云「不言『璋』言『玉』者，起珪、璧、琮、璋、璜〔七〕五玉盡亡之，傳特言『璋』者，所以郊事天尤重也」。「書『大弓』者，使若都以國寶書，微辭也」，「謂之『寶』者，世世寶用之辭」也。〔八〕然則特書大弓者，欲通謂之「寶」，寶即大弓，是可以世世傳保而珠玉之，〔九〕故謂之「寶玉」也。

注「哀公」至「言多」解云：「黄池之會」者，即哀十三年夏，「公會晉侯及吴子于黄池」，傳云「吴何以稱子？吴主會也。吴主會則曷爲先言晉侯？不與夷狄之主中國也。其言『及吴子』何？會兩伯之辭也。不與夷狄之主中國，則曷爲以會兩伯之辭言之？重吴也。曷爲重吴？吴在是，則天下諸侯莫敢不至也」，彼注云「以晉大國，尚猶汲汲於吴，則知諸侯莫敢不至也。不書諸侯者，爲微辭，使若天下盡會之，而魯侯蒙俗會之者，惡愈」是也。其「獲麟」者，即哀十四年「春，西狩獲麟」是也。實爲聖漢將興之瑞，周家當滅之象。今經直言「獲麟」，不論此事，若似麟來，周王更欲中興之兆，得謂之微辭矣。

主人習其讀而問其傳，「讀」謂經，「傳」謂訓詁。「主人」謂定公。言「主人」者，能爲主人，皆當爲微辭，非獨定公。**則未知己之有罪焉爾。**此假設而言之。「主人」謂定、哀也。設使定、哀習其經而讀之，問其傳解詁，則不知己之有罪於是。此孔子畏時君，上以諱尊隆恩，下以辟害容身，慎之至也。

【疏】「主人」至「焉爾」解云：「主人習其讀」，〔一〇〕謂習其經而讀之也。云「而問其傳」者，謂問其夫子口授之傳解詁之義矣。云「則未知己之有罪焉爾」者，「焉爾」猶「於是」，讀其微辭，意指難明，雖問解詁，亦未知己之有罪乎春秋。假令讀定元年經而問其傳之解詁，云「定何以無正月？正月者，正即位也。定無正月者，即位後也」，則無以知其國當絶，定公不得繼體奉正之義。假令讀定公二年經云「新作雉門及兩觀」，而問其傳之解詁，云「脩舊不書，此何以書？譏。何譏爾？不務乎公室也」。正以久不脩理，不以公室爲急務，故書之，無以知其僭天子是也。

注「此假設而言」至「於是」 解云：當爾之時，未有春秋，故知主人習其經而讀之者，假設而言之也。既未有春秋而彊言「主人」，故云「此假設而言之」。云「主人謂定哀」者，正以上言「定哀多微辭」，下文即言「主人習其讀」，故知此「主人」者，宜指定、哀言之也。

注「此孔子」至「之至也」 解云：此時君者，還指定、哀也。孔子作春秋，當哀公之世，定没未幾，臣子猶存，故亦畏之。爲之諱惡，恩隆於定、哀，故曰「上以諱尊隆恩」也。若不迴辟其害，則身無所容，故曰「下以辟害容身」也。尊君卑己，故生上下之文耳。其傳未行，口授弟子而作微辭，以辟其害，亦是謹慎之甚，故此曰「慎之至也」。〔一一〕

三月，晉人執宋仲幾于京師。仲幾之罪何？據言「于京師」成伯討辭，知有罪。○幾，本或作「機」。

【疏】「仲幾之罪何」 解云：上言「晉人」，似非伯討，言「于京師」，是伯討之文，與奪未明，故難之。

不蓑城也。〔一二〕若今以草衣城是也。禮，諸侯爲天子治城，各有分丈尺，宋仲幾不治所主。○不衰，素戈反，一或作「蓑」，一或音初危反。衣，于既反。爲天，于僞反，下「善爲」同。

【疏】「不蓑城也」 解云：謂不以蓑苫城也。公羊之義，以爲昭三十二年「城成周」者，既是城訖，故於此處責其不蓑而已。不似左氏方始欲城耳。

注「若今以草衣城是也」〔一三〕　「衣」讀如衣輕裘之「衣」。

注「禮諸」至「主者」　解云：正以宋人不治所主者，晉人執而歸之于京師，得爲伯討之文，故知禮有分丈尺之法，不謂更有禮文。〔一四〕

其言「于京師」何？據城言「成周」，「執」不地。

【疏】注「據城言成周」　解云：即昭三十二年「冬，仲孫何忌會晉韓不信」以下「城成周」是也。

注「執不地」　解云：謂春秋上下，大夫見執例不舉地，即下六年「秋，晉人執宋行人樂祁黎」，〔一五〕上年秋，「齊人執衛行人北宫結」之屬是也。若然，成十六年「九月，晉人執季孫行父，舍之于招丘」，彼傳自有解，「執未有言舍之者，此其言舍之何？仁之也。曰，在招丘，悕矣」，注云「悕，悲也，仁之者，若曰在招丘可悲矣，閔録之辭」，「執未有言仁之者，此其言仁之何？代公執也」是也。

伯討也。大夫不得專執，「執」無稱名氏，見伯討例，故地以「京師」，明以天子事執之，得伯討之義。○見，賢徧反。

【疏】注「大夫」至「之義」　解云：下傳云「大夫之義不得專執也」，故云「大夫不得專執」。若諸侯執人，即僖四年傳云「稱侯而執者，伯討也。稱人而執者，非伯討也」。若其大夫，不得專執，故其執人之時，無稱名氏，見伯討例。〔一六〕雖無其例，其執之有理，寧得不作其文？是故地以京師，明以天子事執之，見其得伯討之義也。

伯討則其稱「人」何？據城稱名氏，諸侯伯執不稱「人」也。復發此難者，弟子未解，嫌大夫稱「人」相執，與諸侯同例。○復發，扶又反，下皆同。難，乃旦反。解，音蟹。

【疏】注「據城稱名氏」云云　解云：即昭三十二年「冬，仲孫何忌會晉韓不信」以下「城成周」是也。

注「諸侯伯執不稱人也」　解云：即僖四年傳云「稱侯而執者，伯討也。稱人而執者，非伯討也」是也。若欲指經言之，即成十五年春，「晉侯執曹伯歸之于京師」是也。

貶。故稱「人」爾。不以非伯討故。曷爲貶？據晉侯伯執稱「人」，以他罪舉。

【疏】注「據晉」至「罪舉」　解云：即僖二十八年，(一七)「晉人執衛侯歸之于京師」，傳云「歸之于者，罪已定矣」，「此晉侯也，其稱『人』何？貶。曷爲貶？衛之禍，文公爲之也。文公爲之奈何？文公逐衛侯而立叔武，使人兄弟相疑，(一八)放乎殺母弟者，文公爲之也」。然則，彼乃晉文之執衛侯，實得伯討之義，而稱人者，正由文公惡衛侯太深，愛叔武太甚，故致此禍，是以貶之稱人，故曰「以他罪舉」也。今此晉人執仲幾，亦得爲伯討之義，而貶稱「人」，故欲問其稱「人」之狀矣。

不與大夫專執也。曷爲不與？據伯討。實與言「于京師」是也。而文不與。「文不與」者，貶稱「人」是也。文曷爲不與？大夫之義，不得專執也。大夫不得專相執，辟諸侯也。不言「歸」者，諸侯當決於天子，犯之惡甚，故録所歸。大夫當決主獄爾，犯之，罪從外小惡，不復別也。無例，不在常書，又月者，善爲天子執之。○別，彼列反。

【疏】「文曷爲不與」解云：據實與，但何氏省文，不復言「大夫之義不得專執，則其曰實與之何？上無天子，下無方伯，天下大夫有爲無道者，力能執之則執之可也」。異僖元年、二年，救邢、城楚丘之傳者，正以諸侯相執，伯者之常事，大夫相執，例之所畧，詳尊畧卑之義也。

注「不言」至「别也」解云：正以僖二十八年冬，「晉人執衛侯，歸之于京師」，成十五年春，「晉侯執曹伯，歸之于京師」，襄十六年春，「晉人執莒子、邾婁子以歸」者，是諸侯相執，録其所歸之文。所以然者，正以諸侯尊貴，當決於天子。若其犯之，其惡深大，故須録其歸之所在，即執衛侯、曹伯歸于京師，是其得正。執莒子、邾婁子以歸其國者，失所明矣。彼注云「録以歸者，甚惡晉也。有罪無罪，皆當歸京師，不得自治之」是也。若然，案襄十九年春，「晉人執邾婁子」，亦是諸侯相執而不録其所歸者，正以會上執之，即會上釋之，實無所歸，寧得録之也？若執大夫，當決於主獄之人耳。若其犯之，但爲小惡，故從外小惡例，不復分别之也。若然，所見之世，録外小惡，而言從外小惡不復别之者，正謂時時録之，以見太平之世，諸夏小惡在治之限，文不盡録，故得然解。

注「無例」至「執之」解云：欲道春秋上下，更無大夫相執之義，即是無其比例，不在常書之限。今而書之，又書其月，詳録之，與諸侯相執同例者，善爲天子執故也。知諸侯相執例書月者，正以襄十六年三月，「晉人執莒子、邾婁子」，十九年正月，（一九）「晉人執邾婁子」之屬，皆書月故也。舊云此事所以無「歸于」、「以歸」之例，正由大夫相執不在當書故也。既不在當書，而書月以執之者，善爲天子執之故也。

夏，六月，癸亥，公之喪至自乾侯。「至自乾侯」者，非公事齊不專，中去之晉，竟不見容，死于乾侯。

戊辰，公即位。「癸亥，公之喪至自乾侯」，則曷爲以戊辰之日然後即位？據癸亥得入已可知。正棺於兩楹之間，然後即位。「正棺」者，象既小斂，夷於堂。昭公死於外，不得以君臣禮治其喪，故示盡始死之禮。禮，始死于北牖下，〔二〇〕浴於中霤，飯含於牖下，小斂於户内，夷於兩楹之間，大斂於阼階，殯於西階之上，祖于庭，葬於墓，奪孝子之恩，動以遠也。禮，天子五日小斂，七日大斂；諸侯三日小斂，五日大斂；卿大夫二日小斂，三日大斂。夷而經，殯而成服，故戊辰然後即位。凡喪，三日授子杖，五日授大夫杖，七日授士杖，童子、婦人不杖，不能病故也。〇小斂，力驗反，下皆同。北墉，音容，本又作「牖」。霤，力又反。飯，扶晚反。含，户暗反。阼，才故反。

【疏】注「正棺」至「故也」 解云：喪大記云「小斂，主人即位于户内，主婦東面，乃斂。卒斂，主人馮之，踊，主婦亦如之」。「徹帷，男女奉尸，夷于堂，降拜」，鄭注「夷之言尸也」，「主人、主婦以下從而奉之，孝敬之心。降拜，拜賓也」是也。云「故示盡始死之禮」者，「示」字亦有作「不」字者，誤也。云「禮始死于北牖下」者，即喪大記「疾病」，「寢東首於北牖下」是也。云「浴於中霤」云云者，即坊記云「子云『賓禮每進以讓，喪禮每加以遠。浴於中霤，飯於牖下，小斂於户内，大斂於阼，殯於客位，祖於庭，葬於墓，所以示遠也』」是也。而言「夷于兩楹之間」者，即此傳云「正棺于兩楹之間」是也。云「奪孝子之恩動以遠也」者，何氏以意言之也。言此者，欲陳始死禮。云「天子五日」云云者，何氏差約古禮而言之。欲道始死之禮，五日大斂而殯，殯訖成服。今欲示盡始死之禮，故云公之喪，癸亥日，至于丁卯，殯而成服，戊辰之日，乃即位矣。云「凡喪三日」云云者，即喪服四制云「杖者何也？爵也。三日授子杖，五日授大夫杖，七日授士杖。或曰擔主，或曰輔病，婦人、童子不杖，不能病也」是也。鄭注喪大記云「三日者，死之後三日也。爲君杖，不同日，人君禮大，可以見親踈也」。引之者，欲道喪入五日，嗣子、大夫授杖已訖，可以即位正其臣矣。

子沈子曰：「定君乎國，定昭公之喪禮於國。然後即位。」「即位」不日，此何以日？據「即位」皆不日。録乎内也。内事詳録，善得五日變禮。或説危不得以踰年正月即位，故日。主書者，重五始也。

【疏】注「詳録」至「始也」　解云：書日所以得變禮者，癸亥之日，公喪乃至戊辰之日，然後君即位，象五日殯訖即位之禮，故録日以明之，言其變而合禮矣。

秋，七月，癸巳，葬我君昭公。

九月，大雩。定公得立，尤喜，而不恤民之應。

立煬宫。「煬宫」者何？據十二公無煬公。○煬，餘亮反。

【疏】「煬宫者何」　解云：正以春秋之内，更無煬公之稱，而立其宫，故執不知問。

煬公之宫也。春秋前煬公也。「立」者何？「立」者不宜立也，立煬宫，非禮也。不日，嫌得禮，故復問「立」也。不日者，所見之世諱深，使若比武宫惡愈，故不日。

【疏】「立者何」　解云：欲言是禮，不應言「立」，欲言非禮，復不書日，故執不知問。

「立者何」至「立也」 解云：隱四年冬「衛人立晉」之下，傳云「立者何？立者不宜立也」，成六年春「二月，辛巳，立武宮」之下，傳云「立者何？立者不宜立也」。然則，春秋之內，三發此文者，公子晉之下發之，是春秋之首；成六年「立武宮」之下發之，嫌立宮與諸侯異例；此復發之者，正以立武宮書日，此不書日，故問之。〔二一〕昭二十三年〔二二〕秋，「尹氏立王子朝」，不復發之者，從立晉之傳可知。

「不日」至「立也」〔二三〕 解云：春秋之例，失禮於宗廟例書日，故此不日，嫌得禮也。注言此者，正以成六年已有此傳，今復發之，故解云耳。

「不日」至「不日」〔二四〕 解云：例既書日，而不日者，正以當所見之世故也。若然，案莊二十三年「秋，丹桓宮楹」，何氏云「失禮宗廟例時」，與向説違者，蓋失禮於鬼神例日，故隱五年「初獻六羽」之下，何氏云「失禮鬼神例日」是也。若失禮脩嘗於宗廟，則例書時，即莊二十三年「秋，丹桓宮楹」，何氏云「失禮宗廟例時」是也。莊二十四年「春，王三月，刻桓宮桷」，書月者，何氏云「月者，功重於丹楹」是也。若其失禮始造宗廟者，例書日，即成六年「春，王二月，辛巳，立武宮」是也。所以然者，刻桷功重於丹楹，猶變例以書月，況於始造宗廟，爲費實深，寧不日乎？例既宜日，而不日者，正以當所見之世，爲內諱深，使若惡愈於武宮故也。

冬，十月，霣霜殺菽。何以書？記異也。「菽」，大豆。時獨殺菽，〔二五〕不殺他物，故爲異。○霣，于敏反。

【疏】注「時殺」至「爲異」 解云：知「獨殺菽不殺他物」者，正以此經特舉「殺菽」，傳云「記異」故也。若更殺他物，則經直云「霣霜」，不舉穀名，傳云「記災也」，即桓元年「秋，大水」，傳云「何以書？記災也」，彼注云「災傷二穀以上」是也。此則但傷一穀，既不成災，故謂之「異」。

此災菽也，曷爲以異書？據「無麥苗」以「災」書。

【疏】注「據無」至「災書」　解云：即莊七年「秋，大水，無麥苗」，傳云「何以書？記災也」是也。然則大水殺麥苗，傳云「記災」，今此「霣霜殺菽」，傳云「記異」，故據而難之。若然，向解若更殺他物，則經直言「霣霜」，不舉穀名，何故莊七年經云「秋大水無麥苗」者，彼傳云「一災不書，〔二六〕待無麥，然後書無苗」，彼注云「明君子不以一過責人，水、旱、螟、螽，皆以傷二穀乃書。然不書穀名，〔二七〕至麥苗獨書者，民食最重」是也。然則一災不書，今此書者，示以早當誅季氏，故不得不録也。

異大乎災也。「異」者，所以爲人戒也。重「異」不重「災」，君子所以貴教化而賤刑罰也。周十月，夏八月，微霜用事，未可殺菽。菽者，少類，爲稼強，季氏象也。是時定公喜於得位，而不念父黜逐之恥，反爲淫祀，立煬宫，故天示以當早誅季氏。

【疏】「異大乎災也」　解云：雖曰但傷一物，若以害物言之，不謂之「災」，而必書者，〔二八〕正以異重于災故也。何者？隱三年而作注云〔二九〕「異者，非常而可怪，先事而至者」，隱五年作注云「災者，有害於人物，隨事而至者」。然則，正由先事而至，可以爲戒，若其變改，竟不害人物，若似君父教戒臣子之義，故但謂之「異」而貴之矣。災者隨事而至，害於人物，雖言變改，亦無所及，若似刑罰，一施不可追更之義，〔三〇〕故謂之「災」而不重之。故注云「重異不重災，君子所以貴教化而賤刑罰也」。然則，直是美大此異，故言「異大於災」，不論害物與否。五行傳云「害物爲災，不害物爲異」，亦通於此矣。

注「菽者」至「象也」　解云：菽、季不同，而得爲其象者，正以「菽」爲第三之稱，故爲少類；季氏於叔、孟爲弟，亦是少之義，故得爲其象。菽雖第三，爲稼最強；季氏雖幼，彊於叔、孟，故曰「菽者，少類，爲稼強，季氏之象也」。

注「是時」至「煬宮」　解云：何氏以爲，定公者，昭公之子，與賈、服異。〔三一〕既爲昭公之子，而喜於得位者，正以父見放逐，薨於乾侯，讎人秉政，有年歲矣，爲道亦何可知，〔三二〕忽然而立，寧不喜乎？是以忘其恥辱，欲求福於淫祀。天怪其所爲，故示之戒也。舊云「定公爲昭公弟，立非其次，是以喜之，而謂昭公爲父者，臣子一例故也」。云「故天示以早當誅季氏也」者，天戒若曰「等欲勞心作淫祀之時，不如作意早誅季氏」。所以然者，雖作淫祀，終竟無福，早誅季氏，可以復讎去患故也。

二年，春，王正月。

夏，五月，壬辰，雉門及兩觀災。其言「雉門及兩觀災」何？據「桓宮、僖宮災」，不言「及」。不但問「及」者，方於下「及」，聞其文問之，〔三三〕故先俱張本於上。○兩觀，工喚反，下及注皆同。

【疏】注「據桓」至「言及」　解云：即哀三年夏「五月，辛卯，桓宮、僖宮災」是也。

兩觀微也。雉門、兩觀，皆天子之制，門爲其主，觀爲其飾，故微也。

【疏】注「雉門」至「微也」　解云：知如此者，正以昭二十五年傳云「子家駒曰『諸侯僭天子久矣，設兩觀』」云云者，此皆天子之禮。然則，兩觀既爲天子之禮，天惡其僭，故災之，則知雉門與之同災者，亦僭明矣。故云「雉門及兩觀，皆天子之制也」。若然，昭二十五年子家駒不言雉門爲僭者，正以天子諸侯皆有雉門，但形制殊耳。若然，雉門爲僭，於辭爲負矣，寧知非是主災兩觀，因及雉門而已？故子家駒不數雉門爲僭，而何氏必言雉門亦如天子之制者，正以下文「新作雉門及兩觀」之下傳云「不務公室」，既言不務如公室之禮，則知天子明矣。〔三四〕

然則曷爲不言「雉門災，及兩觀」？據下「新作雉門及兩觀」，先言「作」者。主災者兩觀也。時災從兩觀起。主災者兩觀，〔三五〕則曷爲後言之？據欲使言「兩觀災及雉門」，若言「宋督弑其君與夷及其大夫孔父」。不以微及大也。何以書？不復言「雉門及兩觀災何以書」者，上已問「雉門及兩觀災」，故但言「何以書」。○不復，扶又反，下同。

【疏】注「不復」至「以書」。解云：隱三年「秋，武氏子來求賻」，傳云「武氏子來求賻，何以書」，注云「不但言何以書者，嫌主覆問上所説二事，〔三六〕不問求賻」，又七年「夏，城中丘」，傳云「中丘者何？內之邑也。城中丘何以書？」注云「上言『中丘者何』，指問邑也，欲因言『何以書』，嫌但問『書中丘』，故復言『城中丘何以書』」，〔三七〕僖二十年傳云「西宮災，何以書」。然則，彼三傳文皆舉句而問之，今此不嫌「不以微及大何以書」，而不舉句而問之者，正以上傳已云「其言雉門及兩觀災何」，不能復重言之，故省文也。

記災也。此本子家駒諫昭公所當先去以自正者，昭公不從其言，卒爲季氏所逐。定公繼其後，宜去其所以失之者，故「災」亦云爾。立雉門、兩觀不書者，「僭天子不可言」，雖在春秋中，猶不書。○先去，起呂反，下同。

【疏】注「此本」至「云爾」　解云：在昭二十五年。

注「立雉」至「不書」　解云：知如此者，正以隱五年秋，「初獻六羽」，傳云「何以書？譏。何譏爾？譏始僭諸公也」。「始僭諸公昉於此乎？前此矣。前此則曷爲始乎此？僭諸公，猶可言也，僭天子，不可言也」是也。若然，須更脩大，還僭天子，而得書之者，但作微辭以譏之，仍自不正言。

秋，楚人伐吴。

冬，十月，新作雉門及兩觀。其言「新作」之何？據俱一門兩觀，如故常。脩大也。天災之，當減損如諸侯制，而復脩大，僭天子之禮，故言「新作」，以見脩大也。○見，賢徧反。

【疏】注「據俱」至「如常」　解云：正以所作與舊俱一門兩觀，以故常無異，何言新作之乎？

【疏】注「故言」至「大也」　解云：莊二十九年作注云「繕故曰新，有所增益曰作」。然則，此言「新」者，見其料理舊牆；言「作」者，見其增益新木，皆是還大於諸侯之義，故言「新作以見脩大」矣。

脩舊不書，此何以書？據西宫災，復脩不書。

【疏】注「據西」至「不書」 解云：在僖二十年。

譏。何譏爾？不務乎公室也。「務」，勉也。「不務公室」，亦可施于久不脩，〔三八〕亦可施于不務如公室之禮，微辭也。月者，久也，當即脩之如諸侯禮。

【疏】注「不務」至「侯禮」 解云：即文十三年傳「世室屋壞，何以書？譏。何譏爾？久不脩也」，何氏云「簡忽久，不以時脩治，至令壞敗，故譏之」。然則，此文「不務公室」者，亦可以見魯人簡忽，五月有災，十月乃作之義，故云「亦可施於久不脩」也。云「月者久也」者，正以莊二十九年「春，新延廐」，僖二十年「春，新作南門」，皆書時，此特月者，譏其久不脩故也。舊云：「如天子之門大，不可即成，故月以久之。」

三年，春，王正月，公如晉，至河乃復。月者，內有彊臣之讎，外不見答於晉，故危之。

【疏】注「月者」至「危之」 解云：正以凡「朝」例時，假有小事，亦不書月，是以昭二年「冬，公如晉，至河乃復」，傳云「其言『至河乃復』何？不敢進也」，注云「乃，難辭也，時聞晉欲執之，不敢往。君子榮見與，恥見距，故諱，使若至河，河水有難而反」。然則彼是小故，不足以月，今乃內有彊臣之讎，外不見答於晉，故書月以危之。似若襄二十八年「十一月，公如楚」，何氏云「如楚皆月者，〔三九〕危公朝夷狄」之類也。而僖十年注云「故如京師，善則月榮之，如齊、晉，善則月安之」者，善惡不嫌假令同辭，亦何傷也。

三月，辛卯，邾婁子穿卒。

夏，四月。

秋，葬邾婁莊公。

冬，仲孫何忌及邾婁子盟于枝。〔四〇〕後相犯，時者，諱公使大夫盟，又未踰年君，薄父子之恩，故爲易辭，使若義結善事。○枝，二傳作「拔」。易，以豉反。

【疏】「三月辛卯」云云〔四一〕 公羊、穀梁皆作「三月」，左氏作「二月」，未知孰正。

注「後相」至「善事」 解云：其「後相犯」者，即哀元年「冬，仲孫何忌帥師伐邾婁」之屬是也。云「故爲易辭」者，即莊十三年「冬，公會齊侯盟于柯」，傳云「何以不日？易也」，何氏云「易，猶佼易也，相親信無後患之辭」是也。

四年，春，王二月，癸巳，陳侯吳卒。

三月，公會劉子、晉侯、宋公、蔡侯、衛侯、陳子、鄭伯、許男、曹伯、莒子、邾婁子、頓子、胡子、滕子、薛伯、杞伯、小邾婁子、齊國夏于召陵，侵楚。月而不舉重者，楚以一裘之故，拘蔡昭公數年，然後歸之，諸侯雜然侵之，會同最盛，故善録其行義兵也。拘不書者，惡蔡侯吝一裘而見拘執，故匹夫之。執歸不書者，從執例。○夏，户雅反。邵，上照反。或作召，音同。(四二)數年，所主反。下數年皆同。(四三)雜，七合反，又如字。惡蔡，烏路反，年末同。吝一裘，力刃反。

【疏】「陳子」 解云：上文二月「陳侯吴卒」，下之「六月，葬陳惠公」，然則，其父未葬，宜稱「子某」，而言「陳子」。僖九年「宋子」之下，注云「宋未葬，不稱子某者，出會諸侯，非尸柩之前，故不名」。然則今此陳子亦然，但從宋子省文，不復注之。

注「月而」至「兵也」 解云：春秋之義，侵伐例時，即上二年「秋，楚人伐吴」之屬是也。善其義兵則書月，即僖十八年「春，王正月，宋公、曹伯」以下「伐齊」，注云「月者，與襄公之征齊，善録義兵」是也。若其舉重，宜云「公會劉子、晉侯」以下「侵楚」，不言「于召陵」也。似若成十六年秋，「公會尹子、晉侯、齊國佐、邾婁人伐鄭」之屬。(四四)今而書月，復不舉重者，善録其行義兵故也。若然，案僖四年「春，王正月，公會齊侯」以下「侵蔡」，何氏云「月者，善義兵也」。然則，彼亦是義兵而舉重者，正以彼下經云「楚屈完來盟于師，盟于召陵」，傳云「其言『盟于師，盟于召陵』何？師在召陵也。師在召陵則曷爲再言『盟』？喜服楚也」，彼注云「孔子曰『書之重，辭之復，嗚呼，不可不察，其中必有美者焉』」。然則，正以下有喜服楚之文，爲義兵可知，是以不勞具録也。桓公十五年「冬，十有一月，公會齊侯、宋公」以下「于侈，伐鄭」，彼注云「月者，善諸侯征突，善録義兵也。不舉伐爲重者，用兵重於會，嫌月爲桓伐有危舉，不爲義兵録，故復録會」。注云之屬，當文皆有成解，不勞逆説也。言「楚以一裘之故，拘蔡昭公數年然後歸之」者，即下傳云「蔡昭公朝乎楚，有美裘焉，囊瓦求之，昭公不與。爲是拘昭公於南郢，數年，然後歸之」是也。

注「拘不」至「夫之」 解云：僖二十一年霍之會，「執宋公以伐宋」之屬，皆書其「執」，今此不書，故决之。

所以不直言賤之而已，而言「匹夫之」者，以楚人執良霄之屬，大夫猶書，今反不書，賤於大夫，故言「匹夫之」。

注「執歸」至「執例」 解云：即僖二十一年注云「凡出奔歸書，執獲歸不書者，出奔已失國，故録還應盜國，與執獲者異，臣下尚隨君事之，未失國，不應盜國，無爲録也」，是其被執而「歸」不書之義。今此蔡侯之執，經雖不書，其實見執，故得從其例矣。云云之說，備于僖二十一年。

夏，四月，庚辰，蔡公孫歸姓帥師滅沈，（四五）以沈子嘉歸，殺之。

爲不會召陵故也。不舉「滅」爲重，書「以歸」、「殺之」者，責不死位也。日者，定、哀「滅」例日。定公承黜君之後，有彊臣之讎，故有滅則危懼之，爲定公戒也。○公孫歸姓，二傳無「歸」字，姓，音生，又音性。爲不，于僞反，下「爲季」、「爲下」、「爲治」、「爲蔡」同。

【疏】注「爲不」至「故也」 解云：正以召陵之會，蔡爲謀首，召陵之經，不見沈子，而今滅之，故知義然也。

注「不舉」至「位也」 解云：正以襄六年，「十有二月，齊侯滅萊」，傳云「曷爲不言萊君出奔？國滅，君死之，正也」，彼注云「明國當存，（四六）不書殺萊君者，舉滅國爲重」。然則，萊君死位，故得舉重，今沈子不死位，（四七）故不得舉滅爲重，而書「以歸、殺之」也。

「定哀」至「戒也」（四八） 解云：定、哀之時，文致太平，若有相滅，爲罪已重，故皆書日以詳其惡，即此經，及下六年「春，王正月，癸亥，鄭游速帥師滅許，（四九）以許男斯歸」之屬是也。既言「定哀滅例日」，乃是「滅」爲例矣。而又言「定公承黜君之後，有強臣之讎，故有滅則危懼之爲定公戒」者，欲道哀公之篇，若有相滅，例合日，欲見他義者，容不書之，即哀公八年「春，王正月，宋公入曹，以曹伯陽歸」，實是滅曹伯，魯人諱同姓之滅，而不書之，是以亦不書日是也。然則，案哀公之篇，更無書「滅」之經，而知例日者，正以文承定公之下，定公猶日，則哀公明矣。定公承黜君之後，偏有危懼，是以有滅則書日；哀公無此義，故諱其滅，以没不救同姓之罪，但知例合書其日，故何氏云焉。

五月，公及諸侯盟于浩油。再言「公」者，昭公數如晉，不見答，卒爲季氏所逐；定公初即位，得與諸侯盟，故喜録之。後楚復圍蔡，不救，不日者，善諸侯能翕然俱有疾楚之心，會同最盛，故褒與信辭。〇浩油，户老反，又古老反；下音由，一音羊又反。二傳作「臯鼬」。數，所主反。楚復，扶又反，下「而復」、「復討」同。翕，許及反。

【疏】**注「再言」至「録之」**　解云：正以僖五年夏，「公及齊侯」以下「會王世子于首戴」，「秋，八月，諸侯盟于首戴」，九年「夏，公會宰周公」以下「于葵丘」，「九月，戊辰，諸侯盟于葵丘」之屬，皆不再言「公」，今此再言「公」，故於此解之。言「昭公數如晉不見答」者，即昭十二年夏，「公如晉，至河乃復」，十三年冬，「公如晉，至河乃復」，十五年冬，「公如晉」，十六年，「夏，公至自晉」，二十一年冬，「公如晉，至河乃復」，二十三年，「公如晉，至河，公有疾，乃復」之屬，是數如晉之文也。竟不見晉人來聘之經，故云「不見答」也。「卒爲季氏所逐」者，即二十五年，「九月，己亥，公孫于齊」是也。寧知再言〔五〇〕「公」爲「喜録之」者，正以文承詳録義兵之下，而再言「公」，故知其喜。似若僖四年夏，「楚屈完來盟于師，盟于召陵」，傳云「曷爲再言盟？喜服楚也」之類，注云「孔子曰『書之重，辭之復，嗚呼，不可不察，其中必有美者焉』」，義亦通於此。

杞伯戊卒于會。不日，與「盟」同日。〇戊，音茂，又音恤，二傳作「成」。〔五一〕

【疏】注「不日與盟同日」解云：考諸古本，「日」亦有作「月」者。(五二)若作「日」字，宜云「所見之世，小國之卒例合書日」，即上言「三月，辛卯，邾婁子穿卒」之文是也。(五三)今不日者，正以與盟同日，文不可施故也。何者？若言「五月，甲子，公及諸侯盟于浩油，杞伯戊卒于會」，則嫌上會非信辭；若言「五月，公及諸侯盟于浩油，甲子，杞伯戊卒于會」，則嫌與盟別日，是以進退不得日也。若作「月」字，宜云「所見之世雖例書日，(五四)若有內行失，亦但月之」，即昭六年「春，王正月，杞伯益姑卒」，何氏云「不日者，行微弱，故略之」，「入所見之世，責小國詳始錄內行也。諸侯內行小失，不可勝書，故於終略責之，見其義」是也。然則，今杞伯亦有內行小失，(五五)宜合書月而不書月，正以與盟同月故也。

六月，葬陳惠公。

許遷于容城。

秋，七月，公至自會。月者，爲下「劉卷卒」。月者，重錄恩。○卷，音權。

【疏】注「月者」至「卷卒」解云：正以春秋之義，致公例時，則桓二年，(五六)「冬，公至自唐」之屬是也。若其有危，乃合書月，即下八年，「三月，公至自侵齊」之屬是也。今此上「會」有義兵之錄，上「盟」有信辭之美，又再言公爲喜文，則知公於時無危明矣。既無危事，而有「七月」，故知其月爲下事爾。若然，案桓公十六年，「秋，七月，公至自伐鄭」，何氏云「致者，善桓公能疾惡同類，比與諸侯行義兵伐鄭。(五七)致例時，此月者，善其比與善行義，故以致復加月也」。似月爲善者，〔五八〕正以桓是篡賊，動作有危，而能疾篡，脱危而至，故致之。何氏彼注必言此者，欲對桓元年垂會之注云「不致之者，爲下去王，適足以起無王，未足以見無王罪之深淺，故復奪臣子辭，成誅文也」。以此言之，則桓十六年注云「以致復加月」，仍是危文，但善其比行義，〔五九〕故能脱危而至，與此仍不妨矣。

注「**月者重録恩**」解云：大夫之卒，宜又降于微國之君，但合書時而已。而書月者，正以新奉王命，主會于召陵，於魯有恩，故重而録之。故云「月者重録恩」也。

劉卷卒。「劉卷」者何？天子之大夫也。外大夫不卒，此何以卒？我主之也。「劉卷」即上會劉子也。〔六〇〕「主之」者，因上王魯文王之張義也。〔六一〕卒者，明主會者當有恩禮也。言「劉卷」者，主起以大夫卒之，〔六二〕屈於天子也。不日者，比尹氏，〔六三〕以天子喪爲主重也，此卷主會輕，故不日。

【**疏**】「**劉卷者何**」解云：欲言諸侯，未有劉國，欲言大夫，大夫不「卒」，故執不知問。

注「**劉卷**」至「**義也**」解云：正以召陵之經，劉子爲首，今而書「卒」，故知一人也。其不然，〔六四〕大夫之「卒」例則不書，劉卷何事獨得録見也？今而書見，〔六五〕明有恩於魯。傳曰「我主之」，亦其一隅矣。劉子者，天子之大夫，奉天子之命，致諸侯於召陵，召陵之經序之「于」上，此言「主之」，主會明矣。此傳宜云「外大夫不卒，此何以卒？主我也」，而云「我主之」者，正以春秋王魯，因「魯」之文，故言「我主之」，不言「主我也」。言「張義」者，欲張魯君爲王之義。

注「卒者」至「禮也」 解云：若主會有恩禮者，即違例書「卒」。案僖九年，「公會宰周公」，成十六年、十七年之時，數有公會單子、尹子之文，而皆不「卒」，言雖等有恩，〔六六〕當論遠近，蓋在主會之年「卒」者，恩而録之；若期外者，當從恩殺略之。是以尹子、單子之徒，不見「卒」文。若奔喪主我使來會葬之屬，其恩差重，三年之外方始略之。即隱三年，「夏，四月，辛卯，尹氏卒」，傳云「外大夫不卒，此何以卒？天王崩諸侯之主也」，〔六七〕彼注云「時天王崩，魯隱往奔喪，尹氏主儐贊諸侯，與隱交接，而卒，恩隆於王者，則加禮録之」，「明當有恩禮」。又文三年，〔六八〕「夏，五月，王子虎卒」，傳云「外大夫不卒，此何以卒？新使乎我也」，彼注云「王子虎即叔服也。新爲王者使，來會葬，在葬後三年中卒，君子恩隆於親親，則加報之，故卒，明當有恩禮也」是。

注「言劉」至「天子」 解云：襄十五年劉夏之下，傳云「劉夏者何？天子之大夫也。劉者何？邑也。其稱劉何？以邑氏也」，彼注云「諸侯入爲天子大夫，不得氏國稱本爵，故以所受采邑氏稱子」，「不稱劉子而名者，禮，逆王后當使三公，故貶去大夫，明非禮也」。然則，今此劉卷乃是圻外諸侯，入爲天子大夫，所以不言「劉子卷卒」，從諸侯之例，而言「劉卷」，其但字者，正欲起大夫卒之屈於天子故也。

注「不日」至「不日」 解云：文三年王子虎之下，何氏云「尹氏卒日，此不日者，在期外也」。然則，尹氏之主諸侯，由其在期内，故日之；今此劉卷之主諸侯，亦在期内而不日者，正以尹氏之主諸侯，乃是天王崩，儐贊隱公，其恩重矣。劉卷之主諸侯，乃在召陵之會，故不書日，見其輕矣。知云「不日者，比尹氏，以天子喪爲主重也」，言劉卷卒所以不書日者，若比尹氏之時，尹氏以天子喪爲主重，故書日；劉卷但爲會主，其恩輕，故不日矣。

葬杞悼公。

楚人圍蔡。囊瓦稱「人」者，楚爲無道，拘蔡昭公數年，而復怒蔡歸，有言伐之，〔六九〕故貶，明罪重於圍。

【疏】注「囊瓦」至「於圍」 解云：正以下傳云「爲是興師，使囊瓦將而伐蔡」，故知此文「楚人」者，是囊瓦矣。言「拘蔡昭公數年而復怒蔡歸有言伐之」者，皆下傳文。云「故貶明罪重於圍」者，謂由是之故，貶之稱「人」，明其罪重，異於凡「圍」矣。其凡常之「圍」，罪不至貶，即哀元年，〔七〇〕「楚子」以下「圍蔡」之屬是也。

晉士鞅、衛孔圄帥師伐鮮虞。○圄，魚呂反，左氏作「圉」，本或作「吴」，音虞。

葬劉文公。外大夫不書「葬」，此何以書？録我主也。其實以主我恩録之，故云爾。舉采者，禮，諸侯入爲天子大夫，更受采地於京師，天子使大夫爲治其國，有功而卒者，當益封其子。時劉卷以功益封，故不以故國而以采地書「葬」，起其事，因恩以廣義也。稱「公」者，明本諸侯也。○舉采，七代反，下「采地」同。

【疏】注「舉采」至「侯也」 解云：知劉卷本是諸侯者，正以其葬稱「公」故也。知天子使大夫爲治其國者，正以此人身在王朝，明其本國須有治之者。云「有功而卒者，當益封其子」者，正以父子並得之，故謂之「益」。云「不以故國」者，經使無文，〔七一〕不知其故國是何。云「因恩以廣義也」者，謂因有主會之恩，遂舉采稱公，以廣見其本是諸侯之義也。云「稱公者，明本諸侯也」者，正以天子大夫本無稱「公」之義，今言「葬劉文公」，乃與葬晉文公之屬相似故也。

冬，十有一月，庚午，蔡侯以吳子及楚人戰于伯莒。楚師敗績。

吳何以稱「子」？據滅徐稱國。○伯莒，左氏作「柏舉」。

【疏】注「據滅徐稱國」 解云：即昭三十年冬十二月，「吳滅徐，徐子章禹奔楚」是也。

夷狄也，而憂中國。言「子」，起憂中國，言「以」，明爲蔡故也。與桓十四年同。

【疏】注「言以」至「年同」 解云：桓十四年冬，「宋人以齊人」以下「伐鄭」，傳云「以者何？〔七二〕行其意也」，彼注云「以已從人曰行，言四國行宋意也」是也。

其憂中國奈何？伍子胥父誅乎楚，挾弓而去楚，「挾弓」者，懷格意也。禮，天子雕弓，諸侯彤弓，大夫嬰弓，士盧弓。○挾弓，音協，又子協反。雕，丁遼反。彤，大冬反。嬰弓，於耕反。見司馬法。盧，力吳反。

【疏】注「挾弓」至「意也」 解云：「格」，猶拒也。言所以挾弓者，謂若君使人追之時，已即懷拒之意，故曰「挾弓者懷格意也」。若以今人謂不順之處爲格化之類也。或云「格，來也，言所以挾弓者，懷欲到來復讎之意」。

注「禮天子」至「盧弓」 解云：古禮，無文也。

以干闔廬。不待禮見曰「干」。欲因闔廬以復讎。○禮見，賢遍反，下「不見」同。闔廬曰：「士之甚！言其以賢士之甚。勇之甚！」將爲之興師而復讎于楚。伍子胥復曰：「諸侯不爲匹夫興師。必須因事者，其義可得，因公託私而以匹夫興師討諸侯，則不免於亂。〔七三〕○將爲，于僞反，下「不爲也」、「不爲匹」、「爲是」、注「爲子胥」同。且臣聞之，〔七四〕事君猶事父也，虧君之義，復父之讎，臣不爲也。」於是止。蔡昭公朝乎楚，有美裘焉，囊瓦求之，昭公不與。爲是拘昭公於南郢，數年，然後歸之。於其歸焉，用事乎河，時北如晉請伐楚，因祭河。○囊，乃郎反。郢，以井反，又以政反。

【疏】「爲是拘昭公於南郢」　解云：蓋以楚於諸夏差而近南，〔七五〕故謂之南郢。若宣十二年傳云「南郢之與鄭，相去數千里」，何氏云「南郢，楚都」之類是也。

注「時北」至「祭河」　解云：正以河非楚、蔡之間也。

曰：「天下諸侯苟有能伐楚者，寡人請爲之前列。」楚人聞之，怒。見侵後聞蔡有此言而怒。

【疏】注「見侵」至「而怒」　解云：正以上文「楚人圍蔡」在侵楚之後故也。而「伐蔡」者，即上「楚人圍蔡」是也。〔七六〕圍而言伐者，舉總名故也。

爲是興師，使囊瓦將而伐蔡。蔡請救于吳，伍子胥復曰：「蔡非有罪也，楚人爲無道，君如有憂中國之心，則若時可矣。」猶曰「若是時可興師矣」。激發初欲興師意。○將，子匠反。激，古狄反。於是興師而救蔡。不書與子胥俱者，舉君爲重。子胥不見於經，得爲善者，以吳義文，得成之也。〔七七〕雖不舉子胥，爲非懷惡而討不義，君子不得不與也。〔七八〕

【疏】「而救蔡」 解云：不書救蔡者，正以蔡爲兵首故也。〔七九〕

注「子胥」至「成之也」 解云：案此傳文有善子胥之意。子胥不得見於經，而得爲善之者，正以吳得進而稱「子」，是其義文；以是之故，得成子胥之善，故曰「以吳義文得成之也」。

注「雖不」至「與也」 解云：吳子若直救蔡討楚而敗之也，是其憂中國，尊事周室之義，但親用子胥之謀，兼有爲復讎之意，是以傳家取而説之，遂舉子胥之辭以見之。雖舉子胥之辭，但非懷惡而討不義，是以君子與之。昭十一年楚子誘蔡侯之下，傳云「懷惡而討不義，君子不予也」，故注者取而況之。

曰「事君猶事父也」，此其爲可以復讎奈何？曰父不受誅，不受誅，罪不當誅也。子復讎可也；孝經曰「資於事父以事君而敬同」。本取事父之敬以事君，而父以無罪爲君所殺，諸侯之君與王者異，於義得去，君臣已絶，故可也。孝經云「資於事父以事母」。莊公不得報讎文姜者，母所生，雖輕於父，重於君也。易曰「天地之大德曰生」，故得絶，不得殺。

【疏】注「本取事父以事君」 解云：何氏之意，以「資」爲「取」，與鄭異。鄭注云「資者，人之行也」，注四制云「資猶操也」。然則言人之行者，謂人操行也。云云之説，具於孝經疏。

注「莊公」至「君也」 解云：即莊元年注云言遜者，「明但當推逐去之，亦不可誅，〔八〇〕誅不加上之義」是也。

注「易曰」至「曰生」 解云：下繫辭文也。

父受誅，子復讎，推刃之道也。子復讎，〔八一〕非當復討其子。一往一來曰「推刃」。〇當，丁浪反。復讎不除害，取讎身而已，不得兼讎子，復將恐害己而殺之。時子胥因吳之衆，〔八二〕墮平王之墓，燒其宗廟而已。昭王雖可得殺，不除去。〔八三〕〇墮，許規反。去，起呂反。

【疏】注「時子胥」至「而已」 解云：春秋説文也。彼文又云「鞭平王之尸，血流至踝」，此注不言之者，省文也。案昭二十六年秋九月，「楚子居卒」，至今十餘年矣，而言「血流至踝」者，非常之事，寧可常理言之？或者蓋以子胥有至孝之至，精誠感天，使血流，所以快孝子之心也。

朋友相衛，同門曰「明」，同志曰「友」。「相衛」，不使爲讎所勝。時子胥因仕於吳，爲大夫，君臣言「朋友」者，闔廬本以朋友之道爲子胥復讎。孔子曰：「益者三友，損者三友。友直，友諒，友多聞，益矣。友便辟，友善柔，友便佞，損矣。」〔八四〕〇辟，婢亦反。辯佞，如字，本亦作「便佞」。〔八五〕

【疏】注「同門」至「損矣」 解云：出蒼頡篇。漢主謂司馬遷云「李陵非汝同門之朋，同志之友乎」？義亦通於此。而書傳散宜生等受學於大公，大公除師學之禮，酌酒切肺，〔八六〕約爲朋友。然則大公爲師而言「朋」者，蓋大公知其非常人，遂除師學之禮，以友朋之道待之也。既除師學之禮，連「朋」言之，亦何傷？云「君臣言朋友」者云云，即詩云「朋友攸攝，攝以威儀」，注云「朋友謂羣臣，與成王同志好者」，義亦通於此。云「孔子曰益者三友」云云，論語文。引之者，道闔廬、子胥相與益友。蓋以闔廬爲「亮」，（八七）何者？謂一許爲之興師，終不變悔是也。蓋以子胥爲「直」與「多聞」，何者？不敢虧君之義，復父之讎，是其「直」也；子胥賢者，博古今之事，是其「多聞」矣。「便辟」，謂巧爲譬喻，「善柔」謂口柔面柔體柔之屬，（八八）「辯佞」，「辯」爲媚矣。案今世間有一論語，音「便辟」爲「便僻」者，非鄭氏之意，通人所不取矣。

而不相迿，「迿」，出表辭，猶先也。不當先相擊刺，所以伸孝子之恩。○迿，音峻，又音巡，又玄徧反，先也。刺，七亦反。

【疏】**注「迿出」至「先也」**（八九）　解云：依大司馬，田獵習戰之時，云「爲表，百步則一，爲三表，又五十步爲一表」。然則，「表」者謂其戰時旅進旅退之限約；「迿」者，謂不顧步伍勉力先往之意，故曰「出表辭」。若然，所以伐吳之經不使子胥爲兵首者，蓋以吳王討楚，兵爲蔡故，且舉君爲重，是以不得見也。

古之道也。

楚囊瓦出奔鄭。

庚辰，吳入楚。吳何以不稱「子」？據「狄人盟于邢」，有進行稱「人」。○行，下孟反。

【疏】「楚囊瓦出奔鄭」解云：左氏以爲戰不勝而去。上經稱「人」者，貶。范氏云「知見伐由己，故懼而出奔」，蓋何氏與之同。而戰時稱「人」者，行不進矣。〔九〇〕

注「據狄」至「稱人」解云：即僖二十年秋，「齊人、狄人盟于邢」，何氏云「狄稱人者，能常與中國也」是也。

反夷狄也。其反夷狄奈何？君舍于君室，大夫舍于大夫室。蓋妻楚王之母也。「舍其室」，因其婦人爲妻。日者，惡其無義。〔九一〕

【疏】注「日者惡其無義」也者，正以春秋之義，入例書時，傷害多則月，即定五年夏，「於越入吴」，僖三十三年，「春，王正月，秦人入滑」〔九二〕之屬是。今而書日，故須解之。

五年，春，王正月，辛亥，朔，日有食之。是後臣恣日甚，魯失國寶，宋五大夫叛。〔九三〕

【疏】注「是後」至「夫叛」解云：蓋謂下八年秋，「晉趙鞅帥師侵鄭，遂侵衛」之文是也。云「魯失國寶」，即下八年冬，「盗竊寶玉大弓」，傳云「季氏之宰，則微者也，惡乎得國寶而竊之」是也。云「宋五大夫叛」，即下十一年「春，宋公之弟辰及仲佗、石彄、公子池自陳入于蕭，以叛」，「秋，宋樂世心自曹入于蕭」，何氏云「不言叛者，從叛臣叛可知」是也。

夏，歸粟于蔡。孰歸之？諸侯歸之。曷爲不言諸侯歸之？據「齊人來歸衛寶」。

【疏】注「據齊」至「衛寶」解云：在莊六年。

離至不可得而序，故言我也。時爲蔡新被强楚之兵，〔九四〕故歸之粟。與「戍陳」同義。○爲，于僞反。

【疏】注「時爲」至「之粟」解云：即老子云「大兵之後必有凶年」，彼注云「言妨其耕稼」是也。

注「與戍陳同義」〔九五〕解云：即襄五年「冬，戍陳」，傳云「孰戍之？諸侯戍之。曷爲不言『諸侯戍之』？離至不可得而序」，彼注云「離至，離别前後至也。陳坐欲與中國，被强楚之害，中國宜雜然同心救之，乃解怠，前後至，故不序，〔九六〕以刺中國之無信」，「故言我也」，注云「言我者，以魯至時書，與魯微者同文。微者同文者，使若城楚丘，辟魯獨戍之」。今歸粟于蔡之義亦然。故云「與戍陳同義」矣。然則，彼已有傳而復發之者，正以歸戍之文異，故同之。

於越入吴。「於越」者何？「越」者何？不言「或」者，嫌兩國。

【疏】「於越者何」解云：正以「越」爲國名，經典通稱，忽加「於」字，故執不知問。

「越者何」解云：問昭三十二年「夏，吴伐越」之屬矣。正以此文加「於」字，是以單言「越」者，翻然可怪，故執不知問。

「不言」至「兩國」解云：隱元年傳云「曷爲或言『會』，或言『及』」之屬皆言或，今此何故不云「曷爲或言『於越』，或言『越』」者。弟子之意，本疑「於越」與「越」爲兩國，是以分别而問之。舊云「正以僖四年傳云『執者曷爲或稱侯，或稱人？稱侯而執者，伯討也。稱人而執者，非伯討也』」。然則，彼言或者，乃是兩事之辭，今此若云「曷爲或言『越』或言『於越』」，則嫌爲兩國，是以別之。

「於越」者，未能以其名通也。「越」者，能以其名通也。越人自名「於越」，君子名之曰「越」。治國有狀，能與中國通者，以中國之辭言之曰「越」；治國無狀，不能與中國通者，以其俗辭言之，因其俗可以見善惡，故云爾。赤狄以「赤」進者，「狄」於北方總名，「赤」者其別，與越異也。吳新憂中國，士卒罷敝，而入之疾，罪重，故謂之「於越」。○見，賢徧反。卒，子忽反。罷弊，音皮，弊亦作「敝」，音同。

【疏】注「治國有狀」云云　「治國無狀」云云　解云：此「狀」謂模狀也，「模狀」猶規矩。若有規矩，是得先王之術，故謂之「進」；若無規矩，是失治國之法，當獲咎禍，故謂之「退」。是以此注云「治國有狀」云云，「治國無狀」云云。凶儀云「無狀招禍」，義亦通於此。亦有一本「狀」皆作「禮」字，但非古本，是以不能得從之。〔九七〕

注「赤狄」至「異也」　解云：正以宣十一年「秋，晉侯會狄于攢函」之文，直單言「狄」，不言「赤」矣；宣十五年夏，「晉師滅赤狄潞氏」，傳云「潞子之爲善也」，「離于夷狄」，是其加「赤」爲進之事也。但「狄」者，北方之總名，乃是鄙賤之號；「赤」者，是其別稱，故得加之爲進矣。今「越」者，乃是其國名，若似齊、晉、魯、衛之屬，諸夏之人，有禮儀者，其國名之上不見加「於」處，唯有越爲此文。尋檢其事，此時入吳，實合罪貶，故注之。

注「疾罪」至「於越」　解云：夷狄之稱止有七等之名，州不若國，最其賤者，今乃加「於」，見其入吳之疾，故以罪重言之。

六月，丙申，季孫隱如卒。仲遂以貶起弑，是不貶，著其逐君者，舉君出爲重，故從「季辛」起之，猶衛孫寧。○弑，音試。

【疏】注「仲遂」至「孫寧」 解云：宣八年「仲遂卒于垂」，傳云「仲遂者何？公子遂也。何以不稱公子？貶。曷爲貶？爲弑子赤貶」。是其「以貶起弑」也。案公子翬、仲遂之類而不據之者，以其無「卒」文故也。今此欲道隱如之卒經無貶文，故據「卒」時有貶文者言之也。欲「舉君出爲重」者，即昭二十五年「九月，己亥，公孫于齊」是也。言「舉其君出爲重」，即隱如之罪已重，是以於「卒」不復貶也。言「故從季辛起之」者，即昭二十五年「秋，七月，上辛，大雩；季辛，又雩」者，彼注云「不言『下辛』，言『季辛』者，起季氏不執下而逐君」是也。言「季辛」已起其逐君之義，是以於卒不勞更貶也。言「猶衛孫寧」者，即襄十四年夏四月，「己未，衛侯衎出奔齊」，注云「不書孫寧逐君者，舉君絶爲重」是也。

秋，七月，壬子，叔孫不敢卒。

冬，晉士鞅帥師圍鮮虞。

校勘記

〔一〕盟于眛 「眛」原作「蔑」。阮校：「蔑」作「眛」，从閩、監、毛本改。按作「蔑」者左傳字。今按，單抄本「蔑」作「眛」。據改。

〔二〕本有正月者　「有」字原重。殿本考證：「有」字不當重。阮校：閩本不叠「有」字。下「有」字衍文。今按，撫州本、余本不重「有」字。據刪。

〔三〕統者始也　「也」原作「王」。殿本考證：「王」當作「也」。浦鏜云：「王」衍字。今按單抄本作「也」。據改。

〔四〕莫不一一繫于正月　單抄本「一一」作「一」，旁有「々」符，乃重文符。

〔五〕喪息浪反　此四字原脱。據諸本音義補。

〔六〕喪失國寶　單抄本「喪」上有「注」字。

〔七〕珪璧琮璋璜　「璋」字原無。浦鏜云：「琮」下脱「璋」字。阮校：有「璋」與八年注合。據補。

〔八〕世世寶用之辭也　阮校：何校本「寶」作「保」，是也。

〔九〕傳保而珠玉之　「珠玉」，浦鏜云：下八年疏作「金玉」。

〔一〇〕主人習其讀　單抄本「讀」下有「者」字。

〔一一〕故此曰慎之至也　阮校：盧文弨曰「此曰」倒，蓋遠承上此孔子之辭。

〔一二〕不蓑城也　阮校：唐石經作「衰」。困學紀聞云，按左氏傳遲速衰序於是焉在，又云宋仲幾不受功蓑，字當從漢志作「衰」，與左氏合。經義雜記曰，五行志「不衰城」，師古曰衰城謂以差次受功賦也。衰音初爲反，一曰衰讀曰蓑，蓑城謂以草覆城也。蓑音先和反。按釋文及漢志知公羊作「不衰城」，説文「衰，草雨衣，從衣，象形」。何注用説文本義。作「蓑」，俗字也。衰城義當從師古説。

〔一三〕注若今以草衣城是也　「注」下原有「蓑」字。單抄本無「蓑」字，與注合。據刪。

〔一四〕不謂更有禮文　「有」原作「存」。單抄本「存」作「有」，據改。

〔一五〕執宋行人樂祁黎　「祁」原作「祈」。單抄本「祈」作「祁」，據改。又浦鏜云：「犁」誤「黎」。

〔一六〕見伯討例　「見」原作「非」。阮校：閩、監、毛本「非」作「見」。今按，單抄本作「見」。據改。

〔一七〕即僖二十八年　浦鏜云：「年」下脱「冬」字。

〔一八〕使人兄弟相疑　「人」原作「其」。浦鏜云：「人」誤「其」。今按，單抄本作「人」。據改。

〔一九〕十九年正月　「正」原作「三」。浦鏜云：「正」誤「三」。據改。

〔二〇〕北牖下　浦鏜云：鄭注禮記「北牖下或爲北墉下」，鏜案，室北墉南牖，當從「墉」爲是。阮校：蓋何注本作「北墉」，即鄭所云或本是也。今本注作「北牖」，則後人從禮記改轉。

〔二一〕故問之　「問」原作「同」。阮校：「同」爲「問」之誤。據改。

〔二二〕昭二十三年　「三」原作「二」。浦鏜云：「三」誤〔下〕「二」。今按，單抄本作「三」。據改。

〔二三〕不日至立也　單抄本「不」上有「注」字。

〔二四〕不日至不日　單抄本上「不」字上有「注」字。

〔二五〕時獨殺菽　「獨」原作「猶」。浦鏜云：「獨」誤「猶」。阮校：鄂本作「獨」，疏亦作「獨」，當據正。今按，撫州本、余本作「獨」；單抄本標起止亦作「獨」。據改。

〔二六〕一災不書　「一」原作「何」。浦鏜云：「一」誤「何」。今按，單抄本作「一」。據改。

〔二七〕然不書穀名　「然」原作「而」。浦鏜云：「然」誤「而」。阮校：莊七年注作「然」。據改。

〔二八〕不謂之災而必書者　「不謂之」三字原無。單抄本「之」下有「不謂之」三字。據補。

〔二九〕而作注云　殿本考證：「而作」當作「傳」。浦鏜云：「而作」當「傳何」誤，後「作注」〔指下「五年作注云」〕並同。

〔三〇〕不可追更之義　單抄本重「之」字。

〔三一〕與賈服異　「服」原作「復」。殿本考證：「復」當作「服」，即服虔。今按，單抄本作「服」。據改。

〔三二〕爲道亦何可知　殿本考證：「道」當作「逆」。

〔三三〕方於下及聞其文問之　阮校：鄂本「聞」作「間」，此誤。今按，撫州本「聞」作「間」，余本作「聞」。疑作「聞」非。

〔三四〕則知天子明矣　阮校：「知」當「如」字誤。今按：單抄本作「知」。

〔三五〕主災者兩觀　「主」原作「時」。阮校：唐石經「時」作「主」，諸本皆誤。孫志祖云，左傳疏引作「主」。孫詒讓校記：周禮閽人疏引亦作「主」。今按，撫州本、余本「時」作「主」。據改。

〔三六〕嫌主覆問上所説二事　阮校：何校本「主」上有「以」字，與隱三年注合。

〔三七〕故復言城中丘何以書　「故」原作「欲」。浦鏜云：「故」誤「欲」。又阮校：何校本「故」、「書」下有「也」字是也。今按：單抄本作「故」。據改。

〔三八〕亦可施于久不脩　阮校：鄂本「于」作「於」，下同。

〔三九〕如楚皆月者　「皆」原作「書」。北大本校記：按襄二十八年注「書」作「皆」。據改。

〔四〇〕盟于枝　阮校：按「枝」當爲「拔」字之誤也。如公孫拔之誤爲公孫枝。

〔四一〕三月辛卯云云　浦鏜云：「三月」至「孰正」，當在上「三月辛卯邾婁子穿卒」下。

〔四二〕或作召音同　此五字原脱。據諸本音義補。

〔四三〕下數年皆同　此五字原脱。據諸本音義補。

〔四四〕公會尹子晉侯齊國佐邾婁人伐鄭之屬　「會」下原有「單子」二字。浦鏜云：十六年伐鄭無單子，有者十七年夏伐鄭也。「單子」二字當衍文。據刪。又「郳妻人」原作「郳妻子」。據單抄本改。

〔四五〕公孫歸姓帥師滅沈　阮校：按昭廿三年注作「歸生」，疏引此經同。

〔四六〕明國當存　「當」原作「不」。阮校：閩、監、毛本「不」作「當」，按作「當」與襄六年注合。今按，單抄本「不」作「當」，據改。

〔四七〕今沈子不死位　「今」原作「而」。阮校：閩、監、毛本「而」作「今」。今按，單抄本作「今」，據改。

〔四八〕定哀至戒也　「戒」原作「滅」。單抄本引作「定哀滅例日云云」。閩本誤同此，毛本已改正作「戒」。據改。

〔四九〕鄭游速帥師滅許　阮校：經「速」作「遬」，此本「速」字剜改。蓋本作「遬」。

〔五〇〕寧知再言　浦鏜云：「寧」疑衍字。或「何」字誤。阮校：浦説非。「寧知」猶「安知」也。

〔五一〕二傳作成　「成」原作「戍」。宋本、撫州本釋文「戍」作「成」，據改。

〔五二〕亦有作月者　此下，單抄本有「若作月者」四字。諸本所無。

〔五三〕郳妻子穿卒之文是也　「文」原作「屬」。阮校：何校本「屬」作「文」。今按，單抄本「屬」作「文」。據改。

〔五四〕所見之世雖例書日　「雖」原作「則」。阮校：何校本「則」作「雖」。今按，單抄本作「雖」。據改。

〔五五〕亦有內行小失　「行」字原無。單抄本「內」下有「行」字，據補。

〔五六〕即桓二年　「即」原作「則」。浦鏜云：「即」誤「則」。今按，單抄本作「即」。據改。

〔五七〕行義兵伐鄭　「兵」字原無。浦鏜云：「義」下脱「兵」字。阮校：桓十六年注有「兵」字。據補。

〔五八〕似月爲善者　浦鏜云：「似」當「以」字誤。今按，單抄本作「似」。

〔五九〕但善其比行義　「行」原作「興」。阮校：閩、監、毛本「興」作「行」。今按，單抄本作「行」。據改。

〔六〇〕上會劉子也　「也」原作「我」。撫州本、余本「我」作「也」字，據改。

〔六一〕上王魯文王之張義也　「文」原作「故」。阮校：閩本作「故主之」，是也。此作「王之」，誤。監、毛本「故」作「文」，上屬。與疏合，「主之」作「王之」同誤也。今按，撫州本、余本與監、毛本同。據改作「文」字。「王之」不誤，阮校非。

〔六二〕主起以大夫卒之　「起以」原作「天子」。阮校：閩、監、毛本「天子」作「起以」，疏云「正欲起大夫卒之」。此誤。今按，撫州本、余本作「起以」。據改。

〔六三〕比尹氏　「比」原作「此」。撫州本、余本「此」作「比」，據改。

〔六四〕其不然　「其」原作「若」。浦鏜云：「若」下脱「其」。今按，單抄本「若」作「其」。據改。

〔六五〕今而書見　「書」原作「録」。阮校：何校本「録」作「書」。今按：單抄本作「書」。據改。

〔六六〕而皆不卒言雖等有恩　「雖」原作「卒」。阮校：閩、監、毛本下「卒」作「雖」，誤。今按，單抄本下「卒」作「雖」。據改。

〔六七〕天王崩諸侯之主也　「王」下原有「之」字，「崩」下原有「爲」字。浦鏜云：「之」字衍，「崩」下「爲」字傳文無。阮校：何校本無「之」、「爲」二字，與傳合。據删。

〔六八〕明當有恩禮又文三年　「又」原作「也」。阮校：閩本「也」改「又」，監、毛本誤承之。今按，單抄本作「又」，據改。從下讀。

〔六九〕而復怒蔡歸有言伐之　「怒」原作「恣」。撫州本、余本「恣」作「怒」。據改。

〔七〇〕即哀元年　「元」原作「九」。浦鏜云：「元」誤「九」。阮校：何校本正作「元」。今按，單抄本作

「元」。據改。

〔七一〕經使無文　浦鏜云：「史」誤「使」。阮校：段校本作「傳」是也。今按，單抄本作「使」。

〔七二〕以者何　「何」原作「可」。浦鏜云：「何」誤「可」。今按，單抄本作「何」。據改。

〔七三〕則不免於亂　「於」原作「爲」。阮校：鄂本「爲」作「於」。撫州本、余本作「於」。據改。

〔七四〕且臣聞之　「且」原作「其」。撫州本、余本「其」作「且」，據改。

〔七五〕於諸夏差而近南　殿本考證：「而」字衍。

〔七六〕即上楚人圍蔡是也　「上」原作「下」。單抄本「下」作「上」。據改。

〔七七〕得成之也　撫州本「成」作「爲」，余本作「成」，作「成」與疏引注標起止同。

〔七八〕君子不得不與也　阮校：鄂本「與」下有「之」字。今按，撫州本「與」下有「之」字，余本無。疏引注標起止與余本同。

〔七九〕正以蔡爲兵首故也　「正」原作「止」，「首故」原作「故首」。浦鏜云：「止」疑「正」字誤，「故首」二字疑誤倒。今按，單抄本「止」作「正」，「故首」作「首故」。據改、乙正。

〔八〇〕亦不可誅　「亦」原作「罪」。浦鏜云：「誅」上脱「加」。今按，單抄本「罪」作「亦」，無「加」字。據改。

〔八一〕子復讎　「讎」原作「因」。浦鏜云：「因」當「讎」字誤。阮校：鄂本作「讎」，當據正。今按，撫州本、余本作「讎」。據改。

〔八二〕因吳之衆　阮校：鄂本無「之」，此衍。今按，撫州本、余本有「之」字。

〔八三〕不除去　「去」原作「云」。阮校：閩本「云」缺上畫，監、毛本「云」改「去」。今按，撫州本、余本

「云」作「去」，又釋文亦作「去」。據改。

〔八四〕友便佞損矣　阮校：釋文及疏「便」皆作「辯」，此蓋據何晏論語集解所改。

〔八五〕本亦作便佞　宋本、撫州本音義「亦」作「又」，余本音義作「亦」。

〔八六〕酌酒切肺　阮校：書傳「肺」作「脯」。

〔八七〕蓋以闔廬爲亮　「亮」原作「諒」。阮校：何校本「諒」作「亮」。今按，單抄本「諒」作「亮」。據改。

〔八八〕口柔面柔體柔之屬　下「柔」字原無。浦鏜云：「體」下脱「柔」字。阮校：毛本有，他本皆脱。今按，單抄本有「柔」字。據補。

〔八九〕注迺出至先也　單抄本「迺」下有字音双行小字作「音思俊反」。

〔九〇〕楚囊瓦……行不進矣　浦鏜云：「楚囊」至「行不進矣」五十二字，當在上「楚囊瓦出奔鄭」經下。

〔九一〕惡其無義　阮校：鄂本「無」作「不」，此誤。今按，撫州本、余本作「無」，疏引亦作「無」。

〔九二〕僖三十三年……秦人入滑　浦鏜云：「僖三十三年」至「秦人入滑」十三字當在上「定五年夏」之上，又「春王正月」「二月」誤「正月」。

〔九三〕宋五大夫叛　「五」字原無。殿本考證：「大」上脱「五」字。阮校：疏引有「五」字，何校本同，此脱。當據正。今按，撫州本有「五」字，余本已脱。據補。

〔九四〕時爲蔡新被强楚之兵　阮校：鄂本「強」作「彊」。今按，撫州本「强」作「彊」，余本作「强」。

〔九五〕注與戍陳同義　「同」字原無。阮校：「義」上脱「同」字。今按，單抄本「義」上有「同」字。據補。

〔九六〕前後至故不序　「故」字原無。浦鏜云：「至」下脱「故」字。阮校：何校本「不」上有「故」字。

據補。

〔九七〕是以不能得從之　「之」下原有「也」字。阮校：閩、監、毛本「之」下無「也」字。今按，單抄本無「也」字。據删。

監本附音春秋公羊傳注疏定公卷第二十六起六年，盡十五年。

何休學

六年，春，王正月，癸亥，鄭游遬帥師滅許，以許男斯歸。

二月，公侵鄭。月者，内有彊臣之讎，不能討而外結怨，故危之。

公至自侵鄭。

夏，季孫斯、仲孫何忌如晉。

秋，晉人執宋行人樂祁犂。〔一〕

冬，城中城

季孫斯、仲孫忌帥師圍運。〔二〕此仲孫何忌也，曷爲謂之「仲孫忌」？譏二名。二名，非禮也。爲其難諱也。一字爲名，令難言而易諱，所以長臣子之敬，不逼下也。春秋定、哀之間，文致太平，欲見王者治定，無所復爲譏，唯有二名，故譏之。此春秋之制也。○爲其，于僞反。令，力呈反。易，以豉反。長，丁丈反。大，音泰。見，賢徧反。治，直吏反。復，扶又反。

【疏】「冬季孫斯仲孫忌」解云：古本無「何」字，有者誤也。穀梁及賈經皆無「何」字。又哀公三年經云「晉魏多帥師侵衛」，傳云「此晉魏曼多也，曷爲謂之『晉魏多』？譏二名，二名非禮也」。以此言之，則此經無可明矣。〔三〕而賈氏云「公羊曰『仲孫何忌』」者，蓋誤。

「此仲孫」至「之仲孫忌」解云：正決上文夏，「仲孫何忌如晉」之文也。

注「一字」至「逼下」解云：難言者，謂言難著。既不言君父之名，即是臣子之敬，故曰「長臣子之敬」也。動不違禮，爲下之易，故曰「不逼下」也。云「春秋定哀之間文致太平」者，實不太平，但作太平文而已，故曰「文致太平」也，案春秋説，昭公亦爲所見之世，而此注偏指定、哀爲太平者，正以昭公之時，未譏二名故也。云「唯有二名故譏之」者，文王之臣散宜生、孔子門人宓不齊之屬，皆親事聖人，而以二字爲名者，謂依古禮，若似堯名放勛，舜名重華，禹名文命，宣王之興名子爲宫皇之屬是也。〔四〕但孔子作春秋，欲改古禮爲後王之法，是以譏其二名，故注即言「此春秋之制也」。然則，傳云「二名非禮」者，謂非新王禮，不謂非古禮也。

七年，春，王正月。

夏，四月。

秋，齊侯、鄭伯盟于鹹。〇鹹，音咸。

齊人執衛行人北宫結以侵衛。齊侯、衛侯盟于沙澤。

大雩。先是，公侵鄭，城中城，季孫斯、仲孫忌如晉，圍運，費重不恤民之應。〇費重，芳味反，下同。

【疏】**注「先是公侵鄭」**解云：即上六年「三月，公侵鄭」是也。云「城中城」者，即上六年，「冬，城中城」是也。云「季孫斯、仲孫忌如晉」者，在上六年夏，而於「城中城」之下言之者，蓋遂重者先言之故也。〔五〕云「圍運」者，即上六年冬「季孫斯、仲孫何忌圍運」〔六〕是。

齊國夏帥師伐我西鄙。

九月，大雩。承前費重不恤民，又重之以齊師伐我，我自救之役。○重之，直用反。

冬，十月。

八年，春，王正月，公侵齊。公至自侵齊。

二月，公侵齊。

三月，公至自侵齊。出、入月者，内有彊臣之讎，外犯彊齊，再出，尤危於侵鄭，故知入亦當蒙上月。

【疏】「春王正月公侵齊」解云：「侵、伐」例時，而此月者，正以内有強臣之讎，而外犯彊齊，故危之。

「公至自侵齊」解云：以例言之，不蒙上月矣。

注「出入」至「上月」解云：正以春秋之例，有雖在月下而不蒙月者，故賈氏云「還至不月，爲曹伯卒月」是也。故何氏分疏之云：此定公侵齊所以「出、入」月者，正以内有強臣之讎，不能討，而外犯強齊，頻煩再出，尤危於六年侵鄭之時，故知其「入」亦當蒙月也。上六年，「二月，公侵鄭」，彼注云「月者，内有強臣之讎，不能討，而外結怨，故危之」也，下經始云「公至自侵鄭」，則知何氏以爲至不蒙月，故此決云「再出尤危於侵鄭，故知入亦當蒙月」也。

曹伯露卒。

夏，齊國夏帥師伐我西鄙。

公會晉師于瓦。此晉趙鞅之師也，但言「晉師」者，君不會大夫之辭也。公會大夫，不別得意，雖得意不致。此致者，諱公爲大夫所會，故使若得意者。○別，彼列反。

公至自瓦。

【疏】注「此晉」至「之辭」 解云：正以下經云「晉趙鞅帥師侵鄭，遂侵衛」，故知此言「公會晉師」，是趙鞅之師矣。宣元年秋，「趙盾帥師救陳」，「宋公」以下「會晉師于斐林，伐鄭」，傳云「此晉趙盾之師，〔七〕曷爲不言趙盾之師？君不會大夫之辭也」。今此文勢與彼正同，故此何氏取彼傳文以解之。

注「公會」至「不致」 解云：莊六年作注云〔八〕「公與二國以上出會盟，得意致會，不得意不致；公與一國出會盟，得意致地，不得意不致」。然則，公與諸侯尊同體敵，莫肯相下，故須別之，見其得意與否。若與大夫盟會之時，尊卑異等，得意可知，何勞別之乎？故僖二十五年冬，「公會衛子、莒慶盟于洮」，何氏云「洮，內地，公與未踰年君、大夫盟，不別得意，雖在外，猶不致也」是。云「此致者，諱公爲大夫所會，故使若得意者」，正以「公與一國出會盟，得意致地，不得意不致」，今此書「致」，故云「使若得意者」。

秋，七月，戊辰，陳侯柳卒。

晉趙鞅帥師侵鄭，遂侵衛。

葬曹靖公。〔九〕○曹竫，才井反，本亦作「靖」。

九月，葬陳懷公。

季孫斯、仲孫何忌帥師侵衛。

冬，衛侯、鄭伯盟于曲濮。○濮，音卜。

從祀先公。「從祀」者何？順祀也。復文公之逆祀。

【疏】「從祀者何」解云：欲言其祭，經無宫廟之文；欲言非祭，謂之「從祀」，故執不知問。

文公逆祀，去者三人。諫不從而去之。

【疏】「文公逆祀去者三人」解云：謂文二年「八月，丁卯，大事于大廟，躋僖公」，傳云「躋者何？升也。何言乎升僖公？譏。何譏爾？逆祀也。其逆祀奈何？先禰而後祖也」是也。

定公順祀，叛者五人。諫不以禮而去曰「叛」。去與叛皆不書者，微也。不書「禘」者，後祫亦順，非獨禘也。言「祀」者，無已長久之辭。不言「僖公」者，閔公亦得其順。

【疏】注「諫不」至「曰叛」解云：謂諫君全不以禮，不從之而去者，謂之「叛」也。

注「不書」至「禘也」解云：何氏之意，以爲三年一祫，五年一禘，謂諸侯始封之年，禘、祫並作之。但夏禘則不礿，秋祫則不嘗而已。一祫一禘，隨次而下，其間三五參差，亦有禘祫同年時矣。若其有喪，正可於喪廢，其祫、禘之年，仍自乘上而數之。即僖八年「禘于大廟」之時，禘、祫同年矣。至文二年〔一○〕「大事於大廟」之下，傳云「大事者何？大祫也」，何氏云「從僖八年禘數之，知爲大祫」，是從僖八年禘祫同年數之，即文二年爲祫年，文五年爲禘祫同年，又隨次而數之，至今定八年，亦禘、祫同年矣。凡爲祭之法，先重而後輕，禘大於祫，固當先之，則知此言「從祀先公」者，是禘明矣。故云「不書禘者，後祫亦順，非獨禘也」。若然，既言是「禘」，理宜在夏，而在「冬」下者，當之矣。

注「言祀」至「之辭」解云：桓八年傳云「春曰祠」，何氏云「祠，猶食也，猶繼嗣也，春物始生，孝子思親，繼嗣而食之，故曰祠，因以別死生」。然則此經何以不言「從祭先公」，或言「大事于先公」，而言「祀」者？見其相嗣不已，長久常然，故云「言祀者，無已長久之辭」。

注「不言」至「其順」解云：閔二年「夏，五月，乙酉，吉禘于莊公」，僖八年「秋，七月，禘于大廟」，文二年

「八月，丁卯，大事于大廟」之文，皆道其人，今此經文所以不言「從祀僖公」，而言「先公」者，正以閔公亦得其順，是以不得特指之。

盜竊寶玉、大弓。「盜」者孰謂？微而竊大，可怪，故問之。

【疏】注「微而」至「問之」　解云：哀四年傳云「弒君賤者窮諸人，此其稱盜以弒何？賤乎賤者也」。然則盜是微賤之稱，寶玉大弓，國之重寶，故云「微而竊大」也。

謂陽虎也。陽虎者，曷爲者也？季氏之宰也。季氏之陪臣，爲政者。

【疏】注「季氏」至「政者」　解云：季氏之宰於國爲陪臣，而爲政于魯，故曰「爲政」也。

季氏之宰則微者也，惡乎得國寶而竊之？陽虎專季氏，季氏專魯國。陽虎拘季孫，季氏逐昭公之後，取其寶玉，藏於其家。陽虎拘季孫，奪其寶玉。季孫取玉不書者，舉逐君爲重。〔一一〕○惡乎，音烏。

【疏】注「季氏逐昭公」者　解云：在昭二十五年秋。

孟氏與叔孫氏迭而食之。睋而鍥其板〔一二〕以爪刻其饋歛板。○迭，大結反，注同。食之，音嗣，下注「迭食」同。睋而，五多反，下同。鍥，本又作「鐵」，七廉反，又且審反。以爪刻饋斂板也。本或作「鍛」，誤。

【疏】注「以爪刻」至「板」　解云：謂以指爪刻其饋器之上，斂藏衣物之板，謂蓋板也。

曰：「某月某日，將殺我于蒲圃，力能救我則於是。」於是時。○圃，本又作「甫」，同，布古反，又音布。至乎日若時而出。臨南者，陽虎之出也，御之。爲季孫御。

【疏】「至乎日若時」　解云：謂至于某日如約之時也。以此言之，則知上文云「某月某日」，宜亦言其時，但傳家省去之，至此乃言「若時」，以刻日也。「臨南」至「之出」　解云：姊妹之子謂之「出」，蓋是虎之外生也。或云從其家出而仕于公，亦不妨下季氏云世世有子是矣。「於其乘焉」者，〔一三〕謂於其上車之時矣。

於其乘焉，季孫謂臨南曰：「以季氏之世世有子，言我季氏累世有女以爲臣。○其乘，繩證反，下皆同。女，音汝。子可以不免我死乎？」以義責之。臨南曰：「有力不足，臣何敢不勉。」陽越者，陽虎之從弟也，爲右。爲季孫車右，實衛之。○從弟，才用反，下同。

【疏】注「實衛之」　解云：謂守衛季孫，不令走。

諸陽之從者，車數十乘。至于孟衢，孟氏衢。四達，可以橫去。○數，所主反。

【疏】注「衢四」至「橫去」　解云：即釋宮「四達謂之衢」，李巡云「四達各有所至曰衢」，孫氏曰「衢，交通四出」是也。〔一四〕

臨南投策而墜之，「策」，馬捶也。見二家迭食之，欲將季孫由孟氏免之，恐陽越不聽，故詐投策，欲使下車。○而隊，直類反。捶，章蘂反。陽越下取策，臨南駷馬，捶馬銜走。〔一五〕○駷，本又作「摗」，字書無此字，相承用之，素動反。而由乎孟氏。陽虎從而射之，矢著于莊門。「莊門」，孟氏所入門名。言幾中季孫，賴門閉，故著門。○射，食亦反。著，直略反，注同。莊，本或作「嚴」，亦音莊。幾，音祈。中，丁仲反。然而甲起於琴如，「甲」，公斂處父所帥也。「琴如」，地名。二家知出期，故於是時起兵。

【疏】注「甲公」至「地名」　解云：即下傳云「既駕，公斂處父帥師而至」是也。

注「二家」至「起兵」　解云：即上傳云「力能救我則於是」是也。

弒不成。却反舍于郊，皆說然息。「說」，解舍。「然」，猶如。○殺不，音試，下同。卻反，去略反，本又作「却」。說然，本又作「稅」，始鋭反，又他會反，注同。說，解舍也。然，猶如也。

【疏】「弑不成」解云：正以季孫於陽虎爲君，故謂之「弑」也。「却反舍于郊」者，謂上文陽虎從而射之時，逐之鄉孟氏，今而還去舍於郊，故曰「却反舍于郊」，不謂元從郊來。

或曰：「弑千乘之主時季氏邑至於千乘。〔一六〕而不克，舍此可乎？」嫌其近而無所依。陽虎曰：「夫孺子得國而已，得免專國家而已。如丈夫何？」「如」，猶奈也。「丈夫」，大人稱也。○稱，尺證反。睋而，曰：「彼哉！彼哉！望見公斂處父師，而曰「彼哉！彼哉！」再言之者，切遽意。○遽，其慮反。趣駕。」使疾駕。○趣，七欲反，一音七住反。既駕，公斂處父帥師而至，「公斂處父」，孟氏、叔孫氏將兵之將。

【疏】注「公斂」至「之將」解云：左氏以爲孟氏家臣。

慬然後得免，自是走之晉。「寶」者何？璋判白，「判」，半也。半圭曰「璋」，白藏天子，青藏諸侯。魯得郊天，故錫以白。不言「璋」，言「玉」者，起珪、璧、琮、璜、璋五玉盡亡之也。傳獨言「璋」者，所以郊事天，尤重。詩云「奉璋峨峨，〔一七〕髦士攸宜」是也。禮，珪以朝，璧以聘，琮以發兵，璜以發衆，璋以徵召。○慬，其靳反。璋，音章。琮，在宗反。璜，音黃。峨峨，五多反，本又作「娥」。髦，音毛。

【疏】「寶者何」解云：欲言貴物，微者竊之；欲言賤物，又在「弓、玉」之上，故執不知問。

注「半圭曰璋」解云：釋器無文。云「白藏天子，青藏諸侯」，春秋說文。云「不言璋言玉者，起珪璧琮璜璋五玉盡亡之也」者，正以玉爲總名故也。

注「詩云」至「微召」〔一八〕　解云：言文王祭皇天上帝時，在助祭者奉此半珪之璋，其儀容峨峨盛莊矣，盡是俊士之所宜利。何氏與鄭同。云「禮，珪以朝，璧以聘，琮以發兵，璜以發衆，璋以徵召」者，時王之禮也。

弓繡質、「質」，拊也。言「大」者力千斤。〇拊，芳甫反，又方于反。

【疏】注「言大者力千斤」　解云：千斤之文，何氏有所見。家語云「三十斤爲鈞，四鈞謂之石」。〔一九〕然則，千斤之弓，其力八石三斗有餘，故左傳云「可以威不軌，戒不虞也」。

龜青純。「純」，緣也。謂緣甲頓也。千歲之龜青髯，明于吉凶。易曰「定天下之吉凶，成天下之亹亹者，莫善乎蓍龜」，經不言「龜」者，以先知，從「寶」省文。謂之「寶」者，世世保用之辭。〔二〇〕此皆魯始封之錫。不言「取」而言「竊」者，正名也。定公從季孫假馬，孔子曰「君之於臣，有取無假，而君臣之義立」。主書者，定公失政，權移陪臣，拘其尊卿，喪其五玉，〔二一〕無以合信天子，交質諸侯，當絶之。不書拘季孫者，舉五玉爲重。書「大弓」者，使若都以國寶書，微辭也。〇青純，之閏反，緣也，〔二二〕注同。純緣，悦絹反，下同。頓，而占反。亹，亡匪反。蓍，音尸。喪，息浪反。

【疏】注「千歲之龜青頓」　解云：以時事知之也。

注「易曰」至「蓍龜也」　解云：此皆上繫辭文也。今易本，「善」作「大」字，爲異。彼注云「凡天下之善惡及没没之衆事，皆成定之」，言其廣大無不及也。〔二三〕

注「經不言龜」至「微辭也」　解云：弓繡質，龜青純。然則，此等皆喪之，而經言「大弓」，特不言「龜」者，正以禮器、郊特牲陳幣之時，云龜爲前列先知也。以其先知，故得從寶省文。然則，龜非珠玉而得從寶省文者，以其能定吉凶，可以世世保而用之，故注云「謂之寶者，世世保用之辭」。云「此皆魯始封之錫」者，左傳定四年，具有其文也。云「不言取而言竊者，正名也」者，正所以不言「盜取」而言「竊」者，盜是卑賤之稱，是以不得言「取」也。「竊」者，是其正名，是以即引家語以證之。〔二四〕定公從季孫假馬，孔子曰「君之於臣，有取無假，而君臣之義立」〔二五〕者，家語文。云「無以合信天子，交質諸侯，當絶之」者，即上注云「珪以朝，璧以聘」，今珪、璧盡亡，故言此也。云「書大弓者，使若都以國寶書微辭也」者，言大弓與龜皆可保用，所以龜得從「寶」省文，而特書「大弓」不省文，使若都以國寶書，作微辭之義。何者？經言「盜竊寶玉大弓」，若似所謂「寶玉」者，即「大弓」是，言可世世傳保而金玉之然。故得爲微辭也。

九年，春，王正月。

夏，四月，戊申，鄭伯蠆卒。〇蠆，勑邁反，左氏作「蠆」。

得寶玉、大弓。何以書？國寶也。喪之書，得之書。微辭也。使若都以重國寶故書。不以罪定公者，其寶失之，當坐；得之，當除。以竊寶不月，知「得」例不蒙上月。〔二六〕〇喪，息浪反。

【疏】注「微辭」至「故書」　解云：寶玉大弓者，乃是周公初封之時，受賜于周之物，而必藏之魯者，欲使世世子孫無忘於周，而定公失之，季氏奪之，皆當合絶。而上文直言「盜竊寶玉大弓」，此文直云「得寶玉大弓」，傳云「何以書？國寶也。得之書，喪之書」，〔二七〕不見貶之者，正言作微辭，使若都以重國寶之故而書之，文更無刺譏之義也。然則，此言微辭者，仍與上文共爲一事，以上元年「定、哀多微辭」之下，何氏直數喪失國寶而已。

注「不以」至「當除」解云：上文之下有注云「無以合信天子，交質諸侯，當絶」，今此寧知不復闕絶之者，正以「得之當除」故也。杜氏云「弓、玉，魯之分器，得之足以爲榮，失之足以爲辱，故重而書之」，義亦通於此。云「以竊寶不月」云云者，即上八年經云「冬，衛侯、鄭伯盟于曲濮」，「從祀先公」，「盜竊寶玉大弓」是也，則知今雖文承四月之下，不蒙上月明矣。

六月，葬鄭獻公。

秋，齊侯、衛侯次于五氏。欲伐魯也。善魯能却難早，故書次而去。○郤難，起略反，下乃旦反，郤，亦作「却」。

【疏】注「欲伐」至「而去」解云：知欲伐魯者，正以直書其次，上下更無起文，乃與莊十年「夏，六月，齊師、宋師次于郎，公敗宋師于乘丘」之文同，故知正欲伐魯也。故彼傳云「其言『次于郎』何？伐也」。「我能敗之，故言『次』也」是也，彼注云「此解本所以不言『伐』言『次』意也。二國纔止次，未成於伐，魯即能敗宋師，齊師罷而去，〔二八〕故不言『伐』言『次』也，明國君當強，折衝當遠，魯微弱，深見犯，至於近邑，賴能速勝之，故云爾。所以強內」者，是〔二九〕其書「次」，云欲伐魯，善其却難早之文。其餘見言「次」不欲伐魯者，皆自有起文，即次聶北救邢、伐楚次于陘之屬是也。

秦伯卒。

冬，葬秦哀公。

十年，春，王三月，及齊平。月者，頰谷之會，齊侯欲執定公，故不易。○不易，以豉反，下同。

【疏】注「月者」至「不易」 解云：下十一年「冬，及鄭平，叔還如鄭莅盟」，則知平例書時，而有月者，皆見義矣。而言「不易」者，即莊十三年「冬，公會齊侯盟于柯」，傳云「何以不日？易也」，何氏云「易猶佼易也，相親信無後患之辭」。然則，此書「月者，頰谷之會，齊侯欲執定公，故不易」，宣十五年「夏，五月，宋人及楚人平」之下，何氏云「月者，專平不易」，昭七年「春，王正月，暨齊平」，何氏云「月者，刺内暨暨也」者，皆與鄉解合。

夏，公會齊侯于頰谷。

公至自頰谷。上「平」爲頰谷之會不易，故月。致地者，頰谷之會，齊侯作侏儒之樂，欲以執定公，孔子曰「匹夫而熒惑於諸侯者，誅」，於是誅侏儒，侏儒首足異處，〔三〇〕齊侯大懼，曲節從教，得意故致地。〔三一〕○頰谷，古協反，左氏作「夾谷」。熒惑，音螢，一音于瓊反。處，昌慮反。

【疏】注「上平」至「致地」 解云：莊六年何注云「公與一國出會盟，得意致地，不得意不致」，即桓二年秋，「公及戎盟于唐」，「冬，公至自唐」，隱二年「秋，八月，庚辰，公及戎盟于唐」之屬是也。今此上平爲頰谷之會不易，故月，即此平不得意也。而致地者，正以初雖見脅，終竟得意故也。云「頰谷之會」至「曲節從教」，家語及晏子春秋文也。

晉趙鞅帥師圍衛。

齊人來歸運、讙、龜、陰田。齊人曷爲來歸運、讙、龜、陰田？據齊嘗取魯邑。

【疏】注「據齊」至「魯邑」　解云：即宣元年「六月，齊人取濟西田」，哀八年「夏，齊人取讙及僤」之文是也。

孔子行乎季孫，三月不違，孔子仕魯，政事行乎季孫，三月之中，不見違。過是違之也。不言政行乎定公者，政在季氏之家。

【疏】「孔子」至「不違」　解云：孔子家語亦有此言。若以家語言之，孔子今年從邑宰爲司空，既爲大夫，故有行於季孫之義。

齊人爲是來歸之。齊侯自頰谷會歸，謂晏子曰「寡人獲過於魯侯，〔三二〕如之何」？晏子曰「君子謝過以質，小人謝過以文。齊嘗侵魯四邑，請皆還之」。歸濟西田不言「來」，此其言「來」者，已絶魯，不應復得，故從外來常文，與「齊人來歸衛寶」同。夫子雖欲不受，定公貪而受之。此違之驗。○爲，于僞反。復得，扶又反，年末及十一年同。

【疏】注「齊侯自頰谷」至「還之」解云：皆晏子春秋及家語、孔子世家之文。其「四邑」者，蓋運也、讙也、龜也、陰也。邑而言「田」者，桓元年傳云「田多邑少稱田」。然則，此等皆是土地頃畝多，邑內人民少，故稱「田」。龜亦是邑，非山名。與賈、服異。〔三三〕若欲同於賈、服，即云上三邑，邑內人民多，故舉邑名，龜陰言「田」者，「龜」是山名，直得田而不得邑，而言「侵魯四邑請皆歸之」者，謂雖有此請，齊君不全許，是以但得三邑而已。蓋非何氏之意。

注「歸濟」至「寶同」解云：宣十年「齊人歸我濟西田」者，是其不言「來」之文也。言「已絶魯不應復得」者，即彼傳云「齊已取之矣，其言『我』何」？「未絶于我也。曷爲未絶於我？齊已言取之矣」，注云「齊已言語許取之」，「其實未之齊也」，注云「其人民貢賦尚屬於魯，實未歸於齊。不言『來』者，明不從齊來，不當坐取邑」。〔三四〕然則，彼以未絶於魯，魯猶合得之，明其不從齊來，齊人不當坐取邑，故不言「來」。此言「來」者，入齊已久，絶于魯，不應復得之，故言「來」，「從外來常文」也。言「魯不應復得」者，正以不能保守先君田邑而失之故也。〔三五〕言「與齊人來歸衛寶同」者，即莊六年「冬，齊人來歸衛寶」是也。

注「夫子」至「之驗」解云：知夫子雖欲不受者，正以四邑屬齊，年歲淹久，已絶于魯，魯不應得，頰谷之會，討殺侏儒，威劫齊侯，方始歸之，雖曰「獲田」，君子不貴，故知孔子之意，不欲受也。若然，莊十三年，曹子手劍而劫桓公，是以齊人歸我汶陽之田，何氏云「劫桓公取汶陽田不書者，諱行詐劫人也」。然則，此亦威劫齊侯而得田邑，與彼不異，而書不諱者，正以曹子本意行劫以求汶陽之田，君子恥其所爲，故不書也。今在頰谷之會，孔子相儀，正欲兩君揖讓行盟會之禮，〔三六〕阻齊爲不道，熒惑魯侯而欲執之，孔子誅之，手足異處，〔三七〕齊侯內懼，歸其四邑以謝焉。於其本情，實非劫詐，〔三八〕書而不諱，不亦宜乎？言此「違之驗」者，欲對上傳云「孔子行乎季孫三月不違」文也。

叔孫州仇、仲孫何忌帥師圍郈。○郈，音后。

秋，叔孫州仇、仲孫何忌帥師圍費。

宋樂世心出奔曹。

宋公子池出奔陳。〔三九〕○池，左氏作「地」。〔四〇〕

【疏】「帥師圍費」者，解云：左氏、穀梁此「費」字皆爲「郈」，但公羊正本作「費」字，與二家異。賈氏不云「公羊曰『費』」者，蓋文不備，或所見異也。「宋樂世心」者，〔四一〕「世」字亦有作「泄」字者，〔四二〕故賈氏言焉。左氏、穀梁作「大」字。「會于牽」者，左氏、穀梁作「安甫」，賈氏不云「公羊曰『牽』」者，亦是文不備。穀梁經「甫」亦有作「浦」字者。

冬，齊侯、衛侯、鄭游遬會于牽。○于牽，左氏作「安甫」。

叔孫州仇如齊。

宋公之弟辰暨宋仲佗、石彄出奔陳。復出「宋」者，惡仲佗悉欲帥國人去，故舉國言之。公子池、樂世心、石彄從之皆是也。辰言「暨」者，明仲佗強與俱出也。三大夫出不月者，舉國危亦見矣。○暨，其器反。佗，大多反。彄，古侯反。(四三)惡，烏路反。強，其丈反。見，賢徧反。

【疏】注「復出宋」至「出也」 解云：如此注者，正決昭二十年「冬，十月，宋華亥、向甯、華定出奔陳」，不重言「宋向寧」也。云「公子池樂世心石彄從之皆是也」者，下十一年經文也。云「辰言暨者明仲佗強與俱出也」者，正以隱元年傳云「暨，猶暨暨也。及，我欲之；暨，不得已也」。然則，弟辰是時事不獲已而從去，故曰「明仲佗強與俱出也」。知非辰強之者，正以莊三十二年公子牙、昭元年招之屬，以其有罪，皆去「弟」以貶之。今不去「弟」，故知仲佗強之矣。

注「三大」至「見矣」 解云：春秋之例，外大夫「出奔」悉書時，即襄二十一年「秋，晉欒盈出奔楚」，二十八年「冬，齊慶封來奔」之屬是也。(四四)其衆出奔者於國尤危，故書月。即昭二十年「冬，十月，宋華亥、向甯、華定出奔陳」，何氏云「月者，危三大夫同時出奔，將爲國家患，明當防之」是也。然則，彼以三大夫同出奔，是以書月以見危，此亦三大夫同出，不月者，正以舉國，見其欲率國人去，其危亦見矣。是以不勞書月以見危也。

十有一年，春，宋公之弟辰及仲佗、石彄、公子池自陳入于蕭以叛。不復言「宋仲佗」者，本舉國已明矣。辰言「及」者，後汲汲，當坐重。○復，扶又反。

【疏】注「本舉」至「坐重」 解云：謂奔時舉言「宋仲佗」，是其欲率國人去已明矣。是以此經不復言「宋」也。云「辰言及者，後汲汲當坐重」者，正以隱元年傳云「及，猶汲汲」，「及，我欲之」，故知辰言「及」者，是其汲汲也。

而言「後汲汲」者，欲言初出之時，事不獲已，未汲汲也。言「當坐重」者，〔四五〕惡其母弟之親而汲汲於叛，故當合坐重於疏者。

夏，四月。

秋，宋樂世心自曹入于蕭。不言「叛」者，從叛臣，叛可知。

【疏】注「不言」至「可知」。解云：決上經「自陳入于蕭以叛」文也。

冬，及鄭平。

叔還如鄭涖盟。〔四六〕○還，音旋。〔四七〕

十有二年，春，薛伯定卒。不日月者，子無道，當廢之，〔四八〕而以爲後，未至三年，失衆見弒，危社稷、宗廟，禍端在定，〔四九〕故略之。○見殺，音試。

【疏】注「不日」至「略之」。解云：今責日月者，正以所見之世，小國之「卒」例書日月，即昭三十一年「夏，四月，丁巳，薛伯穀卒」之屬是也。今不具日月，故解之。言「子未三年失衆見弒」者，即下十三年冬，「薛弒其君比」

是也。春秋之例，稱國以弑者，失衆見弑之辭，故文十八年冬，「莒弑其君庶其」，傳云「稱國以弑者，衆弑君之辭」，何氏云「一人弑君，國中人人盡喜，故舉國以明失衆當坐絶也。例皆時者，略之也」，故此作注云「未至三年，失衆見弑」也。云「禍端在定」，「定」字亦有作「在是」字者，今解從「定」也。

夏，葬薛襄公。

叔孫州仇帥師墮郈。〇墮，許規反，下同。

衛公孟彄帥師伐曹。

季孫斯、仲孫何忌帥師墮費。曷爲帥師墮郈、帥師墮費？據「城費」。

【疏】注「據城費」。解云：即襄七年「城費」是也。然則，彼時城費，今乃墮之，似於義反，故以爲難。

孔子行乎季孫，三月不違，曰「家不藏甲，邑無百雉之城」。於是帥師墮郈，帥師墮費。「郈」，叔孫氏所食邑，「費」，季氏所食邑。二大夫宰吏數叛，患之，以問孔子，孔子曰「陪臣執國命，采長數叛者，坐邑有城池之固，家有甲兵之藏故也」。季氏説其言而墮之，故君子

「時然後言，人不厭其言」。書者，善定公任大聖，復古制，弱臣勢也。不書去甲者，舉墮城爲重。○吏數，所角反。采長，七代反，下丁丈反。説，音悦。厭，於艷反。去，起吕反。

【疏】「孔子行」至「三月不違」　解云：案上十年齊人來歸邑之下，〔五〇〕傳云「孔子行乎季孫，三月不違」，以此言之，三月之外，違之明矣。故上有注云「定公貪而受之，此違之驗」。然則，三月之後，必似違之，〔五一〕今此傳文復言之者，蓋不違有二。何者？案如家語定十年之時，孔子從邑宰爲司空，十一年，又從司空爲司寇。然則，爲司空之時，能別五土之宜，咸得其所，爲季孫所重，是以三月不違也。齊人遂懼，來歸四邑矣。及作司寇之時，攝行相事，設法而用之，國無姦民，在朝七日，誅亂政大夫少正卯，戮于兩觀之下，尸諸朝三日，政化大行，季孫重之，復不違三月。是以此傳又言其事矣。〔五二〕

「家不」至「之城」　解云：同之左氏，則邑無百雉之城者，亦據侯伯大都邑言之。〔五三〕若與之異，則魯凡邑皆然也。

注「二大夫宰吏數叛患之」者　解云：即上十年夏，「叔孫州仇、仲孫何忌帥師圍郈」，「秋，叔孫州仇、仲孫何忌帥師圍費」之屬是也。郈、費二邑相因言之，故謂之「數」耳。

注「以問」至「墮之」　解云：春秋説及史記皆有此言。云「故君子時然後言，人不厭其言」者，論語文也。云「不書去甲者，舉墮城爲重」者，正以傳云「家不藏甲，邑無百雉之城」，明其並從二事，而特舉墮城，不書去家之甲者，舉重故也。必知去甲亦合書者，正以成元年「三月，作丘甲」，書之於經，明知去甲亦合書矣。

雉者何？五板而堵，〔五四〕八尺曰「板」，「堵」凡四十尺。○堵，丁古反。

【疏】「雉者何」　解云：正以傳言「邑無百雉之城」，經典未有其事，須知雉之度數，故執不知問。

注「八尺曰版」者〔五五〕解云：韓詩外傳文。〔五六〕

五堵而雉，〔五七〕二百尺。百雉而城。〔五八〕二萬尺。凡周十一里三十三步二尺，公侯之制也。禮，天子千雉，蓋受百雉之城十，伯七十雉，子男五十雉。天子周城，諸侯軒城。軒城者，缺南面，以受過也。

【疏】注「二萬」至「制也」解云：公侯方百雉，春秋説文也。古者六尺爲「步」，三百步爲「里」，計一里有千八百尺，十里即有萬八千尺，更以一里三十三步二尺，爲二千尺，通前爲二萬尺也。故云「二萬尺，凡周十一里三十三步二尺」也。〔五九〕云「禮天子千雉」者，春秋説文也。云「蓋受百雉之城十」者，謂公侯於天子，十取一之義，似若孟子與司馬法云「天子圓方百里，公侯十里」，是十取一之文也。云「伯七十雉子男五十雉」者，春秋説文。

注「天子」至「過也」解云：「天子周城，諸侯軒城」者，春秋説文。云「缺其南面以受過也」者，正以諸侯軒縣闕南方，則知軒城亦宜然。案舊古城無如此者，蓋但孔子設法如是，後代之人不能盡用故也。或者但不設射垣以備守，故曰「缺其南面以受過」，不妨仍有城。

秋，大雩。不能事事信用孔子，聖澤廢。

【疏】注「不能」至「澤廢」解云：並謂三月之後違之。

冬，十月，癸亥，公會晉侯〔六〇〕盟于黄。

十有一月，丙寅，朔，日有食之。是後薛弒其君比，晉荀寅、士吉射入于朝歌以叛。○射，食亦反，又食夜反。朝歌，如字。

【疏】注「是後」至「以叛」 解云：在十三年冬。云「晉荀寅、士吉射入于朝歌以叛」者，亦在十三年冬。案晉荀寅、士吉射叛在弒比之前，而後言之者，正以弒君之變重，故先取以應之。

公至自黄。

十有二月，公圍成。公至自圍成。「成」，仲孫氏邑。「圍成」，月又致者，天子不親征下土，〔六一〕諸侯不親征叛邑，公親圍成，不能服，不能以一國爲家，甚危，若從他國來，故危録之。〔六二〕

【疏】注「圍成」至「録之」 解云：春秋義，「圍」例書時，即宣十二年春，「楚子圍鄭」之文是。今此書月，故解之。莊二十七年注云「凡公出，在外致，在内不致」。今此在内而致，故須解之。云「天子不親征下土」者，即公羊説云「一國叛，王自征之，若四國皆叛，安得四王而征也」者，是其義也。若然，桓五年「秋，蔡人、衛人、陳人從王伐鄭」，傳云「其言『從王伐鄭』何？從王，正也」，彼注云「美其得正義也，故以從王征伐録之」。然則，天子不親征下土，而美之者，直是美諸侯之得正，猶自不言桓王伐鄭之善，故彼注又云「蓋起時天子微弱，諸侯背叛，莫肯從王者征伐，〔六三〕以善三國之君，獨能尊天子死節。稱人者，刺王者也。天下之君，海内之主，當秉綱撮要，而親自用兵，故見其微弱，僅能從微者，不能從諸侯，猶莒稱人，則從不疑也」是。書序曰「啓與有扈戰于甘之野，作甘誓」，其經曰「大戰于甘，乃召六卿」者，何氏以爲啓非至德之主，〔六四〕是以親征有扈，非春秋所美，豈害其義也？云「諸侯不親征叛邑」者，正以諸侯於天子，亦宜以國爲家，猶如天子之有天下也，而不能全服，親自征之，故爲非禮，而爲春秋所刺也。

十有三年，春，齊侯、衛侯次于垂瑕。〇垂瑕，如字，又音加，二傳作「垂葭」。

夏，築蛇淵囿。

大蒐于比蒲。〇大廋，所求反，本又作「蒐」。比，音毗。

【疏】「夏築蛇淵囿」（六五）　解云：成十八年秋，「築鹿囿」，傳云「何以書？譏。何譏爾？有囿矣，又爲也」，彼注云「刺奢泰妨民」也。然則，彼有成説，故此處不復解之。

「大蒐于比蒲」　解云：桓六年注云「五年大簡車徒，謂之大蒐」是也。所以書者，即昭八年「秋，蒐于紅」之下，傳云「蒐者何？簡車徒也。何以書？蓋以罕書也」。但彼已解訖，故此處不復論之。

衛公孟彄帥師伐曹。

秋，晉趙鞅入于晉陽以叛。

冬，晉荀寅及士吉射入于朝歌以叛。

晉趙鞅歸于晉。此叛也，其言「歸」何？據「叛」與出入惡同。

【疏】注「據叛」至「惡同」　解云：桓十五年傳例云「復歸者，出惡歸無惡；復入者，出無惡入有惡；入者，出入有惡；〔六六〕歸者，出入無惡」。然則，書叛者，即與「出、入」惡同，〔六七〕不宜書「歸」，作「出、入」無惡之文，故難之。

以地正國也。軍以井田立數，故言「以地」。

【疏】注「軍以」至「以地」　解云：假令天子六軍，方伯二軍之屬，皆以井田多少計出其數，故曰「軍以井田立數」也。今趙鞅以此井田之兵，逐君側之惡人，故云「以地正國也」。

其以地正國奈何？晉趙鞅取晉陽之甲以逐荀寅與士吉射。荀寅與士吉射者曷爲者也？君側之惡人也。此逐君側之惡人，曷爲以「叛」言之？無君命也。無君命者，操兵鄉國，故初謂之「叛」，後知其意，欲逐君側之惡人，故録其釋兵，書「歸」赦之。〔六八〕君子誅意不誅事。「晉陽之甲」者，趙簡子之邑，以邑中甲逐之。○操，七曹反。鄉，許亮反。

【疏】注「君子」至「誅事」 解云：君子之人，探端知緒，但誅其意，若輕而難原；不誅其事，若重而可恕。以趙鞅意實非逆，但以持兵鄉國爲罪，是以春秋書「歸」以舍之，〔六九〕故曰「誅意不誅事」也。

薛弒其君比。

十有四年，春，衛公叔戍來奔。

晉趙陽出奔宋。○晉趙陽，左氏作「衛趙陽」。

【疏】「晉趙陽出奔宋」 解云：穀梁與此同，左氏作「衛趙陽」字也。

二月，辛巳，〔七〇〕楚公子結、陳公子佗人帥師滅頓，以頓子牄歸。不別以歸何國者，明楚、陳以滅人爲重，頓子以不死位爲重。○公子佗人，大河反，一傳作「公孫佗人」。牄，七良反，二傳作「牂」。別，彼列反。

【疏】「以頓子牄歸」 解云：左氏、穀梁皆作「頓子牂」字，賈氏不注，文不備。

注「不別」至「之重」 解云：正以上四年「滅沈，以沈子嘉歸」，六年「以許男斯歸」之屬，其上文皆直一國大夫而已，是以其經宜言「以歸」，不假分別。今此經上載二國，其下直言「以歸」而已，似非詳備之義，是以解之。

云「明楚、陳以滅人爲重」者，正以二國之卿，擅相滅獲，其過已深。假言歸楚，不足輕陳之罪；假言歸陳，不足滅楚之惡，故曰「明楚、陳以滅人爲重」。云「頓子以不死位爲重」者，諸侯之禮，當合死位，頓子不死，其過已深，何假書言歸于某乎？故云「頓子以不死位爲重」也。

夏，衛北宫結來奔。

五月，於越敗吴于醉李。月者，爲下「卒」出。○醉李，本又作「雋」，〔七一〕音同。爲，于僞反。

【疏】注「月者爲下卒出」　解云：隱六年有注云〔七二〕「戰例時，偏戰日，詐戰月，不日者，鄭詐之」。然則，諸侯之例，「詐戰」者月。今此兩夷相敗，文宜略於諸夏，而經書月，故知爲下「卒」文出矣。

吴子光卒。

公會齊侯、衛侯于堅。○堅，如字，本又作「掔」，音牽。左氏作「牽」。

公至自會。

秋，齊侯、宋公會于洮。○洮，他刀反。

天王使石尚來歸脤。「石尚」者何？天子之士也。天子上士以名氏通。○脤，市軫反。

【疏】「石尚者何」 解云：欲言大夫，單名無字；欲言微者，名氏俱見，故執不知問。

注「天子」至「氏通」 解云：傳直云天子之士，而知上士者，何氏以爲春秋之例，天子上士以名氏通，中士以官録，下士略稱「人」。今此經書其名氏，故知之。何氏意必知例然者，正以傳云「石尚者何？天子之士」，隱元年傳云「宰者何？官也。咺者何？名也。曷爲以官氏？宰，士也」，僖八年傳云「王人者何？微者也。曷爲序乎諸侯之上？先王命也」。然則，以此三處之傳言之，則知單名繼官〔七三〕不以名氏通，單稱王人云者，不以名見，故隱元年注云「天子之上士以名氏通，中士以官録，下士略稱人」是也。

「脤」者何？俎實也。實俎肉也。

【疏】「脤者何」 解云：欲言天子賜之祭肉，不見魯侯助祭之文；欲言脤非祭肉，不應遠來歸之，故執不知問。

「俎實也」者 解云：謂以肉填實於俎上，故注云「實俎肉也」，猶言實俎之肉也。

腥曰「脤」，熟曰「燔」。禮，諸侯朝天子，助祭於宗廟，然後受俎實。時魯不助祭，而歸之，故書以譏之。○燔，本亦作「膰」，又作「繙」，音煩。

【疏】注「禮諸侯」至「譏之」　解云：正以魯無朝聘天子之處，而書「歸脤」以譏之，則知助祭於宗廟者，有受俎實之禮矣。論語云「祭於公，不宿肉」者，義亦通於此。宗伯「以脤膰之禮，親兄弟之國」，似不通於異姓者，何氏所不取。

衛世子蒯聵出奔宋。主書者，子雖見逐，無去父之義。○蒯聵，苦怪反，下五怪反。

【疏】注「主書」至「之義」　解云：父子天倫，無相去之義。子若大爲惡逆，人倫之所不容，乃可竄之深宫，閽人固守；若小小無道，當安處之，隨宜罪讁，令其克改，寧有逐之佗國，爲宗廟羞？且子之事父，雖其見逐，止可起敬起孝，號泣而諫之；諫若不入，悦則復諫，自不避殺，如舜與宜咎之徒，〔七四〕寧有去父之義乎？今大子以小無道，衛侯惡而逐之，父無殺己之意，大子懟而去之，論其二三，上下俱失。衛侯逐子，非爲父之道；大子去父，失爲子之義。今主書此經者，一則譏衛侯之無恩，一則甚大子之不孝。故曰「子雖見逐，無去父之義」。若其父大爲無道，如獻公、幽王之類，若不迴避，必當殺己，如此之時，寧得陷父於惡？是以申生不去，失至孝之名；宜咎奔申，無剌譏之典。但衛侯爾時無殺子之意，是以蒯聵出奔，書而譏之耳。〔七五〕

衛公孟彄出奔鄭。

宋公之弟辰自蕭來奔。

大蒐于比蒲。

譏亟也。○亟，去冀反。

【疏】「宋公」至「來奔」　解云：上十年「出奔陳」，十一年春，「自陳入于蕭，以叛」，至此乃「自蕭來奔」矣。（七六）

注「譏亟也」　解云：大蒐之禮，五年一爲，若數于此，則書而譏亟也。若緩於此，則書而譏罕。上十三年夏，已大蒐于比蒲，今始一年，復行此禮，故曰「譏亟也」。

邾婁子來會公。

書者，非邾婁子會人於都也。如入人都，當脩朝禮。古者諸侯將朝天子，必先會閒隙之地，考德行，一刑法，講禮義，正文章，習事天子之儀，尊京師，重法度，恐過誤。言「公」者，不受于廟。○閒隙，音閑，下去逆反。

【疏】注「書者」至「于廟」　解云：曲禮下篇云「諸侯相見於隙地曰會」。（七七）今乃會人于都，故書而非之。云「如入人都當脩朝禮」者，即桓六年注云「諸侯相過，至竟必假塗，入都必朝，所以崇禮讓，絶慢易，戒不虞也」，是其義也。云「古者諸侯將朝天子，必先會于閒隙之地」者，出曲禮也。云「考德行，一刑法」者，謂考校其德行，齊一其刑法也。云「講禮義」者，謂習其禮儀也。云「言公者不受于廟」者，隱七年夏「齊侯使其弟年來聘」之下，注云「不言聘公者，禮，聘受之於廟，（七八）孝子謙，不敢以已當之，歸美於先君，且重賓也」。隱十一年「春，滕侯、薛侯來朝」之下，注云「不言朝公者，禮，朝受之於大廟，與聘同義」，莊二十三年夏，「公及齊侯遇於穀，蕭叔朝公」，傳云「其言『朝公』何？公在外也」，彼注云「時公受朝於外，故言朝公，惡公不受於廟」。然則，受朝之禮，禮當在廟，孝子歸美于先君，不敢以已當之；若不於廟，則言「公」，即「蕭叔朝公」是也。今此會禮不在廟，魯侯受之於外，故言「來會公」矣。言「公」者，不受于廟也。（七九）

城莒父及霄。去「冬」者，是歲蓋孔子由大司寇攝相事，政化大行，粥羔肫者不飾，〔八〇〕男女異路，道無拾遺。齊懼，北面事魯，餽女樂以間之。定公聽季桓子，受之，三日不朝，當坐淫，故貶之。歸女樂不書者，本以淫受之，故深諱其本，又三日不朝，〔八一〕孔子行。魯人皆知孔子所以去。附嫌近害，雖可書猶不書。或說無「冬」者，坐受女樂，令聖人去。「冬」，陰，臣之象也。○父，音甫。去，起呂反。相，息亮反。粥羔，羊六反。間，間厠之間。近，附近之近。

【疏】注「去冬」至「不書」　解云：隱六年傳云「春秋編年，四時具，然後爲年」。今此無「冬」，四時不具，故須解之。云「是歲蓋孔子由大司寇攝相事」者，即家語始誅篇云〔八二〕「孔子爲魯大司寇，〔八三〕攝行相事，有喜色」是也。魯之司寇云「大」者，蓋以無司寇之卿，是以大夫亦名「大」也。魯有司空卿，孔子爲司空不言「大」者，是其一隅也。若以家語言之，即定九年始爲邑宰，十年爲司空，十一年爲大司寇，從大司寇攝行相事之時，年月不明，故此注云「蓋」也。云「政化大行，粥羔豚者不飾，男女異路，道無拾遺」者，皆是家語相魯篇文也。言「不飾」者，舊説云「魯前之時，粥羔豚者，皆以彩物飾之，自孔子爲相，此事乃正，〔八四〕故曰『粥羔豚者不飾』也」。云「齊懼，北面事魯，餽女樂以間之，定公聽季桓子受之，三日不朝」者，出孔子世家。案彼云「定公十四年，孔子年五十六，由大司寇行攝相事」云云，「齊人聞而懼曰『孔子爲政，必霸，霸則吾地近焉，我之爲先并矣。盍致地焉』？犁鉏曰〔八五〕『請先嘗沮之，沮之而不可，則致地，庸遲乎』？於是選齊國中女子好者八十人，皆衣文衣而舞康樂，文馬三十駟，遺魯君，陳女樂、文馬於魯城南高門外，〔八六〕季桓子微服往觀，再三，將受，乃語魯侯爲周道游，〔八七〕往觀終日，怠於政事。子路曰『夫子可以行矣』。孔子曰『魯今且郊，如致膰乎大夫，則吾猶可以止』。桓子卒受齊女樂，三日不聽政，郊又不致膰俎於大夫，〔八八〕孔子遂行，宿乎屯，而師已送，曰『夫子則非罪』。孔子曰『吾歌，可夫』？歌曰『彼婦人之口，〔八九〕可以出走』」云云是也。云「當坐淫故貶之」者，推尋古禮，無女樂之文，魯人受之，故當坐淫泆之惡。既有淫泆之惡，去「冬」以見之。其晉悼公受女樂一八，而爲霸者，左氏之事，何氏所不取，不得難此矣。云「魯人皆知孔子所以去」者，謂皆知魯公受女樂，有淫泆之惡，所以孔子去之。云「附嫌近害，雖可書猶不書」者，正以其獲麟之後，得端門之命，而制春秋，乃自因之，即云已之本出，由饋女樂之故，魯國之人悉知所由，若其書之，即是附於嫌疑，近於禍患，〔九〇〕是以雖非國家之諱，依例可書于經，孔子亦不書之，故曰「附嫌近害，雖可書猶不書」。

注「或説」至「象也」 解云：孔子自書春秋而貶去「冬」，失謙遜之心，違辟害之義，蓋不脩春秋已無「冬」字，〔九一〕孔子因之，遂存不改，以爲王者之法，宜用聖臣，故曰「如有用我者，朞月則可，三年乃有成」是也。又春秋之説，口授相傳，達於漢時，乃著竹帛，去一「冬」字，何傷之有？

十有五年，春，王正月，邾婁子來朝。

鼷鼠食郊牛，牛死，改卜牛。曷爲不言其所食？ 據「食角」。○鼷，音兮。

【疏】注「據食角」 解云：即成七年「春，王正月，鼷鼠食郊牛角。改卜牛，鼷鼠又食其角，乃免牛」是也。

漫也。 「漫」者，徧食其身。災不敬也。不舉牛死爲重，復舉食者，内災甚矣。録内不言「火」是也。○漫，亡半反，猶徧也。徧，音遍。復舉，扶又反，下同。

【疏】注「災不敬」至「是也」 解云：言所以災其郊牛者，正以魯人不敬故也。云「不舉牛死爲重」云云者，春秋之義，悉皆舉重，食死並書，故解之。食在死前，而言「復」者，正以食輕於死，故對重以爲「復」矣。云「内録不言火是也」者，〔九二〕即襄九年「春，宋火」，傳云「大者曰災，小者曰火。然則，内何以不言火？〔九三〕内不言火者，甚之也」，何氏云「春秋以内爲天下法，動作當先自克責，故小有火如大有災」也。〔九四〕

二月，辛丑，楚子滅胡，以胡子豹歸。

夏，五月，辛亥，郊。曷爲以夏五月郊？據魯郊正當卜春三正也，又養牲不過三月。

【疏】「二月辛」至「豹歸」〔九五〕　解云：僖二十六年「秋，楚人滅隗」，何氏云「不月者，略夷狄滅微國也」，昭三十年「冬，十二月，吴滅徐」，何氏云「至此乃月者，所見世始録夷狄滅小國也」。然則，此亦所見世，夷狄滅小國而書日者，上四年「夏，四月，庚辰，蔡公孫歸生滅沈」之下，〔九六〕注云「日者，定、哀滅例日。定公承黜君之後，有強臣之讎，〔九七〕故有滅則危懼之，爲定公戒」是也。

注「據魯」至「正也」　解云：即成十七年傳云「然則郊曷用？郊用正月上辛」，何氏云「魯郊博卜春三月，〔九八〕言正月者，因見百王正所當用也」，僖三十一年注云「武王既没，成王幼小，〔九九〕周公居攝，行天子事，制禮作樂，致太平，有王功。周公薨，成王以王禮葬之，命魯使郊，以彰周公之德，非正，故上三卜，〔一〇〇〕吉則用之，不吉則免牲」者，是其魯郊博卜春三正之義也。〔一〇一〕何氏必知然者，正以哀元年穀梁傳云「郊自正月至于三月，郊之時；夏四月，郊，不時。五月郊，不時」之文也。

注「養牲不過三月」　解云：宣三年傳云〔一〇二〕「帝牲在于滌，三月」，彼注云「滌，宫名，養帝牲三牢之處也。」

謂之滌者，取其蕩滌絜清。三牢者各主一月，取三月一特，足以充其天牲」是也。

三卜之運也。「運」，轉也。已卜春三正，不吉，復轉卜夏三月，周五月，得二吉，故五月郊也。易曰「再三瀆，瀆則不告」。不得其事，雖吉猶不當爲也。不舉「卜」者，從可知。

【疏】注「復轉卜夏三月」解云：猶言轉卜夏之正也。

注「得二」至「可知」 解云：必知得吉者，正以經有郊文故也。若其不吉，宜言「乃免牲」或言「乃免牛」、「乃不郊」矣。知其二吉者，正以僖三十一年傳云「三卜禮也」，「三卜何以禮」？「求吉之道，三」，彼注云「三卜，吉凶必有相奇者，可以決疑，故求吉必三卜」也，是其得二吉乃可爲事之義。今此五月而郊，故知得二吉也。云「易曰再三瀆，瀆則不告」者，蒙卦彖辭云〔一〇三〕「蒙，亨。匪我求童蒙，童蒙求我。初筮告，再三瀆，瀆則不告。利貞」，鄭氏云「蒙者，蒙蒙物初生形，是其未開著之名也。人幼稚曰童。亨者，陽也。互體震而得中，嘉會禮通，陽自動其中，德於地道之上，萬物應之，而萌牙生，教授之師取象焉，脩道藝於其室，而童蒙者求爲之弟子，非已乎求之也。弟子初問則告之以事義，不思其三隅，相況以反解，而筮者，此勤師而功寡，學者之災也。瀆筮則不復告，欲令思而得之，亦所以利義而幹事」是也。引之者，欲道魯人瀆卜，故五月非郊之月，而得吉兆，是龜靈厭之，不復告其所圖之吉凶故也。然則，卦象之義，乃是弟子請問師之事義，故言筮以況之。今此乃卜也，而引者，龜筮道同，亦何傷乎？云「不得其事」者，謂不得其事之宜，即五月郊天是也。云「雖吉猶不當爲也」者，謂吉凶會以事之善惡爲本，郊非其月，雖吉亦不得爲，何者？正以靈龜厭之，不復告其吉凶故也。云「不舉卜者，從可知」者，正以僖三十一年「夏，四月，四卜郊不從」云云，舉卜，今此直言「五月辛亥郊」，不舉卜者，正以言「郊」則知卜吉明矣，故曰「從可知」。

壬申，公薨于高寢。

鄭軒達帥師伐宋。○軒達，左氏作「罕達」。

【疏】「壬申」至「高寢」　解云：説在莊三十二年。

齊侯、衛侯次于籧篨。○籧篨，其居反，下直居反。

【疏】「齊侯」至「籧篨」　解云：左氏作「籧挐」字，賈氏無説，文不備也。上九年「齊侯、衛侯次于五氏」，注云「欲伐魯也，善魯能却難早，故書次而去」。然則，今此亦然，故省文不注。而賈氏云「欲救宋，善恤鄰也」者，蓋與何氏異。或者，九年之「次」，以其無起文，故解爲欲伐魯。今此上有軒達伐宋之文，下即云「齊侯、衛侯次于籧篨」，此則知欲救宋明矣。不注之者，從可知省文。

邾婁子來奔喪。其言「來奔喪」何？據「會葬」以禮書，「歸含且賵」不言「來」。○含，户暗反。賵，芳鳳反。

【疏】注「據會葬以禮書」　解云：即文元年「天王使叔服來會葬」，傳云「其言『來會葬』何？會葬，禮也」。云「歸含且賵不言來」者，即文五年「王正月，［一〇四］王使榮叔歸含且賵」是也。

奔喪，非禮也。但解「奔喪」者，明言「來」者常文，不爲早晚施也。禮，天子崩，諸侯奔喪、會葬；諸侯薨，有服者奔喪，無服者會葬。邾婁與魯無服，故以非禮書。禮有不弔者三，兵死、壓死、溺死。○爲，于僞反。厭死，於甲反。

【疏】注「但解奔」至「晚施也」 解云：在隱元年。

注「禮天子」至「溺死」〔一〇五〕 解云：正以諸侯體敵，而有會葬之禮，則天子之尊，兩有可知。禮記文王世子曰「喪紀以服之輕重爲序，不奪人親也」，故知有服無服，有差降明矣。既有差降，奔喪近於會葬，故知但以奔與不奔爲異也。云「禮有不弔者三，兵死壓死溺死」者，春秋説文。〔一〇六〕案邾婁子來奔喪，魯人無此三事，而引之者，以明不弔之類，非謂禮實同也。

秋，七月，壬申，姒氏卒。「姒氏」者何？哀公之母也。「姒氏」，杞女。哀公者，即定公之妾子。〔一〇七〕

【疏】「姒氏卒」 解云：穀梁作「弋氏」字。

「姒氏者何」 解云：欲言夫人，經不書「薨」；欲言其妾，謚同於夫，故執不知問。

注「姒氏杞女」者 解云：正以杞女爲姒姓，故知之。

何以不稱「夫人」？據「母以子貴」。

【疏】注「據母以子貴」　解云：隱元年傳文。彼注云「禮，妾子立則母得爲夫人，夫人成風是也」。

哀未君也。未踰年，不稱「公」。

八月，庚辰，朔，日有食之。是後衛蒯聵犯父命、盜殺蔡侯申、齊陳乞弑其君舍。

【疏】注「是後」至「君舍」　解云：即哀二年夏，「晉趙鞅帥師納衛世子蒯聵于戚」是也。云「盜殺蔡侯申」者，在哀四年春。云「齊陳乞弑其君舍」者，在哀六年秋。

九月，滕子來會葬。

丁巳，葬我君定公，雨不克葬。戊午，日下昃，乃克葬。「昃」，日西也。易曰「日中則昃」是也。「下昃」，蓋晡時。○昃，音側。晡，布吴反。

【疏】注「易曰日中則昃」　解云：豐卦彖辭也。彼云「日中則昃，月盈則食」云云，鄭注云「言皆有倦已，無常盛」是也。

辛巳，葬定姒。定姒何以書「葬」？據不稱「小君」，子般不書「葬」。

【疏】注「據不稱小君」解云：正以夫人書「葬我小君」，此不言「小君」，故難之。

注「子般不書葬」解云：「子般不書葬」之事，在莊三十二年。子般未踰年，是以不書「葬」。今定姒之子亦未踰年，與子般義同，故乃據而難之。然則，子般終不成君，故略之。定姒之子終爲君，有即尊之漸，母以子貴，故書其葬。但以今未踰年，故其母不稱「小君」。「未踰年之君，有子則廟，廟則書葬」者，但當連作一勢讀之，乃可解。

未踰年之君也，有子則廟，廟則書「葬」。如未踰年君之禮，稱謚者，方當踰年稱「夫人」。曾子問曰「並有喪，則如之何？何先何後」？孔子曰「葬，先輕而後重，其奠也，其虞也，先重而後輕，禮也」。哀未踰年也。「母以子貴」，故以子正之。

【疏】注「如未」至「夫人」解云：未踰年之君，禮則無謚。今此定姒如未踰年君之禮，而稱謚者，正以方當踰年稱「夫人」故也。

注「曾子」至「禮也」解云：案禮曾子問曰「並有喪，如之何？何先何後」？注云「並，謂父母若親同者，同月死」，「孔子曰『葬，先輕而後重；其奠也，先重而後輕』」云云，「『其虞也，先重而後輕，禮也』」。今此何氏總而引之，是以直云「其奠也，其虞也」而已。引之者，欲道定公五月薨，定姒七月卒，非其並有喪禮，是以先葬定公，後葬定姒。若其同月，當定姒先葬矣。

冬，城漆。○漆，音七。

校勘記

〔一〕宋行人樂祁犂　阮校：唐石經作「祁」，閩、監、毛本作「祈」。

〔二〕季孫斯仲孫忌帥師圍運　阮校：諸本同。據疏則無「何」字。按上文「夏，季孫斯、仲孫何忌如晉」，有「何」字。

〔三〕無可明矣　浦鏜云：「何」誤「可」。阮校以爲浦説非。今按，單抄本作「何」。

〔四〕爲宫皇之屬是也　阮校：毛本「皇」改「涅」。汪文臺識語：毛本據今史記改，非也。詩疏引史記作「皇」（毛本亦改作「涅」）與此合。國語補音引宋時或本作「涅」，集解引徐廣本作「生」，皆與今本不同。

〔五〕蓋遂重者先言之故也　浦鏜云：「遂」當「逐」字誤。

〔六〕仲孫何忌圍運　浦鏜云：經文無「何」字，唯「六年夏如晉」經有「何」字，亦衍文也。

〔七〕此晉趙盾之師　浦鏜云：「師」下脱「也」字。

〔八〕莊六年作注云　阮校：按「作」爲「傳」之誤。

〔九〕葬曹靖公　阮校：按段校本「靖」作「竫」。

〔一〇〕至文二年　「二」原作「三」。浦鏜云：「二」誤「三」。今按，單抄本作「二」。據改。

〔一一〕舉逐君爲重　阮校：鄂本「重」下有「也」字。

〔一二〕睋而鍰其板　阮校：按桓二年傳「俄而可以为其有矣」，莊三十二年傳「俄而牙弑械成」，字皆作「俄」。何注桓二年云「俄者謂須臾之間，創得之頃也」。此從目，非。

〔一三〕於其乘焉者　阮校：此疏當在下節注下，此誤。北大本據移，並據例加「疏」、「○解云」。又按，單抄本例引注標起止前空格，注疏合刻本例作「○」，依例此上當空格或有「○」。單抄本不空格。

〔一四〕孫氏曰衢交通四出是也　「衢」字原無。單抄本「曰」下有「衢」字，據補。

〔一五〕捶馬銜走　浦鏜云：廣韻「駷，馬搖銜走也」。「捶」疑「搖」字誤。阮校：鄂本作「搖」。「衘」作「銜」。又按依説文當作「菙」，假借作「捶」，訛爲「搖」。今按，撫州本作「搖」，余本作「捶」。

〔一六〕至於千乘　阮校：鄂本「於」作「于」，非。

〔一七〕奉璋峨峨　「峨」原作「蛾」。阮校：鄂本、諸本作「峨」，此本翻刻者誤從虫旁。按廣雅釋訓「娥娥，容也」，與何氏引詩正合。毛詩作「峩」，假借字也。今按，撫州本、余本「蛾」作「峨」。據改。

〔一八〕注詩云至微召　單抄本作「詩云奉璋峨峨髦士攸宜也者」。

〔一九〕三十斤爲鈞四鈞謂之石　「四鈞」二字原無。阮校：段校本「鈞」下有「百二十斤」四字，下文「三斗有餘」乃衍文。汪文臺識語：此引家語正論篇，注當作「鈞四謂之石」。依段校則上云「三十斤爲鈞」贅矣。一石十斗，然則千斤之弓，其力正得八石三斗有餘，無衍字也。孫詒讓校記：「鈞」下脱「四鈞」二字。又「三斗有餘」非衍，徐蓋以百二十斤爲石，十二斤爲斗，千斤凡八石三斗不盡四斗，故云「八石三斗有餘」也。今按，單抄本「鈞」下有「四鈞」二字。孫校是。據補。

〔二〇〕世世保用之辭　「保」原作「寶」。殿本考證：「寶」當作「保」。阮校：疏作「保」，作「寶」非。定元年疏引同。又何校本正作「保」。今按，撫州本、余本作「保」。據改。

〔二一〕喪其五玉　「五」原作「寶」。阮校：鄂本「寶玉」作「五玉」。今按，撫州本、余本「寶」作「五」。據改。

〔二二〕之閩反緣也　「緣也」二字原脱，余本音義與此本同。據諸本音義補。

〔二三〕無不及也　「及」原作「乃」。閩、毛本、阮刻本「乃」作「包」，單抄本作「及」。據改。

〔二四〕引家語以證之　單抄本「之」下有「云」字。

〔二五〕而君臣之義立　浦鏜云：此六字非家語文。

〔二六〕得例不蒙上月　「月」字原無。阮校：鄂本「上」下有「月」字，諸本皆脱。疏云「不蒙上月」。今按，撫州本、余本有「月」字。據補。

〔二七〕得之書喪之書　浦鏜云：「得喪」二字誤倒。阮校：今傳同浦説。

〔二八〕齊師罷而去　浦鏜云：「而」字衍。

〔二九〕所以強内者是　浦鏜云：「是」下脱「是」字。

〔三〇〕於是誅侏儒侏儒首足異處　「侏儒」二字原不重。阮校：鄂本叠「侏儒」二字。今按，撫州本、余本重「侏儒」二字。據補。

〔三一〕得意故致地　「地」原作「也」。阮校：鄂本「也」作「地」，此誤。今按，撫州本「也」作「地」，余本作「也」。下疏標起止亦作「地」。據改。

〔三二〕寡人獲過於魯侯　「獲」原作「或」。浦鏜云：「獲」誤「或」。阮校：鄂本作「獲」，當據正。按穀梁疏引作「獲」。今按，撫州本、余本作「獲」。據改。

〔三三〕與賈服異　「與」字原無。單抄本「賈」上有「與」字，據補。

〔三四〕不當坐取邑　「坐」字原無。殿本考證：「取」上脱「坐」字。阮校：宣十一年注有「坐」字。今按，單抄本有「坐」字。據補。

〔三五〕正以不能保守先君田邑而失之故也　「正」原作「止」。浦鏜云：「止」疑「正」字誤。今按，單抄本作「正」。據改。又「田」原作「世」。單抄本「世」作「田」。據改。

〔三六〕正欲兩君揖讓行盟會之禮　阮校：此本翻刻者及閩、監、毛本皆作「正」，按作「正」是也。今按，單抄本「正」作「止」。

〔三七〕手足異處　單抄本、閩本與此同，毛本改作「首足」，阮本從之。上文注引作「首足」，與毛本同，疑作「手」非。

〔三八〕實非劫詐　「詐」原作「非」。阮校：此本「詐」誤下「非」字，閩、監、毛本不誤。今按，單抄本作「詐」。據改。

〔三九〕宋公子池出奔陳　阮校：鄂本「奔」作「犇」。

〔四〇〕池左氏作地　阮校：閩、監、毛本誤以「池左氏作地」五字釋文爲注，此本、鄂本皆無之。

〔四一〕宋樂世心者　浦鏜云：「宋樂世心」至「穀梁作大字」二十四字，當在上「宋樂世心出奔曹」經下。今按，合刻本並疏文于「宋公子池出奔陳」句下。北大本據盧補移「冬齊侯衛侯鄭游遫會于窴」句疏至下句，並據例補「疏」「〇解云」字。

〔四二〕字亦有作泄字者　「有」字原無。阮校：按「亦」下當脱「有」字。今按，單抄本「亦」下有「有」字。據補。

〔四三〕彄古侯反　宋本、撫州本釋文「古」作「苦」，余本誤作「古」。

〔四四〕齊慶封來奔之屬是也　單抄本「也」作「若」，從下讀。

〔四五〕言當坐重者　「坐」字原無。浦鏜云：「當」下脱「坐」字。今按，單抄本有「坐」字。據補。

〔四六〕叔還如鄭莅盟　阮校：唐石經、蜀大字本「莅」作「莅」，鄂本作「涖」，一从艸，一从水，此合併为「莅」，非。今按，撫州本、余本作「莅」。

〔四七〕還音旋　此三字原脱。據諸本音義補。

〔四八〕當廢之　阮校：鄂本「之」下有「師」字。汪文臺識語：按昭三十一年疏引同此，鄂本非。

〔四九〕禍端在定　阮校：按薛弒其君比即在定十三年，則此作「定」非也。當作「是」。汪文臺識語：案「定」者薛伯名，非魯定公也。所校非。

〔五〇〕齊人來歸邑之下　浦鏜云：「邑」當作「田」。

〔五一〕必似違之　單抄本無「似」字。

〔五二〕此傳又言其事矣　「又」原作「文」。單抄本「文」作「又」，據改。

〔五三〕亦據侯伯大都邑言之　「邑」原作「已」。浦鏜云：「已」當作「邑」。今按，單抄本作「邑」。據改。

〔五四〕五板而堵　阮校：按毛詩小雅鄭箋引「而」作「爲」，下「而雉」同。

〔五五〕注八尺曰版者　「版」下原有「堵」字。阮校：按傳注「版」作「板」，當從此。又浦鏜云：「版」下「堵」衍字。今按，單抄本無「堵」字。據删。

〔五六〕韓詩外傳文　阮校：「外傳」當作「内傳」。

〔五七〕五堵而雉　浦鏜云：晉王愆期云，諸儒皆以爲雉長三丈，堵長一丈，疑「五」當爲「三」。見詩疏。

〔五八〕百雉而城　阮校：鄂本「城」誤「成」，注「軒城」同。

〔五九〕凡周十一里三十三步二尺也　「三十三」原作「三十二」。浦鏜云：下「三」誤「二」。今按，單抄本作「三」。據改。

〔六〇〕癸亥公會晉侯　阮校：諸本同。左、穀作「齊」。宋張洽云「黃，齊地，公羊作晉侯，誤」。

〔六一〕天子不親征下土　「土」原作「士」。阮校：諸本作「士」，蜀大字本作「土」，此本疏中引注亦作「土」。今按，撫州本、余本作「土」。據改。

〔六二〕故危録之　阮校：鄂本句下有「矣」字。

〔六三〕莫肯從王者征伐　「莫」原作「不」。浦鏜云：「不」當依彼注作「莫」。據改。

〔六四〕啓非至德之主　單抄本「主」作「王」，疑是。

〔六五〕夏築淵囿　浦鏜云：「夏築蛇淵囿」節疏（至「不復解之」），當在上經之下。

〔六六〕復入者出無惡入有惡入者出入有惡　浦鏜云：「有」衍字。

〔六七〕書叛者即與出入惡同　「即與」二字原無。單抄本「者」下有「即與」二字。據補。

〔六八〕書歸赦之　阮校：哀三年疏引作「書歸而赦之」。

〔六九〕書歸以舍之　浦鏜云：「赦」誤「舍」。

〔七〇〕二月辛巳　「二」原作「三」。浦鏜云：「二」誤「三」。阮校：唐石經原刻作「三月」，後磨去上一畫，左、穀作「二」，此作「三」，誤。據改。

〔七一〕本又作雋　宋本、撫州本「雋」作「檇」。

〔七二〕隱六年有注云　浦鏜云：「有」當「何」字誤。

〔七三〕則知單名繼官　浦鏜云：「繼」疑「繫」字誤。

〔七四〕如舜與宜咎之徒　汪文臺識語：疏下云「申生不去，失至孝之名，宜咎奔申，無刺譏之典」。是謂宜咎有可去之義，此「宜咎」字蓋誤。

〔七五〕書而譏之耳　「而」原作「氏」。單抄本「氏」作「而」，據改。

〔七六〕「宋公」至「來奔矣」　浦鏜云：「宋公」至「來奔矣」三十二字，當在上「宋公之弟辰自蕭來奔」經下。

〔七七〕相見於隙地曰會　浦鏜云：禮記「隙」作「郤」。

〔七八〕禮聘受之於廟　浦鏜云：「廟」上脱「大」字。

〔七九〕不受于廟也　「廟」原作「朝」。單抄本「朝」作「廟」，據改。

〔八〇〕粥羔肫者不飾　浦鏜云：史記、家語「肫」作「豚」，是。肫，殊倫切，腊之全者。

〔八一〕又三日不朝　「又」原作「文」。阮校：鄂本、蜀大字本「文」作「又」，屬下讀，當據正。今按，撫州本、余本「文」作「又」。據改。

〔八二〕家語始誅篇云　「篇」原作「編」。阮校：「編」當「篇」之誤。據改。

〔八三〕爲魯大司寇　浦鏜云：家語無「大」字。阮校：按孫志祖云，史記孔子世家亦有「大」字，疑今本家語脱耳。相魯篇亦云「由司空爲大司寇」。

〔八四〕此事乃正　浦鏜云：「正」當「止」字誤。

〔八五〕犂鋤曰　浦鏜云：史記「鋤」作「鉏」。阮校：何校本作「鉏」。今按，單抄本作「鉏」。

〔八六〕陳女樂文馬於魯城南高門外　「文」字原無。浦鏜云：「馬」上脱「文」字。阮校：何校本有「文」字。據補。

〔八七〕乃語魯侯爲周道游　浦鏜云：史記「侯」作「君」。
〔八八〕不致膰俎於大夫　「俎」原作「胆」。浦鏜云：「俎」誤「胆」。據改。
〔八九〕彼婦人之口　浦鏜云：「人」衍字。
〔九〇〕近於禍患　單抄本「患」作「害」。
〔九一〕不脩春秋已無冬字　「無」字原重。浦鏜云：「無」不當重，衍字。據删。
〔九二〕云内録不言火是也者　浦鏜云：「録内」字誤倒。
〔九三〕然則内何以不言火　「何」原作「可」。阮校：當從監、毛本「可」作「何」。今按，單抄本作「何」。據改。
〔九四〕小有火如大有災也　單抄本「也」上有「是」字。
〔九五〕二月辛至豹歸　阮校：自此節至「養牲不過三月」節，此本合爲一節。
〔九六〕公孫歸生滅沈之下　浦鏜云：「姓」誤「生」。
〔九七〕有強臣之讎　「有」下原有「滅」字，與四年傳不合。據删。
〔九八〕魯郊博卜春三月　浦鏜云：「轉」誤「博」。下同。阮校：作「博」是。閩、監、毛本「博」誤「轉」，下同。
〔九九〕成王幼小　浦鏜云：「少」誤「小」。
〔一〇〇〕故上三卜　「上」原作「卜」，閩本誤，毛本已改正。
〔一〇一〕魯郊博卜春三正之義也　「之」字原重。浦鏜云：「之」不當重，疑衍一「之」字。今按，單抄本不重「之」字。據删。

〔一〇二〕宣三年傳云　「三」原作「二」。單抄本「二」作「三」，與「三」年傳合，據改。

〔一〇三〕蒙卦彖辭云　阮校：「彖」當作「象」。汪文臺識語：下文引彖辞，此校不可曉。

〔一〇四〕文五年王正月　浦鏜云：「王」上脱「春」字。

〔一〇五〕注禮天子至溺死　單抄本作「注禮天子崩諸侯奔喪會葬諸侯薨有服者奔喪無服者會葬者」。

〔一〇六〕春秋説文　浦鏜云：「春秋説」當「檀弓」誤。

〔一〇七〕即定公之妾子　「定」原作「鄭」。浦鏜云：「定」誤「鄭」。阮校：鄂本作「定公」，當據正。今按，撫州本、余本作「定」。據改。

監本附音春秋公羊傳注疏哀公卷第二十七起元年，盡十年。

何休學

元年，春，王正月，公即位。

楚子、陳侯、隨侯、許男圍蔡。隨，微國，稱「侯」者，本爵俱侯，土地見侵削，故微爾。「許男」者戍也，前許男斯見滅，以歸，今戍復見者，自復。斯不死位，自復無惡文者，「滅」、「以歸」可知。〔一〕○復見，扶又反，下賢徧反。

【疏】注「隨微國」至「自復」。解云：正以入春秋以來，不稱爵，大夫名氏不得見經，故知其微。隱五年傳云「大國稱侯，小國稱伯、子、男」，此微國而稱「侯」，故須解之也。言「本爵俱侯」者，謂其初封之時，與齊、晉之屬俱稱「侯」，故曰「本爵俱侯」也。今爲小國者，但以土地見侵削故也。知非得褒乃得稱「侯」，如滕侯、薛侯之類，而云「本爵爲侯」者，正以滕、薛入桓篇之後，或稱「滕子」，或稱「薛伯」，故知隱篇稱「侯」，由朝新王得褒明矣。今此隨侯一無善行可褒，二無稱「伯、子」之處，故知本爵爲侯也。云「許男者戍也」，正以下十三年「夏，許男戍卒」，故知之。云「前許男斯見滅」者，即定六年「春，王正月，癸亥，鄭游速帥師滅許，〔二〕以許男斯歸」〔三〕是也。昭十三年秋，「蔡侯廬歸于蔡，陳侯吳歸于陳」，爲楚所歸，皆書之，戍歸不書，故知自復也。

注「斯不」至「可知」　解云：諸侯之禮，固當死位，斯不死位，其國合絶。今而自復，不爲惡文以見之者，正以定六年之時書「滅」以歸，其惡已著，是以此處不勞見之。

鼷鼠食郊牛，災，不敬故。改卜牛。

夏，四月，辛巳，郊。

秋，齊侯、衛侯伐晉。

冬，仲孫何忌帥師伐邾婁。邾婁子新來奔喪，伐之不諱者，期外恩殺惡輕，明當與根牟有差。○殺，所戒反。

【疏】注「邾婁」至「有差」　解云：邾婁子來奔喪，在十五年夏也。既來奔喪，於魯有恩，而魯伐之，爲惡明矣。內之有惡而不諱者，既在期外，恩殺惡輕故也。奔喪於去年之夏，伐在今年冬，故曰「期外」矣。宣九年「秋，取根牟」，傳曰「曷爲不繫乎邾婁？諱亟也」，注云「亟，疾也。屬有小君之喪，邾婁子來加禮，未期而取其邑，故諱不繫邾婁也」。然則，彼以加禮未期，其恩猶重，伐之取邑，其惡深矣，是以諱之。今乃期外，恩殺惡輕，由是不諱，故曰「當與根牟有差」。

二年，春，王二月，季孫斯、叔孫州仇、仲孫何忌帥師伐邾婁，取漷東田及沂西田。「漷」、「沂」皆水名。邾婁子來奔喪，取其地不諱者，義與上同。〇漷，火號反，〔四〕徐音「郭」。沂，魚依反。

【疏】「取漷東田及沂西田」解云：公羊之義，言「田」者，田多邑少故也。而穀梁傳云「取漷東田」，「漷東，未盡也」，「及沂西田」，「沂西，未盡也」，范氏云「以其言東西，則知其未盡也」，與此別。左氏以漷東、沂西爲邑名。

癸巳，叔孫州仇、仲孫何忌及邾婁子盟于句繹。所以再出大夫名氏者，季孫斯不與盟。〇句繹，古侯反，下音亦。與，音預。

【疏】注「所以」至「與盟」解云：正以宣元年「公子遂如齊逆女」，「三月，遂以夫人婦姜至自齊」，傳云「遂何以不稱公子？一事而再見者，卒名」，〔五〕何氏云「卒竟但舉名，〔六〕省文」。然則，今此「伐邾婁」、「及邾婁子盟于句繹」之經，亦是一事，而再舉大夫名氏者，正由季孫斯不與盟故也。若此注內直云「所以再出大夫名者」，無「氏」字，即決昭十三年「秋，公會劉子、晉侯」以下「于平丘」，「八月，甲戌，同盟于平丘」，據彼注云「不言劉子及諸侯者，間無異事可知矣」。今此二經亦間無異事，而再出大夫之名，故解之也。此注「氏」字，或有，或無，故如此解。季孫斯所以不與盟者，服氏云「季孫斯尊卿，與仲孫氏伐敵，服而使二子盟也」者，即其義矣。而穀梁傳云「三人伐而二人盟何？各盟所得」，〔七〕「季孫斯不得田，故不盟」，〔八〕與何氏不合。

夏，四月，丙子，衛侯元卒。

滕子來朝。

晉趙鞅帥師納衛世子蒯聵于戚。「戚」者何？衛之邑也。曷爲不言入于衛？據「弗克納」，未入國文；言「納于邾婁」，「納」者入辭，故傳言「曷爲不言入于衛」。

【疏】「戚者何」　解云：欲言其國，經典未有；欲言其邑，文無所繫，故執不知問。

注「據弗」至「于衛」　解云：公羊之意，以爲戚與帝丘道塗非遠，但大同小異而已。今言「于戚」者，實是入于衛都，是以傳云「曷爲不言入于衛」矣。言「據弗克納，未入國文，言納于邾婁，納者入辭」者，即文十四年秋，「晉人納接菑于邾婁，弗克納」，當爾之時，接菑實不入國，故曰不克納，未入國之辭，故曰「未入國文」。言「納于邾婁」，與「納頓子於頓」文同，是其已入國之辭，故曰「納于邾婁，納者入辭」也。今此上言「納衛世子蒯聵」，下無「不克納」之文，則是入國之辭矣。而言「于戚」，不言「于衛」，是以據而難之，故注者疊之曰「故傳言『曷爲不言入于衛』」。

父有子，子不得有父也。明父得有子而廢之，子不得有父之所有，故奪其國文，正其義也。不貶蒯聵者，下曼姑圍戚無惡文，嫌曼姑可爲輒誅其父，故明不得也。不去國見挈者，不言入于衛，不可醇無國文。輒出奔不書者，不責拒父也。主書者，與蒯子同。○爲，于僞反。去，起吕反。見挈，賢徧反，下去結反。

【疏】注「不貶」至「子同」 解云：正以犯父之命，理宜貶之，不謂更有經文可決也。然則，文十四年，郤缺納不正，貶之稱「人」；今趙鞅亦是納不當得位之人，而不貶者，正以納父罪不至貶也。彼傳云「此晉郤缺也，其稱人何？貶。曷爲貶？不與大夫專廢置君也」，是其譏之義矣。云「故明不得也」者，正蒯聵無惡文，則知曼姑不得誅之明矣。云「不去國見挈」者云云，正以文十四年「晉人納接菑」，注云「接菑不繫邾婁者，見挈于郤缺也」。今此不見挈者，不可醇無國文故也。云「輒出奔不書」云云，知輒出奔者，正以蒯聵之入故也。諸侯之禮，禮當死位，若其出奔者，皆書而責之。今不書者，正欲不責輒之拒父故也。云「主書者與頓子同」者，即僖二十五年，「秋，楚人圍陳，納頓子于頓」，彼注云「納頓子書者，前出奔當絶，還入爲盜國，當誅。書楚納之，與之同罪也。主書者，從楚納之」。然則定十四年秋，〔九〕蒯聵出奔宋之時，子無去父之義，已當合絶，今還入爲盜國，復當合誅，晉納之，與同罪。主書者，從晉納，故曰「與頓子同義」。然則，蒯聵犯父之命，其惡明矣。但晉爲霸主，法度所在，而納逆命之子，奪已立之侯，故云「主書者從晉納」矣。

秋，八月，甲戌，晉趙鞅帥師及鄭軒達帥師戰于栗。〔一〇〕鄭師敗績。

○栗，一本作「秩」，二傳作「鐵」。

【疏】「及鄭軒達戰于鐵」者 解云：諸家之經，「軒達」之下，皆有「帥師」，唯服引經者無，與諸家異。「於鐵」者，三家同，有作「栗」字者，誤也。今定本作「栗」字。

冬，十月，葬衛靈公。

十有一月，蔡遷于州來。畏楚也。「州來」，吴所滅。

【疏】注「畏楚也」解云：正以上文爲楚所圍，今遷而近吴，故知然也。云「州來吴所滅」者，即昭十三年冬，「吴滅州來」是也。

蔡殺其大夫公子駟。「稱國以殺者，君殺大夫之辭。」稱「公子」者，惡失親也。○惡，烏路反。

【疏】注「稱國以殺者君殺大夫之辭」者〔一一〕僖七年傳文。彼注云「諸侯國爲體，〔一二〕以大夫爲股肱，士民爲肌膚，故以國體録」是也。

三年，春，齊國夏、衛石曼姑帥師圍戚。齊國夏曷爲與衛石曼姑帥師圍戚？據晉趙鞅以地正國加「叛」文。今此無加文，故問之。

【疏】「齊國」至「圍戚」解云：公羊之義，輒已出奔，曼姑稟誰之命而得圍戚者？下傳云「曼姑受命于先君而立輒」，〔一三〕蒯聵奪輒，是以春秋與得圍之矣。

注「據晉」至「問之」解云：定十三年「秋，晉趙鞅入于晉陽以叛」，冬，「晉趙鞅歸于晉」，傳云「此叛也，其言『歸』何？以地正國也。其以地正國奈何？晉趙鞅取晉陽之甲以逐荀寅與士吉射。荀寅與士吉射者，曷爲者也？君側之惡人也。此逐君側之惡人，曷爲以『叛』言之？無君命也」，彼注云「無君命者，操兵鄉國，故初謂之『叛』，後知其意欲逐君側之惡人，故録其釋兵，書『歸』而赦之」是也。〔一四〕然則，趙鞅操兵鄉國加叛文，曼姑亦操兵鄉國，而使國夏首兵，不加「叛」文，是以弟子據而問之，云「齊國夏曷爲與曼姑首兵而圍戚」乎？

伯討也。方伯所當討，故使國夏首兵。此其爲伯討奈何？曼姑受命乎靈公而立輒，「靈公」者，蒯聵之父。以曼姑之義，爲固可以距之也。曼姑無惡文者，起曼姑得拒之。〔一五〕曼姑，臣也，拒之者，上爲靈公命，下爲輒故。義不可以子誅父，故但得拒之而已。傳所以曼姑解「伯討」者，推曼姑得拒之，則國夏得討之明矣。不言「圍衛」者，順上文，辟圍輒。○上爲，于僞反。下「爲輒」、「爲衛」、「不爲」同。

【疏】**注「曼姑臣也」** 解云：注言「臣也」者，欲道曼姑者，乃是靈公之臣也。受命于靈公，當立輒，寧得違之乎？故得拒蒯聵矣。似若僖十年傳云「君嘗訊臣矣，臣對曰『使死者反生，生者不愧乎其言，則可謂信矣』」，彼注云「上問下曰訊，言臣者，明君臣相與言不可負」是。

注「不言」至「圍輒」 解云：蒯聵去年入衛，今而圍者正應圍衛，而言「圍戚」者，順上經文。且輒上出奔，不見于經，若言「圍衛」，則恐去年蒯聵入于戚，今年圍衛者，是圍輒矣，故言「圍戚」以辟之。靈公逐蒯聵在定十四年，立輒蓋在上二年將薨之時也。

輒者，曷爲者也？蒯聵之子也。然則曷爲不立蒯聵而立輒？據春秋有父死子繼。蒯聵爲無道，行不中善道。○中，丁仲反。靈公逐蒯聵而立輒。然則輒之義可以立乎？輒之義不可以拒父，故但問可立與不。曰，可。其可奈何？不以父命辭王父命，不以蒯聵命辭靈公命。以王父命辭父命，「辭」，猶不從。是父之行乎子也。是靈公命行乎蒯聵，重本尊統之義。

【疏】注「是靈」至「之義」　解云：即莊元年注云「念母則忘父，背本之道也，故絶文姜不爲不孝，拒蒯聵不爲不順，脅靈社不爲不敬，蓋重本尊統，使尊行於卑，上行於下」是也。

不以家事辭王事，以父見廢故，辭讓不立，是家私事。以王事辭家事，聽靈公命立者，〔一六〕是王事、公法也。是上之行乎下也。是王法行於諸侯，〔一七〕雖得正，非義之高者也。故冉有曰「夫子爲衛君乎」？子貢曰「諾，吾將問之」。入曰「伯夷、叔齊何人也」？曰「古之賢人也」。〔一八〕曰「怨乎」？〔一九〕「求仁而得仁，又何怨」？出，曰「夫子不爲也」。主書者，善伯討。

【疏】注「是王法行於諸侯雖得耳非義之高者也」　解云：正以上傳云「不以父命辭王父命，以王父命辭父命，是父之命行乎子也」，〔二〇〕彼注云「是靈公命行乎蒯聵，重本尊統之義也」，傳又云「不以家事辭王事，以王事辭家事，是上之行乎下也」，故知宜是王法行於諸侯矣。唯受靈公之命而拒蒯聵，而引王法行于諸侯者，正以靈公於蒯聵，若似天子於諸侯，故取以況之。

注「故冉有曰」至「伯討」　解云：此論語文也。冉有所以疑之者，正以輒之立也，雖得公義，失於父子之恩矣。

云「入曰伯夷、叔齊何人也」者，正以輒之拒父，非義之高，不敢正言，故問古賢以測之。云「子曰古之賢人也」者，〔二二〕言古之賢士，且有仁行。若作「仁」字，如此解之；若作「人」字，不勞解也。云「曰怨乎」者，謂諫而不用，死于首陽。然則，怨周王乎？云「求仁而得仁，又何怨」者，言其兄弟相讓而來，正以求爲仁道，卒得成讓，仁道遂成，不欲汲汲乎求仁，有何孜孜而怨周王乎？云「出曰夫子不爲也」者，正以伯夷、叔齊兄弟讓國，夫子以爲賢，而知輒與蒯聵父子争國者，夫子不助明矣。云「主書者，善伯討」者，一則見輒之得正，二則見曼姑可拒，但主書善其伯討，故曰「主書者，善伯討」。

夏，四月，甲午，地震。此象季氏專政，蒯聵犯父命，是後蔡大夫專相放，盜殺蔡侯申，辟伯晉而京師楚，黄池之會吴大爲主。

【疏】注「是後」至「相放」 解云：即下文「蔡人放其大夫公孫獵于吴」是也。

注「盜殺蔡侯申」者 解云：在四年。云「辟伯晉而京師楚」者，即下四年夏，「晉人執戎曼子赤歸于楚」，傳云「辟伯晉而京師楚」是也。云「黄池之會吴大爲主」者，即下十三年夏，「公會晉侯及吴子于黄池」，傳云「吴何以稱子？吴主會也」。「吴在是，則天下諸侯莫敢不至也」是也。

五月，辛卯，桓宫、僖宫災。此皆毁廟也，其言「災」何？據禮，親過高祖則毁其廟。

【疏】注「據禮」至「其廟」 解云：出禮記祭法文。

復立也。曷爲不言其復立？據「立武宮」言「立」。○復立，扶又反，下及注同。

【疏】注「據立武宮」者　解云：在成六年二月。所以不據定元年「立煬宮」者，蓋從始據之。或科取一文，〔二二〕亦何傷？

春秋見者不復見也。謂内所改作也。哀自立之，善惡獨在哀，故得省文。○見者，賢徧反，下同。

【疏】注「謂内」至「省文」　解云：春秋之義，〔二三〕諸是内所改作者，但逐其重處，〔二四〕一過見之而已。餘輕處，〔二五〕不復見之。所以然者，正以哀自立之，〔二六〕還於哀世災之，善惡獨在于哀，故得省文矣。似若襄三十一年「公薨于楚宮」，不言作楚宮者，正以襄自作之，還復襄自薨之，善惡獨在于襄，故得省文之類。云云之説，在襄三十一年。

何以不言「及」？據「雉門及兩觀」。○觀，工喚反。

【疏】注「據雉門及兩觀」　解云：即定二年五月，「壬辰，雉門及兩觀災」是也。

敵也。親過高祖，親疏適等。何以書？上已問「此皆毁廟，其言『災』何」，故不復連「桓宮、僖宮」。

【疏】「何以書」注「上已」至「僖宮」　解云：正以隱三年「秋，武氏子來求賻」，傳云「其稱『武氏子』何？」「父卒，子未命也。何以不稱使？當喪未君也。武氏子來求賻何以書」，據彼注云「不但言『何以書』者，嫌丰覆問上所以説二事，不問求賻」。然則，今此上文亦有二事之嫌，云「春秋見者不復見也，何以不言及？敵也。何以書」而不復爲嫌者，正以上傳已云「此皆毁廟也，其言災何？復立也」，分疏已訖，是以不復言「桓宫、僖宫災何以書」矣。

記災也。災，不宜立。

【疏】注「災不宜立」 解云：謂其宫不宜立，若曰「以其不宜立，故災之然」。

季孫斯、叔孫州仇帥師城開陽。○開陽，左氏作「啓陽」，開者，爲漢景帝諱也。

宋樂髡帥師伐曹。○髡，苦昆反。

秋，七月，丙子，季孫斯卒。

蔡人放其大夫公孫獵于吴。稱「人」者，惡大夫驕蹇，〔二七〕作威相放，當誅，故貶。○惡，烏路反。

【疏】注「稱人」至「故貶」　解云：知是大夫者，正以春秋之例，君殺大夫稱國，即僖七年〔二八〕「鄭殺其大夫申侯」之屬是。大夫自相殺稱「人」，即文九年「晉人殺其大夫先都」之屬是。則知稱國以放者，君自放之，即宣元年「晉放其大夫胥甲父于衛」是也。則稱人以放，乃是大夫自相放，即此文是矣。而言「作威」者，即洪範云「唯辟作威」是也。今此大夫作威，故貶之。言「當誅」者，謂於王法當誅也。言「故貶之」者，正以大夫之貴，平常之時合稱名氏，故稱「人」爲貶之。

冬，十月，癸卯，秦伯卒。哀公著治大平之終，小國卒葬，極於哀公者，皆「卒」日「葬」月。○治，直吏反。大，音泰。

【疏】注「哀公」至「葬月」　解云：即此「癸卯，秦伯卒」，明年三月，〔二九〕「葬秦惠公」是也。案昭元年，「夏，秦伯之弟鍼出奔晉」，傳曰「秦無大夫，此何以書？仕諸晉也。曷爲仕諸晉？有千乘之國而不能容其母弟，故君子謂之出奔也」，何氏云「時秦侵伐自廣大，故曰千乘」，然則秦伯是西方之伯，國至千乘，此注謂之「小國」者，正以僻陋在夷，罕與諸夏交接，至於春秋，大夫名氏不見於經，是以比之小國，其實非小者也。舊説云：地之張翕，彼此異時，蹙闢之數，不可同日而語。昭元年之時，自以千乘爲大國，至此還小，亦何傷也？而有疑焉。

叔孫州仇、仲孫何忌帥師圍邾婁。

四年，春，王三月，庚戌，盗殺蔡侯申。〔三〇〕弑君，賤者窮諸「人」，此其稱「盜」以弒何？據「宋人弒其君處臼」稱「人」。○盜殺，音弒，下同。

【疏】「弒君」至「弒何」　解云：文十六年冬「宋人弒其君處臼」之下，傳云「大夫弒君稱名氏，賤者窮諸人」。然則，師彼解爾，故此弟子據而難之。

賤乎賤者也。賤於稱「人」者。

【疏】「賤乎賤者也」　解云：彼注云「賤者謂士也，士正自當稱人」。然則今此非士，故言「賤乎賤者」也。

賤乎賤者孰謂？據無主名。謂罪人也。「罪人」者，未加刑也。蔡侯近罪人，卒逢其禍，故以爲人君深戒。不言「其君」者，方當刑放之，與刑人義同。○近，附近之近。

【疏】注「罪人」至「刑也」　解云：若其刑訖，當有刑稱，即襄二十九年夏，「閽弒吴子餘祭」是也。今此言「盜」，又謂之「罪人」，故知未加刑也。云「蔡侯近罪人，卒逢其禍，故以爲人君深戒」者，「卒」詁爲終也。

注「不言」至「義同」　解云：即襄二十九年閽弒其君下，注云「不言其君者，公家不畜，士庶不友，放之遠地，欲去聽所之，故不繫國，不繫，〔三〕故不言其君」也。然則，此處之盜仍未加刑，而亦不言其君者，正以方當刑放之，故與刑人義同也。

蔡公孫辰出奔吴。

葬秦惠公。

宋人執小邾婁子。

夏，蔡殺其大夫公孫歸姓、公孫霍。

晉人執戎曼子赤，歸于楚。「赤」者何？欲以爲戎曼子名，則晉人執曹伯言「畀宋人」，不言名「歸」；欲言微者，則不當書，故以不知問也。○曼，音蠻。畀宋，必利反，下同。

【疏】「晉人」至「子赤」 解云：左氏作「戎蠻子」也。

注「則晉」至「名歸」 解云：即僖二十八年「三月，〔三〕丙午，晉侯入曹，執曹伯，畀宋人」，彼則曹伯不言名，畀宋人不言「歸」，與此異，故執不知問。

注「欲言」至「當書」 解云：欲言赤是楚之微者，自歸于楚，非戎子之名，則微者之例，不當書見，故以不知問之。

戎曼子之名也。其言「歸于楚」何？據執曹伯「畀宋人」，不言「歸于宋」。子北宮子曰「辟伯晉而京師楚也」。此解名而言「歸」意也。〔三三〕前此楚比滅頓、胡，諸侯由是畏其威，從而圍蔡，蔡遷于州來，遂張中國，京師自置。晉人執戎曼子，不歸天子而歸于楚，而不名而言「歸于楚」，則與伯執歸京師同文，故辟其文而名之，使若晉非伯執，而赤微者自歸于楚。言「歸于楚」者，起伯晉京師楚。主書者，惡晉背叛當誅之。

【疏】「辟伯」至「楚也」 解云：成十五年春，「晉侯執曹伯歸于京師」，〔三四〕是伯執人歸于京師之文。今戎曼子不言名，直言「晉侯執戎曼子歸于楚」，即是伯者執人歸京師無異，故名戎子以辟之。言「赤歸于楚」者，似楚之微者自歸，不干戎子然。故曰「辟伯晉而京師楚」也。

注「此解」至「誅之」 解云：言赤歸于楚之意也。云「前此楚比滅頓胡」者，即定十四年春，「楚公子結帥師滅頓，〔三五〕以頓子牄歸」，十五年春，「楚子滅胡，以胡子豹歸」是也。云「從而圍蔡」者，即上元年春，「楚子、陳侯、隨侯、許男圍蔡」是。云「蔡遷于州來」者，在二年冬。〔三六〕云「遂張中國」者，猶言自盛大于中國也。云「京師自置」者，謂作天子自處置也。云「晉人執戎曼子不歸天子而歸于楚」者，謂晉人畏其彊禦之勢，若京師矣。云「而不名而言歸于楚則與伯執歸京師同文」者，若言「執戎曼子歸于楚」，則與成十五年「晉侯執曹伯歸于京師」同文。云「故辟其文而名之」者，爲辟伯執歸京師之文，而名戎曼子也。云「使若晉非伯執」者，僖四年傳云「稱侯而執者，伯討也；稱人而執者，非伯討也」。今此經云「晉人執戎曼子」，故云「使若晉非伯執」也。云「而赤微者自歸于楚」者，若以楚之微者名赤，自歸于楚然。猶莊二十四年冬，「赤歸于曹」之類。云「言歸于楚者，起伯晉京師楚」者，正以僖二十八年，晉侯「執曹伯以畀宋人」，然則，諸侯自相執不言歸，今言歸者，欲起晉人以楚爲京師故也。云「主書者惡晉背叛，當誅之」者，言主書此事者，正欲惡晉以楚爲京師，背叛天子，當合誅絶也。〔三七〕若然，楚人是時京師自置，寧知不惡之者，正以宣十八年秋七月，「甲戌，楚子旅卒」，傳云「何以不書葬？吳、楚之君不書葬，辟其號也」。然則，吳、楚僭號非一朝一夕，已不書「葬」，一譏而已，自餘京師

自置之事，理應不譏，故云此。〔三八〕

城西郛。○郛，芳夫反。

六月，辛丑，蒲社災。「蒲社」者何？據「鼓用牲于社」，不言「蒲」。○蒲社，左氏作「亳社」。

【疏】「蒲社者何」解云：正以社爲積土，非火燒之物，而反書災，故執不知問。

亡國之社也。「蒲社」者，先世之亡國，在魯竟。

【疏】注「蒲社」至「魯竟」解云：公羊解以爲「蒲」者，古國之名。天子滅之，以封伯禽，取其社以戒諸侯，使事上。今災之者，若曰「王教絶」云爾。左氏、穀梁以爲「亳社」者，殷社也。武王滅殷，遂取其社，賜諸侯，以爲有國之戒。然則，傳説不同，不可爲難。案今穀梁經傳皆作「亳」字，〔三九〕范氏云「殷都于亳，武王克紂，而班列其社于諸侯，以爲亡國之戒」。而賈氏云「公羊曰『薄社』〔四〇〕也」者，蓋所見異。

社者，封也。封土爲社。其言「災」何？據封土非火所能燒。亡國之社蓋揜之，揜其上而柴其下。故火得燒之。揜柴之者，絶，不得使通天地四方，以爲有國者戒。○揜，意冉反。

【疏】「亡國」至「其下」(四一) 解云：公羊子不受于師，故言「蓋」也。

注「揜柴」至「四方」 解云：即郊特牲云「天子之大社，(四二)必受霜露風雨，以達天地之氣也。是故喪國之社，屋之，不受天陽也。薄社北牖，使陰明也」是也。然禮記作「薄社」，何氏所見與鄭氏異。云「以爲有國者戒」者，言若不事上，當如此。

「蒲社災」何以書？記災也。 戒社者，先王所以威示教戒諸侯，使事上也。災者，象諸侯背天子。是後，宋事彊吳，齊、晉前驅，滕、薛俠轂，魯、衛驂乘，故天去戒社，若曰「王教滅絶」云爾。○背，音佩。俠轂，古洽反，下古木反，十三年同。乘，繩證反，十三年同。去，起呂反。

【疏】「蒲社災何以書」 解云：不直言「何以書」者，嫌覆問柴其下何以書，故復舉句而問之。

注「是後」至「驂乘」 解云：春秋説文。謂下十三年黄池之會時也。

秋八月，甲寅，滕子結卒。

冬，十有二月，葬蔡昭公。 賊已討，故書「葬」也。不書討賊者，明諸侯得專討士以下也。

【疏】注「賊已討故書葬也」 解云：此蔡昭公即上「盜殺蔡侯申」者是。隱十一年傳云「弒則何以不書葬？春秋君弒，賊不討，不書葬，以爲無臣子也」。然則，今此蔡侯亦弒，而書其「葬」，故知賊已討也。

注「不書」至「以下也」 解云：孟子曰「諸侯不得專殺大夫」，是以春秋之内，殺大夫不問有罪無罪，皆書而譏之。若殺微者，例所不録。今蔡侯之賊乃微者，嗣子殺之，故不書見，故云「明諸侯得專討士以下也」。考諸正本，何氏之注盡於此，若更有注者，衍字矣。

葬滕頃公。〇頃，音傾。

五年，春，城比。〇比，本又作「芘」，亦作「庇」，同，音毗。左氏作「毗」。

夏，齊侯伐宋。

晉趙鞅帥師伐衛。

秋，九月，癸酉，齊侯處臼卒。

冬，叔還如齊。

閏月，葬齊景公。閏不書，此何以書？據楚子昭「卒」不書「閏」。

【疏】注「據楚」至「書閏」 解云：即襄二十八年冬十二月，「甲寅，天王崩。乙未，楚子昭卒」是也。彼注云「乙未、甲寅，相去四十二日，蓋閏月也」。然則，相去四十二日，明其不得同在一月，故以「閏月」言之。

喪以閏數也。謂喪服大功以下諸喪，當以閏月爲數。○閏數，所主反，下及注「月數」、「閏數」同。

【疏】「喪以閏數也」 解云：此「喪」謂喪服也。謂爲之服大功以下喪服者，皆以閏數之，此數讀如「加我數年」之數，非「頭數」之「數」也。

注「謂喪服」至「爲數」 解云：此數乃爲頭數之數，謂九月、五月、三月之喪既是數月之物，故得數閏以充之。是以葬亦書閏矣。何者？葬亦數月之物故也。

喪曷爲以閏數？據「卒」不書「閏」。

【疏】「喪曷爲以閏數」 解云：此喪亦喪服大功以下者。

喪數略也。「略」，猶殺也。以月數，恩殺，故并閏數。

【疏】注「略猶」至「閏數」 解云：此數亦如「加我以數年」之「數」也。〔四三〕言大功以下之喪，所以得數閏月者，正以恩殺故也。鄭志趙商問曰「經曰『閏月不告朔，猶朝于廟』，穀梁傳云『閏月，附月之餘日，喪事不數』。又哀五年『閏月，葬齊景公』，公羊傳云『閏月不書，此何以書？喪以閏數，喪數略也』。此二傳義反於禮，斷之何就」？答曰「居喪之禮，以月數者，數閏，以年數者，雖有閏，無異于數也」。然則，鄭氏之意以爲彼云喪事不數者，謂期與三年也。此云「喪以閏數」者，謂大功以下也。若穀梁之意，以爲大功以下及葬，皆不數閏。云云之説，在襄二十八年。

六年，春，城邾婁葭。（四四）「城」者，取之也，不言「取」者，魯數圍取邾婁邑，邾婁未曾加非於魯，而侮奪之不知足，有夷狄之行，故諱之，明惡甚。○邾婁葭，音加，又音遐，左氏作「邾瑕」。數，所角反。曾，才能反。行，下孟反。

【疏】注「城者」至「惡甚」　解云：正以襄二年「遂城虎牢」，傳云「虎牢者何？鄭之邑也。其言城之何？取之也」。今言「城邾婁葭」，文與彼同，故知取之。云「不言取之者，（四五）魯數圍取邾婁邑」者，即上三年冬，「叔孫州仇、仲孫何忌帥師圍邾婁」，又上二年春，「伐邾婁，取漷東田及沂西田」之屬是也。先言「圍」者，便文故也。云「有夷狄行」者，正以貪而無親故也。

晉趙鞅帥師伐鮮虞。

吴伐陳。

夏，齊國夏及高張來奔。

叔還會吳于柤。〇柤，莊加反。

秋，七月，庚寅，楚子軫卒。

齊陽生入于齊。

齊陳乞弒其君舍。弒而立者，不以當國之辭言之，此其以當國之辭言之何？據「齊公子商人弒其君舍」而立，氏「公子」。〇君舍，二傳作「荼」，音舒。

【疏】注「據齊」至「公子」 解云：即文十四年秋，（四六）「齊公子商人弒其君舍」是也。

爲諼也。此其爲諼奈何？問其義。〇諼，況元反。景公謂陳乞曰：「吾欲立舍，何如？」陳乞曰：「所樂乎爲君者，欲立之則立之，不欲立則不立。貴自專也。

【疏】「所樂」至「不立」　解云：言人之所以愛樂乎其爲君者，貴慕其自專故也。然則，此乃有爲而言，(四七)非王道也。

君如欲立之，則臣請立之」。陳乞欲拒言「不可」，恐景公殺陽生。陽生謂陳乞曰：「吾聞子蓋將不欲立我也。」陳乞曰：「夫千乘之主，將廢正而立不正，必殺正者。晉世子申生是也。○乘，繩證反。

【疏】注「晉世子申生是也」　解云：即僖五年「春，晉侯殺其世子申生」是也。

吾不立子者，所以生子者也。走矣！」教陽生走。與之玉節而走之。「節」，信也。析玉與陽生，留其半，爲後當迎之，合以爲信，防稱矯也。奔不書者，未命爲嗣。○析，思歷反。爲後，于僞反，下「乞爲」同。矯，居兆反。

【疏】注「節信」至「爲嗣」　解云：言與之爲斷玉之信，而令之走也。云「奔不書者未命爲嗣」者，案定十四年秋「衛世子蒯聵出奔宋」，書見於經，故知陽生出奔不書者，未命爲嗣故也。然則，公子陽生但是母貴宜立，實非世子，而上傳云「廢正而立不正，必殺正者」，雖非夫人所生，但秩次宜立，謂之「廢正」亦何傷？而舊云「陽生實是正世子，但未命爲嗣，故出入不兩書，若命爲嗣，即是大國之君，出入合兩書也」者，(四八)非。

景公死，而舍立。陳乞使人迎陽生，于諸其家。「于諸」，寘也，齊人語也。除景公之喪，「期而小祥」，服期者除。○期而，音基，下同。

【疏】注「期而」至「者除」 解云：「期而小祥」者，士虞記文。言「服期者除」者，謂從服之徒矣。若其正服，臣爲君斬衰三年，寧得期而除乎？案景公之卒，在去年九月，至今七月，其實未期，而言「服期者除」者，蓋陽生之入，實亦九月，但事不宜月，故直時，是以傳云「除景公之喪」也。若然案隱四年「冬，十二月，衛人立晉」，彼注云「月者，大國篡例月，小國而，(四九)立、納、入皆爲篡」。然則，大國之篡例合書月，齊爲大國而言事不宜月者，正以陽生之篡，陳乞爲之，故陽生之入欲移惡於陳乞故也。似若莊九年夏齊小白入于齊，何氏云「不月者，移惡于魯也」之類也。然則，大國之篡，所以月者，以其禍大故也。既移惡于陳乞，是以不月，正得述事之宜矣。

諸大夫皆在朝，陳乞曰：「常之母「常」，陳乞子，(五〇)重難言「其妻」，故云爾。○難，乃旦反。

【疏】注「常」至「云爾」 解云：正以妻者，己之私，故難言之，似若今人謂妻爲兒母之類是也。

有魚菽之祭，齊俗，婦人首祭事。言「魚豆」者，示薄陋無所有。

【疏】注「齊俗」至「祭事」 解云：主婦設祭，禮則有之，何言「齊俗」者？正以主婦設祭之時，助設而已，其實男子爲首，即君牽牲，夫人奠酒；君親獻，夫人薦豆之類是也。若其齊俗，則令使婦人爲首，故此傳云「常之母有魚菽之祭」，即其文是矣。

注「**言魚**」至「**所有**」　解云：定元年「冬，十月，霣霜殺菽」，彼注云「菽，大豆」。然則，彼已訓解，故此何氏直以「豆」言之。若依正禮，水陸僉陳，而止言「魚」與「豆」者，示薄陋無所有故也。

願諸大夫之化我也」。言欲以薄陋餘福共宴飲。

【疏】「**願諸**」至「**我也**」　解云：桓六年傳云「曷爲謂之寔來？慢之也。曷爲慢之？化我也」，彼注云「行過無禮謂之化，齊人語也。諸侯相過，至竟必假塗，入都必朝，所以崇禮讓，絶慢易。今州公過魯都不朝魯，是慢之爲惡，故書『寔來』，見其義也」。然則，彼以州公過魯而無禮，故傳謂之「化我也」，今此陳乞亦以魚、菽之薄物，枉屈諸大夫之貴重，亦是無禮相過之義，故謂之「化我也」。

諸大夫皆曰：「諾。」於是皆之陳乞之家。坐，陳乞曰：「吾有所爲甲，「甲」，鎧。○鎧，苦代反。

【疏】「**吾有所爲甲**」　解云：猶言我有所作得若干甲也。

請以示焉。」諸大夫皆曰：「諾。」於是使力士舉巨囊而至于中霤，「巨囊」，大囊。中央曰「中霤」。○囊，乃郎反，又音託。霤，力又反。

【疏】注「中央曰中霤」 解云：案月令中央土，云「其祀中霤」，鄭注云「中霤，猶中室也」。「古者複穴，是以名室爲霤云」，庾蔚云〔五一〕「複，地上累土；穴則穿地也。複穴皆開其上，取明，故雨霤之，是以因名中室爲中霤也」。故此傳云「中霤」，注云「中央」，謂室之中央也。

諸大夫見之，皆色然而駭。〔五二〕「色然」，驚駭貌。○色然，如字，本又作「垝」，居委反，驚駭貌。本或作「危」。開之，則闖然「闖」，出頭貌。○闖，丑鴆反，又丑甚反，一音丑今反。見貌。字林云馬出門貌，丑衽反。公子陽生也。陳乞曰：「此君也已！」諸大夫不得已，皆逡巡北面，再拜稽首，而君之爾。時舍未能得衆，而陽生本正當立，〔五三〕諸大夫又見力士，知陳乞有備，故不得已，遂君之。○逡，七旬反。自是往弑舍。陽生先詐致諸大夫，立於陳乞家，然後往弑舍，故先書當國，起其事也。乞爲陽生弑舍，不舉「陽生弑」者，諼成于乞也。不日者，與卓子同。

【疏】注「故先書當國起其事也」者 謂書陽生入齊，乃在弑舍之前，所以起其先入後弑也。云「乞爲陽生弑舍，不舉陽生弑者，諼成于乞也」者，正以舉重略輕，春秋之常事，今而不書者，諼成于乞故也。

注「不日」至「子同」 解云：僖十年春王正月，「晉里克弑其君卓子」，何氏云「不日者，不正遇禍，終始惡明，故略之」。然則，今此陳乞弑舍，所以不日者，亦是不正遇禍，終始惡明，故略之。故曰「與卓子同」。若然，鄉解云「陽生之入，〔五四〕實在九月，但事不宜月，故不書月」。然則，陳乞之事，宜云「不月」，而云「不日」者，正以卓子之弑，實書月，若言「不月」，則與卓子同文不可設，故云「不日」也。案陳乞弑舍實不書日，謂之「不日」，亦何傷？然則，陳乞弑舍之事，與里克弑卓子相類，而不月者，正以文承陽生入于齊之下。陽生之事既不宜月，是以陳乞之事，不得月也。若然，案僖九年，「冬，晉里克弑其君之子奚齊」，注「不月者，不正遇禍，終始惡明，故略之」。然則，此亦不月，何氏不云「不月者，與奚齊同義」者，正以奚齊未踰年之君，與舍不類，寧得同之乎？

冬，仲孫何忌帥師伐邾婁。

宋向巢帥師伐曹。

七年，春，宋皇瑗帥師侵鄭。○瑗，于眷反。

晉魏曼多帥師侵衛。

夏，公會吴于鄫。○鄫，似陵反。

秋，公伐邾婁。八月，己酉，入邾婁。以邾婁子益來。「入」不言

「伐」，此其言「伐」何？據當舉「入」爲重。

【疏】「入不」至「伐何」 解云：莊十年傳例〔五五〕「觕者曰侵，精者曰伐，戰不言伐，圍不言戰，入不言圍，滅不言入，書其重者也」。然則，傳例云「戰不言伐，入不言圍」，此云「入不言伐」者，正以此經舉「伐」言「入」，亦違舉重之例，是以據經以釋之。傳例云者，序用兵之次第，輕重備言，不足怪也。

内辭也。若使他人然。諱獲諸侯，故不舉重而兩書，使若魯公伐而去，他人入之。「以來」者，醇順他人來文。

【疏】注「諱獲」至「來文」 解云：若其不諱，宜舉重云「公入邾婁」，今不舉重，而「伐」、「入」兩書，故知諱獲諸侯也。云「使若魯公伐而去他人入之以來者」，以來是詣魯之常文，故何氏言「來者，常文，不爲早晚施」是也。今始若不諱，宜云「以邾婁子益至自某」，而經言「來」，故如此解。云「醇順他人來文」者，以上諱獲諸侯，故不舉重，使若魯人伐而去，他人自入之，今又言「來」，〔五六〕作外來詣魯之常文，故曰「醇順他人來文」也。

邾婁子益何以名？據以隗子歸不名。○隗，五罪反。

【疏】注「據以」至「不名」 解云：即僖二十六年「秋，楚人滅隗，以隗子歸」是也。

絶。曷爲絶之？〔五七〕據俱以歸。獲也。曷爲不言其獲？據獲晉侯言「獲」。

【疏】注「據獲晉侯言獲」　解云：即僖十五年冬，「晉侯及秦伯戰于韓，獲晉侯」是也。

內大惡，諱也。故名以起之也。日者，惡魯侮奪邾婁無已，復入獲之。「入」不致者，得意可知例。○惡魯，烏路反。復，扶又反。

【疏】注「故名以起之」　解云：擅獲諸侯，乃爲大惡，是以諱之，不言其獲。既不言「獲」，故云「言其名以起其見獲也」。所以能起之者，諸侯之禮，當死位，今不能死位而生見獲，書其名，起其絶也。案隱二年無駭入極之下，傳云「此滅也，其言『入』何？內大惡，諱也」，昭四年取鄫之下，傳云「滅之，則其言取之何？內大惡，諱也」。今此又言「內大惡，諱也」，重發傳者，正以往前二處，「入」、「取」文異，今此上經雖亦言「入」，但書名之由，事須備釋，是以又言。

注「日者」至「獲之」　解云：隱二年注云「入例時，傷害多則月」。此書日，故須解之。言「惡魯侮奪邾婁無已」，即上六年城葭之下，注云「魯數圍取邾婁邑，邾婁未曾加非於魯，而侮奪之不知足」，今復入其國，獲其君，故書日以惡內也。

注「入不」至「知例」　解云：莊六年注「公與一國及獨出用兵，得意不致，不得意致伐」，即僖六年「公至自伐鄭」，二十九年「公至自圍許」之屬是。至於入他國例不書致者，正以既能入國，得意可知，似若僖三十三年「公伐邾婁，取叢」之下，注云「取邑不致者，得意可知例」。

宋人圍曹。

冬，鄭駟弘帥師救曹。

八年，春，王正月，宋公入曹，以曹伯陽歸。曹伯陽何以名？據以隗子歸不名。

【疏】注「據以」至「不名」 解云：即僖二十六年，「秋，楚人滅隗，以隗子歸」是也。

絕。曷爲絕之？據俱以歸。滅也。曷爲不言其滅？據「滅隗」也。諱同姓之滅也。故名以起之。

【疏】注「故名以起之」 解云：諱不得書其滅，故書其名，所以起其滅矣。所以能起之者，正以失地之君，例合書名，即桓七年，穀伯綏、鄧侯吾離之下，〔五八〕傳云「皆何以名？失地之君」是。〔五九〕今曹伯陽亦書其名，故可起其滅。

何諱乎同姓之滅？據「衛侯燬滅邢」不諱。○燬，况委反。

【疏】注「據衛」至「不諱」 解云：即僖二十五年，「春，王正月，丙午，衛侯燬滅邢」是也。

力能救之而不救也。以屬上力能獲邾婁而不救曹，故責之。不日者，深諱之。定、哀「滅」例日，此不日者，諱使若不滅，故不日。

【疏】注「不日」至「故不日」 解云：既書「入」以諱同姓見滅，而又日，故曰「深諱」也。云「定哀滅例日此，不日者，諱，使若不滅，故不日」，云云之說，在定四年。

吳伐我。不言「鄙」者，起圍魯也。不言「圍」者，諱使若伐而去。

【疏】注「不言」至「魯也」 解云：正以莊十九年，「冬，齊人、宋人、陳人伐我西鄙」，注云「鄙者，邊垂之辭，榮見遠也」。然則，「鄙」者，邊垂之名。今不言「鄙」，直言「伐我」，故得起其圍魯矣。

注「不言」至「而去」 解云：國君當彊，折衝當遠，魯微弱，深見犯，至于圍國，故諱之，但言「伐」者，差輕也。〔六〇〕

夏，齊人取讙及僤。外取邑不書，此何以書？所以賂齊也。曷爲賂齊？據上無戰伐之文。○僤，昌善反，一音昌然反，字林作「墠」，左氏作「闡」。

【疏】「取讙及僤」 解云：左氏、穀梁作「讙」「闡」字。

「外取」至「以書」 解云：宣元年，「六月，齊人取濟西田」之下，傳云「外取邑不書，此何以書」？注云「據曹取之不書」。然則，此傳云「外取邑不書，此何以書」者，亦據曹取濟西田不書，但從彼省文，是以不復注解。

注「據上」至「之文」 解云：謂此上經無魯與齊戰伐之文，計無所謝，無事而賂，故難之。

爲以邾婁子益來也。邾婁，齊與國，畏爲齊所怒而賂之，恥甚，故諱，使若齊自取。○爲以，于僞反。

【疏】「爲以」至「來也」 解云：正爲七年以邾婁子益來，是以賂齊二邑也。

注「邾婁齊與國」 解云：正以魯獲邾婁之君，而賂二邑，若非齊之與國，理不應賂。云云之説，備于宣元年疏。

歸邾婁子益于邾婁。獲歸不書。此書者，善魯能悔過歸之。嫌解邾婁子益，無罪，書故復名之。○復，扶又反。

【疏】注「獲歸」至「歸之」 解云：正以僖十五年秦獲晉侯，後歸不書，故曰「獲歸不書」，今此書者，善魯能悔過歸之，故録見之。

注「嫌解」至「名之」 解云：桓十五年傳例云「歸者出入無惡」。今此言「歸」，是以嫌其無罪也。經既書「歸」，作無罪之文，則嫌魯人解釋邾婁子，其罪合除，是以書見，故復名之，見其不善。所以書「益」之名，得見魯之有罪者，正以上七年以益來之時，傳云「内大惡，諱」，注云「故名以起之」。然則，初書名起見魯罪，則知今復名者，其不善明矣。

秋，七月。

冬，十有二月，癸亥，杞伯過卒。○過，古禾反。

齊人歸讙及僤。書者，善魯能悔過，歸邾婁子益。所喪之邑，不求自得，故不言「來」，使若不從齊來，與「歸我濟西田」同文。○喪，息浪反。

【疏】注「書者」至「同文」　解云：言「所喪之邑不求自得」者，正以言歸也。何者？歸者自與之文故也。〔六二〕若求乃得之者，當言「取」，即僖三十一年「春，取濟西田」，成二年秋，「取汶陽之田」之屬是也。「故不言來，使若不從齊來」者，謂若此邑元不入齊，但以此來，欲叛于魯，齊人取而歸之然。言「與歸我濟西田邑同文」者，即宣十年春，「齊人歸我濟西田」，傳云「齊已取之矣，其言『我』何？言我者，未絶于我也。曷爲未絶于我？齊已言取之矣，其實未之齊也」，注云「不言來者，明不從齊來，不當坐取邑」是也。然則，彼以未之齊，故不言「來」，今此使若不從齊來，是以謂之「同文」矣。然則，彼言「我」者，以其未絶于我，此不言「我」者，正以讙、僤實絶于我故也。濟西田未絶，齊人不當坐取邑，讙、僤實絶，齊人當坐取邑明矣。然則，「我」與不，即是不同，而言「同文」者，正謂皆不言來，以爲同文，何妨？言「我」與不，仍爲異乎？

九年，春，王二月，葬杞僖公。

宋皇瑗帥師取鄭師于雍丘。其言「取之」何？據詐戰言「敗」也。〇雍，於用反。

【疏】注「據詐戰言敗也」　解云：即莊十年秋，「荆敗蔡師于莘」，昭二十三年秋，「吴敗頓、胡、沈、蔡、陳、許之師于雞父」，傳云「此偏戰也，曷爲以詐戰之辭言之？不與夷狄之主中國也」是也。

易也。其易奈何？詐之也。「詐」，謂陷阱奇伏之類。兵者，爲征不義，不爲苟勝而已。十三年詐反不月，知此不蒙上月，疾略之爾。〇易也，以豉反，下同。阱，才性反。爲征，于僞反。

【疏】注「詐謂」至「之類」解云：何氏蓋取禮記中庸云「人皆曰予知，驅而納諸罟獲陷阱之中，而莫之知辟也」，又言「奇伏」者，奇兵伏兵之謂也。

注「兵者」至「之爾」解云：下十三年「春，鄭軒達帥師取宋師于嵒」，傳云「其言取之何？易也。其易奈何？詐反也」，注云「前宋行詐，取鄭師，今鄭復行詐取之，苟相報償，不以君子正道，故傳言『詐反』。反，猶報也」。然則，兵之設也，爲欲征不義，豈欲苟勝而爲詐，故知春秋疾而略之，皆不書月矣。何者？春秋之義，「偏戰」者日，「詐戰」者月，所以然者，正疾其行詐，略之故也。今此二經，〔六二〕乃設陷阱奇伏，又爲詐之甚者，是以春秋復深略之。

夏，楚人伐陳。

秋，宋公伐鄭。

冬，十月。

十年，春，王二月，邾婁子益來奔。月者，魯前獲而歸之，今來奔，明當尤加禮厚遇之。

【疏】注「月者」至「遇之」　解云：正以上六年「夏，齊國夏、高張來奔」，襄二十八年「冬，齊慶封來奔」之屬，則知來奔魯者，例合書時；今此書月，故如此解。文十二年「春〔六三〕正月，盛伯來奔」，〔六四〕注云「月者，前爲魯所滅，今來見歸，尤當加意厚遇之也」者，義亦通於此。以此言之，則知昭二十三年「秋，七月，莒子庚輿來奔」，月者，爲下「戊辰，吴敗頓、胡、沈、蔡、陳、許之師」書。莒子之奔雖在月下，不蒙月。何氏所以不注之者，正以隱元年冬，「十二月，蔡伯來奔」之下，〔六五〕注云「月者，爲下卒也」，「出奔例時」也。〔六六〕然則，上已有注，故至庚輿之下省文，從可知。

公會吴伐齊。

三月，戊戌，齊侯陽生卒。

夏，宋人伐鄭。

晉趙鞅帥師侵齊。

五月，公至自伐齊。

葬齊悼公。

衛公孟彄自齊歸于衛。

薛伯寅卒。「卒」、「葬」略者，與杞伯益姑同。○伯寅，二傳作「伯夷」，同音以尼反。

【疏】注「卒葬」至「姑同」 解云：正以所見之世，詳録小國，「卒」日「葬」月，是其常文，即上四年「秋，八月，甲寅，滕子結卒。冬，十二月，葬滕頃公」是也。〔六七〕今乃「卒」月「葬」時，故解矣。〔六八〕言「與杞伯益姑同」者，即昭六年「春，王正月，杞伯益姑卒」，注云「不日者，行微弱，故略之。上城杞已貶，復「卒」略之者，入所見世，責小國，詳始録内行也。諸侯内行小失不可勝書，故於終略責之，見其義」。然則，今此略之者，〔六九〕亦爲内行小失，故曰「與杞伯益姑同」。

秋，葬薛惠公。

冬，楚公子結帥師伐陳。吴救陳。救中國不進者，陳，吴與國，救陳，欲以備中國，故不進。

【疏】注「救中」至「不進」 解云：正以僖十八年夏，「狄救齊」，「冬，邢人、狄人伐衛」，注云「狄稱人者，善救齊，雖拒義兵，猶有憂中國之心，故進之。不於救時進之者，辟襄公，不使義兵壅塞」也。定四年冬，「蔡侯以吴子及楚人戰于柏舉」，傳云「吴何以稱子？夷狄也，而憂中國」，注云「言子，起憂中國」。然則，夷狄之人能憂中國也，皆進之。今此稱國不進者，正以救陳欲以備中國，故不進也。知陳是吴之與國者，正以吴人救之故也。必知「欲以備中國」者，非直見其不進，亦以陳於諸夏之時，乃是吴之屬故也。

校勘記

〔一〕滅以歸可知　阮校：鄂本有「從」字，此脱。今按，撫州本「滅」上有「從」字，余本無。

〔二〕鄭游速帥師滅許　阮校：閩本同，監、毛本「速」作「遬」。今按，單抄本同閩本。

〔三〕滅許以許男斯歸　「以許」二字原無。殿本考證：「許」下脱「以許」二字。今按，單抄本「許」下有「以」字。據補。

〔四〕瀞火號反　「瀞」原作「郭」。撫州本、宋本音義作「瀞」，余本音義已誤作「郭」。據改。

〔五〕卒名　浦鏜云：「名」下脱「也」字。

〔六〕卒竟但舉名　浦鏜云：「竟」下脱「也竟」二字，「名」下脱「者」字。

〔七〕三人伐而二人盟何各盟所得　浦鏜云：「何」下、「得」下脱「也」字，「所」當作「其」。下脱「范氏云」三字。

〔八〕故不盟　浦鏜云：「盟」下脱「也」字。

〔九〕定十四年秋　「秋」原作「夏」。浦鏜云：「秋」誤「夏」。據改。

〔一〇〕及鄭軒達帥師戰于栗　阮校：按「鄭軒達」蒙上「晉趙鞅帥師」也，則「帥師」二字當衍。

〔一一〕君殺大夫之辭者　「君」上原有「稱云」二字。阮校：「君」上「稱云」是「解云」之誤，當在「者」字下。今按，單抄本無「稱云」二字。據删。

〔一二〕諸侯國爲體　浦鏜云：「爲」衍字。

〔一三〕曼姑受命于先君而立輒　浦鏜云：「于先君」傳作「乎靈公」。

〔一四〕書歸而赦之是也　浦鏜云：彼注無「而」字。

〔一五〕起曼姑得拒之　阮校：按「拒」當同傳作「距」。

〔一六〕聽靈公命立者　「者」原作「是」。阮校：此本「者」誤「是」。今據鄂本訂正。閩、監、毛本删此字。今按，撫州本、余本「是」作「者」。據改。

〔一七〕是王法行於諸侯　阮校：鄂本「於」作「乎」，何校本疏中同。今按，撫州本、余本作「於」。

〔一八〕曰古之賢人也　阮校：解云「言古之賢士，且有仁行。若非『仁』字，如此解之。若作『人』字，不勞解也」。

〔一九〕曰怨乎　阮校：監、毛本增「曰」字在此下，非。何煌云，案文勢不當有「曰」字，論語有者衍文。

〔二〇〕是父之命行乎子也　浦鏜云：傳無「命」字。

〔二一〕古之賢人也者　阮校：段校本「人」作「仁」是也。今按，單抄本作「人」。

〔二二〕或科取一又　「又」原作「文」。單抄本「文」作「又」，據改。

〔二三〕春秋之義　「之」原作「逸」。浦鏜云：「之」誤「逸」。今按，單抄本作「之」。據改。

〔二四〕但逐其重處　「逐」原作「遂」。浦鏜云：「遂」誤「逐」。今按，單抄本作「逐」。據改。

〔二五〕餘輕處　「餘」上原有「故」字。浦鏜云：「餘」上「其」誤「故」。今按，單抄本無「故」字。據删。

〔二六〕正以哀自立之　浦鏜云：「作」誤「立」。

〔二七〕稱人者惡大夫驕蹇　阮校：鄂本「稱」誤「稚」。

〔二八〕即僖七年　「七」原作「十」。浦鏜云：「七」誤「十」。今按，單抄本作「七」。據改。

〔二九〕明年三月　「三」原作「二」。浦鏜云：「三」誤「五」（即「二」，浦鏜所據蓋監、毛本）。阮校：監、毛本作「五」，閩本作「二」，亦誤。今按，單抄本作「三」。據改作「三」。

〔三〇〕盜殺蔡申侯　撫州本、余本「殺」作「弑」。

〔三一〕故不繫國不繫　「國」下「不繫」二字原無。浦鏜云：「不繫國」三字當重。阮校：襄廿九年注重三字。今按，單抄本「不繫國」下重「不繫」二字。據補。

〔三二〕二十八年三月　「三」原作「二」。浦鏜云：「三」〔月〕誤「二」。今按，單抄本作「三」。據改。

〔三三〕此解名而言歸意也　「而」原作「此」。阮校：鄂本「此」作「而」，當據正。今按，撫州本、余本作「而」。據改。

〔三四〕執曹伯歸于京師　浦鏜云：「于」上經文有「之」字。

〔三五〕楚公子結帥師滅頓　浦鏜云：「帥」上脱「陳公子佗人」。

〔三六〕在二年冬　「二」原作「三」。浦鏜云：「二」誤「三」。今按，單抄本作「二」。據改。

〔三七〕背叛天子當合誅絶也　「合」原作「命」。浦鏜云：「命」疑「令」字誤。今按，單抄本「命」作「合」。據改。

〔三八〕故云此　「云」原作「以」。毛本、單抄本「以」作「云」。據改。

〔三九〕皆作亳字　「字」原作「宅」。浦鏜云：「家」誤「宅」，從經傳通解續校。阮校：何校本「宅」作

〔四〇〕「社」，是也。今按，單抄本「宅」作「字」。據改。
〔四一〕公羊曰薄社　阮校：何校本「薄」作「浦」。
〔四二〕亡國至其下　單抄本作「亡國之社蓋揜之者」，無下「解云」二字。
〔四三〕天子之大社　浦鏜云：「之」衍字。
〔四四〕加我以數年之數也　浦鏜云：「以」疑衍。
〔四五〕城邾婁葭　阮校：鄂本「葭」作「瑕」，非。
〔四六〕云不言取之者　浦鏜云：注無「之」字。
〔四七〕即文十四年秋　「秋」原作「冬」。浦鏜云：「秋」誤「冬」。據改。
〔四八〕此乃有爲而言　「此」下原有「公」字。殿本考證：「此」下「公」字疑衍文。阮校：「公」蓋「乞」之誤。今按，單抄本無「公」字。據刪。
〔四九〕合兩書也者　單抄本無「者」字。
〔五〇〕小國而　浦鏜云：「時」誤「而」。
〔五一〕常陳乞子　阮校：按「恒」作「常」，避漢諱。
〔五二〕庾蔚云　「庾」原作「庚」。殿本考證：「庚」當作「庾」。據改。
〔五三〕皆色然而駭　阮校：按一切經音義引作「歆然」，此引蓋誤。
〔五四〕本正當立　「本」原作「今」。阮校：鄂本、閩本作「今」，監、毛本作「本」。今按，撫州本、余本「今」作「本」。據改。
〔五五〕若然鄉解云陽生之入　單抄本無「解云」二字。

〔五五〕莊十年傳例　浦鏜云：下當脱「云」字。

〔五六〕今又言來　「又」原作「文」。阮校：何校本「文」作「又」。今按，單抄本作「又」。據改。

〔五七〕絶曷爲絶之　阮校：按僖廿六年疏引此「曷」上有「之」字，此脱。

〔五八〕鄧侯吾離之下　「侯」字原無。殿本考證：「鄧」下脱「侯」字。今按，單抄本有「侯」字。據補。

〔五九〕皆何以名失地之君是　「皆」原作「曹」。浦鏜云：「皆」誤「曹」，「君」下脱「也」字。單抄本作「皆」，不誤。據改。

〔六〇〕但言伐者差輕也　單抄本「也」作「耳」。

〔六一〕何者歸者自與之文故也　「文」字原無。單抄本無「歸者」二字，「之」下有「文」字。據補「文」字。

〔六二〕今此二經　「此」原作「比」。阮校：何校本作「比」〔阮所據本作「此」〕。今按，單抄本作「此」，據改。

〔六三〕文十二年春　浦鏜云：此下脱「王」字。

〔六四〕盛伯來奔　「盛」原作「成」。浦鏜云：「盛」誤「成」。據改。

〔六五〕蔡伯來奔之下　浦鏜云：「奔」衍字。阮校：按因傳有「奔」字而誤增入也。今按，單抄本有「奔」字。

〔六六〕出奔例時也　浦鏜云：「也」字衍。

〔六七〕葬滕頃公是也　「頃」原作「昭」。浦鏜云：「昭」當爲「頃」。據改。

〔六八〕故解矣　浦鏜云：「矣」疑「之」誤。

〔六九〕然則今此略之者　「此」原作「比」。阮校：閩、監、毛本「比」作「此」。今按，單抄本作「此」。據改。

監本附音春秋公羊傳注疏哀公卷第二十八起十一年，盡十四年。

何休學

十有一年，春，齊國書帥師伐我。

夏，陳袁頗出奔鄭。〇頗，破多反。

五月，公會吴伐齊。甲戌，齊國書帥師及吴戰于艾陵。〇艾，五蓋反。齊師敗績，獲齊國書。「『戰』不言『伐』」，舉「伐」者，魯與「伐」而不與「戰」。不從内與「伐」，使吴爲主者，吴主會，故不與夷狄主中國也。言「獲」者，能結日偏戰，少進也。〇與伐，音預，下「不與伐」同。

【疏】「獲齊國書」解云：宣二年春「獲宋華元」之下，何氏云「復出宋者，非獨惡華元，明恥辱及宋國」。然則，今此復出「齊」者，亦然。但省文，從可知，故不注。

注「**戰不**」至「**與戰**」　解云：「戰不言伐」者，莊十年傳文。而此舉「伐」者，當爾之時，魯但與其伐而不與其戰，故得兩舉之矣。

注「**不從**」至「**國也**」　解云：成二年「六月，癸酉，季孫行父」云云「會晉郤克」云云「及齊侯戰于鞌，齊師敗績」，注云「大夫敵君，不貶者，隨從王者大夫，得敵諸侯也」。然則，郤克之徒得敵齊侯者，正以魯人與在，隨從王者大夫，是以得序于上而主齊侯。今亦云魯公與伐，〔一〕而不使吴爲主，序「齊」下者，正以吴是時爲主會，若其與之而序于「齊」上，即是夷狄之主中國，是以退之矣。若然，案宣十二年，「晉荀林父帥師及楚子戰于邲」，林父序于「楚子」之上，亦應是不與夷狄之主中國，而注云「不與晉而反與楚子，爲君臣之禮，以惡晉」者，正以楚莊王稱「子」，據彼君文成矣。有王伯之事，雖以臣及君，不嫌晉直。今吴稱國，君文不成，而序「國書」之下，寧得類乎？

注「**言獲**」至「**進也**」　解云：莊十年秋，「荆敗蔡師于莘，以蔡侯獻舞歸」，傳云「曷爲不言其獲？不與夷狄之獲中國也」，又昭二十三年秋，「吴敗頓、胡、沈、蔡、陳、許之師于雞父」，「獲陳夏齧」，傳云「不與夷狄之主中國，則其言獲陳夏齧何？吴少進也」，注云「能結日偏戰，行少進，故從中國辭治之」。今經亦然，故以言此。

秋，七月，辛酉，滕子虞母卒。

冬，十有一月，葬滕隱公。

衛世叔齊出奔宋。

十有二年，春，用田賦。何以書？據當賦稅，爲何書。○爲何，于僞反，下「爲同宗」同。譏。何譏爾？譏始用田賦也。「田」謂一井之田；「賦」者斂取其財物也。言「用田賦」者，若今漢家斂民錢，以田爲率矣。不言「井」者，城郭里巷亦有井，〔二〕嫌悉賦之。禮，稅民公田不過什一，軍賦十井不過一乘。哀公外慕彊吴，空盡國儲，故復用田賦，過什一。○爲率，音律，又音類。乘，繩證反。復，扶又反。

【疏】**注「田謂一井之田」** 解云：知如此者，正以家語政論篇云「季康子欲以一井田出賦法焉」，又魯語下篇云「孔子謂冉求曰『田一井，出稯禾秉芻，缶米不是過也』」。〔三〕案彼二文皆論此經用田賦之事，而言一井，故知然也。

注「不言井」至「賦之」 解云：凡言「田」者，指墾土之處；言「井」者，但是方里之名。若言用井賦，則嫌城郭里巷之內，但有一井之處，悉皆賦之，故云「不言井者城郭里巷亦有井，嫌悉賦之」。

注「禮稅」至「什一」 解云：即宣十五年傳云「什一者，天下之中正也。什一行而頌聲作矣」是也。云「軍賦十井不過一乘」者，何氏以爲公侯方百里，案諸典籍，每有千乘之義，若不十井爲一乘，則不合，鄭氏云「公侯方百里，井十則賦出革車一乘」者，義亦通于此。云「哀公外慕強吴」者，即上十年春，「公會吴伐齊」，十一年夏，「公會吴伐齊」，此年夏，「公會吴于橐皋」之屬是也。云「故復用田賦過什一」者，對常賦，以爲復矣。

夏，五月，甲辰，孟子卒。「孟子」者何？據魯大夫無孟子。

【疏】「孟子者何」解云：欲言魯女，不言「孟姬」；欲言夫人，經不書「葬」，故執不知問。

昭公之夫人也。其稱「孟子」何？據不稱「夫人某氏」。

【疏】注「據不」至「某氏」解云：即隱二年冬，「十有二月，乙卯，夫人子氏薨」之屬是也。

諱娶同姓，蓋吴女也。禮，不娶同姓，買妾不知其姓，則卜之。爲同宗共祖，亂人倫，與禽獸無別。昭公既娶，諱而謂之「吴孟子」。春秋不繫「吴」者，禮，婦人繫姓不繫國，雖不諱，猶不繫國也。〔四〕不稱「夫人」，不言「薨」，不書「葬」者，深諱之。

【疏】「蓋吴女也」解云：公羊子不受于師，故疑之。

注「禮不」至「無別」解云：上曲禮云「取妻不取同姓，故買妾不知其姓，則卜之」，鄭氏注云「爲其近禽獸也。妾賤，或時非媵，取之於賤者，世無本繫」者是也。云「爲同宗共祖，亂人倫，與禽獸無別」者，欲取曲禮上云「夫唯禽獸無禮，故父子聚麀。是故聖人作爲禮以教人，欲人以有禮，知自別於禽獸」之文乎。〔五〕

注「昭公」至「孟子」解云：昭十年注云「去『冬』」者，蓋昭公娶吴孟子之年，故貶之」。然則，此言「昭公既娶」者，謂從昭十年以來也。而諱之吴孟子者，即論語云「君娶于吴，爲同姓，謂之吴孟子」，坊記云「魯，春秋猶去夫人之姓曰『吴』，其死曰『孟子卒』」是也。

注「春秋」至「國也」解云：言「婦人繫姓不繫國」者，即隱元年仲子下，注云「仲字，子姓，婦人以姓配字，不忘本也。因示不適同姓」也，二年「夫人子氏」之下，注云「子者，姓也，夫人以姓配號，義與仲子同」，是。言昭公之時，諱之，不謂之「吴姬」，謂之「吴孟子」，而春秋直謂之「孟子」，不繫「吴」者，正以婦人不繫國故也。言「雖不諱，猶不繫國」者，正以「齊姜」、「穆姜」之屬，〔六〕亦不繫國言之故也。

注「不稱」至「諱之」 解云：若言夫人，又若言「薨」，當言「夫人姬氏薨」，若「葬」，當言「葬我小君昭姬」，皆爲大惡，大惡不可言，故曰「深諱之」也。而云「孟子卒」者，若言宋之長女，爲魯侯之妾而卒之，猶如定十五年秋，姒氏卒之類。

公會吴于槖皋。○槖，章夜反，一音託。

秋，公會衛侯、宋皇瑗于運。○運，左氏作鄖。

宋向巢帥師伐鄭。

冬，十有二月，螺。何以書？記異也。何異爾？不時也。螺者，與陰殺俱藏。周十二月，夏之十月，不當見，故爲「異」。比年再螺者，天不能殺，地不能埋，〔七〕自是之后，天下大亂，莫能相禁，宋國以亡，齊并於陳氏，晉分爲六卿。○螺，音終，本亦作「螽」，注同。見，賢偏反。

【疏】注「比年再螽」 解云：即下十三年冬，「十二月，螽」是也。

注「宋國」至「六卿」　解云：皆在春秋后。考諸舊本，「宋」是「宗」字，然則，「宗國」猶大國。言「天不能殺，地不能埋，天下大亂，莫能相禁」，是其紀綱之國滅亡之象，是故齊并于陳氏，晉分爲六卿。若作「宋」字，何氏更有所見。春秋説云「陳氏篡齊，三年，千人合葬，故蝨蟲冬踊者，是其蝨爲齊亡之一隅也」。案左氏及史記皆云晉亡，分爲魏、趙、韓，今云「晉分爲六卿」者，蓋其初時，晉君失政，六卿用事，不妨其下滅時，但三家分之矣。

十有三年，春，鄭軒達帥師取宋師于嵒。其言「取之」何？易也。其易奈何？詐反也。前宋行詐取鄭師，今鄭復行詐取之。苟相報償，不以君子正道，故傳言「詐反」。「反」，猶報也。○嵒，五咸反，一音魚及反。易，以豉反，下同。鄭復，扶又反。秋以下注同。償，時亮反。

【疏】「其言取之何」　解云：上九年注云「據詐戰言敗也」，故此省文，不復言之也。

注「前宋」至「鄭師」　解云：即上九年春，「宋皇瑗帥師取鄭師于雍丘」，傳云「其言取之何？易也，其易奈何？詐之也」是也。

夏，許男戌卒。〔八〕比陳、蔡不當復卒，故「卒」、「葬」略。○男戌，本亦作「成」。〔九〕

【疏】**注**「比陳」至「葬略」　解云：昭八年冬，「楚師滅陳」，十一年，〔一〇〕楚師滅蔡，至十三年秋，「蔡侯廬歸于蔡，陳侯吳歸于陳」，二十年冬，「十有一月，辛卯，蔡侯廬卒」，二十一年「春，王三月，葬蔡平公」，定四年「春，王二月，癸巳，陳侯吴卒」，夏「六月，葬陳惠公」，定六年，鄭游速「滅許，〔一二〕以許男斯歸」，今年「夏，許男戌卒」，秋，「葬許元公」，然則，陳、蔡之滅，非吴盧之罪，及其存時，乃爲大國所復，但以不受封於天子，故書君以見之，仍以前君死位，非其自復，其國合存，故許録其「卒、葬」也。而許男斯者爲鄭所滅，不能死位，許國合絶，不足存之，而戌自復，罪惡深矣。若比之陳、蔡，不當合録，而録之者，正欲見其前君不死位，后君自復之惡深，是以書其「卒、葬」，而去其日月，以見矣。故曰「比陳、蔡不當復卒，故卒葬略之」也。

公會晉侯及吴子于黄池。吴何以稱「子」？據救陳稱國。

【疏】注「據救陳稱國」 解云：十年冬「吴救陳」是也。

吴主會也。以言「及」也。時吴彊而無道，敗齊臨菑，乘勝大會中國。齊、晉前驅，魯、衛驂乘，滕、薛俠轂而趨。以諸夏之衆，冠帶之國，反背天子而事夷狄，恥甚，不可忍言，故深爲諱辭。使若吴大以禮義會天下諸侯，以尊事天子，故進稱「子」。○背，音佩。

【疏】注「以言」至「而趨」 解云：以經言「及吴」，即知吴主會，何者？正以「及」者，〔一三〕汲汲之辭，即僖五年夏，「公及齊侯、宋公」以下「會王世子于首戴」，注云「言『及』者，因其文可得見汲汲也」。然則，彼云及齊侯，齊侯主會，則知此言「及吴子」，吴子主會明矣。故云「以言及也」。云「時吴強而無道，敗齊臨菑，乘勝大會中國」者，即上十一年「五月，公會吴伐齊，甲戌，齊國書帥師，及吴戰于艾陵，齊師敗績」者，是敗齊師于臨菑之事。正以吴爲夷狄，數伐中國而敗之，故謂之「無道」。「菑」字然有作「晉」字，若作「晉」字，以黄池爲近晉，晉人畏而會之，故曰「臨晉」。云「齊晉前驅，魯衛驂乘，滕薛俠轂而趨」者，春秋説文也。以下傳及注云「則天下盡會」，而春秋説特舉此六國，時爲之役，故偏舉之。或言不盡意故也。

注「以諸」至「稱子」　解云：諸夏衆強，不復如禮，反棄君父而事夷狄，耻辱之甚，不忍言，故深爲諱，進吳稱「子」矣。而言「冠帶之國」者，正以夷狄之人不知冠帶故也。是以穀梁傳云「吳王夫差曰『好冠來』，孔子曰『大矣哉！夫差未能言冠而欲冠也』」，范氏云「不知冠有等差，唯欲好冠」是也。

吳主會則曷爲先言「晉侯」？據申之會，楚子主會，序上。

【疏】注「據申」至「序上」　解云：即昭四年「夏，楚子、蔡侯」以下「會于申」是。

不與夷狄之主中國也。明其實自以夷狄之彊會諸侯爾，不行禮義，故序晉於上。其言「及吳子」何？據鍾離之會，殊會吳，不言「及」，僖五年「公及齊侯」，齊侯主會，益明矣。

【疏】注「據鍾」至「言及」　解云：即成十五年冬，「叔孫僑如會晉士燮、齊高无咎」以下「會吳于鍾離」是也。

注「僖五」至「明矣」　解云：即僖五年，「公及齊侯、宋公」以下「會王世子于首戴」。然則，案如彼經書公及齊侯，齊侯主會，此云「及吳」，則是吳子主會益明矣。何言「不與夷狄之主中國」乎？是以據而難之。

會兩伯之辭也。晉序上者，主會文也。吳言「及」者，亦人往爲主之文也。方不與夷狄主中國，而又事實當見，不可醇奪，故張兩伯辭。先晉，言「及吳子」，使若晉主會爲伯，吳亦主會爲伯，半抑半起，以奪見其事也。語在下。○當見，賢徧反，年内皆同。

【疏】注「吳言」至「文也」(一三) 解云：凡言「及」者，汲汲之辭，今言「及吳子」，則似吳子先在是，天下之人慕而往事之然。故曰「人往爲主之文」。

注「半抑」至「在下」(一四) 解云：序「晉」于上，是其抑之；言「及吳子」，起其爲伯也。故曰「半抑半起」矣。序「晉」于上，是其奪，言「及吳子」，亦見其爲伯之事，故曰「奪見其事」。

不與夷狄之主中國，則曷爲以會兩伯之辭言之？據伯主人。

【疏】注「據伯主人」解云：謂爲伯者，主領會上之人矣。

重吳也。其實重在吳，故言「及」，舉晉者，諱而不盈。

【疏】注「其實」至「不盈」解云：謂其實處權重在于吳，故言「及吳子」，作汲汲之文矣。經言「公會晉侯」，是其諱爲吳所主也。晉侯之下即言「及吳子」，是其不盈滿其諱文也。何者？晉是大國，而汲汲乎吳，還是吳爲會主之義也。僖二十三年夏，「宋公慈父卒」，傳云「何以不書葬？盈乎諱也」，注云「盈，滿也，相接足之辭也」。然則，此言諱而不盈者，意欲取彼傳文矣。

曷爲重吴？據常殊吴。

【疏】注「據常殊吴」　解云：即成十五年冬，「叔孫僑如會晉士燮」以下「會吴于鍾離」，襄十年「春，公會晉侯」以下「會吴于柤」之屬是也。

吴在是，則天下諸侯莫敢不至也。以晉大國，尚猶汲汲於吴，則知諸侯莫敢不至也。不書諸侯者，爲微辭，使若天下盡會之。而魯侯蒙俗會之者，惡愈，〔一五〕齊桓兼舉遠明近，此但舉大者，非尊天子，故不得褒也。主書者，惡諸侯君事夷狄。○惡諸，烏路反。

【疏】注「不書」至「惡愈」　解云：若欲實而言之，〔一六〕天下諸侯寧可悉至，但欲見其重在吴，作偏至之辭而已。若〔一七〕其歷言某侯某侯，則實不至者，不可空言，是以舉其最大之國，作天下盡會之義矣。

注「齊桓」至「褒也」　解云：僖二年「秋，九月，齊侯、宋公、江人、黄人會于貫」，〔一八〕傳云「江人、黄人者何？遠國之辭也。遠國至矣，則中國曷爲獨齊、宋至爾？〔一九〕大國言齊、宋，小國言江、黄，〔二〇〕則以其餘爲莫敢不至也」。然則，齊桓之時，非獨舉大以明小，亦兼舉遠以明近，今此但舉「晉」者，非尊天子，不得褒爲遠夷皆至之辭，則傳云「天下諸侯莫敢不至」者，〔二一〕據九州之内言之，亦得謂之「天下」矣。

注「主書」至「夷狄」　解云：春秋見義，非唯一種，一則見吴之强暴，一則見晉之衰微，但主書之情，本惡諸侯君事夷狄，餘者兼見之矣。

楚公子申帥師伐陳。

於越入吳。

秋，公至自會。有恥，致者，順諱文也。

【疏】注「有恥」至「文也」。解云：莊六年注云「公與二國以上出會盟，得意致會，不得意不致」。然則，今此冠帶之國，斂手從夷，乃是可恥之次，〔二三〕而致之者，正欲順其諱文，使若吳尊事天子，以會諸侯，諸侯得意，以會致之然，故曰「順諱文也」。

晉魏多帥師侵衛。此晉魏曼多也，曷爲謂之「晉魏多」？據上七年言「曼多」。○魏多，左氏作「魏曼多」。

【疏】注「據上」至「曼多」。解云：即上七年春，「魏曼多帥師侵衛」是也。

譏二名。二名，非禮也。復就晉見者，明先自正而后正人，正人當先正大以帥小。

【疏】注「復就」至「帥小」。解云：定六年冬，「仲孫忌帥師圍運」，傳云「此仲孫何忌也，曷爲謂之仲孫忌？譏二名，二名非禮也」，注云「爲其難諱也。一字爲名，令難言而易諱，所以長臣子之敬，不逼下也。春秋定、哀之間，文致大平，欲見王者治定，無所復爲譏，唯有二名，故譏之」。然則，彼已於魯見訖，今復就晉見之者，明先自正而后正人也。等是正人，而於晉者，見當先正大國以帥于小國故也。

葬許元公。

九月，螺。先是用田賦，又有會吴之費。○之費，芳味反，下同。

【疏】注「先是用田賦」解云：在十二年春。

冬，十有一月，有星孛于東方。「孛」者何？彗星也。其言「于東方」何？據「北斗」言星名。○孛，音佩。彗星，因歲反，又息遂反。

【疏】「孛者何」解云：欲言是星，星名未有；欲言非星，録爲星稱，故執不知問。

注「據北」至「星名」解云：即文十四年「秋，七月，有星孛入于北斗」是也。然則，彼「入于北斗」，言其所孛之星名，今言「于東方」，故難之。

見于旦也。〔一三〕旦者，日方出，時宿不復見，故言「東方」，知爲旦。

【疏】「見于旦也」解云：「于」字亦有作「平」字者，誤也。

注「旦者」至「爲旦」解云：旦者，「日」方出地，未相去離之辭，故曰「旦者，日方出」。當爾之時，宿皆不見，故曰「時宿不復見」也。星孛仍見，餘宿已没，是以不復指其孛之星，漫道其方而已。故言「東方，知爲旦」也。

何以書？〔二四〕記異也。周十一月，夏九月，日在房、心，房、心，天子明堂，布政之庭。於此旦見，與日争明者，諸侯代主治，〔二五〕典法滅絶之象。是後，周室遂微，諸侯相兼，爲秦所滅，燔書道絶。○治，直吏反。燔，扶元反。

【疏】注「周十一月夏九月日在房心」解云：堪輿云「九月，日體在大火」，故曰「日在房心」也。云「房心天子明堂布政之庭」，出堪輿，星經亦云也。

注「是后」至「道絶」解云：春秋説云「趨作法，孔聖没，周姬亡，彗東出，秦正起，胡破術，書記散亂，孔子不絶」也。〔二六〕既言「周姬亡，彗東出」，故知由此孛星，「周室遂微」也。言「秦正起」，亦由此孛星。秦本紀云「始皇名正，以二十六年滅周，而并天下」，故云「諸侯相兼，爲秦所滅」也。始皇、胡亥並悉焚書，〔二七〕聖人之道，于斯絶矣，故曰「燔書道絶」。

盗殺陳夏彄夫。○陳夏，户雅反，一本作廉。彄夫，苦侯反，又古侯反，一本作嫗，音同。二傳作「夏區夫」。

十有二月，螺。黄池之會費重煩之所致。

十有四年春，西狩獲麟。何以書？記異也。何異爾？非中國之獸也。然則孰狩之？稱「西」言「狩」，尊卑未分。據無主名。○狩，手又反。麟，力人反。

【疏】「何以書記異也」解云：「麟」者，仁獸，大平之嘉瑞，而言「記異」者，當爾之時，周室大衰，爲天下所厭，漢高方起，堯祚將興者，〔二八〕謂之瑞，亡者謂之異。然則何氏云吉凶不並，〔二九〕瑞災不兼之有乎？〔三〇〕義亦通于此。

「非中國之獸也」解云：謂有聖帝明王，然后乃來，則知不應華夏無矣。然則以其非中國之常物，故曰「非中國之獸」，不謂中國不合有。若似昭二十五年「有鸛鵒來巢」之下，傳云「何以書？記異也。何異爾？非中國之禽也」之類是也。若然，皆非中國之物，鸛鵒言「有」、「來」，而麟不言「有」、「來」者，正以麟是善物，春秋慕之，欲其常於中國，非今始有，非今始來之義。是以穀梁傳云「其不言『來』，不外麟于中國也。其不言『有』，不使麟不恒於中國也」是也。

注「稱西」至「未分」解云：「西」者，四時之叔，是爲卑稱。「狩」者，天子、諸侯之事，乃是尊名。故曰「稱西言狩，尊卑未分」也。必知狩是天子、諸侯之事者，正以僖二十八年〔三一〕「天王狩于河陽」，桓四年春「公狩于郎」之屬故也。

薪采者也。「西」者，據狩言方地，類賤人象也。金主芟艾，而正以春盡，木火當燃之際。〔三二〕舉此爲文，知庶人采樵薪者。○薪，音新。芟，所銜反。艾，魚廢反。樵，在焦反。

【疏】「薪采者也」解云：「薪采」，猶言采薪也。言是庶人采薪者矣。

注「西者」至「方地」解云：謂據其處，道其方之地，〔三三〕曰「西狩」也。

注「類賤人象也」 解云：正以西方爲兑，少女之位，女子之卑，草木衰落，亦非可貴之義，故曰「類賤人象也」。

注「金主」至「薪者」 解云：經言「西」者，賤人象，金主芟艾，持斧之義。而文正以春盡，是火當絶木之時。今乃舉此爲文，即知庶人持斧，斫木燃火之意。〔三四〕故曰「知庶人采樵薪者」。似若漢高祖起于布衣之内，持三尺之劒而以火應之，君臨四海，從東鄉西，以絶周家木德之象也。〔三五〕

薪采者則微者也，曷爲以「狩」言之？據天子、諸侯乃言「狩」。「天王狩于河陽」，「公狩于郎」是也。「河陽」冬言「狩」，「獲麟」春言「狩」者，蓋據魯變周之春以爲冬，〔三六〕去周之正而行夏之時。○去周，起吕反。行夏，户雅反。下「子夏」同。

【疏】**注「天王狩于河陽」** 解云：在僖二十八年。云「公狩于郎」者，在桓四年春。

注「河陽」至「之時」 解云：若依周之正月乃夏之仲冬，得冬獵曰狩之時。〔三七〕即大司馬職云「仲冬教大閲，遂以狩田」是也。但孔子作春秋，欲改周公之舊禮，正朔三而反，當欲行夏之時，取夏之孟冬以爲狩時。夏之仲冬不是田狩之月。是以桓「四年春正月，公狩于郎」，何氏云「狩例時，此月者，譏不時。周之正月，夏十一月也。陽氣始施，鳥獸懷任，草木萌牙，非所以養微」者是也。〔三八〕然則，河陽言「狩」者，周之季冬，當夏之十月，故得言「狩」矣。案僖二十八年冬「天王狩于河陽」之時，乃冬言「狩」，今獲麟之經，春言「狩」者，蓋據魯爲王而改正朔，方欲改周之春以爲冬，去其周之正月，而行夏之時。由此之故，春而言「狩」矣。

大之也。使若天子、諸侯。曷爲大之？據略微。

【疏】注「據略微」解云：隱元年〔三九〕「九月，及宋人盟于宿」，傳云「孰及之？内之微者也」。注云「内者，謂魯也。微者，謂士也。不名者，略微也」是。然則春秋之道略於微者，今而大之，故以爲難矣。

爲獲麟大之也。曷爲爲獲麟大之？據鸛鵒俱非中國之禽，無加文。○爲獲，于僞反，下「爲獲」、「孰爲」、注「爲誰」、「知爲」皆同。鸛，音權。鵒，音欲。

【疏】注「據鸛」至「加文」解云：即昭二十五年夏「有鸛鵒來巢」是也。

麟者，仁獸也。狀如麕，一角而戴肉。設武備而不爲害，所以爲仁也。詩云「麟之角，振振公族」是也。○振，之人反。

【疏】「麟者仁獸也」解云：五行傳云「東方謂之仁」，又云「視明禮脩而麟至」，言人君但當其視能明，其禮又修，而麟至也。是以春秋説云「麟生於火，游于中土。軒轅大角之獸」。然則，麟爲土畜，而言仁獸者，正以設武備而不害物，所以爲仁。而異義公羊説云「麟者木精，一角，赤目爲火候」，下注亦云「麟者木精」者，正以設武備而不害物，有仁之物，屬東方，赤目爲火候，火乃木之子，謂之木精，亦何傷？又鶡冠子云「麟者，北方玄枵之獸，陰之精」者，正以五行相配言之，水爲土妃，水土構精而生麟。得土氣者性似父，得水氣者性似母。蓋以麟得水氣，故云「玄枵之獸，陰之精」也。

注「狀如」至「是也」解云：釋獸云「麐，麕身牛尾，〔四〇〕一角」，郭氏曰「角頭有肉」。故此云「狀如麕，一角」也。廣雅云「麟，狼額肉角」，故此注云「而戴肉」。云「設武備而不爲害，所以爲仁也」者，欲道中央之畜，而傳得謂之仁獸之義。云「詩云麟之角振振公族是也」者，在麟趾之篇也。引之者，欲道麟角末有肉，示有武而不用，故得謂之仁。當時公族皆振振然而信厚，亦爲仁之義，故得并引之。

有王者則至，上有聖帝、明王，天下太平，〔四一〕然后乃至。尚書曰「簫韶九成，鳳皇來儀。擊石拊石，百獸率舞」。援神契曰「德至鳥獸，則鳳皇翔，麒麟臻」。○大平，音泰，下「大平」皆同。拊，芳甫反。援，音袁。麒，音其。

【疏】注「上有」至「乃至」 解云：若今未大平而麟至者，非直爲聖漢將興之瑞，亦爲孔子制作之象，故先至。故孝經説云「丘以匹夫徒步，以制正法」，是其賤者獲麟，兼爲庶人作法之義也。

注「尚書」至「率舞」 解云：咎繇謨之文也。彼鄭注云「簫韶，舜所制樂」。宋均注樂説云〔四二〕「簫之言肅。舜時，民樂其肅敬而紹堯道，〔四三〕故謂之簫韶」。或云「韶，舜樂名。〔四四〕舜樂者，〔四五〕其秉簫乎」。〔四六〕鄭氏又云「樂備作，謂之成。簫韶作九備而鳳皇乃來儀，止巢乘匹」。「擊石拊石，百獸率舞」者，「石，磬也。百獸，服不氏所養者。謂音聲之道與政通焉」。引之者，欲道上有聖帝明王，天下太平，瑞物乃來之義。

注「援神」至「麟臻」 解云：釋獸云「驨，如馬一角。不角者騏」。舍人云「驨如馬而有一角。不有角者名騏」。然則麒麟非直雄雌之異，其體亦别。

無王者則不至。辟害遠也。當春秋時，天下散亂，不當至而至，故爲「異」。

【疏】注「辟害遠也」 解云：謂無道之世，刳胎殺夭，是以瑞物亦不來游也。即家語云「孔子曰，刳胎殺夭，則麒麟不至，擿巢毁卵，〔四七〕則鳳皇不翔」是也。故云「辟害遠也」。

有以告者曰：「有麕而角者。」〔四八〕孔子曰：「孰爲來哉？孰爲來哉？」見時無聖帝、明王，怪爲誰來。○有麕，本又作「麞」，亦作「麢」，皆九倫反，麞也。

【疏】「有以」至「角者」　解云：即孔叢云「叔孫氏之車子曰鉏商，樵于野而獲麟焉。衆莫之識，以爲不祥，棄之五父之衢。冉有告孔子曰『有麕肉角。豈天下之妖乎』？夫子曰『今何在？吾將觀焉』。遂往。謂其御高柴曰『若求之言，其必麟乎』。到視之，曰『今宗周將滅無主。〔四九〕孰爲來哉！茲日麟出而死，吾道窮矣』。乃作歌曰『唐虞之世，麟鳳游。今非其時，來何由。麟兮麟兮，我心憂』」是也。然則，此告者其冉求也。若以孔叢合之此傳，則鄉云「薪采者」，還是鉏商也。而春秋不言之者，略微故也。不言爲漢獲之者，微辭也。故春秋説云「不言姓名，爲虚主」。宋氏云「劉帝未至，故云虚主。若書姓名，時王惡之」，是其義也。

注「見時」至「誰來」　解云：下注云「夫子素案圖録，知庶姓劉季當代周。〔五〇〕見采薪獲麟，〔五一〕知爲其出」。然則夫子素知此事。而云「孰爲來哉」以怪之者，蓋畏時遠害，假爲微辭，非其本心。注解其語，故「見時無聖帝明王，〔五二〕怪爲誰來」矣。或者，素案圖録，知劉季當代周，但初見之時，未知薪采獲麟爲之出，仍自未明，故作此言也。乃后詳審，方知爲薪采者所獲。於是焕然而寤，是以泣之。亦何傷乎？

反袂拭面，涕沾袍。〔五三〕「袍」，衣前襟也。夫子素案圖録，知庶聖劉季當代周，〔五四〕見薪采者獲麟，知爲其出。何者？麟者，木精，薪采者，庶人燃火之意。此赤帝將代周居其位，故麟爲薪采者所執。「西狩獲之」者，從東方王於西也。東卯西金象也。言「獲」者，兵戈文也。言漢姓卯、金、刀，以兵得天下。不地者，天下異也。又先是蝝蟲冬踊，彗金精埽旦置新之象。夫子知其將有六國争彊，從横相滅之敗，秦、項驅除，積骨流血之虐。〔五五〕然后劉氏乃帝。〔五六〕深閔民之離害甚久，故豫泣也。○袂，彌世反，衣袖也。涕，他禮反。袍，步刀反，又步報反，衣前襟也。襟，音金。王於，于況反。下「火王」、「而王」、「之王」同。從横，子容反。驅除，並如字，又上丘具反，下直據反。

【疏】「反袂拭目」解云：「目」亦有作「面」字者。云「涕沾袍」者，「袍」亦有作「衿」字者。以「衣前襟」言之，「袍」似得之。

注「夫子」至「代周」解云：蓋見中候云「卯金刀，帝出，復堯之常」，是其「案圖録」。從亭長之任而爲天子，故謂之庶姓矣。〔五七〕

注「何者」至「之意」解云：春秋説云「麟生於火，游於中土。軒轅大角之獸」。然則麟爲土畜，而言「木精」者，正以公羊説云「麟者木精，一角，赤目，爲火候」。既爲火候，是木之子，謂之木精亦何傷？舊云「木生火，火生土。麟爲土畜，亦受氣于祖，性合人仁，故爲木精也」。庶人采薪，本供庖爨，意欲燃之，故曰「采薪，庶人燃火之意」也。木雖生火，火復燒木，即漢以火德承周之后而能滅之，故曰「此赤帝將代周居其位」也。云「故麟爲薪采者所執」，其若不然，麟爲異物，體形不小，薪采隻夫，寧能輕獲之乎。

注「西狩」至「天下」解云：言「西狩獲之」者，即是從東方而王於西方之象。卯在東方，金在西方，故曰「東卯西金象也」。「言『獲』者，兵戈之文」，是其有刀之義也。故曰「言姓卯金刀，以兵得天下」。言劉季起於豐、沛之間，提三尺之劍，而入秦宫，是其卯金刀從東王于西，以兵得天下之事也。

注「不地」至「異也」解云：所以不言「西狩于某獲麟」者，正以麟見于魯，乃爲周王將亡之異，〔五八〕是以不舉小地之名，亦得爲王魯之義。故曰「不地者，天下異也」。云「又先是螽蟲冬踊」者，即上十二年「冬十有二月，螽」，十三年「冬十有二月，螽」是也。云「彗金精掃日置新之象」者，即上十三年「冬十有一月，〔五九〕有星孛于東方」，傳云「孛者何？彗星也」者是。孛從西方鄉東，故曰「金精」。彗者，掃除之象，鄉晨而見，故曰「掃旦」也。然則「螽蟲冬踊」者，乃是天不能殺，地不能埋，故爲「六國争強」，天下大亂之象也。「金精掃旦」，〔六〇〕乃是「秦、項驅除，劉氏乃帝」之義，故何氏云焉。

注「夫子」至「之敗」　解云：「六國」者，即燕、齊、楚、韓、魏、趙也。當爾之時，齊據東蕃，燕、楚強于南、北，韓、魏、趙居於晉、洛之間，各自保險，迭相征伐，故曰「六國争強」也。戰國策云「秦横有周，故謂之横。燕、楚南北而遠，故謂之從。蘇秦在東而相六國，謂之合從。張儀在西而相秦以成，〔六一〕謂之連横」。故彼下文「從成則楚王，横成則秦帝。蘇公居趙，秦兵不敢東伐。張儀在秦，楚兵絶于西」是也。蘇公既死，張儀以横滅從，是「從横相滅之敗」也。

「秦項驅除」　解云：始皇據秦，藉滅周之資而殄六國，項羽因胡亥之虐而籠括天下，皆非受命之帝，但爲劉氏驅其狐狸，除其豺狼而已。故曰「秦、項驅除」。

注「積骨」至「泣也」　解云：「虐」亦有作「害」者。爾時，天下土崩，英雄鵲起。秦、項之君，視人如芥，殽、函之處，積骨成山，平原之地，血流如海。故曰「積骨流血之虐」也。自此以后，高祖乃興。故曰「然后劉氏乃帝」。

顔淵死，子曰：〔六二〕「噫！」「噫」，咄嗟貌。○噫，於其反。咄，丁忽反。

【疏】注「噫咄嗟貌」　解云：「咄嗟」，猶歎息，即里語曰「咄嗟之間」也。弟子傳云「顔淵少孔子三十歲，三十二而卒」。以此言之，則顔淵之生，昭十九年矣。及其卒時，當哀三年，〔六三〕而至此乃言之者，傳家追言之，亦何傷？

天喪予！」「予」，我。○喪，息浪反。予，羊汝反，我也。

【疏】「天喪予」 解云：聖人之道，當須輔佐而成。是以家語及殷傳云「自予得回也，門人加親」也。今而遭命，故曰「天喪予」。而論語云「非助我者」，謂非師徒弟子共相發起之義。蓋欲顯聰敏，非是不助也。

子路死，子曰：「噫！天祝予！」「祝」，斷也。天生顏淵、子路，爲夫子輔佐。皆死者，天將亡夫子之證。〔六四〕○斷，丁管反。

【疏】「子路死」至「祝予」 解云：若依左氏，則獲麟之后，當哀十五年，衛大子蒯聵入國之時，子路乃死。衛人醢之。孔子聞之，爲之覆醢。今已言死者，公羊子於后言之，〔六五〕未足爲妨也。「自予得由也，〔六六〕惡言不至於耳」，是其爲輔佐之義也。注「祝斷也」者，言天祝惡已之道德，亦是斷絕之義也。

注「天生」至「之證」 解云：若欲以理言之，則四科十人，游、夏之徒，皆爲夫子之輔佐。故孝經説云「春秋屬商，孝經屬參」是也。今特言二人者，以其先卒故也。良輔之内，二人先死，亦非祐助之義。故曰「將亡夫子之證」。〔六七〕

西狩獲麟。〔六八〕孔子曰：「吾道窮矣！」加姓者，重終也。麟者，大平之符，〔六九〕聖人之類。時得麟而死，此亦天告夫子將没之徵，故云爾。

【疏】「西狩」至「窮矣」 解云：麟之來也，應於三義。一爲周亡之徵，即上傳云「何以書？記異也」是也。二爲漢興之瑞，即上傳云「孰爲來哉？孰爲來哉」？雖不指斥，〔七〇〕意在於漢也。三則見孔子將没之徵，故此「孔子曰『吾道窮矣』」是也。

注「**加姓**」至「**云爾**」　解云：正以上文再發「子曰」，皆不加姓故也。云「麟者，大平之符，聖人之類」者，以皆有聖帝明王，然后乃見，故謂之「類」也。注又云「時得麟而死」者，即孔叢子云「麟出而死，吾道窮矣」是也。

春秋何以始乎隱？據得麟乃作。

【疏】**注**「**據得麟乃作**」　解云：正以演孔圖云〔七二〕「獲麟而作春秋，九月書成」是也。而揆命篇云「孔子年七十歲，知圖書，作春秋」者，何氏以爲「年七十歲」者，大判言之，不妨爾時七十二矣。尤如「卜世三十，卜年七百」之類也。

祖之所逮聞也。託記高祖以來事，可及問聞知者。猶曰「我但記先人所聞」，辟制作之害。

【疏】「**祖之所逮聞也**」　解云：何氏以爲公取十二則天之數。故隱元年「益師卒」之下注云「所以二百四十二年者，取法十二公，天數備足」是也。今此傳云「祖之所逮聞」者，謂兼有天數之義，亦託問聞而知，亦取制服三等之義。故隱元年注云「所以三世者，禮，爲父母斬衰三年，爲祖父母期，爲曾祖、高祖父母齊衰三月」是也。

注「**託記**」至「**之害**」　解云：假託云道我記高祖以來事者，謂因己問父，得聞昭、定、哀之事，因父問祖，得聞文、宣、成、襄之事，因祖問高祖，得聞隱、桓、莊、閔、僖之事，故曰「託記高祖以來事可及問聞知者」。以此言之，則無制作之義。故曰「我但記先人所聞，辟制作之害」也。

所見異辭，所聞異辭，所傳聞異辭。所以復發傳者，益師以臣見恩，此以君見恩，嫌義異。於所見之世，臣子恩其君父尤厚，故「多微辭」也。所聞之世，恩王父少殺，故「立煬宮」不日，「武宮」日是也。所傳聞之世，恩高祖、曾祖又殺，故「子赤卒」不日，「子般卒」日是也。○傳，直專反。注「傳聞」同。復，扶又反。臣見，賢徧反，下「欲見」同。少殺，所戒反，下同。般，音班。

【疏】注「所以復發」至「義異」　解云：隱元年冬十有二月「公子益師卒」，傳云「何以不日？遠也。所見異辭，所聞異辭，所傳聞異辭」。然則彼已有傳，今復發之者，正以益師之卒所以不日者，以其恩遠，孔子所不見，欲道當時之君無恩于其臣，是以大夫之卒，不問有罪與不，例皆不日以見之。是以須發三世異辭之言。〔七二〕今此西狩獲麟，當所見之世，已與父時之事，欲道當時之臣有恩于其君，故爲微辭，不忍正言其惡。是以復須發傳，道其三代異辭之意。然則，言「益師以臣見恩」者，言益師之經，以臣之故見君恩之薄厚也。云「此以君見恩」者，今此獲麟之經，以君之故，見臣恩之厚薄。其義實異，故重發。案桓二年「成宋亂」之下，傳云「内大惡諱。此其目言之何？遠也。所見異辭，所聞異辭，所傳聞異辭」，何氏云「所以復發傳者，益師以臣見恩，此以君見恩，嫌義異也」。然則，桓公之時已發見君恩之傳，今復發之者，正以桓公之時，欲見其臣無恩於其君，是以不爲之諱大惡。今時有恩于其君，爲之諱而作微辭也。彼注云「嫌義異也」，此復注云「義異」，是其一隅，何氏不決之者，從可知，省文也。云「故多微辭也」者，即定元年傳云「定、哀多微辭」，注云「定公有王無正月，不務公室，喪决國寶。哀公有黄池之會、獲麟。故總言多」是也。云「故立煬宮不日」者，即定元年秋九月「立煬宮」是也。云「武宮日」者，即成六年「二月辛巳〔七三〕立武宮」是也。正以公羊之義，失禮鬼神例日，故如此解之也。云「子赤卒不日」者，〔七四〕即文十八年冬十月「子赤卒」是也。云「子般卒日是也」者，即莊三十二年「冬十月乙未，子般卒」是也。文十八年「子卒」之下，傳云「子卒者孰謂？謂子赤也。何以不日？隱之也。何隱爾？弒也。弒則何以不日？不忍言也」，注云「所聞世，臣子恩痛王父深厚，故不忍言其日。與子般異」是也。

何以終乎哀十四年？據哀公未終也。

【疏】注「據哀公未終也」 解云：正以未見「公薨」之文故也。且以左氏言之，即哀二十七年「公遜於越」而因卒。則知今未終。

曰，備矣。人道浹，王道備。必止於「麟」者，欲見撥亂功成於「麟」，猶堯、舜之隆，鳳皇來儀。故麟於周爲異，春秋記以爲瑞，明大平以瑞應爲效也。〔七五〕絶筆於「春」，不書下三時者，起木絶火王，制作道備，當授漢也。又春者歲之始，能常法其始，則無不終竟。○道浹，子協反。一本作「帀」。撥，卜末反，理也。應，應對之應。

【疏】注「人道」至「效也」 解云：「浹」亦有作「帀」字者。正以三代異辭，因父以親祖，以親曾祖，〔七六〕以曾祖親高祖，骨肉相親極于此，故云「人之道浹」也。〔七七〕云「王道備」者，正以撥亂于隱公，功成于獲麟，懔懔治之，至于太平，故曰「王道備」也。云「必止至於麟」者，〔七八〕正以獲麟之后，得端門之命，乃作春秋。但孔子欲道從隱撥亂，功成于麟，是以終于獲麟以示義，似若堯、舜之隆，制禮作樂之后，簫韶九成，鳳皇乃來止，巢而乘匹之類也。云「故麟于周爲異」者，即上傳云「何以書？記異也。何異爾？非中國之獸也」是也。云「春秋記以爲瑞」者，「記」亦有作「託」者。今解從「記」也。〔七九〕云「明大平以瑞應爲効也」者，言若不致瑞，即太平無驗，故春秋記麟爲大平之効也。〔八〇〕

注「絶筆」至「漢也」 解云：四時具，然后爲年，此乃春秋之常。今不書下三時者，欲起木應之君將亡，欲別起爲王，是以此處不得記之。且獲麟既訖，〔八一〕制作之道已備，當欲以之授于漢帝，使爲治國之法，是以不得録于三時矣。

注「又春」至「終竟」解云：所以然者，始正則終理故也。〔八二〕僖十六年傳云「朔有事則書，晦有事不書」也者，義亦通此。

君子曷爲爲春秋？據以定作五經。

【疏】「君子曷爲爲春秋」解云：「君子」，謂孔子。曷爲今日始爲春秋乎？嫌其大晚於諸典之后。

注「據以定作五經」解云：何氏以爲孔子領緣五經，皆在獲麟之前，故言此。〔八三〕何氏知然者，正以論語云「孔子曰『吾自衛反魯，然后樂正，雅、頌各得其所』」。案孔子自衛反魯在哀十一年冬，則知料理舊經不待天命者，皆在獲麟之前明矣。而論語直言「樂正，雅、頌」，文不備矣。言料理五經在獲麟之前，何故作春秋獨在獲麟之后乎？故據五經以難之。

撥亂世，「撥」猶治也。反諸正，莫近諸春秋。〔八四〕得麟之后，天下血書魯端門，曰「趍作法，孔聖沒。周姬亡，彗東出。秦政起，胡破術，書記散，孔不絕」。子夏明日往視之，血書飛爲赤烏，〔八五〕化爲白書，署曰「演孔圖」，中有作圖制法之狀。孔子仰推天命，俯察時變，却觀未來，豫解無窮，知漢當繼大亂之后，故作撥亂之法以授之。○近，附近之近，又如字。演，以善反。

【疏】「撥亂」至「春秋」解云：孔子未得天命之時，未有制作之意，故但領緣舊經，以濟當時而已。既獲麟之后，見端門之書，知天命已制作，以俟后王。于是選理典籍，欲爲撥亂之道，以爲春秋者，賞善罰惡之書，若欲治世反歸于正道，莫近于春秋之義。是以得天命之后，乃作春秋矣。即上云「治世之要務」，義亦通於此。

注「得麟」至「之狀」解云：演孔圖文也。疾作王者之法。孔氏聖人，將欲没矣。周王姬氏將亡，是以十三年冬，彗星出于東方矣。秦始皇名正，〔八六〕方欲起爲天子，其子胡亥破先王之術。當爾之時，書契紀綱，盡皆散亂，唯有孔氏春秋口相傳者，獨存而不絶。孔子聞之，使子夏往視其血書，其血乃飛爲赤鳥，〔八七〕其書乃化爲白書，署之曰此是演孔圖中義理，乃有制作之象，制法之形狀矣。案秦本紀云，秦皇爲無道，周人以舊典非之，乃用李斯之謀，欲以愚黔首，於是燔詩、書云。然則始皇燔詩、書，而言「胡破術」者，謂始皇燔之不盡，胡亥亦燔之，科舉之，亦何傷？云「孔子仰推天命」者，謂仰推尋天命，即端門之命是也。云「俯察時變」者，即螽蟲冬踊，彗星埽旦之象是也。欲尊天命，故以「俯」、「仰」言之。云「却觀未來，豫解無窮，知漢當繼大亂之后，故作撥亂之法以授之」者，謂知其承大亂之后，天下未醇，故作治亂之法以授之矣。若欲託之春秋，即所傳聞之世是也。故桓三年「夏齊侯、衛侯胥命于蒲」，傳云「胥命者何？相命也。何言乎相命？近正也。此其爲近正奈何？古者不盟，結言而退」，彼注云「善其近正，似於古而不相背，故書以撥亂也」是也。

則未知其爲是與？其諸君子樂道堯、舜之道與？作傳者謙，不敢斥夫子所爲作意也。堯、舜當古，歷象日月星辰，百獸率舞，鳳皇來儀。春秋亦以「王」次「春」，上法天文，四時具，然后爲年，以敬授民時，崇德致麟，乃得稱大平。道同者相稱，德合者相友，〔八八〕故曰「樂道堯、舜之道」。○其爲，于僞反，注「所爲」同。是與，音餘，下及注同。

【疏】「則未」至「是與」　解云：「爲」音于僞反。〔八九〕公羊子謙不敢斥言孔子作春秋，故依違云，則未知其爲此春秋可以撥亂世而作之與？

「其諸」至「道與」　解云：「其諸」，辭也。即桓六年「子公羊子曰其諸以病桓與」，注云「其諸，辭也」是也。「君子」謂孔子。不知爲是孔子愛樂堯、舜之道，是以述而道之與？

注「堯舜」至「之道」　解云：言「堯、舜當古，曆象日月星辰」者，堯典文也。云「百獸率舞」者，舜典咎繇謨皆有其文也。云「鳳皇來儀」者，咎繇謨文也。云「春秋亦以王次春，上法天文，四時具，然後爲年，以敬授人時」者，欲似堯、舜當古，曆象日月星辰，以敬授人時也。云「崇德致麟，乃得稱太平」者，欲似堯、舜百獸率舞，鳳皇來儀是也。云「道同者相稱」者，謂孔子之道同于堯、舜，故作春秋以稱述堯、舜是也。云「德合者相友」者，「友」者，同志之名，言孔子之德合於堯、舜，是以愛而慕之，乃作春秋，與其志相似也。

末不亦樂乎堯、舜之知君子也？末不亦樂后有聖漢，受命而王，德如堯、舜之知孔子爲制作。

【疏】「末不」至「子也」解云：孔子之道既與堯、舜雅合，故得與堯、舜相對爲首末，然則指孔子言「不亦」也。堯、舜之時，預知有己而制道術，預知有己而爲君子而慕之，已亦預制春秋授劉帝。是孔子亦愛慕堯、舜之知君子而効之。

制春秋之義，以俟後聖，待聖漢之王以爲法。

【疏】「制春」至「后聖」解云：制作春秋之義，謂制春秋之中賞善罰惡之義也。

以君子之爲亦有樂乎此也。樂其貫於百王而不滅，名與日月並行而不息。

【疏】「以君」至「此也」解云：「君子」謂孔子。所以作春秋者，亦樂此春秋之道，可以永法故也。注「樂」至「不息」解云：春秋者，賞善罰惡之書，有國家者最所急務，是以貫通于百王而不滅絶矣。故孔子爲后王作之。云「名與日月並行而不息」者，謂名之曰「春秋」。其合於天地之利，生成萬物之義，凡爲君者不得不爾，故曰「名與日月並行而不息」也。

校勘記

〔一〕今亦云魯公與伐　浦鏜云：「云」疑「是」之誤。

〔二〕城郭里巷亦有井　「巷」原作「若」。阮校：鄂本「若」作「井」，當據正。孫詒讓校記：據余本作「巷」，與疏合。疑阮誤校。今按，撫州本、余本「若」作「巷」。據改。

〔三〕缶米不是過也　「缶」原作「正」。浦鏜云：「缶」誤「正」。據改。

〔四〕猶不繫國也　「猶」原作「尤」。撫州本、余本「尤」作「猶」，據改。

〔五〕知自别於禽獸之文乎　浦鏜云：「乎」當「矣」字誤。

〔六〕正以齊姜穆姜之屬　上「姜」原作「義」。浦鏜云：「義」當「歸」字誤。阮校：「齊義」蓋「文姜」之誤。今按，單抄本「義」作「姜」。據改。

〔七〕地不能埋　「埋」原作「理」。阮校：惠棟云，二語見荀子，「理」當作「埋」。今按，撫州本、余本作「埋」。據改。

〔八〕夏許男戌卒　「戌」原作「戍」。阮校：鄂本作「戌」。今按，撫州本「戍」作「戌」，余本誤作「戍」。據改。

〔九〕男戌本亦作成　「戌」原作「戍」。宋本音義誤作「男成本亦作戍」。撫州本、余本音義作「男戌本亦作成」。據改。

〔一〇〕十一年　浦鏜云：「年」下脱「冬」字。

〔一一〕定六年鄭游速滅許　浦鏜云：「年」下脱「春王正月」四字，「速」當作「遬」。

〔一二〕何者正以及者　「以」字原無。浦鏜云：「何者」疑倒，「正」下疑脱「以」字。今按，單抄本「正」下有「以」字。據補。

〔一三〕注吴言至文也　「注」原作「主」。據毛本改。

〔一四〕注半抑至在下　單抄本作「注半抑半起以奪見其事也」。

〔一五〕蒙俗會之者惡愈　阮校：桓二年疏引此下有「也」字，此脱。

〔一六〕若欲實而言之　單抄本無「若」字。

〔一七〕作偏至之辭而已若　「偏」上原無「作」字，「偏」原作「偏」，「已」下原無「若」字。單抄本句上有「作」字，「偏」作「偏」，句下有「若」字，下屬。據補改。

〔一八〕黄人會于貫　阮校：按經文作「貫澤」，此及九年盟葵丘疏皆無「澤」字。

〔一九〕則中國曷爲獨齊宋至爾　浦鏜云：「獨」下脱「言」字。

〔二〇〕小國言江黄　浦鏜云：「小」當「遠」之誤。

〔二一〕天下諸侯莫敢不至者　單抄本無「者」字。

〔二二〕乃是可耻之次　浦鏜云：「次」當「至」字誤。

〔二三〕見于旦也　阮校：唐石經「于」字磨改，當本作「乎」。

〔二四〕何以書　阮校：隸釋載漢石經公羊殘碑「何以書」上有「十有四年」字，據此及隱公傳知經傳别行，傳首皆載某公年數，後人以經合傳，始删傳中紀年矣。

〔二五〕諸侯代主治　「代」原作「伐」。浦鏜云：「代」誤「伐」。阮校：鄂本作「諸侯代王治」，余本「伐」亦作「代」，當據正。今按，撫州本、余本作「代」。據改。

〔二六〕書記散亂孔子不絶也　浦鏜云：「亂孔」二字衍，從下注校。

〔二七〕並悉焚書　單抄本無「悉」字。

〔二八〕堯祚將興者　浦鏜云：「將」下當脱「復」字。阮校：孫志祖云，以禮運正義校之，浦説是也。今按，單抄本作「堯祚將興」。

〔二九〕何氏云吉凶不並　浦鏜云：「氏」當衍文。阮校：「云」、「氏」二字衍。

〔三〇〕瑞災不兼之有乎　殿本考證：疑「有」當作「旨」。

〔三一〕二十八年　浦鏜云：「年」下脱「冬」字。

〔三二〕木火當燃之際　撫州本「燃」作「然」。

〔三三〕道其方之地　「地」字原無。毛本無「之」字。單抄本「之」下有「地」字。據補。

〔三四〕斫木燃火之意　「斫」原作「破」。單抄本作「斫」。據改。

〔三五〕以絶周家木德之象也　「絶」原作「應」。單抄本作「絶」。據改。

〔三六〕蓋據魯變周之春以爲冬　撫州本無「以」字，疑脱。

〔三七〕得冬獵曰狩之時　毛本、阮刻本「曰」誤作「田」，單抄本、閩本作「曰」，不誤。

〔三八〕非所以養微者是也　阮校：何校本無「者」字。

〔三九〕隱元年　浦鏜云：「年」下脱「秋」字。

〔四〇〕麔麕身牛尾　單抄本「麔」作「麝」。今本爾雅「麔」作「麐」。

〔四一〕天下太平　「太」，撫州本作「太」，余本作「大」。

〔四二〕宋均注樂説云　孫詒讓校記：宋均注樂説即樂緯注也。

〔四三〕樂其肅敬而紹堯道　「紹」原作「紀」。阮校：段玉裁云，「紀」爲「紹」誤。今按，單抄本作「紀」。據改。

〔四四〕舜樂名　單抄本無此三字。

〔四五〕舜樂者　阮校：段玉裁云，「者」上當脱「舞」字。

〔四六〕其秉籥乎　單抄本無「其」字。

〔四七〕擿巢毀卵　浦鏜云：家語作「覆巢破卵」。

〔四八〕有麕而角者　阮校：隸釋載漢石經作麕，即「麕」之隸變。爾雅釋獸「麐，麕身牛尾」，郭注引公羊傳曰「有麕而角」，是古本作「麕」也。石經考文提要之宋景德本、鄂泮官書本皆作「麕」。

〔四九〕宗周將滅無主　浦鏜云：「將滅」下脱「天下」二字。

〔五〇〕知庶姓劉季當代周　日校：據下注，「姓」當作「聖」。

〔五一〕采薪獲麟　浦鏜云：「薪」、「采」字誤倒，下脱「者」字。

〔五二〕故見時無聖帝明王　單抄本「見」作「云」。

〔五三〕反袂拭面涕沾袍　阮校：經義雜記曰，説文「袍，襺也」；「袊，交衽也」。是當作「涕沾袊」。「衿」、「襟」皆俗字，作「袍」非也。论衡指瑞云「反袂拭面，泣涕沾襟」，春秋正義云「下沾衿之泣」，離騷「霑余襟之浪浪」，皆可證。又杜氏春秋序亦作「反袂拭面」，疏本作「拭目」，非。

〔五四〕知庶聖劉季當代周 阮校：閩、監、毛本「聖」改「姓」，惠棟云，當作庶聖，參同契曰，夫子庶聖雄。

〔五五〕積骨流血之虐 「虐」原作「虞」。阮校：鄂本「虞」作「虐」，不誤。今按，撫州本、余本、日校「虞」作「虐」。據改。

〔五六〕然后劉氏乃帝 阮校：鄂本「后」作「後」。

〔五七〕故謂之庶姓矣 日校：此「姓」當作「聖」。

〔五八〕周王將亡之異 毛本「王」作「室」，閩本「亡」誤「王」。

〔五九〕冬十有一月 「一」原作「二」。浦鏜云：「二」當作「一」。據改。

〔六〇〕金精掃旦 阮校：何校本「掃」作「埽」。

〔六一〕相秦以成 「成」原作「戎」。浦鏜云：「戎」當作「成」。阮校：當從毛本作「成」。據改。

〔六二〕子曰 阮校：唐石經作「孔子曰」。按下「西狩獲麟，孔子曰」，注云「加姓者重終也」，然則于此不當有「孔」字矣。

〔六三〕當哀三年 浦鏜云：「三」當「二」字誤。

〔六四〕天將亡夫子之證 「證」原作「証」。據撫州本、余本改。

〔六五〕公羊子於后言之 阮校：何校本「后」作「後」。

〔六六〕自予得由也 浦鏜云：上當脱「家語與殷傳云」六字。

〔六七〕故曰將亡夫子之證 「之」字原無，「證」原作「証」。浦鏜云：「子」下脱「之」字。今按，單抄本有「之」字，「証」作「證」。據補、改。

〔六八〕西狩獲麟 阮校：經義雜記曰，論衡指瑞篇云「春秋曰西狩獲死驎」。今三傳本無「死」字，而公羊云

「顔淵死，子曰噫，天喪予」，「子路死，子曰，噫，天祝予。西狩獲麟，孔子曰吾道窮矣」。注云「時得麟而死，此亦天告夫子將没之徵」。則此傳本作「西狩獲死麟」，與「上顔淵死」、「子路死」一例。「吾道窮矣」與上「天喪予」、「天祝予」一例。「驎」，俗「麟」字。

〔六九〕大平之符　撫州本作「太」，余本作「大」。

〔七〇〕雖不指斥　「不」原作「在」。按單抄本「在」作「不」。日校從之。據改。

〔七一〕正以演孔圖云　「正」原作「止」。阮校：閩、監、毛本「止」作「正」。今按，單抄本作「正」。據改。

〔七二〕三世異辭之言　「三世異」原作「二魁與」。閩本、毛本作「三代異」。盧補據毛本出校，謂此當作「三代異」。今按，單抄本作「三世異」。據改。

〔七三〕成六年二月辛巳　浦鏜云：「年」下脱「春」字。

〔七四〕子赤卒不日者　浦鏜云：經文無「赤」字。

〔七五〕瑞應爲效也　阮校：鄂本「效」作「効」，疏中引注同。撫州本「效」作「効」，余本作「效」。

〔七六〕以親曾祖　浦鏜云：上當脱「因祖」二字。

〔七七〕故云人之道浹也　浦鏜云：「之」衍字。

〔七八〕必止至於麟者　浦鏜云：「至」衍字。

〔七九〕今解從記也　「從」原作「彼」。浦鏜云：「彼」當「從」之誤。今按，單抄本作「從」。據改。

〔八〇〕大平之效也　「大」原作「太」。據單抄本、阮刻本改。

〔八一〕獲麟既訖　「訖」原作「記」。據單抄本改。

〔八二〕始正則終理故也　「終理故也」四字原無。單抄本「則」下有「終理故也」四字。據補。

〔八三〕故言此　「故」字原重。據單抄本删。

〔八四〕莫近諸春秋　浦鏜云：案詩序及爾雅序疏引何注有「莫近猶莫過之也」七字，疑脱。

〔八五〕血書飛爲赤烏　阮校：鄂本作「烏」，當據正。今按，撫州本、余本同此作「烏」。

〔八六〕秦始皇名正　阮校：按秦始皇不名「政」，梁玉繩志疑辯之。

〔八七〕飛爲赤烏　阮校：何校本「烏」作「烏」，是也。今按，單抄本作「烏」。

〔八八〕德合者相友　「友」原作「反」。撫州本「反」作「友」，余本誤「反」。據改。

〔八九〕爲音于僞反　單抄本「音于僞反」四字作雙行小注。

附録

春秋公羊疏校記序

(日)杉浦豐治
刁小龍 譯　喬秀巖 校

一、序

曩顧千里嘗云:

夫治經者期曉然乎經之意而已。經之意不易曉,曉之必由注;經注之意不易曉,曉之必由疏。此讀疏之所以爲治經之先務歟?(重刻宋本儀禮疏後序)

是必待單疏本之發現,經文方可得真正之究明,方可得謂之完璧。痛感於斯者,蓋非僅顧氏一人而已矣。治單疏本或刊正今註疏之經文,或補正註文之訛誤脱漏,並予註疏合刊前之體式以諸多實證明示。治斯學,所以不惜餘力熱衷蒐訪、佔有并利用單疏本,其原因正在於此。而今,作爲存世孤本可寶之單疏本——主要爲南宋版系——正漸趨泯滅之途。其中原因之一,乃在於注疏合刻本之流行。此則衆所周知矣。然於此趨勢之中,版本暫置不論,春秋之正義與周禮、公羊二疏義,共三種單疏本之抄寫本仍幸存日本。此則吾儕不僅無盡感恩於古人之努力，更當蒙此恩惠而將此功績與榮譽傳之無盡者。

就中之公羊正義，有記録可證，乃是德川家康分贈其子德川義直之一批書——所謂「駿河御讓本」——中之一部。江户時代，該書一直保存於名古屋之蓬左文庫，而於明治、大正、昭和時代收藏於東京，爲好學之士提供檢覽之便。第二次世界大戰後，乃離其舊屬，隸於名古屋市教育委員會管理之下。及至昭和二十六年（一九五一）秋，再度於其故里名古屋市德川町重新「公開」，呈諸世人。筆者乃據此書，校與嘉慶年間開雕之重刊宋本公羊註疏疏文，并參照阮元註疏校勘記，撰此校記。冀或有助於解經讀疏之萬一矣。

此校記之作時，筆者正供職于名古屋大學大學院。是乃昭和二十六年（一九五一）十一月至二十七年（一九五二）十一月間，作爲研究課題之一環，筆者所做之調查。淺學譾陋而初試此業，未得周密嚴正之檢討，是不敢期于臻善。其所不備者容俟異日爲之訂補，尚企大方之家宥之。

又本校記之作，蒙吾師武内義雄博士指導，並仰中島光男先生之關懷支持。附記于此，以誌謝忱。

昭和二十九年（一九五四）四月

杉浦豐治

二、舊鈔本公羊正義略記

鈔本公羊正義凡三十卷，其分卷之次第略如下所示：

卷一	隱公一	起序	盡元年正月
卷二	隱公二	起三月	盡二年
卷三	隱公三	起三年	盡十一年
卷四	桓公一	起元年	盡六年
卷五	桓公二	起七年	盡十八年
卷六	莊公一	起元年	盡六年
卷七	莊公二	起七年	盡十三年
卷八	莊公三	起十四年	盡二十六年
卷九	莊公四	起二十七年	盡閔公二年
卷十	僖公一	起元年	盡十年
卷十一	僖公二	起十一年	盡二十四年
卷十二	僖公三	起二十五年	盡三十三年
卷十三	文公一	起元年	盡九年
卷十四	文公二	起十年	盡十八年
卷十五	宣公一	起元年	盡八年
卷十六	宣公二	起九年	盡十八年
卷十七	成公一	起元年	盡九年

卷十八　成公二　起十年　盡十八年
卷十九　襄公一　起元年　盡十年
卷二十　襄公二　起十一年　盡二十年
卷二十一　襄公三　起二十一年　盡三十一年
卷二十二　昭公一　起元年　盡八年
卷二十三　昭公二　起九年　盡十五年
卷二十四　昭公三　起十六年　盡二十四年
卷二十五　昭公四　起二十五年　盡三十二年
卷二十六　定公一　起元年　盡三年
卷二十七　定公二　起四年　盡九年
卷二十八　定公三　起十年　盡十五年
卷二十九　哀公一　起元年　盡十年
卷三十　哀公二　起十一年　盡十四年

以上分卷蓋唐卷子本之樣式，不同於監本附音春秋公羊註疏二十八卷宋刊本（鐵琴銅劍樓藏書目録所載）卷式。卷首載景德二年六月　日中書門下之牒，後四行結銜曰

工部侍郎參知政事馮
兵部侍郎參知政事王

兵部侍郎平章事寇
吏部侍郎平章事畢
又卷首題
春秋公羊疏卷第一　　隱公一
起序　盡元年正月
其餘卷式一同于此。又卷首次行大書十字云
漢司空掾任城樊何休序
提行書疏文
漢司空掾　解云漢者巴蜀之間地名也……
序疏終則大書
春秋公羊經傳解詁隱公第一何休學
又別行續以疏文
解云案舊題云春秋隱公經傳解詁第一公羊
何氏則云春秋者一部之總名

下再續疏文。全文不標「傳」字，而「注」字則殆皆標明。又「解云」二字或有或無。標起訖或作「某某至某某」，或作「某某云云」，或盡揭全文。全文亦無提行，每段行文間空一字間格。例雖如此，然亦時時不空格，蓋抄寫之誤相連屬者。疏中時有無關文義之傳文存諸，究竟爲何遽難判定。或爲讀疏之便旁注文字而爲抄寫之際誤竄入者。檢覈卷尾云：「大宋景德二年六月　日」，又凡列九人之銜名：其都勘官「邢昺」，再校者有「李慕清、劉士玄」二人，校定有「杜鎬、舒雅、李維、孫奭、王煥、崔偓佺」等六人。此蓋可與咸平四年七經疏義校定表上所言相印證。

鈔本公羊義疏凡六册，其用紙高約二十七釐米，寬約十九釐米，共四百五十九葉，每半葉十二行，一行字數蓋二十字至二十五字，無界欄。字跡古舊，爲室町時期抄寫。部分施以朱筆之讀點，或有墨筆校改之處。據此本校現行監本附音春秋公羊注疏，文字勝處頗多。稱其爲宇内珍籍，絶非過譽之辭。

本書之成立并其沿革尚未有詳審者。吾儕所知者僅一事而已，即此書嘗爲德川家康秘庫舊藏，於其故去前秘庫所藏分諸三家，此書遂轉至德川義直之尾陽府庫，後爲蓬左文庫貴重書籍。今檢每册第一葉所存敬公（德川義直）藏書印記之「御本」二字，蓋即述此事之經緯。

又檢本書卷十一末有「金澤文庫」摹印，是則此爲金澤文庫所藏宋版之抄寫本，殆無疑義。按之經籍訪古志曰：

春秋公羊傳十二卷　舊鈔本　尾府藏

何休注。第三卷缺。此係金澤文庫舊物。按羅山文集載金澤學本公羊傳正義，蓋亦與此本並行者。

按「學本」爲「唐本」之誤

此書（按，即上舊抄本《公羊傳》十二卷。因同屬德川所藏，故疑經注本與單疏本「並行」）明治初年被斥賣，今已不詳其所在。是無由辨其與此本並行與否。

又羅山文集卷五十四曰：

公羊傳跋　穀梁傳附

寬永四年丁卯季秋七日，公羊傳全部加訓點了。同年初冬十二日之夕，穀梁傳全部爲訓點訖。且公羊正義全部以金澤唐本公羊疏先年既一校，今又再校。但金澤本無經傳并注，而有疏而已。

此則金澤文庫舊藏公羊疏一書之明證。然彼與經羅山一校、再校之校本關聯如何？近藤正齋書籍考卷一五五經正義條下有夾註曰：

又，林道春羅山文集云「公羊正義全部以金澤唐本公羊疏先年既一校，今又再校。但金澤本無經傳并注，而有疏而已。」是羅山時金澤文庫曾存宋板公羊傳單疏本，而今則其本未知傳予何人矣。

據此則正齋時金澤唐本公羊疏已佚而不傳，而於校本公羊正義無一語及之。

推考之，蓋鈔本公羊正義與羅山所校本非爲一本。羅山再校公羊正義乃在承應三年（一六五四），是此書歸於尾陽府庫之元和二年（一六一六）後三十六年之事。外此，並無可舉證而知此書流傳經緯者。

江户時代之前此書之沿革終乃付之闕如而已。

以上所述爲舊鈔本公羊正義之大略。并下文之校記，爲後日草撰公羊疏作者時代考一文所資，尚冀大方之家幸有教正焉。

昭和二十八年（一九五三）三月

附録：牒與名銜

中書門下　　牒

公羊正義

牒奉

敕，國家欽崇儒術，啟迪化源，眷六籍之垂文，實百王之取法，著於緗素，皎若丹青。乃有前脩，詮其奥義，爲之疏釋，播厥方來，頗索隱於言用，擊蒙於後學。流傳既久，訛舛遂多。爰命校讎，俾從刊正，歷歲時而盡瘁，探簡策以惟精。載嘉稽古之功，允助好文之理。宜從雕印，以廣頒行。牒至準敕故牒。

景德二年六月　日　牒

工部侍郎參知政事　馮

兵部侍郎參知政事　王

兵部侍郎平章事　寇

吏部侍郎平章事　　畢

宣德郎守大理寺丞國子監直講賜緋魚袋　臣　崔偓佺　校定

通直郎守太子洗馬監講騎都尉杭州監雕印版　臣　王　煥　校定

諸王府侍講承奉郎守尚書屯田員外郎監國子監直講上騎都尉賜紫金魚袋　臣　孫　奭　校定

宣德郎守尚書户部員外郎直集賢院上騎都尉賜緋魚袋　臣　李　維　校定

中散大夫行尚書職方員外郎充秘閣校理上柱國　臣　舒　雅　校定

朝請大夫尚書都官郎中崇文院檢討直秘閣龍圖閣侍制護軍賜紫金魚袋　臣　杜　鎬　校定

南宫侍教朝請郎守大理寺丞　臣　劉士玄　校定

朝奉郎守國子博士騎都尉　臣　李慕清　校定

翰林侍講學士太中大夫守尚書工部侍郎兼國子祭酒權同勾當審官院事上柱國

河間郡開國侯食邑一千户食實封肆伯户賜紫金魚袋　臣　邢　昺　都校定

大宋　　景德二年六月　　日

正奉大夫尚書工部侍郎參知政事上柱國始平郡開國侯食邑一千户

食實封貳伯户賜紫金魚袋　　臣　馮　拯

正奉大夫尚書兵部侍郎參知政事上柱國太原郡開國侯食邑一千五百户

食實封肆伯户賜紫金魚袋　　臣　王　旦

推忠協謀佐理功臣光禄大夫行尚書兵部尚書同中書門下平章事集賢殿大學士

上柱國上谷郡開國公食邑一千八百户食實封捌伯户　臣　寇　準

推忠協謀佐理功臣金紫光禄大夫行尚書吏部侍郎同中書門下平章事監修國史

上柱國太原郡開國公食邑二千户食實封肆伯户　臣　畢士安

題跋集録

中國版刻圖録

○**春秋公羊疏　唐徐彦撰　宋刻元修本　杭州**

匡高二二一釐米，廣一五・八釐米。十五行，行二十二字至三十三字不等。白口，左右雙邊。宋時十二經單疏，南宋國子監俱有雕造。此本宋刻元修，刻工皆宋元兩朝杭州名匠，疑即南宋監本。元時版送西湖書院，西湖書院重整書目中有公羊注疏一目，蓋即此本。内閣大書庫續古逸叢書與四部叢刊印本，即據此帙影印。

○**春秋公羊經傳解詁　漢何休撰　釋文　唐陸德明撰　宋淳熙撫州公使庫刻紹熙四年重修本**

匡高二〇・七釐米，廣一四・六釐米。十行，行十六字。注文雙行，行二十四字。白口，左右雙邊。版式字體與撫州公使庫本周易、春秋左氏傳、禮記並同。刻工亦多同。知爲同時官版。題癸丑重刊者六十餘葉，癸丑爲紹熙四年。末附釋文一卷。

阿部隆一：中國訪書志

第三篇　中華民國國立中央圖書館等藏宋金元版解題

國立中央圖書館藏宋金元版解題

〇監本附音春秋公羊注疏　二八卷　漢何休注　唐徐彥疏　陸德明釋文　〔元〕刊，卷一、二、一五——一八鈔配　一四冊

後補藍色書衣（二九・二×一七・七釐米），金鑲玉裝，原料紙縱二六・二釐米。缺序。

本文卷首「監本附音春秋公羊注疏某公卷幾起幾年盡幾年」次行低四格題「何休學」。左右雙邊（一九・三×一二・五釐米），有界十行，行十七字，注疏文小字雙行，行廿三字。版心白口雙黑魚尾，「公羊幾」，上象鼻記大小字數，下象鼻記刻工名。左上欄外耳格題「某幾年」。刻工名有安卿、以清、以德、以、王英玉、英玉、英、玉、王榮、榮、應祥、丘文、君錫、君美、古月、古、月、壽甫、仁甫、善慶、善卿、善、禔甫、天易、德遠、德、德甫、伯壽、伯、文粲、茂卿、茂、余中、余、文、高、李、住。桓字等闕筆。雖已經過反復刷印，但尚無補刻，彌足珍貴。有印記「壺天小史橘/耳山人私印」（陰文）、「揚州/陳恒和/書村」（圓印）。

〇又　缺卷二——七、一〇、一一　〔明初〕修　一〇冊

後補茶色書衣（二三・二×一六釐米）。卷首有景德二年中書門下牒文，次附「監本附音春秋公羊注疏序」（次行題署「漢司空掾任城樊何休序」）。正文卷首作「監本附音春秋公羊注疏隱公第一起元年盡元年」，次行題「春秋公羊經傳解詁隱公第一」。以下同前揭本。有明前期補刻，然不甚夥，大部分爲原刻書葉，甚可寶之。卷二〇第一二葉以下闕。有印記「張印/均衡（陰刻）」、「吴興張氏適園收藏圖書」、「擇是居（橢圓印）」、「菦圃/收藏」。適志、菦目著録。

〇又　〔明〕遞修　一八冊

後補以藍色金箔紙之書衣（二六×一五・五釐米）襯裝。版心以墨塗去補刊年，或徑剜去。然明修較少。

十行注疏合刻本之一。板木明代移送南監。嘗補刻重印，南雍志經籍考作「春秋公羊疏三十卷舊志作二十九卷者非，存者一百九十七面餘」。本版同者另見有静嘉堂文庫（陸志著録）、京都大學人文科學研究所、東京大學東洋文化研究所、香港大學（劉影著録）、北京圖書館（二部、一見瞿目、瞿影著録）、上海圖書館（二部）、南京圖書館（丁志、盋影著録）、北京大學（存一、二）藏本，森志、傅目、蔣志等亦有著録。

香港大學馮平山圖書館藏

○監本附音春秋公羊注疏　二八卷　漢何休注　唐徐彦疏　陸德明釋文　〔元〕刊〔明〕遞修

一二册

後補縹色書衣（二九・一×一七釐米），金鑲玉裝，原料紙縱二五・三釐米。與前揭中央圖書館藏本爲同版。闕首景德二年中書門下牒文。版心剜去補刊年記部分。明修刻工有王良富、王進富、吴一、吴珠、江四、江盛、江達、江元壽、江長深、蔡順、謝元慶、詹蓬頭、蓬頭、曾堅、曾椿、張郎、張尾郎、陳珪、余天礼、葉起、葉再友、陸四、陸記青、陸基郎（以上見於版心，此外另有「侯吉劉校」、「林重校」、「運司蔡重校」等名）、王邦亮、吴郎、余富、李紅。有印記「劉承幹／字貞一／號翰怡」、「吴興劉氏／嘉業堂／藏書印」。劉影著録。

第五篇

故宮博物館藏　沈氏研易樓捐贈宋元版本志

○春秋公羊經傳解詁　一二卷　漢何休撰　唐陸德明音義　宋余仁仲校　宋紹熙刊（建安、余仁仲萬卷堂）　六册

後補黃絹金砂表紙（二三・四×一九釐米），爲夾襯紙改裝本。首冠「漢司空掾任城樊何休序」（附陸氏音義），後低二格以中字附刊行者余仁仲之校書跋語：

公羊穀梁二書，書肆苦無善本，謹以家藏/監本及江浙諸處官本參校，頗加釐正。惟是陸氏/釋音字或與正文字不同，如此序釀嘲，陸氏釀作/讓，隱元年嫡子作適，歸含作唅，召公作邵，桓四年/曰蒐作廋，若此者衆，皆不敢以臆見更定，姑兩存/之，以俟知者。紹熙辛亥孟冬朔日建安余仁仲敬書

正文卷首題「春秋公羊經傳解詁隱公第一」，次行低五格題「何休學」，卷末題「春秋公羊卷第幾」，每卷尾題之後記字數：「經傳幾字/注幾字/音義幾字」，其後再記「余氏刊于萬卷堂」（卷一）「余仁仲刊于家塾」（卷二、六）、「仁仲比校訖」（卷四、七、八、一一）、「余仁仲刊于家塾/癸丑仲秋重校」。左右雙邊（一七・六×一一・九釐米）。有界十一行，行十九字，注小字雙行，行廿七字。句點聲點附刻。經文下直録傳文，不加區别，注末以○區别所附釋文。版心線黑口雙黑魚尾「公羊幾」。往往于上象鼻附記大小字數。玄、泓、弘、殷、弦、匡、恒、貞、徵、桓、完、慎等字闕筆。有「滄/葦」、「季印/振宜」、「文登于氏小謨觴館藏本」（白文）、「蕘/夫」、「士禮/居」（白文）、「閬源/真賞」、「汪印/振勳」、「汪印/士鐘」（白文）、「楳/泉」、「無雙」（白文）、「瞿氏/秉淵」（白文）、「瞿印/秉淵」（白文）、「瞿/啓之」（白文）、「恬裕齋/鏡之氏/珍藏」、「虞山瞿/紹基藏/書之印」、「鐵琴銅/劍樓」、「菰里/瞿鏞」等藏印。爲季振宜、蔣宗海（號春農）、黃丕烈、汪士鐘、瞿氏鐵琴銅劍樓等舊藏。季目、黃識、汪目、瞿目、瞿影

等著録。卷末附嘉慶十三年黄丕烈手跋（黄識卷一所收）：

九經三傳沿革例載有建余氏本，余所見殘本穀梁在/周香嚴家，即萬卷樓余仁仲校刻者也。此外有周禮/亦缺秋官，藏顧抱沖所。今秋得此春秋公羊經傳解詁十/二卷，完善無缺，實爲至寶。得之價白金一百二十兩，不特/書估居奇，亦余之愛書有以致此。初是書出鎮江蔣春農/家，書估以賤直購之，攜吾郡，疊爲有識者稱讚，故索/價竟至不減。余務在必得，惜書而不惜錢物，書魔故智/有如是者。春秋五傳，鄒、夾已亡，左、穀二家力壓存晉人之/注，惟公羊注猶漢人。安得不以至寶視之。倘有餘力，尚當/付諸剞劂，以廣其傳焉。嘉慶戊辰秋七月黄丕烈識（印）【復/翁】

此建安余仁仲萬卷樓校刊之九經，岳氏九經三傳沿革例著録作建安余氏本，分句讀，附音釋，并施校訂，字畫明細易讀，當時即稱善本。作爲教科書版之代表，至後世仍歷有重刊之岳氏本所祖之本，岳本實即以本版爲底本。本書宋槧本中今傳世存者僅見淳熙間撫州公使庫版（北京圖書館藏，涵録，中版録一三八、一三九著録）。同版傳本存世者，僅季振宜、徐乾學、潘宗周等遞藏，現藏北京圖書館（潘録、中版録一六九、一七〇著録）之一部而已。首載之校書跋語所見紹熙辛亥二年蓋本版之刊年；卷一二末之刊記「癸丑仲秋重校」，究竟意謂本版于紹熙四年重校刊刻抑或紹熙二年刊刻，四年重校之後重加修刻，究竟難明。本帙蓋後印者，而北圖本屬早印本，而不行缺末葉，是否曾亦有此癸丑題字，則無從知曉。版面所見殆無修版者，留俟後考。瞿目謂本書阮元校勘記稱鄂州官書爲最精美本，而本版文字優長，可校訂鄂州本之處頗多，并列校異。又，道光四年揚州問禮堂汪氏刊本以本書爲底本，瞿目亦有脱誤表。均頗有參考價值。四部叢刊影印本即以本帙爲底本。

中國典籍與文化二〇一〇年第四輯(總第七十五期)

○宋余仁仲萬卷堂刻春秋公羊經傳解詁的兩個印本(筆者整理摘要)

張麗娟

余仁仲刻本春秋公羊經傳解詁今存兩部,一藏國家圖書館(國圖本),一藏臺北故宫博物院(故宫本)。今存二本文字差異,故宫本可見其明顯改刻痕跡。殆凡有國圖本脱、衍者,故宫本皆有補删。以文字内容言,後印本實勝於初印本。道光四年汪氏問禮堂本據余仁仲本影刻,行款版式悉仍其舊。而鐵琴銅劍樓瞿氏嘗據余本與汪氏刻本相校,發現兩本有不少文字差異。瞿氏將之歸於汪氏問禮堂翻刻之誤刻,或有意爲之之改動。實則,其中差異固難以俱用翻刻訛脱或有意改動釋之。所不同者,部分或以誤刻刊改論之,更多則出自余仁仲本先後刻本之固有差異所致。